To Sam and Joan Williamson
on the occasion of our
joyful reunion in Sewanee,
gratefully and affectionately,
Gerald Stourzh

Sewanee, 6th to 8th October 1995.

böhlau Wien

Studien zu Politik und Verwaltung

Herausgegeben von

Christian Brünner, Wolfgang Mantl und Manfried Welan

Bd. 62

Gerald Stourzh

Um Einheit und Freiheit

Staatsvertrag, Neutralität und das Ende der Ost-West-Besetzung Österreichs 1945–1955

4., völlig überarbeitete und wesentlich erweiterte Auflage

BÖHLAU VERLAG WIEN · KÖLN · GRAZ

Gedruckt mit Unterstützung durch das Bundesministerium für Wissenschaft und Verkehr, die Österreichische Forschungsgemeinschaft, die Österreichische Akademie der Wissenschaften, das Amt der Steiermärkischen Landesregierung und den Magistrat der Stadt Wien (MA 7, Kultur, und MA 18, Stadtentwicklung und Stadtplanung, Gruppe Wissenschaft)

Bildnachweis:
Abb. 1a, 1b, 2 William Strang Papers, Churchill College Archives Centre, Cambridge, „with permission of the Master and Fellows of Churchill College", Cambridge; Abb. 4–9, 15–18 aus dem Nachlaß Josef Schöners mit freundlicher Erlaubnis von Frau Rita Schöner, Wien; Abb. 10–14 aus dem Nachlaß Norbert Bischoffs mit freundlicher Erlaubnis von Prof. Friedrich Bischoff, Wien

Die Deutsche Bibliothek – CIP-Einheitsaufnahme

Stourzh, Gerald:
Um Einheit und Freiheit : Staatsvertrag, Neutralität und das Ende der Ost-West-Besetzung Österreichs 1945–1955 / Gerald Stourzh. – 4., völlig überarb. und wesentlich erw. Aufl. –
Wien ; Köln ; Graz : Böhlau, 1998
(Studien zu Politik und Verwaltung ; Bd. 62)
Früher u. d. T.: Stourzh, Gerald: Geschichte des Staatsvertrages
ISBN 3-205-98383-1
NE: GT

Die erste Auflage erschien 1975 unter dem Titel „Kleine Geschichte des österreichischen Staatsvertrages", die zweite Auflage (1980) und die dritte Auflage (1985) erschienen unter dem Titel „Geschichte des Staatsvertrages – Österreichs Weg zur Neutralität".

Gedruckt auf umweltfreundlichem, chlor- und säurefreiem Papier.

Satz: Zehetner Ges. m. b. H., A-2105 Oberrohrbach

Druck: Manz, A-1050 Wien

INHALT

DOKUMENTENANHANG

Ich widme dieses Buch meiner Frau Christiane
und unseren Kindern
Verena, Theresa und Katharina

VORWORT

Dieses Buch wird nunmehr in einer wesentlich erweiterten, auf weite Strecken neu geschriebenen vierten Auflage vorgelegt. Auch der Titel des Buches ist neu. Die ersten drei Auflagen dieses Buches erschienen 1975, 1980 und 1985. Seither hat sich Europa grundlegend verändert. Die innerhalb des letzten Jahrzehnts, seit 1989 eingetretenen Umwälzungen reichen tiefer, als dies in den Jahrzehnten nach dem Ende des Zweiten Weltkrieges der Fall war. Nicht bloß die zeitliche, auch die mentale Distanz zu den in diesem Buch geschilderten Entwicklungen ist unvergleichlich größer, als dies beim ersten Erscheinen dieses Buches vor 23 Jahren der Fall war.

Die Geschichte, die in diesem Buch erzählt wird, reicht vom Entschluß der Hauptalliierten des Zweiten Weltkrieges, Österreich als unabhängigen Staat wiederherzustellen, bis zur endgültigen Herstellung dieser Unabhängigkeit mit der Beendigung der Ost-West-Besetzung Österreichs. Ich spreche von „Ost-West-Besetzung", da bekanntlich nach Ende des Zweiten Weltkrieges die inzwischen untergegangene Sowjetunion einerseits, die Westmächte andererseits zwei einander bedrohlich gegenüberstehende militärische Dominanzbereiche bildeten, deren Trennungslinie quer durch Österreich verlief. Um diese Ost-West-Besetzung zu beenden, bedurfte es des Abschlusses des österreichischen Staatsvertrags, und zur politischen Durchsetzung des Abschlusses des Staatsvertrags bedurfte es des Konsenses über einen neuen internationalen Status Österreichs, nämlich den der Neutralität. Wie es schließlich – nach sehr langen Jahren der durch den Kalten Krieg verursachten Stagnation – im Jahre 1955 zu dieser Dreiheit „Staatsvertrag", „Ende der Ost-West-Besetzung", „Neutralität" kam, ist Inhalt dieses Buches. Die Folgegeschichten – die Durchführung einzelner, sehr unterschiedliche Materien regelnder Bestimmungen des Staatsvertrags, die Entwicklung von Österreichs Neutralität nach 1955 – können nicht mehr Teil dieses Werkes sein.

Im Vergleich zu den früheren Auflagen ist der Umfang und die Vielfalt der herangezogenen archivalischen Quellen außerordentlich gestiegen. Noch für die dritte Auflage 1985 standen etwa für das „annus mirabilis" 1955 keine archivalischen Quellen aus Großbritannien, den USA, Frankreich oder der Sowjetunion zur Verfügung. Nunmehr stehen solche Quellen zur Verfügung und konnten hier verarbeitet werden – sowjetische Quellen erstmals, wenngleich noch begrenzt (mit der Hoffnung und Erwartung, daß die Erschließung russischer Archive trotz beträchtlicher Schwierigkeiten fortschreiten wird), Quellen aus westlichen Archiven in größerem Umfang, wenngleich auch im Westen nicht ganz selten Dokumente aus „Sicherheitsmotiven" den Augen des Historikers entzogen bleiben. Auch in Österreich konnten wichtige Quellen neu herangezogen werden, darunter einige Nachlässe sowie die Ministerratsprotokolle der Bundesregierung. Jedenfalls hat die Quellensuche den Verfasser in einem großen Bogen von Abilene, Kansas, über Independence, Missouri, Washington, D.C., London (Kew), Paris, Bonn, Bern, Wien und Berlin bis Moskau geführt. – Weiters ist auf die sehr große Zahl von Spezialforschungen hinzuweisen, die in den letzten zehn bis fünfzehn Jahren erschienen sind und in diesem Buch rezipiert wurden. Der Verfasser kann nicht immer die Aussagen und Interpretationen seiner Historikerkollegen teilen, doch hofft er, daß auch kontroverser Diskurs den Respekt erkennen läßt, den er seinen Fachkollegen entgegenbringt.

Der Verfasser hat in einem runden Vierteljahrhundert, in dem er sich (keineswegs ausschließlich!) mit Forschungen zum Thema dieses Buches befaßt hat, die großzügige Hilfe vieler Personen erfahren, sei es durch informative Gespräche, sei es durch Hilfestellung bei Erschließung von oder Erlaubnis zur Einsichtnahme in Quellen. Viele dieser Personen weilen nicht mehr unter uns. In die persönlichere Ichform übergehend, möchte ich besonders und in großer Dankbarkeit der Unterstützung gedenken, die ich von Botschafter Sven Allard, Frau Holda Bischoff, Bundeskanzler Bruno Kreisky, Generalsekretär für Auswärtige Angelegenheiten Alois Reitbauer und Botschafter Josef Schöner erfahren habe. Ich schließe ausdrücklich alle Personen, die ich in meinen Danksagungen in den ersten Auflagen dieses Buches genannt habe, in meinem Dank zum Abschluß der Neuauflage mit ein, muß mich aber auf die Nennung jener Personen beschränken, denen ich für die Unterstützung meiner Arbeiten an dem hier vorgelegten Buch zu großem Dank verpflichtet bin. Mein herzlicher Dank für die Ermöglichung von Einsichtnahmen in Quellenbestände bzw. historische Informationen und Hinweise gilt Herrn Sektionschef Dr. Alfred Mayer (Bundeskanzleramt), Herrn Generalsekretär Botschafter i. R. Dr. Wolfgang Schallenberg, Herrn Botschafter Dr. Franz Cede (Bundesministerium f. Auswärtige Angelegenheiten), Herrn Botschafter André Lewin, der dem Verfasser Einsicht in Bestände aus der Besatzungszeit im französischen Botschaftsarchiv in Wien ermöglichte (die nunmehr im Archiv der französischen Besatzungsmacht in Colmar gelagert sind), Herrn Prof. Friedrich Bischoff, Frau Rita Schöner, Herrn Univ.-Prof. DDr. Franz Matscher, Herrn Univ.-Ass. Dr. Michael Gehler, Herrn Univ.-Prof. Dr. Stefan Karner, Herrn Univ.-Doz. Dr. Oliver Rathkolb und meinem Schüler Herrn Dr. Helmut Wohnout. Der Leser wird im Text des Buches Danksagungen bezüglich spezifischer Quellenbestände finden. Für die stets liebenswürdige und hilfsbereite Betreuung in Archiven schulde ich Dank Herrn Generaldirektor Hon.-Prof. Dr. Lorenz Mikoletzky, Herrn Hofrat Dr. Peter Broucek, Herrn Oberrat Dr. Rudolf Jeřábek, Herrn Heinz Placz und Herrn Ronald Eccher vom Österreichischen Staatsarchiv, dem Stiftsarchivar des Stiftes Seitenstetten Dr. P. Benedikt Wagner OSB, dem ich auch für die Ermöglichung des Abdrucks eines Auszugs aus dem Tagebuch Julius Raabs danke, Herrn Dr. Günther Schefbeck (Parlamentsarchiv), Herrn Dr. Wolfgang Maderthaner (Verein für Geschichte der österreichischen Arbeiterbewegung), Herrn Stefan August Lütgenau (Stiftung Bruno Kreisky-Archiv), Herrn Mag. Dr. Johannes Schönner (Archiv des Karl von Vogelsang-Instituts und des Julius Raab-Archivs), Herrn Vortragenden Legationsrat Dr. Ludwig Biewer vom Politischen Archiv des Auswärtigen Amtes in Bonn, Frau Oberarchivarin Ute Golz von der Außenstelle Berlin des Politischen Archivs des Auswärtigen Amtes, und Herrn Dr. Andreas Horn (Stiftung Archiv der Parteien und Massenorganisationen der DDR im Bundesarchiv, Berlin). Nicht zuletzt gilt mein herzlicher Dank für die Ermöglichung der Arbeit im Außenpolitischen Archiv der Russischen Föderation in Moskau einschließlich der Möglichkeit, Kopien wichtiger Quellen nach Österreich mitzunehmen, Herrn Wladimir W. Sokolow, Stellvertretender Direktor des Historischen und Archiv-Departements des Ministeriums für Auswärtige Angelegenheiten der Russischen Föderation, sowie Frau Jelena W. Belewitsch, Leiterin des Außenpolitischen Archivs der Russischen Föderation. Herzlichen Dank schulde ich auch zwei österreichischen Botschaftern in Moskau, Herrn Botschafter i. R. Dr. Friedrich Bauer und Herrn Botschafter Dr. Walter Siegl, sowie Herrn Gesandten Dr. Johannes Eigner für Hilfestellung seitens der Österreichischen Botschaft in Moskau. Besonderen Dank für ihre Hilfe bei meinen Archivforschungen in Moskau schulde ich Frau Dr. habil. hist. Olga Veličko vom Institut für vergleichende Politologie der russischen Akademie der Wissenschaften. Herr Univ.-Prof. Dr. Gerhard Jagschitz, Wien, hat mir dankenswerterweise Einsicht in Materialien über die von ihm geführten Gespräche im Zusammenhang mit dem Fernsehfilm „Die Geschichte von der anderen Seite“ (über die österreichisch-sowjetischen Verhandlungen vom April 1955) ermöglicht. Herzlich danke ich Herrn Hofrat Univ.-Prof. Dr. Manfried Rauchensteiner für häufige Hilfsbereitschaft und ganz besonders für die Überlassung seines „Staatsvertragsphotos“, das auf der rückwärtigen Umschlagseite abgebildet ist.

Großen Dank für Übersetzungen aus dem Russischen und für wertvolle sprachliche Hinweise schulde ich meinem früheren Fakultätskollegen Herrn Hon.-Prof. Dipl. Dolm. Dr. Viktor Petioky sowie Frau Mag. Irmgard Soukup-Unterweger. Russische Eigennamen werden nach der deutschen Duden-Transkription bzw. der in der Presse üblichen, manchmal aus der englischen Transkription übernommenen Transkription vorgenommen (z. B. etwa Zarubin statt Sarubin), andere russische Worte werden gemäß der wissenschaftlichen Transliteration wiedergegeben. Für Übersetzungen aus dem Slowenischen danke ich herzlich Frau Mag. Irena Bruckmüller-Vilfan, Herrn o. Univ.-Prof. Dr. Andreas Moritsch und Frau Univ.-Doz. Dr. Marija Wakounig.

Sehr dankbar bin ich meinen Schülern und Mitarbeitern am Institut für

Geschichte der Universität Wien. In früheren Jahren war die Hilfe von Frau Oberrat Dr. Eva-Marie Csáky (nunmehr Österreichische Akademie d. Wissenschaften) unentbehrlich; dankbar gedenke ich meines zeitweiligen, früh verstorbenen Assistenten Dr. Wilfried Mähr. Herr Univ.-Ass. Dr. Thomas Angerer, Frau Univ.-Ass. Dr. Birgitta Bader-Zaar und Frau Ass.-Prof. Dr. Margarete Grandner haben mit Literaturbeschaffungen und zahlreichen Hinweisen unersetzliche Hilfe geleistet und mich vor Irrtümern bewahrt. Birgitta Bader-Zaar, unterstützt von meiner zeitweiligen Assistentin Mag. Karin Riegler, hat mit der Erstellung des Personenregisters eine ebenso mühsame wie unentbehrliche Arbeit auf sich genommen und überdies die dieser Auflage erstmals beigegebene Zeittafel mitgestaltet. Für Schreibarbeiten danke ich sehr Frau Waltraud Bruckner. Margarete Grandner hat das gesamte Manuskript sorgfältig und kritisch gelesen und eine ebenso sorgfältige, mich vor zahllosen Fehlern rettende Fahnenkorrektur vorgenommen. Ich bin ihr für ihre Präzision und für ihr Mitdenken ebenso wie für die große zeitliche Belastung, die sie auf sich genommen hat, außerordentlich dankbar. – Ebenso danke ich Herrn Botschafter i. R. Dr. Heinz Blechner, der mehrere Kapitel des Manuskripts mit großer Sorgfalt gelesen hat.

Ich bin mehreren Personen besonderen Dank schuldig, die an dem Erscheinen dieses Buches in einem neuen Verlag und in einem neuen Rahmen, über den ich mich sehr freue, beteiligt sind. Herr o. Univ.-Prof. Dr. Wolfgang Mantl hat sich für die Aufnahme diese Buches in die von ihm gemeinsam mit Univ.-Prof. Dr. Manfried Welan und Univ.-Prof. Dr. Christian Brünner im Böhlau Verlag herausgegebene „weiße Reihe" der Studien zu Politik und Verwaltung mit großem Engagement eingesetzt. Ihm kommen auch große Verdienste bei der Mobilisierung von Druckkostenzuschüssen zu, für deren Gewährung ich den jeweiligen Institutionen ebenfalls sehr zu Dank verpflichtet bin. Besonders dankbar bin ich dem Präsidenten der Österreichischen Akademie der Wissenschaften, Herrn o. Univ.-Prof. Dr. Werner Welzig, für seine verständnisvolle Förderung der Drucklegung dieses Buches. Großes Interesse hat Herr Dr. Peter Rauch, Verlag Böhlau, am Werden dieses Buches genommen, und Frau Mag. Bettina Waringer hat sich im Verlag als äußerst sachkundige, hilfsbereite und geduldige Betreuerin bewährt.

Meiner Familie, besonders meiner Frau, danke ich für unglaubliche Geduld, für Ermutigung und Ermunterung; meiner Frau danke ich auch für die Auflösung einiger stenographischer Quellen, und vor allem für viele moralische Feuerwehraktionen im Laufe der Entstehung dieses Buches. – Obgleich selbstverständlich, soll doch gesagt werden, daß die Verantwortung für Aussagen, Interpretationen und Fehler in diesem Buch ausschließlich meine eigene ist.

Wien, im Mai 1998 Gerald Stourzh

I
VORAUSSETZUNGEN UND VORBEREITUNGEN

1. Entstehung und Bedeutung der Moskauer Erklärung über Österreich

Österreich, das erste freie Land, das Hitlers Angriffspolitik zum Opfer fiel, solle von deutscher Herrschaft befreit werden, so hieß es in der von den Außenministern Englands, der Sowjetunion und der Vereinigten Staaten am 30. Oktober 1943 verabschiedeten und am 1. November veröffentlichten „Erklärung über Österreich". Die Regierungen dieser drei Staaten erklärten darin ihren Wunsch, ein freies und unabhängiges Österreich wiederhergestellt zu sehen. Österreich wurde aber auch daran erinnert, daß es „für die Teilnahme am Kriege an der Seite Hitler-Deutschlands eine Verantwortung" trage, der es nicht entrinnen könne, und daß unvermeidlich in der endgültigen Regelung sein eigener Beitrag zu seiner Befreiung in Rechnung zu stellen sein werde.

Wie kam es zu dieser Moskauer Erklärung, und was waren ihre Ziele? Die Initiative ging von England aus. Aufgrund britischer Akten ist es möglich, den Ursprung der Moskauer Erklärung genau zu verfolgen. Im Frühjahr 1943 wurde im Foreign Office ein Memorandum mit dem Titel „Die Zukunft Österreichs" verfaßt. Sein Autor, der Berufsdiplomat Geoffrey W. Harrison, versuchte, Grundlagen für die Nachkriegsplanung Englands und seiner Alliierten zu erarbeiten. In dem Memorandum, das übrigens von Außenminister Anthony Eden mit hohem Lob bedacht wurde, untersuchte Harrison vier mögliche „Lösungen" der österreichischen Frage:

1. Verbindung Österreichs mit Deutschland, entweder voll integriert oder auf föderativer Basis;
2. Einbeziehung Österreichs in eine süddeutsche Konföderation;
3. Wiederherstellung Österreichs als freier und unabhängiger Staat;
4. Einbeziehung Österreichs in eine mittel- oder osteuropäische Konföderation.

Die erste Lösung schied aus naheliegenden Gründen aus, aber auch die zweite wurde negativ beurteilt, weil auch in diesem Falle das deutsche Element überwiegen und Österreich den Anspruch, als Donaustaat zu gelten, verwirken würde. Bezüglich der dritten Lösung – Österreichs Wiederherstellung als unabhängiger Staat – machte Harrison zunächst auf diverse Schwierigkeiten aufmerksam: Es gebe keine österreichische Exilregierung, auch gebe es nicht die geringste Hoffnung, einen repräsentativen Rat oder ein Komitee der Österreicher zu bilden; nicht nur, daß „zwischen den rivalisierenden österreichischen Exilgruppen" keine Einheit herrsche, selbst wenn eine solche Einheit hergestellt würde, gebe es, mit der möglichen Ausnahme Doktor Dobretsbergers, keine Persönlichkeiten, deren Namen in Österreich Gewicht hätten. Dieses Urteil ist Ausdruck der inzwischen gut erforschten und belegten, höchst skeptischen Einstellung der britischen wie übrigens auch der amerikanischen Regierung gegenüber den verschiedenen österreichischen Exilgruppen. Harrison kam auch auf die Chancen Otto von Habsburgs zu sprechen und vermutete, die Unterstützung für die Sache der Habsburger sei sicherlich in Österreich nicht weit verbreitet. Außerdem sei eine Habsburger-Restauration praktisch dadurch ausgeschlossen, daß Österreich unter einem Habsburger sich kaum Hoffnungen auf (gute) Beziehungen zu Polen, der Tschechoslowakei und Jugoslawien oder auf Einbeziehung in irgendeine Föderation machen könne. Das österreichische Volk werde selbst die erste verantwortliche Regierung in einem wiederhergestellten Österreich zu bilden haben.[1]

Gleichwohl erwartete Harrison Probleme, die sich aus der Kleinheit und Schwäche eines unabhängigen Österreich ergeben würden, und betonte, daß die Großmächte eine beträchtliche Verantwortung für die politische und wirtschaftliche Sicherung der österreichischen Unabhängigkeit zu übernehmen hätten. Die vierte Lösung, nämlich jene einer Konföderation mit östlichen Nachbarstaaten – Harrison nahm das Modell einer aus Polen, der Tschechoslowakei, Ungarn und Österreich bestehenden Konföderation an –, empfahl sich aus kulturellen, strategischen und wirtschaftlichen Gründen; allerdings machte das Memorandum auch darauf aufmerksam, daß die Teilnahme Österreichs wohl von keinem der anderen genannten Partner als „wesentlich für einen Erfolg" eines solchen Projekts angesehen werde. Die Verwirklichung einer mittel- oder südosteuropäischen Konföderation sei auch keineswegs sicher. Als Schlußfolgerung seiner Studie ergab sich für Harrison die Empfehlung, jedenfalls als ersten Schritt die Wiedererrichtung eines unabhängigen österreichischen Staates in die Wege zu leiten. Die beste Chance, Österreichs Unabhängigkeit zu erhalten, liege wahrscheinlich in der schließlichen Assoziierung Österreichs mit irgendeiner mittel- oder südosteuropäischen Konföderation. Harrisons Konklusionen in Richtung einer solchen ostmitteleuropäischen, um die Donauländer zentrierten Verbindung entsprachen übrigens auch dem Tenor verschiedener seinem Memorandum vorhergehender Forschungs-

1 Erste Fassung des Memorandums „The Future of Austria" datiert vom 4. April 1943, PRO, FO 371/34464, Geschäftszahl C 3729/321/18 vom 5. April 1943; mit Revisionen zirkuliert ab 4. Mai, handschriftlicher Aktenvermerk Anthony Edens vom 16. Mai, „a very good paper", es solle dem Kabinett vorgelegt werden, ebd., Gesch.-Zl. C 4907/321/18 vom 3. Mai 1943; endgültiger Text mit Begleitnote Edens an die Mitglieder des Kriegskabinetts übersandt am 25. Mai 1943, ebd., FO 371/34465, Gesch.-Zl. C 6162/321/18. Xerokopien eines Teiles der hier verwerteten Akten befinden sich auch im Dokumentationsarchiv des Österreichischen Widerstandes in Wien.

und Planungspapiere, die im Umkreis des Foreign Office seit 1941 entstanden waren.[2]

Dieses Memorandum bildete die Grundlage für die Beratung der Österreichfrage im britischen „Kriegskabinett“, dem höchsten Entscheidungsgremium Englands während des Zweiten Weltkrieges, am 16. Juni 1943. Im Kriegskabinett – unter dem Vorsitz Churchills – fand die Lösung 4 des Memorandums den größten Anklang, was nicht wunder nimmt, wenn man Winston Churchills Präferenzen für eine Organisationsform der donaueuropäischen Staatenwelt kennt, die als Ersatz für die 1918 zusammengebrochene österreichisch-ungarische Monarchie dienen sollte. Das Kriegskabinett gab Außenminister Eden grünes Licht dafür, das Memorandum als grundlegende Formulierung der britischen Politik bezüglich Österreichs für Zwecke der politischen Kriegsführung (d. h. der Propaganda) und für Diskussionen über die Nachkriegsplanung mit den Dominien, den Vereinigten Staaten und der Sowjetunion zu verwenden.[3]

Schon am 20. Juni 1943 entwarf Harrison auf Grund der Entscheidung des Kriegskabinetts handschriftlich den ersten Entwurf einer Erklärung über Österreich. Er beginnt mit den Worten: “Austria was the first free country to fall a victim to Nazi aggression.” – „Österreich war das erste freie Land, das der Nazi-Aggression zum Opfer gefallen ist.“ Das ist, worauf bisher noch nie aufmerksam gemacht wurde, reinste Churchillsche Prosa! Winston Churchill hatte nämlich am 18. Februar 1942 aus Anlaß der Überreichung einer fahrbaren Kantine als Geschenk von Österreichern in England unter Führung von Sir George Franckenstein, dem letzten österreichischen Gesandten in London bis

2 Zur britischen Österreichpolitik während des Zweiten Weltkrieges und zu früheren Äußerungen und Plänen betreffend Österreich vgl.: Helene Maimann, *Politik im Wartesaal. Österreichs Exilpolitik in Großbritannien 1938 bis 1945*, Wien 1975; Guy D. Stanley, *Great Britain and the Austrian Question*, Dissertation Universität London 1973; Reinhold Wagnleitner, *Großbritannien und die Wiedererrichtung der Republik Österreich*, Dissertation Universität Salzburg 1975; weiters insbes. Manfried Rauchensteiner, *Der Sonderfall – Die Besatzungszeit in Österreich 1945 bis 1955*, Graz 1979, 16–17, Robert H. Keyserlingk, *Austria in World War II. An Anglo-American Dilemma*, Kingston – Montreal 1988, 96–102, 127, 135–137, sowie Günter Bischof, *Between Responsibility and Rehabilitation: Austria in International Politics, 1940–1950*, Dissertation Harvard University, Cambridge, Mass., 1989, 25–32, sowie die Quellenzusammenstellung ebd. 840–845.

3 Protokollauszug des Kriegskabinetts – „War Cabinet Conclusion 86 (43)“, Paragraph 2, vom 16. Juni 1943 sowie die ersten Entwürfe der Österreich-Erklärung, zahlreiche Aktenvermerke hierzu und die mit 14. August 1943 datierten Schreiben Edens an die britischen Botschafter in Washington und Moskau (mit dem Memorandum über die Zukunft Österreichs und dem Entwurf der Österreich-Erklärung als Beilage) in einem umfangreichen Konvolut in PRO, FO 371/34465, unter Gesch.-Zl. C 7012/321/18, eingelegt am 16. August 1943. Zur „Eingliederung“ Österreichs in eine Föderation – „the fitting of Austria into some form of Central or South East European confederation“ siehe Aktenvermerk Harrisons vom 20. Juni; zur Vorsicht wegen sowjetischen Widerstands gegen Föderationen mahnt Frank Roberts in einem Aktenvermerk am 23. Juni; Hinweise auf Stalins Äußerung zu Eden Ende 1941 sowie Molotows Mitteilung vom 7. Juni 1943 in Edens Schreiben an die Botschafter vom 14. August 1943.

März 1938, vor seinem Amt in 10, Downing Street ein kleine Ansprache gehalten. Dort sagte er wörtlich: "We can never forget in this island that Austria was the first victim of Nazi aggression."[4] Churchills Ansprache – die erste seiner nicht ganz seltenen proösterreichischen Äußerungen, die sich nur mit Österreich allein befaßte – war Anlaß zu Kommentaren im britischen Foreign Office und insbesondere seitens Geoffrey Harrisons.[5] Die Linie, die von Churchills Ansprache im Februar 1942 bis zum Satz über Österreich als erstes Opfer der Nazi-Aggression in der Moskauer Deklaration (dort auf Molotows Wunsch umstilisiert in „hitlersche Aggression") und damit zu dem wichtigsten Ansatzpunkt der so vielfach diskutierten „Opfer-These" in der österreichischen Zeitgeschichte führt, ist also nachvollziehbar. Besonderes Ziel dieser Erklärung sollte die Stärkung des Widerstandes der österreichischen Bevölkerung, der Appell an größere Anstrengung sein; dies ist auch das Motiv für die etwas drohende Formulierung, daß es bei der Festlegung der zukünftigen Behandlung Österreichs notwendig sein werde, „die Haltung des österreichischen Volkes während des Krieges in Rechnung zu stellen". Dafür trügen die Österreicher „eine Verantwortung, der sie nicht entrinnen können".[6] Hier also findet sich der Ursprung jener „Verantwortlichkeits-Klausel", die – verschärft und verändert – auch im endgültigen Text der Moskauer Österreich-Erklärung enthalten war, von dort – weiter verstärkt – in die Präambel des Staatsvertragsentwurfes der Alliierten übernommen und erst am 14. Mai 1955, am Vorabend der Unterzeichnung des Staatsvertrages, auf österreichischen Antrag endgültig entfernt wurde.

4 Text von Churchills Ansprache in einer Meldung „Mr. Churchill's Faith in Victory", in: *The Times,* 19. Februar 1942. Als clipping in einem FO-Aktenstück mit längerem Aktenvermerk Geoffrey Harrisons, der den zitierten Satz ausdrücklich in seinen Aktenvermerk hineinnahm: PRO, FO 371/30942, C-2390/1364/18 v. 19. Februar 1942. Eine verkürzte und die Reihenfolge von Churchills Sätzen verändernde Übersetzung, die als Quelle ein französisches Periodikum „Toujours" vom 15. März 1944 angibt, findet sich im österreichischen Rot-Weiß-Rot-Buch *Gerechtigkeit für Österreich,* Wien 1946, 198, und wurde von dort übernommen in Stephan Verosta, *Die internationale Stellung Österreichs 1938 bis 1947,* Wien 1947, 46.

5 Churchill wollte sich von niemandem in seinen proösterreichischen Äußerungen einbremsen lassen und schrieb einmal in einer persönlichen Notiz an den Außenminister Anthony Eden: "I do not propose to subject myself to any special inhibition about Austria. I certainly look forward to its liberation and thereafter to its re-establishment, either as a separate State or as the centre of a mid-Europe confederation." 10. Juni 1942 zit. bei Bischof, *Responsibility,* 27.

6 "In determining the future treatment of Austria it will be necessary to take into account the conduct of the Austrian people during the war. For this they have a responsibility which they cannot evade." Erliegt in: PRO, FO 371/34465/C 7012/321/18. Gerade dieses (handschriftliche Revisionen auch von anderer Hand tragende) Dokument fehlt in den Texten zur Entstehungsgeschichte der Österreich-Erklärung, die (in geringerer Zahl) bei Keyserlingk, *Austria,* 205–208, und (in größerer Zahl) bei Bischof, *Responsibility,* 840–844, reproduziert sind. Ich möchte dieses Dokument, anders als Keyserlingk, der sich auf ein inhaltlich verwandtes Vorläuferpapier der „Political Warfare Executive" (PWE) vom 5. Jänner 1943 bezieht (Keyserlingk, *Austria,* 135, Text bei Bischof, *Responsibility,* 840), als eigentlichen „first draft" der Österreich-Erklärung ansehen.

Nach damaliger britischer Auffassung galt die Wiederherstellung der Unabhängigkeit Österreichs nur als „erstes Stadium", dem als zweites die Eingliederung Österreichs in eine mittel- oder südosteuropäische Konföderation folgen sollte. In den Entwürfen des Foreign Office für eine alliierte Österreich-Erklärung wurde allerdings auf dieses Fernziel nur vorsichtig hingewiesen. Die Alliierten, so hieß es, wünschten ein freies und unabhängiges Österreich, „das in Assoziierung mit Nachbarstaaten, die ähnlichen Problemen gegenüberstehen, sich jener politischen und wirtschaftlichen Sicherheit erfreuen soll, welche die einzige Grundlage für dauernden Frieden ist". Das „zweite Stadium" der britischen Zielsetzung bezüglich Österreichs war wohl deshalb nur angedeutet, weil gerade zur Zeit der Redaktion des Erklärungsentwurfes dem Foreign Office eine Mitteilung des sowjetischen Außenministers Molotow an den britischen Botschafter in Moskau vom 7. Juni 1943 zukam, wonach die Sowjetunion nicht willens sei, der Schaffung einer Föderation, umfassend Polen, die Tschechoslowakei, Jugoslawien, Griechenland, Österreich und Ungarn, zuzustimmen und insbesondere gegen die Einbeziehung Österreichs und Ungarns sei.[7] Übrigens hatte Stalin bereits Ende 1941 dem britischen Außenminister Eden bei dessen erstem Besuch in Moskau gesagt, daß Österreich als unabhängiger Staat wiedererrichtet werden sollte.[8]

In der Österreichpolitik der Alliierten in den letzten Jahren des Zweiten Weltkriegs wurde deutlich, daß sie das Schicksal Österreichs durchaus nicht isoliert, sondern als Funktion ihrer Deutschlandpolitik einerseits, ihrer Ost- und Südosteuropapolitik anderseits betrachteten. Das Postulat der Wiederherstellung der österreichischen Unabhängigkeit war die Konsequenz eines umfassenderen Zieles, nämlich der Schwächung Deutschlands. Der britische und insbesondere Churchills Wunsch nach Integration Österreichs in einer mittel- oder südosteuropäischen Konföderation war die Konsequenz des Bestrebens, Gegengewichte zu dem zu Recht erwarteten Machtzuwachs Rußlands in Europa zu schaffen – darin durchaus vergleichbar Churchills Bemühungen um eine Aufwertung Frankreichs im Kreise der Mächte. Anderseits ist die Gegnerschaft der Sowjetunion zu derartigen Föderationsplänen – und damit auch ihr Eintreten für ein unabhängiges Österreich – wohl aus der Absicht zu

7 Diese Note in russischer Sprache veröffentlicht in: *Sovetsko-Anglijskie otnošenija vo vremja velikoj otečestvennoj vojny 1941–1945* (Die sowjetisch-englischen Beziehungen in der Zeit des Großen Vaterländischen Krieges 1941–1945), hrsg. v. Ministerium für Auswärtige Angelegenheiten der UdSSR, Bd. I: 1941–1943, Moskau 1983, 388–390 (Dok. Nr. 223); Inhalt kurz wiedergegeben im brit. Aide-Mémoire an das State Dept. vom 28. August 1943, *Foreign Relations of the United States 1943,* I, 515–516.

8 Zur Übereinstimmung Stalins und Edens anläßlich dessen erster Moskau-Reise im Dezember 1941 bezüglich der Wiederherstellung der Unabhängigkeit Österreichs vgl. Sir Llewellyn Woodward, *British Foreign Policy in the Second World War,* vol. 2, London 1971, 222–223.

erklären, Gruppierungen, die als „cordon sanitaire“ gegen sie verwendet werden können, auf jeden Fall zu verhindern.

Der amerikanische Präsident F. D. Roosevelt war übrigens zu jener Zeit eher bereit, die Expansion sowjetischen Einflusses in Kauf zu nehmen, als Churchill. In einer sehr bemerkenswerten Unterredung unter vier Augen mit dem Erzbischof von New York und späteren Kardinal Francis Spellman am 3. September 1943 antwortete der Präsident auf Spellmans ausdrückliches Befragen, ob Österreich, Ungarn und Kroatien unter irgendeine Art russisches Protektorat fallen würden, mit einem eindeutigen Ja. Zu Österreich meinte Roosevelt, kein Plan für eine österreichische Exilregierung würde gemacht oder auch toleriert werden. Es werde keine Opposition gegen ein kommunistisch beherrschtes österreichisches Regime geben. Die einzige Möglichkeit, die Österreich vor den Kommunisten retten könnte, wäre es, wenn Otto von Österreich mit Hilfe Ungarns den Thron gewinnen könnte – aber selbst er würde sich mit den Russen zu arrangieren haben. Hinzuzufügen ist, daß die Haltung Roosevelts keineswegs allzu optimistischen oder naiven Vorstellungen über die von ihm erwartete sowjetische Dominanz entsprach, sie war vielmehr Ausdruck von Roosevelts Einschätzung der Begrenztheit amerikanischer und britischer Möglichkeiten: „Wie auch immer“, sagte er zu Spellman, „die Vereinigten Staaten und Großbritannien können nicht gegen die Russen kämpfen.“ In Roosevelts Konzept einer Teilung der Welt in Einflußsphären sollte der pazifische Raum den USA zufallen, Europa und Afrika England und Rußland – da aber England überwiegend koloniale Interessen habe, sei vorauszusetzen, daß Rußland in Europa dominieren würde, erklärte er dem Erzbischof von New York. Auf der Ebene des Department of State und der Experten im Umkreis des State Department gab es 1942/43 mehrfach Diskussionen und Voten zur Österreichfrage; sie standen immer im Zusammenhang mit größeren Problemen, jenem der Zukunft Deutschlands oder Ostmittel- und Südosteuropas, doch ohne die Intensität, mit der in England Österreich mit einer „danubischen“ Lösung verbunden wurde. Zwei Experten, der Rechtsberater des State Department, Green Hackworth, und der Balkanexperte Cavendish Cannon, sprachen sich gelegentlich zugunsten eines unabhängigen Österreichs ohne besondere föderative Bindung aus; Cannon hielt sogar einen zukünftigen Status analog dem der Schweiz für möglich.[9]

---

9 Aufzeichnung Spellmans über sein Gespräch mit *Roosevelt*, veröffentlicht bei: Robert J. Gannon SJ, *The Cardinal Spellman Story*, Garden City, N. Y. 1962, 222–224; deutsche Ausgabe unter dem Titel: *Kardinal Spellman – The Cardinal Spellman Story*, Neuenbürg/Württ. 1963, 189–192. Zu den amerikanischen Österreich-Planungen während des Zweiten Weltkrieges vor dem Herbst 1943 am informativsten Bischof, *Responsibility*, 14–25 (ebd. 23 zu Cannons Äußerung am 6. Jänner 1943), ferner Keyserlingk, *Austria*, 113–119 (ebd. 118 wird Richard Coudenhove-Kalergi irrtümlich „Galigieri-Koudenhove“ genannt).

Vor dem Hintergrund weit über Österreich hinausgehender, den europäischen Kontinent, ja die Weltpolitik umfassender Nachkriegsplanungen der Mächte nahm die geplante Österreich-Erklärung Gestalt an. Nach langem Feilen an dem bereits erwähnten Referentenentwurf war das Foreign Office Mitte August 1943 soweit, den Textvorschlag einer alliierten Österreich-Erklärung samt Harrisons Österreich-Memorandum an die Botschaften nach Washington und Moskau zu senden. Aus den amerikanischen Aktenpublikationen wissen wir, daß im State Department die Formel über die Assoziierung Österreichs mit seinen Nachbarländern weiter abgeschwächt, hingegen der Hinweis auf die Atlantic Charter etwas verstärkt und geringfügige stilistische Änderungen vorgenommen wurden.[10]

Was nun die Einstellung der Sowjetunion zur Zukunft Österreichs betraf, sind vor allem zwei – bereits genannte – Erwägungen zu nennen: die konstante Betonung der zukünftigen Unabhängigkeit Österreichs (die für alle Mitglieder der Kriegskoalition die Funktion der Schwächung Deutschlands hatte) und die Ablehnung der Einbindung Österreichs in ein ostmittel- oder südosteuropäisches föderatives Gebilde, das von sowjetischer Seite (durchaus zutreffend) als britisches Instrument zur Eindämmung sowjetrussischen Einflusses angesehen werden mußte.[11]

Am 29. September 1943 hatte der britische Botschafter in Moskau, Sir Archibald Clark Kerr, dem Außenminister Molotow Harrisons Memorandum über die Zukunft Österreichs und den (noch nicht mit den Amerikanern abgestimmten) Entwurf der Erklärung über Österreich übermittelt. In der Begleitnote schrieb Kerr unter Bezugnahme auf Molotows ablehnende Stellungnahme zu Konföderationen in Ostmittel- und Südosteuropa und trotz

10 Aide-Mémoire der britischen Botschaft in Washington vom 28. August 1943 (inhaltlich identisch mit dem Hauptteil des in Anm. 3 genannten Schreibens Edens vom 14. August) sowie amerikanische Stellungnahme vom 9. Oktober mit revidiertem Text des Erklärungsentwurfs veröffentlicht in: *FR 1943,* I, General, Washington 1963, 516–517, 549–550. Vgl. die gründliche Darstellung von Fritz Fellner, „Die außenpolitische und völkerrechtliche Situation Österreichs 1938 – Österreichs Wiederherstellung als Kriegsziel der Alliierten“, in: *Österreich – Die Zweite Republik,* hrsg. von Erika Weinzierl und Kurt Skalnik, Graz 1972, Bd. 1, 66 ff.

11 Zur sowjetischen Österreichpolitik während des Zweiten Weltkrieges und insbesondere in dessen Endphasen, mit umfassender Verwertung von publizierten Quellen und Literatur in russischer Sprache, vgl. Wilfried Aichinger, *Sowjetische Österreichpolitik 1943–1945,* Wien 1977, bes. 13–56. Die ausführlichste sowjetische Stellungnahme gegen Föderationspläne und gegen einen „cordon sanitaire“ erfolgte seitens Molotows auf der Moskauer Außenministerkonferenz am 26. Oktober 1943: engl. Übersetzung in: *FR 1943,* I, 762–63, russ. Originaltext in: *Sovetskij sojuz na meždunarodnyh konferencijah perioda velikoj otečestvennoj vojny 1941–1945, Tom 1: Moskovskaja konferencija ministrov inostranyh del SSSR, SSA i Velikobritanii (19–30 oktjabra 1943 g), Sbornik dokumentov,* Moskau 1978 (Die Sowjetunion auf den internationalen Konferenzen der Periode des Großen Vaterländischen Krieges 1941–1945, Bd. 1: Die Moskauer Konferenz der Außenminister der UdSSR, der USA und Großbritanniens (19.–30. Oktober 1943), Dokumentensammlung); weiter zit. als *Moskovskaja konferencija,* 193–194 (Nr. 50.)

dessen ausdrücklichem Hinweis, daß die Einbeziehung Österreichs und Ungarns nicht erwünscht wäre, man hoffe, daß sich die russische Mißbilligung nicht auf die Einbeziehung „eines unabhängigen Österreich" und möglicherweise Ungarns in eine Konföderation erstrecken würde, wie sie das Memorandum über die Zukunft Österreichs skizziere.[12]

„Österreich" rangierte übrigens bei der Planung der Moskauer Konferenz lediglich als Klammerausdruck in einem von Engländern und Amerikanern vorgeschlagenen Tagesordnungspunkt über die „Behandlung Deutschlands und anderer Feindstaaten in Europa".[13] Zur Vorbereitung dieses Tagesordnungspunktes richtete der stellvertretende Volkskommissar für Äußeres, Maxim Litwinow, ein eigenes Memorandum an Molotow, das im Außenpolitischen Archiv der Russischen Föderation erliegt. Litwinow war Molotows langjähriger Vorgänger als Volkskommissar für Äußeres, zeitweiliger Botschafter in den USA und Vorsitzender einer im September 1943 eingerichteten Kommission zum Studium des Staatsaufbaus in Europa nach dem Kriege. Litwinows Memorandum enthielt einen eigenen Abschnitt über „Österreich". Litwinow nahm an, daß Eden auf der kommenden Konferenz die Variante einer Verbindung Österreichs und Ungarns besonders betonen würde; dies ist ein Hinweis auf Kerrs Note vom 29. September; er analysierte das britische Memorandum über die Zukunft Österreichs und meinte, daß sich aus dem Memorandum keineswegs die Notwendigkeit einer solchen Verbindung ergebe. Litwinow führte verschiedene Äußerungen Edens, Hulls sowie der tschechischen Exilpolitiker Edvard Beneš und Hubert Ripka (Außenminister der Exilregierung) an, die sich alle für die Unabhängigkeit Österreichs ausgesprochen hatten, am ausführlichsten Ripka, der für das wiedererrichtete Österreich internationale Garantien seiner Unabhängigkeit und internationale Maßnahmen zur Liquidierung pangermanischer Tendenzen gefordert habe. Litwinow

12 Note Kerrs an Molotow vom 29. September 1943 mit britischem Entwurf der Österreich-Erklärung in russischer Übersetzung in: *Moskovskaja konferencija,* 56–59 (Dok. Nr. 16); Harrisons Memorandum nicht abgedruckt, sondern zusammengefaßt ebd. 381, Anm. 12. Keyserlingks Behauptung, das Memorandum wäre den Sowjets gar nicht übermittelt worden (Keyserlingk, *Austria*, 141), ist unrichtig. Kerr hatte zwar zunächst Bedenken wegen der Föderationsthematik gehabt, das Memorandum dann aber auf Weisung Edens mit minimalen Änderungen doch an Molotow gesandt. Kerr an Eden, 15. 9. 1943, Eden an Kerr, 25. 9. 1943, PRO, FO 371/34466, Zl. C-11201/321/G 18.

13 Die Nennung Österreichs erfolgte im britischen Tagesordnungsvorschlag in TOP 6, in der endgültigen Tagesordnung in TOP 7 B („Agreement in principle in regard to treatment of Germany and other enemy countries in Europe") unter lit. (b) wie folgt: „At peace settlement, e.g. frontiers, military occupation, disarmament, reparations, decentralisation of the German Government etc. (Austria)". *FR 1943,* I, 704. Dies bezieht sich eindeutig auf Nachkriegsplanungen; irreführend ist daher Keyserlingks Behauptung: „Als Österreich dann formell auf der Tagesordnung stand, bezog man es in die militärischen Diskussionen im Zusammenhang damit ein, wie Deutschland am besten besiegt werden könnte." Robert H. Keyserlingk, „1. November 1943: Die Moskauer Deklaration – Die Alliierten, Österreich und der Zweite Weltkrieg", in: Rolf Steininger/Michael Gehler, Hrsg., *Österreich im 20. Jahrhundert,* Bd. 2, Wien – Köln – Weimar 1997, 19.

fügte Angaben über die wirtschaftliche Situation Österreichs hinzu (einschließlich Hinweise auf den industriellen Ausbau während der NS-Zeit mit Nennung der Hermann-Göring-Werke). Die Gegner der Existenz Österreichs als unabhängiger Staat beriefen sich auf die Lebensunfähigkeit eines solchen Staates. Unterdessen habe jedoch Österreich, ob recht oder schlecht, zwanzig Jahre lang selbständig existiert, und seine Bevölkerung habe wohl kaum unter schlechteren Bedingungen gelebt als die Bevölkerung, „sagen wir, von Österreichs Balkannachbarn". Schließlich bemerkte Litwinow, es gebe berechtigte Ansprüche Österreichs auf die Gebiete von Passau und Berchtesgaden. Auch wäre es möglich, Österreich Südtirol zurückzugeben, das ihm von Italien weggenommen worden sei, doch sei dies mit der Frage der Behandlung Italiens verbunden. Abschließend erwähnte Litwinow, daß zu jeder Frage noch umfangreicheres Material vorbereitet wurde; wenn Molotow es wünsche, könnten ergänzende Berichte vorgelegt werden.[14] In einem Papier der Litwinow-Kommission über den zukünftigen Staatsaufbau Österreichs, in dem sich bereits etliche der von Litwinow Molotow unterbreiteten Hinweise finden (etwa über Passau, Berchtesgaden und Südtirol ausführlicher als in Litwinows knapper Darlegung für Molotow), findet sich die Erwägung, daß Österreich im Gegensatz zur Tschechoslowakei und Jugoslawien nicht als ausschließlich sowjetische Einflußsphäre betrachtet werden könne, da der sowjetische Einfluß dort vom Einfluß Großbritanniens und der USA beschränkt wäre, weshalb „wir nicht besonders interessiert sind, Österreich übermäßig zu stärken".[15]

---

14 AVPRF, Moskau, Fonds 06, opis' 5 b, p. 39, edinica chranenija [= delo] 2, ll. [= fol.] 77–108, Abschnitt über Österreich fol. 101–105. Diese Studie, datiert mit 8. Oktober 1943, wurde in sieben Exemplaren ausgefertigt; eingesehen wurde das an Molotow mit Datum 9. Oktober ausgefertigte Exemplar Nr. 1, mit handschr. Unterschrift Litwinows und mit Bleistiftanstreichungen Molotows. Ein Exemplar dieser Denkschrift aus einem anderen Fonds des Archivs ist nunmehr (im russischen Originaltext) veröffentlicht in: *SSSR i germanskij vopros 1941–1949/Die UdSSR und die deutsche Frage 1941–1949,* hrsg. v. Historisch-dokumentarischen Department des russischen Außenministeriums und dem Zentrum f. zeithistorische Forschung Potsdam, Bd. I, Moskau 1996, 286–305 (Dok. 63); Abschnitt 6 über Österreich 301–303. In diesem Band auch Nachweis von Stalins bereits im November 1941 geäußerter Absicht, im Zuge der Schwächung Deutschlands Österreich als unabhängigen Staat von Deutschland zu trennen (ebd. 118–119, Dok. 7, Molotow an Majskij, 21. November 1941).

15 Zitiert bei Vladimir V. Sokolov, „Sowjetische Österreichpolitik 1943/45", in: *Österreich 1945. Ein Ende und viele Anfänge (= Forschungen zur Militärgeschichte* 4, hrsg. v. Manfried Rauchensteiner und Wolfgang Etschmann), Graz – Wien – Köln 1997, 73–87, hier 76–77. Das zitierte Arbeitspapier erliegt in AVPRF, Fonds 0512, op. 4, p. 12, d. 2, fol. 5–7. Ein Jahr später (15. November 1944) verfaßte die Litwinow-Kommission eine Studie über die Aussichten und möglichen Grundlagen einer sowjetisch-britischen Kooperation, wonach in Europa zwischen einer sowjetischen und einer britischen Sicherheitssphäre eine „neutrale Zone", Deutschland und Österreich einschließend, gebildet werden sollte. Vladimir O. Pechatnov, „The Big Three After World War II", Woodrow Wilson International Center for Scholars, Cold War International History Project, Working Paper No. 13, Juli 1995, 12–13, zit. nach AVPRF, Fonds 06, op. 6, p. 14, d. 149, fol. 54. Ergänzende Quellen bei Oliver Rathkolb, „Historische Fragmente und die ‚unendliche Geschichte' von den

Auf der am 19. Oktober 1943 in Moskau beginnenden Konferenz der drei Außenminister wurde Österreich also eigentlich als Anhängsel der Deutschlandfrage behandelt. Mit Recht ist gesagt worden, daß die Frage der Zukunft Österreichs sich auf der Konferenz lediglich als „Folge der Neuordnung der deutschen Machtstellung“ ergab.[16] In der Sitzung der Außenminister vom 25. Oktober wurde im Anschluß an eine Diskussion über die Zukunft Deutschlands als britischer Vorschlag ein zwischen Engländern und Amerikanern abgesprochener Text vorgelegt, nämlich der Foreign-Office-Entwurf mit den Modifikationen des State Department. Dieser Text war erst zwei Tage zuvor vom Botschafter Kerr an Molotow gesandt worden.[17] Ohne ein Wort weiterer Diskussion einigten sich die drei Außenminister darauf, diesen Entwurf dem Redaktionskomitee (Drafting Committee) der Konferenz zur weiteren Bearbeitung zu übergeben. In diesem Redaktionskomitee kam es allerdings zu erheblichen Veränderungen des anglo-amerikanischen Entwurfs, und zwar auf sowjetischen Wunsch.

Zunächst hatte ein Kommentar des sowjetischen Außenministeriums zum britischen Entwurf der Österreich-Erklärung lediglich festgestellt: „Wir haben keine Einwände gegen die vorgeschlagene Erklärung über Österreich“, wenn zwei Änderungen vorgenommen würden. Die Formulierung: „. . . die Österreich am 15. März 1938 auferlegte Union mit Deutschland“ sollte durch das stärkere Wort „slijanie“ – „Fusion, Verschmelzung“ – ersetzt werden, und der den Engländern mit ihren „Föderations“-Vorstellungen so teure Hinweis auf Österreichs Zukunft in Verbindung oder gemeinsam mit den Nachbarstaaten sollte abgeschwächt werden.[18] Insgesamt waren dies zwei eher geringfügige Änderungswünsche, doch sollten im Redaktionskomitee bald gewichtigere Revisionsforderungen hinzukommen. In diesem Komitee saßen: der damals schon profilierte frühere Generalstaatsanwalt (und Hauptankläger in den stalinistischen Schauprozessen der späten dreißiger Jahre!) Andrej Wyschinskij, nunmehr im Range eines stellvertretenden Außenministers und nachmals, von 1949 bis 1953, sowjetischer Außenminister; der Rechtsberater des amerikanischen State Department, Green H. Hackworth; und der hohe britische Diplomat Sir William Strang, nachmals als „Permanent Under Secretary“ der ranghöchste Beamte des Foreign Office. Trotz intensiver Suche sind bisher Unterlagen über die Diskussionen im Redaktionskomitee in englischen und amerikani-

---

sowjetischen Absichten in Österreich 1945“, in: A. Ableitinger/S. Beer/E. Staudinger (Hrsg.), *Österreich unter alliierter Besatzung 1945–1955,* Wien – Köln – Graz 1998, 137–158.

16 Fellner, „Außenpolitische und völkerrechtliche Situation“, 70.

17 Britische Note vom 23. Oktober mit Beilage in russ. Übersetzung, in: *Moskovskaja konferencija,* 293–94 (Dok. Nr. 67). Der englische Originaltext des revidierten Entwurfs in *FR 1943*, I, 550.

18 AVPRF, Fonds 07, op. 4, p. 26, d. 13, fol. 188, Positionspapier „Behandlung Deutschlands und der anderen feindlichen Länder in Europa“, auf der 1. Seite (= fol. 186) Paraphe Wyschinskijs.

schen Archiven oder Nachlässen nicht zutage gekommen.[19] Um so wertvoller war der Fund – im Archiv des Moskauer Außenministeriums – von Wyschinskijs Arbeitsexemplar des Entwurfs der Österreich-Erklärung mit zahlreichen handschriftlichen Korrekturen und Notizen.[20] Daraus ergibt sich folgendes:

a) Bezüglich des sowjetischen Wunsches, nicht von der Österreich 1938 auferlegten „Union", sondern von der „Fusion" zu sprechen, gibt es den handschriftlichen Vermerk „Fusion" (slijanie) und daneben das (wieder durchgestrichene) Wort „passend" (umestno). Tatsächlich findet sich allerdings in allen weiteren Textversionen das Wort „Annexion" (prisoedinenie), ohne daß wir gegenwärtig eindeutig sagen könnten, von welcher Seite es kam.

b) Bezüglich des sowjetischen Wunsches, von der „Föderationen"-verdächtigen Formel wegzukommen, die Österreichs Zukunft „in Assoziation" mit Nachbarstaaten sah, konnte Wyschinskij die abschwächende Formel „wie auch andere Nachbarstaaten" durchsetzen. Er notierte dies handschriftlich und fügte hinzu: „Hackworth ist einverstanden mit meiner Verbesserung. Strang auch einverstanden."

c) Von größerer Tragweite waren die nun folgenden Revisionen. Wyschinskij war mit der von den Engländern und Amerikanern vorgeschlagenen Formel, daß „das österreichische Volk" eine Verantwortung trage, der es nicht entrinnen könne, nicht einverstanden. Er suchte in dem Bemühen, diese Verantwortlichkeit präziser zu fixieren, nach anderen Worten. Es ist selten, in einem Dokument den sich entwickelnden Gedanken eines Politikers und Diplomaten so deutlich folgen zu können wie in Wyschinskijs Notiz: „Österr. Volk – ob nicht besser (zu) schreiben ‚österreichische Gesellschaft', noch besser – Österreich."[21] Und hinzu kam folgender (ebenfalls handschriftlich festgehaltener) Satz: „Ich richte die Aufmerksamkeit darauf, daß sie [d. i. „Avstrija", Anm. d. Verf.] Verantwortung für (die) Beteiligung am Krieg an der Seite Deutschlands trägt."[22]

---

19 Keiner der zahlreichen Historiker, die sich bereits mit der Entstehung der Moskauer Erklärung befaßt haben, ist bisher fündig geworden. Der Verf. hat u. a. die in der Manuscript Division der Library of Congress in Washington befindlichen Nachlässe Cordell Hulls, des damaligen amerikanischen Botschafters in Moskau, Averell Harriman, und des im Redaktionskomitee sitzenden Rechtsberaters Green H. Hackworth ohne Erfolg durchgesehen. Eine schriftliche Anfrage 1976 an Lord Strang (1943 Sir William Strang) hatte zur Antwort (Brief v. 6. Dezember 1976), daß Lord Strang über keinerlei Papiere von der Moskauer Konferenz verfüge.

20 AVPRF, Fonds 07, opis' 4, p. 26, d. 12, fol. 58.

21 „Avstrijskij narod –ne lučše pisat' ‚avstrijskoe obščestvo', eščë lužše Avstrija".

22 Die Tatsache, daß Wyschinskij hier die weibliche Form („sie trägt Verantwortung") verwendet, ist von beträchtlichem Interesse; dies zeigt nämlich, daß Wyschinskij als Träger der Verantwortung für die Teilnahme am Kriege an der Seite Deutschlands nicht mehr das „österreichische Volk" identifizierte, da „narod" maskulin ist, und auch nicht mehr die (wohl nur ein ganz kurzes gedankliches Zwischenstadium bedeutende) „österreichische Gesellschaft", da „obščestvo" ein Neutrum ist, sondern den Staat Österreich, da „Avstrija" feminin ist. Ich bin für die Entzifferung und Übersetzung dieser handschriftlichen Notizen Wyschinskijs Frau Prof. Dr. Olga Veličko,

Damit ist die Genese der „Verschärfung" des letzten Absatzes der Moskauer Österreich-Erklärung, der sogenannten „Verantwortlichkeitsklausel", geklärt.[23] Es handelte sich aber nicht nur um eine Verschärfung, sondern um eine qualitative Veränderung der „Verantwortlichkeitsklausel". Denn mit der Neuformulierung war ein Ansatzpunkt gegeben, die Frage der österreichischen Verantwortlichkeit von der Ebene der psychologischen Kriegführung bzw. Propaganda – Zielrichtung Verantwortlichkeit der Bevölkerung, mit erhofften Folgen v o r Kriegsende – auf die juristisch-völkerrechtliche Ebene – Zielrichtung Verantwortlichkeit des Staates mit Konsequenzen n a c h Kriegsende – zu transferieren. Die beiden westlichen Delegationen waren bezüglich der Österreich-Erklärung kompromißbereit, wie aus einer Formulierung Außenminister Edens in einer telegraphischen Mitteilung nach London hervorgeht: Diese Änderungen seien von russischer Seite vorgeschlagen worden, „und obgleich sie uns nicht besonders gefallen, haben wir und die Amerikaner sie akzeptiert".[24]

Doch noch war Molotow, Wyschinskijs Chef, nicht endgültig zufrieden. Ein zweites sehr aufschlußreiches, im gleichen Archiv aufgefundenes Aktenstück ist Molotows Arbeitsexemplar der vom Redaktionskomitee verabschiedeten Fassung mit handschriftlichen Korrekturen und Notizen zu den letzten noch im Plenum der Außenministerkonferenz erfolgten Revisionen, die zum endgültigen Text der Moskauer Österreich-Erklärung führten. Auf seinem Arbeits-

---

Moskau, zu sehr großem Dank verpflichtet. Ich danke auch sehr herzlich Frau Mag. Irmgard Soukup-Unterweger, Wien, für die grammatikalische Interpretation, die zum Verständnis des Bedeutungswandels der Verantwortlichkeitsklausel beiträgt und beweist, daß Wyschinskij zunächst die Änderung auf „Österreich" und danach die Ausweitung der Verantwortlichkeit „für die Teilnahme am Kriege an der Seite Deutschlands" proponierte.

23 Nach den Angaben eines amerikanischen Teilnehmers, Philip E. Mosely, hätte Wyschinskij zunächst die Formulierung verlangt, daß Österreich „full political and material responsibility" für die Teilnahme am Kriege trage; vgl. Mosely, „The Treaty with Austria", in: *International Organization,* 4 (1950), 227. Im Lichte von Wyschinskijs eigener Notiz „Ich richte die Aufmerksamkeit darauf, daß Österreich Verantwortung für die Beteiligung am Krieg an der Seite Deutschlands trägt" wäre es nicht auszuschließen, daß diese Äußerung Wyschinskijs – möglicherweise mündlich ausführlicher vorgetragen und begründet – die Grundlage für Moselys Äußerung bildet. Mosely erzählte Gruber im Sommer 1947, bei „der Beratung der Moskauer Deklaration hätten die Russen nur mit schwerer Mühe von der Auferlegung von Reparationen auf Österreich abgebracht werden können". Aufzeichnung des Generalsekretärs des Außenamtes Heinrich Wildner v. 13. 7. 1947, in: ÖStA, GD, NLS, Nr. E/1791/17; der Nachlaß H. Wildner konnte erst eingesehen werden, als dieses Buch schon im Satz war und konnte daher nur fallweise eingearbeitet werden. Lord Strang hat in einem Brief an den Verf. (oben Anm. 19) Moselys Glaubwürdigkeit sehr hoch eingeschätzt. Die Editoren des Bandes *Moskovskaja konferencija* sprechen ohne Detailangaben und ohne Angaben zur Provenienz lediglich davon, daß im Redaktionskomitee der Text „ein wenig" abgeändert worden sei; dieser Interpretation kann ich mich nicht anschließen. *Moskovskaja konferencija,* 395, Anm. 64.

24 Telegramme *Edens* aus Moskau Nr. 119 und 120, 30. Oktober 1943, PRO, FO 371/34466, C 12.794. In Nr. 119: „. . . though we do not particularly like them we and the Americans have accepted them."

exemplar und einem daran angefügten Blatt Papier[25] notierte Molotow „Unsere Korrekturen" – die Korrekturen letzter Hand am letzten Tag der Außenministerkonferenz, dem 30. Oktober.[26] Molotow verlangte (und setzte durch) erstens die Streichung des ursprünglichen Hinweises auf den Geist der Atlantic Charter; er legte zweitens Wert darauf, von „hitlerischer" Aggression gegen Österreich anstatt von „Nazi-Aggression" zu sprechen – damit stieß er, ohne es zu wissen, ein Stück Churchillscher Rhetorik um. Und er legte drittens ebenfalls Wert darauf, im letzten Absatz betreffend die Teilnahme Österreichs am Kriege an der Seite Deutschlands neuerlich das Adjektiv „hitlerisch" zu setzen – also: „Teilnahme am Kriege an der Seite des hitlerischen Deutschland."

Die Österreich-Erklärung bildet den Annex 6 des Protokolls der Moskauer Konferenz, das die Außenminister am 1. November unterzeichneten.[27] Sie wurde am gleichen Tag veröffentlicht. Wenig später, am 16. November, schloß sich das französische Komitee der nationalen Befreiung unter Charles de Gaulle dieser Erklärung an. Unter Hinweis auf die Moskauer Erklärung brachte das Nationalkomitee in Erinnerung, „daß Frankreich immer zu Gunsten der österreichischen Unabhängigkeit Stellung ergriffen hat". Im Sinne der Zielrichtung „Beeinflussung der Bevölkerung" war der letzte Satz der französischen Erklärung formuliert, das Komitee zweifle nicht daran, „daß österreichische Patrioten die Sache ihrer Unabhängigkeit fördern werden, indem sie selbst an der Befreiung und der Wiedergeburt ihres Landes arbeiten".[28] Das französische Nationalkomitee fügte keinen der „Verantwortlichkeitsklausel" entsprechenden Satz hinzu, ohne daß hieraus zu weitgehende Folgerungen gezogen werden dürften.[29]

Die Moskauer Deklaration von 1943 ist in den vergangenen Jahren Gegenstand kontroverser Interpretationen geworden. Die erste Kontroversfrage ist eine wissenschaftliche und bezieht sich auf Zielsetzung und „Stellenwert" der Moskauer Deklaration im Rahmen der alliierten Politik (und Kriegsführung) im Zweiten Weltkrieg. Die zweite Kontroversfrage ist stärker politisch und gegenwartsbezogen motiviert – aus der Bewußtseinslage der späten achtziger und frühen und mittleren neunziger Jahre – und befaßt sich mit dem Gebrauch

25 AVPRF, Fonds 07, opis' 4, p. 26, d. 11, fol. 55 u. 55 b. Die letzten Änderungen wurden berichtet von Eden an das Foreign Office in Tel. Nr. 140, 31. 10. 1943, PRO, FO 371/34466, Zl. C 12795.

26 Die letzte Plenarsitzung fand am Samstag, den 30. Oktober 1943 statt, und nicht am 31. Oktober, wie Bischof, *Responsibility*, 844, meint.

27 Geheimes Protokoll der Moskauer Konferenz in: *FR 1943*, I, 749–769, zu Österreich 752 und 761.

28 Text in deutscher Übersetzung bei Verosta, *Internationale Stellung*, 54; Originaltext (ebenso wie der Text eines ausführlicheren Entwurfs) zit. bei Lydia Lettner, *Die französische Österreichpolitik von 1943 bis 1946*, Dissertation Salzburg 1980, 96.

29 Wie dies etwa General Emile Béthouart in seinem Buch *La bataille pour l'Autriche*, Paris 1966, 9, getan hat; hierzu Lettner, *Französische Österreichpolitik*, 97–99.

– oder Mißbrauch – der Moskauer Deklaration seit Begründung der Zweiten Republik Österreich.

Zunächst zur ersten Kontroversfrage. Der kanadische Historiker Robert Keyserlingk hat 1988 ein Buch über „Österreich im Zweiten Weltkrieg – ein anglo-amerikanisches Dilemma" veröffentlicht, in dem er mit großer Entschiedenheit die These vertritt, die Österreich-Erklärung sei k e i n „politisches Dokument" gewesen, sondern lediglich ein Instrument der „psychologischen Kriegsführung", sprich der Kriegspropaganda mit dem Zweck, die Österreicher dem NS-Herrschaftssystem und der Verbindung mit Deutschland abspenstig zu machen. Zu dieser These ist folgendes zu sagen:

1. Es bleibt unbestritten, daß der psychologisch-propagandistische Einsatz dieses Textes ein wesentliches Ziel der initiativ gewordenen Briten war,[30] denen sich die Amerikaner anschlossen, und auch die Sowjets haben von der Österreich-Erklärung propagandistisch Gebrauch gemacht – bis hin zu den Flugzetteln mit dem Text der Erklärung, die in den Apriltagen des Jahres 1945 über Wien und Niederösterreich abgeworfen wurden.

2. Damit ist jedoch nicht gesagt, daß die Österreich-Erklärung „kein politisches Dokument" wäre, wie Keyserlingk mehrfach zu argumentieren versucht.[31] Keyserlingk glaubt, Propagandaaktivitäten einerseits und „political policy", politische Planungen andererseits als zwei voneinander getrennte Ebenen alliierter Aktivität sehen zu können. Auf der einen Seite habe es die westlichen „Planer" gegeben, die weiterhin dem Ziel verpflichtet gewesen seien, „nicht die österreichische Unabhängigkeit wiederherzustellen, sondern Österreich in eine größere föderative Struktur einzupassen"; andererseits, „for their part", hätten „politische Krieger" die Moskauer Deklaration über Österreich als militärische Waffe entworfen, um hinter der Front Rebellion zu stiften. Keyserlingk vergißt dabei, daß „Planer" und „Krieger" zumindest in den entscheidenden Monaten ab April 1943 miteinander identisch waren, sogar in einer Person, jener des Diplomaten Geoffrey Harrison, Autor des „Planungsdokuments" über die Zukunft Österreichs und erster Entwerfer jener Erklärung, deren Endfassung die drei Außenminister im Oktober 1943 verabschiedeten. Der österreichisch-amerikanische Historiker Günter Bischof hat gezeigt, wie sich Harrison im März 1943 anschickte, von einem rein propagandistischen Text der „Political Warfare Executive" wegzukommen und mit einer politischen Erklärung aufs Ganze zu gehen.[32]

30 Besonders klar formuliert in dem britischen Aide-Mémoire an das State Department vom 28. August 1943, *FR 1943*, I, 516.

31 Vgl. Keyserlingk, *Austria*, 144, 166, 186 und öfter, sowie ders., „1. November 1943", 18–19.

32 „... we can go whole hog", wie Harrisons idiomatische Äußerung lautete. Zit. bei Bischof, *Responsibility*, 31.

3. Was immer die Motive für einen politischen Text, entscheidend sind seine Aussagen, und die Aussagen der Moskauer Österreich-Erklärung legten die *Regierungen* Großbritanniens, der UdSSR und der USA auf die Befreiung Österreichs von deutscher Herrschaft und die Wiederherstellung seiner Unabhängigkeit fest. Keyserlingks Bemühungen, den Stellenwert der Moskauer Erklärung mit dem Hinweis zu reduzieren, daß die Außenminister die Erklärung nicht einmal unterschrieben hätten, geht ins Leere, da im Text selbst eine Festlegung der Regierungen erfolgt war – ganz abgesehen davon, daß die Außenminister das Protokoll der Moskauer Außenministerkonferenz, deren Annex Nr. 6 die Österreich-Erklärung ist, sehr wohl unterschrieben hatten. Dazu kommt, daß Keyserlingk den sowjetischen Anteil an der Endredaktion der Moskauer Erklärung nicht berücksichtigt; die Festlegung einer Verantwortlichkeit *Österreichs*, und nicht des österreichischen Volkes, wie von Engländern und Amerikanern beabsichtigt, machte aus diesem Text vollends ein über den Bereich der psychologischen Kriegsführung hinausreichendes politisches Dokument, wie die Rolle der Moskauer Erklärung nach Kriegsende erweisen sollte.[33] Es handelte sich allerdings um ein janusköpfiges politisches Dokument, in dem die widersprüchlichen Thesen von Österreich als dem ersten Opfer der Hitlerschen Aggression und von seiner Verantwortung für die Teilnahme am Kriege an der Seite Hitler-Deutschlands nebeneinander standen. Wie alle politischen Texte diente die Moskauer Deklaration als Instrument der jeweiligen Interessenlage und Zielsetzungen jener, die sich dieses Textes bedienten. Das waren zunächst die Alliierten selbst;[34] und das sollte ab April 1945 auch das wiedererstehende Österreich sein.

Damit ist die Verbindung zu der zweiten vorhin genannten Kontroversfrage gegeben. Es handelt sich um die „Instrumentalisierung" der Moskauer Deklaration seitens des offiziellen Österreich ab 1945 zur Stützung der Stellung Österreichs als „Opfer" der Hitlerschen Aggression im Jahre 1938 im Sinne des ersten Absatzes der Moskauer Erklärung, bei gleichzeitiger Unterbelichtung der Beteiligung Österreichs (zahlreicher Österreicher) an den zahllosen Verbrechen des NS-Regimes einschließlich der Verbrechen an den europäi-

---

33 Keyserlingk, *Austria*, 144. Keyserlingk, „1. November 1943", 19, sagt, Molotows Hauptbeweggründe seien „militärischer Natur" gewesen; dies bezieht sich jedoch auf die Frage der „Zweiten Front"; die österreichbezogenen Quellen weisen hingegen deutlich in die Richtung der Schaffung günstiger argumentativer Ausgangspositionen für Nachkriegsansprüche.

34 Keyserlingk selbst bringt das Beispiel einer höchst politischen, ja sogar juristischen, und jedenfalls ganz und gar „unpropagandistischen" Verwendung der Moskauer Deklaration kaum einen Monat nach ihrer Beschlußfassung: niemand anderer als der Rechtsberater des State Department, Green Hackworth, amerikanisches Mitglied des Redaktionskomitees in Moskau, sprach sich am 23. November 1943 gegen die Anerkennung des früheren Ministers der Regierung Schuschnigg, Hans Rott, als Chef einer österreichischen Exilregierung aus und verwies zur Begründung seiner ablehnenden Haltung auf die Moskauer Erklärung, wonach Österreich eine Verantwortlichkeit für die Teilnahme am Kriege an der Seite Deutschlands habe! Keyserlingk, *Austria*, 209.

schen (und besonders auch österreichischen) Juden.[35] Zu dieser mit beträchtlicher Vehemenz von Günter Bischof vorgetragenen These soll, in einem kurzen Exkurs, folgendes zu bedenken gegeben werden.

Die vorhin getroffene Aussage, daß politische Texte der jeweiligen Interessenlage und den Zielsetzungen der solche Texte verwendenden politischen Akteure dienen, daß politische Texte i m m e r eine auf Beeinflussung abzielende, d. h. eine advokatorische Funktion haben, galt nicht nur für die alliierten Mächte, sondern auch für Österreich. Es ist ein Gesetz politischer Argumentation, daß bei Vorliegen eines gegebenen Textes die jeweils günstigsten Aussagen aufgegriffen und betont werden, die jeweils ungünstigsten entweder widerlegt oder, wenn dies nicht möglich ist, unterbelichtet werden. Die von den Alliierten im ersten Teil der Moskauer Erklärung gebotene Chance konnte von einer österreichischen Regierung gar nicht zurückgewiesen werden.[36] Die Moskauer Erklärung findet daher ihren Platz in der Proklamation der Selbständigkeit Österreichs, der Unabhängigkeitserklärung vom 27. April 1945 – allerdings durchaus mit „pflichtgemäßer Erwägung" der Verantwortlichkeitsklausel –, und es ist richtig, wenn von der „legitimatorischen Funktion" der Moskauer Erklärung für die Zweite Republik gesprochen wird.[37] Dazu kam, daß die „Opferthese" den persönlichen Erfahrungen zahlreicher verantwortlicher Politiker der ersten Stunde und der ersten Jahre der Zweiten Republik entsprach und sie sich mit ihr spontan identifizieren konnten.[38] Wäre es in den Jahren nach 1945 nicht zu der starken, wenn auch häufig überzeichneten

---

35 Günter Bischof, „Die Instrumentalisierung der Moskauer Erklärung nach dem 2. Weltkrieg", in: *Zeitgeschichte*, 20 (1993), 345–366; im Frühjahr 1993 gab es zu dieser Thematik eine Polemik in der Wochenschrift *Die Furche*; vgl. insbesondere: Günter Bischof, „Sind wir Opfer einer Opferideologie?", *Die Furche*, Nr. 11, 18. März 1993, 22; Felix Butschek, „Österreich – Verbündeter des Deutschen Reiches?", *Die Furche*, Nr. 17, 29. April 1993, 7; Günter Bischof, „Abschied von liebgewonnenen Geschichtsbildern", ebd.; Hans Reichmann, „Österreich war Opfer" (Leserbrief), *Die Furche*, Nr. 25, 24. Juni 1993, 2.

36 Hierzu überzeugend Thomas Albrich, „Heiligt der Zweck die Mittel? Anmerkungen zu Robert Knights Auswahledition der Wortprotokolle der österreichischen Bundesregierung von 1945 bis 1952 über die Entschädigung der Juden", in: *Innsbrucker Historische Studien*, Bd. 10/11, 1988, 410.

37 Robert Graham Knight, „Besiegt oder befreit? Eine völkerrechtliche Frage historisch betrachtet", in: *Die bevormundete Nation. Österreich und die Alliierten 1945–1949*, hrsg. v. Günter Bischof und Josef Leidenfrost (= Innsbrucker Forschungen zur Zeitgeschichte 4), Innsbruck 1988, 75–91.

38 Hierzu ein bisher unbekanntes Detail: In einer Ministerratssitzung kündigte Bundeskanzler Leopold Figl seine Teilnahme an der Gedenkfeier für einen von den Nationalsozialisten ermordeten russischen General in Mauthausen an und fügte hinzu: „Der russische General befand sich 2 Zellen von mir seinerzeit in Mauthausen." . . . AdR, BKA, MRProt. Nr. 101/Figl I v. 24. Februar 1948. Die Regierung Figl I mit durchschnittlich siebzehn Regierungsmitgliedern wies zwölf bis vierzehn Politiker auf, die in der nationalsozialistischen Zeit Verfolgungen erlitten hatten (!); hierzu *Protokolle des Kabinettsrates der Provisorischen Regierung Karl Renner 1945*, Bd. 1, hsrg. v. Gertrude Enderle-Burcel, Rudolf Jeřábek und Leopold Kammerhofer, Horn/Wien 1995, S. V (Einleitung).

Betonung des „Österreichischen“ in Absetzung vom „Deutschen“ gekommen, hätte Österreich nicht den Status des befreiten Landes reklamiert, wozu die Moskauer Erklärung die Chance bot, sondern sich als besiegte und eroberte Summe der Donau- und Alpengaue, als besiegte „Ostmark“ empfunden, dann wäre Österreich in der Tat – im Sinne der Thesen des deutschen Historikers Karl Dietrich Erdmann – nichts anderes als einer von drei – bzw. seit 1990 von zwei – deutschen, aus der Konkursmasse des Großdeutschen Reiches hervorgegangenen Staaten.[39] Nie hätte sich jenes Bewußtsein der österreichischen Eigenständigkeit oder Identität entwickeln können, das ein halbes Jahrhundert später so selbstverständlich erscheint. Nicht der Hinweis auf den *Staat* Österreich als Opfer Hitlerscher Aggression ist in Frage zu stellen.[40] Etwas anderes ist kritisch zu kommentieren: erstens, jenseits rechtlicher Verantwortlichkeit, das Fehlen der moralischen Einsicht, daß Scham für die Untaten von Landsleuten auch seitens jener angebracht sein kann, bei welchen individuelle Schuld nicht vorliegt; und zweitens, die einer langen österreichischen Tradition entsprechende Übung, zu juridifizieren und juristisch, auch engherzig formalistisch, dort zu agieren, wo freiwillige Großzügigkeit, von weitsichtigem politischem Willen getragen, die bessere, weil moralisch überzeugendere Politik gewesen wäre.[41]

Zurück zur Moskauer Erklärung. Mit ihr hatten sich also die Kriegsalliierten, was immer die – unterschiedlichen – Motive der Alliierten aus West und Ost gewesen sein mochten, endgültig für die Wiederherstellung der Unabhängigkeit Österreichs als eines ihrer Kriegsziele festgelegt – unbeschadet diverser weitergehender Pläne, die etwa seitens Churchills noch bis in die Tage der Konferenz von Jalta im Februar 1945 vertreten wurden. Auch bei Präsident

39 Vgl. Karl Dietrich Erdmann, *Die Spur Österreichs in der deutschen Geschichte. Drei Staaten, zwei Nationen, ein Volk?* Zürich 1989. Zur Kritik an Erdmann: Gerald Stourzh, *Vom Reich zur Republik. Studien zum Österreichbewußtsein im 20. Jahrhundert,* Wien 1990, 10–18.

40 Hitlers Sieg (im März 1938) „war nur zum Teil den Anstrengungen der österreichischen Nationalsozialisten zuzuschreiben, und noch mehr deutschem Druck und der militärischen Macht des Dritten Reiches“: Francis L. Carsten, *Faschismus in Österreich,* München 1978, 294. Vgl. auch Gerhard L. Weinberg, „Die deutsche Außenpolitik und Österreich 1937/38“, in: *Österreich, Deutschland und die Mächte. Internationale und österreichische Aspekte des „Anschlusses“ vom März 1938,* hrsg. v. Gerald Stourzh u. Birgitta Zaar, Wien 1990, 61–74; Gerald Stourzh, „Die Außenpolitik der österreichischen Bundesregierung gegenüber der nationalsozialistischen Bedrohung“, ebd. 319–346, hier 341 ff.; Franz Müller, „Franz von Papen und die deutsche Österreichpolitik in den Jahren 1934 bis 1938“, in: *Tirol und der Anschluß. Voraussetzungen, Entwicklungen, Rahmenbedingungen 1918–1938,* hrsg. v. Thomas Albrich, Klaus Eisterer und Rolf Steininger (= Innsbrucker Forschungen zur Zeitgeschichte 3), Innsbruck 1988, 377–378.

41 Hierzu viel Anschauungsmaterial bei: Brigitte Bailer, *Wiedergutmachung kein Thema. Österreich und die Opfer des Nationalsozialismus,* Wien 1993; dies., „‚Ohne den Staat weiter damit zu belasten . . .‘ Bemerkungen zur österreichischen Rückstellungsgesetzgebung“, in: *Zeitgeschichte,* 20 (1993), 367–381. Ferner Georg Graf, „Arisierung und keine Wiedergutmachung“, in: P. Muhr u. a. (Hrsg.) *Philosophie, Psychoanalyse, Emigration.* Festschrift für Karl Rudolf Fischer zum 70. Geburtstag, Wien 1992, 65–82.

Truman scheint es übrigens bis in die Vorbereitungsphase der Potsdamer Konferenz Überlegungen gegeben zu haben, ein aus Baden, Württemberg, Bayern, Österreich und Ungarn bestehendes Gebilde mit der Hauptstadt Wien zur Diskussion zu stellen. Doch findet sich weder in den amerikanischen noch sowjetischen, noch britischen Quellen zur Potsdamer Konferenz selbst ein Hinweis, daß Präsident Truman in Potsdam ein derartiges Projekt vorgelegt hätte.[42]

2. *Zoneneinteilung und Erstes Kontrollabkommen*

Ebenso wichtig wie die Moskauer Erklärung über Österreich war aber noch ein zweiter Beschluß der Moskauer Außenministerkonferenz: Die drei Außenminister beschlossen die Einsetzung eines Diplomatengremiums mit dem Namen „Europäische Beratungskommission“ (European Advisory Commission, EAC) mit Sitz in London; wichtigste Aufgabe dieser Kommission wurde die Ausarbeitung der Regelungen, die für die Zeit nach dem Sieg über Deutschland erforderlich waren. Geregelt werden mußte aber vor allem die Art und Weise der Besetzung und Verwaltung des Deutschen Reichs nach dem erwarteten Zusammenbruch des Hitler-Regimes. Da auch Österreich verwaltungsmäßig integrierender Teil des Deutschen Reichs geworden war, ergab sich unter Zugrundelegung des Beschlusses, Österreich von Deutschland zu trennen und als unabhängigen Staat wiederherzustellen, die Notwendigkeit, sowohl für Deutschland als auch für Österreich getrennte Regelungen für den Anteil der verschiedenen Alliierten an der Besetzung, d. h. Abkommen über Besatzungszonen und über die Funktionsweise gemeinsamer Verwaltungs- und Kontrollaufgaben, auszuarbeiten.

---

42 Wichtig ein amerikanisches Memorandum vom 8. Juni 1944, das für Österreichs Beziehungen zu seinen Nachbarn die Möglichkeit „besonderer wirtschaftlicher Arrangements, politischer Föderation oder selbst eine Zusammenlegung von Souveränitätsrechten“ offenließ, zit. bei Fellner, Außenpolitische Situation, 77. Zu Churchills Haltung in Jalta, vgl. *FR, The Conferences of Malta and Jalta*, Washington 1955, 613, 625. Zu dem amerikanischen Projekt vgl. William Leahy, *I Was There*, London 1950, 455. Darauf bezieht sich: *Geschichte der sowjetischen Außenpolitik, 1. Teil, 1917–1945*, Berlin 1969, 538, die Leahys Aussage zutreffend wiedergibt; hingegen gibt es keinerlei Quellennachweis für die Aussage bei dem DDR-Autor Gerhard Kegel, *Ein Vierteljahrhundert danach – das Potsdamer Abkommen und was daraus geworden ist*, Berlin 1970, 54, daß Truman diesen Plan tatsächlich zum Vorschlag gebracht hätte. Bei Kegel, S. 55, findet sich eine Kartenskizze mit einem Österreich und Ungarn umfassenden süddeutschen Staat und dem Titel „Truman-Plan in Potsdam“; eine solche Karte wurde seinerzeit auch mit der Überschrift „Vorschlag des USA-Präsidenten Truman in Potsdam“ in der DDR-„Historischen Gedenkstätte des Potsdamer Abkommens Cecilienhof“ gezeigt, doch finden diese Überschriften keine Deckung in den Quellen über die Beratungen der „Großen Drei“.

Von den in den ersten Monaten des Jahres 1944 einsetzenden, aber erst im Juli 1945 abgeschlossenen Arbeiten der Europäischen Beratungskommission über Österreich[43] ist hier vor allem auf die Entstehung der Zoneneinteilung einzugehen.

Bemerkenswert ist, daß in Amerika weder der Generalstab noch Präsident Roosevelt Interesse an der Besetzung Österreichs zeigten, mit Ausnahme eines symbolischen Kontingents in Wien. Monatelang dominierte die Beratungen der EAC ein britisch-amerikanischer Streit um die Besatzungszonen in Deutschland, und die Überlegungen bezüglich Österreichs wurden davon stark beeinflußt. Wer Bayern besetzte, sollte auch Österreich (westlich der russischen Zone) besetzen. Eine Zeitlang sah es so aus, als ob Österreich in eine russische und eine englische Zone geteilt werden würde, mit Dreimächtebesetzung Wiens. Die Sowjetunion legte jedoch Ende November 1944 eine Zoneneinteilung vor, die sehr wohl eine massive Beteiligung der Amerikaner einschloß: Abgesehen von der für eine Dreimächtebesetzung vorgesehenen Stadt Wien sollten das Burgenland, das östliche Niederösterreich und der größere östliche Teil der Steiermark (einschließlich der Stadt Graz) von den Sowjets besetzt werden, der westliche Teil Niederösterreichs (einschließlich des Waldviertels), der nordwestliche Teil der Steiermark und ganz Kärnten von den Engländern; alle übrigen Bundesländer (also Oberösterreich, Salzburg, Tirol und Vorarlberg) sollten den Amerikanern zufallen. Eigentümlich war hier der Verlauf der sowjetisch-britischen Demarkationslinie quer durch Niederösterreich und die Steiermark entlang den Verwaltungsgrenzen von Bezirkshauptmannschaften, von der tschechischen Grenze in der Nähe von Retz bis zur jugoslawisch-steirisch-kärntnerischen Grenze. Von Interesse ist nicht nur das lange amerikanische Zögern, sich stärker in Österreich zu engagieren – zumindest teilweise erklärbar aus Roosevelts Unlust, sich in einer Region, in der er sowjetische Dominanz vorhersah, zu binden, zumal er ja den Abzug amerikanischer Truppen aus Europa längstens zwei Jahre nach Kriegsende plante. Mindestens ebenso bemerkenswert ist die scheinbar paradoxe Insistenz, mit der die sowjetische Delegation bei der EAC auf die gleichwertige Teilnahme der USA an der Besetzung Österreichs drang. Der Wunsch der Russen, die Amerikaner nach Österreich zu holen, deutet darauf hin, daß ihnen damals die Briten als Hauptgegner in dem sich bereits in Umrissen abzeichnenden Kampf um Einflußsphären in Europa erschienen.

Die amerikanische Delegation bei der EAC, die unter geradezu grotesken Koordinationsschwierigkeiten der zivilen und der militärischen Führungsspitze in Washington zu leiden hatte, wandte sich Ende November 1944 mit einem

---

43 Zur alliierten Diskussion um Zoneneinteilung und Besatzungsregime umfassend Rauchensteiner, *Sonderfall,* 20–45 sowie 103–107; ich bin Herrn Hofrat Univ.-Prof. Dr. Rauchensteiner für wertvolle Hinweise zu Dank verpflichtet.

dringenden Appell an Roosevelt, die USA mögen sich an der Besetzung Österreichs beteiligen. Endlich stimmte der Präsident am 9. Dezember 1944 der Errichtung einer amerikanischen Besatzungszone in Österreich zu, die an das für amerikanische Besetzung vorgesehene Bayern angrenzen sollte.[44]

Inzwischen traten auch die Franzosen auf den Plan. Im November 1944 auf Betreiben der Engländer in die Europäische Beratungskommission aufgenommen, forderten sie im Jänner 1945 neben einer Zone in Deutschland auch eine Zone in Österreich. Die Engländer, Förderer der Stellung Frankreichs in Europa, legten Ende Jänner 1945 den Plan einer Teilung Österreichs in vier Zonen vor, der die Grundlage des endgültigen Zonenabkommens wurde. Dieser britische Plan sah folgende Einteilung vor: Tirol und Vorarlberg sollten die französische Zone bilden, Salzburg und Oberösterreich die amerikanische Zone; zur britischen Zone würden Osttirol, Kärnten und die Steiermark (einschließlich des südlichen, in der NS-Zeit der Steiermark angegliederten Burgenlands) kommen; die sowjetische Zone würde Niederösterreich einschließlich des nördlichen, in der NS-Zeit dem „Reichsgau Nieder-Donau" angegliederten Teiles des Burgenlandes umfassen. Wien sollte nicht in den Grenzen von 1937, sondern in der überdimensionierten Größe des „Reichsgaues Wien" in vier Sektoren geteilt werden.[45]

Dieser britische Plan war die Grundlage der endgültigen Zonenregelung mit drei Ausnahmen: Die Sowjetunion verlangte – und erhielt trotz einiger Bedenken der amerikanischen Delegation bei der EAC – das Mühlviertel, also den nördlich der Donau gelegenen Teil Oberösterreichs; sie verlangte zweitens den südlichen, in der NS-Zeit zur Steiermark geschlagenen Teil des Burgenlandes und erhielt diesen von den Engländern, die hofften, mit dieser Konzession die Sowjets zum Nachgeben in der dritten und weitaus am heftigsten umkämpften Frage bewegen zu können: den Grenzen Wiens. Denn hartnäckige, monatelange Debatten galten der Frage, ob Wien – eine Enklave im sowjetisch zu besetzenden Niederösterreich – in den engeren Grenzen von 1937 oder den weiteren Grenzen des „Reichsgaues" in alliierte Sektoren aufzuteilen sei. Die Westmächte wünschten, Groß-Wien der Sektoreneinteilung zugrunde zu legen; dies bedeutete nicht nur ein Plus an Besatzungsgebiet für die Westmächte, sondern vor allem die Möglichkeit, Flugplätze innerhalb der eigenen Sektoren zu verwenden oder anzulegen. Die Sowjets stellten sich eisern auf den Standpunkt, die Landesgrenzen Wiens *vor* dem Anschluß seien für die Zonen- und

---

44 Für die an die Adresse Washingtons gerichteten Warnungen der amerikanischen EAC-Delegation in London, man möge Russen und Briten nicht in Österreich allein lassen, siehe *FR 1944,* I, Washington 1966, 470 f., 472 f., 474–477; zu den Koordinationsschwierigkeiten vgl. das der EAC gewidmete Kapitel bei George F. Kennan, *Memoirs 1925–1950,* Boston 1967, 164–174.

45 *FR 1945,* III, *European Advisory Commission; Austria; Germany,* Washington 1968, 17; für das folgende ebd., 22, 41, 65 f., 107, 148.

Sektorenregelung heranzuziehen. Nach langen Verhandlungen setzten die Sowjets ihren Wunsch durch, die Grenzen Wiens vom 31. Dezember 1937 wurden als maßgeblich erklärt. Die den Westalliierten zur Verfügung gestellten Militärflugplätze – Tulln (Langenlebarn) für die Amerikaner, Schwechat unter britischer Kontrolle zur gemeinsamen Benützung für Engländer und Franzosen – befanden sich also innerhalb der russischen Zone.

Dagegen verzichteten die Sowjets auf ihren ursprünglichen Wunsch, die Innere Stadt von Wien – den 1. Wiener Gemeindebezirk – ihrem Sektor einzuverleiben. Für die Innere Stadt, in der ja die meisten Regierungsämter lagen, vom Bundeskanzleramt angefangen, konnten die Westalliierten, von einem britischen Vorschlag ausgehend, eine originelle Lösung durchsetzen: Der 1. Bezirk wurde zum internationalen Sektor erklärt, dessen Verwaltung turnusweise jeden Monat in die Hände einer anderen Besatzungsmacht übergehen sollte. Einen solchen internationalen Sektor gab es in Berlin nicht; seine Schaffung in Wien gab nicht nur den österreichischen zentralen Regierungsstellen einen größeren Freiraum gegenüber jeder einzelnen Besatzungsmacht, sie bedeutete auch eine Klammer für die Funktionsfähigkeit der alliierten Verwaltung Wiens. Das Auseinanderbrechen Wiens in einen westlichen und östlichen Teil, wie es das Schicksal Berlins werden sollte, wäre sicherlich wesentlich schwieriger gewesen; dazu kam noch, daß sowohl der sowjetische wie der britische Sektor in zwei unzusammenhängende Teile geteilt wurden. Der sowjetischen Besatzungsmacht wurde Wien nordöstlich des Donaukanals und der Donau, also die Bezirke Leopoldstadt, Brigittenau und Floridsdorf (einschl. des heutigen 22. Bezirks) sowie getrennt davon die Bezirke Wieden und Favoriten zugesprochen; die Briten erhielten die Bezirke Hietzing, Meidling, Margareten und getrennt davon Landstraße und Simmering; der französische und der amerikanische Sektor bestanden aus geschlossenen Gebieten: Die Bezirke Mariahilf, Penzing, Fünfhaus und Ottakring wurden den französischen Streitkräften, die Bezirke Neubau, Josefstadt und Alsergrund sowie Hernals, Währing und Döbling den amerikanischen Streitkräften zugewiesen.

Es waren die Verhandlungen um Wien, die den Abschluß der alliierten Vereinbarungen über Österreich weit über das Ende der Kriegshandlungen bis Anfang Juli 1945 verzögerten. Schließlich vereinbarte die Europäische Beratungskommission am 4. Juli 1945 das Abkommen betreffend die Besatzungszonen und die Verwaltung der Stadt Wien.[46] Das Abkommen über die Alliierte Kontrolle in Österreich (später als sogenanntes Erstes Kontrollabkommen bekannt) sah die Errichtung eines alliierten Kontrollsystems vor, „das in

46 Texte der Abkommen vom 4. und 9. Juli in deutscher Übersetzung bei Verosta, *Internationale Stellung*, 66–74; hinzu kam ein Bericht der EAC an die drei Regierungen mit Empfehlungen betreffend die Bewegungsfreiheit der alliierten Besatzungsstreitkräfte; ebd., 74–75.

Österreich bis zur Errichtung einer frei gewählten, von den vier Mächten anerkannten österreichischen Regierung funktionieren" werde. Dieses Kontrollsystem bestand aus der Alliierten Kommission für Österreich. An der Spitze dieser Kommission stand der Alliierte Rat, gebildet aus vier je von einer Besatzungsmacht ernannten militärischen Hohen Kommissären, die gleichzeitig Oberstkommandierende der Streitkräfte der jeweiligen Besatzungsmacht in Österreich waren. Zum Alliierten Rat traten ein ebenfalls viergeteiltes Exekutivkomitee und eine Reihe von Sachabteilungen, wobei ebenfalls in jeder Abteilung alle vier Besatzungsmächte vertreten waren; von Interesse ist, daß es darunter auch eine Abteilung für Reparationen gab, die auf russischen Wunsch errichtet wurde und deren Errichtung die Westmächte zustimmten, obgleich sie mit dieser Zustimmung kein Präjudiz für die tatsächliche Einhebung von Reparationen schaffen wollten.

Das technische Modell für diese Alliierte Kommission war die Kontrollmaschinerie für Deutschland; doch sollte das Abkommen vom 4. Juli 1945, wie bereits erwähnt, nur bis zur Errichtung einer frei gewählten, von den vier Mächten anerkannten österreichischen Regierung wirksam sein; allerdings behielten sich die vier Mächte vor, zu einem späteren Zeitpunkt ein neues Abkommen abzuschließen, das „die Art und den Umfang der Weisungen und Ratschläge" festsetzen würde, „welche die Alliierten Österreich nach der Errichtung einer frei gewählten und von den vier Mächten anerkannten österreichischen Regierung geben müssen".[47]

In vieler Hinsicht haben vor allem die Westalliierten die Schnelligkeit unterschätzt, mit der im Frühjahr 1945 unter aktiver Mithilfe der russischen Besatzungsmacht die Provisorische Staatsregierung unter Staatskanzler Renner zustande kam. Während noch mühsam in London verhandelt wurde, ist es der Provisorischen Staatsregierung gelungen, in erstaunlich kurzer Zeit sowohl die österreichische Staatsverwaltung wieder in Gang zu bringen als auch ein großes Programm an Gesetzgebung zu realisieren. Welch außerordentlichen Vorsprung Österreich in der Rückkehr zu geordneten Verhältnissen, und besonders zu einer geordneten Verwaltung, gegenüber anderen europäischen Staaten im Jahre 1945 gewann, wird zuwenig beachtet. Paradoxerweise war es gerade die Haltung der sowjetischen Besatzungsmacht, die der Provisorischen Staatsregierung Möglichkeiten der administrativen und legislativen Entfaltung gab, die in den westlichen Besatzungszonen keine Parallelen fanden. Die Erklärung hierfür ist in der Taktik der Sowjets zu finden, eine Fernsteuerung der Regierungstätigkeit über den Umweg der Teilnahme einheimischer Kommunisten an der Regierung zu versuchen, während sich die

47 Vgl. Präambel, Art. 1 und Art. 14 des Ersten Kontrollabkommens, bei Verosta, *Internationale Stellung*, 66–67, 70.

Westmächte viel stärker auf direkte Verwaltungs- und Kontrolltätigkeit ihrer Militärregierungen stützten.[48]

Gerade die Förderung der Regierung Renner durch die Sowjets war es, die den Briten mehr als den anderen beiden Westmächten größtes Mißtrauen gegen den Staatskanzler und seine Regierung einflößte. Als der Alliierte Rat erstmals am 11. September 1945 in Wien zusammentrat, erwähnte er in seiner Proklamation an das österreichische Volk, in der er „die höchste Gewalt" in Österreich übernahm, die Provisorische Staatsregierung überhaupt nicht. Erst die von Renner einberufene gesamtösterreichische Länderkonferenz, die vom 24. bis 26. September im Niederösterreichischen Landhaus stattfand und sowohl eine Erweiterung der Regierung durch Mitglieder aus den westlichen Bundesländern als auch den Beschluß, gesamtösterreichische Wahlen für den 25. November 1945 anzuberaumen, brachte, ebnete den Weg zur Verständigung. Am 1. Oktober 1945 empfahl der Alliierte Rat den vier Regierungen, die Autorität der Provisorischen Staatsregierung auf ganz Österreich auszudehnen und die Regierung Renner als provisorische Regierung für ganz Österreich anzuerkennen. Diese Anerkennung erfolgte am 20. Oktober 1945.[49] Paradoxerweise sollte gerade diese an und für sich erfreuliche Anerkennung den Beginn einer etwa acht Monate dauernden Phase der Frühgeschichte der Zweiten Republik sein, die ich als „Periode der totalen Kontrolle" bezeichnet habe.[50] N a c h der Phase einer relativen Autonomie der Provisorischen Staatsregierung (die Betonung liegt auf „relativ") und v o r der Begrenzung der Eingriffskompetenz des Alliierten Rates im Zweiten Kontrollabkommen vom 28. Juni 1946 liegt eine Phase, in der die Verbindung von schrankenloser Kompetenz der Alliierten unter dem Ersten Kontrollabkommen, bürokratischer Schwerfälligkeit der eben erst

48 Die Vorbereitungen und Anfänge der alliierten Militärverwaltungen in Österreich sind mehrfach untersucht worden, am ausführlichsten die amerikanischen und französischen Militärverwaltungen; vgl. insbesondere: Donald R. Whitnah und Edgar L. Erickson, *The American Occupation of Austria. Planning and Early Years,* Westport, Conn. 1985; Josef Leidenfrost, *Die amerikanische Besatzungsmacht und der Wiederbeginn des politischen Lebens in Österreich 1944–1947,* Dissert. Univ. Wien 1986; Klaus Eisterer, *Französische Besatzungspolitik. Tirol und Vorarlberg 1945/46* (= Innsbrucker Forschungen zur Zeitgeschichte 9), Innsbruck 1992; *Besatzungszeit in der Steiermark 1945–1955,* hrsg. v. Alfred Ableitinger, Siegfried Beer und Eduard G. Staudinger, Graz 1994; neuestens aufschlußreich zu den Verhältnissen in der sowjetischen Zone Klaus-Dieter Mulley, „Befreiung und Besatzung. Aspekte sowjetischer Besatzung in Niederösterreich 1945–1948", in: Ableitinger/Beer/Staudinger, *Österreich unter alliierter Besatzung 1945–1955,* 361–400; auch auf die Beiträge zu den anderen Zonen in diesem neuen Band sei hingewiesen. Weiterhin wichtig die Quellensammlung *Gesellschaft und Politik am Beginn der Zweiten Republik*, hrsg. v. Oliver Rathkolb, Wien – Köln – Graz 1985.

49 Gerald Stourzh, „Die Regierung Renner, die Anfänge der Regierung Figl und die Alliierte Kommission für Österreich, September 1945 bis April 1946", in: *Archiv für österreichische Geschichte,* Bd. 125, 1966, 321–342, hier bes. 322.

50 Ebd. 333–334.

voll angelaufenen alliierten Kontrollmaschinerie und der Ausweitung der Regierungszuständigkeit auf ganz Österreich zu beträchtlichen Reibungsverlusten zwischen den alliierten Institutionen und der österreichischen Regierung führte.

Versucht man abschließend, den gemeinsamen Nenner der Österreichpolitik aller vier Alliierten im Jahre 1945 zu finden, so stößt man auf zwei Faktoren: 1. auf den Willen, Österreich im Sinne der Moskauer Erklärung von 1943 getrennt und unabhängig von Deutschland wiederherzustellen; 2. auf die Überzeugung, daß Österreich, seit sieben Jahren praktisch in allen Lebensbereichen von Deutschland absorbiert, in Ermangelung einer Exilregierung zunächst besetzt und die oberste Gewalt von den Besatzungsmächten ausgeübt werden sollte.

3. Erste Erwägungen um den Österreich-Vertrag; das Zweite Kontrollabkommen

Wir haben bereits gesehen, daß im Alliierten Abkommen vom 4. Juli 1945 als erste Etappe einer größeren österreichischen Autonomie die Errichtung einer frei gewählten und von den vier Mächten anerkannten Regierung bezeichnet wurde. Die Wahlen vom November 1945 und die Anerkennung der Bundesregierung unter Leopold Figl Anfang Jänner 1946 erfüllten diese Voraussetzung. Und nun kam es zu einer eigenartigen Gabelung der Österreichpolitik der Alliierten. Einerseits wurden, auf britische Initiative, die Vorarbeiten für ein neues Kontrollabkommen aufgenommen, das die Kompetenzen der österreichischen Regierung zwar beträchtlich erweiterte, aber keineswegs die Souveränität Österreichs wiederherstellte. Anderseits scheint nach den bisher vorliegenden Quellen die amerikanische Regierung frühzeitig den Abschluß eines endgültig die Souveränität Österreichs wiederherstellenden Vertrags diskutiert und den anderen Alliierten vorgeschlagen zu haben. In einer Besprechung amerikanischer Diplomaten in Wien am 2. Jänner 1946 kam die Notwendigkeit eines „Friedensvertrages" mit Österreich zur Sprache, wobei sogleich das Problem erörtert wurde, daß ja die Alliierten mit Österreich als Staat gar nicht Krieg geführt hätten. Ein Teilnehmer erklärte jedoch, daß es trotzdem einen Vertrag geben könne, der Österreichs Unabhängigkeit bekräftigen und seine Beziehungen zu anderen Staaten regeln würde.[51] Bereits am 18. Jänner 1946 erläuterte ein hoher Beamter des State Department, James C. Dunn, in einem Memorandum die Gründe, die den baldigen Abschluß eines Vertrages mit Österreich wünschenswert machten. Unter anderem machte er geltend, daß die

51 *FR 1946*, V, *The British Commonwealth; Western and Central Europe*, Washington 1969, 285; der genannte Teilnehmer war Philip Mosely, der bereits 1943 dem Redaktionskomitee der Moskauer Außenministerkonferenz angehörte und 1944/45 der amerikanische Hauptunterhändler in der EAC als „Political Adviser" des Botschafters Winant war.

alliierte Besetzung im Interesse der Wiederherstellung der Unabhängigkeit und der wirtschaftlichen Wiederaufrichtung Österreichs so bald wie möglich beendet werden sollte. Weiters würde die fortgesetzte Anwesenheit russischer Truppen in Österreich einen Vorwand für den Verbleib russischer Truppen in Ungarn bieten. Ein Vertrag mit Österreich würde auch die offenen Grenzfragen klären; überdies dürfte der Abschluß des Friedensvertrages mit Italien eine Enttäuschung der österreichischen Hoffnungen auf Südtirol bringen – und, so meinte Dunn, es wäre gut, diese Enttäuschung mit der ermutigenden Wirkung wettzumachen, die der Abschluß eines (die alliierte Besetzung beendenden, d. Verf.) Vertrages auf Österreich ausüben würde. Da Österreich ein befreites Land sei, wäre ein Friedensvertrag nicht angemessen; Dunn schlug als Titel „Vertrag für die Wiederherstellung der österreichischen Unabhängigkeit" vor.[52]

In diesem Memorandum kommt die eigentümliche Zwischenstellung Österreichs zum Ausdruck. Auch von russischer Seite ist diese Zwischenstellung Österreichs vermerkt worden. Österreich nehme eine besondere Stellung ein, erklärte Außenminister Molotow auf der Pariser Tagung des Rates der Außenminister Ende April 1946; Österreich habe nicht Krieg erklärt, noch habe Österreich als Staat Krieg geführt. Anderseits habe Österreich einen Teil Deutschlands gebildet. Zwischen Österreich und den anderen Ländern (mit denen Friedensverträge abzuschließen waren, d. Verf.) gebe es keine Parallele. Der amerikanische Außenminister Byrnes erwiderte Molotow, er stimme zu, daß Österreich in einer besonderen Lage sei.[53] Österreich galt als befreites, nicht als besiegtes Land, obgleich auch hier Schwankungen in der Haltung einzelner Alliierter festzustellen sind. Keinesfalls befand sich Österreich in der Gruppe der den Siegermächten zuzuzählenden Staaten wie etwa die Tschechoslowakei, Belgien oder auch Dänemark. Aber als Feindstaat wie Ungarn, Rumänien oder Bulgarien war Österreich eben auch nicht anzusehen.

Die Frage einer völkerrechtlichen Regelung der Stellung Österreichs wurde schon frühzeitig im Amt für Auswärtige Angelegenheiten der Staatskanzlei, also dem noch sehr kleinen Außenamt der Zweiten Republik, mehrfach untersucht, und zwar in der zunächst so genannten „Juristischen Abteilung", aus der sich später die Abteilung VR (Völkerrecht), auch häufig als Völkerrechtsbüro bezeichnet, entwickelte.[54] Die Juristische Abteilung wurde vom Gesandten

---

52 Ebd., 296 f. Dunn war Assistant Secretary of State.

53 *FR 1946*, II, *Council of Foreign Ministers*, Washington 1970, 99 f., Mitschrift der 1. Sitzung am 25. April 1946.

54 Zum Wiederaufbau des österreichischen Auswärtigen Dienstes vgl. die gedruckte Münchner Dissertation von Klaus Fiesinger, *Ballhausdiplomatie 1945–1949. Reetablierung der Nachbarschaftsbeziehungen und Reorganisation des Auswärtigen Dienstes als Formen außenpolitischer Reemanzipation Österreichs*, München 1993.

Dr. Markus Leitmaier geleitet, ihm stand der nur wenig jüngere Sektionsrat und spätere Gesandte Dr. Rudolf Blühdorn zur Seite.[55] Mehrere Memoranden Blühdorns aus den Monaten Mai, Juli und August 1945 sind erhalten, aus denen hervorgeht, daß die Beurteilung der völkerrechtlichen Stellung Österreichs durchaus einer Evolution unterworfen war. Im Mai 1945 vertrat Blühdorn in einer Ausarbeitung über „Die völkerrechtliche Stellung der neuen Republik Österreich und die österreichischen Ansprüche gegen das Deutsche Reich" die Auffassung, daß die Republik Österreich als Neustaat in Entstehung begriffen sei. Er ging von der „Annexionstheorie" aus; die Annexion Österreichs im Frühjahr 1938 sei durch die fremden Staaten zumindest durch schlüssige Handlungen anerkannt worden; nur Mexiko habe protestiert. In der umfangreichen Ausarbeitung „Die völkerrechtliche Stellung der Republik Österreich" mit Datum 28. Juli 1945 stellte jedoch Blühdorn Argumente und Belege, die für die Annexionstheorie und jene, die für die „Okkupationstheorie" (völkerrechtliche Fortdauer des Staates Österreich trotz Besetzung) sprächen, einander gegenüber. Er ging davon aus, daß Österreichs „politische Stellung ausschließlich durch die Machtbedürfnisse der Großmächte bestimmt" werde, und sah für Österreich die ihm von den Großmächten „zugedachte Rolle eines Pufferstaates zwischen den beiden rivalisierenden Großmächtegruppen" voraus. Blühdorn kam zu dem Schluß, es brauche wohl nicht besonders hervorgehoben zu werden, daß die Auffassung des deutschen Einmarsches in Österreich als „Besetzung" die für Österreich günstigere sei. Er wies auch darauf hin, daß die alliierten Hauptmächte (er bezog sich vor allem auf die Westmächte) ihre ursprüngliche Haltung, die für die These der „Annexion" Österreichs sprach, in dem Sinne revidiert hätten, daß sie in der „Besetzung" Österreichs durch deutsche Truppen „eben nichts mehr anderes sehen wollen, als eine tatsächliche Besetzung, die die völkerrechtliche Stellung des besetzten Landes nicht berührt". Blühdorn machte auch auf das besondere Problem der UdSSR aufmerksam, die „offenbar weniger Interesse an einem lebensfähigen Österreich" habe als England und Amerika, „jedoch einen ungeheuren Bedarf an Wirtschaftsgütern, um die eigenen Kriegsschäden und zwar so bald wie

55 Markus Leitmaier (1880–1972) hatte bereits in den Jahren vor 1938 die Völkerrechtsabteilung geleitet und leitete sie von 1945 bis 1947 neuerlich, wurde 1947 zum Leiter der politischen Abteilung bis zu seiner Pensionierung 1949 bestellt, war jedoch noch einige Jahre als Konsulent in Staatsvertragsfragen tätig und gehörte noch der österreichischen Delegation bei der Berliner Außenministerkonferenz von 1954 an (vgl. Kap. V). Rudolf Blühdorn (1887–1967) trat schon 1910 in den Staatsdienst ein, seit 1930 gehörte er der Völkerrechtsabteilung des Bundeskanzleramtes – Auswärtige Angelegenheiten an und wurde 1938 zwangspensioniert; schon vor 1938 hatte er sich an der Universität Wien für Völkerrecht habilitiert; von 1947 bis zu seiner Pensionierung 1952 leitete er die Völkerrechtsabteilung des Außenamtes. Er verfaßte u. a. das Buch *Internationale Beziehungen. Einführung in die Grundlagen der Außenpolitik,* Wien 1956. Hinweise in einem Manuskript „Zur Geschichte der Wiener Familie Blühdorn" von Heinrich Blechner (1993), das mir freundlicherweise zur Verfügung steht.

möglich zu beseitigen"; bei beiderseitigem gutem Willen müßte es möglich sein, die Sonderwünsche der UdSSR auch „unter Aufrechterhaltung der Besetzungstheorie zu erfüllen." Wie immer der Versuch, die Besetzungstheorie durchzusetzen, auch ausgehen möge, so schloß Blühdorn, scheine doch zweierlei festzustehen: Zum mindesten auf die Angehörigen der Westmächte dürfte die hier entwickelte Auffassung mehr Eindruck ausüben „als ein Zugeständnis der eigenen Schuld verbunden mit einem Flehen um die Gnade des Siegers." Und im Inneren wäre diese Auffassung geeignet, „den Österreichern das zum Wiederaufbau des Landes nötige Vertrauen in die eigene Kraft wiederzugeben. Aus einer schwächlichen mea-culpa-Stimmung heraus wird sich dieses Selbstbewußtsein, der zum Gelingen eines jeden Unternehmens erforderliche Optimismus nie einstellen."[56]

Ein drittes Memorandum, oder eher Exposé, entstand im August 1945; Anlaß waren die Veröffentlichungen über die Potsdamer Beschlüsse der Großen Drei. Untersucht wurden die Konsequenzen für Österreich. Verfasser ist Rudolf Blühdorn, auch wenn natürlich keineswegs auszuschließen ist, daß die beiden ja auch altersmäßig der gleichen Generation angehörenden Kollegen Leitmaier und Blühdorn den Inhalt dieser Memoranden oder Exposés miteinander besprochen haben mochten.[57] Ein höchst interessanter Abschnitt dieses Exposés war der Frage vertraglicher Regelungsmöglichkeiten gewidmet; es lohnt sich, ausführlicher daraus zu zitieren.

„Aus den Potsdamer Beschlüssen geht hervor, daß mit Österreich kein Friedensvertrag geschlossen werden wird, wie mit Italien, Rumänien, Ungarn, Bulgarien, Finnland, aber auch mit Deutschland. In dieser Beziehung wird somit Österreich nicht als besiegtes Land behandelt.

56 Beide Memoranden als Durchschlag im Nachlaß Josef Schöner, Konvolut 5 (nunmehr in ÖSTA, GD, NLS, E/1773). Dank der freundlichen Erlaubnis von Frau Rita Schöner und Univ.-Prof. DDr. Franz Matscher konnte der Nachlaß bereits vor seinem Depot im ÖStA eingesehen werden. Das erste Memorandum vom Mai 1945 (terminus a quo 11. Mai 1945) ohne Zahl, das zweite Memorandum (28 masching. Seiten) vom 28. Juli 1945 mit Zl. 415-J/45.

57 „Das Schlußprotokoll der Potsdamer Konferenz und die gemeinsame Erklärung über Österreich", Einsichtsvermerk der Abteilung 5 (= Jurist. Abt.), Z. 803-J/45, zu einem Aktenvermerk der Abteilung 4 (POL) vom 4. August 1945. Ein Exemplar des Einsichtsvermerks, registriert mit anderen Aktenstücken der politischen Abteilung bei AdR, BMAA, II-Pol, Z. 1892-Pol/45, ist ediert in: Alfons Schilcher, *Österreich und die Großmächte. Dokumente zur österreichischen Außenpolitik 1945–1955,* Wien – Salzburg 1980, Dok. Nr. 36; die Edition dieses Aktenstückes ist allerdings mit schweren editorischen Fehlern behaftet, die ich in meiner Rezension dieses Buches (mit anderen kritikwürdigen Mängeln des Bandes) ausführlich dargelegt habe: *Mitteilungen des Österreichischen Staatsarchivs,* 36 (1993), 434–440. Im Aktenbestand des Völkerrechtsbüros des BMAA befindet sich der Originalakt, der Referatsbogen ist in Blühdorns Handschrift ausgefüllt. Referentenparaphe Blühdorns o. D., Approbationsparaphe Leitmaiers auf dem Referatsbogen 12. August 1945. Das siebenseitige maschinschriftliche Exposé enthält zahlreiche handschriftliche Korrekturen ausschließlich von der Hand Blühdorns.

Andererseits wird es aber doch nicht so behandelt, wie z. B. die Tschechoslowakei, Polen, Belgien usw., denn es steht, ebenso wie Deutschland, unter ‚Kontrolle'.
Wie dem aber auch immer sein mag, es wird sich die Notwendigkeit ergeben, daß die alliierten Mächte mit Österreich einen Vertrag abschließen zum Zwecke der Festsetzung der Grenzen, sowie zur Regelung einer ganzen Reihe von Fragen, wie die der Staatsangehörigkeit, des Schicksals des deutschen Eigentums auf österreichischem Gebiet, der allfälligen Ansprüche Österreichs gegenüber Deutschland usw."[58]

Dies ist in der Tat eine frühzeitige und sehr klare Darstellung der „Zwischenstellung" Österreichs. Blühdorn fuhr dann fort, eine Unterscheidung in Beziehung auf mögliche Vertragspartner zu machen. Man müsse unterscheiden, „ob es sich um den Abschluß eines Vertrages" – eine handschriftliche Korrektur wird noch genannt werden – „zwischen Österreich einerseits und den alliierten Mächten andererseits handelt, der die neue Stellung Österreichs zu den alliierten Mächten und den übrigen Staaten regeln soll, oder ob es sich nur darum handelt, daß Österreich zu den Verhandlungen über einen Vertrag zwischen anderen Staaten (z. B. zwischen den alliierten Mächten und Ungarn) herangezogen wird, um zu Fragen Stellung nehmen zu können, die auch Österreich interessieren".

Im zweiten Fall, so Blühdorn, würde es wohl genügen, eine kleinere Delegation zu bestellen. Man gewinnt den Eindruck, daß dies dem Verfasser eher als die unwahrscheinlichere Alternative vorkam. „Im ersten Falle dagegen, wo es sich um den Abschluß eines Staatsvertrages zwischen Österreich selbst und den alliierten Mächten handelt, müßte wohl das Haupt der österreichischen Regierung, der Staatskanzler selbst, die Delegation führen, um mit der entsprechenden Autorität nach Innen und Außen für Österreich auftreten zu können."

Hier also ist das Wort vom Staatsvertrag ausgesprochen! Grundsätzlich ist jeder zwischen zwei (oder mehreren) Staaten abgeschlossene Vertrag, welchen Inhalts immer, ein Staatsvertrag, und der Begriff spielt auch im Bundesstaatsrecht eine Rolle. Doch in der staats- und völkerrechtlichen Überlieferung der Republik Österreich kam dem Begriff „Staatsvertrag" seit dem Jahre 1919 ein besonderer Stellenwert zu. Da nämlich nach österreichischer Rechtsauffassung, die 1918/19 von Hans Kelsen entwickelt und von Karl Renner als Staatskanzler verfochten worden war, die Republik nicht als Rechtsnachfolger der untergegangenen österreichisch-ungarischen Monarchie, auch nicht der österreichischen Reichshälfte galt, hatte Österreich den Vertrag von Saint-Germain vom 10. September 1919 nicht als „Friedensvertrag", sondern als

58 Dieser maschingeschriebene Text enthält kleine stilistische Korrekturen in Blühdorns Handschrift, die hier stillschweigend berücksichtigt werden. Auf inhaltlich bedeutsame handschriftliche Korrekturen wird gebührend hingewiesen werden.

„Staatsvertrag" ratifiziert und kundgemacht.[59] Gleichfalls wurde der Friedensvertrag zwischen den Vereinigten Staaten – die ja die Pariser Friedensverträge nicht ratifiziert hatten – und Österreich, unterzeichnet in Wien am 24. August 1921, im Bundesgesetzblatt als „Staatsvertrag" zwischen der Republik Österreich und den Vereinigten Staaten von Amerika kundgemacht.[60]

Einem Juristen und Völkerrechtler der Generation Blühdorns war natürlich die Erinnerung an die Begrifflichkeit von 1919 geläufig; aber die Erinnerungen an Saint-Germain können präziser belegt werden. Blühdorns bereits zitierter Hinweis, der Staatskanzler müßte selbst die Delegation bei Abschluß eines neuen Staatsvertrages zwischen Österreich und den alliierten Mächten führen, wurde offensichtlich in Erinnerung an die Tatsache geschrieben, daß der Staatskanzler des August 1945, Karl Renner, bereits 1919 ebenfalls als Staatskanzler die Delegation nach Saint-Germain angeführt hatte. Der Zusammenhang wird klar im folgenden Absatz:

> „Es wäre weiters zu erwägen, ob nicht sowohl aus innen- wie auch aus außenpolitischen Gründen noch weitere Politiker dem Staatskanzler als Berater beigegeben werden sollen, so wie dies seinerzeit bei den Verhandlungen in St. Germain geschehen ist."[61]

Von großem Interesse ist nun, daß Blühdorn während der Redaktion dieses Exposés dem Begriff „Staatsvertrag" größeres Gewicht zu geben begann. Die Überschrift des Abschnitts, aus dem ausführlich zitiert wurde, lautete: „Der Abschluß des Krieges für Österreich durch einen Vertrag." Blühdorn fügte handschriftlich ein „Staats" vor das maschingeschriebene Wort „Vertrag". Desgleichen korrigierte er in einem bereits zitierten Absatz den Passus „. . . Abschluß eines Vertrages zwischen Österreich einerseits und den alliierten Mächten andererseits" ebenfalls durch Einfügung von „Staats" vor Vertrag. Als Anlage zu diesem Exposé wurde bereits der Entwurf eines Schreibens an die anderen Ministerien (damals Staatsämter) verfaßt, in dem es heißt, nach den Beschlüssen der Potsdamer Konferenz werde mit Österreich kein Friedensvertrag abgeschlossen werden. Nichtsdestoweniger sei anzunehmen, „daß die Bereinigung aller zwischen Österreich und den alliierten Mächten obschwebenden [sic!] Fragen durch einen Staatsvertrag erfolgen wird, der sachlich die Funktion eines Friedensvertrages übernehmen wird".

---

59 Hans Kelsen, *Österreichisches Staatsrecht*, Tübingen 1923, 147. Zu Kelsens These auch Stephan Verosta, *Die dauernde Neutralität*. Ein Grundriß, Wien 1967, 49–50.

60 BGBl. Nr. 643/1921. Zu diesem wenig bekannten, in mehrfacher Hinsicht im Vergleich zum Vertrag von Saint-Germain günstigeren Vertrag vgl. Friedrich F. G. Kleinwächter, *Von Schönbrunn bis St. Germain. Die Entstehung der Republik Österreich,* Graz 1964, 300–301.

61 Und wie dies zu Beginn der Staatsvertragsverhandlungen in London im Jänner/Februar 1947 tatsächlich der Fall sein sollte.

Auch wenn es in den frühen Vorbereitungsphasen eines von Österreich abzuschließenden Vertrags noch manche Schwankungen in der Diktion gab, setzte sich doch auf österreichischer Seite der Begriff „Staatsvertrag" immer mehr durch. Von Karl Renner wird berichtet, daß er ihn in einem Gespräch mit Walter Wodak im Oktober 1945 verwendet habe,[62] und ebenso in seiner Neujahrsansprache, zu Jahresbeginn 1946, bereits als Bundespräsident.[63] Anfangs April 1946 ging Renner in einem großen Vortrag über „Österreich, Saint-Germain und der kommende Friede" auf das Thema ein. Renner erinnerte an die österreichische Begriffsbildung von 1919 – „Staatsvertrag von Saint-Germain" – und wies darauf hin, daß die Alliierten diesmal „in dankenswerter Weise Österreich nicht zu den kriegführenden, nicht zu den besiegten, sondern zu den befreiten Völkern" rechneten, und er drückte die Hoffnung „auf den Abschluß von Staatsverträgen" aus. Doch gab es in Renners Vortrag manche Unsicherheiten; Renners Vortrag fiel in die „Periode totaler Kontrolle" seitens der vier Alliierten, in die Periode eines Höchstmaßes der „Bevormundung von vier Militärgewalten". Renner war es um eine Trennung von militärischer Besatzung und ziviler politisch-administrativer Kontrolle zu tun. Er hielt einen Verbleib alliierter Truppen auch nach Vertragsabschluß für sinnvoll, so lange, bis Österreich die Kraft hätte, einen Schutz seiner Grenzen und der Ruhe im Innern selbst zu schaffen, ja offenbar sogar auch einer zivilen Kontrolle; „im Friedensvertrag" (!) müßte eine klare Unterscheidung zwischen politisch-administrativer Kontrolle und militärischer Sicherung getroffen werden. „Dies ein Kardinalpunkt unseres künftigen Statuts, den unsere Unterhändler durchzusetzen hätten." Renner scheint damals von einem Friedensvertrag Neuregelungen und Erleichterungen der Präsenz der Alliierten erwartet zu haben, wie sie teilweise, wenn auch nicht in der von Renner skizzierten Form, knappe drei Monate später im Zweiten Kontrollabkommen zustande kommen sollten. Auch von den kommenden Friedensverhandlungen sprach Renner gelegentlich und vom „zweiten Frieden der Republik"; die Analogien zu 1919 waren für ihn offensichtlich sehr stark.[64] In diesem Vortrag tritt eine Haltung Renners zu Tage, die doch merkbar zwischen dem Gefühl des Besiegtseins und

62 Hinweis in einer von Walter Wodak verfaßten zusammenfassenden Darstellung der Staatsvertragsproblematik zwischen 1945 und 1950, geschrieben im Mai 1952; diese ist publiziert in: *Diplomatie zwischen Parteiproporz und Weltkonflikt.* Dokumente, Korrespondenzen und Memoranden aus dem Nachlaß *Walter Wodaks* 1945–1950, hrsg. von Reinhold Wagnleitner (= Quellen zur Geschichte des 19. und 20. Jahrhunderts, hrsg. von Fritz Fellner, Bd. 3, Salzburg 1980), Nr. 1011/Beilage 1. Zitiert wird nach der fortlaufenden Numerierung der Quellenstücke.

63 Dies führte zu dem ganz konträren internen Kommentar des Rechtsberaters des britischen Foreign Office, daß Österreich sehr wohl einen Friedensvertrag benötige. Knight, „Besiegt oder befreit?", 80.

64 Karl Renner, *Österreich, Saint-Germain und der kommende Friede. Vortrag gehalten in der Österreichischen Liga für die Vereinten Nationen im Großen Musikvereinssaale am 5. April 1946,* Wien 1946, 15–16, 9, 6.

dem der Befreiung schwankt; schon im April/Mai 1945 hatten übrigens junge und österreichisch gesinnte Diplomaten, die den österreichischen Außendienst auf dem Ballhausplatz aufzubauen begannen, heftige, wenngleich nicht öffentliche Kritik an Renner geübt, dem sie eine großdeutsche und eine dem Besiegten eher als dem Befreiten entsprechende Mentalität, auch einen zu bittenden und demütigen Ton gegenüber den Alliierten vorwarfen.[65]

Die seit dem 20. Dezember 1945 amtierende Bundesregierung mit Leopold Figl als Bundeskanzler und Karl Gruber als Außenminister begann frühzeitig, von der Notwendigkeit eines Staatsvertrages zu sprechen, wenngleich auch hier eine ganz eindeutige Linie, wie sie etwa ab dem Winter 1946/47 sichtbar wird, erst gefunden werden mußte. Schon am 2. Februar 1946 übergab Außenminister Gruber dem englischen politischen Vertreter in Wien, William Mack, ein Papier mit dem Titel „Entwurf für einen Vertrag zur Wiederherstellung der Rechtsstellung Österreichs". Dieser Entwurf beruhe nicht, wie Gruber ausdrücklich festhielt, auf einem Beschluß des Ministerrates; es handle sich um einen noch unvollständigen Vorentwurf, der auf den Auffassungen der ministeriellen Sachbearbeiter beruhe. Dieser Entwurf enthielt, von der sich auf die Moskauer Deklaration (ohne Hinweis auf die Verantwortlichkeitsklausel) berufenden Präambel abgesehen, lediglich Punktationen über zu regelnde Materien; darin sollten auch das „Deutsche Eigentum" in Österreich betreffende Regelungen enthalten sein, insoferne dies „bis zum Abschluß des Staatsvertrages" (!) noch nicht geschehen sein sollte.[66]

Der neuernannte politische Vertreter Österreichs in Washington, Gesandter Ludwig Kleinwächter, betonte anläßlich seines Antrittsbesuches bei James

65 Hierzu Josef Schöner, *Wiener Tagebuch 1944/1945*, hrsg. v. Eva-Marie Csáky, Franz Matscher und Gerald Stourzh, Wien – Köln – Weimar 1992, 202–203, 227, 236–237. Erster Anlaß dieser Kritik war Renners Begrüßungsansprache an die Beamtenschaft der Staatskanzlei am 30. April 1945, die in der Tat ein merkbares Bedauern über die durch Hitler erfolgte Diskreditierung der Anschlußidee zum Ausdruck brachte. Ediert in: *Protokolle des Kabinettsrates* Bd. 1, 54–58. Über ein Gespräch mit Norbert Bischoff am 6. Mai 1945 berichtet Schöner: „Wir sind, wie Bischoff treffend sagt, kein Teil des besiegten Deutschland, sondern auch ein Siegerstaat, wenn auch einer ‚minderen Rechtes' vielleicht." Schöner, *Wiener Tagebuch*, 227.

66 Der Entwurf (BMAA, Zl. 78-K/46) befindet sich, mit dazugehörenden Materialien in dem Konvolut der Handakten des Generalsekretärs für die Auswärtigen Angelegenheiten Heinrich Wildner (AdR, BMAA, Sektion II-Pol, Kart. 123) (1949). Eine Abschrift des Entwurfs und von Grubers Begleitnote an William Mack, die von diesem dem amerikanischen politischen Vertreter John G. Erhardt übergeben wurde, der sie wiederum mit Bericht Nr. 810 vom 8. Februar 1946 nach Washington gesandt hatte, erliegt in: NA, RG 59, Decimal File, No. 863.01/2-846; vgl. auch Hinweis in *FR 1946,* V, 308, Anm. 50. Eine auszugsweise Veröffentlichung erfolgte in den ersten drei Auflagen dieses Buches (Dokumentteil, Nr. 2); sie muß in Hinblick auf den stark erweiterten Textteil in dieser Auflage unterbleiben. – Walter Wodak unterschätzt in der in Anm. 62 genannten Darstellung die im Außenamt schon 1946 laufenden Vorbereitungen für die Staatsvertragsverhandlungen; ihm waren offensichtlich die ab Februar 1946 datierbaren Schritte des Außenamtes, die Alliierten mit den österreichischen Vorstellungen zum Staatsvertrag vertraut zu machen, nicht bekannt.

Byrnes am 18. Februar 1946 das österreichische Interesse an einem Vertragsabschluß. Der ebenfalls neuernannte politische Vertreter in London, Gesandter Dr. Heinrich Schmid, betonte auf seiner ersten Pressekonferenz am 1. März, eine Klärung der völkerrechtlichen Stellung Österreichs sei von größter Wichtigkeit; daher „die Bemühungen um einen Staatsvertrag". Bundeskanzler Figl stellte Ende Mai 1946 ausdrücklich fest, daß ein Staatsvertrag für Österreich eher am Platz sei als ein Friedensvertrag, denn Österreich könne nicht als kriegführende Macht angesehen werden, und ein Friedensvertrag sei nicht erforderlich.[67] Figl legte auch in den Folgemonaten besonderen Wert darauf, vom „Staatsvertrag", nicht von einem „Friedensvertrag" zu sprechen. Im November 1946 kam es darüber nach Berichten Grubers über seine erste Amerikareise und des Vizekanzlers Schärf über eine Englandreise zu einer Anfrage des Handelsministers Eduard Heinl, ob „die Frage Staatsvertrag oder Friedensvertrag" berührt worden sei. Gruber gab zur Antwort, daß es seiner Meinung nach das Wichtigste wäre, „die Besatzung los zu bekommen, und um diesen Preis könnte man auch einen Friedensvertrag schließen". Gruber fügte hinzu, nach der Erklärung des (amerikanischen) State Department gelte Österreich als befreites Land; in England gebe es gewisse Schwierigkeiten, weil England den Anschluß anerkannt habe, also aus formellen Gründen de jure die Frage gelöst werden müsse (Gruber erwähnte nicht, daß sich England de jure als im Kriegszustand mit Österreich befindlich betrachtete). „Je rascher wir den Vertrag bekommen, desto besser ist es", meinte Gruber. „Die Engländer werden wohl kaum auf einem Friedensvertrag beharren." Figl entgegnete ausdrücklich: „Wir dürfen nicht einen Friedensvertrag, sondern müssen einen Staatsvertrag anstreben. Nicht nur aus optischen Gründen, denn es hat doch der Friedensvertrag einen Beigeschmack, weil ein Friedensvertrag nur mit einem Feind geschlossen wird. Ich bitte daher, immer nur vom Staatsvertrag zu reden."[68]

Allerdings gab es in all den Jahren immer wieder unscharfe oder unzutreffende Ausdrücke, vor allem bei den Alliierten. Die sehr häufig verwendete Kurzform „Austrian treaty" war unscharf, aber als solche nicht unzutreffend. Die ebenfalls im Sprachgebrauch immer wieder anzutreffende Verwendung von „peace treaty" war unzutreffend; der vorhin ausführlich zitierte Rudolf Blühdorn hatte durchaus recht gehabt, als er schon im August 1945 geschrieben hatte, die Alliierten hätten in Potsdam den Abschluß von Friedensverträgen mit

67 Für Kleinwächter vgl. *FR 1946,* V, 308; für Schmid vgl. *WZ,* 2. März 1946, 1; für Figl vgl.: WZ, 29. Mai 1946, 1.

68 AdR, BKA, MRProt Nr. 46 v. 21. November 1946; auch zit. bei Knight, „Besiegt oder befreit?", 85. In einer vorhergehenden Ministerratssitzung hatte Figl darauf hingewiesen, daß es notwendig sei, „für den Abschluß des Staatsvertrages alles vorzubereiten". MRProt Nr. 44 v. 5. November 1946.

Italien, Rumänien, Ungarn, Bulgarien, Finnland und mit Deutschland vorgesehen, nicht jedoch mit Österreich.

Am ehesten verständlich konnte der Hinweis auf einen mit Österreich abzuschließenden „Friedensvertrag“ im England der ersten zweieinhalb Nachkriegsjahre sein – z. B. Ernest Bevin im Parlament im Februar 1946[69] –, da sich nach britischer Rechtsansicht Großbritannien mit Österreich im Kriegszustand befand. Dies erklärt auch, daß britische Diplomaten und besonders die Rechtsberater des Foreign Office sich mit der Formel vom „befreiten“ Österreich im Sinne der Moskauer Deklaration schwer taten.[70] Im Laufe des Jahres 1946 zeichnete sich eine Quadratur des Kreises ab, wie nämlich die englische juristische Position mit dem politisch in Hinblick auf den Ost-West-Konflikt immer aktueller werdenden Postulat des befreiten Österreich im Sinne der Moskauer Deklaration verbunden werden könnte. „Der Vertrag mit Österreich ist genau genommen kein Friedensvertrag, aber er sollte im Prinzip von allen Mächten unterzeichnet werden, die im Kriege mit Deutschland waren“, so hieß es in einer Instruktion für die englische Delegation beim Außenministerrat.[71] Der juristische „Trick“ würde darin bestehen, vor (eventuell nur knapp vor) Unterzeichnung des Vertrags mit Österreich, der kein Friedensvertrag war, den Kriegszustand mit Österreich zu beenden.[72] Schließlich erklärte die britische Regierung am 16. September 1947 um 16 Uhr (!) den Kriegszustand mit Österreich für beendet.[73]

---

69 Bevins Äußerung im House of Commons, 21. Februar 1946; hierzu eine Gesprächsnotiz des der österreichischen politischen Vertretung in London zugeteilten Walter Wodak, in: Wagnleitner, *Diplomatie,* Nr. 49. Eine differenzierte Stellungnahme Bevins findet sich in seinem Gespräch mit Adolf Schärf am 3. April 1946, in: Adolf Schärf, *Österreichs Erneuerung 1945–1955,* Wien [7]1960, 111 f. Bemerkenswert ist die interne Notiz eines Beamten des Foreign Office (John Troutbeck) im April 1946: die Österreicher "... are not behaving too reasonably themselves ... they go on pretending that they never fought against us at all". Zit. in der vorzüglichen Dissertation von Robert Graham Knight, *British Policy Toward Occupied Austria 1945–1950,* Dissertation London School of Economics, London University 1986, 91. Die Zitierung dieser Passage bei Wagnleitner, *Diplomatie,* Nr. 59, Anm. 1, ist nicht exakt.

70 Hierzu u. a. ein interner Schriftwechsel im Foreign Office in Jänner 1945, PRO, FO 371/46607, C 263, weiters Schreiben des designierten Vertreters des Foreign Office für die Alliierte Kommission für Österreich und späteren politischen Vertreters W. H. B. Mack an O. Harvey vom 20. Februar 1945: Österreich sei sicher kein früherer Satellitenstaat der Achse, aber als befreites Land sei Österreich in einer anderen Position als alle anderen befreiten Länder. PRO, FO 371/46607, C 643. Zum englischen Rechtsstandpunkt bes. klar Knight, „Besiegt oder befreit?“, 80. Öfters wird eine Äußerung des Diplomaten John Troutbeck vom Juli 1944 zitiert: "Were it not for the strategic importance of keeping Austria separate from Germany, we would let this flabby country stew". Vgl. ebd., 77.

71 Zit. bei Bischof, *Responsibility,* 550.

72 Ebd., 550, 557–558.

73 Zur Beendigung des Kriegszustandes zwischen Großbritannien und Österreich vgl. Wagnleitner, *Diplomatie,* Nr. 434. Zunächst war daran gedacht worden, die Mitteilung über die Beendigung des Kriegszustandes mit Österreich der Hinterlegung der Ratifikationsurkunden (und damit mit dem Inkrafttreten) der am 10. Februar 1947 in Paris unterzeichneten Friedensverträge folgen zu lassen.

Festzuhalten ist, daß keine der alliierten Mächte je einen Entwurf zu einem „Friedensvertrag“ mit Österreich vorlegte; keiner der noch zu nennenden frühen amerikanischen Vorentwürfe und Entwürfe des Jahres 1946 trug den Titel „Friedensvertrag“, nicht einmal der britische und auch nicht der französische; die Sowjets sollten keinen eigenen Vertragsentwurf vorlegen. Am 16. Jänner 1947, dem ersten Tag der Vertragsverhandlungen in London, einigten sich die vier Mächte auf den Titel: „Vertrag zur Wiederherstellung eines unabhängigen und demokratischen Österreich“. Daß jedoch inhaltlich starke Affinitäten zwischen diesem Vertragsentwurf und den Pariser Friedensverträgen von 1947 bestanden, wird noch zu zeigen sein (Kap. II). Die Bezeichnung „peace treaty“, wenngleich noch jahrelang im Sprachgebrauch der Alliierten immer wieder auftauchend, war sohin unzutreffend und reflektierte wohl eher Unkenntnis der „Zwischenstellung“ Österreichs, als eine bewußte Festlegung auf Österreich als Feindstaat.[74] Auch bei den Vereinten Nationen wurde immer

---

Doch schien, wie ein Aktenvermerk Ende August 1947 zeigt, der Beginn des Gastspiels der Wiener Staatsoper in Covent Garden am 16. September 1947 – der König sollte die Premiere besuchen und tat es auch, ebenso wie Premierminister Attlee und Außenminister Bevin – der geeignete Augenblick, um die Beendigung des (juristischen) Kriegszustandes zu verkünden. Übrigens waren die Friedensverträge mit Italien, Finnland etc. am 15. September 1947 in Kraft getreten. Vgl. Faksimile des Foreign Office Documents C–11768 v. 30. August 1947 bei Hugo Portisch, *Österreich II – Der lange Weg zur Freiheit,* Wien 1986, 334.

74 Mit dieser Neuformulierung und Präzisierung des entsprechenden Absatzes in früheren Auflagen dieses Buches reagiere ich auf die Kritik, die Günter Bischof, *Responsibility*, 531–532, Anm. 12, bezüglich meines Hinweises auf „unscharfe oder falsche Begriffe“ angemeldet hat. Bischof bringt zahlreiche Belege für die Verwendung von „peace treaty“; dadurch wird aber die Bezeichnung nicht weniger unzutreffend. Bischof erwähnt, daß Michael Cullis, Österreich-Referent im Foreign Office, im Jänner 1949 eine Erwähnung des Österreich-Vertrages als Friedensvertrag in einer britischen Kabinettssitzung als irrtümlich korrigieren ließ; ebd., 531. Bischofs Hinweis, die Herausgeber der amerikanischen Aktenedition *Foreign Relations of the United States*, die in mehreren Bänden die Ausdrücke „Austrian Treaty“ und (im Index) „Austrian Peace Treaty“ verwendeten, „thus accurately reflect the unsettled terminology of the Austrian treaty“ (ebd., 532, Anm. 12), ist nicht überzeugend; die Verwendung von „Peace Treaty“ verrät eher mangelnde Informiertheit; ab den Bänden für 1952–1954 und nicht erst, wie Bischof meint, ab dem Band 1955 verwenden die Herausgeber den Ausdruck „Austrian State Treaty“. Insgesamt gewinnt man den Eindruck, daß bei den Alliierten die Militärs häufiger von „Friedensvertrag“ sprachen als die Diplomaten. Bischof verbindet seine Kritik am Begriff „Staatsvertrag“ mit der Kritik an der völkerrechtlichen Okkupationstheorie – jener von der österreichischen Regierung vertretenen völkerrechtlichen Theorie, wonach Österreich zwar vom (nationalsozialistischen) Deutschen Reich besetzt worden, völkerrechtlich aber als Staat nicht untergegangen sei (vgl. oben S. 36). Bischof beruft sich für seine Kritik an der Okkupationstheorie sogar auf einen Beitrag in einem deutschnational/großdeutsch orientierten, im Grazer Aula-Verlag erschienenen Sammelband: Hans Merkel, „Okkupation, Annexion oder Fusion?“, in: Andreas Mölzer, Hg., *Österreich und die deutsche Nation,* Graz 1985, 187–196; vgl. Bischof, *Responsibility,* 530. Die Okkupationstheorie wurde u. a. auch auf die vom faschistischen Italien eroberten/besetzten Staaten Äthiopien und Albanien angewendet, die der britische Diplomat Michael Cullis im Mai 1946 als möglichen Präzedenzfall für Österreich nannte (zit. bei Audrey Kurth Cronin, *Great Power Politics and the Struggle over Austria 1945–1955,* Ithaca – London 1986, 55–56). Eine umfassende Darlegung der Okkupationstheorie und der sich an ihr orientierenden Staatenpraxis findet sich in dem Werk von Krystina

wieder vom „Friedensvertrag" gesprochen, so daß Österreich noch im Jahre 1950 offiziell bei den Vereinten Nationen intervenierte. Darauf erschien im „Terminology Bulletin" der Vereinten Nationen im Oktober 1950 eine Mitteilung, derzufolge die Rechtsabteilung der Vereinten Nationen Bedenken gegen die Bezeichnung „Friedensvertrag mit Österreich" geltend gemacht habe. Bei den Vereinten Nationen vertrat man nunmehr die Auffassung, „Staatsvertrag" – „State Treaty" – sei im Englischen akzeptabel, doch nicht im Französischen; hier wäre die Alternativbezeichntung „Vertrag mit Österreich" – „Traité avec l'Autriche" vorzuziehen.[75] Österreich selbst betrachtete das Wort „Staatsvertrag" in englischer und französischer Sprache als offizielle Bezeichnung.[76]

Am 12. Februar 1946 wies Byrnes die amerikanischen Botschafter in London, Paris und Moskau an, die betreffenden Regierungen seien davon zu informieren, daß die Vereinigten Staaten den Entwurf eines Vertrages mit Österreich dem Außenministerrat vorzulegen beabsichtigten. Die positivste Stellungnahme kam aus London, eine zurückhaltendere Reaktion aus Paris, anscheinend keine Antwort aus Moskau. Die französische Regierung wies darauf hin, daß die Übertragung der obersten Autorität vom Alliierten Rat auf

---

Marek, *Identity and Continuitiy of States in Public International Law,* Genf 1954. Es ist unbestritten, daß die Okkupationstheorie von der Bundesregierung advokatorisch eingesetzt wurde. Sogar Adolf Schärf, der aus innenpolitischen Gründen die Rechtsgeltung des Konkordates von 1934 bestritt und deshalb mehrfach – obgleich Mitglied der die Okkupationstheorie anwendenden Bundesregierung! – öffentlich gegen diese Theorie Stellung nahm, hat sich in einer bislang unbekannten Stellungnahme im Ministerrat viel milder geäußert: „Ich verstehe den Kampf, den das Außenamt um die Anerkennung der Tatsache führt, daß Österreich okkupiert und nicht annektiert war. Ich glaube zwar, daß wir in diesem Kampf keinen Erfolg haben werden, denn im Staatsvertragsentwurf ist schon wieder der Begriff der Annexion und nicht der Okkupation verankert [dies bezog sich auf die der Moskauer Deklaration folgende Textierung der Präambel zum Staatsvertrag, G. S.], trotzdem bin ich aber dafür, daß man die Fiktion des Okkupationsstatus weiterhin aufrecht erhält." Schärf fügte hinzu: „Wir wollen keine Schwierigkeiten machen, aber für innenpolitische Konsequenzen, die dazu führen, das Konkordat als existent zu betrachten, können wir nicht zu haben sein. AdR, MRProt Nr. 121, 20. Juli 1948.

75 Gleichwohl bemerkte in einem Bericht der Kommission für auswärtige Angelegenheiten der französischen Nationalversammlung „relativ au Traité d'Etat avec l'Autriche" (21. Juni 1952) der Abgeordnete Pierre Schneiter, da Österreich nicht als im Kriege mit den alliierten Mächten befindlich gewesen betrachtet werde, solle es sich nicht um einen Friedensvertrag, sondern um einen Staatsvertrag handeln. Zit. bei Margit Sandner, *Die französisch-österreichischen Beziehungen während der Besatzungszeit von 1947 bis 1955*, Wien 1985, 123.

76 Terminology Bulletin Nr. 73, hrsg. v. Department of Conferences and General Services des Generalsekretariats der Vereinten Nationen, 27. Oktober 1950 (Dok. ST/CGS/SER.F/73), Abschrift in: AdR, BMAA, II-Pol, Zl. 321.723-Pol/53, Text abgedruckt in Alfons Schilcher, *Die Politik der Provisorischen Regierung und der Alliierten Großmächte bei der Wiedererrichtung der Republik Österreich,* Dissert. Univ. Wien 1985, Bd. 2, S. 187–188 (Dok. Nr. 29); zur österreichischen Intervention vgl. auch eine Studie der Völkerrechtsabteilung des Außenamtes, „Die Internationale Stellung Österreichs", Zl. 250.135-6 VR/50, erliegt im Bestand BMAA, II-Pol bei den Staatsvertragsakten 1952.

die österreichische Regierung erst nach Entfernung aller NS-Einflüsse in Österreich stattfinden könne.[77]

Allerdings scheint das State Department mit der Ausarbeitung und Zirkulierung eines Vertragsentwurfes in Verzug geraten zu sein, obgleich neuere Forschungen ergeben haben, daß in Washington frühzeitig mit Vorarbeiten für einen Vertrag begonnen wurde. Am 6. Februar 1946 lag im State Department ein Überblicksentwurf (draft outline) eines „Vertrages zur Anerkennung eines unabhängigen und demokratischen Österreich" vor. Am 1. März 1946 lag im State Department intern ein längerer Vertragsentwurf einschließlich umfangreicherer Kommentare zu den einzelnen Abschnitten vor, mit dem wissenschaftlich klingenden Titel „A Discussion of possible Clauses in a Treaty for the Reinstatement of an Independent Austria".[78] Doch waren die Amerikaner noch längere Zeit nicht zur Vorlage eines Vertragsentwurfs an die anderen Alliierten bzw. an den Außenministerrat in der Lage, und so war es Molotow möglich, am 22. April den amerikanischen Wunsch abzulehnen, den Österreich-Vertrag auf der drei Tage später in Paris beginnenden Session des Außenministerrates zu besprechen; er gab die Begründung, die Tagesordnung sei überbürdet und überdies habe die Sowjetregierung den angekündigten Vertragsentwurf noch nicht erhalten. Der Versuch Byrnes', mit Unterstützung Bevins zu Beginn der Pariser Tagung Österreich doch noch auf die Tagesordnung zu bringen, scheiterte neuerlich am Einspruch Molotows.[79] Am 26. April ließ die amerikanische Delegation ein kurzes Dokument in neun Abschnitten – „Vorschläge für einen Vertrag für die Wiederherstellung eines unabhängigen und demokratischen Österreich" – zirkulieren.[80]

Ende Mai wurde den drei anderen Regierungen schließlich ein amerikanischer Vertragsentwurf übermittelt und im Juni offiziell als Dokument des Außenministerrates zirkuliert.[81] Dieser Entwurf bestand aus 16 Teilen. Nur einige der vorgesehenen Regelungen seien genannt. Die Grenzen Österreichs sollten im allgemeinen jene von 1937 sein, doch ließ der Entwurf noch eine Grenzänderung gegenüber Italien offen. Die Unabhängigkeit und territoriale Integrität Österreichs sollte von den Vertragsparteien respektiert werden; Österreich seinerseits sollte weder politische noch wirtschaftliche Verpflichtungen übernehmen oder Maßnahmen ergreifen, die geeignet sein könnten, seine

77 *FR 1946,* V, 305 f.

78 „Draft outline" vom 6. Februar (Verfasser Harold C. Vedeler) aufgefunden von Günter Bischof; vgl. Bischof, *Responsibility*, 538, 852–854; zu dem längeren Elaborat vom 1. März, aufgefunden von Oliver Rathkolb, vgl. Leidenfrost, *Amerikanische Besatzungsmacht*, 590–593, 868.

79 Ebd., 336 f. für Molotows Schreiben vom 22. April; vgl. auch *FR 1946,* II, 103, 934; zur erfolglosen Tagesordnungsdebatte am 25. April *FR 1946,* II, 96–103.

80 Die „Vorschläge" in: *FR 1946,* V, 124–126.

81 Dieser Entwurf wurde erstmals auszugsweise in den ersten drei Auflagen dieses Buches veröffentlicht; der Wiederabdruck unterbleibt aus Platzgründen.

Unabhängigkeit zu beeinträchtigen. Ein Heer in Höhe von 66.000 Mann war vorgesehen. Ein recht ausführlicher Abschnitt befaßte sich mit dem Schutz eines demokratischen Systems in Österreich. Von Interesse ist, daß das Habsburgergesetz von 1919 ausdrücklich im Vertragsentwurf verankert wurde. Das Verbot nazistischer oder faschistischer Organisationen und Aktivitäten war vorgesehen, und alle mit dem demokratischen System unvereinbare Normen, die seit dem 5. März 1933 (Ende des parlamentarischen Regimes!) erlassen worden waren, sollten als null und nichtig erklärt werden. Übrigens kam die Führung der Kommunistischen Partei in Österreich in den Besitz eines Exemplars dieses Entwurfs; mit Datum vom 11. Juni 1946 richteten der Parteivorsitzende Johann Koplenig und der Zentralsekretär Friedl Fürnberg einen längeren Bericht an Molotow und den hohen sowjetischen Parteifunktionär Andrej Schdanow, in dem sie, in marxistisch-leninistischer Diktion, schärfste Kritik an „Byrnes' Entwurf", wie sie ihn nach dem amerikanischen Außenminister nannten, übten. Sie meinten, die Annahme dieses oder eines ähnlichen Vertrages würde bedeuten, Österreich dem anglo-amerikanischen Block zu überlassen. (Von Interesse ist die Annahme eines „Blocks" schon zu diesem frühen Zeitpunkt!) Österreichs Wirtschaft sei noch keinesfalls stabilisiert, und nach dem Abschluß eines solchen Vertrages wäre es auf Gnade und Ungnade dem anglo-amerikanischen Kapitalismus ausgeliefert. Sie gaben eine pessimistische Einschätzung der Lage in Österreich vom Standpunkt der „antifaschistischen Kräfte" und betonten die Gefahren, die von der großen Anzahl in Österreich befindlicher „ausländischer Faschisten" (damit waren die zahlreichen sogenannten „Displaced persons" gemeint) ausgingen. Sie verwiesen u. a. – ohne übrigens eine eigene Stellung zu beziehen – darauf hin, daß es bezüglich der Grenze mit Jugoslawien Einwände seitens Jugoslawiens gebe; sie meinten, Österreich sei derzeit nicht in der Lage, ein Heer zu unterhalten; Österreich könne auch kein Heer aufstellen, ohne die Demokratie zu gefährden, da es viel zu wenig verläßliche demokratische Berufsoffiziere gebe; entschieden forderten sie die Ausarbeitung einer neuen, wahrhaft demokratischen Verfassung für Österreich.[82]

Dem Bestreben der Amerikaner, den Österreich-Vertrag rasch voranzutreiben, lagen allerdings zwei Überlegungen zugrunde: nicht nur die Beendigung der alliierten Besetzung Österreichs, sondern auch die Verhinderung des Verbleibs russischer Truppen in Ungarn und Rumänien. Der gemeinsame Nenner

82 Ich verdanke die Kenntnis dieses im Centr chranenija i izučenija dokumentov novejšej istorii (Zentrum zur Aufbewahrung und Erforschung von Dokumenten der neuesten Geschichte), dem früheren Archiv der KPdSU mit Beständen bis einschl. 1952 in Moskau (Fonds 17, opis' 128, delo 908, fol. 57–62) aufgefundenen Berichtes Frau Prof. Dr. Olga Veličko, Moskau, der ich dafür sehr zu Dank verpflichtet bin. Zur Forderung der Kommunisten nach einer neuen Verfassung siehe bereits Stourzh, Regierung Renner, 339–340. Für eine sowjetische Stellungnahme zu dem amerikanischen (und dem britischen Entwurf) siehe Kap. II, 72–73.

dieser beiden Bemühungen ist in dem Motiv zu finden, die russische Macht in Mitteleuropa zurückzudrängen. Aus einer interessanten Weisung des Geschäftsführenden Staatssekretärs Dean Acheson vom 4. April 1946 geht hervor, daß die USA damals den gleichzeitigen Abschluß der Friedensverträge mit den Balkanstaaten und des Vertrages mit Österreich anstrebten. Dies würde, wie Acheson sagte, die Verankerung jener Bestimmungen in den Friedensverträgen mit Ungarn und Rumänien entbehrlich machen, die den Verbleib russischer Truppen in diesen Ländern für die Dauer der Besetzung Österreichs – zur Aufrechterhaltung der Verbindungslinien – vorsahen.[83]

Die Eile der Amerikaner im Frühjahr 1946, zum Abschluß des Österreich-Vertrages zu kommen, spiegelt sich auch in ihrer Einstellung zu dem auf britische Initiative zurückgehenden neuen Kontrollabkommen wider, das damals in der Alliierten Kommission in Wien ausgearbeitet wurde. Für die Amerikaner handelte es sich um eine „Übergangsmaßnahme"; ein baldiger Vertragsabschluß mochte ein neues Kontrollabkommen unnötig machen, wie es noch Mitte Juni hieß. Doch stellte sich gerade in diesen Tagen, als der Außenministerrat in Paris zum zweiten Teil seiner Session zusammentrat, heraus, daß an einen baldigen Vertragsabschluß nicht zu denken war, und so gaben denn die Amerikaner grünes Licht zur Unterzeichnung des Zweiten Kontrollabkommens.[84]

Das Zweite Kontrollabkommen vom 28. Juni 1946 hat als Grundlage des alliierten Besatzungsregimes bis zum 27. Juli 1955, dem Tag des Inkrafttretens des Staatsvertrages und der Auflösung der Alliierten Kommission, gedient. Niemand ahnte im Juni 1946, daß dieses Abkommen neun Jahre und ein Monat in Kraft bleiben würde; es war sogar vorgesehen, daß nicht später als sechs Monate nach dem Tage seiner Unterzeichnung die vier Mächte gemeinsame Beratungen zu seiner Abänderung aufnehmen sollten; diese Beratungen sind niemals aufgenommen worden.[85]

Die wichtigsten Erleichterungen des Zweiten Kontrollabkommens bestanden darin, daß das generelle Einspruchsrecht (Veto) jeder alliierten Macht gegen vom österreichischen Parlament beschlossene Gesetze aufgehoben wurde. Nur mehr Verfassungsgesetze sollten in Hinkunft der schriftlichen (und einstimmigen) Zustimmung des Alliierten Rates bedürfen, bevor sie kundgemacht werden und in Kraft treten konnten. Bei allen anderen Gesetzen und internationalen Abkommen – mit Ausnahme der einer Sonderregelung unterworfenen Abkommen zwischen Österreich und einer der vier Mächte – galt die Zustimmung des Alliierten Rates als erteilt, wenn er nicht binnen 31 Tagen

---

83 *FR 1946,* V, 326.

84 Byrnes an Erhardt, 11. Juni 1946, ebd., 348–349; Acheson an Harriman, 18. Juni 1946, ebd., 349.

85 Deutscher Text des 2. Kontrollabkommens u. a. bei Verosta, *Die Internationale Stellung Österreichs,* 104–112, sowie DÖA, Nr. 34.

nach Einlangen bei der Alliierten Kommission eigens (wiederum einstimmig) Einspruch erhob (Art. 6, lit. a). Die Formel des „reverse veto", des umgekehrten Einspruchs oder negativen Vetos – nicht mehr einstimmige Zustimmung zu österreichischen Gesetzen und damit die Möglichkeit des Vetos einer einzigen Macht erfordernd, sondern lediglich einstimmige Ablehnung, was eine wesentlich seltenere Blockierung der österreichischen Gesetzgebung bedeutete –, ist immer wieder als originelle und erfolgreiche Verfahrensregel gelobt worden. Zahlreiche Ansprüche auf die „Erfindung" dieser Verfahrensregel sind angemeldet worden.[86] Frühzeitig nachweisbar ist die Idee, anstelle der einstimmigen Zustimmung zur österreichischen Gesetzgebung bloß ein einstimmiges Einspruchsrecht zu normieren, in einem französischen Dokument Mitte Dezember 1945.[87] Neuere britische Quellen zeigen, daß ein vom britischen Element in Wien im Dezember 1945 ausgearbeiteter Entwurf noch von der einstimmigen Zustimmung der Alliierten für österreichische Gesetze ausging, was bedeutete, daß das Veto auch nur einer der vier Mächte jedes österreichische Gesetz zunichte machen konnte; dies stieß jedoch auf die Kritik einer Expertengruppe in London; erst von da an, d. h. mit Jahreswechsel 1945/46, waren die Briten die nachhaltigsten Verfechter des „reverse veto".[88]

86 Bischof, *Responsibility* 424.

87 Französisches Aide-Mémoire vom 14. Dezember 1945, veröff. (in engl. Übersetzung) in: *FR 1945*, III, 686–687. Hierzu die ausführliche Darstellung der Genese des 2. Kontrollabkommens aus französischen Quellen bei Lettner, *Französische Österreichpolitik*, 155–189, hier 159.

88 Materialien zur Vorbereitung eines britischen Memorandums „British Policy with Regard to the 1946 Control Agreement in Austria", das am 27. Juni 1958 dem damaligen österreichischen Außenminister Bruno Kreisky überreicht wurde; Kreisky hatte im Jahr zuvor gegenüber dem britischen Diplomaten und seinerzeitigen Mitglied der Alliierten Kommission Jack Nicholls Interesse an der Frage geäußert, wie es den Briten gelungen war, die Gefahr des sowjetischen Vetos zu umgehen; sehr informativ sind einige der Vorbereitung des Memorandums dienende Kommentare und Informationen, die in den internen britischen Akten erliegen; PRO, FO 371/130288/RR 1073/1 sowie FO 371/136595, RR 1072/1 und 1072/2; in deutscher Übersetzung findet sich das Memorandum unter dem Titel „Britische Politik in Bezug auf das Kontrollabkommen 1946 in Österreich" in: VGAB, Nachlaß Schärf, 4/221. Der Anspruch des amerikanischen Diplomaten Ware Adams, „Erfinder" des „reverse veto" zu sein, ist mangels konkreter Datenangaben und in Ermangelung einschlägiger amerikanischer Akten schwer in das Gerüst der nachweisbaren Entstehungsgeschichte einzuordnen. Vgl. *Ware Adams*, „The Negative Veto – a Breakthrough", in: *The Austrian Solution*, hrsg. v. Robert A. Bauer, Charlottesville 1982, 76–84. Der erste nachweisliche Befürworter des „reverse veto" war der Vorsitzende der interministeriellen „Political Working Party" in London, der Diplomat J. M. Troutbeck, in seiner mit 27. 12. 1945 datierten Kritik des vom britischen Element in Wien verfaßten Entwurfs („Note of the Chairman" in FO 371/55143/ C78/78/3; zur Identifizierung Troutbeck's als Vorsitzender FO 371/46698/ C3854/1/18); weiters Troutbeck's Begründung des „reverse veto" in einem Schreiben vom 18. Jänner 1946, nachdem die „Political Working Party" am 1. Jänner 1946 Troutbecks Erwägungen gefolgt war und in London ein revidierter Entwurf für das Kontrollabkommen ausgearbeitet wurde (FO 371/55143/ C662/78/3). Vgl. nunmehr auch, allerdings ohne Identifizierung Troutbecks als Chairman der Political Working Party, Alfred Ableitinger, „Großbritannien und das Zweite Kontrollabkommen. Genese und Gehalt des britischen Regierungsentwurfs vom 4. Februar 1946", in: Ableitinger/Beer/ Staudinger, *Österreich unter alliierter Besatzung*, 71–110.

Die Sowjets leisteten lange, bis zum 21. Mai 1946, Widerstand gegen die britische Formel; plötzlich, drei Tage später, akzeptierten sie eine von britischer Seite vorgeschlagene Kompromißformel, wonach lediglich Verfassungsgesetze weiterhin der einstimmigen Zustimmung der Alliierten bedurften, alle anderen Gesetze (und internationalen Abkommen) würden nur durch einstimmiges Veto aller vier alliierten Mächte zu Fall kommen. Der britische Hochkommissär, General Steele, berichtete damals nach London, er könne keinerlei Erklärung für den sowjetischen Meinungsumschwung geben.[89]

Allerdings enthielt der Text des neuen Kontrollabkommens zwei Punkte, die den sowjetrussischen Interessen sehr entsprachen.

Erstens handelte es sich um die (gegen erbitterten französischen Widerstand) durchgesetzte Freiheit für jeden der vier Alliierten, bilaterale Abkommen mit Österreich ohne Genehmigungsverfahren im Alliierten Rat abschließen zu können. Diese Bestimmung fand sich bereits im ersten in der Alliierten Kommission zur Diskussion gestellten britischen Entwurf, entsprach jedoch mindestens ebensosehr sowjetischen Interessen, fand aber nur ungern die Zustimmung der Franzosen und Amerikaner. Sowjetische Bemühungen, sich freie Hand für bilaterale Abmachungen mit Österreich zu wahren, ziehen sich wie ein roter Faden durch die Entwicklung der sowjetisch-österreichischen Beziehungen von 1945 bis 1955. Paradoxerweise wurde aber bald die amerikanische Wirtschaftshilfe für Österreich auf die Grundlage solcher bilateraler Abkommen gestellt, die dem Alliierten Rat nie vorgelegt wurden, nämlich das Abkommen für die sogenannte Kongreß-Hilfe vom 25. Juni 1947, ein weiteres Abkommen über die sogenannte Interims-Hilfe am 2. Jänner 1948 und schließlich das Marshallplan-Abkommen vom 2. Juli 1948.[90]

Zweitens enthielt das Zweite Kontrollabkommen einen viel seltener erkannten oder genannten Vorteil für die Sowjets; es gab jeder der vier Mächte die Möglichkeit, die Frage des Deutschen Eigentums autonom, ohne Ingerenz durch die anderen Mächte, zu handhaben; dies wird in Kap. II näher ausgeführt werden.[91]

Das Zweite Kontrollabkommen gestattete es übrigens der österreichischen Regierung, diplomatische und konsularische Beziehungen mit den Mitgliedsstaaten der Vereinten Nationen aufzunehmen; die Aufnahme der Beziehungen

89 PRO, FO 371/136595, RR 1072/1, Aktenvermerk I. L. Giachardi (Research Department des Foreign Office), 10. Februar 1958.

90 Vgl. Byrnes an Erhardt, 24. Mai 1946. FR 1946, V, 343. Die drei genannten bilateralen amerikanisch-österreichischen Wirtschaftshilfe-Abkommen riefen sowjetische Proteste hervor; für den heftigen Protest gegen das Abkommen vom 25. Juni 1947 vgl. Rauchensteiner, *Sonderfall,* 208 f. Zu den drei genannten US- Hilfsprogrammen vgl. Wilfried Mähr, *Der Marshallplan in Österreich,* Graz 1989, bes. 41–55, 81 ff., und zum sowjetischen Protest gegen das bilaterale Marshall-Plan-Abkommen, 112–115.

91 Siehe Kap. II., 95–96.

zu anderen Staaten (d. h. insbesondere zu Deutschland, Japan und anderen ehemaligen Feindstaaten) bedurfte der vorherigen Genehmigung des Alliierten Rates.

Doch zurück nach Paris: Der Rat der Außenminister nahm am 15. Juni 1946 einen französischen Kompromißvorschlag an, zwar nicht den „Vertrag mit Österreich", aber die „Prüfung österreichischer Fragen" auf seine Tagesordnung zu setzen. Am letzten Tage der Pariser Session des Rates, am 12. Juli, kam es zu dieser „Prüfung". Molotow legte einen Resolutionsentwurf mit vier Punkten vor.

In Punkt 1 wurde vorgeschlagen, der Außenministerrat möge zur Kenntnis nehmen, daß das neue Kontrollabkommen vom 28. Juni 1946 beträchtlich die Kompetenz der österreichischen Regierung erweitere und die Beschleunigung der Liquidierung der Überreste des Hitlerismus und die endgültige Trennung Österreichs von Deutschland fördere, ebenso die weitere Stärkung der Demokratie in Österreich. In Punkt 2 sollte der Außenministerrat feststellen, daß die Evakuierung von 437.000 „Displaced Persons" aus Österreich unerläßlich und dringend sei; unter den Fremdnationalen in den westlichen Zonen befänden sich jugoslawische Tschetniks und Ustaschi, ungarische Szalasi-Anhänger, faschistische Soldaten der polnischen Anders-Armee, russische und ukrainische Weißgardisten, Verräter der Wlassow-Armee; diese bedeuteten nicht nur eine ernste Bedrohung der inneren Sicherheit des demokratischen Österreich, sondern auch eine Gefahr für benachbarte demokratische Staaten. In Punkt 3 sollte der Rat erklären, daß die erfolgreiche Erledigung der genannten Ziele die nötigen Voraussetzungen für die Übertragung voller Autorität an die österreichische Regierung und für die Wiederherstellung der vollständigen Unabhängigkeit Österreichs, das grundlegende Ziel der Alliierten in Österreich, schaffen würde. Punkt 4 des sowjetischen Papiers sah vor, daß die Stellvertreter der Außenminister nach Fertigstellung der Verträge mit den früheren Satelliten Deutschlands zu der Vorbereitung eines Vertrages mit Österreich schreiten sollten.[92]

Der amerikanische Außenminister Byrnes und der britische Außenminister Bevin hätten gerne einen Beschluß zu Punkt 4, d. h. den Auftrag an die Stellvertreter zur Ausarbeitung eines Österreich-Vertrages, unabhängig von den anderen Punkten gesehen. Molotow erwiderte jedoch, die in Punkt 1 und 2 angesprochenen Fragen seien zuerst zu klären, und schlug vor, vom Alliierten Rat für Österreich einen Bericht hierüber anzufordern; er stellte besonders in Frage, ob die Entnazifizierung in Österreich zufriedenstellend verlaufe; dies sei mindestens so wichtig wie die Frage der Displaced Persons. Byrnes und

92 Sowjetischer Vier-Punkte-Vorschlag: *FR 1946*, II, 939–940; die Debatte im Rat ebd., 913–916 und 928–935.

Bevin hatten keine Einwendungen gegen die Einholung eines Berichts vom Alliierten Rat; zu einer formellen Beschlußfassung darüber kam es jedoch nicht. Bevin brachte die Frage des „Deutschen Eigentums“ zur Sprache (auf das noch ausführlich einzugehen sein wird) und regte – vergeblich – die Bildung einer Expertenkommission an.

Die Debatte brachte kein Ergebnis. Das Beschlußprotokoll der Ratssitzung vom 12. Juli 1946 vermerkt lakonisch zum Tagesordnungspunkt Österreich: „Ansichten über diese Frage wurden ausgetauscht.“ Damit war das Thema des Österreich-Vertrages bis zur nächsten Session des Außenministerrates, November/Dezember 1946 in New York, aufgeschoben.[93]

Die zeitliche Priorität, die dem Abschluß der Friedensverträge mit Italien, Ungarn, Bulgarien und Finnland eingeräumt wurde, hatte für Österreich eine sehr wesentliche Konsequenz. Die Regelung der österreichisch-italienischen Grenzen, konkret die Frage der Rückkehr Südtirols nach Österreich, wurde nicht im Rahmen des österreichischen Staatsvertrages, sondern im Rahmen des italienischen Friedenvertrages behandelt und entschieden. Ende April 1946 war in Österreich bekanntgeworden, daß sich die Mächte grundsätzlich über den Verbleib Südtirols bei Italien geeinigt hatten, vorbehaltlich allfälliger kleinerer Grenzberichtigungen. Diese Einigung war übrigens schon am 14. September 1945 auf der ersten Session des Außenministerrates in London zustande gekommen.[94] Von April 1946 bis zum Abschluß des Gruber-de-Gasperi-Abkommens am 5. September 1946 und dessen Verankerung im italienischen Friedensvertrag war Südtirol das Hauptthema der österreichischen Außenpolitik.[95]

Die Entscheidung der Großmächte zugunsten Italiens hatte wohl mehrere Gründe. Zeitweise, im Sommer 1945, befürchteten die Briten angesichts der unter sowjetischer Patronanz zustande gekommenen Regierung Renner in Österreich einen stärkeren russischen Einfluß in Österreich und schreckten

93 Ebd., 939.

94 *FR 1945*, II, *General: Political and Economic Matters*, Washington 1967, 162. Gruber erfuhr diese Nachricht schon am 13. 1. 1946 von englischer Seite. Aufzeichnung Heinrich Wildners v. 14. 1. 1946, ÖStA, GD, NLS, E/1791/16 (Nachlaß H. Wildner).

95 Das Gruber-de-Gasperi-Abkommen wurde als Annex IV des Friedensvertrages mit Italien aufgenommen; Art. 10 des Friedensvertrages hält fest, daß die Alliierten und Assoziierten Mächte den Inhalt des Abkommens zur Kenntnis genommen haben. Text des Friedensvertrages in: *European Peace Treaties after World War II*, hrsg. v. Amelia Leiss u. Raymond Dennett, Boston 1954, 168 (Art. 10) u. 209–210 (Annex IV). Zur Diplomatie der Südtirolfrage 1945/46 nunmehr (mit umfangreichem Dokumententeil) Rolf Steininger, *Los von Rom? Die Südtirolfrage 1945/46 und das Gruber-de Gasperi-Abkommen* (= Innsbrucker Forschungen zur Zeitgeschichte 2), Innsbruck 1987. Von völkerrechtlicher Seite bereits Herbert Miehsler, „Die Südtirolfrage vom Ende des Zweiten Weltkrieges bis zum Abschluß des Gruber-de-Gasperi-Abkommens“, in: *Innsbruck – Venedig*. Österreichisch-Italienisches Historikertreffen 1971 und 1972, hrsg. v. Adam Wandruszka und Ludwig Jedlicka, Wien 1975, 421–470.

angesichts dieser Unsicherheit vor einem Fallenlassen der Brennergrenze zurück.[96] Vor allem war Italien mit seiner zentralen Lage im Mittelmeerraum, aber auch mit seiner starken kommunistischen Partei ein Objekt von ganz anderem Gewicht als Österreich. Die Westmächte, in deren Einflußsphäre Italien seit dem Waffenstillstand 1943 lag, fürchteten eine weitere Stärkung der italienischen Kommunisten, eine Angst, die von der italienischen Diplomatie in ihrem Bemühen, Südtirol zu halten, geschickt ausgenützt wurde.[97] Denn Italien wurden ja schon etliche Gebietsverluste zugemutet – nicht nur der Verlust der Kolonien, sondern, schmerzlicher, der Verzicht auf Istrien und vor allem auf die Stadt Triest. Die Alliierten sahen also die Frage des Verbleibs Südtirols bei Italien oder seiner Rückkehr nach Österreich in der Perspektive der gesamten Italien aufzuerlegenden Verluste – die Optik war die einer Gesamtregelung der italienischen, nicht die Gesamtregelung der österreichischen Angelegenheiten. Insofern läßt sich sagen, daß Österreichs Stellung im Wartesaal – während der italienische Friedensvertrag verhandelt wurde – die an sich geringen Chancen für eine befriedigendere Südtirollösung weiter vermindert haben mag. Es war daher durchaus logisch, daß der österreichische politische Vertreter in London, Heinrich Schmid, versuchen wollte, Bevin dahin zu bringen, den Vertrag mit Italien nicht zu unterschreiben, wenn nicht gleichzeitig der Vertrag mit Österreich vereinbart werde. Logisch, doch erfolglos![98]

Außenminister Gruber hatte aufgrund pessimistischer Lageberichte schon in der ersten Aprilhälfte 1946 begonnen, nach territorialen Teillösungen Ausschau zu halten; im Mai 1946 entschloß sich Gruber bzw. die Bundesregierung, die sogenannte „Pustertallösung" dem Rat der Außenminister als „kleinere Grenzberichtigung" vorzulegen, ein Plan, der die Rückkehr nach Österreich des Pustertals, aber auch des Gebiets um Brixen und über Franzensfeste und Sterzing bis zum Brenner, also des oberen Eisacktales, vorsah; italienische Interessen an der Wasserkraftversorgung sollten berücksichtigt werden. Die

---

96 Vgl. Friedl Volgger, *Mit Südtirol am Scheideweg*, Innsbruck 1984, 173–174.

97 De Gasperi machte die Außenminister der Alliierten darauf aufmerksam, daß, obgleich es Opfer gebe, die Italien im Namen der europäischen Solidarität und für den Aufbau einer besseren Welt machen könne und machen müsse, keine Lösung in Betracht komme, „die eine demokratische italienische Regierung nicht akzeptieren könne". Zit. in der wichtigen Schrift des Botschafters Graf Nicolò Carandini, *The Alto Adige, an Experiment in the Devaluation of Frontiers,* Rom 1958, 9, sowie bei Steininger, *Los von Rom?,* 23. Carandini war im Sommer 1946 der Verhandlungspartner Außenminister Grubers, bevor de Gasperi selbst in die Verhandlungen eingriff. Die italienische Diplomatie hatte in den der Entscheidung des Außenministerrates vorhergehenden Wochen im August/September 1945 ihre Offensive zur Erringung der Unterstützung für Italiens Standpunkt vor allem auf Washington konzentriert: vgl. Mario Toscano, *Storia diplomatica della questione dell'Alto Adige,* Bari 1967, 264.

98 Wagnleitner, *Diplomatie zwischen Parteiproporz und Weltpolitik,* Nr. 83 (Bericht Walter Wodaks an Schärf v. 6. Mai 1946).

„Pustertallösung" wurde von den Alliierten am 24. Juni 1946 abgelehnt, mit der – zuerst von sowjetischer Seite – vorgebrachten Begründung, Österreichs Gebietsforderung könne nicht als „kleinere Grenzberichtigung" angesehen werden, wie dies österreichischerseits behauptet worden sei.[99] Die „Pustertallösung" hat vor allem auch in Südtirol selbst viel Widerspruch gefunden; die Südtiroler Volkspartei war ganz überwiegend dagegen, man fürchtete, die Abtretung eines Landesteils würde die Italianisierung des Restes beschleunigen.[100]

Erst nachdem der italienische Friedensvertrag und die anderen vier Friedensverträge unter Dach und Fach waren, im Dezember 1946, schien Österreichs Stunde zu schlagen: Am 7. Dezember 1946 legten sowohl Byrnes als auch Molotow dem Außenministerrat in New York den Plan vor, auf der nächsten Session, die im Februar oder März 1947 auf sowjetische Einladung in Moskau tagen sollte, die Verträge mit Deutschland und mit Österreich zu behandeln. Die Amerikaner regten außerdem an, daß für jeden Vertrag eigene Sonderbeauftragte oder Stellvertreter („Deputies") zu bestellen wären, deren Aufgabe die Vorbereitung eines Vertragsentwurfes wäre, über den dann der Außenministerrat zu befinden hätte. Nach einigen Diskussionen über Modalitäten und Termine der Stellvertreterberatungen beschloß der Rat der Außenminister am 11. Dezember 1946, daß die Sonderbeauftragten für deutsche und für österreichische Fragen in Vorbereitung der nunmehr für 10. März 1947 in Moskau fixierten Ratstagung am 14. Jänner 1947, und zwar in London, zusammentreten sollten.[101]

Bloß zwei Tage nach dem Beschluß der Außenminister in New York richtete Bundespräsident Renner ein Schreiben an alle Bundesminister, in dem er sie bat, sogleich alle nötigen Unterlagen für die Staatsvertragsverhandlungen vorzubereiten. Der Schritt scheint ungewöhnlich, auch wenn der Bundespräsident sowohl den Bundeskanzler als auch den Vizekanzler von seinen direkten Briefen an die Ressortminister verständigte. Gegenüber Figl begründete oder rechtfertigte Renner seinen Schritt damit, daß er erfahren habe, daß Figl unpäßlich sei und wahrscheinlich ein oder zwei Tage vom Amt fernbleiben

99 Dazu und zum Mißerfolg des Pustertalvorschlags vgl. Steininger, *Los von Rom?,* 64–87 sowie 255–258. Der Pustertalvorschlag wurde in einer Note des österreichischen politischen Vertreters in Paris, Gesandten Norbert Bischoff, vom 10. Mai 1946 dem Generalsekretär des Außenministerrates überreicht; veröffentlicht in *FR 1946,* II, 357–358; zur Ablehnung durch den Außenministerrat ebd., 590.

100 Hierzu die Erinnerungen von Volgger, *Mit Südtirol am Scheideweg,* 157; auch ders., „Karl Grubers große Leistung", in: *Für Österreichs Freiheit. Karl Gruber – Landeshauptmann und Außenminister 1945–1953,* hrsg. v. Lothar Höbelt und Othmar Huber (= Innsbrucker Forschungen zur Zeitgeschichte 7) Innsbruck 1991, 202–203; Karl Gruber, *Zwischen Befreiung und Freiheit – der Sonderfall Österreich,* 2. Aufl. Wien 1953, 71–72.

101 Vgl. *FR 1946* II, 1530; für die dem Beschluß vorhergehenden Beratungen ebd., 1469 bis 1476, 1483 f., 1522 und 1526–1528.

müsse. Da „die Angelegenheit unserer Friedensverhandlungen (!) durch die heutigen Meldungen höchst dringlich" sei, finde er sich veranlaßt, in Hinblick auf Figls durch Krankheit bedingte Abwesenheit vom Amte den Brief an die Bundesminister „unmittelbar abgehen zu lassen". Renner war sich also bewußt, daß er eigentlich einen Eingriff in die Kompetenzen des Bundeskanzlers vornahm. Doch abgesehen von der Erkrankung des Bundeskanzlers gab es wohl ein weiteres Motiv für die Initiative des Bundespräsidenten. Renner war sich seiner Rolle als Leiter der österreichischen Friedensdelegation in Saint-Germain 1919 wohl bewußt, und es drängte ihn ungemein, seine Erfahrungen zur Geltung zu bringen.

Der Bundespräsident erinnerte die Bundesminister daran, daß in den ersten Tagen des Jahres 1919 in jedem Ministerium eine genaue Aufstellung „der von uns zu vertretenden Forderungen und Auffassungen vorbereitet" wurde und daß nach Überprüfung und Abstimmung dieser Materialien in einer gemeinsamen Kommission unter dem Vorsitz des damaligen „Außen-Staatssekretärs" Otto Bauer „eine bis ins letzte Detail gehende Unterlage für die Friedenskonferenz erstellt worden ist". Renner selbst nannte einige Fragen, die ihm „als besonders wichtig in den Sinn" kamen – österreichische Ansprüche an Deutschland, die nach den Potsdamer Beschlüssen sich ergebenden Streitfragen um das deutsche Vermögen in den Sukzessionsstaaten, den Kampf um die Südgrenze. Aus den Antworten der einzelnen Bundesminister – manche, wie der Sozialminister Maisel und der Energieminister Altmann, schickten mehrere Memoranden, andere wie der Landwirtschaftsminister Kraus begnügten sich mit wenigen Zeilen – ergibt sich ein anschauliches Bild emsiger Vorbereitungen; die Antwort des Außenministers Gruber – dieser hatte zunächst geglaubt, allein angeschrieben worden zu sein und hatte darin offenbar eine Art Mahnung gesehen – bietet einen Überblick über die tatsächlich schon seit Jänner 1946 laufende Vorbereitungsarbeit, deren früheste Frucht ja der bereits genannte österreichische Vertragsentwurf vom Februar 1946 gewesen war.[102]

Der Bundespräsident nahm weiter höchst aktiven Anteil an den Vorbereitungen. Knapp vor Jahresende wandte er sich an den Bundeskanzler und riet, man möge eine große Delegation mit Vertretern der politischen Parteien und auch der betroffenen Bundesländer nach London entsenden. „Ich darf mir da wohl erlauben, ein Wort mitzusprechen, da ich auf die Erfahrungen von Saint-Germain verweisen kann." Wenig später, anfangs 1947, kam es zu einer interessanten Auseinandersetzung zwischen Renner und Gruber. Beide gingen davon aus, daß eine kritische Phase für die Sicherheit des Landes zu jenem

---

102 Präsidentschaftskanzlei, Zl. 8791/46 u. Nachzahlen; BMAA, Zl. 146.653-6 VR/46; falls bei Aktenzahlen der Präsidentschaftskanzlei oder des Bundeskanzleramts/Auswärtige Angelegenheiten kein Archivvermerk angegeben ist, bedeutet dies, daß die betreffenden Aktenstücke in der Präsidentschaftskanzlei bzw. in BMAA eingesehen werden konnten.

Zeitpunkt eintreten würde, in dem die Besatzungstruppen Österreich verlassen würden, aber das eigene Heer oder, wie Renner sagte, unsere eigene Sicherungstruppe noch nicht aufgestellt wäre. Renner schlug für diese Übergangszeit eine der „UNO bzw. dem Sicherheitsrat unterstehende internationale Truppe" vor, die aus Kontingenten der gegenwärtigen vier Besatzungsmächte zusammengesetzt sein könnte, unter einheitlichem Kommando. Gruber teilte hierauf Renner mit, daß der Ministerrat beschlossen habe, alle Anstrengungen darauf zu richten, „daß sofort die volle Souveränität erreicht, jegliche militärische Besatzung aufgehoben und eine allenfalls verbleibende Kontrolle, sofern sie nicht völlig beseitigt werden kann, auf ein Minimum beschränkt werde". Insbesondere warnte Gruber vor den Nachteilen, die die von Renner vorgeschlagene internationale Truppe mit sich ziehen würde. Gemäß der politischen Zusammensetzung des Sicherheitsrates, so vermutete Gruber, würde es nicht möglich sein, „eine einzelne neutrale Macht mit der Sicherungsaufgabe Österreichs zu betrauen, es sei denn, man würde sich auf die tschechische Armee einigen" (!); vermutlich müßte aber die UNO-Streitmacht aus Kontingenten der vier Mächte bestehen, denn gegen eine westliche Macht würde Rußland remonstrieren, gegen eine östliche die Westmächte. Diese Kontingente würden aber wohl wieder nach Zonen lokalisiert werden. Dann wären wir aber wieder genau bei dem Zustand angelangt, den wir gegenwärtig haben, schrieb Gruber und fügte hinzu: „Der ganze Staatsvertrag wäre degradiert zu einem mehr oder weniger verbesserten neuen Kontrollabkommen."

Renner war nicht völlig zu überzeugen, und zwar deshalb, weil in ihm die historischen Erfahrungen der tragischen Zwischenkriegszeit in Österreich zutiefst verwurzelt waren. Nach Abzug der Besatzungstruppen, so meinte Renner in einem Gespräch mit Gruber am 18. Jänner 1947, bestünde die Gefahr, „daß die verschiedenen Parteien angesichts der vollkommenen Machtlosigkeit der kaum bewaffneten Polizei und Gendarmerie zur Aufstellung von Wehrformationen greifen könnten, wobei die Verhältnisse von 1933 bis 1938 wieder akut würden".[103]

Dieser Dialog beleuchtet in bemerkenswerter Weise den Übergang von der Ersten zur Zweiten Republik. Der sechsundsiebzigjährige Renner befürchtete innenpolitische Entwicklungen, die zur Wiederholung der Ereignisse der dreißiger Jahre führen würden; darin sollte Renner zu pessimistisch sein. Dafür unterschätzte Renner wohl die Gefahren, die aus dem Verbleib von Kontingenten der vier Besatzungsmächte nach Abschluß des Staatsvertrages resultieren konnten. Gruber, neununddreißig Jahre jünger als Renner, war hier in Hinblick auf die sich damals schon deutlich herauskristallisierende Ost-West-Konfron-

103 Präsidentschaftskanzlei, Zl. 9063/46, Zl. 180/47; darin BMAA, Zl. 105.081-Pol/47.

tation skeptischer. Von großem Interesse ist es, daß damals schon Themen angesprochen wurden, die in späteren Phasen der Staatsvertragsverhandlungen eine Rolle spielen sollten: Die „Sicherheitslücke" nach dem Abzug der Besatzungstruppen und vor dem Aufbau des Bundesheeres sollte bis in die letzten Tage der Staatsvertragsverhandlungen im Mai 1955 ein vor allem die Amerikaner bewegendes Anliegen sein (vgl. unten Kap. III und IV). Die Idee von Kontingenten der vier Mächte nach Abschluß des Staatsvertrags antizipierte wiederum in eigentümlicher Weise den Vorschlag, den Molotow im Februar 1954 auf der Berliner Außenministerkonferenz machen, den die österreichische Koalitionsregierung jedoch einhellig ablehnen würde (vgl. unten Kap. V). Von Interesse ist auch, daß schon am Vorabend des Beginns der eigentlichen Staatsvertragsverhandlungen in Grubers Argumenten und dem von ihm angeführten Beschluß der Regierung jenes Motiv deutlich wird, das bis 1955 weitaus das wichtigste für Österreichs Drängen nach dem Staatsvertrag sein wird: der Wunsch, die fremden Mächte so bald wie möglich aus dem Land hinauszubringen, und das, wenn nötig, auch um einen sehr hohen Preis.

Bei der Vorbereitung der Staatsvertragsverhandlungen sagte es Gruber ganz klar: „Das ist der Kernpunkt des ganzen Vertrages. Ohne Abzug der Besatzungstruppen hätte der Vertrag keinen Sinn, da würden wir überhaupt darauf verzichten."[104] Das ist gleichsam der rote Faden, der sich durch die lange, an Hoffnungen wie an Enttäuschungen reiche Geschichte der Staatsvertragsverhandlungen hindurchziehen wird, bis zur Nachricht des Bundeskanzlers Raab aus Moskau im April 1955: „Österreich wird frei!"

---

104 Aufzeichnung über eine interministerielle Sitzung unter Vorsitz des Außenministers Gruber am 4. Jänner 1947, Zl. 147.600-6VR/47, in: AdR, BMAA, II-Pol, Handakten des Generalsekretärs Heinrich Wildner, eingelegt bei den Akten des Jahres 1949 (Jahr seiner Pensionierung), Kart. 123 (weiters zitiert als „Handakten Wildner").

II

DIE VERHANDLUNGEN BEGINNEN

1. Vorbereitungen in Wien; Auftakt in London

Die Nachricht vom bevorstehenden Beginn der Staatsvertragsverhandlungen war Anlaß für die österreichische Bundesregierung und für österreichische Politiker, die besonderen Anliegen und Erwartungen Österreichs den Alliierten, aber auch der Öffentlichkeit zur Kenntnis zu bringen. Am 23. Dezember 1946 richtete der Außenminister im Namen der Bundesregierung eine Note an die vier Mächte, worin er sie zur Räumung Österreichs aufforderte und gleichzeitig jene Materien anführte, die nach Ansicht Österreichs im Staatsvertrag geregelt werden müßten. Die Bundesregierung vertrat auch die Ansicht, daß es ausreichen würde, einen Vertrag nur zwischen Österreich und den vier Besatzungsmächten abzuschließen: dadurch würde sich der mit Österreich abzuschließende Vertrag von den Friedensverträgen mit den Ländern, die an der Seite Deutschlands am Krieg teilgenommen hatten, unterscheiden.[1]

Weiteren Einblick in Österreichs Anliegen und Erwartungen gewährt ein Memorandum, das Vizekanzler Dr. Adolf Schärf seinem Parteifreund, dem damaligen französischen Ministerpräsidenten Léon Blum, am Neujahrstage 1947 übersandte; darin legte Schärf in zehn Punkten vordringliche österreichische Interessen dar. Der konstant bereits im Jahre 1946 vertretenen österreichischen Linie folgend, hielt es Schärf für gerechtfertigt, daß nicht ein Friedensvertrag, sondern ein Staatsvertrag mit Österreich abgeschlossen werde. Zu den Gebietsfragen schrieb er, Österreich erhebe keine Ansprüche auf Gebiete, die vor dem Anschluß nicht zu Österreich gehört hätten, lehne aber seinerseits Gebietsansprüche anderer Mächte, insbesondere Jugoslawiens, ab. Ein Punkt seines Memorandums betraf das „Deutsche Eigentum" in Österreich, wobei Schärf kritisch bemerkte, die diesbezüglichen Bestimmungen der Konferenz von Potsdam seien von Staatsmännern beschlossen worden, „die nicht wußten, wie sich in der Zeit der deutschen Besetzung die Wirtschaft in Österreich verändert" habe. Zu den vor allem in der östlichen Zone erfolgten Demontagen von Fabriken, Telefoneinrichtungen und Abtransporten von Rohmaterialien

1 Note Zl. 146.678-6VR/46, in: AdR, BMAA, II-Pol-Akten 1946, P-Staatsvertr. Ihr Inhalt wiedergegeben in einer vom Gesandten Dr. Markus Leitmaier Ende 1953 verfaßten, bis September 1953 reichenden Übersicht über die Geschichte der Staatsvertragsverhandlungen. Diese 77 maschingeschriebene Seiten umfassende Übersicht (ohne Beilagen) in: AdR, BMAA, II-Pol, Zl. 141.219-Pol/54; weiterhin zitiert als Leitmaier, Übersicht. Zu Leitmaier vgl. Kap. I, Anm. 55.

forderte Schärf, die Verluste durch Demontagen seien bei der Regelung des Deutschen Eigentums oder der Abrechnung der Besatzungskosten in Rechnung zu stellen. Unter den weiteren Wünschen Schärfs finden wir den Hinweis, etwa eine halbe Million von „Displaced Persons", Zivil- und Militärpersonen aus Rußland, Polen und den Balkanstaaten, stellten eine Gefahr für die Sicherheit des Landes dar und Österreich habe größtes Interesse an ihrer Entfernung. Auch die Verpflichtung zur Erhaltung eines demokratischen Regimes auf der Basis des allgemeinen, gleichen, direkten und geheimen Wahlrechtes für Männer und Frauen und der Schutz konfessioneller und nationaler Minderheitenrechte sollten im Staatsvertrag verankert werden.[2]

Am 15. Jänner 1947 gab Bundeskanzler Ing. Leopold Figl im Nationalrat ein 16-Punkte-Programm bekannt, in dem die Richtlinien enthalten waren, die, wie Figl sagte, „für die Haltung der österreichischen Regierung in der Frage des Abschlusses des Staatsvertrages bei den Verhandlungen in London bzw. später in Moskau maßgebend sein werden". Die 16 Punkte, jeweils von Figl kurz erläutert, betrafen folgende Fragen:

1. Die Wiederherstellung der Unabhängigkeit Österreichs in den Grenzen von 1937. Österreich sei das erste von Hitler-Deutschland überfallene und besetzte Gebiet, das daher ebenso wie die übrigen überfallenen und besetzten Gebiete Europas den Anspruch hat, von den Vereinten Nationen mit besonderer Rücksicht behandelt zu werden.
2. Die Grenzen des Jahres 1937 – es dürfe kein Gebietsteil von Österreich abgetrennt werden.
3. Die demokratische Verfassung. Der Bundeskanzler verwies (wie bereits Schärf in dem vorhin genannten Memorandum) auf das demokratische Wahlrecht und betonte den Schutz der Menschenrechte und die Bestrafung von Kriegsverbrechern.
4. Eintritt Österreichs in die Vereinten Nationen. Es sei die Feststellung anzustreben, daß Österreich nach dem Inkrafttreten des Staatsvertrages alle Voraussetzungen erfüllt hätte, in die Vereinten Nationen aufgenommen zu werden; die vier alliierten Großmächte sollten ihre Zusicherung geben, die Kandidatur Österreichs zu unterstützen.
5. Beendigung der Besetzung und Zurückziehung der alliierten Streitkräfte.
6. Österreich bezahlt keine Reparationen – es sei ja kein feindliches Land.

Punkt 7 betraf die militärischen Klauseln, Punkt 8 die Kriegsgefangenen und Zivilinternierten, deren Rückkehr in die Heimat baldigst erfolgen sollte. Punkt 9 behandelte die Displaced Persons. Es werde darauf Bedacht genommen werden, sagte der Bundeskanzler, „daß die durch die Anwesenheit dieser

---

2 „Bemerkungen zu einem Staatsvertrag mit Österreich", veröffentlicht in: Adolf Schärf, *Österreichs Erneuerung 1945–1955,* Wien [7]1960, 139–141.

Leute hervorgerufenen Schwierigkeiten beseitigt werden, ohne daß daraus für Österreich eine besondere Bindung für die Zukunft besteht".

Die Punkte 10 bis 13 betrafen verschiedene finanzielle Ansprüche gegenüber Deutschland, Punkt 14 die Potsdamer Beschlüsse, wobei der Bundeskanzler nur allgemein erklärte, die Bundesregierung werde für eine für die österreichische Wirtschaft tragbare Lösung eintreten. Punkt 15 bezog sich auf das österreichische Eigentum im Ausland und Punkt 16 auf die Regelung der Wirtschaftsbeziehungen zwischen Österreich und dem Ausland (Vermeidung von Diskriminierungen). Diese 16 Punkte, sagte der Bundeskanzler, seien die Hauptfragen, es gebe auch noch andere Fragen, wie die des Transitverkehrs, die zu regeln sein würden.[3]

Einen Tag vor Figls Erklärung im Parlament, am 14. Jänner, hatte der britische Außenminister Bevin im Lancaster House in London die Tagung der Sonderbeauftragten für Deutschland und für Österreich eröffnet; am 14. und 15. Jänner besprachen die Sonderbeauftragten für Deutschland und Österreich technische Fragen von gemeinsamem Interesse; personelle und organisatorische Schwierigkeiten waren insofern gegeben, als die sowjetische und die französische Regierung je einen gemeinsamen Vertreter für die Vorbereitung des deutschen Friedensvertrages und des Österreich-Vertrages bestellt hatten, nämlich Fedor T. Gusev und Maurice Couve de Murville, während Engländer und Amerikaner von vornherein getrennte Sonderbeauftragte für den deutschen und für den österreichischen Vertrag ernannt hatten: Der englische „Deputy" für Österreich war Lord Hood, die Amerikaner hatten General Mark Clark, ihren Hochkommissar für Österreich, gewählt.

Die erste getrennte Sitzung der Sonderbeauftragten für die Vorbereitung eines Vertrages mit Österreich fand am Donnerstag, dem 16. Jänner 1947, statt; mit ihr beginnt die Zählung einer langen Serie von Sitzungen der Sonderbeauftragten oder Stellvertreter der Außenminister – niemand ahnte damals, daß die am 16. Jänner 1947 einsetzenden Verhandlungen ihren Abschluß erst mehr als acht Jahre später, am 15. Mai 1955, in der Unterzeichnung des Staatsvertrages finden würden! Noch im März 1947 rechneten amerikanische Diplomaten in Wien damit, daß die Elemente der Alliierten Kommission ihre Tätigkeit zum 1. Oktober 1947 einstellen würden. Es sollte der Sommer 1955 werden![4]

Die erste Sitzung brachte einige wichtige Entscheidungen. Es wurde beschlossen, Vertreter Jugoslawiens, Polens, Kanadas, Südafrikas und Australiens zur Frage des Österreich-Vertrages anzuhören; andere Staaten (aus dem Kreise der gegen Deutschland und seine Verbündeten gerichteten Allianz der „Vereinten Nationen") würden ebenfalls gehört werden. Und vor allem wurde

3 Sten. Prot. NR, 5. GP., 41. Sitzg., 15. Jänner 1947, 1196–1198.
4 AdR, BMAA, II-Pol, Zl. 106.114-Pol/47.

beschlossen, daß Österreich nach den Vertretern der Vereinten Nationen gehört werden und um Vorlage eines schriftlichen Memorandums ersucht werden sollte. Damit war der Weg für die Einladung einer österreichischen Delegation nach London und ihre „Anhörung" – „Hearing" lautete der englische Fachausdruck – offen.

Erst Jahre später, bei der Berliner Außenministerkonferenz im Februar 1954, saß eine österreichische Delegation gleichberechtigt neben den Delegationen der vier Mächte. Allerdings darf die Tatsache, daß die österreichischen Delegationen in den ersten Phasen der Staatsvertragsverhandlungen nur zu Hearings und den damit verbundenen Befragungen zugelassen wurden, nicht die inoffiziellen Kontakte vergessen lassen, die die Österreicher mit den Vertretern der vier Mächte anknüpfen konnten. Eleanor Dulles, die Schwester von John Foster Dulles und Allen Dulles, die als Finanzattaché an der amerikanischen Gesandtschaft in Wien tätig war, riet österreichischen Diplomaten vor den Londoner Verhandlungen, die Anwesenheit einer österreichischen Delegation müsse „hauptsächlich für eine Einwirkung durch persönliche Fühlungnahme mit den alliierten Konferenzteilnehmern ausgenützt werden".[5] Besuche bei den Delegationschefs der alliierten Mächte, Korrespondenzen, gesellschaftliche Anlässe boten den Österreichern die Gelegenheit, ihren Standpunkt außerhalb des strengen Rahmens der Hearings zur Geltung zu bringen. Die Zunahme der Spannungen zwischen Ost und West, im Kontext von Österreichs Lage aber auch besonders der Prozeß der Machtübernahme der Kommunisten in den östlichen Nachbarländern und die speziellen Belastungen des Verhältnisses zur russischen Besatzungsmacht, zumal bezüglich des Deutschen Eigentums, führten zu wesentlich engeren Kontakten mit den Vertretern der Westmächte als jenen der Sowjetunion. Gerade für das Jahr 1947 gibt es zahlreiche Belege für diese Entwicklung. Dazu kommt, daß über die Grenzen führende parteipolitische Freundschaften eben nur die bei den Novemberwahlen von 1945 entscheidend geschlagenen Kommunisten nach Osten führten, während die beiden großen Koalitionsparteien ihre politischen Freunde im Westen hatten. Hier ist vor allem der Kontakt zwischen den österreichischen Sozialisten und der Labour Party in England zu nennen, die seit den Wahlen vom Juli 1945 die Regierung stellte, während die Verbindung der Volkspartei zu den christlichdemokratischen Parteien Westeuropas erst etwas später eine größere Rolle spielte.[6]

---

5 Ebd., Zl. 105.022-Pol/47 (Amtsvermerk Josef Schöners).

6 Vgl. u. a. *FR 1947*, II, *Council of Foreign Ministers; Germany and Austria*, Washington 1972, 113. Bereits am 9. November 1945 hatte Karl Renner in Briefen an Premierminister Attlee und Außenminister Bevin Dr. Walter Wodak als von ihm beauftragten „Verbindungsoffizier" zwischen der SPÖ und der Labour Party vorgestellt. Die Ausfertigungen dieser Schreiben wie auch Hinweise auf Bedenken der britischen Regierung, inoffizielle Vertreter einer Partei zu empfangen, fanden

Doch zurück zu den Londoner Verhandlungen. Der erste Sitzungstag der Sonderbeauftragten brachte eine weitere wichtige Entscheidung. Der Titel des Vertrages wurde festgelegt: „Vertrag betreffend die Wiederherstellung eines unabhängigen und demokratischen Österreich.“ Also nicht „Friedensvertrag“! Vom ersten Augenblick der Verhandlungen war damit festgestellt, daß mit Österreich nicht Frieden zu schließen wäre; doch zeigte sich nur allzubald, daß de facto die Vorlagen der nur wenige Wochen zuvor redigierten Friedensverträge – deren Unterzeichnung übrigens noch bevorstand, sie erfolgte am 10. Februar 1947 – eine beträchtliche Rolle spielten. Der am 16. Jänner 1947 festgelegte Vertragstitel blieb unverändert, und erst in der Endredaktion des Vertragstextes im Mai 1955 wurde dem inzwischen im Sprachgebrauch längst eingebürgerten, auf österreichische Initiative zurückgehenden Begriff „Staatsvertrag“ Rechnung getragen: „Staatsvertrag betreffend die Wiederherstellung eines unabhängigen und demokratischen Österreich“ lautete schließlich der endgültige, auch von den Alliierten akzeptierte Titel, obgleich – Kuriosum am Rande – in Frankreich der Begriff „Staatsvertrag“ anläßlich der parlamentarischen Genehmigung im Juli 1955 Schiffbruch erlitt, weil er nicht der französischen diplomatischen Terminologie entsprach und wiederum durch „Vertrag“ – „traité“ – ersetzt wurde.[7]

2. *Die jugoslawischen Gebietsansprüche*

Der erste große Konflikt im Rahmen der Staatsvertragsverhandlungen zeichnete sich schon am ersten Tage ab: Am 16. Jänner bereits ließ die in London aus Anlaß der Österreich-Verhandlungen eingetroffene jugoslawische Delegation bei den Sonderbeauftragten ein „Memorandum der Regierung der Föderativen Volksrepublik Jugoslawien über Slowenisch-Kärnten, die slowenischen Grenzgebiete der Steiermark und die Kroaten des Burgenlandes“ zirkulieren. Am 22. Jänner präsentierte der jugoslawische Delegationsführer Joze Vilfan die Forderungen seines Landes vor den Sonderbeauftragten. Die jugoslawische Regierung erhob Ansprüche auf Reparationszahlungen Österreichs

---

sich in: PRO, FO 371/46.686/7600. Vgl. auch Norbert Leser, Einleitung zum Briefwechsel Renner – Wodak in: Walter Wodak, *Diplomatie zwischen Ost und West* (hrsg. von der Österr. Gesellschaft f. Außenpolitik in der Reihe „Österreichische Diplomaten“, Graz 1976), 154 f.; weiters der von Reinhold Wagnleitner herausgegebene und eingeleitete Nachlaß Wodaks 1945–1950 *Diplomatie zwischen Parteiproporz und Weltpolitik* sowie Wagnleitners Vorstudien hierzu: „Das erste Jahr der Mission Walter Wodaks in Großbritannien 1945–1946“, in: *Austriaca* (Rouen), Jg. 5, Sonderband November 1979, 289–321, und „Walter Wodak in London 1947 oder die Schwierigkeit, Sozialist und Diplomat zu sein“, in: *Bewegung und Klasse,* hrsg. v. Gerhard Botz u. a., Wien 1978, 217–242.

7 *Débats de l'Assemblée nationale,* 2me Législature, vol. 34, Session de 1955, IV, 3816 (Bericht des Berichterstatters der Kommission für Auswärtige Angelegenheiten, Félix Gouin).

in Höhe von 150 Millionen Dollar, auf größere Gebietsabtretungen in Kärnten, kleinere Gebietsabtretungen in der Steiermark und auf ein Sonderstatut oder eventuell einen Bevölkerungsaustausch für die burgenländischen Kroaten. Sechs Annexe mit zahlreichem Kartenmaterial waren dem Memorandum beigelegt.[8] Am gravierendsten waren die Gebietsansprüche. Sie betrafen in Kärnten ein Gebiet von 2470 Quadratkilometern und 180.000 Einwohnern, in der Steiermark etwa 130 Quadratkilometer und 10.000 Einwohner und umfaßten sowohl die Zone I als auch die Zone II des Abstimmungsgebietes von 1920 in Kärnten, insbesondere auch die Landeshauptstadt Klagenfurt, gingen aber zumal im Westen beträchtlich über die beiden Abstimmungszonen hinaus.[9]

Es muß dahingestellt bleiben, welche Chancen sich die jugoslawische Regierung 1947 für die Erfüllung dieser Ansprüche ausrechnete. Manche Indizien sprechen eher dafür, daß es sich um die Anmeldung von Maximalforderungen handelte, die erhoben wurden, um einen entsprechenden Spielraum bei nachfolgenden Verhandlungen zu haben. So ist es auffallend, daß in Annex 5 zum jugoslawischen Memorandum, der sich mit den „geographischen und wirtschaftlichen Verbindungen Slowenisch-Kärntens und der Grenzgebiete der Steiermark mit Jugoslawien" befaßt, wohl die Eisenbahnlinie Klagenfurt–Jesenice erwähnt wird, mit keinem Wort jedoch die Verbindung von Villach über Rosenbach nach Jesenice; wohl wird gesagt, daß eine weitere Verbindung von Kärnten nach Jugoslawien über das Gailitztal führt, und zwar einerseits über den Predil-Paß ins Soča-(Isonzo-)Tal, anderseits über Rateče ins Savetal, nicht aber, daß diese Verbindung über Tarvis führt, und mit keinem Wort wird der Bahnverbindung Villach–Tarvis Erwähnung getan. Diese

8 Das gedruckt vorliegende Memorandum trägt den Originaltitel: *Memorandum vlade Federativne Narodne Republike Jugoslavije o Slovenackoj, pogranicnim slovenachkim delovima Stajerske i Gradiscanskim Hrvatima* (Nationalbibliothek Wien); die englische Übersetzung des Memorandums wurde auch als Broschüre mit dem Kartenmaterial, aber ohne die Annextexte mit folgendem Titel publiziert: *The Question of 200.000 Yugoslavs in Austria – The Slovene Carinthia and the Burgenland Croats,* Belgrad 1947.

9 Das Gailtal wurde ab der Mündung der Granitzen in die Gail südlich Hermagors (unter Auslassung Hermagors) beansprucht; die Grenzziehung sollte dem Kamm der Gailtaler Alpen bis zum Spitzeck folgen und sodann in östlicher Richtung die Drau nördlich Oberfellach bei Villach (nicht zu verwechseln mit Obervellach im Mölltal) erreichen; von dort sollte die Drau die Grenze bis zu einem Punkte östlich der Mündung der Gail in die Drau bilden; dies bedeutete den Anspruch auf den südlich der Drau gelegenen Teil der Stadt Villach; die mehrfach in der älteren Literatur (so G. T. Grayson, *Austrias International Position 1938–1953,* Genf 1953, 144, und Philip Mosely, „The Treaty with Austria" in: *International Organization,* Bd. 4, 1950, 226) enthaltene Angabe, die jugoslawischen Forderungen hätten sich auf ganz Villach bezogen, die ich in früheren Arbeiten übernommen hatte, ist demnach zu berichtigen. Auch im Osten Kärntens gingen die Ansprüche über die Abstimmungszonen von 1920 hinaus, allerdings nicht so stark wie im Westen; die nunmehr geforderte Grenzlinie überquerte die Lavant nördlich von St. Paul, um nordöstlich ansteigend die steirische Grenze auf der höchsten Erhebung der Koralpe, dem Großen Speikkogel, zu erreichen; damit wäre der Zusammenhang zu der auf der steirischen Seite der Koralpe beanspruchten Gemeinde Soboth hergestellt gewesen.

Lücken in der jugoslawischen Argumentation geben zu denken, und obgleich wir hier im Bereich der Hypothese sind, ist doch auf die Möglichkeit hinzuweisen, daß die Jugoslawen von vornherein stärksten Widerstand der Westalliierten gegen die Überlassung der Bahnverbindung Villach–Tarvis einkalkulierten. Die These, daß es sich bei den Mitte Jänner 1947 angemeldeten Gebietsansprüchen um Maximalforderungen gehandelt haben mag, wird übrigens durch die Tatsache erhärtet, daß drei Monate später unter dem Druck der Haltung der Großmächte, die Bereitschaft zu ganz erheblichen Abstrichen bei den Gebietsforderungen in einem vertraulichen Schreiben Edvard Kardeljs an Andrej Wyschinskij mitgeteilt wurde; darüber wird noch zu berichten sein.[10]

Auf österreichischer Seite war man auf Gebietsansprüche Jugoslawiens seit langem vorbereitet.

Im April 1945 forderte Jugoslawien von den Alliierten, an der Besetzung Österreichs teilzunehmen, ein Begehren, das vorübergehend von den Sowjets akzeptiert, von den Briten kategorisch zurückgewiesen wurde, weil sie, wie es in der britischen, später von Jugoslawien veröffentlichten Note hieß, die territoriale Regelung nicht präjudizieren wollten.[11]

Der – allerdings vorübergehende – Einmarsch jugoslawischer Truppen in Kärnten bis Klagenfurt im Mai 1945 und verschiedenste Pressemeldungen hatten dazu geführt, daß die Provisorische Landesregierung Kärntens schon mit Datum vom 12. September 1945 dem befehlshabenden Offizier der britischen Militärregierung in Kärnten eine „Denkschrift betreffend die endgültige Anerkennung der auf dem Vertrag von St. Germain (1919) und den Ergebnissen der Kärntner Volksabstimmung (1920) beruhenden Grenze zwischen Österreich und Jugoslawien“ überreichte. Diese Denkschrift ging davon aus, daß zwar der Umfang jugoslawischer Gebietsforderungen verschieden je nach verschiedenen Berichten sei, daß aber „die jugoslawischen territorialen Bestrebungen sehr ernst genommen werden müssen“. Über die Entstehung dieser Denkschrift hat einer ihrer beiden Verfasser, Oberregierungsrat Josef Hans, im Jahre 1960 einen interessanten Bericht geliefert. Es heißt darin, daß die Grenzsorgen „überdies durch die Erinnerung an die seit 1941 gegenüber den Slowenen praktizierte überhebliche Entnationalisierung schwerstens belastet

10 Zur Frage der jugoslawischen Forderungen vgl. auch Robert Knight, „Die Kärntner Grenzfrage und der Kalte Krieg“, in: *Carinthia I,* 175 (1985), 323–342, hier 324 f.

11 Vgl. die Aktenpublikation *Documents on the Carinthian Question,* hrsg. vom jugoslawischen Außenministerium, Belgrad 1948: jugoslawische Note an die Alliierten Mächte vom 2. April 1945, 37–38; jugoslawische Note an den britischen Botschafter in Belgrad vom 14. Mai 1945, ebd., 40–41; britische Antwortnote mit Ablehnung des jugoslawischen Begehrens vom 17. Mai 1945, ebd., 45–46; jugoslawische Note mit Mitteilung, daß der Befehl zum Rückzug aus Kärnten gegeben worden sei, ebd., 49–50; jugoslawische Verbalnote mit Aide-Mémoire an die britische Regierung vom 14. November 1945 mit Ersuchen, die für 25. November angesetzten Wahlen zum Nationalrat mögen in bestimmten Gebieten Südkärntens unterbleiben, ebd., 54–62.

waren". Hans verweist auch auf die Aufteilung des Siedlungsgebietes der Slowenen zwischen dem Deutschen Reich und Italien in den Jahren 1941 bis 1945, wobei die deutsch-italienische Grenze in der Nähe Laibachs (das Italien zugeteilt wurde) verlief.[12]

Der andere Verfasser dieser Denkschrift der Kärntner Landesregierung war der Gesandte a. D. Max Hoffinger, einer der profiliertesten österreichischen Diplomaten der Zwischenkriegszeit, der Österreich längere Zeit in Bern, Belgrad und Warschau vertreten hatte. Er ist wohl, vom Inhaltlichen gesehen, als der Hauptverfasser der Denkschrift anzusehen. Hoffinger konzipierte seine Texte in französischer Sprache; dann wurden von ihm und Hans eine englische und abschließend eine deutsche Übersetzung angefertigt. Die Denkschrift ging von der natürlichen Einheit des Landes Kärnten in geographischer, wirtschaftlicher, historischer und kultureller Hinsicht aus und betonte besonders, daß das Land Kärnten ein wichtiger und notwendiger Bestandteil des österreichischen Staates sei. In eindringlicher Sprache warnte die Denkschrift davor, das Transit- und Verkehrssystem von europäischer Bedeutung, dessen Mittelpunkt das Dreieck Villach – Klagenfurt – St. Veit an der Glan bilde, durch neue Grenzlinien zu zerreißen; dadurch würden auch die österreichischen Länder Steiermark und Tirol in eine unmögliche Verkehrslage geraten, „denn diese würden in der Tat wie abgebrochene Flügel an beiden Seiten des Landes hängen".

Im Mittelpunkt der Denkschrift stand der Hinweis auf Planung, Durchführung und auf die für Österreich günstigen Ergebnisse der Volksabstimmung in der südlichen Zone I des Kärntner Abstimmungsgebietes am 10. Oktober 1920. Die Volksabstimmung sei von der Interalliierten Abstimmungskommission „äußerst gewissenhaft vorbereitet und beaufsichtigt" worden. Als (1941) der Krieg zwischen dem Reich und Jugoslawien ausgebrochen sei, „hatte das österreichische Volk bereits aufgehört, Herr seines Schicksals zu sein". Es sei eine der ersten Taten der Provisorischen Landesregierung nach dem Zusammenbruch des nationalsozialistischen Regimes im Mai 1945 gewesen, daß sie „ihren Geltungsbereich auf die alten österreichisch-jugoslawischen Grenzen zurückverlegte und ihr Alleräußerstes tat, um die vom früheren Naziregime der Bevölkerung des jugoslawischen Banats, Slowenien und den Kärntner Slowenen zugefügten Schäden gutzumachen".

Die Denkschrift trat abschließend dafür ein, daß der territoriale Status quo aus der Zeit von 1920 bis 1938 erneuert werde, „da die damalige Grenzziehung bereits den Beweis erbracht" habe, daß sie zu keinen vitalen Interessen der

12 J. Hans, „Zwei Kärntner Denkschriften vom September 1945" in: *Carinthia I*, 150 (1960), 879–885, hier 882–883.

einen oder der anderen Seite im Gegensatz stehe.[13] Knappe drei Wochen später, mit Datum vom 1. Oktober 1945, überreichte die Provisorische Kärntner Landesregierung der britischen Militärregierung ein ergänzendes „Memorandum Nr. 2 betreffend die Unmöglichkeit der von Jugoslawien beanspruchten Draugrenze". Dieses zweite Memorandum, wieder von Max Hoffinger und Josef Hans redigiert, wurde damit gerechtfertigt, daß neuestens in Erfahrung gebracht worden sei, Jugoslawien beabsichtige, die Drau als Grenzlinie zu fordern, und zwar von einem Punkte östlich Villachs an.[14]

In Wien hatte sich die Bundesregierung für die Londoner Verhandlungen auch in dieser Frage eigens parlamentarisch abgesichert. Eine Anfrage mehrerer Bundesräte an Außenminister Gruber, ob dieser bereit sei, alles vorzukehren, damit Österreich entschieden gegen jede Abtretung österreichischer Gebiete Stellung nehme und sohin die Kärntner Südgrenze garantiere, führte zu folgender Antwort des Außenministers:

> „Die Frage der Einheit Kärntens wurde am 10. Oktober 1920 durch eine unter internationaler Kontrolle vorgenommene Abstimmung völkerrechtlich entschieden und ist als eine res judicata anzusehen. Dieser Gesichtspunkt wird auch bei den Verhandlungen über den österreichischen Staatsvertrag der allein maßgebende bleiben und von mir vertreten werden."[15]

3. Von London nach Moskau: Ein Vertragstext entsteht

Doch zurück nach London: Für die österreichische Delegation, die aufgrund der von den Sonderbeauftragten beschlossenen Einladung in zwei Gruppen am 21. bzw. 28. Jänner 1947 in London eintraf, war das Paket der jugoslawischen Forderungen nur eines der vielen schwierigen Probleme, die Bundeskanzler Figl in seinem Katalog der 16 Punkte im Nationalrat genannt hatte. Allerdings

---

13 *Denkschrift betreffend die endgültige Anerkennung der auf dem Vertrag von Saint-Germain (1919) und den Ergebnissen der Kärntner Volksabstimmung (1920) beruhenden Grenze zwischen Österreich und Jugoslawien.* Die gedruckte Denkschrift enthält die Angabe: „Überreicht von der Provisorischen Kärntner Landesregierung an den Befehlshabenden Offizier des Military Government in Kärnten". Für die Auffindung eines Exemplars dieser und der in der folgenden Anm. genannten zweiten Denkschrift in der Studienbibliothek Klagenfurt bin ich Herrn Magister Habacher zu Dank verpflichtet. Die zitierten Stellen 3–4, 10, 11.

14 *Memorandum Nr. 2 betreffend die Unmöglichkeit der von Jugoslawien beanspruchten Draugrenze* mit der Angabe, es werde in Ergänzung des Memorandums vom 12. September 1945 überreicht. Es gab noch zwei weitere Memoranden betreffend Petitionen aus dem Kanaltal für die Rückgliederung nach Kärnten sowie eine Sammlung von 10 Karten. HHStA, BMAA, Pol-Akten, K. 21/1947.

15 Anfrage der Bundesräte Enzfelder, Populorum, Grossauer u. Gen. vom 18. Dezember 1946, beantwortet am 14. Jänner 1947: hierzu AdR, BMAA, II-Pol, Zl. 113.527-Pol/46.

bedeuteten die nunmehr offiziellen und detailliert den Sonderbeauftragten mitgeteilten Ansprüche des jugoslawischen Memorandums, daß diese Ansprüche, und vor allem die Kärntner Frage, im Zentrum der Londoner Österreich-Verhandlungen stehen würden. Die österreichische Delegation stand unter Führung des Bundeskanzlers Figl; ihr gehörten weiters an: Vizekanzler Schärf, Außenminister Gruber, als Vertreter der im Nationalrat vertretenen Parteien die Abgeordneten Schumy (ÖVP), Koref (SPÖ) und Ernst Fischer (KPÖ); aus Kärnten kamen Landeshauptmann Piesch (SPÖ) und Landesrat Karisch (ÖVP). Heitere Episoden am Rande, wie der Bettenmangel in London, der die Abgeordneten Ernst Koref und Ernst Fischer zwang, miteinander ein Doppelzimmer zu teilen, können von der kritischen Lage, der sich die Österreicher gegenübersahen, nicht ablenken.[16]

Am 30. Jänner erläuterte Bundeskanzler Figl den österreichischen Standpunkt, der am Vortage den Sonderbeauftragten schriftlich in einem Memorandum der Bundesregierung übermittelt worden war. Memorandum wie mündliche Darlegung Figls knüpften an die 16 Punkte an, die Figl 14 Tage zuvor im Parlament genannt hatte. Einige Detailpunkte kamen noch dazu.[17] An die Spitze der im Staatsvertrag zu regelnden Fragen stellte der Bundeskanzler allerdings in Hinblick auf das gerade erst bekanntgewordene jugoslawische Memorandum die Erwartungen des österreichischen Volkes nach völliger

---

16 Außenminister Gruber war mit einigen Beamten, darunter dem Leiter der politischen Abteilung, Gesandten Dr. Markus Leitmaier, und seinem damaligen Sekretär Dr. Kurt Waldheim, schon am 21. Jänner in London eingetroffen; die Delegation der Politiker unter Leitung des Bundeskanzlers Figl traf am 28. Jänner in London ein. Schilderungen von Teilnehmern der Londoner Konferenz in den bereits genannten Werken von Gruber und Schärf sowie den posthum erschienenen Memoiren Ernst Fischers, *Das Ende einer Illusion – Erinnerungen 1945–1955,* Wien 1973, 205–212.

17 Die Rede des Bundeskanzlers vor den Sonderbeauftragten ist veröffentlicht worden: Leopold Figl, *Österreich kämpft um den Staatsvertrag,* Wien 1947 (= Reihe Politische Zeitprobleme, Heft 20); das österreichische Memorandum (nicht veröffentlicht) trug das Datum 27. Jänner 1947. Es umfaßte 21 Punkte; zu den von Figl im Nationalrat vorgetragenen kamen u. a. dazu: die Regelung eines freien Transitverkehrs durch das Berchtesgadener Ländchen, die Beteiligung Österreichs an der Regelung der Donauschiffahrt, die Aufrechnung von Besatzungskosten auf diverse Relief- (= Hilfs-)Leistungen der Alliierten. Dazu kamen mehrere Annexe, die einzelne Punkte dokumentarisch unterbauten. Im Laufe der Londoner Verhandlungen wurden allerdings einige Korrekturen und Ergänzungen bei den Annexen vorgenommen. Eine endgültige Fassung wurde erst am 14. Februar 1947 als Dokument CFM (D) (47) (A) 65 (= Council of Foreign Ministers, Deputies, 1947, Austria, Document 65) des Außenministerrates zirkuliert. Das endgültige österreichische „Statement and Memorandum“ bestand aus: Figls Erklärung vom 30. Jänner, dem Memorandum vom 27. Jänner mit nunmehr 14 Annexstücken (A bis M, doch gab es zu den jugoslawischen Ansprüchen einen Annex B1 und B2, zu salzburgisch-bayrischen Grundbesitzfragen einen Annex H1 und H2). Englische Exemplare des Memorandums mit Annexen sind in den Archiven mehrfach vorhanden: u. a. AdR, BMAA, bei Zl. 321.984-Pol/53 sowohl Erstfassung vom 27. Jänner sowie endgültige Fassung datiert „Jänner–Februar 1947“; letztere auch bei dem Bericht des Bundesministers Gruber vom 3. März 1947 über das Londoner Beratungsergebnis, Zl. 147.600-6VR/47, AdR, BMAA, II-Pol-Akten (1947), sowie NA Washington, Diplomatic Records, RG 43, International Conferences etc., Box 229.

Wiederherstellung der Unabhängigkeit in den Grenzen des Jahres 1937. Wörtlich sagte Figl:

„Die Grenzen Österreichs wurden durch den Friedensvertrag von St. Germain festgelegt ohne Hinzutun einer österreichischen Regierung, sondern aufgrund einer Entschließung der damaligen alliierten Mächte und nach freier Willensbefragung des österreichischen Volkes im Jahre 1920. In eindeutiger Form hat sich damals Kärnten zu seiner angestammten Heimat bekannt. Die Volksabstimmung am 10. Oktober 1920 erfolgte unter internationaler Kontrolle. Wie Sie in den letzten Tagen aus den leidenschaftlichen Protesten unserer österreichischen Bevölkerung gegen den Versuch eines benachbarten Staates, Gebietsansprüche an Österreich ohne jede rechtliche Begründung zu stellen, entnommen haben, hat sich an jenem Treueverhältnis Südkärntens zu Österreich nichts geändert. Auch die hinsichtlich der Südsteiermark gestellten Gebietsansprüche entbehren jeder ethnischen Rechtfertigung. Der kroatische Volksteil des Burgenlandes, der mit dem deutschsprechenden Teil dieses Landes im besten Einvernehmen lebt, hat keinen Wunsch auf eine Änderung des derzeitigen Zustandes geäußert.“[18]

Die „Anhörung“ der Österreicher wurde mit einer Erklärung Außenminister Grubers fortgesetzt, der, wie sich aus den unveröffentlichten Konferenzdokumenten ergibt, zu den wichtigsten Punkten in den Annexen des österreichischen Memorandums, und zwar besonders zur Widerlegung der jugoslawischen Ansprüche, Stellung nahm. Drei Stücke des Memorandums waren hierbei von Belang: erstens eine allgemeine Stellungnahme zu den jugoslawischen Ansprüchen (Annex B 1); zweitens eine Replik zu den jugoslawischen Vorwürfen bezüglich der „Teilnahme Österreichs an Hitlers Aggression gegen Jugoslawien und an der Besetzung Jugoslawiens“ – wie der Titel des betreffenden jugoslawischen Schriftstücks lautete (Annex B 2); und drittens ein Exposé „Die Einheit des Bundeslandes Kärnten“, das geographische, verwaltungsmäßige, wirtschaftliche und verkehrsmäßige Argumente für die Einheit Kärntens vorbrachte und überdies das friedliche Zusammenleben und das Gefühl der Verbundenheit („strong feeling of provincial interwovenness“) der Kärntner beider Sprachen betonte. Gruber, wie bereits vor ihm Figl, berief sich vor allem auf das Ergebnis der Volksabstimmung von 1920.[19]

---

18 Figl, *Österreich,* 4.

19 Grubers „statement“ in: Addendum to CMF (D) (47) (A) 23; erliegt u. a. in: NA, RG 43, Box 228; dieses Dokument ist ferner abgedruckt in einem vom britischen Foreign Office zusammengestellten Amtsdruck der „Proceedings“ der Sonderbeauftragten ab Jänner 1947, einschließlich der Beratungen der sog. „Austrian Treaty Commission“ (Mai–Oktober 1947) sowie der Österreich betreffenden Sitzungen des Außenministerrates 1947. Mehrere Bände dieses nicht veröffentlichten Amtsdrucks, die Beratungen bis Ende Dezember 1949 umfassend, finden sich in: AdR, BMAA, II-Pol, K. 50. Diese „Proceedings“ enthalten die offiziellen, für alle vier Alliierten verbindlichen „Records of Proceedings“ (mit wenigen Ausnahmen), die britischen Mitschriften zu den Sitzungen sowie die für diese Sitzungen zirkulierten offiziellen Dokumente (ebenfalls mit wenigen Ausnahmen). Weiterhin zitiert als „Proceedings“ nur mit Hinweisen auf Dokumentennummer bzw. Zahl und Datum einer Sitzung. Bei Nennung weiterer Dokumente der Sonderbeauftragten, die vollständig

Zu den frustrierendsten, weil statistisch kaum lösbaren Fragen der damaligen Auseinandersetzung gehörte die Frage nach den Zahlen der slowenischen Bevölkerung in Kärnten. Von jugoslawischer Seite wurde aufgrund verschiedener bis in die Mitte des 19. Jahrhunderts zurückreichender Unterlagen die ganz außerordentlich überhöhte Zahl von rund 120.000 slowenischen Kärntnern deduziert. Eine wichtige Unterlage für die jugoslawische Argumentation bot die altösterreichische, von dem berühmten Bevölkerungsstatistiker Karl von Czoernig vorgenommene Erhebung über die ethnographische Zusammensetzung des Kaiserstaates vom Jahre 1846. Diese historische Dimension verblüffte offenbar die Diplomaten in London, zumal die Briten. So berichtete Dr. Kurt Waldheim, damals Mitglied der österreichischen Delegation in London, telefonisch nach Wien: „Die Jugoslawen haben zum allgemeinen hauptsächlich Unterlagen aus dem Jahre 1846 [sic!] vorgelegt. Auf die Frage Lord Hoods, warum man so weit zurückgreife, erwiderten sie, daß die Unterlagen und Statistiken damals genauer und objektiver gewesen seien als heute."[20] Die Österreicher wiederum, und Gruber in seinen mündlichen Ausführungen, beriefen sich auf die Volkszählung vom Jahre 1934, die nur knapp über 26.000 Slowenen ergab, allerdings wohl aus verschiedenen Gründen die deutschsprachige Majorität im Lande begünstigte.[21]

Waren am 30. Jänner Figl und Gruber in längeren „statements" zu Wort gekommen, so hatte sich am Folgetag, dem 31. Jänner, die österreichische Delegation den Fragen der Sonderbeauftragten zu stellen, wobei Außenminister Gruber als Sprecher der Delegation fungierte. Die meisten Fragen stellte der sowjetische Sonderbeauftragte, Botschafter Gusev. Eine Analyse der – ebenfalls bislang noch nicht in extenso veröffentlichten – Befragung zeigt, daß Botschafter Gusev besonderen Wert auf die Beantwortung einer Frage von großer rechtlicher – und politischer – Relevanz legte.[22] Er fragte Gruber, ob Österreich die Moskauer Deklaration von 1943 anerkenne. Gruber antwortete bejahend. Doch Gusev fragte weiter, ob Österreich die Moskauer Erklärung „vollständig oder teilweise" anerkenne. Wie einem Examenskandidaten bei der Staatsprü-

---

bei den Materialien der Sonderbeauftragten in den National Archives, Washington, Diplomatic Papers, Record Group 43, „International Conferences etc." erliegen und außerdem in den britischen „Proceedings" abgedruckt sind, wird von der Angabe des Fundorts abgesehen. Zahlreiche Unterlagen zu den Londoner Verhandlungen in: AdR, BMAA, Bestand Botschaft London (BL).

20 AdR, BMAA, II-Pol, Zl. 105.307-Pol/47 (Telefonat Waldheim, 22. Jänner 1947, 19.40 Uhr).

21 Die Fragestellung bei der Volkszählung von 1934 lautete nach der „Sprache, deren Kulturkreis sich der Befragte zugehörig fühlt". Abgesehen von den immer höchst problematischen Umständen einer Sprachzählung, deren Durchführung in den Händen lokaler Funktionäre liegt, war diese Fragestellung dazu angetan, die national indifferenten Sprachslowenen von den national- und kulturbewußten Slowenen zu trennen. Vgl. die Kritik bei Theodor Veiter, *Das Recht der Volksgruppen und Sprachminderheiten in Österreich,* Wien 1970, 640.

22 Zum folgenden das Transkript der Befragung Grubers in: Annex zum Dokument CFM (D) (47) (A) 23; nur verkürzter Inhalt in: *FR 1947,* II, 122–124.

fung kam nun der Vorsitzende, General Clark, Gruber zu Hilfe und riet ihm: „Nehmen Sie sich soviel Zeit, wie sie brauchen, Dr. Gruber!“ Gruber bejahte neuerlich, doch Botschafter Gusev, darin einem Prüfer nicht unähnlich, beharrte auf einer genauen Antwort. Er habe gefragt, ob Österreich die Moskauer Erklärung „vollständig“ oder „teilweise“ anerkenne; darauf könne man nicht einfach mit „Ja“ antworten. Gruber riskierte nun, mit „vollständig“ zu antworten. Darauf fragte Gusev weiter, ob er korrekt verstanden habe, daß die österreichische Regierung, entsprechend den Prinzipien der Erklärung, „die Verantwortung Österreichs für die Teilnahme am Kriege an der Seite Deutschlands“ anerkenne. Gruber replizierte nun recht geschickt, daß wir bezüglich dieser Verantwortlichkeitsklausel nicht nur die negative, sondern auch die positive Seite sehen: Die Moskauer Erklärung spreche davon, daß Österreichs Beitrag zu seiner Befreiung in Rechnung gestellt werde; und das österreichische Volk habe sicherlich zu seiner Befreiung beigetragen. Botschafter Gusev, scheinbar pedantisch, in der Tat jedoch einer Frage von großer völkerrechtlicher Bedeutung nachgehend, gab sich damit nicht zufrieden, zitierte wortwörtlich die Verantwortlichkeitsklausel der Moskauer Erklärung und fragte neuerlich, ob die österreichische Regierung „diesen besonderen Teil“ der Moskauer Erklärung anerkenne. Darauf folgte eine kurze Beratung der österreichischen Delegation – auch Bundeskanzler Figl und Vizekanzler Schärf waren ja anwesend; Gruber antwortete nun geschickt ausweichend, daß nicht Österreich, sondern Österreicher am Kriege teilgenommen hätten. Gusev war aber damit nicht zufrieden: Von Österreichern anstatt von Österreich zu sprechen, entspreche nicht dem Geist und dem Text der Moskauer Erklärung. Er wiederholte seine Frage, ob die österreichische Regierung die Moskauer Erklärung vollständig anerkenne, denn sie sei der Ausgangspunkt für die Vorbereitung des Vertrags mit Österreich. Lord Hood und der französische Sonderbeauftragte, Maurice Couve de Murville, schalteten sich in die Diskussion ein und betonten, daß Österreichs eigener Beitrag zu seiner Befreiung wesentlich sei. Gusev replizierte jedoch, daß er nicht die Ansicht seiner Kollegen befragt habe; es handle sich um die Ansicht der österreichischen Regierung. Außenminister Gruber antwortete schließlich, daß Österreich in der Moskauer Erklärung die Grundlage für den Vertrag sehe und daß wir nichts anderes wünschen, als daß die Handlungen aller Österreicher bei der Regelung der österreichischen Frage in Rechnung gestellt würden.[23]

23 „Gruber ist sehr gezwickt worden“, notierte Heinrich Wildner und meinte, Gruber hätte mit einem Hinweis auf das In-Stich-lassen seitens der Mächte 1938 und auf den Ribbentrop-Stalin-Pakt die Mitverantwortung Österreichs „schon etwas verteilen“ können; Aufzeichnungen vom 31. 1. und 1. 2. 1947, ÖStA, GD, NLS, E/179/17. Kritisch zu Gruber: Fischer, *Ende einer Illusion,* 206, und Schärf, *Österreichs Erneuerung,* 142; Schärfs Aussage, Gruber habe versucht, um die präzise Beantwortung herumzukommen, trifft zu, doch dürfte dies eher auf die Taktik, Festlegungen tunlichst zu vermeiden, zurückzuführen sein.

In der nun folgenden Diskussion über den Beitrag der Österreicher zu ihrer Befreiung erklärte Gruber seine Bereitschaft, schriftliche Unterlagen hierüber den Sonderbeauftragten zur Verfügung zu stellen. So entstand in London ein weiterer, der letzte Annex zum österreichischen Memorandum.[24]

Die Diskussion um die Bedeutung der Moskauer Erklärung wurde deshalb im Detail wiedergegeben, weil in der Tat deutlich wird, welch große juristische und politische Relevanz der Verantwortlichkeitsklausel der Moskauer Erklärung zukam. Sie stand Pate bei den meisten Entwürfen der Alliierten für eine Präambel zum Staatsvertrag, mit Ausnahme jener der Amerikaner.[25] Auch der erste britische Vertragsentwurf (vom Juni 1946) ging von der Voraussetzung aus, daß Österreich gegen die Alliierten Krieg geführt habe – eine Auffassung, die noch anfangs 1947 von einem hohen Beamten des britischen Elements in Wien bestätigt wurde. Etwas differenzierter formulierten die Franzosen, die als erste einen Präambelentwurf auf der Londoner Tagung der Sonderbeauftragten vorlegten und davon sprachen, daß als Folge der Annexion Deutschland es Österreich „auferlegt hat, am Kriege gegen die alliierten und assoziierten Mächte teilzunehmen, und zu diesem Zweck sein Gebiet und seine Hilfsquellen benützt hat".[26] Von sowjetischer Seite war kein eigener Vertragsentwurf vorgelegt worden; es wurden jeweils Stellungnahmen oder Alternativtexte zu einzelnen Texten der vorliegenden Entwürfe abgegeben. Eine ausführliche Stellungnahme des sowjetischen Elements in Österreich zu den damals bereits vorliegenden amerikanischen und britischen Entwürfen vom September 1946 zeigt eine sehr unnachgiebige Haltung; der britische Entwurf fand mehr Gefallen als der amerikanische Entwurf, auch weil die Briten, wie gerade

24 Annex M, „The Attitude of the Austrian People towards the German Occupant and Austria's Contribution to her Liberation"; dieser Annex wurde den Alliierten am 8. Februar übergeben, hierzu AdR, BMAA, II-Pol, Zl. 105.584-Pol/47.

25 Ohne jeden Hinweis auf eine Mitverantwortung war der amerikanische Entwurf vom Juni 1946 [Dok. CFM (46) 119 des Außenministerrates, NA, Record Group 43, World War II Conferences, Box 85] ebenso wie der amerikanische Entwurf für die Sonderbeauftragten vom Jänner 1947 gewesen [Dok. CFM (D) (47) (A) 4, abgedruckt in „Proceedings"].

26 Zum ersten britischen Entwurf und der sehr bitteren österreichischen Reaktion vgl.: AdR, BMAA, II-Pol, Zl. 147. 001-6VR/47 sowie Zl. 147.009-6VR/47, Handakten Wildner. Franz. Entwurf für die Präambel: Dok. CMAE (S) (47) (AU) 2 (= Conseil des Ministres des Affaires Etrangères, Suppléants pour l'Autriche), in: NA, RG 43, Box 229; engl. Übers. auch in „Proceedings". Die von den Briten in London vorgelegte Fassung war etwas gemildert: Dok. CFM (D) (47) (A) 13, abgedruckt in „Proceedings". In der Generaldebatte der Sonderbeauftragten am 17. Jänner 1947 betonte übrigens der britische Sonderbeauftragte Lord Hood: "The British view was that Austria was the first victim of Nazi aggression; from then on Austria was neither a country nor a free agent. He had no objection to the preamble stating that Germany made use of Austrian territory, resources and manpower, but did not think it right to say that Austria as Austria took part in the war." Hood meinte weiter, daß „certain unpleasant facts arose from the incorporation of Austria in Germany", daß dies jedoch im Inhalt des Vertrags zum Ausdruck kommen würde. "They [die Alliierten, G. S.] should regard Austria as a liberated rather than an enemy country and should therefore omit any moral condemnation." „Proceedings", brit. Mitschrift der 2. Sitzung vom 17. Jänner 1947.

erwähnt, von der Voraussetzung ausgingen, daß Österreich am Kriege gegen die Alliierten teilgenommen habe. Die genannte Stellungnahme hatte Verschärfungen des Textes der Präambel angeregt; so sollte gesagt werden, daß Österreich nicht den in der Moskauer Erklärung eingeforderten Beitrag zu seiner Befreiung geleistet habe, sondern bis zum Kriegsende an den Kriegshandlungen gegen die Alliierten teilgenommen habe. Die sowjetischen Vorschläge während der Beratungen der Sonderbeauftragten waren zwar etwas weniger scharf, trugen aber doch zu einer deutlich stärkeren Akzentuierung einer österreichischen Mitverantwortung am Kriege bei, als von westalliierter Seite zunächst geplant war.[27]

Die Beratungen der vier Alliierten in London und schließlich noch in Moskau führten zu einem Entwurf der Präambel zum Staatsvertrag, in dem die Betonung einer österreichischen Mitverantwortung am Kriege noch eingehender betont wurde, als dies in der Moskauer Erklärung von 1943 geschehen war. Die Diskussionsmitschriften und Dokumente der Sonderbeauftragten zeigen, daß die stärkere Betonung der österreichischen Mitverantwortung auf einen sowjetischen Textentwurf und dessen relativ weitgehende Berücksichtigung in einem französischen Kompromißvorschlag zurückzuführen ist.[28] Während ein Hinweis auf die Verwendung österreichischen Gebiets und österreichischer materieller Hilfsquellen, deren sich Deutschland im Kriege bedient habe, französischer Herkunft waren, stammte der zusätzliche Hinweis auf „österreichische Truppen“ von den Sowjets. In diesem Zusammenhang kam es zu einer Diskussion zwischen dem sowjetischen Botschafter Gusev und General Mark Clark über den Einsatz von Österreichern in eigenen Einheiten (wie Gusev mit Bezug auf die Feldzüge in Rußland behauptete) bzw. als Teil deutscher Divisionen (was Clark mit Bezug auf den Krieg in Italien betonte); Mark Clark wandte sich gegen die Hineinnahme einer „Kriegsschuld“-Bestimmung, wie er es nannte.[29]

27 AVPRF, Fonds 066, opis' 36, p. 190, d.10, fol. 126–139, Schreiben an den stellvertretenden Außenminister Wyschinskij, unterfertigt vom Hochkommissar Kurassow, dem stellvertretenden Hochkommissar Scheltow und dem Politischen Vertreter Koptelow, 7. 9. 1946; Kopie erliegt in SBKA, Depot von Kopien aus dem außenpolitischen Archiv der Russ. Föderation; ich bin dem Leiter des Bruno-Kreisky-Archivs, Herrn Univ.-Dozent DDr. Oliver Rathkolb, für die Gestattung der Einsichtnahme sehr zu Dank verpflichtet.

28 Sowjetischer Vorschlag in engl. Übersetzung: „Proceedings“, Dok. CMF (D) (47) (A) 7. Vom französischen Sonderbeauftragen Maurice Couve de Murville vorgelegter Kompromißtext, in: „Proceedings“, 17. Sitzung, 7. Februar 1947 (brit. Mitschrift).

29 „Proceedings“, 17. Sitzung, 7. Februar 1947 (brit. Mitschrift). Unbeschadet seiner sehr starken Betonung des Kriegseinsatzes von Österreichern hatte der sowjetische Sonderbeauftragte Gusev selbst den Antrag eingebracht, den (ursprünglich von amerikanischer Seite formulierten) Titel „Vertrag für die Wiederherstellung eines unabhängigen und demokratischen Österreich“ zu adoptieren und dies damit begründet „that it was not a ‚peace treaty‘ as Austria was a special case having been annexed by Germany. However, she had been a partner in German crime for seven years; she had taken part in the war and she must therefore bear her share of responsibility: He thought that

Zu Ende der Londoner Session Ende Februar 1947 waren die Positionen der Sonderbeauftragten voneinander noch einigermaßen verschieden: Die Franzosen hatten von „gewissen Verantwortlichkeiten“ Österreichs in Hinblick auf die genannten, nunmehr von allen vier Alliierten akzeptierten Faktoren des österreichischen Territoriums, der Truppen und der materiellen Hilfsquellen (verwendet im deutschen Kriegseinsatz) gesprochen; Amerikaner und Engländer wollten lediglich von „Konsequenzen“, nicht von „Verantwortlichkeiten für“ den Kriegseinsatz dieser Faktoren sprechen; die Sowjets wollten nicht „Verantwortlichkeiten“ im Plural, sondern eine „Verantwortlichkeit“ Österreichs im Singular festhalten.[30] Zur Entscheidung kam es erst im Außenministerrat in Moskau; dort neigte sich die schließlich vereinbarte Kompromißformel deutlich zugunsten der sowjetischen Wünsche. Molotow argumentierte, das (von den Franzosen vorgeschlagene) Wörtchen „certain“ – gewisse – Verantwortung bedeute eine Milderung gegenüber der Moskauer Österreich-Erklärung von 1943. Worauf Molotow allerdings nicht mehr zu sprechen kam, war die Tatsache, daß die Hinweise auf den Einsatz österreichischen Gebietes, von Truppen und materiellen Ressourcen im Kriegseinsatz eher über den Moskauer Text von 1943 hinausgingen. Die drei westlichen Außenminister gaben am Ende nach.[31] Es wurde also – im Absatz 3, dem umstrittensten Teil der Präambel – festgehalten, daß

> Österreich als integrierender Teil Hitler-Deutschlands am Kriege gegen die Alliierten und Assoziierten und gegen andere Vereinte Nationen teilnahm und daß Deutschland sich zu diesem Zwecke österreichischen Gebietes, österreichischer Truppen und materieller Hilfsquellen bediente, und daß Österreich eine Verantwortlichkeit, die sich aus dieser Teilnahme am Kriege ergibt, nicht vermeiden kann.[32]

Diese Formulierung sollte erst acht Jahre später, am Vorabend der Unterzeichnung des Staatsvertrages, im letztmöglichen Moment, wie wir sehen werden, auf Österreichs Antrag aus der Präambel entfernt werden – ein symbolischer

---

these circumstances should be reflected in the preamble of the treaty.“ Brit. Mitschrift in „Proceedings“, 1. Sitzung vom 16. Jänner 1947.

30 Fassung der Präambel zu Ende der Londoner Beratungen Ende Februar 1947: Dok. CFM (D) (47) (A) 102.

31 Diskussion in der 30. Sitzung des Außenministerrates in Moskau am 16. April 1947, *FR 1947*, II, 347, Beschluß in der 37. Sitzung am 20. April 1947, ebd. 365.

32 Deutsche Übersetzung aus dem von der Bundesregierung 1947 hergestellten Amtsdruck „Deutsche Übersetzung des Entwurfes zum Vertrag für die Wiedererrichtung eines unabhängigen und demokratischen Österreich, Stand vom 24. April 1947“, der im Allgemeinen Verwaltungsarchiv Wien, Nachlaß Eichhoff, aufgefunden wurde; die Übersetzung ist insoferne nicht ganz präzise, als im englischen Text das Adjektiv „österreichisch“ nur einmal genannt wird („Austrian territory, troops and material resources“) und außerdem die Übersetzung „einer Verantwortlichkeit“ nicht ganz dem englischen Text („certain responsibility“) entspricht; engl. Text (mit Angaben der der Einigung vorhergehenden Textvarianten) in *FR 1947*, II, 518.

Gradmesser dafür, wie schwierig Österreichs internationale Stellung 1947 war und um wie vieles günstiger sie 1955 sein würde.

Zurück nach London: Anläßlich der Befragung der österreichischen Delegation am 31. Jänner 1947 stellte Botschafter Gusev eine weitere wichtige Frage, nämlich ob Österreich die Potsdamer Beschlüsse über das Deutsche Eigentum anerkenne. Die Potsdamer Beschlüsse, so sagte Gusev, seien eine politische Entscheidung gewesen, von großer Bedeutung für Österreich, denn – und dies ist ein Gesichtspunkt, der Aufmerksamkeit verdient – diese Entscheidung sei mit Österreichs Zukunft verbunden. Auf lange Sicht bedeute diese Entscheidung die Trennung Österreichs von Deutschland.[33] Hier wird eine politische Perspektive sichtbar, die ob der großen wirtschaftlichen Belastungen, die der Komplex des „Deutschen Eigentums" für Österreich brachte, wohl nicht die entsprechende Beachtung fand. Diese Perspektive sollte jedoch acht Jahre später im sogenannten „Rückübertragungsverbot" des Staatsvertrages ihren Niederschlag finden (vgl. unten Kap. 6). Der sowjetische Sonderbeauftragte stellte also die Frage, ob Österreich die Potsdamer Erklärung über das Deutsche Eigentum in Ostösterreich anerkenne – wobei der britische Stellvertreter, Lord Hood, einwarf, die Potsdamer Beschlüsse beträfen ja auch Westösterreich. Gruber bejahte die Anerkennung der Potsdamer Beschlüsse, wies aber darauf hin, daß die österreichische Regierung nie offiziell von den Potsdamer Beschlüssen informiert worden sei. Lord Hood erkundigte sich nach der Einstellung der Kärntner Bevölkerung zum Verbleib bei Österreich, wobei Gruber auf das Wahlergebnis vom 25. November 1945 hinwies. Noch zweimal, am 5. und am 14. Februar, wurde Gruber von den Sonderbeauftragten befragt, das zweite Mal mit dem jugoslawischen Delegationsführer Vilfan; auf beiden Seiten ergaben sich keine wesentlichen neuen Gesichtspunkte.[34]

Ein weiteres Territorialproblem kam während der Londoner Beratungen zur Sprache. Die Tschechoslowakei legte den Sonderbeauftragten das Begehren

33 Wie oben Anm. 22. Die Befragung Grubers durch Gusev fand ihr Echo in einem Artikel „Das Problem Österreich" in der Moskauer Zeitschrift *Neue Zeit*, dessen Inhalt ausführlich als Leitartikel unter dem Titel „Die Hauptaufgaben des österreichischen Staatsvertrages" in der von der sowjetischen Besatzungsmacht herausgegebenen *Österreichischen Zeitung*, 25. Februar 1947, 1–2, wiedergegeben wurde. Der Artikel warnte vor der „Vertuschung der Verantwortungsfrage" und meinte weiters, daß „sich die österreichische Regierung gezwungen" sah, bei den Londoner Beratungen „die Potsdamer Beschlüsse über das deutsche Eigentum als Basis für die Regelung der Beziehungen zwischen Österreich und den Verbündeten anzuerkennen". Zur Zufriedenheit im sowjetischen Außenministerium, daß Gruber „endlich" die Verbindlichkeit der Potsdamer Beschlüsse für Österreich anerkannt habe, vgl. Aktenvermerk Norbert Bischoffs vom 26. Februar 1947. AdR, BMAA II-Pol, Zl. 105.783-Pol/47.

34 Es gab übrigens jugoslawische und sowjetische Einwände gegen die Anwesenheit des Kärntner Landeshauptmannes Piesch; zur NS-Vergangenheit von Piesch, der bald zurücktrat, vgl. Wagnleitner, *Diplomatie zwischen Parteiproporz und Weltpolitik*, Nr. 323, Anm. 1, zur Konfrontation Gruber – Vilfan *FR 1947*, II, 131–132.

vor, kleinere Grenzberichtigungen mit Österreich in bilateralen Verhandlungen zu klären. Es handelte sich vor allem um Gebietswünsche entlang der Thaya bei Hardegg wegen des Baues eines Wasserkraftwerkes, bei Laa an der Thaya zur Grenzverkürzung, um einen Streifen entlang der March im Zusammenhang mit dem Projekt des Donau-Oder-Kanals und schließlich um eine Erweiterung des tschechischen Brückenkopfes auf dem Südufer der Donau gegenüber Preßburg. Gegen den Wunsch nach bilateralen Verhandlungen wurden keine Einwände erhoben, und tatsächlich kam es auch bald zu Gesprächen in Wien, wobei von tschechischer Seite geklagt wurde, daß sich die Österreicher vor allem einer Ausweitung des tschechischen Brückenkopfes südlich Preßburgs widersetzten: Gerade dieser Wunsch schien aber, einer Meldung des amerikanischen Geschäftsträgers in Prag zufolge, den Tschechen am wichtigsten zu sein. Die Österreicher vermuteten, daß mindestens das Verlangen nach Ausweitung dieses Brückenkopfes auf Pläne des tschechoslowakischen Generalstabs zurückging. Schließlich verliefen die tschechisch-österreichischen Gespräche im Sande, ohne daß es zu Gebietseinbußen Österreichs gekommen wäre.

Karl Gruber vermutete in seinem ersten Memoirenwerk, daß auf tschechischer Seite der Außenminister Jan Masaryk zu diesem Ergebnis beigetragen habe.[35] Diese Vermutung findet ihre Bestätigung in den inzwischen ausgewerteten Berichten des österreichischen Gesandten in Prag über Unterredungen mit Jan Masaryk im Laufe des Jahres 1947. Schon im März 1947, also knapp nach Ende der Londoner Beratungen, hatte Masaryk im Gespräch mit dem österreichischen Gesandten betont, die österreichisch-tschechoslowakische Freundschaft wäre „eine absolute Notwendigkeit für die Ordnung der Dinge in Mitteleuropa". Die „psychologischen Voraussetzungen" seien schon durch die verwandtschaftlichen Bindungen günstig. Denn es habe doch „jeder von uns ... eine Tante in Österreich". Masaryk bemerkte damals übrigens, er habe den Jugoslawen, die an Prag zwecks Unterstützung ihrer Forderungen gegenüber Österreich herangetreten seien, eine eindeutige Abfuhr erteilt, und zwar mit dem Götz-Zitat. Im Dezember 1947 teilte Masaryk dem österreichischen Gesandten mit, er habe seinen Kollegen im Ministerrat gesagt, man solle doch Österreich mit Gebietsforderungen jetzt Ruhe geben. Wörtlich habe er ihnen gesagt: „Die Österreicher machen Fehler, ebenso wie wir Fehler machen, aber so dumm sind sie nicht, daß sie auf unsere Gebietsforderungen eingehen, damit dann Tito kommt und ihnen sagt *davaj Kärnten!*"[36] Das war nur knappe drei

35 *FR 1947*, II, 116–117, 503–504, 516; Gruber, *Befreiung*, 124–125.

36 Hierzu die gründliche Studie von Renate Tuma, „Tschechoslowakische Gebietsansprüche gegenüber Österreich 1946/47", in: Höbelt/Huber (Hrsg.), *Für Österreichs Freiheit*, 121–142. Für das Gespräch im März Bericht des Gesandten Adrian Rotter v. 17. März 1947, Zl. 106.477-Pol/47, zit. ebd. 132–133; für das Gespräch im Dezember 1947 Bericht des Gesandten Rotter v. 22. Dezember

Monate vor Jan Masaryks Fenstersturztod am 10. März 1948, nach der kommunistischen Machtergreifung!

Aus den vielen Materien, die bereits in dieser ersten Phase der Verhandlungen beraten wurden, seien ergänzend drei weitere Punkte herausgegriffen – eine politische, eine militärische und eine finanzielle Frage.

Die politische Frage: das Anschlußverbot. Hier kam es relativ rasch zur weitgehenden Einigung zwischen den vier Alliierten. Vorschläge kamen vor allem von sowjetischer, französischer und britischer Seite, aber auch die Amerikaner hatten keine Einwände, mit Ausnahme einer Klausel gegen großdeutsche Propaganda. Der Kernpunkt des geplanten Artikels fand sich sowohl in einer sowjetischen wie auch in einer gemeinsamen britisch-französischen Textformulierung: das Verbot „politischer oder wirtschaftlicher Vereinigung" mit Deutschland. Aus diesen beiden – einander recht ähnlichen – Alternativentwürfen entstand ohne größere Schwierigkeiten ein gemeinsamer Text mit wenigen Detailvorbehalten.[37] Nach Überwindung dieser Vorbehalte – die Amerikaner gaben ihre Bedenken gegen das Verbot großdeutscher Propaganda auf – beschlossen die vier Außenminister am 16. April 1947 in Moskau jene im wesentlichen schon in London zustande gekommene Fassung des Anschlußverbots, die schließlich auch im endgültigen Vertragstext (Artikel 4) Aufnahme fand.[38]

Die militärische Frage: das Verbot von Spezialwaffen. Ohne hier auf die zahlreichen zunächst in Vorschlag gebrachten, jedoch vor Vertragsabschluß wieder fallengelassenen Beschränkungen (etwa der Heeresstärke von 53.000, einschließlich der Luftwaffe von 58.000 Mann) näher einzugehen[39], soll kurz auf die Genesis des in den endgültigen Vertragstext aufgenommenen Verbots von Spezialwaffen hingewiesen werden. Über dieses Verbot (Art. 21 des Vertragsentwurfes, Art. 13 des Staatsvertrages – vgl. Dokumententeil) kam es noch in London rasch zur Einigung zwischen den vier Alliierten. Das Verbot

---

1947, Zl. 111.455-Pol/47, zit. ebd. 141. Diese Studie geht zurück auf die Dissertation der Verfasserin, *Das Problem der territorialen Integrität Österreichs 1945–1947. Unter besonderer Berücksichtigung der Grenzproblematik mit Deutschland, der Tschechoslowakei und Ungarn*, Univers. Wien 1989.

37 Hierzu folgende Dokumente der Sonderbeauftragten: Franz. Entwurf für die politischen Vertragsartikel, CMAE (S) (47) (AU) 3, in: NA, RG 43, Box 229; brit. Entwurf CFM (D) (47) (A) 5; amerik. Entwurf CFM (D) (47) (A) 6; Äußerung des Botschafters Gusev in der 3. Sitzung der Sonderbeauftragten am 20. Jänner 1947 („British Records" in „Proceedings"); sowjetischer bzw. britisch-französischer Textvorschlag im „Annex" zum „Record of Decisions" der 19. Sitzung am 11. Februar; Diskussion hierüber in den „British Records" dieser Sitzung („Proceedings"); vereinheitlichter Text (mit Detailvorbehalten) Dok. CFM (D) (47) (A) 83 (Revised).

38 *FR 1947*, II, 346.

39 Siehe den Teil II („Militärische und Luftklauseln") des Vertragsentwurfs vom April 1947 sowie die Annexe I–V dieses Entwurfs, vgl. unten, Dokumentenanhang, Nr. 6.

namentlich aufgezählter Kategorien von Spezialwaffen, einschließlich „irgendeiner Art von selbstgetriebenen oder gelenkten Geschossen“ sowie von Apparaten, die zu deren Abschuß dienen, fand sich bereits in den Friedensverträgen mit Italien, Ungarn, Rumänien, Bulgarien und Finnland. Zwar gab es verschiedene Abweichungen im einzelnen, doch das Verbot selbstgetriebener oder gelenkter Geschosse findet sich in all den genannten Verträgen.[40] Auch Österreich hat sich diesem Artikel im Jahre 1947 nicht widersetzt.

---

40 Zur Genesis des Verbots von Spezialwaffen im Staatsvertrag ist folgendes zu sagen:
Die Friedensverträge mit Ungarn, Rumänien, Bulgarien und Finnland (alle vom 10. Februar 1947) enthielten folgende identische Bestimmung:
"Hungary [bzw. Rumania, Bulgaria, Finland, Anm. d. Verf.] shall not possess, construct or experiment with any atomic weapon, any self-propelled or guided missiles or apparatus connected with their discharge (other than torpedoes and torpedo-launching gear comprising the normal armament of naval vessels permitted by the present Treaty), sea mines or torpedoes of non-contact types actuated by influence mechanisms, torpedoes capable of being manned, submarines or other submersible craft, motor torpedoboats, or specialised types of assault craft." (Art. 15 des Friedensvertrages mit Ungarn, Art. 14 des Friedensvertrages mit Rumänien, Art. 13 des Friedensvertrages mit Bulgarien, Art. 17 des Friedensvertrages mit Finnland.)
Der Friedensvertrag mit Italien, ebenfalls vom 10. Februar 1947, enthält folgende ähnliche, jedoch nicht identische Bestimmung (Art. 51):
"Italy shall not possess, construct or experiment with (i) any atomic weapon, (ii) any self-propelled or guided missiles or apparatures connected with their discharge (other than torpedoes and torpedo launching gear comprising the normal armament of naval vessels permitted by the present Treaty), (iii) any guns with a range of over 30 kilometers, (iv) sea mines or torpedoes of non-contact types actuated by influence mechanisms, (v) any torpedoes capable of being manned." Die Artikel der Friedensverträge mit Italien, Ungarn, Rumänien, Bulgarien und Finnland zitiert nach: *European Peace Treaties after World War II,* hrsg. von Amelia C. Leiss und Raymond Dennett für die World Peace Foundation, Boston 1954. Vgl. auch: Rudolf Hecht, „Militärische Bestimmungen in den Friedensverträgen von 1947“, in: *Österr. Milit. Zeitschrift,* Jg. 1979, 377–384.
Die Beratungen der Sonderbeauftragten über die Militärklauseln des Österreichvertrages stützten sich zunächst auf einen britischen Entwurf. Dokument CFM (D) (47) (A) 14 vom 14. Jänner 1947, der sich überwiegend am Text der Verträge mit Ungarn und den anderen ost- bzw. nordosteuropäischen Staaten orientiert (allerdings unter Weglassung der Ausnahmegenehmigung für normale Torpedos), aber aus dem italienischen Friedensvertrag das Verbot von Geschützen mit einer Reichweite von mehr als 30 km übernahm. Das Komitee der Militär- und Luftfahrtexperten der Sonderbeauftragten fügte diesem britischen Entwurf weitere Verbote hinzu: Zum Verbot der Atomwaffen wurde das Verbot irgendwelcher anderer „Mittel der Massenvernichtung“ auf sowjetischen Wunsch hinzugefügt. Zum Verbot selbstgetriebener oder gelenkter Geschosse und von zum Abschuß solcher Geschosse dienenden Apparaten kam noch das Verbot von Apparaten, die zur *Kontrolle* solcher Geschosse dienen. Ferner kam hinzu das Verbot von „erstickenden, ätzenden oder giftigen Stoffen oder biologischen Substanzen ...“ (Punkt 9 des Entwurfs, lit. j des endgültigen Artikels) sowie schließlich auf britischen Vorschlag das sehr weitreichende Verbot, daß sich die Alliierten und Assoziierten Mächte das Recht vorbehalten, zu diesem Artikel Verbote von irgendwelchen Waffen hinzuzufügen, die als Ergebnis wissenschaftlichen Fortschritts entwickelt werden könnten (vgl. Art. 13 Abs. 2 des Staatsvertrages). Hierzu folgende Dokumente: „First Report on the work of the Committee of Military and Air Experts“, CFM (D) (47) (A) 58 vom 12. Februar 1947 sowie der zweite Bericht dieses Komitees, CFM (D) (49) (A) 87 vom 20. Februar 1947. Die Sitzungsprotokolle der Militär- und Luftfahrtexperten erliegen in: NA, RG 43, Box 231. Vgl. auch Heinz Vetschera, *Die Rüstungsbeschränkungen des österreichischen Staatsvertrages aus rechtlicher, politischer und militärischer Sicht* (= Sozialwissenschaftliche Studienreihe des Instituts für politische Grundlagenforschung 6), Wien 1985.

Die finanzielle Frage: Restitution und Kompensation – Rückstellung und Entschädigung – für Staatsangehörige der Vereinten Nationen. Hierbei handelte es sich um ein Forderungspaar der drei Westalliierten, das bis in die letzten Tage der Staatsvertragsverhandlungen die Beziehungen zwischen Österreich und den Westmächten immer wieder beträchtlichen Belastungen aussetzte. Die Forderungen nach Rückstellung von Eigentum, Rechten und Interessen alliierter Staatsangehöriger – oder nach Entschädigung für den Verlust solchen Eigentums, solcher Rechte und Interessen – bezogen sich auf die Zeit der deutschen Besetzung Österreichs, soweit Vermögenswerte von Angehörigen der Vereinten Nationen während dieser Zeit Schaden erlitten hatten. Der letztgenannte Aspekt bezog sich besonders auf „rassisch" Verfolgte, die Staatsbürger alliierter Staaten geworden waren.[41] Da jedoch der Begriff „Staatsangehörige" auch juristische Personen, d. h. insbesondere Firmen und Gesellschaften einschloß, handelte es sich um einen großen Kreis finanzieller Interessen, der auch die Interessen verschiedener westlicher Ölgesellschaften einschloß. Zu Beginn der Staatsvertragsverhandlungen schockierten zumal die Briten die Österreicher durch das Ausmaß ihrer Entschädigungsansprüche, und es fielen einige bittere Worte auf österreichischer Seite. Gesandter Schmid in London sagte zu Walter Wodak – „mit vor innerer Erregung bebender Stimme" –, wie dieser Adolf Schärf berichtete: „Es ist mir schon seit langem klar, daß wir vielleicht eine gewisse politische Unabhängigkeit erreichen können, aber wirtschaftlich werden wir zwischen den Russen und den Engländern zerrissen werden, solange etwas da ist, was sie uns wegnehmen können." Nach verschiedenen österreichischen Interventionen präsentierten die Briten dann im April 1947 Alternativvorschläge, und die Wogen glätteten sich einigermaßen.[42]

---

41 Hierzu ausführlich Robert Knight, *„Ich bin dafür, die Sache in die Länge zu ziehen"*. Wortprotokolle der österreichischen Bundesregierung von 1945–1952 über die Entschädigung der Juden, Frankfurt/Main 1988, 47–48, 168–172; sowie Knight, *British Policy,* 99–104.

42 Ein erster britischer Vertragsentwurf vom Juni 1946 wurde im österreichischen Außenamt äußerst kritisch kommentiert. Die in diesem Entwurf geforderte *volle* Entschädigungspflicht Österreichs wurde anfangs 1947 von Briten (und Franzosen) auf zwei Drittel der vollen Schadenssumme reduziert; den Sowjets schien dies zu hoch, die Amerikaner lehnten diese Bemessung prinzipiell ab und schlugen eine Art Meistbegünstigungsklausel vor: Alliierte Staatsbürger sollten in Entschädigungsverfahren keinesfalls schlechter behandelt werden als österreichische Staatsangehörige. Diesem Prinzip schlossen sich die Briten erst nach verschiedenen österreichischen Interventionen während der auf die Londoner Verhandlungen folgenden Moskauer Verhandlungsphase im April 1947 an. Vgl. u. a.: AdR, BMAA, II-Pol, Note Außenminister Grubers an den britischen Gesandten Mack v. 6. März 1947, Zl. 147.650-6VR/47, Handakten Wildner; Bericht Grubers über das Londoner Beratungsergebnis (wie oben Anm. 17). Zur Äußerung des Gesandten Schmid: Wodak an Schärf 17. Februar 1947, in: Wagnleitner, *Diplomatie …*, Nr. 291; zu den Bemühungen Wodaks um Milderung des britischen Standpunktes ebd., Nr. 281/Beilage 1, Nr. 295, Nr. 296, einschl. Beilage 1, Nr. 329, 330, 331; diesbezügliche Amtsvermerke Wodaks auch in: AdR, BMAA, II-Pol, Zl. 106.407-Pol/47 und Zl. 106.408-Pol/47; zu den revidierten britischen Vorschlägen vom April 1947 ebd. Zl. 106.539-Pol/47 und 106.578-Pol/47.

Von Beginn der Verhandlungen bis 1955 gab es jedoch einen Gegensatz zwischen den Westalliierten und der Sowjetunion bezüglich des Zeitraums, für welchen Rückstellungs- oder Entschädigungsansprüche gestellt werden konnten. Die Westmächte strebten danach, diesen Zeitraum möglichst groß zu halten, vom 1. September 1939 bis zum 8. Mai 1945 oder, hinsichtlich von Schäden durch die deutsche Besetzung Österreichs, schon ab 13. März 1938. Die Sowjetunion, hierin der österreichischen Interessenlage näherstehend, sprach sich konsequent für einen enger begrenzten Zeitraum aus – vom Tage des Beginns der Feindseligkeiten zwischen Deutschland und der betreffenden Vereinten Nation (also etwa im Falle der USA erst ab Dezember 1941). Diesbezüglich sollte es im Rahmen des Vertrages zu keiner Einigung zwischen westlichem und sowjetischem Standpunkt kommen; Österreich und die Westmächte fanden den Ausweg, die westlichen Ansprüche außerhalb des Staatsvertrags im Wege zweiseitiger Vereinbarungen mit Österreich zu regeln. Ein weiterer Artikel normierte Österreichs Verpflichtung zur Rückstellung an bzw. Entschädigung von Personen, denen aus Gründen rassischer Herkunft oder der Religion materielle Verluste zugefügt worden waren; Österreich wurde weiters verpflichtet, erbloses Vermögen für Unterstützungs- und Wiedergutmachungszwecke zu verwenden.[43]

Insgesamt hielten die Sonderbeauftragten in London zwischen 16. Jänner und 25. Februar 1947 29 Sitzungen ab. Wichtigstes Ergebnis dieser knappen sechs Wochen war immerhin die Erstellung eines Vertragsentwurfes von 59 Artikeln und einigen Annexen. Allerdings konnten sich die vier Delegationen nur über 14 Artikel einigen; über 16 weitere Artikel und die Präambel wurde eine teilweise Einigung erzielt; weitere 10 Artikel wurden besprochen. Es ist nicht erstaunlich, daß sich unter den 14 Artikeln, über die in London Einigung erzielt wurde, zahlreiche Bestimmungen befanden, die ohne Veränderung aus den sogenannten Satellitenverträgen übernommen werden konnten.[44]

Die Londoner Beratungen dienten ja nur zur Vorbereitung der Moskauer Session des Rates der Außenminister, die am 10. März 1947 eröffnet wurde.

---

43 Art. 44 des Vertragsentwurfs (= Art. 26 des Staatsvertrags). Hierzu Knight, *„Ich bin dafür ...“*, 65–172, 230, 236, 239–245; bei dem von Knight auszugsweise als Dok. 25 veröffentlichten MRProt handelt es sich nicht um Nr. 275 v. 8. Jänner 1952, wie angegeben, sondern um Nr. 276 v. 15. Jänner 1952. Ferner Thomas Albrich, „Die jüdischen Organisationen und der österreichische Staatsvertrag 1947“, in: *Bericht über den 18. österreichischen Historikertag in Linz (24.–29. 9. 1990)* (= Veröffentlichungen des Verbandes österreichischer Geschichtsvereine 27), Wien 1991, 97–101; umfassend ders., „„Es gibt keine jüdische Frage‘. Zur Aufrechterhaltung des österreichischen Opfermythos“, in: Rolf Steininger, Hg., *Der Umgang mit dem Holocaust,* Wien – Köln – Weimar, 1994, 147–166, hier bes. 155–164.

44 Zusammenstellung der in London geleisteten Arbeit in *FR 1947,* II, 136–137; unveröffentlicht der Bericht Grubers über das Londoner Beratungsergebnis (oben Anm. 17), der am 4. März 1947 dem Hauptausschuß des Nationalrats vorgelegt wurde.

Bevor jedoch die Außenminister selbst den Entwurf des Österreich-Vertrages berieten, setzten die Sonderbeauftragten ab 11. März ihre Beratungen fort, und zwar nunmehr in Moskau. Nach zehn Tagen, am 21. März, gab General Mark Clark namens der Sonderbeauftragten dem Außenministerrat einen Zwischenbericht über die geleistete Arbeit; er erwähnte, man sei in London mit den politischen und militärischen Klauseln weiter gekommen als mit den Wirtschaftsbestimmungen des Entwurfes; letztere habe man eigentlich erst in Moskau zu beraten begonnen. Clark gab auch einen Überblick über die wichtigsten Meinungsverschiedenheiten zum Österreich-Vertrag. Der Außenministerrat beauftragte die Stellvertreter, nach einer Woche, also am 29. März, dem Rat einen ausführlichen Bericht über den Stand des Österreich-Vertrages vorzulegen. Am gleichen Tage beschloß der Rat, eine Delegation der österreichischen Regierung nach Moskau einzuladen. Molotow gab übrigens bekannt, daß die Sowjetunion bereits dem Wunsche Außenminister Grubers um Ausstellung der Einreisegenehmigung für eine österreichische Delegation Folge geleistet habe. In der Tat wartete man in Wien sehnlichst auf das grüne Licht, nach Moskau zu fahren – die Angst, die vier Mächte könnten in Abwesenheit der Österreicher allzuviel über Österreich entscheiden, ohne den Standpunkt der österreichischen Regierung zu berücksichtigen, war stark. Diesmal reisten Außenminister Gruber und der Bundesminister für Vermögenssicherung und Wirtschaftsplanung, Dr. Peter Krauland, nach Moskau.

Gruber sprach vor dem Außenministerrat am 18. April. Am Vortag war die jugoslawische Delegation zu Wort gekommen, und so stand neuerlich die Kärntner Grenzfrage im Vordergrund der Erklärung Grubers. Eine Änderung der Grenzen Österreichs würde gefährliche Folgen für die Demokratie in Österreich haben. Gruber betonte, wie schon Figl in London, daß Österreich der erste Staat gewesen sei, der seine Unabhängigkeit als Ergebnis von Hitlers Politik verloren habe, und appellierte an den Rat, die Besetzung Österreichs möge so bald als möglich beendet und Österreichs Souveränität wiederhergestellt werden.[45]

In diesen Tagen fanden wichtige Gespräche zwischen Molotow, Wyschinskij und dem Leiter der jugoslawischen Delegation, Edvard Kardelj, statt, über deren Inhalt ein ebenso ausführlicher wie polemischer jugoslawisch-sowjetischer Notenwechsel im Sommer 1949, ein Jahr also nach dem Bruch zwischen Stalin und Tito, Aufschluß gegeben hat. Im Mittelpunkt dieses Notenwechsels steht die Auseinandersetzung um das Ausmaß der sowjetischen Unterstützung für die jugoslawischen Ansprüche; hierbei spielt übrigens die Interpretation

45 *FR 1947,* II, 266–271, 353, 504–504. Siehe britische „Proceedings“ für 32. Sitzung des Außenministerrats am 17. und 33. Sitzung am 18. April 1947. Materialien ohne Aktenzahl zu Grubers Erklärung auch in der Mappe „statement“ in: AdR, BMAA, II-Pol, Staatsvertrags-Akten 1947, K. 55.

des bekannten Briefwechsels zwischen Karl Renner und Stalin im Frühjahr 1945 eine Rolle, vor allem die Frage, ob Stalins Antwort an Renner eine Anerkennung der österreichisch-jugoslawischen Grenze von 1937 enthalten habe oder nicht.[46] Aus diesem Notenwechsel ergibt sich, unbeschadet der außerordentlichen Heftigkeit der gegenseitigen Polemik, folgender Sachverhalt: Molotow und Wyschinskij wiesen ihre jugoslawischen Gesprächspartner auf die entschiedene Ablehnung der jugoslawischen Gebietsansprüche seitens der Westmächte hin; überdies scheinen, nach jugoslawischer Darstellung, die Jugoslawen den Eindruck gewonnen zu haben, daß die russische Unterstützung der jugoslawischen Ansprüche gegen Österreich schwinden könnte, falls es zu einem Entgegenkommen der Westmächte in der Frage des Deutschen Eigentums in Ostösterreich käme. Jedenfalls richtete Kardelj mit Datum vom 20. April 1947 ein Schreiben an Wyschinskij, das im August 1949 von sowjetischer Seite veröffentlicht wurde und dessen Authentizität auch von jugoslawischer Seite nicht bestritten worden ist. Sein Inhalt ist folgender:

Da die Gefahr bestehe, daß die jugoslawischen Gebietsansprüche gegen Österreich in ihrer Gesamtheit zurückgewiesen werden könnten, wolle Kardelj Wyschinskijs Aufmerksamkeit auf jene Probleme lenken, die von solcher Wichtigkeit für Jugoslawien seien, daß sie eine günstige Lösung finden müßten. Eine positive Lösung dieser Fragen würde die minimale Befriedigung der in den jugoslawischen Territorialforderungen enthaltenen Ansprüche darstellen.

Die erste Frage betreffe die Kraftwerke von Zvabek und Labod (Schwabegg und Lavamünd). Diese nach dem Anschluß von der Firma Alpen-Elektrowerke A. G. erbauten Kraftwerke seien von größter Bedeutung für die jugoslawische Elektrizitätswirtschaft. In der gegenwärtigen Weise ihrer Ausbeutung stellten

46 Dieser Notenwechsel umfaßt: sowjetische Noten vom 19. Juli, 11. und 29. August 1949, jugoslawische Noten vom 3. und 20. August 1949. Von den Sendestaaten jeweils sogleich veröffentlicht, findet sich die vollständigste, die Noten beider Staaten bringende Sammlung in einer Publikation der französischen Regierung: *Documents concernant le Traité d'Etat avec l'Autriche (= La Documentation française, Notes et études documentaires,* Nr. 1271), veröffentlicht am 7. Februar 1950, 6–21. Karl Renners Brief an Stalin vom 15. April 1945 und Stalins Antwort an Renner vom 12. Mai 1945 werden in der jugoslawischen Note vom 20. August und der sowjetischen Antwortnote vom 29. August behandelt. Renner hatte Stalin geschrieben, „verlieren wir noch weiter Gebiet, so werden wir nicht leben können"; Stalin antwortete, Renners Sorge für Unabhängigkeit, Gänzlichkeit und das Wohlergehen Österreich sei auch seine Sorge. Die jugoslawisch-sowjetische Auseinandersetzung entzündete sich an dem Wort „Gänzlichkeit" in Stalins Antwort – ob dies eine Garantie der österreichischen Südgrenze bedeute, wie die Österreicher hofften und die Jugoslawen annahmen, oder ob, wie die sowjetische Note vom 29. August argumentiert, Grenzberichtigungen durch dieses Wort nicht ausgeschlossen wären. Faksimile von Teilen des Renner-Briefes und von Stalins Antwort bei Schärf, *Österreichs Erneuerung,* zwischen den Seiten 48 und 49. Vgl. auch den Aufsatz von David Dallin, „Stalin, Renner und Tito – Österreich zwischen drohender Sowjetisierung und den jugoslawischen Gebietsansprüchen im Frühjahr 1945" in: *Europa-Archiv,* 13 (1958), 11.030–11.034. Unergiebig zu diesen Verhandlungen ist Edvard Kardelj, *Der Übermacht zum Trotz,* Klagenfurt – Triest 1984.

sie einen Verlust für Jugoslawien dar, der in manchen Monaten annähernd eine Million Kilowattstunden erreiche. Diese Frage könne durch eine kleine Grenzberichtigung geregelt werden, für welche er Wyschinskij zwei Varianten unterbreitete. Äußerstenfalls könnte diese Frage auch durch die Einräumung von Sonderrechten an Jugoslawien bei der Verwaltung dieser Werke geregelt werden.

Die zweite Frage betreffe den besonderen Schutz der Kärntner Slowenen. Nach den Erfahrungen, die das slowenische Volk in Österreich gesammelt habe, könne man nach der Unterzeichnung des Vertrages mit intensiven Germanisierungsversuchen rechnen. Selbst Maßnahmen wie die Errichtung von zweisprachigen Schulen, die Österreich nach dem Zusammenbruch Deutschlands verfügt habe, um zumindest auf dem Papier sich in nationaler Hinsicht tolerant zu zeigen, würden de facto nicht mehr durchgeführt. Aus diesem Grunde wäre es sehr wichtig, wenn diejenigen Maßnahmen, die bereits gesetzlich verankert seien, ausgebaut und als Bestandteil des Vertrages unter die Kontrolle der vier Mächte gestellt werden könnten. Ein Schema mit den Grundprinzipien einer solchen Regelung werde beigelegt.

Soweit der wesentliche Inhalt dieses Schreibens an Wyschinskij. Veröffentlicht wurde zwar nicht das erwähnte Schema des Minderheitenschutzes, wohl aber die beiden Varianten der territorialen Minimalregelung im Umkreis der Draukraftwerke von Schwabegg und Lavamünd:

Variante I umfaßte das Gebiet des Gerichtsbezirkes Bleiburg bis zur Westgrenze der Gemeinden Feistritz und Moos sowie nördlich der Drau die Gemeinde Lavamünd und einen Teil der Gemeinde Ruden; es handelte sich um ein Gebiet von 210 Quadratkilometern mit 9396 Einwohnern nach der Volkszählung von 1934.

Variante II umfaßte Schwabegg und Leifling südlich der Drau sowie Lavamünd und einen Teil der Gemeinde Ruden nördlich der Drau; es handelte sich um ein Gebiet von 63 Quadratkilometern mit 3150 Einwohnern nach der Volkszählung von 1934.[47]

Zu beachten ist, daß zu diesen beiden Varianten de facto noch eine dritte Variante, nämlich der Verzicht auf territoriale Forderungen und die Beschränkung auf Sonderrechte beim Betrieb der beiden Draukraftwerke, kam, wie sie „äußerstenfalls“ von Kardelj in Aussicht gestellt wurde. Tatsächlich ist die Bedeutung dieser beiden Kraftwerke auch schon in einem Annex des jugoslawischen Memorandums vom Jänner 1947 sehr stark hervorgehoben worden.

---

47 Kardeljs Brief an Wyschinskij wurde zweimal veröffentlicht, in der Note vom 11. und in der vom 29. August, vgl. *Documents concernant* …, 11 und 20–21. Vgl. auch Wagnleitner, *Diplomatie* …, Nr. 992.

Die sowjetische Delegation unterstützte die jugoslawischen Maximalansprüche im Frühjahr 1947 zumindest pro foro externo, doch kamen die Österreicher, wie Gruber nach Wien telegraphierte, zu dem Schluß, daß die territorialen Forderungen Jugoslawiens „offenbar kein erstrangiges Interesse" für Molotow darstellten. Die Österreicher vermuteten eher, daß auf österreichisches Vermögen in Jugoslawien verzichtet werden müßte – wie dies ja schließlich tatsächlich der Fall sein sollte. Auch die Amerikaner glaubten nicht, daß Molotow die jugoslawischen Grenzforderungen unterstützen würde. Daß sich auf jugoslawischer Seite Edvard Kardelj darüber Sorgen machte, daß die „allgemeine internationale Situation" den Maximalansprüchen Jugoslawiens nicht günstig war, ging aus einem Gespräch Kardeljs mit dem amerikanischen Außenminister Marshall hervor.[48] Daß von einer eindeutigen Unterstützung der Jugoslawen durch die Sowjets keine Rede sein konnte, daß sich diese jedoch alles offenhalten wollten, zeigte sich auch in informellen Gesprächen des Außenministerrats gegen Ende der Moskauer Session am 21. und 22. April (die Tagung endete am 24. April). Am 21. April brachte Molotow die Variante einer späteren zweiseitigen Vereinbarung zwischen Jugoslawien und Österreich zwecks Grenz-„Rektifikationen" ins Gespräch, die bemerkenswerterweise von den westlichen Außenministern, zumal Marshall und Bidault, nicht zurückgewiesen wurde. Am nächsten Tag zog sich Molotow wieder auf die Notwendigkeit von Beratungen mit den Jugoslawen zurück (deren weitestgehend von ihm selbst veranlaßte Konzessionsbereitschaft er inzwischen schon

48 Zu Grubers Telegramm ein zusammenfassender Bericht des Gesandten Bischoff über die sowjetische Haltung in der Staatsvertragsfrage vom Jänner 1947 bis Juni 1949, AdR, BMAA, II-Pol, Zl. 85.555-Pol/49; weiters zur österreichischen Einschätzung der Situation Bericht Grubers nach Ende der Außenministerkonferenz und Besprechung hierüber am 29. April 1947, ebd. Zl. 107.166 u. 107.167-Pol/47. Für die Ansicht der Amerikaner vgl. die Memoiren des damaligen amerikanischen Botschafters in Moskau, Walter Bedell Smith, *Meine drei Jahre in Moskau,* Hamburg 1950, 316; Kardeljs Gespräch mit Marshall *FR 1947,* II, 328. Die damalige Taktik der sowjetischen Delegation bei den Staatsvertragsverhandlungen zeigt sich in den mehrfach modifizierten Anmerkungen zum westlichen Vorschlag, daß die Grenzen Österreichs jene vom 1. Jänner 1938 zu sein hätten. Noch im Bericht des Politischen Komitees der Sonderbeauftragten vom 19. Februar 1947 hieß es, die sowjetische Delegation behalte sich das Recht vor, eine eigene Erklärung zu diesem Thema abzugeben: Dok. CFM (D) (47) (A) 83; im Vertragsentwurf vom 25. Februar 1947 lautete dann die sowjetische Anmerkung, die Sowjetunion unterstütze die im jugoslawischen Memorandum vom 22. Jänner 1947 behandelten Gebietsansprüche und empfehle, daß der Rat der Außenminister ein besonderes Komitee zum Studium der jugoslawischen Ansprüche und zur Vorbereitung entsprechender Empfehlungen einsetze: Dok. CFM (D) (47) (A) 102; zufolge den britischen Mitschriften ersuchte Andrej Wyschinskij den Außenministerrat am 21. April 1947, zur Kenntnis zu nehmen, daß die Sowjetunion die im jugoslawischen Memorandum vom 22. Jänner enthaltenen Ansprüche als „wohlbegründet" („well-founded") anerkenne, doch findet sich kein entsprechender Hinweis in dem verbindlichen „Record of decisions" (vgl. britische „Proceedings"); der britische Text des Vertragsentwurfs nach dem Stand vom 24. April 1947 enthält noch die sowjetische Formulierung vom 25. Februar; in einer Aufstellung umstrittener Vertragsartikel vom 11. Oktober 1947, Dok. CMF (ATC) (47), erscheint die sowjetische Stellungnahme, daß die Ansprüche Jugoslawiens wohlbegründet seien (vgl. auch *FR 1947,* II, 520).

in der Tasche hatte), sagte jedoch ausdrücklich, daß er die Jugoslawien betreffenden Artikel nicht als die wichtigsten Dinge im Vertrag ansehe.[49]

Nach der in Moskau gegenüber den Sowjets erklärten Bereitschaft zur drastischen Zurücknahme ihrer Forderungen operierte die jugoslawische Regierung – allerdings nicht für die Augen und Ohren der Öffentlichkeit – auf der Linie reduzierter Forderungen. Im Juni 1947 äußerten sich jugoslawische Regierungsvertreter, vor allem der Vizeaußenminister Bebler, gegenüber einem britischen Besucher in Belgrad im Sinne der den Sowjets vorgeschlagenen Variante I, das Gebiet von 210 Quadratkilometern um Bleiburg und Lavamünd betreffend; Bebler machte aber auch deutlich, daß allenfalls die vorhin erwähnte dritte Variante, nämlich der Verzicht auf Gebietsforderungen bei einem Zugriff auf die zwei Draukraftwerke von Schwabegg und Lavamünd, in Betracht käme; es würde die Übernahme der Draukraftwerke einen Ersatz für Reparationen darstellen – die ja weiterhin pro foro externo von Österreich gefordert wurden.[50]

4. Von Potsdam bis Moskau: Das „Deutsche Eigentum"

Mehr und mehr trat jedoch auf der Moskauer Außenministerkonferenz das Problem des Deutschen Eigentums in den Mittelpunkt der Auseinandersetzungen um den österreichischen Staatsvertrag. Hier ist eine ausführliche Rückblende in das Jahr 1945 und zu Ereignissen und Entwicklungen, die in Kapitel I ausgeklammert wurden, vonnöten.

Ausgangspunkt dieses wohl schwierigsten Problems der Staatsvertragsverhandlungen überhaupt war ein Beschluß der Potsdamer Konferenz der „Großen Drei" Ende Juli/Anfang August 1945. Dort hatte Molotow zunächst Reparationsforderungen gegen Österreich in Höhe von 250 Millionen Dollar, zu verteilen an die Sowjetunion, England, die USA und Jugoslawien, vorgeschlagen, stieß aber auf den entschiedenen Widerstand von Außenminister Byrnes, der fürchtete, daß letzten Endes Amerika für solche Zahlungen werde aufkommen müssen. Am 28. Juli 1945 meinte Stalin, Österreich habe im Unterschied zu Italien keine eigene Armee im Kriege besessen (Italien und Österreich waren in den Reparationsdebatten mehrfach gemeinsam genannt worden), es könne von Reparationsleistungen ausgenommen werden. In dieser Äußerung wird

---

49 Britische Mitschrift der informellen Beratungen, erliegt u. a. in PRO, FO 371/70395/C1485; am zurückhaltendsten reagierte Bevin.

50 Hierzu und zu den zurückhaltenden Reaktionen der britischen Diplomatie, die ein gewisses Interesse daran hatte, jugoslawische Gebietsforderungen und deren öffentliche Unterstützung durch die Sowjetunion als leicht kritisierbare Forderungen der „Gegenseite" taktisch zu nutzen, vgl. ausführlich Knight, „Kärntner Grenzfrage", 328–332.

jene – nach jeweiligen machtpolitischen Rücksichten leicht manipulierbare – „Zwischenstellung" Österreichs deutlich, auf die in Kapitel I mehrfach Bezug genommen wurde. Tatsächlich faßte die Potsdamer Konferenz den Beschluß, keine Reparationsforderungen gegen *Österreich* zu erheben. Dieser Beschluß sollte zunächst auch in dem zur Veröffentlichung bestimmten Communiqué über die Beschlüsse der Konferenz aufscheinen. In der nächtlichen Schlußsitzung der Potsdamer Konferenz (sie begann um 22.30 am 1. August 1945) beantragte Molotow, die Konferenzentscheidung, daß von Österreich keine Reparationen eingefordert werden würden, nicht zu publizieren, sondern lediglich in das (geheime) Protokoll der Konferenz aufzunehmen. Molotow meinte zur Begründung seines Vorschlags, für die Österreicher wäre es besser, auf eine solche Entscheidung zu hoffen als zu wissen, daß sie getroffen worden sei; die Veröffentlichung würde die Hände der Alliierten „unnötig binden".[51]

Im Rahmen eines umfassenden und komplexen Planes über die Reparationsleistungen *Deutschlands* wurde allerdings am letzten Tage der Konferenz, am 1. August 1945, entschieden, daß im Ausland gelegene deutsche Vermögenswerte in Osteuropa der Sowjetunion, im Westen den Westmächten zufallen sollten. Bezüglich Österreichs wurde in wenigen Worten entschieden, daß die deutschen Vermögenswerte je nach der Zone, in der sie sich befanden, der jeweiligen Besatzungsmacht anheimfallen würden.[52] Diese Entscheidung nahm keine Rücksicht auf die besonderen, in Österreich zum Unterschied von anderen Ländern vorliegenden Verhältnisse – daß nämlich Österreich de facto von 1938 bis 1945 Teil der deutschen Rechtsordnung gewesen war und daß es zahlreiche Eigentumsübertragungen aus österreichischen und ausländischen in deutsche Hände gegeben hatte, in einer Vielzahl von Abstufungen zwischen erpreßten oder erzwungenen und freiwilligen Übertragungen.

Wie weit hier Übermüdung und Übereilung am Ende einer anstrengenden Konferenz, wie weit möglicherweise mangelnde Koordination zwischen Experten und Spitzenpolitikern oder einfach der politische Wille, ein Detailproblem einem größeren Kompromißpaket unterzuordnen, maßgebend waren, ist nicht eindeutig geklärt und wird verschieden beurteilt.[53] Diese Erklärungsmu-

---

51 Präzise Schilderung bei Bader, *Austria between East and West*, 38–39, mit näheren Quellenangaben.

52 12. Plenarsitzung am 1. 8. 1945; hierfür siehe *FR, The Conference of Berlin (The Potsdam Conference) 1945*, Bd. 2, Washington 1960, 566–569 sowie 579–580; eine Unstimmigkeit zwischen den hier publizierten Mitschriften von Llewellyn Thompson und Benjamin Cohen bezüglich einer Äußerung Bevins über Österreich in der offensichtlich sehr raschen und kurzen Diskussion mit Stalin über die geographische Aufteilung bzw. Zuteilung deutscher Eigentumswerte im Ausland ist im Ergebnis irrelevant, da auch Bevin schnell der Zuteilung des Deutschen Eigentums in Österreich nach den Besatzungszonen zustimmte. Vgl. auch Knight, *British Policy*, 45–46.

53 Zur „Übereilung" am Ende der Potsdamer Konferenz vgl. Charles Thayer, *Diplomat*, Hamburg 1959, 149 f. Trumans Ungeduld, die Konferenz zu beenden und abzureisen, ist bekannt. Vgl. William B. Bader, *Austria between East and West*, Stanford 1966, 36–39.

ster schließen einander nicht notwendigerweise aus. Auch neuere Untersuchungen kommen zu dem Schluß, daß den entscheidungsbefugten Spitzenpolitikern auf der westlichen Seite (Truman, Attlee, Byrnes, Bevin) offensichtlich die ganze Tragweite der das Deutsche Eigentum gerade in Österreich betreffenden Entscheidung nicht bewußt war, obgleich auf der Ebene der Beamten und Diplomaten Informationen vorhanden waren, die zu größter Vorsicht mahnen mußten.[54]

Das Gesagte schließt nicht aus, daß die Österreich betreffende Regelung für „deutsche Vermögenswerte im Ausland" eben lediglich Teil eines größeren, auf territorialen Teilungen und Zuordnungen basierenden Dreimächtekompromisses war. Räumliche Aufteilungen oder Zuteilungen auf Basis der jeweiligen „preponderance of power", der jeweiligen Vormachtstellung, sind seit jeher ein probates Mittel internationaler Machtpolitik gewesen. Die Westmächte waren auf amerikanische Initiative, genauer auf Initiative des Außenministers Byrnes und gegen manche britische Bedenken zu dem Schluß gekommen, den gordischen Knoten des Gesamtkomplexes der deutschen Reparationen mit dem Schwert räumlicher Schwerpunktsetzungen und Zuteilungen zu zerschneiden. Dieses Prinzip – in dem schon deutliche Ansatzpunkte der späteren Teilung Deutschlands zu erkennen sind![55] – sah vor, daß grundsätzlich Reparationsansprüche der Sowjetunion (die auch für Polens Ansprüche zuständig war) durch Entnahmen aus der sowjetischen Zone Deutschlands sowie durch entsprechende („appropriate") deutsche Vermögenswerte im Ausland („German external assets") befriedigt würden; die Reparationsansprüche der USA, Englands und anderer Länder würden hingegen aus den westlichen Zonen und aus „entsprechenden" deutschen Vermögenswerten im Ausland befriedigt werden. Dazu kam ein Arrangement, das zusätzliche sowjetische Reparationsansprüche durch Entnahmen von Industrieanlagen aus den Westzonen (vor allem dem Ruhrgebiet) vorsah; ein Teil dieser Lieferungen sollte im Austausch gegen Lieferungen von Nahrungsmitteln, Kohle und anderen Rohstoffen aus der

---

54 Hierzu sehr informativ und überzeugend und dementsprechend kritisch gegenüber dem Entscheidungsprozeß bei den Westmächten Reinhard Bollmus, „Ein kalkuliertes Risiko? Großbritannien, die USA und das ‚Deutsche Eigentum' auf der Konferenz von Potsdam", in: Bischof/Leidenfrost, *Die bevormundete Nation,* 107–126.

55 Diese Teilungstendenzen sind schon während bzw. unmittelbar nach Abschluß der Potsdamer Konferenz mit außerordentlicher Klarheit von einem britischen Konferenzteilnehmer, Sir David Waley, erkannt und ausgesprochen worden. Vgl. *Documents on British Policy Overseas (DBPO)*, Series I, Bd. I (The Conference at Potsdam July – August 1945), London 1984, Dok. Nr. 485 u. 600; vgl. Bischof, *Responsibility*, 139–140. Mit feinem Sinn für Nuancen – und offensichtlich im Bewußtsein, was mit Österreich passiert war, schrieb Waley schon am Tage nach der schicksalhaften Entscheidung: "It is a pity that we renounced any reparation claims to German-owned assets in Bulgaria, Roumania and Finland and *a very great pity* [meine Hervorhebung] that we have similarly renounced German-owned assets in Eastern Austria." *DBPO* I/I, Nr. 600.

sowjetischen Zone erfolgen.[56] Diese räumlichen Abgrenzungen wurden nun auch bezüglich der bereits genannten „entsprechenden deutschen Vermögenswerte im Ausland" fortgesetzt.[57] Die Vermögenswerte im sowjetischen Einzugsbereich – von Finnland bis Bulgarien, aber eben auch einschließlich der sowjetischen Zone Österreichs – sollten der Sowjetunion anheimfallen, die deutschen Vermögenswerte außerhalb dieses Gebiets den Westmächten.[58]

Die Sowjetunion versuchte schon wenige Wochen nach der Potsdamer Konferenz in und mit Österreich zunächst eine bilaterale Regelung auf dem wichtigsten Sektor, jenem des Erdöls, zu erreichen. „Erdöl ist ohne Zweifel das politischeste Produkt, das es gibt." Dies sagte Adolf Schärf einmal im Ministerrat und traf damit eindeutig einen Kernpunkt des sowjetischen Interesses an Österreich während des Besetzungsjahrzehnts und, wie zu zeigen sein wird, noch Jahre darüber hinaus.[59] Im August 1945 diente der bereits zustande gekommene sowjetisch-rumänische Vertrag über die Errichtung einer gemeinsamen Erdölfirma „Sovrompetrol" den Sowjets als Modell.[60] Die Gespräche begannen sehr plötzlich am 28. August 1945.[61] Die Sowjets schlugen der

56 Wortlaut des die deutschen Reparationen betreffenden Teils III (einschließlich der für Österreich entscheidenden Punkte 8 und 9) des Potdamer Protokolls mehrfach publiziert, u. a. in: *FR, The Conference of Berlin,* Bd. 2, 1485–1487, sowie DBPO I/I, Dok. Nr. 603, die Österreich betreffenden Stellen des Protokolls (aus Teil III, sowie Teil VII betreffend die Frage der Ausweitung der Autorität der Regierung Renner auf ganz Österreich sowie die Nichteinforderung von *österreichischen* Reparationen) im englischen Originaltext und in deutscher Übersetzung in DÖA, Nr. 10. Das veröffentlichte Communiqué („Potsdamer Beschlüsse") beginnt mit einer im Protokoll nicht aufscheinenden Einleitung, dadurch verändert sich die Numerierung der Teile (Teil III des Protokolls ist Teil IV des Communiqués); das Communiqué in deutscher Übersetzung veröffentlicht in: Verosta, *Internationale Stellung Österreichs*, 76–93.

57 Die hier vertretenen Überlegungen entsprechen den Thesen von Jörg Fisch, *Reparationen nach dem Zweiten Weltkrieg,* München 1992, 131–132; in diesem Sinne auch bereits treffend die Ausführungen bei Bischof, *Responsibility*, 140, allerdings ist Bischofs Aussage (ebd. 139), der Kontext der deutschen Reparationsregelungen sei von der bisherigen Forschung übersehen worden, nicht zutreffend.

58 Bestimmte Quellen deuten auch auf unterschiedliche taktische Vorstellungen bei Briten und Amerikanern hin. Außenminister Bevin erklärte Walter Wodak im Februar 1947, die Amerikaner zögen vage Formulierungen präzise ausgedachten vor. „Dies sei die Schwierigkeit in Potsdam gewesen. Man habe ihm am ersten Abend nach seiner Ankunft in Potsdam die Bestimmungen über deutsches Eigentum in Österreich vorgelegt und trotz seines Einspruchs keine Präzisierung derselben gemacht. Daraus sei die ganze Schwierigkeit entstanden." Bevins Äußerung in: Wagnleitner, *Diplomatie ...*, Nr. 284 (Unterredung vom 12. Februar 1947). Die Bedeutung dieser nachträglichen Rechtfertigung relativiert bei Knight, *British Policy,* 47.

59 Im Ministerrat im Juli 1951: AdR, MRProt Nr. 255a vom 13. Juli 1951.

60 Zur – außerordentlich stark zugunsten der Sowjetunion zu Buche schlagenden – Rolle der gemischten Gesellschaften in Rumänien und anderen osteuropäischen Staaten nach 1945 vgl. Nicolas Spulber, „Soviet Undertakings and Soviet Mixed Companies in Eastern Europe", in: *Journal of Central European Affairs,* 14 (1954/55) 154–173, sowie Fisch, *Reparationen*, 158–160 (zu Rumänien) und öfter.

61 Der Völkerrechtsexperte und juristische Vertreter des Außenamtes bei den sowjetisch-österreichischen Verhandlungen vom August/September 1945, Rudolf Blühdorn, hat 1947 eine ausführliche Dokumentation, die sich in den Akten des BMAA unter der Geschäftszahl 149.784-6VR/47

Provisorischen Staatsregierung die Bildung einer gemischten Gesellschaft auf dem Erdölsektor, „Sanaphta“, vor, die halb in sowjetischem, halb in österreichischem Eigentum sein sollte. Die von der Sowjetunion beanspruchten Eigentumsrechte an Deutschem Eigentum wollten die Sowjets, wie sie es bereits mit dem Deutschen Eigentum in Rumänien getan hatten, als ihre wichtigste Einlage einbringen. Österreich sollte als wichtigste Einlage eine Konzession auf neue (in einer Liste genannten) Erdölgebiete für die Dauer von sechzig Jahren (!) einbringen – die Österreicher waren in ihrem Gegenvorschlag lediglich zu einer Konzessionserteilung auf zwanzig Jahre bereit. Die Provisorische Staatsregierung sollte außerdem das ausschließliche Recht der Erschließung und der Ausbeutung des Erdöls in den neuen Erdölgebieten und auf anderen freien Gebieten konzedieren, ebenso das Recht auf Verarbeitung und Verkauf des von der Gesellschaft geförderten Erdöls sowie das Recht, Erdölleitungen auf dem Staatsgebiet Österreichs zu legen. Der „Manager-Direktor“ (Generaldirektor) sollte (auch dem Vorbild des sowjetisch-rumänischen Erdölvertrages folgend) von der Sowjet-Gruppe ernannt werden, der Vorsitzende des Vorstandes (gemeint war nach österreichischem Recht der Vorsitzende des Aufsichtsrates) sollte aus der österreichischen Gruppe gewählt werden.[62]

Die sowjetische Seite zeigte sich an sehr schnellen Verhandlungen und an einem sehr raschen Abschluß äußerst interessiert und bot als sofortige Folge, um nicht zu sagen Belohnung, eines positiven Abschlusses unmittelbar nach Vertragsabschluß aufzunehmende Handelsvertragsverhandlungen mit einer möglichst prominent zu besetzenden österreichischen Delegation in Moskau an. Schon für 7. oder spätestens 8. September wäre auf sowjetisches Drängen eine Vertragsunterzeichnung erwünscht gewesen. Von österreichischer Expertenseite wurde bemerkt, daß Verhandlungen zum Abschluß eines derartigen Vertrages zwischen privaten Partnern eine Verhandlungsdauer von mindestens fünf bis sechs Wochen erfordern würden.[63]

Für die große sowjetische Eile dürfte ein Faktor ausschlaggebend gewesen sein: Gerade in jenen Tagen hatten sich die Westalliierten in Wien etabliert und bereiteten den Beginn der Tätigkeit der Alliierten Kommission für Österreich

---

befindet, zusammengestellt. Ihr Titel lautet: „Chronologische Darstellung der Verhandlungen mit der Sowjetunion im Herbst 1945 über das Zistersdorfer Erdöl.“ Dortselbst Beilage 1, „Information über die Konferenz Scheltow-Dr. Renner am Dienstag, den 28. August 1945 von 1–$^{1}/_{2}$5 Uhr“ in Anwesenheit des sowjetischen Chefverhandlers Kumykin des Volkskommissariats für Außenhandel in Moskau.

62 Eine Gegenüberstellung der sowjetischen Vorschläge und der österreichischen Gegenvorschläge, BMAA, Zl. 149.027-6VR/47 (Kopie in den Handakten Heinrich Wildners in AdR, BMAA, II-Pol, bei den Staatsvertragsakten 1949), veröffentlicht in: Schilcher, *Politik der Provisorischen Regierung*, II, 72–83.

63 „Chronologische Darstellung“ (wie Anm. 61), S. 24–25 (Abschnitt 22, „Die sowjetische Verhandlungstaktik“).

vor. In der Tat sollte der Alliierte Rat am 11. September mit seiner ersten Sitzung seine Tätigkeit aufnehmen. Diesem Datum und vor allem einer Einmischung seitens der Westalliierten wollten wohl die Sowjets mit dem forcierten Verhandlungstempo zuvorkommen, allerdings vergeblich.

Österreichische Bedenken wurden schon in den allerersten Verhandlungstagen – und noch vor dem Einsetzen westalliierter Interventionen – intern vorgebracht. Diese Bedenken, deren präzise und gründliche Formulierung unter größtem Zeitdruck den österreichischen Rechtsexperten alle Ehre macht, bezogen sich zunächst darauf, daß eine mangelnde Legitimation der Provisorischen Staatsregierung zu einem Vertragsabschluß vorliege, und zwar erstens, weil die Regierung noch von keinem Staat anerkannt sei, zweitens, weil sie tatsächlich nur eine lokale Regierung für die in die russische Besatzungszone fallenden österreichischen Gebiete sei, während die vorliegende Transaktion ganz Österreich interessiere, und drittens, weil zwischen den alliierten Mächten ein Abkommen über Österreich getroffen wurde, „das der prov. Staatsregierung allerdings nur durch Radiomeldungen bekannt ist" (!), und „möglicherweise die übrigen Besatzungsmächte das Vorgehen der prov. Regierung vielleicht nicht billigen könnten". Weitere Bedenken betrafen die unterschiedlichen Rechtsauffassungen zwischen der sowjetischen und der österreichischen Seite über das, was als Deutsches Eigentum anzusehen sei.[64] Die vor allem vom Staatskanzler verfolgte Linie war es, zu verhandeln und auch abzuschließen, allerdings unter zwei Vorbehalten, die den wichtigsten österreichischen Bedenken Rechnung tragen sollten. Der österreichische, der sowjetischen Delegation vorgelegte Gegenentwurf enthielt demgemäß erstens den Vorbehalt der völkerrechtlichen Anerkennung der österreichischen Republik und zweitens den Vorbehalt, „daß durch diesen Vertrag den Rechten, die dritten Staaten aus den Potsdamer Beschlüssen" erwüchsen, nicht vorgegriffen werden sollte.[65]

Alsbald traten die Westalliierten auf den Plan. Vom 4. September 1945 datiert eine alarmierende Notiz des Gesandten Kleinwächter, vom österreichischen Außenamt als Verbindungsmann zur amerikanischen Besatzungsmacht bestellt, der mitteilte, daß die Briten über Informationen über die sowjetisch-österreichischen Verhandlungen verfügten, daß „sowohl die Amerikaner, ganz besonders aber die Briten, von tiefstem Mißtrauen gegen die Aufrichtigkeit der österr. prov. Regierung erfüllt" seien und daß ein aus London gekommener

64 Ebd., Beilage 2: „Vorschlag über das Vorgehen bei der Plenarversammlung vom 1. September 1945".

65 Vgl. Text bei Schilcher, *Politik der Provisor. Regierung,* II, 73. Die bei Schilcher, ebd., I, 390, geäußerte Vermutung über eine relativ späte Formulierung der österreichischen Vorbehalte ist, wie sich auch aus den gleich zu nennenden Gesprächen Renners vom 5. und 7. September mit sowjetischen Vertretern ergibt, nicht zutreffend.

Experte inkognito in Wien weile. Kleinwächters Schlußfolgerung: „Ich habe den ganz bestimmten Eindruck davongetragen, daß mit der Unterzeichnung dieses Abkommens die Nichtanerkennung der österr. prov. Regierung besiegelt ist.“[66] Am 5. September hatte Renner eine lange Unterredung mit dem politischen Vertreter der UdSSR in Wien, Jewgenij Kiselew, in dem er Kiselew die Notwendigkeit der beiden österreichischen Vorbehalte verdeutlichte.[67] Zwei Tage später erklärte Renner dem sowjetischen Chefunterhändler Kumykin und dem stellvertretenden sowjetischen Hochkommissar Scheltow ausführlich die Bedeutung der beiden Vorbehalte. In Renners Worten gegenüber Kumykin und Scheltow läßt sich Kleinwächters drei Tage zuvor überbrachte Warnung klar erkennen: „Man deutet uns an, wenn wir das [den Vertragsabschluß, G. S.] täten, würde die Regierung niemals anerkannt werden.“[68]

Der Wettlauf zwischen Sowjets und Westalliierten um die Durchsetzung ihrer Interessen bei der österreichischen Regierung erreichte seinen dramatischen Höhepunkt am Samstag, dem 8. September 1945. Bei dem Leiter des österreichischen Verhandlungsteams, Staatssekretär Heinl, erschien der Adjutant des amerikanischen Oberbefehlshabers General Mark Clark und überbrachte die Mitteilung, der Oberbefehlshaber lasse wissen, „daß jedwede Vereinbarung über die Verfügung von österreichischen Bodenschätzen“, außer solchen, die nur Monat für Monat auf kurze Zeit gemacht würden, keine Gültigkeit hätten, bevor sie nicht von der Alliierten Kommission besichtigt und gebilligt sind. Heinl überbrachte diese Mitteilung dem gerade tagenden Politischen Kabinettsrat. Der Staatskanzler erklärte, diesen „Zwischenfall“ dem Sowjetkommando und dem sowjetischen Chefunterhändler mitzuteilen und vertagte die Sitzung des Politischen Kabinettsrates auf Nachmittag. In der

---

66 „Chronologische Darstellung“, Beilage 18. Aus dieser Quelle ergibt sich, daß die bei Knight, *British Policy*, 49–50, vertretene Ansicht, die Amerikaner hätten anscheinend erstmals am 8. September interveniert, zu relativieren ist. Bei Bischof, *Responsibility,* I, wird berichtet, daß österreichische „undichte Stellen“ („leaks“) dem amerikanischen OSS-Beamten Charles Thayer Mitteilungen über die sowjetisch-österreichischen Verhandlungen zukommen ließen; der erste von Bischof genannte Bericht Thayers ist mit 7. September datiert. Kleinwächters Notiz vom 4. September und der darin enthaltene Hinweis, die Briten behaupteten, schon vor 14 Tagen Kenntnis über die Besprechungen erhalten zu haben und über deren Verlauf recht gut informiert zu sein, deutet darauf hin, daß der westalliierten, zumindest britischen, Seite schon vor Thayer Informationen über die Erdölgespräche zugekommen waren.

67 Über dieses sehr interessante Gespräch, in dem Renners verzweifelter Protest gegen die Potsdamer Beschlüsse und das eiserne Festhalten der sowjetischen Seite an ihren in Potsdam errungenen Rechten deutlich wird, berichtete der Staatskanzler ausführlich in einer Sitzung des Kabinettsrates vom 5. September 1945: AdR, Kabinettsratsprotokolle der Provisorischen Staatsregierung, Nr. 29 v. 5. September 1945; vgl. auch Knight, *British Policy*, 48 (dort irrtümlich Datumsangabe 5. Oktober).

68 „Chronologische Darstellung“, Beilage 6: „Information, Freitag, 7. 9. 1945“ über eine Sitzung Renner – Scheltow in Anwesenheit Kumykins und Kiselews zur Naphtafrage im Hotel Imperial (Sitz des sowjetischen Oberkommandos in Österreich), 1/22–4 Uhr.

unmittelbar anschließenden Unterredung mit Kumykin bat Renner Kumykin, die Entscheidung über den Vertrag aufzuschieben und mit dem Vertragsabschluß zuzuwarten. Kumykin erwiderte, nicht warten zu können, äußerte sich kritisch zur „widerstrebenden Tendenz" der österreichischen Juristen, der Kanzler möge doch den Herren den Kopf zurechtsetzen; Kumykin schlug vor, noch heute abends zu unterschreiben; nach der Unterfertigung „könne ein kleines Bankett im Grandhotel stattfinden". Renner wich einer Zusage mit dem Hinweis auf den nachmittags neuerlich zusammentretenden Politischen Kabinettsrat aus. Kurz darauf kam es zu einem weiteren „Zwischenfall"; eine Sitzung der beiden Verhandlungsteams hätte um 1 Uhr 30 nachmittags stattfinden sollen; es erschienen nur die sowjetischen Unterhändler, jemand hatte die Österreicher anders instruiert. Heinl meldete dem Kabinettsrat, die sowjetischen Herren „seien sehr verärgert", der Kanzler möge kommen und sie beruhigen. Dies tat Renner auch und ging neuerlich in die Sitzung des Politischen Kabinettsrates, in dem Koplenig für Vertragsabschluß plädierte, Figl zu bedenken gab, daß die Regierung angesichts des nahen Termins des Zusammentretens des Alliierten Rates nicht zeichnen dürfe, Schärf – von Anfang an der größte Skeptiker –, daß die Regierung als nicht anerkannte Regierung nicht das Recht habe, internationale Verträge dieser Art abzuschließen. Renner resümierte als mittlere Meinung, die Verhandlungen seien fortzuführen, der Vertrag sei aber vor seiner Unterzeichnung „einvernehmlich mit den Proponenten der Alliierten Kommission vorzulegen".[69] Der Staatskanzler diktierte sogleich ein Schreiben an den politischen Vertreter Kiselew, wonach die Verhandlungen fortgesetzt und nach einer baldigen Fertigstellung zu trachten sei. Der Kernsatz lautete: „Der fertiggestellte Vertrag soll jedoch angesichts des nahe bevorstehenden Zusammentretens der Alliierten Kommission von der Staatsregierung noch nicht unterfertigt, sondern im Einvernehmen mit den

69 „Chronologische Darstellung", Beilage 9: „Information, Samstag, 8. 9. 1945 über die Tagung des Pol. Kabinetts vom 8. September 1945, 10 Uhr vorm." Dieses Dokument, wie auch einige andere Beilagen zur „Chronologischen Darstellung", ohne nähere Angaben aus dem Nachlaß Adolf Schärfs verwertet in der guten Darstellung bei Karl R. Stadler, *Adolf Schärf. Mensch, Politiker, Staatsmann,* Wien – München – Zürich 1982, 226–231. Die Dramatik dieses Samstags erhellt aus dem Zeitablauf: 9.30 vormittags Überbringen der Botschaft Mark Clarks an Heinl; 11 Uhr tritt Heinl „eiligst" in die Sitzung des Politischen Kabinettsrats ein; dieser tagt bis 11.45. Um 12 Uhr erscheint Kumykin bei Renner und bleibt bis 12.45. Um 13.30 Erscheinen des sowjetischen Verhandlungsteams; die Österreicher erscheinen nicht; 15 Uhr Fortsetzung der Sitzung des Politischen Kabinettsrates, unterbrochen durch Heinls Mitteilung von dem verfehlten Termin um 13.30, Sitzungsunterbrechung, um Renner Gelegenheit zur Besänftigung der Sowjets zu geben; in diesem Zusammenhang Verlegung der Kabinettssitzung vom Ballhausplatz in das Staatsamt für Wiederaufbau auf dem Schwarzenbergplatz; 16.30 Schluß der Sitzung des Polit. Kabinettsrates, darauf Diktat von Renners Brief an Kiselew, Renner empfängt einen polnischen Besucher, danach unterschreibt er den Brief an Kiselew, der durch Boten expediert wird: „Schluß 5:30 abends."

Proponenten der Alliierten Kommission vorgelegt werden." Renners höflicher Nachsatz, er bedaure, „daß das Dazwischentreten mannigfacher Umstände den unmittelbaren Abschluß vereitelt" habe, er hoffe jedoch, „daß eine gedeihliche Zusammenarbeit Österreichs mit der Sowjet-Union in dem Aufbau der Erdöl-Industrie von Zistersdorf trotz alledem in naher Aussicht" stehe, konnte nicht darüber hinwegtäuschen, daß an diesem Tage die Würfel gegen „Sanaphta" gefallen waren.[70] Ein Gespräch zwischen dem Staatskanzler und dem sowjetischen Oberbefehlshaber Marschall Konew am 10. September brachte nicht die von Konew erhoffte Unterschrift.[71] Es gab noch weitere westalliierte Interventionen. In einem bemerkenswerten Gespräch mit Ludwig Kleinwächter am 13. September 1945 hoffte Gesandter Erhardt, der politische Berater des Militärkommissars General Mark Clark, daß die Regierung das Abkommen nicht unterzeichnen werde. Die Unterzeichnung würde unweigerlich die Nichtanerkennung der Regierung durch die Briten (!) zur Folge haben. Der Tenor dieses Gesprächs zeigt, daß damals noch die in den letzten Kriegsjahren deutliche Linie der amerikanischen Österreichpolitik galt: Als Hauptkontrahenten in Mitteleuropa wurden Russen und Briten angesehen, Amerika wollte sich noch eher heraushalten oder vermitteln. Während Rußland bestrebt sei, seine Einflußsphäre nach dem Westen tunlichst auszudehnen, so meinte Erhardt, „vertrete Großbritannien den Standpunkt, daß Österreich dem westlichen Interessenkreis angehöre. Solange diese Frage nicht völlig geklärt sei, bestehe auf britischer Seite Mißtrauen. Die Aufgabe der amerikanischen Delegation sei es, zwischen den Russen und den Briten zu vermitteln." Knapp darauf äußerte sich der französische politische Berater in Wien, Gesandter Louis de Monicault, zu Norbert Bischoff eher noch stärker. Die Unterzeichnung des Zistersdorfer Abkommens wäre eine „sehr üble Sache", die geeignet wäre, „alle günstigen Dispositionen der Westalliierten umzuwerfen". Ein offizieller Protest komme nicht in Frage, da die Westmächte bei einer von ihnen nicht anerkannten Regierung nicht protestieren könnten (!). Doch sei Renner „nun auf verschiedenen Wegen so deutlich auf die drohende Gefahr aufmerksam gemacht worden, daß er den Russen gegenüber ohne weiteres auf ein Veto von dieser Seite hinweisen könne".[72] Am 17. September

---

70 „Chronologische Darstellung", Beilage 10: Schreiben Renners an Kiselew, 8. September 1945 (zu Zl. 8314-Pr/45).

71 Vgl. Wilfried Aichinger, *Sowjetische Österreichpolitik 1943–1945*, 310–311.

72 Amtsvermerk Ludwig Kleinwächter vom 13. September 1945; Amtsvermerk Norbert Bischoff vom 15. September 1945, veröffentlicht in *ÖuG*, Nr. 23 u. Nr. 24. Zu den westlichen Interventionen vgl. auch: *FR 1945*, III, 582, 585, 591, 616; ferner Molotows diesbezügliche Bemerkung im Außenministerrat am 4. Dezember 1947 in London, *FR 1947*, II. 747.

1945 gingen die Verhandlungen, wie nicht mehr anders zu erwarten, erfolglos zu Ende.[73]

Das Scheitern der sowjetischen Bemühungen im September 1945 – wobei Gegner und Befürworter eines Abschlusses mit der Sowjetunion in beiden großen Parteien zu finden waren – ist von Teilnehmern an den Beratungen wie Adolf Schärf und Eduard Heinl selbst beschrieben worden.[74] Parallel zu den Verhandlungen über Zistersdorf haben auch Verhandlungen zwecks Abschlusses eines russisch-österreichischen Handelsvertrages stattgefunden[75], die jedoch „nach Abbruch der gleichzeitig laufenden Verhandlungen über die Regelung der Zistersdorfer Erdölfrage", wie es in einer amtlichen österreichischen Darstellung hieß, zum Stillstand kamen. Im Jänner 1946 versuchte Außenminister Gruber, die Handelsvertragsverhandlungen wieder in Gang zu bringen, russischerseits wurde jedoch Wert darauf gelegt, „zunächst die Verhandlungen in der Zistersdorfer Erdölfrage wieder in Gang zu bringen". Es fanden in den Folgemonaten auch russisch-österreichische „Fühlungnahmen" statt, doch hieß es in einer österreichischen Stellungnahme im Juni 1946, die Lösung der Ölfrage dürfte „wegen der damit verbundenen schwierigen Rechtsfragen noch geraume Zeit in Anspruch nehmen"; das ist ein Hinweis auf die mehrschichtigen Interessenkonflikte, die sich zwischen russischen Ansprüchen auf „Deutsches Eigentum", Ansprüchen westlicher Ölgesellschaften auf Rückstellung bzw. Entschädigung und österreichischen Verstaatlichungsplänen abzeichneten. Jedenfalls wird deutlich, daß russischem Drängen österreichisches Zögern gegenüberstand.[76] Nachdem bereits am 2. Februar 1946 sowjetische Organe die Donau-Dampfschiffahrtsgesellschaft beschlagnahmt und die Verwaltung dieser Gesellschaft sowjetischen Weisungen unterstellt hatten, mag das Scheitern neuerlicher Versuche, den Erdölkomplex zu regeln, ein Anlaß für die generelle Übernahme aller als Deutsches Eigentum beanspruchten Vermögenswerte gewesen sein, die im Befehl Nr. 17 des Oberbefehlshabers der sowjetischen Besatzungstruppen, Generaloberst Kurassow, mit Datum vom 27. Juni 1946 ausgesprochen wurde.[77]

---

73 „Bericht über die Plenarversammlung vom 17. September 1945", Zl. 149.023-6VR/47 (Kopie bei AdR, BMAA, II-Pol, Handakten Wildner), auch abgedruckt bei Schilcher, *Politik der Provisorischen Regierung*, II, 84–88.

74 Schärf, *Erneuerung*, 68–71; Eduard Heinl, *Über ein halbes Jahrhundert*, Wien o. J., 306–313.

75 Hierzu *ÖuG*, Dokumente Nr. 17–20.

76 Vgl. die amtliche österreichische Darstellung in: *WZ*, 20. Juni 1946, 1–2: „Österreich und die Potsdamer Beschlüsse – Eine Darstellung der Bundesregierung" sowie Ergänzungen hierzu in: *WZ*, 22. Juni 1946, 2: „Um den Handelsvertrag mit Rußland"; vgl. auch DÖA, Nr. 32.

77 Befehl Nr. 17 u. a. veröffentlicht in: *Sowjetpolitik gegenüber Österreich April 1945 – April 1947, eine Dokumentensammlung*, Verlag „Österreichische Zeitung", Wien 1947, 8–10; Erläuterungen des Generalmajors Zinew hierzu ebd., 11–13; auch DÖA, Nr. 37 und Nr. 39.

Vom Zeitpunkt des Bekanntwerdens dieses Befehls, dem 5./6. Juli 1946, steigerte sich die Heftigkeit der Kontroversen um das Deutsche Eigentum außerordentlich. Daß sogar das neue Kontrollabkommen die sowjetischen Maßnahmen rechtlich absicherte, wurde der österreichischen Regierung bald bewußt. Am 8. Juli meinte ein Mitglied des amerikanischen Elements in Wien, Mr. Mellen, im Gespräch mit Außenminister Gruber, der Sinn der Potsdamer Bestimmung sei eindeutig der, „daß eben jede Macht in ihrer Zone entscheide, was deutsches Vermögen sei". Auch sei nach der juristischen Sachlage kaum daran zu zweifeln, daß der sowjetische Befehl im Einklang mit dem Zweiten Kontrollabkommen stehe. Außenminister Gruber gewann aus amerikanischen Mitteilungen während der Verhandlungen über das Zweite Kontrollabkommen den „bestimmten Eindruck", daß „dieses Abkommen von der sowjetischen Seite nur unter der Bedingung ermöglicht wurde, daß der Sowjetunion freie Hand bezüglich der Verfügung über das in ihrer Zone befindliche Deutsche Eigentum überlassen wurde". In diesem Zusammenhang machten die Amerikaner die Österreicher auf eine eher obskure Bestimmung des Kontrollabkommens aufmerksam, die – zu Unrecht! – ganz im Schatten der üblicherweise allzu einseitig hervorgehobenen Bestimmungen über das Verfahren der Gesetzeswerdung (hierzu vgl. Kap. I) steht. Jedem Zonenkommandanten wurde die Vollmacht „unabhängigen Handelns" für bestimmte Materien eingeräumt, „wenn der Alliierte Rat nicht in Aktion tritt" – „in the absence of action by the Allied Council" –, und zu diesen Materien zählte auch die Verfügung über das Deutsche Eigentum! Der Alliierte Rat war nämlich nicht verpflichtet, als Kollektivgremium sich mit der Verfügung über das Deutsche Eigentum zu befassen, es war ihm nur gestattet – es handelte sich um eine „Kann-Bestimmung"! Diese sehr subtilen und keineswegs zufälligen Formulierungen bestätigen die Erkenntnis, daß ein direkter Zusammenhang zwischen dem Wunsch: „freie Hand für das Deutsche Eigentum" und dem Zustandekommen des neuen Kontrollabkommens bestand.[78] „Mehr oder weniger freie Hand" bei der Verfügung über das Deutsche Eigentum als Preis für Entgegenkommen der Sowjets im Bereich der alliierten Kontrolle (des Gesetzgebungsprozesses) –

78 Amtsvermerk über Unterredung Außenminister Grubers mit Mr. Mellen, 8. Juli 1946; Amtsvermerk des Generalsekretärs des Außenamtes Heinrich Wildner, 9. Juli 1946; beides in: AdR, BMAA, II-Pol, Handakten Wildner; das letztgenannte Dokument veröffentlicht in *ÖuG,* Nr. 52. Diese wichtigen Quellen ergänzen die bei Rauchensteiner, *Sonderfall,* 173 f. und 178, gegebenen Hinweise, indem sie den direkten Zusammenhang zwischen Art. 2 lit d) (Machtvollkommenheit des Zonenkommandanten „in the absence of action" des Alliierten Rates) und Art. 5 Abs. 4 (Kann-Bestimmung betreff. Verfügung über Deutsches Eigentum seitens der Alliierten Kommission) verdeutlichen. Die Relevanz dieses Zusammenhanges wird noch klarer, wenn man bedenkt, daß die Beschlüsse des Alliierten Rates einstimmig gefaßt werden mußten (Art. 12) und die beiden anderen genannten Bestimmungen offensichtlich eine Blockierung durch Veto einkalkulierten! Wortlaut dieser Artikel bei Verosta, *Internationale Stellung Österreichs,* 106, 108 und 111.

so hat Jahre später ein amerikanischer Diplomat und Mitwirkender an der Ausarbeitung des Zweiten Kontrollabkommens das amerikanische Kalkül gegenüber Karl Gruber beschrieben.[79]

Die Auseinandersetzungen um den „Befehl Nr. 17", die Bestürzung über seine Folgewirkungen – Einsetzung sowjetischer Verwalter, Übernahme der Finanzkontrolle durch Institutionen der sowjetischen Besatzungsmacht und, wie Schärf schreibt, „einseitige Protektionswirtschaft für die Kommunistische Partei und ihre Betriebsfunktionäre" –, all das führte im Juli und August 1946 zu einer der schwersten Krisen der Besatzungszeit in Österreich. Am 26. Juli 1946 beschloß der Nationalrat das (sogenannte erste) Verstaatlichungsgesetz. Dieses schloß 13 Unternehmungen ein, vor deren Aufnahme in das Gesetz der sowjetische Oberkommandierende Generaloberst Kurassow den Bundeskanzler am 23. Juli ausdrücklich gewarnt hatte, u. a. eben die Zistersdorfer Erdölunternehmungen und die DDSG, aber auch Betriebe der Alpine Montan, Gebrüder Böhler, Krupp; Hofherr-Schrantz, die Wiener Lokomotivfabrik, AEG-Union, Elin, Siemens-Schuckert und das Kohlenbergwerk Sirius-Grünbach.[80] Das sowjetische Element erhob Einspruch gegen dieses Gesetz im Alliierten Rat, wo es zu einer schweren Auseinandersetzung zwischen Sowjets und den anderen Alliierten kam. Die Atmosphäre größter Spannung kam in einem Privatbrief Adolf Schärfs nach England zum Ausdruck:

„Es liegt natürlich in unserer Absicht, jede Verständigung mit dem Osten, die möglich ist, herbeizuführen, aber bei den Verhandlungen sind wir es, die den anderen in das Weiße der Augen schauen, und nur wir an Ort und Stelle können beurteilen, was das oder jenes bedeutet. Ein Dänengeld gegenüber einem solchen Nachbarn bedeutet das Ende des Landes. Gegenüber einem weiter entfernt liegenden oder einem schwächeren Nachbarn wäre es etwas anderes. Für uns kann es da nur eines geben, fortiter in re, suaviter in modo. Alles andere wäre schlechter, aber auch Lüge."[81]

---

79 Rauchensteiner, *Sonderfall*, 178, aufgrund von Mitteilungen Grubers; der amerikanische Diplomat war Ware Adams. Aus den Aufzeichnungen Wildners geht hervor, daß Gruber schon 1946, und nicht erst Jahre später, wie man aus seinen bei Rauchensteiner wiedergegebenen Äußerungen schließen könnte, über die Konsequenzen des Zweiten Kontrollabkommens bezüglich des Deutschen Eigentums im Bilde war.

80 Schärf, *Erneuerung*, 122. Note des Generalobersten Kurassow an Bundeskanzler Figl vom 23. Juli 1946 in: *WZ*, 27. Juli 1946, 2. Vgl. auch Gedächtnisprotokoll Figls über eine Unterredung mit Kurassow am 15. Juli 1946, AdR, BMAA, II-Pol, Handakten Wildner, sowie NÖLA, Nachlaß Figl. Zur Bedeutung der sowjetischen Ansprüche auf das Deutsche Eigentum für das Zustandekommen des Verstaatlichungsgesetzes und für die Auswahl der verstaatlichten Unternehmungen siehe Stephan Koren, „Sozialisierungsideologie und Verstaatlichungsrealität in Österreich", in: *Die Verstaatlichung in Österreich*, hrsg. von Wilhelm Weber unter Mitarbeit von Stephan Koren und Karl Socher, Berlin 1964, 77–78. Ferner Siegfried Hollerer, *Verstaatlichung und Wirtschaftsplanung in Österreich 1946–1949*, Wien 1974, 82–87.

81 An Walter Wodak am 2. August 1946. Wagnleitner, *Diplomatie* ..., Nr. 155.

Die drei westlichen Alliierten waren nicht willens, ein Viermächteveto gegen das Verstaatlichungsgesetz herbeizuführen. Von großem Interesse ist die Tatsache, daß die Rechtsabteilung des amerikanischen Elements die Rechtsansicht vertrat, das Verstaatlichungsgesetz verstoße tatsächlich gegen das Zweite Kontrollabkommen; allerdings hüteten sich die Amerikaner, den Sowjets davon Mitteilung zu machen.[82]

Aber auch die Westalliierten wahrten ihre Interessen. Sie ließen die Österreicher wissen, daß das Verstaatlichungsgesetz nicht auf jene Firmen angewendet werden dürfe, die ganz oder teilweise Eigentum von Angehörigen ihrer Länder wären. Eine entsprechende Erklärung der Bundesregierung erging anfangs September 1946.[83] Anderseits kamen die Westalliierten, beginnend mit einer Erklärung der Amerikaner vom 10. Juli 1946, Österreich sehr entgegen, indem sie begannen, das Deutsche Eigentum in den Westzonen des Landes Österreich zur treuhändigen Verwaltung zu übergeben. Die Übergabe der früheren Hermann-Göring-Werke in Linz, der VOEST, an Bundeskanzler Figl zur treuhändigen Verwaltung erfolgte bereits am 16. Juli 1946 in feierlicher Form.[84]

Die Übernahme des Deutschen Eigentums in der sowjetischen Besatzungszone durch die Besatzungsmacht ließ sehr rasch nach Lösungen suchen, um Abhilfe für diese schwere Belastung von Österreichs Wirtschaft und Politik zu suchen. Sehr bald, schon Mitte Juli 1946, tauchte der Gedanke der *Ablöse* auf.[85] Ohne auf alle Varianten der Ablöseidee einzugehen, ist doch festzuhalten, daß mit dem Konzept der Ablöse jene Lösung anvisiert wurde, die schließlich zur endgültigen Bereinigung der Frage des Deutschen Eigentums führen sollte.

---

82 Bader, *Austria between East and West,* 73.

83 Einschlägige Schreiben von britischer (4. Sept.), amerikanischer (6.Sept.) und französischer Seite (21. Sept.) in: AdR, BMAA, II-Pol, Handakten Wildner. Erklärung der Bundesregierung v. 7. September 1946, betreffend Aufschieben der Verstaatlichung der in Betracht kommenden Beteiligungen der Vereinten Nationen, bis ein Gesetz zur Regelung der Entschädigungsbedingungen in Kraft getreten sein würde, in: *WZ,* 13. September 1946, 1. Erst acht Jahre später wurde das Erste Verstaatlichungs-Entschädigungsgesetz (BGBl. 189/1954) verabschiedet, das aber alliierte Ansprüche ausklammerte, deren Befriedigung schließlich in den zwei Memoranden vom 10. Mai 1955 (siehe Kap. VII) erfolgte.

84 Note des amerikanischen Hochkommissars General Clark an die Bundesregierung vom 10. Juli 1946. Text u. a. in: Cary Travers Grayson, Jr., *Austria's International Position 1938–1953,* Genf 1953, 239. Vgl. auch die dem damaligen Forschungsstand entsprechende, auch Quellen aus den National Archives verwertende Dissertation von Waltraud Brunner, „Das Deutsche Eigentum und das Ringen um den österreichischen Staatsvertrag 1945–1955“, Univ. Wien 1976, 46 f.

85 Schon am 15. Juli 1946 fand im Außenamt eine Besprechung in Anwesenheit der Bundesminister Gruber und Krauland sowie des Staatssekretärs Rauscher statt, in der Krauland anregte, die Besitztitel der Alliierten in Staatsschulden umzuwandeln; dazu habe Generalsekretär Wildner etwas ausgearbeitet. Nach Diskussion wurde beschlossen, „diese Ablösen grundsätzlich anzustreben“. Amtsvermerk hierüber in: AdR, BMAA, II-Pol, Handakten Wildner. Vgl. auch den Hinweis auf ein Gespräch österreichischer Diplomaten mit dem Österreichreferenten im Foreign Office, Michael F. Cullis, am 22. August 1946, sowie Bericht Walter Wodaks über ein Gespräch mit Cullis am 9. Dezember 1946: Wagnleitner, *Diplomatie …,* Nr. 229.

Einen neuen Anlauf, um den gordischen Knoten des Deutschen Eigentums zu lösen, unternahm die Bundesregierung im Dezember 1946. Sie legte den Sowjets Rückkaufvorschläge für den Komplex der Erdölbetriebe und anderer Betriebe vor. Das Offert bestand aus zwei Teilen, die in zwei getrennten Verträgen mit der Sowjetunion realisiert werden sollten. Der erste Vertrag betraf den Erdölkomplex – „Zistersdorf" –, wie er immer wieder kurz genannt wurde. Dieser sollte mit einer „Abfindungssumme" in ausländischer Valuta abgelöst werden. Bestimmte Fristen waren keine genannt, außer der Verpflichtung, mit der Übergabe der Vermögenswerte binnen einer Woche nach Ankündigung der Bereitstellung der Abfindungssumme seitens Österreichs zu beginnen und die Übergabe binnen zwei Wochen durchzuführen. Der Vertrag sah die Bildung eines Schiedsgerichts vor und sollte vom österreichischen Parlament genehmigt werden. Der zweite Vertrag betraf alle anderen Betriebe, die vollständig oder (in der Mehrzahl der Fälle) anteilig als Deutsches Eigentum zu betrachten waren, wobei die Bundesregierung die Eigentums- und Anteilsverhältnisse vom März 1938 zugrunde legte. Auch dieser Vertrag sah die Bildung eines Schiedsgerichts und die Genehmigungspflicht durch das österreichische Parlament vor. Dieser zweite Vertragsentwurf sah in seiner früheren, dem Ministerrat vom Bundesminister für Vermögenssicherung und Wirtschaftsplanung Dr. Peter Krauland vorgelegten Fassung vor, daß eine bestimmte Zahl größerer Betriebe sogleich in österreichischer Währung abgelöst werden sollten; es handelte sich um die Großfirmen AEG-Union, Siemens-Schuckert und Gebrüder Böhler. Für die 41 restlichen würde Österreich ein Optionsrecht für die Dauer von fünf Jahren erhalten, um innerhalb dieser Frist alle oder auch einzelne dieser Betriebe von der Sowjetunion zurückzukaufen. Gegen diese Fassung erhob Vizekanzler Schärf im Ministerrat Einwände; er schlug vor, alle Betriebe gleichzeitig gegen österreichische Staatspapiere abzulösen.[86] Er setzte dies auch durch. Dies entsprach auch Vorstellungen des Bundespräsidenten Renner, die in einem Interview Ende Dezember 1946 öffentlich präzisiert wurden. Der österreichische Vorschlag stieß auf scharfe britische Ablehnung und wurde schließlich auch von den Sowjets verworfen. Der britische Protest wurde damit begründet, daß sich Großbritannien gegen bilaterale Abmachungen wende. Daß auch Interessen bestimmter Ölgesellschaften mit dem britischen Protest in Verbindung stehen mochten, wurde zwar von britischer Seite dementiert, ist aber wohl nicht ganz von der Hand zu weisen. Die Sowjets wiederum legten, wie ein Blick auf ihre eigenen Vorschläge von 1945 bis 1949 lehrt, gerade den größten Wert auf den Zugang zur

86 AdR, MRProt Nr. 50 v. 17. Dezember 1946; die zwei Vertragsentwürfe erliegen als Beilage im Ministerratsvortrag des Bundesministeriums für Vermögenssicherung und Wirtschaftsplanung, Zl. 98.100-14/46. Im Ministerrat gab es eine ausführliche Diskussion.

österreichischen Erdölproduktion. Überdies strebten sie damals eine formelle Anerkennung der Potsdamer Beschlüsse über das Deutsche Eigentum durch Österreich an – eine Anerkennung, der sich die Bundesregierung bislang entzogen hatte und die erst im Zuge der Londoner Staatsvertragsverhandlungen am 31. Jänner 1947 zugestanden wurde, wie wir bereits berichtet haben.[87]

In den Mittelpunkt der Staatsvertragsverhandlungen trat das Deutsche Eigentum erst bei den Moskauer Beratungen vom März und April 1947. Die Meinungsverschiedenheiten um das Deutsche Eigentum zeichneten sich hauptsächlich in drei Fragenkomplexen ab: Die erste und wohl zentrale Kontroverse betraf die Definition dessen, was als Deutsches Eigentum zu gelten hatte; alle vier Mächte legten eigene, äußerst komplizierte Vorschläge vor. Vor allem handelte es sich darum, welche Vermögenswerte in den Jahren 1938 bis 1945 unter Ausübung von Druck in deutsche Hände übergegangen waren und deshalb von der Übertragung an die Alliierten (konkret: an die Sowjetunion) als deutsche Reparationsleistung ausgenommen werden könnten. Die Sowjets legten strikte Maßstäbe an, während bei den Westmächten vor allem die Briten versuchten, den Umfang der Ausnahmebestimmungen zu erweitern. Hierbei spielten ohne Zweifel auch Interessen westlicher Erdölfirmen mit. Wichtig war insbesondere die Tatsache, daß einige dieser Firmen im Jahre 1940 infolge der deutschen Bitumengesetzgebung umfangreiche Freischurfrechte in Hoffnungsgebieten in Niederösterreich eingebüßt hatten, an deren Stelle die Reichsregierung Schurfkonzessionen an deutsche Firmen vergab.[88]

---

87 Zahlreiche Quellen zu diesem Angebot und dem britischen Einspruch aus dem Nachlaß Walter Wodaks veröffentlicht in: Wagnleitner, *Diplomatie …*, insbes. Nr. 241, 242, 244, 245, 246, 262. Am informativsten Brief Schärfs vom 28. Dezember 1946, Nr. 246. Weitere Quellen aus den österreichischen Akten in: AdR, BMAA, II-Pol, Konvolut Staatsvertrag einschl. verschiedene Handakten Heinrich Wildners in den Staatsvertragsakten für das Jahr 1947, insbes. Zl. 113.510-Pol/46 u. Zl. 113.536-Pol/46 (Amtsvermerke Grubers). Ein Bericht in der Londoner *Times*, 3. Jänner 1947, 3, bezog sich offenbar auf die frühere Fassung des Angebots; eine kritische Stellungnahme in der *Times*, 4. Jänner 1947, 3, könnte vom Foreign Office inspiriert gewesen sein. Das Interview Renners in: *AZ*, 30. Dezember 1946, 1. Kritische sowjetische Äußerungen zum österreichischen Angebot in: *Sowjetpolitik gegenüber Österreich*, 58–62.

88 Das Bitumengesetz vom 31. August 1938 (Gesetzblatt für das Land Österreich 375/1938) bestimmte, daß mit 31. Juli 1940 alle bisherigen Schurfrechte erloschen, falls zu diesem Zeitpunkt kein Ansuchen um Verleihung von Grubenmaßen (Einheit für tatsächliche Förderung von Bitumen, vor allem Erdöl) vorlag. Ein ausführliches Memorandum über die rechtlichen Grundlagen der Erdölförderung in Österreich einschließlich einer Darstellung des Bitumengesetzes vom August 1938 und seiner Folgen sowie statistischer Angaben über die Eigentumsveränderungen im Erdölbereich zwischen 1938 und 1945 wurde anfangs 1947 im Zuge der Vorbereitungen der Staatsvertragsverhandlungen im Bundesministerium für Vermögenssicherung und Wirtschaftsplanung verfaßt (Zl. 20.840-1/47 v. 17. Jänner 1947, erliegt bei BMAA, Völkerrechtsabteilung Zl. 147.193/6VR/47 v. 18. 1. 1947). Zahlreiche detaillierte Unterlagen österreichischer wie deutscher Provenienz zur Entstehung und Bedeutung des Bitumengesetzes sowie seiner Relevanz nach 1945 befinden sich in: NA, RG 43, Box 169; einige der wichtigsten Dokumente befinden sich im Quellenanhang der

Ein zweiter Unterschied bestand in der Einstellung zur Verstaatlichung: Franzosen und Amerikaner schlugen zeitlich befristete Verstaatlichungsverbote für jene deutschen Vermögenswerte vor, die Eigentum der Alliierten seien – konkret der Sowjets. Hier ist in Erinnerung zu rufen, daß das österreichische Verstaatlichungsgesetz vom Juli 1946 ja zahlreiche Betriebe verstaatlicht hatte – allerdings nur auf dem Papier –, die die Sowjets als Deutsches Eigentum beanspruchten. Die sowjetische Seite wollte sich auch in Zukunft nicht der Gefahr der Verstaatlichung der ihr zugesprochenen Werte aussetzen; sie vermied allerdings das Wort „Verstaatlichung“ und verlangte dafür ein zeitlich unbefristetes Verbot der „Requisition, Konfiskation oder überhaupt zwangsweisen Enteignung“ ehemals deutscher Vermögenswerte, die in alliiertes Eigentum übergegangen seien, es sei denn, der Eigentümerstaat – konkret wiederum die Sowjetunion – erteile sein Einverständnis. Drittens gab es unterschiedliche Auffassungen über die Regelung von Streitfragen, die aus der Anwendung des von nun an jahrelang im Mittelpunkt der Diskussion stehenden Art. 35 des Staatsvertragsentwurfes enstehen könnten. Während westlicherseits ein Schiedsverfahren vorgeschlagen wurde, wollten die Sowjets lediglich bilaterale Verhandlungen vorsehen – ein Wunsch, den sie auch in den kommenden Jahren mit großer Hartnäckigkeit verfochten.

Aus den amerikanischen Akten zur Moskauer Konferenz wird deutlich, daß die Amerikaner eine entschiedene, vielleicht sich sogar verhärtende Haltung einnahmen. Man darf nicht vergessen, daß nur zwei Tage nach Beginn der Moskauer Session des Außenministerrates Präsident Truman die als Truman-Doktrin bekannt gewordene Erklärung abgab, in deren Folge die USA anstelle des in einer schweren Finanzkrise steckenden Großbritannien die wirtschaftliche und militärische Hilfe für Griechenland und die Türkei übernahmen. Die Truman-Doktrin markiert den Beginn einer von Roosevelt seinerzeit gar nicht geplanten Rückkehr nach Europa, den Beginn eines längerfristigen amerikanischen Engagements, womit die Vereinigten Staaten in die Rolle Englands als Hauptkontrahent der Sowjetunion in Europa eintraten. Gleichzeitig begann die Planung für jenes umfassende Programm der amerikanischen Wirtschaftshilfe, das nach seiner Ankündigung Anfang Juni 1947 als Marshallplan eine außerordentliche Wirkung auf Wirtschaft und Politik Europas ausüben sollte.[89]

---

bereits genannten Dissertation von Waltraud Brunner über das Deutsche Eigentum, 250–274 sowie 287–297. Zur Bedeutung des Bitumengesetzes für die sowjetische Interpretation der Eigentumsverhältnisse auf dem Erdölsektor vgl. V. N. Beleckij, *Sovetskij sojuz i Avstrija,* Moskau 1962, 148.

89 Zu dieser Neuorientierung der amerikanischen Politik wichtig George Kennan, *Memoirs 1925–1950,* Kap. 13 und 14, 313–353.

In Moskau ließ Außenminister George Marshall (der im Jänner 1947 Byrnes abgelöst hatte) immer stärker das Deutsche Eigentum als Kernfrage des Österreich-Vertrages hervortreten und stellte schließlich in Aussicht, im Falle der Nichteinigung die Frage vor die Generalversammlung der Vereinten Nationen zu bringen (wo zu dieser Zeit die Westmächte über eine solide Mehrheit an Stimmen verfügten). Das Dilemma der Westmächte, entweder den Russen als Preis für den Abschluß des Staatsvertrages eine wirtschaftliche Stellung in Ostösterreich einzuräumen, die sie als gefährlich erachteten, oder durch ihre Unnachgiebigkeit den Abschluß des Vertrages zu verzögern, wird in einem Brief des britischen Außenministers Ernest Bevin an Premierminister Attlee vom 16. April 1947 deutlich. Bemerkenswert ist, daß Außenminister Gruber in Moskau die Vertreter der Westmächte bat, die westlichen Delegationen mögen nicht aus reinen Grundsatzerwägungen heraus Vorschläge abweisen, die die sowjetische Delegation vorlegen würde und die einem beschleunigten Abschluß des Vertrages dienen könnten. John Foster Dulles, als republikanischer Politiker Mitglied der amerikanischen Delegation, berichtet über ein Gespräch mit Gruber am 28. März 1947: Gruber sei „so eager to get out the Soviet troops that I think he would accept almost any economic terms".[90]

Auf Marshalls Vorschlag, das Deutsche Eigentum vor die UNO zu bringen, reagierte Molotow mit einem Gegenvorschlag: Eine eigene Vertragskommission der vier Mächte solle in Wien zusammentreten, um alle noch offenen Vertragsartikel, insbesondere aber den heißumstrittenen Art. 35, zu beraten. Der Außenministerrat nahm diesen Antrag am letzten Tage seiner Moskauer Session, am 24. April 1947, an.[91]

Aus der Fülle der anderen Materien, die neben Jugoslawiens Ansprüchen und Deutschem Eigentum Sonderbeauftragte und Außenminister in Moskau beschäftigte, seien lediglich die folgenden erwähnt. Man einigte sich in Moskau über den Text der Präambel zum Staatsvertrag, worauf bereits oben hingewiesen wurde. Eine seltene Konstellation – nämlich sowjetische, amerikanische und englische Opposition gegen einen französischen Vorschlag –

---

90 Francis Williams, *A Prime Minister Remembers,* London 1961, 157. Gespräch Gruber – Dulles zit. bei Bader, *Austria,* 190.

91 Text der Resolution des Rates zugänglich in der französischen Fassung des Dokumentes CMF/47/M/82, Traité portant retablissement de l'Autriche independante et démocratique. Rapport des suppléants au Conseil des Ministres des Affaires Étrangères sur le projet du traité avec l'Autriche, S. 46. Dieses Dokument (hektogr.) befindet sich in der Druckschriftensammlung der Österreichischen Nationalbibliothek, Signatur 906258-C. Obgleich das Dokument das Datum des 29. März 1947 trägt, handelt es sich um eine den Stand vom Ende der Außenministerkonferenz (24. April 1947) wiedergebende Fassung des Entwurfs, worin auch die während des Moskauer Außenministerrats vorgenommenen Änderungen und Streichungen angegeben sind. *FR 1947,* II, 516–573. Für Marshalls Vorschlag siehe *FR 1947,* II, 385, für Molotows Vorschlag siehe W. M. Molotow, *Fragen der Außenpolitik, Reden und Erklärungen April 1945 bis Juni 1948,* Moskau 1949, 491–492.

ergab sich in der Frage einer Kommission von Militärexperten. Die Franzosen hatten einen eigenen Artikel (Art. 32 des Entwurfes) in Vorschlag gebracht, demzufolge in Wien eine eigene Kommission alliierter Militärexperten zur Überwachung der Durchführung der militärischen Klauseln des Staatsvertrages einzurichten sei; dieser Artikel kam in Moskau am Widerstand der anderen Alliierten zu Fall; auch die Österreicher widersetzten sich einem solchen Kontrollorgan, und Außenminister Gruber hob in seinem Bericht über die Moskauer Ratstagung vor dem Nationalrat die Unterstützung der Sowjets in diesem Punkt hervor.[92]

Überhaupt zeigt sich eine bemerkenswerte Tendenz vor allem Frankreichs, aber auch Amerikas – im Gegensatz zur Sowjetunion –, dem Österreich-Vertrag gewissermaßen „Zähne einzusetzen" in der Form von Garantie- und Sanktionsbestimmungen zur Wahrung der Unabhängigkeit Österreichs. Diese westlichen Konzepte vom Frühjahr 1947 sind deshalb so interessant, weil bekanntlich in den Endstadien der Staatsvertragsverhandlungen im Frühjahr 1955 es gerade die Sowjetunion war, die nach Garantien zur Bewahrung von Österreichs Unabhängigkeit, vor allem gegen einen Anschluß an Deutschland, rief. Auf amerikanische Initiative wurde ein Artikel „Wahrung von Österreichs Unabhängigkeit" in den Entwurf aufgenommen, den die sowjetische Delegation zunächst als „unnötig" bezeichnete. Franzosen und Amerikaner schlugen eine eigene Bestimmung vor, derzufolge die Alliierten „jeder Handlung, in welcher Form immer, entgegentreten würden, die die politische oder wirtschaftliche Unabhängigkeit oder die territoriale Integrität Österreichs bedrohen könnte"; in diesem Falle würden die Alliierten miteinander und mit den entsprechenden Organen der Vereinten Nationen Konsultationen zwecks entsprechender Aktion aufnehmen. Der Haken dieses Vorschlages lag, mit dem Zunehmen der Spannungen zwischen Ost und West, in der Verpflichtung zu gegenseitigen Konsultationen, denn der Zwang zu Konsultationen kann es einer der teilnehmenden Parteien ermöglichen, Beschlüsse und Taten zu blockieren oder zu verzögern – eine Erwägung, der wir im Endstadium der Staatsvertragsverhandlungen 1955 noch begegnen werden!

---

92 Vgl. ebd., 533. Die Österreicher protestierten heftig und häufig gegen die von französischer Seite vorgeschlagenen zusätzlichen Beschränkungen auf militärischem und technischem Gebiet, u. a. Außenminister Gruber in einem Gespräch mit Außenminister Georges Bidault am 9. April 1947; vgl. Amtsvermerk Zl. 88-StM/47, BMAA, Handakten Blühdorn, Völkerrechtsabteilung; weitere österreichische Proteste, die sich auf die in den Annexen III–V enthaltenen Beschränkungen für technische Entwicklungen bezogen, vgl. AdR, BMAA, II-Pol, Zl. 107.543-Pol/47 (Gespräch des Gesandten Vollgruber mit Maurice Couve de Murville am 11. Juni 1947), weiters Zl. 110.815 u. 110.968-Pol/47. Der öffentliche Bericht Grubers vor dem Nationalrat als Broschüre gedruckt: Karl Gruber, *Österreich in Moskau,* Wien 1947 (= Reihe Politische Zeitprobleme, Heft 21), auch DÖA, Nr. 55.

Engländer und Amerikaner waren schon in Moskau bereit, diese Bestimmung fallenzulassen, die Franzosen beharrten jedoch noch weiter darauf.[93] Natürlich stellt sich die Frage, warum die Sowjets derlei für unnötig hielten. Es scheint auch hier ein Beispiel für die häufig zwischen 1945 und 1955 merkbare Tendenz der Sowjets vorzuliegen, ihre Beziehungen zu Österreich möglichst ungehemmt von Verfahren, die die Westmächte mit einschließen würden, auf die Grundlage bilateraler Politik zu stellen.

Aus den österreichischen Quellen ergibt sich, daß die Österreicher die Kompromißlosigkeit der amerikanischen Politik auf der Moskauer Außenministerkonferenz bedauerten. Außenminister Gruber plädierte für ein Einlenken, um nicht den Vertragsabschluß zu verschieben. Eine solche Verschiebung schien ihm aus mancherlei Gründen gefährlich zu sein, auch deshalb, weil „eine Verschiebung des Vertrages bis zu einem gewissen Grad immer einen Schritt ins Dunkel" bedeute, weil mit Rücksicht auf die „immerhin gespannte internationale Situation Ereignisse eintreten können, die den Abschluß des österr. Staatsvertrages immer weiter hinauszögern". Hier antizipierte Gruber in der Tat den unheilvollen Nexus zwischen der Eskalation des Kalten Krieges in den Folgejahren und dem jahrelangen Warten Österreichs auf seinen Vertrag.

In Grubers Gesamtbericht über den Verlauf der Außenministerkonferenz, aus dem gerade zitiert wurde, kommt auch seine Enttäuschung zum Ausdruck, daß „der Schatten der deutschen Frage" auf das österreichische Problem gefallen sei. In Deutschland gebe es natürlich eine Alternativpolitik, wenn es zu einem gemeinsamen Vertrag über die Einheit Deutschlands nicht komme, argumentierte Gruber, „der forcierte Ausbau der westlichen Zone, ihre politische und wirtschaftliche Einheit".

Diese Alternativpolitik, so fuhr Gruber fort, „*ist aber in Österreich nicht möglich. Denn sie hätte nur die Teilung des Landes zur Folge*, und das würde, nachdem die westlichen Alliierten den weniger wertvollen Teil von Österreich in der Hand haben, nicht nur für Österreich, sondern auch für Europa von den unheilvollsten Folgen begleitet sein." Aus dem Bericht Grubers ist zu erfahren, daß sich John Foster Dulles dahingehend äußerte, so etwas wie eine Alternativpolitik bestünde darin, „daß notfalls Westösterreich wirtschaftlich mit den deutschen Westzonen vereinigt werden soll. Dulles sagte sogar ausdrücklich, dies sei für ihn der Grund, warum er gegen das Anschlußverbot sei" (!).

Eine gewisse Bitterkeit der Österreicher kam in dem Bericht mehrfach zum Ausdruck. Manche von den Westmächten, besonders Großbritannien und Frankreich, vorgeschlagene Vertragsbestimmungen würden Österreich in

93 Vgl. *FR 1947,* II, 506–508, 519, sowie zur Gesamtproblematik: Gerald Stourzh, „Die Sicherung der österreichischen Unabhängigkeit als Thema der Staatsvertragsverhandlungen", in: *Zeitgeschichte,* Jg. 2, Heft 8, Mai 1975, 183–191.

Wirklichkeit Kontributionen auferlegen. Dies habe die österreichische Delegation „zu einer Art Zweifrontenkrieg" gezwungen. Weiters entstand bei der österreichischen Delegation der Eindruck, „daß es ein gewisses Mißfallen erregte, wenn die österreichische Delegation über ihre Angelegenheiten eine eigene Meinung äußerte". Zur Frage des Deutschen Eigentums heißt es in dem Bericht, daß die österreichische Regierung den Mut und die Entschlossenheit aufgebracht hatte, sich gegen die wirtschaftliche Festsetzung der Russen in Österreich zu wehren. „Sie ist aber dabei nicht nur nicht unterstützt, sondern im Stiche gelassen worden, und ihr ist nachher *durch die ihr abgezwungene Anerkennung der Potsdamer Beschlüsse und durch die drastischen Bestimmungen des neuen Kontrollabkommens [!]* die Möglichkeit genommen worden, sich irgendwie zu rühren." – Es nimmt sohin nicht wunder, daß der österreichische Gesandte in Washington, Kleinwächter, am 6. Juni 1947 zu berichten wußte, im State Department habe man ihm erklärt, ein rascher Abschluß des österreichischen Vertrages wäre unter den augenblicklich gegebenen Verhältnissen „gar nicht im Interesse Österreichs gelegen".[94]

5. *Die Wiener Vertragskommission*

Schon Anfang Mai 1947 konstituierte sich in Wien die in Moskau beschlossene Vertragskommission. Sie hielt bis zum 12. Oktober 1947 85 Sitzungen ab.[95] Sie tagte also zu einer Zeit, in der die Kluft zwischen Ost und West sich bedrohlich ausweitete. In den Monaten Juni und Juli 1947 wurde diese Entwicklung ein gutes Stück weiter getrieben. In Ungarn setzte mit Rücktritt und Exil des Ministerpräsidenten Ferenc Nagy Ende Mai sowie der Regierungsneubildung am 31. Mai die bis in den August währende Periode der beschleunigten Kommunisierung des Landes ein.

In Österreich kam es am 5. Juni 1947 zu einem privaten, zunächst geheimgehaltenen Zusammentreffen zwischen Bundeskanzler Figl und dem kommunistischen Abgeordneten Ernst Fischer, in dem über eine mögliche Regierungsumbildung mit Herausnahme von prononciert prowestlichen Regierungsmitgliedern, insbesondere Gruber und Helmer, gesprochen wurde. Gruber, am Tage danach über die Gespräche informiert, verständigte direkt die amerikanische Mission in Wien und anschließend Journalisten, aber auch den briti-

---

94 Gesamtbericht Außenminister Grubers über die Außenministerkonferenz AdR, BMAA, II-Pol, Zl. 107.167-Pol/47. Das letztgenannte Zitat über das Deutsche Eigentum in einem offensichtlich von Heinrich Wildner stammenden Einschub zu Grubers Bericht. Die Hervorhebungen von mir (G. S.). Bericht Kleinwächters vom 6. Juni 1947, ebd., Zl. 107.637-Pol/47.

95 Eine vor längerer Zeit angeregte Dissertation über die Austrian Treaty Commission wurde leider nicht abgeschlossen.

schen Staatsvertragsexperten Michael Cullis. Am 9. Juni 1947 brachte der von der amerikanischen Besatzungsmacht herausgegebene „Wiener Kurier" die Sensationsschlagzeile „Rußland will keinen Staatsvertrag mit dem derzeitigen Kabinett Figl"; das wichtigste Wort der Schlagzeile war wohl „derzeitig"; viele Aspekte der bald so genannten „Figl-Fischerei" sind allerdings weiter ungeklärt, einschließlich der Frage, ob bzw. wie direkt oder indirekt die sowjetische Führung hinter den von Fischer gesuchten Kontakten stand.[96] Gruber erwog eine direkte Anfrage an den Politischen Vertreter der UdSSR in Wien, Gesandten Kiselew. Das von Gruber am 7. Juni diktierte Konzept der Anfrage ist erhalten geblieben. Gruber schrieb, daß Ernst Fischer bei den Gesprächen mit Figl „den Eindruck" erweckt habe, „daß ihm vertrauliche Informationen von seiten der sowjetrussischen Regierung zur Verfügung stünden, aus denen hervorgehe, daß die sowjetrussische Regierung nicht daran denke, einen Vertrag mit Österreich abzuschließen, solange sich die gegenwärtige Regierung im Amt befinde". Fischer habe sich erbötig gemacht, einem Kabinett der „starken Männer", wie er es bezeichnet habe, selbst anzugehören; eine umgebildete Regierung könne notfalls auch einige Jahre unabhängig vom Parlament regieren und Neuwahlen seien nicht unbedingt notwendig. Gruber schloß mit einiger Schärfe; er wisse nicht, ob Gesandter Kiselew es für notwendig halte, „geeignete Schritte zu ergreifen, um öffentlich klarzustellen, daß sich Herr Fischer Rechte angemaßt hat, die ihm sicherlich nicht zustanden, denn ich bin vollkommen der Überzeugung, daß sich die sowjetrussische Regierung für die Weitergabe von Mitteilungen an die österreichische Bundesregierung ausschließlich ihres amtlichen Vertreters bedient". Er, Gruber, sehe „einer baldigen Aussprache mit Vergnügen" entgegen. Gruber zeigte das (revidierte) Konzept am 9. Juni Figl. „Die Absendung unterblieb" – wie es in einem Aktenvermerk des Generalsekretärs Wildner heißt, „die als notwendig erachtete Beibringung einer Aufzeichnung über die Unterhaltung war nicht er-

96 Vgl. neuestens die ausführliche Darstellung von Michael Gehler, "... this nine days wonder"? Die ‚Figl-Fischerei' von 1947. Eine politische Affäre mit Nachspiel", in: Michael Gehler/Hubert Sickinger, Hg., *Politische Affären und Skandale in Österreich.* Thaur – Wien – München 1995, 346–381. Zu Grubers Informierung der amerikanischen Mission vgl. *FR 1947,* II, 1182; Gruber hatte schon in seiner Widerstandstätigkeit gegen das NS-Regime über Kontakte mit den Amerikanern verfügt; vgl. Michael Gehler, „‚Die Besatzungsmächte sollen schnellstmöglich nach Hause gehen.' Zur österreichischen Interessenpolitik des Außenministers Karl Gruber 1945–1953 und zu weiterführenden Fragen eines kontroversen Forschungsprojekts", in: *Christliche Demokratie,* 11 (1994) 29; Gruber hatte zumindest noch in der ersten Zeit seiner Außenministerschaft (1946) mehrfach Situationsberichte an die amerikanische Mission in Wien gerichtet; hierzu vgl. Leidenfrost, *Amerikanische Besatzungsmacht,* 583–584, 671–675; ebd. 789–804 sorgfältige Analyse der amerikanischen Quellen zur „Figl-Fischerei". Weitergehende Angaben über eine Informationstätigkeit Grubers für die Amerikaner bei Robert Herzstein, *Waldheim. The Missing Years,* New York 1988, 168, bedürften der quellenmäßigen Überprüfung. Eine Monographie über Gruber aufgrund des dem Institut für Zeitgeschichte in Innsbruck übergebenen Gruber-Nachlasses wird von Michael Gehler vorbereitet.

folgt."[97] Natürlich gab es Dementis Fischers; es gibt aber auch Quellen, wonach Angehörige der sowjetischen Besatzungsmacht eine Besserung der Situation in Österreich mit einer Regierungsumbildung in Zusammenhang gebracht hätten.[98] Im Ergebnis führte die sogenannte „Figl-Fischerei", auch vor dem Hintergrund des kommunistischen Machtzuwachses in Ungarn, zu einer noch deutlicher akzentuierten Westorientierung der Regierungspolitik.

Ebenfalls am 5. Juni 1947 kam es zum Angebot einer umfassenden Wirtschaftshilfe für Europa durch die Vereinigten Staaten, verkündet in der berühmten Harvard-Rede des amerikanischen Außenministers George Marshall. Das Angebot des Marshallplans vom 5. Juni 1947 war an alle europäischen Länder gerichtet. Nach einer kurzen Phase des Schwankens, in der Polen und vor allem die Tschechoslowakei der Teilnahme am Programm zuneigten, schossen sich die kommunistischen Parteien Europas unter Führung der Sowjetunion auf den Marshallplan ein, und im Oktober wurde die Gründung des Kominform-Büros bekanntgegeben. Daß anderseits der Marshallplan von Anfang an das Ziel einer Stärkung der europäischen Länder zur Abwehr des Wachsens sowjetisch-kommunistischen Einflusses verfolgte, ist inzwischen gut belegt. Letzten Endes waren die Amerikaner nicht unglücklich, daß die Sowjetunion nicht mittat.[99] Für den wirtschaftlichen Aufschwung der teilnehmenden Länder – auch die Schweiz und Schweden, nicht jedoch Finnland gehörten dazu – nach dem Zweiten Weltkrieg muß die Bedeutung des Marshallplans sehr hoch eingeschätzt werden.

Gerade rechtzeitig während der kurzen Periode des Schwankens in der sowjetischen Reaktion bzw. noch vor der Absage der Tschechoslowakei kamen in der österreichischen Bundesregierung, bei deren Beschlußfassung das Prinzip der Einstimmigkeit herrscht und in der damals noch ein kommunistischer Minister, Dr. Altmannn, vertreten war, Ermächtigung zu Verhandlungen zwecks Teilnahme am Marshallplan zustande. Die erste Ermächtigung war ein Ministerratsbeschluß im Zirkulationswege – d. h. also ohne Aussprachemöglichkeit! – mit Datum 28. Juni 1947 aufgrund eines Antrages des Außenministers Gruber, dessen Konzept mit 27. Juni datiert ist. Manche Indizien weisen darauf hin, daß Antrag und Ministerratsbeschluß im Zirkulationswege in größter Eile zustande kamen; der Gedanke, daß sehr geschickte Taktik einschließlich einer Überrumpelung des kommunistischen Regierungsmitglieds mit im Spiel gewesen sein könnte, läßt sich nicht ganz von der Hand weisen. Im Antrag erläuterte Gruber

97 AdR, BMAA, II-Pol, Zl. 111.546-Pol/47, handschriftl. Aktenvermerk Wildners, maschinschr. Konzept Grubers. Dies ergänzend zur Darstellung Gehlers, wonach Gruber dem britischen Diplomaten Cullis mitteilte, er hätte in Betracht gezogen, dem sowjetischen Vertreter eine Anfrage zuzustellen. Gehler, ". . . this nine days wonder", 351. Nunmehr weitere Hinweise zur „Figl-Fischerei", vor allem aufgrund von Mitteilungen Grubers, in Aufzeichnungen Heinrich Wildners vom 7. bis 14. Juni 1947, ÖStA, GD, NLS, E/1791/17.

98 Rauchensteiner, *Sonderfall,* 206.

99 Vgl. vor allem George Kennan, *Memoirs 1925–1950,* 342–343.

die Initiative Marshalls und die Einladung Bevins und Bidaults an Molotow zu einer Beratung, „die am 27. ds. in Paris begonnen hat". Für Österreich „können wir wohl ohne weiteres sagen", daß es an einem „solchen Wiederaufbau [Europas im Sinne von Marshalls Vorschlägen, G. S.] im höchsten Grade interessiert ist und bereit sein würde, daran mitzuarbeiten". Gruber stellte den Antrag, ihn „zu ermächtigen, durch unseren Pariser Gesandten dem französischen Außenminister unser großes Interesse an dem in Rede stehenden Plan zum Ausdruck zu bringen und gleichzeitig auch die Außenminister in Washington, London und Moskau über diesen Schritt zu informieren". Dieser Antrag wurde im Zirkulationswege zum Ministerratsbeschluß erhoben, eine öffentliche Mitteilung erfolgte schon am 29. Juni, allerdings ohne den Hinweis, daß der Beschluß im Zirkulationswege zustande gekommen war.[100]

Noch tagten zu diesem Zeitpunkt Molotow, Bevin und Bidault in Paris; noch waren die Würfel der Spaltung Europas nicht gefallen; doch am 2. Juli verließ Molotow die Konferenz; der Eklat war da; die Sowjetunion zog sich zurück. Bevin und Bidault reagierten blitzschnell; schon am 4. Juli richteten die politischen Vertreter Frankreichs und Englands in Wien an Gruber die Einladung, Österreich möge an dem „Verwaltungsapparat", der zur Verwirklichung der Ziele von Marshalls Programm geschaffen werden solle, teilnehmen, möge Vertreter zu einer bereits für den 12. Juli in Paris angesetzten Zusammenkunft entsenden und möge seine Antwort noch vor dem 10. Juli den einladenden Staaten – Frankreich und England – mitteilen. Dies war der Anlaß für Grubers zweiten Ministerratsantrag, der Ministerrat möge

„a) mich ermächtigen, den Regierungen Frankreichs und des Vereinigten Königreiches die Annahme der Einladung Österreichs mitzuteilen, an der am 12. Juli in Paris angesetzten Tagung der europäischen Delegierten und an dem im Zusammenhang mit dem Europa-Plan Mr. Marshall[s] zu schaffenden europäischen Verwaltungsapparat teilzunehmen;

b) zu diesem Zweck der Entsendung einer österreichischen Delegation nach Paris zustimmen und den Leiter der Delegation Gesandten Alois Vollgruber bevollmächtigen, namens der österreichischen Bundesregierung Erklärungen abzugeben."

---

100 AdR, BMAA, II-Pol, Zl. 107.768-Pol/47: Das Konzept trägt die Paraphe Wildners vom 27. Juni, obgleich im Text vom 27. Juni in der Vergangenheit die Rede ist, sowie Grubers Unterschrift (undatiert); das Konzept dürfte Generalsekretär Wildner selbst entworfen halben. Die Abschrift des Ministerratsantrages ist jedoch (möglicherweise Rückdatierung) maschinschriftlich mit dem Datum „24. Juni 1947" versehen. Dieses unrichtige Datum wurde auch in drei weiteren Aktenstücken übernommen, was die Vermutung einer Rückdatierung verstärkt: im Beschlußprotokoll Nr. 74 über die Sitzung des Ministerrates vom 1. Juli 1947, dem als Punkt 23 der Beschluß des Ministerrates „im Zirkulationswege" vom „24. [sic!] Juni 1947" hinzugefügt ist (AdR, MRProt Nr. 74, 1. 7. 1947), in einem Amtsvermerk des Außenamtes vom 4. Juli 1947, ebd., BMAA, II-Pol, Zl. 107.900-Pol/47, und im (zweiten) Ministerratsantrag vom 7. Juli für den Ministerrat vom 8. Juli, Zl. 135.548-WPol/47 (Beilage zu MRProt Nr. 75, 8. Juli 1947) (mit Tippfehler "24. Juli"!). – *WZ*, 29. 6. 1947, 1.

Diesmal gab es eine Diskussion im Ministerrat. Gruber beantragte mündlich, eine wirtschaftliche Expertenkommission unter Leitung des ehemaligen Bundesministers Univ.-Prof. Wilhelm Taucher nach Paris zu entsenden, und es gab Diskussionen um die Beteiligung der verschiedenen Ressorts. Doch der einzige, der Grundsatzfragen ansprach, war der kommunistische Minister Dr. Karl Altmann. In der weitaus längsten Wortmeldung dieses Ministerrates sprach er von dem „Mächteparallelogramm", von dem wir weitgehend bestimmt würden. Wenn nun, „wie es gegenwärtig der Fall ist, offensichtlich ein Gegensatz zwischen den Großmächten besteht, und zwar ein ziemlich krasser Gegensatz", müßten wir äußerst vorsichtig sein; unserer Teilnahme an den Besprechungen in Paris komme „inhaltlich der Charakter einer Information oder Beobachtung" zu. Auffallend ist Altmanns nun folgender Hinweis, Gruber habe erklärt, er sehe es „für gefährlich" an, wenn dies – d. h. Teilnahme lediglich zur Information oder Beobachtung – ausdrücklich gesagt würde, weil dann nach den Erklärungen Bevins die „Gefahr der Nichtzulassung zur Konferenz bestünde". Es müsse „Vorsorge getroffen werden, daß keinesfalls die Gefahr entsteht, daß sich Österreich im Falle einer Blockbildung oder des bloßen Entstehens des Gedankens eines solchen auf eine Seite dieses Blockes [sic] schlägt." Altmann meinte, er würde „die vorherige Zustimmung für einen zu bildenden Verwaltungsapparat von der Kenntnis abhängig machen, was dieser Apparat schaffen soll". Allerdings enthielt Grubers Antrag an den Ministerrat bereits die Ermächtigung zur „Teilnahme" an dem zu schaffenden Verwaltungsapparat! Der Gesandte Vollgruber, so Altmann weiter, müsse instruiert werden, daß keine meritorischen [inhaltlichen] Entscheidungen gefällt werden sollen, sondern daß diese der Regierung oder dem Nationalrat „im Rahmen seiner verfassungsmäßigen Zuständigkeit gewahrt bleiben müssen". Man sieht, Altmann fühlte sich nicht wohl und wollte Spielraum für künftige Entscheidungen von Regierung und Parlament retten, doch waren seine Vorbehalte, ohne ausdrücklichen Einspruch, zu schwach. Allerdings veröffentlichte Altmann die wichtigsten Argumente seiner Stellungnahme bereits am nächsten Tage in der kommunistischen „Volksstimme".[101]

Nur Schärf und Gruber replizierten kurz; Schärf meinte, die Textierung des Antrages sei ziemlich einfach und vorsichtig gehalten; er habe nichts hinzuzufügen und sei für den Antrag; Gruber meinte etwas beschwichtigend, wir wüßten heute natürlich nicht, vor welche Entscheidung wir in der Zukunft gestellt würden; aber die Entscheidung, „soweit sie von uns in der Einladung gefordert wird, muß von uns heute getroffen werden". Wir könnten nur positiv oder negativ antworten. Altmann meldete sich nicht mehr zu Wort; er wagte also keinen Einspruch. Figl resümierte sogleich nach Grubers Wortmeldung:

---

101 Zit. bei Wilfried Mähr, *Marshallplan,* 86.

„Es besteht also kein Widerspruch", und der Beschluß wurde antragsgemäß gefaßt.[102]

Noch am gleichen Tage instruierte Gruber den Gesandten Vollgruber: „Gesamtverhalten: Nicht in den Vordergrund stellen, degagiertes Hervortreten vermeiden. ‚Auf sanften Pfoten gehen', sich bewußt sein, daß das ganze ohnedies für uns mit großem Risiko verbunden ist, aber sich bietende Chancen ergreifen."[103] Gruber sprach sich auch für eine der Tschechoslowakei tunlichst entgegenkommende Haltung aus; bei Anträgen, die auf den Eintritt bzw. die Heranziehung der USSR gerichtet sind, möglichste Unterstützung gewähren, ebenso bei Anträgen, die auf Zusammenarbeit mit dem Osten gerichtet sind."[104] Zwei Tage später, am 10. Juli, gab die Tschechoslowakei bekannt, sie werde [entgegen dem ursprünglich geäußerten Interesse, G. S.] am Marshall-Programm nicht teilnehmen. Die Spaltung Europas schritt voran.

Österreich wurde das einzige am Marshallplan teilnehmende Land Europas, das zumindest teilweise im sowjetischen Machtbereich lag; nicht nur das, Mittel aus dem Marshallplan wurden auch Wirtschaftsbetrieben zugeteilt, die in der sowjetischen Zone lagen – eine im Rahmen des Marshallplans einmalige Situation.[105]

---

102 AdR, MRProt Nr. 75 v. 8. Juli 1947, mit Beilage Ministerratsantrag Grubers Zl. 135.548-WPol, sowie in Kopie Note des britischen Politischen Vertreters Mack an Gruber vom 4. Juli 1947.

103 Aus diesen Worten von Grubers Instruktion stammen die Titel zweier Arbeiten von Florian Weiss: *„Auf sanften Pfoten gehen. Österreich und die Anfänge der westeuropäischen Integration 1947–1957"*, unveröff. Magisterarbeit Universität München 1989, sowie ders., „‚Gesamtverhalten: Nicht sich in den Vordergrund stellen'. Die österreichische Bundesregierung und die westeuropäische Integration 1947–1957", in: Michael Gehler/Rolf Steininger, Hg., *Österreich und die Europäische Integration 1945–1953,* Wien – Köln – Weimar 1993, 21–54. – Die nunmehr hier vorgelegten Quellen aus dem Ministerrat revidieren Weiss' Vermutung (ebd., 25), „trotz nicht lückenloser Überlieferung sei der Schluß erlaubt, daß im Kabinett die Grundsatzfrage einer österreichischen Marshallplan-Teilnahme nicht neu aufgerollt wurde".

104 Besprechung mit Vollgruber am 8. Juli 1947: AdR, BMAA, II-Pol, Zl. 108.194-Pol/47; vgl. auch eine vorhergehende Besprechung mit Vollgruber vom 7. Juli 1947, ebd., Zl. 107.934-Pol/47.

105 Bis zum 31. Dezember 1954, also dem letzten vollen Jahr vor Abschluß des Staatsvertrages wurden Betrieben in den Bereichen Industrie, Energie und Gewerbe Mittel in der Höhe von fast 507 Millionen Schilling zugeteilt (ohne den sowjetischen Sektor in der Stadt Wien), das sind 7,2% der entsprechenden Mittel für ganz Österreich. Statistische Angaben bei: *Zehn Jahre ERP in Österreich,* hrsg. von der Österreichischen Staatsdruckerei unter Mitwirkung des Bundespressedienstes und Benützung der Unterlagen des Bundeskanzleramtes, Sektion für wirtschaftliche Koordination, Wien 1958, 87–89. Die Abkürzung ERP bedeutet „European Recovery Program" – die offizielle Bezeichnung des Marshallplan-Programms. – Zu den besonderen Problemen, die die Einbeziehung Österreichs einschließlich seines sowjetisch besetzten Teils in das ERP-Programm mit sich brachte, siehe *FR 1948,* II, *Germany and Austria,* Washington 1973, bes. 1388–1389 (Bericht des Geschäftsträgers in Wien, Yost, vom 5. April 1948), ferner 1399–1400 (Bericht des Gesandten Erhardt vom 13. Mai 1948), wichtig 1403–1408 (Memorandum Erhardts vom 9. Juli 1948) sowie 1408–1409 (Unterstaatssekretär Lovett an den Administrator der ECA [Economic Cooperation Administration, Titel der amerikanischen Marshallplan-Organisation] Paul Hoffman vom 23. August 1948). Über die Anfänge und den organisatorischen Aufbau des Marshallplan-Programms informiert: *Österreichisches ERP-Handbuch,* hrsg. im Auftrag des

Unter diesen Umständen ist es nicht verwunderlich, wenn die Wiener Vertragskommission viel Zeit mit Taktieren verbrachte und Verfahrensfragen im Vordergrund standen. Von sowjetischer Seite wurde die Klärung der Erdölfrage forciert, vermutlich aus mehreren Gründen. Die Sowjetunion war nach dem Zweiten Weltkrieg an der Ausbeutung des Zistersdorfer Erdöls sehr interessiert, zumal sie sich 1946 aus dem nördlichen Iran zurückziehen mußte. Die Entdeckung des ergiebigsten Gebietes – jenes von Matzen – stand allerdings noch bevor (1949). In Hinblick auf die komplizierten und zahlreichen Besitzrechte, Beteiligungen bzw. Rückstellungs- oder Entschädigungsansprüche westlicher Erdölunternehmungen war in diesem Bereich eine Regelung mit den Westmächten unerläßlich geworden. Dazu kam, daß gerade Ansprüche westlicher Erdölgesellschaften sich propagandistisch gut auswerten ließen.[106] Die anderen beiden Bereiche, die unter der USIA-Organisation zusammengefaßten Betriebe und die DDSG, schienen sich eher für bilaterale Regelungen anzubieten. Der amerikanische Chefdelegierte in der Vertragskommission, der Bankier Joseph M. Dodge aus Detroit, stellte seine Auffassung der Situation recht drastisch dar:

> The Soviets want an agreement on oil – period – and a bilateral agreement with Austria on everything else. All reports indicate that – intelligence and otherwise. Some of the Austrians think that is good. When I consider our experience here and elsewhere in quadripartite negotiation I think the Austrians are extremly naive and unrealistic.[107]

Dieser letzte Vorwurf dürfte sich besonders auf Außenminister Gruber bezogen haben. Gruber hatte nämlich Mitte Mai 1947 im Gespräch mit einem amerikanischen Diplomaten ein taktisches Konzept ventiliert, das auf stärksten Widerstand der Amerikaner stieß. Von der Enttäuschung ausgehend, die der Moskauer Außenministerrat den Österreichern gebracht hatte, plädierte Gruber dafür, die USA möchten doch ihre Haltung zum Deutschen Eigentum soweit lockern, bis eine Zustimmung der Russen erreicht werde. Er kritisierte neuerlich die Haltung der amerikanischen Delegation in Moskau und stieß sich besonders

---

Bundeskanzleramtes, Zentralbüro für ERP-Angelegenheiten, in Zusammenarbeit mit der ECA-Sonderkommission für Österreich vom Verlag für Geschichte und Politik, Wien 1950. Umfassend (und mit ausführlichen Literaturhinweisen) die Monographie von Mähr, *Marshallplan*, Graz 1989, sowie weitere Veröffentlichungen Mährs zur Vorgeschichte und Geschichte des Marshallplans in Österreich (vgl. Bibliographie).

106 Vgl. die Berichterstattung der *Volksstimme* und der *Österreichischen Zeitung* über die Tätigkeit der Vertragskommission von Mai bis Oktober 1947.

107 Brief vom 28. Mai 1947 an den Assistant Secretary of State für besetzte Gebiete, Hilldring, *FR 1947*, II, 586. Zur Arbeit der Vertragskommission sind informativ 16 umfangreiche Berichte des Generals Cherrière an Außenminister Bidault und weitere Materialien in: AAF Wien, dossier „Conférence de Vienne (1947), Correspondance du Général Cherièrre aux Affaires Etrangères à Paris". Siehe auch die Gesprächsprotokolle von elf Sitzungen des Österreichischen Expertenkomitees für die Vertragskommission in: AdR, BMAA, II-Pol, K. 55.

an einer Erklärung von General Mark Clark Anfang Mai, daß die Besatzungstruppen so lange in Österreich verbleiben würden, bis die Russen die amerikanische Position akzeptiert hätten. Gruber regte an, die Vertragskommission solle sich nur mit den bedeutendsten Unternehmungen des Deutschen Eigentums befassen und die Gesamtsumme der russischen Ansprüche feststellen. Darüber hinaus aber sollte Österreich bilateral mit jeder der vier Besatzungsmächte – vor allem aber natürlich mit den Sowjets – die Fragen des Deutschen Eigentums regeln. Diese vier Abkommen könnten als Annex dem Staatsvertrag angefügt werden. Gruber erwähnte, daß dieser Plan mit dem Bundesminister für Vermögenssicherung und Wirtschaftsplanung, Peter Krauland, ausgearbeitet worden sei, aber noch nicht die Billigung der Bundesregierung erhalten habe. Gruber hat auch noch im August 1947 das Konzept bilateraler Verhandlungen verfochten: Als Motive führte er u. a. an, es sei für die Sowjets leichter, Österreich Konzessionen zu machen als den Amerikanern, Engländern und Franzosen; die Österreicher verfügten über technische Detailkenntnisse und eine Flexibilität, die die Großmächte nicht besäßen; auch müsse er als Außenminister alle Mittel versuchen, um eine Regelung zu erreichen – die Kommunisten, besonders Ernst Fischer, behaupteten, wenn Gruber mit den Russen verhandle, könnte er einen Vertrag erreichen, verhandle er nicht mit den Russen, sei dies ein Zeichen dafür, daß er unter westlicher „Domination“ stehe; auch sehe er Gefahren für die politische Einheit und die politische Stabilität Österreichs. Die Reaktion der Amerikaner war entschieden negativ, und anscheinend auch die der Briten. Aber auch Bundespräsident Renner, der von den Amerikanern auf die Gefahren bilateralen Verhandelns mit den Sowjets angesprochen wurde, äußerte sich kritisch zu dieser Taktik.[108]

Der Bundespräsident hat übrigens im Mai 1947 selbst eine Initiative zur Lösung des Problems des Deutschen Eigentums unternommen. In einer wenig bekannten, bemerkenswerten Artikelserie in der „Arbeiter-Zeitung“ – unter einem Pseudonym – regte Renner an, das Deutsche Eigentum mit dem Erträgnis der Staatsanleihe abzulösen. Mit dem Konzept der Ablöse – es war schon in einem Vorschlag der Bundesregierung von Dezember 1946 enthalten gewe-

---

108 Gespräch Grubers mit Francis T. Williamson, Mitglied der amerikanischen Delegation zur Vertragskommission am 15. Mai 1947, Aufzeichnung Williamsons, *FR 1947,* II, 580–582; ferner Bericht des Gesandten Erhardt vom 28. August 1947 über Gespräche Grubers mit Dodge, Ginsburg und Erhardt, ebd., 613 f. Aufzeichnung über den Besuch der amerikanischen Delegation zur Vertragskommission bei Bundespräsident Renner am 3. Juni 1947, *FR 1947,* II, 590. Sehr aufschlußreich der Brief des amerikanischen Delegationsmitgliedes David Ginsburg an einen hohen Beamten des State Department, Benjamin Cohen, vom 12. Juni 1947, wonach Renner, Schärf und Figl nicht die Vorstellungen Grubers und Kraulands teilten, ebd., bes. 594 und 596. Wichtig ebenfalls Aufzeichnungen über Vorsprache des Gesandten Kleinwächter im State Department über Auftrag Grubers am 19. August 1947 sowie Weisung des State Department an die Gesandtschaft in Wien, ebd., 611–613.

sen – verband Renner den Plan, Wünschen der Alliierten, zumal der Russen, nach bestimmten Naturallieferungen entgegenzukommen; für die Dauer von etwa fünf Jahren könnte Österreich Strom nach Frankreich, Holz nach England, Erdöl nach Rußland liefern. „Rußlands wirklich berechtigtes Interesse", so argumentierte Renner, richte sich auf das Produkt und nicht auf die Produktionsstätte, „auf einen Anteil an dem Naturalertrag und nicht auf den Naturalbesitz". Außerdem meinte Renner, das auf diese Weise abgelöste Deutsche Eigentum sollte definitiv verstaatlicht werden: „Der österreichische Staat darf die strittigen Güter an keine auswärtige Macht und keine fremde Firma veräußern oder verpachten, sie bleiben sein ewiges und unveräußerliches Eigentum."[109] Also ein Veräußerungsverbot zur Beruhigung des Ostens wie des Westens! Auch acht Jahre später, 1955, wird ein derartiges Veräußerungsverbot eine Rolle in den letzten Phasen der Staatsvertragsverhandlungen spielen.

Weder die Anregungen Renners noch Grubers Vorschläge zur Taktik haben einen Konsens der Alliierten zum Deutschen Eigentum zustande gebracht. Allerdings kam es, wie im folgenden Kapitel zu zeigen sein wird, im Sommer und Herbst 1947 zu weiteren Gesprächen zwischen Österreich und Westalliierten, besonders den Amerikanern, die den Weg zu einer neuen Kompromißformel ebneten. Ein solcher Kompromißvorschlag wurde von General Cherrière, der Frankreich in der Vertragskommission vertrat, in einer der letzten Sitzungen der Kommission am 8. Oktober vorgelegt. Der Cherrière-Plan, wie er bald genannt wurde, brachte Bewegung in die festgefahrenen Fronten und lieferte die Grundlagen für eine neue Verhandlungsphase, die zwei Jahre später mit der Einigung über den Komplex des Deutschen Eigentums ihren Abschluß finden sollte.

---

109 Renners Aufsätze erschienen als Leitartikel der *AZ* unter der Signatur S. G. „von einem Fachmann des Völkerrechts" mit folgenden Titeln: „Die Verhandlungen der Mächte – 1. Deutsches oder österreichisches Eigentum?" (17. Mai 1947, 1–2); „Die Verhandlungen der Mächte – 2. Ein gangbarer Weg" (18. Mai 1947, 1–2); „Zistersdorf und Tampico – Ein völkerrechtliches Präjudiz" (21. Mai 1947, 1–2); die zitierte Stelle über Naturallieferungen im 2., der Vorschlag über das Veräußerungsverbot im 3. Aufsatz. Die Amerikaner hielten diese Aufsätze für von Renner inspiriert (vgl. FR 1947, II, 594); Hinweis, daß sie von Renner selbst stammen, bei Schärf, *Erneuerung*, 205, sowie Observator (d. i. Bruno Kreisky), *Der lange Weg zu Österreichs Freiheit*, Wien 1956, 12. Ein weiterer Leitartikel der *AZ*, „Exterritorialität", vom 5. Juli 1947 scheint auch von Renner zu stammen; vgl. auch Brief von Renners Tochter Leopoldine Deutsch-Renner an Schärf vom 23. August 1953, die Übersendung von *AZ*-Artikeln Renners begleitend, in VGAB, Nachlaß Schärf, 4/237. Eine Kommentierung von Renners Vorschlägen, offensichtlich jedoch nicht mehr aus seiner Feder, erschien im Leitartikel der *AZ*, 30. Mai 1947, 1–2.

III

UM DEN PREIS DER FREIHEIT

1. Der „Cherrière-Plan"

In seiner Erklärung vor der Vertragskommission am 8. Oktober 1947 versuchte General Paul Cherrière, einen Weg aus der Sackgasse zu weisen, in die man geraten war.

Zahlen, so lautete sein wichtigstes Argument, führen eher zu einer Einigung als gegensätzliche Definitionen. Über konkrete Summen läßt sich eher verhandeln, auf Grundlage konkreter Summen eher ein Kompromiß erreichen, sagte Cherrière und erinnerte daran, daß auch die Einigung über die Reparationsleistungen in den Friedensverträgen (mit Italien etc.) auf diese Weise zustande gekommen war.

Außerdem meinte Cherrière, würde der Wiederaufbau der von den Alliierten im Zweiten Weltkrieg erlittenen Schäden mit Hilfe von Reparationslieferungen an die Alliierten eher gefördert werden als durch die Inbesitznahme von Deutschem Eigentum an Ort und Stelle. Aus beiden Überlegungen ergab sich also die Konversion von (umstrittenen) Besitztiteln in eine Abgeltung oder Ablöse, wobei diese Ablöse nach französischen Vorstellungen nicht in Barzahlungen, sondern in Lieferungen aus laufender Produktion erfolgen sollte. Wie man sieht, handelt es sich um die Wiederkehr von Lösungsvorschlägen, die österreichischerseits schon in die Diskussion geworfen worden waren, ohne daß die gegenwärtige Quellenlage es erlauben würde, hier eine bestimmte Beziehung von Ursache und Wirkung, von Anregung und Aufnahme dieser Anregung zu unterstellen.

Cherrière redete allerdings nicht einer vollständigen Umwandlung der Besitzansprüche in Ablöselieferungen das Wort; zu gut kannte er das Interesse der Sowjets an bestimmten Werten und Rechten, vor allem auf dem Erdölsektor. Er schlug also vor, den Gesamtkomplex des Deutschen Eigentums in zwei Teile zu teilen. Der erste Teil würde aus jenen Werten bestehen, die an Ort und Stelle den Alliierten zugesprochen würden; der zweite Teil würde aus jenen Ansprüchen bestehen, deren Gesamtwert (im Wege des Kompromisses) festzustellen und hierauf in Zahlungs- bzw. Lieferungsansprüche an Österreich umzuwandeln wäre.[1]

Noch nannte Cherrière keine konkreten Werte, keine konkreten Zahlen. Erst bei Beginn der neuen Session des Außenministerrates, diesmal in London,

1 Cherrières Erklärung vom 8. Oktober 1947 in 19 Punkten, veröffentlicht in *FR 1947*, II, 620–625.

Die Annäherung der Positionen betreffend das Deutsche Eigentum

	Cherrière-Plan, ursprüngliche Fassung	Cherrière-Plan, ergänzte Fassung, von US und GB akzeptiert	Ursprüngliche sowjetische Gegenvorschläge	Ergänzte sowjetische Gegenvorschläge	Einigung Juni–November 1949	Moskauer Memorandum 15. April 1955
1. Erdöl						
Förderung	50%	58%	$^{2}/_{3}$	60%	60%	Ablöse für die Übergabe der von der SU in Österreich innegehabten Ölunternehmungen: Lieferung von 10 Mill. t Rohöl innerhalb von 10 Jahren *Als Ergebnis von 1958 und 1960 gewährten Erleichterungen betrug die Nettolieferung schließlich nur 6 Mill. t (vgl. unten S. 774).*
Konzessionsdauer	nach Präzedenzfällen	30 Jahre	50 Jahre	30 Jahre	30 Jahre (Liste 1)	
Schurfgebiete	$^{1}/_{3}$	47%	$^{2}/_{3}$	60%	60%	
Konzessionsdauer	keine Angabe	8 Jahre Schurfrechte und 25 Jahre Ölförderung ab Fündigwerden	50 Jahre	8 Jahre Schurfrechte und 25 Jahre Ölförderung ab Fündigwerden	8 Jahre Schurfrechte und 25 Jahre Ölförderung ab Fündigwerden (Liste 2)	
Jährliche Raffineriekapazität	250.000 bis 300.000 t	420.000 t	450.000 t	420.000 t	420.000 t (Liste 3)	
Verteilung von Erdölprodukten	gegenwärtige Situation	gegenwärtige Situation	gegenwärtige Situation	gegenwärtige Situation	gegenwärtige Situation (Liste 4)	
2. DDSG	1. alle Werte in Ungarn, Rumänien und Bulgarien 2. noch zu bestimmende Zahl an Schiffen	1. alle Werte in Ungarn, Rumänien und Bulgarien 2. zu bestimmender Teil der Werte in Österreich 3. Hafenrechte in Wien	alle Werte in Ungarn, Rumänien und Bulgarien plus 25% der in Österreich gelegenen Werte	1. alle Werte in Ungarn, Rumänien und Bulgarien 2. alle Werte im östlichen Österreich	1. alle Werte in Ungarn, Rumänien und Bulgarien 2. alle Werte im östlichen Österreich (nach Liste 5)	Ablöse für Übergabe der Vermögenswerte der DDSG im östlichen Österreich an Österreich: 2 Mill. $

	Cherrière-Plan, ursprüngliche Fassung	Cherrière-Plan, ergänzte Fassung, von US und GB akzeptiert	Ursprüngliche sowjetische Gegenvorschläge	Ergänzte sowjetische Gegenvorschläge	Einigung Juni–November 1949	Moskauer Memorandum 15. April 1955
3. Ablösesumme für übrige von der SU beanspruchte Werte						
Höhe Zahlungsbedingungen	100 Mill. $ 10 Jahre (8 Jahre nach zweijährigem Moratorium)	100 Mill. $ 7 Jahre	200 Mill. $ 2 Jahre	150 Mill. $ 6 Jahre	150 Mill. $ 6 Jahre	150 Mill. $ 6 Jahre
Art der Zahlung	1. Warenlieferungen aus laufender Produktion 2. Fabrikseinrichtungen der Kriegsindustrie	Warenlieferung aus laufender Produktion	frei konvertierbare Währung	frei konvertierbare Währung	frei konvertierbare Währung	Warenlieferungen aus laufender Produktion
4. Rechtslage Geltung österreichischer Gesetze	ja, außer Verstaatlichungsverbot für bestimmte Zeit	ja, außer: 1. keine Verstaatlichung ohne Zustimmung der SU (10 Jahre Begrenzung von US und GB gefordert) 2. freie Ausfuhr von Profit und Einkommen (Vorbehalt von US und GB)	ja, außer: 1. keine Enteignung ohne Zustimmung der SU 2. freie Ausfuhr von Profit und Einkommen 3. Übergabe der Werte ohne Belastungen	ja, außer: 1. keine Enteignung ohne Zustimmung der SU 2. freie Ausfuhr von Profit und Einkommen 3. Übergabe der Werte ohne Belastungen	ja, außer: 1. keine Enteignung (Verstaatlichung) ohne Zustimmung der SU 2. freie Ausfuhr von Profit und Einkommen 3. Übergabe frei von Lasten und Ansprüchen	ja, außer: Veräußerungsverbot für von der SU an Österreich übergebenes früheres Deutsches Eigentum (modifiziert in Art. 22 Abs. 13 des Staatsvertrages vom 15. Mai 1955)
5. Streitschlichtung	kein Vorschlag	nach Art. 50 und 57 des Vertragsentwurfes	durch zweiseitige Verhandlungen	durch zweiseitige Verhandlungen	durch zweiseitige Verhandlungen und eventuelle Schiedskommission	

Die Spalten 1 bis 4 der Tabelle orientieren sich an Angaben in: Le traité d'Etat autrichien (= La Documentation française, Notes et études documentaires, Nr. 1091, 11).

ergänzte er am 27. November 1947 seine Vorschläge: Eigentumsübertragungen waren für zwei Komplexe vorgesehen: Erdöl und DDSG; für alle anderen Ansprüche sollte das Prinzip der Ablöse gelten. Die nun konkretisierten Werte und Zahlen gehen aus der umseitigen Aufstellung hervor.

Wie bereits erwähnt, gingen jedoch Cherrières Vorschlägen Gespräche zwischen Westalliierten und Österreichern voraus. Insbesondere führten Unterredungen mit dem amerikanischen Delegierten zur Vertragskommission, Joseph Dodge und dessen Stellvertreter David Ginsburg, zu einer „Abstimmung der einzuschlagenden Taktik", wie es in einer Aufzeichnung des Außenministers Gruber heißt. Die Amerikaner hielten es für richtig, wenn ein Angebot an Rußland nicht durch die österreichische Regierung erfolgte – wieder ist die so häufig festzustellende Skepsis bezüglich bilateraler Schritte festzustellen! –, sondern durch die amerikanische Regierung in einer besonderen Note, die mit den beiden anderen Westmächten und den Österreichern abzustimmen wäre. Dazu kam es nicht, sondern aus taktischen Gründen zur Präsentation seitens der Franzosen, eben den Vorschlägen Cherrières in Wien im Oktober und wenige Wochen später, mit konkreten Ziffern, in London. Als der „eigentliche Autor" des Cherrière-Plans ist (einige Monate später) vom österreichischen Gesandten in Washington, Kleinwächter, David Ginsburg bezeichnet worden, der Plan selbst als das Ei des Kolumbus zur Lösung der Streitfrage des Deutschen Eigentums.[2] Es sind allerdings im Mitarbeiterstab Cherrières im Sommer 1947 intensive Überlegungen in Richtung der angepeilten Lösung – teilweise Ablöse, teilweise Übertragung des Deutschen Eigentums – angestellt worden.[3] Zur ziffernmäßigen Bewertung des Deutschen

2 Bericht vom 4. Mai 1948. AdR, BMAA, II-Pol, Zl. 113.381-Pol/48. In diesem interessanten Bericht, allerdings zu einer Zeit der deutlichen Verhärtung der amerikanischen Position bezüglich des Vertragsabschlusses geschrieben, deutet Kleinwächter Auffassungsunterschiede zwischen dem nicht der Karrierediplomatie angehörenden Ginsburg und dem State Department an; er sei Zeuge der „eisigen Kühle" geworden, die den Abschied Ginsburgs aus dem State Department nach Beendigung seiner Mission im Rahmen der Austrian Treaty Commission gekennzeichnet habe. Zu relativ frühzeitigen informellen Überlegungen westlicher Experten für eine dem späteren „Cherrière-Plan" entsprechende Initiative einschließlich der Idee, den Franzosen die formelle Präsentation der westlichen Vorschläge zu überlassen, zu Beginn der Wiener Vertragskommission vgl. die Erinnerungen des langjährigen Österreich- und Staatsvertragsexperten des britischen Foreign Office, Michael Cullis: Michael Cullis, „Austria 1945–1950. The Desk-level View of a British Diplomat", in: *Geschichte zwischen Freiheit und Ordnung. Gerald Stourzh zum 60. Geburtstag,* hrsg. v. Emil Brix, Thomas Fröschl und Josef Leidenfrost, Graz 1991, 211–228, hier 221.

3 AAF, Faszikel „Conférence de Vienne" (1947): „Correspondence du Général Cherrière aux Affaires Etrangères à Paris": darin insbes. 16 mit rotem Bleistift durchnumerierte Berichte Cherrières vom 12. Mai bis 15. Oktober 1947 an Außenminister Bidault über den Fortgang der Vertragskommission in Wien sowie eine neunseitige Studie mit Datum 29. August 1947 „Note sur les solutions possibles de la question des biens allemands", in der ganz klar als günstigste Lösung eine Kombination von Übertragung bestimmter Einrichtungen an die Sowjetunion einerseits und Ablöseleistungen Österreichs andererseits genannt wird. Die „Note" enthält auch einen Hinweis,

Eigentums in Ostösterreich gab es Beratungen im Bundeskanzleramt, auch mit Zuziehung eines Verbindungsmannes der SPÖ (Dr. Mantler). Eine Fühlungnahme zwischen den österreichischen und den Westexperten ergab weitgehende Übereinstimmung in der ziffernmäßigen Bewertung. Auch über Art und Umfang eines Angebotes an die sowjetische Seite erzielte Außenminister Gruber, nach Gesprächen mit Bundeskanzler Figl, Vizekanzler Schärf und Minister Krauland, Einvernehmen mit dem amerikanischen Delegierten Ginsburg. Am 9. Oktober 1947, also einen Tag nach Vorlage des Grundkonzeptes des Cherrière-Plans, teilte Gruber Ginsburg mit, daß der amerikanische Vorschlag eines Angebots (mit einigen Präzisierungswünschen der Österreicher) auch österreichischerseits als brauchbarer Lösungsvorschlag erschiene:

Übertragung an die Sowjetunion:
1. 50% der Produktionskapazität an Erdöl;
   50% der Schurfgebiete;
   50% der Raffineriekapazität (alles in Ostösterreich);
2. „physical assets“ der DDSG in Ostösterreich, Ungarn, Rumänien, Bulgarien und Jugoslawien;
3. fünf bis zehn der wichtigeren Industrieunternehmungen, in welchen es einen überwiegenden deutschen Besitzanteil gebe.

Alle übertragenen Unternehmungen müßten österreichischem Recht unterstehen, nur mit Ausnahme eines möglichen Verstaatlichungsverbots für einen Zeitraum von 18 Monaten oder eventuell länger.
Die Ablöse aller übrigen sowjetischen Ansprüche sollte durch eine Summe von 100 Millionen Dollar in einem Zeitraum von acht bis zehn Jahren erfolgen.[4]

Diese Vorschläge sind jenen Cherrières sechs Wochen später recht ähnlich, allerdings schlossen die Franzosen die Übertragung von Industrieunternehmungen außerhalb des Erdölsektors von vornherein aus, auch reduzierten sie das Angebot bei den Ölschurfgebieten. Cherrières Vorschläge waren eindeutig

---

daß die sozialistische Presse in Österreich eine Ablöse-Lösung empfohlen habe – ein Hinweis auf die zu Ende des vorigen Kapitels erwähnten, de facto aus Renners Feder stammenden Artikel der *AZ*.

4 Hierzu: undatierte, jedoch vor dem 9. Oktober 1947 verfaßte, streng vertrauliche Aufzeichnung Grubers, offensichtlich zum Zweck der Informierung anderer Mitglieder der Bundesregierung (Durchschlag erliegt in: VGAB, Nachlaß Schärf, 4/237); Schreiben Grubers an David Ginsburg (mit englischer Anrede, doch in deutscher Sprache abgefaßt), Ausfertigung von Grubers Schreiben in: NA, RG 43, Box 169, in englischer Übersetzung ist das Schreiben publiziert in: *FR 1947*, II, 625–626. Bemerkenswert ist, daß Grubers Aufzeichnungen zufolge die drei westlichen Alliierten übereinstimmend der Meinung waren, daß durch die Übergabe des gesamten physischen Besitzes der DDSG im östlichen Österreich und Ungarn „mit Rücksicht darauf, daß der Restteil der DDSG immerhin dem Stromverkehr mit dem Osten dient, irgendwelche Beeinträchtigungen der österr. Interessen nicht gegeben seien“. Gruber erinnerte allerdings daran, daß ein bedeutender Teil des Fahrparks der DDSG sich außerhalb der östlichen Zone (nämlich in der amerikanischen) befand.

als Minimalangebot gedacht, dem bald Maximalforderungen der Sowjets gegenüberstehen sollten.[5]

Doch wann und wie reagierten die Sowjets auf den Cherrière-Plan? Die Londoner Session des Außenministerrats von Ende November bis Mitte Dezember 1947 war von der deutschen Frage beherrscht; doch die Londoner Konferenz zeigte das endgültige Scheitern der Möglichkeit an, eine einheitliche Deutschlandpolitik der vier Siegermächte zu konzipieren. Im Schatten des deutschen Fiaskos gab Molotow auf Befragen Ernest Bevins – „What about Austria?" fragte Bevin sozusagen in letzter Minute – am Ende der Ratstagung zu erkennen, daß die Russen nun bereit schienen, auf der Basis des Cherrière-Plans zu verhandeln.[6] Damit schienen sich, wie der von der Londoner Ratstagung nach Moskau zurückgekehrte amerikanische Botschafter in der Sowjetunion, Walter Bedell Smith, seinem österreichischen Kollegen Norbert Bischoff sagte, günstigere Perspektiven für den Österreichvertrag zu ergeben; der österreichische Vertrag wäre nun verhandlungstechnisch vom deutschen Vertrag losgelöst.[7]

Der sowjetische Gegenvorschlag zu Cherrières Londoner Angebot erfolgte am 24. Jänner 1948: Trotz beträchtlich höherer Zahlen war eindeutig zu erkennen, daß die Sowjets zum Verhandeln – und auch zum Handeln – bereit waren. Die russischen Gegenpositionen sind ebenfalls aus der diesem Kapitel beigegebenen tabellarischen Aufstellung ersichtlich. In dem 8-Punkte-Dokument der Sowjets – es spielte bis zur endgültigen Einigung im November 1949 eine grundlegende Rolle – waren zwei Punkte von besonderer Bedeutung: In Punkt 7 verlangten die Sowjets – wie bereits im Frühjahr 1947 – ein unbefristetes Verstaatlichungsverbot (außer mit ihrer Zustimmung) für das ihnen übertragene Deutsche Eigentum; sie erklärten ihre Zustimmung, das ihnen verbleibende Eigentum der österreichischen Gesetzgebung zu unterstellen, jedoch unter Vorbehalt der freien Ausfuhr des Profits oder anderer Einkommen entweder in der Form von Produktion oder von frei konvertierbarer Währung; dies bedeutete, daß die österreichische Außenhandelsgesetzgebung und Devisenkontrolle gewissen Einschränkungen unterliegen würden. Schließlich beharrten die Russen auf ihrem uns bereits bekannten Wunsch, allfällige Streitigkeiten mit Österreich im Bereich des Deutschen Eigentums auf dem Wege bilateraler Verhandlungen zu regeln.[8]

---

5 Ergänzende Erklärung Cherrières vom 27. November 1947, *FR 1947,* II, 799–800.

6 Bericht über die für die Amerikaner überraschende Initiative Bevins und Molotows Reaktion sowie über die Sitzung der Sonderbeauftragten am 17. Dezember 1947 in zwei amerikanischen Memoranden, *FR 1947,* II, 805–810, sowie die Erinnerungen von Cullis, *Austria,* 222.

7 Bericht Bischoffs vom 30. Dezember 1947. AdR, BMAA, II-Pol, Zl. 110.489-Pol/48.

8 Text des sowjetischen Vorschlages (der sogleich veröffentlicht wurde) u. a. in *FR 1948,* II, 1448–1449, sowie *AdG,* Bd. 18/19, 1948/49, 1346.

Schon drei Tage später fand unter Vorsitz Außenminister Grubers im Wiener Bundeskanzleramt zu den neuen sowjetischen Vorschlägen eine Aussprache zwischen Regierungsmitgliedern von ÖVP und SPÖ – die Regierungsbeteiligung der KPÖ war ja mit 20. November 1947 beendet worden – und Abgeordneten der beiden Koalitionsparteien statt; sie wirft interessantes Licht auf die österreichische Realverfassung jener Zeit.[9] Diese Aussprache fand einen Tag vor einer Sitzung des Hauptausschusses des Nationalrates statt; im Nationalrat war ja auch die KPÖ vertreten. Gruber bemerkte vielsagend, da sich in der Sitzung des Hauptausschusses die Parteienvertreter besser auf kurze sachliche Kommentare beschränken sollten, „wäre die eigentliche Diskussion heute durchzuführen“ – also in einem durchaus informellen Gremium. Zwei Reaktionen auf die sowjetischen Vorschläge dominierten die Diskussion: einerseits die Genugtuung, daß, wie Abg. Waldbrunner sagte, erstmals Verhandlungsbereitschaft aufgezeigt werde und daß, wie Gruber hervorhob, die Russen bereit seien, die USIA-Betriebe aufzugeben; zum ersten Mal sehe man, so der ÖVP-Abgeordnete Weinberger, „daß es einen Preis für unsere Freiheit gebe“; andererseits herrschte Konsens darüber, daß die sowjetischen Forderungen sehr hoch bzw. überhöht waren. Die auf die Bevölkerung Österreichs zukommenden Belastungen wurden angesprochen. Gruber sagte, entscheidend sei die zu überprüfende Frage, „ob Österreich lebensfähig sein werde“. Vizekanzler Schärf bemerkte, „daß wir mit allen bereits durchgeführten Entnahmen mit einer Reparationssumme von 8 Milliarden Schilling rechnen müßten“. Die Lasten würden erst jetzt für die Bevölkerung wirksam werden, es werde ein Appell an die stärksten Kräfte erforderlich sein. Ein nüchternes und ernüchterndes Fazit: Schärfs Hinweis auf die enorme Gesamtsumme an „Reparationen“ ging gewissermaßen wortlos über die offiziellen Kategorisierungen hinweg – der Potsdamer Beschluß, daß Österreich keine Reparationen zu zahlen hätte, wettgemacht durch die Entnahmen unter dem Titel der Kriegsbeute ebenso wie des Deutschen Eigentums – und nannte das Kind beim Namen – „Reparationen“ – aus Österreich.

Die Beratungen vom 27. Jänner 1948 zeigen, daß ein Bericht des amerikanischen Gesandten Erhardt, die erste österreichische Reaktion auf die sowjetischen Vorschläge sei „almost jubilation“, allzu einseitig die Genugtuung über die sowjetische Verhandlungsbereitschaft, nicht die Sorge über die Belastungen wiedergibt.[10] Gruber strich hervor, unser unmittelbares Verhandlungsziel sei, die Forderungen auf ein Minimum herunterzudrücken. Vor allem die Aufbringung der geforderten Ablösezahlungen in kurzer Zahlungsfrist und in

9 Zum folgenden AdR, BMAA, II-Pol, Zl. 110.686-Pol/48 v. 29. 1. 1948 (Mitschrift der Besprechung vom 27. 1. 1948).

10 Bericht vom 26. Jänner 1948, zit. bei Bischof, *Responsibility*, 674–675, aus *FR 1948*, II, 1449.

frei konvertierbarer Währung bereitete Sorgen. Dies sollte in der kommenden Zeit auch ein bevorzugtes Thema österreichisch-westlicher, vor allem österreichisch-amerikanischer Gespräche und Korrespondenzen werden.[11]

Die Hoffnung, die USA würden die für die Ablöse erforderlichen Geldmittel zur Verfügung stellen, um gewissermaßen die Sowjetunion aus Österreich „auszukaufen", war verbreitet, stieß allerdings im State Department auf stärksten Widerstand.[12] Grubers Plädoyer für den Einsatz amerikanischer Mittel war allerdings nicht undifferenziert; dem amerikanischen Argument, anstatt Barzahlungen in Dollar eine Ablöse in Warenlieferungen anzubieten, hielt Gruber entgegen, daß Warenlieferungsverpflichtungen gegenüber Rußland eine stärkere Verflechtung mit der sowjetischen Wirtschaft zur Folge hätten und der bisherigen Politik der Vereinigten Staaten, Österreich von sowjetischem Einfluß möglichst unabhängig zu machen, widersprächen. Auch wies Gruber durchaus auf mögliche Leistungen oder Beiträge Österreichs hin.[13] Noch war zu diesem Zeitpunkt nicht abzusehen, daß Österreichs Präferenz sich schließlich in Richtung der Ablösezahlungen durch Warenlieferungen entwickeln sollte und daß die im Februar 1954 (!) von der Sowjetunion angebotene Ablöse in Warenlieferungen als Konzession gewertet werden würde.[14]

Unter den Auspizien des sowjetischen Gegenangebots zum Cherrière-Plan setzte am 20. Februar 1948 eine neue Verhandlungsrunde der Sonderbeauftragten in London ein. Sie waren zunächst nicht ungünstig, und Österreicher wie Westalliierte hegten optimistische Erwartungen. Das britische Foreign Office „war erfreut" über die Tatsache, daß die Sowjets Vorschläge aufgrund des Cherrière-Planes machten, auch wenn die von den Sowjets zunächst genannten Zahlen etwa doppelt so hoch waren wie die der Franzosen.[15] Schon in den

---

11 Auf Grubers knapp nach Bekanntwerden der sowjetischen Vorschläge zu dem französischen für Österreich zuständigen Staatssekretär Pierre Schneiter gemachte Äußerung, Österreich würde bezüglich der von den Sowjets verlangten Ablösesumme von 200 Millionen Dollar binnen zwei Jahren „auf Hilfe von außen" angewiesen sein, antwortete Schneiter: „Jawohl, aber von weiter westlich als Frankreich." Gespräch in Wien am 28. Jänner 1949, Niederschrift in: AdR, BMAA, II-Pol, Zl. 110.685-Pol/48.

12 Hierzu ausführlich Bischof, *Responsibility*, 675–679.

13 AdR, BMAA, II-pol, Zl. 112.419-Pol/48, Schreiben Grubers an Staatssekretär Marshall vom 8. April 1948 (Entwurf). Zur höchst reservierten amerikanischen Reaktion auf die österreichischen Wünsche vgl. auch Bericht Kleinwächters aus Washington v. 23. April 1948, ebd., Zl. 113.176-Pol/48.

14 Dies sollte im Interesse der möglichst reibungslosen Weiterführung der USIA-Betriebe nach Ende der sowjetischen Ära liegen.

15 Mitteilungen des britischen Botschaftssekretärs Barnes im State Department, 29. Jänner 1948, *FR 1948*, II, 1454. Von Interesse ist die Mitschrift eines noch auf Basis dieser sowjetischen Vorschläge geführten Gespräches zwischen Gruber und dem sowjetischen Diplomaten J. D. Kiselew (längere Zeit in Wien als politischer Vertreter der UdSSR tätig) in London am 22. März 1948, in dem Gruber die zunächst von den Sowjets geforderte Ablösezahlung in frei konvertierbarer Währung innerhalb von zwei Jahren als inakzeptabel für Österreich zurückwies. Österr. Mitschrift des in englischer Sprache geführten Gesprächs in AdR, BMAA, II-Pol, Zl. 113-380-Pol/48.

ersten Wochen kam es zu einer gewissen Annäherung der Ausgangspositionen, und am 31. März machten die Sowjets das von den Amerikanern als „größere Konzession" bezeichnete Angebot, die Ablösesumme mit 150 Millionen Dollar, zahlbar in sechs Jahren, festzusetzen. Damit nicht genug: Am 5. April überraschten die Sowjets die Westmächte mit weitgehenden Konzessionen auf den Sektoren Erdöl und DDSG, so daß der verblüffte amerikanische Chefdelegierte Samuel Reber nach Washington berichtete: "Today we were hit by a flying saucer" – heute hat uns eine fliegende Untertasse getroffen.[16]

Die ursprüngliche Freude über die sowjetrussische Konzessionsbereitschaft war nämlich in konsternierte Unruhe umgeschlagen, die Reber in die dringende Frage an Außenminister Marshall kleidete: „Die 64-Dollar-Frage [d. h. Preisfrage, G. S.] bleibt unbeantwortet, nämlich wollen Sie einen Vertrag unter den gegenwärtigen Verhältnissen in Europa?"[17] Die Antwort, um dies vorwegzunehmen, sollte ein deutliches, wenngleich nicht für die Öffentlichkeit bestimmtes „Nein" sein. Der österreichische Gesandte in Washington, Kleinwächter, berichtete bereits in den ersten Apriltagen seinen – durchaus richtigen – Eindruck nach Wien, amerikanischerseits bestehe „gar keine wirkliche Neigung zu einem Vertragsabschluß", und das Streben sei nur mehr darauf gerichtet, „die Westmächte von einer Schuld am Scheitern der Verhandlungen freizuhalten und diese vielmehr allein den russischen Vertretern anlasten zu können".[18]

2. *Die kommunistische Machtübernahme in der Tschechoslowakei und ihre Folgen*

Am 17. Februar 1948 vormittags fand der 100. Ministerrat der Regierung Figl statt. Aus diesem Anlaß feierte die Regierung um 19 Uhr abends – mit Damen – in Form eines „heiteren" Ministerrats, d. h., das Fest ging in den festgelegten Ritualen einer Ministerratssitzung vor sich, mit einer Tagesordnung einschließlich Berichten und Anträgen der Regierungsmitglieder. Schriftliche Unterlagen dieses Festes finden sich mit der Überschrift „Ministerrat Nr. 100 a (heiter) am 17. Februar 1948, 19 Uhr abends" bei den Ministerratsprotokollen im Archiv der Republik. Nur wenige der zahlreichen Anträge seien hier wiedergegeben (wobei die Anträge wohl nicht von den Antragstellern selbst stammten, sondern der humorvollen Charakterisierung von Personen, Kompetenzen oder Situationen dienen sollten):

16 Bericht über Angebot vom 31. März in *FR 1948,* II, 1482; Rebers Bericht vom 5. April ebd., 1488.
17 Ebd., 1490.
18 Bericht Kleinwächters vom 3. April 1948, AdR, BMAA, II-Pol, Zl. 112.664-Pol/48.

Antrag des Bundeskanzlers „auf Dank und Anerkennung der Bundesregierung an die anwesenden Gattinnen der Bundesminister und Staatssekretäre für die Sicherung der Erhaltung ihrer Gatten für den Wiederaufbau";

Antrag des Justizministers (Josef Gerö) „auf Ernennung der Frau Hilda S c h ä r f zum Generalanwalt der entrechteten Bundesministersgattinnen unter Verleihung eines Dienstpostens der 13. Standesgruppe der Richter und Staatsanwälte".

Antrag des Finanzministers (Georg Zimmermann) „auf Gewährung einer einmaligen Beihilfe zwecks Gründung eines Fonds zur entsprechenden Fütterung und Pflege des österreichischen Deckhengstes ‚Amtsschimmel' und die Ermächtigung, mit Rücksicht auf die besten Zuchtergebnisse junge ‚Amtsschimmeln' an die übrigen Ressorts zur Verteilung zu bringen".

Antrag des Innenministers (Helmer) „auf Einführung des Visumzwanges in den Zonen von Wien und der Freihandelszone ‚Resselpark'" [bekannter Schleichhandelsbereich neben dem Karlsplatz in Wien, G. S.].

Innenminister Helmer stellte auch den Antrag „auf Erhebung von Innsbruck zur Bundeshauptstadt Westösterreichs und Ernennung Dr. G a m p e r s' zum westlichen Bundespräsidenten". Der Antrag – ein Zuckerl für damalige „Insider" der österreichischen Politik – bezog sich auf den Landeshauptmannstellvertreter Dr. Hans Gamper (ÖVP), wohl die stärkste politische Persönlichkeit in Tirol in jenen Jahren und erinnert – ohne daß an eigentlichen Separatismus zu denken wäre – an die die Bundesregierung in jenen Jahren immer wieder beschäftigenden, die Verhältnisse im östlichen Österreich unzureichend berücksichtigenden Eigenbröteleien in westlichen Bundesländern.[19]

Österreichische Selbstironie im vierfach besetzten Land kam reichlich zur Geltung. „Der Alliierte Rat hat dem Ansuchen der Bundesregierung, das Lied von Zarah Leander ‚Gebundene Hände' als Lied der Bundesregierung zu erklären, stattgegeben." Ein vom „4-teiligen Element" genehmigtes Radioprogramm für den 18. Februar 1949 enthielt das „Märchenspiel ‚Die Befreiung Österreichs'" und im „Wunschkonzert" u. a. den Chor der Landeshauptmänner „Ich bin die Unschuld vom Lande", die „Verzweiflungsarie" des Finanzministers Zimmermann „Da habt's mei letztes Kranl ..." und das „Auftrittslied des BM Dr. Gruber in London": „Ich weiß, es wird einmal ein Wunder geschehen" ...

19 Ein Augenzeugenbericht zu diesem „Pseudo-Ministerrat, den Figl mit gravitätischer Würde leitete", in Heinrich Wildners Aufzeichnungen (17. 2. 1948), ÖStA, GD, NLS, E/1791/18. – Ein Jahr zuvor hatte der Bundeskanzler in einem dramatischen Appell im Ministerrat, aus Anlaß der Einberufung einer Landeshauptmännerkonferenz, gesagt: „Ich habe die Landeshauptleute des weiteren darauf hingewiesen, daß wir *ein* Staat sind, daß auch die Länder zugrunde gehen müßten, wenn der Staat zugrunde ginge, und daß Wien nicht nur die Bundeshauptstadt Österreichs, sondern auch sein Zentrum ist." AdR, MRProt Nr. 52, 14. Jänner 1947 (Hervorhebung im Original).

Noch einmal zurück zur Liste der „Ministeranträge": Die „Tagesordnung" enthält einen Antrag des Bundesministers für Vermögenssicherung und Wirtschaftsplanung „auf Errichtung von 20 Sektionen und Herabsetzung der Altersgrenze für weibliche Sektionsleiter". Dies war ein für alle Teilnehmer erkennbarer Hinweis auf Frau Dr. Margarete Ottilinger, eine – damals höchst selten! – Spitzenbeamtin des Ministeriums für Vermögenssicherung und Wirtschaftsplanung. Dem rückblickenden Historiker vergeht das Schmunzeln über den humoristischen „Ministerratsantrag", bedenkt er, daß noch vor Ablauf des Jahres, am 5. November, Margarete Ottilinger aus dem Auto, in dem sie in Begleitung des Ressortchefs Peter Krauland aus Linz nach Wien zurückkehren wollte, an der Demarkationslinie von sowjetischen Organen verhaftet werden würde und erst sieben Jahre später, 1955, aus sowjetischer Lagerhaft wieder in Österreich eintreffen sollte. Es wird darauf zurückzukommen sein.

Vier Tage nach dem Jubiläumsministerrat in Wien brach in Prag jene Regierungskrise aus, die die kommunistische Machtergreifung einleitete; diese Machtergreifung wurde schon am 25. Februar 1948 mit der Bildung der neuen, kommunistisch dominierten Regierung unter Klement Gottwald besiegelt.

Damit war, um wieder zu der anfangs Februar in London begonnenen Staatsvertragsrunde zurückzukehren, ein Ereignis von großer Tragweite für den Gang der Staatsvertragsverhandlungen eingetreten. Die kommunistische Machtübernahme in der Tschechoslowakei erfolgte, ohne daß ein einziger sowjetischer Soldat in der Tschechoslowakei stationiert gewesen wäre. Organisation und Mobilisierung der tschechischen Kommunisten reichten aus, um die nichtkommunistischen Parteien unter Druck zu setzen und vor allem die Sozialdemokraten, deren Widerstand gegen die Kommunisten in den vorhergehenden Monaten gewachsen war, auszuschalten. Der Umsturz in der Tschechoslowakei wurde vor der Weltöffentlichkeit durch den Fenstersturz des Außenministers Jan Masaryk (vermutlich Selbstmord) am 10. März dramatisiert – war doch Masaryk, der Sohn des Gründers der Tschechoslowakei, Träger des Versuchs der tschechischen Politik zwischen 1945 und 1948 gewesen, eine Brücke zwischen Ost und West zu bilden. Das Echo auf die kommunistische Machtübernahme in Prag war im Westen um so größer, als sich gerade die Tschechoslowakei mehr als irgendein anderer Staat Mittel- und Osteuropas großer Sympathien als Demokratie westlichen Typs erfreut hatte.[20]

Die Wucht des Schocks, den diese Machtübernahme bei den Westmächten auslöste, wurde von dem eilends aus London nach Wien zurückgekehrten Außenminister Gruber in einem Bericht vor dem Hauptausschuß des Nationalrats am 5. März 1948 dargestellt: „Die spätere Geschichte wird wahrscheinlich

20 Vgl. auch François Fejtö, *Die Geschichte der Volksdemokratien,* 2 Bde., Graz 1972, Bd. 1, „Die Ära Stalin", 220–233.

erweisen, daß nichts mehr zur Vereinigung der Weststaaten geführt hat als die Auslösung dieser Krise im Frühjahr des Jahres 1948. Zum erstenmal seit dem Zusammenbruch Hitler-Deutschlands wurde in den Staaten des Westens das Signal ‚Gefahr' hochgezogen."[21]

In den Protokollen des österreichischen Ministerrates spiegeln sich die Sorgen der Bundesregierung in den Tagen und Wochen nach der kommunistischen Machtergreifung in Prag. Das Gefühl der drohenden Isolierung spricht aus den Worten des Bundeskanzlers Figl schon am 24. Februar 1948, gegebenenfalls hätten „wir keinen Nachbarn mehr" – d. h. keinen freien und verläßlichen Nachbarn mehr; auf Italien „können wir keine Hoffnung setzen, da die Lage dort selbst ungeklärt" sei – ein Hinweis auf die extreme Unsicherheit, ob bei den für die zweite Aprilhälfte 1948 angesetzten ersten Parlamentswahlen die kommunistischen oder antikommunistischen Kräfte überwiegen würden. Aus der Schweiz sei gleichfalls keine Hilfe zu erwarten, da „die Bevölkerung dort sehr nervös" sei, und zwar „bedeutend mehr als wir in der Ostzone".[22] Eine Woche später äußerte sich Vizekanzler Schärf über die Notwendigkeit, „verfassungsmäßige Vorsorge für den Fall von Überraschungen" zu treffen.[23]

Nach Grubers Rückkehr aus London kam es zu einem außerordentlichen Ministerrat am 4. März 1948, mit einer sehr ausführlichen Debatte über die Folgen der kommunistischen Machtübernahme in der Tschechoslowakei für Österreich und einem Bericht Grubers über die Stimmung und die Gespräche in London.[24] Vorherrschend in der sehr ernsten Diskussion war die Überlegung, daß bei einem Zusammenstehen der beiden Großparteien die möglichen Bedrohungen wie immer gearteter kommunistischer Subversions- oder Machtergreifungsversuche gemeistert werden könnten. Innenminister Helmer – er war besonders von Gruber zur Stellungnahme angesprochen worden – meinte, die Versuche der Kommunisten, Unruhen herbeizuführen, könnten durch die Sicherheitsexekutive gemeistert werden, doch nannte er zwei Voraussetzungen: „wenn wir die entsprechenden Waffen bekommen" und: „wenn die beiden großen Parteien sich verständigen". Vizekanzler Schärf meinte, die Bevölkerung sei willens und in der Stimmung, durchzuhalten; skeptischer äußerte er sich zur Beamtenschaft; bei den Beamten sei es so, „daß sie lieber auf den Posten verzichten als etwa vom Westen nach Wien gehen". Es sei sehr betrüblich, daß die Beamten so wenig Standhaftigkeit hätten, vieles hänge allerdings von dem dreimaligen Kurswechsel der Regierung ab – damit waren wohl die Umbrüche 1933/34, 1938 und 1945 gemeint – und gar manches vom Verhalten der Parteien. Sehr deutlich wurde in der Debatte, daß die Bewaffnung

21 Text von Grubers Bericht vor dem Hauptausschuß in: *WZ*, 6. März 1948, 1.
22 AdR, MRProt Nr. 101, 24. Februar 1948.
23 AdR, MRProt Nr. 102, 2. März 1948.
24 AdR, MRProt Nr. 102 a, 4. März 1948.

der Exekutive völlig ungenügend sei und von den Westmächten Waffen und Fahrzeuge zu verlangen wären. Zur Illustration meinte Staatssekretär Graf, die Wache, die gerade im Bundeskanzleramt Dienst versehe, müsse bei der Ablösung ihre Waffen ihren Nachfolgern übergeben. Helmer berichtete, im Burgenland sei für die Gendarmerie kein fahrbares Auto da, „und es ist nicht möglich, im Ernstfall die Gendarmerie von einem Ort zum anderen zu bringen". Auch der parteilose Justizminister Gerö meinte, Gruber müsse den Westmächten vor Augen führen, daß die Ausrüstung der Exekutive „besonders in den anderen Zonen" (d. i. den Westzonen) von Bedeutung sei. Gerö appellierte auch ernsthaft an die beiden Koalitionsparteien: „Man sitzt im Ministerrat und hört den Willen zur Zusammenarbeit und dann muß man in den Zeitungen lesen, wie die Parteien aufeinander losschlagen." Die Beamtenschaft werde hin und her geworfen, „was natürlich ist, wenn sie die Angriffe der Parteien gegeneinander beobachtet. Es kann daher niemand wundernehmen", so Gerö auf Schärfs frühere Wortmeldung eingehend, „wenn die Beamtenschaft schwankend ist". Gerö stellte die Bitte an die großen Parteien, miteinander einen Burgfrieden zu schließen. Helmer warnte vor Aufstellung bewaffneter Formationen außerhalb der Exekutive. Gruber pflichtete ihm bei und replizierte, wegen der Bewaffnung könne er sofort Regelungen treffen und in den westlichen Ländern ein Bundesheer aufstellen. Diese Frage sei aber sehr delikat und erfordere entsprechende Vorsicht, was ja wegen der Einstellung der Russen begreiflich erscheine. Es müsse eine Form gefunden werden, „daß die Gendarmerie Waffen bekommt, ohne daß es in die Zeitung kommt oder irgendwie sonst verlautbart wird". Hier sind die Ansätze und Motivationen, die zu den „verdeckten" Aktionen in den Westzonen, der B-Gendarmerie und in weiterer Folge zu dem „Aufgebot", der Erfassung der wehrfähigen Männer in den Westzonen, führen sollten, deutlich merkbar.[25]

Fragen zur außenpolitischen Situation an Gruber kennzeichnen die Atmosphäre sehr großer Besorgnis in den Beratungen der Bundesregierung. Helmer stellte an Gruber eine Frage zur Entwicklung in Finnland; dort übten die noch an der Regierung beteiligten Kommunisten starken Druck aus, und die Sowjetunion drängte auf Abschluß eines Freundschafts- und Beistandspaktes mit Finnland analog ähnlichen Verträgen, die mit den Volksdemokratien abgeschlossen worden waren. Gruber antwortete, wenn die Finnen sich weigerten, „den Pakt zu schließen, so erfolgt entweder ein Putsch oder wird der Pakt gewaltsam erzwungen. Würde aber die Sache auf Schweden übergreifen, so würde das Krieg bedeuten".[26] Tatsächlich kam es schon einen Monat später,

---

25 Vgl. hierzu unten Kap. IV.

26 Im März/April 1948, also deutlich vor Ausbruch der Berliner Blockade, herrschte im Westen beträchtliche Angst vor einem baldigen Ausbruch eines Krieges. Vgl. etwa über französische Befürchtungen Alan Bullock, *Ernest Bevin, Foreign Secretary 1945–1951*, London 1983, 536–537;

am 6. April 1948, zum Abschluß des sowjetisch-finnischen Freundschafts- und Beistandspaktes, der ein Militärbündnis im Falle eines Angriffes auf Finnland oder auf die Sowjetunion über Finnland „seitens Deutschlands oder eines beliebigen anderen mit diesem verbündeten Staates“ enthielt. Machtergreifungsversuche der finnischen Kommunisten scheiterten allerdings wenig später, die „rot-grüne“ Koalition zerfiel im Mai 1948.

Betreffend Österreichs Position berichtete Gruber, beim Österreich-Vertrag rieten die Westmächte zur größten Vorsicht. Sehr besorgt sei man über Italien. Gruber betonte eindringlich die Notwendigkeit, sich mit dem rechtzeitigen Aufbau des Bundesheeres für den Fall des Staatsvertragsabschlusses und des Abzugs der Besatzungstruppen zu befassen. Allerdings: „Ein noch so großes Bundesheer kann uns nur im Inneren schützen, nie aber gegen einen bewaffneten Einmarsch. Es muß daher eine Garantie der österreichischen Unabhängigkeit geschaffen werden.“ Eine Vier-Mächte-Garantie habe nur einen Sinn, so Gruber, gegen eine fünfte Macht, „nie aber gegen eine der vier Mächte“. Die UNO werde in ein oder zwei Jahren ein Sicherheitsorgan geschaffen haben, aber vorläufig müßte man die Dinge so nehmen, wie sie jetzt liegen. Gruber berichtete, er habe mit Außenminister Bevin gesprochen; dieser stehe „auf dem Standpunkt, es müßte eine Sicherheitsregion geschaffen werden, und wo auch immer die Russen angreifen, müsse die Sicherheit auch gegen den Willen der Bevölkerung hergestellt werden, was allerdings praktisch Krieg bedeuten würde. Der Bevölkerung muß klargemacht werden, welche Folgen ein solcher russischer Angriff nach sich ziehen würde.“[27] Auf Bevins Position bezüglich Österreichs wird noch zurückzukommen sein. Im Zuge der Debatte machte Gruber auch die etwas kryptische Bemerkung: „Ich glaube, wir kommen zu einem Staatsvertrag oder zu einer Änderung der alliierten Politik.“ Bundeskanzler Figl unterstrich die von mehreren Regierungsmitgliedern hervorgehobene Notwendigkeit des Zusammenstehens der Regierungsparteien. In das Beschlußprotokoll wurde ausdrücklich der „Appell des Bundeskanzlers“ hineingenommen, „den Abschluß des Staatsvertrages als oberstes gemeinsames Ziel der beiden großen in der Koalitionsregierung vereinigten Parteien zu betrachten und zur Erreichung dieses Zieles alles Trennende zurückzustellen“.

---

aus Washington berichtete der Gesandte Kleinwächter am 3. April 1948: „Der Krieg mag erst in einigen Monaten kommen, er kann in wenigen Tagen ausbrechen – oder die Sovietunion müßte erkennen, daß sie ihren ‘kalten Krieg’ verloren hat.“ AdR, BMAA, II-Pol, Zl. 112.664-Pol/48.

27 In dem österreichischen Gesprächsvermerk zur Unterredung Gruber-Bevin am 28. Februar 1948 kommt dies nicht so deutlich zum Ausdruck; dort heißt es: „Was ihm [Bevin] immer klarer erscheine, sei, daß man mit den Russen keine Kompromißpolitik machen könne . . . Seine [Bevins] Politik sei nach wie vor auf einen nicht aggressiven oder provokatorischen Ton abgestellt, aber er wisse, es handle sich darum ‚to keep the line‘.“ AdR, BMAA, Bestand Botschaft London, K 27 (hs. Konzept Botschafter Schmid, Zl. 32-Pol/48).

Die Stellungnahmen im Ministerrat und ohne Zweifel auch diverse informelle Gespräche führten zu einer Reihe von Konsequenzen. Gruber, bald wieder nach London zurückgekehrt, ließ den Westalliierten ein österreichisches Memorandum zukommen, dessen wichtigste Punkte die folgenden waren:[28]

Die österreichische Regierung habe in einer Sondersitzung die jüngsten Ereignisse in der Tschechoslowakei und deren Wirkungen auf die innere Situation in Österreich besprochen und habe die Taktik der österreichischen Regierung betreffend den Abschluß des Staatsvertrages festgelegt.

Nach Beratungen mit den für den Bereich des Inneren zuständigen Behörden sei die österreichische Regierung zu folgenden Schlüssen gekommen:

a) Der Prozentsatz der kommunistischen Anhängerschaft in Österreich sei sehr niedrig und betrage höchstens 5 Prozent der österreichischen Bevölkerung. Polizei und Gendarmerie seien von kommunistischem Einfluß gesäubert worden, alle Schlüsselpositionen würden von Mitgliedern der zwei demokratischen Parteien besetzt. Die Regierung beruhe auf der Koalition dieser zwei großen Parteien, 95 Prozent der Bevölkerung einschließend. (Dies war wohl eine kühne Behauptung).

b) In Hinblick auf die gegenwärtige Situation seien alle Schritte unternommen worden, um die Zusammenarbeit der zwei großen Parteien zu stärken. Kommunistischer Einfluß in den Gewerkschaften sei beträchtlich reduziert, und die günstige Verteilung von landwirtschaftlichem Grund und Boden biete wenig Gelegenheit für kommunistische Propaganda auf dem Lande.

Die österreichische Regierung sei zu dem Schluß gekommen, daß sie unter bestimmten Bedingungen sicher in der Lage sei, Friede und Ordnung im Innern zu erhalten und „short of war" auch die Integrität der österreichischen Grenzen zu sichern. Die genannten Bedingungen seien folgende:

a) Beschleunigte Bewaffnung der Polizei und Gendarmerie mit moderner Ausrüstung. Sei dies auf einer Vier-Mächte-Basis nicht möglich (daß dies nicht zu erwarten sei, hatte Gruber schon im Ministerrat gesagt), müßten die notwendigen Schritte „without undue scrupulousness" in den Westzonen durchgeführt werden. Die (west-)alliierten Oberbefehlshaber seien bereits diesbezüglich kontaktiert worden (!).

b) Die Militärklauseln des Staatsvertrages seien nun von besonderer Bedeutung. Eine wirklich befriedigende Regelung dieser Artikel bedeute jetzt eine höchst wichtige Voraussetzung des Vertrags(-abschlusses).

Wesentlich seien volle Freiheit für die Auswahl von Kriegsmaterial; der Beginn der Bildung des Bundesheeres spätestens zum Zeitpunkt der Unter-

28 Deutscher Text in: AdR, BMAA, II-Pol, Zl. 112.192-Pol/48; engl. Text in: PRO, FO/371/70396/C2356.

zeichnung des Staatsvertrages; die Verweigerung der Zustimmung seitens der Sowjetunion wäre als ernste Gefahr für Österreichs zukünftige Sicherheit anzusehen.

In wirtschaftlicher Hinsicht wäre Sorge zu tragen, daß die Erdölversorgung des heimischen Marktes gewährleistet wäre, daß die jährlichen Ablösezahlungen (an die Sowjetunion) nicht die wirtschaftliche Lebensfähigkeit des Landes gefährden würden und daß der Nahrungsmittelbedarf für die unmittelbare Zukunft im Rahmen des ERP-Programms gewährleistet würde.

Im Sinne von Figls Appell an die Bundesregierung am 4. März hieß es im Memorandum, der rasche Abschluß des Staatsvertrages sei weiterhin für die österreichische Regierung äußerst wünschenswert, Konzessionen betreffend die essentiellen Vertragsklauseln, besonders jene betreffend das zukünftige Bundesheer, sollten nicht in Erwägung gezogen werden. Und ein weiteres taktisches Sicherheitsventil wurde in Grubers Memorandum eingebaut: Im Schlußteil hieß es, „voraussichtlich werde beträchtliche Zeit zwischen der Unterzeichnung und der Ratifikation des Vertrags verrinnen". Während dieser Periode sollte sich die Gelegenheit bieten, die gesamte internationale Situation neu zu überdenken („to examine anew the entire international situation"), um definitiv das genaue Datum der Evakuierung zu entscheiden. Mit der Idee, Vertragsabschluß einerseits, Vertragsratifikation mit dem erst dieser folgenden Truppenabzug andererseits zeitlich voneinander zu entkoppeln, wurde ein Element beträchtlicher Flexibilität in den Komplex der Staatsvertragsverhandlungen eingefügt, an dem im Laufe des Jahres, wie noch gezeigt werden wird, auch die Außenminister der USA, Englands und Frankreichs Gefallen finden sollten.

Über das Memorandum und den Fortgang der Staatsvertragsverhandlungen fand am 22. März 1948 in London eine Besprechung zwischen den Österreichern und den westalliierten Staatsvertragsdelegierten statt. Gruber meinte, die Österreicher hätten alles Interesse, falls es zum Abbruch der Verhandlungen kommen sollte, diesen Zeitpunkt möglichst lange hinauszuschieben; er plädierte allerdings dafür, eine Pause einzulegen, um über die italienischen Wahlen (die für den 18. April 1948 angesetzt waren), hinauszukommen. Der amerikanische Sonderbeauftragte Reber ließ eine Präferenz für eine deutlich längere Pause der Verhandlungen erkennen und fragte Gruber, ob es nach Ansicht der Österreicher richtig wäre, die Staatsvertragsverhandlungen jetzt auf Eis zu legen ("to put it at the cold store"). Gruber stimmte nicht direkt zu; wenn man den Vertrag jetzt auf Eis lege, könne man sicher sein, daß er über ein Jahr dort liegen werde; propagandistisch müßte daher die ganze Idee des Staatsvertrags zurückgestellt werden; Gruber meinte dann auf Rebers Frage, ob er die Fortführung der Verhandlungen für vorteilhaft ansehen würde, für einige Wochen ja; nach dieser Zeit, „wenn man ewig so weiter verhandeln würde, würde es ein Witz werden". Man müßte „eine neue Phase kreieren". Grubers Idee war, die Zahlungsunfähigkeit Österreichs im Rahmen des Cherrière-Plans untersuchen zu lassen; damit wäre eine Pause in den Vertragsverhandlungen zu füllen. Auf diese Idee gingen Grubers Gesprächspartner nicht näher ein; jedenfalls zeichnete sich die amerikanische Linie der Verzögerung bzw. Vertagung, die sich im Mai 1948 voll durchsetzen sollte, bereits deutlich ab.[29]

Es zeigte sich bald, daß innerhalb des Konsenses über den baldigen Abschluß des Staatsvertrags als oberstes Ziel der Koalitionsparteien, wie er in Figls Appell im außerordentlichen Ministerrat vom 4. März 1948 festgehalten war, eine beträchtliche Bandbreite unterschiedlicher taktischer Auffassungen möglich war. Die Sozialisten unter Führung von Vizekanzler Schärf kamen zu dem Schluß, daß die Gefahren eines kommunistischen Putsches während der Anwesenheit der sowjetischen Besatzungskräfte größer wären als nach Abzug der Sowjets. Schärf teilte diese Überlegungen während eines Besuches in London auch persönlich dem Außenminister Bevin mit, der selbst weiterhin Befürworter eines Vertragsabschlusses, allerdings nicht um jeden Preis, war.[30] Bei Gruber hingegen, wie das vorhin ausführlich wiedergegebene Memorandum für die Westmächte deutlich macht, wurden Sympathien für die vor allem von den Amerikanern (und bald auch den Franzosen)[31] favorisierte Verzögerungstaktik merkbar.[32] Man hat sogar nicht unplausibel von Grubers „Doppelstrategie" gesprochen, öffentlich den Vertragsabschluß weiter zu pro-

29 Österr. Mitschrift: AdR, BMAA, II-Pol, Zl. 112.191-Pol/48. Der britische Sonderbeauftragte Marjoribanks ließ auch durchblicken, daß man so wie bisher nicht weitermachen könne; General Cherrière, der französische Sonderbeauftragte, beteiligte sich an der (in englischer Sprache geführten) Diskussion nicht und erklärte auf Befragen, Gruber habe zu schnell gesprochen und er habe ihn daher nicht verstanden! Zur amerikanischen Linie vgl. unten, S. 133–134.

30 PRO, FO/371/70396/C2405, Amtsdruck der Aufzeichnungen Bevins über sein Gespräch mit Schärf am 24. März 1948, sowie Äußerung Bevins im Kabinett am 8. April 1948 : "... that democracy in Austria could best be preserved in Austria by the early signature of the Austrian Treaty and the consequential withdrawal of the Allied armies of occupation." Ebd., FO 371/70409/C3049. Ein mit gleichem Datum dem Kabinett vorgelegtes Memorandum Bevins über den Österreich-Vertrag formulierte wesentlich vorsichtiger und enthielt, ähnlich Grubers vier Wochen zuvor den Engländern übergebenem Memorandum, den Hinweis, daß auch nach Abschluß des Vertrags sehr sorgfältig zu prüfen sein werde, ob die internationale Lage den Abzug der Westmächte aus Österreich erlauben werde. Dokument C. P. (48) 102, erliegt in: PRO, FO 371/70409/C2833. Überspitzt könnte man sagen: Bevin mündlich reflektierte Schärf, Bevin schriftlich (offensichtlich vom Foreign Office formuliert) reflektierte Gruber.

31 Hierzu Aktenvermerk von J. Marjoribanks vom 15. April 1948, PRO, FO 371/70409/C3347.

32 Dies geht deutlich aus einem Bericht des amerikanischen Gesandten Erhardt vom 3. März 1948 hervor – also einen Tag vor dem außerordentlichen Ministerrat vom 4. März. *FR 1948*, II, 1384.

pagieren, intern die sich herauskristallisierende Verzögerungstaktik mitzutragen.[33]

In einem Ministerrat am 6. April 1948, in dem Gruber, neuerlich aus London zurückgekehrt, über neueste Entwicklungen berichtete, meinte Justizminister Gerö vielsagend: „Wenn man mit den westlichen Alliierten spricht, so hört man immer, ob es jetzt der richtige Augenblick sei, daß der Staatsvertrag zustande kommt oder ob nicht ein Hinausschieben erfolgen sollte. Wir wollen ein Vertragsinstrument bekommen. Den Zeitpunkt des Inkrafttretens kann man ja hinausschieben. Daher werden wir auf das Zustandekommen des Vertrages dringen, wobei jedoch das Inkrafttreten desselben den Alliierten für den Zeitpunkt, den sie für geeignet halten, überlassen bleiben muß." Gruber replizierte umgehend. Gerö zeige ein sehr ernstes Problem auf, die Sache sei aber nicht so einfach: „Nehmen wir an, es wird ein für uns günstiger Vertrag geschlossen, so würde das Zurückhalten der Ratifizierung eine ungünstige Lage für uns schaffen." Gruber betonte, das Resultat werde immer das sein, „daß wir ohne substantielle Hilfe der Amerikaner nicht auskommen können". Grubers etwas verschwommene Ausführungen zeigen, daß ihm die amerikanische Tendenz, zum damaligen Zeitpunkt nicht bloß die Vertragsratifizierung, sondern den Vertragsabschluß hinauszuschieben, bekannt war und er damals (im Unterschied zu seiner Haltung im Frühjahr 1947 oder später wieder im Herbst 1949) diese Tendenz teilte. Gruber betonte im Ministerrat, die Lage in der Tschechoslowakei habe für uns Nachteile gebracht, die tschechischen Minister hätten seinerzeit erklärt, ein Putsch sei (bei ihnen) nicht möglich, trotzdem sei er gekommen. „Daher ist die von den Amerikanern verlangte Vorsicht und das Mißtrauen, das sie an den Tag legen, begreiflich."

Im gleichen Ministerrat vom 6. April – gerade zwischen zwei wichtigen Daten liegend, nämlich der Unterzeichnung des Brüsseler westeuropäischen Verteidigungspaktes am 17. März und der Unterzeichnung des OEEC-Gründungsvertrages am 16. April 1948 – berichtete Gruber über die großen Linien der westlichen Politik: „Im Westen entsteht eine große Bewegung, eine Sicherheitsorganisation wegen des russischen Vormarsches und dessen Abstoppung." Ein Mittel dazu sei der Marshallplan; daneben habe „sich auch der militärische Charakter gezeigt", besonders bei der Brüsseler Konferenz. Die einzige militärische Macht in Europa sei eigentlich nur England; aber auch Frankreich mache Anstrengungen in militärischer Hinsicht, „die bereits gewaltig im Zuge sind. Auch in Amerika ist die Aufrüstung im Gange". Zweifellos werde auch

33 Günter Bischof, „Prag liegt westlich von Wien. Internationale Krisen im Jahre 1948 und ihr Einfluß auf Österreich", in: Bischof/Leidenforst (Hrsg.), *Bevormundete Nation,* 315–345, hier 340–341; wenn Bischof schreibt, eine Vertragsunterzeichnung „hätte nämlich den Abzug aller Besatzungstruppen bedeutet", so berücksichtigt er nicht die von Gruber bereits bedachte Variante des hinausgezögerten Intervalls zwischen Vertragsabschluß und Ratifizierung.

Deutschland eine gewisse Rolle zukommen, und man werde „Deutschland wieder in irgendeiner Form einschalten". Es habe während der Pariser Verhandlungen (der 16 Marshallplan-Staaten zur Gründung der OEEC) „starke Bestrebungen gegeben, die militärischen Abmachungen auf alle Marshall-Staaten abzustimmen und auf diese auch auszudehnen"; dies sei allerdings zuerst abgelehnt worden. Man habe die militärischen Absprachen „von Paris herausgeschält und nach Brüssel verlegt", so Gruber. Die Folgerung für Österreich sei, daß die nächsten sechs Monate, vielleicht das ganze Jahr 1948, ein Jahr der Unsicherheit sein werde. Aus Grubers Bericht wird wohl seine Enttäuschung deutlich, daß die militärische Komponente von Paris nach Brüssel verlegt und damit einem viel engeren Kreis vorbehalten blieb. Der Ministerrat vom 6. April 1948 ermächtigte übrigens – nach einem besonders engagierten Votum Schärfs zugunsten der „Bildung der Wehrmacht" und der Aufstellung von Verfügungskommandos bei Polizei und Gendarmerie – „die zuständigen Bundesminister durch persönliche Verhandlungen die Voraussetzungen für die entsprechende Ausgestaltung des Sicherheitsapparats" zu schaffen.[34]

Zurück nach London: Zu Grubers vorhin genanntem Bericht über sein Gespräch mit Bevin sind bedauerlicherweise britische Aufzeichnungen nicht zugänglich.[35] Die Ansicht Robert Knights, daß Gruber Bevins Bereitschaft zu einem Engagement überzeichnet haben könnte, ist jedoch plausibel. Gruber selbst hatte bemerkenswerterweise noch vor der kommunistischen Machtübernahme in Prag im Londoner Foreign Office seinen Wunsch kundgetan, Österreich möge nach Vertragsabschluß in die im Entstehen begriffene „Western Union" aufgenommen werden.[36] Die Forderung nach einer – noch keineswegs klar definierten – „Western Union" war von Bevin in einer Rede im Unterhaus am 22. Jänner 1948 ausgesprochen worden. Aus den britischen Quellen geht allerdings hervor, daß Bevin nicht daran dachte, Österreich in die „Western European Union" im engeren Sinne einzuschließen – in die Verteidigungsgemeinschaft der fünf Staaten England, Frankreich, Niederlande, Belgien und Luxemburg, die gerade in Brüssel im Begriffe waren, ein gegenseitiges Verteidigungsbündnis abzuschließen, dessen Unterzeichnung alsbald, nämlich am

34 AdR, MRProt Nr. 106, 6. April 1948, separierter Teil unter Verschluß.

35 Knight, *British Policy,* 207. Bischof, *Responsibility,* 680 ff., geht auf das Gespräch Gruber/Bevin nicht ein.

36 Knight, *British Policy*, 206: Gruber im Gespräch mit James Marjoribanks sagte, er hoffe „that Austria would be admitted to the Western Union on conclusion of the Treaty", weil „Austria ... could not be expected to maintain her independence unless she threw her lot in with the West. She could not alone play the role of buffer State." Amtsvermerk Marjoribanks vom 20. Februar 1948, PRO, FO/3471/70395/C1453. Zu Grubers engagierter Diplomatie zugunsten einer möglichst engen Anbindung Österreichs an den Westen vor und nach der kommunistischen Machtergreifung in Prag siehe Günter Bischofs bereits zitierte Studie „Prag liegt westlich von Wien".

17. März 1948, stattfinden sollte. Aus den englischen Quellen ist Bevins Ansicht erkennbar, daß für Italien, Österreich und, wenn möglich, Skandinavien bei Gelegenheit besondere Regelungen getroffen werden müßten.[37] Während einige höhere Beamte im Foreign Office – nicht alle – eine engere Anbindung Österreichs an die „Western Union" oder zumindest eine Drei-Mächte-Garantie für Österreich favorisierten, die im britischen Außenamt sogar ausgearbeitet wurde,[38] meinte Bevin im Februar 1948 lediglich, daß Österreich vielleicht „a guaranteed buffer state" – ein Pufferstaat mit Garantie – werden könnte.[39] Von Interesse ist eine Episode aus dem westalliierten Beratungsprozeß jener dramatischen Vorfrühjahrswochen 1948. In der zweiten Märzhälfte 1948 kam eine amerikanisch-kanadisch-britische Arbeitsgruppe in Washington zu dem Schluß, daß unter bestimmten Umständen Deutschland – oder seine drei westlichen Zonen –, Österreich – oder die drei westlichen Zonen (sic!) – und Spanien eingeladen werden sollten, dem Brüsseler Pakt und dem Sicherheitspakt für den Nordatlantik (dem ein Jahr später zustande kommenden Nordatlantikpakt) beizutreten, wobei diese Absicht zunächst nicht öffentlich bekanntgemacht werden sollte. Zu notieren ist die Leichtigkeit – man ist versucht zu sagen, Leichtfertigkeit –, mit der diese Arbeitsgruppe eine mögliche Teilung Österreichs ins Auge faßte: „Austria (or the three Western zones) ..." Bevin blockte jedenfalls auch hier ab und betonte, Österreich sei keine atlantische Macht und sei überdies weder politisch noch militärisch in der Lage, gegenseitige Verpflichtungen zu übernehmen.[40]

Die kommunistische Machtübernahme in der Tschechoslowakei hatte jedenfalls zur Folge, daß die Amerikaner neuerlich begannen, den Staatsvertrag auf die lange Bank zu schieben. Sie fürchteten, daß Österreich nach dem Abzug der westlichen Besatzungsmächte der direkten oder indirekten Kontrolle Rußlands anheimfallen könnte – in Hinblick auf Österreichs exponierte geographische Lage und auf die starke wirtschaftliche Position Rußlands im östlichen Österreich selbst nach Abzug der russischen Truppen. Die Amerikaner zögerten um so mehr, als sie Anzeichen zu erkennen glaubten, die sie selbst als Vorbereitung der Sowjets für einen Vertragsabschluß deuteten. Dazu zählten

---

37 "... special provision will presumably have to be made at some stage". PRO, FO/371/73045/Z561, zit. bei Knight, *British Policy*, 202.

38 Amtsvermerke vom Februar 1948 in PRO, FO 371/70409/C1546; ebd. auch Entwurf einer westlichen (Drei-Mächte-)Garantie für Österreich. Der britische Generalstab kam am 15. März 1948 zu dem Schluß, daß gegenwärtig keine militärische Hilfe für Österreich erwogen werden könne; FO 371/70409/C2365.

39 Gespräch Bevins mit Sir William Strang am 20. Februar 1948. PRO, FO 371/70395/C1444, auch zit. bei Knight, *British Policy*, 205.

40 FO/371/68067/AN1312 u. AN1315G, zit. bei Knight, *British Policy,* 209-210; PRO, FO 371/70409/C3797; auch PRO, FO 371/70409/C3797. Zur amerikanischen Haltung vgl. auch Rauchensteiner, *Sonderfall,* 244.

nicht nur die in London angebotenen Konzessionen zum Deutschen Eigentum, sondern auch eine Mitteilung des Hochkommissars Kurassow an Bundeskanzler Figl, man wäre sowjetischerseits damit einverstanden, daß eine österreichische Armee zum Zeitpunkt des Abzugs der Besatzungstruppen bereits bestehen solle. Insbesondere teilte Kurassow Figl mit, daß die Aus- und Aufrüstung der österreichischen Armee nicht nur aus österreichischer, sondern auch aus ausländischer Produktion erfolgen dürfe.[41] Zwei Tage später zog der sowjetische Sonderbeauftragte in London jene Vertragsbestimmung zurück, derzufolge die österreichischen Streitkräfte lediglich mit Waffen und technischem Material österreichischer Erzeugung ausgerüstet sein dürften.[42]

Die Westalliierten waren aber eben vorderhand noch uneinig. In einer höchst interessanten Besprechung der westlichen Sonderbeauftragten am 14. April 1948 teilte der britische Vertreter mit, seine Regierung sei der Auffassung, man solle doch den Vertrag zum jetzigen Zeitpunkt abschließen; die sowjetische Bereitschaft, Übereinstimmung zu erzielen, könne dazu ausgenützt werden, die bestmöglichen Bedingungen für Österreich herauszuholen („to get the best bargain for Austria"); Österreichs Unabhängigkeit müßte auf andere Weise gesichert werden, möglicherweise durch Einbeziehung Österreichs in einen westlichen Sicherheitsblock oder durch irgendeine spezielle Garantie seitens der Westmächte. Die Franzosen hingegen informierten ihre Gesprächspartner, die französische Regierung habe beschlossen, daß die weitere Truppenpräsenz in Österreich im allgemeinen europäischen Interesse liege und sie deshalb derzeit einen Vertrag nicht abzuschließen wünsche.[43]

Im Entscheidungsprozeß der amerikanischen Regierung spielte offenbar die Ansicht der Armee eine wichtige Rolle, d. h. konkreter gesprochen die Auffassungen des amerikanischen Oberkommandierenden und Hochkommissars in Österreich, General Keyes, und des Vereinigten Generalstabs in Washington. Schon ein Memorandum General Keyes' vom November 1947 deutet an, daß ein Staatsvertrag, der nicht Österreichs Souveränität und „wirtschaftliche Unabhängigkeit" garantiere, schlechter wäre als gar kein Vertrag; in einer vielsagenden Formel meinte Keyes, zumindest „für den öffentlichen Gebrauch" („for public consumption") müssen die österreichische Regierung und die amerikanische Delegation das Ziel eines zufriedenstellenden Vertrages

---

41 Amtsvermerk Bundeskanzler Figls über seinen Besuch bei Generaloberst Kurassow am 13. April 1948: AdR, BMAA, Zl. 112.666-Pol/48; vgl. ferner *FR 1948,* II, 1495, Anm. 1. Schon in einer Sitzung des Exekutivkomitees des Alliierten Rates am 19. März 1948 hatte der britische Vertreter, John Cheetham, aus Äußerungen des Generals Scheltow den Schluß gezogen, daß die Sowjetunion einen Vertragsabschluß anpeile. PRO, FO 371/70395/C2215 (Telegramm an das Foreign Office, 20. März 1948).

42 Dankenswerter Hinweis von Manfried Rauchensteiner.

43 Bericht Rebers vom 14. April 1948, *FR 1948,* II, 1496.

anstreben.[44] Ende Februar 1948 wurde Keyes deutlicher; in einem Gespräch mit dem Gesandten Erhardt und dem Sonderbeauftragten Reber waren sich die Gesprächspartner einig, daß von einem politischen und wirtschaftlichen Standpunkt der Abschluß des Staatsvertrages wünschenswert sei; vom strategischen Standpunkt aus gebe es ernste Bedenken – Keyes sagte, der Abzug der Besatzungstruppen würde die Aufgabe strategischer Vorteile seitens der USA mit sich ziehen; die Präsenz der Besatzungstruppen ermögliche eine ununterbrochene Front von Italien über Österreich und Deutschland zur Nordsee, auch verhindere die Präsenz der Truppen offene Angriffshandlungen gegen Österreich.[45] Die Ereignisse in der Tschechoslowakei gaben solchen Überlegungen Auftrieb. Anfang März 1948 ließ der Generalstab mit Zustimmung des Verteidigungsministers James Forrestal das State Department wissen, vom militärischen Standpunkt sei ein Vertragsabschluß mit Abzug der Besatzungstruppen unerwünscht; gebe es trotzdem vorrangige politische oder wirtschaftliche Motive für einen baldigen Vertragsabschluß, müsse Vorsorge getroffen werden, daß die Besatzungstruppen erst abgezogen würden, wenn eine adäquate österreichische Sicherheitstruppe bestehe; jedenfalls sei unbeschadet des Ganges der Staatsvertragsverhandlungen Österreich zu erlauben, mit dem Aufbau einer bewaffneten Macht zu beginnen.[46] Tatsächlich läßt sich feststellen, daß im Frühjahr 1948 stärkere Kontakte im Kreis der Westalliierten, aber auch mit der österreichischen Regierung über den Fragenkomplex Sicherheitstruppe bzw. schließlich Aufstellung der österreichischen Armee einsetzten. Für die Österreicher gab es den doppelten Impuls, die Planungsarbeit für das Bundesheer zu konkretisieren – die durch die tschechische Krise angespornte Sensibilisierung der Sicherheitsvorbereitungen und die sowjetische Konzessionsbereitschaft in Sachen Bundesheer.[47]

Mitte April 1948 waren also Amerikaner und Franzosen von einem baldigen Vertragsabschluß abgerückt; doch bevor es zu einer Unterbrechung der Tagung

44 Memorandum Keyes' in *FR 1947,* II, 795–797, ausführlich zitiert bei Fritz Fellner, „Teilung oder Neutralisierung", in: *ÖZA,* 14. Jg., 1974, 214–216.

45 Zur Bedeutung von Keyes' wiederholten alarmistischen Berichten nach Washington, auch 1949, siehe nunmehr Bischof, *Responsibility,* 746–748.

46 Bericht Rebers über Keyes' Bedenken vom 27. Februar 1948, *FR 1948,* II, 1468. Ansichten des amerikanischen Generalstabes in Weisung Marshalls an Reber vom 10. März 1948, ebd., 1474. Die in Marshalls Weisung an Reber zitierten Argumente des Generalstabs (Joint Chiefs of Staff) gegen einen Vertragsabschluß werden von Christian Stifter, *Die Wiederaufrüstung Österreichs. Die geheime Remilitarisierung der westlichen Besatzungszonen 1945–1955,* Innsbruck 1997, 74, irrtümlich als „Resolution" Marshalls „an die Vereinigten Stabschefs" bezeichnet.

47 Vgl. *FR 1948,* II, 1356–1378 (Abschnitt über das „Interesse der Vereinigten Staaten an der Bildung einer zukünftigen österreichischen Armee und an der Bewaffnung der österreichischen Polizei und Gendarmerie"). Vgl. zu den schon vor dem Frühjahr 1948 einsetzenden Frühphasen der österreichischen Bundesheerplanungen jetzt Stifter, *Wiederaufrüstung,* 54–55 sowie 60–61.

der Sonderbeauftragten kommen sollte, rückten neuerlich die Ansprüche Jugoslawiens in den Vordergrund.

Die jugoslawisch-österreichische Grenzfrage machte Ernest Bevin Sorgen. Bevin fürchtete, daß im Süden Österreichs, so wie im Norden Griechenlands, eine Infiltration kommunistischer Insurgenten stattfinden könnte. „Österreich könnte ein anderes Griechenland werden", vertraute er im Februar 1948 einem seiner Mitarbeiter an, und er erinnerte sich, daß Molotow im Jahr zuvor eine bilaterale „Rektifizierung" ins Gespräch gebracht hatte (vgl. Kap. II). Man müsse sehr vorsichtig sein.[48] Die Österreicher, die Gelegenheit gehabt hatten, die Moskauer Gesprächsmitschriften einzusehen, warnten im April 1948 präventiv vor einer allfälligen Bereitschaft des Westens, von der eindeutigen Sicherung der jugoslawisch-österreichischen Grenze von 1937 abzugehen und bilaterale „Rektifikations"-Verhandlungen zuzulassen.[49] Gruber war ja wohl diesbezüglich ein gebranntes Kind; die Aufforderung der Alliierten im Sommer 1946, Österreich möge doch in bilateralen Verhandlungen mit Italien die Interessen der Südtiroler aushandeln, war ein Symptom dafür gewesen, daß die Westmächte Österreichs Erwartungen bezüglich Südtirols nicht zu unterstützen bereit waren. Die Freigabe oder Empfehlung „bilateraler Verhandlungen" seitens der Mächtigen ist immer ein ominöses Zeichen: es bedeutet Abrücken von eindeutigen Unterstützungspositionen und schadet dem jeweils schwächeren Partner. Diesmal würde Gruber allerdings auf eine feste Unterstützung der österreichischen Haltung in der Grenzfrage seitens der Westmächte rechnen können.

Die Jugoslawen reduzierten Ende April 1948 ihre Gebietsforderungen um rund 680 Quadratkilometer; sie zogen ihre Ansprüche auf das untere Gailtal, auf Villach südlich der Drau, auf einige Gemeinden im Lavanttal und auf die Gemeinde Soboth in der Steiermark zurück.[50] Überdies präsentierten sie den Entwurf eines Minderheitenschutzartikels für den Staatsvertrag, der folgende sieben Punkte umfaßte:

1. Die Angehörigen der jugoslawischen Minderheit in Österreich – der Kroaten im Burgenland und der Slowenen in Kärnten [von der Steiermark war nicht die Rede, Anm. d. Verf.] – sollen die gleichen Rechte wie alle anderen österreichischen Staatsbürger genießen, einschließlich des Rechts auf ihre eigenen Organisationen, Versammlungen und Presse in ihrer eigenen Sprache.

48 Bevin im Gespräch mit Sir William Strang am 20. Februar 1948, PRO, FO 371/70395/C1485.

49 PRO, FO 371/70397/C3305 (Brief Grubers an den britischen Sonderbeauftragten J. Marjoribanks, Zl. St L 3-211 vom 22. April 1948; Gruber fügte auch ein allfällige Wünsche Jugoslawiens auf eine Territorialautonomie Südkärntens ablehnendes Memorandum hinzu).

50 Detailangaben in *WZ*, 27. April 1948, 1; Klagenfurt verblieb in dem weiterhin von den Jugoslawen beanspruchten Gebiet, doch ist die Mitteilung bei Philip Mosely, „The Treaty with Austria", in: *International Organization*, Bd. 4, 1950, 226, wonach nach dieser Reduzierung auch Villach in dem von Jugoslawien geforderten Gebiet verblieben sei, zu berichtigen.

2. Sie sollen das Recht auf Elementarunterricht in kroatischer oder slowenischer Schriftsprache sowie auf eine verhältnismäßige Anzahl („proportionate number") von Sekundarschulen („secondary schools") haben; in Verbindung damit soll der Lehrplan der Lehrerbildungsanstalten sowohl im Burgenland wie in Kärnten angepaßt („readjusted") werden, ein Schulinspektorat für kroatische Schulen im Burgenland und für slowenische Schulen in Kärnten soll organisiert werden.
3. Die äußere und innere Amtssprache der Verwaltungs- und Gerichtseinheiten („units") mit kroatischer oder slowenischer oder national gemischter Bevölkerung soll Kroatisch oder Slowenisch in Ergänzung zum Deutschen sein; topographische Terminologie und Aufschriften sollen zweisprachig sein; dementsprechend sollen die Grenzen der Verwaltungs- und Gerichtseinheiten angepaßt werden.
4. Die Angehörigen der jugoslawischen Minderheit in Österreich sollen im Minderheits- oder gemischten Gebiet im Verhältnis zu ihrer Zahl an den erziehungsmäßigen, administrativen und judiziellen Zweigen (wohl sinngemäß zu ergänzen: der öffentlichen Verwaltung) teilnehmen. [Die englische Formulierung „educational, administrative and judicial branches" zielt wohl auf die Teilhabe, nach einem nationalen Proporz, an den Dienstposten der Lehrerschaft, der allgemeinen Verwaltung und im Gerichtsdienst, Anm. d. Verf.]
5. Die Angehörigen der jugoslawischen Minderheit in Österreich sollen das anerkannte Recht haben, kulturelle Verbindungen mit dem kroatischen bzw. dem slowenischen Volk in der Föderativen Volksrepublik Jugoslawien aufrechtzuerhalten; sie sollen das Recht auf Schulbesuch in der Föderativen Volksrepublik Jugoslawien haben und ihre dort erworbenen Zeugnisse sollen als gültig anerkannt werden.
6. Die Aktivitäten aller Organisationen, die auf die Entnationalisierung der jugoslawischen Minderheit abzielen, sollen verboten werden.
7. Bei der Volkszählung soll die Muttersprache in Zusammenarbeit mit Vertretern der Kroaten des Burgenlandes und der Slowenen Kärntens ermittelt werden.[51]

Dieser Entwurf, zu dem auch alsbald interne österreichische Stellungnahmen verfaßt wurden[52], verdient es, gewissermaßen in Vormerkung genommen zu werden, da es von Interesse sein wird, ihn mit den Entwürfen zu vergleichen, die sechzehn Monate später, im August 1949, zum Minderheitenschutzartikel des Staatsvertrages führen sollten. Doch im Frühjahr 1948 nahm die Grenzfrage weitaus den ersten Platz in den Beratungen der Sonderbeauftragten ein; ja, es läßt sich aufgrund der nunmehr zugänglichen amerikanischen und britischen Quellen sagen, daß die Grenzfrage von den Westmächten bewußt hochgespielt wurde, um der sowjetischen Seite den „Schwarzen Peter" für das Scheitern dieser Verhandlungsrunde der Sonderbeauftragten zuzuspielen. Das taktische

51 Jugoslaw. Memorandum v. 26. April 1948, Dokument CMF/D/L/48/A/8 (Übersetzung des Verf.). Eine deutsche Übersetzung dieser sieben Punkte findet sich auch in: AdR, BMAA, II-Pol, Zl. 112.933-Pol/48.

52 Eine Stellungnahme des Unterrichtsministeriums vom 28. 4. 1948 sowie ein Telegramm des Außenamtes an die österreichische Delegation in London in: AdR, BMAA, II-Pol, Zl. 112.979-Pol/48.

Kalkül der Westmächte war Ende April und Anfang Mai 1948 darauf gerichtet, den russischen Vertreter als Verfechter einer Grenzrevision zugunsten Jugoslawiens festzulegen. In der Tat erklärte der Sonderbeauftragte Koktomow auch, daß er die jugoslawischen Ansprüche für wohlbegründet halte; doch fügte er hinzu, im Interesse einer baldigen Regelung sei die sowjetische Delegation bereit, jeden Vorschlag, der die legitimen Interessen Jugoslawiens in Betracht ziehe, erwägen zu wollen; alle Delegationen müßten von ihren extremen Positionen abrücken, um eine gemeinsame Lösung zu finden. Auf die Frage des britischen Delegierten Marjoribanks, ob er glaube, daß die legitimen Interessen Jugoslawiens eine Änderung der gegenwärtigen Grenzen erforderten, antwortete Koktomow, daß gewisse Berichtigungen erforderlich wären. Damit war für die westlichen Delegierten das Stichwort gegeben, um zu sagen, daß es fraglich sei, ob unter diesen Umständen weitere Diskussionen im gegenwärtigen Zeitpunkt von Nutzen seien. Sohin wurden am 6. Mai 1948 die Verhandlungen der Sonderbeauftragten de facto suspendiert, denn einige Korrespondenzen und gegenseitige Besuche im Laufe des Monats Mai erbrachten nichts Neues.[53] Hatten zunächst, wie oben erwähnt wurde, die Amerikaner, unterstützt von den Franzosen, die Suspendierung der Verhandlungen angepeilt, so spielten im Mai 1948 doch die Engländer die aktivste Rolle. Nach seiner Rückkehr von den Beratungen der Sonderbeauftragten aus London meinte der französische Diplomat de Leusse im Gespräch mit dem österreichischen Gesandten in Paris, Alois Vollgruber, die Engländer „hätten die Russen direkt an die Wand gestellt. Jetzt werde man wohl einige Zeit zuwarten müssen, ehe man an eine Fortsetzung denken könne."[54] Zutreffend kommentierte der österreichische Gesandte in London, Heinrich Schmid, die Situation nach Vertagung der Verhandlungen im Mai 1948 wie folgt: Bei den Engländern herrsche „eine Art Katzenjammer. Haben wir richtig gehandelt, die Russen derart in die Enge zu treiben und damit ihre Haltung zu versteifen? Eine Krise zu provozieren?" Die Franzosen hätten „ungefähr dasselbe unheimliche Ge-

53 Vgl. bes. 108. Sitzung am 3. Mai sowie 110. Sitzung am 6. Mai 1948: amerikanische Mitschriften in: NA, RG 43, Box 242; britische Mitschriften in „Proceedings". Berichte des amerik. Sonderbeauftragten Reber sowie Weisungen an ihn bis 25. Mai in Konvolut „Austrian Deputies Telegrams", NA, RG 43, Box 242; einige Berichte veröff. in *FR 1948,* II, bes. 1502–1505 (Reber berichtete am 6. Mai, der britische Delegierte „finally elicited Soviet declaration that some frontier rectification was necessary", ebd. 1502). Schreiben der Sonderbeauftragten zwischen 7. Mai und 7. Juni 1948 in „Proceedings". Am 7. Juni schrieb Koktomow an den Generalsekretär des Außenministerrates, E. A. Paton Smith, daß er weiterhin seine Stellungnahme vom 6. Mai („some rectification") aufrechterhalte, jedoch jederzeit bereit sei, an der Beratung aller Artikel des Österreich-Vertrages teilzunehmen. Insofern ist die Aussage bei Hanns Haas und Karl Stuhlpfarrer, *Österreich und seine Slowenen,* Wien 1977, 96, daß die Sowjetunion im Juni 1948 „jedenfalls endgültig auf eine Grenzrevision" verzichtete, nicht zutreffend. Ein Durchschlag von Koktomows Schreiben erliegt in: AdR, BMAA, II-Pol, Zl. 114.482-Pol/48.

54 Bericht vom 10. Juni 1948. AdR, BBAA, II-Pol, Zl. 114.285-Pol/48.

fühl"; und die Amerikaner „dürften innerlich keineswegs unglücklich sein, nehmen aber natürlich korrekte Haltung".[55]

Die Verbitterung – oder Erbitterung – der Sowjets war beträchtlich. Anläßlich eines „langstündigen Gesprächs" Figls mit dem stellvertretenden sowjetischen Hochkommissar Generaloberst Scheltow am 27. Mai meinte dieser, nachdem Figl das Gespräch auf die Grenzfrage gebracht hatte (zu der Scheltow nicht Stellung bezog), im übrigen wünsche ja Österreich überhaupt keinen Staatsvertrag. Figl entgegnete, er dürfte schlecht unterrichtet sein, Österreich wünsche im Gegenteil den Staatsvertrag – „natürlich auf Grund der alten Grenzen und bei Verzicht auf Reparationen".[56] Eine österreichische Note vom 4. Juni an die Sowjetunion mit der Anfrage, ob sie eine Grenzänderung als „sine qua non" eines Vertragsabschlusses ansehe, blieb ohne Antwort.[57] Mündlich nahm dazu, erst nach dem Sommer, der sowjetische politische Vertreter in Wien, Gesandter Koptelow, in einem Gespräch mit Gruber Stellung. Das Zwiegespräch Gruber – Koptelow wurde außerordentlich hart geführt und reflektiert ohne Zweifel die Verschlechterung der Ost-West-Beziehungen als Folge, wie sogleich zu zeigen sein wird, der inzwischen voll ausgebrochenen Berlin-Krise. Koptelow beklagte sich über die antisowjetische Schreibweise der österreichischen Presse; diese sei von Sowjetfeindlichkeit durchtränkt, besonders die „Arbeiter-Zeitung" und die „Neue Wiener Tageszeitung" – also Sprachrohre der beiden Regierungsparteien! Auf Koptelows Vorhalt, die Sowjetfeindlichkeit komme doch zweifellos auch von oben, replizierte Gruber mit dem Hinweis auf die Pressefreiheit und ging nun selbst zum Angriff über. Ein Auszug aus Grubers Gesprächsprotokoll möge die Atmosphäre des „Kalten Krieges" verdeutlichen:

„Ich machte dabei die Bemerkung, die Gegnerschaft gegen die Sowjetunion im österr. Volk sei das Resultat ihrer Politik.
K.: Ich habe eine viel zu hohe Meinung vom dem österr. Volk, das ist das Ergebnis einer Hetze eines kleinen Kreises.
G.: Das ist ein gewaltiger Irrtum, denn jeder Österreicher kennt die Sowjetpolitik. Sie besteht 1.) auf der Forderung der Zerstörung des österr. Staatsgebiets (dies in Hinblick auf die Unterstützung der jugoslawischen Grenzforderungen, G. S.),
2.) im Zugriff auf österr. Vermögen unter dem Vorwand des Deutschen Eigentums, und
3.) in der offenen Unterstützung der auf Zerstörung des österr. Staatsystems gerichteten Ziele der kommunist. Partei.
K.: Die Sowjetunion hat nie gesagt, daß sie Österreich zerstören wolle.

55 Bericht vom 26. Mai 1948. AdR, BMAA, II-Pol, Zl. 113.832-Pol/48. Von Interesse die Hinweise auf Grubers Einbindung in und Einverständnis mit der westlichen Taktik bei Knight, „Kärntner Grenzfrage", 335–336.
56 Mitteilung Figls im Ministerrat: AdR, MRProt Nr. 114, 2. Juni 1948.
57 Vgl. Knight, „Kärntner Grenzfrage", 336.

G.: Das wurde in London von ihrem Vertreter gesagt.
K.: Das ist nicht richtig. Die Verhandlungen wurden von den Westmächten abgebrochen, obwohl wir uns bereit erklärt haben, alle ihre Vorschläge zu diskutieren.
G.: Wenn die Sowjetunion wirklich nicht im Sinne hatte auf ihren Forderungen zu beharren, so hat sie den Westmächten wohl den besten Propagandaschlager geliefert, den diese jemals verlangen konnten.
K.: Die Westmächte haben die Verhandlungen abgebrochen, nicht wir.
G.: Die Westmächte haben die Verhandlungen abgebrochen, weil die Sowjetunion auf der Zerstörung des Staatsgebiets bestand.
K.: Das ist nicht richtig.
G.: Um das nochmals zu verifizieren, haben wir eine Note an die Sowjetunion gerichtet, um die Haltung zu klären. Diese Note wurde nicht beantwortet.
K.: Diese Note wird ihre Antwort finden, sobald die Verhandlungen wieder aufgenommen sind.“[58]

Die Verhandlungsrunde von Februar bis Mai 1948 war in der Tat in eine Zeit rapide wachsender internationaler Spannungen gefallen. Neben der in ihren Folgen bereits ausführlich kommentierten kommunistischen Machtübernahme in Prag sei neuerlich an den Brüsseler Verteidigungspakt Englands, Frankreichs und der Beneluxstaaten vom 17. März erinnert. Im Monat März war aber auch mit dem Exodus des sowjetischen Mitglieds des Kontrollrates Marschall Sokolowskij am 20. März der Alliierte Kontrollrat für Deutschland auseinandergebrochen. Die Vorbereitung der Währungsreform für die deutschen Westzonen und die ersten Vorboten der Krise um Berlin im Frühjahr 1948 sind ebenfalls zu nennen. Im Juni 1948 begann mit der Unterbindung der Landverbindungen der Westalliierten nach Berlin seitens der sowjetischen Besatzungsmacht die Blockade West-Berlins und in der Folge die (schließlich) blockadebrechende Berliner Luftbrücke.

Die schwere Bedrohung West-Berlins führte zu mancherlei Ängsten und Nervosität um die Stellung Wiens. Spekulationen um Parallelen zwischen Berlin und Wien, um Teilungsgefahr und Teilungsmöglichkeiten wurden angestellt. Der britische Außenminister Ernest Bevin gab allerdings im Juli 1948 seiner Meinung Ausdruck, in Hinblick darauf, daß es in Österreich (im Unterschied zu Deutschland) eine zentrale Regierung gebe, sei das Ziel der Russen in Österreich nicht die Teilung des Landes, sondern die Kontrolle der Regierung; er sprach sich neuerlich für den Abschluß des Vertrags mit Österreich, der zur Evakuierung des Landes durch die Russen und das Ende der Vier-Mächte-Besetzung führen würde, aus.[59] Der amerikanische politische Vertreter in Österreich, John Erhardt, meinte im Juli 1948, das beste Mittel, jede Parallele

58 Gespräch am 23. September 1948: AdR, BMAA, II-Pol, Zl. 117.418-Pol/48. Abkürzungen und Beistrichfehler des Originals wurden belassen.
59 In einem Schreiben an Premierminister Attlee: Bullock, *Bevin,* 589–590.

zwischen Berlin und Wien verschwinden zu lassen, wäre eine Wiederaufnahme der Staatsvertragsverhandlungen zum frühestmöglichen Zeitpunkt.[60] In der amerikanischen Regierung überwog jedoch weiterhin die Tendenz, Vertragsverhandlungen oder gar einen Vertragsabschluß hinauszuzögern, da dies eben den militärischen Rückzug aus Österreich bedeutete. Als Bevin anfangs Oktober 1948 in Paris den amerikanischen Außenminister George Marshall befragte, ob die Verhandlungen nicht wiederaufgenommen werden sollten, winkte Marshall ab; da die Vertragsunterzeichnung von einem Truppenabzug gefolgt werden würde, wäre es besser, die Dinge so zu belassen, wie sie waren.[61]

Die Sowjets taten in Österreich – fast – nichts, was zu einem Auseinanderbrechen der alliierten Institutionen hätte führen können. Nur „fast" deshalb, weil es Hinweise gibt, daß es knapp nach Beginn der Berliner Blockade zu einer ganz kurzfristigen Sperre an der Enns und am Semmering für amerikanischen bzw. britischen Nachschub Richtung Wien gegeben habe.[62] Während jedoch in Berlin die Zweiteilung der Stadt voranschritt, funktionierten in Wien die alliierten Institutionen formal reibungslos. Es sei neuerlich daran erinnert, daß das Vorhandensein eines internationalen Sektors in Wien und die räumliche Trennung von Teilen des britischen und des sowjetischen Sektors in Wien eine allfällige Teilung Wiens unvergleichlich schwieriger gestaltet hätten als jene Berlins. Andererseits waren die Luftverbindungen der Westalliierten nach Wien wesentlich schlechter als nach West-Berlin. Unter der Oberfläche funktionierender interalliierter Institutionen wurden von westlicher, vor allem amerikanischer Seite „emergency"-Planungen vorgenommen; Pläne für die Evakuierung der wichtigsten Verantwortungsträger und ihrer Angehörigen wurden entwickelt. Es gab auch eine geheime Vorsorgeaktion zur Versorgung allenfalls blockierter Westsektoren mit Lebensmitteln und Brennstoffen (Aktion „Squirrel-Cage").[63]

Österreichern gegenüber setzte die sowjetische Besatzungsmacht allerdings gerade in den Jahren 1947 und 1948 rücksichtslos ihre Machtmittel ein.

---

60 Zit. bei Rauchensteiner, *Sonderfall,* 240 (Telegramm Erhardt nach Washington v. 26. 7. 19948).

61 Bullock, *Bevin,* 629.

62 Portisch, *Österreich II – Der lange Weg zur Freiheit,* 340–341.

63 Ebd., 344–346. Einer Mitteilung aus dem Jahre 1951 zufolge gab es in Österreich eine Sonderreserve haltbarer Lebensmittel unter Verfügungsberechtigung des amerikanischen Hochkommissärs in der Höhe von 68.000 Tonnen. Die amerikanische Regierung trug alle mit der Einlagerung dieser Lebensmittel verbundenen Kosten. Die österreichische Regierung hatte sich verpflichtet, diese Lebensmittel so zu rotieren, daß ein Verderben verhindert würde und ihr Nährwert erhalten bliebe. Vgl. Information für den Ministerrat: AdR, BKA, MRProt Nr. 262, 18. September 1951, Beilage I zum vertraulichen Protokoll. Notfallsplanungen für Wien ab 1949 quellenmäßig dokumentiert bei: Margit Sandner, *Die französisch-österreichischen Beziehungen während der Besatzungszeit von 1947 bis 1955,* 2. Aufl., Wien 1985, 276–285. Nunmehr mit neuen Quellen Erwin A. Schmidl, „The Airlift That Never Was. Allied Plans to Supply Vienna by Air, 1948–1950", in: *Army History* (Washington, D.C.), Nr. 43, Herbst 1997/Winter 1998, 12–23. Erscheint auch in *Österreichische Militärische Zeitschrift* 4/1998.

Verhaftungen in Form von Entführungen auf offener Straße, wie im Fall des Ministerialrates Dr. Paul Katscher im Dezember 1947,[64] nach Vorladung zu sowjetischen Dienststellen, wie im Fall des Kriminalinspektors Anton Marek im Juni 1948, an der Demarkationslinie, wie im Fall des Gendarmeriebeamten Johann Kiridus im Juli oder, im spektakulärsten Verhaftungsfall, jenem von Margarete Ottillinger im November 1948, aus dem Auto in Gegenwart des Bundesministers Peter Krauland, waren auf der Tagesordnung.[65] Spionageverdacht war wohl das häufigste Motiv der „kidnappings", doch gab es offensichtlich in der die Öffentlichkeit damals außerordentlich erregenden Entführungspraxis zahlreiche unschuldige Opfer einschließlich Fälle von Verwechslungen, ganz abgesehen von der allen rechtsstaatlichen Verfahren hohnsprechenden Methode von Entführung und Geheimhaltung.[66]

Mangels eindeutiger Evidenz – die vielleicht in Zukunft in manchen Fällen noch zutage kommen wird – soll auf die zahlreichen Spekulationen um die Motive oder Ursachen der Verhaftungen oder Entführungen nicht eingegangen werden.[67] Es soll jedoch auf ein von der Forschung bisher kaum behandeltes, durch neu zugänglich gewordene Quellen wesentlich besser dokumentiertes Phänomen aufmerksam gemacht werden. Die Tatsache der Verhaftung und Verschleppung von Angehörigen des öffentlichen Dienstes führte gerade im Jahre 1948 zu starken Verunsicherungen im Beamtenapparat; dies war ein

64 Eine sachliche und ausgewogene zeitgenössische Analyse der „kidnappings" findet sich in Berichten des amerikanischen Diplomaten österreichischer Herkunft Martin Herz vom 4. Juni und 2. Dezember 1948: *Understanding Austria. The Political Reports and Analyses of Martin F. Herz, Political Officer of the US Legation in Vienna 1945–1948,* hrsg. von Reinhold Wagnleitner (= Quellen zur Geschichte des 19. und 20. Jahrhunderts 4), Salzburg 1984, 399–404, 606–608. Zum Fall Katscher ebd., 402, sowie Wilhelm Svoboda, *Die Partei, die Republik und der Mann mit den vielen Gesichtern. Oskar Helmer und Österreich II. Eine Korrektur.* Wien – Köln – Weimar 1993, 79–81.

65 Dr. Margarete Ottillinger, Sektionsleiterin im Bundesministerium für Vermögenssicherung und Wirtschaftsplanung, wurde wegen angeblicher Spionage für die USA verhaftet und ohne Gerichtsverfahren zu 25 Jahren Zwangsarbeit verurteilt. Sie wurde 1955 aus der Haft in der Sowjetunion entlassen und nach Österreich gebracht. 1956 wurde das Urteil aufgehoben und sie voll rehabilitiert. Vgl. Stefan Karner (Hrsg.), *Geheime Akten des KGB – „Margarita Ottilinger"* (sic) Graz 1992, sowie ders., „Zur Politik der sowjetischen Besatzungs- und Gewahrsamsmacht. Das Fallbeispiel Margarethe Ottillinger", in: Ableitinger/Beer/Staudinger, *Österreich unter alliierter Besatzung,* 401–430.

66 Sehr informativ Portisch, *Österreich II – der lange Weg zur Freiheit,* 355–358.

67 Erwähnt seien jedoch die Mitteilungen von Fritz Molden in seinem Erinnerungsbuch *Besetzer, Toren, Biedermänner. Ein Bericht aus Österreich 1945–1962,* Wien – München – Zürich – New York 1980, 119–138 (Kap. 7 „Kalter Krieg in Österreich"), der als damaliger „Insider" von den bereits ab Sommer 1946 angestellten Überlegungen unter Initiative des amerikanischen Geheimdienstbereichs berichtet, einer allfälligen kommunistischen oder sowjetischen Machtübernahme in Österreich vorzubeugen oder ihr entgegenzutreten. Molden erwähnt Gespräche mit Figl, Helmer, Gruber und Graf; es sei grundsätzlich nichts geschehen, was nicht abgesprochen gewesen sei (ebd., 127). Im Frühjahr 1948, so Molden, seien durch eingeschleuste Spitzel den Sowjets Mitteilungen über geplante und im Gang befindliche Aktionen zugekommen, es seien im Laufe des Jahres 1948 etwa 300 Personen verhaftet worden; Molden erwähnt namentlich Dr. Rafael Spann, Kriminalinspektor Anton Marek, den Gendarmeriebeamten Johann Kiridus und Dr. Margarete Ottillinger (ebd., 128–129).

Thema, das, ohne an die große Glocke gehängt zu werden, den Ministerrat im Jahre 1948 zunehmend beschäftigte. Die Verhaftung des Kriminalinspektors Marek führte zu intensiven Beratungen im Ministerrat, ja sogar zu der äußerst seltenen Maßnahme, daß – im Unterschied zu den bisweilen von den normalen Ministerratsmitschriften getrennt verwahrten „vertraulichen", unter Verschluß gehaltenen Mitschriften – Mitteilungen des Innenministers Helmer zum Fall Marek ohne Anwesenheit der üblicherweise beim Ministerrat anwesenden Beamten und ohne jede Mitschrift gemacht wurden.[68] Figl nannte den Fall Marek „sehr ernst" und berichtete einmal, Scheltow habe ihm mitgeteilt, auch in die Sache Marek seien „Männer von großem Format verwickelt".[69] Eine in gesellschaftlichem Rahmen anläßlich eines Abendempfanges des sowjetischen Hochkommissars im November 1948 stattfindende Konversation zwischen Figl und Scheltow wirft ein psychologisch bemerkenswertes Licht auf die österreichisch-sowjetischen Beziehungen in jener Zeit des eskalierenden Kalten Krieges. Figl berichtete im Ministerrat, Scheltow habe zu ihm gesagt, „ich mache ihm das Leben sauer. Ich sagte, das ist wohl umgekehrt der Fall, er macht mir das Leben sauer. Ich sei nur ein ‚kleiner Bundeskanzler' in einem kleinen Lande, während er ein großer Generaloberst in einem großen Reiche sei. Hierauf bemerkte er, daß er kein Geld habe, daß ich ein großer Feind der Sowjetunion sei. Er sprach dies alles mit großem Ernst."[70] Mit großem Ernst: aus dieser Konversation blitzt eine Einsicht auf, die manche immer wieder kritisierte, auch vom Standpunkt der Rechtsstaatlichkeit zu Recht kritisierte, Handlungen sowjetischer Organe subjektiv verständlicher machen kann: Man fühlte sich, angesichts der immer manifester und enger werdenden Westorientierung Österreichs, sozusagen „in Feindesland". Dazu kamen wohl – bis 1952 noch zunehmend! – die spezifischen Feindbildvorstellungen der spätstalinistischen Zeit, die, gerade seit dem Bruch mit Tito 1948, nicht nur im „kapitalistischen", sondern auch im „revisionistisch-titoistischen" Bereich Feinde oder Verräter witterten – ein Syndrom, das zunehmend in Österreichs Nachbarstaaten zu Verfolgungen düsterster Art führen sollte.

Im Juli 1948, nach dem Fall Kiridus, bemerkte Helmer einmal, „schlechter als das Verhältnis zu den Russen ist, kann es auch nicht mehr werden".[71] Auch von den genannten Fällen abgesehen, beschäftigte den Ministerrat die Verunsicherung in der Beamtenschaft sehr. Helmer meinte im August 1948, „was

---

68 AdR, MRProt Nr. 117, 22. Juni 1948: „Auf Antrag des BM. Helmer, der zu diesem Problem einige wichtige Mitteilungen zu machen hat, berät der Ministerrat sodann ohne Beiziehung des Sektionschefs, des Schriftführers und des Vertreters des Bundespressedienstes von 10.55 bis 11.50 Uhr."

69 AdR, MRProt Nr. 117, 22. Juni 1948, hierzu als Beilage D auch Schreiben Scheltows an Figl v. 19. Juni 1948, sowie MRProt Nr. 133, 16. Nov. 1948.

70 AdR, MRProt Nr. 132, 9. November 1948.

71 AdR, MRProt Nr. 121, 20. Juli 1948, vertrauliche Mitschrift.

sich in Niederösterreich innerhalb der Beamtenschaft" abspiele, könne man sich kaum vorstellen. Weder Landesregierung noch Bundesregierung noch Alliierter Rat könnten den Beamten Schutz geben.[72] Nach der Verhaftung Ottilingers im November wurde das Thema wiederum akut: Helmer sprach von der „Schockwirkung" der Fälle Katscher, Marek usw. und meinte, der Fall Ottilinger habe zur Folge, „daß, wenn wir nicht einen energischen Schritt unternehmen, die Verwaltung zerfallen wird". Eine Woche später sagte er: „Es ist ein Wunder, daß wir das Staatswerkel noch aufrechterhalten und daß wir die Verwaltung noch führen können."[73]

Sicher war Österreich im Vergleich zu anderen Krisenherden in und um das Jahr 1948, vor allem im Vergleich zur Berlinkrise, ein „Sonderfall". Doch für diese Periode bloß von der „Chimäre vom Kalten Krieg" zu sprechen und die rhetorisch ansprechende Alliteration „Kein Kalter Krieg in Kakanien" zu verwenden, stellt eine zu verharmlosende Charakteristik der Situation in Österreich dar.[74]

3. Der Bruch zwischen Moskau und Belgrad – neue Chancen für den Staatsvertrag

Wir kehren vom Schauplatz Österreich neuerlich in die internationale Arena, zum Schicksal der Staatsvertragsverhandlungen, zurück. Eine weitere internationale Krise in Österreichs unmittelbarer Nachbarschaft hatte sich im ersten Halbjahr 1948, der Öffentlichkeit lange verborgen, angebahnt: der Bruch zwischen Stalin und Tito.

Ende Juni 1948 kam es zum öffentlichen, die westliche Welt in höchstes Erstaunen versetzenden Bruch zwischen Moskau und Belgrad, in den darauffolgenden Wochen erreichte der Kalte Krieg in Europa, wie bereits gezeigt

72 AdR, MRProt Nr. 122, 19. August 1948. Vgl. auch MRProt Nr. 115, 8. Juni 1948 mit Diskussion über die Gefährdung der Beamtenschaft.

73 AdR, MRProt Nr. 132, 9. November 1948, sowie Nr. 133, 16. November 1948 (vertraulicher Teil). Im Nachlaß Oskar Helmers im Archiv des Vereins für Geschichte der Arbeiterbewegung in Wien befinden sich Materialien über die Besatzungszeit 1945–1955, doch ist der Nachlaß bis zum Jahre 2000 gesperrt.

74 Vgl. Rauchensteiner, *Sonderfall*, 221, 248; in seinem späteren Buch *Die Zwei. Die Große Koalition in Österreich 1945–1966*, Wien 1987, 127, bringt Rauchensteiner ein eindrucksvolles Zitat des amerikanischen Gesandten Erhardt (vom Jänner 1949) über die „geradezu fremdartige Atmosphäre der Zusammenarbeit, die es in Österreich gibt, in der Mitte eines in Schlachtordnung aufgestellten Europa". Im Vergleich zu dem, was sich gleichzeitig in Berlin abspielte, traf Erhardts Eindruck sicherlich zu. Doch formuliert Rauchensteiner zu optimistisch, wenn er (ebd., 124) im Ost-West-Verhältnis (in Österreich) die österreichische politische Landschaft „mit einiger Übersteigerung" wiederfindet und meint, „wahrscheinlich sollte man den Begriff der Großen Koalition abermals weiter fassen und auch auf das Bündnis der Alliierten zur Regelung des Österreichproblems anwenden. Auch dabei waren ‚die Zwei' am Werk, größere eben."

wurde, mit der Blockade Berlins und der westlichen Luftbrücke einen dramatischen Höhepunkt.

Für Österreich bot die Wende in den sowjetisch-jugoslawischen Beziehungen die Chance, von dem vermutlich reduzierten Einsatz der Sowjetunion für Jugoslawiens Forderungen an Österreich zu profitieren. Die Pariser Session der UN-Generalversammlung im Herbst 1948 bot die Gelegenheit zu verschiedenen informellen Gesprächen. Am 4. Oktober 1948 diskutierten die drei westlichen Außenminister Bevin, Marshall und Schuman in einem Gespräch am Quai d'Orsay die Österreichfrage. Bevin zeigte sich gut informiert, als er meinte, eine Schwierigkeit liege darin, daß Gruber es mit dem Vertrag nicht so eilig habe[75], da dies den Abzug der westlichen Besatzungstruppen bedeuten würde, während die Sozialdemokraten den Vertragsabschluß wünschten.

Sondierungen des Außenministers Gruber bei den Spitzendiplomaten aller vier Mächte anläßlich der Pariser Session der UN-Generalversammlung im Oktober 1948 ergaben das Einverständnis zur Wiederaufnahme der Staatsvertragsverhandlungen. Andrej Wyschinskij, stellvertretender russischer Außenminister, meinte zwar, die Stellungnahme der Sowjetunion zur Frage der Grenzen habe sich nicht geändert, er gab aber Gruber zu verstehen, daß das Hauptinteresse der Sowjetunion in der Regelung der Frage des Deutschen Eigentums bestehe. Auch die Amerikaner, die im Frühjahr die Verhandlungen am stärksten gebremst hatten, waren in Hinblick auf die sich für den Westen günstiger gestaltende Lage (Erfolg der Berliner Luftbrücke, Funktionieren des Marshallplans, Schwächung der UdSSR auf dem Balkan) mit der Wiederaufnahme der Österreich-Verhandlungen einverstanden.[76] Mit gleichlautenden Noten vom 6. Dezember 1948 wandte sich Österreich an die vier Mächte mit dem Ersuchen um Wiederaufnahme der Verhandlungen.

Knapp nach Jahresbeginn 1949 sandte Außenminister Gruber den österreichischen Missionschefs in Paris, London und Washington die Wiener Überlegungen zur von den Westmächten zweckmäßigerweise einzuschlagenden Verhandlungstaktik. Es ist ein kluges Dokument, maßvoll zu einem Zeitpunkt heftiger, allerdings durch das bereits monatelange erfolgreiche Durchhalten der Luftbrücke sich langsam zugunsten des Westens neigender Ost-West-Konfrontation um Berlin. Österreich werde durchaus in der Lage sein, seine freie Existenz „short of war" zu behaupten. Die Bundesregierung nehme an, daß die politische Entwicklung des Jahres 1949 „zur Festlegung einer gewissen Soli-

---

75 „Dr. Gruber was not himself too anxious for a treaty ...". PRO, FO 371/70398/C8239.

76 Gruber, *Befreiung*, 200–201. Offizieller Anlaß für Grubers Parisbesuch war eine OEEC-Tagung; vgl. ein französisches Radiointerview Grubers vom 14. Oktober 1948: AdR, BMAA, II-Pol, Zl. 118.001-Pol/48; das Gespräch mit Wyschinskij fand am 16. Oktober statt, Zl. 117.790-Pol/48; zu den Besprechungen mit den Westmächten vgl. Telegr. Grubers an Kleinwächter v. 3. November 1948, Zl. 118.208-Pol/48.

darhaftung der freien Staaten untereinander" führen werde, so daß „ein militärischer Angriff auf einen beliebigen Staat, z. B. auch auf Österreich, für den Angreifer das Risiko einer Auseinandersetzung mit der Gesamtmacht der freien Welt in sich tragen müßte". Hier sind – allerdings im Rückblick wohl zu optimistische – Erwartungen an die sich formierende nordatlantische Allianz zu spüren. Wolle man eine Politik vermeiden, die „unaufhaltsam zu kriegerischen Verwicklungen führen" müsse, so werde es erforderlich sein, „daß gleichzeitig an der politischen Sanierung des Zusammenlebens der verschiedenen Weltgruppierungen gearbeitet" werde. Es sei viel eher wahrscheinlich, „daß die Sowjetunion zu einer allmählichen Anerkennung einer neuen Kräfteverteilung bereit sein" werde, „insbesondere wenn diese ohne propagandistische Begleitmusik und ohne ihren offenkundigen Prestigeverlust durchführbar" sei, als daß sie sich eines Tages, „ohne die Konsequenzen des äußersten Widerstandes auf sich zu nehmen", einem Ultimatum beugen würde.

Sehr deutlich – ganz offensichtlich im Wissen um den Widerstand westlicher Militärs gegen einen Abzug aus Österreich – schrieb Gruber, es „wäre nichts unsinniger, als die Frage des österreichischen Staatsvertrages nur rein nach militärischen Bedürfnissen zu beurteilen. Die uneingeschränkte Zustimmung der europäischen Völker zu der durch den Marshallplan inaugurierten Politik ist ein viel wichtigeres Element der inneren Stärke Europas, als ein paar taktische Regeln, die ausschließlich von Militärs aufgestellt werden." Für eine Politik „der allmählichen Friedenssicherung und politischen Sanierung der westlichen Position" müsse ein vernünftig kalkuliertes Risiko eingegangen werden. Bei der Räumung Österreichs nehme ja auch die Sowjetunion ein gewisses Risiko auf sich, da ja eine politisch dem russischen System fremde Regierung in Österreich an der Macht sei. Gruber machte klar, daß Wien keine rasche Lösung erwartete und einen länger dauernden Prozeß bis zu einem ratifikationsreifen Vertrag erwartete. Die fortlaufende Inganghaltung der Verhandlungen sei aber auch notwendig, „um die einzige derzeit funktionierende Viermächte-Verwaltung, nämlich jene in Wien, in Gang zu halten und von abenteuerlichen Auseinandersetzungen zu entlasten, die nur zu einem neuen Luftversorgungsproblem führen müßten, das technisch, wirtschaftlich und politisch viel schwerer zu bewältigen wäre als jenes von Berlin".[77]

Die neue Verhandlungsrunde in London begann am 9. Februar 1949 und endete am 10. Mai nach 53 Sitzungen – im Frühjahr 1948 waren es „nur" 47 Sitzungen gewesen. Die neue Runde vom Frühjahr 1949 fand gleichzeitig mit den Versuchen der Sowjetunion statt, die Blockade West-Berlins zu liquidieren. Vertrauliche Gespräche des russischen UN-Botschafters Jakob Malik

77 AdR, BMAA, II-Pol, Zl. 80.263-Pol/49 v. 12. Jänner 1949. Konzept von Johannes Coreth ausgearbeitet, approbiert von Markus Leitmaier, Ausfertigung von Gruber unterfertigt.

mit dem amerikanischen Botschafter Philip Jessup in New York – „Park-Avenue-Diplomatie“ hat Jessup dies genannt – zwischen 15. Februar und 4. Mai 1949 ebneten den Weg zur Aufhebung der Berliner Blockade, die sich die Sowjetunion mit der Zustimmung der Westmächte zur Einberufung einer neuen Session des Außenministerrates honorieren ließ.[78]

Der unbezweifelbare Sieg der westlichen Eindämmungspolitik in Berlin führte in Washington zu manchen, wie sich im Rückblick zeigt, überzogenen Einschätzungen eines schrittweisen Rückzugs der Sowjetunion aus ihren mitteleuropäischen Positionen; damit verbunden war die Erwartung – wie dies Ludwig Kleinwächter über die Anschauung George Kennans und des für Deutschland und Österreich zuständigen Spitzendiplomaten Robert Murphy zu berichten wußte –, „daß Österreich eines Tages den Westmächten wie ein reifer Apfel von selbst in den Schoß fallen und sich ein Vertrag überhaupt erübrigen werde“; und damit wiederum verbunden war eine „hinhaltende Taktik“ der Amerikaner in den Staatsvertragsverhandlungen, wie Kleinwächter ebenfalls nach Wien berichtete.[79] Auch britische Diplomaten äußerten sich in informellen Gesprächen skeptisch, so der damals als zweiter Mann der britischen Botschaft und zeitweiliger Geschäftsträger in Moskau wirkende Geoffrey Harrison – dessen Rolle bei der Redaktion der Österreich-Erklärung von 1943 in Kapitel I dargestellt wurde; im Gespräch mit dem österreichischen politischen Vertreter, Norbert Bischoff, sagte er, er könne nicht glauben, daß irgendeine der Besatzungsmächte gegenwärtig zu einem Vertragsabschluß kommen möchte, der sie zwingen würde, in ein paar Monaten ihre Truppen aus Österreich zurückzuziehen. Einmal meinte er ironisch, in der Österreichfrage wolle niemand ablehnen, aber auch niemand nachgeben, zumal – abgesehen selbstverständlich von den Österreichern – „jeder mit der gegenwärtigen Lage zufrieden sei“.[80] Damit hat übrigens Harrison eine sehr häufige, nicht bloß auf die Situation des Frühjahrs 1949 beschränkte Ambivalenz der diplomatischen Sprechweise der Alliierten treffend charakterisiert: In der Öffentlichkeit wollte niemand die österreichische Forderung nach dem Staatsvertrag

78 Nach einem von Malik herbeigeführten Vorgespräch am 15. Februar begannen die eigentlichen Geheimgespräche am 15. März. Bericht Philip Jessups in seinem Aufsatz „Park Avenue Diplomacy“, in: *Political Science Quarterly,* 87 (1972), 377–400. Zu den Malik-Jessup-Gesprächen auch Bericht Vollgrubers aus Paris, Zl. 47-Pol/49, vom 26. April 1949: AdR, BMAA, II-Pol, Zl. 83.435-Pol/49.

79 Berichte Kleinwächters aus Washington vom 2. April, 45-Pol/49 (Gespräch mit Murphy), und 12. April 1949, 51-Pol/49 (zu Kennan): AdR, BMAA, II-Pol, Zl. 82.740-Pol/49 sowie 83.169-Pol/49. Vgl. auch Telegramme des sich in London aufhaltenden Außenministers Gruber an Kleinwächter vom 30. und 31. März 1949, Zl. 82.738 u. 82. 739-Pol/49.

80 Bericht Bischoffs 16-Pol aus Moskau vom 26. Februar 1949, AdR, BMAA, II-Pol, Zl. 82.134-Pol/49, sowie Telegramm Bischoffs vom 2. Mai 1949, Zl. 83.402-Pol/49.

ablehnen; hinter vorgehaltener Hand waren viele Kommentare wesentlich skeptischer.

Die wichtigste Entwicklung während der neuen Verhandlungsrunde bestand in der nunmehr auch öffentlich kundgetanen radikalen Änderung der jugoslawischen Haltung. Am 24. Februar 1949 legte der stellvertretende jugoslawische Außenminister Aleš Bebler den Sonderbeauftragten ein neues Programm mit vier Punkten[81] vor: 1. Grenzberichtigung zugunsten Jugoslawiens in einem noch später zu bestimmenden Ausmaß; 2. politische, wirtschaftliche und kulturelle Autonomie für jenen Teil „Slowenisch-Kärntens“, der bei Österreich verbliebe; 3. „substantielle“ Reparationen Österreichs an Jugoslawien; 4. Garantien für die Minderheitenrechte der Kroaten und Slowenen, die außerhalb des autonomen Gebiets blieben.

Zu Punkt 1 ist zu sagen, daß die Grenzberichtigungen Gebietsabtretungen im Bereich der Draukraftwerke Schwabegg und Lavamünd anvisierten – das Minimalprogramm wurde nun ins Spiel gebracht. Zu der in Punkt 2 genannten Autonomie hatte Bebler in einem Gespräch mit dem amerikanischen Delegierten Reber gemeint, er könne sich die Teilung Kärntens in zwei Bundesländer nach den Bestimmungen der österreichischen Verfassung vorstellen, daher würde kein spezielles Autonomieregime nötig sein.[82] Allerdings wies Bebler in seiner Erklärung vom 24. Februar darauf hin, daß in dem autonomen Gebiet die Funktionen der zukünftigen österreichischen Armee auf den Grenzschutz beschränkt, die Beziehungen der Bevölkerung zur jugoslawischen Teilrepublik Slowenien erleichtert und das Statut des neuen Landes im Staatsvertrag verankert und unter die Garantie des Sicherheitsrates der Vereinten Nationen gestellt werden sollte.

Vier Tage später erschien Außenminister Gruber vor den Sonderbeauftragten und lehnte neuerlich unter Hinweis auf die Volksabstimmung jede Grenzberichtigung ab. Auch die Errichtung eines eigenen autonomen Gebiets in Südkärnten lehnte er ab. Gruber verwies auf den in der österreichischen Verfassung verankerten Schutz der Grundrechte jedes Staatsbürgers, der auch von Angehörigen der Minderheit in Anspruch genommen werden könne. Er gab auch zu erkennen, daß eine Verankerung der verfassungsmäßig garantierten Rechte im Staatsvertrag, falls erwünscht, erwogen werden könne.[83] Von amerikanischer Seite wurden Grenzberichtigungen wie auch Beblers Vor-

81 „Nouvelles Propositions de la RFP de Yougoslavie pour le Traité de Paix [sic] avec l'Autriche“, Presseaussendung mit Text von Beblers Erklärung der Presseabteilung der jugoslawischen Botschaft in Bern, vorhanden in: Bibliothèque de Documentation internationale contemporaine, Paris-Nanterre.

82 *FR 1949,* III, *Council of Foreign Ministers; Germany and Austria,* Washington 1974, 1074 (Gespräch am 12. Februar 1949).

83 Für Grubers Erklärung siehe *Austrian Information* (hrsg. vom Österreichischen Informationsbüro in New York), Special issue Nr. 2, 7. März 1949.

schlag eines autonomen Südkärnten abgelehnt; doch waren die Amerikaner bereit, drei Konzessionen an Jugoslawien zuzustimmen: 1. dem Einbau eines Katalogs von Minderheitsrechten in den Staatsvertrag; 2. der Übergabe österreichischen Vermögens in Jugoslawien an Jugoslawien; 3. der bilateralen Regelung der Frage der Draukraftwerke.[84] Gruber hat berichtet, daß der Bruch zwischen Belgrad und Moskau nunmehr bei den Westmächten Versuche auslöste, den Jugoslawen stärker entgegenzukommen und Österreich zu manchen Kompromissen zu ermuntern.[85] Daß in Österreich gewisse Sorgen in dieser Richtung bestanden, zeigt auch ein Bericht über den Besuch des Sonderbeauftragten Reber bei Bundespräsident Renner in Wien Mitte April 1949. Der Bundespräsident, so meldete Reber, habe „in ununterbrochener längerer Rede" („in uninterrupted discourse") und mit „tiefem Gefühl" („with deep feeling") darüber gesprochen, welche Bedeutung die Unverletzlichkeit der Kärntner Südgrenze habe; Renner habe nicht, nach Rebers Meinung, impliziert, daß die Westmächte einen Kompromiß planten – doch niemand, der mit Renners Wirken vertraut ist, wird annehmen, daß er sich nur von ungefähr so ausführlich und emphatisch über die Kärntner Grenze ausgelassen hat. Einmal, und zwar schon im Mai 1948, hatte übrigens der französische Gesandte in Wien eine neuerliche Volksabstimmung zur Klärung der Kärntner Grenzfrage zur Diskussion gestellt.[86]

Zwei weitere Entwicklungen während der Verhandlungsrunde vom Frühjahr 1949 sind hier zu vermerken. Die Franzosen zogen ihre ursprünglichen Vorschläge zur Beschränkung der österreichischen industriellen Forschung, Produktion und Lagerhaltung bestimmter Materialien, die militärisch genutzt werden könnten, Anfang April 1949 zurück. Am 8. April 1949 erklärten die drei westlichen Sonderbeauftragten, daß die Westmächte Deutsches Eigentum in den Westzonen (für welches längst österreichische Treuhänder bestellt worden waren) nicht als deutsche Reparationsleistungen im Sinne der Potsdamer Beschlüsse in Anspruch nehmen und diese Werte Österreich ohne Ablöse überlassen würden. Bundeskanzler Figl drückte Reber bei dessen Besuch in

---

84 Weisung Achesons an Reber vom 23. Februar 1949, *FR 1949,* III, 1075–1076.

85 Gruber, *Befreiung,* 206–208. Hierzu vgl. u. a. Bericht Ludwig Kleinwächters aus Washington v. 10. Februar 1949, der vor einer Analogie Südtirol-Kärnten warnte und meinte: „Konzessionen an Jugoslawien auf Österreichs Kosten eröffnen Aussichten, jenes Rußland ganz zu entfremden und es fest an die Weststaaten zu binden." AdR, BMAA, II-Pol, Zl. 81. 403-Pol/49; ferner Zl. 81.298-Pol/49 sowie 81.391-Pol/49; Brief Grubers an Bundeskanzler Figl aus London vom 12. Februar 1949, Konvolut „Pol. Akten über die Staatsvertragsverhandlungen 1948/1949".

86 *FR 1949,* III, 1087–1088. Zu der französischen Sondierung wegen einer neuerlichen Volksabstimmung *FR 1948,* II, 1403, sowie Bericht Erhardt an State Dept. Nr. 664, NA, RG 59, 740.001 19 Control (Austria)/5-2548; Gruber, Figl und Schärf lehnten dies kategorisch ab. Bericht Erhardt Nr. 647 v. 21. Mai 1948, Kopie in Konvolut „Austrian Deputies Telegrams", NA, RG 43, Box 242. Vgl. Schreiben Grubers an die drei westlichen politischen Vertreter in Wien (Erhardt, Jerram und de Monicault) vom 28. 5. 1948, AdR, BMAA, II-Pol, Zl. 113.537-Pol/48.

Wien seine Genugtuung über diese Entscheidung aus. Jedenfalls sollte damit die russische Konzessionsbereitschaft in der Frage des Deutschen Eigentums ermuntert werden.[87]

4. Der Kompromiß von Paris

Zum Greifen nahe schien plötzlich der Abschluß des Staatsvertrages im Juni 1949 auf der in Paris von 23. Mai bis 20. Juni 1949 tagenden sechsten Session des Rates der Außenminister.[88] Österreich hatte sich sogleich nach Bekanntwerden der kommenden Tagung sehr bemüht, die Staatsvertragsfrage unbedingt auf die Tagesordnung zu bekommen; es gelang zwar nicht, wie Gruber ursprünglich wollte, Österreich als ersten Punkt auf die Tagesordnung zu bringen, noch vor der Deutschlandfrage, aber grundsätzlich gab es Konsens aller vier Mächte, auch das Österreich-Thema zu besprechen.[89] Persönlich plädierte Gruber bei einer Unterredung mit dem französischen Außenminister Robert Schuman am 11. Mai in Paris dafür, man solle diese einmalige Gelegenheit benützen, um den Staatsvertrag unter Dach und Fach zu bringen. Gruber brachte auch geschickt immer zumindest latent vorhandene französische Ängste vor Deutschland und besonders vor großdeutschen Tendenzen ins Spiel; er argumentierte, sollte etwa der Außenministerrat irgendwelche Resultate für Deutschland, nicht jedoch für Österreich erzielen, würde das „Wiederaufleben großdeutscher Velleitäten" unvermeidlich. Ganz ähnlich wie in seinen Instruktionen für die österreichischen Missionschefs bei den Westmächten vom Jänner 1949 argumentierte Gruber, natürlich seien mit dem Abschluß des Staatsvertrages gewisse Risken verbunden, „aber diese hätten nicht die Bedeutung, die ihnen die Militärs zubilligten, die sich lieber überhaupt um die Politik nicht kümmern sollten" – dies, gerade in Paris ein Seitenhieb auf die bekannten alarmistischen Ansichten des französischen Hochkommissars und Oberbefehlshabers Béthouart; Schuman ging übrigens durchaus darauf ein und meinte, niemand in der französischen Regierung sei solchen Bedenken zugänglich und die ganze französische Regierung trete für den Abschluß des Staatsvertrages ein.[90]

---

87 *FR 1949*, III, 1088.

88 Die umfassendste Quellenveröffentlichung ebd., 856–1065.

89 Vgl. aus den Akten des Wiener Außenamtes u. a.: AdR, BMAA, II-Pol, Zl. 83.193-Pol/49, Zl. 83.207-Pol/49, Zl. 83.493-Pol/49.

90 Ebd., Zl. 83.872-Pol/49 (von Vollgruber verfaßte Aufzeichnung über das Gespräch Gruber – Schuman). Im darauffolgenden Herbst sollte sich die französische Haltung versteifen, wie weiter unten gezeigt werden wird.

reichs zu leisten seien.[93] Wyschinskij bemerkte, Jugoslawiens Ansprüche seien gerechtfertigt, doch könne man den Österreich-Vertrag nicht ad infinitum hinausschieben, und Probleme, die Schwierigkeiten machten, könnten kein dauerndes Hindernis für eine Regelung darstellen.[94] In den folgenden Tagen bildeten ein von Robert Schuman namens der westlichen Außenminister überreichtes Arbeitspapier und ein dazu Stellung nehmendes Memorandum Wyschinskijs die Grundlage ausführlicher Debatten im Rat der Außenminister. In dem westlichen Dokument wurde u. a. festgehalten, daß die Grenzen Österreichs jene vom 1. Jänner 1938 wären, daß Österreich keine Reparationen zu leisten habe, daß jedoch Jugoslawien das Recht auf österreichisches Vermögen in Jugoslawien zufalle. Dem stimmte Wyschinskij zu.[95] Das sowjetische Memorandum enthielt u. a. den Vorschlag, von Wyschinskij auch mündlich geäußert, daß „der Vertrag mit Österreich Bestimmungen für die Garantie der Rechte der slowenischen und kroatischen Minderheiten in Österreich enthalten" solle. Seitens der Westmächte gab es keine Einwände.[96]

Am ausführlichsten wurden die Fragen des Deutschen Eigentums behandelt, wobei im Trio der westlichen Außenminister – Robert Schuman, Ernest Bevin und Dean Acheson – Acheson am härtesten verhandelte, anscheinend aber auch über die größten Detailkenntnisse verfügte.[97] Im großen und ganzen stand allerdings dem sowjetischen Rückzieher in Sachen jugoslawische Grenz- und Reparationsforderungen ein beträchtliches Entgegenkommen der Westmächte beim Deutschen Eigentum gegenüber. Die Zahlen, bei denen man sich traf, gehen aus der Aufstellung „Die Annäherung der Positionen betreffend das Deutsche Eigentum" zu Beginn dieses Kapitels hervor. Eine Konzession an

93 Ebd., 1053–1055.

94 Ebd., 990.

95 Ebd., 998 (Sitzung am 14. Juni 1949).

96 Ebd., 1001 (französisches Papier namens der Westmächte übergeben am 14. Juni), 1057 (sowjetisches Memorandum, datiert 16. Juni 1949). Eine kurze Diskussion des sowjetischen Vorschlags zugunsten von Minderheitenrechten fand am 16. Juni statt, wobei Bevin meinte, ein Hinweis auf Österreichs Verpflichtung zum Schutz der Minderheitenrechte würde genügen; es wäre schwierig für den Außenministerrat, ein eigenes Minderheitenstatut in den Vertrag zu schreiben; Wyschinskij stimmte dem zu (ebd., 1010), was erstaunlich in Hinblick auf die wenige Wochen später vom sowjetischen Sonderbeauftragten vorgelegten Minderheitenbestimmungen ist (vgl. weiter unten Abschnitt über die Entstehung des Minderheitenschutzartikels). – Die Einigung der vier Mächte über die Grenzfrage führte zwar zunächst zu jugoslawischen Protesten, doch dauerte es nicht allzulange, bis deutlich wurde, daß Jugoslawien die nach 1945 erhobenen Gebietsansprüche fallengelassen hatte. Vgl. hierfür eine Bemerkung von Mosche Pijade Ende Oktober 1951, in: *Die Presse*, 28. Oktober 1951, 2; während der Berliner Außenministerkonferenz im Februar 1954 wurde Außenminister Figl offiziell von jugoslawischer Seite in Kenntnis gesetzt, daß Jugoslawien seine nach 1945 erhobenen territorialen Ansprüche nunmehr endgültig fallengelassen habe: Bericht der *Frankfurter Allgemeinen Zeitung*, 20. Februar 1954, 3.

97 Vgl. die ins Detail gehenden Verhandlungen am 16. Juni, als die Hauptelemente des „großen Kompromisses" festgeschrieben wurden, und der „Feinschliff" in der Sitzung vom 19. Juni. *FR 1949*, III, 1009–1019, 1028–1035.

die Sowjets war nicht nur die Summe der Ablösezahlungen in Höhe von 150 Millionen Dollar, sondern auch die Zahlbarkeit in frei konvertierbarer Währung. Eine weitere Konzession bestand darin, daß die Westmächte das von den Russen gewünschte unbefristete Verstaatlichungsverbot für in russisches Eigentum übergehende Werte in Österreich (es sei denn mit russischer Zustimmung) akzeptierten. Wyschinskij sagte ausdrücklich, er möchte dieses Eigentum gegen die mögliche Verstaatlichung seitens Österreichs schützen, die als Mittel dienen könnte, die Sowjetunion dieser Werte zu berauben. Hier ist daran zu erinnern, daß ja tatsächlich das österreichische Verstaatlichungsgesetz vom Juli 1946 den (von der sowjetischen Besatzungsmacht blockierten) Versuch gemacht hatte, den Besatzungsmächten den Zugriff auf das Deutsche Eigentum zu verwehren. Dem Labour-Politiker entging nicht die Ironie, daß gerade ein kommunistischer Diplomat mit Eifer für die bestmögliche Sicherung von Eigentumsrechten kämpfte – es mache ihm Vergnügen, sagte Bevin einmal scherzhaft, zu hören, wie Wyschinskij für Eigentumsrechte eintrete.[98]

Es gab eine Reihe schwieriger Einzelfragen. Bezüglich der Übergabe der Vermögenswerte der DDSG im östlichen Österreich an die Sowjetunion gab es österreichische und westalliierte Bedenken, Hafenanlagen bzw. Anlegestellen, vor allem in Wien, den Sowjets zu überlassen; dies könnte ein Sicherheitsrisiko darstellen, falls die Sowjets diese Anlagen strategisch zu nutzen suchten. Man hatte erwogen, allenfalls eine Abgeltung dieser Anlagen oder Teile dieser Anlagen durch Schiffe einschließlich der in der amerikanischen Zone, nämlich im Donauhafen Linz, stationierte Schiffe, vorzunehmen. Allerdings überwog sowohl bei den Westalliierten als auch bei Außenminister Gruber das Argument, daß die Chance eines baldigen Vertragsabschlusses nicht an der Donaufrage scheitern sollte. Gruber bagatellisierte gegenüber den Westmächten das Sicherheitsrisiko; wenn einmal die Besatzungstruppen abgezogen wären, würden auch die Hafenanlagen unter österreichischem Recht stehen und österreichischer Polizeikontrolle unterliegen.[99]

Weitere Fragen betrafen die Einbeziehung jener Werte in das Kompromißpaket, die von den Sowjets nicht unter dem Titel des Deutschen Eigentums, sondern als Kriegsbeute mit Beschlag belegt worden waren (darunter etwa 500 von Österreich als eindeutig österreichisch bezeichnete Lokomotiven); den wechselseitigen Verzicht Österreichs und der Sowjetunion auf Belastungen durch Gläubigerforderungen oder Steuerforderungen; und das Recht der Sowjetunion, ohne Einschränkungen seitens Österreichs Profite oder anderes Einkommen aus dem sowjetischen Besitz in Österreich entweder in Form von

98 Ebd., 1012 (Wyschinskij über Verstaatlichungsverbot), 1030 (Bevin).
99 Ebd., 1021, 1022, 1025.

Produktion oder in frei konvertierbarer Währung auszuführen.[100] Schließlich gab es Differenzen um die Frage der Streitschlichtung; die Sowjets schlugen Streitbeilegung durch bilaterale Verhandlungen vor; die Westmächte hätten ein Schiedsgericht vorgezogen; besonders die Amerikaner warnten vor den die mächtigere Sowjetunion begünstigenden Folgen der Methode lediglich bilateraler sowjetisch-österreichischer Verhandlungen.[101]

Als das Kompromißpaket geschnürt war – unbeschadet einer Reihe offener Detailfragen –, wurde der in Paris weilende Außenminister Gruber davon informiert. Gruber wandte sich mit einem Geheimtelegramm in der Nacht vom 16. auf den 17. Juni 1949 an Bundeskanzler Figl, dem Grubers Nachricht um drei Uhr morgens zukam.[102] Figl berief nach Kontaktnahme mit dem Vizekanzler einen außerordentlichen Ministerrat für den gleichen Tag ein. Die Bundesregierung trat, trotz aller Belastungen, für die Annahme des Pariser Pakets ein. Schärf meinte, grundsätzlich könne man zur Sache nur „Ja!" sagen; die Verlängerung der Besatzung käme uns teurer als alles andere. Nicht uninteressant ist, daß Schärf von den „Kosten des Friedensvertrags" sprach; Peter Krauland, der Minister für Vermögenssicherung und Wirtschaftsplanung, meinte, der Friede werde teuer sein. Umfassendere politische Perspektiven kamen in der Diskussion, die unter Zeitdruck stand, nicht zustande. Figl resümierte: „Es bleibt uns nichts übrig, als anzunehmen. Billiger wird es nicht, sondern nur teurer, weil die weitere Besatzung uns Geld kostet. Im Frühjahr 1950 hätten wir dann die ganze Gesellschaft los."[103]

Der Ministerrat beschloß, der Bundeskanzler sei ermächtigt, dem Außenminister mitzuteilen, „daß auf die russischen Forderungen unter folgenden Bedingungen eingegangen werden könnte":

a) Für die Ablösesumme von 150 Millionen Dollar gehe die Regierung von der Voraussetzung aus, daß uns die Westmächte eine gewisse Garantie zur Ermöglichung der Erfüllung geben.

b) Betreffend Kriegsbeute sollten 500 „alt-österreichische" (d. h. aus der Zeit vor 1938 stammende) Lokomotiven Österreich erhalten bleiben.

c) Jegliches Vermögen (insbesondere die der Sowjetunion zufallenden Erdöl- und DDSG-Werte) müßten österreichischen Gesetzen unterworfen bleiben.

---

100 Diese Frage war den Sowjets so wichtig, daß aufgrund von Instruktionen aus Moskau Wyschinskij seine Kollegen bereits nach offiziellem Abschluß der Konferenz neuerlich zusammenrief. Bei dieser Gelegenheit gaben Bevin und Acheson, beide reisefertig, dem Überdruck langer Konferenzwochen nach, indem sie die Säle des „Quai d'Orsay" Arm in Arm singend durchschritten, und zwar eine Melodie mit zwei verschiedenen Texten, „Die Rote Fahne" und „Maryland, my Maryland"! Die Episode wird erzählt in Dean Achesons Memoiren *Present at the Creation,* Taschenbuchausgabe New York 1970, 395.

101 *FR 1949,* III, 1019, 1025; Gruber maß der Frage weniger Bedeutung zu; ebd., 1021.

102 Grubers Geheimbericht (protokolliert unter Zl. 84.614-pol/49) erliegt als Beilage A in: AdR, MRProt Nr. 161a, 17. Juni 1949.

d) Die Frage des Minoritätenschutzes solle möglichst nach den Bestimmungen des Vertrags von Saint-Germain geregelt werden.

e) Zur Schiedsgerichtsfrage könne der Ministerrat mangels näherer Formulierung nicht Stellung nehmen; es wäre zu vermeiden, daß unter dem Titel Schiedsgerichtsbarkeit die Anwendung österreichischer Gesetze hintangehalten werde (im Ministerrat mißverstand man offensichtlich die Frage, um die es in Paris ging).

f) Betreffend die russische Forderung bezüglich der DDSG stimmte der Ministerrat mit dem ausdrücklichen Vorbehalt zu, daß bei Nichtannahme sonst die Verhandlung scheitert.[104]

Gruber informierte die Westalliierten noch am gleichen Tage von der Zustimmung aus Wien.[105] Hinzugefügt sei, daß die Frage der westlichen – de facto amerikanischen – Garantien für die Ablösezahlung von 150 Millionen Dollar bald nach Ende der Pariser Konferenz und nach zunächst durchaus skeptischen, ja ablehnenden amerikanischen Reaktionen – von denen Schärf noch anfangs Juli 1949 nach Rückkehr von einer Londonreise berichtete – in einem für Österreich positiven Sinn geklärt wurde. Die Briten hatten übrigens ihre ganze Überredungskunst aufgewendet, um den Amerikanern die Sicherung, d. h. de facto Übernahme, der österreichischen Ablösezahlungen schmackhaft zu machen.[106] Ende Juli 1949 wurde Gruber mitgeteilt, daß die Amerikaner bereit seien, Österreich bei Bezahlung der Summe von 150 Millionen Dollar in frei konvertierbarer Währung zu unterstützen.[107]

Der große Kompromiß von Paris wurde in einem Kommuniqué am 20. Juni

---

103 Ebd. (Mitschrift).

104 Ebd. (Beschlußprotokoll). In seinem Telegramm an Figl (ebd., Beilage A) hatte Gruber besonders ausführlich zur Frage der DDSG Stellung bezogen, da das Kabinett seinerzeit beschlossen hätte, die Abgeltung der sowjetischen Forderungen in Schiffen sei gegenüber der Abtretung von Hafenanlagen vorzuziehen, wenn jedoch das Zustandekommen des Vertrages gefährdet wäre, wäre auch der Abtretung der Hafenanlagen zuzustimmen. Gruber, im Wissen um die sowjetische Hartnäckigkeit und im Bestreben, den Vertragsabschluß durchzuziehen, legte Figl mehrere Argumente zugunsten der Annahme des sowjetischen Verlangens nach 100% der DDSG-Vermögenswerte in Ostösterreich (und – aus der Diskussion ausgeklammert – in Ungarn, Rumänien und Bulgarien) vor: Die Abgabe der in Linz liegenden Schiffe wäre mit schwerem Nachteil verbunden. Die Schiffe würden Österreich infolge Abtransportes gänzlich verlorengehen, während die abzutretenden Anlegestellen immer nur nach Maßgabe der österreichischen Gesetze betrieben werden könnten. Auch sei die Fortsetzung der Donauschiffahrt nach Osten ohnedies nur möglich, soweit die sowjetischen Behörden zustimmten; auch würden durch die Errichtung eines neuen Donauhafens die gegenwärtigen Anlegeplätze an Bedeutung verlieren.

105 *FR 1949*, III, 1022.

106 AdR, MRProt Nr. 165, 12. Juli 1949 (vertraulich) für Schärfs Bericht; zur britischen Argumentation und zum amerikanischen Sinneswandel vorzüglich Knight, *British Policy*, 216–222.

107 ÖuG, Nr. 59 (Aktenvermerk über eine Besprechung zwischen Gruber und dem Finanzminister Zimmermann am 27. Juli 1949, Zl. 147.568-Wpol/49, mit einem von amerikanischer Seite übermittelten „Fragebogen" zu den Österreich aus dem Staatsvertrag erwachsenden wirtschaftlichen Vorteilen).

1949, dem letzten Konferenztag, bekanntgegeben.[108] Den Sonderbeauftragten wurde die Frist gestellt, bis zum 1. September 1949 den Vertrag unterzeichnungsfertig zu machen. Diese Aufgabe erwies sich aber weit schwieriger, als man in Österreich in der Euphorie des im Juni erreichten Kompromisses erwartet hatte. Eine Reihe der am 1. Juli 1949 noch offenen Artikel konnte allerdings bis zum Termin des 1. September redigiert werden; darunter war vor allem der neue Art. 7 bis (des Entwurfes) über die Rechte der slowenischen und kroatischen Minderheiten.

5. *Die Entstehung des Minderheitenschutzartikels*

Zunächst vertraten die westlichen Sonderbeauftragten die Auffassung, es genüge eine allgemeine Bestimmung, wonach Österreich verpflichtet sei, die Rechte der Minderheiten zu achten und zu schützen. Der französische Delegierte Berthelot meinte, man könne eine solche Bestimmung in den Art. 7 des Entwurfes – Menschenrechte – einfügen. Der russische Sonderbeauftragte – seit dem Frühjahr 1949 war dies Botschafter Zarubin, der die Sowjetunion in London vertrat – legte jedoch Anfang Juli den Entwurf eines eigenen Minderheitenschutzartikels vor, der in fünf Paragraphen detaillierte Regelungen enthielt. Der Entwurf, nach Agentur- und Presseberichten, lautete wie folgt[109]:

1. Die slowenischen und kroatischen Minderheiten in Kärnten, dem Burgenland und Steiermark genießen die gleichen Rechte wie alle übrigen Staatsbürger einschließlich des Rechtes, eigene Organisationen zu besitzen und Versammlungen abzuhalten sowie des Rechtes auf den Gebrauch ihrer Muttersprache.
2. Sie sind berechtigt, den Elementarunterricht in der slowenischen und kroatischen Sprache zu erhalten und eine ihrer Verhältniszahl entsprechende Anzahl von Hauptschulen (Mittelschulen[110]) zu besitzen. Im Zusammenhang damit sollen die Lehrpläne revidiert und eine Schulinspektion für die slowenischen und kroatischen Schulen geschaffen werden.
3. In den Verwaltungs- und Gerichtsbezirken mit slowenischer oder kroatischer oder gemischtsprachiger Bevölkerung ist die slowenische oder kroatische Sprache als offizielle Sprache neben der deutschen zugelassen; Ortsbezeichnungen und Aufschriften sollen in beiden Sprachen aufscheinen.

---

108 DÖA, Nr. 81; vgl. auch die Übersicht oben, S. 114–115.

109 Text hier wiedergegeben nach *SN*, 5. Juli 1949, 1 (als Quellen werden angegeben SN, APA und Reuter).

110 Die *SN* und mehrere andere Zeitungen nennen „Hauptschulen", während die *Volkszeitung* (Klagenfurt) von Mittelschulen sprach; die Evidenz der Debatten im August 1949 zeigt, daß es sich um über den Volksschulunterricht hinausgehende Schulen handelte, die im Englischen als „secondary schools" bezeichnet wurden und in der späteren offiziellen deutschen Übersetzung als „Mittelschulen" wiedergegeben werden.

4. Die slowenischen und kroatischen Minderheiten in Kärnten, dem Burgenland und Steiermark nehmen an dem kulturellen Leben, der öffentlichen Verwaltung und dem Justizwesen der oben erwähnten Gebiete gleichberechtigt mit allen übrigen österreichischen Staatsbürgern teil.
5. Die Tätigkeit von Organisationen, deren Ziel die Entnationalisierung der slowenischen und kroatischen Minderheiten ist, ist verboten.

Es ist instruktiv, diesen sowjetischen Vorschlag vom Juli 1949 mit dem bereits erwähnten jugoslawischen Entwurf vom April 1948 zu vergleichen; denn es zeigt sich, daß der sowjetische Vorschlag in mehrfacher Hinsicht Ähnlichkeiten mit dem jugoslawischen Entwurf aufweist, etwa bezüglich der Thematik und der Abfolge der Punkte eins bis drei; etwas weniger deutlich ist dies bei Punkt vier; Punkt fünf des sowjetischen Vorschlags entspricht direkt dem sechsten Punkt des jugoslawischen Textes; allerdings scheinen die Punkte fünf und sieben des jugoslawischen Vorschlags in keiner Weise im neuen sowjetischen Entwurf auf. Übrigens ist daran zu erinnern, daß schon im April 1947 von jugoslawischer Seite den Sowjets Vorschläge für ein Minderheitenstatut überreicht worden waren; ob damalige jugoslawische Vorschläge im sowjetischen Entwurf berücksichtigt wurden, entzieht sich allerdings unserer Kenntnis.

Einige Wochen später gaben die Westmächte ihren ursprünglichen Standpunkt, der Staatsvertrag solle nur eine allgemeine Bestimmung über die Gewährleistung der Minderheitenrechte enthalten, auf und legten ihrerseits einen detaillierten Entwurf vor. Dieser wurde am 16. August 1949 vom britischen Sonderbeauftragten Mallet präsentiert. Er lautete in Übersetzung wie folgt:

1. Österreichische Staatsangehörige der slowenischen und kroatischen sprachlichen Minderheiten („linguistic minorities") in Kärnten, Burgenland und Steiermark sollen Rechte unter gleichen Bedingungen wie alle anderen österreichischen Staatsangehörigen einschließlich des Rechtes auf ihre eigenen Organisationen, Versammlungen und Presse in ihrer eigenen Sprache erhalten.
2. In Städten und Bezirken, in denen ein beträchtlicher Anteil („considerable proportion") solcher Staatsangehöriger wohnhaft ist, haben diese Staatsangehörigen Anspruch auf Elementarunterricht in slowenischer oder kroatischer Sprache und, im Verhältnis zu ihrer Anzahl, auf Unterricht in ihrer Sprache in Mittelschulen; in diesem Zusammenhang werden Schullehrpläne soweit als notwendig revidiert werden und eigene Schulinspektoren für den Unterricht in der slowenischen und kroatischen Sprache bestellt werden.
3. In Verwaltungs- und Gerichtsbezirken Kärntens, des Burgenlandes und der Steiermark mit einem beträchtlichen Anteil („considerable proportion") österreichischer Staatsbürger, die den slowenischen oder kroatischen sprachlichen Minderheiten („linguistic minorities") angehören, wird die slowenische oder kroatische Sprache als Amtssprache zusätzlich zum Deutschen zugelassen. In solchen Bezirken werden die Bezeichnungen und Aufschriften topographischer Natur („topographical terminology and inscriptions") sowohl in slowenischer oder kroatischer Sprache wie in Deutsch verfaßt.

4. Österreichische Staatsangehörige der slowenischen oder kroatischen sprachlichen Minderheiten in Kärnten, Burgenland und Steiermark nehmen an den kulturellen, Verwaltungs- und Gerichtseinrichtungen in diesen Gebieten unter gleichen Bedingungen wie andere österreichische Staatsangehörige teil.
5. Österreich verpflichtet sich, alle Tätigkeiten zu verbieten, die darauf abzielen, den Rechten seiner Staatsbürger der slowenischen oder kroatischen sprachlichen Minderheiten, wie sie in den vorhergehenden Paragraphen definiert wurden, Abbruch zu tun.[111]

Der britische Entwurf orientierte sich, wie ein Vergleich zeigt, in seinem Aufbau am sowjetischen Entwurf. Einige Änderungen gingen übrigens auf österreichische Wünsche zurück. Die Österreicher hatten angeregt, im ersten und vierten Absatz von „österreichischen Staatsangehörigen slowenischer oder kroatischer Zunge“ zu sprechen; die Westalliierten einigten sich, unter Berücksichtigung der sowjetischen Vorlage, zunächst auf „österreichische Staatsangehörige der slowenischen und kroatischen Minderheiten in Kärnten, Burgenland und Steiermark“; die Briten fügten in ihrem Entwurf dann noch das Wort „sprachlich“ („linguistic minorities“) hinzu. Der Ausdruck „considerable proportion“ ging zumindest für den Absatz 2 (Schulwesen) ebenfalls auf österreichische Wünsche zurück; desgleichen der Ersatz von „Schulinspektoraten“ durch „Schulinspektoren“. Insgesamt ließen die Österreicher jedoch wissen, daß sie im Interesse einer raschen prinzipiellen Regelung auf die angeregten Textänderungen verzichten würden und daß allenfalls der sowjetische Text angenommen werden könnte. Diese Haltung wurde durch verschiedene Erwägungen motiviert; das Hinziehen der Verhandlungen könnte die endgültige Einigung auf einen Zeitpunkt verschieben, zu dem die allgemeine politische Lage für Österreich weniger günstig wäre; offensichtlich befürchtete man in Wien eine (durch das Zunehmen der sowjetisch-jugoslawischen Spannungen bedingte) stärkere westliche Rücksichtnahme auf allfällige neue jugoslawische Wünsche; auch hatten slowenische Minderheitenvertreter gerade dem Bundeskanzler und den vier alliierten Hochkommissaren weitgehende Vorschläge für ein Minderheitenstatut überreicht.[112]

---

111 Der englische Text veröffentlicht in: *Daily News Review,* hrsg. von der Informationsabteilung des Britischen Elements der Alliierten Kommission für Österreich in Wien, Nr. 40, 17. August 1949, 4. In *FR 1949,* III, 1118, Anm. 1, ist ein „agreed Western text“ veröffentlicht; der diesbezügliche Bericht ist vom 10. August 1949 datiert: NA, RG 59, 740.00119 Council/8–1049. Der Text gleicht wörtlich dem britischen Vorschlag vom 16. August mit einer Ausnahme: das Wort „linguistic“ erscheint nur in Abs. 3, nicht jedoch in den Abs. 1, 4 und 5. Deutsche Übersetzung des Verf. auf Grundlage des englischen Textes in *Daily News Review;* die Übersetzung lehnt sich soweit als möglich an den deutschen Text des Art. 7 des Staatsvertrages an; eine von der APA seinerzeit veröffentlichte Übersetzung (vgl. *Tageszeitung,* Klagenfurt, 17. August 1949, 2) enthält einige Ungenauigkeiten.

112 Vgl. AdR, BMAA, II-Pol, Zl. 85.367-Pol/49, in Akten der Staatsvertragsdelegation London. Siehe nunmehr Grubers entsprechende, ursprünglich vom Unterrichtsministerium kommende Vorschläge im Ministerrat; Gruber drängte auf schnellen Abschluß der Minderheitsverhandlungen in

In der Woche zwischen 17. und 24. August 1949 berieten die Sonderbeauftragten über die sowjetische und die britische Vorlage.[113] Der britische Sonderbeauftragte Mallet erklärte, sein Entwurf basiere auf dem sowjetischen, es bestehe kein fundamentaler Unterschied zwischen beiden Entwürfen. Zarubin widersprach – die Ähnlichkeit liege nur darin, daß beide Entwürfe aus fünf Paragraphen bestünden. Zarubins Einwände gegen den britischen Entwurf betrafen vor allem drei Probleme:

Erstens opponierte Zarubin dagegen, daß sich der westliche Entwurf auf die sprachlichen Minderheiten („linguistic minorities") beziehe. Er berief sich auf die Minderheitenschutzbestimmungen des Vertrages von Saint-Germain. Dort war tatsächlich in Art. 67 von „minorités ethniques, de religion ou de langue" die Rede. Der Begriff „ethnische Minderheit" kann auch mit „nationale Minderheit" wiedergegeben werden; allerdings kommt dem Wort „national" gerade im Französischen und Englischen eher eine politisch-staatliche als eine ethnisch-kulturelle Bedeutung zu. Im sowjetischen Entwurf war vom Schutz der „nationalen Minderheiten" die Rede; auch in den sowjetischen Vorlagen während der Beratungen der Außenminister in Paris im Juni 1949 war dies der Fall gewesen.[114] Die Debatte über die Deutung und Bedeutung des Wortes „national" – entweder im Sinne der ethnisch-kulturellen oder der staatsbürgerlich-politischen Zugehörigkeit – nahm einen erstaunlich großen Platz in den Beratungen ein. Die russische Formulierung vom Schutz der „nationalen

---

London, man solle wohl die österreichischen Vorschläge unterbreiten, „aber wenn sie die Russen nicht akzeptieren, sollten wir unserer Delegation die Anweisung geben, die russischen Vorschläge anzunehmen" (!). Gruber riet zur Eile, „denn niemand kann garantieren, wie sich die internationale Lage verändern wird und wie sich insbesondere Jugoslawien anstrengen wird". AdR, MRProt Nr. 166, 19. Juli 1949; als Beilage D/166 ausführliche Stellungnahme des Unterrichtsministeriums, Zl. 32.517/III/10/49. – Gruber drängte zwar zur Eile beim Vertragsabschluß, unterschied aber scharf zwischen Abschluß und Ratifizierung; letztere brauche keine Eile, zwischen Unterzeichnung und Ratifikation könnte Österreich ein gewisses Maß an militärischer Sicherheit erreichen: Gruber im Gespräch mit dem britischen Gesandten in Wien, Sir Bertrand Jerram, 9. August 1949, PRO, FO 371/76446/C6324. Zur Minderheitenfrage vgl. auch Bericht Rebers an State Dept., NA, RG 59, 740.00119 Council/7-2249.

113 Das folgende stützt sich auf die amerikanischen und die britischen Mitschriften der 196. bis 201. Sitzung der Sonderbeauftragten vom 17. bis 24. August 1949. Amerikanische Mitschriften in: NA, RG 43, Box 247; britische Mitschriften in „Proceedings". Die Meldungen der Austria-Presse-Agentur und die Presseberichterstattung, am ausführlichsten wohl in der *Tageszeitung* (Klagenfurt), gaben jedoch im großen und ganzen ein zutreffendes Bild vom Gang der Diskussion. Überdies zahlreiche Unterlagen in den Akten der öst. Staatsvertragsdelegation London in AdR, BMAA, II-Pol. Bedauerlicherweise enthält die Aktenpublikation des State Department für das Jahr 1949 fast kein Material zu den Minderheitenschutzverhandlungen. Eine allerdings advokatorische Darstellung der Verhandlungen vom Sommer 1949 in der Klagenfurter slowenischen Zeitung *Slovenski vestnik* vom 26. Februar und 4. März 1960 in deutscher Sprache unter dem Titel „Minderheit, Volksbefragung und Staatsvertrag" stützt sich auf die österreichische Presseberichterstattung.

114 Vgl. die von sowjetischer Seite vorgelegten Arbeitspapiere auf der Pariser Tagung des Rates der Außenminister, *FR 1949,* III, 1057, 1061.

Minderheiten" veranlaßte die westlichen Delegierten, darauf hinzuweisen, daß kein „special national status" (Reber) für die Minderheiten in Frage komme, da es sich ja um Staatsbürger der Republik Österreich handle. Der britische Delegierte wiederum betonte, die einzige „nationality", welche die slowenische und kroatische Minderheit hätten, wäre die österreichische. Wenn der russische Text von „Entnationalisierung" spreche – im Zusammenhang mit dem Verbot von Organisationen, deren Ziel die „Entnationalisierung" der Minderheiten sei –, dann verfehle er seinen Zweck, denn „Entnationalisierung" bedeute „De-Austrianisation" – „Entösterreicherung"!

Der französische Delegierte Berthelot meinte wiederum, alle seien sich einig, daß der Schutz der Minderheiten keinen „Staat im Staate" schaffen solle, sondern daß die Minderheitenrechte im Rahmen der österreichischen Verfassung gesichert werden sollen. Botschafter Zarubin verwahrte sich entschieden dagegen, daß sein Entwurf einen „Staat im Staate" schaffen wolle; es handle sich auch nicht um einen speziellen und unabhängigen Status für die nationalen Minderheiten. Dies ermöglichte oder erleichterte es den Westmächten, einzulenken. Die Besorgnis vor dem „Staat im Staate" muß wohl vor dem Hintergrund der von Aleš Bebler nur wenige Monate zuvor ventilierten Idee einer Autonomie für „Slowenisch-Kärnten" gesehen werden. Bald erklärten sich Franzosen und Amerikaner bereit, das Wörtchen „linguistic" fallenzulassen und lediglich von „Minoritäten" zu sprechen; die Engländer stimmten erst etwas später zu. Zarubin war damit unter der Voraussetzung einverstanden, daß im russischen Text ausdrücklich der Begriff „nationale Minderheit" (nacional'noe men'šinstvo) verwendet werde. Dieses Adjektiv findet sich somit – auch im endgültigen Staatsvertrag – nur in der russischen, nicht jedoch in der französischen, englischen (und deutschen) Fassung des Textes.[115]

Ein zweiter Einwand Zarubins richtete sich gegen die englische Textierung des Schulparagraphen, und zwar besonders gegen die Einschränkung slowenischen oder kroatischen Schulunterrichts auf Städte und Bezirke mit einem „beträchtlichen Anteil" von Angehörigen der Minderheit; die Debatte darüber war recht heftig. Als Ergebnis ließen jedoch die Westmächte den Hinweis auf die „considerable proportion" fallen – es handelte sich übrigens um einen Begriff, der auch in Minderheitenschutzbestimmungen nach dem Ersten Weltkrieg eine Rolle gespielt hatte. Auch in der gegenüber dem britischen Entwurf veränderten endgültigen Regelung des Mittelschulwesens – Anspruch der Minderheiten „auf eine verhältnismäßige Anzahl *eigener* Mittelschulen" – lag ein Entgegenkommen an die ursprünglichen russischen Vorschläge. Übrigens entfiel auch im dritten Paragraphen, der die Amtssprache und die topographischen Bezeichnungen betraf, der von den Engländern vorgeschlagene Hinweis

115 Insbesondere 196. und 197. Sitzung, 17. und 18. August 1949.

auf Verwaltungs- und Gerichtsbezirke mit einem „beträchtlichen Anteil" von Angehörigen der Minderheiten. Die sowjetische Alternative, nämlich Hinweis auf Bezirke „mit slowenischer, kroatischer oder gemischter Bevölkerung", setzte sich durch und hat in den endgültigen Text Eingang gefunden. Die Diskussion um Begriffe wie „beträchtlicher Anteil" oder „gemischte Bevölkerung" zeichnete sich durch einen hohen Grad von Abstraktion aus. Der britische Sonderbeauftragte Mallet meinte, allen diesen Begriffen mangle es an Präzision, und einer sei so schlecht wie der andere[116], doch legten sich die Sonderbeauftragten auf keinen bestimmten Prozentsatz fest. Während der Beratungen wurde übrigens auf konkrete Zahlen oder Statistiken über die Bevölkerungsverhältnisse nicht eingegangen. Ohne Zweifel war den Sonderbeauftragten noch aus den ersten Phasen der Staatsvertragsverhandlungen bekannt, daß es auseinanderklaffende und daher umstrittene Zahlen gab.

Ein dritter Einwand Zarubins bezog sich auf das Verbot von Tätigkeiten, die den Rechten der Minderheiten Abbruch taten. Ihm war die westliche Formulierung zu milde. Andererseits war den westlichen Delegierten die sowjetische Alternative nicht recht, die vom Verbot von Organisationen sprach, die sich die „Entnationalisierung" der Minderheiten zum Ziel gesetzt hätten. Was „Entnationalisierung" eigentlich bedeute, wurde, wie bereits gezeigt, Gegenstand einer Sprachdebatte. Schließlich war Zarubin bereit, darauf zu verzichten, und eine Kompromißformel wurde gefunden, die den westlichen Wünschen stärker Rechnung trug. Am 24. August waren sich die vier Sonderbeauftragten soweit einig, daß sie den Text des Minderheitenschutzartikels einem Redaktionsausschuß überwiesen, der allerdings 1949 nicht mehr zusammentrat.[117]

Im Rückblick auf die Verhandlungen um den Minderheitenschutzartikel zwischen 17. und 24. August 1949 läßt sich sagen, daß von allen Seiten das Bestreben deutlich wurde, den Artikel eher rasch über die Bühne zu bringen. Wir müssen bedenken, daß die Beratungen zu einem Zeitpunkt stattfanden, zu dem der Konflikt zwischen Stalin und Tito einem Höhepunkt öffentlicher Auseinandersetzung zustrebte, und niemand wußte, wohin dieser Konflikt steuern würde. Das herkömmliche Bild der Ost-West-Blockbildung war einigermaßen in Unordnung geraten, und es war schwer, vorherzusehen, wer wen aus welchen Motiven und zu welchem Zeitpunkt unterstützen würde. Zwei Merkmale der Verhandlungen könnten darin zumindest teilweise ihre Erklärung finden: die Allgemeinheit der Formulierungen und die allenthalben, zumal bei den Westmächten und Österreich merkbare Tendenz, im Interesse eines schnellen Abschlusses Abstriche bei den eigenen Wünschen zu machen. – De facto ist der von den Sonderbeauftragten im August 1949 vereinbarte Text

116 199. Sitzung, 22. August 1949.
117 201. Sitzung, 24. August 1949.

im Mai 1955 mit nur einer ganz geringfügigen Änderung als Art. 7 in den endgültigen Text des Staatsvertrages übernommen worden.[118]

6. Nochmals das Deutsche Eigentum; Spannungen im Westen

Die größten Schwierigkeiten jener Verhandlungsrunde vom Sommer 1949 ergaben sich wieder in der Frage des Deutschen Eigentums. Die Prozentzahlen, auf die sich die Außenminister in Paris geeinigt hatten, mußten umgesetzt werden in konkrete Ölfelder, Schurfkonzessionen, Betriebe und Vermögenswerte, die in fünf Listen, die integrierenden Bestandteil des Art. 35 des Vertragsentwurfs bildeten, namentlich aufzuzählen waren. Besondere Probleme warf die zweite Liste auf, in der die Konzessionen auf Ölschurfrechte, die der Sowjetunion übertragen werden sollten, anzuführen waren. Die Westmächte, und zwar vor allem die amerikanische und britische Regierung, traten hier für die Interessen einiger westlicher Erdölgesellschaften ein; die Tendenz der Sowjetunion bestand anderseits darin, mit Hilfe der territorialen Abgrenzung der Schurfrechte die zukünftige Erdölförderung in Österreich möglichst weitgehend für die sowjetische Produktion zu sichern.[119] Die Auseinandersetzungen auf dem Erdölsektor insgesamt waren deshalb so besonders kompliziert, weil nicht nur die Eigentumsverhältnisse unübersichtlich und verschiedenen Interpretationen ausgesetzt waren, sondern auch eine dreiecksartige Interessenkonstellation bestand: sowjetisches Interesse an der Überführung des „Deutschen" in sowjetisches Eigentum; Österreichs Interesse an der Verfügung über einen seiner kostbarsten Bodenschätze, das durch die (infolge des Widerstands der Mächte nicht durchführbare) Verstaatlichung der Erdölindustrie im Juli 1946 zum Ausdruck gekommen war; und schließlich die Ansprüche westlicher Erdölgesellschaften auf Wiederherstellung ihrer Rechte und Interessen sowie auf Rückgabe ihres Vermögens bzw. auf eine allfällige Entschädigung hierfür. Die Westmächte forderten von Österreich die Verpflichtung, den Angehörigen der Vereinten Nationen Entschädigung für eventuelle Schäden zu leisten, welche diese infolge der in Art. 35 vorgesehenen Vermögensübertragungen an die Sowjetunion erleiden könnten. Dies bedeutete, daß Österreich für bestimmte Vermögenswerte, die aufgrund divergierender Rechtsmeinungen von den Sowjets als deutsches, von den Westalliierten jedoch als alliiertes Eigentum angesehen wurden, de facto einen doppelten

118 Die genannte Änderung betrifft den Schulparagraphen: Im 1949 vereinbarten Text heißt es, daß Schullehrpläne „soweit als notwendig revidiert" werden sollen; im endgültigen Text lautet die Stelle, daß sie „überprüft" werden sollen.

119 Diese fünf Listen finden sich nunmehr in Art. 22 des Staatsvertrages; vgl. Bericht des Londoner Korrespondenten der *SN:* „Die Erdölfrage – das Haupthindernis", in: *SN,* 10. August 1949, 1.

Verlust erleiden würde: einerseits durch Übertragung von verstaatlichten, jedoch von der Sowjetunion als Deutsches Eigentum reklamierten Vermögenswerten an die Sowjetunion, und anderseits durch Restitutionsansprüche von „Staatsangehörigen der Vereinten Nationen", d. h. westliche Erdölunternehmungen bzw. Entschädigungszahlungen, die die Westmächte als Ersatz für (weil in sowjetisches Eigentum übergegangene) nicht mehr naturaliter zu leistende Restitutionen forderten. Die Forderung nach solchen Entschädigungen war von dem amerikanischen Sonderbeauftragten schon im November 1947 deponiert worden. Doch erst im Juli 1949 wurden von westlicher Seite konkrete Festlegungen Österreichs gefordert, und zwar in Form eines Antrags auf Aufnahme folgender Bestimmung in den Staatsvertrag: „Österreich ist nicht verpflichtet, irgendwelche Vermögen, Rechte und Interessen von Vereinten Nationen oder Staatsangehörigen Vereinter Nationen wiederherzustellen, die infolge der Anwendung des Paragraphen xxx des Artikels 35 des vorliegenden Vertrages Schaden erlitten haben könnten, sondern wird prompte, angemessene und effektive Entschädigung hiefür zahlen."[120]

Die Österreicher reagierten intern recht bitter und auch im diplomatischen Schriftverkehr mit den Westalliierten energisch, doch wurden die Auseinandersetzungen nicht an die Öffentlichkeit getragen.[121] Der Ballhausplatz wies, wie es in einem Ministerratsvortrag Grubers heißt, den Westvertretern gegenüber sofort darauf hin, „daß die Divergenz der sowjetischen und westlichen Auffassung darüber, ob auch restitutionspflichtiges Vermögen als German Assets gelten solle, auf das Potsdamer Abkommen zurückzuführen sei und keinesfalls zu Lasten Österreichs ausgetragen werden könne".[122] Der von der Bundesregierung noch im Juli beschlossene energische Protest[123] wurde allerdings von den drei Westmächten zurückgewiesen. Vor allem das amerikanische State Department machte gegenüber Österreich geltend, daß es „sich nicht in der Lage sähe, den Staatsvertrag ohne solche österr. Verpflichtung vor den amerikanischen Senat zu bringen, da der Vertrag ohne eine solche Klausel keinesfalls vom Senat ratifiziert werden würde". Die Briten teilten ebenfalls

120 Formulierungsantrag betreffend Art. 42, Abs. 9 des Vertragsentwurfs (Eigentum der Vereinten Nationen in Österreich). Text in: DÖA, Nr. 168 (Wiener Memorandum, Anmerkung zu der im Anhang publizierten österr. Verbalnote vom 29. November 1949, zit. nach der amtlichen Veröffentlichung in *WZ*, 2. Dezember 1955, Amtsblatt, 9.

121 Vgl. 60. Sitzung der Sonderbeauftragten, 29. November 1947: Der Amerikaner Dodge vermerkte, daß in den französischen Vorschlägen des Cherrière-Plans nicht vorgesorgt war für „compensation for owners of property transferred which was not exclusively German". NA, RG 43, Box 232, sowie britische „Proceedings". Für Juli 1949 vgl. die gesammelt vorliegenden Akten der österreichischen Staatsvertragsdelegation London, bes. Zln. 30, 34, 35, 38, 42, 48/L/49 in: AdR, BMAA, II-Pol (Staatsvertragsakten 1949).

122 Hierzu und zum folgenden: AdR, BMAA, II-Pol, Zl. 88.836-Pol/49 (Bericht für den Ministerrat vom 22. November 1949).

123 AdR, MRProt Nr. 166, 19. Juli 1949, Beschlußprotokoll Pkt. 32.

Wenige Wochen später suchte Gruber den englischen Außenminister Bevin in London auf. Wieder wandte Gruber seine Taktik an, mit der Angst vor einem Wiederaufleben großdeutscher Strömungen die Notwendigkeit des Staatsvertrags zu unterstreichen; Grubers Argumentationen in dieser Richtung müssen vor dem Hintergrund der sich gerade konstituierenden Bundesrepublik Deutschland und deren von Anfang an starker Westbindung gesehen werden, ebenso wie vor dem Hintergrund der ein Jahr nach der Währungsreform wirtschaftlich merkbaren Erholung Westdeutschlands. Bevin gab dem Gespräch eine neue Wendung, als er Gruber fragte, was zu tun wäre, wenn man bei der Pariser Außenministertagung den Vertrag nicht bekommen würde; Gruber ventilierte darauf die Idee, die militärische Räumung Österreichs seitens der Großmächte voranzutreiben und die Vertragsverhandlungen gewissermaßen nebenher weiterlaufen zu lassen; das wesentliche Ziel, so Gruber, sei weiterhin „die militärische Evakuation Österreichs seitens der Sowjets". Wie realistisch eine solche Vorstellung war, sei dahingestellt.[91]

Die Dinge gerieten in Bewegung, als der russische Außenminister Andrej Wyschinskij, erst seit März 1949 Molotows Nachfolger, in Paris die bisherige Unterstützung der jugoslawischen Gebiets- und Reparationsansprüche fallenließ. Die erste Äußerung Wyschinskijs, die den Sinneswandel der Sowjets erkennen ließ, fiel am 10. Juni in einem Gespräch mit Dean Acheson, der zu Jahresanfang 1949 George Marshall als amerikanischer Außenminister nachgefolgt war. Bei einem Abendessen in der sowjetischen Botschaft sagte Wyschinskij zu Acheson, die jugoslawischen Ansprüche seien verschieden von den russischen Ansprüchen – „sie sind nicht unsere Ansprüche"; er fügte hinzu, es müsse möglich sein, eine Einigung über die sowjetischen Ansprüche zu erzielen; schließlich und endlich gebe es nur drei Punkte mit wesentlichen Differenzen; er habe keinen Wunsch, den Abschluß des österreichischen Vertrages zu verzögern.[92] Bei den drei Punkten handelte es sich um: Südgrenze, jugoslawische Reparationsansprüche und Deutsches Eigentum.

In der Sitzung am 12. Juni wurde erstmals im Außenministerrat über Österreich gesprochen. An diesem Tage überreichte Robert Schuman Wyschinskij ein Memorandum zum Österreichvertrag, in dem Österreichs Status als befreites Land betont und festgehalten wurde, daß es keine Lösung für den Vertrag ohne Festlegung der Grenzen im Umfang vom 1. Jänner 1938 geben könne; außerdem solle, „in Erfüllung der in Potsdam gegebenen Zusage", im Vertrag festgehalten werden, daß keine Reparationen seitens Öster-

---

91 PRO, FO 371/76442/C4897, Gespräch Bevin – Gruber am 7. Juni 1949. Cronin, *Great Power Politics,* 73–74, weist den Ideen Grubers (mit dem Zwischentitel „An Austrian Proposal") wohl größere Bedeutung zu, als ihnen zukam.

92 FR 1949, III, 982.

mit, daß sie auf einer österreichischen Kompensationsverpflichtung bestehen müßten, ließen aber mündlich durchblicken, daß sich die englische Regierung auch mit einer österreichischen Verpflichtungserklärung außerhalb des Vertrages zufriedengeben würde. Die französische Regierung reagierte – in dem einzigen Fall, in dem französische Interessen durch eine Übertragung an die Sowjets gefährdet schienen (Raffinerie Nova) – ähnlich. Das State Department reagierte am schärfsten; die amerikanische Regierung erwarte von Österreich volle Entschädigung für den Sowjets übertragene Vermögenswerte, an welchen Interessen von amerikanischen Staatsangehörigen oder Staatsangehörigen der Vereinten Nationen bestünden. Die Sowjets wiederum erklärten nach Wiederaufnahme der Beratungen der Sonderbeauftragten im September in New York, daß sie der Aufnahme der von den Westmächten beantragten Bestimmung in den Staatsvertrag nicht zustimmen könnten. Wie Gruber dem Ministerrat vortrug, sei für „die Sowjets die Ablehnung der Aufnahme einer solchen Bestimmung eine prinzipielle Frage, da sie im Staatsvertrag keineswegs zugeben können oder wollen, daß sie sich nicht nur deutsches, sondern auch fremdes bzw. alliiertes Eigentum auf dem Erdölsektor angeeignet hätten". Für die Westmächte wiederum, so Gruber, „stellt sich die Übernahme einer solchen Verpflichtung seitens Österreichs als eine zwingende moralische Haltung gegenüber ihren Staatsbürgern dar". Ein Konsens zwischen Österreichern und Westmächten sollte, wie noch berichtet werden wird, im November 1949 zustande kommen.

Wir wissen, daß hinter der zunehmend härter werdenden amerikanischen Verhandlungstaktik um Art. 35 im Sommer 1949 Spannungen zwischen der militärischen Führung und dem State Department standen, deren Ursache die offene Frage war, ob die USA überhaupt den Abschluß des Staatsvertrages und damit den Rückzug ihrer Truppen aus Österreich anstreben sollten. Am 10. August 1949 suchte der österreichische Gesandte in Washington, Dr. Ludwig Kleinwächter, den Österreich-Referenten im State Department auf und teilte ihm mit, er habe von einer hochgestellten amerikanischen Persönlichkeit erfahren, daß militärische Kreise in der amerikanischen Regierung gegen den Abschluß des Österreich-Vertrages seien. Ein Besuch der Chefs des vereinigten amerikanischen Generalstabs in Wien stehe damit im Zusammenhang. Kleinwächter sagte ferner, man habe ihm mitgeteilt, daß die militärische Führung gegen den Abzug der westlichen Besatzungstruppen aus den westlichen Besatzungszonen sei, da die westlichen Zonen Österreichs in die laufenden Pläne für die regionale Verteidigung Westeuropas eingebaut werden sollten. Er erwähnte auch, diese Ansichten seien in militärischen Kreisen weit verbreitet und würden mit verschiedenen Mitgliedern des Kongresses besprochen, um Stimmung gegen den Abschluß des Österreich-Vertrages zu machen. Kleinwächters Gesprächspartner Francis T. Williamson erwiderte, daß es die

Politik der Regierung der Vereinigten Staaten sei, den Vertrag mit Österreich abzuschließen, und daß Schritte zu diesem Ziel gegenwärtig in London unternommen würden. Der Zweck der Reise der Generalstabschefs nach Wien sei die Inspektion der dort stationierten Besatzungstruppen und die Besprechung laufender Probleme der Besatzungspolitik mit General Keyes. Er setzte hinzu, ihm sei über die von Kleinwächter berichtete Stimmung in Regierungskreisen nichts bekannt.[124]

Daß der amerikanische Oberkommandierende in Österreich, General Keyes, schon im Frühjahr 1948 strategische Bedenken gegen den Abzug der westlichen Truppen aus Österreich geltend gemacht hatte, ist bereits gezeigt worden. Aber auch im Mai und Juni 1949, als mit dem Zusammentreten des Außenministerrates in Paris der Abschluß des Staatsvertrages neuerlich akut wurde, hat General Keyes die Verlängerung der Besetzung Österreichs befürwortet. In einem dieser Frage gewidmeten Bericht vom 19. Mai 1949, also unmittelbar vor Zusammentreten der vier Außenminister in Paris, hat Keyes seine Ansicht vertreten, man müsse zur Festlegung der politischen Linie („for policy purposes") klar erkennen, daß die Fortsetzung der Besetzung Österreichs auf der Existenz ideologischer Ost-West-Differenzen basiere und nicht mehr direkt mit den militärischen Problemen, die im Zweiten Weltkrieg entscheidend waren, zusammenhänge. Daher, so fuhr Keyes fort, seien die ursprünglichen Ziele, wegen derer die Vereinigten Staaten Österreich besetzt hätten, zweitrangig geworden, „und der Kampf gegen den Kommunismus und das sowjetische aggressive wirtschaftliche und politische Eindringen in Westeuropa ist nun der vorrangige Zweck unserer Präsenz hier".[125] Am 14. Juni 1949, offenbar im Zusammenhang mit dem sich in Paris abzeichnenden Kompromiß über den Abschluß des Staatsvertrages, verlangte Keyes eine Entscheidung „at the top policy level", nämlich im Nationalen Sicherheitsrat, über die „grundlegende Frage": „Ist die militärische Besetzung Österreichs strategisch und/oder politisch a) wesentlich oder b) wünschenswert, und wenn ja, in welchem Ausmaß?"[126]

Infolge des von den vier Außenministern am 20. Juni in Paris erzielten Kompromisses über den Abschluß des Staatsvertrages entwickelte sich nun in Washington ein immer heftiger werdender Konflikt zwischen dem – grundsätzlich abschlußfreundlichen – State Department und dem abschlußfeindlichen Verteidigungsministerium; dieser Konflikt erreichte seinen Höhepunkt im Oktober 1949. Wie heftig diese inneramerikanische Auseinandersetzung war, ist aus einem Brief des Österreich-Referenten im State Department,

---

124 *FR 1949,* III, 1115 (Gesprächsnotiz Williamsons).
125 *FR 1949,* III, 1281–1282.
126 *FR 1949,* III, 1284–1285.

Williamson, an den Gesandten Erhardt in Wien vom 4. Oktober 1949 ersichtlich. Williamson berichtete, es gebe viel „local furor“ – der Verteidigungsminister Louis Johnson habe die Frage des Österreich-Vertrages in den Nationalen Sicherheitsrat gebracht und die Stellungnahme bezogen, daß ein Vertrag mit Österreich nicht wünschenswert sei, weil die (amerikanische) Armee sonst nicht die innere Sicherheit Österreichs sichern könnte.[127] „Your good friend in Vienna“ – gemeint ist General Keyes – habe einen „großartigen Beitrag“ zu dieser Ansicht geleistet, und seine Telegramme vom Juni würden hier bei jeder Gelegenheit von den Militärs zitiert. Auch der Außenminister Dean Acheson scheint verärgert gewesen zu sein, denn Williamson berichtet weiter: "I might state unofficially that the Secretary is slightly burned up about the whole procedure and has expressed himself in no uncertain terms concerning the military attitude."

Der Konflikt zwischen den Leitern des Außen- und des Verteidigungsressorts, Acheson und Johnson, wurde vor den Präsidenten gebracht. In einer Besprechung zwischen Präsident Truman, Acheson und Johnson am 26. Oktober 1949 entschied Truman zugunsten des Abschlusses des Staatsvertrages. Der Präsident erklärte – wir folgen Achesons Aufzeichnung über die Unterredung –, daß er keinen Zweifel hege, daß der Vertrag abgeschlossen werden sollte, um den Abzug der sowjetischen Truppen aus Österreich und die damit verbundenen allgemeinen politischen Vorteile zu erreichen. Er meinte, daß vor dem Abzug der Besatzungstruppen vom State Department und vom Defense Department Schritte unternommen werden sollten und unternommen werden könnten, um eine entsprechende österreichische Sicherheitstruppe zu schaffen. Verteidigungsminister Johnson sagte nun, seine persönliche Ansicht sei es, daß der Vertrag jetzt abgeschlossen werden sollte, daß er aber den Präsidenten über die Ansichten der Militärs über den Zusammenhang des Vertragsabschlusses und der Schaffung einer Sicherheitstruppe informieren wollte. Johnsons Äußerung erweckt den Anschein eines Rückzugsgefechts.[128]

Präsident Truman hatte also grünes Licht für den Vertragsabschluß gegeben. Zwischen dem 20. Juni und dem 26. Oktober 1949 hatte sich aber die weltpolitische Lage entscheidend verändert. Vier Ereignisse sind hier zu nennen: 1. die Explosion der ersten sowjetischen Atombombe am 29. August 1949, der Weltöffentlichkeit erst durch eine Mitteilung des amerikanischen Präsidenten Truman am 23. September bekanntgeworden; 2. die außerordentliche Steigerung des sowjetisch-jugoslawischen Konflikts im August 1949; 3. die Verfestigung der Teilung Deutschlands durch die „Inbetriebnahme“, wenn man

127 *FR 1949*, III, 1171.
128 *FR 1949*, III, 1186–1187.

etwas formlos sagen darf, der Bundesrepublik Deutschland im September und der DDR im Oktober 1949; 4. die Einnahme Pekings durch die chinesischen Kommunisten und die Errichtung der Volksrepublik China im September 1949.[129]

Das erste und vierte der genannten Ereignisse – die Brechung des amerikanischen Atommonopols und die kommunistische Machtübernahme in China – bedeuteten weltweit gesehen eine Schwächung des Westens, während hingegen in Europa der sowjetisch-jugoslawische Konflikt und die Errichtung der Bundesrepublik eher eine Stärkung des Westens anzeigte; dazu kam noch der Aufbau der NATO als Ergebnis des Anfang April 1949 unterzeichneten Nordatlantikpaktes.

Auch abgesehen von dem Zwist zwischen State Department und Militärs über den Staatsvertrag reagierte die amerikanische Diplomatie auf die sowjetische Atombombe eher mit einer härteren Gangart als mit verstärkter Konzessionsbereitschaft. Den Sowjets gleich nach der Veröffentlichung der russischen Atomexplosion in der Österreichfrage nachzugeben, so argumentierten leitende Beamte des State Department am 28. September 1949, würde ernstere Rückwirkungen in Europa haben als das Scheitern der Bemühungen um den Staatsvertrag. Dean Acheson verwendete dieses Argument in einem Gespräch mit Ernest Bevin und Robert Schuman am gleichen Tage.[130]

Unter den Westmächten waren es die Engländer, die im Sommer und Herbst 1949 am entschiedensten für den raschen Abschluß des Staatsvertrages eintraten, auch um den Preis weiterer Konzessionen an die Sowjets; die Franzosen scheinen damals eine Zwischenstellung zwischen intransigenten Amerikanern und konzessionsbereiten Engländern eingenommen zu haben.[131] Das englische Drängen, und insbesondere das Drängen Außenministers Bevins, auf baldigen Abschluß geht aus den britischen ebenso wie den amerikanischen Akten klar hervor; die Darstellung in einer nachgelassenen Studie Walter Wodaks über

---

129 Zur Feststellung des Datums der Explosion einer sowjetischen Atombombe und der Information der Öffentlichkeit durch Präsident Truman vgl. Richard G. Hewlett und Francis Duncan, *Atomic Shield, 1947–1952* (= History of the United States Energy Commission, Bd. 2, University Park, Pa., 1969), 362–369.

130 *FR 1949,* III, 1161 und 1164. Bevin berichtete in einem bedrückten Brief an Ministerpräsident Attlee vom 29. 9. 1949, „the atom bomb and the general feeling regarding Russia all combine to make a settlement appear very doubtful". PRO, FO 800/439 (Bevin papers). Dean Acheson faßte seine Reaktion auf die sowjetische Atombombe in den Worten zusammen: ". . . it is just really getting yourself into a position of power, and changing the power relationship between the Soviet Union and the West." HSTL, Acheson papers, Princeton Seminars 1953, Tonbandmitschrift, fol. 498. Es handelt sich um Gespräche Achesons mit Mitarbeitern, Zeithistorikern und Politologen nach Ende seiner Amtszeit als Außenminister, die auch wertvolle Kommentare zur Pariser Außenministerkonferenz 1949 enthalten.

131 Ebd., 1163.

die Staatsvertragsverhandlungen, der die Initiative Bevins stark hervorgehoben hat, findet darin ihre Bestätigung.[132]

Bevin habe den britischen Sonderbeauftragten Mallet angewiesen, den Vertrag bis zum 1. September abschlußreif zu machen, berichtete Reber am 19. August; Bevin sei entschieden der Ansicht („feels strongly"), daß die Wichtigkeit des Vertragsabschlusses bei weitem die Nachteile von Konzessionen an die Russen überrage. Für die entschiedene Haltung Bevins zugunsten eines schnellen Vertragsabschlusses dürften drei Erwägungen maßgeblich gewesen sein: Erstens das Aufflammen des sowjetisch-jugoslawischen Konflikts – wenn man jetzt nicht ein Übereinkommen mit den Russen finde, wo sie Schwierigkeiten mit Tito hätten, könnte man ein paar Wochen später viel weniger günstige Bedingungen erhalten. Auch wünschte Bevin die Entfernung sowjetischer Truppen aus der unmittelbaren Nachbarschaft Jugoslawiens – der Abzug aus Österreich hätte ja auch den Abzug aus Ungarn und Rumänien mit sich ziehen sollen. Im State Department anerkannte man zwar auch, daß der Abzug der Russen aus Österreich, Ungarn und Rumänien die Situation in Jugoslawien erleichtern würde, meinte aber, daß Wyschinskij diese Tatsache wahrscheinlich auch realisiere![133] Zweitens wollte Bevin den Sowjets keine Gelegenheit geben, auf einer neuen Session des Außenministerrates die Deutschlandfrage aufzurollen, um nicht den „Start" der Bundesrepublik zu verhindern; er fürchtete, wenn die Sonderbeauftragten keine Einigung über den Österreich-Vertrag erzielten, könnte die Notwendigkeit, neuerlich auf der Ebene der Außenminister zu verhandeln, den Sowjets den Vorwand für das Aufrollen der deutschen Frage geben. Drittens dürfte schließlich eine Rolle gespielt haben, daß Bevin von den Österreichern, sowohl von seinen Parteifreunden als auch von Außenminister Gruber, dahingehend informiert war, daß vom österreichischen Standpunkt ein schlechter Vertrag, der die Besatzungstruppen außer Landes brachte, besser wäre als kein Vertrag.[134]

Der vorhin genannte britische Sonderbeauftragte Sir Ivo Mallet hatte im Sommer 1949 diese Aufgabe von seinem Vorgänger James Marjoribanks übernommen. Seine Briefe und Berichte in den dramatischen Monaten von August bis Dezember sind eindrucksvolle diplomatische Dokumente. Sein Mitarbeiter als (langjähriger) Österreichexperte, Michael Cullis, hat geschrieben, daß Mallet „turned out to be the most impressive in performance of all the

---

132 Veröffentlicht in Wagnleitner, *Diplomatie zwischen Parteiproporz und Weltpolitik,* Nr. 1011, Beilage 1. Ein Memorandum des Foreign Office über den Stand der Staatsvertragsverhandlungen anfangs August 1949 betonte „the firm British desire", den Vertrag zum 1. September 1949 unterschriftsreif zu machen. AdR, BMAA, II-Pol, Akten der Staatsvertragsdelegation London Zl. 85/L/2/49. Zur britischen Haltung sehr instruktiv Cronin, *Great Power Politics,* 80–87.

133 *FR 1949,* III, 1120, 1126 und 1162.

134 Ebd., 1126.

national Deputies I was to witness".[135] Im Sinne der von Bevin vorgegebenen Linie schrieb Mallet an den britischen Botschafter in Washington: "I feel bound to attach importance to what the Austrians say they want: it is their country and if they say – as they do here – that they want a treaty at the Russian price, I think we ought to take this seriously into account."[136]

Tatsächlich drängte die Bundesregierung die Westmächte zu Konzessionen, um den Staatsvertrag noch 1949 unter Dach und Fach zu haben. Außenminister Gruber deponierte in einem Gespräch mit Ernest Bevin wie auch in Instruktionen an den Gesandten Kleinwächter in Washington den dringenden Wunsch der Bundesregierung, die Westmächte mögen nicht durch zu große Unnachgiebigkeit die Chance des Vertragsabschlusses verschütten. "Dr. Gruber has officially informed me that his Government wants a treaty now on the best terms that can be got", telegraphierte Bevin am 26. August 1949 an die britische Botschaft in Washington.[137] Dem österreichischen Außenminister war klar, daß nicht in Paris oder London, sondern in Washington der stärkste Widerstand gegen die These der Bundesregierung zu finden war. Schon im Juli hegte Gruber die „Besorgnis, daß sich die westliche Meinung, die Vertragsarbeiten seien bis zum September nicht zu beendigen, eventuell auf eigene Absichten beziehen kann". Als der Außenminister erfuhr, daß amerikanische Armeekreise ihren Einfluß beim State Department gegen den Abschluß der Staatsvertragsverhandlungen geltend machten, wandte sich Gruber zusätzlich an den französischen Außenminister Schuman mit der Bitte, seinen ganzen Einfluß bei der amerikanischen Regierung dahingehend zu verwenden, daß die Vertragsverhandlungen unter allen Umständen zu einem günstigen Abschluß führen sollten.

Wie gereizt die Stimmung zwischen Wien und Washington geworden war, zeigte sich Ende August 1949. Gesandter Kleinwächter berichtete aus Washington, Unterstaatssekretär Robert Murphy habe sich beschwert, die ständigen Hinweise Österreichs auf die Rückwirkungen einer Verschleppung des Vertragsabschlusses zu hören. Außenminister Gruber wies Kleinwächter sofort an, darauf zu replizieren. Murphys Bemerkungen, so telegraphierte Gruber an Kleinwächter, gingen daran vorbei, *„daß Österreich nur die Wahl zwischen*

---

135 Cullis, „Austria 1945–1950", 224.

136 Mallet an Sir Frederick Hoyer Miller, Washington, 9. August 1949, PRO, FO 371/76446/C6353.

137 Im Gespräch Gruber – Bevin am 25. August betonte Gruber sein Ceterum censeo, daß die russischen Truppen aus Österreich abziehen müßten, dies sei die wesentliche Überlegung, „to which every thing else must be subordinated". PRO, FO 371/76496/C8543/8528/3; vgl. weiters *FR 1949,* III, 1126 und 1127–1129. General Béthouart, *Die Schlacht um Österreich,* Wien 1967, 225, berichtet, die schließlich von den Westmächten gemachten Konzessionen bei Art. 35 seien das Ergebnis von Pressionen der österreichischen Regierung gewesen; vor allem Dr. Gruber habe „ständig den Abzug der Besatzungstruppen und den Abschluß des Staatsvertrages gefordert, ohne je von den im Vertragsentwurf angenommenen abschreckenden Bedingungen zu reden".

zwei Übeln hat und daß der derzeitige Zustand der Viermächtebesetzung unmöglich weiterdauern kann, ohne Österreich schweren wirtschaftlichen und politischen Schaden zuzufügen". Mitte September wurde Gruber noch deutlicher. Die Bundesregierung lege größtes Gewicht darauf, den Westmächten klarzumachen, daß die derzeitige Situation letzten Endes durch ihre eigenen Aktionen, insbesondere die ungenügende Präzision des Potsdamer Abkommens, herbeigeführt wurde. Es gebe „ein falsches Bild, wenn die Schwierigkeiten, die sich derzeit noch dem Abschluß des österreichischen Staatsvertrages entgegenstellen, ausschließlich auf sowjetische Forderungen zurückgeführt werden". Der sowjetische Standpunkt sei den österreichischen Interessen nicht in allen Punkten abträglich. Die amerikanische Regierung sei mit allem Nachdruck aufmerksam zu machen, „daß wir die Politik der Verlängerung der Besetzung als gegen unsere Interessen gerichtet ansehen müßten und unter keinen Umständen mitmachen würden. Kommt der Vertrag nicht bald zum Abschluß, müßten wir jedenfalls die Beendigung der Besetzung verlangen."[138]

Schließlich sah sich Gruber veranlaßt, Ende September 1949 ein Protestschreiben an Dean Acheson zu verfassen. Er schrieb, Österreich fühle eine gewisse Enttäuschung gegenüber den Westmächten bezüglich des Fortschritts des Staatsvertrages. Die Westmächte schienen, so Gruber, genauso hartnäckig für ihre Interessen zu kämpfen wie die Sowjetunion, eher als für die Interessen Österreichs. Gruber vertrat die Ansicht, daß die Last des Vertrages klein im Vergleich zu den Lasten einer andauernden Besetzung wäre; er bestritt, daß Österreich einen Vertrag um jeden Preis suche, und warnte, daß die amerikanische materielle Hilfe, obgleich sie geschätzt werde, keinen Ersatz für die Freiheit Österreichs darstelle; schließlich appellierte er an Acheson, nicht den Vertragsabschluß zu verhindern. Grubers Brief war den Amerikanern zu energisch, und dem Gesandten Kleinwächter, der mit einem Entwurf von Grubers Schreiben vorfühlend ins State Department kam, wurde bedeutet, die Österreicher mögen diesen Brief zurückziehen.

Das Konzept dieses Briefes, das sich in den österreichischen Akten findet, ist nicht bloß ein in seiner Schärfe erstaunliches Dokument diplomatischen Verkehrs, sondern ebenso ein Dokument der in der Gegenwart nicht mehr vorstellbaren Situation, in der sich Österreich vor fast fünfzig Jahren befand. Gruber versuchte, jene Kräfte in Amerika zu orten, die den Vertragsabschluß zu verzögern oder verhindern suchten. Er polemisierte gegen die Ansprüche der Ölge-

138 Zum vorhergehenden: Telegr. Gruber an Staatsvertragsdelegation in London, 20. Juli 1949, AdR, BMAA, II-Pol, Zl. 51/L/2/49; Gruber an Vollgruber (Paris), 8. August 1949, Zl. 86.128-Pol/49; auch Gruber an Kleinwächter, 11. August 1949, Zl. 86.203-Pol/49; Kleinwächter an Gruber, 30. August 1949, sowie Weisung Grubers an Kleinwächter, 31. August 1949, beides Zl. 149/L/2/49; Gruber an Kleinwächter, 14. September 1949, Zl. 87.098-Pol/49 (Hervorhebung im Text vom Verf.).

sellschaften, die eine wenig solide juristische Grundlage hätten, und meinte, man könne nicht ernstlich von einer verantwortungsvollen Regierung erwarten, daß sie der österreichischen Bevölkerung erklären solle, daß der Vertragsabschluß aus dem einfachen Grund verschoben werden müsse, weil verschiedene auswärtige Ölgesellschaften mit der Lösung des Problems unzufrieden seien. Obgleich Österreich praktisch nichts von der Verteilung der Ölwerte zu erwarten habe, hätte es den westlichen Standpunkt in großem Ausmaß unterstützt, weil der Besitz der Ölwerte seitens westlicher Gesellschaften aus politischen Gründen eher wünschenswert sei. Es sei jedoch untragbar für Österreich, „weitere Jahre der Freiheit um solcher Interessen willen zu opfern". Bei Andauer der Besetzung würden Tendenzen der Desintegration in Österreich wachsen – großdeutsche Tendenzen westlich der Demarkationslinie, Annäherung an die östlichen Länder östlich der Demarkationslinie, und dies würde dem Konzept eines österreichischen Staates (im Entwurf zuerst: „der österreichischen Staatsideologie") irreparablen Schaden zufügen. Schließlich legte Gruber mit unüberbietbarer Schärfe klar, wo seiner Meinung nach die Hauptgegner des Vertragsabschlusses zu finden waren: bei amerikanischen Militärs in Österreich. Es sei uns bekannt, schrieb Gruber, daß bestimmte Militärs ihre Stellung hartnäckig verteidigten und daß die militärischen Nachrichtendienste „das phantastischste Material" sammelten, um Österreichs Situation nach Ende der Besetzung so schwarz als möglich zu malen.[139]

Unter diesen Auspizien beträchtlicher Meinungsverschiedenheiten – am gewichtigsten allerdings doch jene zwischen Engländern und Amerikanern – kam es Ende September zu neuen Beratungen der Sonderbeauftragten und auch zu einer Reihe informeller Gespräche der vier Außenminister, die aus Anlaß der UN-Generalversammlung nach New York gekommen waren. Am 30. September sprach Wyschinskij mit Bevin und teilte ihm mit, Stalin selbst habe ihn angewiesen, er müsse den Österreich-Vertrag abschließen; die Haltung der Amerikaner, von Präsident Truman übrigens selbst sanktioniert, blieb hart.[140] Am nächsten Tag schrieb Bevin an Acheson und plädierte eindrucksvoll zugunsten des Vertragsabschlusses: Bevin hielt, für den Fall eines nicht zustande gekommenen Vertrages düstere innenpolitische Entwicklungen für wahrscheinlich; auf der Linken könnte sich eine prokommunistische Richtung à la Nenni in Italien bilden, auf der Rechten könnten, „as Germany begins to emerge", großdeutsche Ideen entstehen.[141]

Anfang Oktober machte Wyschinskij einige kleinere Konzessionen. Erst die Entscheidung Trumans vom 26. Oktober, über die bereits berichtet wurde,

---

139 *FR 1949,* III, 1172; Konzept (in engl. Sprache) in: AdR, BMAA, II-Pol, Zl. 87.545-Pol/49.

140 Ebd., 1167 und 1168.

141 Bevin an Acheson, 1. Oktober 1949, PRO, FO 371/76451/C7962, hierzu vgl. Cronin, *Great Power Politics,* 86, und Bischof, *Responsibility,* 771.

scheint den Weg geebnet zu haben, daß tatsächlich unter weitgehender Durchsetzung der sowjetischen Positionen am 18. November 1949 die Sonderbeauftragten die Einigung über Art. 35 – Deutsches Eigentum – erzielten.[142]

Dies bedeutete auch, daß die Amerikaner in der Frage der Entschädigung westlicher Unternehmen für Verluste, die diesen aus der Übertragung (umstrittenen) Deutschen Eigentums an die Sowjetunion entstehen würden, einlenkten. Darüber wird im nächsten Kapitel berichtet werden. Am 21. November 1949 erschien der amerikanische Geschäftsträger in Wien, Walter Dowling, auf dem Ballhausplatz und überbrachte namens aller drei Westmächte den Vorschlag, die Frage außerhalb des Staatsvertrages in einem Protokoll zu regeln, das bei Unterzeichnung des Staatsvertrags zwischen Österreich einerseits, den USA, Großbritannien und Frankreich andererseits aufgesetzt und unterfertigt werden sollte. Namens der Westmächte überbrachte er auch einen Textentwurf, den der Ministerrat bereits tags darauf genehmigte.[143] Eine Woche später übermittelte das Wiener Außenamt der amerikanischen Mission in Wien eine Verbalnote, in der Österreich die Entschädigungsverpflichtung auf sich nahm. In dieser Note hieß es u. a., angesichts „der prinzipiellen Weigerung des Sowjetdelegierten", eine Kompensationsverpflichtung Österreichs in den Staatsvertrag aufnehmen zu lassen – worüber bereits berichtet wurde – , habe die Bundesregierung grundsätzlich beschlossen, dem amerikanischen Vorschlag zuzustimmen, „um das Zustandekommen des Staatsvertrages nicht länger zu verzögern", zumal ja auch die von den Westmächten vorgeschlagene Bestimmung des Art. 42 Abs. 9 des Vertragsentwurfs zu demselben Resultat geführt hätte.[144] Es folgte nun – dem Textvorschlag der Westmächte entsprechend und in englischer Sprache – die österreichische Verpflichtungserklärung: In jedem Fall, in dem die Übertragung von Vermögenschaften, Rechten und Interessen als „deutsche Vermögenswerte" in Übereinstimmung mit Art. 35 des Staatsvertrags(-entwurfs) Österreich daran hindere, den Bestimmungen des Art. 42 Para. 1 (Rückgabe alliierten Vermögens in Österreich) nachzukommen, werde Österreich „prompte, angemessene und effektive Entschädigung für jeden sich hieraus ergebenden Verlust oder Schaden gewähren".[145]

Die Bestimmungen des Art. 35 mit seinen weitgehenden Eigentumsübertra-

---

142 *FR 1949,* III, 1175 und 1197–1198. Vgl. auch Mitschriften der 234. Sitzung v. 18. November 1949: NA, RG 43, Box 249, bzw. britische „Proceedings".

143 Hierzu AdR, BMAA, II-Pol, Zl. 88.836-Pol/49.

144 Dieser Vorschlag zitiert oben bei Anm. 120.

145 Verbalnote Zl. 89.095-Pol/49 vom 29. November 1949, deutscher Text publiziert in: *WZ,* 2. Dezember 1955, Amtsblatt S. 9, abgedruckt in DÖA, Nr. 168; der Name des amerikanischen Legationsrates Dowling wird in der amtlichen Publikation in der *WZ* irrtümlich als Dawling wiedergegeben; engl. Text in: *The Austrian State Treaty. An Account of the Postwar Negotiations together with the Text of the Treaty and Related Documents* (= Department of State Publication 6437), Washington, D.C. 1957, 76–77.

gungen an die Sowjetunion im Bereich der Erdölwirtschaft und der Donauschiffahrt griffen tief in die Wirtschaftsstruktur des östlichen Österreich ein. Sie stellten einen teuren Kaufpreis dar, den die Bundesregierung bereit war, für den Abzug der fremden Mächte und die Beendigung des Besatzungsregimes zu entrichten. Nur die Härte der Belastungen des Besatzungsregimes und die immer gegenwärtige Gefahr einer Teilung Österreichs, solange Streitmächte der vier Mächte im Lande waren, können die Bereitschaft zur Zahlung dieses Preises verständlich machen. Wie General Béthouart in seinen Memoiren berichtet, teilte ihm Bundespräsident Renner am 12. Dezember 1949 mit, falls der Vertrag unter diesen Bedingungen unterzeichnet würde, werde er den Tag der Unterzeichnung zum nationalen Trauertag proklamieren![146] Im September 1953 hat Bruno Kreisky, damals Staatssekretär für Auswärtige Angelegenheiten, zu den 1949 vereinbarten Bestimmungen auf dem Erdölsektor gesagt, sollten diese in Kraft treten, so würde Österreich in einem Zustand halbkolonialer Abhängigkeit gehalten werden, den zu beseitigen sogar einigen Staaten des Mittleren und Fernen Ostens möglich gewesen sei.[147] Friedrich Funder, der bedeutende katholische Publizist und Herausgeber der „Furche“, äußerte sich Anfang 1954 dahingehend, daß „die aus dem Vertrage drohende Wegnahme der Ölquellen, ihrer Industrieannexe und der Hafen-, Kai- und Werftanlagen am Donaustrom allein genügen würden, um den Vertragsentwurf in seiner jetzigen Gestalt als lebensgefährlich, als unvereinbar mit der Existenz eines freien, unabhängigen Österreich erscheinen zu lassen“.[148]

Die glückliche Wendung der Dinge im Jahre 1955, einschließlich des (gegen Abgeltung erfolgenden) Verzichtes der Sowjetunion auf die ihr 1949 eingeräumten Eigentumsrechte auf dem Erdöl- und Schiffahrtssektor in Österreich, hat die Erinnerung an die düsteren Perspektiven der Jahre 1949 bis 1954 verblassen lassen. Seit dem 15. Mai 1955 ist es schwer geworden, sich vorzustellen, daß 1949 ein österreichischer Bundespräsident die Unterzeichnung des Staatsvertrages mit der Proklamation eines Trauertages honorieren wollte.

---

146 Béthouart, *Schlacht um Österreich,* 255.

147 Referat Kreiskys „Die internationale Lage und der österreichische Staatsvertrag“ auf der Wiener Konferenz der SPÖ, *WZ,* 10. September 1953, 1, auch DÖA, Nr. 122; ähnlich in der Stockholmer Zeitung *Morgon Tidningen,* 10. Jänner 1954, 1 und 15, wo Kreisky hinzufügte, am Beispiel Österreichs „würde ein Ölimperialismus praktiziert werden, von dem man bisher geglaubt hat, daß er der Vergangenheit angehört“. Zit. bei Bruno Kreisky, „Der Staatsvertrag und die österreichische Neutralität“, in seinem Sammelband *Die Herausforderung,* Düsseldorf 1963, 93. Für die Beschaffung des Originalartikels aus Stockholm bin ich Gesandten Dr. Thomas Nowotny und der schwedischen Botschaft in Wien zu Dank verpflichtet. Kreiskys Artikel ebenfalls in *Arbeiterbladet* (Oslo), 16. Jänner 1954, 13; erliegt in: AdR, BMAA, II-Pol, Zl. 141.639-Pol/54.

148 Friedrich Funder, „Nochmals: der rechte Vertrag“, in: *Die österreichische Furche,* 20. März 1954, 1–2 (hier: 2). Zu Funders Vertragskritik sehr informativ Alfred Ableitinger, „Österreichische Skepsis gegenüber Österreichs Staatsvertrag. Theodor Hornbostels und Friedrich Funders Diskussion in den Jahren 1953/55“, in: Geschichte und Gegenwart 4 (1985), 191–212.

IV
KALTER KRIEG UND TAUWETTER

1. Enttäuschte Hoffnungen, „Erbsenschulden" und Triester Frage

Nach der Einigung über das Deutsche Eigentum blieben nur noch fünf von 59 Artikeln übrig, deren Regelung wenigstens teilweise noch ausstand. In einem Fall – es handelte sich um einen russischen Vorschlag, der Österreichs Hilfeleistungen an bestimmte „Displaced Persons" untersagte – meldete der französische Außenminister Robert Schuman energischen Widerstand gegen Konzessionen an und stellte die Frage, ob der Westen nicht mit Nachgiebigkeit an die Sowjets schon viel zu weit gegangen sei.[1] Die Vermutung liegt nahe, daß in Frankreich ähnlich wie in den USA ein gewisser Zwiespalt zwischen Diplomatie und Strategie herrschte, hat doch gerade der französische Oberkommandierende in Österreich, General Béthouart, mit zunehmender Intensität auf die strategische Bedeutung des österreichischen Alpenraumes aufmerksam gemacht.[2]

Doch wenn im Sommer und Herbst 1949 die Amerikaner, wie sich nun nachweisen läßt, wenig Eile gezeigt hatten, zum Vertragsabschluß zu kommen, so zeigten sich im Winter 1949/50 deutliche Zeichen einer sowjetischen Verschleppungstaktik. In Ermangelung der Veröffentlichung sowjetischer Dokumente ist es unmöglich, präzise Aussagen darüber zu treffen, ob und wann die sowjetische Führung im Jahre 1949 wirklich die Absicht hatte, den Staatsvertrag abzuschließen. Bevin scheint Wyschinskijs Mitteilung Ende Septem-

---

1 Gespräch Robert Schumans mit dem amerikanischen Botschafter in Paris, Bruce, am 2. Dezember 1949, *FR 1949,* III, 1200–1202. Zu Schuman und der Frage der „Displaced Persons" aufschlußreich Angerer, *Frankreich und die Österreichfrage,* 316–321.

2 Ein Bericht Rebers vom 28. November 1949 äußerte die Vermutung, daß französische Stellen in Wien die Verschiebung des Vertrages auf unbestimmte Zeit befürworteten, ebd., 1199. General Béthouart hatte schon mit Datum vom 21. Dezember 1948 eine „Note über die Verteidigung des Westens" verfaßt, deren Text er im Herbst 1950 Julius Deutsch übermittelte, der von dieser sowie einer ihm ebenfalls übermittelten späteren Aufzeichnung Béthouarts vom 19. Juni 1950, „Note über die Rolle der österreichischen Alpen bei der Verteidigung Europas", Übersetzungen anfertigen ließ und dieselben an Schärf und auf dessen Vorschlag an Helmer und Körner schickte. Die beiden Aufzeichnungen sowie Deutschs Brief an Schärf vom 28. Oktober 1950, Schärfs Antwort vom 31. Oktober 1950 und Deutschs Briefe an Helmer und Körner vom 6. November 1950 in Papieren von Julius Deutsch, die ich in Kopie dank der Freundlichkeit von Prof. Dr. Herbert Steiner im Dokumentationsarchiv des österreichischen Widerstandes einsah. Die Übersetzungen der beiden „Noten" (nicht im Sinne einer diplomatischen Note, sondern im Sinne von „Notiz", Aufzeichnung) finden sich auch in: VGAB, Nachlaß Schärf, 4/217. Während Béthouart im Dezember 1948 untersuchte, was die beste Garantie „gegen einen neuen Prager Staatsstreich in Wien" nach dem absehbaren Abzug der alliierten Truppen aus Österreich wäre, geht Béthouarts Studie vom Juni 1950 von der Voraussetzung des Verbleibs alliierter Truppen in Österreich aus.

ber 1949, Stalin wünsche den Abschluß des Vertrages, Glauben geschenkt zu haben. Ein amerikanischer Diplomat kam Anfang Oktober zu dem (hypothetischen) Schluß, die Sowjets hätten im Juni tatsächlich den Vertragsabschluß gewünscht, jetzt aber wahrscheinlich nicht mehr. Außenminister Gruber erzählt von einem Gespräch ein Jahr später mit einem jüngeren sowjetischen Diplomaten, der ihn beschwor, ihm zu glauben, daß er selbst die Weisungen gesehen habe, den Staatsvertrag abzuschließen, wenn die sowjetischen Forderungen in der Frage des Deutschen Eigentums erfüllt seien; erst „die völlige Änderung der Lage, die durch die westlichen Rüstungen entstanden sei, habe schließlich zu neuen Weisungen geführt".[3]

Wie dem auch sei, nach den westlichen Konzessionen in der Frage des Deutschen Eigentums – Gruber meint wohl mit Recht, daß sie zu spät kamen – wurde die sowjetische Verschleppungstaktik offenbar. Vor der Einigung über das Deutsche Eigentum hatte Zarubin gemeint, wenn man sich im Sinne der sowjetischen Wünsche einige, werde man die noch ausstehenden Artikel erledigen können – nur ein Punkt sei für die Sowjets unannehmbar – Österreichs Entschädigungspflicht an westliche Ölgesellschaften für Werte, die nach sowjetischer Auffassung als Deutsches Eigentum der Sowjetunion zustanden und ihr übertragen werden sollten.[4]

Es handelte sich um den äußerst kontroversen Art. 42, Abs. 9 des Entwurfes. Die Sowjetunion verwahrte sich dagegen, daß ihr *Rechts*anspruch auf Teile des als Deutsches Eigentum beanspruchten Erdölkomplexes dadurch in Zweifel gezogen würde, daß Österreich auf Wunsch der Westmächte im Staatsvertrag verpflichtet werden sollte, an die Ölgesellschaften Entschädigung für Werte zu zahlen, die nach westlicher Auffassung alliiertes, nach sowjetischer Auffassung jedoch deutsches Eigentum waren. Juristisch hatte die Sowjetunion in dieser Frage den besseren Stand.[5] Die Westmächte zogen hieraus die Konsequenz, ihr Schäfchen außerhalb des Staatsvertrages ins Trockene zu bringen; nach Zustandekommen bilateraler Abmachungen mit Österreich verzichteten sie am 2. Dezember 1949 auf ihren Vorschlag zu Art. 42, Abs. 9.[6]

Die Sowjetunion errang also Ende November/Anfang Dezember 1949 zwei große Erfolge in den Staatsvertragsverhandlungen: einen materiellen Erfolg

---

3 *FR 1949,* III, 1167, 1174. Gruber, *Befreiung,* 218, sowie nunmehr Vojtech Mastny, *The Cold War and Soviet Insecurity,* New York – Oxford 1996, 78. Einem im Frühjahr 1994 gestellten Ansuchen um Einsicht in die Instruktionen an den sowjetischen Sonderbeauftragten Zarubin für die Zeit von Juli bis Dezember 1949 im AVPRF wurde nicht nachgekommen.

4 Nach einer Äußerung französischer Diplomaten. Bericht des Gesandten Schmid aus London, 18. November 1949. AdR, BMAA, II-Pol, Zl. 88.844-Pol/49.

5 Zarubin in der 234. Sitzung am 18. November 1949, britische Mitschrift in „Proceedings".

6 Zu dieser bilateralen Regelung vgl. AdR, BMAA, II-Pol, Zl. 88.916-Pol/49, Zl. 88.917-Pol/49, Zl. 89.022-Pol/49; sowie Verbalnote Zl. 89.095-Pol/49.

mit Art. 35 und einen rechtlichen Erfolg mit Art. 42. Doch plötzlich trat ein anderer „unagreed article" des Staatsvertrages in den Vordergrund, der bislang eher ein Aschenbrödeldasein geführt hatte – Art. 48 bis, als „Erbsenschulden-Artikel" bekannt geworden. Worum handelte es sich? Es handelte sich um die Schulden oder Verbindlichkeiten Österreichs an die Alliierten für verschiedene Leistungen seit Kriegsende. Die Westalliierten waren bereit, auf die Bezahlung für Versorgungsgüter zu verzichten, die sie für den zivilen Gebrauch seit Mai 1945 nach Österreich eingeführt hatten. Die Sowjetunion beharrte jedoch auf der Anerkennung von Österreichs Schulden für Geldanleihen sowie den Gegenwert für Versorgungsgüter und Dienste, die die Alliierten (und konkret die Sowjets) seit Kriegsende geliefert hätten. Dazu war es seit August 1949 zu diversen österreichisch-sowjetischen Gesprächen und Korrespondenzen in Wien gekommen, und die Österreicher hofften im Herbst 1949, es werde die Frage von Österreichs Nachkriegsschulden bald zufriedenstellend geregelt sein.

Doch gerade dieser Artikel diente nun als Instrument der immer klarer zutage tretenden Verzögerungstaktik der Sowjets. Die russische Diplomatie bediente sich hierbei eines der ältesten und gängigsten Mittel der Staatskunst, nämlich mit verteilten Rollen zu spielen. Die österreichisch-sowjetischen Kontakte um die Schuldenregelung fanden fern von den in New York tagenden Sonderbeauftragten, nämlich in Wien, statt. Botschafter Zarubin in New York gab sich optimistisch. Am 19. November hoffte er, die Frage der Schuldenregelung dürfte „innerhalb weniger Tage geregelt sein"; doch aus Wien kamen keine Erfolgsmeldungen. In Wien verhielten sich die Sowjets, wie es in der österreichischen Beamtensprache heißt, „dilatorisch"; sie zögerten hinaus.[7]

Um welche Schulden handelte es sich eigentlich? Was in der Öffentlichkeit als „Erbsenschulden" bekannt wurde, bezog sich nicht auf die „Maispende" oder „Stalin-Spende" vom 1. Mai 1945, sondern auf Lebensmittellieferungen, die über Befehl Stalins am 23. Mai 1945 in Auftrag gegeben wurden und die Versorgung Wiens vom 1. Juni bis 30. September 1945 sichern sollten.[8] Gemeinsamer Nenner dieser beiden Hilfsaktionen war der große Anteil von Erbsen und Bohnen an den gelieferten Lebensmitteln. Nicht bloß in der Öffentlichkeit, sondern zeitweise sogar im Bundeskanzleramt, Auswärtige Angelegenheiten, wurden diese beiden Aktionen allerdings, nach dem Abstand von über viereinhalb Jahren, miteinander vermengt. Einige weitere Lieferungen und Leistungen kamen zum Paket der Verbindlichkeiten Österreichs gegenüber der Sowjetunion noch dazu.[9]

---

7 Zarubin in der 235. Sitzung, 19. November 1949; britische Mitschrift in „Proceedings".

8 Hierzu klärend Rauchensteiner, *Sonderfall,* 78 f. sowie 275.

9 Die irrige Auffassung findet sich in einem von der Abteilung Pol vorbereiteten Schreiben Figls an Hochkommissar Swiridow vom 5. Dezember 1949, Zl. 89.225-Pol/49; dieses erliegt mit anderen

Selbst im trockenen, emotionslosen Amtsdeutsch eines bislang unveröffentlichten Schriftstückes kommen die unendlich schwierigen Verhältnisse Österreichs im Jahre Null zum Ausdruck:[10]

Im Jahre 1945, als in Wien die Not sehr groß war, hatte das sowjetische Oberkommando den österr. Behörden auf Ersuchen der zuständigen österr. Stellen eine gewisse Menge Lebensmittel, hauptsächlich Hülsenfrüchte (daher die Bezeichnung Erbsenschulden) übergeben. In einem Protokoll vom 3. Juli [richtig Juni, d. V.] 1946 war der Wert dieser Lieferung mit 48 Mill. Schilling festgelegt worden, die von Österreich durch Lieferung von Industrieartikeln abgedeckt werden sollten.

„Land der Erbsen, Land der Bohnen, Land der alliierten Zonen" – so spotteten manche Leute, als es ihnen wieder besser ging – oder vielleicht jene, die die Hungersnot in Wien nicht miterlebt hatten.

Wie dem auch sei, die Regierung bat in den Folgejahren, diese Warenkompensation zurückzustellen, da Österreich auch gegenüber anderen Mächten Lebensmittelschulden habe und die Regelung dieser Schulden gemeinsam für alle vier Mächte im Staatsvertrag in Aussicht genommen sei. Es gab noch weitere Schulden Österreichs an die sowjetische Besatzungsmacht. Zur Behebung der Schäden an verschiedenen Strecken und Objekten sowie am Wagenpark der Österreichischen Bundesbahnen waren unter der Leitung sowjetischer Truppen Wiederherstellungsarbeiten durchgeführt worden, deren Gegenwert in einem Protokoll vom 26. November 1947 mit 111.589.400 Schilling bewertet wurde. Österreich hatte allerdings Gegenforderungen in beträchtlicher Höhe aus dem Titel der Refundierung der zivilen Besatzungskosten. Während die westlichen Besatzungsmächte diese Refundierungen regelmäßig vornahmen, hatte das sowjetische Element die Verpflichtung zur Refundierung zwar nicht bestritten, doch keine effektiven Rückzahlungen vorgenommen.

Zwischen August und Dezember 1949 machten nun die Österreicher in dem Bemühen, den Staatsvertrag unterschriftsreif zu machen, verschiedene Vorschläge. Am 5. Dezember 1949 wandte sich Bundeskanzler Figl in einem Schreiben an den Hochkommissar Generalleutnant Swiridow und schlug vor, die sowjetischen Dienstleistungen und die österreichischen Forderungen auf Refundierung der zivilen Besatzungskosten gegenseitig aufzurechnen und als kompensiert anzusehen. Die Lebensmittellieferungen – im Brief Figls irrtüm-

Beilagen beim (nicht veröffentlichten) Entwurf eines Weißbuches „über den Verlauf der sowjetisch-österreichischen Fühlungnahme betreffend die Regelung der österreichischen Nachkriegsschulden", in: AdR, BMAA, II-Pol, Konvolut „Art. 48 – bis aus 1950" bei den Staatsvertragsakten 1955. Ein früheres Konzept und weitere Materialien bei Zl. 89.547-Pol/49. Auf den Unterschied von Maispenden und zu bezahlenden Lebensmittellieferungen verwies ein Schreiben des Finanzministeriums an das Außenamt v. 14. Dezember 1949, ebd. Zl. 89.995-Pol/49. Sohin sind Ausführungen bei Gruber, *Befreiung,* 233, Kreisky, *Herausforderung,* 89 f., sowie in der ersten Auflage dieses Buches, 66, zu korrigieren.

10 Leitmaier, Übersicht (wie Kap. 2, Anm. 1).

lich, wie erwähnt, als „Maispende" bezeichnet – im Wert von rund 48 Millionen Schilling sollten hingegen als handelspolitische Abmachung anerkannt werden und Verhandlungen über die Abzahlung durchgeführt werden.

Figls Brief, in einer Zeit höchster Sorge der Bundesregierung um das neuerliche Scheitern der Staatsvertragsverhandlungen geschrieben, ist ein bemerkenswertes – wenngleich wesentlich höflicheres – Gegenstück zu Grubers Brief an Staatssekretär Acheson.

Ich darf in diesem Zusammenhange, sehr geehrter Herr Generalleutnant, mitteilen, daß uns Nachrichten erreicht haben, nach denen die stellvertretenden Außenminister nur noch kurze Zeit in New York für ihre Verhandlungen zur Verfügung haben. Wird es sich nunmehr herausstellen, daß das positive Fortschreiten der Verhandlungen und die Möglichkeiten ihres Abschlusses daran gescheitert sind, die gegenständlichen Streitfragen in Wien zu klären, so würde dieser Umstand sicherlich nicht dazu angetan sein, *jene Entspannung zwischen den Mächten wenigstens in der österreichischen Frage* herbeizuführen, von denen bisher die Arbeiten am österreichischen Staatsvertrag geleitet waren und von denen man sich zweifellos bedeutende Wirkung auf den Glauben an die friedliche Beilegung der Gegensätze versprechen konnte ...[11]

Diesem Schreiben folgten weitere österreichische Interventionen, denn immer deutlicher wurde, daß die Chancen für den Staatsvertrag im Begriffe waren, zu entschwinden. Gesandter Norbert Bischoff, der politische Vertreter Österreichs in Moskau, überreichte in den folgenden Tagen und Wochen nicht weniger als fünf Noten – am 12. und am 26. Dezember 1949, am 1. Jänner, am 9. Jänner und am 15. Februar 1950.

Greifen wir die Note vom 1. Jänner 1950 heraus, mit der die österreichische Diplomatie die fünfziger Jahre einleitete. Es wäre „auch für die allgemeinen Beziehungen der Völker zueinander gewiß sehr entmutigend", so heißt es darin, „wenn die Methode, zwischenstaatliche Streitfragen bzw. bestehende Interessengegensätze durch diplomatische Verhandlungen aus der Welt zu schaffen, zum Scheitern verurteilt wäre, oder wenn diese Methode durch unverständliche Verzögerung ihren vollen Wert als evidentes Mittel zur geordneten Regelung bestehender Streitfragen verlöre".[12] Gute Gedanken zum Beginn des Jahrzehnts, das Österreich tatsächlich als Ergebnis diplomatischer Verhandlungen die Freiheit bringen würde! Doch fünf Jahre währen lange, und die eigentliche Eiszeit des Kalten Krieges hatte erst begonnen.

Diese Schritte erbrachten keine konkreten Resultate. Die 250. Sitzung der Sonderbeauftragten in London am 15. Februar 1950 verlief ergebnislos. Bald begannen allerdings andere Gründe als die „Erbsenschulden" von der Sowjetunion ins Spiel gebracht zu werden. Ende Februar 1950 schrieb die „Prawda",

---

11 Beilage B zum Entwurf des Weißbuches, wie oben Anm. 9.
12 Ebd., Beilage E.

die Vertreter der Westmächte bestünden darauf, daß in Art. 27 des Vertragsentwurfes eine Klausel aufgenommen werde, die es den USA, England und Frankreich erlauben würde, in Zukunft eine unbegrenzte Anzahl Militärfachleute und Instrukteure nach Österreich zu entsenden.[13] In der 252. Sitzung der Sonderbeauftragten am 26. April 1950 erhob Zarubin gegen Österreich die Beschuldigung, seine Verpflichtungen bezüglich der Entnazifizierung und Entmilitarisierung verletzt zu haben. Zarubin legte den Entwurf zweier neuer Paragraphen zu Art. 9 – Auflösung nationalsozialistischer Organisationen – vor; danach müsse sich Österreich verpflichten, faschistische Organisationen politischen, militärischen und paramilitärischen Charakters aufzulösen, die eine irgendeiner der Vereinten Nationen feindliche Tätigkeit entfalten oder die Bevölkerung ihrer demokratischen Rechte zu berauben bestrebt seien.[14]

Im Mai 1950 schließlich junktimierte Zarubin die Staatsvertragsverhandlungen mit der Triester Frage; ein Artikel der „Prawda" am 5. Mai zu diesem Thema betonte insbesondere, die Regierungen der USA, Englands und Frankreichs erfüllten ihre Verpflichtungen aus dem italienischen Friedensvertrag hinsichtlich der Schaffung des Freien Territoriums Triest nicht; um zu glauben, daß der in Vorbereitung befindliche Staatsvertrag erfüllt und nicht Österreich „auch unter irgendeinem Vorwand" in eine „anglo-amerikanische Kriegsbasis" verwandelt werde, sei es nötig, den Friedensvertrag mit Italien hinsichtlich Triests zu erfüllen und den anglo-amerikanischen Militärstützpunkt in Triest zu liquidieren. Von da an noch bis zur Berliner Außenministerkonferenz von 1954 wurde von sowjetischer Seite immer wieder Triest in Zusammenhang mit dem österreichischen Staatsvertrag gebracht.

Manche dieser Argumente mögen lediglich Vorwände gewesen sein, wie die „Erbsenschulden"; in anderen steckte wohl ein Kern echter Besorgnis. Der Wunsch etwa, nicht nur deutsches, sondern auch sonstiges ausländisches Personal vom Aufbau der österreichischen Luftfahrt wie auch von allen mit Kriegsmaterial zusammenhängenden Agenden fernzuhalten, dürfte im Zusammenhang mit dem Aufbau der im Frühjahr 1949 gegründeten NATO zu sehen sein. Bei der Triester Frage ist schließlich zu bedenken, daß tatsächlich die Westmächte die Errichtung des im italienischen Friedensvertrag von 1947 vorgesehenen Freistaat Triest blockierten und die Rückkehr der sogenannten Zone A mit dem Stadtgebiet von Triest nach Italien anvisierten. Diese Haltung gab den Sowjets gute Argumente in die Hand, mit deren Hilfe sie die Westmächte der Nichterfüllung von Bestimmungen des Friedensvertrages bezichtigten. Auch konnte die Präsenz englischer und amerikanischer Truppen und

---

13 Zit. in: *Die Sowjetregierung und der österreichische Staatsvertrag,* hrsg. von der Arbeitsgemeinschaft für Osteuropaforschung Göttingen, 2., erweiterte Fassung Juli 1953, 48.

14 Grayson, *Austria's International Position,* 149.

Flotteneinheiten (sowie einer britisch-amerikanischen Militärverwaltung) in der Zone A gerade nach dem Bruch zwischen Tito und Stalin in einer Periode der Annäherung Jugoslawiens an die Westmächte der Sowjetunion nicht gleichgültig sein.[15]

Die letzten Jahre der Ära Stalin waren in Europa eine Periode des „Einigelns"; dies mag auch im Zusammenhang mit der Konsolidierung stalinistischer Kontrolle in den Satellitenstaaten stehen. Der Spätstalinismus der Jahre 1949 bis 1952/53 ist ja, darin den Säuberungswellen in der Sowjetunion in den dreißiger Jahren nicht unähnlich, durch spektakuläre Verfolgungsaktionen gegen vorgebliche „Abweichler" und „Verräter" in den eigenen Reihen, mit sehr häufig tödlichem Ausgang, gekennzeichnet. Der Verdacht der Verbindung mit dem abtrünnigen Tito in Jugoslawien, hinter dem sehr schnell der kapitalistische Erzfeind USA gesehen wurde, war das mit allen Mitteln der physischen und psychischen Tortur „bewiesene" Hauptverbrechen, kombiniert mit dem Vorwurf „nationalistischer" Abweichungen und westlicher Verbindungen; Kommunisten, die während des Krieges nicht in der Sowjetunion, sondern in der westlichen Emigration überlebt hatten, waren bevorzugte Opfer des spätstalinistischen Terrors, häufig auch Kommunisten jüdischer Herkunft, wie ja auch in der Sowjetunion selbst in den letzten Jahren der Ära Stalin eine Welle antisemitischer Diskriminierung zu verzeichnen ist. 1949 ist das Jahr der großen Schauprozesse gegen Trajčo Kostov in Bulgarien, gegen den Innenminister László Rajk in Ungarn, die mit der Hinrichtung dieser beiden, Jahre später allerdings posthum rehabilitierten Politiker endeten; 1951/52 folgte die Aktion gegen Rudolf Slánský in der Tschechoslowakei, ebenfalls mit der Hinrichtung dieses früheren Generalsekretärs der tschechoslowakischen Kommunistischen Partei endend. In Österreich führten übrigens die 1948 mit der Verbannung Titos aus der Gemeinschaft der moskautreuen Partei- und Staatsführer beginnenden Erschütterungen in den Nachbarländern zu einem seltsamen, längst vergessenen Vorgang. Ernst Fischer, der Intellektuelle unter den Führern der Kommunistischen Partei Österreichs, leistete literarischen Hilfsdienst für die stalinistische Hexenjagd gegen Tito und die Titoisten. Fischer schrieb 1950 das Theaterstück „Der große Verrat", das im (kommunistisch geführten, über vorzügliche Schauspieler verfügenden) Theater „Die Scala" im Bezirk Wieden (Teil des sowjetischen Sektors von Wien) zur Aufführung gelangte. „Der große Verrat" war eine kaum (durch spanisch-lateinamerikanische Personennamen) verhüllte Denunziation des „Verräters" Tito.[16] Jahre

15 Zur Junktimierung der Triester Frage mit dem Staatsvertrag siehe: *Die Sowjetregierung und der österreichische Staatsvertrag,* 50–53 und Beilagen XIV und XV; allgemein zur Diplomatie um die Triester Frage das Standardwerk von Jean-Baptiste Duroselle, *Le Conflit de Trieste 1934–1954,* hrsg. vom Centre européen de la Dotation Carnegie pour la paix internationale, Brüssel 1966.

16 Ernst Fischer, *Der große Verrat,* Wien 1950.

später, als sich Fischer von seiner lang anhaltenden Moskauhörigkeit gelöst und seinen Weg ins Freie gefunden hatte, bekannte er, „gegen Tito ein abscheuliches Theaterstück“ geschrieben zu haben: „Was war da mit mir geschehen?“ Niemand habe ihn aufgefordert, ein solches Pamphlet zu schreiben: „Ich fürchtete, daß ein dritter Weltkrieg unabwendbar sei, und glaubte daher, daß jeder Bruch mit Moskau in solcher Situation Verrat sei. Doch das Motiv verstehen, heißt nicht die Tat verzeihen.“[17]

Im Gegensatz zur durch die Proklamation der Volksrepublik China im Herbst 1949 und den Ausbruch des Koreakrieges im Juni 1950 gekennzeichneten Dynamik der Situation in Ostasien gab es also in Europa entlang des „Eisernen Vorhanges“ erstarrte, verfestigte Fronten, eben mit der schon mehrfach angesprochenen Ausnahme: Jugoslawien steuerte in den frühen fünfziger Jahren langsam, aber immer deutlicher dem Westen zu – um so hermetischer hatten sich die Grenzen zwischen Jugoslawien und seinen im sowjetischen Machtblock verbleibenden Nachbarn geschlossen. Ein Signal der Annäherung Jugoslawiens an westlich orientierte Staaten betraf Österreich; es war die amtliche Ankündigung Belgrads am 19. Jänner 1951, daß der Kriegszustand mit Österreich beendet sei.[18] Knapp darauf wurden die Umwandlungen der bisherigen sogenannten „politischen Vertretungen“ in normale diplomatische Missionen im Rang von Gesandtschaften vollzogen.[19]

An der Verfestigung der Fronten hielten beide Machtblöcke in Europa um so entschiedener fest, als mit dem Ausbruch des „heißen Krieges“ im Fernen Osten, nämlich des Koreakrieges Ende Juni 1950, der als „Kalter Krieg“ bezeichnete Spannungszustand zwischen Ost und West auch in Europa zwischen 1950 und 1952 seinen stärksten Intensitätsgrad erreichte.[20]

Zwischen 1950 und 1952: Man liest, mehr als vier Jahrzehnte später, leicht hinweg über den Hinweis auf einen so kurzen Zeitraum. Doch drei Jahre der „Eiszeit“, 1950, 1951, 1952, noch verlängert um die ersten Monate von 1953 bis zum Einsetzen des „Tauwetters“ im Frühjahr 1953, wogen schwer für jene, die sie durchleben mußten, und für jene, die Verantwortung trugen – vor allem, weil die „Eiszeit“ ja eben nicht von der Hoffnung auf ein zu erwartendes „Tauwetter“ gemildert wurde. Im Gegenteil, es herrschte – im 5., 6. und 7. Jahr nach Kriegsende! – das Gefühl der Ausweglosigkeit bezüglich einer Vier-Mächte-Besetzung, die militärisch gesehen den Eisernen Vorhang quer durch Österreich zog. Die Stimmung der Hoffnungslosigkeit trieb manchmal merk-

17 Ernst Fischer, *Erinnerungen und Reflexionen,* Reinbek 1969, 12.

18 AdR, BMAA, II-Pol, Zl. 131.540-Pol/51.

19 Ebd. Zl. 131.585-Pol/51 (Presseerklärung des Wiener Außenamtes in: *WZ,* 21. Jänner 1951); weiters Grubers Bericht in Ministerrat, AdR, MRProt Nr. 233, 23. Jänner 1951.

20 Zu den Veränderungen der sowjetischen Außenpolitik 1949 und in den Folgejahren vgl. Marshall D. Shulman, *Stalin's Foreign Policy Reappraised,* Cambridge/Mass., 1963.

würdige Blüten, wie die Filmsatire „1. April 2000" – mit Josef Meinrad und Hilde Krahl – aus dem Jahr 1952: Am 1. April 2000 wird Österreich des Friedensbruchs angeklagt, weil es nach der 2850. ergebnislosen Sitzung über den Staatsvertrag sich aus eigenem für frei und unabhängig erklärt ...[21]

In den Westzonen gestalteten sich die Lebensverhältnisse zunehmend günstiger, obgleich auch hier neu zugängliche Quellen deutlich machen, daß es immer wieder zu Unzukömmlichkeiten zwischen den westlichen Besatzungsmächten und der österreichischen Verwaltung bzw. Regierung kam.[22] In der sowjetischen Besatzungszone gab es gerade in der spätstalinistischen Zeit der frühen fünfziger Jahre – wenn auch nicht erstmals, wie im vorhergehenden Kapitel gezeigt wurde – schwere Spannungen zwischen österreichischen Regierungs- und Verwaltungsorganen und der Besatzungsmacht, etwa bei Personalentscheidungen im Bereich der Exekutive, ebenso wie Konflikte zwischen einzelnen von der Besatzungsmacht gestützten Angehörigen der Exekutive (kommunistischer oder prokommunistischer Orientierung) und deren vorgesetzten Organen. Ein besonders krasser Konflikt entbrannte 1951 um den Amtsleiter der Bezirkshauptmannschafts-Expositur Lilienfeld in Niederösterreich, Franz Starka. Dieser von der Militärverwaltung gestützte Beamte amtierte in Lilienfeld zu einem Zeitpunkt, da er von seiten der Landesregierung bereits seines Postens enthoben und mit einem Disziplinarverfahren belangt wurde.[23] Die dadurch verursachte Unruhe im Bezirk fand beredten Ausdruck in den Fragen des Bürgermeisters von Hainfeld:

„Nach Rückfrage mit anderen Bürgermeistern frage ich eigentlich an, was das alles bedeuten soll, bzw. in welchem Lande wir leben? Ist die Expositur Lilienfeld wirklich schon ein exterritorialer oder volksdemokratischer Teil von Niederösterreich?"[24]

---

21 Vgl. Hugo Portisch, *Österreich II – Der lange Weg zur Freiheit*, 452.

22 Zahlreiches Anschauungsmaterial findet sich in den Verhandlungsschriften des Ministerrates, den diesen regelmäßig beigefügten alliierten Noten und weiteren Beilagen (z. B. Beschlagnahme von Feldern durch das französische Element im Gschnitztal in Tirol, AdR, MRProt Nr. 260 v. 4. Sept. 1951; Eingriff des amerikanischen Elements in die Rechtsprechung, MRProt Nr. 264 v. 9. Oktober 1951 u. a. m.).

23 Es handelte sich um den Landesoberrechnungsrat Franz Starka; vgl. AdR, MRProt Nr. 256 v. 17. Juli 1951: Bundeskanzler Figl bemerkte: „Wir sind keine Volksrepublik und es geht nicht an, daß in Lilienfeld jemand regiert, der Anordnungen erläßt als vom sowjetischen Militärkommandanten eingesetzter Amtsleiter." Beilage hierzu (Amtserinnerung des Landeshauptmannes Steinböck über ein Gespräch in der sowjetischen Kontrollkommission am 14. Juli 1951); MRProt Nr. 256a v. 20. Juli 1951 m. Beilagen B u. C.; zu diesem Fall gab es auch eine parlamentarische Anfrage; vgl. MRProt Nr. 258 v. 31. Juli 1951. Zum Fall Starka auch Svoboda, *Die Partei*, 138–140.

24 Brief des Bürgermeisters von Hainfeld, Ferdinand Benischke, an den (sozialist.) Landesrat Felix Stika, 9. Juli 1951 (Abschrift): AdR, Beilage E zu MRProt Nr. 256 v. 17. Juli 1951. – Adolf Schärf hatte dem britischen Außenminister Bevin schon am 1. Dezember 1950 in London gesagt, „that the Russians were beginning to organise a puppet state in East Austria and that there was much alarm". Mitteilung Bevins bei einem Treffen mit dem französischen Ministerpräsidenten René

Die unterschiedlichen Lebensverhältnisse in den westlichen Zonen Österreichs einerseits, in der sowjetischen Zone andererseits führten zu Erscheinungen, die die Bundesregierung mit Unruhe registrierte. Im September 1951 besprach der Ministerrat kritisch die Bezeichnung der Innsbrucker „Export- und Mustermesse" als „Internationale Westmesse"; die Existenz eines „westösterreichischen" Kraftfahrverbandes, der Versuch, einen „westösterreichischen" und einen „ostösterreichischen" Schulfunk zu schaffen, kamen zur Sprache. Innenminister Helmer meinte, es schaue so aus, „daß der Westen Niederösterreich so behandelt, als ob Niederösterreich gerade noch zu Österreich gehöre". Die Bezeichnung „Ostzone" hielt Helmer für eine große Gefahr und fand, man müsse von Regierungsseite dagegen auftreten; Staatssekretär Graf bemerkte, man müsse alles vermeiden, „was mit einer Bezeichnung Ost oder West in Österreich derzeit hervorgehoben" werde. Unterrichtsminister Hurdes betonte, seit 1945 sei es nicht so sehr der Gegensatz zwischen den Ländern und der Zentrale gewesen, der der Regierung Sorge gemacht habe, „als es das Bemühen der Regierung war, den Trennungsstrich an der Enns zu verhindern".[25]

Es war also ein ernster Hintergrund, vor dem Bundespräsident Körner im November 1951 anläßlich der dreißigjährigen Zugehörigkeit des Burgenlandes zu Österreich in Eisenstadt den Satz aussprach: „Wir kennen und anerkennen kein Ostösterreich und kein Westösterreich, sondern nur ein ganzes, einiges und einheitliches Österreich." Der Bundespräsident beschwor die Erneuerung Österreichs als Bundesrepublik gleichberechtigter Bundesländer 1945; er dankte – in Worten, die gleichzeitig als Mahnung gelten konnten! – den Besatzungsmächten, „allen, ohne Unterschied [!], die der Erneuerung unseres Bundes kein Hindernis in den Weg gelegt und ihn als geschlossenes Ganzes anerkannt haben". Körner fügte einen Satz hinzu, der in die Richtung der

Pleven und Außenminister Robert Schuman am 2. Dezember 1950: *Documents on British Policy Overseas,* Series II, vol. 3: *German Rearmament September – December 1950.* London 1989, 381 (Nr. 121). Ein von Schärf Bevin am 1. Dezember übergebenes Memorandum in englischer Sprache in 14 Punkten enthielt (in Punkt 4) die Vermutung, daß bei sich bietender Gelegenheit ein neuer Versuch „at the establishment of the conditions of a popular democracy in Eastern Austria will be made"; Schärf zog die Schlußfolgerung, daß ein frühzeitiger Abschluß des Staatsvertrags das einzige dauerhafte Mittel gegen diese Gefahr biete (Punkt 5). PRO, FO 371/84910/C7819.

25 AdR, MRProt Nr. 260 v. 4. September 1951. Das Thema Ost-Österreich und West-Österreich war ein Thema, das im Laufe der Besatzungsjahre, vor allem vor 1953, nicht selten zur Diskussion stand; vgl. u. a. MRProt Nr. 82a, 13. Oktober 1947 (Gefahr des Anfangs einer „Zerreissung Österreichs" durch personelle Eingriffe der sowjetischen Besatzungsmacht); Nr. 93, 23. Dezember 1947 (Anfrage Justizminister Gerö an Außenminister Gruber, ob „Ost-Österreich von den Westmächten fallen gelassen" werde, was Gruber verneinte und seinerseits seinen Standpunkt „des Zusammenhanges von ganz Österreich" betonte), u. ö.

zukünftigen Neutralität Österreichs wies. Darauf wird im folgenden Kapitel zurückzukommen sein.[26]

Die eher düsteren Konstellationen der weltpolitischen „Eiszeit“ der Jahre 1950 bis 1952 und ihrer Spiegelungen in Österreich – wir sind „eine freie Regierung“ und „nicht ein Satellitenstaat von Rußland“, entgegnete Figl einmal in einer erregten Auseinandersetzung dem stellvertretenden sowjetischen Hochkommissar – fanden ihre Entsprechung im Einfrieren der Staatsvertragsgespräche zwischen 1950 und dem Frühjahr 1953.[27] In jenen Jahren des tiefen politischen Winters gab es nur wenige Sitzungen der Sonderbeauftragten, im zweiten Halbjahr 1950 überhaupt nur drei Zusammenkünfte, und zwar die 256. Sitzung am 10. Juli, die 257. Sitzung am 7. September und die 258. Sitzung am 15. Dezember. Im März 1951 begann in Paris eine Sitzungsrunde von Stellvertretern der vier Außenminister, die eine neue allgemeine Konferenz der vier Außenminister vorbereiten sollten; man einigte sich nicht, und es kam zu keiner neuen Viererkonferenz. Am 14. September 1951 gaben die drei westlichen Außenminister eine Erklärung ab, für einen weiteren Verzug der Staatsvertragsverhandlungen bestehe keine Rechtfertigung. Dies war für die Bundesregierung Anlaß, um am 31. Oktober 1951 das Ersuchen um Wiederaufnahme der Beratungen der Sonderbeauftragten zu stellen. Dieses Ersuchen wurde an die Amerikaner gerichtet, da turnusmäßig der amerikanische Sonderbeauftragte die Einladung für die nächste Sitzung auszusprechen hatte. Eine solche Einladung erging für den 21. Jänner 1952 nach London. Am 18. Jänner 1952 reagierte die Sowjetunion auf diese Einladung mit einer Note, deren Inhalt bereits aus dem Jahr 1950 bekannte Wünsche wiederholte: Die Sowjets verlangten, die Frage der Entnazifizierung und Entmilitarisierung in Österreich sowie die Triester Frage von den Sonderbeauftragten verhandeln zu lassen; zwei Tage später teilte die Sowjetbotschaft in London mit, die sowjetische Delegation könne an der für diesen Tag anberaumten Sitzung nicht teilnehmen und müsse neue Instruktionen aus Moskau abwarten.[28]

Während des ganzen Jahres 1952 kam es zu keiner Zusammenkunft der Sonderbeauftragten für Österreich. Es sei vorweggenommen, daß die überhaupt letzten Treffen der Österreich-Beauftragten, die 259. und 260. Sitzung, am 6. bzw. 9. Februar 1953 in London stattfanden. Ein Gremium, in dem jahrelang viel konkrete Detailarbeit geleistet wurde und dessen Protokolle für

---

26 Rede Körners am 11. November 1951 in: DÖA, Nr. 96. Ein Entwurf zu Körners Burgenlandrede erliegt in den Papieren Bruno Kreiskys, der als damaliger Kabinettsvizedirektor des Bundespräsidenten offenbar an der Redaktion beteiligt war. SBKA, Nachlaß Kreisky, VII/Neutralität.

27 Bericht Figls im Ministerrat: AdR, MRProt Nr. 283, 4. März 1952.

28 Öst. Note v. 31. Oktober 1951 in: DÖA, Nr. 95. Die Note des sowjetischen Geschäftsträgers in London vom 18. Jänner wurde von Außenminister Gruber am 2. April 1952 im österreichischen Nationalrat verlesen. Sten.-Prot. NR, 6. GP., 86. Sitzg., 2. April 1952, 3256; vgl. auch DÖA, Nr. 102.

die Geschichte des Staatsvertrages von großem Wert sind, kam zu einem unscheinbaren Ende, ohne daß man sich dessen zunächst bewußt war. Erst als im Mai 1953 die Sowjetunion die Einladung zu einer weiteren Sitzung ablehnte und den Staatsvertrag auf den Weg normaler diplomatischer Verhandlungen verwies, zeichnete sich ab, daß jedes Leben aus der Institution der Sonderbeauftragten entwichen war.

2. *Kurzvertrag und Appell an die Vereinten Nationen*

Im großen „Schwarzer-Peter-Spiel" um die Schuld für den Verzug des Staatsvertrages bereiteten die Amerikaner ab August 1951 eine neue Initiative vor, die im März 1952 der Öffentlichkeit präsentiert wurde. Es war dies ein von den Amerikanern als „abgekürzter" („abbreviated") Vertrag bezeichneter Entwurf, später als „Kurzvertrag" bekannt, von den Österreichern (Gruber) auch als „Räumungsprotokoll" bezeichnet.[29] Von Anfang an war der neue Text dazu gedacht, den Sowjets den „onus", also die Last oder Verantwortung der Nichtzustimmung zum Vertragsabschluß und zum Abzug aus Österreich, in anderen Worten den „Schwarzen Peter" zuzuschieben.[30] Der Textentwurf, wie er in Washington Ende August/Anfang September 1951 ausgearbeitet wurde, blieb – mit einer noch zu nennenden, später von den Franzosen beigesteuerten Ergänzung – unverändert bis zu seiner öffentlichen Präsentation im März 1952. Der „Kurzvertrag" orientierte sich an Texten der vorhandenen „Langfassung". Die Präambel wurde in der in Moskau im Frühjahr 1947 beschlossenen Fassung, allerdings mit einer ganz wesentlichen Ausnahme, übernommen: Es fehlte der umstrittene Absatz drei über die Mitverantwortung Österreichs für die Teilnahme am Kriege als integrierender Teil Hitler-Deutschlands! Die folgenden insgesamt acht Artikel – in der Tat ein „Kurzvertrag"! – waren mit einer Ausnahme der „Langfassung" nach dem Stande von Ende 1949 entnommen: Wiederherstellung Österreichs als freier und unabhängiger Staat, Bewahrung der Unabhängigkeit Österreichs, die Grenzen Österreichs (jene von 1937), die Zurückziehung der alliierten Streitkräfte (innerhalb von 90 Tagen nach Inkrafttreten des Vertrages), Reparationen (nämlich keine), eine Beitrittsklausel für weitere Mitgliedstaaten der Kriegskoalition des Zweiten Weltkrie-

---

29 Zur amerikanischen Kritik an Grubers Formulierung vom „Räumungsprotokoll" vgl. *FR 1951,* IV, 1158. Auch vom „Skelettvertrag" war die Rede, wogegen sich Gruber schärfstens wandte. Vgl. Äußerung Grubers auf eine Anfrage Helmers im Ministerrat: AdR, MRProt Nr. 284, 11. März 1952 (Verschluß).

30 Vgl. die endgültige Fassung eines amerikanischen Positionspapiers mit Datum 7. September 1951, in: *FR 1951,* IV, 1123–1127. Zur Genesis dieses Papiers beginnend mit der ersten Fassung vom 21. August 1951 vgl. ausführlich ebd., Anm. 1.

ges und ein Artikel über die Ratifizierung, das Inkrafttreten und das Archivdepot des Vertrages. Neu war der Artikel 6 des Kurzvertrags, der lapidar erklärte, daß die Mächte innerhalb der Räumungsfrist von 90 Tagen alles Eigentum, das sich als Deutsches Eigentum oder Kriegsbeute in ihrem Besitz befinde oder von ihnen beansprucht werde, an Österreich zurückgeben würden. Von Ablösezahlungen war also nicht mehr die Rede, und auch nicht von den langfristigen Konzessionen an die Sowjetunion im Erdölbereich oder der Übergabe auf Dauer der DDSG-Werte im östlichen Österreich.

In den Folgemonaten entwickelten sich ausführliche, hier nur kurz zu referierende teils schriftliche, teils mündliche Diskussionen zwischen den drei Westalliierten. Weder Engländer noch Franzosen waren begeistert. Ihr Hauptargument war, daß man von den Sowjets unmöglich erwarten könnte, einen Text „zu schlucken", der ihnen wegnehmen würde, was ihnen zwei bis drei Jahre zuvor bereits zugestanden worden war. Die Franzosen zeigten sich besonders kritisch. Dieser Kurzvertrag sei ein „japanischer Vertrag", sagte ein französischer Diplomat dem damals in Paris wirkenden Martin Herz, einem hervorragenden Kenner Österreichs.[31] Dies bezog sich auf den erst kürzlich, am 8. September 1951, in San Francisco unterzeichneten Friedensvertrag mit Japan, den allerdings nur die westlichen Kriegsgegner Japans, nicht aber die Sowjetunion abgeschlossen hatten. Die Franzosen machten geltend, daß der für die Sowjets unannehmbare Kurzvertrag in unnötiger Weise das sowjetische Prestige verletzen würde; sie verwiesen auch, wie bei manch anderer Gelegenheit, auf die Wichtigkeit des „Quadripartismus", der Aufrechterhaltung des Vier-Mächte-Systems in Österreich; alles müsse vermieden werden, um das Land in zwei Teile zu zerreißen.[32] Maurice Schumann, französischer Staatssekretär im Außenministerium, zeigte sich in Gesprächen mit den britischen und amerikanischen Außenministern sehr besorgt über die möglichen Folgen eines Auseinanderbrechens der Vier-Mächte-Kontrolle in Österreich; er betonte, wie wichtig es sei, daß in der sowjetischen Zone in Österreich die Demokratie herrsche, daß Wien eine „Zitadelle der Freiheit" mitten in der sowjetischen Zone darstelle und daß eine allfällige sowjetische Blockade der Westsektoren

---

31 Vgl. den (brillant formulierten!) Brief von Herz an den stellvertretenden Direktor des Büros für Westeuropäische Angelegenheiten im Staatsdepartement, Francis Williamson, 10. Oktober 1951, über ein Gespräch mit dem französischen Diplomaten Jean-Victor Sauvagnargues (und zwei weiteren französischen Diplomaten) am 5. Oktober 1951, *FR 1951*, IV, 1151–1153; vgl. auch ebd., 1148–1149. Zu den französischen Bedenken – und Verbesserungsvorschlägen – zum Kurzvertrag vgl. auch Thomas Angerer, „Besatzung, Entfernung ... Integration? Grundlagen der politischen Beziehungen zwischen Frankreich und Österreich seit 1938/45", in: Friedrich Koja und Otto Pfersmann (Hrsg.), *Frankreich-Österreich. Wechselseitige Wahrnehmung und wechselseitiger Einfluß seit 1918*, Wien – Köln – Graz 1994, 92–93.

32 Vgl. hierfür u. a.: Französisches Aide-mémoire vom 23. Oktober 1951, in *FR 1951*, IV, 1159–1162; ähnlich ebd., 1171, 1182.

in Wien und eine Luftbrücke außerordentliche Komplikationen mit sich bringen würden.[33] Schumann hat hier übrigens in der Tat auf ein im damaligen Europa einzigartiges Phänomen aufmerksam gemacht: In ganz Europa gab es kein Gebiet unter sowjetischer Kontrolle außer der sowjetisch besetzten Zone Österreichs, in dem ein westlich-pluralistisches demokratisches Regime bestand. Die Franzosen wollten schließlich noch zusätzliche Bestimmungen aus der „Langfassung" in den Kurzvertrag übernehmen, militärische Beschränkungen Österreichs einerseits, das Verbot des „Anschlusses" andererseits betreffend. In längeren Beratungen anfangs 1952 einigten sich die Westalliierten schließlich, zwar keine militärischen Bestimmungen, jedoch das Anschlußverbot in den Kurzvertrag hineinzunehmen.[34] Die Briten wiederum betonten gegenüber den Amerikanern die Notwendigkeit, mit den Sowjets, wolle man wirklich zu einem Vertragsabschluß kommen, ernsthaft auf Basis des „langen" Vertrages zu verhandeln und erst im Falle einer sowjetischen Ablehnung auf die Alternative des Kurzvertrags überzugehen. Deutlich wird eine grundlegende Unterscheidung zwischen Briten und Amerikanern; die Briten waren nach wie vor – wie bereits 1949 – bereit, auf Basis des „langen Vertrags" einschließlich der sowjetischen Vorschläge zu den wenigen noch nicht akkordierten Artikeln abzuschließen. Die Amerikaner wünschten dies nicht; einer ihrer führenden Österreich-Experten meinte einmal, durch geschicktes Verhandeln sollte es möglich sein, „to push the Soviet Deputy into a repudiation of the old draft". Dies war ja nichts anderes als der Plan einer Wiederholung der im Mai 1948 erfolgreich angewandten Taktik, der Sowjetunion den „Schwarzen Peter" zuzuspielen.[35] Die Sowjets spielten der amerikanischen Taktik in die Hände, indem sie es im Jänner 1952 ablehnten, an einer vom amerikanischen Sonderbeauftragten als turnusmäßigem Vorsitzenden einberufenen Sitzung der Sonderbeauftragten am 21. Jänner 1952 in London teilzunehmen.[36] Nun war der Weg frei, um – nach dem Treffen der westlichen Außenminister in London Mitte Februar und bei einer NATO-Ratstagung in Lissabon Ende Februar 1952 – mit dem Kurzvertrag an die Öffentlichkeit zu gehen.

Am 13. März 1952, wohl nicht zufällig der Tag des „Anschlusses" vom Jahre 1938, richteten die drei Westmächte an die Sowjetregierung die Aufforderung, einem verkürzten, lediglich aus einer Präambel und acht Artikeln bestehenden Staatsvertrag zuzustimmen. Wie bereits erwähnt, sollten sich die

33 Diskussionen zwischen Staatssekretär Acheson, dem britischen Außenminister Eden und Maurice Schumann am 22. November 1951 in Paris, *FR 1951*, IV, 1176.

34 Vgl. u. a. *FR 1952–1954*, VII, 1733, 1737, sowie insbes. 1738–1742 (Bericht des Hochkommissars Donnelly über Drei-Mächte-Beratungen in Wien v. 7. Februar 1952).

35 Francis Williamson am 12. Jänner 1952. *FR 1952–1954*, VII, 1723; sehr klare Formulierung der britischen Position in einem britisch-amerikanischen Gespräch am 14. Jänner 1952, ebd., 1725.

36 *FR 1952–1954*, VII, 1717–1718.

Alliierten darin verpflichten, innerhalb von 90 Tagen nach Inkrafttreten des Vertrages Österreich zu räumen und innerhalb des gleichen Zeitraumes alle Vermögenswerte, die unter dem Titel des Deutschen Eigentums oder der Kriegsbeute in Besitz gehalten oder beansprucht wurden, Österreich zu überlassen. Man konnte nicht ernstlich damit rechnen, daß die Sowjetunion einen Vertrag unterzeichnen würde, der u. a. ihre drei Jahre zuvor verbrieften Ansprüche aus dem Titel des Deutschen Eigentums wieder aufhob und keinerlei Militärklausel enthielt. Zusätzlich zur neuerlichen Zuweisung der Verantwortung für die Ablehnung eines Vertragsabschlusses und eines Abzugs aus Österreich an die Sowjetunion spielte eine weitere Überlegung mit, die Karl Gruber gut charakterisiert hat. Es sollte den Sowjets klargemacht werden, daß sie die 1949 in einer bestimmten Situation – in der Hoffnung einer unmittelbar bevorstehenden Räumung Österreichs – zugestandenen Konzessionen „nicht unbegrenzt im diplomatischen Eiskasten frisch erhalten könnten".[37]

Die UdSSR lehnte Verhandlungen auf dieser Basis konstant ab. In einer Note vom 14. August 1952 machte die Sowjetunion unter anderem geltend, der Kurzvertrag stehe mit dem Potsdamer Abkommen nicht in Einklang; er sage nichts über die Ausübung demokratischer Rechte oder die Auflösung nazistischer Organisationen, regle auch nicht die Frage der österreichischen Streitkräfte – alles Dinge, die im alten Vertragsentwurf enthalten waren. Die Westmächte antworteten am 5. September 1952, daß sie bereit wären, vier weitere Artikel aus der Langfassung in den Kurzvertrag aufzunehmen, und luden zu einer neuen Stellvertretersitzung für den 29. September 1952 nach London ein. Am 24. September 1952 verlangte die Sowjetunion neuerlich, daß die Demilitarisierung und Entnazifizierung Österreichs überprüft werden müsse, und verlangte die Zurückziehung des Kurzvertrages; erst dann wäre sie bereit, wieder an einer Viererkonferenz teilzunehmen.[38]

Aber auch der Bundesregierung in Wien mußte daran gelegen sein, daß Österreich, zum Pfand der Großmächte im Kalten Krieg geworden, nicht einfach in Vergessenheit geriet. Aus diesem Motiv entstand der Plan eines Appells an die Weltöffentlichkeit mit Hilfe der Generalversammlung der Vereinten Nationen. Engländer und Franzosen waren darob nicht gerade enthusiastisch, ließen aber die österreichische Initiative gewähren.[39] Zur Vorbereitung der Aktion bei den Vereinten Nationen übersandte die österreichische Bundesregierung Ende Juli 1952 allen Staaten, mit welchen Österreich diplomatische Beziehungen unterhielt, ein Memorandum „betreffend die Aufhe-

37 Gruber, *Befreiung*, 274–275.

38 Vgl. Leitmaier, Übersicht, S. 65–70; ferner in AdR, BMAA, II-Pol, Zl. 154.693-Pol/52. Text der Noten vom 14. August und 5. September 1952 in: *AdG*, Jg. 1952, 3609C und 3635G.

39 Gruber, ebd., 281; vgl. auch Gordon Shepherd, *Die österreichische Odyssee*, Wien 1958, 274; *FR 1952–1954*, VII, 1774.

bung der Besetzung und die Wiederherstellung der vollen Souveränität Österreichs".[40]

In diesem Memorandum lastete die Bundesregierung die Fortdauer der Besetzung „der großen Weltpolitik" an; sie sei „durch die großen politischen und weltanschaulichen Gegensätze zwischen den beiden großen Interessensphären Ost und West bedingt". Interessant ist die These der Bundesregierung, Österreich habe nach „der völkerrechtlich kaum widerlegbaren Sachlage" einen berechtigten Anspruch darauf, auch ohne Staatsvertrag seine volle Souveränität wiederzuerhalten; die Bundesregierung erinnerte die Großmächte an ihre in der Moskauer Erklärung eingegangene Verpflichtung zur Wiederherstellung eines freien und souveränen Österreich; sie wäre bereit gewesen, mit einzelnen Staaten die durch die Umstände erforderlichen Verträge abzuschließen. Dies erinnert an die vor allem 1947 feststellbaren Überlegungen, die Eigentums-, Rückstellungs- und Entschädigungsfragen bilateral mit jeder der vier Mächte zu regeln.

Die Bundesregierung machte auf die Folgen der Besetzung für Österreich aufmerksam – und in dieser Feststellung liegt rückschauend die Bedeutung dieses Memorandums, das die in der Gegenwart kaum mehr vorstellbare Lage Österreichs charakterisiert:

> Diese so lang anhaltende *und in ihrer Dauer überhaupt nicht absehbare Besetzung Österreichs* schädigt die österreichischen politischen und wirtschaftlichen Interessen auf das tiefste. Die bloße Tatsache der Besetzung drückt physisch wie psychisch auf die ganze Bevölkerung, und die durch die Besetzung verursachte Verschärfung der wirtschaftlichen Not bringt neben der Unmöglichkeit, den wirtschaftlichen Apparat zu normalisieren, Unruhe in die Bevölkerung.[41]

Neuerlich, wie schon bei Österreichs Zustimmung zum Kurzvertrag, trat der Gedanke auf, die Bereitschaft zu großen wirtschaftlichen Opfern, die Österreich 1949 in der Hoffnung auf den *unmittelbaren* Abschluß des Staatsvertrages erklärt hatte, könne nicht auf unbestimmte Zeit andauern. Jedenfalls erklärte die Bundesregierung, der alte Staatsvertragsentwurf vom Jahre 1949 enthalte „eine Reihe von finanziellen und wirtschaftlichen Bestimmungen, die bei der heutigen Sachlage nicht mehr tragbar erscheinen und wohl kaum vom österreichischen Parlament ratifiziert werden würden"! Gerade diese Äußerung stieß jedoch in der Folgezeit auf den heftigen Widerspruch der Sowjetunion, die auf der Rückkehr zum „langen" Vertragsentwurf beharrte.

---

40 *WZ*, 27. Juli 1952, 1–2. Der im folgenden erwähnte Annex zum Memorandum abgedruckt in einer Sonderbeilage des *Wiener Kurier*, 31. Oktober 1953, XV. Vgl. DÖA, Nr. 109.

41 Meine Hervorhebung.

Dazu kam, daß ja die Fortdauer der Besetzung selbst fortlaufende Belastungen von Wirtschaft und Staatsfinanzen brachte, die die Bundesregierung in einem Annex zum Memorandum aufschlüsselte: Bis Ende 1951 sei ein Entgang an Zollgebühren von 1160 Millionen Schilling, an direkten Steuern in Höhe von 540 Millionen, an Verbrauchssteuern in Höhe von 123 Millionen und durch illegale Einfuhr von Tabakwaren aus dem Ausland ein Entgang in Höhe von 1520 Millionen Schilling, insgesamt also 3343 Millionen Schilling, in Rechnung zu stellen. Auch die Verluste durch den Entzug der Erdölproduktion, etwa der halben österreichischen Donauflotte und vieler Uferanlagen und Lagerhäuser der DDSG, der Entzug von 109.452 Hektar bewirtschaftbaren Grund und Bodens, die Demontage von 9 Telefonzentralen, 60.000 Telefonanschlüssen und 30.000 Telefonapparaten sowie die Entfernung von annähernd 600 Lokomotiven und vielen tausend Eisenbahnwagen als Kriegsbeute wurden erwähnt.

Um die Österreichfrage vor die Vereinten Nationen zu bringen, dachte man in Wien, wie Außenminister Gruber berichtet hat, an außerhalb des Atlantikpaktes stehende größere Staaten, und zwar an Indien und/oder Brasilien. In einer „diplomatischen Doppelaktion" – so Gruber – kam es zu zwei knapp aneinander anschließenden Fühlungnahmen mit diesen Staaten.[42] Der Politische Direktor des Außenamtes, Clemens Wildner – er war der jüngere Bruder des ersten Generalsekretärs des Außenamtes nach 1945, Heinrich Wildner –, wurde zu einer Erkundungsmission nach Indien entsandt. Am 11. Juli 1952 empfing ihn Premierminister Pandit Nehru persönlich. Nehru sicherte zwar Bereitschaft zu, einen Österreich betreffenden Antrag vor den Vereinten Nationen zu unterstützen, lehnte jedoch eine indische Initiative ab; Indien sei genug mit eigenen asiatischen Problemen beschäftigt. Dies war allerdings kaum mehr als ein höflicher Vorwand; abwägend überlegte er, ob ein Schritt in Moskau die Sowjets vor den Kopf stoßen könnte oder doch sinnvoll wäre, und alsbald zeigte sich, daß Nehru weitergehende Bedenken hatte. Er fragte schließlich Wildner ganz direkt, „was für eine Politik wir machen würden, wenn wir einen Staatsvertrag bekämen. Würden wir die wiedergewonnene Freiheit nicht etwa dazu verwenden, um uns dem Westen und besonders dem Atlantikpakt anzuschließen?" Wildner antwortete – und dies ist in Hinblick auf das Datum – Sommer 1952 – von Interesse –, „daß wir frei sein wollten, um eine neutrale und österr. [sic!] Politik führen zu können, die in vielen Fällen vielleicht auf der gleichen Linie mit der indischen liegen könnte". Doch Nehru war ganz offensichtlich von einer weitgehenden Westorientierung Österreichs

42 Vgl. Gruber, *Befreiung*, 280–283, sowie den Überblick von Josef Leidenfrost, „Die UNO als Forum für den österreichischen Staatsvertrag? Vom Wiener Appell 1946 bis zur Brasilien-Initiative 1952", in: *Geschichte zwischen Freiheit und Ordnung. Gerald Stourzh zum 60. Geburtstag*, hrsg. v. Emil Brix, Thomas Fröschl u. Josef Leidenfrost, Graz 1991, 261–275.

durchdrungen, denn er fragte weiter, „ob wir, wenn wir unsere Freiheit wiederbekämen, noch weiter auf die amerikanische Hilfe angewiesen und damit von der amerikanischen Politik abhängig wären“. Wildner überreichte daraufhin Nehru wirtschaftliche Informationen; Nehru fand, Österreichs wirtschaftliche Situation wäre gar nicht so schlecht, wenn es von den Lasten der Besatzung befreit wäre und wir „über unsere Bodenschätze verfügen könnten“. Gegen Ende des dreiviertelstündigen Gesprächs unterlief Wildner allerdings eine gravierende Fehleinschätzung Nehrus und der indischen Politik. Als Wildner erwähnte, „daß ich allenfalls auf der Rückreise mich in Karachi aufhalten wolle, fuhr er, wie von der Tarantel gestochen, in die Höhe und meinte, nein, das gehe nicht. ‚Wenn Sie mit uns reden, können Sie nicht mit Pakistan sprechen‘.“ Der Fauxpas war geschehen, auch wenn zum Schluß Nehru seine Sympathien für Österreich betonte; auch wenn Indien keinen Antrag bei der UNO einbringen könne, könne Österreich doch mit seiner vollen Unterstützung rechnen.

Wildner sprach auch mit einem eher zurückhaltenden Staatssekretär für Äußeres, Sir Raghavan Pillai, und einem zuvorkommenderen Staatssekretär für Inneres; sehr freundlich zeigte sich bei zwei Gesprächen Nehrus Schwester, Frau Lakshmi Pandit, doch Nehrus offizielle Antwort auf die österreichische Anfrage erfolgte in einer Form, die deutlich seine Verärgerung zum Ausdruck brachte. Am 15. Juli, so Wildners Bericht, „wurde ich nicht von Pandit Nehru, sondern vom Foreign Secretary empfangen, der mir an Hand einer schriftlichen Aufzeichnung eröffnete, Indien könne im Hinblick auf die gegenwärtige weltpolitische Lage es nicht übernehmen, den österr. Antrag bei den Vereinten Nationen einzubringen. Nach Auffassung der indischen Regierung würde ein solcher Schritt zur Verschärfung der gegenwärtigen Lage, die man als sehr ernst betrachte, beitragen und nicht eine Entspannung herbeiführen. Es liege Indien selbstverständlich ferne, sich in unsere Angelegenheiten hineinzumischen, aber nach do. [dortiger, G. S.] Auffassung wäre es vielleicht besser, wenn wir noch etwas zuwarten würden. Im nächsten Jahre wäre vielleicht die Möglichkeit gegeben, daß Indien den von uns erbetenen Schritt unternähme.“ Das war eigentlich eine kalte Dusche. Der enttäuschte Wildner entgegnete, für seinen Gesprächspartner sei es leicht, „uns zum Zuwarten zu raten, aber eigentlich müsse Indien doch selbst wissen, was eine Besetzung durch fremde Mächte bedeute“.[43] Dies nützte nichts mehr. Kaum war Wildner abgereist, äußerte sich allerdings der Foreign Secretary, Raghavan Pillai, wesentlich freundlicher zum österreichischen Geschäftsträger Enderl. Es käme schon ein diplomatischer Schritt zugunsten Österreichs in Moskau in Frage, ein neuer indischer Botschafter, K. P. S. Menon, werde in Kürze nach Moskau gehen.

43 Bericht Wildners: AdR, BMAA, II-Pol, Zl. 153.620-Pol/52 v. 22. Juli 1952.

Pillai erkundigte sich auch, ob Wildner in Karachi haltmachen würde, und zeigte sich nach der verneinenden Antwort des österreichischen Geschäftsträgers „erleichtert". Es war offensichtlich von seiten Wildners außerordentlich unklug gewesen, einen möglichen Besuch beim Erzfeind Pakistan ins Gespräch zu bringen. Der inzwischen nach Wien zurückgekehrte Wildner reagierte auf die Möglichkeit eines indischen Schrittes in Moskau mit zahlreichen Reserven.[44] Nichts kam zunächst zustande; es sollte einer neuen Initiative Außenminister Grubers, elf Monate später, bedürfen, um Indien doch noch in die Österreichfrage einzuschalten. Clemens Wildner wurde übrigens im Frühsommer 1953 als Politischer Direktor abgelöst, sein Nachfolger wurde Josef Schöner.[45]

Im stärker prowestlich orientierten Brasilien boten sich bessere Chancen. Eine Brasilienreise des Außenministers Ende Juli/Anfang August 1952 diente der Vorbereitung dieser Aktion. In Gesprächen mit dem brasilianischen Außenminister und dem Politischen Direktor des brasilianischen Außenministeriums ergab sich Brasiliens Bereitschaft, vor den Vereinten Nationen zugunsten Österreichs aufzutreten.[46] Und tatsächlich brachte Brasilien mit Unterstützung des Libanons, Mexikos und der Niederlande die Österreichfrage im Herbst 1952 vor die UN-Generalversammlung nach New York. Am 20. Dezember 1952 appellierte die Generalversammlung mit 48 zu 0 Stimmen an die „betroffenen Regierungen", einen erneuten Versuch zum Abschluß des Staatsvertrages zu machen, um das Ende der Besetzung und die volle Ausübung der Souveränität Österreichs zu erreichen. Hierbei enthielten sich zwei Staaten – Pakistan und Afghanistan – der Stimme. Die Ostblockstaaten nahmen an der Abstimmung nicht teil; unter Führung der Sowjetunion bestritten sie die Kompetenz der Generalversammlung, die Österreichfrage überhaupt zu debattieren; sie beriefen sich hierbei auf Art. 107 der Charta, der einen Vorbehalt gegenüber Feindstaaten des Zweiten Weltkrieges enthielt, und auf jenen Absatz der Moskauer Erklärung, der von der Mitverantwortlichkeit Österreichs für die Teilnahme am Kriege an der Seite Hitler-Deutschlands sprach; allerdings

---

44 Bericht des Geschäftsträgers (Zl. 46/Pol/52) und Wildners Reaktion in ebd., Zl. 153.791-Pol/52. Es scheint, daß Nehru ein weiteres Motiv für seine Zurückhaltung hatte, nämlich sein Wunsch, in Hinsicht auf die Waffenstillstandsverhandlungen in Korea eine vollständig neutrale Haltung zwischen Ost und West zu wahren. Bericht des amerikanischen Diplomaten Lloyd Steere über ein Gespräch mit dem österreichischen Geschäftsträger Enderl am 8. September 1952 in New Delhi. NA, RG 59, 663.001/9-1552.

45 In seinen auf die Zeit nach 1945 allerdings nur ganz kurz eingehenden Erinnerungen hat Wildner vermerkt, er habe die Überzeugung gewonnen, daß Grubers Auffassungen von seinen „vielleicht etwas altmodischeren Absichten zu stark abwichen, so daß mir eine harmonische Zusammenarbeit auf die Dauer nicht möglich schien", und nach nur eineinhalb Jahren als Politischer Direktor um seine Versetzung ins Ausland gebeten. Clemens Wildner, *Von Wien nach Wien. Erinnerungen eines Diplomaten,* Wien – München 1961, 262.

46 Leidenfrost, „Die UNO als Forum", 271, unter Verwendung brasilianischer Quellen.

zeigte sich die bereits vermerkte Zwischenstellung Österreichs darin, daß trotz dieser Argumente ein tschechoslowakischer Delegierter einmal bemerkte, die Tschechoslowakei betrachte Österreich nicht als Feindstaat.[47]

3. Westorientierung und die „Militarisierung" des Kalten Krieges: Österreich als „geheimer Verbündeter" des Westens

Die Jahre 1950 bis 1952 – noch bis zum Frühjahr 1953 – zeigen wohl den höchsten Pegelstand einer westorientierten österreichischen Außenpolitik an – denn es wäre viel zu undifferenziert, etwa für das ganze Jahrzehnt von 1945 bis 1955 ein Pauschalurteil abzugeben.[48] In diesem Höchststand des Pegels ist die kumulative Wirkung mehrerer Ursachen zu sehen.

Auf wirtschaftlichem Gebiet war es der Kontrast – in der Gegenwart nur schwer vorstellbar – zwischen dem Schaden, den die österreichische Wirtschaft durch die extreme Ausnützung der USIA-Betriebe und der Zistersdorfer Erdölproduktion seitens der sowjetischen Besatzungsmacht erlitt, und der Ankurbelung der Produktivität, die in allen am Marshallplan teilnehmenden Staaten spürbar war. Österreich allein hat von Mai 1945 bis Ende April 1955 Auslandshilfe in Höhe von 1585 Millionen Dollar erhalten, was auf der Wertbasis von 1955 einer Summe von 41 Milliarden Schilling entspricht. Man hat festgestellt, daß unter Berücksichtigung der Veränderung des Geldwertes die Auslandshilfe, die Österreich im Jahrzehnt von 1945 bis 1955 zuteil wurde, mehr als sechsmal so groß wie die Völkerbundanleihe von 650 Millionen Goldkronen war, die Österreich nach dem Ersten Weltkrieg erhielt. An der

---

47 Heinrich Blechner, „Österreichs Weg in die Vereinten Nationen", in: *ÖZA,* 1 (1960/61), 355; Wolfgang Strasser, *Österreich und die Vereinten Nationen,* Wien 1967, 23–29, bes. 24. Grubers Erklärung vor den Vereinten Nationen am 17. Dezember 1952 in: Karl Gruber, *Reden und Dokumente 1945–1953,* hrsg. v. Michael Gehler, Wien – Köln – Weimar 1994, 409–412. Pakistan und Afghanistan ließen Österreich nachträglich wissen, daß ihre Stimmenthaltung nicht als Demonstration gegen Österreich aufzufassen wäre. Leitmaier, Übersicht, 73–74.

48 Als Anzeichen der intensivierten Westorientierung ist ein auffallendes Ansteigen von Besuchen österreichischer Politiker in den Weststaaten in den Jahren 1950 bis 1952 festzustellen. Hierzu Richard Hiscocks, *Österreichs Wiedergeburt,* Wien 1954, 309–311; doch zu undifferenziert für die ganze Periode 1945 bis 1953 Gordon Shepherd, *Odyssee,* 294. Die Frage der Westorientierung oder gar „Westintegration" Österreichs nach 1945 ist mehrfach zur Diskussion gestellt worden. Eine kritische Infragestellung der Politik der Koalitionsparteien findet sich bei: Rudolf G. Ardelt und Hanns Haas, „Die Westintegration Österreichs nach 1945", in: *Österreichische Zeitschrift für Politikwissenschaft,* 4 (1975), 379–399. Hierzu differenzierend Reinhard Bollmus, „Staatliche Einheit trotz Zonentrennung: Zur Politik des Staatskanzlers Renner gegenüber den Besatzungsmächten in Österreich im Jahre 1945", in: *Soziale Bewegung und politische Verfassung* (Festschrift Werner Conze), hrsg. von Ulrich Engelhardt u. a., Stuttgart 1977, 677–712, hier bes. 681 ff., sowie ders., „Zur österreichischen Konzeption für einen Staatsvertrag", in: Mock/Steiner/Khol, *Neue Fakten zu Staatsvertrag und Neutralität,* Wien 1980, 109–124.

genannten Summe von 1585 Millionen Dollar an Auslandshilfe bis zum letzten vollen Monat vor Abschluß des Staatsvertrages – Ende April 1955 – trug das Marshallplan-Programm mit rund 956 Millionen Dollar (auf Wertbasis 1955 rund 25 Milliarden Schilling) den größten Anteil; unter den kleineren Posten figuriert die Nachkriegshilfe der UNRRA-Organisation mit 135,6 Millionen Dollar, die Kanadahilfe mit 3,4 Millionen Dollar.[49] Die bedeutendste, psychologisch am meisten zu Buche schlagende und wirtschaftlich bis in die Gegenwart wirkende Leistung des Marshallplans war folgende: Der österreichische Staat erhielt die Lieferungen des ERP-Programms als Geschenk. Die Bezieher dieser Güter in Österreich hatten sie aber zugunsten der österreichischen Regierung in Schilling zu bezahlen; dies waren die sogenannten „Schilling-Gegenwerte“ oder „Counterpart“-Mittel, die wiederum zum größten Teil als Kredite für Investitionen vergeben wurden.[50] Somit wurde ein subsidiärer Kapitalmarkt geschaffen.

Auf außenpolitischem – und sicherheitspolitischem – Gebiet ist für die in den Jahren 1950 bis 1952, wie bemerkt, ihren Höhepunkt erreichende Westorientierung mehreres in Rechnung zu stellen: erstens die Enttäuschung der im Juni 1949 so hochfliegenden Hoffnungen auf den raschen Abschluß des Staatsvertrages; dazu gesellte sich zweitens ab Juni 1950 die höchste Intensivierung der weltpolitischen Spannungen nach Ausbruch des Koreakriegs. Es gibt Hinweise, daß ein Politiker wie Karl Gruber, von dem zu Recht gesagt worden ist, daß seine Politik „trotz tendenzieller Westorientierung vom Primat der Staatseinheit getragen und auf Balance zwischen den Mächten ausgerichtet“ war[51], nach Ausbruch des Koreakriegs die Eventualität einer schweren Krise oder eines Kriegs in Europa kommen sah. Dann könne ein Punkt kommen, wo man nichts mehr für die Bevölkerung in der östlichen Zone tun könne und alle Anstrengungen gemacht werden sollten, die westlichen Länder

49 Franz Nemschak, *Zehn Jahre österreichische Wirtschaft 1945–1955,* Wien 1955, 22–24; in anderen Publikationen ist die ERP-Hilfe nicht mit 956, sondern 962 Millionen Dollar angegeben, so bei Alois Brusatti, „Entwicklung der Wirtschaft und Wirtschaftspolitik“, in: Weinzierl/Skalnik, *Österreich – Die Zweite Republik,* Bd. 1, 438–439. Die UNRRA war die 1943 errichtete „United Nation Relief and Rehabilitation Administration“, deren Zweck Nachkriegshilfe für befreite Nationen war. Die UNRRA beschloß im August 1945, Österreich als befreitem Land Hilfe zu gewähren; vgl. Verosta, *Die internationale Stellung Österreichs,* 94 sowie 100–101.

50 Vgl. Vorwort des Bundeskanzlers Julius Raab zu der bereits im vorhergehenden Kapitel zitierten Schrift *Zehn Jahre ERP in Österreich* sowie ebd., 48–54. Zur komplizierten, bisweilen zu Verwechslungen führenden chronologischen Abfolge der Hilfsaktionen nach 1945 (UNRRA-Hilfe bis Mitte 1947; Sonderhilfe des amerikanischen War Department zur Überbrückung der Zeit zwischen dem Auslaufen der Kongreßhilfe und dem Anlaufen des Marshallplans) siehe Mähr, *Marshall-Plan,* 26–53. Zum politischen Stellenwert der amerikanischen Österreichhilfe vgl. Rauchensteiner, *Sonderfall,* 207 ff.

51 Dies die Formulierung von Michael Gehler, „Kurzvertrag für Österreich? Die westliche Staatsvertrags-Diplomatie und die Stalin-Noten von 1952“, in: *Vierteljahreshefte für Zeitgeschichte,* 42 (1994), 246.

zu stärken; sollte in den nächsten Monaten ein Krieg kommen, dann sollten die Überlebenschancen der Gebirgsprovinzen möglichst gestärkt werden. Die Regierung, so Gruber im August 1950, sei der Ansicht, daß Österreich im nächsten Krieg kämpfen müsse, oder kämpfend untergehen müsse. Die Lehren des März 1938 waren Gruber gegenwärtig; er sprach dies auch aus. Er dachte an eine Exilregierung und an eine Untergrundorganisation in den Bergen; wahrscheinlich müßten die meisten Maßnahmen zur Stärkung der westlichen Länder durch die Landesregierungen eher als durch die Bundesregierung durchgeführt werden.[52]

Schließlich gab es in Österreich selbst nur drei Monate nach Ausbruch des Koreakriegs, Ende September/Anfang Oktober 1950, nach dem 4. Preis- und Lohnabkommen eine Streikbewegung, die zunehmend von den Kommunisten instrumentalisiert wurde und als kommunistischer Generalstreikversuch oder aber als „Putsch" oder Putschversuch zu kontroversen Interpretationen geführt hat. In einem der ausgewogensten Diskussionsbeiträge ist Fritz Klenner zu dem Schluß gekommen, die „Annahme eines gezielt geführten Putsches mit direkter Billigung der sowjetischen Besatzungsmacht" widerspreche den Tatsachen. Die Absicht der Kommunisten sei es gewesen, „im ÖGB durch den Rücktritt der für das Preis- und Lohnabkommen verantwortlichen Funktionäre eine andere Zusammensetzung des Gewerkschaftsbundes zu erreichen". Mit der Wirtschaftspartnerschaft sollte Schluß gemacht werden und „ein radikaler Gewerkschaftskurs eine Änderung der Regierungsstruktur und ihrer Politik herbeiführen".[53]

Die zeitgenössische Berichterstattung der in Wien stationierten Vertreter der Westmächte sah wohl den – allen kommunistischen Aktionen innewohnenden – politischen Charakter der Streikbewegung und der mit ihr verbundenen Stör- und Behinderungsaktionen, teilte jedoch nicht alle Befürchtungen auf österreichischer Seite, insbesondere des Bundeskanzlers Figl, der allerdings am 26. September mit einer bedrohlichen Situation, der unmittelbaren Gefahr des

52 Gruber im Gespräch mit dem amerikanischen Diplomaten Coburn Kidd, 18. August 1950, NA, RG 84, US Legation Vienna, file 350, Memo of Conversation, zit. bei Oliver Rathkolb, „Die ‚Putsch'-Metapher in der US-Außenpolitik gegenüber Österreich 1945–1950", in: Michael Ludwig, Klaus Dieter Mulley, Robert Streibel (Hrsg.), *Der Oktoberstreik 1950. Ein Wendepunkt der Zweiten Republik,* Wien 1991, 113–123, hier 120.

53 Fritz Klenner, „Herbst 1950 – Ostösterreich entging dem Eisernen Vorhang", in: Ludwig/Mulley/Streibel, *Oktoberstreik,* 53–64, hier 63. Die meisten Beiträge in dem genannten Sammelband betonen die „Streik"-Perspektive der damaligen Unruhen. Die Verbindung von Streiktaktik mit umfassenderen politischen Entwicklungen und Zielen im internationalen Kontext betont hingegen Reinhard Meier-Walser, *Der Streikputsch der KP Österreichs und seine internationalen Hintergründe,* München 1986, sowie ders., „Die gescheiterte Machtergreifung der österreichischen Kommunisten im Herbst 1950", in: *Christliche Demokratie* 8 (1990), 81–110. Eine Ablaufschilderung mit zusätzlichen Quellen einschließlich Helmers Mitteilungen im Ministerrat bei Svoboda, *Die Partei,* 108–123.

gewaltsamen Eindringens von Demonstranten ins Bundeskanzleramt, konfrontiert gewesen war.[54] Einer zwei Tage später gegenüber dem scheidenden französischen Hochkommissar General Béthouart gemachten alarmistischen Äußerung Figls, das sowjetische Ziel hinter den kommunistisch inspirierten Aktionen sei die Spaltung Österreichs nach dem Beispiel Deutschlands, stimmten die Westvertreter nicht zu. Weder der amerikanische Hochkommissar noch er selbst, so berichtete der britische Hochkommissar Caccia nach London, hätten irgendeine Evidenz einer (neuen) Spaltungsabsicht seitens der Sowjets. Figl habe anscheinend angeregt, daß die Westmächte eine energische Stellungnahme abgeben sollten, was sie in einem solchen Falle zu tun gedächten. Caccia war keineswegs willens, einer solchen Anregung, die Figl offenbar gar nicht abgesprochen habe, zu folgen; auch Gruber, mit dem er gesprochen habe, sei ganz gegen eine solche Stellungnahme zum gegenwärtigen Zeitpunkt.[55]

Auf dem Höhepunkt der zweiten Streikphase, als in der Nacht vom 4. auf den 5. Oktober die sowjetische Kommandantur in Wiener Neustadt das Einschreiten der aus Wien nach Wiener Neustadt beorderten österreichischen Sicherheitskräfte unterband, gab es doch, wie bisher unausgewertete Quellen zeigen, in dem am 5. Oktober tagenden außerordentlichen Ministerrat Stimmen, die aus bestimmten Symptomen schlossen, daß die Sowjets keinen totalen Bruch anpeilten. „Einen ernstlichen Zweck verfolgen sie aber anscheinend nicht“, sagte Innenminister Helmer, „sonst würden sie ja nicht nur das Postamt, sondern die Bahnhöfe besetzen.“ Auch Gruber fand dies bemerkenswert: die Strecke nach Westen sei frei.[56]

---

54 Am 26. September 1950, als etwa 6000 Demonstranten zum Bundeskanzleramt strömten und ein Eindringen unmittelbar möglich schien, verlangte Figl mehrfach telephonisch das Eingreifen des amerikanischen Elements, das in diesem Monat für den internationalen Sektor Wiens (1. Bezirk) verantwortlich war; nach Fühlungnahme mit dem Innenminister hielten die Amerikaner ein Eingreifen für nicht erforderlich; Bericht des amerikanischen Hochkommissars General Keyes vom 26. September 1950 in *FR 1950,* IV, 404–405. Figl hat an diesem Tag ganz eindeutig das Eindringen der Nationalsozialisten in das Bundeskanzleramt am 25. Juli 1934 und das Schicksal des Bundeskanzlers Dollfuß vor sich gesehen. „Meine Herren, da daneben is der Dollfuß g'storben, auch ich weiche der Gewalt nicht. Ich verlasse das Haus nicht, eher sterb' ich …“ Berichtet bei Ernst Trost, *Figl von Österreich,* Wien – München – Zürich 1972, 246; vgl. Meier-Walser, *Streikputsch,* 100; auch Rauchensteiner, *Die Zwei,* 159.

55 “Neither the United States High Commissioner nor I have any evidence to suggest that the Soviet [sic] are any more or less likely to split Austria now than they have been at any previous time since 1945.” Bericht vom 29. September 1950, PRO, FO 371/84920/C6279.

56 AdR, MRProt Nr. 220a, 5. Oktober 1950. Der Ministerrat beschloß (auf Antrag Figls) die Absendung einer Note an den Alliierten Rat sowie (auf Antrag Grubers) von Telegrammen an die Regierungen aller vier Mächte. Diese gleichlautenden Telegramme, in französischer Sprache abgesandt, waren ebensosehr für die Öffentlichkeit wie für die Regierungen bestimmt und wurden sogleich veröffentlicht (*WZ,* 6. Oktober 1950, abgedruckt bei Meier-Walser, *Streikputsch,* 191); dies übersieht Rauchensteiner, *Die Zwei,* 159, der davon spricht, Gruber habe den Auftrag bekommen, ein Telegramm an den amerikanischen Außenminister zu richten, ebenso wie Rathkolb, „Die ‚Putsch‘-Metapher“, 120, dessen Interpretation dieses Telegramms als „Überreaktion“ Gru-

Die abschließende britische Analyse stimmte nicht mit der noch nach dem Zusammenbruch der kommunistischen Aktionen geäußerten Vermutung Figls überein, die Kommunisten hätten die Blockierung aller Verbindungen zwischen Wien und den Westzonen und den Sturz der Regierung beabsichtigt.[57] Figl (wie auch Bundespräsident Renner) meinten, der starke Einsatz der Kommunisten in Linz hätte das Ziel verfolgt, eine amerikanische Intervention zu provozieren, um damit den Sowjets den Vorwand für eine Intervention in ihrer Zone zu geben.[58] Hingegen kam Caccia zu dem Schluß, die Kommunisten hätten sich zu keinem Zeitpunkt auf den „all-out effort" eines Putsches festgelegt; „this was not the real D-day". Caccia betonte auch den „strikt begrenzten Charakter" der Unterstützung seitens der sowjetischen Besatzungsmacht.[59]

Eine Folge der September-/Oktobertage 1950 war ohne Zweifel ein noch stärkerer Schulterschluß zwischen den die Koalitionsregierung bildenden zwei großen Parteien und den Westmächten: Wie Caccia andeutete, würden die Kommunisten in Zukunft noch weniger Chancen haben, die Sicherheitskräfte des Staates zu bedrohen; „under the new security arrangements under way" würden sie in Zukunft auf eine voll ausgerüstete Polizei und Gendarmerie stoßen, die den Kommunisten selbst bei Einsatz des kommunistischen „Werkschutzes" erfolgreich entgegentreten könnten.[60]

---

bers ich mich nicht anschließen kann. Das Eingreifen der sowjetischen Kommandantur in Wiener Neustadt, womit das Vorgehen der österreichischen (aus Wien unter dem bekannten Gendarmerie-Rittmeister Ferdinand Käs nach Wiener Neustadt entsendeten) Sicherheitskräfte gegen die das Postamt besetzt habenden Demonstranten unterbunden wurde, hatte sich ja unmittelbar zuvor in der Nacht vom 4. auf den 5. Oktober abgespielt; Gruber forderte einen genauen Sachverhaltsbericht über die Vorgänge in Wiener Neustadt, um dies den Mitteilungen an die Alliierten zugrunde zu legen. MRProt Nr. 220a, 5. Oktober 1950.

57 Bevor diese abschließende Analyse geschrieben wurde bzw. in London eintraf, hatte allerdings Außenminister Bevin in einer Kabinettssitzung in London am 23. Oktober 1950 sehr wohl von der „failure of the political *coup* which the Russians had tried to stage in Austria" gesprochen. *DBPO,* II/III, Nr. 78 (Anm. 7, S. 193).

58 So Figl im Gespräch mit dem nach Wien gekommenen Labour-Politiker Lord (William) Henderson, damals parlamentarischer Unterstaatssekretär im Foreign Office, am 12. Oktober 1950. Vgl. Bericht Caccias vom 27. Oktober 1950, PRO, FO 371/84924/C6869 (zu Gespräch Figl-Henderson), sowie Gesprächsmitschrift Gespräch Renner/Henderson ebenfalls am 12. Oktober 1950, FO 371/84924/C6762.

59 „Russian support was strictly limited"; bemerkenswerte zusammenfassende Analyse Caccias in dem schon genannten Bericht an Bevin vom 27. Oktober 1950 mit dem Titel „Communist Disturbances in Austria. Measure of the Challenges to Governmental Authority and Lessons Learned therefrom": PRO, FO 371/84924/C6869. Vgl. auch Robert Knight, „Es war doch kein ‚D-Day'. Großbritannien, der Oktoberstreik und die Eindämmung", in: Ludwig/Mulley/Streibel, *Oktoberstreik,* 125–137.

60 Ebd.; der bewaffnete „Werkschutz", der in den sowjetischen USIA- und Erdöl (= SMV-)betrieben bestand, umfaßte allerdings entgegen übertriebenen Meldungen gemäß Rauchensteiner, *Die Zwei,* 284–285, kaum mehr als 1500 Mann (bei Rauchensteiner, *Sonderfall,* 228–229, etwa 1500–2000 Mann, ebd. ausführlichere Hinweise zur Ausrüstung des „Werkschutzes", der schon 1946 gegründet und ab 1948 ausgebaut wurde).

Die Anfänge des Interesses der Westalliierten am Ausbau der österreichischen Gendarmerie und an der Vorbereitung eines zukünftigen Bundesheeres in den Jahren 1948 und 1949 sind schon seit längerem gut dokumentiert.[61] Die Erschließung weiterer Quellen für die Jahre ab 1950 sowie neuere Forschungen zeigten immer schärfere Konturen einer intensiven sicherheitspolitischen Westbindung; ich konnte 1986 feststellen, daß Österreich, obgleich teilweise von den Sowjets besetzt, in den frühen fünfziger Jahren „so etwas wie ein geheimer Verbündeter des Westens“ geworden war.[62] Die Formel vom „geheimen Verbündeten“ des Westens ist seither in der neueren Forschung aufgenommen worden.[63] Dreierlei wird deutlich: erstens das große, ja seit 1951 steigende Interesse der Westalliierten, zumal der Amerikaner, an der Einbeziehung Westösterreichs in die nordatlantisch-westeuropäische Verteidigungsplanung, einschließlich des Einsatzes eines österreichischen, zumindest westösterreichischen Wehrpotentials im Kriegsfall; zweitens die enge Zusammenarbeit zwischen den Westalliierten und den für die Sicherheit und für den Aufbau des zukünftigen Bundesheeres zuständigen Politikern (Oskar Helmer und Ferdinand Graf) und Beamten beim weiteren Ausbau der österreichisch-westlichen Sicherheitskooperation; und drittens die Probleme, die aus der keineswegs deckungsgleichen Interessenlage der Österreicher einerseits, der Westalliierten anderseits erwuchsen.[64]

Im Laufe des Jahres 1951 wurde geklärt, daß die westlichen Besatzungstruppen in Österreich zwar in Friedenszeiten nicht dem NATO-Kommando (Supreme Headquarters, Allied Powers Europe, S.H.A.P.E.) unterstanden, jedoch im Kriegsfall diesem zu unterstellen waren, und zwar dem südeuropäischen Kommando. Es sei, so hieß es in einer diesbezüglichen Mitteilung des britischen Foreign Office an britische Missionen im Ausland, jedoch äußerst wichtig, diese Verfügung geheimzuhalten.[65] Im April 1951 besuchte der ame-

---

61 Vgl. *FR 1948*, II, 1356–1378, sowie *FR 1949*, III, 1236–1258; hierzu auch Hanns Haas, „Österreich 1949: Staatsvertragsverhandlungen und Wiederbewaffnungsfrage“, in: *Jahrbuch für Zeitgeschichte 1978*, Wien 1979, 175–200, sowie Stifter, *Wiederaufrüstung*, Kap. 3 u. 4.

62 Gerald Stourzh, „The Origins of Austrian Neutrality“, in: *Neutrality – Changing Concepts and Practices*, hrsg. von Alan T. Leonhard, Lanham – New York – London 1988, 39–40 (Druckfassung eines im März 1986 auf einem Symposion an der University of New Orleans gehaltenen Vortrages).

63 Vgl. etwa die inhaltsreiche und quellenintensive Studie von Günter Bischof, „Österreich – ein ‚geheimer Verbündeter‘ des Westens?“, die trotz des Fragezeichens im Titel die Frage eindeutig bejaht. In: Gehler/Steininger, *Österreich und die europäische Integration*, Wien – Köln – Weimar 1993, 425–450.

64 Für die Jahre ab 1950 ein erster Überblick bereits bei Rauchensteiner, *Sonderfall*, 305–308, 330, 333, sowie Rauchensteiners Aufsatz „Staatsvertrag und bewaffnete Macht. Politik um Österreichs Heer 1945–1955“, in: *Österreichische Militärische Zeitschrift*, 18 (1980), 185–197.

65 PRO, FO 371/93622/CA1201/5/G vom 12. Juli 1951, erstmals in Faksimile veröffentlicht in: Gerald Stourzh, „Rückblick auf den April 1955: Der lange Weg zur „Schweizer Formel“, in: *Die Furche*, Nr. 16 v. 19. April 1985, 6. Auslösend für diese Klärung war eine öffentliche Erklärung des britischen Verteidigungsministers Shinwell im Jänner 1951, daß alle britischen Truppen auf

rikanische Hochkommissar in Österreich, Donnelly, den obersten NATO-Befehlshaber, General Eisenhower, in Paris, und berichtete in sehr offener und aufschlußreicher Weise über die österreichische Situation, einschließlich der geheimen („covert") Verteidigungskooperation zwischen Österreich und den Westalliierten in den Westzonen – worüber sich Eisenhower „überrascht und erfreut" zeigte und worüber weiter unten mehr zu berichten sein wird. Donnelly verwies auch auf die auf alliierter Ebene nicht schlechten Beziehungen zum sowjetischen Element bei gleichzeitig starkem sowjetischem Druck auf die österreichische Verwaltung, besonders die Polizei; er betonte, es sei unmöglich, daß Österreich (d. h. die westlichen Truppen in Österreich) direkt der NATO unterstellt wären, aber man tue alles, um Eisenhowers Wünschen zu entsprechen. Eisenhower selbst meinte, es sei weniger wichtig, daß er die (westlichen) Streitkräfte in Österreich jetzt unter der NATO habe, in Hinblick auf die besondere Situation in diesem Lande, als daß er sie haben würde, wenn und wann er sie benötigen würde.[66] Der britische Hochkommissar Sir Harold Caccia betonte, wie wichtig es sei, die Unterstellung der westlichen Besatzungstruppen unter die NATO im Kriegsfalle geheimzuhalten und gegenwärtig die westalliierten Truppen innerhalb ihrer Zonen zu belassen; so lange wir nicht wünschten, „daß Österreich zweigeteilt werde", müßten alle „appearances" der Vier-Mächte-Besetzung in den vier Zonen im Sinne des Kontrollabkommens aufrechterhalten werden.[67] Dreieinhalb Jahre später, im September 1954, wurde festgehalten, daß die westalliierten Truppen in Österreich dem südeuropäischen NATO-Kommando (CINCSOUTH) „for war planning in peacetime and operational control in event of an emergency" unterstünden.[68]

Die mindestens seit dem Frühjahr 1948 aktivierte – geheime – Kooperation zwischen Österreich und den Westalliierten wurde österreichischerseits von einzelnen Mitgliedern der Bundesregierung getragen: dem Bundeskanzler und dem Vizekanzler – und damit dem Obmann bzw. dem Vorsitzenden jeder der beiden Regierungsparteien! –, dem Außenminister und dem Innenminister.[69] Aus den Quellen wird die Tendenz der Spitzenpolitiker der Koalitionsparteien

---

dem Kontinent dem Oberbefehl des NATO-Befehlshabers General Eisenhower unterstellt würden. Dies führte zu einer sowjetischen Anfrage in Wien an die Franzosen, ob die französischen Truppen in Österreich auch unter Eisenhowers Kommando stünden. *FR 1951,* IV, 1031. Gemäß Art. 6 des Atlantikpaktes erstreckte sich der Bündnisfall auch auf einen bewaffneten Angriff auf Besatzungsstreitkräfte eines Vertragsstaates in Europa.

66 Gespräch Donelly/Eisenhower in Paris am 23. April 1951, *FR 1951,* IV, 1031–1035.

67 Caccia an W. D. Allen im Foreign Office, 27. Juni 1951, PRO, FO 371/93622/CA1201/5.

68 Progress Report on NSC 164/1, Para 18d, 15. September 1954 (von Präsident Eisenhower am 14. Oktober 1954 approbiert); NA, RG 273, NSC 164, Sec. 2; freundlicherweise zur Verfügung gestellt von O. Rathkolb; vgl. auch Oliver Rathkolb, *Washington ruft Wien. US-Großmachtpolitik und Österreich 1953–1959,* Wien 1997, 31.

69 Zu erinnern ist daran, daß das einzige kommunistische Regierungsmitglied (Dr. Karl Altmann) am 20. November 1947 aus der Regierung ausgeschieden war.

deutlich, sensible Fragen des Sicherheitsapparates und des Aufbaus eines zukünftigen Heeres wenigen Personen (auch innerhalb der Regierung) bzw. kleinen Zweiparteienkomitees außerhalb der Regierung anzuvertrauen.[70] Von dieser Kerngruppe in der Bundesregierung, wie man sie nennen könnte, wurden für bestimmte Materien einzelne andere Mitglieder der Bundesregierung zugezogen, so der Finanzminister und, für militärische Fragen, der Staatssekretär im Innenministerium. Die Mitschrift einer Ministerratssitzung vom Mai 1952 zeigt, daß es selbst im Ministerrat Unklarheiten betreffend die für (vertrauliche) Verhandlungen mit den Westalliierten in Frage kommenden Regierungsmitglieder gab und daß es in der Regierung „Wissende“ und weniger Wissende gab. Staatssekretär Graf war der Meinung, daß es verschiedene Komitees gebe, in einem sei er „auch dabei“, wurde aber von Außenminister Gruber belehrt, es handle sich um (bloß) ein Komitee, nur „in den Fragen militärischer Natur ist dann Graf beigezogen worden. Ich erinnere daran, daß viele Sachen auf diese Weise behandelt werden mußten.“ Karl Waldbrunner erwähnte, ihm sei 1949, als er in die Regierung eintrat, bekanntgegeben worden, „daß ein Komitee für die Verhandlungen mit den westlichen Alliierten bevollmächtigt wurde“, wobei „natürlich das nicht begrenzt war auf militärische Sachen“. In Wortmeldungen Grubers und Schärfs wurde deutlich, daß manche Fragen nicht protokolliert worden waren.[71] Auch die Westalliierten, insbesondere die Briten und Amerikaner, zogen es vor, sehr heikle, vor allem militärische Dinge nicht mit der österreichischen Regierung in ihrer Gesamtheit, sondern „in greatest secrecy“ mit Bundeskanzler, Vizekanzler und Außenminister, bald auch dem Innenminister, zu besprechen. Die Franzosen äußerten interessanterweise den Zweifel, ob Vereinbarungen, die nur mit Figl, Gruber und Schärf als Individuen geschlossen würden, als ausreichend „offiziell“ betrachtet werden könnten, gaben aber ihre Bedenken auf. Die Engländer

70 Vgl. etwa im Ministerrat vom 6. April 1948 Grubers Erwägungen zum Plan für den Aufbau der mobilen Sicherheitsreserve und die Notwendigkeit, daß dieser „aber erst mit den Alliierten [d. h. den Westalliierten, G. S.] besprochen werden“ müsse; der Ministerrat ermächtigte (in einem unter Verschluß abgelegten Beschlußpunkt) „die zuständigen Bundesminister durch persönliche Verhandlungen die Voraussetzungen für die entsprechende Ausgestaltung des Sicherheitsapparates zu schaffen und dem Ministerrat zu berichten“. AdR, MRProt Nr. 106, 6. April 1948. Für das die Heeresplanung betreibende „unofficial bipartite committee of the two major parties“, das „in secret“ arbeiten sollte, vgl. *FR 1948,* II, 1365 und 1369; es bestand aus Helmer und Julius Deutsch für die Sozialisten und Ferdinand Graf und Hofrat (General i. R.) Emil Liebitzky für die ÖVP.

71 AdR, MRProt Nr. 292, 13. Mai 1952. Anlaß für diese Diskussion im Ministerrat war die – längere Zeit eben nur im Kreise weniger Regierungsmitglieder abgehandelte – Krise um die Abzweigung von Marshallplangeldern und undurchsichtige Devisentransaktionen im Bankenbereich, insbesondere im Einflußbereich des Generaldirektors der Creditanstalt, Josef Joham, eine Affäre, die mehrfach zur zeitweiligen Sperre der Freigabe von Marshallplan-Mitteln seitens der USA führte. Hierzu neuestens die (erste) ausführliche Untersuchung von Oliver Rathkolb, „‚Wir selbst brauchen gar nicht viel hineinblasen.‘ Der Fall Joham und der CA-Skandal 1949–1953“, in: Gehler/Sickinger, *Politische Affären,* Innsbruck 1995, 382–397.

stellten sich auf den Standpunkt, es sei Sache der österreichischen Regierung, die Frage der Legalität von Vereinbarungen, die von Figl, Gruber und Schärf getroffen worden wären, zu entscheiden.[72]

Zwei – grob voneinander zu unterscheidende – Bereiche der geheimen sicherheitspolitischen Kooperation zwischen Österreich und den Westalliierten sind vor allem zu nennen: einerseits Aktionen, die den staatlichen Bereich weitgehend ausklammerten und sich auf „gesellschaftliche“ Gruppierungen und vertrauenswürdige Einzelpersonen stützten, wobei die mögliche Kooperation (geheimdienstlicher) staatlicher Stellen (zumindest bis in die Gegenwart) im dunkeln bleibt. Andererseits gab es aber auch ebenfalls geheime („covert“) Aktionen, die nichtdestoweniger staatliche Behörden (jenseits geheimdienstlicher Institutionen) in beträchtlichem Ausmaß mit einbezogen.

Für den erstgenannten Bereich ist auf das seit langem bekannte, andererseits weiterhin in wichtigen Details ungeklärte „Sonderprojekt“ zu verweisen, das eng mit der Persönlichkeit des prominenten Gewerkschaftsführers und späteren Innenministers Franz Olah verbunden ist. Als Folge der kommunistisch instrumentalisierten Streikbewegung vom September/Oktober 1950, bei deren Zurückdrängung bereits von Olah geleitete Gruppen der Bau- und Holzarbeiter erfolgreich tätig waren, wurde ein „Sonderprojekt“ zur Vorsorge für zukünftige Widerstandshandlungen im Falle von kommunistischen und/oder sowjetisch inspirierten Umsturz- oder Machtergreifungsversuchen durchgeführt. Olah als Obmann der Gewerkschaft der Bau- und Holzarbeiter und gleichzeitig als Politiker, der frühzeitig das Vertrauen der Amerikaner gewonnen hatte, organisierte dieses „Sonderprojekt“ unter Mitwirkung von Angehörigen der Gewerkschaft der Bau- und Holzarbeiter mit amerikanischer Unterstützung. Schon drei Jahre zuvor, im Oktober 1947, war, den Angaben Olahs zufolge auf Wunsch des Präsidenten des Österreichischen Gewerkschaftsbundes Johann Böhm, von der amerikanischen Besatzungsmacht zugesichert worden, daß Olah, dessen Bau- und Holzarbeitergewerkschaft ihre Zentrale im amerikanischen Sektor von Wien hatte, jederzeit freien Zutritt zum (von der amerikanischen Besatzungsmacht geführten) Sender Rot-Weiß-Rot hatte.[73] Im „Falle

72 Vgl. *FR 1950,* IV, 497 (Bericht des amerikanischen Botschafters in London nach Washington, 2. November 1950); ebd., 498, zu den französischen Bedenken und der britischen „Lösung der Legalitätsfrage“. Die Franzosen zeigten im Laufe des Jahres 1950 mehrfach Skrupel betreffend allzu lockeres Hinweggehen über rechtliche Bestimmungen und stellten bei den Vorbereitungsgesprächen für den Aufbau der späteren Armee die Einholung des Einverständnisses der Sowjets zur Diskussion. Hierzu Sandner, *Französisch-österreichische Beziehungen,* 294. Die britische Empfehlung vom 20. November 1950, auch Helmer hinzuzuziehen, zit. bei Bischof, „Österreich – ein ‚geheimer Verbündeter ...‘“, 443.

73 Faksimile der Ermächtigung für Olah seitens des amerikanischen Elements vom 8. Oktober 1947 veröffentlicht in: Franz Olah, *Erinnerungen,* Wien 1995, 147.

unerwarteter Ereignisse“[74], oder etwas präziser ausgedrückt: im Falle der Lahmlegung der ÖGB-Zentrale (die im 1. Bezirk, also im internationalen Sektor, gelegen war), sollte Olah im Namen des Gewerkschaftsbundes durchsagen, „was die Lage erforderte“.[75]

Das „Sonderprojekt“ selbst beinhaltete in erster Linie die Stationierung von Funkgeräten in allen Bundesländern (mit Ausnahme Vorarlbergs), also einschließlich der sowjetischen Besatzungszone (auch in Wiener Neustadt, St. Pölten und Krems), in Wien gab es im Gewerkschaftshaus in der Schottenfeldgasse und im Parteihaus in der Kalvarienberggasse – also innerhalb des amerikanischen Sektors – zwei starke Sender. Eine eigene, vom öffentlichen Netz unabhängige Telephonleitung verband alle Gewerkschaftszentralen mit dem ÖGB und der Polizeidirektion; die Telephonzentrale hierfür befand sich in der Gewerkschaft der Lebensmittelarbeiter in der Wiener Albertgasse – ebenfalls im amerikanischen Sektor. Außerhalb der sowjetischen Zone wurden auch Waffenlager angelegt, ein größeres Lager mit Winterausrüstung wurde in Golling im Land Salzburg errichtet. Lastwagen für Transportzwecke wurden angeschafft. Training in Kampfsportarten wie Judo und teilweise im Gebrauch von Handfeuerwaffen und Umgang mit Plastiksprengstoff fand statt. Insgesamt dürften etwa 1500 bis 2000 Personen, überwiegend jüngere Arbeiter aus der Bau- und Holzarbeitergewerkschaft, für das „Sonderprojekt“ herangezogen worden sein.

Trotz mancher neuerer Veröffentlichungen sind zweifelsfreie genaue Angaben über Herkunft oder Überweisungsmodalitäten der für das Projekt aufgewendeten Gelder – einer Aussage zufolge 8 bis 10 Milionen Schilling – bisher nicht gemacht worden.[76] Es läßt sich jedoch sagen, daß beträchtliche Mittel zur Stärkung nichtkommunistischer bzw. antikommunistischer Gewerkschaften in Europa seit 1947 von den USA nach Europa flossen – zunächst ganz

---

74 So in einer Verteidigungsschrift Franz Olahs, die den Akten des 1969 gegen ihn geführten Strafprozesses vor dem Straflandesgericht in Wien einverleibt wurde; veröffentlicht als Anhang in: Helmut Konrad und Manfred Lechner, *„Millionenverwechslung“ – Franz Olah, Die Kronenzeitung, Geheimdienste,* Wien – Köln – Weimar 1992, 188.

75 Olah, *Erinnerungen,* 146.

76 Zur Gesamthöhe der verwendeten Geldmittel Aussage von Heinrich Daurer im Olah-Strafprozeß 1969, zit. bei Konrad/Lechner, *„Millionenverwechslung“,* 66. Ebd., 46, wird der amerikanische Gewerkschaftsfunktionär Wesley Cook, ab 1949 für drei Jahre Labor Adviser der ECA (Economic Cooperation Agency, die zur Durchführung des Marshallplans geschaffene amerikanischen Organisation) in Wien, als wichtiger Mittelsmann zwischen den USA und den österreichischen Gewerkschaften genannt (Hinweis auf ein Interview Prof. Helmut Konrads mit der Witwe Cooks, Alice Cook, am 8. 5. 1990); Olah, *Erinnerungen,* 148, dementiert kategorisch, daß Cook mit der Finanzierung des Sonderprojekts etwas zu tun gehabt hätte. Zu Cook und dessen herzlichen Beziehungen zu Olah vgl. Gene R. Sensenig, „Gewerkschaftspolitik im Kalten Krieg am Beispiel der Beziehungen der US-Regierung und der US-Gewerkschaften zum ÖGB zwischen 1945 und 1950“, in: *Zeitgeschichte,* Jg. 12, 1984/85, 207. Zur Zusammenarbeit zwischen US-Gewerkschaften und der CIA konnte Sensenig „wegen der Weigerung der dazu interviewten Zeugen, sich zitieren zu lassen“, keine näheren Angaben machen. Ebd., 208.

besonders nach Frankreich und Italien –, daß diese Mittel direkt von den im Kampf gegen kommunistische Einflüsse äußerst aktiven großen amerikanischen Gewerkschaftsorganisationen AFL (American Federation of Labor) und CIO (Congress of Industrial Organizations) kamen, daß aber diese Mittel oder Teile dieser Mittel indirekt aus dem Bereich der amerikanischen Central Intelligence Agency stammten.[77]

Seit 1947 spielten sogenannte „covert operations", d. h. „verdeckte" oder geheime Operationen, eine beträchtliche und eher größer werdende Rolle im Rahmen der amerikanischen bzw. westlichen Politik der Eindämmung tatsächlichen oder befürchteten kommunistischen Einflusses in Europa. In einem von der CIA verfaßten Bericht über die Weltsituation in ihrer Beziehung zur Sicherheit der Vereinigten Staaten vom 26. September 1947 hieß es, die größte Gefahr für die Vereinigten Staaten sei die Möglichkeit des wirtschaftlichen Kollapses Westeuropas und die darauf folgende Machtübernahme seitens kommunistischer Elemente. In diesem Bericht wurde die Sowjetunion als expansionistisch dargestellt, bereit, schließlich auch Finnland und Österreich in ihren Herrschaftsbereich einzubeziehen.[78] Daraus folgte, daß die Stärkung antikommunistischer Gruppen in der Arbeiterschaft der europäischen Länder zu einem zentralen Anliegen der „covert operations" wurden, obgleich diese geheimen Operationen nicht auf Gewerkschaftsorganisationen beschränkt waren und auch die Unterstützung politischer Parteien, besonders in Italien, einschlossen. Auch die Finanzierung intellektuell hochstehender antikommunistischer Zeitschriften wie „Der Monat", „Encounter", „Preuves", „Forum" fällt unter das Kapitel der „covert operations".[79] Weitere „covert operations" in Österreich zur Ermöglichung von Widerstandshandlungen – „stay behind operations" – für den Fall einer „östlich" gelenkten, wie immer im einzelnen zustande gekommenen Machtübernahme sind offensichtlich während der Besatzungszeit vorbereitet worden, wie die im Jänner 1996 von der amerikani-

77 Trevor Barnes, „The Secret Cold War: The C.I.A. and American Foreign Policy in Europe, 1946–1956", Teil I in: *The Historical Journal*, 24 (1981), 399–415; Teil II in: Ebd., 25 (1982), 649–670. Eine zentrale Rolle im politischen Einsatz der amerikanischen Gewerkschaften in Europa spielte der Funktionär der American Federation of Labor (AFL) und ursprüngliche Generalsekretär der amerikanischen kommunistischen Partei, Jay Lovestone.

78 Zit. bei Barnes, „The Secret Cold War", Teil I, 407. Das zitierte Dokument erliegt in der Harry Truman Library, Independence, Missouri (Truman Papers, President's Secretary files). Zur Rolle der „covert operations" vgl. auch Stifter, *Wiederaufrüstung*, 126, der aus dem Dokument des US-amerikanischen Nationalen Sicherheitsrats vom 18. Juni 1948, NSC 10/2 (in NA, NSC Policy Papers file, No. 10, RG 273), zitiert: "covered operations ... are so planned and executed that any US Government responsibility for them is not evident to unauthorized persons and that if uncovered the US Government can plausibly disclaim any responsibility for them."

79 Umfassend die materialreiche Studie von Barnes, „The Secret Cold War", loc. cit. Vgl. auch Rathkolb, *Washington ruft Wien*, 268–269.

schen Regierung bekanntgegebene Existenz von 79 geheimen Waffenlagern in Österreich erweist.[80]

Der zweite vorhin genannte Bereich umfaßte Aktionen, die in Zusammenarbeit mit den westalliierten Militärbehörden und der österreichischen Regierung geplant und durchgeführt wurden. Über den Anstoß zur Errichtung mobiler, über den bisherigen Stand von Polizei und Gendarmerie hinausgehenden Einheiten im Frühjahr 1948 ist im vorhergehenden Kapitel berichtet worden. Der Aufbau und Ausbau von mobilen Gendarmerieeinheiten wurde im Frühjahr 1948 besprochen und eingeleitet. Zunächst wurden (ab 1949) Alarmformationen von je 500 Mann pro (West-)Zone in Aussicht genommen, allerdings offensichtlich erst im Winter 1950/51 aufgestellt.[81]

Die „Militarisierung" des Kalten Krieges nach dem Ausbruch des Koreakrieges, in Österreich noch verstärkt durch die psychologischen Konsequenzen des „Oktober 1950", führte zu wesentlich intensiveren und massiveren Programmen, die ab dem Jahr 1951 Gestalt annahmen. Schon unmittelbar nach dem September-/Oktoberstreik 1950 führte Außenminister Gruber Gespräche in Washington und sprach sich für eine Stärkung der mobilen Gendarmerie und die Schaffung von „fire brigades for the suppression of internal disorder" aus; die Tatsache, daß die Truppenkontingente in den westlichen Besatzungszonen erhöht werden sollten, benutzte Gruber dazu, den Verzicht auf die Besatzungskosten, zumal der Engländer, zur Diskussion zu stellen (die Amerikaner hatten bereits längst darauf verzichtet); einer amerikanischen Anfrage, ob Österreich die Besatzungskosten als Teil seines „Beitrags zur gemeinsamen Verteidigung Westeuropas" ansehen könnte, konnte Gruber nichts abgewinnen.[82] Ende November 1950 kam es zur definitiven Festlegung zwischen den westlichen Hochkommissaren und Mitgliedern der Bundesregierung (Figl, Helmer und Graf) betreffend den Aufbau der bereits erwähnten drei Gendarmerie-Einheiten zu je 500 Mann in jeder der drei Westzonen.[83] Schließlich hat einige Zeit später, wohl im Laufe des Jahres 1951, die Bundesregierung, und zwar einer österreichischen Quelle zufolge ein Ministerkomitee, bestehend aus dem Bundeskanz-

80 Zahlreiche Meldungen in der österreichischen Presse ab 20./21. Jänner 1996. Auf einer vom Heeresgeschichtlichen Museum in Wien veranstalteten Tagung am 28. 2. 1997 wurde mitgeteilt, daß die Waffenlager zwischen 1951 und 1954 angelegt wurden. Informationen über diese Aktion waren zu diesem Zeitpunkt von amerikanischer Seite (noch) nicht freigegeben worden. Für völkerrechtliche Präzisierungen bin ich Herrn Botschafter Dr. Franz Cede zu herzlichem Dank verpflichtet. Vgl. auch Rathkolb, *Washington ruft Wien,* 144–151.

81 Vgl. Besprechung Figl, Helmer, Graf mit den westlichen Hochkommissaren, 29. November 1950, *FR 1950,* IV, 500–502.

82 Hierzu Rathkolb, „Die ‚Putsch'-Metapher", 121, sowie *FR 1950,* IV, 411–415; Gespräch Gruber – Acheson am 11. Oktober: HSTL, Acheson papers, box 65. Der Begriff der „Militarisierung" des Kalten Krieges stammt von Vojtech Mastny, „Stalin and the Militarization of the Cold War", in: *International Security,* 9 (1984/85), 109–129.

83 Besprechung am 29. November 1950, *FR 1950,* IV, 500–502.

ler, dem Vizekanzler, dem Innenminister, dem Außenminister, dem Finanzminister und Staatssekretär Graf, dem amerikanischen Hochkommissar Donnelly „auf dessen Drängen“, wie es heißt, den Ausbau der Gendarmerie einschließlich Aufnahme von ehemaligen Heeresoffizieren sowie einen „österreichischen Beitrag“ für den Fall eines „Notstandes“, genannt „Aufgebot“, zugesagt.[84] Einschließlich der Planung für die möglichst rasche Aufstellung des Bundes-

84 „Übersicht, jetzige Lage und Ziele“: Beilage zu einem Schreiben Liebitzkys an den Politischen Direktor des Außenamtes, Gesandten Josef Schöner vom 6. November 1954, o. Zl., im Nachlaß Schöner, (nunmehr im Österr. Staatsarchiv), Konvolut 17, Kopien im Besitz des Verfassers. In den Nachlaß Schöner konnte dank des Entgegenkommens von Frau Rita Schöner und Univ.-Prof. Dr. Franz Matscher bereits vor Deponierung im ÖStA Einsicht genommen werden. Das Schreiben Liebitzkys stand im Zusammenhang mit der knapp bevorstehenden Reise Bundeskanzler Raabs in die USA, wohin ihn Schöner begleitete. In Liebitzkys „Übersicht“ wird der „Herbst 1952“ als Zeitpunkt der genannten, auf Drängen des amerikanischen Hochkommissars von der Regierung zugesagten Verpflichtungen angegeben. Dies kann nicht zutreffen, da im Herbst 1952 die genannten Programme bereits seit Monaten angelaufen waren und überdies im Herbst 1952 nicht mehr der von Liebitzky ausdrücklich genannte Donnelly, der ab August 1952 als Hochkommissar in Deutschland wirkte, sondern (seit anfangs September 1952) bereits dessen Nachfolger Thompson im Amt war. Denkbar ist, bei einem durchaus möglichen Tippfehler Liebitzkys, „Herbst 1951“ statt „Herbst 1952“ zu lesen; dafür spricht eine andere Mitteilung Liebitzkys, derzufolge das „Wiener Komitee, bzw. die vier Mitglieder neben dem Vorsitzenden“ von den österr. Regierungsvertretern „über nachdrückliches Verlangen des dam. amerikanischen Oberbefehlshabers Gl. Irwin im Oktober 1951“ berufen wurden, „um – wieder über ausdrückliches Verlangen des Generals – für die dringend gewünschte Reorganisation und richtige Ausbildung der Gendarmerieschulen Vorschläge zu machen“. ÖStA, GD, NLS, B/1030/123. Dieser Zeitpunkt wird bestätigt durch die Mitschrift einer Sitzung, die am 2. Oktober 1951 beim Hochkommissar Donnelly in Anwesenheit Figls, Grubers, Helmers, Grafs und des amerikanischen Oberkommandierenden General Irwin stattfand (erliegt in AKVI, Bestand Staatsvertrag). Bei dieser Gelegenheit wurden bereits Namen für das noch zu bestellende Wiener Komitee genannt (zu diesem vgl. unten bei Anm. 89). Gruber bemerkte, wenn „ein russ. Angriff erfolgt, besteht sofort ein Kriegszustand. Österreich hat dann die Pflicht, das Land zu verteidigen“. Bezüglich in den Westzonen für die Vorbereitung auf einen „Ernstfall“ zu treffender Maßnahmen sagte Gruber (Teile seines in englischer Sprache mit den amerikanischen Herren geführten Gesprächs wurden nicht übersetzt und scheinen leider in der Mitschrift nicht auf), daß es für die Bundesregierung unmöglich sei, Abmachungen zu treffen. Dies könne nur auf Länderbasis, getrennt nach Ländern und Zonen geschehen. Doch werde die Regierung „ihre Dienste hiezu zur Verfügung stellen“. General Irwin drängte auf baldige Gespräche mit den Landeshauptleuten, und Figl warf ein, daß die Landeshauptleute ohnedies „nächste Woche“ nach Wien kämen. Dies bietet möglicherweise Hinweise auf die Anfänge der in der Tat bei den Ämtern der Landesregierungen erfolgenden Erfassung des „Aufgebots“ (hierzu unten S. 209 f.) Figl erwähnte im Laufe der Besprechung, daß schon seit Jänner des Jahres einige Male über „zusätzliche Sicherheitsmaßnahmen“ verhandelt worden sei. Er und seine Ministerkollegen hätten sich damals bereit erklärt, „auch aus eigenen Mitteln für die Verteidigung des Landes beizutragen, um auf diese Weise alle Voraussetzungen für einen Staatsvertrag zu schaffen“. Dies würde amerikanische Quellen bestätigen, die bereits im April 1951 auf Erfassungen des westösterreichischen Wehrpotentials über die Gendarmerie-Einheiten hinaus hinweisen (vgl. Gespräch Donnelly/Eisenhower in Paris am 23. April 1951, in welchem u. a. Gruber zitiert wird, der von einem Maximalpotential von 20 Divisionen gesprochen habe; *FR 1951*, IV, 1033). Eine französische Quelle aus dem Jahre 1954 (September) „Le rearmement clandestin de l'Autriche occidentale“ verweist auf das Jahr 1951 als das Jahr des Anlaufens der Vorbereitung der Mobilisierung des „potentiel humain autrichien“. Für dieses Dokument vgl. Sandner, *Die französisch-österreichischen Beziehungen*, 293–297, dankenswerte ergänzende Mitteilungen seitens Herrn Dr. Thomas Angerer. Dieses Dokument nennt

heeres unmittelbar nach Staatsvertragsabschluß, die schon seit dem Frühjahr 1948 und erneut mit größerer Intensität ab 1950 betrieben wurde,[85] kann man ab 1951/52 von einer „Trias" dreier Aktionen großen Ausmaßes sprechen, deren Inhalte und organisatorische Modalitäten in einem bemerkenswerten Dokument vom Mai 1952 zusammenfassend festgehalten wurden.[86] Es handelte sich erstens um das „Gendarmerie Increase Program", als B-Gendarmerie-Programm oder seinerzeit auch öfter als „Sonderprogramm" (nicht zu verwechseln mit dem „Sonderprojekt" Olahs) bekannt; zweitens um die „Registration, Mobilization and Utilization of Austrian Manpower", von österreichischer Seite kurz als „Aufgebot" bezeichnet; und drittens um die „Formation of a Post Treaty Austrian Army", also um die Vorbereitung der (unmittelbar) nach Abschluß des Staatsvertrages aufzustellenden österreichischen Armee. Größter Wert wurde auf den Schutz der „covert aspects" – der geheimen Aspekte – dieser Aktionen gelegt. In Hinblick auf die „geheime Beziehung" („covert relationship") der westlichen Elemente zu diesen Projekten sei es nötig, daß alle Pläne, Befehle und Weisungen „scheinbar von österreichischen Quellen ausgehen und durch österreichische Stellen durchgeführt werden".[87] Auf westalliierter Seite war das „Salzburger Dreierkomitee" („Salzburg Tripartite Committee") zuständig, an dem teilzunehmen auch ein österreichischer Verbindungsoffizier berechtigt war; dieser Verbindungsoffizier agierte „in the covert capacity of military advisor on Austrian matters in coordinating tripartite plans with the Vienna Committee".[88] Das letztgenannte „Wiener Komitee" bestand aus dem General-

---

eindeutig den Koreakrieg als einen Hauptimpuls für die geheime westliche Entscheidung, „die Österreicher an der Verteidigung ihrer Länder teilnehmen zu lassen" (Sandner, ebd., 293). Genaue Zeitangaben für die Entscheidung, Vorsorge für die Mobilmachung der wehrfähigen Männer in Westösterreich zu treffen, sind weder bei Rauchensteiner, *Die Zwei*, 154, noch bei Bischof, „Österreich – ein ‚geheimer Verbündeter …'", 445 (der auf das „Aufgebot" nur kurz eingeht), zu finden.

85 Hierzu siehe *FR 1950*, IV, 473–502.

86 Memorandum („Top secret – Security Information") des amerikanischen Oberbefehlshabers an den „Chairman" des „Wiener Komitees", datiert 9. Mai 1952, in: ÖStA, GD, NLS, B/1030 (= Nachlaß Emil Liebitzky), Mappe 180. „Chairman" (Vorsitzender) des „Wiener Komitees" (zu diesem siehe unten bei Anm. 89) war der Generaldirektor für Öffentliche Sicherheit im Bundesministerium für Inneres, Sektionschef Dr. Wilhelm Krechler.

87 "In furtherance of the covert relationship of these projects, all plans, orders and instructions must emanate ostensibly from Austrian sources and be implemented through Austrian channels" (ebd.).

88 Als Verbindungsoffizier der Bundesregierung zu den amerikanischen, französischen und britischen Befehlshabern der Besatzungstruppen wurde der Beamte des Bundeskanzleramtes (und frühere ebenso wie spätere) Offizier Oberstleutnant i. G. a. D. Dr. Zdenko Paumgartten namhaft gemacht, der seine (verdeckte) Tätigkeit in Salzburg anfangs Februar 1952 aufnahm. Seine Korrespondenz mit dem „Wiener Komitee" führte er unter den Decknamen „Strauch" oder „Sidonius"; vgl. die sehr gut erhaltene Korrespondenz zwischen ihm und dem (dem „Wiener Komitee") angehörenden General a. D. Hofrat Dr. Emil Liebitzky zwischen 12. Februar 1952 und 4. August 1955 (Briefregister geschlossen am 4. Oktober 1955 anläßlich der Auflassung des US-Hauptquartiers in Salzburg) in: ÖStA, GD, NLS, B/1030/122.

direktor für Öffentliche Sicherheit als Vorsitzendem und je zwei Vertretern der SPÖ und der ÖVP.[89] Das Wiener Komitee wurde in dem genannten Memorandum als „Arbeitsgruppe“ („working-level agency“) der österreichischen Regierung zum Betreiben der oben genannten Projekte bezeichnet.

Zu den genannten drei Aktionen, und zwar in der Reihenfolge „B-Gendarmerie“, „Armee“ und „Aufgebot“, ist folgendes festzuhalten.

1951/52 wurde – in deutlicher Erweiterung der ab 1948/49 geplanten und 1950/51 errichteten drei Alarmeinheiten zu je 500 Mann in jeder der drei Westzonen – und nach unerfreulichen Erfahrungen bei Übungen mit mobilen Gendarmerieeinheiten bei Stadl-Paura in Oberösterreich im Frühherbst 1951 – mit der Aufstellung der zunächst manchmal als „Sondergendarmerie“, später häufiger als B-Gendarmerie bezeichneten zahlenmäßig weit umfangreicheren Truppe begonnen, die als organisatorische Einheit mit 1. August 1952 zu funktionieren begann, und deren Plansoll 1951 mit 5000 Mann, ab der Jahreswende 1953/54 mit 8300 Mann festgelegt wurde. Mit 1. Jänner 1954 umfaßte sie 4500 Mann, davon etwa 100 Offiziere, und erreichte im Mai 1955, also zum Zeitpunkt des Abschlusses des Staatsvertrages, 6500 Mann, davon 215 Offiziere.[90] Für die B-Gendarmerie wurden, anders als bei den ursprünglichen Alarmbataillonen, kriegsgediente frühere Offiziere aufgenommen.[91] Die Erhöhung der zunächst geplanten Sollstärke von 5000 Mann erfolgte gegen Ende 1953 in Konsequenz der radikalen Reduktion der Besatzungstruppen in der britischen und französischen Zone mit Ende 1953. Diese Reduktion war ihrerseits das Ergebnis des Verzichts der Briten und Franzosen auf die Zahlung der Besatzungskosten seitens Österreichs. Beide Staaten waren zu diesem Verzicht aus optischen Gründen gezwungen worden, da die Sowjets im Zuge ihrer weiter unten zu besprechenden zahlreichen Erleichterungen im Besatzungsregime im Sommer 1953 auf die Zahlung ihrer Besatzungskosten durch

---

89 Für die SPÖ Hans Linsbauer und Ferdinand Linhart, für die ÖVP Emil Liebitzky und Theodor Iglseder. Der Hinweis bei Rauchensteiner, *Sonderfall,* 397, Liebitzky habe den Vorsitz gehabt, ist in Hinblick auf die Vorsitzführung durch den Generaldirektor für Öffentliche Sicherheit, Sektionschef Krechler, zu korrigieren, auch wenn Liebitzky die militärpolitisch de facto federführende Persönlichkeit war; Liebitzkys Deckname in der Korrespondenz mit Paumgartten war „Orion“. Die politische Verantwortung lag beim Innenminister Helmer und dem Staatssekretär im Innenministerium, Graf (dem Iglseder zugeteilt war). Helmer verband ein besonderes Vertrauensverhältnis mit Krechler, den er aus seiner Tätigkeit im Versicherungswesen vor 1945 gut kannte (hierzu Svoboda, *Die Partei,* 45; Svobodas Buch über Helmer klammert merkwürdigerweise Helmers zentrale Rolle bei der Organisation der Kooperation mit den Westalliierten vollständig aus).

90 Zahlen in einer Denkschrift von Ministerialsekretär (später Staatsekretär) Dr. Karl Stephani vom 12. März 1956, „Kurze Darstellung der ersten Entwicklung des Bundesheeres nach Abschluß des Staatsvertrages bis zum 15. März 1956“, in: VGAB, Nachlaß Schärf, 4/255.

91 In dem bereits genannten amerikanischen Memorandum vom 9. Mai 1952 (ÖStA, GD, NLS, B/1030/180) heißt es: “It was agreed that the Vienna Committee should proceed rapidly with the nomination of former Wehrmacht officers to be integrated into the Gendarmerie. Emphasis should be placed on procuring young, qualified officers.”

Österreich verzichtet hatten. Diese finanziellen Zwänge führten mit Jahreswechsel 1953/54 zu bemerkenswerten Veränderungen in der zahlenmäßigen Stärke der Besatzungsmächte in Österreich. Die britische Truppenstärke wurde von 4000 auf etwa 1800, die französische Truppenstärke gar von 9000 auf 460 Mann gesenkt! Die Amerikaner verblieben bei 17.000 Mann, die sowjetische Truppenstärke betrug zu diesem Zeitpunkt etwa 55.000 Mann.[92] Die weitgehende Entblößung der britischen und noch mehr der französischen Zone von Truppen veranlaßte den Bundeskanzler Raab, bei den Amerikanern, die weitgehend, und bezüglich der Bewaffnung vollständig, die Kosten trugen, eine Aufstockung der B-Gendarmerie um 3300 Mann zu beantragen; organisatorisch bedeutete dies die Vermehrung der zunächst errichteten sechs Verbände (getarnt als Gendarmerieschulen) um weitere vier Verbände.[93] Die Ende 1953 beantragte Aufstockung auf insgesamt etwa 8300 Mann ist aber, wie die bereits genannte Zahl von 6500 Mann für Mai 1955 zeigt, durch den Abschluß des Staatsvertrages im Mai 1955 nicht mehr voll zur Ausführung gelangt.[94]

Zweitens zur Armeefrage – „Formation of a Post-Treaty Austrian Army“: Die USA bestanden darauf, daß unmittelbar nach Abzug der vier Besatzungsmächte aus Österreich eine Armee im Umfang von 28.000 Mann bereits vorhanden sei. Dies war etwas mehr als die Hälfte der insgesamt 53.000 Mann, die der Staatsvertragsentwurf (in der von 1947 bis anfangs Mai 1955 bestehenden Fassung) zugestand. Die schon im Frühjahr 1948 begonnenen Gespräche über die Vorbereitung einer österreichischen Armee traten 1950 in ein neues Stadium, als die Westalliierten im Sommer 1950 einen vom amerikanischen Oberbefehlshaber in Österreich, General Keyes, ausgearbeiteten Stufenplan besprachen.[95] Die auszubauende Spezialgendarmerie sollte einen ersten Kern der späteren Armee darstellen; weitere Eckdaten für die auf- und auszubauende Armee waren

92 Angaben in einem Memorandum des amerikanischen „Operations Coordinating Board“ vom 20. Jänner 1954; *FR 1952–1954,* VII, 1938 und 1942–1943.

93 Hierzu Note Raabs an den amerikanischen Oberkommandierenden General William Arnold vom 23. November 1953 sowie Note des Generals Arnold an Bundeskanzler Raab vom 9. Dezember 1953, Zl. USFA 578, in der er „den Wunsch der österreichischen Bundesregierung zur Kenntnis“ nahm, „die Anzahl der Spezial-Gendarmeriebataillone von 6 auf 10 zu erhöhen“. Der Text des Ansuchens Raabs als Durchschlag, möglicherweise Konzept, ohne Datierung, das Datum der Note Raabs genannt in Arnolds Antwortnote: ÖStA, GD, NLS, B/1030/180.

94 Die Literatur zur B-Gendarmerie ist umfangreich; hier sei verwiesen auf die in der Bibliographie genannten Arbeiten Manfried Rauchensteiners und Christian Stifters.

95 *FR 1950,* IV, 476–478, 487–494. Zur Durchsetzung des Planes vgl. Bischof, „Österreich – ein ‚geheimer Verbündeter ...‘“, 440–445. Im Herbst 1949 hatte der stellv. britische Hochkommissar Winterton dagegen plädiert, die Frage des Bundesheeres dem Alliierten Rat vorzulegen; er war „vielmehr der Meinung, es sei richtiger in aller Stille das zu tun, was getan werden könne.“ Gruber stimmte zu, und britische und amerikanische Diplomaten leiteten entsprechende Schritte ein. Aktennotiz Grubers, 30. November 1949. Karl Gruber Archiv (KGA), Institut f. Zeitgeschichte der Universität Innsbruck, K. 22, Mappe STV II; ich bin Herrn Univ.-Ass. Dr. Michael Gehler für die Ermöglichung der Einsichtnahme in einzelne Stücke des Gruber-Archivs sehr zu Dank verbunden.

a) Abschluß (Unterzeichnung) des Staatsvertrags, b) Ratifikation (d. h. Inkrafttreten) des Staatsvertrags und c) 90 Tage nach Inkrafttreten des Staatsvertrags das Ende der Räumungsfrist mit dem endgültigen Abzug der ausländischen Truppenkontingente. Die amerikanische Regierung war bereit, wenn nötig, die Ratifikation des Staatsvertrags so lange zu verzögern, bis sichergestellt wäre, daß die „Anfangsarmee" von 28.000 Mann beim Abzug der Besatzungstruppen „in being" wäre.[96] Vor allem übernahm es die amerikanische Regierung, die komplette Ausrüstung und Bewaffnung dieser 28.000-Mann-Armee zu finanzieren und als „stockpile" (Lager) in Europa zu deponieren.[97] Die Finanzierung erfolgte zunächst im Rahmen des 1949 beschlossenen „Mutual Defense Assistance Program" und ab 1952 unter dem Nachfolgeprogramm, dem „Mutual Security Program", das frühere Wirtschafts-(z. B. Marshallplan-)Hilfsprogramme und Militärhilfsprogramme vereinigte. Bis zum Abschluß des Staatsvertrags 1955 wurden Materialien im Wert von insgesamt 57,500.000 Dollar für den Aufbau der österreichischen Armee gelagert.[98] Vor der Übergabe (als „grant", Schenkung) an Österreich, die unmittelbar nach Abschluß des Staatsvertrags erfolgen sollte, war gesetzlich eine Erklärung („determination") des Präsidenten vorgesehen, daß Österreich ein Land von direkter Bedeutung für die Verteidigung des nordatlantischen Raumes sei, und dessen Verteidigungsfähigkeit wichtig für die Sicherheit der Vereinigten Staaten sei; eine solche Erklärung sollte aber vor dem Staatsvertragsabschluß vermieden werden. Für die Ausrüstung der B-Gendarmerie wurde daher ein Modus gewählt, wonach die „Mutual Security Administration" die benötigte Ausrüstung dem Department of Defense leihweise überließ, das sie wiederum an die Gendarmerie weiterlieh.[99]

Drittens, zum „Aufgebot" oder, in der Sprache der amerikanischen Militärbürokratie, „Registration, Mobilization and Utilization of Austrian Manpower". Trotz mehrfacher Behandlung in der Forschungsliteratur[100] ist das „Aufgebot"

96 Mitteilung des Botschafters Philip Jessup an das Verteidigungsministerium, 24. Jänner 1951, *FR 1951*, IV, 1097–1099.

97 Zum raschen Fortgang des „stockpiling programs" vgl. Memorandum von J. F. Matthews vom 6. Juli 1951, *FR 1951*, IV, 1046; das Memorandum erwähnt ferner, daß die österreichische Regierung im Zusammenhang mit der Umschichtung des amerikanischen Nachschubsystems für die US-Truppen in Österreich von Deutschland nach Italien und „to conform to U.S. evacuation plans" beschlossen habe, Innsbruck als Notfalls-Hauptstadt („emergency capital") zu bestimmen für den Fall, daß die Regierung gezwungen würde, sich aus Wien zurückzuziehen …

98 Vgl. u. a. *FR 1950*, IV, 475–476; *FR 1951*, I, 326; *FR 1952–1954*, I, 694–696. Die Summe von 57.5. Millionen Dollar angegeben in: John B. Hollister (Direktor der International Cooperation Administration), Memorandum for the President, 26. Oktober 1956, NA, RG 59, 763.5.-MSP/10-3156. Für die Entwicklung 1955 vgl. unten S. 544–546.

99 W. A. Harriman (Leiter des Mutual Security Program), Memorandum to the President, 18. Jänner 1952, approbiert von Präsident Truman 29. Jänner 1952, in: HSTL, Harry S. Truman Papers, Confidential file; Memorandum des Defense Department (Frank Nash), 11. Februar 1952, in: NA, RG 330, Office of the Secretary of Defense, 400.23 Austria.

100 Das bereits genannte Buch von Stifter, *Wiederaufrüstung*, 164–171, ist informativ zum „Aufge-

vielleicht das immer noch am wenigsten bekannte Unternehmen Österreichs als „geheimer Verbündeter“ des Westens. Es handelt sich um die geheime Erfassung aller kriegsgedienten und in weiterer Folge wehrfähigen Männer in den Westzonen Österreichs, die „im Falle des Falles“, also im Falle eines Angriffs des Ostens auf Westeuropa durch Österreich, „aufgeboten“, d. h. einberufen werden sollten. Die Erfassung dieser Männer, nach verschiedenen Jahrgangsgruppen gestaffelt, erfolgte unter der Verantwortung der Landeshauptleute der westlichen Bundesländer in sogenannten (geheimen) „Landeskomitees“ innerhalb des organisatorischen Rahmens der Ämter der Landesregierungen. Die zentrale Koordinationsstelle in Wien war die im Finanzministerium lokalisierte Pensionsabteilung für ehemaliges Militärpersonal unter der Leitung des bereits genannten damaligen Hofrats und früheren österreichischen Offiziers und Militärdiplomaten Dr. Emil Liebitzky.[101] Die Registrierung der wehrfähigen Männer, einschließlich älterer Jahrgänge für Nebenaufgaben, erfolgte ohne Kontakt mit den Betroffenen; die Evidenzarbeiten schlossen auch die Ausscheidung der Invaliden, Überprüfung der Verläßlichkeit und „Registrierung staatsfeindlicher Elemente“ ein.[102] Bis Herbst 1954 waren etwa 90.000 Mann erfaßt. Bezüglich des Einsatzes der im „Notfall“ aufzubietenden Männer gab es offensichtlich sowohl unter den drei Westalliierten als auch zwischen Westalliierten und Österreichern unterschiedliche Vorstellungen. In der französischen Zone hatte der Oberbefehlshaber General de Latour laut Liebitzky „sehr energisch Vorarbeiten geleistet“; eine Verteidigung an der Nordtiroler Grenze sei beabsichtigt. Liebitzky mußte allerdings auch zugeben, daß durch „die Entblößung der brit. und franz. Zone von Truppen“ für das Aufgebot die ursprünglich gedachte Anlehnung an die Besatzungstruppen weggefallen sei. Kritische Bemerkungen fielen über die Briten; diese waren „ganz auf Räumung bis zur ‚Europaverteidigung‘ (Tarvis-Villach-Anschluß an Tauern) eingestellt und dachten offenbar nur daran, die wehrfähige Bevölkerung gegebenenfalls zu evakuieren“.[103] Damit ist ein ganz problematischer Punkt des „Aufgebots“ bzw. Mobilisierungs-

---

bot“; nicht belegt ist seine Annahme, die westlichen Remilitarisierungsabsichten in Westösterreich hätten letztlich „bis hin zum völligen Beitritt zur NATO“ gereicht (ebd. 171).

101 Liebitzky war in den Jahren vor dem März 1938 österreichischer Militärattaché in Rom gewesen. – Zu den heute gar nicht mehr vorstellbaren Schwierigkeiten dieser geheimen Tätigkeit gehörte auch die Bedachtnahme auf das monatliche Rotieren der alliierten Verantwortung für den 1. Wiener Bezirk, den „internationalen Sektor“. Jeweils in den Monaten April, August und Dezember war das sowjetische Element verantwortlich. So teilte Liebitzky am 31. 3. 1952 an Paumgartten in Salzburg mit: „Der Monat April (Vorsitz der R. im A. R. und Kmdo im 1. Bezirk) bringt gewisse notwendige Sicherungsmaßnahmen mit sich, die unsere Arbeit schwieriger und langsamer machen (Aktenaufbewahrung usw.).“ ÖStA, GD, NLS, B/1030/123.

102 Hierzu Stifter, *Wiederaufrüstung,* 164–168.

103 Mitteilungen Liebitzkys an Schöner, wie Anm. 84. Zu den französischen militärischen Planungen in Österreich sehr gründlich mit wertvollem französischen Archivmaterial Sandner, *Die franzö-*

programms angesprochen: die Evakuierungsplanung. Die Idee der Evakuierung größerer Teile der österreichischen „manpower“ scheint bei Beratungen der drei Westalliierten im Jahre 1952 zuerst von den Engländern ausgegangen zu sein; in der Folge – und noch 1954, wie ein amerikanisches Dokument zeigt – wurde auch von amerikanischer Seite die Evakuierung eines beträchtlichen Teiles der westösterreichischen wehrfähigen männlichen Bevölkerung im Falle eines Angriffs aus dem Osten in Betracht gezogen; von den knapp über 300.000 wehrfähigen Männern in den Westzonen (im Alter zwischen 26 und 50 Jahren) hatten etwa 194.000 militärische Ausbildung genossen. Die Amerikaner unterschieden zwischen in Österreich unmittelbar im Falle des Kriegsausbruchs einzusetzenden Mannschaften, deren Kern die B-Gendarmerie wäre, weiteren etwa 10.000 Mann, die in Italien mit Ausrüstung zu versehen wären, aber frühzeitig zum Einsatz kommen sollten, und einer großen Zahl von etwa 250.000 Mann, die nach der Evakuierung zunächst in Warteposition erst im späteren Kriegsverlauf nach Ausbildung und Ausrüstung zum Einsatz kommen würden. Auffangräume und Ausbildungsräume im Süden, in Italien (sogar von Nordafrika war die Rede), waren vorgesehen. Die Amerikaner waren sich der logistischen Schwierigkeiten einer solchen größeren Dislokation bewußt, argumentierten aber, daß ansonsten – im Ernstfall – die österreichische „manpower“ in den Dienst der (die Westzonen weitgehend besetzt habenden) Sowjets gestellt werden würde. Auch von österreichischer Militärexpertenseite sei die Formierung und Ausrüstung einer österreichischen Armee in Italien in Aussicht genommen worden.[104]

Die außerordentlichen, an der Existenz Österreichs rüttelnden Fragen eines Beitrags Österreichs zur Verteidigung des Westens werden in einem ungezeichneten, aus dem Kreise der österreichischen Planer der Verteidigungskooperation mit dem Westen stammenden, wohl dem Jahr 1951 zuzuordnenden Papier dramatisch dargestellt. Es sei „leider so, daß Österreich in einem Großkonflikt aller Voraussicht nach ungeheure Opfer tragen müßte“. Leidenschaftlich wurde dafür plädiert, „daß zumindest auch der mit geringen Kräften verteidigungsfähige gebirgige Teil Österreichs in die Verteidigung Europas einbezogen und damit die Grundlagen für den Weiterbestand Österreichs als Staat gewahrt und der Raum geschützt würde, in welchem die Staatsführung weiter funktionieren kann“. Ohne Umschweife wird zugegeben: „Im Rahmen der westlichen Staatengruppe an der Verteidigung teilnehmen, heißt weite

---

sisch-österreichischen Beziehungen, 260–305, insbes. über die „geheime Wiederaufrüstung 1950–1955“, 293–300.

104 Vgl. das amerikanische Dokument USFA 182/54 v. 10. Juli 1954, Kopie aus NA, RG 338 in: Heeresgeschichtliches Museum/Militärhistorisches Institut Wien, Bestand BZ 10/2. Ich bin Manfried Rauchensteiner für die Einsichtnahme sehr zu Dank verpflichtet. Vgl. auch Portisch, *Österreich II – Der lange Weg zur Freiheit,* 444.

Gebiete des Staates aufgeben, u. zw. die reichsten und fruchtbarsten, die die Bundeshauptstadt, den größten Teil der Industrie und technischen Anlagen und der Vorräte umschließen, aber auch von dem größeren Teil der Bevölkerung bewohnt sind.“ Auf eine besondere Schwierigkeit des teils im westlichen, teils im östlichen Einflußbereich liegenden Landes wird aufmerksam gemacht: Alle Vorkehrungen, die Österreich für den „äußersten Fall zur Verteidigung, zumindest des verteidigungsfähigen Gebietes“ schon jetzt selbst treffen könnte, seien „infolge der tatsächlichen Unmöglichkeit der Geheimhaltung und der Wirkung auf die Sowiets [sic!] überaus gefährlich, könnten sogar den Bestand des Staates in Frage stellen und sollten daher derzeit jedenfalls strikte vermieden werden“. Alle militärischen Maßnahmen österreichischerseits im Westen „müssten Maßnahmen der Sowiets – oder unter ihrem Schutze – der österr. Kommunisten zur Folge haben (Aufstellung kommunistischer Formationen, z. B. einer kommunistischen Gendarmerie o. dgl.) die – etwa im Falle einer Krise wie im Oktober 1950 – unübersehbare Konsequenzen heraufbeschwören, zur vollständigen Lähmung der österr. Staatsgewalt in der Ostzone, ja zur Zerreissung Österreichs führen könnten“.

Die Stellungnahme kommt zur Schlußfolgerung, Österreich könne daher derzeit im Konfliktfalle nur durch im letzten Moment in den Westzonen improvisierte Maßnahmen „an der Verteidigung des Westens teilnehmen, Maßnahmen, die dann tief in das staatliche Leben eingreifen würden“. Die Improvisation solcher Verteidigungsmaßnahmen müsse allerdings nicht der Initiative der einzelnen (Bundes-)Länder oder Privater überlassen bleiben, sondern müßte von der Staatsführung selbst in die Hand genommen werden.[105]

Die Risiken der, wie Liebitzky verschiedentlich betonte, auf amerikanisches Drängen erfolgten stärkeren Verteidigungskooperation einschließlich der – tatsächlich nicht erfolgreich durchgehaltenen – Geheimhaltungserfordernisse[106] sind also ohne jede Beschönigung festgehalten worden.

Aus den österreichischen Quellen werden unterschiedliche Ansichten zwischen Österreichern und Westalliierten über das Ausmaß der Gebiete Österreichs, die im Ernstfall verteidigt werden sollten, sehr deutlich. Auch von

105 ÖStA, GD, NLS, B/1030/182. Die Zuordnung zum Jahre 1951 ist sehr wahrscheinlich, da bereits rückblickend vom „Oktober 1950“ die Rede ist, auf die sehr weitgehenden Verpflichtungen, die anfangs 1952 bereits eingegangen bzw. angelaufen waren (Aufgebot, Vorbereitung der B-Gendarmerie), jedoch nicht angespielt oder Bezug genommen wird. Der späteste terminus ad quem wäre Mai 1952, da vom Stab General Eisenhowers die Rede ist, Eisenhower aber am 29. Mai 1952 seine Funktion als NATO-Oberbefehlshaber beendete. Das Papier dürfte in Zusammenhang mit einer ebenfalls undatierten ausführlichen, für die westlichen Alliierten bestimmten Studie „Die Bedeutung Österreichs für die Verteidigung des Westens“ mit Landkarte und Erläuterungen zur Verteidigung des österreichischen Raumes (B/1030/181) stehen.

106 Zu (zahlreichen) Meldungen der kommunistischen oder sowjetischen Presseorgane in Wien oder dem Osten nahestender Organisationen wie dem „Österreichischen Friedensrat“ vgl. Stifter, *Wiederaufrüstung*, u. a. 147–148, 165–167.

österreichischer Seite ist die Räumung der Steiermark, oder zumindest beträchtlicher Teile davon, als unvermeidlich angesehen worden; mit großer Energie wurde mehrfach auf die Bedeutung der Verteidigung ganz Kärntens, auch östlich Villachs, entgegen den britischen Intentionen, hingewiesen. Auf Kärnten bezogen bemerkte Liebitzky einmal in einer dem Staatssekretär Graf zur Intervention beim britischen Kommandierenden General vorgelegten Stellungnahme, es „wäre psychologisch für die österr. Bevölkerung untragbar, alle diese Gebiete geräumt zu sehen, während die männliche Bevölkerung unter Zurücklassung ihrer Familien abgeschoben werden sollte".[107] Eine weitere Denkschrift Liebitzkys zur Verteidigung Kärntens fand das Einverständnis Grafs und Helmers, wodurch „zum Ausdruck gebracht wird, daß auch die Regierung der Ansicht ist, daß mit der eventuellen Preisgabe Kärntens Österreichs Beitrag fällt!"[108]

Unsicherheiten über die wirklichen Pläne der Westalliierten schimmern immer wieder bei österreichischen Äußerungen durch. Am 29. Juli 1953 fand in Salzburg eine Besprechung Innenminister Helmers mit dem Kommandierenden amerikanischen General William Arnold statt. Helmer meinte zunächst, wir müßten in der ganzen Frage der Spezialgendarmerie außerordentlich vorsichtig sein wegen der Verantwortung im Nationalrat. Er sei „einverstanden, daß die Spezialgendarmerie militärischen Charakter hat und ein kompakter mil. Körper wird". Er, Helmer, sei aber aus zwei Gründen „zur Vorsicht gezwungen". Erstens „fehlt die gesetzliche Basis"; zweitens „müssen wir die Rückwirkungen auf die Russen berücksichtigen". Helmer schnitt „die Frage der Verteidigung der Westzone Österreichs an". General Arnold erwiderte, „er habe nicht vor, ‚seinen Teil' den Sowjets auszuliefern".[109] Dies mochte subjektiv zutreffen, ließ jedoch keine Schlußfolgerungen auf die übergeordneten Pläne des NATO-Kommandos zu.

Diese Pläne änderten sich mehrfach in den kritischen Jahren des Kalten Krieges, wobei auf unterschiedliche Auffassungen und Ausgangspositionen der einzelnen NATO-Staaten gar nicht eingegangen werden kann.[110] Zur

107 Notiz Liebitzky mit Aktenvermerk Iglseders (Mitglied des „Wiener Komitees", dem Staatsekretär Graf dienstzugeteilt) vom 19. Jänner 1953, ÖStA, GD, NLS, B/1030/146.

108 Ausarbeitung Liebitzkys „Die Frage der Verteidigung Kärntens" und Amtsvermerk Iglseders vom 27. August 1953, ÖStA, GD, NLS, B/1030/130.

109 „Gedächtnisschrift über die am 29. Juli 1953 in Salzburg stattgefundene Besprechung zwischen dem Bundesminister Helmer und dem Oberbefehlshaber der USFA General Arnold", in: ÖStA, GD, NLS, B1030/126 u. 130.

110 Vorzüglich informiert der Sammelband *Das Nordatlantische Bündnis 1949–1956*, hrsg. v. Klaus A. Maier und Norbert Wiggerhaus (= Beiträge zur Militärgeschichte 37), München 1993, darin insbesondere die Beiträge von Christian Greiner, „Zur Rolle Kontinentaleuropas in den militärstrategischen und operativen Planungen der NATO von 1949 bis 1958", ebd., 147–175, sowie – von besonderer Relevanz für die österreichische Situation! – von Leopoldo Nuti, „Italy and the Defence of NATO's Southern Flank 1949–1955", ebd. 197–212.

Gründungszeit der NATO waren die Einschätzungen auf Rücknahmen weit in den Westen eingestellt. Österreich betreffend sprach der Chef des amerikanischen Vereinigten Generalstabs, General Omar Bradley, im Oktober 1949 von Amerikas „militärisch unhaltbarer Position“ in Österreich („our militarily untenable position there“) und war aus diesem Grund für eine Beendigung der Besetzung Österreichs, auch wenn er hinzufügte, die USA müßten nicht jede Konzession machen „just to get out“, besonders in Hinblick auf die Gefahr einer nachfolgenden Kontrolle durch die Sowjets.[111] Der damalige amerikanische Befehlshaber in Österreich, General Keyes, hat allerdings, wie bereits gezeigt wurde, den Verbleib der Amerikaner als Besatzungsmacht, und das hieß während des Funktionierens der Vier-Mächte-Besatzung, forciert.

Übergeordnete NATO-Pläne aus der zweiten Jahreshälfte 1949, die sogenannten „Pilgrim“-Pläne mit mehreren Varianten, tendierten allerdings im Falle eines Angriffs aus dem Osten mit einer Ausnahme für den Rückzug aus Österreich, sei es über Westösterreich zum Rhein, sei es nach Norditalien, was die bevorzugte Variante war.[112] Diese Ausnahme war eine mit besonderem Engagement der Franzosen ausgearbeitete Variante, die den bestmöglichen Schutz Oberitaliens durch ein möglichst weitgehendes Halten des österreichischen Alpengebiets favorisierte.[113] Hier haben die Vorstellungen des Generals Béthouart, der sich für die militärische Verteidigung des österreichischen Alpenbogens einschließlich Südösterreichs (britische Zone) einsetzte, ihren Niederschlag gefunden.[114] Von amerikanischer Seite ist allerdings diese Variante als nicht praktikabel angesehen und mit dem höchst negativen Namen „Bataan“ in den Alpen – eine Erinnerung an die schreckliche Rückzugs-Niederlage der amerikanischen Truppen auf der Halbinsel Bataan in den Philippinen im Zweiten Weltkrieg – versehen worden.[115] In Folge des Koreakrieges wurde im Dezember 1950 die „Vorwärtsstrategie“ der NATO-Verteidigung – so dicht am „Eisernen Vorhang“ wie möglich – proklamiert.[116]

Allerdings hieß es in einem mit 31. Jänner 1951 datierten Memorandum aus dem Bereich des Nationalen Sicherheitsrates in Washington, im Kriegsfalle sei

111 HSTL, Harry S. Truman Papers, President's Secretary files, „Memorandum for the President“, 20. Oktober 1949, zur 47. Sitzung des National Security Council am 20. Oktober 1949 unter dem Vorsitz des Staatssekretärs Dean Acheson. Cronin, *Great Power Politics*, 87–88, nimmt auf diese Sitzung Bezug, erwähnt allerdings nicht Bradleys Stellungnahme.

112 Zu den „Pilgrim“-Plänen vgl. Bischof, „Österreich – ein ‚geheimer Verbündeter ...‘“, 446, sowie Nuti, „Italy“, 201.

113 Die Variante „Pilgrim – Dog“; bes. Nuti, „Italy“, 202–203, der auf Gespräche General Cherrières mit dem italienischen General Fongoli aufmerksam macht.

114 Vgl. die „Note“ (Ausarbeitung) General Béthouarts „Über die Rolle der österreichischen Alpen bei der Verteidigung Europas“ vom 19. Juni 1950, deutsche Übersetzung in: VGAB, Nachlaß Schärf, 4/217.

115 Vgl. Bischof, „Österreich – ein ‚geheimer Verbündeter ...‘“, 446.

116 Greiner, „Rolle Kontinentaleuropas“, 150.

es nicht zu erwarten, „daß die wenigen westlichen Truppen, die es gegenwärtig in Österreich gebe, eine wesentliche Anstrengung zur Verteidigung des Landes machen könnten. Gegenwärtige Pläne sehen deren sofortige Evakuierung nach Italien vor.“[117] Ganz ähnlich liest man in einem britischen Dokument vom Februar 1951: „The British and American military plans have hitherto provided for the evacuation of their occupation forces into Italy as speedily as possible in any emergency.“ Dieser Bericht setzte allerdings mit dem Bemerken fort, jüngst sei bei einem Treffen der drei westlichen Oberbefehlshaber in Österreich eine leichte Modifikation empfohlen worden zugunsten einer „combined delaying action in the south-west corner of Austria.“[118]

Die letztgenannte Bemerkung könnte im Zusammenhang mit aus anderen Quellen stammenden Berichten über eine Zusammenkunft, anfangs Februar 1951, der Oberbefehlshaber der alliierten Besatzungstruppen in Österreich und in Triest in Klagenfurt stehen. Sie kamen zu dem Schluß, daß „an initial defence as far north and east as possible“ einen doppelten Vorteil brächte: so viel von Österreich wie möglich könnte gehalten werden, und damit könnte man „viele Österreicher auf unsere Seite bringen“, und zweitens würde den Italienern Zeit und Ermutigung zur Mobilisierung und zum Kampf an ihren eigenen Grenzen gegeben werden. Es wurde beschlossen, daß die Franzosen den Abschnitt vom Arlberg bis Kufstein, die Amerikaner den Abschnitt von Kufstein nach Salzburg und Mallnitz, die Briten jenen von Mallnitz bis Tarvis halten sollten.[119] Im Sommer 1951 erließ General Eisenhower als höchster NATO-Befehlshaber zwei Pläne für die Verteidigung Italiens; der kurzfristige „emergency plan“ sah die Verteidigung am Isonzo und im Zusammenhang damit, wenn nötig, den Rückzug der Truppen aus Österreich, „um zur Verteidigung Italiens beizutragen“, vor; der langfristige „defence plan“ sah eine Verteidigung weiter nördlich und weiter östlich vor.[120] In der ersten Jahreshälfte 1952 gab es eine Mehrzahl von Äußerungen zugunsten einer stärkeren Verteidigung des österreichischen Alpenraums, wiederum besonders deutlich seitens des französischen Oberbe-

---

117 Memorandum von Ben D. Kimpel, „Re-examination of Austrian Policy in the light of the Korean War“, 31. Jänner 1951, zit. bei Rathkolb, *Washington ruft Wien,* 18. Eine integrierte Analyse der von verschiedenen Forschern herangezogenen unterschiedlichen Quellenbestände steht noch aus.

118 Bericht „The Austrian Treaty“ für kommende Vier-Mächte-Gespräche, datiert 27. Februar 1951, PRO, FO 371/93602/CA1071/5.

119 Nuti, „Italy“, 203. Auf dieses Treffen in Klagenfurt beziehen sich offensichtlich auch die von Bischof berichteten entsprechenden Äußerungen des amerikanischen Oberbefehlshabers in Österreich, General Irwin vom 6. Februar 1951: Bischof, „Österreich – ein ‚geheimer Verbündeter …‘“, 446–447.

120 Nuti, „Italy“, 203–204. General Eisenhower verlange eine Verstärkung der alliierten Streitkräfte in Österreich; dies wurde bei einer interministeriellen Österreich-Besprechung in Paris vom Vertreter des französischen Verteidigungsministeriums mitgeteilt. Mitschrift dieser Besprechung unter Vorsitz des Staatssekretärs im Außenministerium Maurice Schumann am 10. Jänner 1952 erliegt in AAF Wien, Traité d'Etat IV.

fehlshabers in Tirol; eine französische Truppenverstärkung wurde angekündigt. Doch im Dezember 1952 wurde deutlich, daß eine „Vorwärtsverteidigung“ in Österreich nicht möglich wäre, da die hierzu erforderlichen zusätzlichen alliierten Truppen anderwärts nicht abkömmlich seien. Eine Studie des NATO-Hauptquartiers (SHAPE) im Dezember 1952 kam zum Schluß, daß eine „Vorwärts-Strategie“ in Österreich die Entsendung von 14.700 zusätzlichen alliierten Truppen, plus alle sechs Bataillone der damals im Aufbau befindlichen österreichischen B-Gendarmerie, plus ein österreichisches Aufgebot von etwa 90.000 Mann erfordern würde. Übrig blieb eine Verteidigungslinie von den Hohen Tauern über Spittal und Villach nach Tarvis.[121]

Ein Jahr später, Ende 1953, kam es im Zusammenhang mit dem erzwungenen Verzicht der Briten und Franzosen auf die Zahlung von Besatzungskosten zum weitgehenden – in der französischen Zone fast vollständigen – Abzug der britischen und französischen Truppen. Damit waren realistische Erwartungen auf eine Verteidigung von zumindest Teilen dieser Zonen weiter reduziert. Die Entscheidung zu dieser Reduktion erfolgte übrigens ohne Konsultation mit den USA oder auch innerhalb der NATO. Eine sehr starke Verärgerung der Amerikaner, vor allem der Militärs, aber auch des Präsidenten Eisenhower selbst war die Folge. Außenminister Dulles rief die Botschafter Englands und Frankreichs zu sich und gab der amerikanischen Enttäuschung Ausdruck; die Entscheidung der beiden Länder sei ohne Berücksichtigung ihrer Wirkung auf die Pläne des NATO-Oberbefehlshabers getroffen worden. In einem Kommentar zur Ankündigung der Truppenreduktionen meinte der amerikanische Hochkommissar in Wien, Thompson, die britischen Militärs hätten nie die Situation in ihrer Zone geschätzt, teils wegen der exponierten Lage, teils wegen schlechter Verbindungslinien, teil weil sie zwar mehr Truppen zur Verfügung hatten, als für die Besatzungserfordernisse nötig waren, jedoch zu wenig zur Verteidigung. Der kommandierende General der amerikanischen Truppen in Österreich, William Arnold, fand, die britische Truppenreduktion habe wenig Bedeutung für die gegenwärtigen militärischen Möglichkeiten in Österreich, da die Pläne vor der Truppenreduktion sowieso „bloß leichte Verzögerungsreaktionen und einen Rückzug nach Italien vorsahen“.[122] Die fast vollständige Entblößung der französischen Zone von Truppen bedeutete jedenfalls das

121 Bericht des italienischen Verbindungsoffiziers bei SHAPE, General Bertoni, an den italienischen Generalstabschef General Marras vom 18. Dezember 1952, zit. bei Nuti, „Italy“, 205.

122 Dulles' Gespräch mit den Botschaftern, 29. September 1953, *FR 1952–1954,* VII, 1904–1905; Kommentar Thompsons sowie Bericht Thompsons über Arnolds Ansicht in Berichten vom 5. bzw. 9. September 1953, ebd., 1897–1898. Ein Jahr später teilte der Chef des britischen Generalstabs Feldmarschall Sir John Harding im Zusammenhang mit der Zurücknahme westalliierter Truppen aus Triest dem britischen Kabinett mit, „that it would be strategically unsound for the Western Allies to station any larger forces in Austria“(!). PRO, CAB 128/27 (Kabinettssitzung v. 5. November 1954).

endgültige „Aus" für die in den früheren Besetzungsjahren so hochfliegenden Pläne der Alpenverteidigung, des „rédult alpin".[123]

Eisenhowers Nachfolger als NATO-Oberkommandierender in Europa, General Gruenther, bedauerte im Zusammenhang mit den britischen und französischen Truppenreduktionen die Tendenz, „auf die Erwägung einer Verteidigung Österreichs im Kriege zu verzichten". Gleichzeitig wurde deutlich, daß den alliierten Truppen in Österreich bzw. den sie später ersetzen sollenden österreichischen Truppen allenfalls die Aufgabe der „Retardierung" zugedacht war, d. h. die Aufgabe, „einen sowjetischen Vorstoß durch Österreich zu verlangsamen", wie es in einem amerikanischen Dokument vom Dezember 1953 hieß.[124]

Immer deutlicher wird aufgrund der neueren Forschungen und Veröffentlichungen, daß die geostrategische Lage Österreichs gegen Mitte der fünfziger Jahre als sehr schlecht, um nicht zu sagen, aussichtslos, zu bezeichnen ist. Auch im Bereich NATO-Mitte war die Situation für Österreich nicht günstig: Noch 1955 verlief die NATO-Verteidigungslinie am Rhein; die am weitesten nach Osten vorgeschobene „Widerstandslinie" erreichte von Norden, über die Linie Würzburg–Augsburg kommend, die österreichische (Tiroler) Grenze bei der Gemeinde Jungholz nordwestlich von Reutte. Erst für 1957 war (mit Hilfe deutscher Divisionen) eine weiter östlich verlaufende Verteidigungslinie geplant, die Österreich (Tirol) östlich des Inns, knapp nordöstlich von Kufstein, erreichen würde. Österreich, man sieht es, lag viel zu weit im Osten.[125]

---

123 Zu den französischen Plänen der Alpenverteidigung sei zusätzlich zu General Béthouarts Studie über die „Rolle der österreichischen Alpen bei der Verteidigung des Westens" (oben Anm. 2) auf Quellen aus dem französischen Armeearchiv in Vincennes verwiesen, verarbeitet bei Sandner, *Französisch-österreichische Beziehungen,* bes. S. 260–272, sowie noch ergänzend bei Gaspard L. Pinette, „Die franko-britische Kontroverse von 1950 über Staatsvertrag und österreichisches Heer", in: *Innsbrucker Historische Studien* 10 (1988), 347–359, hier 351–355.

124 Bericht des Chefs des amerikanischen Vereinigten Generalstabs, Admiral Radford, an den Verteidigungsminister Wilson vom 9. Dezember 1953, darin zitiert Stellungnahme General Gruenthers: *FR 1952–1954,* VII, 1932, auch zit. bei Bischof, „Österreich – ein ‚geheimer Verbündeter ...'", 447.

125 Vgl. die Landkarte, die bei dem SHAPE-Operations-Briefing am 28. 6. 1955 – dem ersten Briefing, an dem bundesdeutsche Vertreter teilnahmen – vorgelegt wurde. Veröffentlicht in: Christian Greiner, „Die militärische Eingliederung der Bundesrepublik Deutschland in die WEU und die NATO 1954 bis 1957", in: Hans Ehlert, Christian Greiner, Georg Meyer und Bruno Thoß, *Die NATO-Option* (= Anfänge westdeutscher Sicherheitspolitik 1945–1956, hrsg. v. Militärgeschichtlichen Forschungsamt 3), München 1993, 614. Zur Entwicklung der NATO-Strategie zwischen 1950 und 1955 sehr differenziert ders., „Zur Rolle Kontinentaleuropas", 149–160. Die ab 1953 forcierte „Nuklearisierung" der amerikanischen NATO-Strategie mit dem Einsatz taktischer Atomwaffen führte in Hinblick auf die so weit nach Südwesten zurückgenommene Verteidigungslinie dazu, daß es (westliche) Atomschläge mitten in der Bundesrepublik Deutschland geben konnte (ebd. 157), und, man muß wohl hinzufügen, auch in Österreich. Erfolgreiche Tests mit taktischen Atomwaffen im April 1953 in Nevada veränderten die NATO-Strategie. Die frühere Strategie des "Massive Conventional Force Build-up" mit ihrem Höhepunkt 1950–1952 wurde ab 1953 durch die verstärkte Abstützung auf Nuklearwaffen ersetzt. Hierzu vgl. auch Beatrice

Die Frage der Mobilisierung des österreichischen „Wehrpotentials“ zur Verteidigung des Westens – abgesehen vom fortschreitenden Aufbau der B-Gendarmerie – geriet ab Mitte 1952 anscheinend ins Stocken. Mangelnde Klarheit über das Verfahren im Ernstfall gab es auf alliierter wie auf österreichischer Seite. Im März 1954 sandte Außenminister Eden an Premierminister Churchill ein – hier erstmals verwertetes – Memorandum „The Use of Austrian Manpower in Case of War“; darin wurde mitgeteilt, daß es seit einigen Jahren „secret and extremely discreet consultation and cooperation“ zwischen den westlichen Hochkommissaren und alliierten Befehlshabern einerseits und bestimmten österreichischen Ministern einschließlich des Kanzlers, des Vizekanzlers, des Außen- und des Innenministers betreffend die Spezialgendarmerie „and the registration of Austrians with previous military experience“ gegeben habe; die Zahl der derart registrierten Österreicher wurde mit etwa 100.000 angegeben. Allerdings habe es bisher keine „effective arrangements“ für die Heranziehung dieser Österreicher im Kriegsfalle gegeben („for the use of these Austrians in the event of war“). Da es nun den Anschein habe, daß die Schaffung einer österreichischen Armee auf unabsehbare Zeit („indefinitely“) verschoben sei – dies ein Hinweis auf die zu diesem Zeitpunkt ganz pessimistische Einschätzung eines Staatsvertragsabschlusses! –, sollten die Westmächte mit den österreichischen Ministern Arrangements für den Einsatz österreichischer Hilfstruppen („auxiliaries“) im Kriegsfalle treffen.[126] Im April 1954 wandte sich Raab seinerseits auf Wunsch der österreichischen „Fachexperten“ schriftlich an den amerikanischen Hochkommissar und an den amerikanischen Oberbefehlshaber zum Zweck der Wiederaufnahme der Gespräche; im Juni 1954 wurde Raab und Schärf mündlich die Stellungnahme der Westmächte vorgetragen.[127] Die Vertreter der Westalliierten – Sprecher war der englische Hochkommissar Wallinger – sagten, sie seien beauftragt, „in strengst vertraulicher Weise“ die Ansicht der österreichischen Regierung hinsichtlich der wirksamsten Verwendung des österreichischen Wehrpotentials in Erfah-

---

Heuser, “The Development of NATO’s Nuclear Strategy”, in: *Contemporary European History*, 4 (1994), 37–66, hier 44–45.

126 Eden an Churchill mit beigeschlossenem Memorandum („top secret“), 25. März 1954, PRO, FO 800/751 (Eden papers), fol. 46–49.

127 „Memorandum über die Verhandlungen in der Frage des Aufgebotes“, Beilage zu Schreiben Grafs an Raab („persönlich, streng vertraulich“) vom 30. Juni 1954. NÖLA, Nachlaß Figl, Ordner 161. Darin heißt es u. a.: „Nach der Eingliederung der CSR in das System der russischen Interessensphäre und der dadurch bedingten stärkeren Bedrohung der westlichen Verteidigung“ seien zwischen „Vertretern der österr. Regierung und der amerikanischen Hochkommission Vereinbarungen über einen Beitrag Österreichs im Falle eines bewaffneten Konflikts getroffen“ worden. „Da Österreich im gegenwärtigen Zeitpunkt keine Streitkräfte besitzt, war hierzu das Aufgebot der Wehrfähigen erforderlich.“ (Unterstreichung im Original.) Ein Grundplan über die technisch-organisatorischen Möglichkeiten sei von den Fachexperten dem amerikanischen Hauptquartier übergeben worden. Eine Datierung dieses Vorgangs ist nicht vorhanden. Vgl. oben S. 208 f.

rung zu bringen, „wenn eine Kriegsgefahr vor Zustandekommen des Staatsvertrages ausbrechen sollte". Die westalliierten Vertreter unterbreiteten Raab und Schärf eine Liste von sieben Vorschlägen „als Grundlage für einen weiteren Meinungsaustausch".

Erstens sollten Verbände der „österreichischen Spezialgendarmerie" im Falle eines Notstandes „zum Zwecke von militärischen Operationen anfänglich in die britischen, französischen und amerikanischen Streitkräfte, die sich in Österreich befinden, eingegliedert werden". Zweitens sollte „zusätzliches österreichisches Wehrpotential", das bei einem solchen Notstand mobilisiert wäre – also das „Aufgebot" – „insoweit es wirksam verwendet werden kann, zur Verfügung gestellt werden, und zwar entweder zum Dienst mit den britischen, französischen und amerikanischen Streitkräften oder mit der Spezialgendarmerie oder in anderer Weise, je nachdem es die alliierten Befehlshaber bestimmen" (!). Drittens sollte die Registrierung des österreichischen Wehrpotentials eine österreichische Angelegenheit bleiben. Viertens sollte der österreichischen Regierung die rechtliche und exekutive (= verwaltungsmäßige) Verantwortlichkeit für die Mobilisierungsmaßnahmen obliegen. Fünftens würden alliierte Streitkräfte nicht verwendet werden, um österreichische Einberufungen „durchzusetzen". Sechstens würde es von der österreichischen Regierung nicht erwartet, „die mit den alliierten Streitkräften dienenden Österreicher auszurüsten oder ihre Einsetzung durch direkte materielle Hilfeleistung zu unterstützen". Siebentens würden „Löhnung, Pensionen und andere persönliche Zuwendungen an Österreicher – wo immer sie dienen – eine Verantwortlichkeit der österreichischen Behörden sein". Raab notierte in seinen persönlichen Aufzeichnungen zum Datum des 11. Juni 1954: „Sprechen die westalliierten Hochkommissare vor und verlangen, unser Wehrpotential in den Dienst der Alliierten zu stellen." Raabs wie üblich karge Formulierung läßt wohl eine gewisse Distanz zum Ansinnen der drei Mächte erkennen.[128]

---

128 „Erinnerungsvermerk" über eine Zusammenkunft am 11. Juni 1954 zwischen Raab und Schärf sowie, auf alliierter Seite, dem britischen Hochkommissar Wallinger – der die westalliierten Wünsche vortrug –, dessen Stellvertreter Malcolm, dem französischen Hochkommissar Payart und dessen Stellvertreter Lalouette sowie dem amerikanischen stellvertretenden Hochkommissar Yost. Erliegt in: NÖLA, Nachlaß Figl, Ordner 161, mit handschriftl. Vermerk Raabs: „30. [ursprüngl. offenbar 20., die Ziffer 2 überschrieben] Juli mit Schärf gesprochen geht an Helmer", mit Zusatz in anderer Tinte ebenfalls in Raabs Handschrift „als erledigt". Kopie (ohne handschriftl. Vermerk) in: VGAB, Nachlaß Schärf, 4/219. Eintragung zum 11. Juni 1954 in: Eigenhändige Tagebuchaufzeichnungen Raabs in einem ledergebundenen Notizheft, die Zeit vom 22. Februar bis 28. September 1953 sowie vom 12. Jänner bis 23. Dezember 1954 umfassend; es handelt sich allem Anschein nach um eigenhändige Abschriften politischen Inhalts aus nicht mehr vorhandenen umfangreicheren Tagebüchern. Dafür spricht, daß die Aufzeichnungen aus 1954 den Aufzeichnungen aus 1953 vorangehen. Für diese Aufzeichnungen ist seitens des Stiftsarchivs Seitenstetten die zutreffende Bezeichnung „Politisches Tagebuch" gewählt worden, hinfort zitiert als PT; erliegt in: StAS, Nachlaß Raab, Signatur D 1; weitere Angaben im Inventar des Nachlasses Raab im StAS.

Hier wurde also eine sehr weitgehende Unterstellung des österreichischen „Wehrpotentials“ unter den westalliierten – und man muß hinzufügen, im Kriegsfalle, und darum handelte es sich – NATO-Oberbefehl gewünscht. Eine baldige Antwort „in zwangloser Form“ war erbeten.[129] Von österreichischer Seite wurde ein Katalog von ebenfalls sieben Punkten erstellt.[130] Die darin aufgeworfenen Fragen – und Forderungen! – waren so gravierend, daß dieser Katalog in vollem Wortlaut zitiert sei:

1) Die Bundesregierung ist bereit, im Falle eines (unprovozierten) Angriffs auf das österreichische Staatsgebiet zur Mithilfe bei der Befreiung des Staatsgebietes einen österreichischen Beitrag an Streitkräften beizustellen.
2) Die Regierungen der USA, Großbritanniens und Frankreichs anerkennen, daß Österreich im Zeitpunkt eines Zusammenbruchs des Kontrollabkommens (auch ohne Staatsvertrag) sofort in den Besitz der vollen Souveränität gelangt und daß dadurch der völkerrechtliche Status Österreichs und seiner dann aufgebotenen Streitkräfte geklärt ist.
3) Alle Verhandlungen und Planungen, die die Aufbietung eines österr. Beitrages für diesen Fall betreffen, hätten unter Wahrung dieses Gesichtspunktes zu erfolgen.
4) Die österr. Streitkräfte werden dem zuständigen Oberbefehlshaber der alliierten Streitkräfte im Wege eines österr. Oberkommandos unterstehen, in politischer und administrativer Hinsicht aber ihre Weisungen von der Österr. Regierung (BMin. f. Landesverteidigung) empfangen.[131]
5) Für das Österr. Aufgebot an Streitkräften wird ein Ausrüstungsvolumen von mindestens 53.000 Mann beantragt, das entspricht der im Staatsvertragsentwurf zugestandenen Stärke.
   Eine Erhöhung im Verlaufe der Entwicklung nach Maßgabe der Zahl der österr. Wehrpflichtigen soll vorgesehen werden.
6) Die österr. Regierung beantragt eine stärkere finanzielle Hilfe für das laufende Sonderprogramm und die Bereitstellung von Ausrüstung und finanzieller Mittel für
   a) den Fall eines Aufgebotes,
   b) den Fall der Aufstellung eines Heeres im Frieden.
7) Österreich verpflichtet sich für den Fall des eingangs erwähnten bewaffneten Konfliktes zur gesetzlichen und organisatorischen Vorbereitung des Aufgebotes, zur Aufstellung von der verfügbaren Wehrkraft entsprechenden Verbänden und deren Besoldung.

---

129 Diese Mitteilung erfolgte über den österreichischen Verbindungsoffizier bei den Westalliierten in Salzburg. Siehe „Memorandum“ in der Beilage zu Grafs Schreiben an Raab vom 30. Juni 1954, oben Anm. 127.

130 NÖLA, Nachlaß Figl, Ordner 161.

131 Die entscheidenden Worte dieses Punktes sind „... österreichischen Oberkommandos“ – dies war eine deutliche Gegenposition zu der alliierten Forderung nach direkter Unterstellung unter die alliierten Befehlshaber! In dem im Nachlaß Figl befindlichen Exemplar dieses Textes sind diese zwei Worte als einzige doppelt unterstrichen.

Im November 1954 übermittelte Liebitzky eine Kopie dieser sieben Punkte an den Gesandten Schöner vor Raabs Amerikareise; bis zu diesem Zeitpunkt war es offensichtlich zu keinem weiteren Gespräch mit den Alliierten gekommen; es gibt bisher keine Anzeichen, daß es noch zu einer Vereinbarung zwischen den Spitzen der Bundesregierung und den Westalliierten gekommen wäre.

4. Sowjetische Erleichterungen im Besatzungsregime; die neue Taktik des Bundeskanzlers Raab; die guten Dienste Indiens

Wir sind der Entwicklung weit vorausgeeilt, um den Fragenkomplex „Österreich als geheimer Verbündeter der Westmächte“ geschlossen präsentieren zu können, und schließen nun dort an, wo wir die Staatsvertragsverhandlungen im engeren Sinne verlassen hatten: an Österreichs Appell vor den Vereinten Nationen vom Dezember 1952 und an das auch in den ersten Monaten des Jahres 1953 von den Westmächten aufrechterhaltene Projekt des „Kurzvertrages“.

Im Frühjahr des Jahres 1953 begann sich nach Jahren des politischen Winters ein Tauwetter abzuzeichnen. Der Begriff des „Tauwetters“ ist noch 1953 selbst ohne besonderen Bezug auf Österreich verwendet worden, um die Lockerung des internen Druckes nach Stalins Tod am 5. März 1953, aber auch die Hoffnung auf eine Entspannung der internationalen Beziehungen zu kennzeichnen, die sich 1953 bemerkbar machte. Auch für Österreich ist die Metapher vom Tauwetter anwendbar, denn im Frühjahr und Sommer 1953 kam Österreich in den Genuß einer ganzen Reihe wesentlicher Erleichterungen im Besatzungsregime; außerdem versuchte der neue Bundeskanzler Julius Raab, der nur vier Wochen nach Stalins Tod, nämlich am 2. April 1953, die Regierung übernahm, die Beziehungen zur Sowjetunion zu entkrampfen, und auch in Sachen Staatsvertrag sollte es zu neuen österreichischen Initiativen kommen. Daß mit dem „Tauwetter“ auch eine Zäsur in der Geschichte des Staatsvertrages erreicht war, hat auch der langjährige österreichische Missionschef in Moskau, Norbert Bischoff, festgehalten, der der „Periode der völligen Blokkierung“ (Mai 1950 bis März 1953) eine „Periode der Auflockerung“ (April bis Dezember 1953) folgen läßt.[132]

Trotzdem gibt es Anzeichen, daß dem Tauwetter vom Jahre 1953 schon im Herbst 1952 einige Schwalben vorausgeflogen waren. Mitte September 1952

---

132 Formulierungen Bischoffs in seinem Sammelbericht aus Moskau über die politische Haltung der Sowjetunion in der Frage des österreichischen Staatsvertrages vom Juli 1949 bis Mai 1955, AdR, BMAA, II-Pol, Zl. 322.108-Pol/55 (= Bericht Zl. 41-Pol/55 vom 11. Mai 1955). Präsident Eisenhower nutzte die neue Situation, um in einer programmatischen Rede vor dem National Press Club in Washington am 16. April 1953 dem Staatsvertragsabschluß hohe Priorität bei der Lösung von Ost-West-Problemen einzuräumen. *AdG*, 1953, 3953A.

berichtete die österreichische Botschaft in Washington über das Gespräch eines österreichischen mit einem sowjetischen Diplomaten; der sowjetische Gesprächspartner, Botschaftsrat Grigorew, meinte, die Besetzung Österreichs sei unnatürlich und müßte daher ein Ende finden. Im Kurzvertrag sei keine Bestimmung über eine österreichische Wehrmacht enthalten. Österreich sollte sich aber „nicht etwa von anderen beschützen lassen". Man sollte zum bisherigen Staatsvertragsentwurf zurückkehren und für die noch offenen Punkte eine Lösung finden. „Die Sowjetunion wolle den Staatsvertrag abschließen und Österreich räumen, aber es müßten gleichzeitig auch die Truppen der anderen Besatzungsmächte das Land verlassen." Auf die Erwiderung des österreichischen Gesprächspartners, Legationsrat Platzer, daß die Bundesregierung wiederholt erklärt habe, die Truppen aller Besatzungsmächte sollten Österreich räumen, meinte der sowjetische Gesprächspartner, „Österreich sollte sich auch *später* nicht durch andere beschützen lassen". Bei einem weiteren Gespräch Ende September 1952 ergänzte Grigorew seine Äußerungen dahingehend, daß die Sowjetunion besorgt sei, daß Österreich nach der Räumung dem Atlantikpakt beitreten könnte. Er empfahl eine „strikte Neutralitätspolitik ähnlich Schweden, Schweiz" und sagte, eine eindeutige derartige Erklärung und lange erwartete österreichische Initiative würden voraussichtlich die Situation ändern.[133] Das State Department wurde übrigens alsbald von der österreichischen Botschaft über Grigorews Mitteilungen an Platzer informiert.[134]

Sieben Monate später, nach Stalins Tod und nach Beginn des eigentlichen „Tauwetters", setzte der gleiche sowjetische Gesprächspartner die im September 1952 begonnene Argumentationslinie fort. Bei einem auf Einladung Grigorews zustande gekommenen Mittagessen mit Legationsrat Goertz am 13. April 1953 sagte Grigorew neuerlich, Volk und Regierung der Sowjetunion wären bereit, die Besatzung aufzuheben, „doch müßten sie sicher sein, daß Österreich nicht nach der Räumung dem aggressiven Atlantikpakt beitrete und den USA Stützpunkte einräume". Die Regierung der Sowjetunion könnte einer Räumung nur zustimmen, wenn sie sicher wäre, daß nicht in nächster Nähe der Sowjetunion Angriffsbasen entstünden. In gleicher Weise schlage die Sowjetunion für Deutschland eine Neutralitätslösung vor.[135] Gegen Ende April sagte Grigorew anläßlich eines Mittagessens mit Legationsrat Ernst Lemberger seinem österreichischen Gesprächspartner ausdrücklich: „Wir würden Staatsvertrag schlie-

---

133 Gespräch Legationsrat Platzers mit Botschaftsrat N. K. Grigorew am 11. September 1952: hierzu Bericht des Botschafters Löwenthal v. 15. September 1952, Zl. 156.038-Pol/52; telegr. Bericht über eine zweite Aussprache am 26. September 1952, Zl. 156.130-Pol/52; beide veröffentlicht in ÖuG, Nr. 63.

134 NA, RG 59, 663.001/9-2652.

135 Bericht Löwenthal v. 16. April 1953, mit Aktenvermerk Goertz v. 14. April 1953, Zl. 320-204-Pol/53, veröff. in ÖuG, Nr. 66.

ßen, wenn wir die Sicherheit hätten, daß Österreich sich nach Räumung nicht sofort dem Westblock anschließen würde."[136] Ebenfalls im April 1953 gab es ein neuerliches Gespräch zwischen dem Journalisten Nikolaus Basseches und einem Angehörigen der österreichischen Botschaft in Bern, dem Presserat Alfred Missong (sen.), worüber Botschafter Karl Wildmann nach Wien berichtete. Basseches zufolge stehe „Moskau weiterhin unverrückbar auf dem Standpunkt, daß die unabdingbare Voraussetzung eines Staatsvertrages die garantierte Neutralität Österreichs und damit auch seine völlige Unabhängigkeit von Deutschland sei. Diese Neutralität sei russischerseits als eine bewaffnete nach dem Vorbild der Schweiz gedacht."[137] Der schweizerische Historiker Christian Jenny hat nicht zu Unrecht auf die Gleichzeitigkeit der Aussendung von Signalen aus Moskau in Richtung Österreich einerseits auf diplomatischer Ebene – wenngleich informell und auf eher mittlerer Ebene – und andererseits durch außerhalb des Behördenapparats stehende Mittelsmänner aufmerksam gemacht. Jenny bezeichnet die Gespräche von Basseches in der Schweiz als Beispiel einer „Track Two-Diplomatie", als Diplomatie des zweiten Geleises also, des Einsatzes von nicht offiziellen, „privaten" Personen, in Ergänzung zum „ersten Geleise" der amtlichen Diplomatie.[138] Diese Überlegung ist anregend, wenngleich zu bedenken ist, daß im vorliegenden Falle das Kommunikationsbedürfnis nur in einer Richtung ging; auch wäre die von zwei amerikanischen Autoren übernommene Bezeichnung „Track Two-Diplomatie" weniger einseitig zu definieren, als dies seitens ihrer Erfinder der Fall ist.[139]

---

136 Handschr. Brief Lembergers an Adolf Schärf, 24. 4. 1953, in VGAB, Nachlaß Schärf, 4/229, vgl. bereits Jenny, *Konsensformel*, 85. Der Name des sowjetischen Diplomaten wird unterschiedlich transkribiert, in Lembergers Brief etwa Gregoriev.

137 Weiters sollte die Ausbildung der zukünftigen österreichischen Armee durch schwedische Instruktionsoffiziere und die Beistellung des Rüstungsmaterials zu gleichen Teilen von der Sowjetunion und den USA erfolgen. Bericht Wildmann v. 16. April 1953 mit Amtsvermerk Missong vom gleichen Tage über das Gespräch vom 11. April 1953, BMAA, Zl. 319.968-Pol/53, veröff. in ÖuG, Nr. 67. Aus den österreichischen Akten ergibt sich eine ausschließlich „rezeptive" Haltung gegenüber Basseches; es wurden offensichtlich keinerlei Anfragen oder Mitteilungen von österreichischer Seite an ihn herangetragen, wie auch keine Angaben zur „Bonität" Basseches' oder über seine Auftraggeber vorliegen.

138 Jenny, *Konsensformel*, 80–81.

139 John W. McDonald und Diane B. Bendahmane bezeichnen in dem von ihnen herausgegebenen Band *Conflict Resolution. Track Two Diplomacy,* Washington D.C. 1987, 1, „Track Two Diplomacy" als "interaction between private citizens or groups of people within a country or from different countries who are outside the formal governmental power structure. These people have as their objective the reduction or resolution of conflict, within a country or between countries, by lowering the anger or tension or fear that exists, through improved communication and a better understanding of each other's point of view." Dem ist entgegenzuhalten, daß a) der Zweck einer „Track Two-Diplomatie" nicht immer Konfliktmilderung oder Konfliktlösung sein muß, und daß b) insbesondere im Umkreis totalitärer Herrschaftsstrukturen, aber nicht nur in diesem Umkreis, die mögliche Verbindung von „Track Two-Diplomatie" mit diversen geheimdienstlichen Aktivitäten zu bedenken ist. Der bei Jenny, *Konsensformel,* 80–81, Anm. 189, gegebene Hinweis auf entsprechende Vorgänge während der Kuba-Krise 1962 bestätigt dies.

Doch nun zum eigentlichen „Tauwetter“ vom Frühjahr 1953. Eine sowjetische Häftlingsamnestie vom 28. März wurde auch auf österreichische Kriegsgefangene und Zivilinternierte in der UdSSR angewendet, wie dem österreichischen politischen Vertreter in Moskau, dem Gesandten Norbert Bischoff, am 27. April mitgeteilt wurde. Am 29. Mai informierte der sowjetische Hochkommissar General Swiridow den Bundeskanzler, daß die Sowjetunion die Kraftwerksanlage von Ybbs-Persenbeug an der Donau der österreichischen Regierung übergeben würde; dies geschah am 17. Juli 1953. Anfang Juni gab die sowjetische Regierung bekannt, daß der militärische Hochkommissar Swiridow durch einen Diplomaten, I. I. Iljitschow, ersetzt werde, und teilte knapp danach mit, daß die politische Vertretung der UdSSR in Wien in den Rang einer Botschaft erhoben werde; gleichzeitig äußerte sie den Wunsch, daß auch Wien seine Vertretung in Moskau in den Rang einer Botschaft erhebe. Die Westmächte hatten übrigens bereits im Laufe des Jahres 1950 ihre militärischen Hochkommissare durch Diplomaten ersetzt. Die sensationellste und für die österreichische Bevölkerung spürbarste Erleichterung war die am 8. Juni dem Bundeskanzler angekündigte und am folgenden Tag durchgeführte Aufhebung der Personenkontrolle an den Demarkationslinien; auch die Kontrolle des Güterverkehrs sollte auf den Transport von Waffen und Explosivstoffen reduziert werden. Mitte Juni gab die sowjetische Besatzungsmacht verschiedene Regierungsgebäude, Schulen, Geschäftsräume und Wohnhäuser frei. Am 18. Juni berichtete Bundeskanzler Raab dem Nationalrat über diese bemerkenswerte Serie von Erleichterungen. Mit dem Dank dafür verband Raab den Ruf nach weiteren Konzessionen, insbesondere nach Abschaffung der Militärgerichtsbarkeit, nach Abschaffung der alliierten Zensur, Rückgabe der Rundfunksender seitens der Sowjets, Briten und Amerikaner, Schließung der USIA-Läden und Milderung bzw. Aufhebung der Besatzungskosten seitens jener drei Besatzungsmächte, die diese Kosten noch von Österreich erhoben, nämlich Sowjets, Briten und Franzosen. Ja, der Bundeskanzler schlug sogar vor, die Alliierten könnten ja ihre Truppen ganz abziehen, und zwar schon vor Abschluß des Staatsvertrages; die Überwachung der den Österreichern durch das Kontrollabkommen auferlegten Verpflichtungen könnte man den zivilen Hochkommissaren allein überlassen – eine Idee, die offensichtlich mit der Ersetzung des letzten noch verbliebenen militärischen Hochkommissars, des sowjetischen, durch den Zivilisten Iljitschow, zusammenhing.

Einige von Raabs Wünschen sollten bald in Erfüllung gehen. Ende Juli 1953 gaben die Sowjets bekannt, daß sie ab 1. August die Besatzungskosten selbst übernehmen würden. Die Amerikaner hatten zwar bereits im Juni 1947 ihre Besatzungskosten selbst übernommen, Engländer und Franzosen wurden jedoch durch die neue sowjetische Konzession moralisch gezwungen gleichzuziehen, und so verzichteten England und Frankreich ab 1. Jänner 1954 ebenfalls auf Bezahlung der Besatzungskosten; dies war, wie bereits erwähnt, mit einer radikalen Truppenreduktion verbunden.[140]

Von großer Bedeutung war schließlich die Einstellung der Postzensur im August 1953. Am 12. August wurde die Einstellung der Postzensur in der sowjetischen Zone bekanntgegeben; am 14. August beschloß der Alliierte Rat die Abschaffung der Kontrolle des Brief-, Telegraphen- und Telephonverkehrs für ganz Österreich. Diese Kontrolle war nach Abschaffung der Inlandzensur 1946 auf den Auslandspostverkehr (Brief-, Telephon-, Telegraphenverkehr) beschränkt gewesen. Die Postzensur verfügte zur Zeit ihrer Aufhebung über Dienststellen im sowjetischen Sektor sowie im internationalen Sektor von Wien, wo sich insbesondere (auf dem Schillerplatz) die Telephonzentrale der Post befand. Bis zum August 1953 mußte jedes internationale Telephongespräch, etwa auch von Bregenz nach Lindau oder von Feldkirch nach Vaduz etc., über die Zentrale in Wien gelegt werden, um die Telephonzensur (d. h. das Abhören) zu gewährleisten. Die Zensurstelle wurde auf österreichische Kosten (mit Ausnahme des amerikanischen Anteils) und von österreichischem Personal bei administrativer Zuordnung zunächst zur Postverwaltung, ab Jänner 1947 zum Innenministerium, jedoch gleichzeitig unter Kontrolle und aufgrund von Weisungen alliierter Organe, betrieben. Obgleich auf Befehl der Alliierten gegründet und dem alliierten Weisungsrecht unterworfen, hieß die Zensurstelle jahrelang „Österreichische Zensurstelle“. Wiederholte Proteste gegen diese irreführende Bezeichnung führten erst zum Jahreswechsel 1951/52 zur geänderten Bezeichung „Alliierte Zensurstelle“. Obgleich die jahrelange Fortführung der Zensurstelle immer wieder der Insistenz des sowjetischen Elements zugeschrieben wurde, bemerkte doch Außenminister Gruber einmal im Ministerrat, daß „die westlichen Alliierten Anhänger der Zensur sind und die Amerikaner haben ein Interesse daran, da das Ostgeschäft überwacht wird“. Gruber teilte bei dieser Gelegenheit auch mit, die westlichen Alliierten

140 Noch anläßlich des Besuchs Edens in Wien am 24. September 1952 hatten sich Figl und Gruber vergeblich um den Verzicht auf Besatzungskosten bemüht. PRO, FO 800/751 (Eden papers), fol. 23–25. Die Besatzungskosten betrugen bis Ende 1953 in absoluten Ziffern 6.099 Milliarden Schilling, bereits nach dem Wert von 1955 entsprach dies 34,5 Mrd. Schilling. Die Besatzungskosten betrugen 1946 etwa 30% des Ausgabenrahmens des Bundesbudgets, 1947 15%, 1948 10,5%, 1949 7,3%. Erstmals wurde mit Bundesgesetz vom 19. Mai 1949, BGBl. 133, ein Besatzungskostendeckungsgesetz beschlossen, das zunächst einen Aufschlag von 20% der Lohn- bzw. Einkommensteuer und 20% der Körperschaftssteuer vorsah; ab 1. 1. 1951 wurde der Prozentsatz auf 10% herabgesetzt. Das Gesetz wurde zunächst jährlich, mit Wirkung vom 1. 1. 1952 auf unbestimmte Dauer beschlossen. Die Steuer wurde auch noch nach dem Verzicht aller Besatzungsmächte auf Besatzungskosten eingehoben, was zu beträchtlichen parteipolitischen Polemiken führte, und erst mit Bundesgesetz vom 7. 7. 1954 aufgehoben bzw. in einen Beitrag zur Förderung des Wohnbaus und für Zwecke des Familienlastenausgleichs umgewandelt; insgesamt gingen 4,049 Mrd. Schilling aus dem Besatzungskostenbeitrag ein. Vgl. ausführlich Lothar Gruber, *Die Kosten der Besetzung Österreichs durch die alliierten Mächte nach dem Zweiten Weltkrieg,* Diplomarbeit Wirtschaftsuniversität Wien 1979, bes. 69–77, 117, 119, 125.

hätten „eine besondere Zonenzensur eingerichtet, mit der sie sogar die Landeshauptleute überwachen".[141] Zum Zeitpunkt der Abschaffung der alliierten Postzensur befanden sich im Keller des Hauptpostamtes in Wien etwa 100.000 beschlagnahmte Postsendungen, vielfach Druckschriften; auch etwa 3000 eingeschriebene Sendungen gab es, was besonders schwierige Fragen der Haftung, nachträglichen Zustellung usw. aufwarf. Mit der Liquidierung der Zensurstelle beschloß die Alliierte Kommission, mit wenigen Ausnahmen die beschlagnahmten Sendungen sowie die Kartei und das Aktenmaterial der Zensurstelle einstampfen zu lassen.[142]

Parallel zu den beträchtlichen sowjetischen Konzessionen und in Wechselwirkung mit ihnen machte sich seit dem Frühjahr 1953 die Politik des neuen Bundeskanzlers Julius Raab bemerkbar, das Verhältnis zur Sowjetunion zumindest atmosphärisch aufzulockern und damit die Voraussetzungen für einen neuen Anlauf in den festgefahrenen Staatsvertragsverhandlungen zu schaffen. In einer Rede vor dem niederösterreichischen Landesparteirat der ÖVP am 13. Juni ließ Raab seine taktischen Überlegungen klar erkennen. Es sei „taktisch absolut vertretbar", meinte Raab, „daß langsam gegenseitig das Vertrauen hergestellt und damit eine Basis geschaffen wird, die es ermöglicht, dem österreichischen Volk die Freiheit endlich und für immer wiederzugeben". Dies erfordere viel Takt und viel Geschick, sagte Raab, und es nütze nichts, „*wenn man den russischen Bären, der mitten im österreichischen Garten drinnensteht,* immer wieder durch laut tönende Sonntagsreden *in den Schwanzstummel zwickt*". Der vielzitierte Satz steht symbolisch für diese neue Haltung.[143]

---

141 AdR, BKA, MRProt Nr. 271, 27. November 1951. Vgl. auch „Information" für Bundesminister Helmer über die Postzensur, MRProt Nr. 270, 20. November 1951, Beilage C. Von Interesse auch ein mündlicher Bericht des Generalpostdirektors vor dem Ministerrat vom März 1949, in dem weitgehende Telephon- und Telegrammüberwachungen auch im Inlandverkehr – trotz offiziell aufgehobener Inlandzensur! –, besonders auch in der amerikanischen und britischen, keine Telephonzensur jedoch in der französischen Zone gemeldet wurde; besonders würden Gespräche des Landeshauptmanns von Salzburg abgehorcht, „jetzt", bei den Staatsvertragsverhandlungen (März 1949), würden Gespräche des Bundeskanzlers abgehorcht; Telegramme würden alle mitgelesen, selbst von Tirol nach Osttirol. MRProt Nr. 147, 1. März 1949 (vertrauliche Mitschrift).

142 Sten. Prot. NR, 7. GP, 12. Sitzg., 288–291. Vgl. auch allgemein William L. Stearman, *Die Sowjetunion und Österreich 1945–1955,* Bonn – Wien – Zürich 1962, 154–157, sowie Hinweise darauf, daß bereits 1952 gewisse Verbesserungen spürbar waren, ebd., 151 f. Zur Postzensur vgl. den Bericht in: *Neues Österreich,* 11. September 1953, 2. Vgl. ferner Elfriede Sieder, *Die alliierten Zensurmaßnahmen zwischen 1945 – 1955,* Diss. Univ. Wien, 1983, bes. 38–51, sowie Abdruck eines Berichtes von Abg. Bruno Pittermann vom Jahre 1952 ebd., 420–424.

143 Rede Raabs vom 13. Juni 1953 zitiert nach: *WZ,* 14. Juni 1953, 1 (meine Hervorhebung). Raab notierte in seinem Tagebuch zum 13. Juni: „Am N.Ö. Parteirat habe ich eine maßvolle Rede gehalten über den russischen Bären". Bisher unbekannt war, daß erst am Vortag, dem 12. Juni, der sowjetische stellvertretende Hochkommissar General Kraskewitsch sich bei Raab über Helmer beschwert hatte: „Unterredung bei Kraskiewitsch [sic]. Er macht Helmer ordentliche Vorwürfe mit vollem Recht. Die Hetzerei der Sozi ist unerträglich." StAS, PT, Eintragungen zum 13. u. 12. Juni 1953.

Innenminister Oskar Helmer, einer der entschiedensten (und mutigsten) antikommunistischen Redner jener Jahre, fühlte sich offensichtlich von Raabs Kritik an den Sonntagsreden direkt angesprochen und entgegnete, Raab habe mit seiner Rede „einen gefährlichen Weg beschritten“, weil er „im Zusammenhang mit den russischen Zugeständnissen der letzten Tage einer Versöhnlerei das Wort“ geredet habe.[144]

Raabs Taktik, für sowjetische Konzessionen „danke“ zu sagen, war nach der Stimmung der vorangegangenen Jahre keineswegs allgemein populär; auch fielen gerade die ostdeutschen Arbeiterunruhen vom 17. Juni 1953 in die Anlaufzeit der von Raab bewußt betriebenen Entkrampfung des österreichisch-sowjetischen Verhältnisses. Von sozialistischer Seite zog sich der Bundeskanzler den Vorwurf der „Versöhnlerei“ und auch sonst herbe Kritik zu. Als die Nachricht vom Verzicht der Sowjetunion auf die Besatzungskosten bekannt wurde, stattete Raab in einer Rede auf der Dornbirner Messe seinen Dank ab und fügte hinzu, in einem bürgerlichen Hause erzogen, sei er der Meinung, „daß man sich bedanken muß, wenn man etwas bekommt“. Dies war der Anlaß heftiger Attacken seitens des Chefredakteurs der Arbeiter-Zeitung, Oscar Pollak, der Raab vorwarf, hier gehe es nicht um ein Geschenk, sondern um unser Recht. Pollak fand auch, die plötzlich veränderte, viel freundlichere Haltung der österreichischen Kommunisten gegenüber Raab gebe Grund zum Mißtrauen. Mit einer Salve schärfster journalistischer Rhetorik schloß Pollak seinen berühmten Leitartikel „Herr Raab und die Kommunisten“: „Je mehr die Kommunisten sagen: Raab – choroscho! desto mehr empfindet das österreichische Volk: Raab – nix gut.“[145]

Gerade in den Juni 1953 fallen zwei österreichische Schritte, die auf diplomatischer Ebene einen neuen Akzent setzten. Am 16. Juni genehmigte der Ministerrat den Text eines Memorandums, das der österreichische politische Vertreter, Gesandter Norbert Bischoff, am 30. Juni in Moskau überreichte. Der Ton dieser Denkschrift war auf ihr Ziel, Entspannung des österreichisch-sowjetischen Verhältnisses, abgestimmt. Sie enthielt sechs Punkte. Die ersten drei sind so signifikant, daß sie in extenso zitiert seien:

1. Die österreichische Regierung und das österreichische Volk haben die Maßnahmen, die in den letzten Wochen von der Sowjetregierung in Beziehung auf Österreich getroffen wurden, mit größter Befriedigung zur Kenntnis genommen. Sie haben hierfür bereits auf anderem Wege der Sowjetregierung ihren Dank zum Ausdruck gebracht. Doch bin ich [d. h. der die Aufzeichnung übergebende Gesandte Norbert Bischoff, d. Verf.] speziell vom Bundeskanzler, dem Vizekanzler und dem Bundesminister des Äußeren persönlich beauf-

144 *AZ,* 16. Juni 1953, 1.

145 Raabs Dornbirner Rede: *Neues Österreich,* 1. August 1953, 1. Zwei Leitartikel Oscar Pollaks: „Bitte und Danke“, *AZ,* 1. August 1953, 1; „Herr Raab und die Kommunisten“, *AZ,* 2. August 1953, 1–2.

tragt, diesen Dank zu wiederholen und gleichzeitig zu erklären, daß diese Maßnahmen in Österreich als der Ausdruck einer allgemeinen, auf Entspannung, Frieden und internationale Zusammenarbeit in der ganzen Welt gerichteten Politik der Sowjetregierung verstanden werden.
2. Die Bundesregierung und wieder in erster Linie die Herren Raab, Schärf und Gruber sind über diese Aktionen der Sowjetunion umso glücklicher, als die Bundesregierung dem einmütigen Wunsch des österreichischen Volkes zufolge an der Entwicklung guter Beziehungen zur Sowjetunion auf das ernsteste interessiert ist und ihrerseits alles in ihrer Macht stehende zu tun bereit ist, um eine solide Basis zur Entwicklung vertrauensvoller und fruchtbarer Beziehungen zur Sowjetunion zu schaffen.
3. Die Bundesregierung hält den von der Sowjetregierung gewünschten Weg diplomatischer Verhandlungen über den Staatsvertrag für gangbar und sie hofft, daß ein allfälliger Gedankenaustausch auf diesem vorgeschlagenen Weg zum raschen Abschluß des Staatsvertrags führt.

In Punkt 4 drückte die Bundesregierung ihren Wunsch nach einem Handelsvertrag mit der Sowjetunion aus; in Punkt 5 wurde auf das Problem der Einbeziehung der Exporte der USIA-Betriebe in eine solche Regelung Bezug genommen und angedeutet, die Abgeltungszahlungen an die Sowjetunion nach Inkrafttreten des Staatsvertrages sollten Österreich „weitgehend aus eigener Kraft möglich" sein. Das bedeutete, daß Österreich die Abgeltung in Warenlieferungen anvisierte und von der Zahlungsverpflichtung in frei konvertierbarer Währung, wie 1949 auf russischen Wunsch zugestanden, wegkommen wollte. In Punkt 6 schließlich gab die Bundesregierung ihrer Hoffnung Ausdruck, daß bei der Prüfung der Amnestiewürdigkeit der in der Sowjetunion befindlichen österreichischen Kriegs- und Zivilstrafgefangenen „jenes Wohlwollen angewendet werden möge, das eine baldige Rückkehr einer möglichst großen Zahl dieser Österreicher ermöglicht".[146]

Von besonderem Interesse ist Punkt 3. Österreich erklärte sich bereit, den von der Sowjetunion gewünschten Weg diplomatischer Verhandlungen über den Staatsvertrag einzuschlagen. Worauf bezog sich die österreichische Denkschrift? Die Sowjetunion hatte nur knapp vorher, am 25. Mai 1953, eine von britischer Seite kommende Einladung abgelehnt, eine neuerliche Sitzung der Sonderbeauftragten für den Staatsvertrag – es wäre die 261. gewesen! – zu beschicken. In seiner Absagenote argumentierte der sowjetische Botschafter in London, Malik, daß die vorhergehenden Sitzungen der Sonderbeauftragten

146 Der endgültige Text des Memorandums wurde im Außenamt am 12. Juni approbiert (AdR, BMAA, II-Pol, Zl. 321.623-Pol/53); bei der Überreichung am 30. Juni ließ Bischoff den Punkt 6 fallen, da am 26. Juni die Freilassung von 610 Österreichern angekündigt worden war, und eine Weisung, den Punkt 6 leicht modifiziert doch zu belassen, ihn nicht rechtzeitig erreichte. Der volle Text mit allen sechs Punkten, der auf Weisung des Außenministers Gruber auch der sowjetischen Botschaft in Wien übergeben worden war, wurde am 5. August amtlich veröffentlicht (vgl. Zl. 323.159-Pol/53); Text in: *WZ*, 5. August 1953, sowie *DÖA*, Nr. 117.

keine Resultate erzielt hätten, und es seien auch jetzt keine günstigeren Ergebnisse zu erwarten. Es wäre gegenwärtig zweckmäßiger, die Frage des österreichischen Staatsvertrages „auf diplomatischem Wege durch entsprechenden Meinungsaustausch zu prüfen".[147] Die Österreicher ergriffen also im Juni 1953 die Chance, sich direkt in den Meinungsaustausch „auf diplomatischem Wege" einzuschalten. Der politische Vertreter Österreichs (später Botschafter) in Moskau, Norbert Bischoff, hat berichtet, daß er, sich damals in Wien befindend, von Bundeskanzler Raab zur Berichterstattung empfangen wurde und bei dieser Gelegenheit empfahl, seine bevorstehende Rückkehr nach Moskau zu einer „Message" der Bundesregierung an die Sowjetregierung zu nützen. Tatsächlich wurde das Memorandum im Außenamt aufgrund eines Entwurfs Bischoffs ausgearbeitet. Bischoff hat später geschrieben, daß mit diesem Memorandum Österreich „aus eigenem Recht in ein politisches Gespräch mit der Sowjetunion über die Möglichkeiten der Verwirklichung des Staatsvertrages" eingetreten sei.[148]

Die damit nach längerer Unterbrechung wiederaufgenommene Methode bilateraler Verhandlungen – erstmals nach dem Versanden der Verhandlungen um die sogenannten „Erbsenschulden" drei Jahre vorher – wurde auf westlicher Seite mit wenig Begeisterung quittiert. Die Briten fürchteten – nicht zu Unrecht –, daß die im von Bischoff geprägten Memorandum angebotene Methode diplomatischer Verhandlungen es den Sowjets erleichtern würde, die Staatsvertragsverhandlungen aus dem institutionellen Rahmen der Sonderbeauftragten der vier Mächte herauszulösen – was sie de facto bereits getan hatten; die Engländer warnten, „daß man es vermeiden müßte, daß die Russen den diplomatischen Verhandlungsweg als Ausrede dafür benützten, die Fortführung der Londoner Staatsvertragsgespräche zu sabotieren".[149]

Den britischen Bedenken setzten die Österreicher das Argument entgegen, daß mit der Angleichung der diplomatischen Beziehungen zwischen Österreich und der Sowjetunion an die Form der mit den drei Westmächten schon seit längerem bestehenden Beziehungen (Botschafteraustausch) die Hoffnung

147 Text der Note Maliks laut Agentur TASS in: *AdG,* 28. Mai 1953, 4011A; vgl. unten S. 235.

148 Bischoffs Entwurf erliegt bei: AdR, BMAA, II-Pol, Zl. 321.623-Pol/53. Bischoffs Hinweis auf seine Berichterstattung bei Raab und seine Anregung einer „Message" findet sich in seinem nachgelassenen Manuskript „Die Haltung der Sowjetunion in der Frage des Abschlusses des österreichischen Staatsvertrages", 51, nunmehr im Nachlaß Bischoff, ÖStA, GD, NLS, E/1770/156. Bei der Überreichung stellte Molotow kritische Fragen zu dem österreichischen Memorandum vom Juli 1952 (vgl. oben S. 188), das sich auf den Standpunkt des „Kurzvertrags" gestellt hatte. Ebd., 53. – Zu Bischoffs außenpolitischem Konzept: Norbert Bischoff, „Die politische Vorbereitung des Staatsvertrages", in: *Die österreichische Furche,* 4. Juni 1955, 1.

149 Handschriftl. Amtsvermerk des Generalsekretärs Wildmann vom 29. Juni 1953 über eine Vorsprache des Gesandten G. P. Labouchere vom gleichen Tag, AdR, BMAA, II-Pol, ohne Geschäftszahl, in Konvolut „Vorarbeiten für österr. Note vom 19. VIII. 1953", Staatsvertragsakten 1953.

bestehe, daß nunmehr auch zwischen Österreich und der Sowjetunion der „diplomatische Weg" zur Klärung der Staatsvertragsprobleme beschritten werden könne. Die Bundesregierung habe jedoch nie Zweifel darüber gelassen, daß der Abschluß des Staatsvertrags nur aufgrund des gemeinsamen Einvernehmens der vier Besatzungsmächte erfolgen könne.[150]

Kein Zweifel – eine gewisse Emanzipation der österreichischen Diplomatie von den vorhergehenden engen Bindungen an die Westmächte hatte eingesetzt. Hier wurden bereits jene Methoden und Argumente ausprobiert, die zwei Jahre später, im erfolgreichen Finale der Staatsvertragsverhandlungen, zum Tragen kommen sollten. Bis dahin war es allerdings noch weit, und die Entwicklung sollte keineswegs geradlinig verlaufen.

Die mit dem „Bischoff-Memorandum" geweckten Besorgnisse sollten alsbald bei Briten und Amerikanern in offenen Ärger umschlagen, als eine weitere Initiative in Richtung Moskau, beinahe zeitgleich mit dem Memorandum, ruchbar wurde.

Außenminister Gruber unternahm den Versuch, mit Hilfe Indiens in Moskau sondieren zu lassen, welche Vorstellungen über den zukünftigen Status Österreichs bestünden. Am 20. Juni besuchte Gruber den indischen Ministerpräsidenten Nehru auf dem Bürgenstock in der Schweiz. An der Besprechung nahm auch der indische Botschafter in Moskau, K. P. S. Menon (manchmal mit dem Politiker Krishna Menon verwechselt), teil. Gruber kehrte noch am Nachmittag des gleichen Tages nach Wien zurück und berichtete am Montag, dem 22. Juni, in einer Besprechung bei Bundeskanzler Raab, an der auch Schärf und Kreisky teilnahmen, über den Besuch bei Nehru.[151] Der Besuch habe dazu gedient, „über die indische Regierung weitere Informationen über die Pläne der Russen zu erhalten". Nehru habe verschiedene Probleme aufgeworfen, so das Verhältnis Österreichs zu Deutschland und die Stellung Österreichs zwischen den Mächten. Gruber, so fährt die Aktennotiz fort, „habe diese Frage gemäß den Richtlinien der österreichischen Außenpolitik beantwortet. Österreich könne wohl eine Nicht-Alliance-Erklärung abgeben, aber kaum weitergehen, ohne sich in Schwierigkeiten zu anderen Großmächten zu verwickeln." Nehru habe

---

150 Vgl. die Stellungnahme in: *WZ*, 31. Juli 1953, 2; die von einem Sprecher des Foreign Office aufgestellte Behauptung, vom österreichischen Memorandum habe London keine Kenntnis gehabt, beruhte wohl auf einem Mißverständnis.

151 Grubers Initiative bei Nehru sei mit Raab nicht abgesprochen gewesen, war Raabs Erinnerung anläßlich einer Befragung durch Univ.-Prof. Dr. Ludwig Jedlicka am 16. Februar 1962. In diesem Sinne hatte sich Raab auch zu Caccia am 10. Juli 1953 geäußert. PRO, FO 371/103763/CA1071/173. Einsichtnahme in das Gesprächsprotokoll Raab/Jedlicka wurde mir von Univ.-Prof. Dr. Jedlicka im Einvernehmen mit Bundesrat Dr. h. c. Fritz Eckert gewährt, wofür ich beiden Herren sehr zu Dank verbunden bin. Zum folgenden: BMAA, Zl. 17-Res/GS, 1953 [GS = Generalsekretariat]. Ein etwas kürzerer „Erinnerungsvermerk" über die einstündige Besprechung bei Raab in: VGAB, Nachlaß Schärf, 4/245.

selbst betont, daß er der Ansicht sei, das sei das Maximum, was Österreich in seiner Lage tun könne. „Der indische Botschafter in Moskau werde sich bemühen, wenn auch nicht durch einen formellen Schritt, bei seinen Aussprachen mit Molotow das Gespräch auf Österreich zu bringen, um mögliche Klarheit über die politischen Absichten des Staatsvertrages zu schaffen. Inwieweit Indien behilflich sein könne, hänge aber natürlich von der russischen Bereitwilligkeit ab."

Gruber sagte Nehru auch die Übermittlung einer schriftlichen Gedächtnisstütze zu, und in der Besprechung mit Raab, Schärf und Kreisky wurde festgelegt, daß deren genauer Inhalt noch zwischen Gruber und Kreisky abgestimmt werde.

Eine Stellungnahme Raabs ist in der Notiz über diese Besprechung nicht vermerkt; hingegen betonte Schärf, „es sei immer die offizielle Politik der Regierung gewesen, sich keinem Block anzuschließen. Er sei der Meinung, eine solche Erklärung würde vom Parlament zu erhalten sein." Schärf sagte, wenn diese Ankündigung [einer schriftlichen Gedächtnisstütze für die Inder, G. S.] als persönliche Ansicht des Außenministers, wenn auch schriftlich, gemacht werde, wäre dagegen nichts einzuwenden. Man sollte jedoch alle drei westlichen Botschafter von diesem Schritt unterrichten. Gruber antwortete, das sei selbstverständlich unsere Absicht und bereits eingeleitet. Kreisky wies auf die möglichen Rückwirkungen in den westlichen Ländern hin und hielt es „für notwendig, den westlichen Mächten Umfang und Bedeutung dieses Schrittes zu erklären. Non-alliance, nicht aber Neutralität sei eine Formel, die durchaus Inhalt der österreichischen Politik sein könne."[152]

Nunmehr ging man daran, die angekündigte Aufzeichnung Grubers für Nehru auszuarbeiten. Sie wurde zwischen Gruber und Kreisky akkordiert, ins Englische übersetzt und eine Woche später, am 29. Juni 1953, dem neuen indischen Gesandten in Wien, Gundevia, übergeben.[153] Es gab vier Punkte.

Zunächst befaßte sich die Aufzeichnung mit dem österreichisch-deutschen Verhältnis, ein Thema, das Nehru offensichtlich besonders interessiert hatte. Die Tatsache, daß zu diesem Zeitpunkt die Bundesrepublik den Vertrag über die Europäische Verteidigungsgemeinschaft (EVG) unterschrieben und ratifiziert hatte, dürfte hier eine Rolle gespielt haben. In der österreichischen Aufzeichnung hieß es, die westdeutsche Allianzpolitik sei „nach österreichi-

152 Die Worte „nicht aber Neutralität" mit Bleistift eingefügt.

153 Der deutsche Text des Memorandums ist von Gruber und Kreisky paraphiert und enthält in der Handschrift des Generalsekretärs Wildmann folgende Notiz: „Wurde v. H. BM. Dr. Gruber am 29. 6. 53 dem indischen Gesandten Gundevia übergeben, nachdem es mit H. Staatssekretär Dr. Kreisky abgestimmt war. (Siehe Paraphe!)" Eine Kopie des (korrigierten) deutschen Textes ohne handschriftl. Vermerke ist abgedruckt in: Gruber, *Reden und Dokumente,* 433–434.

scher Auffassung ausschließlich Sache der Bonner Regierung und ohne Einfluß auf die außenpolitische Haltung Österreichs". Betont wurde das „Axiom der Nichteinmischung", das „Österreich bisher auch in allen anderen außenpolitischen Beziehungen appliziert hat".

Im wichtigen zweiten Punkt wurde auf die Frage des Fernhaltens von militärischen Kombinationen eingegangen. „Persönlich hielte ich eine österreichische Erklärung, sich keiner militärischen Kombination anzuschließen, für durchaus möglich", schrieb Gruber. „Eine solche, vom österreichischen Parlament zu ratifizierende Erklärung stellt das Maximum dessen dar, was Österreich tun kann, um der Sowjetunion eine Garantie zu geben, daß es nicht als westliche Militärbasis benützt werde, ohne sich anderseits in offenen Gegensatz zu den Westmächten zu setzen." Das Parlament, so fuhr Gruber fort, „könnte mit einer solchen Erklärung aber nur im Rahmen eines außenpolitischen Gesamtprogrammes befaßt werden, das ganz konkrete Vorschläge bzw. Garantien betreffend die politische und militärische Räumung des Landes und die Wiederherstellung seiner vollkommenen Souveränität enthält. Österreich könnte eine solche Erklärung auch aus eigener Initiative abgeben, wenn ihm vorher Gewißheit über sein weiteres Schicksal geboten wird."

Der dritte Punkt führte die Folgen des Fernbleibens von militärischen Kombinationen aus. „Es ist ganz unrichtig zu glauben, daß die Räumung Österreichs den Westmächten einseitig politische Vorteile einräumt. Ein militärpolitisch neutralisiertes Österreich, wie es sich aus den vorskizzierten Erklärungen ergeben würde, bildet gemeinsam mit der Schweiz im Herzen von Europa eine Zone, die die wichtige Alpenstellung außerhalb jeglicher militärpolitischer Kombinationen hielte", wie es in einem von Kreisky umformulierten Satz hieß.[154] „Dadurch würden selbstverständlich auch der Sowjetunion wichtige Sicherungsgarantien geboten. Österreich ist jedenfalls entschlossen, seine Unabhängigkeit nach *allen* Seiten zu wahren."

Punkt vier besagt, daß die Annahme des Staatsvertrages prinzipiell möglich sei, wobei es Österreich gerechterweise vorbehalten bleiben müsse, „jene wirtschaftspolitischen Umstände zu diskutieren, die sich naturgemäß aus der Verschiedenheit der Situation zur Zeit der Vereinbarung dieser Bestimmungen und der gegenwärtigen Lage ergeben". Dies war ein Hinweis auf 1949 und die seither ins Land gegangenen vier Jahre.

Zu den zentralen Punkten zwei und drei dieses Dokuments sind drei Hinweise angebracht: Erstens die Erkenntnis, daß damals schon, im Juni 1953, jenes Verfahren in Aussicht genommen wurde, das 1955 tatsächlich bei der Erklärung der österreichischen Neutralität zur Anwendung kam – nämlich die

154 Der Satz lautete ursprünglich: „... eine Zone, die die wichtige Alpenstellung militärpolitisch neutralisiert."

parlamentarische Verankerung einer fundamentalen außenpolitischen Bindung des Landes.

Zweitens ist zu beachten, daß die Erklärung des Parlaments nur in Verbindung mit ganz konkreten Vorschlägen bzw. Garantien „betreffend die politische und militärische Räumung des Landes und die Wiederherstellung seiner vollkommenen Souveränität“ erfolgen sollte. Damit war unmittelbar der Abschluß des Staatsvertrages angesprochen! Hier trat – noch als bloßes Konzept! – jener politische Zusammenhang zwischen der Räumung des Landes (Abschluß des Staatsvertrages) einerseits und der Bindung Österreichs an eine bestimmte außenpolitische Linie anderseits zutage, der 1955 bei der tatsächlichen Räumung Österreichs bestimmend war.

Drittens ist auch darauf hinzuweisen, daß Grubers mit Kreisky akkordierte Aufzeichnung ausdrücklich festhielt, daß Österreich diese Erklärung aus eigener Initiative abgeben könnte, „*wenn ihm vorher* Gewißheit über sein weiteres Schicksal geboten wird“. Daraus ergibt sich jedoch, daß Adolf Schärfs Schilderung jener Vorgänge in seinem Buch „Österreichs Erneuerung“ insofern einer Revision unterzogen werden muß, als vom Angebot einer österreichischen „Vorleistung“ wohl nicht gesprochen werden kann. Schärfs kritische Schilderung jener Vorgänge ließ auch nicht erkennen, daß beide Koalitionspartner die Inanspruchnahme von Indiens guten Diensten billigten.[155]

Der Botschafter Indiens in Moskau, Menon, führte das erbetene Gespräch mit Molotow sehr bald, schon am 30. Juni 1953 – am gleichen Tage übrigens, an dem Gesandter Bischoff das vorhin besprochene Memorandum der Bundesregierung Molotow überreichte.[156] Über Menons Gespräch mit Molotow gibt es mehrere Quellen.

Die entscheidende Frage, die Menon an Molotow richtete, wurde in zwei Berichten an den Ballhausplatz, in einer – wichtigen – Nuance abweichend, berichtet. Gesandter Bischoff berichtete, Menon habe Molotow gefragt, ob es nicht nützlich wäre, wenn Österreich „irgendeine feierliche Neutralitätserklärung“ abgäbe. Bischoffs Begeisterung über ihm sehr sympathische Perspektiven veranlaßten ihn zu der Anregung, es könnte der Weg über Botschafter Menon „zur informellen Vorbereitung des Terrains für die Neutralitätsdeklaration [!] und zu irgendeiner Klärung der sowjetischen Wünsche mit Vorteil benützt werden“.[157] Einem anderen Bericht zufolge fragte Menon, ob nicht

---

155 Schärf, *Erneuerung,* 349. In Schärfs Erinnerungsvermerk über die Besprechung vom 22. Juni ist keine Spur einer Einwendung oder gar eines Einspruches zu sehen. VGAB, Nachlaß Schärf, 4/245.

156 Molotow hatte unmittelbar nach Stalins Tod im März 1953 neuerlich die Führung des Außenministeriums anstelle Wyschinskijs, eines besonderen Günstlings Stalins, übernommen. Zu Wyschinskij äußert sich außerordentlich kritisch Andrej Gromyko, *Erinnerungen,* Düsseldorf – Wien – New York 1989, 442–450.

157 Telegramm Bischoffs vom 1. Juli 1953, AdR, BMAA, II-Pol, Zl. 322.496-Pol/53, veröffentlicht in ÖuG, Nr. 70.

eine Erklärung nützlich wäre, mit keiner der beiden Mächtegruppen ein Bündnis einzugehen und keiner der beiden militärische Basen zur Verfügung zu stellen.[158] Nach der ersten Quelle hätte Menon also von Neutralität gesprochen, nach dem zweiten Bericht lediglich von Bündnis- und Basenfreiheit. Eine dritte Quelle, Menons Bericht an die Regierung in New Delhi, dessen wichtigster Inhalt in Erfahrung gebracht werden konnte, bringt folgendes über Menons Demarche zutage: Menon äußerte zu Beginn des Gesprächs seine Ansicht, ein neuer Start betreffend die Frage des „Austrian Peace Treaty“ (!) sei nötig.[159] Die Frage sei, auf welcher Grundlage und unter welchen Bedingungen? Er, Menon, setze voraus, daß es das Hauptinteresse der sowjetischen Regierung sei, “that Austria should be neutral as between Western and Eastern Europe. The Ambassador believed that that was Austria’s own desire. Would it help, he asked, if Austria was to make a declaration that she would not join any group against the Soviet Union and/or allow her territory to be used for adverse purposes.” Die Formulierungen zur Bündnisfreiheit und Stützpunktfreiheit („allow her territory to be used for adverse purposes“) waren klar genug und entsprachen der damaligen, auch von Gruber gegenüber Nehru verwendeten österreichischen Linie. Menons Äußerung, er gehe davon aus, es sei das sowjetische Hauptinteresse, daß Österreich neutral zwischen Westeuropa und Osteuropa sei, „und er glaube, daß dies Österreichs eigener Wunsch sei“, ist wohl aus der eigenen indischen Perspektive der Äquidistanz zwischen Washington und Moskau zu verstehen; sie wurde aber den subtilen österreichischen Überlegungen und Unterscheidungen, insbesondere der strikten Begrenzung auf den militärischen, mit der Verpflichtung zu Bündnisfreiheit und Nichtzulassung von militärischen Stützpunkten abgedeckten Bereich – in dem von Gruber und Kreisky akkordierten, dem indischen Gesandten in Wien übergebenen Papier war von einem „militärpolitisch neutralisierten Öster-

---

158 Amtsvermerk Leg.-Rat Enderl über ein Gespräch mit Menon anfangs September 1953 in Budapest, AdR, BMAA, II-Pol, Zl. 323.914-Pol/53, veröffentlicht in ÖuG, Nr. 72. Kurt Enderl war damals in der wirtschaftspolitischen Abteilung des Außenamtes tätig, war jedoch aus seiner erst kurz zurückliegenden Zeit als Geschäftsträger in New Delhi mit Menon sehr gut bekannt; Menon war in Budapest mitakkreditiert.

159 Auf Ersuchen des Verfassers verwendete sich Bundeskanzler Kreisky 1979/80 bei Frau Ministerpräsidentin Indira Gandhi (der Tochter Nehrus) für die Beschaffung von Mitteilungen über Menons Intervention bei Molotow. Drei vom Verf. formulierte Fragen wurden im Wege der österreichischen Botschaft New Delhi (mit Note vom 18. März 1980) an das indische Außenministerium weitergegeben, die aufgrund der dem Ministerium vorliegenden Unterlagen über Menons Intervention schriftlich beantwortet wurden. Den damaligen Usancen entsprechend wurden keine Zitate oder Kopien von datierten Originaldokumenten mitgeteilt, sondern inhaltliche Zusammenfassungen, von denen angenommen werden kann, daß sie dem Original weitgehend entsprechen. Überdies fragte das indische Außenministerium schriftlich bei dem damals im Ruhestand lebenden Botschafter Menon an, der mit Brief vom 3. Februar 1980 an das indische Außenministerium einige kürzere Erinnerungen mitteilte. Antworten des indischen Außenministeriums und Stellungnahme Botschafter Menons im Besitz des Verfassers.

reich" die Rede – nicht ganz gerecht. Menon scheint übrigens bei seiner Demarche bei Molotow das am Tage vorher dem indischen Gesandten in Wien übergebene Papier nicht gekannt zu haben.[160] Andererseits dürfte der von Bischoff nach Wien einberichtete Begriff „Neutralitätsdeklaration" von Menon nicht verwendet worden sein; gerade dieses Wort in Bischoffs Bericht sorgte aber für größte Verärgerung bei Engländern und besonders Amerikanern und übrigens auch bei den österreichischen Sozialisten.

Die aus New Delhi beschafften Mitteilungen geben keine genaueren Hinweise auf Molotows Antwort, abgesehen von Menons Einschätzung, daß irgendein Fortschritt in der Österreichfrage mit der Gesamtsituation in Europa verknüpft sei und daß Menon „keinen klaren Hinweis" von Molotow über „die Pläne der Sowjetunion bezüglich zukünftiger Bewegungen in der Österreichfrage" erhielt. Botschafter Menon selbst hat auf schriftliches Befragen im Jahre 1980 mitgeteilt, daß Molotow ihm „in seiner üblichen regungslosen Art" zugehört und sich notiert habe, was Menon gesagt hatte.[161] Die österreichischen Berichte von 1953 sind bezüglich Molotows Antwort detaillierter. Die Substanz von Molotows Antwort auf Menons Sondierung bezüglich einer österreichischen Erklärung war eindeutig: „Nützlich" wäre eine solche Erklärung gewiß, „aber nicht genug. Erklärungen würden heute gemacht und morgen widerrufen",[162] und als Beispiel habe Molotow den „langen" Vertrag und den Kurzvertrag angeführt.[163] Auf die weitere Frage Menons, was dann genug wäre bzw. was die Österreicher tun könnten, ging Molotow nicht mehr ein.[164]

160 Auf die dem indischen Außenministerium vom Verf. gestellte Frage: "Whether the contents of Dr. Gruber's written statement given to Mr. Gundevia on June 29 were known to Mr. Menon on June 30?" lautete die Antwort: "There is no mention of that by Ambassador Menon." Vgl. die vorhergehende Anmerkung.

161 "On my return [von der Bürgenstock-Konferenz der indischen Missionschefs in Europa, G. S.] I spoke to Molotov on this and other subjects. I told him that the Soviet Government had latterly taken a number of steps for easing international tension, and these were much appreciated by the Prime Minister Jawaharlal Nehru. The Four Power occupation of Austria, however, continued as a relic of the second world war and a symbol of the cold war. Nehru was interested in this problem and hoped that the Soviet Government would take some steps to solve it. Molotov listened in his usual impassive way and made a note of what I said." In dieser Stellungnahme vom 2. Februar 1980 ging Menon auf die Frage Neutralität oder Bündnisfreiheit gar nicht ein.

162 Hier zitiert nach Bischoffs Bericht; übereinstimmend Bericht Enderls.

163 Diese Wiedergabe im Gespräch Menon/Enderl. Enderl zitiert in seinem Bericht wörtlich Menons Wiedergabe eines Satzes von Molotows Antwort in englischer Sprache: "Such a declaration would certainly be useful, but as you know and as you can see from the case of the long and short treaty draft, declarations can be made and unmade."

164 Ende Juli 1953 erkundigte sich der indische Foreign Secretary, R. K. Nehru, beim österreichischen Gesandten in New Delhi, ob die Bundesregierung eine Erklärung über eine „Neutralisierung" Österreichs bereits vor dem Parlament abgegeben hätte. Dies könnte sich auf die Formulierung vom „militärpolitisch neutralisierten Österreich" in dem dem Gesandten Gundevia am 29. Juni übergebenen Papier beziehen. AdR, BMAA, II-Pol, Mikrofilmarchiv XX/3/Rolle 2, Bericht Zl. 24-Pol/53

Die sowjetische Reaktion auf die Signale aus Wien war also eher enttäuschend. Der auffallenden Welle von Erleichterungen im Besatzungsregime entsprach keineswegs eine ebenso spektakuläre „neue Linie" in Richtung Staatsvertrag. Das Datum der Interventionen Menons und Bischoffs am 30. Juni war ungünstig; es war noch ungünstiger, als die beiden Diplomaten wissen konnten. Nicht nur hatte es am 17. Juni, wie bereits erwähnt, den von der Besatzungsmacht niedergeschlagenen Aufstand in Ostdeutschland gegeben; am 26. Juni war Beria, Erster Stellvertretender Ministerpräsident, Herr über den Geheimdienst und in den Wochen zuvor außenpolitisch zunehmend aktiver Rivale und Herausforderer Molotows in der Deutschlandpolitik, verhaftet worden, doch wurde dies erst am 10. Juli bekanntgegeben. Überdies zeigen neue Forschungen, daß Molotow im Mai und anfangs Juni mehrfach Anregungen des Ministerpräsidenten Malenkow blockierte, – im Zusammenhang mit der britischen Einladung für ein neues Treffen der Sonderbeauftragten – die Staatsvertratsverhandlungen wieder aufzunehmen.[165]

Hingegen war die Reaktion seitens der britischen und der amerikanischen Diplomatie auf Grubers Bürgenstock-Gespräch und die Interventionen in Moskau (das von Bischoff überreichte Memorandum ebenso wie Menons Demarche) außerordentlich verärgert, im Falle der Engländer geradezu wütend. In zahlreichen diplomatischen Schriftstücken ab Ende Juni 1953 zeigt sich der Ärger über die Unbotmäßigkeit der Österreicher. Auf die inhaltlichen Fragen von Österreichs zukünftigem Status – bündnisfrei, „neutral" (was immer der Inhalt dieses Begriffs konkret bedeuten mochte), trotzdem dem Westen möglichst eng verbunden –, wie sie besonders im Jahre 1953 die Diplomaten der Westmächte beschäftigte, wird im folgenden Kapitel näher eingegangen werden. Hier ist jedoch festzuhalten, daß Österreichs erste Schritte der Emanzipation von der diplomatischen Vormundschaft der Westmächte – wohl besonders der Amerikaner – ein äußerst kritisches Echo fanden. Das unabhängige Agieren der langjährigen Schutzbefohlenen wurde gar nicht geschätzt. Bei dem auffallenden Ärger britischer Diplomaten mag eine Rolle gespielt haben, daß Indien als Mitglied des „Clubs" des Commonwealth den Engländern keine Vorinformation gegeben hatte[166] und daß sie von Gruber möglicherweise weniger genau als die Amerikaner informiert wurden.[167] In

---

Gesandtschaft New Delhi vom 31. Juli 1953. Zur „Bürgenstock-Initiative" Grubers und der Demarche Botschafter Menons in Moskau auch ausführlich Jenny, *Konsensformel,* 87–95; wohlinformiert bereits damals der Artikel „Das Schweigen des Herrn Molotow" von Alfons Dalma, *SN,* 5./6. Sept. 1953, 1.

165 AdG 1953, 4068 C; Vladislav Zubok und Constantine Pleshakov, *Inside the Kremlin's Cold War. From Stalin to Khrushchev,* Cambridge, Mass. 1996, 156–163, insbes. 157–158.

166 Vgl. Telegramm des britischen Botschafters in Moskau, Sir A. Gascoigne, nach London, PRO, FO 371/103763/CA1071/167.

167 Vgl. Telegramm Dulles an Thompson, 7. Juli 1953, *FR 1952–1954,* VII, 1870.

London beklagte man die Schwächung der westlichen Verhandlungsposition durch die österreichischen Extratouren.[168]

Wenn auch der Ton der amerikanischen diplomatischen Dokumente ruhiger ist als jener der britischen, so waren doch die amerikanischen Vorbehalte grundsätzlich ernster. Das amerikanische militärische Engagement in Österreich war wesentlich größer als das britische; und das ideologisch geprägte Freund-Feind-Denken war in den USA stärker entwickelt als im pragmatischeren England. Dazu kam als erschwerendes Moment, daß den Westmächten die – wohl unzutreffende – Bischoff-Version des Menon-Molotow-Gesprächs zukam, wonach Menon von der österreichischen Bereitschaft einer „Neutralitätserklärung" gesprochen habe.[169] Thompson betonte daher gegenüber Raab und Gruber – beinahe in Form eines diplomatisch verklausulierten Ordnungsrufs! –, daß die Anfrage bei Nehru ohne vorherige Information (zu interpretieren ist wohl: Konsultation) der USA „sehr beunruhigend" sei, besonders in Hinblick auf die Bezugnahme des indischen Botschafters auf die Neutralität. Gruber verteidigte sich und wandte ein, er habe nie von Neutralität gesprochen, sondern lediglich von österreichischer Nichtteilnahme an Militärpakten – was bezüglich des Gesprächs mit Nehru auch zutraf.[170] Die außenpolitischen Turbulenzen stachelten Raabs außenpolitisches Interesse erst recht an. An einem schwierigen Tag, an dem Botschafter Thompson Raab mahnend „in aller Freundlichkeit" sagte, „daß die U.S.A. nur Staaten die Hilfe leihen werden, die eindeutig mit ihnen verbunden sind", und Schärf Raab darauf aufmerksam

---

168 Vgl. den verärgerten Aktenvermerk Geoffrey Harrisons über die neuesten „Gruberisms" vom 3. Juli 1953, PRO, FO 371/103763/CA1071/168; vgl. auch Bischof, „Making of a Cold Warrior", 122.

169 Bischoffs Bericht aus Moskau wurde in Wien ohne Kommentierung der möglicherweise „wishful thinking" verratenden Berichterstattung Bischoffs („feierliche Neutralitätserklärung") an die Missionen in den Hauptstädten der Westalliierten weitergegeben (AdR, BMAA, II-Pol. Zl. 322.496-Pol/53; vgl. u. a. PRO, FO 371/103763/ CA1071/166 u.CA1071/175). Ein britischer Diplomat machte sich Notizen aus Bischoffs Bericht anläßlich eines Besuches beim Generalsekretär Wildmann im Außenamt, während Wildmann einige Minuten zu Gruber gerufen wurde. G. P. Labouchere an Harrison, 7. Juli 1953, PRO, FO 371/103763/CA1971/171.

170 Bericht Thompsons vom 9. Juli 1953, *FR 1952–1954,* VII, 1871. Raab notierte hierzu: „Aussprache mit dem amerikanischen Botschafter, und zwar eine sehr ernste." Unmittelbar anschließend notierte Raab, die „Hetze der Sozi" gehe ziemlich weit „wegen der russophilen Politik, aber ich werde sie überwinden". StAS, PT, Eintragung zum 8. Juli 1953. Gruber wiederholte wenige Wochen später in einem Gespräch zwischen Raab, Helmer, Gruber und Thompson, daß er nur eine österreichische Erklärung betreffend Nichtmitgliedschaft in Militärpakten im Sinne habe, und nicht „neutralization". Bericht Thompsons vom 1. August 1953, *FR 1952–1954,* VII, 1878. Gruber unterstrich gegenüber dem schweizerischen Außenminister Petitpierre am 18. Juli 1953 in Zürich, als das Gespräch auf die „Frage der Neutralität oder der Neutralisierung Österreichs" kam, die österreichische Regierung lege vor allem Wert darauf, „une politique sans alliance" zu machen. Gruber erläuterte weiter, er habe über den indischen Botschafter in Moskau bei Molotow anfragen lassen, wie „une politique sans alliance, équivalent à une neutralité" beurteilt würde. Gesprächsvermerk Petitpierres: SBA, Fonds Petitpierre, E 2800, 1990/106. Vgl. auch Jenny, *Konsensformel,* 93–94.

machte, daß die Berichte aus Moskau zeigten, daß die Russen gar nicht abziehen wollten, notierte er abschließend: „Schöne Aussichten[.] Nun erst recht für die Außenpolitik ein besonderes Interesse." Raab zeigte übrigens in diesen Tagen die Tendenz, Gruber gegenüber den Westalliierten zu desavouieren und versprach, die Regierung werde keine Schritte bezüglich der Staatsvertragsverhandlungen ohne vorherige Konsultationen unternehmen.[171]

Botschafter Thompson suchte unmittelbar im Anschluß an den Protestbesuch bei Raab und Gruber Schärf auf und sprach, wohl im Wissen um Schärfs Kritik an der Moskauer Demarche,[172] noch offener. Thompson brachte deutlich die Betroffenheit der Amerikaner über den Vertrauensbruch, als den sie die Aktion mit der Demarche der Inder betrachteten, zum Ausdruck. In Schärfs Erinnerungsvermerk heißt es weiter, Thompson sei „auf die Demarche der Inder" zu sprechen gekommen und habe die Betroffenheit der Amerikaner zum Ausdruck gebracht, nicht vorher informiert worden zu sein. Thompson glaube nicht, „daß irgend jemand erwarte, daß Österreich Mitglied der NATO werde, er halte es jedoch für wichtig, daß Österreich nicht in ein Licht gerät, wo es ihm unmöglich werden könnte, Mitglied einer europäischen Gemeinschaft zu werden. In Amerika denke man eben vielfach, wer nicht mit uns ist, ist gegen uns; und das wende man auch auf Österreich an, wodurch gewisse Gefahren entstehen könnten."[173]

Es zeigte sich bald, daß es der sowjetischen Außenpolitik zunächst und in erster Linie um die endgültige Rücknahme des Kurzvertrages ging. Ohne die geringste Konzessionsbereitschaft verlangten die Sowjets, daß bei weiteren Gesprächen vom „langen" Staatsvertragsentwurf auszugehen wäre. Da Österreich im Jahre 1952 den Kurzvertrag gutgeheißen hatte – besonders in dem weiter oben ausführlich beschriebenen Memorandum vom Juli 1952 –, verlangte die Sowjetunion auch von Österreich die Distanzierung vom Kurzvertrag. Sowohl die Westmächte als auch Österreich trennten sich also vom Kurzvertrag,

171 StAS, PT, Eintragung zum 4. Juli 1953; Bericht Thompsons über Besuch Raabs v. 4. Juli 1953, *FR 1952–1954,* VII, Anm. 5; Bericht des britischen Hochkommissars Sir Harold Caccia über Besuch bei Raab am 9. Juli. PRO, FO 371/103763/CA1071/173.

172 Gespräch zwischen Schärf und Kreisky mit den drei stellvertretenden westlichen Hochkommissaren am 2. Juli über Bischoffs Bericht. PRO, FO 371/103763/CA1071/166.

173 Erinnerungsvermerk über den Besuch Thompsons in Schärfs Büro am 8. Juli 1953, im Anschluß an seine Vorsprache bei Raab und Gruber, in: VGAB, Nachlaß Schärf, 4/219, teilweise veröffentlicht in: Stadler, *Schärf,* 421; Thompsons Bericht in *FR 1952–1954,* VII, 1871. Bei einer Besprechung Helmers und Grubers am 15. 9. 1953 mit hohen amerikanischen Militärs in Salzburg wurde von österreichischer Seite erklärt, eine „Neutralisierung" Österreichs komme nicht in Frage, aber das Land wolle „unabhängig" bleiben; dies schien nicht zu befriedigen, denn tags darauf übte man im amerikanischen Hauptquartier massive Kritik: „Wir haben wenig Interesse daran, daß Österreich in die sowjetische Einflußsphäre gerät und werden nur bei klaren Verhältnissen ausrüsten. Womit werden Sie die österreichische Armee ausrüsten, wenn eine solche Politik die Ausrüstung durch uns verhindert?" Österreich könne sich eine wirkliche Neutralität, welche eine starke Ausrüstung aus eigenem erfordere, nicht leisten. Graf an Raab, 18. 9. 1953 (Beilage); Bericht Paumgarttens vom 16. 9. 1953, Beilage zu Graf an Raab, 23. 9. 1953. ÖStA, GD, NLS, B/1030/145.

dem ja von vornherein kaum eine echte Funktion als Verhandlungsbasis, eher eine Rolle als Instrument des Protestes und der Propaganda zugedacht war. Am schwersten fiel dies den Amerikanern, die geltend machten, daß mit dem Fallenlassen des Kurzvertrages die Rückkehr zu den bereits 1949 ausgehandelten, doch zunehmend als unzumutbare und gefährliche Belastungen angesehenen Artikeln des „langen" Vertrages verbunden war. Den Briten und Franzosen war um den Kurzvertrag weniger leid. Aber auch die Österreicher waren längst zu dem Schluß gekommen, daß Verhandlungen mit den Sowjets nur nach Fallenlassen des Kurzvertrages wieder flottgemacht werden könnten; schon in der ersten Sitzung des neuen Kabinetts Raab am 9. April 1953 war Gruber ermächtigt worden, den Westalliierten mitzuteilen, daß Österreich bei einer Viermächtebesprechung über den Staatsvertrag einer Rückziehung des Kurzvertrages zustimmen würde. Gegenüber anhaltendem amerikanischem Zögern forderte Gruber gegenüber den Westalliierten im August 1953 kategorisch den schleunigen Verzicht auf den Kurzvertrag. Norbert Bischoff richtete anfangs September 1953 ein dringliches Privatschreiben an Adolf Schärf mit der Bitte, Österreich möge den Kurzvertrag endgültig fallenlassen, doch war diese Entscheidung in Wien schon gefallen.[174]

Die Bundesregierung legte Wert darauf, die Abkehr vom Kurzvertrag parlamentarisch abzusichern. Auf Ersuchen der Bundesregierung trat der Hauptausschuß des Nationalrates am 19. August 1953 zusammen, um den Text einer österreichischen Note an die Sowjetunion zu genehmigen. Nachdem diese Note die sowjetische Seite nicht voll zufriedenstellte, erging am 23. September 1953 eine weitere Note an die Sowjetunion, für die von der Bundesregierung ebenfalls ausdrücklich das Placet des Hauptausschusses eingeholt wurde. Bei dieser zweiten außenpolitischen Beratung des Hauptausschusses binnen weniger Wochen erklärte Außenminister Gruber wörtlich: „Unsere Politik ist: Frei

174 Zur britischen Haltung vgl. AdR, BMAA, II-Pol, Mikrofilmarchiv XX/3/Rolle 2, Bericht Zl. 83-Pol/53 Botschaft London vom 13. August 1953. Zur österreichischen Bereitschaft, zum Langvertrag zurückzukehren, vgl. noch vor Jahresende 1952 Figl und Gruber im Gespräch mit dem britischen Hochkommissar Caccia, hierzu dessen Bericht v. 14. Jänner 1953, PRO, FO 371/103758/CA1071/10; Ermächigung der Regierung Raab an Gruber: AdR, MRProt Nr. 1 (mit Bildung der Regierung Raab I begann eine neue Zählung der Ministerratsprotokolle), 9. April 1953 (Verschluß). Knapp darauf verfaßte Gruber auf Ersuchen des amerikanischen Hochkommissars Thompson ein Memorandum mit den österreichischen Argumenten zur Rücknahme des Kurzvertrags: am 17. April 1953 von Gruber an Thompson persönlich übergeben, hierzu NA, RG 59, 663.001/4-1753; wenige Tage danach auch den beiden anderen Westmächten übergeben: vgl. PRO, FO 371/103761/CA1071/91; dieses Memorandum hatte, wie der französische Hochkommissar Payart nach Paris berichtete, die Zustimmung Raabs und des neuen Staatssekretärs Kreisky: AAF Wien, Traité d'Etat IV, Bericht v. 22. April 1953, Nr. 580/588. Zu Grubers Intervention bei den Westmächten im August 1953: Gespräch Generalsekretär Karl Wildmann mit Außenminister Gruber und Weisung Wildmann an Botschaften in Washington, London, Paris v. 8. August 1953, Zl. 323.227-Pol/53. Brief Bischoffs an Schärf v. 5. September 1953 im Anhang (Dok. Nr. 28) zu dem bereits genannten Manuskript Bischoffs, ÖStA, GD, NLS, E/1770/156.

von militärischen Blöcken – aber auch im Inneren frei gemäß unserer demokratischen Verfassung!“ Diese Äußerung wurde als Teil des Berichts der Bundesregierung vom Hauptausschuß „zustimmend zur Kenntnis genommen“.[175] Die Beratungen des Hauptausschusses vom August und September 1953 sind deshalb von besonderem Interesse, weil hier jene parlamentarische Abstützung der österreichischen Außenpolitik praktiziert wurde, die in den Beratungen Raabs, Schärfs, Grubers und Kreiskys nach Grubers Rückkehr vom Bürgenstock zur Sprache gekommen war und die zwei Jahre später voll zum Tragen kommen sollte.

Von österreichischer Seite waren also zwischen Juni und September 1953 eine ganze Reihe von Schritten unternommen worden, um die Staatsvertragsverhandlungen wieder flott zu machen. Wenn die Entwicklung zäher voranging, als es sich die Österreicher erhoffen mochten, dann lag dies nicht zuletzt daran, daß in den Augen der Großmächte in West und Ost das Schicksal des Staatsvertrages mit der Klärung der deutschen Frage verbunden war. Daß dies auch für die Westmächte galt, zeigt sich in ihrer seit dem Frühjahr 1953 wachsenden Besorgnis wegen einer „Neutralisierung“ Österreichs. Im April 1953 schrieb Walter Wodak aus Paris nach Wien, eine Nichtteilnahme Österreichs an Militärpakten schiene akzeptabel, aber man fürchte eben die Folgen für Deutschland. Dazu komme noch, „daß die Worte Neutralität und Neutralisierung heutzutage im Westen einen schlechten Klang haben“.[176]

Für die österreichische Außenpolitik gilt jedenfalls, daß sie im Sommer 1953 den Gedanken der Bündnisfreiheit oder der Neutralität – über die Nuancen wird noch zu sprechen sein – erstmals als mögliches Verhandlungsobjekt ins Gespräch brachte. Es mag daher jetzt der Ort sein, rückgreifend in einem Exkurs den historischen Wurzeln und Voraussetzungen dieser Idee nachzugehen und dann erst ein Bild vom weiteren Fortgang der Staatsvertragsverhandlungen zu zeichnen.

---

175 Vgl. Parlamentskorrespondenz vom 19. August bzw. 23. September 1953. Für die Beratungen des Hauptausschusses über die beiden Noten an die Sowjetunion wurde ausdrücklich die Vertraulichkeit aufgehoben. In der Beratung vom 23. September erklärte Außenminister Gruber zusätzlich, die „Nichtteilnahme an militärischen Bündnissen heißt ja nicht, daß dort, wo es unsere kulturellen und ökonomischen Interessen erfordern, für Österreich die internationale Zusammenarbeit ausgeschlossen sei“. Der sowjetisch-österreichische Notenwechsel von Juli–September 1953 abgedruckt bei: DÖA, Nr. 118, 119, 125.

176 Brief an Adolf Schärf vom 22. April 1953, bezugnehmend auf ein Gespräch mit westlichen Diplomaten; Nachlaß Wodak, nunmehr in ÖStA, GD, NLS, E 1785; für die Möglichkeit der frühzeitigen Einsichtnahme bin ich Frau Dr. Erna Wodak sehr zu Dank verpflichtet.

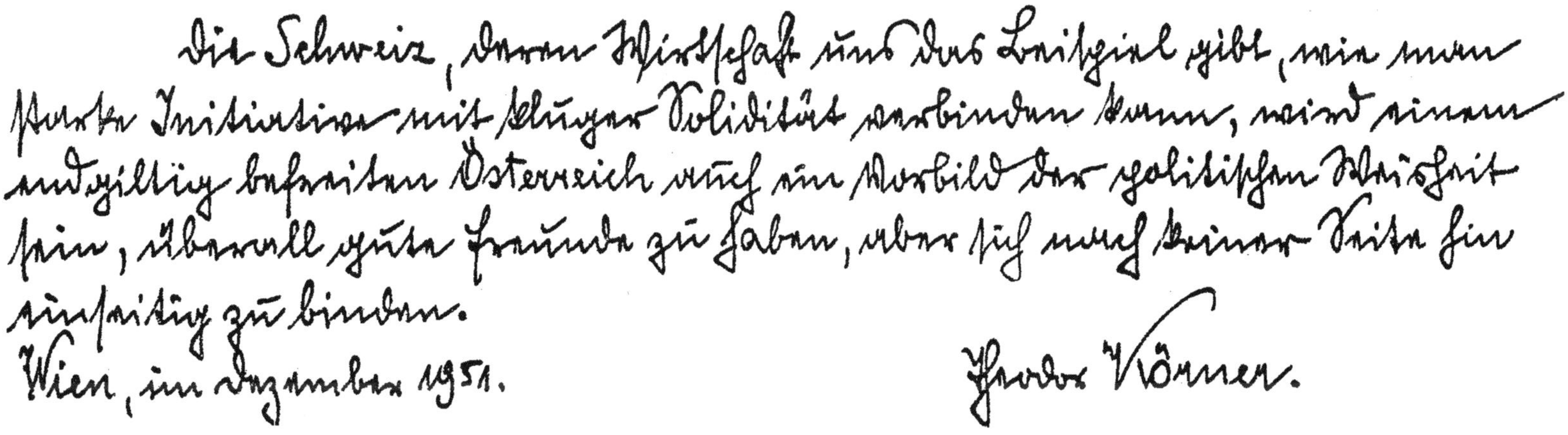

Die Schweiz, deren Wirtschaft uns das Beispiel gibt, wie man starke Initiative mit kluger Solidität verbinden kann, wird einem endgültig befreiten Österreich auch ein Vorbild der politischen Weisheit sein, überall gute Freunde zu haben, aber sich nach keiner Seite hin einseitig zu binden.

Wien, im Dezember 1951.

Theodor Körner.

Letzter Absatz einer Grußbotschaft des Bundespräsidenten Theodor Körner, die als Faksimile in der Österreich-Sondernummer des *Journal de Genève* am 23. Februar 1952 veröffentlicht wurde.

V

BÜNDNISFREIHEIT ALS BEDINGUNG DER FREIHEIT

1. Exkurs: Zur Geschichte und Problematik des Neutralitätsgedankens in Österreich 1918–1938

Der völkerrechtliche Begriff der Neutralität betrifft zunächst die Haltung eines Staates, der sich an einem bestimmten Krieg zwischen anderen Staaten nicht beteiligt. Verzichtet jedoch ein Staat grundsätzlich auf die Teilnahme an zukünftigen kriegerischen Verwicklungen (ausgenommen die Abwehr eines gegen ihn gerichteten Angriffs), spricht man von dauernder, ständiger oder immerwährender Neutralität, zumal wenn dieser Verzicht Gegenstand einer völkerrechtlichen Regelung ist, wie etwa im Fall Belgiens von 1831 bis zum Ersten Weltkrieg oder der Schweiz seit 1815. Handelt es sich um eine vertraglich auferlegte Neutralität, spricht man auch von „Neutralisierung" oder „neutralisierten" Staaten. Der grundsätzliche Verzicht auf Teilnahme an zukünftigen Kriegen kommt insbesondere darin zum Ausdruck, daß der ständig neutrale Staat keine Militärbündnisse, sei es offensiver oder defensiver Art, eingeht und auch darüber hinaus alles unterläßt, was geeignet wäre, ihn in einen bewaffneten Konflikt hineinzuziehen.[1] Dazu zählt zum Beispiel die Zulassung ausländischer Militärstützpunkte. Staaten, welche zwecks Erhaltung ihrer Unabhängigkeit einen solchen grundsätzlichen Verzicht auf Teilnahme an militärischen Verwicklungen zur Richtschnur nehmen, betreiben „Neutralitätspolitik", ob sie nun völkerrechtlich dazu verpflichtet sind oder, wie im Fall Schwedens, lediglich eine traditionelle außenpolitische Linie konstant verfolgen. Fehlt es an der völkerrechtlichen Fixierung, ist auch die Terminologie lockerer, und anstatt von ständiger Neutralität und Neutralitätspolitik wird

---

1 Vgl. Alfred Verdross, *Die immerwährende Neutralität der Republik Österreich,* Wien ^{2}1966; ders., „Österreichs Neutralität, ein Beitrag zum Frieden in der Welt", in: *Die Republik Österreich. Gestalt und Funktion ihrer Verfassung,* hrsg. von Hans R. Klecatsky, Wien 1968, 279–299; Stephan Verosta, *Die dauernde Neutralität. Ein Grundriß,* Wien 1967, darin 113–117 als Anhang die sogenannte „offizielle Schweizer Konzeption der Neutralität", eine aus der Feder des schweizerischen Völkerrechtlers Rudolf Bindschedler stammende Ausarbeitung von Leitsätzen zum „Begriff der Neutralität" des Politischen Departements (Außenministeriums) der Schweiz vom 26. November 1954; zu diesen „Leitsätzen" nunmehr eingehend Jenny, *Konsensformel,* 210–216, der darauf hinweist, daß die unzutreffende Überschrift „Offizielle Konzeption" erstmals bei einer Wiederveröffentlichung im Schweizerischen Jahrbuch für internationales Recht verwendet wurde. Eine weitere grundsätzliche Ausarbeitung zur dauernden Neutralität wurde vorgelegt von Rudolf Kirchschläger, „Der österreichische Status der dauernden Neutralität und seine Rückwirkung auf das interne Recht des dauernd neutralen Staates", in: *Verhandlungen des Dritten österreichischen Juristentages Wien 1967,* Bd. 2, 2. Teil, Wien 1969, 5–23.

bisweilen von Bündnis-, Pakt- oder Allianzfreiheit und einer Politik der Allianzfreiheit gesprochen.[2]

Wo sind die historischen Wurzeln der Neutralität Österreichs zu suchen? Man kann davon ausgehen, daß Mächte, deren Eigengewicht groß genug ist, das bestehende Mächtegleichgewicht entscheidend zu verändern, und die selbst zum Zentrum eines Machtblocks werden können, kaum geeignete Träger einer ständigen Neutralität sind. Obgleich sogar im Reichsrat des kaiserlichen Österreich bereits 1912 das Projekt einer ständigen Neutralität der Donaumonarchie deponiert wurde – charakteristischerweise von tschechischen Abgeordneten im Kampf gegen das Militärbündnis mit Deutschland[3] –, ist es doch die Konstituierung Österreichs als Kleinstaat 1918/19, die als Ausgangspunkt unserer Überlegungen zu dienen hat. Dieser Kleinstaat war allerdings mit einer schweren Hypothek der Anschlußproblematik behaftet, einer Problematik, die mit der „Großraum"-Mentalität einer Mehrzahl der Österreicher eng zusammenhing. In Vorarlberg gab es wohl die Bewegung zugunsten eines Anschlusses an den neutralen Kleinstaat Schweiz. Kam in Tirol noch im April/Mai 1919 das Bestreben zum Ausdruck, als neutraler Kleinstaat ungeteilt zu überleben, so ergab dort zwei Jahre später, 1921, eine Volksbefragung (wie auch im benachbarten Salzburg) eine überwältigende Mehrheit für den Anschluß an Deutschland; die Labilität jener Anfangsjahre der Ersten Republik spiegelt sich in dieser verzweifelten Suche nach einem Ausweg aus der Krise.[4]

Unter den Persönlichkeiten von gesamtösterreichischer Bedeutung gab es 1919 einen Mann, der mit besonderer Konsequenz das Beispiel der neutralen Schweiz auf ein vor dem Anschluß zu bewahrendes Österreich anwenden wollte: der letzte Ministerpräsident des k. k. Österreich und Rechtsgelehrte Heinrich Lammasch. In einem bemerkenswerten Memorandum, das Lammasch Ende März 1919 alliierten Diplomaten in Bern überreichte und dessen Text sich in den Akten des britischen Foreign Office fand, befürwortete er eine neutralisierte, unabhängige Alpenrepublik, die gemeinsam mit der Schweiz sozusagen eine Pufferzone im Zentrum Europas bilden würde.[5] Auch in einem bisher unveröffentlichten Brief an Otto Bauer, als Mitglied der österreichi-

2 Vgl. Gerald Stourzh, „Some Reflections on Permanent Neutrality", in: *Small States in International Relations,* hrsg. von August Schou und Arne Olav Brundtland (= Nobel Symposium 17), Stockholm 1971, 93–98.

3 Antrag von 24 tschechischen Sozialdemokraten (Autonomisten) vom 20. Juni 1912 (Abg. Modráček und Genossen), Nr. 1509 der Beilagen zu den Sten.-Prot. des Abgeordnetenhauses des Reichsrates, 21. Session, 1912, Bd. 8.

4 Vgl. Otto Ender, *Vorarlbergs Schweizer-Anschluß-Bewegung,* Dornbirn 1952; Rudolf Granichstaedten-Czerva, *Tirol und die Revolution,* Innsbruck 1920, 29, 43, 48 und 86.

5 Public Record Office London, F. O. 371/3530: von Lammasch überreichtes Memorandum übermittelt als Beilage eines Berichts der englischen Gesandtschaft Bern an das Foreign Office vom 28. März 1919 (mit Kopie an die englische Delegation auf dem Pariser Friedenskongreß, F. O. 608/11).

schen Delegation in Saint-Germain und publizistisch sprach sich Lammasch für eine neutrale „norische“ oder „ostalpine“ Republik aus.[6] Ähnliche Vorstellungen vertrat der Lammasch ja sehr nahestehende Staatsrechtler und Politiker Josef Redlich, der im Jänner 1919 davon sprach, daß „der Ausweg für Deutschösterreich in einer Politik läge, die zur Neutralisierung der in eine Kantonalverfassung umzubildenden deutschösterreichischen Länder“ führe. „Indem wir föderativ und neutralisiert werden, bilden wir mit der Schweiz einen neutralen Ring, sowohl gegen Süden wie nach Osten, der jede deutsche Revanchepolitik ausschließt.“[7]

Aber nicht der schon im Jahre 1920 verstorbene Heinrich Lammasch, auch nicht der zwischen Wien und der Harvard-Universität pendelnde Josef Redlich, sondern zwei andere Persönlichkeiten drückten der Ersten Republik ihren Stempel auf, die bei aller politischen Gegnerschaft eine gemeinsame Abneigung gegen das Kleinstaatdasein hegten: Otto Bauer und Ignaz Seipel. Bauer wetterte gegen ein „Leben der Kleinheit und Kleinlichkeit, ein Leben, in dem nichts Großes gedeihen kann, am allerwenigsten das Größte, was wir kennen, der Sozialismus“. Ignaz Seipel war der Meinung, es sei „eine gute Lehre und ein verdientes Schicksal“, daß die Österreicher eine zeitlang verurteilt seien, „ein hartes Kleinstaatdasein zu leben“. Die Österreicher seien „ihrer ganzen Geschichte und Art nach Großstaatmenschen“.[8] Allerdings hinderte dieses grundsätzliche Großraumdenken die beiden antagonistischen und doch so geistesverwandten Staatsmänner nicht daran, in konkreten politischen Situa-

---

6 Brief an Otto Bauer aus Bern, 20. März 1919, AdR, NPA, Präs., K 261 (Nachlaß Otto Bauer), fol. 457; für Lammaschs Ansichten in Saint-Germain vgl. Brief Renners an Bauer vom 15. Mai 1919, ebd., fol. 644, Telegramm Renners an Bauer vom 20. Mai 1919, ebd., fol. 511; von besonderem Interesse ein „von einem Österreicher“ gekennzeichneter Artikel Lammaschs „Die norische Republik“, in: *National-Zeitung,* Basel, Nr. 224, 15. Mai 1919, 1, der nicht im Verzeichnis der Veröffentlichungen Lammaschs in dem von Marga Lammasch und Hans Sperl herausgegebenen Werk: *Heinrich Lammasch – Seine Aufzeichnungen, sein Wirken und seine Politik,* Wien – Leipzig 1922, enthalten ist. In einem Artikel „Der Friede von St. Germain“, *National-Zeitung,* Basel, Nr. 337, 25. Juli 1919, appellierte Lammasch an Frankreich, ob es nicht zu seinem Vorteil wäre, Österreich nicht in die Arme Deutschlands zu treiben, sondern „eine Verbindung über neutrales Gebiet von Genf bis an die Westgrenze Ungarns durch eine neutrale ostalpine Republik zu erhalten, die in gewissem Sinne die Fortsetzung der Schweiz darstellte“.

7 Tagebucheintragung Redlichs vom 13. Jänner 1919, in: Fritz Fellner, Hg., *Schicksalsjahre Österreichs 1908–1919. Das politische Tagebuch Josef Redlichs,* 2 Bde., Graz – Köln 1954, hier Bd. II, 230. Hierzu Stephan Verosta, „Das französische Angebot der dauernden Neutralität an Österreich im Jahre 1919“, in: Emanuel Diez u. a., Hg., *Festschrift für Rudolf Bindschedler zum 65. Geburtstag,* Bern 1980, 51–68, hier 55.

8 Otto Bauer, *Acht Monate Auswärtiger Politik,* Wien 1919, 5; Privatbrief Seipels an Dr. W. Bauer, Delegierter der Österreichischen Bundesbahnen in Paris, 31. Juli 1928: Abschrift des Briefes in AdR, NPA, K 465, fol. 68–70 (zu Zl. 23.808/13/1928), erstmals veröffentlicht in englischer Übersetzung von Paul R. Sweet in: *Journal of Modern History,* 19, 1947, 320–323; deutsche Veröffentlichung bei Viktor Reimann, *Zu groß für Österreich – Seipel und Bauer im Kampf um die Erste Republik,* Wien 1968, 190–193.

tionen das Kleinstaatdasein ähnlich der Schweiz zu bejahen. In seiner jahrelangen Abwehr einer Anschlußpolitik sprach Seipel auch einmal davon, daß Österreich gerade durch seinen Föderalismus (der bei einem Anschluß an Deutschland schwierigste Probleme aufwerfen würde) „für immer zu einem selbständigen Sein nach Art der Schweiz, seinem einzigen und tatsächlichen Vorbild, bestimmt zu sein“ scheine. Aus Bern wußte der österreichische Gesandte damals zu berichten, in der Schweiz habe „der Satz vom ‚natürlichen Vorbild‘ sehr angenehm berührt“.[9] Und Otto Bauer zog 1933 aus der Machtergreifung Hitlers in Deutschland den Schluß, daß Österreich die völkerrechtliche Neutralisierung anstreben sollte; aus bisher unveröffentlichten Quellen geht sogar hervor, daß Bauer über diplomatische Kanäle andere Staaten für diesen Plan zu interessieren versuchte.[10]

Frankreich hat im Frühjahr 1919 eine Zeitlang die Neutralität Österreichs erwogen und propagiert. André Tardieu, engster Berater des Ministerpräsidenten Clémenceau auf der Friedenskonferenz, schlug in einer Besprechung über Grenzfragen am 11. März 1919 seinen britischen und amerikanischen Gesprächspartnern “under the guarantee of the League of Nations, the neutrality of German Austria” vor. Drei Tage später erschien in der offiziösen Tageszeitung *Le Temps* ein Artikel, der genau diese Lösung propagierte; zwei weitere Tage später äußerte sich der französische Außenminister Stephen Pichon auf einer Pressekonferenz im Sinne einer Neutralisierung Österreichs.[11] Auch in

---

9 Ignaz Seipel, *Der Kampf um die österreichische Verfassung,* Wien 1930, 158 (aus einem Vortrag in München am 21. Jänner 1929). Bericht des Gesandten Hoffinger aus Bern Nr. 8/P vom 5. Februar 1929, AdR, NPA, Berichte Gesandtschaft Bern.

10 Aus Akten des britischen Foreign Office geht folgendes hervor: Am 17. März 1933 berichtete der britische Gesandte in Wien, Sir Eric Phipps, sein französischer Kollege in Wien habe vom französischen Gesandten in Prag erfahren, daß Otto Bauer gegenüber dem tschechischen Gesandten in Wien (es handelte sich um den Sozialdemokraten Zdeněk Fierlinger) den Plan einer Neutralisierung Österreichs betrieben und hinzugefügt habe, England wäre das geeignete Land, diesen Vorschlag zu lancieren; die Reaktion des Foreign Office war negativ. PRO, FO 371/16636. Bekannt war bereits, daß am 13. Mai 1933 die sozialdemokratische Parteivertretung und der Abgeordnetenklub für die völkerrechtliche Neutralisierung Österreichs eintraten und Bauer darüber dem im Oktober tagenden Parteitag berichtete. Bauers Referat in: *Archiv,* Mitteilungsblatt des Vereins für Geschichte der Arbeiterbewegung, Bd. 3, 1963, 49. Die hier genannten Quellen zeigen, daß die Erinnerung Otto Leichters, wonach Karl Seitz den Plan einer Neutralisierung Österreichs entwickelt habe, korrekturbedürftig ist. Leichter erinnerte sich an ein Gespräch mit Seitz im Herbst 1933; vgl. Otto Leichter, „Für ein unabhängiges Österreich. Eine Denkschrift aus dem Jahre 1939“, in: *Die Zukunft,* Jg. 1973, Heft 1/2, 30, Anm. 4. Auch Karl Renner hat im Herbst 1933 für die Neutralität Österreichs plädiert (vgl. unten Anm. 38).

11 Bericht des britischen Gesprächsteilnehmers Philip Kerr in: *Papers respecting Negotiations for an Anglo-French Pact,* Cmd 2169, London 1924, 59 und 64. Leitartikel „Neutralité et Société des Nations“, Le Temps, 14. März 1919. Zur Pressekonferenz Pichons am 16. März 1919 vgl. Thomas Angerer, *Frankreich und die Österreichfrage. Historische Grundlagen und Leitlinien 1945–1955,* Dissert. Univ. Wien 1996, 70. Bereits am 24. Februar 1919 war ein Leitartikel in *Le Temps* über „Die Zukunft Österreichs“ erschienen, in dem (in an Lammaschs Ideen anklingender Weise) die Verbindung Österreichs mit der Schweiz angerufen und das Beispiel der Schweiz für Österreich

Wien förderten die Franzosen eine Neutralitätskampagne, die in der bürgerlichen und christlichsozialen Presse kein unfreundliches Echo fand, zumal sich damit Hoffnungen auf bessere Friedensbedingungen, insbesondere den Verbleib Südtirols, verbanden. Der Ende März 1919 in Sondermission nach Wien entsandte französische Diplomat Henry Allizé hat sich in Berichten an den Quai d'Orsay im April und Mai 1919 für die Neutralität Österreichs nach dem Modell der Schweiz ausgesprochen – „sur le modèle de la Suisse, dans les mêmes termes et conditions" – und empfohlen, diese Neutralität im Völkerbundpakt zu verankern.[12] Zu diesem Zeitpunkt schien sich allerdings die französische Regierungsspitze – der wichtigste Entscheidungsträger, Ministerpräsident Clémenceau und sein Berater André Tardieu – vom Plan einer Neutralität Österreichs wieder zurückzuziehen. Es mochten Bedenken mitspielen, das Statut der ständigen Neutralität in der Völkerbundsatzung zu verankern. Der bemerkenswerte, kaum bekannte Vorschlag Dänemarks, die Völker-

---

als immerwährend neutraler Staat beschworen wurde. Dieser Artikel ist vollinhaltlich im französischen Original abgedruckt bei Stephan Verosta, „Das französische Angebot der dauernden Neutralität", 60–62, allerdings mit dem unrichtigen (und im Hinblick auf die Evolution der französischen Österreichpolitik irreführenden) Datum 24. April 1919. Richtiges Datum (24. Februar) bei Felix Kreissler, „Frankreichs öffentliche Meinung und der Friede von Saint-Germain", in: *Saint-Germain 1919. Protokolle des Symposiums am 29. und 30. Mai 1979 in Wien* (= Veröffentlichungen der Wissenschaftlichen Kommission zur Erforschung der Geschichte der Republik Österreich, hrsg. von Isabella Ackerl/Rudolf Neck, 11), Wien 1989, 280–281. Dort auch weitere Hinweise auf bereits Mitte Februar 1919 einsetzende Pressestimmen zugunsten der Neutralität Österreichs (ebd., 276).

12 Zitiert aus: Henry Allizé, *Ma mission à Vienne (Mars 1919 – Août 1920)*, Paris 1933, 117; vgl. auch 158 und 198. Bei dem in Allizés Buch zitierten Bericht handelt es sich anscheinend um Bericht Nr. 54 vom 5. Mai 1919, der in den AD, Paris, nicht auffindbar war (Notiz der Direction des Archives des franz. Außenministeriums, dem Verf. übermittelt mit Schreiben des damaligen Direktors der Direction des Archives, Jean Laloy, vom 20. November 1969, im Besitz des Verf.). Vgl. jedoch bereits den in den AD vorliegenden ausführlichen, ebenfalls die Neutralität Österreichs befürwortenden Bericht Nr. 25 v. 17. April 1919 (AD, Série A. Paix, vol. 99, fol. 25–61). Aufgrund meines Studiums von Allizés Berichterstattung kann ich mich nicht der Ansicht von Hanns Haas anschließen, es scheine noch nicht endgültig geklärt, inwieweit Allizé selbst die Neutralitätslösung befürwortet habe. Hanns Haas, „Henry Allizé und die österreichische Unabhängigkeit", in: *Austriaca* Jg. 5, 1979, Sondernummer (= Actes du Colloque de Rouen, 8–12 novembre 1977, III), 267. Zahlreiche Berichte Allizés aus den AD befinden sich auf Mikrofilm im Institut für Geschichte der Universität Wien. Zur französischen Pressekampagne in Wien siehe Bertrand Auerbach, *Le rattachement de l'Autriche à l'Allemagne*, Nancy 1927, 80, sowie einen sehr aufschlußreichen, von der historischen Forschung bisher vernachlässigten Brief Otto Bauers an den Redaktionsausschuß des „Neuen Wiener Journals" vom 16. April 1919, veröffentlicht in *AZ*, 27. April 1919, 5. Zur französischen Österreichpolitik und zur Frage der Neutralität im Frühjahr 1919 siehe auch die Hinweise bei Gerald Stourzh, „Die Sicherung der österreichischen Unabhängigkeit als Thema der Staatsvertragsverhandlungen", in: *Zeitgeschichte*, Jg. 2 (Mai 1975), 183, ferner Gerald Stourzh und Silvia Streitenberger, „La position internationale de l'Autriche", in: *Austriaca*, Jg. 4, 1978, Sondernummer (= Actes du colloque de Rouen I), 215, sowie Diskussion S. 342–348. Weiters Gerald Stourzh, „Zur Genese des Anschlußverbots in den Verträgen von Versailles, Saint-Germain und Trianon", in: Ackerl/Neck, *Saint-Germain 1919*, 41–53; neuestens der bemerkenswerte interpretative Überblick bei Angerer, *Frankreich und die Österreichfrage*, insbes. 27–33 u. 66–71.

bundsatzung möge bestimmten Staaten das Privileg einräumen, sich als ständig neutral zu erklären, fand nicht das Gehör der Mächte.[13] Die Franzosen entschieden sich schließlich dafür, als Garantie gegen den Anschluß die Formel von der „inaliénabilité" – in der amtlichen Übersetzung „Unabänderlichkeit", besser „Unveräußerlichkeit" – der österreichischen Unabhängigkeit vertraglich zu verankern.[14] Zunächst wurde diese Formel im Friedensvertrag von Versailles mit Deutschland festgehalten und schließlich auch im Vertrag von Saint-Germain mit Österreich (Art. 88), obgleich dies zunächst nicht geplant war.[15] Doch hat es in der Zwischenkriegszeit noch mehrfach französische Initiativen oder Sondierungen gegeben, die einen neutralen Status Österreichs anvisierten.[16]

---

13 In einem dänischen Zusatzantrag zu Art. 16 der Völkerbundsatzung hieß es: "States which because of their history and because of their political tradition of peace, offer firm guarantees of impartial conduct shall have the privilege of declaring themselves permanently neutral." David Hunter Miller, *My Diary of the Peace Conference,* New York 1928, Bd. 7, 98 (Dokument 576). Ähnliche Bestrebungen der Schweiz waren ebenfalls erfolglos, doch billigte der Völkerbundrat 1920 der Schweiz als einzigem Mitgliedsstaat eine Ausnahmestellung aufgrund des neutralen Status zu. Edgar Bonjour, *Geschichte der schweizerischen Neutralität,* Bd. 2, Basel [5]1970, 319–321.

14 Hierzu vgl. Gerald Stourzh, „Zur Genese des Anschlußverbots", 41–53, mit Erstveröffentlichung einer wohl in der zweiten Märzhälfte 1919 verfaßten, am 25. April 1919 von André Tardieu dem britischen Außenminister Arthur Balfour übergebenen „Note relative à l'Autriche allemande", in der das Konzept der „inaliénabilité" entwickelt wurde. Tardieu ist als Autor anzusehen; hierzu Angerer, *Frankreich und die Österreichfrage,* 32–33, nach D. Stevenson, *French War Aims against Germany, 1914–1919,* Oxford 1982, 262. Während Allizé weiter die Neutralitätslösung befürwortete (und sich über mangelnde Direktiven aus Paris beklagte), spielte sich der eigentliche Entscheidungsprozeß außerhalb und oberhalb des Pariser Außenministeriums ab, nämlich auf der Ebene Clémenceaus (beraten von Tardieu) im Rate der Vier; aus dem Außenministerium schrieb der Diplomat Jules Laroche im Mai resigniert an Allizé: „. . . en réalité toutes les decisions sont prises actuellement dans le mystère du Conseil suprême des Quatre, et nous les apprenons généralement par la Presse" (zit. in der Notiz der Archivdirektion des franz. Außenministeriums, wie Anm. 12, aus AD, Europe 1918–1929, Autriche, vol. 3, fol. 73).

15 Im Rate der Vier, dem höchsten Gremium der Alliierten und Assoziierten Mächte, haben die Franzosen gar nicht mehr von der Neutralität, lediglich von der „inaliénabilité" der Unabhängigkeit Österreichs gesprochen: Sitzung vom 2. Mai 1919; vgl. Paul Mantoux, *Les délibérations du Conseil des Quatre,* Paris 1955, Bd. I, 461–462. Es ist evident, daß sowohl hinter dem französischen Plan einer ständigen Neutralisierung Österreichs vom Frühjahr 1919 als auch hinter dem schließlich adoptierten Konzept der „inaliénabilité" der österreichischen Unabhängigkeit als wichtigstes politisches Motiv die Blockierung des Anschlusses stand. Dies geht aus der Entstehungsgeschichte des Art. 88 des Vertrages von Saint-Germain klar hervor. Daß dieses Konzept auch zur Blockierung eventueller anderer Vereinigungs- oder Restaurationstendenzen verwendet wurde, zeigt die spätere Einschaltung eines analogen Veräußerungsverbots für die Unabhängigkeit Ungarns in Art. 73 des Vertrages von Trianon. Der Terminus „Quasi-Neutralität", den Stephan Verosta zur Kennzeichnung des durch Art. 88 des Vertrages von Saint-Germain bestimmten Status der Ersten Republik verwendet, scheint nicht glücklich gewählt, wie denn Verosta selbst die „Quasi-Neutralität" als „gewiß nicht idealen Ausdruck" bezeichnet (Verosta, *Neutralität,* 135). Es sei darauf hingewiesen, daß in konsequenter Auslegung der Begriff der „Quasi-Neutralität" auch auf Ungarn in der Zwischenkriegszeit anzuwenden wäre, da dem Art. 88 des Vertrages von Saint-Germain der analoge Art. 73 des Vertrages von Trianon entsprach. Das ist aber bisher nicht geschehen.

16 Von besonderem Interesse sind die von Klemens von Klemperer erstmals erforschten Vorgänge um

Am entschiedensten hat in der Zwischenkriegszeit der tschechoslowakische Außenminister Edvard Beneš die völkerrechtliche Neutralisierung Österreichs befürwortet. So meinte Beneš zur Zeit der Zollunionskrise von 1931, „die Neutralisierung Österreichs nach dem Muster der Schweiz wäre die beste Lösung der gegenwärtigen Krise ...“.[17] Sympathien dafür konnte Beneš wohl am Quai d'Orsay, keineswegs jedoch im Palazzo Chigi noch in Downing Street erringen. Gerade in den Akten des Londoner Foreign Office finden sich sehr negative Stellungnahmen zur Idee der Neutralisierung Österreichs.[18]

Und wie stand es in Österreich selbst? Weder die grundsätzliche Bejahung des Anschlußgedankens oder zumindest eines besonderen Nahverhältnisses zu Deutschland in allen Parteien in den zwanziger Jahren noch der italienische Kurs der frühen dreißiger Jahre, noch der „deutsche Weg“ nach 1936 waren dazu angetan, dem Konzept der Neutralität Auftrieb zu geben. Obgleich verschiedentlich die Forderung nach der völkerrechtlich verankerten Neutralität Österreichs von Privaten, von Politikern und in der Presse vertreten wurde,

---

das Projekt, den Sitz des Völkerbundes von Genf nach Wien zu verlegen; im Winter 1927/28 scheint es, daß der einflußreiche Generalsekretär des Quai d'Orsay, Phillippe Berthelot, hinter diesem Plan stand. Klemens von Klemperer, *Ignaz Seipel, Christian Statesman in a Time of Crisis,* Princeton 1972, 319–329. Mitte der dreißiger Jahre wurde an den österreichischen Generalstabschef Feldmarschalleutnant Alfred Jansa aus Kreisen des französischen Generalstabs die Idee der Neutralisierung Österreichs herangetragen. Ludwig Jedlicka, „Die Außenpolitik der Ersten Republik“, in: *Diplomatie und Außenpolitik Österreichs*, hrsg. v. Erich Zöllner, Wien 1977, 164 f.

17 In einem Gespräch mit dem ungarischen Gesandten in Prag, Masirevich: Bericht des österreichischen Gesandten in Prag, Marek, Zl. 138/Pol vom 30. Juni 1931, AdR, NPA, K 462, fol. 807 f. Weiters Bericht des Gesandten Marek aus Prag, Zl. 8/Pol vom 21. Jänner 1932, ebd., K 342, fol. 675: positive Einstellung des französischen Gesandten Charles-Roux zur Neutralisierung. Ein Artikel „Neutrality for Austria“ des *Daily Telegraph* vom 18. Jänner 1933, 1, fand ausgedehnten Niederschlag in den österreichischen, britischen und französischen Akten wie auch in der Presse; obgleich dieser Artikel von einer diesbezüglichen französischen Initiative sprach – sie wurde vom Quai d'Orsay dementiert –, dürfte auch damals die tschechische Diplomatie dieses Projekt am aktivsten betrieben haben; vgl. AdR, NPA, K 342, insbes. fol. 706, 720–726: Berichte der Gesandtschaft Warschau; PRO, FO 371/16636: insbes. Bericht von Sir Eric Phipps aus Wien vom 19. Jänner 1933 und Telegramm von Lord Tyrell aus Paris vom 21. Jänner 1933; *Documents diplomatiques français 1932–1939,* 1. Serie, Bd. 2, Paris 1966, 524 f., Nr. 239: Bericht des Gesandten Clauzel aus Wien vom 25. Jänner 1933.

18 Der französische Gesandte in Wien, Clauzel, sagte Mitte 1931 seinem tschechoslowakischen Kollegen Vavrecka, man könne sich kaum vorstellen, daß entweder Deutschland oder Italien jemals der Neutralisierung Österreichs zustimmen würden, während Frankreich sie selbstverständlich wärmstens begrüßen würde. Dies berichtete aufgrund einer Mitteilung Clauzels der englische Gesandte Sir Eric Phipps im Jänner 1933 nach London. Telegramm vom 19. Jänner 1933, PRO, FO 371/16636/C673/420/3. Im Foreign Office äußerte man sich negativ, u. a. anläßlich der Vorschläge Otto Bauers; der Referent R. M. A. Hankey notierte dazu: "The Czechs are known to favour the neutralization of Austria because it would scotch the Anschluß. Doubtless Dr. Bauer is in favour of the idea, because being a Socialist he doesn't like Hitler. The suggestion of neutralization could only prove another apple of discord at a most unfortunate moment for Europe (whoever put the suggestion forward) & we need hardly consider the idea again." Vermerk vom 21. März 1933, PRO, FO 371/16636/C2595/420/3.

hat doch keine der österreichischen Regierungen zwischen 1918 und 1938 den Status einer ständigen Neutralität ähnlich der Schweiz angestrebt. Zur Zeit der französischen Neutralitätskampagne in Österreich im Februar 1919 polemisierten der Leiter des Außenamtes, Otto Bauer, und Franz Klein, sein mit der Vorbereitung der Friedensverhandlungen betrauter Stellvertreter, gegen die französischen Vorschläge.[19] Die Instruktionen für die österreichische Friedensdelegation in Saint-Germain enthalten den Hinweis, eine „militärische Neutralisierung" wäre allenfalls „bei dem staatsrechtlichen und wirtschaftlichen Zusammenschluß mit dem Deutschen Reiche zu akzeptieren, aber nicht ohne diesen".[20]

Im Oktober 1921 hat Bundeskanzler Schober den österreichischen Gesandten in Paris, Eichhoff, angewiesen, „daß nicht die Absicht besteht, eine Neutralität Österreichs nach dem Muster der Schweiz anzuregen". Eichhoff hatte nämlich im Zusammenhang mit dem Restaurationsversuch Kaiser Karls in Ungarn eine Neutralitätsgarantie der Mächte für Österreich vorgeschlagen; er verwendete dabei als Vorlage ein sehr interessantes Projekt für die Neutralisierung Tirols, das die österreichische Delegation in Saint-Germain in der Hoffnung, Südtirol für Österreich zu retten, vorgelegt hatte. Eichhoff scheint auch der Verfasser eines undatierten, jedoch nach dem August 1928 entstandenen Konventionsentwurfes „über die Unabhängigkeit und Neutralität Österreichs" zu sein, der sich im Wiener Staatsarchiv fand. Später, 1934, hat Eichhoff jedoch gegen Neutralisierungsprojekte für Österreich Stellung genommen.[21]

---

19 Bericht des Gesandten Allizé an den französischen Außenminister Pichon vom 1. Mai 1919 über ein Interview Otto Bauers für die rumänische Zeitung „Epocca" am 30. April 1919, Kopie im Nachlaß Klotz, Bibliothèque de documentation internationale contemporaine, Paris-Nanterre; Interview Franz Kleins für *Le Temps*, veröffentlicht in der Ausgabe vom 18. April 1919, 2: «Une neutralisation ne garantirait pas l'avenir de l'Autriche allemande. Si la Société des nations est crée conformement au projet élaboré à Paris, et si l'Autriche y est admise, sa neutralisation n'aurait plus de raison d'être.»

20 AdR, NPA, K 261, fol. 485.

21 Dies ergibt sich aus folgenden unveröffentlichten Akten: Chiffretelegramm Eichhoffs aus Paris vom 28. Oktober 1921 sowie Antworterlaß Schobers vom 29. Oktober 1921, AdR, NPA, K 436; ferner Bericht Eichhoffs Zl. 174/P vom 30. Oktober 1921, ebd., Berichte Gesandtschaft Paris, fol. 298 f. Der von Eichhoff als Unterlage verwendete Text einer „Zusatzkonvention über die Neutralität Tirols" ist veröffentlicht in: *Bericht über die Tätigkeit der deutschösterreichischen Friedensdelegation in St. Germain-en-Laye* (= 379 der Beilagen, Sten.-Prot. der Konstituierenden Nationalversammlung), Wien 1919, Bd. 1, 163. Unterlagen zur Entstehung des Konventionsentwurfs im Nachlaß Eichhoff, Karton 3, ÖStA, Allg. Verwaltungsarchiv (vier Alternativlösungen zur Rettung Südtirols standen zur Diskussion: Neutralisierung Südtirols, Neutralisierung Tirols, Neutralisierung Österreichs, unabhängige neutrale Republik Tirol). – Im AdR, NPA, K 342, fol. 680–681, erliegt ein Konventionsentwurf über die Unabhängigkeit und Neutralität Österreichs, die laut Überbringer, Franz Vetter, von Eichhoff stammte; der Entwurf bezieht sich auf den Briand-Kellog-Pakt vom 27. August 1928; im Nachlaß Eichhoff fanden sich keine Hinweise auf diesen Entwurf. Der gegen die Aktualität von Neutralisierungsplänen für Österreich argumentierende Aufsatz Eichhoffs „Neutralisierungsprojekte und Wirtschaftspakte Österreichs" erschien in *WZ*, 25. Dezember 1934, Beilage, I–III.

Von großem Interesse ist ein längeres Schreiben Bundeskanzler Seipels vom Mai 1929, dessen Konzept übrigens der damals noch junge Diplomat Norbert Bischoff verfaßt hat, dem nach dem Zweiten Weltkrieg eine wichtige Rolle als Österreichs Vertreter in Moskau zukommen sollte. Ein in Steyr lebender Künstler, Prof. Michael Blümelhuber, richtete an Seipel die Anfrage: „Halten Sie die Neutralisierung Österreichs, ähnlich wie die der Schweiz, für möglich, für erreichbar?" Die Antwort Seipels verband mit der Ablehnung der völkerrechtlichen Neutralisierung das Bekenntnis zu einer ohnehin von Österreich geübten „strikten Neutralitätspolitik". In seiner bemerkenswerten Antwort schrieb Seipel:

Schließlich ist noch zu erwähnen, daß ohnehin schon eine ganze Reihe von vertraglichen Abmachungen besteht, welche in ihrer praktischen Auswirkung dem von Ihnen aufgestellten Ziele, der Neutralisierung Österreichs, sehr nahe kommen. Es sind dies die einschlägigen Bestimmungen der Verträge von St. Germain und von Versailles, das erste Genfer Protokoll vom Jahre 1922, das Statut des Völkerbundes, ja selbst der Briand-Kellog'sche Anti-Kriegspakt vom vorigen Jahr. Alle diese Vertragswerke genügen uns reichlich als Basis für eine strenge Neutralitätspolitik, wie wir sie seit jeher führen, und man würde sich sehr täuschen – ich erinnere bloß an Belgien –, wollte man annehmen, daß uns ein ausdrücklicher Neutralitätsvertrag in kritischen Momenten weitergehenden und unbedingten Schutz garantieren würde.

Seipel – bzw. Bischoff, dessen Konzept Seipel unverändert übernahm und sehr lobte – vermied es, in seiner Antwort auch nur ein einziges Mal auf die Schweiz einzugehen. Er setzte vielmehr fort:

Und noch ein Letztes: Der Gedanke der Neutralisierung wurzelt in eben jener Staatslehre, die über die einzelnen mit unbeschränkter Souveränität ausgestatteten und bindungslos nebeneinander gestellten Staaten-Individuen kein alle verbindendes und für alle verbindliches Gesetz zu stellen gewußt und damit den Kampf aller gegen alle entfesselt hat. Es ist der Geist zänkischer und mißtrauischer Kleinstaaterei, der Geist des Sichabschließens, der die Starken mit dem eisernen Wall der Waffen, die Schwachen mit dem papierenen Wall der Verträge voneinander trennen will, indem er vorgibt, sie voreinander zu schützen. Und diesen Geist eben gilt es zu überwinden. Ein instinkthaftes Wissen um diese Zusammenhänge muß in unserem Volke sein. Denn anders wäre es nicht erklärlich, daß der an sich gewiß bestechende und dem österreichischen Wesen entgegenkommende Gedanke der Neutralisierung, trotzdem er wiederholt in der öffentlichen Diskussion aufgetaucht ist, niemals einen weiteren Kreis von Anhängern zu gewinnen vermocht hat. Stehen doch nicht nur die Anschlußfreunde gegen ihn, sondern auch die Mitteleuropäer und die Paneuropäer und alle Wirtschaftspolitiker, die glauben, daß unsere Wirtschaft ohne Anlehnung an ein größeres Produktions- und Absatzgebiet ihre Kräfte nicht entfalten könne.[22]

22 Konzept Bischoffs und lobender Vermerk Seipels – „Besten Dank für diesen Brief; ich bin sehr einverstanden" (9. Mai 1929) – in Zl. 21.953/13/29, AdR, NPA, K 465, fol. 51 ff. Zu Blümelhuber vgl. Harry Slapnicka, *Oberösterreich zwischen Bürgerkrieg und „Anschluß" 1927–1938,* Linz

Die Ablehnung einer zusätzlichen völkerrechtlichen Bindung war also deutlich. Das Wort von Österreichs Neutralitätspolitik, von Seipel nur vereinzelt gebraucht, wurde von Seipels Nachfolger Schober im Herbst 1929 aufgewertet. In Schobers Regierungserklärung vom September 1929 hieß es, Österreichs Politik sei 1. eine Politik der Freundschaft mit allen Staaten und besonders mit seinen Nachbarn; daraus folge, daß sie 2. „eine Politik der Neutralität ist und bleiben muß. Wir treten keiner Staatengruppe bei und richten unsere Politik gegen niemanden. Wir wünschen außenpolitisch neutral zu sein und glauben damit nicht nur unseren Interessen, sondern auch denen aller anderen europäischen Staaten am weitaus besten zu dienen." 3. sei Österreichs Politik eine friedliche. Diesen drei Punkten setzte Schober aber unmittelbar hinzu: „Wir wissen uns in dieser Politik eins mit dem Deutschen Reiche, dem wir in guten wie in bösen Tagen brüderliche Treue halten wollen." Weder Schober, der nur wenig später, im Frühjahr 1931, als Außenminister die Zollunion mit Deutschland lancierte, noch auch der zurückhaltendere und mehr großösterreichisch als großdeutsch denkende Ignaz Seipel konnten über den Schatten des besonderen Nahverhältnisses der Ersten Republik zu Deutschland springen.[23]

An der Ablehnung des Status der ständigen Neutralität nach Schweizer Muster änderte sich nichts. Als 1932 neuerlich von privater Seite an den Bundeskanzler – es war dies damals Eugen Buresch – der Vorschlag herangetragen wurde, Österreich möge seine ständige Neutralität erklären, vermerkte

---

1975, 61–65. Seipels Schreiben, allerdings ohne Hinweis auf die Entstehung des Konzepts, veröffentlicht bei: Horst Zimmermann, *Die Schweiz und Österreich während der Zwischenkriegszeit,* Wiesbaden 1973, 322, sowie teilweise bei Viktor Reimann, *Zu groß für Österreich,* 12–13.

23 Sten. Prot. Nr, 3. GP., 27. September 1929, 2792. Angeregt durch Schobers Gebrauch des Begriffs „Neutralitätspolitik" verfaßte der österreichische Gesandte in Bern, Hoffinger, am 16. April 1930 eine Denkschrift „über den besonderen Charakter der österreichischen Neutralitätspolitik", die die Unterschiede zwischen Österreich und der Schweiz viel stärker hervorstrich als die Parallelen; die Denkschrift schließt wie folgt: „Die österreichische Politik läßt sich daher, zum Unterschied von der die schweizerische erschöpfende Maxime ‚Beobachtung und Wahrung der Neutralität', dahin resümieren: ‚Aufrichtige, aber selbstbewußte, freiwillige Neutralität unter gleichzeitiger, in enger Fühlung mit Deutschland zu bewerkstelligender Bereitschaft für den vielleicht niemals, vielleicht aber auch bald eintretenden Moment, in dem durch Übergang zu aktiver Politik Verbesserungen der internationalen Lage Österreichs erreicht werden können.'" (AdR, NPA, K 342, fol. 455–466. Ich verdanke Herrn Univ.-Prof. Dr. Ludwig Jedlicka den ersten Hinweis auf dieses Dokument.) – Am prägnantesten kommt der Tenor der Außenpolitik der Ersten Republik in der von Seipel approbierten offiziellen Schrift von Norbert Bischoff „Österreichische Außenpolitik 1918–1928" zum Ausdruck, in der es heißt: *„In engster Fühlung mit dem Deutschen Reich"* (Auszeichnung im Original) „wünscht Österreich unter Ablehnung aller machtpolitischen Ziele und unter Ablehnung aller einseitigen Gruppierungen, welche stets den Keim zu Kampf und Streit in sich tragen müssen, mitzuarbeiten an der moralischen und wirtschaftlichen Wiederaufrichtung Europas ..." (Gedruckt in dem Sammelband: *10 Jahre Wiederaufbau. Die staatliche, kulturelle und wirtschaftliche Entwicklung der Republik Österreich 1918 bis 1928,* hrsg. unter der Leitung eines Interministeriellen Komitees unter Vorsitz von Wilhelm Exner, Wien 1928, 34. Zur Approbation Seipels siehe AdR, NPA, K 342, fol. 410, Amtsvermerk Zl. 23.178/13/29.)

Theodor Hornbostel, wohl der bedeutendste Kopf der Diplomatie des Ballhausplatzes in den dreißiger Jahren, diese Frage sei „bisher immer nur in einem gegen Österreich gerichteten Sinne aufgeworfen worden“, in Saint-Germain – richtig hätte Hornbostel sagen müssen, vor Saint-Germain – und wiederholt von Beneš.[24] Als im Jänner 1933 die internationale Presse über einen Neutralitätsstatus für Österreich debattierte, fing Bundeskanzler Dollfuß die Frage mit dem Bemerken auf, sie sei bisher an Österreich nicht herangetragen worden. Wenig später, nach Hitlers Machtergreifung in Deutschland, schwenkten die Sozialdemokraten auf das Programm der Neutralisierung Österreichs ein; doch die „Reichspost“, im Frühjahr 1919 im Unterschied zur Sozialdemokratie der Idee der Neutralität freundlich aufgeschlossen, war nunmehr skeptisch eingestellt. Ohne den italienischen Kurs, dem sich Dollfuß verschrieben hatte, als erfolgversprechendes Instrument zur Erhaltung der österreichischen Unabhängigkeit zu betrachten, muß doch gesagt werden, daß ein Neutralisierungsprogramm, das in Prag und Paris Beifall fand, aber in Berlin, Rom und London abgelehnt wurde, kaum Chancen der Realisierung hatte. Rückblickend auf die zwei Jahrzehnte von 1918 bis 1938 hat Guido Zernatto, schon nach Hitlers Einmarsch in Österreich, geschrieben: „Es gab und gibt nur eine beschränkte Anzahl von Möglichkeiten, die für den österreichischen Staat erwogen werden konnten. Der Anschluß an das Reich, die Schaffung einer Donaukonföderation, die Restauration der alten Monarchie, wenn auch in geänderter Form, und die Verschweizerung ... Die ‚Verschweizerung‘ wäre nur durch die kollektive Garantie der Unabhängigkeit des Landes möglich gewesen, eine Garantie, die Deutschland vorbehaltlos hätte mitübernehmen müssen.“[25]

Versucht man die Tradition der Neutralität allzu direkt aus der Zeit der Ersten Republik abzuleiten, wie dies bisweilen versucht wird, so läuft man Gefahr, ungebührlich von der Komplexität der historischen Entwicklung, zumal der inneren Entwicklung Österreichs, zu abstrahieren. Gewisse Konstanten lassen sich wohl in der Politik der Siegermächte des Ersten und Zweiten Weltkrieges feststellen, Konstanten, die in der Gegnerschaft gegen ein Wiedererstarken Deutschlands und daher der Verhinderung eines Anschlusses begründet sind. Es ist möglich, beträchtliche Affinitäten etwa der Österreichpolitik Frankreichs nach 1918 und der Österreichpolitik der Sowjetunion nach 1945 festzustellen, denn in beiden Fällen handelte es sich um eine Funktion der jeweiligen Deutschlandpolitik. Darüber sollten jedoch die beträchtlichen Unterschiede

---

24 AdR, NPA, K 342, fol. 679. Aktenvermerk zu einem von Franz Vetter an den Bundeskanzler gerichteten Brief. Die negative Einstellung des Bundeskanzleramtes wurde Vetter von Hornbostel mündlich mitgeteilt.

25 Guido Zernatto, *Die Wahrheit über Österreich,* New York 1938, 50.

der Bewußtseinslage im Österreich der Zwischenkriegszeit einerseits und in der Zweiten Republik anderseits nicht aus dem Auge verloren werden.[26]

2. *Überlegungen zu Blockfreiheit und „Neutralität" 1945–1953*

In der Geschichte der Zweiten Republik nach 1945 fehlten wesentliche Faktoren, die der Entwicklung des Neutralitätsgedankens in der Zwischenkriegszeit hinderlich gewesen waren, während neue Konstellationen auftauchten, die zu einer Aufwertung der Neutralität führen sollten. Weggefallen ist seit 1945 das Streben oder mindestens Schielen nach dem Anschluß, weggefallen ist auch nach der Katastrophe des Zweiten Weltkrieges die Anziehungskraft jenes Großraumdenkens, das zwischen 1918 und 1938 noch eine beträchtliche Rolle in Österreich gespielt hatte. Hinzu kam jedoch eine neue politisch-strategische Situation, die Österreich an einer Nahtstelle zweier weltweiter Machtblöcke placierte. Obgleich die krisenhafte Entwicklung der sowjetisch-amerikanischen Beziehungen in Etappen erfolgte, begann sich doch schon im Lauf des Jahres 1945, anhand der Schwierigkeiten und des gegenseitigen Mißtrauens bei der Zonen- und Sektoreneinteilung für Österreich und Wien sowie anläßlich der Auseinandersetzungen um die Anerkennung der Provisorischen Staatsregierung durch die Westalliierten, die besondere Lage Österreichs an jener Nahtstelle abzuzeichnen. An dieser Nahtstelle hat sich Österreich von 1945 bis zur großen Wende von 1989/91 befunden. Daß Österreich seit dem Zerfall des Sowjetsystems, seit dem Ende des „Ostblocks" und des Warschauer Paktes, seit der starken Westorientierung der sogenannten ostmitteleuropäischen „Reformländer" sich nicht mehr an dieser Nahtstelle befindet, ist die weitaus wichtigste geopolitische und geostrategische Veränderung, die sich in der Geschichte der Zweiten Republik ereignet hat. Mögliche Konsequenzen dieser Veränderung können allerdings nicht Thema dieses Buches sein.

Stellungnahmen österreichischer Politiker reflektierten bald die neue, 1945 entstandene Situation. Kaum von Tirol nach Wien berufen, schrieb der neue Unterstaatssekretär für Auswärtige Angelegenheiten in der Provisorischen Staatsregierung, Karl Gruber, im Oktober 1945 in einem Leitartikel des „Neuen Österreich", daß alle Mächte das Vertrauen gewinnen sollten, daß „Österreich weder nach der einen noch der anderen Seite" abgleiten werde; Österreich sei weder „Vorposten für die eine noch die andere Macht".[27] In der Regierungserklärung Bundeskanzler Figls vom 21. Dezember 1945 sprach

---

26 Zur sowjetischen Österreichpolitik als Funktion der sowjetischen Deutschlandpolitik siehe Bruno Kreisky „Deutschland viergeteilt", in: *Der Monat,* Bd. 22, 1970, 20–26, hier 22 f.

27 Karl Gruber „Österreich zwischen West und Ost", in: *Neues Österreich,* 16. Oktober 1945, 1–2.

dieser von der Zusammenarbeit Österreichs „mit allen friedliebenden Nationen der Welt, besonders mit den alliierten Großmächten“. Abgeordneter Koref wurde in der Debatte etwas deutlicher, als er meinte, daß eine „wohlüberlegte und klug dirigierte außenpolitische Orientierung“ nicht von „weltanschaulichen Momenten und Motiven maßgebend gelenkt sein“ könne: „Wir sollten weder von einer einseitigen West- noch einer einseitigen Ostorientierung reden.“ Weder West- noch Ostorientierung – dies wurde zu einem der populärsten außenpolitischen Schlagworte in den ersten Jahren der Zweiten Republik.[28]

Doch noch konkretere politische Leitbilder als die etwas unverbindliche, allerdings auch viel Spielraum lassende Formel „Weder West- noch Ostorientierung“ boten sich an. Die vorhin dargestellten Veränderungen der außenpolitischen Situation als Folge des Zweiten Weltkrieges ließen nun das Vorbild der Schweiz stärker ins Blickfeld rücken. Manche Konzepte, Pläne, Memoranden, die damals schon das Schweizer Modell einbezogen, kamen nicht an die Öffentlichkeit, wie ein Memorandum über „die integrale Neutralität der Schweiz – das anzustrebende Vorbild eines freien Österreich“, dessen Verfasser der damals als Geschichtsprofessor am Kantonalgymnasium in Altdorf im Kanton Uri wirkende Dr. Heinrich Raab war, ein Bruder Julius Raabs.[29] In dieser nach eigener Aussage im Mai 1945 verfaßten – allerdings erst im Spätsommer 1946 zur Veröffentlichung nach Wien gesandten – Denkschrift bezeichnete Heinrich Raab die 130 Jahre zuvor von den Mächten anerkannte Neutralität der Schweiz als eigentliches Vorbild für „Österreich, unser liebes Vaterland“, das nach schweren Erschütterungen und Katastrophen wieder zu eigenem Leben erwacht sei. „Vor allem die Großmächte Rußland, Frankreich, England und die Vereinigten Staaten haben ein vitales Interesse daran, daß

28 Sten. Prot. NR, 5. GP., 2. Sitzg., 21. Dezember 1945, 25 und 30; weitere Beispiele: Abg. Brachmann (SPÖ) am 22. Mai 1946 – „Wir wollen uns weder westlich noch östlich orientieren“; in der gleichen Sitzung Abg. Frisch (ÖVP) – wir dürfen „weder Westpolitik noch Ostpolitik betreiben“, ebd., 17. Sitzg., 255, 264; Außenminister Gruber auf einer Pressekonferenz am 13. Juni 1946, Österreich habe kein Interesse, sich einem sogenannten Block einzugliedern (*WZ*, 14. Juni 1946, 1); auch Innenminister Helmer, später einer der „westorientierten“ österreichischen Politiker, erklärte 1947, wir wollen uns weder dem Osten noch dem Westen anschließen (*WZ*, 27. August 1947, 1, und 29. Oktober 1947, 1).

29 Dr. phil. Heinrich Raab (1893–1969), von 1934 bis 1938 Bürgermeister von St. Pölten, ging nach dem Anschluß in die Heimat seiner Frau, Altdorf (Kanton Uri), wo er am Kantonalgymnasium als Geschichtsprofessor wirkte. Nach dem Kriege wirkte er von 1948 als Kulturattaché, seit 1955 auch als Presseattaché an der österreichischen Gesandtschaft bzw. Botschaft in Bern. Das Memorandum findet sich in seinen unveröffentlichten Lebenserinnerungen (als Beilage Nr. 28), die im Stadtarchiv St. Pölten erliegen. Das Memorandum wurde mit einer Vorbemerkung von Gerald Stourzh veröffentlicht in: *Zeitgeschichte,* Jg. 2, Mai 1975, 192–194. Für den Hinweis auf Heinrich Raabs Erinnerungen und die Ermöglichung der Einsichtnahme bin ich Herrn Univ.-Prof. Dr. Karl Gutkas, Herrn Landtagsabgeordneten Direktor Franz Stangler (†) und Herrn Dr. phil. Gottfried Stangler zu herzlichem Dank verpflichtet.

dieses Österreich wirklich neutral ist und nicht wieder von der wahlverwandten Sphäre Deutschlands angezogen wird."[30]

Von Interesse ist, daß Heinrich Raab 1945/46 davon ausging, daß Sowjetrußland die für Österreich maßgeblichste Großmacht sein würde: „Vor allem wäre es die heute vorherrschende Großmacht im Donauraum, Sowjetrußland, der Österreich vorzüglich seine Befreiung und sein Wiedererstehen verdankt, wenn es in einer Art Großmut hier einen Verzicht ausspräche und so wie vor 130 Jahren eine segensreiche Friedensära der Weltgeschichte einleiten und kreieren würde. Es würde sich dies segensreich für alle Völker Europas auswirken und dauernde freundschaftliche Beziehungen ermöglichen, besonders da Österreich doch stets auf die Garantie und den Schutz Rußlands angewiesen sein wird. Der Österreicher wird sich gerne dem Studium der russischen Sprache, Literatur und Kultur hingeben, um die reichbegabte Seele des größten slawischen Volkes noch mehr verstehen und lieben zu lernen. Auch eine stärkere wirtschaftliche Verflechtung bei gegenseitigem Nehmen und Geben wäre die Folge."

Der Österreicher aber müsse lernen, so fuhr Heinrich Raab fort, in sich selbst sicher zu ruhen und auf die eigene Art selig zu werden. „Hier sei ihm der fest in seinem eigenen Wesen ruhende Schweizer ein Vorbild. Jedes Schielen über die Grenze zum gleichsprachigen deutschen Nachbarn wird unterbleiben, wenn der Österreicher ein gesundes, eigenes kulturelles und wirtschaftliches Leben entwickeln kann." Heinrich Raabs Begeisterung für die ihm seit 1938 zur Wahlheimat gewordene Schweiz (die Heimat seiner Frau) brach in dem Satz durch, die Schweiz ruhe auf ihrer integralen Neutralität wie Gotthardgranit. „Dies müßten auch die österreichischen Staatsmänner als ihr wichtigstes außenpolitisches Ziel zu erreichen suchen. Das müßte auch das Mißtrauen unter den Großmächten verringern." Heinrich Raab hat diese Denkschrift im Spätsommer 1946 an Bundeskanzler Leopold Figl gesandt mit der Bitte, sie als Artikel mit oder ohne Namensnennung in der „Furche" veröffentlichen zu lassen; er war auch bereit, dem Urteil Figls eventuelle Textumarbeitungen zu überlassen. Das prinzipielle Ziel der Neutralität Österreichs nach schweizerischem Vorbild war Raab aber wichtig. „Ich persönlich halte dieses Ziel für das wichtigste der öst. Außenpolitik nach meinen langjährigen Erfahrungen hier in der politisch so klugen Schweiz."[31] Figl sandte Raabs Elaborat unverändert an Friedrich Funder, den Chefredakteur der „Furche", mit der Bitte, „wenn

30 Der Hinweis auf Frankreich findet sich in dem ersten, im Nachlasse Heinrich Raabs befindlichen maschinschriftlichen Text noch nicht, sondern als handschriftliche Einfügung in einer späteren Fassung. Für Einsichtnahme in nachgelassene Papiere Heinrich Raabs bin ich dessen Sohn, Herrn Dr. Heinz Raab-Jann, Altdorf, sowie auch Herrn Erich Radschek, Wien, der sich eingehend mit der Biographie Heinrich Raabs befaßt hat, zu herzlichem Dank verpflichtet.

31 H. Raab an Figl, Altdorf, 8. September 1946. NÖLA, Nachlaß Figl, K 1.

möglich dem Wunsche Raabs zu entsprechen". Funder antwortete Figl, der Artikel sei ihm „außerordentlich willkommen" und werde in der ersten Oktobernummer „an besonderer Stelle" veröffentlicht werden. „Er wird Aufsehen machen."[32] Doch die Veröffentlichung erfolgte nicht; nicht auszuschließen ist ein Einspruch des Außenministers Gruber, dem Heinrich Raab den Artikel ebenfalls hatte zukommen lassen.[33] In seinem unbedingten und vorbehaltlosen Eintreten für Österreich als neutraler Kleinstaat ist Heinrich Raab, wie er selbst später geschrieben hat, zunächst auf gewisse Reserven gestoßen, auch bei seinem Bruder. Heinrich Raab hat berichtet, daß er auf Reisen nach Wien immer wieder versucht habe, seinem Bruder Julius Raab und auch Leopold Figl „die Politik der Schweiz ins rechte Licht zu rücken", und er fügt hinzu: „Wohl konnten sie sich damals zunächst nicht damit befreunden – sie waren ja noch Altösterreicher, die den herbstlichen Glanz der Donaumonarchie erlebt hatten, es war schwer auf die außenpolitische Aktivität zu verzichten, und ich höre noch meinen Bruder Julius brummen: Du mit deinem Kantönligeist, willst uns auch noch verschweizern?"[34]

Eine andere, nicht an die Öffentlichkeit gelangte Denkschrift aus der Frühzeit der Zweiten Republik, vom Weihnachtstage 1946 datiert, sah Österreichs Standort „sozusagen neutralisiert, weder nach Osten noch nach Westen orientiert". Die ungezeichnete Denkschrift mit dem Titel „Der Staatsvertrag", deren Verfasser Rudolf Blühdorn, Leiter der Völkerrechtsabteilung des Außenamtes, war, machte geltend, daß die „politische und wirtschaftliche Neutralisierung Österreichs" auf zweierlei Arten erfolgen könne: Entweder „könnte Österreich ein wirtschaftlich blühendes Land werden wie die Schweiz" – der Autor

32 Figl an Funder, 18. September 1946; Funder an Figl, 24. September 1946, NÖLA, Nachlaß Figl, K 1. An H. Raab schrieb Figl am 18. September, er danke „für Deinen interessanten Artikel über ‚Österreich als neutraler Staat', den ich der Redaktion der Wochenschrift ‚Die Furche' zur Veröffentlichung übergeben habe. Ich hoffe, daß es möglich sein wird, ihn recht bald erscheinen zu lassen". Nachlaß H. Raab, Privatbesitz, Altdorf.

33 H. Raab schrieb an Figl in dem bereits zitierten Brief vom 8. September 1946, er habe eine Abschrift für Dr. Gruber und nochmals für Figl bereits an Dr. Bielka (damals österreichischer Geschäftsträger in Bern) gesandt. – Die Beilage Nr. 27 von Heinrich Raabs Lebenserinnerungen (unter dem Titel „Bescheidener Beitrag zur österreichischen Neutralitätserklärung") enthält einige Erinnerungsfehler, auf die ich in meinen Bemerkungen zur Erstveröffentlichung von Raabs Denkschrift in *Zeitgeschichte,* 2 (1974/75), 192, hingewiesen habe. Damals noch nicht zu klärende Datierungsfragen können aufgrund der zitierten Quellen aus dem Nachlaß Figl und dem Nachlaß Heinrich Raab geklärt werden. Die ursprüngliche Niederschrift von Raabs Denkschrift noch 1945, entsprechend Raabs eigener Aussage, nicht erst 1946, als der Text zur Veröffentlichung nach Wien gesandt wurde, ist aufgrund einiger Textmerkmale nicht unplausibel, obgleich möglicherweise nicht Mai 1945, sondern ein Datum ab August 1945 in Frage kommt.

34 Zitiert aus der Beilage Nr. 27 zu H. Raabs Lebenserinnerungen. Zu H. Raab und weiteren dem ÖVP-Lager zuzuordnenden Autoren und Politikern vgl. Helmut Wohnout, „Frühe Neutralitätskonzeptionen der ÖVP 1945–1953", in: *Christliche Demokratie,* 8 (1990), 111–126, hier bes. 113–114.

verwies auf ein Interview des Bundespräsidenten Renner –, oder Österreich würde ein wirtschaftlich schwaches Niemandsland werden.[35]

Zwei weitere Denkschriften aus der Frühzeit der Zweiten Republik seien genannt. Ende Juli 1946 wandte sich der Staatsanwalt Dr. Wolfgang Lassmann – er war Österreichs Prozeßbeobachter beim Nürnberger Prozeß gegen die Hauptkriegsverbrecher gewesen – an den Bundespräsidenten. Die Haltung der Besatzungsmächte Österreich gegenüber sei „bestimmt durch das Mißtrauen, das die Mächte untereinander, aber auch uns gegenüber hegen“. Könnte Österreich nicht ein Mittel finden, um dieses doppelte Mißtrauen zu zerstreuen und das den Großmächten die Möglichkeit gäbe, ihre Haltung ohne Prestigeverlust zu revidieren? „Könnte Österreich nicht den Versuch unternehmen, eine international anerkannte und festgelegte Neutralisierung zu erreichen? Etwa wie sie der Schweiz zugebilligt wurde?“ Nicht nur die Selbständigkeit und Unabhängigkeit, „auch die dauernde Neutralisierung sollte im Staatsvertrag anerkannt werden“. Das Ziel schien erstrebenswert, „aus unserem Land eine zweite Schweiz zu machen – wozu freilich auch eine Geistes- und Charakterhaltung gehört, die unserem Volk größtenteils noch fehlt, die aber doch auf lange Sicht angestrebt werden könnte“. Die Reaktionen im Außenamt, dem die an den Bundespräsidenten gerichtete Denkschrift weitergegeben wurde, waren zurückhaltend bis ablehnend.

In einem vom langjährigen Experten für Völkerbund- und später UN-Fragen Franz Matsch im Einvernehmen mit dem Völkerrechtler Rudolf Blühdorn konzipierten Antwortschreiben wurde zwar konzediert, daß der „Gedanke einer Neutralisierung Österreichs“ an und für sich „ziemlich nahe liege“, doch schien den Beantwortern in Hinblick auf die Charta der Vereinten Nationen und die Pflicht zur Kollektivverteidigung gegen Angreifer sowie unter Hinweis auf die bereits mehrfach verkündete Absicht der Bundesregierung, Österreich Mitglied der Vereinten Nationen werden zu lassen, die „Frage einer international anerkannten Neutralisierung Österreichs derzeit kaum gerechtfertigt“.[36]

Ähnlich wie Lassmann argumentierte im Jänner 1947 eine ebenfalls zunächst dem Bundespräsidenten zugekommene Denkschrift des aus dem altösterreichischen Konsulardienst kommenden Publizisten E. Urbas. Stärker historisch orientiert als Lassmanns Exposé, und nicht ohne eine gewisse alt- bzw. großösterreichische Nostalgie, meinte Urbas, Österreich habe „seine Rolle im politisch-aktiven Sinne ausgespielt“, es sei heute dort angelangt, „wohin die Schweizer Kantone zur Zeit des Wiener Kongresses gekommen waren“. Daher dränge sich auch für Österreich, „die ständige Neutralität unter

35 Memorandum „Der Staatsvertrag“, AdR, BMAA, II-Pol, Handakten Heinrich Wildner. Für die Hilfe bei Identifizierung der Handschrift bin ich Frau Maria Blühdorn (†) sehr zu Dank verpflichtet.

36 Schreiben Lassmanns vom 28. Juli 1964 mit Stellungnahmen im Außenamt in: ÖuG, Nr. 61. (BMAA Zl. 112.120-Pol/46). Das Antwortschreiben wurde schließlich nicht abgesandt.

Garantie der Mächte als natürliche Lösung auf“. Das wiederum informierte Außenamt legte Urbas' Denkschrift ad acta; der bearbeitende Diplomat, Josef Schöner, bemerkte, der Verfasser übersehe die Schwierigkeiten, die der Schweiz gerade aus ihrer Neutralität im Zusammenhang mit der UN erwüchsen. „Das Zeitalter, in dem eine solche Neutralität wirklich möglich und wirksam erschien, dürfte vorbei sein.“[37]

In der Frühzeit der Zweiten Republik hat allerdings Bundespräsident Karl Renner den Österreichern am eindringlichsten das Beispiel der Schweiz vor Augen geführt. Der Übergang vom Großraumdenken zur positiven Bewertung des Kleinstaates kommt plastisch in einem Vortrag Renners vom April 1946 zum Ausdruck: „Die zweimaligen bitteren Erfahrungen haben uns gewitzigt. Wir wollen nimmermehr in ein großmächtiges Reich, in irgendein Imperium eingebaut werden, um über Nacht wieder herausgerissen zu werden. Wir wollen für uns bleiben und es allein in der Welt versuchen. Es gibt Staatswesen, die weniger als sechs Millionen Einwohner zählen und doch für sich bestehen und gedeihen. Warum soll es uns nicht gelingen? Wir grenzen im Westen an die Schweiz, die Ostalpenländer haben eine ähnliche Struktur wie das Zentralalpenland der Eidgenossenschaft, unsere autonomen Länder sind verfassungsmäßig und in ihrer Denkweise den Schweizer Kantonen verwandt ...“[38]

Auch Außenminister Gruber erklärte übrigens im Juni 1946 auf einer Pressekonferenz in London, Österreich hoffe, „ein Land des Friedens wie die Schweiz zu werden“. Gleichwohl hat Gruber in den Jahren 1945/46 unter Hinweis auf die kriegstechnische Entwicklung – Luftwaffen und Atomwaffen – den Status der Neutralität als überholt angesehen. In einem während des

37 Denkschrift Urbas' mit Stellungnahme Schöners in: ÖuG, Nr. 62. Urbas war übrigens, worauf Schöner hinwies, in der NS-Zeit im „Neuen Wiener Tagblatt“ publizistisch tätig gewesen.

38 „Österreich, Saint-Germain und der kommende Friede“, Vortrag vor der Österreichischen Liga für die Vereinten Nationen am 5. April 1946, abgedruckt in: Karl Renner, *Für Recht und Frieden. Eine Auswahl der Reden des Bundespräsidenten,* Wien 1950, 43. Renner ist vom föderalistischen und multinationalen Charakter der Schweiz schon vor 1918 angezogen worden; zur Kontinuität von Renners außenpolitischer Ideenwelt vgl. seine Rede in der Delegation des Reichsrates am 9. November 1910, wiedergegeben als Anhang IV bei Stephan Verosta, *Theorie und Realität von Bündnissen. Heinrich Lammasch, Karl Renner und der Zweibund (1879–1914),* Wien 1971, 594 ff., bes. 602 und 607. Trotz seiner Anschlußbekenntnisse, vor allem 1919 und 1938, ist Renner weit weniger ausschließlich auf Deutschland fixiert gewesen als viele seiner sozialdemokratischen Parteifreunde; vgl. etwa die Auseinandersetzung über eine Donauföderation mit Otto Bauer in dem Briefwechsel während der Friedenskonferenz von Saint-Germain (AdR, NPA, Nachlaß Bauer, Präs., K 261); in der im November 1933 (nicht im Buchhandel) erschienenen Schrift *Die Wirtschaftsprobleme des Donauraumes und die Sozialdemokratie,* 33, schrieb Renner: „Wie der Sieg des fürstlichen Absolutismus 1648 die deutsche Schweiz auf alle Zeiten der Nation entfremdet hat, so verliert das Reich heute durch den Hitlerischen Absolutismus Deutsch-Österreich.“ Ebd., 35, befürwortete Renner „die dauernde politische Neutralisierung“ Österreichs und fügte hinzu, diese „politische Neutralität“ müsse „keineswegs wirtschaftliche Isolierung bedeuten“.

Krieges verfaßten und 1946 veröffentlichten Buch hat sich Gruber – in sehr radikaler Form – dem Gedanken der kollektiven Sicherheit verschrieben.[39]

Bundespräsident Renner nahm das Thema vom Vorbild der Schweiz im Winter 1946/47 und im Laufe des Jahres 1947 wieder auf – vor allem im Jänner 1947 im Zuge einer Auseinandersetzung mit Friedrich Adler, der, gleich Otto Bauer, auch nach dem März 1938 den Anschluß an ein vom Nationalsozialismus befreites Deutschland befürwortete und den Gedanken der österreichischen Eigenständigkeit oder gar der österreichischen Nation ablehnte. In Renners Antwort findet sich der Gedanke, im neutralen Kleinstaat ein Vorbild für das eigene Schicksal zu sehen: „Wie nun die Schweiz zwischen den drei großen Nationen Westeuropas, so liegt das Gebiet Österreichs zwischen den fünf Völkern Mitteleuropas, und deren Verbindungswege führen über dieses Gebiet. Es ist das gemeinsame Interesse dieser fünf Nachbarn, daß dieser Verbindungsraum für alle frei sei und frei bleibe, daß ihn keiner für sich und gegen die anderen monopolisiere oder gar zum Sprungbrett militärischer Aggression mache [...]. Beide republikanischen Staatswesen zusammen stellen eine geschlossene Völkerbrücke quer durch Mitteleuropa her, deren Bestand nicht nur die freie Verbindung dieser Völker im Frieden garantiert, sondern auch ihre heilsame Trennung im Falle beabsichtigter Kriege und vor allem, was uns selbst betrifft, die Aussicht, daß unser Volk endlich ebenso zur Ruhe komme wie die Schweiz nach dem Wiener Kongreß."[40]

Auch Renners Nachfolger im Amt des Bundespräsidenten, Theodor Körner, beschwor das Beispiel der Schweiz, wobei der Zeitpunkt von Körners Äußerung von besonderem Interesse ist: Im Dezember 1951 geschrieben, im Februar 1952 veröffentlicht, fiel Körners Hinweis auf das schweizerische Vorbild in jene Zeit der Ost-West-Spannungen, in der Österreichs Westorientierung,

39 Bericht der *New York Herald Tribune* vom 5. Juni 1946, zit. in: *WZ*, 9. Juni 1946, 1. In seinem 1940 geschriebenen und im Sommer 1945 in Druck gegebenen Buch *Politik der Mitte*, Zürich – Wien 1946, sagte Gruber, der Status der uneingeschränkten Neutralität sei durch die kriegstechnische Entwicklung überholt. Neutralität schließe aber auch die internationale Solidarität aus. Gruber verlangte, der Grundsatz der Nichtintervention sei durch die *„Interventionspflicht der Völkergemeinschaft zur Wahrung des internationalen Rechtsschutzes"* zu ersetzen (im Original gesperrt); ebd., 16, 29, 33. In einem Vortrag am 28. März 1946 sagte Gruber, die Neutralität sei „ein materiell ausgehöhlter Begriff", die Entwicklung der Luftwaffe habe das Prinzip der Neutralität technisch entwertet, die Erfindung der Atomwaffen lasse sie so gut wie sinnlos erscheinen. *WZ*, 29. März 1946, 1. Auch in einem vertraulichen Bericht aus 1945 (in franz. Sprache) über die politische Situation in Österreich meinte Gruber, die von manchen Österreichern vertretene Idee der Neutralität Österreichs sei illusorisch, da die Idee der Neutralität ihren Sinn verloren habe und unmodern („démodée") geworden sei. KGA, K. 2, Rote Mappe – Reden.

40 Friedrich Adlers Polemik gegen den österreichischen „Partikularismus" wurde hektographiert im August 1946 versandt und erschien erstmals in französischer Sprache in Druck, in: *Revue socialiste*, November 1946; englische Übersetzung abgedruckt bei: Julius Braunthal, *The Tragedy of Austria*, London 1948, 139–159. Renners Aufsatz „Die ideologische Ausrichtung der Politik Österreichs", *WZ*, 19. Jänner 1947, abgedruckt in: Renner, *Für Recht und Frieden*, 64–72, hier 69.

wie bereits gesagt, ihren höchsten Pegelstand erreichte: „Die Schweiz, deren Wirtschaft uns das Beispiel gibt, wie man starke Initiative mit kluger Solidität verbinden kann, wird einem endgültig befreiten Österreich auch ein Vorbild der politischen Weisheit sein, überall gute Freunde zu haben, aber sich nach keiner Seite einseitig zu binden."[41]

Von Neutralität selbst wurde in den ersten Nachkriegsjahren häufiger gesprochen, als man vermuten würde. Es kann sich hier nicht darum handeln, eine Prioritätenliste aufzustellen, zumal neuerschlossene Quellen immer wieder neue Information und neue Gesichtspunkte an den Tag bringen. Julius Deutsch, aus der Emigration in den USA nach Wien zurückgekehrt, hatte schon im Oktober 1944 in New York festgestellt, Österreich würde eine Position an der geographischen Grenze der Einflußbereiche der westlichen Demokratien und Rußland einnehmen. Daraus zog er den Schluß, wenn Österreich gemäß der Moskauer Erklärung als unabhängiger Staat wiederhergestellt werde, müsse seine Außenpolitik *„strictly and scrupulously neutral"* sein. Im Mai 1946 befürwortete Deutsch eine Außenpolitik auf dem „Boden der absoluten Neutralität".[42] Alfred Missong, damals Chefredakteur der „Österreichischen Monatshefte", drückte im Juli 1946 den Wunsch aus, der für den rückblickenden Betrachter gerade deshalb so erstaunlich ist, weil er im Jahre 1955 erfüllt werden sollte: *„Gäbe es im Zeichen der U N O noch den Status der ewigen Neutralität, so müßte die Zweite Republik Österreich sich gleich der Schweiz zu ihm bekennen."* Im November 1946 meinte der Abgeordnete Eduard Ludwig (ÖVP) im Parlament, die Zukunft Österreichs werde vielleicht dadurch am besten gelöst, „daß Österreich ein neutraler Staat ist, der mit keinem Land besondere Bande unterhält, sondern mit allen Ländern in freundschaftlichen Beziehungen steht"; schon sechs Monate vorher hatte Ludwig übrigens auf das Beispiel der Schweiz hingewiesen.[43]

Bemerkenswert und kaum bekannt, weil unter einem Pseudonym veröffentlicht, ist die Diagnose, die Bundespräsident Karl Renner im Mai 1947, im Zusammenhang mit dem Konflikt der Mächte um Artikel 35 des Staatsvertragsentwurfes über das Deutsche Eigentum, stellte:

---

41 Vgl. Präsidentschaftskanzlei, Zl. 17.129/51. Veröffentlicht in der Österreich-Sondernummer des *Journal de Genève,* 23. Februar 1952, 1. Diese Äußerung sollte eine wichtige Rolle während der Moskauer Verhandlungen im April 1955 spielen, wo sie von Molotow zitiert wurde. Vgl. unten Kap. VI.

42 Julius Deutsch „Austria in the framework of a World-Organization. Geneva or Vienna?", hektogr. Schrift der „Free World Association", New York, Oktober 1944, 12 und 16 (Hervorhebung im Original), vorhanden im Dokumentationsarchiv des Österreichischen Widerstandes, Wien. Ders., „Österreich und die Weltpolitik", in: *Die Zukunft,* Mai 1946, 1 ff.

43 Alfred Missong, „Österreich und der Weltfriede", *Österreichische Monatshefte,* 1. Jg., 1945/46, Juli 1946, 417 (im Original gesperrt). Abg. Eduard Ludwig am 22. Mai 1946 im Nationalrat, Sten. Prot. NR. 5. GP., 2. Sitzg., 230 (diese Äußerung wurde irrtümlich in der ersten Auflage Julius Raab zugeschrieben), sowie am 22. November 1946 im Finanz- und Budgetausschuß, *WZ,* 23. November 1946, 2.

Die Sowjetunion will nicht, daß der „westliche Block" Österreich zum politischen und ökonomischen Sprungbrett kapitalistisch-antikommunistischer Politik ausbaue – der sogenannte westliche Block will hingegen nicht, daß Österreich zum Stützpunkt kommunistischer, prorussischer Politik gemacht werde. Österreich will weder das eine noch das andere, es will seine politisch-wirtschaftliche Neutralität beiden Gruppen gegenüber aufrichten und dauernd behaupten. Das sind in außenpolitischer Hinsicht die drei Interessengruppen.
Was Österreich im Innern betrifft, so ist es nicht zu leugnen, daß es Bevölkerungsgruppen gibt, die für unser Staatswesen diese klare Stellung nicht beziehen: Es gibt eine äußerste Rechte, die einen eindeutigen Westkurs vorzieht, und eine äußerste Linke, die einen östlichen Kurs leidenschaftlich anstrebt. Beide sind bescheidene Minderheiten, deren politisches Gewicht sich gegenseitig aufhebt. Die Sozialistische Partei ist ohne Ausnahme und ohne Vorbehalt neutral orientiert, die Volkspartei zweifellos in ihrer großen Mehrheit Anhänger der Neutralität. Auf demokratischer Basis ist eine Mehrheitsbildung in einer anderen Richtung als in jener der Neutralität jetzt und in aller Zukunft nicht zu erwarten. Denn für Österreich bedeutet eine Auseinandersetzung zwischen Ost und West, in der es Partner wäre, Verderb oder Untergang, wie immer der Streit enden möge. Dies sind somit in innenpolitischer Hinsicht die drei Interessengruppen.[44]

Daß derartige Überlegungen durchaus einer Stimmung in der österreichischen Bevölkerung entsprachen, geht aus den Ergebnissen einer Befragung hervor, die die amerikanische Besatzungsmacht anfangs März 1947 durchführte. 78% der Befragten gaben an, daß für die Zukunft strikte Neutralität, nach dem Muster der Schweiz, am wünschenswertesten sei. Nur 5% meinten, daß ein Bündnis mit einem benachbarten Land (aber sogar die USA wurde genannt!) gut für Österreich wäre.[45]

In den ersten Nachkriegsjahren hat es auch ausländische Stimmen gegeben, die Österreichs Zukunft in der Neutralität sahen. Im Juni 1947 schrieb David Ginsburg, zweithöchstes Mitglied der amerikanischen Delegation bei der Vertragskommission in Wien, nach Washington: "We are aware that neutrality for Austria is an indispensable condition for survival."[46] Der französische Hochkommissar General Béthouart und sein diplomatischer Berater Monicault

44 „Die Verhandlungen der Mächte, 2. Ein gangbarer Weg", in: *AZ*, 18. Mai 1947, 1. Nur zwei Wochen später, am 4. Juni 1947, hat sich der Bundespräsident in einem Gespräch mit dem Schweizer Historiker J. R. von Salis für die Neutralität Österreichs ausgesprochen. J. R. von Salis, „Wiener Sommer 1947", in dem Band des gleichen Autors: *Im Lauf der Jahre*, Zürich 1962, 246–247.

45 Befragung durchgeführt von der „ISB" (Information Service Branch) der USFA (United States Forces in Austria). Mitgeteilt in einem von Martin Herz verfaßten, vom amerikanischen Geschäftsträger K. L. Rankin unterzeichneten Bericht über die österreichische öffentliche Meinung vom 18. März 1947, publiziert in: Wagnleitner, *Understanding Austria*, 132.

46 Brief Ginsburgs an Benjamin Cohen, den „Counselor" des State Department, 12. Juni 1947; Ginsburg machte seine Äußerung über Österreichs Zukunft im Rahmen von vorläufigen „personal conclusions". *FR 1947*, II, 596. In diesem Brief findet sich – selten genug für die Zeit des beginnenden Kalten Krieges – folgende humorvolle Bemerkung: "I have no doubt whatever that the Soviets are spending long hours trying to guess what U. S. intentions and policy really are. They think we're as well organized as we think they are; we're both wrong." Ebd., 597.

setzten sich anfangs 1947 für den Status einer immerwährenden Neutralität Österreichs unter Garantie der Besatzungsmächte und schließlich der UN ein; Béthouart trug dies auch dem Staatspräsidenten Auriol vor. In Paris fanden ihre Vorschläge kein Echo. Paris war wesentlich stärker an der Verankerung von Garantien für Österreichs Unabhängigkeit im Staatsvertrag interessiert.[47] Frankreich und die USA arbeiteten gemeinsam eine Garantieklausel für den Staatsvertrag aus. Im Laufe der Verschärfung des Ost-West-Konflikts rückten die Westmächte, zuletzt auch die Franzosen selbst, immer mehr von ihr ab; sie wurde im Sommer 1949 endgültig fallengelassen.[48]

Die Auswirkungen dieser Verschärfung zeigten sich in der Reaktion auf eine Anregung Béthouarts, die er in einem Vortrag in Paris am 28. Mai 1948 machte. Vielleicht wäre es wünschenswert gewesen, meinte Béthouart, wenn Österreich ein Neutralitätsstatut erhielte, vergleichbar demjenigen der Schweiz von 1815 oder Belgiens von 1839; ein solches Statut könnten die Vereinten Nationen garantieren, deren Mitglied Österreich bald werden sollte. Drei Monate nach der kommunistischen Machtübernahme in Prag und nur drei Wochen, nachdem die Westmächte die Verhandlungsrunde der Sonderbeauftragten zum Platzen gebracht hatten, verursachten Béthouarts Ideen ziemliche Aufregung in der amerikanischen Diplomatie; allerdings wurde in Erfahrung gebracht, es handle sich um einen persönlichen Vorschlag Béthouarts, der „nicht die französische Politik reflektiere“.[49] Aus Wien wußte der Gesandte Erhardt zu berichten, einige einflußreiche Sozialisten wie Deutsch und Waldbrunner teilten die „Illusion der schwedischen Sozialdemokraten, daß Länder wie Österreich und Schweden, obgleich wirtschaftlich mit dem Westen im ERP [Marshallplan] zusammenarbeitend und mit starker westlicher Orientierung, am besten Sicherheit finden können, indem sie sich formell aus der Ost-West-Konfrontation heraushalten und politische und militärische Bindungen an beide Gruppen vermeiden“. Private Gespräche mit Deutsch und Waldbrunner, fuhr Erhardt fort, hätten gezeigt, daß die beiden vage und unsicher bezüglich der Formel seien, die ihr Ziel sicherstellen würde. Schärf habe sich öffentlich nicht zu dieser Frage geäußert – hier war allerdings Erhardt nicht ausreichend informiert[50] –, im privaten Gespräch vertrete er folgende Haltung: Österreich wie Schweden seien zwar nicht direkt der Sowjetunion benachbart, aber doch

47 Angerer, *Frankreich und die Österreichfrage,* 282 sowie 267–281.

48 Ebd., 292–297; Stourzh, Sicherung der österreichischen Unabhängigkeit, 185–186; vgl. auch *FR 1947,* II, 507; *FR 1948,* II, 1478–1479; *FR 1949,* III, 1068, 1069, 1072, 1108.

49 Bericht über Béthouarts Vortrag in: *WZ,* 29. Mai 1948, 2. *FR 1948,* II, 1426.

50 Vizekanzler Schärf hatte am 19. März 1948 erklärt, die SPÖ sei „für eine Teilnahme Österreichs am Marshallplan eingetreten. Sie wird aber gleichzeitig auch überall auf die besondere Lage Österreichs hinweisen, die eine politische und wirtschaftliche Neutralität gegenüber den Blöcken der Großen fordert.“ *AZ,* 20. März 1948, 1, brachte Schärfs Erklärung unter der Überschrift „Neutralität gegenüber den Blöcken der Großen“.

nahe genug, so daß ein direkter Beitritt zum westlichen Block von den Sowjets als Provokation betrachtet würde. Schärf argumentierte, daß die österreichische Regierung „vorgeben" müsse, neutral in der Ost-West-Kontroverse zu sein („Austrian Government must ‚pretend' to be neutral in East-West controversy"), um die Sowjets dazu zu bringen, die Staatsvertragsverhandlungen wiederaufzunehmen; diese Linie sei bloß taktisch („maintains this policy purely tactical"), da den österreichischen Sozialisten vollständig bewußt sei, daß zukünftige wirtschaftliche und militärische Unterstützung vom Westen kommen müsse. Er (Schärf) betone, daß keine Änderung in der grundlegenden Linie der Außenpolitik der Sozialisten ohne Konsultation mit den Vereinigten Staaten erfolge, und bringe seine Zufriedenheit mit Grubers Führung der Außenpolitik zum Ausdruck. Gruber und die meisten Persönlichkeiten der Volkspartei, so berichtete Erhardt weiter, verfolgen die „realistische Linie, daß Österreichs Sicherheit von der möglichst engen politischen und militärischen Verbindung (association) mit Westeuropa abhänge". Gruber habe Béthouarts Vorschlag schärfstens verurteilt und die Hoffnung ausgedrückt, das State Department möge die Gelegenheit finden, die Franzosen auf die Gefahr hinzuweisen, schlecht überlegte Pläne dieser Art zu produzieren.[51]

Grubers öffentliche Stellungnahme zu Béthouarts Plan war allerdings differenzierter als im Gespräch mit den amerikanischen Diplomaten, zumindest wie Erhardt darüber berichtete. „Es wäre verfrüht", sagte Gruber Ende Juni 1948, „über ein solches Neutralitätsstatut im Lichte der heutigen politischen Auseinandersetzungen zu urteilen." Heute könne „nicht eine bloße papierene Deklaration irgend jemand das Gefühl der Sicherheit geben, da ja selbst die mit großem Kostenaufwand geschaffenen Vereinten Nationen dieser Aufgabe noch nicht gewachsen sind". Gruber schloß dieses Thema mit dem Hinweis: „Was immer wir für eine Frage herausgreifen: unser Streben nach Neutralität, der Ausgleich der österreichisch-russischen materiellen Interessen, die politische Sicherung gegen unkonstitutionelle Umsturzversuche, es ist immer in erster Linie eine Frage: Welche wirtschaftliche Kraft kann der Staat zum Einsatz bringen? In der wirtschaftlichen Kraft repräsentiert sich schließlich auch die moralische Stärke des Landes, die in seiner Arbeitskraft ruht." Zu vermerken ist also, daß Gruber durchaus „unser Streben nach Neutralität" als gegeben voraussetzte, sich aber auf kein bestimmtes Statut festlegen wollte und die Debatte darüber als verfrüht bezeichnete. Einen etwas anderen Akzent setzt bald darauf Theodor Hornbostel, der ebenfalls unter Anspielung auf Béthouarts Vorschlag meinte, die von der Natur und deren realen Umständen diktierte „neutrale Haltung Österreichs in politischen Belangen" bedürfe „kei-

51 Bericht Erhardts vom 3. Juni 1948, *FR 1948,* II, 1401–1403.

ner vertraglichen, zwischenstaatlichen Untermauerung, wie sie unlängst wieder, nicht zum ersten Male“, zur Diskussion gestellt worden sei.[52]

Wir sehen also: Unter den Schwierigkeiten, den Sinn von „Neutralität“ oder „neutraler Haltung“ in den Griff zu bekommen, ist nicht die geringste darin zu sehen, daß die Konkretisierung von Neutralität viele Möglichkeiten einschloß, völkerrechtliche Bindungen (von beträchtlicher Variationsbreite) ebenso wie außenpolitische Richtlinien ohne solche Bindungen. Als einziger gemeinsamer Nenner ist das grundsätzliche Freihalten von militärischen Blockbildungen zu sehen.

Eine weitere Schwierigkeit ist folgende: Die Formulierung außenpolitischer Zielsetzungen auf weitere Sicht stand unter dem Imperativ, das Nahziel der österreichischen Politik nicht zu gefährden. Dieses Nahziel aber war: die Gefahr der Teilung des Landes zu vermeiden, den Staatsvertrag und das Ende der viergeteilten Besetzung zu erreichen. Es ist sohin nicht verwunderlich, wenn ein amerikanischer Bericht, der sich 1949 mit der Neutralität als Zielsetzung österreichischer Politik befaßte, zu dem Schluß kam, die Bundesregierung sei in den vergangenen vier Jahren „eher diskret bezüglich ihrer außenpolitischen Zielsetzung nach Ende der Besetzung“ gewesen.[53] Jede Festlegung, die entweder die eine oder die andere Seite im Ost-West-Konflikt vor den Kopf stoßen und damit vielleicht die Einheit und schließliche Freiheit des Landes gefährden würde, war zu unterlassen. Dies erklärt, warum in der außenpolitischen Diskussion und außenpolitischen Rhetorik der Jahre nach 1945 oft allgemeine (und manchmal verschwommene) Zielsetzungen, aber wenig konkrete Pläne für die Zeit nach Abschluß des Staatsvertrages anzutreffen sind. Die genannten Gründe erklären also die Unschärfe des Umgangs mit dem Wort „Neutralität“ in all den Jahren *vor* 1955. Festlegungen oder Bindungen werden jeweils erst, wie zu zeigen sein wird, in allerletzter Minute, im unmittelbaren Kontext einer konkreten Verhandlungssituation, erfolgen.

Ein kursorischer Überblick über Hinweise auf Österreichs Neutralität in parteiprogrammatischen Äußerungen, in der Presse und in Parlamentsdebatten zwischen 1945 und 1953 muß hier genügen, ohne Anspruch auf Vollständigkeit zu erheben. Programmschriften der Volkspartei aus den Jahren 1947 und 1949, von Alfred Kasamas redigiert, beriefen sich auf die Traditionen der Politik

52 Vortrag Grubers vor der Industriellenvereinigung am 30. Juni 1948 in: Gruber, *Reden und Dokumente,* 234–241. Von Interesse sind vertrauliche Überlegungen Grubers im Dezember 1948, „trotz grundsätzlicher Aufrechterhaltung der Neutralität“ Österreichs sowie der Schweiz das westliche Verteidigungsprogramm unter Einbeziehung Italiens an die Alpen heranzubringen. Ebd., 270–272. Theodor Hornbostel, „Österreich in der Weltkrise“, in: *Österreichische Monatshefte,* 3. Jg., 1947/48, August 1948, 482.

53 Bericht des Hochkommissars Keyes vom 10. November 1949, aus Anlaß französischer Berichte über das Bekenntnis österreichischer Politiker zur Neutralität als einziger für Österreich gangbarer Politik, *FR 1949,* III, 1288–1289. Hierzu siehe unten S. 270.

Seipels, auf eine Politik der Nichtanlehnung an einzelne Mächte. Forderte die Programmschrift von 1947 die Vermeidung einseitiger Bindungen, so sprach sich das im Frühjahr 1949 veröffentlichte „Programm Österreich" ausdrücklich für die „Bewahrung einer absoluten Neutralität" aus.[54] Ein Parteitag der SPÖ im November 1946 beschloß eine Resolution zur absoluten Neutralität Österreichs, und im Oktober 1947 wurde die „internationale Garantie der Neutralität Österreichs zur Sicherung seiner bestehenden Grenzen, seiner Freiheit und Unabhängigkeit" in das neue Aktionsprogramm aufgenommen.[55] Die Verschärfung des Ost-West-Konflikts seit 1947, das Einschwenken der britischen Labour Party unter Führung Attlees und Bevins auf das Bündnis mit den Vereinigten Staaten, last, not least die Zerstörung von Demokratie und Meinungsfreiheit in den osteuropäischen Staaten, insbesondere in der Tschechoslowakei, all dies übte seine Wirkung auf die sozialdemokratische Publizistik aus. Einer ihrer prominentesten Vertreter, Oscar Pollak, unterschied schon im Sommer 1948 zwischen der Neutralität des Staates, die er bejahte, und der Neutralität der Gesinnung, die er verneinte.[56]

Ohne Zweifel trat schon ab 1948, noch mehr in den Jahren der Stagnation der Staatsvertragsverhandlungen ab 1950 das ideologische Engagement auf seiten des Westens wesentlich stärker ins Blickfeld als die in den ersten Jahren nach 1945 häufigeren Hinweise auf das Freihalten von Blöcken oder die Neutralität Österreichs, und zwar im bürgerlichen wie im sozialdemokratischen Lager; allerdings rissen auch in den eisigsten Jahren des Kalten Krieges und in einer Zeit der sich intensivierenden „verdeckten" Kooperation mit den

---

54 Alfred Kasamas, *Wir wollen Österreich. Die Grundsätze und Ziele der Österreichischen Volkspartei,* Wien 1947, 68 f.; ders., *Programm Österreich. Die Grundsätze und Ziele der Österreichischen Volkspartei,* Wien 1949, 106; der außenpolitische Teil dieses Programms erschien in: *Österreichische Monatshefte,* 4 (1948/49), 201 f.: Die „Bewahrung einer absoluten Neutralität" wurde als „einzige Chance zur Aufrechterhaltung der Unabhängigkeit" bezeichnet.

55 Das Programm von 1947, in: Klaus Berchtold (Hg.), *Österreichische Parteiprogramme 1866–1966,* Wien 1967, 277; ferner Julius Deutsch, *Was wollen die Sozialisten?,* Wien 1949, 185.

56 „Die Republik Österreich kann und will sich weder einem Westblock noch dem Ostblock eingliedern. Österreichs Politik, die auch wir vertreten, ist strikte Neutralität. Als Sozialisten aber sind wir nicht neutral: der Sozialismus kann nicht neutral sein, wo es um die Freiheit geht." (Oscar Pollak, Gefahren für Europa, in: *AZ,* 22. Juli 1948, 2.) Unbeschadet der engen Verbindung zur Labour Party wies der Abgeordnete Pittermann 1950 kommunistische Propagandatiraden, die von einer „Pro-Atlantikpakt"-Stellungnahme Julius Braunthals auf eine entsprechende Haltung der SPÖ schlossen, zurück; Pittermann wies darauf hin, daß Braunthal, Funktionär der Sozialistischen Internationale, englischer Staatsbürger sei, und fügte hinzu: „Daß die Politik Bevins, die Politik der englischen Regierung, eine andere ist als die österreichische, ist klar, aber Sie bemühen sich unter Heranziehung aller Beweisspuren, die Sie auftreiben können, hier den Eindruck zu erwecken, als ob auch die österreichische Regierung eine westliche Position bezogen hätte und den Versuch wagte oder tat, den Standpunkt der strikten Neutralität zu verlassen, zu dem sie sich bekannt hat." (Sten. Prot. NR, 6. GP, 13. Sitzg., 15. Februar 1950, 300; vgl. auch die Rede des Abgeordneten Koref, die eindeutig gegen die Eingliederung Österreichs in das System des Atlantikpaktes Stellung nahm, ebd., 18. Sitzg., 14. März 1950, 487 f.)

Westmächten die Hinweise auf eine neutrale Position Österreichs nicht ab. Die Polarisierung zwischen den kommunistischen und nichtkommunistischen Kräften in der österreichischen Innenpolitik ist in Rechnung zu stellen. Diese Polarisierung war nun mit der Politik der Besatzungsmächte und der Evolution des Ost-West-Konflikts eng verklammert. Es waren jene Jahre, in denen sich Abgeordnete zum Nationalrat gegenseitig Ausdrücke wie „Rubel-Wurstel" oder „amerikanischer Hampelmann" an den Kopf warfen. In vielen außenpolitischen Debatten der Jahre 1948 bis 1953 (mit dem Höhepunkt etwa zwischen 1950 und 1952) zeigen sich die Spuren der Ängste, welche der Weg der östlichen Nachbarstaaten in die Volksdemokratie wie auch die Praktiken der russischen Besatzungspolitik erzeugt hatten, aber auch der Hoffnungen, die in eine Machtverschiebung zugunsten der Westmächte unter den Auspizien der von Washington inaugurierten Politik, „Positionen der Stärke" zu schaffen, gesetzt wurden.[57]

Ich möchte drei Ereignisse nennen, deren Wirkung auf die öffentliche Meinung in Österreich besonders nachhaltig war und zur Akzentuierung der eben genannten Tendenz beitrug: die kommunistische Machtergreifung in der Tschechoslowakei im Februar 1948, der Ausbruch des Koreakrieges im Juni 1950 und der kommunistische Generalstreikversuch in Österreich im Oktober 1950. Manche Nuancierungen werden hier sichtbar und verdienen, näher untersucht zu werden. Im allgemeinen gewinnt man den Eindruck, daß etwa in den Jahren 1947 bis 1950 sozialdemokratische Politiker den Neutralitätsgedanken stärker betonten als Sprecher der Volkspartei, während sich in den Jahren nach 1950 die Exponenten der Sozialdemokratie größere Zurückhaltung auferlegten; die Reaktion auf den kommunistischen Generalstreikversuch gemeinsam mit der Tatsache, daß die Kommunisten ab 1950 immer stärker den Begriff der (ideologischen) Neutralität in ihrer eigenen Propaganda einsetzten, mag dazu beigetragen haben. Diesen Eindruck gewinnt man etwa in der großen außenpolitischen Debatte im Nationalrat am 2. April 1952, als Ernst Koref ausrief, daß die Sozialisten „einen Neutralitätsbegriff und eine neutrale Haltung" ablehnten, „die so verstanden wird, daß wir uns gefügig und willenlos zum Willkürobjekt sowjetischer Machtpolitik erniedrigen lassen".[58] Vollends aus dem Verkehr gezogen haben die Sozialisten das Wort Neutralität, von wenigen Ausnahmen abgesehen, etwa vom Beginn der Ära Raab bis zum April

57 „Rubel-Wurstel": Zwischenruf Raabs; „amerikanischer Hampelmann": Zwischenruf Ernst Fischers. Sten. Prot. NR, 6. GP, 18. Sitzg., 14. März 1950, 508.

58 Sten. Prot. NR, 6. GP., 86. Sitzg., 2. April 1952, 3269. Im Jahr zuvor hatte übrigens der sozialistische Abgeordnete Karl Czernetz in einer Polemik gegen die Strömung des Neutralismus in Europa auch die Neutralität Schwedens und der Schweiz kritisch beurteilt. Beide Staaten seien im Zweiten Weltkrieg lediglich von der Gnade des Aggressors neutral geblieben. Karl Czernetz, *Kommt der dritte Weltkrieg?*, Wien 1951, 45.

1955. Eine solche Ausnahme ist etwa im März 1954 zu verzeichnen, als Oscar Pollak schrieb: „Österreich hat wiederholt erklärt, daß es keinerlei militärische Verpflichtungen oder Bündnisse eingehen kann und will: das ist die Neutralität, zu der es durch seine Kleinheit, seine Lage und den festen Willen seines Volkes veranlaßt und bereit ist. Zu mehr, zu Neutralismus ist das österreichische Volk, sind insbesondere die österreichischen Sozialisten, nicht bereit."[59] Auch der Parteivorsitzende, Vizekanzler Schärf, hielt am Grundsatz fest, daß Österreich sich von Militärbündnissen fernhalten müsse – dies hatte er ja auch anläßlich der Beratung über Grubers Besuch bei Nehru kundgetan –, doch sind Schärfs Bedenken dagegen, die internationale Stellung Österreichs mit dem Begriff der Neutralität zu kennzeichnen, offenbar bis zum Frühjahr 1955 sehr stark geblieben.

Schließlich ist das Echo zu bedenken, das die Idee des Vereinigten Europa seit dem Kongreß in Den Haag vom Mai 1948 – auf dem die Europa-Bewegung („Mouvement Européen) gegründet wurde – in Westeuropa und auch in Österreich fand. Daß ein gewisses Spannungsverhältnis zwischen vorbehaltlosem Bekenntnis zur Europa-Union und dem Neutralitätsgedanken bestand, kam in manchen Stellungnahmen zum Ausdruck. Einer der enthusiastischen Anwälte der Europa-Idee in Österreich, der Abgeordnete der Volkspartei Eduard Ludwig, hat sich denn auch 1950, im Unterschied zu seinen 1946 geäußerten Vorstellungen skeptisch zum Gedanken einer Neutralität nach Schweizer Muster geäußert.[60] Übrigens wurde Österreich am 22. April 1951 offiziell Mitglied der Europa-Bewegung; es bildete sich ein österreichischer „Parlamentarischer Rat der Europa-Bewegung", aus 18 Abgeordneten zum Nationalrat und zwei Bundesräten bestehend, die je zur Hälfte der ÖVP und der SPÖ angehörten.[61]

---

59 O. P., „Die Europa-Armee und Österreich", in: *AZ*, 7. März 1954, 1–2.

60 Zur Europa-Problematik vgl. u. a. zwei ältere Dissertationen: Senta G. Steiner, *Österreich und die europäische Integration zwischen Moskauer Deklaration und Europakongreß in Den Haag,* Univ. Salzburg 1971, sowie Ingfrid Schütz-Müller, *„Europa" in der österreichischen Nachkriegspolitik 1945–1956,* Univ. Wien 1974; vor allem ist nunmehr zu verweisen auf den Sammelband von Gehler/Steininger, *Österreich und die Europäische Integration 1945–1993,* darin insbes. der Beitrag von Thomas Angerer, „Integrität vor Integration. Österreich und ‚Europa' aus französischer Sicht 1949–1960", ebd., 178–200, sowie Florian Weiß, „Die schwierige Balance. Österreich und die Anfänge der westeuropäischen Integration 1947–1957", in: *Vierteljahrshefte für Zeitgeschichte,* 42 (1994), 71–94. Zu Eduard Ludwig vgl. seine Parlamentsreden am 14. März 1950, Sten. Prot. NR, 6. GP, 498, und am 7. Dezember 1950, ebd., 1493. In der Debatte vom 14. März 1950, ist eine auffallende Diskrepanz zwischen den Ausführungen des Abgeordneten Ludwig und denen des Außenministers Gruber festzustellen. Während Ludwig erklärte, daß das Bestreben, „Neutralität für eine entsprechende Außenpolitik Österreichs zu erklären, von nicht allzu weitgehender Erfassung der internationalen Lage" zeuge (ebd., 498), sagte Gruber, wir seien „selbstverständlich neutral" und hätten „niemals die Absicht, den Grundsatz der Neutralität zu verlassen ..." (ebd., 507).

61 AdR, BKA, MRProt Nr. 266, 23. Oktober 1951, Beilage.

Im außenpolitischen Konzept des Verbandes der Unabhängigen hat die „Einigung Europas“ gerade im Zusammenhang mit der ideologischen Prämisse des Bekenntnisses zum „deutschen Volkstum“ einen bestimmten Stellenwert gehabt. 1952 hat der Abgeordnete Kraus sogar an der Formulierung des Anschlußverbots im Kurzvertrag der Westalliierten Anstoß genommen. Um so überraschender sind manche Äußerungen, die positiv zum Gedanken der Neutralität stehen. Herbert Kraus hatte noch im Dezember 1947 abwertend von Schweden und der Schweiz geschrieben, diese Länder seien „in Pension gegangen, und das Leben ihrer Völker erweckt auch tatsächlich den Eindruck eines Pensionistendaseins“. Doch im Oktober 1949, frisch ins Parlament gewählt, empfahl Kraus „nach dem Vorbild der Schweiz eine korrekte Neutralität sowohl nach dem Westen als auch nach dem Osten und die Ablehnung jeder Bindung, die über die vernunftgemäßen wirtschaftlichen Verflechtungen hinausgeht“. Im März 1950 hat der Abgeordnete Viktor Reimann im Nationalrat deutlich „unser Bekenntnis zur Neutralität“ betont.[62]

Wenn auch im bürgerlichen wie im sozialistischen Lager scharf zwischen ideologischem und militärischem Engagement zugunsten des Westens unterschieden wurde, so hakte doch hier die Polemik zunächst der östlich orientierten „Demokratischen Union“ des Grazer Professors Josef Dobretsberger und dann vor allem der Kommunistischen Partei ein; beide brandmarkten auch das ideologische Engagement auf seiten des Westens als „antineutrale“ Haltung und forderten zwischen 1949 und 1954 eine „Neutralität“ für Österreich, die ihren Ausdruck in der Enthaltung von (prowestlich) engagierten Stellungnahmen zum Ost-West-Konflikt zu finden hätte. Die Neutralitätsparolen der KPÖ tauchten erstmals Anfang 1950 im Zusammenhang mit der Verzögerung der Staatsvertragsverhandlungen in der Polemik gegen NATO und „Aufrüstung“ in Westösterreich auf, verstärkt seit dem Frühjahr 1952 im Zusammenhang mit der sowjetischen Deutschlandnote vom 10. März 1952.[63] Das Wahlprogramm der von der KPÖ und der „Demokratischen Union“ Dobretsbergers gegründeten „Wahlgemeinschaft Österreichische Volksopposition“ vom November 1952 – in Vorbereitung der am 22. Februar 1953 stattfindenden Nationalratswahlen – forderte eine „Politik der unbedingten Neutralität“. Dobretsbergers Gruppe

62 Abg. Herbert Kraus am 2. April 1952, Sten. Prot., 6. GP, 3294; Herbert Kraus, „Erfordernisse unserer Außenpolitik“, in: *Berichte und Informationen,* 2. Jg., Nr. 86–87, 19. Dezember 1947, 3; ders., im Nationalrat am 9. November 1949, Sten. Prot., 6. GP., 29; Abg. Reichmann am 14. März 1950, ebd., 494.

63 So hieß es z. B. in einer polemischen Stellungnahme des Zentralkomitees der KPÖ auf dem XV. Parteitag im November 1951: „Jetzt, da sich die Kriegsgefahr von Tag zu Tag verschärft, sprechen die rechten SP-Führer nicht mehr von ‚Neutralität‘, von ‚dritter Kraft‘ zwischen der Sowjetunion und dem amerikanischen Machtblock ...“ (*Der XV. Parteitag der Kommunistischen Partei Österreichs,* Wien 1951, 65.) Insgesamt aufschlußreich Ernst Fischer, *Ende einer Illusion,* 165–166, 367–369.

hatte schon seit 1949 für eine Neutralität Österreichs plädiert.[64] Einen neuen Höhepunkt erreichte die kommunistische Neutralitätspropaganda im August und September 1953.[65] Im Vordergrund stand die „Losung" der Neutralität auf einer Tagung des Plenums des Zentralkomitees der KPÖ am 24. und 25. September 1953.[66] Die Neutralitätsparolen der Kommunisten sollten erst, wie zu zeigen sein wird, abrupt im Frühjahr 1954 aus dem Verkehr gezogen werden.

Den Entgegnungen eines Alfons Gorbach oder Ernst Koref, aber auch Außenminister Grubers auf kommunistische Äußerungen im Parlament, vor allem auf jene des Starredners Ernst Fischer, lag die Befürchtung zugrunde, daß Österreich das Schicksal der Volksdemokratien drohe. Gorbach, der in Parlamentsreden im März 1950 wie im April 1952 entschieden für die Neutralität Österreichs eintrat, polemisierte wiederholt gegen die „scharf geschliffene" oder „abgründige" Dialektik Ernst Fischers und warf diesem vor, von „absoluter Neutralität" zu sprechen und „einseitige Parteinahme" zu meinen. Am liebsten würden die Kommunisten in der Wasagasse (dem Hauptquartier der KPÖ) einen „Neutralitätsgerichtshof über die österreichische Regierung" errichten, meinte Gruber im März 1950 und fügte hinzu: „Wir sind neutral, aber wir werden uns nicht von ihnen vorschreiben lassen, welche Akte, welche Gesinnung jeweils den Inhalt dieser Neutralität erfüllen."[67]

Wie stand es um die außenpolitischen Zielsetzungen der Bundesregierung selbst? Die allgemeinen Erklärungen unmittelbar nach dem Zweiten Weltkrieg über Freundschaft mit allen Staaten, die Ablehnung von Ost- und Westorientierung, die Hoffnung auf den Beitritt zu den Vereinten Nationen (am 2. Juli 1947 stellte Österreich seinen Antrag um Aufnahme in die UN) reichten nicht mehr aus, um die Stellung Österreichs inmitten der zunehmenden Ost-West-Polarisierung zu verdeutlichen. Von Interesse ist ein 10-Punkte-Programm, in dem Außenminister Gruber im Oktober 1947 die Grundsätze der österreichischen Außenpolitik zusammenfaßte; er berief sich ausdrücklich auf die erste Regierungserklärung der Bundesregierung vom Dezember 1945 und stellte fest: „Österreich hält sich von allen politischen Bündnissen fern, gleichgültig, ob es sich um einen Westblock, um einen Alpenblock oder um einen Donau-

---

64 Aufschlußreich zum Neutralitätsthema ist die von Dobretsberger herausgegebene Wochenschrift „Die Union". Auch die prosowjetisch orientierte, aber auf eine deutschnationale Clientel zielende „Nationale Liga" plädierte für die Neutralität Österreichs. Polizeibericht über eine Versammlung in Wien am 14. Dezember 1951, Durchschlag bei Antwortschreiben Grubers an Graf vom 20. Dezember 1951, Zl. 121.718-K/51, KGA, K. 6, Mappe M.„V." 1951.

65 Hierzu ein wohldokumentierter Bericht der amerikanischen Botschaft in Wien vom 30. September 1953. NA, RG 59, 763.00/9-3053.

66 Hierzu siehe die Diskussionsrede von E. Zucker-Schilling, veröffentlicht in einer Sondernummer der Zeitschrift *Der Funktionär,* 3. Jg., Oktober 1953, 200–202.

67 Gorbach am 8. März 1950, Sten. Prot. NR, 6. GP., 16. Sitzg., 377; am 2. April 1952, ebd., 86. Sitzg., 3284; Gruber am 14. März 1950, ebd., 18. Sitzg., 507. Zu Koref siehe oben Anm. 58.

block handelt." Im März 1948 hat jedenfalls Bundeskanzler Figl auf die Frage, ob die Bundesregierung die Einführung eines Neutralitätsstatus für Österreich unterstützen würde, folgende Antwort gegeben: „Wir haben wiederholt erklärt, daß wir uns keinem Block und keinem Militärbündnis anschließen wollen. Diese Erklärung ist auch für die Gegenwart und Zukunft gültig."[68]

Die Gründung der NATO im Frühjahr 1949 bedeutete eine weitere Etappe in der Konsolidierung der Blockbildungen in Ost- und Westeuropa. In Figls Regierungserklärung nach den Neuwahlen vom Oktober 1949 hieß es, der Österreicher spekuliere „heute nicht auf Blockbildung und Anlehnung an fremde Mächte ...". Diese Absage an die Blockbildung scheint um so wichtiger, als wenige Monate vorher Staatssekretär Ferdinand Graf in einem Interview den Beitritt Österreichs zur NATO befürwortet hatte – die einzige Stellungnahme eines Regierungsmitgliedes zugunsten eines NATO-Beitritts Österreichs in den sechs Jahren zwischen Gründung der NATO und dem Staatsvertrag! Auf die Frage eines Schweizer Journalisten im Juli 1949, ob Österreich nach Abschluß des Staatsvertrages – der damals nahe bevorzustehen schien – „Anschluß an die Westunion und an den Atlantikpakt suchen" werde, antwortete Graf: „Ja. Der Atlantikpakt ist eine Parallelerscheinung zum Marshallplan, und ich sehe keinen Grund, daß sich Österreich selbst von der europäischen Schicksalsgemeinschaft ausschließen sollte. Offen gesagt, kann ich zum Beispiel die Haltung der Schweiz in dieser Frage nicht verstehen, ist doch der aktive Zusammenschluß des Westens gerade zum Schutze der kleinen Nationen geschaffen worden." Grafs Stellungnahme, in der „Klagenfurter Zeitung" am 16. Juli 1949 veröffentlicht, wurde in keiner unabhängigen oder den Regierungsparteien gehörenden Zeitung erwähnt – ein Zeichen dafür, daß es sich bei Grafs Interview um eine „Extratour" handelte. In der kommunistischen Presse und im Organ von Dobretsbergers „Demokratischer Union" wurde Grafs Interview jedoch sehr wohl vermerkt.[69]

Die Frage der Westbindung Österreichs wurde Anfang Oktober 1949 von einem französischen Politiker, dem Vorsitzenden der außenpolitischen Kommission der Nationalversammlung Edouard Bonnefous, in einer Serie von Gesprächen in Österreich erörtert – mit Außenminister Gruber in Innsbruck, dann mit Bundespräsident Renner, dem sozialistischen Wehrexperten Julius

---

68 10-Punkte-Programm (hier zitiert Punkt 5) in einem Aufsatz Außenminister Grubers „Keine Vogel-Strauß-Politik in auswärtigen Fragen", in: *WZ*, 22. Oktober 1947, 1–2; Erklärung Bundeskanzler Figls vom 27. März 1948, in: *Wiener Tageszeitung*, 28. März 1948, 1.

69 Regierungserklärung Bundeskanzler Figls am 9. November 1949, Sten. Prot. NR, 6. GP., 2. Sitzg., 12. Abdruck eines dem Schweizer Journalisten Herbert Alboth in Hofgastein gewährten Interviews, in: *Klagenfurter Zeitung*, 16. Juli 1949, 1. Dazu Kommentar Josef Dobretsbergers in seinem Leitartikel „Und nach dem Staatsvertrag?", in: *Die Union*, 29. Juli 1949, 1–2, hier 2. Etwa zur gleichen Zeit ging der Generalsekretär des Außenamtes, Heinrich Wildner, davon aus, daß Österreich dem Atlantikpakt nicht beitreten werde. Aufzeichnung vom 28. 7. 1949, ÖStA, GD, NLS, E/1791/19.

Deutsch und mit Bundeskanzler Figl in Wien. Laut Bericht des Generals Béthouart, der Bonnefous bei allen Besuchen begleitete, wurden bei allen Gesprächspartnern Reserven bezüglich engerer Bindungen an den Westen laut – von Gruber über Renner und Deutsch bis Figl hätten alle Gesprächspartner die Notwendigkeit einer Neutralität Österreichs betont – ein Begriff, der im Bericht Béthouarts nicht weniger als achtmal vorkam![70] Wohl ist darauf hingewiesen worden, daß spätere Angaben Béthouarts in dessen Memoiren, Bonnefous habe zugunsten eines Beitritts Österreichs zur NATO gesprochen, nicht belegbar seien;[71] doch sind in mehreren Gesprächen, jedenfalls jenen mit Renner, Deutsch und Figl, Verteidigungsaspekte zur Sprache gekommen. Am ausführlichsten sind wir über das eineinviertelstündige Gespräch zwischen Bonnefous und Bundespräsident Renner informiert. Renner habe das Thema der Neutralität, so Béthouart, mit einer ihn überraschenden Entschiedenheit aufgenommen. Sicher gehe die Sympathie fast aller Österreicher in Richtung Westen; doch diese gefühlsmäßigen Regungen stellten nicht die geographischen Realitäten in Rechnung. Renner habe an die Haltung der Westmächte im März 1938 erinnert; er habe zu verstehen gegeben, daß Österreich seine unabdingbare Neutralität („cette neutralité indispensable") erst modifizieren könne, wenn England und Frankreich vollständige Einigung über die Organisation Westeuropas erreicht haben würden, wenn die „amerikanische Hilfe endgültig gesichert wäre" und wenn „die Verteidigungslinie Europas nicht mehr am Rhein fixiert sein werde".[72] Hier darf wohl daran erinnert werden, was im vorhergehenden Kapitel über die sehr weit im Westen liegenden Verteidigungslinien der Westallianz und die so überaus ungünstige geostrategische Lage Österreichs gesagt wurde.

In den österreichischen Aufzeichnungen zur Konversation Bonnefous/Renner kommt zwar das Wort Neutralität, im Unterschied zu Béthouarts Bericht, nicht vor; doch wesentliche Punkte werden durchaus parallel berichtet. Der Bundespräsident wies darauf hin, „daß die Republik Österreich bei ihrer exponierten Lage hart am Eisernen Vorhang zur äußersten Zurückhaltung gezwungen" sei. Gewiß sei, „daß von Wien herab bis zum letzten Dorf die

70 Telegr. Bericht Béthouarts vom 8. Oktober 1949, Nr. 2398/CE/G/TS, an das Generalkommissariat für deutsche und österreichische Angelegenheiten in Paris, in: AD, série EU/Autriche, vol. 260.

71 Angerer, Integrität vor Integration, 180, zu Béthouarts Memoiren; vgl. Béthouart, *La bataille pour l'Autriche,* Paris 1966, 266.

72 Renners Hinweis auf die Verteidigung am Rhein im Bericht vom 8. Oktober 1949 etwas ausführlicher und nicht unglaubwürdig wiedergegeben in Béthouarts Erinnerungen: Wenn man sage, im Falle eines Angriffs der Roten Armee werde man sich am Rhein verteidigen, so seien wir Österreicher 600 Kilometer vor dem Rhein, und die Russen seien schon bei uns. Wie könnten wir Österreicher, trotz unserer Sympathie, trotz unserer Verbundenheit mit allem, was den Westen repräsentiere, eine andere als eine Politik der strikten Neutralität verfolgen? Béthouart, *La bataille,* 266.

österreichische Bevölkerung westlich orientiert und zu etwa 95% antikommunistisch" sei. Aber „die verantwortlichen Parteien und insbesondere die Regierung können in keiner Weise zu den geplanten Neugestaltungen [in Westeuropa, offenbar insbesondere die von Bonnefous als ‚Union Européenne' apostrophierte Organisation des Europarates, G. S.] Stellung nehmen". Darüber entwickelte sich „eine längere Auseinandersetzung" (!), bei der zum Schluß Bonnefous erklärte, die Vorsicht der österreichischen Regierung sehr wohl zu begreifen. „Es handle sich jedoch zur Zeit weniger um ein offizielles Bündnis, als um eine bewußte praktische Zusammenarbeit."[73] Renner schloß mit der Bemerkung: „Die Pläne des Westens sind nicht zur Reife gediehen und vorerst hat Österreich keine Möglichkeit, in dieselben einzutreten. Aber wenn die Vertreter Englands und Frankreichs hier bei mir erscheinen und die fertigen Vereinbarungen vorlegen und Vertreter der Vereinigten Staaten beiden dazu ihren Segen geben, sei der Bundespräsident sofort bereit, mit zu unterschreiben."[74] Enttäuscht zeigte sich Béthouart von den auf den Besuch bei Renner folgenden Gesprächen mit Deutsch und mit Figl. Deutsch sei im Unterschied zu einem früheren Gespräch mit Béthouart nun nicht mehr der Meinung, daß eine zukünftige österreichische Armee eine Funktion im Rahmen der Teilnahme an der Verteidigung Westeuropas erfüllen könnte. Mit Figl unterhielt sich Bonnefous vor allem darüber, ob es nicht in Hinblick auf die schwachen Verteidigungsmöglichkeiten einer österreichischen Armee vorzuziehen wäre, daß die alliierte Besetzung Österreichs andauere und die Präsenz der Westalliierten in Wien das Schlimmste verhindern könnte. Figl habe weiterhin auf den Abschluß des Staatsvertrags gepocht, aber widersprüchliche Antworten über Österreichs Mitgliedschaft in internationalen Organisationen gegeben; Bonnefous hatte Figl darauf aufmerksam gemacht, daß die Notwendigkeit, als Mitglied von internationalen Organisationen Stellung zu beziehen, nur wenig vereinbar mit der Position der Neutralität wäre, die Figl für Österreich anstrebe. Die Skepsis Bonnefous' (und Béthouarts) bezüglich einer zukünftigen neutralen Stellung Österreichs und die Präferenz beider Franzosen für eine Fortsetzung des Besatzungsregimes treten in Béthouarts Bericht klar zutage.

Béthouart informierte auch seinen britischen und seinen amerikanischen Kollegen, die Generäle Galloway und Keyes, von den Bonnefous-Gesprächen.[75] Die Bonnefous-Gespräche wurden von der amerikanischen und briti-

73 Im Bericht Béthouarts ist abweichend nicht von einem Bündnis die Rede, sondern davon, daß es sich nicht darum handle, „den formellen Beitritt Österreichs zu einer Europäischen Union" zu verlangen, sondern darum, daß die Westmächte voll darüber informiert sein sollten, was mit Österreich nach dem Abzug aus Österreich geschehen würde. Wie oben Anm. 70.

74 Präsidentschaftskanzlei, Zl. 14.005/49 über Besuch Bonnefous' in Begleitung Béthouarts am 6. Oktober 1949.

75 PRO, FO 371/76496/C8543, sowie NA, RG 59, 863.00/11-249.

schen Diplomatie eher bagatellisiert und – wohl nicht zu Unrecht – den Versuchen des Generals Béthouart, einen baldigen Vertragsabschluß zu hintertreiben, zugeordnet.[76] Der französische Botschafter in Washington, Henri Bonnet, berichtete beruhigend aus Washington nach Paris, ein hoher Beamter des State Department habe versichert, die österreichische Regierung sei prowestlich eingestellt; nach der Ratifizierung des Staatsvertrags solle das österreichische Militär mit jenem der Mächte der NATO „harmonisiert" werden – eine bemerkenswerte Formel zur Vermeidung einer formellen NATO-Mitgliedschaft bei gleichzeitiger militärischer Kooperation![77]

Noch im Dezember 1949 schlug der Bonnefous-Besuch in Österreich Wellen. Mitte Dezember sprach Bonnefous ausführlich mit dem österreichischen Gesandten in Paris, Vollgruber. Aus „seinen Gesprächen mit den maßgeblichen Persönlichkeiten bei uns habe er den Eindruck gewonnen, daß wir nach Abschluß des Vertrages eine möglichst neutrale Politik machen wollten". Bonnefous vertrat die Meinung, daß die Schweiz und Schweden ganz anders gelagerte Fälle seien; Österreich werde nicht in der Lage sein, eine neutrale Politik durchzuführen. Bonnefous befürchtete alle Arten von Pressionen seitens Rußlands auf Österreich und erwies sich als entschiedener Gegner eines baldigen Vertragsabschlusses.[78]

Ein bemerkenswertes Echo auf die Bonnefous-Gespräche in Österreich stammt aus der Feder Adolf Schärfs. Zu Jahresende 1949 – genau am 30. Dezember – wandte sich Schärf an die führende Persönlichkeit der französischen Sozialisten, Léon Blum. Teile dieses Briefes wurden bereits 1955 in Schärfs Buch „Österreichs Erneuerung" veröffentlicht, sehr aufschlußreiche Teile allerdings erst 1980.[79] „Ich höre", so lautete die zentrale Passage von Schärfs Brief, „daß man über österreichische Äußerungen verwundert ist, wonach wir für die Zeit nach der Befreiung an politische Neutralität denken wollen. Wir sind uns darüber im klaren, daß ein militärisch schwaches Österreich – und Österreich muß militärisch schwach bleiben – ein Vakuum vorstellt, durch das man binnen weniger Tage aus der ungarischen Tiefebene bis an den Bodensee gelangen kann; wir wissen, daß wir die Einordnung in ein größeres politisches

---

76 PRO, FO 371/76452/C8709. Zu der Bonnefous-Episode vgl. nunmehr ausführlich Angerer, *Frankreich und die Österreichfrage,* 323–343.

77 Bericht Bonnets vom 28. Oktober 1949, Nr. 3842/47, AD Paris, EU/Autriche, vol. 273.

78 Brief Vollgrubers an Heinrich Wildner v. 16. Dezember 1949, BMAA, Handakten Generalsekretär Wildners. Gruber, mit dem Bonnefous übrigens schon in Innsbruck vor der Weiterfahrt nach Wien gesprochen hatte, wurde von Bonnefous zu jenen gehörend bezeichnet, die den Staatsvertrag raschestmöglich, selbst unter bedeutenden Opfern, unter Dach und Fach bringen wollten. Wildner notierte, die (vom Bonnefous-Besuch ausgelösten, G. S.) Unterhaltungen seien „nur wieder neue Atouts für die Weiteraufrechterhaltung der Besetzung". Aufzeichnung vom 13. 11. 1949; weitere Aufzeichnungen hierzu v. 19. 11. u. 23. 12. 1949; ÖStA. GD, NLS, E/1791/19.

79 Briefkopie im Nachlaß Walter Wodaks, veröffentlicht in Wagnleitner, *Diplomatie,* Nr. 897/1. Daraus die nachfolgend zitierte Passage.

und vermutlich auch militärisches System brauchen; aber ich glaube, es wäre unmöglich, in einem Zustand der Viermächtebesetzung etwa öffentlich zu erklären, wir wollen dem Atlantikpakt beitreten, wenn wir frei sind – da die Russen den Atlantikpakt als gegen sich gerichtet ansehen, wäre eine solche österreichische Erklärung der erwünschte Vorwand, um die Räumung zu vereiteln.“

Schärf maß diesem Brief Bedeutung bei; er holte die Meinung mindestens zweier Parteifreunde ein; der Brief wurde auch bald den Briten und Amerikanern zur Kenntnis gebracht.[80] Es scheint aus diesem Brief eine Art „Doppelstrategie“ zu sprechen: eine Rhetorik der Neutralität – übrigens in sehr allgemeiner Weise – solange die Viermächtebesetzung anhielt; eine „Einordnung in ein größeres politisches und vermutlich auch militärisches System“ wäre öffentlich erst nach der Räumung des Landes durch die vier Mächte abzuhandeln. Eine derartige Doppelstrategie – wenn es eine solche war – stieß allerdings auf ein ganz großes Hindernis: die Pfänder, über welche die Sowjetunion in Österreich verfügte, waren so gewichtig, daß es der Sowjetunion jedenfalls möglich war, auch für die Zeit nach ihrem (und der anderen Mächte) Abzug aus Österreich die internationale Position des Landes mitzubestimmen. Das wichtigste Pfand war naturgemäß die Besetzung und militärische Kontrolle österreichischen Gebietes vom Dreiländereck Österreich/Bundesrepublik/Tschechoslowakei im Mühlviertel bis zum Dreiländereck Österreich/Ungarn/Jugoslawien am südlichsten Zipfel des Burgenlandes. Ein sowjetischer Abzug aus Österreich auf das Risiko hin, die Einordnung Österreichs „in ein größeres politisches und vermutlich auch militärisches System“ (des Westens) zuzulassen, stellte auch zum Zeitpunkt von Schärfs Schreiben ein unrealistisches „Szenario“ dar. Dazu kam, daß die Sowjetunion selbst nach eventueller Räumung ihrer Zone aufgrund des damaligen Inhalts des Staatsvertragsentwurfs noch weitere Pfänder in der Hand hatte: Im niederösterreichischen Erdölgebiet und in DDSG-Grundstücken entlang der Donau hätte die Sowjetunion über faktische „Enklaven“, wie Schärf sich 1955 ausdrücken sollte, verfügt, deren Existenz in einem zum Nordatlantikpakt gehörenden Österreich schwer vorstellbar war. Auf die Frage der sowjetischen „Pfänder“ wird noch im Schlußteil dieses Buches zurückzukommen sein.

---

80 Kommentare von Julius Deutsch und Oscar Pollak in: VGAB, Nachlaß Schärf, 4/240. Schärfs Brief wurde in englischer Übersetzung von Walter Wodak am 11. Jänner 1950 dem parlamentarischen Staatssekretär im Foreign Office, dem Labour-Politiker Lord Henderson, übergeben und vom Foreign Office alsbald an die britischen Botschafter in Moskau, Washington und Wien weitergegeben. Der englische Text war in einem nicht unwesentlichen Punkt weniger nuanciert als das deutsche Original: während Schärf schrieb, „wir wissen, daß wir die Einordnung in ein größeres politisches und *vermutlich auch* militärisches System brauchen [meine Hervorhebung, G.S.]“, hieß es in der Übersetzung viel gröber: “We know only too well that we must join a politically and strategically stronger entity”. PRO, FO 371/84896/C306/1/3.

Im Zusammenhang mit der Bildung der NATO und mit dem im vorhergehenden Kapitel gezeigten Aufbau von Gendarmerie-Alarmeinheiten bzw. ab 1952 der B-Gendarmerie in den westlichen Zonen nahmen in den Folgejahren kommunistische oder kommunistisch orientierte Angriffe auf die Regierungspolitik zu. Im Nationalrat beschuldigten Abgeordnete der Kommunistischen Partei die Regierung, die Eingliederung Österreichs in die NATO zu betreiben, selbst an der Verzögerung der Staatsvertragsverhandlungen schuld zu sein und den Abschluß von Sonderverträgen mit den Westmächten, insbesondere den USA, zu erwägen. Die Bundesregierung hat verschiedentlich darauf geantwortet, besonders deutlich in einer parlamentarischen Anfragebeantwortung im Februar 1950, als Bundeskanzler Figl feststellte:

1. Die Bundesregierung hat nicht die Absicht, den Staatsvertrag durch Sonderverträge zu ersetzen.
2. Die Bundesregierung besteht auf dem Abzug aller Besatzungstruppen und ist gegen jegliches Verbleiben von Truppen in Österreich nach dem Staatsvertrag.
3. Die Bundesregierung wird ihre bisherige traditionelle Politik, die Unabhängigkeit Österreichs nach jeder Richtung zu bewahren, weiter verfolgen.[81]

Sonderverträge mit einer einzelnen Mächtegruppe hätten die Gefahr einer Teilung Österreichs heraufbeschworen. Ein Sondervertrag der Art, wie ihn der am 8. September 1951 zwischen Japan und den USA sowie den westlichen Alliierten unter Ausschluß der Sowjetunion abgeschlossene Friedensvertrag darstellte, wäre für Österreich – zum Unterschied von Japan – nur um den Preis einer Teilung des Landes zu erkaufen gewesen.[82] Die Teilung des Landes zu vermeiden war ohne Zweifel der leitende Gedanke der Regierungen Figls wie Raabs, obgleich die Risiken, die die Regierungsspitze im Zuge der auf den Ausbruch des Koreakrieges folgenden „Militarisierung" des Kalten Krieges vor allem in den Jahren 1950 bis 1952 auf sich nahm, nicht unbeträchtlich waren. Der Hinweis in der oben zitierten Anfragebeantwortung, die Regierung sei gegen jegliches Verbleiben von Truppen in Österreich nach dem Staatsver-

81 Die zitierte Anfragebeantwortung in: Beiblatt zur Parlamentskorrespondenz, 6. GP., Anfragebeantwortung 42/A. B. zu 66/J., 13. Februar 1950. Zu den kommunistisch inspirierten Angriffen auf Vorgänge in den Westzonen siehe die vom Österreichischen Friedensrat herausgegebene Schrift: *Die Aufrüstung Österreichs, Dokumente und Tatsachen,* o. O., o. J. (mit Material bis Herbst 1951).

82 Vgl. die Anfragebeantwortung Bundeskanzler Figls vom 28. Februar 1952: Die Bundesregierung habe wiederholt erklärt, „daß sie Sonderverträge mit einzelnen Mächtegruppen ablehne". Beiblatt zur Parlamentskorrespondenz, 6. GP., Anfragebeantwortung 362/A. B. zu 406/J (die Beschlußfassung im Ministerrat erfolgte ohne Debatte; AdR, MRProt Nr. 282, 26. Februar 1952). Im gleichen Sinne Erklärung Außenminister Grubers noch im September 1953, in: *Neues Österreich,* 16. September 1953, 1. Die Idee, einen Sondervertrag nicht nur mit Deutschland, sondern auch mit Österreich abzuschließen, war tatsächlich Jahre zuvor, im Juni 1947, von Senator Arthur Vandenberg ventiliert worden. Der österreichische Gesandte Kleinwächter warnte nachdrücklich vor den Gefahren für Österreich und intervenierte diesbezüglich im State Department. Bericht Kleinwächter vom 6. Juni 1947, AdR, BMAA, II-Pol, Zl. 107.637-Pol/47.

trag, war offensichtlich zur Ausräumung jener Befürchtungen von sowjetischer bzw. kommunistischer Seite gedacht, die eine militärische Eingliederung des Landes in die NATO als Konsequenz des Abzugs der Besatzungstruppen erwarteten. In der bedeutendsten außenpolitischen Debatte des Parlaments in den frühen fünfziger Jahren, am 2. April 1952, sagte Leopold Figl, das österreichische Volk möchte in einem ungeteilten Vaterland leben: „Ich betone hier besonders das Wort ‚ungeteilt' ... Aus diesem Grunde kommen für uns keinerlei Separatverträge in Frage, da wir genau wissen, daß derlei Verträge unser Ziel gefährden und über kurz oder lang zu einer Gefahr für unsere Heimat werden könnten."[83] Rückblickend auf das Jahrzehnt der Besatzungszeit hat Bruno Kreisky 1955 geschrieben: „Oberstes Prinzip der Regierung mußte es daher in diesen vergangenen zehn Jahren sein, nichts zu tun, was den Vorwand zur Teilung Österreichs bieten könnte."[84]

Die Unteilbarkeit und Einheit Österreichs war auch Gegenstand einer bereits in Kap. IV erwähnten Rede des Bundespräsidenten Körner am 11. November 1951. Anlaß war die Dreißigjahrfeier der Zugehörigkeit des Burgenlandes zu Österreich; der Ort der Rede – Eisenstadt – als Hauptstadt des östlichsten Bundeslandes symbolisch. „Nahe der Ostgrenze unserer Republik" bekannte sich der Bundespräsident zu dem Grundsatz: „Wir kennen und anerkennen kein Ostösterreich und kein Westösterreich, sondern nur ein ganzes, einiges und einheitliches Österreich." Damit war der Primat der Einheit Österreichs – die Absage an alle Teilungsideen, an alle Ideen von Sonderverträgen – klargestellt. Zwei weitere Prinzipien wurden in der Rede hervorgehoben: Österreich wolle den Frieden – der Bundespräsident erklärte, als Oberbefehlshaber des künftigen Bundesheeres würde er nicht zulassen, daß die Wehrmacht zu anderen Zwecken als der Verteidigung des Landes gegen Bedrohung von außen eingesetzt würde. Vor allem betonte Körner: „Ein freies, unabhängiges Österreich, allen Rivalitäten entrückt, *nach keiner Richtung hin einseitig gebunden,* einzig und allein der Sache des Friedens ergeben, wird ein Gewinn für Europa, für die Welt sein." Die politische Bedeutung der Rede, deren Disposition vom damals dem Bundespräsidenten zugeteilten Legationsrat Kreisky stammte, veranlaßte den Bundespräsidenten, das Konzept eigens zur Genehmigung an Bundeskanzler Figl zu senden. Figl erklärte sein volles Einverständnis.[85]

---

83 Sten. Prot. NR, 6. GP., 3255.

84 Observator (d. i. Bruno Kreisky), *Der lange Weg zu Österreichs Freiheit,* Wien [1956], 7.

85 Präsidentschaftskanzlei, Zl. 15.515/51. Schreiben Körner an Figl vom 7. November 1951 sowie Antwort Figls vom 9. November 1951 – dieser war mit dem Text „voll einverstanden", in NÖLA, Nachlaß Figl. Der endgültige Text der Rede wurde von Sektionschef Josef Wirth formuliert; zur Identifizierung von dessen Handschrift bin ich Frau Regierungsrat Alexandrine Hausvirth zu Dank verpflichtet.

Mit der Ablehnung von (gerade damals wegen des Japan-Vertrages die öffentliche Diskussion beschäftigenden) „Sonderverträgen“ war nicht bloß ein „Separat-Staatsvertrag“ mit den Westmächten gemeint, sondern sehr wohl auch die Ablehnung der Eingliederung in einen Militärblock; der japanische Friedensvertrag wurde nämlich vom Abschluß eines japanisch-amerikanischen Sicherheitspaktes begleitet.[86] Außenminister Gruber erklärte in der erwähnten Parlamentssitzung vom 2. April 1952, der „Begriff der Neutralität vom völkerrechtlichen Standpunkt aus“ habe „bestimmte Verhaltensnormen zum Inhalt, zum Beispiel kann ein neutrales Land nicht Kriegsteilnehmer sein und darf keinem anderen Staat militärische Vorteile einräumen. Diese völkerrechtliche Neutralität ist für uns aus verschiedenen Gründen eine Selbstverständlichkeit.“ In Beantwortung einer Polemik des kommunistischen Abgeordneten Ernst Fischer, der einen Gegensatz zwischen Gruber und Gorbach in Sachen der Einstellung zur Neutralität konstruieren wollte, wiederholte der Außenminister: „Ich glaube, das Hohe Haus war selbst Zeuge, daß ich dem Hohen Haus heute mitgeteilt habe: Es ist die Auffassung der österreichischen Bundesregierung, daß wir auf dem Boden der völkerrechtlichen Neutralität stehen, daß aber jene Neutralität, die uns Herr Fischer einreden möchte, ganz etwas anderes bedeutet, daß es jene Neutralität ist, die uns zum Pfeifendeckel der kommunistischen Ideologie degradieren soll – und eine solche Neutralität lehnen wir entschieden ab.“ Die Sprecher der Koalitionsparteien, die Abgeordneten Gorbach und Koref, bekannten sich ebenfalls, wenn auch mit verschiedener Nuancierung, zur Neutralität, und auch der Sprecher der rechten Opposition, Kraus, meinte, man brauche keine Gespräche wegen der Nichtteilnahme Österreichs am Atlantikpakt, denn bisher sei darüber noch nicht einmal gesprochen worden. Der Außenminister habe gesagt, die völkerrechtliche Neutralität sei für uns Österreicher eine Selbstverständlichkeit; infolgedessen, so schloß Kraus, bestehe „hier die Möglichkeit, die Sowjetunion beim Wort zu nehmen“.[87]

---

86 Außenminister Gruber fürchte, die Amerikaner seien vom „Geist von San Francisco“ inspiriert (der Separatfriedensvertrag und der Sicherheitspakt mit Japan war ja in San Francisco abgeschlossen worden), berichtete der französische Hochkommissar und Botschafter Payart nach einem Gespräch mit Gruber Ende November 1951 im Zusammenhang mit dem (von den Franzosen sehr kritisch aufgenommenen) amerikanischen Projekt des Kurzvertrages. AAF, Wien, vol. „Traité d'Etat“ III, Telegramm Payart nach Paris Nr. 1427/1430, 28. November 1951. Die Idee eines Sondersicherheitsvertrags mit Österreich nach dem Muster des amerikanisch-japanischen Sicherheitspaktes geisterte sehr wohl durch das „contingency-planning“ des amerikanischen Militärs: sollten allenfalls die Sowjets sich ohne Abschluß des Staatsvertrags einseitig aus Österreich nach Ungarn zurückziehen (aber nicht auch aus Ungarn und Rumänien), dann sollten die westlichen Truppen in Österreich verbleiben und ein „security arrangement should be reached with Austria, like that with Japan“. Telegramm State Department an Botschaft Paris mit Bezug auf ein Memorandum des Defense Department, 23. Oktober 1953: NA, RG 59, 396.1-PA/10-2353.

87 Sten. Prot. NR, 6. GP., 3259, 3269, 3284, 3290 und 3295; auch DÖA, Nr. 102.

Die große außenpolitische Debatte im Nationalrat gipfelte in der Annahme einer Resolution, die von den Abgeordneten der ÖVP, der SPÖ und des VdU gegen die Stimmen der Kommunisten gestützt wurde und in der gegen die „völkerrechtswidrige Fortsetzung der Besetzung Österreichs durch fremde Armeen" und verschiedene Begleiterscheinungen der Besetzung protestiert wurde.

Der Entschließung des Nationalrates vom 2. April 1952 folgte schon einen Tag später eine außergewöhnliche Kundgebung der österreichischen Länder. Die Landtage aller neun Bundesländer traten gleichzeitig, am 3. April 1952, zu eigenen Sitzungen zusammen, um dem Wunsch nach Beendigung der Besetzung Österreichs Nachdruck zu verleihen. Von besonderem Interesse ist die Debatte im Salzburger Landtag, in deren Verlauf der sozialistische Landeshauptmannstellvertreter Franz Peyerl sich dazu bekannte, „daß wir wirklich neutral sein wollen zwischen dem Osten und dem Westen".[88]

Gleichwohl ist das Bekenntnis der Regierung zur Neutralität vor den – nunmehr aufgrund der besseren Quellenlage wesentlich deutlicher hervortretenden – Konturen der sicherheitspolitischen Kooperation mit den Westmächten zu sehen, die im vorhergehenden Kapitel geschildert wurde. Die Haltung der Regierung in den ersten Fünfzigerjahren wurde wohl zutreffend – schon 1950 – von einem amerikanischen Diplomaten mit den Worten geschildert, es habe den Anschein, daß praktisch Österreich „neutral" auf der westlichen Seite sein möchte, so wie Dobretsberger „neutral" auf der östlichen sei.[89]

Daß allerdings bei aller Verbundenheit mit dem Westen auch damals eine Grundstimmung zugunsten des „Heraushaltens" in der Bevölkerung vorhanden war, wurde von manchen westlichen Beobachtern als gegeben angesehen. Wie bei den Bürgern der meisten kleinen Länder, berichtete der britische Botschafter Caccia am Neujahrstag 1952 nach London, sei es der „gedankenlose Wunsch" der großen Mehrheit der Österreicher, eine zweite Schweiz zu werden.[90]

In einer Periode der verhärteten Ost-West-Konfrontation, in der Österreich in seinen westlichen Zonen im Begriff war, für den Fall eines Angriffs aus dem

---

88 Zu den Nationalrats- und Landtagsdebatten vom 2. und 3. April 1952 ausführlich die Arbeit meines Schülers Johann Luger, *Parlament und alliierte Besatzung 1945–1955,* Dissert. Univ. Wien 1976, 136–148.

89 "Thus it appears that practically Austria wants to be 'neutral' on the western side, just as Dobretsberger is 'neutral' on the eastern side". Bericht der amerikanischen Botschaft Wien, 10. Mai 1950, NA, RG 84 (Vienna post files), 321.1. neutrality, zit. von Oliver Rathkolb, „Die SPÖ und der außenpolitische Entscheidungsprozess 1945–1955. Mit einem Ausblick auf die Neutralitätspolitik bis 1965", in: Wolfgang Maderthaner, Hrsg., *Auf dem Weg zur Macht. Integration in den Staat, Sozialpartnerschaft und Regierungspartei,* Wien 1992, 51–72, hier 61.

90 "... the unthinking wish of the vast majority of Austrians is to become a second Switzerland ..." Sir Harold Caccia an das Foreign Office, 1. Jänner 1952. PRO, FO 371/98090/CA1192/3.

Osten zum „geheimen Verbündeten“ des Westens zu werden, spielte in den Zukunftsüberlegungen westlicher Diplomaten doch bereits die Frage eine Rolle, ob nicht eine „Neutralisierung“ Österreichs den Schlüssel zur Bereitschaft der Sowjets, aus Österreich abzuziehen, bedeuten könnte. In seinem Telegramm vom Neujahrstag 1952 erwähnte Caccia auch die Möglichkeit, daß die Sowjets ihre Bereitschaft für den Staatsvertrag mit einer Garantie „für die Neutralisierung Österreichs“ koppeln könnten. Um für alle Eventualitäten gewappnet zu sein, müßte man die Anziehungskraft in Rechnung stellen, die die Neutralität unvermeidlich für die österreichische öffentliche Meinung habe – "the appeal which neutrality inevitably has to Austrian public opinion". Schon fünf Wochen zuvor hatte Caccia nach London geschrieben, der Kern des österreichischen Problems („the crux of the business“) liege darin, daß die Russen, bevor sie den Staatsvertrag unterschreiben, versuchen könnten, von Österreich eine Zusicherung zu erreichen, daß Österreich nach dem Vertrag keine militärischen Verpflichtungen übernehmen und, zum Beispiel, nicht dem Atlantikpakt beitreten würde.[91]

Stellungnahmen in London waren unterschiedlich. Ein höherer Diplomat und Kenner der Österreichfrage, Geoffrey Harrison, dem Leser bereits durch seine Mitwirkung an der Entstehung der Österreich-Erklärung von 1943 bekannt, reagierte kritisch. Selbst wenn wir den Österreichvertrag um diesen Preis kaufen könnten, antwortete er Caccia, sollten wir „auf keinen Fall die Neutralisierung Österreichs akzeptieren“. Harrison teilte mit, daß die britischen Generalstabschefs ihre Ansicht kundgetan hätten, „daß ein Österreichvertrag nur zu unserem Vorteil wäre, wenn wir die Sicherheit hätten, daß ein unabhängiges Österreich mit dem Westen kooperieren und im Kriegsfall nicht neutral bleiben würde. Die Existenz eines neutralen Österreich, möglicherweise unter sowjetischem Einfluß, wäre eine ernste Beeinträchtigung (‚embarrassment‘) unserer militärischen Position in diesem Teil Europas und würde schwerer wiegen als der Vorteil, den Abzug (der Sowjets) aus der Sowjetzone zu erreichen.“ Zwei Monate zuvor hatte allerdings Caccia dem stellvertretenden französischen Hochkommissar Lalouette die ganz andere Ansicht des Chefs des Empire-Generalstabs, des Feldmarschalls Sir William Slim, mitgeteilt. Aus Gesprächen mit Slim habe Caccia den Schluß gezogen, daß es für die Westmächte von unschätzbarem Wert wäre, wenn der östliche Teil Österreichs von den sowjetischen Streitkräften geräumt würde, und daß es kein zu hoher Preis wäre, die noch offenen Artikel des Staatsvertrags fallenzulassen

91 Sir Harold Caccia an Geoffrey Harrison, 26. November 1951, PRO, FO 371/93594/CA1010/3; vgl. auch Caccias Berichte v. 9. November u. 6. Dezember 1951, ebd. 93621/CA1192/27 u. 93594/CA1016/4.

(d. h. der jeweiligen sowjetischen Fassung zuzustimmen, G. S.).[92] Auch im Foreign Office selbst gab es geteilte Meinungen. Im Unterschied zu dem kritischen Harrison reagierten zwei andere Beamte des Foreign Office gelassener. In einem Memorandum „The Neutralisation of Austria“ vom 4. Jänner 1952 meinte ein jüngerer Beamter, L. M. Minford, es sei unvorstellbar, daß die Russen einen Österreichvertrag unterschrieben, wenn es die sichere Voraussicht gäbe, daß Österreich formeller Alliierter der Westmächte würde. Minford argumentierte, es sei mehr als wahrscheinlich, daß Österreich eine Politik führen würde, die faktisch Neutralität bedeute – “a policy which would in fact amount to neutrality”.[93] Ein höherer Beamter, Denis Allen, fügte eine Überlegung hinzu, die um so bemerkenswerter ist, als sie – im Jänner 1952! – geradezu prophetisch die Entwicklung von 1955 antizipierte: „Einer frei gewählten Neutralität, unter welcher ein voll souveränes Österreich sich entschiede, keinem exklusiven Bündnis beizutreten, könnten wir schwer Widerstand entgegensetzen, und sie könnte nicht unvereinbar mit unseren vitalen strategischen Interessen sein.“[94]

Die bereits erwähnte kommunistische und prokommunistische Propaganda zugunsten eines auch ideologisch „neutralen“ Österreich nahm im Laufe des Jahres 1952 an Lautstärke zu und bot genug Anlaß für westliche Spekulationen, hinter der kommunistischen Propaganda sowjetische Ziele zu vermuten, selbst wenn von offizieller sowjetischer Seite noch kaum entsprechende Signale gekommen waren. Sehr frühzeitig bezog die französische Diplomatie Position gegen mögliche sowjetische Neutralisierungswünsche. Schon im Jänner 1952 wurde in einer interministeriellen Österreichbesprechung auf dem Quai d'Orsay festgehalten, man wolle bei den Staatsvertragsverhandlungen Diskussionen über allfällige sowjetische Neutralisierungsvorschläge vermeiden; dies sei das wichtigste Ziel der Weisung an den französischen Sonderbeauftragten, nur Diskussionen über bereits im bisherigen Vertragsentwurf genannte Themen zu akzeptieren.[95] Zwei Monate später enthielt die – allerdings nicht Österreich,

---

92 AAF Wien, Traité d'Etat III, Handschriftl. Aufzeichnung des stellvertr. Hochkommissars Roger Lalouette vom 8. September 1951, gleichlautend Lalouettes Telegramm Nr. 985/990 nach Paris vom 12. September 1951.

93 Memorandum datiert vom 4. Jänner 1952 sowie Amtsvermerk Minfords vom 5. Jänner 1952: PRO, FO 371/98061/CA1071/3.

94 „A freely chosen neutrality, under which a fully sovereign Austria elected to join no exclusive alliance, might be difficult for us to resist and not incompatible with our vital strategic interests.“ Amtsvermerk Allens vom 5. Jänner 1952, ebd.

95 So der politische Direktor des französischen Außenministeriums Guy de La Tournelle: Mitschrift („procès-verbal“) einer Besprechung unter dem Vorsitz des Staatssekretärs Maurice Schumann über Österreich betreffende Probleme, 10. Jänner 1952; AAF Wien, Traité d'Etat IV. Die Vermeidung von Neutralisierungsdiskussionen bei den Staatsvertragsverhandlungen war auch im folgenden Jahr 1953 ein vordringliches Anliegen der französischen Diplomatie, wie noch gezeigt werden wird.

sondern Deutschland betreffende – sogenannte „Stalin-Note“ vom 10. März 1952 den Vorschlag der Herstellung der Einheit Deutschlands bei gleichzeitiger Neutralisierung – d. h. der Verpflichtung Deutschlands, keinen „Koalitionen und Militärbündnissen“ beizutreten, die gegen irgendeinen Staat gerichtet wären, der am Kriege gegen Deutschland teilgenommen hatte.[96] Die prosowjetischen Presseorgane in Wien beeilten sich, auf eine mögliche Nutzanwendung für Österreich aufmerksam zu machen, und der französische Hochkommissar in Wien berichtete, daß auch bei den Koalitionsparteien die Deutschlandnote nicht von vornherein als bloße Propaganda abgetan wurde. Botschafter Payart stellte damals zur Erwägung, daß man sich fragen müsse, ob gegebenenfalls „die österreichische Bevölkerung sehr zögern würde, eine Regelung des österreichischen Problems mit dem Preis der Neutralität Österreichs zu bezahlen“.[97]

Wie bereits im vorhergehenden Kapitel berichtet, begannen allerdings ab Herbst 1952 bestimmte sowjetische Signale, wenngleich nicht auf hoher Ebene, in Richtung Neutralität ausgesendet zu werden.[98] Es ist daher nicht erstaunlich, wenn von amerikanischer Seite im Winter 1952/53 in einer Erörterung der weiteren Taktik in der Staatsvertragsfrage unter möglichen neuen Themen, die von der Sowjetunion in die Verhandlungen eingebracht werden könnten, die „Neutralisierung Österreichs“ genannt wurde.[99] Dieser amerikanische Hinweis bot den Anlaß für eine originelle Analyse der Neutralitätsproblematik durch den französischen Hochkommissar im Februar 1953. Die sowjetische Linie sei nicht so sehr die einer „proposition soviétique“ der Neutralisierung Österreichs. Vielmehr sei es die sowjetische Linie („la manœuvre“), „die österreichische Regierung selbst dazu zu bringen, ihren Willen zur Neutralität zu bejahen“.[100] Diese Linie habe sich seit Ende 1951 abzuzeichnen begonnen und im Laufe des abgelaufenen Jahres (1952) entwickelt. In der gegenwärtigen Phase sei es die Aufgabe der kommunistischen Organisationen

96 Genau genommen handelte es sich um eine Note und die in einem ihr beigegebenen Memorandum enthaltenen Grundzüge eines Friedensvertrages mit Deutschland mit politischen Leitsätzen; der Neutralisierungsvorschlag findet sich in Punkt 7 der Leitsätze. Text in: *AdG,* 1952, 3387 B. Vgl. auch unten S. 309.

97 AAF Wien, „Traité d'Etat“ III, Telegramm Payarts Nr. 748/458, 24. März 1952, u. a. über ein Gespräch mit Sektionschef Wirth, dem Pressechef des Bundespräsidenten Körner berichtend. Zu den Verbindungen zwischen den Reaktionen auf die „Stalin-Note“ und der Österreichfrage materialreich Gehler, Kurzvertrag für Österreich?, bes. 251–257.

98 Über die Gespräche Grigorew/Platzer in Washington vom September 1952 informierte übrigens Gruber mündlich den französischen Botschafter Payart in Wien. AAF Wien, „Traité d'Etat“ IV: Telegramm Payarts Nr. 2601/2606 nach Paris, 7. Oktober 1952.

99 Amerikan. Aide-mémoire, „Tactics recommended by the State Department if Soviets attend Meeting of the Austrian Treaty Deputies on January 30, 1953“, am 17. Jänner 1953 dem Foreign Office in London und dem französischen Außenministerium in Paris übergeben. PRO, FO 371/103788/CA1071/11; Kopie der franz. Übersetzung in: AAF Wien, „Traité d'Etat“ IV.

100 „... la manœuvre soviétique ... tend à amener le Gouvernement Autrichien à affirmer lui-même sa volonté de neutralité“.

in Österreich, diese Linie voranzutreiben; Payart nannte besonders einen Leitartikel der kommunistischen „Volksstimme“ vom 29. Jänner 1953, der „den sichersten Weg zum Staatsvertrag“ als den „Weg der Neutralität“ bezeichnete. Payart fand, daß die Haltung der Regierung eher komplex sei. Er erwähnte die Haltung des Bundespräsidenten Körner zugunsten der Neutralität (von der ja bereits berichtet wurde); Figl habe kürzlich von Österreich als zweiter Schweiz gesprochen; Gruber habe bei einer Wahlversammlung gesagt, „daß Österreich keinesfalls an einem gegen die Sowjetunion gerichteten Militärsystem teilnehmen würde“.[101] „Die Idee eines neutralen Österreich“ sei geeignet, so Payart, eine gewisse „Verführung“ der öffentlichen Meinung zu produzieren; andererseits betonte Payart, daß [österreichischerseits, G. S.] wiederum mehreres dagegen spreche: die Sorge vor einer Schwächung der Verbindungen mit dem Westen, die Angst vor einem zweiten „Prager Coup“ und die Sorge der Regierung, die Amerikaner nicht vor den Kopf zu stoßen. Aber man könne sich fragen, ob dies notwendigerweise immer so sein werde. Jedenfalls, so schloß Payart, würde die kommunistische Propaganda um so wirksamer sein, je langsamer die europäische Integration vorangehe.[102] Im gleichen Monat Februar analysierte der amerikanische Hochkommissar Thompson die Stimmung in Österreich und fand, daß vor allem in Wien und der Sowjetzone nach acht Jahren der Besetzung nicht viele nach dem Preis für einen baldigen Staatsvertrag fragen würden, wenn dies sofortigen sowjetischen Rückzug bedeute. Die größte Gefahr, so Thompson, scheine ihm die „enorme Anziehungskraft“ („the tremendous appeal“) eines sowjetischen Vorschlags für die Neutralisierung Österreichs zu sein, wenn die Sowjets die Österreicher überzeugen könnten, daß dies zum sofortigen Ende der Besetzung führen würde.[103]

Die kommunistische Pressekampagne zugunsten der Neutralität veranlaßte die westlichen Botschafter, Gruber geradeheraus zu fragen, ob ihm zu irgendeiner Zeit entsprechende Hinweise von Sowjetvertretern selbst gegeben worden wären. Gruber verneinte; er fügte hinzu, „es sei natürlich, daß die Sowjetregierung diese Frage in irgendeinem Stadium [weiterer Gespräche oder Verhandlungen, G. S.] stellen würde“.[104]

In den nächsten Monaten wurde die Neutralitätsproblematik mehrfach von den Westalliierten erörtert. Bei den Franzosen wurde neuerlich die Sorge laut, die Sowjets könnten die Wiederaufnahme von Verhandlungen über bereits

101 Grubers Äußerung fiel auf einer Wahlversammlung in Graz am 22. Jänner 1953 (die Nationalratswahlen waren für den 22. Februar 1953 festgesetzt); vom britischen Botschafter Caccia diesbezüglich zur Rede gestellt, habe Gruber seine Äußerungen als „Wahlparolen“ („paroles électorales“) heruntergespielt.

102 AAF Wien, „Traité d'Etat“ IV, Telegramm Payart nach Paris, Nr. 147/156, 3. Februar 1953.

103 NA, RG 59, 663.001/2-1953, Telegramm Thompson nach Washington, 19. Februar 1953.

104 PRO, FO 371/103759/CA1071/31, Telegramm Caccia nach London, 5. Februar 1953.

ausverhandelte Artikel des Staatsvertrages – konkret ging es um die den Sowjets 1949 zugestandenen Konzessionen im Bereich des Deutschen Eigentums – dazu nutzen, ihrerseits neue Bedingungen in den Staatsvertrag einzubringen – konkret einen Neutralisierungsartikel.[105] Amerikanische Diplomaten äußerten sich besorgt über die mögliche Entwicklung in Österreich.[106] Der stellvertretende amerikanische Hochkommissar in Österreich, Walter Dowling, war sehr pessimistisch. Sollte Art. 35 des Vertragsentwurfs – betreffend die 1949 den Sowjets gemachten Konzessionen – und „some form of neutrality" Wirklichkeit werden, dann wäre Österreich für den Westen verloren.[107] Bemerkenswert ist die Stellungnahme eines englischen Diplomaten, der entgegen weitverbreiteten Befürchtungen über die Rückwirkungen einer österreichischen Neutralität auf Deutschland den Unterschied zwischen der Situation Österreichs und Deutschlands vorzüglich herausarbeitete; dabei zeigte sich neuerlich, daß im Foreign Office die Eventualität einer Neutralität Österreichs weniger düster betrachtet wurde als im State Department. Es sei keineswegs schlüssig, daß das, was für Österreich gelte, auch für Deutschland gelten müsse. Wir – d. h. die Briten – könnten der Neutralisierung Deutschlands nicht zustimmen ohne einen großen Umschwung („major reversal") in der westlichen Politik. Die Argumente gegen einen solchen Umschwung seien überwältigend. Aber diese Argumente gälten kaum für Österreich. Dazu komme, daß die Idee der Neutralisierung eine starke Anziehungskraft für die Österreicher habe, aber wohl wesentlich weniger für die Deutschen. Es wäre selbst bei einer gleichzeitigen Regelung der deutschen und der österreichischen Frage möglich, eine Neutralisierung im Falle Österreichs zu konzedieren, im Falle Deutschlands jedoch abzulehnen.[108] Auf die weiteren alliierten Erörterungen zur Neutralitätsfrage in den letzten Monaten des Jahres 1953 wird noch zurückzukommen sein.

---

105 Die Botschafter Englands und der USA in Paris wurden deshalb am 6. Mai 1953 eigens zum Generalsekretär des Quai d'Orsay, Alexandre Parodi, gebeten. PRO, FO 371/103761/CA1071/106.

106 Memorandum vom 22. April 1953 (von Peter Rutter), NA, RG 59, 663.001/4-2253; hierzu vgl. Rauchensteiner, *Die Zwei,* 210. Rutters Memorandum „Soviet Austrian Treaty Tactics and Austrian Neutrality" auch mit zahlreichen anderen Positionspapieren zur Österreichfrage, die in Washington im Sommer 1953 zur Vorbereitung der Bermuda-Gipfelkonferenz der Westmächte erstellt wurden, in: NA, RG 59, Lot 56-D-294, box 10, folder „Bermuda Conference".

107 "I think it is clear to all that if article 35 and some form of neutrality were to go into effect Austria would be lost to the West." Dowling an Livingston Merchant, Assistant Secretary of State for European Affairs, 19. Mai 1953, NA, RG 59, 663.01/5-1953.

108 Aktenvermerk von P. F. Hancock zu einer Notiz Harrisons „The Neutralisation of Austria", 24. Mai 1953. PRO, FO 371/103762/CA1071/137.

3. In Erwartung sowjetischer Neutralisierungspläne: Ein Vier-Mächte-Treffen wird vorbereitet

Die Bundesregierung habe „schon im Sommer 1953 in Erfahrung zu bringen versucht, ob eine vom österreichischen Parlament allenfalls zu erklärende Neutralität Österreichs den Abschluß des Staatsvertrages fördern könnte".[109] So heißt es in den erläuternden Bemerkungen der Bundesregierung zur Vorlage des Staatsvertrages an den Nationalrat. Diese Bemerkung bezieht sich auf ebenjene Sondierungen mit Hilfe Indiens in Moskau, von denen bereits berichtet worden ist. Folgendes ist zunächst festzuhalten: Der Gedanke der Neutralität Österreichs, dies sollte der vorhergehende Abschnitt geklärt haben, ist im Jahre 1953 nicht neu gewesen. Neu war allerdings der Versuch, die Neutralität Österreichs als Verhandlungselement ins Spiel zu bringen, also Neutralität und Staatsvertrag miteinander zu verknüpfen. Dieser Versuch geschah zunächst in sehr behutsamer Weise, in Form vertraulicher Sondierungen und mit einem Minimum an Festlegungen (Bereitschaft, keinem Militärbündnis beizutreten und keine fremden Militärstützpunkte zuzulassen). Die Initiativen Raabs, mit Moskau ins Gespräch zu kommen, fanden ihren Niederschlag in sich häufenden Äußerungen von Politikern der Volkspartei zur Neutralität. Bald nach seiner Rückkehr von der Begegnung mit Nehru auf dem Bürgenstock sagte Außenminister Gruber, es sei „von Anbeginn unsere erklärte Politik gewesen, daß Österreich sich nicht einem militärischen Block anschließen soll"; dies sei in zahlreichen Äußerungen der Bundeskanzler Figl und Raab betont worden. In einer solchen Politik liege „die Garantie auch für den Osten", daß Österreich keine Angriffsbasis werden könne.[110]

Nach den Aufregungen, die Grubers Bürgenstock-Aktion und die Schritte in Moskau Ende Juni 1953 bei den Westalliierten hervorgerufen hatten – worüber in Kapitel IV berichtet wurde –, bemühte sich Bundeskanzler Raab, im Gespräch mit den Westmächten den Unterschied zwischen Neutralität und Allianzfreiheit so stark wie möglich hervorzuheben. Ende September 1953 reiste Raab mit Gruber und Kreisky nach Paris. Im Gespräch mit dem französischen Außenminister Bidault sagte Raab, „Österreich sei sich seiner Verantwortung gegenüber Europa und dem Westen vollkommen bewußt. Österreich spiele auch nicht mit der Frage einer allfälligen Neutralität. Niemals habe die Regierung oder das österreichische Parlament einen Neutralitätsstandpunkt eingenommen. Dies sei eine Erfindung der Zeitungen und eine Forderung, die

---

109 Nr. 517 der Beilagen zu den Sten. Prot. des NR, 7. GP., abgedruckt in: *Österreich – freies Land, freies Volk,* hrsg. vom Bundesministerium für Unterricht, Wien 1957, 33.

110 Erklärung Grubers in einer gemeinsamen Sitzung der Bundesparteileitung und des Klubs der National- und Bundesräte der ÖVP am 7. Juli 1953, in: *Neue Wiener Tageszeitung,* 8. Juli 1953, 1.

die Kommunisten erhoben haben. Im Parlament sei lediglich erklärt worden, daß wir keinem militärischen Pakt beitreten.“[111]

Dies hinderte Außenminister Gruber allerdings nicht, zwei Wochen später doch wieder Bündnisfreiheit und völkerrechtliche Neutralität in einen ganz engen Zusammenhang zu bringen. In einem Artikel in der „Wiener Zeitung“ vom 15. Oktober 1953 wiederholte Gruber wörtlich seine Erklärung zur völkerrechtlichen Neutralität Österreichs im Nationalrat vom 2. April 1952; der Außenminister betonte, was er damals „mit Zustimmung des Parlaments erklärt habe“, bleibe „auch weiterhin der politische Grundsatz der Bundesregierung“. Gruber fügte hinzu: „Neutralität im völkerrechtlichen Sinn kann überhaupt nur im Zusammenhang mit möglichen Konflikten verstanden werden. Nichtteilnahme an militärischen Allianzen involviert diese völkerrechtliche Neutralität. Damit hat es aber auch sein Bewenden. Unsere Verfassung bleibt demokratisch, unsere Anschauung frei und unsere internationale Bewegungsmöglichkeit sonst unangetastet.“ Neutralität und Bündnisfreiheit waren also eigentlich deckungsgleich. Neu gegenüber 1952 war die Bereitschaft, nunmehr rechtliche Fixierungen dieser Neutralität oder Allianzfreiheit näher zu erwägen und in den Nexus der Staatsvertragsgespräche einzubeziehen. Gruber wandte sich auch gegen Kritiker aus dem Westen, die glaubten, aus einer rechtlichen Fixierung von Österreichs Stellung könne Gefahr drohen.[112]

Zwei Wochen später, am 30. Oktober 1953, erklärte Bundeskanzler Raab im Nationalrat, „wir würden es niemals zulassen, daß Österreich als Sprungbrett für irgendwelche kriegerische Aktionen mißbraucht wird“. In der gleichen Sitzung erklärte der damalige Generalsekretär der Volkspartei, Alfred Maleta, der sich bereits Anfang 1952 für die Neutralität ausgesprochen hatte, Österreich habe „von Haus aus ein Interesse, eine echte, im Sinne der überlieferten völkerrechtlichen Auffassung gemeinte Neutralitätspolitik zu betreiben, aber es lehnt jede Form des sogenannten ‚Neutralismus‘, also des Gewährenlassens einer innenpolitischen kommunistischen Infiltration, ab, weil wir zwar den Staatsvertrag wollen, aber nicht um den Preis der Gleichschaltung erkaufen

---

111 Amtsvermerk v. 30. September 1953 über die Konferenz mit Außenminister Bidault, Botschaft Paris Zl. 280-Res/53 (BMAA, Zl. 45-Res/GS). Raabs Hinweis auf die Erklärung im Parlament bezog sich auf die Sitzung des Hauptausschusses des Nationalrats vom 23. September 1953 (siehe oben Kap. IV).

112 Grubers Aufsatz „Die Wahrheit liegt in der Mitte“, in: *WZ,* 15. Oktober 1953, 1–2; in diesem Aufsatz setzte sich Gruber auch kritisch mit einem Artikel Béthouarts auseinander, der unter dem Titel „Danger sur l'Autriche“ in *Le Figaro,* 29. September 1953, 1 und 16, erschienen war. Béthouart hatte vor der Reduktion der französischen Besatzungstruppen als Folge des Verzichts Frankreichs auf Besatzungskosten gewarnt und die Gefahr eines „strategischen Vakuums“ beschworen. In *Le Monde,* 2. Oktober 1953, 12, wurde Béthouart als „auteur du plan de défense alpin“ bezeichnet.

dürfen". Die „Arbeiter-Zeitung" überging in ihrer Parlamentsberichterstattung diesen Passus aus Maletas Rede mit Schweigen.[113]

Von seiten der Sozialistischen Partei, obgleich Koalitionspartner, wurde Kritik an der außenpolitischen Linie Raabs und Grubers geübt. Bekannt ist die kritische Wertung von Grubers Schritt bei Nehru, der zu den Sondierungen in Moskau führte, in den Memoiren Adolf Schärfs: Botschafter Menon habe in Moskau mit dem russischen Außenminister von der österreichischen Neutralität als einer „Vorleistung" für den Staatsvertrag gesprochen. Seither hätten die Sozialisten die außenpolitischen Neigungen Raabs mit einigem Mißtrauen beobachtet. In der ersten Auflage von Schärfs Memoiren, die vor den Moskauer Verhandlungen vom Frühjahr 1955 in Druck gingen, allerdings erst am 1. Mai 1955 erschienen, wurden Grubers Besuch auf dem Bürgenstock und Menons Sondierungen in Moskau als „Neutralitätsepisode" bezeichnet.[114] Im September 1953 sagte Schärf, „eine sogenannte Neutralitätspolitik, ein Liebeswerben um Rußland", bringe uns der Freiheit nicht näher. Die Sozialisten lehnten „alle jene Eskapaden in der Außenpolitik ab", die letzten Endes dazu führten, „daß wir zwischen zwei Sesseln sitzen". Zehn Tage später replizierte Raab, der Westen müsse nicht fürchten, daß Österreich eine Politik des Neutralismus verfolgen werde.[115]

Es ist nicht ganz leicht, den Kern von Schärfs Opposition zu erkennen, denn im November 1953 sagte er auf einer Pressekonferenz in London, Österreich sei bereit, darin einzuwilligen, sich keinem Militärbündnis anzuschließen. Die Österreicher wollten sich aber nicht zur Annahme eines Neutralitätsstatuts verpflichten, das ihnen die Aufstellung von Streitkräften untersagen würde. Das Organ der Dobretsberger-Partei sah darin jubelnd „Schärfs Bekenntnis zur Neutralität", die „Arbeiter-Zeitung" brachte Schärfs Äußerung ohne Kommentar.[116] Wie sich zeigt, gab es semantische Probleme: Bekannte sich Schärf zur

113 Sten. Prot. NR, 7. GP., 601 und 617. In dieser Sitzung, dem Anlaß des zehnten Jahrestages der Moskauer Deklaration über Österreich gewidmet, nahm der Sprecher der SPÖ, Abg. Pittermann, zur Frage der Neutralität überhaupt nicht Stellung. Der Vorschlag Alfred Maletas auf dem außerordentlichen Parteitag der ÖVP Ende Jänner 1952, man möge eine Neutralitätserklärung Österreichs mit den Staatsvertragsverhandlungen verbinden, wurde seinerzeit nicht veröffentlicht. Er wurde erstmals mitgeteilt in: Alfred Maleta, *Entscheidung für morgen. Christliche Demokratie im Herzen Europas,* Wien 1968, 159. Das Datum des Parteitages wird hier irrtümlich mit 1951 angegeben.

114 Bei Ermacora, *20 Jahre Österreichische Neutralität,* 27, heißt es, daß Schärf in der zweiten Auflage diesen Passus gestrichen habe; dies trifft nicht zu; lediglich der Zwischentitel wurde mit „Neutralität als Vorleistung" neu formuliert. Vgl. Schärf, *Erneuerung,* 349 (hier verwendet die 7., ergänzte Auflage von 1960).

115 Rede Schärfs auf dem Landesparteitag der SPÖ Tirols in Innsbruck am 6. September 1953, in: *WZ,* 8. September 1953, 1; Raabs Äußerung bei einem Empfang für Auslandskorrespondenten am 18. September 1953, in *AZ,* 19. September 1953, 1.

116 Schärfs Pressegespräch in London – er empfing acht Journalisten in der österreichischen Botschaft – am 20. November 1953: *AZ,* 21. November 1953, 2; auch *Manchester Guardian,* 21. November 1953, 4; Kommentar in: *Die Union,* 28. November 1953, 1.

Allianzfreiheit, sah ihn das Organ der „Demokratischen Union" auf dem Weg zur Neutralität. Kritisierte Schärf Grubers Intervention bei Nehru, weil Gruber die Neutralität als Vorleistung für den Staatsvertrag angeboten habe, so kann man gerade diese Vorschläge als einfaches Angebot der Allianzfreiheit betrachten. Gruber selbst hat in seinen Memoiren vom Angebot einer „Nicht-Allianz-Erklärung" an Moskau gesprochen.[117] Der Begriff „Nicht-Allianz-Erklärung" entsprach durchaus, wie nunmehr aus den Akten ersichtlich ist, Schärfs Intentionen, und übrigens auch jenen Kreiskys.[118] Allerdings wurde, wie bereits in Kapitel IV erwähnt, in der zwischen Gruber und Kreisky abgestimmten Aufzeichnung für Nehru doch ausdrücklich ein „militärpolitisch neutralisiertes Österreich" in Aussicht genommen. Bedenkt man, daß in der auf Menons Sondierung bei Molotow folgenden Berichterstattung durch Botschafter Bischoff, wie ebenfalls bereits gezeigt, auf eine von Österreich abzugebende „Neutralitätserklärung" Bezug genommen wurde, so wird deutlich, wie weit entfernt die österreichische Außenpolitik und Diplomatie von einer eindeutigen Begriffsbildung entfernt war.[119] Dazu kamen in Österreich selbst noch die Erfordernisse parteipolitischer Polemik. Der harte Kern von Schärfs Reserve gegenüber der Linie Raabs und Grubers war wohl die Besorgnis, zuviel Entgegenkommen an die Sowjetunion könne Österreich den Westmächten entfremden, und Österreich würde eben zwischen zwei Sesseln zu sitzen kommen.[120]

---

117 Gruber, *Befreiung,* 311. Vgl. auch oben S. 229–234.

118 Vgl. Erinnerungsvermerk Schärfs über die Besprechung bei Raab mit Gruber und Kreisky am 22. Juni 1953 nach Grubers Rückkehr vom Bürgenstock. VGAB, Nachlaß Schärf, 4/245 (siehe auch Kap. IV); drei Tage später, am 25. Juni 1953, präzisierte Kreisky im Gespräch mit Angehörigen der französischen Mission in Wien, daß „Allianzfreiheit" die richtige Formel für Österreich wäre; er glaube nicht, daß sich Österreich neutral erklären sollte; bei einer Neutralitätserklärung müßte man Nuancen erklären; wir müßten sagen, daß wir militärisch neutral seien, aber nicht neutral vom kulturellen Standpunkt usw. Notiz von Ch. Gallifet, 25. Juni 1953 AAF Wien, K. 99 (Politique extérieure 1945–1955).

119 Am 29. September 1953 berichtete Bischoff über ein Gespräch mit dem französischen Botschafter Louis Joxe, wobei die Sondierung Menons bei Molotow und die Frage einer „österreichischen Neutralitätserklärung" (!) diskutiert wurde. AdR, BMAA, II-Pol, Mikrofilmarchiv XX/3/Rolle 2, Bericht Botschaft Moskau Zl. 91-Pol/53. Eine explizite Unterscheidung zwischen „Nicht-Allianz-Erklärung", wie sie Schärf offenbar 1953 vorschwebte, und Neutralitätserklärung findet sich bei Bischoff nicht. – Es ist nicht unwahrscheinlich, daß Schärfs überaus kritische Darstellung der „Gruber-Nehru-Menon"-Episode damit zusammenhängt, daß die von ihm gebilligte Idee einer „Nicht-Allianz-Erklärung" in diplomatischen Berichten verschiedentlich als „Neutralitätserklärung" kolportiert wurde (vgl. Schärf, *Erneuerung,* 349).

120 Bei dem bereits genannten Pressegespräch in London im November 1953 gab Schärf auch „der Meinung Ausdruck, daß die Sowjetunion ein entmilitarisiertes und neutralisiertes Österreich wünsche. Sie habe zwar diesen Wunsch niemals offiziell ausgesprochen, jedoch durch die österreichischen Kommunisten bekanntgemacht" (*AZ,* 21. November 1953, 2). Dies deutet darauf hin, daß Schärfs Opposition gegen den Begriff der Neutralität sehr stark mit der spezifisch kommunistischen Neutralitätskampagne in Österreich zusammenhing, und Schärf vielleicht eine in diesem Maße nicht zutreffende Deckungsgleichheit zwischen der kommunistischen Propagan-

Abb. 1a und b: Moskauer Außenministerkonferenz Oktober 1943: An diesem runden Tisch wurde am 30. Oktober 1943 die Österreich-Erklärung beschlossen. Die handschriftlichen Identifizierungen auf den Photos stammen von dem britischen Diplomaten Sir William Strang (WS). Am Tische sitzend im Uhrzeigersinn: oberes Bild: sowjetische Delegation: vorne teilweise abgewendet: Maxim Litwinow, Andrej Wyschinskij, Außenminister Wjatscheslaw Molotow, Marschall Klement Woroschilow; britische Delegation: Generalleutnant Sir Hastings Ismay, Botschafter Archibald Clark Kerr, Außenminister Anthony Eden, William Strang; unteres Bild: britische Delegation: Clark Kerr, Eden, Strang; amerikanische Delegation: Generalmajor John Deane, James C. Dunn, Botschafter Averell Harriman, Secretary of State Cordell Hull.

Abb. 2: Die Europäische Beratungskommission (European Advisory Commission) im Lancaster House in London: die Beratungen begannen im Jänner 1944; eine französische Delegation nahm erst ab November/Dezember 1944 teil und ist auf diesem Photo noch nicht vertreten. V. l. n. r. sitzend, soweit von Strang identifiziert: britische Delegation: Gladwyn Jebb, William Strang (Delegationsleiter), General Kirby, O'Neill; sowjetische Delegation: (in Zivil) Arkadij Sobolew, Botschafter Fedor Gusew (Delegationsleiter; drei Mitglieder nicht identifiziert); amerikanische Delegation: ein nicht identifiziertes Mitglied, George Kennan, Botschafter John Winant (Delegationsleiter), Admiral Harold Stark.

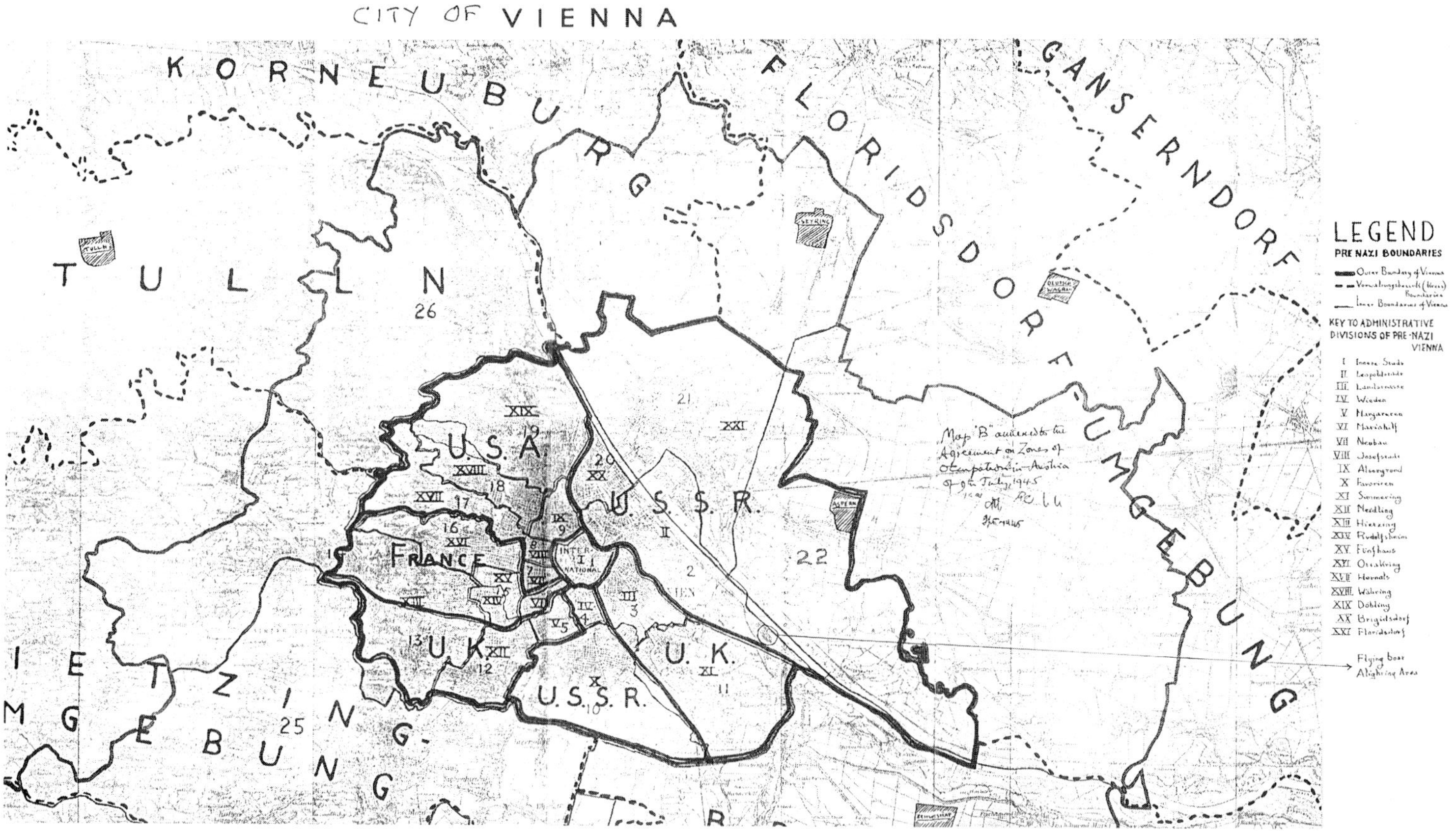

Abb. 3: Landkarte mit der Sektoreneinteilung für Wien. Annex des am 9. Juli 1945 von der Europäischen Beratungskommission vereinbarten Abkommens über die Besatzungszonen in Österreich und die Verwaltung Wiens; die Paraphen von J. G. Winant (US), Fedor Gusew (UdSSR), Ronald Campbell (UK) und René Massigli (Frankreich) sind sichtbar. Das Abkommen mit Landkarten veröffentlicht als Department of State Publication 2861, Washington, D.C., 1947.

Abb. 4: Besuch des früheren Präsidenten der USA Herbert Hoover in Wien als Sonderbeauftragter zur Feststellung der Ernährungsbedürfnisse. Déjeuner im Bundeskanzleramt am 15. April 1946. V. l. n. r. sitzend: Bundeskanzler Figl, Präsident Hoover, Außenminister Gruber, Bundespräsident Renner, Vizekanzler Schärf.

Abb. 5: Bundeskanzler Raab und der amerikanische Außenminister John Dulles anläßlich Raabs USA-Besuch im November 1954.

Abb. 6: Besuch des Bundeskanzlers Raab bei Ministerpräsident und Außenminister Pierre Mendès-France in Paris am 16. Dezember 1954. V. l. n. r.: (nicht identifiziert), der österreichische Botschafter in Paris Vollgruber, Mendès-France, Raab, Gesandter Schöner.

Abb. 7: Zur Vorbereitung der Reise nach Moskau konferieren Bundeskanzler Raab und Vizekanzler Schärf am 28. März 1955 mit den österreichischen Botschaftern bei den Vier Mächten. V. l. n. r.: Schwarzenberg (London), Gruber (Washington), Raab, Bischoff (Moskau), Vollgruber (Paris), Schärf.

Abb. 8: Während der Moskauer Verhandlungen vom 12.–15. April 1955. V. l. n. r.: Gesandter Verosta, Außenminister Figl, Botschafter Bischoff, Staatssekretär Kreisky, Vizekanzler Schärf.

Abb. 9: Die österreichische Delegation in Moskau: Kreisky, Schärf, Walter Kindermann (Dolmetsch Raabs), Raab, Figl, Frau Rittershausen (Sekretärin der österreichischen Delegation), Verosta, Bischoff, Dr. Ludwig Steiner (damals Sekretär Raabs), Dr. Camillo Schwarz und Dr. Herbert Grubmayr (zugeteilt der österreichischen Botschaft Moskau).

Abb. 10: Abschlußempfang im Kreml am 14. April 1955: V. l. n. r., soweit identifizierbar: Kreisky, Molotow, Schärf, hinter diesem Kindermann, Chruschtschow, hinter diesem Botschafter Iljitschow, Raab, Bulganin, Mikojan (mit schwarzem Schnurrbart; zwischen Bulganin und Mikojan rückwärts Schöner und Grubmayr), Malenkow, hinter diesem halb verdeckt Gromyko, Kaganowitsch, Bischoff, Perwuchin, Figl, Zorin, Marschall Konjew.

Abb. 11 und 12: Paraphierung des Moskauer Memorandums, 15. April 1955, im Arbeitszimmer Molotows. V. l. n. r., oberes Bild: Schöner, Bischoff, Kreisky, Mikojan, Molotow, Schärf, Raab, Figl, Kindermann. Unteres Bild: Raab, Mikojan, Molotow, Schärf, Figl, Kindermann, Semjonow, Iljitschow.

Abb. 13: Arbeitszimmer Molotows, 15. April 1955. V. l. n. r.: Kreisky, vorgeneigt der sowjetische Völkerrechtsexperte Tunkin, Raab, Mikojan, Molotow, Schärf, Figl, Kindermann, Semjonow, Iljitschow.

Abb. 14: Empfang anläßlich des Staatsbesuches des Bundespräsidenten Schärf in Moskau am 13. Oktober 1959. Chruschtschow im Gespräch mit Frau Holda Bischoff, der Gattin des österreichischen Botschafters in Moskau (dieser mit erhobenem Glas im Hintergrund).

Abb. 15: Die österreichische Delegation auf der Botschafterkonferenz im Mai 1955 in Wien (Haus der Industrie, damals Sitz der Alliierten Kommission für Österreich). V. l. n. r.: Verosta, Kreisky, Figl, Schöner, Kirchschläger (damals stellvertretender Leiter des Völkerrechtsbüros), Coreth.

Abb. 16: Ankunft des britischen Außenministers Harold Macmillan auf dem Flughafen Schwechat. V. l. n. r.: Der britische Botschafter Sir Geoffrey Wallinger, Macmillan, Schöner, Figl, Kreisky.

Abb. 17: Am 11. Juni 1955 flog eine Taube in Außenminister Figls Arbeitszimmer auf dem Ballhausplatz und blieb auf dem Schreibtisch sitzen. Das Photo trägt folgende stark verblichene Widmung in grünem Kugelschreiber: „Dies Symbol möge unsere Arbeit für Österreich begleiten! Wien, 15. 6. 55. Leopold Figl.“

Abb. 18: Die Unterzeichnung des österreichischen Staatsvertrages am 15. Mai 1955 im Oberen Belvedere in Wien. Sitzend v. l. n. r.: Thompson, Dulles, Iljitschow, Molotow, Figl, Macmillan, Wallinger, Pinay, Lalouette.

Raab verfolgte jedoch seine politische Linie weiter, auch in Gesprächen mit Vertretern der russischen Besatzungsmacht. Jahre später hat Bundeskanzler Raab berichtet, schon „vor der Berliner Konferenz, aber auch nachher" habe er „in wiederholten Unterredungen mit dem damaligen Hochkommissar Iljitschow, die teils im Bundeskanzleramt, teils im Hotel Imperial stattfanden, immer wieder darauf hingewiesen, daß eine neutrale Politik Österreichs die entscheidende Voraussetzung für eine befriedigende Lösung der österreichischen Frage sein würde". Dies werde, sobald die Berichte über diese Unterredungen einmal veröffentlicht werden können, aus diesen klar hervorgehen. Auch von sowjetischer Seite ist auf die Kontakte Raab – Iljitschow Ende 1953 hingewiesen worden.[121]

Im Rahmen seiner Bemühungen, mit der Sowjetunion eine neue Gesprächsbasis zu finden, führte Raab Informationsgespräche mit dem damaligen finnischen Ministerpräsidenten Urho Kekkonen. Über das Zustandekommen des Treffens zwischen Raab und Kekkonen liegt seit 1975 von Kaarlo Tetri, der im Sommer 1953 das finnische Generalkonsulat in Wien betreute, ein Bericht vor. Kekkonen traf am 14. August 1953 in Österreich ein, um einen privaten Erholungsurlaub zunächst in Bad Deutsch-Altenburg, dann auf dem Gut des finnischen Honorarkonsuls Josef Foggensteiner in Katzelsdorf bei Wiener Neustadt zu verbringen. Tetri berichtet, daß über Vermittlung des Staatssekretärs Kreisky, den Kekkonen anläßlich der Krönungsfeierlichkeiten für Königin Elizabeth in London im Juni des Jahres kennengelernt hatte, am 28. August Bundeskanzler Raab ein inoffizielles Abendessen für Kekkonen im Restaurant Franziskaner gab; Vizekanzler Schärf und Staatssekretär Kreisky nahmen ebenfalls daran teil, Außenminister Gruber war auf Urlaub. Raab notierte in seinem Tagebuch: „Abends beim Franziskaner mit Schärf, Kreisky und Kekkonen. Finnland zahlte für seine Freiheit im Kaufwert von 38. fast 600 Millionen Dollar offiziell 300 Millionen Dollar, bei diesem 4 Millionen Volk ungeheuer viel. Ein Beispiel für Österreich." Die letzten vier Worte sind die wichtigsten: „Ein Beispiel für Österreich." Finnlands Beispiel beeindruckte Raab tief; wie tief, kam erst sieben Jahre später zutage.[122]

---

da in Österreich und der sowjetischen Außenpolitik annahm. Als die Sowjetunion drei Monate später die staatsvertragliche Neutralisierung Österreichs vorschlug – auf der Berliner Konferenz –, war von Entmilitarisierung nicht die Rede.

121 Julius Raab, „Unsere Neutralität ist mehr wert als ein Linsengericht", in: *Österreichische Neue Tageszeitung,* 6. Dezember 1959, 1–2; Beleckij, *Sovetskij Sojuz i Avstrija,* 203. Die von Raab erwähnten Berichte sind der Forschung bislang nicht bekannt geworden; einem 1994 an das Außenpolitische Archiv der Russischen Föderation gerichtetes Ansuchen um Einsicht in die entsprechenden Berichte des Hochkommissars Iljitschow wurde nicht nachgekommen.

122 Artikel von Kaarlo Tetri über die Urlaubsreise des Ministerpräsidenten Kekkonen nach Österreich 1953, in: *Suomen Kuvalehti* (Finnische Illustrierte), Nr. 2/1975, 54–58 (liegt dem Verf. in Übersetzung vor). Eine Zusammenfassung brachte Wolfgang Oberleitner unter dem Titel

Raab hat nämlich im Jahre 1960 ausführlich über die „für den Abschluß des österreichischen Staatsvertrags so wichtige Aussprache“ vom 28. August 1953 berichtet. Auf österreichischer Seite, so sagte Raab, hätte bis zu diesem Zeitpunkt eine gewisse Furcht vor einem Abkommen mit der Sowjetunion über materielle Leistungen und Ablöselieferungen bestanden, „da man befürchtete, daß die Sowjetunion durch Verweigerung von Warenübernahmen, Reklamationen und so weiter“ Österreich zusätzliche Belastungen aufbürden würde. Raab bat Kekkonen, den Österreichern seine diesbezüglichen Erfahrungen mit der Sowjetunion mitzuteilen, „da ja Finnland in seinem Friedensvertrag mit der UdSSR beträchtliche Lieferungen übernehmen mußte“. Kekkonen, so berichtete Raab weiter, beruhigte uns in dieser Hinsicht vollkommen:

„Er erklärte, daß die Sowjetunion zwar die korrekte Erfüllung eines unterzeichneten Vertrages verlange, daß sie aber ebenso korrekt bei der Entgegennahme und Verrechnung der gelieferten Waren handle. Es könnten finnischerseits in dieser Hinsicht keinerlei Beschwerden erhoben werden. Diese eindeutige und klare Feststellung bedeutete für uns die Grundlage des Entschlusses, materielle Forderungen der Sowjetunion, soweit sie sich in einem tragbaren und für die österreichische Wirtschaft zumutbaren Rahmen halten würden, anzunehmen, um endlich die Freiheit und Unabhängigkeit unseres Staates zu erreichen. Daß für diese Freiheit und Unabhängigkeit ein Preis zu leisten war, war uns allen klar. Aber ebenso klar war uns, daß die Freiheit, die volle Souveränität unseres Heimatlandes und der Abzug der Besatzungstruppen auch einen Preis wert sein muß.“[123]

Es steht also außer Zweifel, daß die Aussprache mit Kekkonen Raab stark beeindruckt hat; Kekkonen war der einzige Nichtösterreicher, den Raab in die Liste derer einreihte, die sich um das Zustandekommen sachlicher Gespräche mit der Sowjetunion „besonders verdient gemacht haben“. Raabs Interesse für Kekkonens Erfahrungen dürfte um so stärker gewesen sein, als bereits einige Monate vorher Österreichs langjähriger Missionschef in Moskau, Norbert Bischoff, Raab auf das Beispiel der Regierung Kekkonen hingewiesen hatte. Zwischen Raab, der die Diplomatie des Ballhausplatzes als zu sehr westlich orientiert betrachtete, und Bischoff entwickelte sich seit dem Frühjahr 1953 ein enges Vertrauensverhältnis, und Raab hat auch später von seinen Gesprächen mit Bischoff im Gasthaus „Brauner Hirsch“ in der Wiener

---

„Kekkonen und der Staatsvertrag“ in: *Die Presse,* 4. Februar 1975, 4. Kekkonen wollte übrigens, laut Tetri, nicht mit Gruber, dem er unfreundliche Äußerungen über Finnland vorwarf, zusammentreffen. Raabs Eintragung zum 28. August 1953: StAS, PT; wie häufig in Raabs Tagebuch sind die Interpunktionen ungenau oder gar nicht gesetzt. Zu den finnischen Reparationsleistungen in Höhe von 300 Mill. Dollar auf Preisbasis 1938 vgl. Fisch, *Reparationen,* 144–155.

123 Rede Raabs in der Festsitzung des Nationalrates und Bundesrates vom 14. Mai 1960, in: *Fünf Jahre Staatsvertrag, fünfzehn Jahre Zweite Republik,* Wien 1960, 8.

Alser Straße erzählt.[124] Im Frühjahr 1953 (gelegentlich eines Wien-Aufenthaltes Bischoffs Ende Mai/Anfang Juni 1953), so erwähnte Bischoff in einem an Außenminister Molotow gerichteten Schreiben, habe er Raab „das Beispiel der bürgerlichen Regierung Kekkonen vor Augen geführt, welche dank ihrer korrekten Beziehungen zur Sowjetunion sich das Vertrauen der Sowjetregierung erwarb und sich damit einen äußerst wertvollen Dienst nicht nur ihrem eigenen Land, sondern auch der Sache des Friedens in Europa geleistet hat. Ich weiß genau", fuhr Bischoff fort, „daß diese Argumente einen großen Eindruck auf den Bundeskanzler gemacht haben und daß er jetzt ständig diese leitende Linie im Auge hat", eine Linie, die auch in der „Message" vom Juni 1953 (vgl. oben Kap. IV) ihren Ausdruck gefunden habe.[125]

Es lag in Bischoffs Wesen, sich jeweils stark in das Land einzufühlen, in das er entsandt wurde: die Türkei Kemal Atatürks, über die er ein begeistertes Buch schrieb[126], Frankreich und ab 1947 die Sowjetunion. Berichte und Briefe über die innere Entwicklung der Sowjetunion waren wohlwollend und reflektierten seine Überzeugung von einer wenn auch unter großen Schwierigkeiten vorwärts- und aufwärtsstrebenden Gesellschaft. Neu erschlossene Quellen zeigen, wie groß unbeschadet Bischoffs großbürgerlicher Herkunft und Lebensformen nach dem Zweiten Weltkrieg seine Sympathie für die „neue" Welt der Sowjetgesellschaft war, trotz deren (von ihm eher ausgeklammerten) repressiver Aspekte, und wie außerordentlich stark (und emotionell) sein Antiamerikanismus war, dessen Wurzeln erst zu ergründen wären.[127] Bischoff war sich seiner

---

124 Raab hat am 16. Februar 1962 bei einer Befragung durch Univ.-Prof. Dr. Ludwig Jedlicka erklärt, das Außenministerium habe seinen Kurs nicht verstanden, weil die Beamten des Außenministeriums durchaus amerikanisch orientiert gewesen seien – eine doch sehr subjektive und verallgemeinernde Bemerkung, der man in Kenntnis der Akten kritisch gegenüberstehen muß. Der einzige Freund, den er unter den Diplomaten gehabt habe, erklärte Raab weiter, sei Bischoff gewesen; sooft Bischoff nach Wien gekommen sei, seien die beiden in das erwähnte Wirtshaus in der Alser Straße zum Mittagessen gegangen. Niederschrift über diese Befragung im Institut für Zeitgeschichte der Universität Wien.

125 Deutsche Übersetzung eines Briefes, den Bischoff am 15. November 1953 an Außenminister Molotow richtete. Ich bin Frau Holda Bischoff (†) für die frühzeitige Ermöglichung der Einsichtnahme sehr zu Dank verpflichtet. Eine Kopie findet sich als Beilage Nr. 25 in Bischoffs Manuskript „Die Haltung der Sowjetunion in der Frage des Abschlusses des österreichischen Staatsvertrages", in: ÖStA, GD, NLS, E/1770 (s. auch Kap. IV, Anm. 148).

126 Norbert von Bischoff, *Ankara. Eine Deutung des neuen Werdens in der Türkei,* Wien – Leipzig 1935.

127 So notierte Bischoff in einem zwischen 31. Dezember 1946 – den Tag seiner Ankunft in Moskau – und dem 18. August 1948 geführten handschriftlichen Tagebuch zum 16. März 1947, es werde ihm immer unwahrscheinlicher, „daß die Amerikaner zusehen werden, wie hier eine sozialistische Welt aufgebaut wird, deren Existenz, wenn sie eines Tages wirklich und überzeugend in Erscheinung getreten sein wird, das Ende der kapitalistischen Ära auch in Amerika bedeuten würde." Am 31. Dezember 1947 notierte er, es wäre überaus wichtig, „die Fakten und Tatbestände dessen, was uns die Dollarpropaganda als ‚amerikanische Kultur' proponiert u. was in fast jeder Hinsicht noch bedeutend übler ist, als was uns der selige Hitler proponierte (!), der Welt u. insbesondere den

Außenseiterposition im Außendienst bewußt und bezeichnete sich selbst als jenen, „den der Lauf der Dinge nun einmal mit der ehrenvollen, aber recht unbequemen und schmerzlichen Aufgabe des ‚enfant terrible‘, des schwarzen Schafes und des ‚advocatus diaboli‘ offiziell betraut hat“.[128] Seine Kritik an der „Westorientierung“ der Gruberschen Außenpolitik, und mehr noch an der amerikanischen „Politik der Stärke“ gegenüber der Sowjetunion, wird in Berichten, Briefen und in Bischoffs nachgelassenem Manuskript über die Haltung der Sowjetunion in der Frage des Abschlusses des österreichischen Staatsvertrages immer wieder deutlich. Bischoff war beeindruckt von der Darstellung der sowjetischen Einstellung gegenüber Österreich, wie sie im November 1952 der TASS-Korrespondent in Bern, Nowikow, im Gespräch mit dem Publizisten Nikolaus Basseches gab: Nach Nowikow hätte Rußland weder die Absicht, in Österreich zu bleiben, noch Österreich in das System der volksdemokratischen Satellitenstaaten einzugliedern; es werde aber erst dann aus Österreich herausgehen, wenn die volle Gewähr dafür geboten sei, daß Österreich nach dem Abzug der Besatzungstruppen weder ein amerikanischer noch ein deutscher Satellitenstaat und als solcher ein Glied des Atlantikpaktes werde. Dies entsprach auch Bischoffs Überzeugung.[129]

Im November 1953 bot das Erscheinen der Memoiren Außenminister Grubers, und darin die Schilderung der sogenannten „Figl-Fischerei“ vom Frühjahr 1947, Raab den Anlaß, die Demission Grubers anzunehmen. Zweifellos waren diese Memoiren nur der Anlaß, nicht der eigentliche Grund für Raab, sich von Gruber zu trennen, den er für zu einseitig westlich-amerikanisch

Österreichern systematisch vor Augen zu führen“. Das zu Ende gehende Jahr sei für ihn, obgleich er diplomatisch nichts erreicht hätte, doch ein „sehr sehr reiches Jahr“ gewesen; „es hat mir wenigstens den Anfang eines Verständnisses einer neuen Welt eröffnet, einer Welt der – vielleicht erst nach zusätzlichen Katastrophen – die Zukunft gehört.“ ÖStA, GD, NLS, E/1770/196 (Nachlaß Bischoff). Bischoff sprach im April 1947 von einem sich „auf der Ebene der internationalen Politik im planetarischen Maßstab entwickelnden Klassenkampf“. Brief an Schärf, 30. 4. 1947, ähnlich an Waldbrunner mit gleichem Datum: VGAB, Nachlaß Schärf, 4/237.

128 Zitierte Stelle in einem Privatbrief an Gesandten Josef Schöner vom 26. März 1954, AdR, BMAA, II-Pol, Zl. 143.517-Pol/54. Seine Einstellung zur sowjetischen Gesellschaft kommt in einem bemerkenswerten Privatbrief an Josef Schöner vom 20. März 1955 über „Probleme der sowjetischen Ästhetik“ zum Ausdruck; Nachlaß Schöner, Konvolut 19 (nunmehr ÖStA, GD, NLS, E/1773). Ein Beispiel für Bischoffs Einseitigkeit bietet sein Bericht über die ostdeutsche Arbeitererhebung vom 17. Juni 1953, auf den übrigens Kreisky laut Gruber ganz wütend reagierte. Mündl. Mitteilung Karl Grubers an den Verf., Wien, 6. Mai 1980. Bischoffs Bericht v. 23. 6. 1953, in AdR, BMAA, II-Pol, Z. 322.360-Pol/53; zu diesem auch Michael Gehler, „Von der Arbeiterrevolte zur spontanen politischen Volkserhebung: Der 17. Juni 1953 in der DDR im Urteil westlicher Diplomatie und Politik“, in: *Militärgeschichtliche Mitteilungen,* 54, 1995, 395.

129 AdR, BMAA, II-Pol, Zl. 158.341-Pol/52 (Bericht Gesandtschaft Bern vom 19. November 1952) sowie Zl. 316.383-Pol/53 (Stellungnahme Bischoffs hierzu in einem Bericht vom 26. Dezember 1952). Beide Berichte publiziert in: ÖuG, Nr. 64 und 65. Auch in der Folgezeit kamen der Gesandtschaft Bern durch Basseches Mitteilungen über sowjetische Vorstellungen zur Österreichfrage zu; einige davon veröffentlicht in ÖuG, Nr. 67, Nr. 74 u. Nr. 80.

orientiert hielt. Doch hatte Gruber im Jahre 1953 die „neue Linie" gegenüber der Sowjetunion, wie eine Reihe seiner öffentlichen Äußerungen, zuletzt in der „Wiener Zeitung" Mitte Oktober 1953, zeigt, durchaus unterstützt und mitverantwortet.[130]

Grubers Demission veranlaßte übrigens Botschafter Bischoff zu einem ungewöhnlichen Schritt. Bischoff richtete ohne Weisung, aus eigener Initiative, ein persönliches Schreiben an Molotow, in dem er neuerlich darauf hinwies, daß Raab „als seine wesentliche außenpolitische Aufgabe die Herstellung vertrauensvoller Beziehungen zwischen Österreich und der Sowjetunion" betrachte. Indem Raab sich von Gruber getrennt habe, habe damit Raab „seine politische Zukunft an den Glauben gebunden", daß es ihm gelingen werde, „mit der Sowjetunion jene guten Beziehungen herzustellen, welche zutiefst den ständigen Interessen Österreichs entsprechen". Bischoff erhoffte sich von Molotow eine Geste, die „nicht nur dem Bundeskanzler selbst, sondern der gesamten österreichischen Öffentlichkeit beweisen würde", daß jener Weg Raabs der richtige sei. Bischoff wollte seinen, wie er selbst sagte, „höchst ungewöhnlichen" Brief als Beitrag dazu verstanden wissen, „daß dieser Moment tatsächlich zu einem Wendepunkt in den Beziehungen zwischen Österreich und der Sowjetunion werde".[131] Bischoff hat wohl das Gewicht des Junktims, das die Sowjetunion gute fünf Jahre lang, vom Winter 1949/50 bis zum Frühjahr 1955, zwischen deutscher und österreichischer Frage aufrechterhielt, unterschätzt; wie stark dieses Gewicht war, sollte wenige Monate später, auf der Berliner Außenministerkonferenz, offenbar werden.

Mit Ende des Jahres 1953 war jedenfalls unbeschadet aller Differenzen zwischen den Koalitionsparteien die Absicht der Bundesregierung und des Parlaments, Österreich von Militärbündnissen und ausländischen Truppen auf seinem Boden freizuhalten, mehrfach ausgesprochen worden. Die Begrifflichkeit variierte: Bündnisfreiheit, Blockfreiheit oder auch Neutralität wurden genannt. Im Dezember 1953 brachten Abgeordnete der Koalitionsparteien im Nationalrat einen Antrag ein, die Bundesregierung möge prüfen, ob die Voraussetzungen für den Beitritt Österreichs zum Europarat vorlägen. Die Antrag-

---

130 Zur „Figl-Fischerei" vgl. oben S. 104–106. Eine merkwürdige Tagebucheintragung Raabs, nur zweieinhalb Monate vor Grubers Demission bzw. Ausbootung, gibt einen Hinweis auf Raabs Einschätzung Grubers; in den letzten Phasen der sowjetischen Kampagne zur Zurückziehung des Kurzvertrags – die Österreicher einschließlich Grubers hatten sich schon Monate zuvor vom Kurzvertrag gelöst – notierte Raab: „Sonntag 30. August 1953. In der Früh schon bringt das Radio neuerlich die Nachricht, daß wir klar ablehnen müssen den Kurzvertrag und damit Grubers Politik." StAS, PT, Eintragung zum 30. August 1953.

131 Wie oben Anm. 125; vgl. ferner einen Bericht Bischoffs im Interim zwischen der Demission Grubers und der Ernennung Figls an Generalsekretär Karl Wildmann vom 17. November 1953, übrigens von Raab, Schärf, Figl und Kreisky abgezeichnet und von Raab mit drei Rufzeichen versehen; AdR, BMAA, II-Pol, Zl. 329.887-Pol/53.

steller Bruno Pittermann (SPÖ), Barthold Stürgkh (ÖVP) und Genossen erwähnten ausdrücklich, daß „die Zugehörigkeit als ordentliches Mitglied mit der politischen Neutralität durchaus vereinbar" erscheine. Dem Europarat gehöre als ordentliches Mitglied „auch das Königreich Schweden an, dessen politische Neutralität von niemandem angezweifelt wird. Es bedeutet daher auch für die Republik Österreich der Beitritt als ordentliches Mitglied zum Straßburger Europarat keine Beteiligung an irgendeinem militärischen Bündnissystem."[132]

Auch bei den Besatzungsmächten kam es im zweiten Halbjahr 1953 zu Beratungen über die Problematik einer möglichen „Neutralisierung", wie der von den Diplomaten der Großmächte häufig (von den Österreichern nie!) verwendete Terminus lautete. Im Kontext sich verdichtender Hinweise auf die österreichische Linie der zukünftigen Bündnisfreiheit bzw. „Neutralität" einerseits und auf das sowjetische Interesse an einer österreichischen Neutralität andererseits – letzteres zunächst indirekt dokumentiert in der intensiven kommunistischen Neutralitätspropaganda in Österreich – mußten sich die Westmächte über ihre eigene Stellungnahme schlüssig werden.[133] Dies um so mehr, als in der zweiten Jahreshälfte 1953 erstmals seit mehr als vier Jahren wieder eine Außenministerkonferenz der vier Mächte zur Diskussion stand.

Die Veränderungen in der Sowjetunion nach Stalins Tod hatten schon im Frühjahr 1953 Winston Churchill, seit November 1951 (und bis April 1955) neuerlich Englands Premierminister, nach einem neuen Ost-West-Gipfel rufen lassen. Dazu kam es nicht, auch nicht zu einem von Churchill als Alternative vorgeschlagenen Besuch in Moskau: Die Skepsis im Westen, teils in Churchills eigener Regierung, aber vor allem in Bonn und Washington war zu groß.[134]

---

132 Entschließungsantrag 56/A vom 16. Dezember 1953, abgedruckt in: DÖA, Nr. 129. Raab und Figl scheinen über die parlamentarische Initiative, die von Pittermann ausging, nicht glücklich gewesen zu sein, und auch Schärf äußerte sich im Februar 1954 in Hinblick auf die sowjetische Gegnerschaft zum Europarat sehr zurückhaltend. Vgl. mehrere amerikanische Berichte hierzu in: NA, RG 59, 763.00/12-1853, 763.00/1-2954, 763.00/2-154, 763.00/3-354. Erst am 21. Februar 1956, also nach Abschluß des Staatsvertrages, faßte die Regierung den Beschluß zum Beitritt; die Aufnahme Österreichs erfolgte am 16. April 1956. Vgl. auch Wolfgang Burtscher, „Österreichs Annäherung an den Europarat von 1949 bis zur Vollmitgliedschaft im Jahre 1956", in: Waldemar Hummer und Gerhard Wagner, Hg., *Österreich im Europarat 1956–1986,* Wien 1988, 37–52. Zu den Anfängen der Europaratsfrage 1949–1951 vgl. auch Angerer, Integrität vor Integration, 179–181.

133 Die Neutralitätspropaganda der Kommunisten und der mit ihnen verbündeten Gruppe um Professor Josef Dobretsberger war Gegenstand mehrfacher Berichterstattung zumal des französischen Hochkommissars bzw. Botschafters in Wien.

134 Hierzu eingehend John W. Young, „Cold War and Detente with Moscow", in: ders., Hg., *The Foreign Policy of Churchill's Peacetime Administration 1951–1955,* Leicester 1988, 60–63; Peter G. Boyle, Hg., *The Churchill-Eisenhower Correspondence, 1953–1955,* Chapel Hill 1990, 46–51; auch Günter Bischof, „The Anglo-American Powers and Austrian Neutrality 1953–1955", in: *Mitteilungen des Österreichischen Staatsarchivs,* 42 (1992), 368–393, hier 376.

Am 15. Juli 1953 richteten jedoch die drei Westmächte als Ergebnis einer Außenministertagung in Washington an die Sowjetunion die Einladung zu einer Außenministerkonferenz der vier Mächte. Im Zuge eines vielfachen Notenwechsels in den folgenden Monaten konkretisierten die Westmächte anfangs September den Ort einer solchen Konferenz, nämlich Lugano; als Termin wurde zunächst Mitte Oktober, dann November vorgeschlagen. Die Sowjets versuchten längere Zeit, die Volksrepublik China in die Außenministerkonferenz einzubinden, was wiederum die Westmächte, vor allem die USA, ablehnten; erst am 26. November 1953 stimmte die Sowjetunion einer Viererkonferenz zu und schlug als Tagungsort Berlin vor. Die Westmächte ihrerseits beschlossen auf einer Gipfelkonferenz in Bermuda zwischen 4. und 7. Dezember 1953, darauf einzugehen; ihr Vorschlag, die Vierer-Konferenz im Gebäude des früheren, seit dem März 1948 außer Funktion gesetzten Alliierten Kontrollrates in Berlin abzuhalten, war symbolisch für das internationale „Tauwetter", das dem tiefen Winter der frühen fünfziger Jahre zu folgen schien.[135]

Die drei Westmächte bereiteten sich gemeinsam auf die Begegnung mit der Sowjetunion vor. Die deutsche Frage dominierte diese Vorbereitungen, doch kam das Österreichthema nicht zu kurz. Eine Diplomatengruppe der drei Westalliierten tagte in Paris zwischen 21. Oktober und 2. November 1953 und neuerlich zwischen 16. und 21. Dezember 1953; die Österreich betreffenden Beratungen fanden vor allem während der ersten Tagung noch im Oktober statt.[136] Zwischen Franzosen und Amerikanern gab es deutliche Meinungsverschiedenheiten betreffend die zu verfolgende Taktik. Die Amerikaner wollten den Artikel 35 des Vertragsentwurfs, das Deutsche Eigentum und die 1949 an die Sowjetunion gemachten enormen Konzessionen (v. a. im Erdölbereich) betreffend, neu zur Diskussion stellen; seit 1949 war ja schon viel Zeit vergangen, in der die Sowjetunion von ihrer andauernden Kontrolle der Erdöl- und USIA-Betriebe profitiert hatte. Die Franzosen fürchteten weiterhin, daß eine von den Westmächten provozierte Wiederaufnahme der Verhandlungen um den im November 1949 schon abgeschlossenen Artikel 35 es den Sowjets ermöglichen oder zumindest erleichtern würde, auch ihrerseits eine neue Materie in die Verhandlungen einzubringen, nämlich einen Neutralisierungsartikel. François Seydoux zeigte sich besorgt über die Haltung der Österreicher; es wäre denkbar, daß sie ein „Neutralisierungsabkommen" mit der UdSSR verhandeln könnten. Obgleich wir nicht darauf zu insistieren wünschten, daß Österreich Verteidigungsabkommen mit dem Westen abschließen

135 Der sehr umfangreiche Notenwechsel zwischen den westlichen Hauptstädten und Moskau von Juli bis Dezember 1953 ist dokumentiert in *AdG*, Jahrgang 1953.

136 Zahlreiche Unterlagen hierzu in: PRO, FO 371/103767 u. 103768 sowie in: NA, RG 59, 396.1-PA (Oktober–Dezember 1953); ferner AAF Wien, vol. „Traité d'Etat" V; vgl. auch *FR 1952–1954*, VII, 722–723 sowie 733–740.

solle, so Seydoux, wünschten wir doch nicht, daß die Österreicher Rußland gegenüber eine Verpflichtung eingingen, die sie formell daran hindern würden, an den westlichen Verteidigungsbemühungen teilzunehmen.[137]

Von einem amerikanischen Entwurf ausgehend, erarbeitete die Diplomatengruppe in Paris im Kompromißwege ein Positionspapier zu den kommenden Österreichverhandlungen in sechs Punkten. Bezüglich des Artikels 35 kamen die drei Westmächte überein, ein Ansuchen um Erleichterung der Lasten des Artikels 35 zunächst den Österreichern zu überlassen; sollten die Österreicher die Frage nicht aufwerfen, wollte man Weiteres dem konkreten Gang der Verhandlungen überlassen. Nur Punkt 5 dieses Positionspapiers, „Neutralization", sei hier genauer wiedergegeben. Die Westalliierten bezogen eine Abwehrposition, nicht so sehr das „ob" einer österreichischen Bündnisfreiheit betreffend, sondern vielmehr das „wie weit?" allfälliger Bindungen gegenüber der Sowjetunion. Im Positionspapier hieß es, daß „jeder sowjetische Vorschlag, Österreich zum Schaden der westlichen und der österreichischen Sicherheit zu neutralisieren, sogleich widerstanden werden sollte" („should be resisted at once"). Die österreichische Regierung habe bereits ihre Nichtbereitschaft („unwillingness"), militärischen Bündnissen nach dem Staatsvertrag beizutreten, erklärt. Wir, d. h. die Westalliierten, so hieß es nun weiter, sollten argumentieren, daß dies ausreichen sollte, um sowjetische Ängste zu beruhigen. Sollten die Österreicher selbst darauf bestehen, eine weitere formelle Erklärung abzugeben, dann müßten die Westmächte sicherstellen, daß eine solche Erklärung Österreich die Freiheit belassen müßte, Vereinigungen beizutreten, die mit den Grundsätzen und Zielen der Vereinten Nationen vereinbar seien. Diese Formel wurde vorgeschlagen, um den Österreichern nicht die Mitgliedschaft in europäischen Organisationen zu verwehren.[138] Eine solche Erklärung sollte nicht als Annex dem Staatsvertrag beigefügt werden – es zeigt sich, daß die Westalliierten im stark vom Blick auf Deutschland geprägten Bemühen, eine allfällige Nichtallianzerklärung von einem Vertrag fernzuhalten, keine Vorsichtsmaßregel außer acht ließen. Ausdrücklich wurde hinzugefügt, man müsse, auch wenn die Fälle nicht parallel lägen, die möglichen Konsequenzen einer österreichischen Neutralisierung auf Deutschland und anderswo bedenken. Auch würde die Neutralisierung die Schwierigkeiten des Westens bei der

137 François Seydoux, damals „Directeur d'Europe" innerhalb der Direktion für politische Angelegenheiten am Quai d'Orsay und Leiter der französischen Delegation bei den Dreimächtegesprächen in Paris, in der 4. Plenarsitzung am 24. Oktober 1954. Sitzungsmitschrift in: PRO, FO 371/103767/CA1071/296.

138 Diese Formulierung wurde den westalliierten Antwortnoten vom 25. März 1952 auf die sogenannte „Stalin-Note" vom 10. März 1952 entnommen. Hierzu Aktenvermerk Harrisons vom 22. Mai 1953, PRO, FO 371/103762/CA1071/137.

Hilfe für eine österreichische „Nach-Staatsvertrags-Armee“ und für die „Verteidigungsplanung zwischen dem Westen und Österreich“ erhöhen.[139]

Dieses eine so deutliche Abwehrtaktik zur Schau stellende Arbeitspapier für die Viermächtekonferenz steht in einem gewissen Kontrast zu einigen internen Stellungnahmen, vor allem im Foreign Office, aus denen hervorgeht, daß als letzter Ausweg – „in the last resort“ – die Neutralität Österreichs akzeptiert werden würde. Im britischen Foreign Office war man sich im Oktober 1953 klargeworden: „Während wir uns allen sowjetischen Vorschlägen für die Neutralisierung Österreichs entgegenstellen müßten, sollten wir letzten Endes bereit sein, eine Neutralitätserklärung der österreichischen Regierung in passender Formulierung zu akzeptieren.“[140] In der zweiten Phase der Dreimächtebesprechungen im Dezember 1953 wurden diese Formulierungen nicht mehr verändert. Die Amerikaner legten Wert darauf, daß für den Fall eines Abzugs aus Österreich die Westmächte Österreich eine Sicherheitserklärung geben sollten; Entwurfsvarianten wurden vorgelegt; als Bedingung für eine solche Erklärung sollten die Österreicher Zusicherungen bezüglich des Aufbaus der im Staatsvertrag vorgesehenen Armee und „joint defense planning“ geben. Die Amerikaner hatten den Eindruck, daß weder Franzosen noch Engländer einem „Nach-Staatsvertrags-Österreich“ im Fall der direkten oder indirekten Bedrohung seiner Unabhängigkeit zu Hilfe kommen würden. Zu Beschlüssen kam es nicht.[141]

In Washington hatte man sich im Laufe des Jahres 1953 eingehend mit der Frage „Neutralisierung/Neutralität für Österreich befaßt“. An Unterlagen mangelte es nicht, einige wurden bereits erwähnt. Die amerikanische Botschaft in Wien hatte Ende August ein ausführliches – und sehr ausgewogenes – Memorandum zum Thema Neutralisierung und Staatsvertrag verfaßt. Obgleich Österreichs grundsätzlich prowestliche Gefühle unverändert seien, könne es doch wenig Zweifel daran geben, daß Österreich gegenwärtig bereit wäre, beträchtliche Schritte in Richtung Neutralität zu machen, falls die Sowjetunion dies mit dem Staatsvertrag honorieren würde. Das Memorandum verwies auf die militärische Bedeutung Westösterreichs für die Verbindungslinie zwischen dem amerikanischen Nachschubhafen Livorno und Westdeutschland sowie für

139 Text vom 27. Oktober 1953 (erste Session der Arbeitsgruppe) in PRO, FO 371/103768/CA1071/302; dieser Punkt unverändert im Bericht der zweiten Session der Arbeitsgruppe vom 16.–21. Dezember 1953: NA, RG 59, 396.1-PA/12.16-53.

140 “While we should oppose any Soviet proposals for the neutralisation of Austria, we should be prepared in the last resort to accept a statement of neutrality by the Austrian Government in suitable terms.” FO 371/103768/CA1071/303. Vgl. auch Bischof, „Anglo-American Powers“, 377.

141 Unterlagen in: PRO, FO 371/103769/CA1071, u. a. Brief Warner an Hancock, 19. Dezember 1953, ebd. CA1071/355; Bericht des amerik. Delegationsleiters Theodore Achilles, 17. Dezember 1953, NA, RG 59, 396.1.-PA/12-1753; ausführliche Erörterung in einem britischen Positionspapier für die Berliner Konferenz, PRO, FO 371/109357/CA1071/46.

die Verbindung zwischen Westdeutschland und Jugoslawien im Zusammenhang mit dem Militärhilfsprogramm für Jugoslawien. Gleichwohl kam die Botschaft zum Schluß, daß die Zurückweisung eines Neutralitätsvorschlags angesichts einer österreichischen Bereitschaft zur Annahme eines solchen Status beinahe unmöglich („next to impossible") wäre. Eine Situation könne entstehen, in der österreichischer Druck sowie britische und französische Einwilligung es den Amerikanern unmöglich machen würden, sich einer Form der Neutralisierung Österreichs entgegenzustellen.[142] Im September legte der Österreich-Referent im State Department, Richard Freund, ein Positionspapier vor, das schärfer formuliert war.[143] 1,4 Milliarden Dollar an Hilfe und enge diplomatische Unterstützung hätten die USA Österreich in der Erwartung gewährt, Österreich werde unveränderlich für den Westen Partei ergreifen ("in the expectation it would unalterably side with the West"). Sollte Österreich versuchen, neutral zwischen Ost und West zu sein, würde amerikanische Kritik an Österreich bitter sein. Österreich sei gar nicht in der Lage, eine Neutralität zu praktizieren. „Es ermangelt ihm an Willen, den Mitteln und der inneren Stabilität, um dem Beispiel der Schweiz zu folgen." Es liege in einer zu exponierten Lage, um dem Beispiel Finnlands zu folgen. Freund konzedierte, daß es notwendig sein könnte, ein Verbot des Beitritts Österreichs zur NATO oder zur Europäischen Verteidigungsgemeinschaft zu akzeptieren (während die Verbindung mit der Montanunion und/oder der Europäischen Zahlungsunion gestattet wäre); in einem solchen Falle würde allerdings die Möglichkeit „verdeckter Verteidigungsplanung zwischen der NATO und Österreich" aufrecht bleiben. Die Notwendigkeit, daß selbst im Falle der erklärten Bündnisfreiheit dem Westen die Möglichkeit bleiben müßte, die österreichische Armee auszurüsten „und verdeckte militärische Planungen für den Fall eines allgemeinen Krieges zu betreiben", wurde als wichtig angesehen.[144]

Merkwürdig genug: trotz mancher Skepsis in den mittleren Rängen der amerikanischen Diplomatie, und vor allem trotz noch größerer Bedenken des amerikanischen Generalstabs, kamen von der Spitze der amerikanischen Au-

142 Dreizehnseitiges Memorandum vom 26. August 1953, NA, RG 59, 663.001/8-2653. Hierzu auch Rauchensteiner, *Die Zwei,* 210–211.

143 Auf Grundlage eines sehr kritisch gehaltenen Papiers eines Freund nachgeordneten Diplomaten, Peter Rutter, vom 15. September 1953, 663.001/9-1553.

144 Richard B. Freund, Position Paper „Austrian Neutrality", 21. September 1953, NA, RG 59, 663.001/9-2153. Hierzu vgl. Stourzh, „The Origins of Austrian Neutrality", 43–44. Am 26. September 1953 trug R. B. Knight anläßlich einer Besprechung bei Dulles die auf Beamtenebene erreichte conclusio vor: "... we now advocate a unilateral nonaggression declaration by Austria renouncing Austrian participation in any military alliances. This would in effect be a renunciation of the right to join NATO or EDC." Dulles schien dies zunächst zu nachgiebig gegenüber der Sowjetposition. *FR 1952–1954,* VII, 638.

ßenpolitik, von Außenminister John Foster Dulles und von Präsident Eisenhower selbst, die entscheidenden Signale der Bereitschaft, Österreich den Weg der Bündnisfreiheit, ja sogar der Neutralität nach dem Beispiel der Schweiz, offenzulassen. Mitte Oktober 1953 meinte Dulles im Nationalen Sicherheitsrat, obgleich wir, d. h. die Amerikaner, uns natürlich der Neutralisierung Österreichs so weit wie möglich in Verhandlungen [mit den Sowjets] entgegenstellen sollten, würde langfristig („in the long run") die Entscheidung bei den Österreichern selbst liegen.[145] „Wenn die österreichische Regierung, um die Russen zu bewegen, aus Österreich abzuziehen, es ablehne, sich an die NATO anzuschließen, dann gebe es sehr wenig, was die Vereinigten Staaten diesbezüglich tun könnten, selbst wenn wir es ablehnten, den Vertrag zu unterschreiben."[146] Wir können, fuhr Dulles fort, natürlich unsere Haltung den Österreichern erklären, „aber wir können ihnen nicht unseren Willen auferlegen". Jedenfalls würde ein erbittertes Österreich nie ein verläßlicher Verbündeter der Vereinigten Staaten sein. Dulles' Hauptgegenredner war der Chef des Vereinigten Generalstabs, Admiral Arthur Radford. Ein neutralisiertes Österreich würde die USA in Europa sehr schwächen – „greatly weaken us". Dulles erwiderte, er anerkenne das Gewicht der Ansicht des Vereinigten Generalstabs, aber es treffe weiterhin zu, daß Österreich letztlich Herr seines eigenen Schicksals sei.[147] Radford befürchtete, ein neutralisiertes Deutschland wäre eine noch viel ernstere Sache; Dulles antwortete, dies treffe zu, doch in Deutschland hätten wir noch ein gewisses Maß an Souveränität und bestimmte rechtliche Kontrollen. Daher „sei Deutschland leichter zu managen als Österreich" (!). Dulles resümierte, daß das State Department nicht in eine Situation gelangen möchte, in der „wir uns einer Sache entgegenstellen, die unvermeidbar ist". Radford gab seiner Befürchtung Ausdruck, daß die Sowjets mit Hilfe des Artikels 35 des Vertragsentwurfs (Rechte auf Deutsches Eigentum in Ostösterreich) schließlich einen Umsturz in Österreich bewirken könnten.

---

145 Hierzu und zum folgenden Memorandum über die Diskussion bei der 166. Sitzung des Nationalen Sicherheitsrates am 13. Oktober 1953, *FR 1952–1954,* VII, 1910–1912. Präsident Eisenhower nahm an dieser Sitzung teil, war also Ohrenzeuge dessen, was Dulles sagte, intervenierte allerdings nicht in der Diskussion.

146 "If, in order to induce the Russians to get out of Austria, the Austrian Government refused to align itself with NATO, there was very little, said Secretary Dulles, that the United States could do about it, even though we should refuse to sign the treaty."

147 Zu den Entscheidungen der Eisenhower-Dulles-Administration betreffend Österreich 1953/54 siehe die vorzüglichen Studien von Oliver Rathkolb, „Von der Besatzung zur Neutralität. Österreich in den außenpolitischen Strategien des Nationalen Sicherheitsrates unter Truman und Eisenhower", in: Bischof/Leidenfrost, *Bevormundete Nation,* 371–405, hier 391–394, sowie Günter Bischof, The Anglo-American Powers, 378–379, und ders., „Eisenhower, the Summit, and the Austrian Treaty, 1953–1955", in: Günter Bischof und Stephen E. Ambrose, Hg., *Eisenhower. A Centenary Assessment,* Baton Rouge, 1995, 136–161, hier 148–149. Wichtig zur Position Eisenhowers: Rathkolb, *Washington ruft Wien,* 42–44, 49, 264.

Dulles verteidigte Österreich wiederum; die Sowjets hätten gegenwärtig viel mehr Macht in Österreich, als sie nach dem Abschluß des Vertrages haben würden, und es wäre ihnen nicht gelungen, Österreich zu untergraben. In der Tat gebe es kein Land in der Welt mit geringerer Stärke der einheimischen Kommunisten.

Dulles' Verteidigungsrede für Österreichs Selbstbestimmung ist ein bemerkenswertes Dokument politischer Weitsicht – und Liberalität –, um so bemerkenswerter, als sie manchen Vorstellungen von Dulles' „Schwarzweiß"-Perspektive der internationalen Beziehungen im Zeitalter der Konfrontation mit dem Sowjetkommunismus widersprach. Dulles' Grundsatzentscheidung, Österreich gewissermaßen „ziehen zu lassen", bedeutete allerdings keineswegs eine widerstandslose Hinnahme sowjetischer Wünsche oder Vorschläge, oder auch aller österreichischen Wünsche und Vorschläge. Vor allem sollten sich die USA, wie zu zeigen sein wird, allen Vorschlägen, eine staatsvertragliche Neutralisierung Österreichs zu bewerkstelligen, mit äußerster Konsequenz entgegenstellen.

Die grundsätzliche Linie, die Dulles im Oktober 1953 vertrat, wurde fortgesetzt in einem der letzten Verständigung vor der Berliner Konferenz dienenden Gespräch zwischen dem Präsidenten Eisenhower und Dulles am 20. Jänner 1954 bei einem Arbeitsfrühstück im Weißen Haus. Eisenhower sagte bei dieser Gelegenheit, er sähe keine Einwände gegen die „Neutralisierung Österreichs", wenn dies nicht dessen Demilitarisierung bedeute. Wenn Österreich einen Status etwa vergleichbar jenem der Schweiz erreichen könnte, so wäre dies von einem militärischen Standpunkt aus ganz zufriedenstellend.[148] Dies waren also die Ausgangspunkte für Dulles' Verhalten in Berlin, von dem bald zu berichten sein wird.

Wie stellte sich die sowjetische Diplomatie auf die kommende Viermächtekonferenz ein? Einige Einblicke sind möglich geworden. Mit Datum 27. November 1953 legten drei hohe Diplomaten, der stellvertretende Außenminister und zeitweilige Leiter der III. Europäischen Abteilung (u. a. für Deutschland und Österreich zuständig), Georgij Puschkin, der Hochkommissar in Österreich, Iwan Iljitschow, und der langjährige stellvertretende Leiter der III. Europäischen Abteilung, Michail Gribanow, dem Außenminister Molotow einen

148 "With reference to the Austrian Treaty, the President said he could see no objection to the neutralization of Austria if this did not carry with it the demilitarization. If Austria could achieve a status somewhat comparable to Switzerland, this would be quite satisfactory from a military standpoint." Memorandum of Breakfast Conference with the President, 20. Jänner 1954, gez. John Foster Dulles, John Foster Dulles Papers, Dwight D. Eisenhower Library, Abilene, Kansas. Ähnlich hatte Eisenhower bereits sechs Tage zuvor im Nationalen Sicherheitsrat betont, Neutralisierung bedeute nicht notwendigerweise „disarmament". *FR 1952–1954, VII,* 1935; zu bedenken ist, daß der Präsident als früherer NATO-Oberbefehlshaber mit den militärstrategischen Gegebenheiten in Westeuropa bestens vertraut war; zur Schweiz vgl. auch unten S. 393.

Maßnahmenplan für die österreichische Frage vor. Die sowjetische Position zum Österreichvertrag müsse einer wesentlichen Überprüfung unterzogen werden; die bisherige Ansicht, daß die Beilegung der Meinungsverschiedenheiten über den Vertragsentwurf mit Österreich bis zu einer zufriedenstellenden Lösung der Triester Frage aufzuschieben sei, stoße weder in Österreich noch international auf ausreichendes Verständnis; außerdem könne das Triest-Argument im Zusammenhang mit einem möglichen Abkommen zwischen Italien und Jugoslawien seine Bedeutung verlieren. Die Forderung auf Zurückziehung des Kurzvertrages sei erfüllt worden. Auch andere in den vergangenen Jahren vorgetragene Argumente wurden als nicht mehr überzeugend genug angesehen. Wir glauben, so schrieben die drei Diplomaten, „daß es für uns politisch vorteilhafter wäre, jetzt auf den Abschluß des Staatsvertrags mit Österreich einzugehen, jedoch unter der Bedingung, daß unsere Truppen weiterhin in Ostösterreich bleiben, bis ein Friedensvertrag mit Deutschland geschlossen wird“. Auf den Abzug der sowjetischen Truppen könnten wir uns nicht einlassen, argumentierten die sowjetischen Diplomaten, da dies de facto die Übergabe Österreichs an die Amerikaner und eine Schwächung unserer Position in Mittel- und Südosteuropa bedeuten würde. Wenn die sowjetischen Truppen aus Österreich abgezogen würden, zöge dies zwar den Abzug der amerikanischen Truppen aus Österreich nach sich, diese blieben jedoch an der Grenze Österreichs, in Bayern wie auch in Italien. Zur Erklärung der sowjetischen Position könnte man als Argumente anführen: 1. die Existenz amerikanischer Militärstützpunkte in Europa, etwa auch des amerikanischen Marinestützpunktes in Triest; 2. die Bedrohung Österreichs seitens des westdeutschen Militarismus, der im Zusammenhang mit der von den Westmächten praktizierten Wiederaufrüstungspolitik in Westdeutschland wiederbelebt werde.

Die drei Diplomaten meinten, die sowjetische Zustimmung zum Abschluß des Staatsvertrages solle, neben der Frage der weiteren Stationierung unserer Truppen in Österreich, davon abhängen, ob ein Artikel über die Neutralität Österreichs in den Vertrag hineingenommen würde. In diesem Artikel wäre die Verpflichtung Österreichs anzuführen, keinen militärpolitischen Gruppierungen der Großmächte oder Wirtschaftsunionen mit militärischen Zielsetzungen beizutreten, sowie ein Verbot der Errichtung ausländischer Militärstützpunkte auf dem Territorum Österreichs.

Der Abschluß eines Staatsvertrags mit Österreich werde selbst bei einer weiteren Stationierung der Truppen der vier Großmächte auf österreichischem Territorium dem österreichischen Volk im Vergleich zur jetzigen Lage folgendes bieten: das Ende des Besatzungsregimes in Österreich, die Auflösung der Kontrollorgane der vier Mächte, volle Selbständigkeit der österreichischen öffentlichen Organe, die Übergabe der USIA-Betriebe an Österreich.

Selbst wenn die Regierungen der USA, Englands und Frankreichs mit unseren Vorschlägen in der Österreichfrage nicht einverstanden wären, würde die Ablehnung seitens der drei Großmächte uns günstigere Möglichkeiten der Verbesserung der Beziehungen zu Österreich bieten.

Bezüglich der finanziellen und wirtschaftlichen Verpflichtungen Österreichs könnten die Westmächte eine Änderung des bereits angenommenen Artikels 35 des Vertragsentwurfs verlangen. In diesem Fall könnten wir, so die drei Diplomaten, in allgemeiner Form erklären, daß die Frage des Deutschen Eigentums von uns mit der österreichischen Regierung bilateral unter Berücksichtigung der beiderseitigen Interessen geprüft und geregelt werden könne.[149]

Dieses Positionspapier ist von Interesse, weil es in der Tat die wichtigsten neuen Vorschläge der sowjetischen Seite enthielt, die alsbald in Berlin von Außenminister Molotow vorgetragen werden sollten. Hinzugefügt sei, daß wenig später, anfangs Dezember, ein ausführlicher Bericht über die Position der Westmächte und der österreichischen Regierung zur Frage des Staatsvertrags mit Österreich unter der Signatur des Ersten Stellvertretenden Außenministers Andrej Gromyko eine sehr informative Zusammenstellung der wichtigsten westlichen und österreichischen Noten wie auch diverser Presseäußerungen der letzten Monate enthielt. Gromykos Bericht schloß mit dem Bemerken, es gebe Grund zur Annahme, daß auf der bevorstehenden Viermächtekonferenz die Vertreter der Westmächte a) die Aufnahme der österreichischen Frage in die Tagesordnung verlangen würden, b) versuchen würden, die Teilnahme der österreichischen Regierung an den Verhandlungen zu erwirken, um mit deren Hilfe Druck auf die sowjetische Seite auszuüben, c) zumindest zu Beginn auf einer Änderung schon ausgehandelter Bestimmungen des Artikels 35 des Vertragsentwurfs bestehen würden, d) gegen die Verknüpfung der österreichischen Frage mit der deutschen Frage und der Frage Triest auftreten würden und e) versuchen würden, den Abzug der Besatzungstruppen vom Staatsgebiet Österreichs zu erwirken.[150] Dies war keine unrealistische Einschätzung der westlichen und österreichischen Pläne und Hoffnungen. Es zeigt sich, daß die westliche ebenso wie die östliche Seite recht gut darüber Bescheid wußten, was aller Voraussicht nach von der jeweils anderen Seite in Berlin vorgebracht werden würde.

---

149 AVPRF, Fonds 066, op. 35, p. 187, d. 28, fol. 1–5. Ich bin Herrn Univ.-Prof. Dr. Stephan Karner, Graz, für die Einsichtnahme in dieses Dokument, das 1995 auch auf der niederösterreichischen Landesausstellung auf der Schallaburg gezeigt wurde, sehr zu Dank verbunden. Angaben zur Laufbahn der Verfasser dieses Dokuments finden sich in: Diplomatičesky slovar' [Diplomatisches Wörterbuch] red. A. A. Gromyko, 3 Bde., Moskau 1984–1986: zu Gribanow Bd. I, 273; zu Iljitschow Bd. I, 394; zu Puschkin Bd. II, 437–438.

150 SBKA, Depot von Quellen aus dem AVPRF (Fonds 066, op. 34, p. 177, d. 20, fol. 43–57).

4. Die Österreichfrage in Berlin

Die erste Ost-West-Konferenz der Außenminister seit Juni 1949 trat also nicht, wie von den Westmächten zunächst vorgeschlagen, noch im Jahr 1953 in Lugano, sondern erst Ende Jänner 1954, und nunmehr in Berlin, zusammen. Obgleich die deutsche Frage wie üblich das Haupttraktandum der Außenminister abgab, war der österreichische Staatsvertrag in die Tagesordnung aufgenommen worden. Die Voraussetzung hierfür war, wie bereits erwähnt, die Zurücknahme des Kurzvertragsentwurfes vom Jahre 1952. Österreich seinerseits hatte im September 1953 den Wunsch angemeldet, zu den künftigen Staatsvertragsverhandlungen nicht bloß wie früher zu Hearings, sondern als gleichberechtigter Verhandlungspartner eingeladen zu werden.[151] Die Alliierten entsprachen schließlich diesem Wunsch, obgleich nicht ohne Zögern und mit Bedachtnahme auf eine möglichst unspektakuläre Einladung bzw. Teilnahme. Dieses Zögern, am stärksten auf amerikanischer Seite, hing mit Rücksichtnahmen auf die Bundesrepublik Deutschland zusammen; die BRD würde ja keinesfalls als Verhandlungspartner bei dem Hauptverhandlungspunkt, der deutschen Frage, präsent sein. So sollte zunächst seitens der Österreicher lediglich ein „Bevollmächtigter" nach Berlin entsandt werden mit der Aufgabe, die „Verbindung mit den Außenministern der vier Mächte und ihren Delegationen" zu pflegen und ihnen den Standpunkt der Bundesregierung darzulegen. Diese Formel war zuvor für den designierten Verbindungsmann der BRD bei der Berliner Außenministerkonferenz, Professor Wilhelm Grewe, erfunden worden.[152] Sie wurde nun auch auf den zunächst nach Berlin zu entsendenden österreichischen Abgesandten, den Politischen Direktor des Ballhausplatzes Josef Schöner, angewendet. Erst in einer zweiten Phase, wenn die Tagesordnung schon feststünde und der Tagesordnungspunkt Österreich fixiert wäre, sollte eine höherrangige Delegation auf Ministerebene für Berlin nominiert werden. Die Sowjets machten sich das Zögern der Westmächte zunutze und traten, nachdem sie sich lange in Schweigen gehüllt hatten, mit einer deutlichen Aufforderung zur Teilnahme der österreichischen Regierung an die Öffentlichkeit.[153]

---

151 Österreichische gleichlautende Noten an die vier Mächte vom 10. September 1953, abgedruckt in DÖA, Nr. 123.

152 AAF Wien, vol. „Traité d'Etat" V: telegr. Bericht des Botschafters Payart nach Paris, Nr. 1/8, 4. Jänner 1954. Die bundesdeutsche Delegation in Berlin wurde schließlich der Leitung von Herbert Blankenhorn unterstellt, Grewe gehörte ihr jedoch an.

153 Sowjetische Note an die Bundesregierung vom 17. Jänner 1954, abgedruckt in: DÖA, Nr. 133. Für dringliche österreichische Ersuchen an die Alliierten bezüglich Behandlung der Österreichfrage in Berlin und Teilnahme an den Beratungen selbst vgl. Noten vom 5. Jänner 1954 bzw. 22. Jänner 1954, abgedruckt ebd., Nr. 130 bzw. 134.

Zahlreiche Quellen lassen uns guten Einblick in die unmittelbaren Vorbereitungen zur Berliner Konferenz gewinnen. Der Frage einer künftigen Neutralität Österreichs wurde in den Wochen vor der Berliner Konferenz erhebliche Aufmerksamkeit geschenkt. Ende Dezember 1953 berichtete Botschafter Vollgruber aus Paris, am Quai d'Orsay erwarte man, daß russischerseits gewiß die „Neutralität“ zur Sprache gebracht werden würde – wie bereits gezeigt wurde, tatsächlich keine unrichtige Vermutung. In Paris sei „man der Auffassung, daß ein Verzicht unsererseits, militärischen Blöcken beizutreten, akzeptabel wäre, hingegen müßte uns absolut die Freiheit gewahrt werden, die Politik zu machen, die wir wollten, und uns politischen Formationen wie zum Beispiel dem Europarat nach unserem Gutdünken anzuschließen“.[154]

Schon bald nach Neujahr 1954 erschienen die Vertreter der drei Westalliierten bei Außenminister Figl auf dem Ballhausplatz, um die bevorstehende Berliner Konferenz zu besprechen. Bei dieser Gelegenheit kam der amerikanische Hochkommissar und Botschafter Llewllyn Thompson darauf zu sprechen, daß von sowjetischer Seite „die Möglichkeit einer Neutralisierung Österreichs durch den Staatsvertrag in die Debatte geworfen werden sollte“. Die westlichen Alliierten würden einen derartigen Vorschlag ablehnen. Leopold Figl erklärte, daß „auch wir die Einschaltung einer Neutralitätsklausel in den Staatsvertrag ablehnen würden“. Eine solche Klausel würde eine neuerliche Beschränkung unserer Souveränität bedeuten und die Gefahr weiterer Interventionen von ausländischer Seite nach sich ziehen. Doch Botschafter Thompson kam noch auf eine zweite Möglichkeit zu sprechen: Für den Fall, daß die Sowjetunion an Österreich mit einem Anbot „auf zweiseitige Verhandlungen über eine Neutralitätserklärung heranträte“, erwarteten die Westmächte, daß Österreich mit ihnen sogleich Fühlung nähme.[155]

Damit sind schon am 4. Jänner 1954 Positionen abgesteckt und Alternativen aufgezeigt, die bis ins Frühjahr 1955 relevant bleiben würden. Die zweite Alternative, nämlich „zweiseitige Verhandlungen über eine Neutralitätserklärung“, sollte in der Tat im April 1955 zum Tragen kommen! Doch zunächst war die erste Alternative aktueller. Österreicher ebenso wie Westalliierte lehnten also die Idee ab, im Staatsvertrag selbst Österreich zu neutralisieren. Das wichtigste Motiv für Österreich war klar. Eine solche neue Verpflichtung im Staatsvertrag konnte jeder Signatarmacht des Vertrages Gelegenheit bieten, Vertragsverletzungen zu behaupten oder auch nur vorzuschützen, um sich in österreichische Angelegenheiten einzumischen und die Maschinerie in Gang zu setzen, die zur Auslegung des Vertrages vorgesehen war. Bei den Westmäch-

154 Bericht vom 28. Dezember 1953, AdR, BMAA, II-Pol, Zl. 140.928-Pol/54.
155 Amtsvermerk über Vorsprache am 4. Jänner 1954, ebd., Zl. 140.614-Pol/54.

ten trat jedoch ein weiteres Motiv hinzu, dem ein großer politischer Stellenwert zukam: die Bedachtnahme auf Deutschland.

Ein britisches Memorandum, das noch im Jänner 1954 am Ballhausplatz übergeben wurde, macht dies deutlich: Man bat die Österreicher, falls die Sowjets in der Neutralitätsfrage initiativ werden sollten, *keinesfalls* zu sagen, daß die Neutralität eine Angelegenheit für alle vier Mächte gemeinsam wäre; dies wäre „unnötig und vielleicht in anderem Zusammenhang – etwa die Zukunft Deutschlands – gefährlich".[156] Es zeigt sich also, und weitere Quellen bestätigen dies, daß den Westmächten die Neutralitätsdiskussion, die im Laufe des Jahres 1953 um und in Österreich in Gang gekommen war, besonders wegen ihrer Folgewirkungen für Deutschland unangenehm war. Außenminister Figl war sich der Schatten, die die Deutschlandfrage auf Österreichs Hoffnungen warf, sehr bewußt. „Wir werden es in Berlin sehr schwer haben", sagte Figl bei einer Besprechung auf dem Ballhausplatz, „weil ja die Amerikaner keine Lösung der deutschen Frage wünschen; der Adenauer wünscht sie auch nicht und da wird ihm auch der Abschluß eines österreichischen Staatsvertrags nicht recht sein."[157] Gemeint war natürlich die mangelnde Bereitschaft der Amerikaner – und Adenauers –, ihre Politik des forcierten Einbaus des westdeutschen Staates in das westliche Verteidigungssystem – Stichwort Europäische Verteidigungsgemeinschaft – zugunsten eines „gesamtdeutschen" Friedensvertrages fahrenzulassen.

Am Vorabend der Berliner Konferenz stand ja die Europäische Verteidigungsgemeinschaft (EVG) weiterhin im Vordergrund des außenpolitischen Interesses in Westeuropa, wie schon seit den ersten französischen Vorschlägen im Herbst 1950 und erst recht seit der Unterzeichnung des EVG-Vertrags im Mai 1952.[158] In Frankreich stand die Ratifikation noch aus (sie sollte nie zustande kommen); in der Bundesrepublik hatte zwar die Regierung Adenauer die Ratifikation der EVG durchgesetzt, doch gegen starken und andauernden Widerstand der deutschen Sozialdemokratie. Die Sowjetunion ihrerseits hatte nichts unversucht gelassen, um das EVG-Projekt zu erschüttern. Jenes Instrument, das in der öffentlichen Meinung der Bundesrepublik die meiste Unruhe und Unsicherheit erzeugt hatte, war die sogenannte Deutschland-Note Stalins

---

156 Memorandum über den Inhalt einer Vorsprache Sir Harold Caccias bei Außenminister Figl am 21. Jänner 1954, ebd., Zl. 141.101-Pol/54.

157 Aktennotiz Kreiskys vom 19. Jänner 1954 über die Äußerung Figls am 18. Jänner 1954. SBKA, Nachlaß Kreisky, VII/Staatssekretär.

158 Hierzu vor allem der Sammelband *Die EVG-Phase*, hrsg. v. Lutz Köllner/Klaus A. Maier/Wilhelm Meier-Dörnberg/Hans-Erich Volkmann, (= Anfänge westdeutscher Sicherheitspolitik 2), München 1990.

vom 10. März 1952 gewesen, in deren Rahmen ein wiedervereinigtes, vertraglich neutralisiertes Deutschland zur Diskussion gestellt wurde.[159]

Ein ungeteiltes und durch vertragliche Neutralisierung aller Teilungsgefahren enthobenes Österreich – dies konnte schon ein beachtlicher „Köder“ für all jene in der Bundesrepublik sein, die der konsequenten Westintegration Adenauers nur ungern oder gar nicht folgten und jeden Hoffnungsschimmer auf Überwindung der Teilung Deutschlands, auf Wiedervereinigung gerne aufgriffen.

Auch Bundeskanzler Adenauer hat nicht ohne Sorge die Entwicklungen in Österreich verfolgt. Im Jänner 1954 führte Felix von Eckardt, der Pressechef der deutschen Bundesregierung, in Wien mit Außenminister Figl darüber Gespräche. „Adenauer hatte große Besorgnisse“, so berichtet Eckardt in seinen Memoiren, „daß eine Verständigung zwischen den Mächten zustande kommen könnte, die auf einer oktroyierten Neutralität basieren würde. Österreich würde also in solchem Falle nicht aus eigener Machtvollkommenheit sich für eine Neutralität entscheiden, sondern die vier Mächte würden Österreich die Neutralität auferlegen als eine Bedingung, unter der sie dem Land die Freiheit zurückgeben und es räumen würden.“ Diese Lösung hätte für Deutschland „ein gefährliches Beispiel“ gegeben; Adenauer, so Eckardt, war davon überzeugt, daß eine Neutralitätspolitik der westlichen Alliierten früher oder später ganz Deutschland den Russen ausliefern müßte. Eckardt teilt mit, daß Außenminister Figl ihm versichert habe: „Sie können Ihrem Kanzler sagen, Österreich wird neutral sein unter eigenem souveränen Entschluß wie die Schweiz, oder der Staatsvertrag wird nicht zustande kommen!“[160] Zum Besuch Eckardts liegt auch ein ausführlicher Bericht des Gesandten Carl-Hermann Mueller-Graaf an das Auswärtige Amt nach Bonn vor. Die Aussprachen mit Figl und dem ÖVP-Generalsekretär Maleta seien wesentlich konkreter als das allgemeinfreundliche Gespräch mit Raab gewesen. Figl und Maleta hätten deutlich zwischen Neutralisierung, die sie ablehnten, und Neutralität unterschieden. Anläßlich eines Gesprächs unter vier Augen mit Mueller-Graaf ließ Figl „sehr deutlich durchblicken, daß auch Neutralität im echten Sinne einer freiwilligen

159 Vgl. bereits Hermann Graml, „Nationalstaat oder westdeutscher Teilstaat. Die sowjetischen Noten vom Jahre 1952 und die öffentliche Meinung in der Bundesrepublik Deutschland“, in: *Vierteljahrshefte für Zeitgeschichte,* 25 (1977), 821–864; gegenüber Graml vertrat vor allem Rolf Steininger seit 1985 die These, die Westmächte und Adenauer hätten im Frühjahr 1952 eine wirkliche Chance vorübergehen lassen; zusammenfassend Rolf Steininger, *Deutsche Geschichte seit 1945. Darstellung und Dokumente in vier Bänden, Bd. 2: 1948–1955,* Frankfurt/Main 1996, 175–215 sowie 362–364; neuestens sehr kritisch zur These der verpaßten Chance Ruud van Dijk, “The 1952 Stalin Note Debate: Myth or Missed Opportunity for German Unification?”, hrsg. v. Woodrow Wilson International Center for Scholars, Cold War International History Project, Working Paper No. 14, Washington, D.C., Mai 1996.

160 Felix von Eckardt, *Ein unordentliches Leben,* Düsseldorf – Wien 1967, 281–282; siehe auch Trost, *Figl von Österreich,* 285–286.

österreichischen Politik im Grunde mehr ein Mittel sein würde, um den Staatsvertrag zu erhalten, daß er aber auf die Dauer Neutralität kaum für möglich halte". Maleta sprach sich im Gespräch mit Eckardt und Mueller-Graaf entschieden gegen eine Neutralisierung Deutschlands im russischen Sinne aus, die für Österreich ebenso gefährlich wäre wie für die Bundesrepublik. Schon darum würde die ÖVP „einer Neutralisierung Österreichs nicht zustimmen. Etwas anderes sei vielleicht eine Neutralität, wenn diese nur die freie politische Haltung eines selbständigen Staates bedeute, die von diesem jederzeit geändert werden könne." Hier warf Mueller-Graaf ein, daß seines Erachtens „Letzteres entscheidend sei, daß also jede Neutralität, welche als internationale Verpflichtung übernommen würde, einer Neutralisierung mindestens nahe kommen könne, auch wenn den anderen Vertragsstaaten keine Kontrollrechte eingeräumt würden." Wie man sieht, scheinen sich die österreichischen Gesprächspartner recht „flexibel" geäußert zu haben, doch waren die bundesdeutschen Bedenken gegen jede mögliche zukünftige internationale Festlegung einer Neutralität Österreichs beträchtlich, und das bundesdeutsche „Neutralitätstrauma" wird uns noch in Kapitel VII beschäftigen.[161]

Figl war am Vorabend der Berliner Konferenz überzeugt, daß in der Deutschlandfrage nichts weitergehen werde: „Ganz klar, weder der Westen will eine Lösung, noch der Osten, noch Deutschland selbst." Kreisky, der dies berichtet, fand Figls Äußerung um so auffallender, als sie eben wenige Tage nach Eckardts Besuch in Wien fiel.[162] Wenige Tage später äußerte sich Figl ähnlich skeptisch: „Wir werden es in Berlin sehr schwer haben, weil ja die Amerikaner keine Lösung der deutschen Frage wünschen; der Adenauer wünscht sie auch nicht", und da werde ihm auch der Abschluß eines österreichischen Staatsvertrages nicht recht sein.[163]

In Wien war die Regierung sehr behutsam an die Fragen herangegangen, die auf der Berliner Konferenz anstehen würden, einschließlich der Frage der Neutralität bzw. Bündnisfreiheit. Am 13. Jänner 1954 fand unter Vorsitz Bundeskanzler Raabs eine Besprechung statt, an der Schärf, Figl, Kreisky und leitende Beamte teilnahmen. Ein Fragenkatalog von elf Fragen war vorbereitet worden. Das „Deutsche Eigentum" gehörte dazu ebenso wie die Frage, ob das „Schuldbekenntnis" in der Präambel des Staatsvertrages akzeptiert werden sollte. Eine Frage betraf die „Stellungnahme zu einer allfälligen Neutralitäts-

---

161 PAAA, Ref. 3, Bd. 35 (neu 1403), Bericht Nr. 5/54 v. 15. Jänner 1954. Mueller-Graaf fungierte als Leiter der „Wirtschaftsdelegation der Bundesrepublik Deutschland in Wien", da reguläre diplomatische Beziehungen noch nicht etabliert waren.

162 Erinnerungsvermerk Kreiskys über eine Unterredung zwischen Raab, Figl, Schärf und Kreisky (in Anwesenheit des Gesandten Schöner) am 13. Jänner 1954. SBKA, VII/Staatssekretär.

163 Aktennotiz Kreiskys über eine am 18. Jänner 1954 stattgefundene Besprechung über die Berliner Konferenz, ebd.

klausel, falls eine solche von der UdSSR zur Sprache gebracht werden sollte".[164]

Die Österreicher standen vor allem vor einem verhandlungstaktischen Problem. Sollte man Abänderungen – Erleichterungen – von Artikeln verlangen, über die 1949 bereits Einvernehmen erzielt worden war? Die Gefahr bestand, daß gewissermaßen das ganze im Jahre 1949 mit größter Mühe verschnürte Paket auseinanderfallen könnte, wenn man zuviel daran zu rühren, zuviel daran zu lösen begänne. Man hatte 1952/53 die Erfahrung gesammelt, mit welcher Vehemenz die Sowjets den Kurzvertrag attackiert und die Rückkehr zu dem Entwurf von 1949 begehrt – und auch durchgesetzt hatten.

Die Besprechung, von Raab resümiert, ergab folgende Leitlinien für Berlin: die Österreicher wären bereit, dem „langen" Vertragstext als „ultima ratio" zuzustimmen, wenn die vier Mächte darüber einig wären. Österreich müsse jedoch auf die schweren Opfer, die der Vertrag fordere, hinweisen; Raab betonte, Österreich wolle den Verpflichtungen, die es übernommen habe, nachkommen, deshalb dürfe der Vertrag nicht Unmögliches verlangen.

Zum Deutschen Eigentum wurde beschlossen, daß vor allem bei diesem Artikel Erleichterungen erbeten werden sollten; dies entsprach auch den Wünschen der Westmächte. Einhellige Ablehnung erfuhr jedoch eine westliche Anregung, volle 200 Millionen Dollar für eine (neue) Ablöse des Erdölkomplexes und der DDSG anzubieten. Raab fand, das Äußerste, was man anbieten könne, wären 50 Millionen. Mit den bereits 1949 vereinbarten 150 Millionen für die USIA-Betriebe wären das insgesamt 200 Millionen Dollar Gesamtablöse. Allerdings sollte die Ablöse für Erdöl und DDSG nicht in Berlin, sondern erst 14 Monate später in Moskau aktuell werden.

Änderungen der Präambel und einiger anderer Artikel wären sicherlich erstrebenswert, meinte Raab, es sei dies aber mehr eine Frage der Taktik und keinesfalls eine österreichische Bedingung.

„Zur Neutralität sei zu bemerken", so resümierte Raab, „daß man wiederholt bereits kundgetan habe, daß Österreich sich keinen Militärbündnissen anschließen wolle. Eine Neutralitätserklärung im Vertrag werde von Österreich als unerwünscht betrachtet, es sei denn, daß sich alle vier Mächte hierüber selbst einigen sollten." Ein etwas ausführlicheres Ergebnisprotokoll stellt fest: „Falls die Frage einer Neutralitätserklärung oder Neutralitätsklausel aufgeworfen werden sollte, wäre auf die wiederholten eindeutigen Erklärungen der Bundesregierung hinzuweisen, wonach sich Österreich keinem militärischen Bündnis anschließen wird." Eine Neutralitätsklausel wäre im Vertrag nicht erwünscht „und käme nur in Frage, wenn gleichzeitig eine entsprechende Garantieerklärung der

164 Unterlagen in: AdR, BMAA, II-Pol, Zl. 140.801-Pol/54.

vier Mächte für Österreich eingeschaltet würde". Hier stehen wir an den Ursprüngen der berühmten Berliner Erklärung zur Bündnisfreiheit Österreichs.

Tags darauf gab es eine Besprechung zwischen Figl, Kreisky und den Vertretern der Westmächte.[165] Der britische Hochkommissar, Sir Harold Caccia, schien besonderes Interesse für die Neutralitätsfrage zu haben. Die Akten vermerken, daß sich „eine Diskussion um das Problem der sogenannten ‚Neutralität' entspann". Auf eine Frage Caccias erklärte Figl, daß Österreich in dieser Frage keine Initiative entfalten wolle; falls von russischer Seite die Angelegenheit vorgebracht werden sollte, und zwar gegenüber Österreich allein, so werde Österreich keinen Schritt unternehmen, ohne die Westmächte zu befragen. Kreisky kam auf die Ablösefrage zu sprechen und kritisierte die viel zu hohen Ablösesummen, die die Westmächte für die Ablöse des Erdölkomplexes vorgeschlagen hätten. Doch Caccia kam nochmals auf die Frage der Neutralität zurück: „Er hoffe, daß, wenn es dazu komme, Österreich nicht vergessen werde, auf die Offenhaltung der Mitgliedschaft bei den UN und angeschlossenen Organisationen, allenfalls auch im Europarat usw. Rücksicht zu nehmen." Kreisky bemerkte dann noch zum Problem der Neutralität – ähnlich wie Raab am Vortage und wie Figl –, „daß dies kein Problem für uns sei, sondern die vier Mächte angehe. Von uns werden jedenfalls keine Initiativen ergriffen werden, ganz im Gegensatz zur Frage des Art. 35."

Die Neutralitätsfrage beschäftigte die Westmächte weiter. Wenige Tage später wurde von amerikanischer Seite auf dem Ballhausplatz der Wunsch deponiert, falls es zu einem sowjetischen „Vorbringen der Neutralität Österreichs" in Berlin käme, mögen die Österreicher zunächst eine abwartende Haltung einnehmen.[166]

Vor der Berliner Konferenz gab es also, ähnlich wie in früheren Stadien der Staatsvertragsverhandlungen, sehr enge Konsultationen zwischen Westmächten und Österreichern und ein großes Ausmaß an gegenseitiger Abstimmung. Es ist daher nicht ohne Interesse, daß der Generalsekretär des Wiener Außenamtes, Karl Wildmann, in diesen Tagen die Ansichten des schwedischen und des jugoslawischen Gesandten festhielt; beide betonten in einer gemeinsamen Unterhaltung mit Wildmann, Berlin biete für Österreich eine Chance, sofern die österreichische Delegation eine klare, „ausschließlich der österreichischen Sache dienende Linie einhalte". Die beiden Gesandten bemerkten „übereinstimmend, daß es für Österreich natürlich nicht so leicht sei, diese klare Linie einzuhalten, da Österreich ja doch dem Westen politisch und wirtschaftlich stark verbunden sei und es kaum werde wagen können, sich über diese Bindungen hinwegzusetzen und in Berlin völlig unbeeinflußt aufzutreten.

165 Amtsvermerk ebd., Zl. 140.938-Pol/54.
166 Amtsvermerk v. 19. Jänner 1954, ebd., Zl. 140.991-Pol/54.

Anderseits würde Österreich", so meinten die beiden Diplomaten, „durch eine mit dem Westen zu deutlich abgestimmte Taktik eine große Chance in Berlin verlieren."[167] Die Lage war allerdings für die Diplomatie des kleinen, vierfach besetzten Landes nicht einfach. Man dürfe nicht vergessen, notierte der Leiter der Politischen Abteilung, Josef Schöner, einmal, daß unsere „wenn auch beschränkte Manövrierfähigkeit auf der Tatsache beruht, daß wir die Rückendeckung des Westens gegen den Osten haben. Dies wird von den meisten Österreichern als so selbstverständlich angesehen, daß sie gar nicht mehr daran denken. Die russische Politik uns gegenüber würde sich bei einem Fortfall unserer Stützung durch den Westen sehr wahrscheinlich gründlich ändern."[168]

Doch nun nach Berlin.[169]

Die Österreich-Verhandlungen auf der Berliner Konferenz dauerten vom 12. bis 18. Februar 1954. Der sowjetische Außenminister Molotow – er hatte nach dem Tod Stalins neuerlich dieses Ressort übernommen – kam mit zwei neuen Vorschlägen zum Staatsvertrag nach Berlin. Der erste betraf gerade jene Fragen, die Österreich schon seit Juni 1953 ins Gespräch gebracht hatte: Bündnisverzicht und Stützpunktverbot. Der zweite Vorschlag – wie ein Keulenschlag auf die Österreicher wirkend – forderte den Verbleib alliierter Truppen in Österreich selbst *nach* Abschluß des Staatsvertrages bis zum – unabsehbaren – Abschluß eines Friedensvertrages mit Deutschland. Wenngleich der zweite Vorschlag unmittelbar für wesentlich größere Aufregung und Enttäuschung als der erste sorgte, wenden wir uns zunächst dem Thema „Bündnisverzicht und Stütztpunktverbot" – sprich Neutralisierung – zu. Molotow beantragte bereits am 12. Februar die Verankerung dieser Verpflichtungen im Staatsvertrag in einem neuen Artikel 4-bis, als Zusatz zum Anschlußverbot des Artikels 4. Der sowjetische Vorschlag lautete:

„Österreich verpflichtet sich, keinerlei Koalitionen oder Militärbündnisse einzugehen, die sich gegen irgendeine Macht richten, die mit ihren Streitkräften am Kriege gegen Deutschland und an der Befreiung Österreichs beteiligt war. Österreich verpflichtet sich ferner, die Errichtung von ausländischen Militärstützpunkten auf seinem Territorium sowie die Heranziehung ausländischer Militärberater oder -spezialisten in Österreich nicht zuzulassen."[170]

---

167 Amtsvermerk ebd., Zl. 141.079-Pol/54.

168 Schöner (nicht Generalsekretär Karl Wildmann, wie bei Rathkolb, *Washington ruft Wien,* 75, angegeben) in einem Kommentar zu von Bischoff im Frühjahr 1954 verfaßten „Bemerkungen zur Staatsvertragssituation", ebd. Zl. 143.517-Pol/54.

169 Hierzu informativ: Hermann Volle und Ernst Wallrapp, „Die Österreichverhandlungen auf der Berliner Konferenz von 1954 – Eine Übersicht", in: *Europa-Archiv,* 9 (1954), 6514–6524; Quellenedition zur gesamten Berliner Konferenz in: *FR 1952–1954,* VII, 601–1232.

170 W. M. Molotow, *Reden auf der Berliner Außenministerkonferenz,* Berlin ^{3}1954, 138; ausführlich, sich die sowjetische Argumentation zu eigen machend, Heinrich Brandweiner, *Der Österreichische Staatsvertrag,* Leipzig – Jena 1955, mit Wortlaut von Molotows Erklärung vom 12. Februar 1954, 16–25 (Datum bei Brandweiner irrtümlich mit 15. Februar angegeben).

Diese Textierung war zwar zuvor noch nie auf Österreich bezogen worden; sie war aber, wie dem Leser erinnerlich sein wird, nicht neu. Im sowjetischen Vorschlag der Neutralisierung Deutschlands vom 10. März 1952 hatte es ganz ähnlich gelautet, daß Deutschland sich verpflichten müsse, „keinerlei Koalitionen oder Militärbündnisse einzugehen, die sich gegen irgendeinen Staat richten, der mit seinen Streitkräften am Kriege gegen Deutschland teilgenommen hat".[171] Die Westmächte waren aus den bereits geschilderten Gründen entschlossen, Molotows Vorschlag der vertraglichen Neutralisierung abzulehnen. Doch die Begründung war speziell auf die Situation des österreichischen Kleinstaates zugeschnitten. Die Analogie zur Lage der Schweiz bot sich an, sie war ja bereits von niemand Geringerem als dem amerikanischen Präsidenten Eisenhower in seinem Gespräch mit Dulles am 20. Jänner 1954 verwendet worden. Auch wußten die Westmächte seit Monaten von Österreichs Festlegung auf Bündnisfreiheit und hatten dies ja in ihre Planungen für die Viermächtekonferenz einbezogen. Sie reagierten auf Molotows Vorschlag schon einen Tag darauf.

Der 13. Februar 1954 war aus mehreren Gründen ein Lostag für Österreich; die weitaus wichtigsten, für Österreichs Zukunft weichenstellenden Festlegungen erfolgten an diesem Tage.

Wie erst 32 Jahre später – 1986 – bekannt wurde, trafen an diesem Tage zwischen 14 Uhr 30 und 14 Uhr 55 die Außenminister der zwei Supermächte USA und UdSSR, Dulles und Molotow, zu einem Gespräch unter vier Augen zusammen – unter Anwesenheit eines, des russischen Dolmetschers Oleg Trojanowskij. So geheim war dieses Gespräch, daß Dulles es nicht für nötig hielt, seinen westlichen Kollegen Eden und Bidault darüber zu berichten. Hauptthema war Ost- und Südostasien; Deutschland war ausgeklammert, doch Österreich kam vor. Molotow meinte, daß ein Teil des sowjetischen Vorschlags ohne Zweifel unwillkommen sei, doch gehe er ein gutes Stück des Weges, um Österreich das zu geben, was es wünsche. Zumindest sollte der sowjetische Vorschlag es möglich machen, die Österreichgespräche in der Zukunft mit der Hoffnung auf ein positives Ergebnis fortzusetzen. Dulles replizierte, zunächst auf Molotows bereits erwähnte Forderung nach Verbleib alliierter Truppen bis zum Abschluß des deutschen Friedensvertrages eingehend, die fortgesetzte sowjetische Besetzung Österreichs sei ganz unannehmbar. Bezüglich des Sowjetvorschlags über die Neutralisierung Österreichs meinte Dulles, „*wenn Österreich eine Schweiz zu sein wünscht, werden die Vereinigten Staaten nicht im Wege stehen, aber dies sollte nicht auferlegt werden*" – "*if Austria wants*

171 Punkt sieben der sog. „Politischen Leitsätze", die der Note vom 10. März 1952 beigegeben waren. Vgl. Graml, „Nationalstaat oder westdeutscher Teilstaat", 823, sowie oben, S. 280.

to be a Switzerland, US will not stand in the way, but this should not be imposed".[172]

Knapp darauf, in der um 15 Uhr 30 beginnenden Plenarsitzung der Konferenz, führte John Foster Dulles genauer aus, was er in der vertraulichen Aussprache mit Molotow mit seinen Worten gemeint hatte, wenn Österreich „eine Schweiz" zu sein wünsche, würden die Vereinigten Staaten nicht im Wege stehen. Dulles erklärte, eine frei gewählte Neutralität wie jene der Schweiz sei achtbar; eine gewaltsam durch andere Staaten auferlegte Neutralität, gleich einer ewigen Servitut, sei eine andere Sache. Der entscheidende Passus von Dulles' Rede sollte genau 14 Monate später, am 13. April 1955, in Moskau eine ausschlaggebende Rolle spielen, als Molotow österreichische Bedenken gegen eine Neutralitätsfestlegung mit Hilfe von Dulles' Berliner Äußerung ausräumte. Dieser Passus sei deshalb im Original zitiert:

"A neutral status is an honorable status if it is voluntarily chosen by a nation. Switzerland has chosen to be neutral, and as a neutral she has achieved an honorable place in the family of nations. Under the Austrian State Treaty as heretofore drafted, Austria would be free to choose for itself to be a neutral state like Switzerland. Certainly the Unites States would fully respect its choice in this respect, as it fully respects the choice of the Swiss Nation. However, it is one thing for a nation to choose to be neutral and it is another thing to have neutrality forcibly imposed on it by other nations as a perpetual servitude.
A state subjected to such imposed neutralization is not in fact a sovereign and independent state. Such a demand makes a mockery of the language which the Soviet proposal retains that 'Austria shall be reestablished as a sovereign, independent and democratic state'."[173]

Im Redeentwurf – mit Korrekturen in Dulles' Handschrift – folgte auf den Hinweis, Österreich stehe es frei, einen neutralen Status wie die Schweiz zu wählen, ein Passus, es fehle nicht an Anzeichen, daß Österreich diese Wahl treffen würde. Diesen Satz strich Dulles wieder – offensichtlich wollte er den Eindruck vermeiden, es wäre eigentlich schon alles ein fait accompli, eine vollendete Tatsache.[174]

---

172 *FR 1952–1954,* VII, 1080–1081 (meine Hervorhebung).

173 Wortlaut in: *Foreign Ministers Meeting, Berlin Discussions* January 25 – February 18, 1954, Department of State Publication Nr. 5399, Washington 1954, 190, sowie nunmehr in: *FR 1952–1954,* VII, 1088–1089. Deutsche Übersetzung in: *Die Viererkonferenz in Berlin 1954. Reden und Dokumente,* hrsg. vom Presse- und Informationsdienst der Bundesregierung, Berlin 1954, 222, sowie *AdG,* Jg. 1954, 4378.

174 Der gestrichene Satz lautet: "Indications are not lacking that Austria would make this choice." Zit. mit Erlaubnis der Princeton University Library und von Prof. John W. F. Dulles, Austin, Texas. Weitere handschriftliche Änderungen, die Dulles vornahm, hatten ganz offensichtlich den Zweck, den Kontrast zwischen „freier Wahl" der Neutralität einerseits und einer vertraglich auferlegten Neutralisierung andererseits möglichst stark herauszuarbeiten. Der Redeentwurf wurde in den John Foster Dulles Papers der Princeton University Library, Princeton, New Jersey, eingesehen. Daß es sich um Dulles' eigene Handschrift handelt, wurde dem Verf. vom Sohn Dulles', Professor John W. F. Dulles, in einem Brief vom 4. Oktober 1983 bestätigt. Vor Beginn der Österreichver-

Die Österreicher hatten ursprünglich geplant, daß Außenminister Figl schon in seiner ersten Rede vor der Außenministerkonferenz eine Erklärung über Österreichs Nichtteilnahme an Militärbündnissen abgeben solle. In einer Vorbesprechung mit Dulles, Eden und Bidault am 10. Februar, an der Figl und Kreisky teilnahmen, verteidigte Figl die Absicht der Österreicher gegen Bedenken der drei westlichen Außenminister. Bidault, von Eden unterstützt, machte geltend, wenn Figl gleich in seiner Eröffnungserklärung Österreichs Bereitschaft zur Bündnisfreiheit bekanntgebe, werde Molotow „den Passus als Muster für Deutschland begrüßen und was, wenn er die Festlegung im Vertrag fordert?“[175] Wieder wird deutlich, wie sehr die Westmächte doch Österreichs Anliegen im Lichte der deutschen Frage beurteilten. Den Österreichern war dies klar, wie ja Äußerungen Figls zur deutschen Frage schon vor Beginn der Berliner Konferenz gezeigt hatten, über die bereits berichtet wurde. Nachdem Molotow tatsächlich die vertragliche Neutralisierung Österreichs vorgeschlagen und die Westmächte dies kategorisch abgelehnt hatten, meldete Figl nach Wien: „Die Westmächte lehnen die Aufnahme eines Artikels betreffend das Bündnisverbot als mit der Souveränität eines freien Staates unvereinbar ab (in Wirklichkeit: Präjudiz für Deutschland).“[176]

Dulles hatte sich den Bedenken Bidaults und Edens angeschlossen, doch hinzugefügt, als Ausdruck des „intent“, der Absicht der Bundesregierung werde eine Äußerung (über die Nichtteilnahme an Militärbündnissen) sicher im Verlauf der Diskussion am Platze sein. Figl ging somit in seiner Eröffnungsrede am 12. Februar 1954 darauf nicht ein; erst am nächsten Tage, dem 13. Februar, sagte Figl, er könne in aller Form die Feststellung der Bundesregierung und der österreichischen Volksvertretung nachdrücklich wiederholen, daß Österreich nicht die Absicht habe, sich irgendwelchen Militärbündnissen anzuschließen. In einer weiteren Stellungnahme am 16. Februar berief sich

handlungen in Berlin telegraphierte Gesandter Schöner, daß Dulles am 7. Februar in einer vertraulichen Unterhaltung mit prominenten Journalisten zur Frage nach einer allfälligen Neutralisierung Österreichs folgendes gesagt hätte: Österreich brauche keine Neutralisierung, denn es werde nach dem Staatsvertrag eine eigene Armee haben, um seine Sicherheit zu gewährleisten; „die Vereinigten Staaten außerdem niemals versuchten, Österreich zum Beitritt zu einem militärischen Bündnis wie EVG oder NATO zu bewegen“. AdR, BMAA, II-Pol, Zl. 141.517-Pol/54.

175 AdR, BMAA, II-Pol, Zl. 115-D/54 (Akten der öst. Delegation zur Berliner Außenministerkonferenz), Besprechung vom 10. Februar 1954, 12 Uhr 30 in der Residenz Dulles'. Die drei westlichen Außenminister waren bereits eine halbe Stunde zuvor ohne die Österreicher zusammengekommen, wobei Bidault mit besonderer Heftigkeit gegen die österreichische Absicht einer Erklärung der Bündnisfreiheit Stellung nahm. *FR 1952–1954,* VII, 1013. Beim Gespräch mit den Österreichern wandte Eden u. a. ein, die Formulierung der Österreicher wäre gefährlich, falls sich die Österreicher nicht auf Dauer binden wollten ("for an indefinite period" im britischen, "permanently" im amerikanischen Bericht über das Gespräch). Figl betonte die Bedeutung der Erklärung der Bündnisfreiheit aus österreichischer Sicht. PRO, FO 371, 109359/CA1071/102 (brit. Gesprächsbericht), FR 1952–1954, VII, 1015 (amerik. Gesprächsbericht).

176 Ebd., Zl. 141.630-Pol/54, Bericht vom 14. Februar 1954.

Figl darauf: Er habe eindeutig gesagt, daß Österreich alles tun werde, „um sich von fremden militärischen Einflüssen freizuhalten"; das bedeute auch, wie Figl eigens hinzufügte, „daß wir fremden Mächten auch keine militärischen Basen zugestehen werden".[177]

Die Bundesregierung erwog doch kurze Zeit, näher auf Molotows Vorschlag vom 12. Februar einzugehen, und zwar in Zusammenhang mit dem bereits genannten zweiten Vorschlag, den er ebenfalls am 12. Februar präsentiert hatte und der die Österreicher viel tiefer schmerzte als das Bündnis- und Koalitionsverbot.

Molotows zweiter Vorschlag – nämlich Truppen der vier Alliierten in Österreich über den Abschluß des Staatsvertrages hinaus zu belassen – ging den Österreichern ins Mark. Worum handelte es sich?

Schon 1947 war vereinbart worden, daß die Besatzungstruppen 90 Tage nach Inkrafttreten des Vertrages Österreich räumen müßten. Jetzt schlug Molotow eine Abänderung vor. Die Räumung Österreichs von alliierten Truppen sollte nicht schon binnen 90 Tagen nach Inkrafttreten (Hinterlegung der Ratifizierungsurkunden) erfolgen, sondern erst bei Abschluß eines Friedensvertrages mit Deutschland. Die in Österreich verbleibenden Truppen, so erklärte Molotow, würden keinerlei Besatzungsfunktionen mehr ausüben, da ja das Besatzungsregime mit der Alliierten Kommission für Österreich mit dem Inkrafttreten des Staatsvertrages beendet würde. Auch würden keine alliierten Truppen in der Hauptstadt, in Wien, verbleiben.

Es war dieser neue und unerwartete Vorschlag Molotows, der das größte Aufsehen erregte, in Österreich die größte Enttäuschung hervorrief und den anderen Problemkreis der Neutralität bzw. Neutralisierung eigentlich in den Schatten stellte.

Obgleich die Ablehnung dieses sowjetischen Vorschlags der österreichischen Delegation nicht leichtfallen mußte, konnte doch ein Staatsvertrag, der Österreich nicht von der Anwesenheit ausländischer Truppen befreite, von der Bundesregierung nicht akzeptiert werden. Die Gefahren, die in der Präsenz von Truppen einander mißtrauisch, wenn nicht feindselig gegenüberstehender Mächte verborgen waren, vor allem die Gefahr einer im Krisenfall aus dieser Präsenz resultierenden Teilung Österreichs, wären durch einen solchen Staatsvertrag nicht gebannt, sondern geradezu verewigt worden, denn daß ein Friedensvertrag mit Deutschland nicht in Sicht war, wußte jedermann. Ja, die

---

177 Texte der Erklärungen und Äußerungen Figls auf der Konferenz, vielfach ohne Aktenzahlen, bei den Akten der öst. Delegation in Berlin in AdR, BMAA, II-Pol. K. 301 u. 302. Zur Erklärung vom 16. Februar auch Volle/Wallrapp, Österreichverhandlungen, 6521. Am nächsten Tage erläuterte Figl vor der Presse seine Äußerung dahingehend, daß der Vorsatz einer „spezifizierten", selbstgewählten Neutralität, die sich auf den militärischen Bereich beziehe, nicht zu einem allgemeinen Neutralitätsartikel des Staatsvertrages werden dürfe (ebd.). Auch DÖA, Nr. 136, 140, 142.

Auflösung des Besatzungsregimes hätte auch das Ende der Viermächtebesatzung Wiens gebracht, und damit wäre die Bundeshauptstadt, nach dem Abzug der westlichen Alliierten, ausschließlich im Einzugsgebiet der sowjetischen Militärmacht verblieben.

In Wien gab die Bundesregierung eine sehr scharfe Erklärung ab; vor allem, hieß es in dieser von Raab wie von Schärf approbierten Verlautbarung, sei die Forderung völlig unannehmbar, alliierte Truppenbestände auch nach Abschluß des Staatsvertrages noch in Österreich zu belassen. Zusätzlich erweckte jene Formulierung Bedenken, die Molotow für das im Staatsvertrag zu verankernde Bündnisverbot verwendet hatte: „keinerlei *Koalitionen* oder Militärbündnisse" dürfe Österreich eingehen, die gegen eine Macht gerichtet wären, die am Kriege gegen Deutschland oder an der Befreiung Österreichs teilgenommen hatte. Der Begriff „Koalitionen" war im gleichen Zusammenhang auch in der sowjetischen Deutschland-Note vom 10. März 1952 verwendet worden und fand sich auch in früheren Verträgen. Koalitionen waren offensichtlich Zusammenschlüsse oder Gruppierungen mit anderen Inhalten als jenen der eigens genannten Militärbündnisse. Die Bundesregierung ließ daher verlauten, dieser Vorschlag Molotows scheine „insofern aufklärungsbedürftig, als die Bundesregierung, unbeschadet ihrer wiederholten Erklärungen, sich keinen militärischen Bündnissen anzuschließen, keine Bindung akzeptieren könnte, die sie an der wirtschaftlichen und politischen Zusammenarbeit im Geiste der Konsolidierung Europas behindern könnte".[178]

Trotz dieser Verlautbarungen sannen die Österreicher nach Möglichkeiten, die Sowjets zu einem Kompromiß zu bewegen. Welcher von Molotows beiden Vorschlägen war das geringere Übel? Das Koalitions- und Bündnisverbot oder der Verbleib ausländischer Truppen nach Abschluß des Staatsvertrages auf unbestimmte Zeit? Im Abwägen der Nachteile von Molotows zwei Vorschlägen kamen Figl und Kreisky in Berlin, aber auch Raab und Schärf in Wien zu dem Schluß, daß der Verbleib der fremden Truppen in Österreich das größere Übel wäre. Um diesem Übel vorzubeugen, wäre zu erwägen, einen Kompromiß mit Molotow in der Frage des Koalitions- und Bündnisverbots anzupeilen. In einer Besprechung bei Anthony Eden am 14. Februar deuteten Figl und Kreisky dies vorsichtig an.[179] Eden teilte zunächst den Österreichern mit, daß die Westalliierten beabsichtigten, den Sowjets die Unterzeichnung des Staatsvertrages zu den „alten" Bedingungen von 1949 unter der Voraussetzung vorzuschlagen, daß der Staatsvertrag tatsächlich in Berlin abgeschlossen werde. Im Sinne der in Wien im Jänner festgelegten Linie für die österreichische

178 Verlautbarung in: DÖA, Nr. 139, Approbationsvermerk in korrigiertem Entwurf: AdR, BMAA, II-Pol, Zl. 141.613-Pol/54.

179 AdR, BMAA, II-Pol, Zl. 116-D/54.

Delegation erwiderte Figl, Österreich würde dies unterstützen. Auf Edens Frage, ob Figl dies auch in der Sitzung der Außenminister sagen werde, gab Figl zur Antwort: „Wir werden es sogar in einer sehr pathetischen Weise sagen", indem wir auf die großen Opfer, die der Vertrag für Österreich beinhalte, hinweisen würden.

Doch was würde geschehen, wenn Molotow auf seine neuen Vorschläge zu sprechen käme? Eden stellte die Frage und warnte vor dem Artikel mit dem Koalitions- und Bündnisverbot. Eden meinte, wenn dieser Artikel in den Vertrag käme, müßte „Österreich aus einigen europäischen Organisationen wie der OEEC ausscheiden". Österreich sollte auch nicht bereit sein, eine derartige Erklärung außerhalb des Vertrages zu Protokoll zu geben. Der russische Vorschlag, so sagte Eden, bedeute nur endlose Möglichkeiten für russische Interventionen in Österreich wegen angeblicher Verletzungen der Bündnisklausel. Figl erwiderte, daß die Österreicher den Begriff „Koalitionen" studiert hätten und mit Mißtrauen betrachteten. „Wie wir immer wieder erklärt haben, kommt für uns nur ein Verzicht auf militärische Bündnisse in Frage." Kreisky betonte, die Wiener Regierung habe die österreichische Delegation in Berlin beauftragt, aufgrund des bestehenden Vertragsentwurfes zu verhandeln und abzuschließen. Aber, so Kreisky, was geschehe, wenn Molotow die österreichische Delegation auffordere, in Wien rückzufragen? Das bringe eine ernstliche Gefahr mit sich: Wenn die Sowjetunion „das Verlangen nach Fortdauer der Besatzung unter der Bedingung der Annahme der Bündnisklausel aufgeben sollte, dann könnte die österr. Regierung die Klausel nicht ablehnen".

Damit war die Priorität der Österreicher klar ausgedrückt: Lieber den Bündnisartikel im Staatsvertrag als die vier Mächte weiter im Lande. Doch die Priorität der Westmächte war gerade umgekehrt: Lieber die vier Mächte weiter in Österreich als den Bündnisartikel – genau gesagt: „Koalitions- und Militärbündnisartikel" – im Staatsvertrag.

Der Interessenkonflikt zwischen Österreichern und Westmächten spiegelt sich ganz klar im Dialog wider. Eden erwiderte nach Kreiskys Hinweis, die Westmächte würden auf keinen Fall die Koalitions- und Bündnisklausel im Vertrag akzeptieren. Sie bedeute eine dauernde Einmischung in die österreichischen Angelegenheiten und damit eine gefährliche Beschränkung der österreichischen Souveränität. Figl konterte, wir könnten die Fortdauer der Besetzung nicht hinnehmen. „Wir wollen nicht einen fremden Soldaten in Österreich haben, sobald der Vertrag abgeschlossen sein wird."

Wieder hören wir das Leitmotiv, das Österreichs Ringen um den Staatsvertrag von den ersten Vorbereitungen 1946 bis zum endgültigen Durchbruch 1955 charakterisierte: Der Wert des Vertrages, der Preis, der für den Abschluß gezahlt werden mußte, war *nur* am Abzug der fremden Streitkräfte zu messen.

Ein Vertrag, der nicht den Abzug der ausländischen Truppen erbrachte – erkaufte –, galt als gewogen und zu leicht befunden.

Anthony Eden ließ die Argumente der Österreicher nicht gelten. Nachdrücklich warnte er, daß sich eine höchst gefährliche Lage ergeben würde, wenn Molotow die Beibehaltung der Truppen fallenließe und dafür die Einschaltung der Bündnisklausel in den Staatsvertrag einhandelte.[180]

Am Folgetag, dem 15. Februar 1954, erreichte die Spannung einen Höhepunkt. Dem Wunsch der Delegation in Berlin folgend, ermächtigten Raab und Schärf die Delegation, unter bestimmten Voraussetzungen mit den Sowjets über die Frage der „Koalitionen" zu verhandeln. Diese Voraussetzungen waren: erstens müsse das sowjetische Verlangen nach Verbleib alliierter Truppen in Österreich eindeutig und definitiv zurückgezogen werden; zweitens dürften solche Verhandlungen nur nach vorheriger Konsultation mit den Westmächten erfolgen; drittens dürften unter „Koalitionen" nicht Verträge und Organisationen wirtschaftlicher Natur verstanden werden, und die wirtschaftliche Handlungsfreiheit Österreichs müsse vollkommen gewährleistet bleiben. Doch wenige Stunden, nachdem Raab und Schärf diese Weisungen nach Berlin abgefertigt hatten, erschienen die westlichen Hochkommissare bei ihnen auf dem Ballhausplatz. Edens Gespräch mit Figl und Kreisky war nicht ohne Folgen geblieben. Die Westmächte ersuchten dringendst, daß die österreichische Delegation in Berlin Gespräche über den Koalitions- und Bündnisartikel vermeiden möge. So gaben denn Raab und Schärf am Abend des gleichen Tages eine neue Weisung durch, daß die Österreicher in Berlin davon Abstand nehmen sollten, diesen Artikel zu erörtern.[181]

Am 16. Februar kam es zu einem interessanten Gespräch zwischen Figl und Kreisky einerseits und John Foster Dulles andererseits. Anlaß war der Wunsch Dulles', Figl unmittelbar vor einem von Molotow für die Österreicher gegebenen Mittagessen „den Rücken zu stärken" ("to stiffen him up"). Über dieses Gespräch hat Bruno Kreisky schon anfangs der sechziger Jahre kurz berichtet, nunmehr liegen auch ausführlichere amerikanische Quellen vor.[182] Kreisky hat

180 Die etwas gespannte Stimmung scheint nicht besser geworden zu sein, als im Anschluß an die politischen Fragen die Finanzfrage der alliierten Rückstellungs- und Entschädigungsansprüche zur Debatte stand. Die äußerst komplizierten Darlegungen der Experten kommentierte Eden dahingehend, er verstehe davon gar nichts, nehme aber an, daß es furchtbar wichtig sei. Darauf antwortete Figl unverblümt: „Wir wollen das Kind beim richtigen Namen nennen und nicht herumreden. Es handelt sich um die Ölinteressen des UK, der USA und Canadas." Ebd., Zl. 117-D/54.

181 Ebd., Zl. 141.630-Pol/54, sowie zweite Weisung Raabs und Schärfs vom 15. Februar, 19.45 Uhr, o. Zl., ebd., K. 302.

182 Kreisky, *Herausforderung,* 96–97; dieses Gespräch ebenfalls erwähnt in: Bruno Kreisky, *Zwischen den Zeiten. Erinnerungen aus fünf Jahrzehnten,* Berlin 1986, 463. Kreisky gibt kein Datum an. Amerikanischer Bericht über dieses Gespräch am 16. Februar 1954, in: *FR 1952–1954,* VII, 1131–1133. Das Gespräch fand um 12 Uhr 30 statt, für 13 Uhr 30 war bereits Molotows Einladung

berichtet, Dulles habe zu bedenken gegeben, ob die von Figl in Berlin abgegebene Neutralitätserklärung „nicht doch große Risken beinhalte“, und habe die Bedeutung geschildert, die die Zugehörigkeit zu einem großen Bündnissystem für kleine Staaten habe. „Ich erwiderte ihm“, so Kreisky, „daß sich kleine Staaten in einem Bündnis mit großen, mächtigen Nationen sehr wohl fühlen könnten, für Österreich bei seiner geographischen und politischen Lage eine solche Lösung aber deshalb nicht denkbar wäre, weil es seit 1945 einen Grundsatz der österreichischen Politik gebe: die Einheit des Landes aufrechtzuerhalten. Den Anschluß an eines der bestehenden Bündnissysteme ins Auge zu fassen, würde unweigerlich die Teilung des Landes mit sich bringen.“ Kreisky hatte den Eindruck, „daß Dulles diese Argumentation eingeleuchtet hat“.

Die amerikanischen Quellen sind ausführlicher. Vor allem wird deutlich, daß es Dulles nicht in erster Linie um Figls bereits drei Tage zuvor abgegebene Erklärung ging, sondern um die Befürchtung der Amerikaner, die Österreicher könnten sich nachgiebig erweisen gegenüber Molotows Forderung nach der vertraglichen Verankerung der Bündnis- und Stützpunktfreiheit Österreich – wenn nämlich die Sowjets zum Abzug aus Österreich bereit sein sollten. Verhandlungstaktische Überlegungen spielten also in diesem Gespräch eine Rolle. Kreisky sagte, die Neutralität wäre letzten Endes „ein Verhandlungsobjekt“ (“a bargaining point”), und fragte Dulles ausdrücklich, warum, wenn Molotow seine Forderung, Truppen in Österreich nach Abschluß des Staatsvertrages zu belassen, zurückziehe, im Gegenzug aber auf einer Neutralitätsverpflichtung im Vertrag bestehe, dies nicht akzeptiert werden sollte? Es gebe ja auch andere Souveränitätsbeschränkungen im Vertrag [d. h. im Vertragsentwurf, G. S.]. Neuerlich wurde also die unterschiedliche Interessenpriorität der Österreicher einerseits, der Westalliierten andererseits, deutlich. Dulles antwortete, wenn unwahrscheinlicherweise ein solcher Punkt (im Gespräch zwischen Österreichern und Sowjets) erreicht würde, sollte Figl um eine Unterbrechung ersuchen, um – in Einklang mit seinen aus Wien erhaltenen Instruktionen! – die drei Westmächte zu konsultieren. Allerdings kam auch viel Grundsätzliches zur Sprache. Dulles betonte (sogar zweimal) die amerikanische Bereitschaft, Österreichs (militärische) Neutralität zu akzeptieren. Kreisky meinte – offensichtlich auf Dulles’ Hinweis auf die Schweiz vom 13. Februar anspielend – die Schweiz sei „neutraler als Österreich es sein möchte, da Österreich den UN, dem Europarat und anderen derartigen Organisationen beitreten möchte“. Dulles – trotz seiner grundsätzlichen Zustimmung zu einer

---

für die Österreicher angesetzt! Während Kreisky in seinen Memoiren als einzigen außer Dulles anwesenden Amerikaner Livingston Merchant erwähnt, war dies laut amerikanischem Gesprächsbericht (abgesehen von einem Dolmetscher) Richard Freund.

freiwillig erklärten Neutralität Österreichs – wies auf die „Gefahren und Nachteile“ hin, die Österreich durch seinen Verbleib außerhalb kollektiver Sicherheitsarrangements erwachsen könnte; Österreich könnte zur Invasionsroute in den Süden [d. h. Jugoslawien oder Italien, G. S.] werden, mit Belgien im Jahr 1914 vergleichbar (“. . . Austria could become an inviting invasion route to the South comparable to Belgium in 1914”). Mehrfach beschwor Dulles die Gefahr eines militärischen Vakuums in Österreich; er malte sogar die Gefahr an die Wand, daß sowjetische Militärkräfte verkleidet als Techniker für die (nach damaligen Staatsvertragsplänen noch drei Jahrzehnte in sowjetischen Händen befindlichen) Erdölfelder nach Österreich zurückkehren könnten. Figl und Kreisky hingegen bagatellisierten die nach einem Abzug der Sowjets gegebenen Risiken. In einer merkwürdigen Wortmeldung sagte Kreisky, nur namens seiner eigenen Partei sprechend, er betrachte die „Neutralitätserklärung bloß als ein Mittel, um den Vertrag zu bekommen“ (“considered the neutrality declaration just a device for obtaining a treaty”), und er drückte den Wunsch aus, „die Sicherheit der NATO zu haben, wenn dies möglich wäre“ – er glaube, daß dies nicht der Fall sei (“. . . expressed a wish to have the security of NATO if that were possible. He felt that it is not.”). Dulles betonte hierauf den Schutz, den die NATO unter der gegenwärtigen Besetzung Österreich gewähre und fügte hinzu, ein Nachteil des neuen Sowjetvorschlags wäre der, daß die (nach Abschluß des Staatsvertrags) in Österreich verbleibenden kleineren Truppenkontingente keine Wirkung im Falle eines sowjetischen Angriffs erzielen könnten. Das Gespräch mit Dulles hatte keine direkte praktische Bedeutung mehr. Das unmittelbar darauf folgende Mittagessen der Österreicher bei Molotow verlief in freundlicher Atmosphäre, zu echten Verhandlungen kam es nicht mehr.

Die letzten drei Tage der Österreichberatungen in Berlin brachten keinen Durchbruch; er wurde auch von niemandem mehr erwartet. Zwei am letzten Konferenztag, dem 18. Februar, von Figl vorgetragene österreichische Kompromißvorschläge hatten keine Chance mehr; sie sollten für die Öffentlichkeit – aber auch gegenüber den Sowjets, auch gegenüber der kommunistischen Propaganda zu Hause! – Kompromißbereitschaft bis zum letzten Augenblick dokumentieren. Erstens machte Figl den Vorschlag, die neunzigtägige Räumungsfrist des Vertragsentwurfs bis spätestens 30. Juni 1955, also etwa 16 Monate nach der Berliner Konferenz, zu verlängern. Intern, im Rahmen der aus Wien erhaltenen Instruktionen und nach Rücksprache mit den Westalliierten, waren die Österreicher bereit, im äußersten Notfall sogar bis zum 31. Dezember 1955 zu gehen. Figls Angebot einer „Verlängerung“ war insoferne nicht ganz präzise, als ja die neunzigtägige Räumungsfrist vom – zeitlich nicht festgelegten, an den Abschluß des Ratifikationsverfahrens seitens aller vier Mächte und Österreichs gebundenen! – Datum des Inkrafttretens des Staatsvertrags abhing. Nur wenn man von der Hypothese einer baldigen Vertragsunterzeichnung und eines darauf folgenden zügigen Ratifikationsverfahrens ausging, bedeutete das Datum vom 30. Juni 1955 eine Verlängerung ("extension") der Räumungsfrist. Die Nennung eines konkreten Datums war jedoch im österreichischen Interesse höchst sinnvoll, da sie die Koppelung des Truppenabzugs an zeitlich „hinauszögerbare" Termine wie das Ende des Ratifikationsverfahrens oder gänzlich unabsehbare Termine wie den Abschluß des Friedensvertrages mit Deutschland zu durchschneiden versuchte. Figls zweiter Vorschlag betraf die Funktionsdauer der im Staatsvertragsentwurf vorgesehenen Kommission der Botschafter der Vier Mächte für Fragen der Durchführung und Auslegung des Staatsvertrags; er schlug vor, die mit 18 Monaten vorgesehene Befristung der Funktionsdauer dieses Gremiums aufzuheben.[183]

In folgenden Fragen war Molotow noch knapp vor Konferenzende kompromißbereit. Das Maximum dessen, was Molotow am letzten Konferenztag in der für die Österreicher entscheidenden Frage des Truppenabzuges zugestehen wollte, war, darüber im Laufe des nächsten Jahres, 1955, erneut zu sprechen; also kein klares Abgehen von der Koppelung des Truppenabzugs aus Österreich mit dem Abschluß eines Friedensvertrags mit Deutschland. Molotow war auch bereit, von seinem Vorschlag einer vertraglichen Neutralisierung abzugehen, zog den Zusatzartikel 4-bis zurück und verlangte lediglich, daß eine einseitige Erklärung Österreichs als Anhang in den Staatsvertrag aufgenommen werden sollte. Dies wurde allerdings von Eden abgelehnt; Eden meinte, die Österreicher hätten ja schon eine Erklärung abgegeben, „die genügen sollte"; von der Idee eines Anhangs zum Staatsvertrag wollten die Briten nichts wissen. Diese Ablehnung entsprach ja übrigens den von den Westmächten noch gegen Ende 1953 in Paris erarbeiteten Überlegungen für den Fall eines sowjetischen Neutralisierungsvorschlages.[184] Molotow präsentierte eine modifizierte Version seines Vorschlags zum verzögerten Truppenabzug aus Österreich; diese enthielt nicht mehr den Vorschlag, die alliierten Truppen aus Wien abzuziehen, sondern es war nur mehr die Rede davon, daß den vier Alliierten das Recht eingeräumt werde, „den Abzug ihrer Truppen vom Territorium der entsprechenden Zonen Österreichs vorübergehend aufzuschieben".[185] Molotow schlug auch vor, die Konferenz möge empfehlen, die Bemühungen um einen Abschluß des Staats-

183 Vgl. *FR 1952–54*, VII, 1138–1139, 1168–1169; PRO, FO 371/109360/CA1071/163; Unterlagen der österreichischen Delegation in Berlin in: AdR, BMAA, II-Pol, K. 302.

184 Eden hatte gelegentlich Zweifel geäußert, ob man einen derartigen sowjetischen Wunsch ablehnen könnte, falls die Österreicher damit einverstanden wären. Handschriftliche Marginalie Edens auf einem britischen Positionspapier vom 7. Februar 1954 mit dem Text der Pariser Ausarbeitung der drei Westmächte zur Frage der Neutralisierung Österreichs (siehe oben S. 293–295). PRO, FO 371/109361/CA1071/178.

185 Dieser Vorschlag ausführlich zitiert und kommentiert in einem Memorandum Kreiskys (April 1954) in: SBKA, VII/Bestand Staatssekretär.

vertrags auf diplomatischem Wege in Wien unter Beteiligung der österreichischen Regierung fortzusetzen. Dies rief den Widerstand Dulles' hervor, der fand, eine Wiederaufnahme der Österreichverhandlungen auf diplomatischem Wege in Wien wäre erst in dem Augenblick zulässig, wenn die Sowjetunion ein Datum für den Truppenabzug aus Österreich nennen würde; dies war aber Molotow nicht bereit zu tun.[186] Entgegenkommen hatte Molotow schon zu Beginn der Österreichberatungen gegenüber dem mehrfach vorgebrachten Wunsch nach Milderung der Wirtschaftsbestimmungen des Staatsvertrages gezeigt und zugestimmt, daß die 1949 vereinbarte Ablösesumme von 150 Millionen Dollar in Warenlieferungen anstatt in frei konvertierbarer Währung von Österreich an die Sowjetunion gezahlt werden sollte.[187]

Das Junktim, das Molotow zwischen dem Verbleib von Truppen in Österreich und dem Abschluß eines deutschen Friedensvertrages herstellte, war seinen eigenen Worten zufolge eng mit dem Projekt der Europäischen Verteidigungsgemeinschaft verbunden, das die Sowjetunion heftig bekämpfte. Molotow wußte wohl, daß der Verbleib von Truppen in Österreich bei Abschluß eines Vertrages einen bitteren – vom österreichischen Standpunkt unannehmbaren – Kompromiß bedeuten würde. „Kennen Sie Ibsens ‚Brand'?" befragte Molotow Außenminister Figl einmal; Figl parierte geschickt mit der Gegenfrage: „Warum?" Ibsens „Brand", meinte Molotow, sei, unfähig zum Kompromiß, an der Alternative „alles oder nichts" gescheitert. Aus späteren Gesprächen mit Chruschtschow hat Bruno Kreisky berichtet, daß während der Berliner Konferenz sowjetischerseits der Wille zum Abschluß des Staatsvertrages bestanden habe; Molotow sei damals der Meinung gewesen, man könne zum Abschluß dieses Vertrages auch ohne Preisgabe sowjetischer militärischer Positionen gelangen. Als sich gezeigt habe, daß Österreich nicht bereit war, einen solchen Vertrag zu akzeptieren, habe man in Moskau die Frage neuerdings zu prüfen begonnen – dieser letzte Hinweis deutet schon in Richtung der im nächsten Kapitel zu berichtenden Moskauer Initiative vom Februar 1955.[188]

186 Vgl. amerikanischer Bericht über die letzte Sitzung der Konferenz am 18. Februar 1954. *FR 1952–1954,* VII, 1168–1169. Ausführlicher der britische Bericht in: PRO, FO 371/109360/CA1071/163.

187 Zu diesem Punkt vgl. 18. Sitzung am 12. Februar, *FR 1952–1954,* VII, 1064.

188 Bei einem Mittagessen, das Molotow für die österreichische Delegation am 16. Februar 1954 gab und das „in freundlicher Stimmung" verlief, gab es eine „äußerst freimütige Darlegung unserer Standpunkte zum Staatsvertrag", wie Figl nach Wien meldete. Molotow habe „vielfach Zeichen des Verständnisses für unsere Auffassungen gegeben. Er erklärte jedoch von seinem Standpunkt in Hinblick auf die deutsche Wiederaufrüstung nicht abgehen zu können." Telegramm Figls v. 16. Februar abends, AdR, BMAA, II-Pol, Zl. 141.695-Pol/54. Molotows „Ibsen"-Frage, mitgeteilt von Bruno Kreisky, der an dieser Konversation teilnahm, in einem Seminar des Historischen Instituts der Universität Wien am 27. Jänner 1971; auch Kreisky, *Zwischen den Zeiten,* 462, wonach sich dieses Gespräch in einer Sitzungspause abgespielt habe. Im Londoner Foreign Office wurde kolportiert, Molotow habe Ibsens „Baumeister Solneß" angesprochen: vgl. auch Rauchen-

5. *Auf der Suche nach Auswegen: Von Berlin zum „Mendès-France-Plan“*

Die Enttäuschung der nach Wien zurückgekehrten Österreicher war groß.[189] Gewiß richtete sich die Erbitterung und Verärgerung in erster Linie gegen Molotows Forderung des Verbleibs von Truppen in Österreich auch nach Abschluß eines Staatsvertrags. Doch im Ministerrat bedauerte Kreisky sehr, daß Dulles den Vorschlag Molotows auf Fortsetzung der Bemühungen um den Staatsvertrag auf diplomatischer Ebene in Wien blockiert habe.[190] Kreisky wiederholte seine Kritik an Dulles in seinem Bericht vor der Parteivertretung der SPÖ.[191]

Wenig später verfaßte Kreisky ein Memorandum über die österreichische Außenpolitik nach der Berliner Konferenz.[192] Kreisky erwog den Abschluß

---

steiner, *Sonderfall,* 400, Anm. 17. Die Alternative „alles oder nichts“ entspricht allerdings dem Drama „Brand“ (vgl. 4. Akt: „Hilf Dir selbst nun angesichts Deines *Alles* oder *Nichts!*“). Baumeister Solneß geht zugrunde, weil er „das *Unmögliche*“ tut (3. Akt). – Das Junktim zwischen EVG und Weiterstationierung von Truppen in Österreich wurde von Molotow in der Sitzung vom 16. Februar sowie auch in seiner öffentlichen Erklärung über die Berliner Konferenz am 5. März 1954 betont: brit. Bericht über die Sitzung v. 16. Februar PRO, FO 371/109359/CA1071/114; Zur Erklärung v. 5. März *Österreichische Zeitung,* 6. März 1954, 3, sowie Brandweiner, *Staatsvertrag,* 31. Vgl. ferner AdR, BMAA, II-Pol, Bericht Vollgrubers aus Paris (16-Pol) v. 23. Februar 1954, Zl. 141.875-Pol/54. – Zu Chruschtschows Äußerungen über die Berliner Konferenz siehe Bruno Kreisky, „Der Staatsvertrag und die österreichische Neutralität“, in: *Die Zukunft,* Jg. 1965, Nr. 9, 1–9, hier 5–6. Wiederabdruck in dem im Frühjahr 1975 erschienenen Buch Kreiskys, *Neutralität und Koexistenz,* München 1975. Zum folgenden vgl. Observator (d. i. Bruno Kreisky), *Die Wahrheit über die Berliner Konferenz,* Wien [1954], 7–15; ferner Bruno Kreisky, *Die österreichische Neutralität,* nach einem vor der Zürcher Volkswirtschaftlichen Gesellschaft am 4. Mai 1960 gehaltenen Vortrag, Wien [1960], 5.

189 Hierzu zusammenfassender Bericht Figls im Ministerrat, AdR, MRProt Nr. 39, 23. Februar 1954, sowie im Nationalrat, Sten. Prot. NR, 7. GP., 33. Sitzg., 24. Februar 1954, 1353–1361; letzterer auch in DÖA, Nr. 145.

190 Im Ministerrat vom 23. Februar bemerkte Raab trocken, Molotow habe in Berlin den Vorschlag gemacht, „daß die hiesigen Hochkommissare weiter plätschern sollen“. Kreisky bezeichnete Dulles' Einspruch gar als „den einzigen Schönheitsfehler“ der Konferenz. AdR, MRProt Nr. 39, 23. Februar 1954.

191 Die (unkorrigierte) Mitschrift eines ausführlichen, auch atmosphärisch sehr lebendigen Berichts Kreiskys über Berlin vor der SPÖ-Parteivertretung (undatiert) erliegt in: SBKA, VII/Bestand Staatssekretär. Diesem Bericht verdankt man einige brillant formulierte Aperçus über die Berliner Konferenz. Zu Molotow: „Ganz im Unterschied zur Literatur, daß er ein unbeweglicher grantiger Mensch ist, ist er ein unglaublich geschickter Mann, dem nur der Bidault in der Diskussion gewachsen war.“ Zu den Franzosen: Bei dieser Viererkonferenz „habe ich den Eindruck gehabt, daß alle Großmächte – drei Großmächte – die Russen, die Amerikaner und auch die Engländer dort argumentieren mit der ganzen Macht ihrer Reiche. Die Franzosen sind dort lediglich mit der Macht ihres Verstandes.“ Zur Wandlung der sowjetischen Politik: „Die Russen sind aus einer aggressiven Phase ihrer Politik in eine Politik des Status quo gekommen. Also in eine Politik des ‚containment‘ mit umgekehrten Vorzeichen. Und das ist unser eigentliches Unglück, weil wir gerade an einer solchen Schnittlinie liegen, die niemand und vor allem die Russen nicht preisgeben wollen.“

192 Memorandum ohne Titel, von fremder Handschrift datiert mit 3. April 1954. SBKA, VII/Bestand Staatssekretär.

eines „Sonderabkommens“ mit den Alliierten, ohne Verzicht auf den Staatsvertrag, aber doch zur rascheren Regelung wichtiger Materien, wie der Herstellung der Grenzhoheit, Aufnahme Österreichs in die UNO, Gewährung der Lufthoheit und auch die Rückgabe der USIA-Betriebe. Kreiskys Begründung für den letztgenannten Punkt läßt aufhorchen: „Eine rasche Lösung des USIA-Problems scheint mir deshalb dringend notwendig, weil in den letzten neun Jahren zwar die politische Teilung des Landes, aber nicht seine ökonomische Zweiteilung (Armut in Ostösterreich und der relative Wohlstand in Westösterreich) vermindert [richtig wohl: verhindert] werden konnte. Eine Fortdauer dieses Zustandes scheint mir auf die Dauer für den Bestand des Landes und die Politik der Partei sehr gefährlich zu sein.“

Das Scheitern der Staatsvertragsverhandlungen in Berlin hat, nach dem Tauwetter des Jahres 1953, zunächst zu einer Verhärtung der Einstellung der Sowjetunion gegenüber Österreich und damit zu einer deutlichen Klimaverschlechterung geführt. Die Gefahr der Remilitarisierung Westdeutschlands, die Anschlußgefahr und die Gefahr der Eingliederung Westösterreichs in das Verteidigungssystem der NATO wurden neuerlich bevorzugte Themen der sowjetischen wie auch der österreichischen kommunistischen Publizistik, die sogar plötzlich, auf höheres Geheiß aus Moskau, ihre jahrelange Kampagne für eine österreichische Neutralität plötzlich abbrach – Ernst Fischer hat in seinen Memoiren darüber berichtet.

Auf dem 16. Parteitag der KPÖ Mitte Mai 1954 verkündete Johann Koplenig, daß angesichts der wachsenden Bedrohung Österreichs durch den deutschen Militarismus die bisherige Forderung nach Neutralität Österreichs nicht mehr genügen könne. „Die Losung Neutralität entspricht nicht einer Situation, in der nur im Kampf gegen den deutschen Militarismus der Weg zur Unabhängigkeit freigelegt werden kann. Österreich kann nicht neutral sein gegenüber den Kräften, die seinen Todfeind, den deutschen Militarismus, großzüchten, auf der einen Seite, und gegenüber den Völkern, die den deutschen Militarismus bekämpfen, auf der anderen Seite.“ Die KPÖ werde weiterhin mit allen Kräften zusammenarbeiten, die „die einseitige Westorientierung der Regierung“ ablehnten und ehrlich für die Neutralität Österreichs eintreten. Sie werde aber all jenen Regierungspolitikern entgegentreten, „die unter der Maske einer Schein-Neutralität erklären, daß sie weder proamerikanisch noch prorussisch sind, aber in Wirklichkeit Österreich den Befehlen der amerikanischen Imperialisten unterordnen und den Feinden der Unabhängigkeit Österreichs in die Hände arbeiten“.[193]

193 Fischer, *Ende einer Illusion,* 165–166, 367–369. Referat Johann Koplenigs in: *Der 16. Parteitag der Kommunistischen Partei Österreichs,* 13. bis 16. Mai 1954, Wien o. J., 60–61. Daß auch die parteioffizielle theoretische Zeitschrift der KPÖ im Rückblick die Schwenkung vom Frühjahr 1954 bedauerte, zeigt sich bei: Walter Truger, „Der Weg zur Neutralität“, in: *Weg und Ziel,* 23

Auch im Bereich des Besatzungsregimes gab es im späten Frühjahr 1954 wieder Reibungen zwischen Regierung und sowjetischer Besatzungsmacht.[194] Auf der diplomatischen Ebene läßt sich in den Monaten nach der Berliner Konferenz eine gewisse Stagnation, ja Ratlosigkeit feststellen. Im Rückblick auf die Berliner Konferenz betonte man im Wiener Außenamt den auf militärische Bündnisse Bezug habenden Charakter der Berliner Erklärungen Figls. Die politische und vor allem die wirtschaftliche Lage Österreichs lasse einen Verzicht auf Mitarbeit und Mitgliedschaft in den Organisationen, die ein vereintes Europa anstreben, unter keinen Umständen zu.[195] Eine Differenzierung zwischen Bündnisfreiheit und „Neutralität" tritt stärker hervor, als dies zwischen dem Sommer 1953 und der Berliner Konferenz der Fall gewesen war. Im Intervall zwischen der Berliner Konferenz und dem entscheidenden Durchbruch im April 1955 wird hier eine Linie sichtbar, die der Diplomatie des Ballhausplatzes, einschließlich des Außenministers Figl, und der Führung der Sozialistischen Partei gemeinsam war: Festlegung auf die taxative Aufzählung zweier Verpflichtungen im militärischen Bereich: Bündnisfreiheit und Nichtduldung ausländischer Militärbasen im Lande, jedoch Vermeidung des Globalbegriffs der Neutralität. Außenminister Gruber hatte im April 1952 und auch im Oktober 1953 ausdrücklich von der völkerrechtlichen Neutralität Österreichs gesprochen; Außenminister Figl merkte einmal an, daß man insbesondere seit der Berliner Konferenz das Wort Neutralität vermieden habe; allerdings gab es auch Ausnahmen.[196] Auch Bundeskanzler Raab hüllte sich, zumindest in der Öffentlichkeit, in Schweigen über die Neutralität. 1953 war, wenn man so sagen darf, ein stärkeres „Neutralitäts"-Jahr gewesen als 1954.

(1965), 243–256. – Theodor Prager erzählt, Koplenig habe eine Genossin aus Hallein zurechtgewiesen, die gemeint hatte: „I woaß net, mir kimmt allweil vur, am besten wars halt doch, mir wären neutral, so wia die Schweiz ..." In Pragers Autobiographie, *Zwischen London und Moskau, Bekenntnisse eines Revisionisten,* Wien 1975, 130.

194 Vgl. Erklärung des Bundeskanzlers Raab vor dem Nationalrat am 19. Mai 1954, Sten. Prot. NR, 7. GP., 39. Sitzg., 1624 ff. Ein Erinnerungsvermerk über die zwei Tage vorher (17. Mai 1954) stattgefundene Besprechung zwischen Raab und Schärf einerseits sowie dem Hochkommissar Iljitschow und anderen Repräsentanten der Besatzungsmacht im Hotel Imperial, wobei Iljitschow gegen die sowjetfeindliche Haltung der Parteien und ihrer Presse nach der Berliner Konferenz protestierte, in VGAB, Nachlaß Schärf, 4/220.

195 AdR, BMAA, II-Pol, Runderlaß über die Auswirkungen der Berliner Konferenz, Zl. 142.241-Pol/54. Bei Gesprächen im State Department am 12. März mußte sich Gruber gegen Anregungen zu Wehr setzen, nunmehr „den alten Staatsvertragsentwurf ein für allemal außer Kraft zu setzen". Beilage über die Staatsvertragspolitik in einem Brief Grubers an Raab, 15. März 1954, Julius Raab-Archiv der Julius Raab-Stiftung, Wien, 116/i.

196 Figl in einer Besprechung am 2. April 1955, ÖuG, Nr. 115, Zl. 321.310-Pol/55. Im August 1954 wird in einem Amtsvermerk zu einem Dokument des Europarates Stellung genommen, in dem von der „Neutralitätserklärung" (déclaration de neutralité) die Rede war, die Österreich auf der Berliner Konferenz „bereit war, abzugeben": In dem Amtsvermerk heißt es, daß dieser Passus insofern nicht richtig sei, als Österreich nicht bereit war, eine solche Erklärung abzugeben, sondern sie auf der Konferenz, wenn auch nur mündlich, abgegeben habe. Zl. 145.882-Pol/54.

In der sowjetischen Haltung zur österreichischen Frage lassen sich in den Monaten nach der Berliner Konferenz rauhere und freundlichere Abschnitte feststellen. Im Frühjahr, zumal im Mai und Juni, hatten polemischere Töne die Oberhand. Ab Juli und noch deutlicher ab Ende August gab es freundlichere Gesten und Äußerungen. Am 8. Juli 1954 teilten die Sowjets ihre Bereitschaft zur Übergabe der Westautobahntrasse an Österreich mit. Genau genommen handelte es sich, ebenso wie bei der Freigabe des Kraftwerkbaus Ybbs-Persenbeug im Jahr zuvor, um eine Vorwegnahme der im Staatsvertragsentwurf vorgesehenen Rückgabe früheren Deutschen Eigentums *gegen Entgelt* an die Republik Österreich. Die Aktiva der Autobahntrasse Wien–Salzburg, soweit sie sich in der sowjetischen Zone befanden, wurden gegen Entgelt aus sowjetischem Eigentum in das Eigentum der Republik Österreich übertragen. Der Entgelt war in der Pauschalsumme (von 150 Millionen Dollar) enthalten, deren Zahlung nach Abschluß des Staatsvertrages an die Sowjetunion im Staatsvertragsentwurf (Art. 35) vorgesehen war.[197] Am 13. Juli übergab General Kraskewitsch Raab eine offizielle Einladung an die Bundesregierung zum Besuch der Landwirtschaftsausstellung in Moskau. Die Sozialistische Partei war nicht bereit, ein ihrer Partei angehörendes Regierungsmitglied in die Sowjetunion zu entsenden, so daß der Landwirtschaftsminister Franz Thoma als erstes Mitglied der Bundesregierung – wenn man von der Fahrt der Minister Gruber und Krauland zu den Staatsvertragsverhandlungen im April 1947 absieht – nach Moskau reiste. Nach der Rückkehr Thomas und des diesen begleitenden oberösterreichischen Landesrates Johann Blöchl aus Moskau notierte Raab in seinem Tagebuch: „Sie bestätigen die Richtigkeit meiner Politik.“[198] Gegen Mitte August lehnte allerdings die Sowjetunion den im Juli von den Österreichern unterbreiteten Vorschlag ab, in Wien ein „Fünferkomitee“ für weitere Staatsvertragsgespräche zu bilden. Der Plan eines solchen Fünferkomitees,

197 Hierzu: AdR, MRProt Nr. 59 v. 7. September 1954, Beilage 59/11 (= BKA, Zl. 73.109-2a/54).

198 Ausführlichere Eintragungen zur sowjetischen Einladung und zu den Widerständen in der SPÖ in Raabs Tagebuch; Helmer, den Raab als ersten verständigte, war zunächst einverstanden, doch Schärf lehnte etwas später ab; auch die Agrarier wollten darauf nicht zustimmen, doch es „gelingt mir“, so Raab, die Agrarier für eine viertägige Reise Thomas (und Blöchls) zu gewinnen. StAS, PT, Eintragungen zum 13., 14., 21., 31. Juli und 4. August 1953; zwischen den Eintragungen vom 14. und 21. Juli fehlt ein Blatt. Bericht des Bundesministers Thoma über seine Reise nach Moskau vom 31. Juli bis 4. August 1954 an den Ministerrat, in: AdR, MRProt Nr. 59 v. 7. September 1954, Beilage 59/27 (= Bundesministerium f. Land- u. Forstwirtschaft, Zl. 4598-Pr/54 v. 30. August 1954). Thoma wurde auch vom Leiter der Zivilverwaltung für das Mühlviertel, dem ÖVP-Politiker Landesrat Johann Blöchl, begleitet; vgl. Johann Blöchl, *Meine Lebenserinnerungen,* Linz o. J., 216–221, dort allerdings unrichtige Datenangaben zur Moskaureise. Dem Bericht an den Ministerrat zufolge betonte Blöchl in einer Ansprache anläßlich eines Empfanges auf der österreichischen Botschaft, daß es den Österreichern gelungen wäre, trotz größter Schwierigkeiten „die Einheit des Landes zu erhalten“. Übrigens waren Delegationen aus einer Reihe nichtkommunistischer bzw. westlicher Länder bei der Moskauer Ausstellung vertreten, u. a. aus Kanada, Norwegen, Schweden, Finnland und Israel.

zunächst eines Fünfer-„Forums", aus den Botschaftern der vier Mächte und österreichischen Vertretern bestehend, war von Österreich Ende März den Westmächten vorgeschlagen worden, um nach dem Fiasko der Berliner Konferenz ein neues Gesprächsforum für alle Fragen, die sich auf die Erleichterung der Lage Österreichs bezogen, zu schaffen.[199] Die Ablehnung des österreichischen Vorschlags vom 22. Juli 1954 erfolgte am 12. August 1954; allerdings wurden von den Sowjets Gespräche „auf diplomatischem Wege" über die unerledigt gebliebenen Fragen des Staatsvertrags angeboten, sogar im Rahmen einer Botschafterkonferenz in Wien unter Teilnahme eines österreichischen Vertreters. Die für Österreich kapitale Frage der Räumung Österreichs seitens der Streitkräfte der vier Mächte wurde jedoch nicht erwähnt.[200]

Ende August, im September und im Oktober suchten sowjetische Diplomaten mehrfach das Gespräch mit österreichischen Diplomaten und machten deutlich, daß nach dem Fehlschlag der Berliner Konferenz ein neuer Start gesucht wurde. Das Beispiel Finnland wurde positiv erwähnt, doch konkrete Vorschläge oder Angebote sollten von den Österreichern kommen – so etwa der sowjetische Botschaftsrat Timoschtschenko im Gespräch mit dem Gesandten Schöner am 21. September 1954.[201] Bei einem Abendessen am 13. Oktober 1954 auf dem Kahlenberg (der Abend wurde in der Eden-Bar fortgesetzt), an dem Legationssekretär Heinz Gleissner auf Einladung des Presseattachés Viktor N. Beleckij, nachmaliger Autor eines Buches über die Entwicklung des Staatsvertrags und der sowjetisch-österreichischen Beziehungen, und eines weiteren sowjetischen Diplomaten teilnahm, wurde deutlich, daß auf sowjetischer Seite die „Berliner Positionen" revidiert wurden. Die Stationierung von Truppen nach Abschluß des Vertrags wäre nicht mehr so wichtig, hieß es nun. „Die Aufrüstung Westdeutschlands macht zwar eine Garantie der österreichischen Neutralität um so notwendiger, jedoch ist die Lösung der deutschen Frage keine Voraussetzung der österreichischen."[202] Hier müssen wir daran

199 Zur eher mühsamen Entwicklung der österreichischen Pläne im Gespräch mit den Westmächten, beginnend am 24. März 1954 in einer Besprechung zwischen Raab, Schärf, Figl, Kreisky und den drei stellvertretenden westlichen Hochkommissaren, vgl. AdR, BMAA, II-Pol, Zl. 142.556-Pol/54 sowie PRO, FO 371/109361/CA1071/209, 214 und 224.

200 Österr. Note v. 22. Juli 1954, AdR, BMAA, Zl. 145.249-Pol/54, sowjetische Antwortnote v. 12. August 1954 bei Zl. 145.773-Pol/54; beide Noten abgedruckt in: DÖA, Nr. 147 u. Nr. 149. Zur sowjetischen Antwort vgl. Bericht Wallingers aus Wien nach London, vom 14. August 1954, PRO, FO 371/112998/WR1071/8.

201 AdR, BMAA, II-Pol, Zl. 146.558-Pol/54 (Gespräch Timoschtschenko/Schöner); weitere Gespräche österreichischer und sowjetischer Diplomaten in Wien unter Zl. 146.563-Pol/54, 146.601-Pol/54, Zl. 147.760-Pol/54.

202 Ebd., Zl. 147.761-Pol/54 (Gespräch Beleckij, Gorinovič und Gleissner), Amtsvermerk Gleissner, abgedruckt in: ÖuG, Nr. 98; die vom Herausgeber angegebene Datierung 17. November 1954 bezieht sich auf die Paraphe des Gesandten Schöner; auch Rauchensteiner, *Sonderfall,* 328, spricht irrigerweise von einer Unterredung im November 1954; im NÖLA, Nachlaß Figl, K 13, befindet sich ein Exemplar von Gleissners Amtsvermerk mit der Zeitangabe 14. 10. 54, 16:30, die sich

erinnern, daß die EVG, offen deklarierter Hauptgrund des Junktims Österreich/Deutschland auf der Berliner Konferenz, Ende August endgültig in Frankreich, im Lande ihres Ursprungs, gescheitert war. Es war nicht unlogisch, wenn sowjetische Diplomaten in Wien einige Wochen nach dem Tod der EVG meinten, die Lösung der deutschen Frage sei keine Voraussetzung der österreichischen mehr.

Nach dem Ende der EVG stellte sich die Frage nach einer Ersatzlösung, die die Westmächte erstaunlich rasch, schon gegen Ende Oktober 1954, mit den Pariser Verträgen zustande brachten. Die Österreicher wurden erst Ende September/Anfang Oktober aktiver; die Rücksichtnahme auf die Westmächte, die auch ihrerseits in einem Notenaustausch mit den Sowjets standen, deren Hauptinteresse im September/Oktober jedoch auf die Eingliederung der Bundesrepublik in das westliche Verteidigungssystem konzentriert war, trug nicht zur Beschleunigung bei. Ende September gab es eine Besprechung zwischen Raab, Figl, Helmer und Kreisky, wobei, gemäß einer Gedächtnisnotiz Kreiskys, Raab und Figl erklärten, daß eine Beantwortung der sowjetischen Note (vom 12. August 1954) „nun doch erfolgen müsse und daß es für uns sehr schwer sein werde, Verhandlungen über den Staatsvertrag abzulehnen"; die Antwort müsse daher positiv gehalten sein.[203] Neuerlich ist daran zu erinnern, daß – einmal abgesehen von der Frage der Bündnisfreiheit – das Zentralproblem seit der Berliner Konferenz in der von Molotow verlangten Trennung von Staatsvertragsabschluß einerseits, der Räumung Österreichs durch die alliierten Truppen andererseits bestand. In der erwähnten Besprechung meinte nun Kreisky, daß es folgende Alternativen für eine Antwort gebe: Die Bundesregierung könne erklären, daß sie für Fünferverhandlungen (Botschafterkonferenz plus Vertreter Österreichs) in Wien sei, ohne die Frage der Räumung zu erwähnen. Diese Antwort würde „uns in klaren Gegensatz zu den Westmächten, in erster Linie zu den Amerikanern" bringen. Oder die Regierung lehne Verhandlungen so lange ab, „als die Sowjetunion nicht bereit sei, vorher ein Datum für den Abzug ihrer Truppen aus Österreich zu nennen". Diese Antwort würde sich zu hundert Prozent mit der Haltung Dulles' decken; dies schien Kreisky aus innenpolitischen Gründen bedenklich; als Mittelweg schlug Kreisky vor, daß die Bundesregierung die Fortsetzung der Verhandlungen begrüße, sie aber nur bei Aussicht auf Erfolg für sinnvoll halte, worunter nur die „Evakuierung Österreichs von fremden Truppen" zu verstehen sei. Kreisky machte allerdings klar, daß diese dritte Variante letzten Endes der zweiten, prowestlichen Variante entspreche. Am 7. Oktober kam es zu einer neuerlichen

offensichtlich auf den Eingang im Kabinett des Außenministers bezieht – d. h. also bereits am ersten Tage nach dem Gespräch Gleissners mit den beiden sowjetischen Diplomaten.

203 Hierzu und zum folgenden Gedächtnisnotiz Kreiskys, mit Begleitbrief vom 20. Oktober 1954 an Schärf gesandt. VGAB, Nachlaß Schärf, 4/245.

Besprechung bei Raab, an der Schärf, Figl und Kreisky teilnahmen; dort wurde ein Entwurf vorgelegt, der nichts über die Räumung Österreichs enthielt; er war nach Ansicht Kreiskys von Raab inspiriert; die sozialistischen Gesprächspartner erhoben Einspruch, und schließlich wurde nach Rücksprache mit den Westalliierten die Endredaktion der Antwortnote an die Sowjetunion vorgenommen. In dieser am 12. Oktober 1954 überreichten Note sagte die Bundesregierung, daß die Einberufung einer Botschafterkonferenz, wie von der Sowjetunion angeregt, „in erster Linie den vier Besatzungsmächten obliegen würde"; die Österreicher betonten, eine solche Konferenz böte nur dann Aussicht auf einen erfolgreichen Abschluß, wenn die vier Großmächte den schon in Berlin vorgetragenen österreichischen Standpunkt berücksichtigten, „daß der Abschluß des Staatsvertrages und die Räumung Österreichs von den Besatzungstruppen in direktem und unlöslichem Zusammenhang stehen".[204]

Botschafter Bischoff in Moskau wurde übrigens beauftragt, wenn auch nur in persönlicher und unverbindlicher Form zweiseitige Besprechungen über die mögliche Befriedigung des sowjetischen Sicherheitsbedürfnisses anzuregen.[205] Doch Bischoff konnte die von ihm erhofften Besprechungen nicht aufnehmen, im November und Dezember 1954 verschlechterte sich das diplomatische Klima deutlich.[206] Warum? Am 23. Oktober 1954 hatten die Bundesrepublik und eine Reihe westlicher Staaten das Bündel der „Pariser Verträge" unterschrieben. Weltpolitischer Kern dieser Pariser Verträge war der Beitritt der Bundesrepublik Deutschland zur NATO. Die Pariser Verträge sollten sich als ein wesentlich wirksameres Instrument der westlichen Sicherheitspolitik erweisen als die supranationale EVG. Bald setzte sowjetisches Sperrfeuer gegen den rasch in Gang kommenden Prozeß der Ratifizierung der Pariser Verträge ein; in Frankreich hatte das neue Vertragswerk weitaus bessere Chancen als die EVG.

Kaum waren die Pariser Verträge unterschrieben, kam allerdings eine neue, Österreich betreffende diplomatische Initiative in Gang. Die Anfänge waren wenig spektakulär – Gespräche französischer Diplomaten in Wien mit dem Staatssekretär im Außenamt Bruno Kreisky. Mit Beginn des Monats Oktober 1954 war ein neuer französischer Hochkommissar und Botschafter in Wien ernannt worden, Jean Chauvel. Chauvel, der übrigens als junger Diplomat den März 1938 in Wien erlebt hatte, zählte zur Spitzengarnitur der französischen

204 Text in: DÖA, Nr. 151; vgl. AdR, BMAA, II-Pol, Zl. 146.937-Pol/54.

205 Bischoff gibt einen Überblick in seinem Sammelbericht über die Haltung der Sowjetunion in der Frage des Staatsvertrages vom Juli 1949 bis Mai 1955, AdR, BMAA, II-Pol, Zl. 322.108-Pol/55.

206 Bischoff ortete in der Woche vom 7./15. November 1954 einen „brüsken Kurswechsel" und beklagte die „geschwundenen Chancen des Staatsvertrages auf absehbare Zeit". Bericht vom 14. Dezember 1954, AdR, BMAA,II-Pol, Zl. 148.670-Pol/54. Vgl. auch Rauchensteiner, *Sonderfall,* 329.

Diplomatie, genoß das persönliche Vertrauen des damaligen Ministerpräsidenten und gleichzeitig Außenministers Pierre Mendès-France.[207] Chauvel stieß alsbald in Wien auf Gerüchte, daß es sowjetisch-österreichische Kontakte zum Thema der Befriedigung sowjetischer Sicherheitsbedürfnisse nach Abschluß des Staatsvertrages in Form der Zulassung von Militärstützpunkten gegeben habe; unbeschadet von Dementis beider Regierungsparteien hatte Schärf den Franzosen zum Ausdruck gebracht, daß er Kontakte zwischen der Umgebung Raabs und den Sowjets zu diesem Thema annehme.[208] Jedenfalls zeigte sich, daß Molotows Paukenschlag vom Februar dieses Jahres in Berlin – den Vertragsabschluß von der Räumung Österreichs abzukoppeln – nachhaltige Wirkung bei den Österreichern erzeugt hatte. Dies erwies sich bei einem Gespräch, das der stellvertretende französische Hochkommissar Roger Lalouette im Auftrag Chauvels am 25. Oktober 1954 mit Bruno Kreisky führte. Kreisky entwickelte einen Stufenplan zum Abzug der vier Mächte aus Österreich; dieser Plan bedeutete ein Abgehen von der im Staatsvertragsentwurf vorgesehenen Bestimmung, daß die Räumung Österreichs binnen 90 Tagen nach Inkrafttreten des Staatsvertrags zu erfolgen habe; allerdings ist zu bedenken, daß die Österreicher schon in Berlin, wie erinnerlich, den Sowjets entgegengekommen waren und eine Verlängerung der Räumungsfrist bis Ende Juni 1955 angeboten hatten. Kreisky war nun bereit, darüber hinauszugehen. Er entwickelte im Gespräch mit Lalouette und zwei Tage später in einem weiteren Gespräch mit Chauvel selbst folgende Ideen.[209] Der Staatsvertrag müßte einen ab Unterzeichnung des Staatsvertrags in Funktion tretenden „Abwicklungsplan“ für den Rückzug der Besatzungstruppen enthalten. 90 Tage nach Inkrafttreten des Staatsvertrages – d. h. bei Ablauf der eigentlich vorgesehenen Räumungsfrist – sollte die Stärke der Besatzungstruppen 10.000 Mann (pro Besatzungsmacht) nicht überschreiten; nach weiteren 90 Tagen wäre diese Zahl auf die Hälfte, d. h. auf 5000 Mann zu reduzieren; nach Lalouettes Aufzeichnung sollte diese Zahl mit 1. Jänner 1956 erreicht sein; Kreisky erwog auch eine noch stärkere Reduzierung auf bloß 2500 Mann, wie er im zweiten Gespräch (mit Chauvel) mitteilte. Spätestens am 1. Jänner 1956 sollte die „Internationale Kontrollkommission“, wie Kreisky sagte – gemeint war die Konferenz der vier Botschafter, gemäß dem Staatsvertragsentwurf mit

207 Vgl. Jean Chauvel, *Commentaire,* vol. I: *De Vienne à Alger (1938–1944),* Paris 1971, und vol. III: *De Berne à Paris* (1952–1962), Paris 1973.

208 Bericht Chauvel an Mendès-France, 19. Oktober 1954, in: *Documents diplomatiques français,* 1954 (21. Juli – 31. Dezember), Paris 1987, Nr. 277.

209 Für das Gespräch Kreisky/Lalouette liegen zwei Quellen vor: Kreiskys Gedächtnisnotiz, mit eigenhändigen Korrekturen, in: SBKA, VII/Staatssekretär, sowie Notiz Lalouettes „Entretien avec M. Kreisky, 25 Octobre 1954“, in: AAF Wien, Traité d'Etat VI; für das Gespräch mit Chauvel am 27. Oktober frz. Notiz „Entretion avec M. Kreisky. 27 Octobre 1954“, ebd.; ferner eine Notiz der französischen Seite sowie ein Bericht Chauvels nach Paris vom gleichen Tage, Nr. EU/423, ebd.

18 Monaten begrenzte Funktionsdauer verlängert werden würde –, einen endgültigen Entschluß über den Abzug der letzten Besatzungstruppen fassen; dieser sollte spätestens zum 1. Jänner 1957 abgeschlossen sein.[210] Kreisky teilte übrigens dem unmittelbar vor der Abreise nach Paris stehenden Chauvel mit, daß Schärf und Waldbrunner seine Stufenpläne gebilligt hätten, während Bruno Pittermann sich „eher lebhaft“ gegen Konzessionen in Richtung von Molotows Vorschlägen in Berlin ausgesprochen habe.

Es gab also einen aus Österreich stammenden Stufenplan, der um die Monatswende Oktober/November 1954 dem französischen Ministerpräsidenten Mendès-France zur Kenntnis gebracht wurde. Dieser hatte aus Motiven, die mit Österreich eher wenig, aber sehr viel mit seinem Bemühen, die Ratifikation der Pariser Verträge in der Nationalversammlung durchzubringen, zu tun hatten, Interesse, Signale des Entgegenkommens nach Moskau zu senden. Gerade zu dem Zeitpunkt, in dem es um die endgültige Eingliederung der Bundesrepublik in die NATO ging, wollte Mendès-France Möglichkeiten der Verständigung und Kompromißbereitschaft mit Moskau signalisieren. Also gab es bald einen französischen Stufenplan zur Räumung Österreichs, den Mendès-France am 22. November 1954 in einer Rede vor der Generalversammlung der Vereinten Nationen in New York präsentierte.[211]

Knapp nach einem improvisierten Zusammentreffen mit Raab in New York am 21. November – Raab befand sich auf dem Wege zu einem offiziellen

210 Gemäß Lalouettes Gesprächsnotiz vom 25. Oktober; in Kreiskys Gedächtnisnotiz ist das Datum der geplanten Beschlußfassung – „spätestens am 1. 1. 1956“ – ausgestrichen und handschriftlich ersetzt durch (spätestens) „ein Jahr nach Inkrafttreten des St. Vertrages“. In Paris wurde mit Datum 30. Oktober 1954 eine von Mißverständnissen nicht freie Analyse des Kreisky-Stufenplans angefertigt: „Etat actuel du problème autrichien“, AD, série Europe 1944–1960, sous-série Autriche, vol. 287, fol. 256–261.

211 Vgl. v. a. Georges-Henri Soutou, „Pierre Mendès-France et l'Union soviétique, 1954–1955“, in: René Girault/Seloua Boulbina/Gérard Bossuat, Hg., *Pierre Mendès-France et le rôle de la France dans le monde,* Grenoble 1991, 177–205, hier bes. 193–196 auch über die Rolle Chauvels; weiters auch René Girault, „La France dans les rapports est-ouest au temps de la présidence de Pierre Mendès-France“, in: François Bédarida/Jean-Pierre Rioux, Hg., *Pierre Mendès-France et le Mendésisme,* Paris 1985, 251–259, hier 258; Antonio Varsori, „Alle origini della prima distensione: la Francia di Pierre Mendès-France et la ripresa del dialogo con Mosca (1954–1955)“, in: *Storia delle relazioni internazionali,* 8 (1992), 63–97, bes. 77, 85–89. Wenngleich die französische Österreich-Initiative nur Teil eines großen innen- und außenpolitischen Manövers war – den Sowjets und ihren Freunden in Frankreich wurde auch eine Vier-Mächte-Konferenz, natürlich nach Ratifikation der Pariser Verträge, in Aussicht gestellt –, wird doch im Konzept des neuen französischen Botschafters in Wien, Chauvel, eine interessante Komponente sichtbar: Chauvel sah eine gewisse Interessengemeinschaft Frankreichs und der Sowjetunion in Österreich gegen die „Anschlußgefahr“, zumindest gegen das Erstarken des deutschen Einflusses, und die dieses Erstarken gleichmütig bis positiv zur Kenntnis nehmende amerikanische Haltung als gegeben an. Hierzu ein aufschlußreicher Bericht Chauvels an Mendès-France vom 27. Oktober 1954, veröffentlicht in: *DDF, 1954,* Nr. 300. – Der Name Mendès-France wird unterschiedlich mit oder ohne Bindestrich geschrieben; im Einklang mit der um 1954 üblicheren Schreibweise wird hier die Schreibung mit Bindestrich beibehalten.

Besuch in Washington – machte Mendès-France folgenden Vorschlag: Die Besatzungstruppen könnten vielleicht schrittweise in einem Zeitraum von 18 Monaten bis zwei Jahren nach Unterzeichnung des Staatsvertrages abgezogen werden. Der französische Plan hatte ursprünglich eine merkwürdige Verlängerungsklausel. Mendès-France wollte nämlich zunächst vorschlagen, daß die Besatzungsmächte jeweils im letzten Halbjahr der Räumungsperiode das Recht haben sollten, ihren Abzug einzustellen, wenn sie besorgt wären, daß ihre eigene Sicherheit oder die Unabhängigkeit Österreichs bedroht sei. Allerdings müßte in einem solchen Fall eine neue Frist von maximal einem Jahr für den endgültigen Abzug festgelegt werden.

Raab reagierte höflich, aber eher skeptisch; man wisse nicht, wie viele Truppen die Russen in Österreich hätten, die vorgeschlagene laufende Verminderung wäre kaum zu kontrollieren; Frankreich und England wiederum hätten ja ihre Truppen schon auf ein Minimum reduziert. Auf die neuerliche Frage von Mendès-France, ob die Österreicher seinem Plan zustimmten, erklärte der ebenfalls anwesende Botschafter Gruber, man müsse diesbezüglich nach Wien telegraphieren; man müsse auch Rücksicht auf die öffentliche Meinung nehmen. Raab mißfiel offenbar vor allem der letzte Teil des Mendès-France-Vorschlags, der ja Verlängerungen der Truppenpräsenz ohne einen endgültigen Schlußtermin beinhaltete. Raab erklärte abschließend, das österreichische Parlament würde den Vertrag niemals ratifizieren, wenn nicht ein fester Termin für den Abzug der Besatzungstruppen feststehe. Dies sei schon auf der Berliner Konferenz von Figl erklärt worden und die Bundesregierung habe ihre Meinung seither nicht geändert. Der 21. November ging recht spannend zu Ende, da Raab und seine Begleitung nach ihrer Ankunft in Washington alsbald von John Foster Dulles' äußerst kritischer Beurteilung des Mendès-France-Vorschlags erfuhren, und zwar anläßlich eines von Allen Dulles für Raab gegebenen Abendessens. Es gelang schließlich Gruber, nachdem Allen Dulles „über die Sonderleitungen des Weißen Hauses eine Verbindung mit dem Büro Mendès-France's“ hergestellt hatte, telephonisch den Mendès-France begleitenden Botschafter Seydoux in New York zu erreichen und ihm mitzuteilen, daß die Österreicher, im Einvernehmen mit den Amerikanern, bäten, nur den ersten Teil des Planes, der feste Termine vorsehe, vorzuschlagen, den zweiten Teil mit den komplizierten Verlängerungsmodalitäten jedoch nicht zu bringen. Seydoux sagte zu, Mendès-France sofort zu informieren, und in dessen Rede am Folgetag, dem 22. November, war tatsächlich von der Verlängerungsklausel nicht mehr die Rede. Raab nutzte seinen Besuch bei Außenminister Dulles an diesem Tage, um seinen „starken Wunsch“ ("strong desire") kundzutun, daß im endgültigen Staatsvertragstext ein festes Datum für den Abzug der Besatzungstruppen festgelegt werden sollte. Dulles stimmte zu und verwies auf die Möglichkeiten der Verzögerung (seitens der Sowjets), solange der Abzug der

Truppen an den Abschluß des Ratifikationsverfahrens bis zur Hinterlegung der Ratifikationsurkunden gebunden war.[212]

Der französische Vorschlag wurde in Washington und auch in London skeptisch aufgenommen, und Moskau blieb ungerührt, wie der Bericht einer französischen Demarche bei Andrej Gromyko, damals Molotows Erster Stellvertreter, zeigt.[213] Die sowjetische und kommunistische Presse reagierte lediglich dahingehend, daß der Verzicht auf die Aufrüstung der Bundesrepublik und ein Eingehen auf die sowjetischen Wünsche bezüglich eines europäischen Sicherheitssystems Voraussetzung für die Räumung Österreichs wären.[214] In anderen Worten: Sowjetischerseits blieb es beim Primat der deutschen Frage, der die österreichische vollständig untergeordnet wurde, und daher blieb es auch beim auf Höchsttouren laufenden diplomatischen und publizistischen Kampf um die Verhinderung der Ratifikation der Pariser Verträge.

Einen Höhepunkt erreichte diese Tendenz in einer überraschend vom sowjetischen Hochkommissar einberufenen außerordentlichen Sitzung des Alliierten Rates am 21. Dezember 1954. Der sowjetische Hochkommissar beschuldigte das amerikanische und das französische Element des Bruchs des Abkommens über die Besatzungszonen in Österreich vom Juli 1945 wie auch des Bruchs des Kontrollabkommens; amerikanische Truppen seien in der französischen Zone stationiert. Tatsächlich unterhielt die amerikanische Besatzungs-

212 Zum Gespräch Raab – Mendès-France am 21. November 1954 liegt eine französische Aufzeichnung (AD, série EU – Europe, sous-série Autriche, vol. 288, fol. 113–114) sowie eine österreichische Aufzeichnung vor; zu den Vorgängen, die am Abend des gleichen Tages zur telephonischen Kontaktnahme zwischen dem inzwischen mit seiner Begleitung nach Washington weitergereisten Raab und dem in New York verbliebenen Mendès-France bzw. dessen Begleitung (konkret zwischen Botschafter Gruber und Botschafter Seydoux) führten, liegt ein Aktenvermerk Grubers „über die Aktion Mendès-France" vor (diese Aufzeichnungen im Nachlaß Schöner, Kopien im Besitz d. Verfassers); zum Treffen Raab – Dulles am 22. November vgl. *FR 1952–1954*, VII, 1981–1984, hier 1982–1983. Zur Raab-Reise insgesamt der Bericht Raabs über seine Besprechung mit Mendès-France in New York im November 1954 in seinem Bericht an den Hauptausschuß des Nationalrates am 27. Jänner 1955: AdR, BMAA, II-Pol, Zl. 320.970-Pol/55, ferner WZ, 23. November 1954, 1, und 26. November 1954, 1; Allard, *Diplomat in Wien, Erlebnisse, Begegnungen und Gedanken um den österreichischen Staatsvertrag,* Köln 1965, 130–131; allerdings irrt Allard, wenn er meint, durch den Mendès-France-Vorschlag wäre die von den Österreichern schon in Berlin akzeptierte Frist (30. Juni 1955) höchstens um sechs Monate verlängert worden. Eine de facto etwa ein bis eineinhalb Jahre verlängerte Frist wurde nunmehr angeboten.

213 Hierzu zahlreiche Aktenstücke in AD, EU – Europe, sous-série Autriche, vol. 288, Bericht des Geschäftsträgers Le Roy über die Demarche bei Gromyko am 7. Dezember 1954, ebd. fol. 140.

214 Die Sowjetregierung hatte am 13. November Einladungen für eine gesamteuropäische Konferenz zur Frage der Schaffung eines Systems der kollektiven Sicherheit in Europa versandt, die wiederum von den westlichen Staaten nicht angenommen wurden. Österreich teilte der Sowjetregierung in einer Note vom 27. November 1954 mit, Österreich wäre nur dann in der Lage, an einer solchen Konferenz teilzunehmen, wenn diese zumindest unter Mitwirkung aller an einer noch andauernden Besetzung Österreichs beteiligten Mächte abgehalten würde. Text in: DÖA, Nr. 153.

macht ein Depot mit etwa 300 Soldaten bei Innsbruck, für den Nachschub aus dem von den Amerikanern benützten italienischen Hafen Livorno zu den amerikanischen Einheiten in Österreich. Die Anwesenheit dieser amerikanischen Truppen in der französischen Zone solle, so klagte Iljitschow an, die Verbindung zwischen den amerikanischen Verbänden in der Bundesrepublik Deutschland und in Italien sichern; sie sei Teil jener „aggressiven NATO-Tätigkeit“, die für die Einheit Österreichs gefährlich sei. Die betroffenen westlichen Elemente bestritten übrigens die von Iljitschow festgestellte Truppenstationierung nicht, bagatellisierten jedoch deren Bedeutung; diese Regelungen bestünden schon seit vielen Jahren; auch hätten seit langem die Sowjets selbst kleinere Donauschiffe im amerikanischen Sektor Wiens stationiert. Tatsächlich ist die Bedeutung dieser groß aufgemachten Beschuldigungen vor allem im propagandistischen Bereich zu suchen: Die Presse der sowjetischen Besatzungsmacht und der Kommunistischen Partei nahm das Thema von der Gefährdung der Einheit Österreichs durch die Anwesenheit amerikanischer Truppen in der französischen Zone auf.[215]

Nicht bloß auf die französische und amerikanische Besatzungsmacht, auch auf den österreichischen Bundeskanzler ergoß sich gegen Jahresende 1954 und zu Jahresbeginn 1955 scharfe Polemik sowjetischer und kommunistischer Provenienz. Anlaß war Raabs Reise in die USA (und nach Kanada) Ende November und Anfang Dezember 1954. Der Bundeskanzler wurde eine Zeitlang von sowjetischer Seite besonders heftig unter Beschuß genommen, weil er auf einer Pressekonferenz in Washington und besonders in einem Interview für die amerikanische Zeitschrift "US News and World Report" eindeutig zugunsten der westlichen „Politik der Stärke“ Stellung genommen und erklärt hatte, die Ratifizierung der Pariser Verträge könnte eine Grundlage für neue Staatsvertragsverhandlungen schaffen.[216] Zwischen Weihnachten und Neujahr billigte die französische Nationalversammlung die Pariser Verträge, und das hieß vor allem den Beitritt der Bundesrepublik Deutschland zur NATO. Wie Norbert Bischoff zutreffend festgehalten hat: „So schien denn zu Ende des Jahres 1954 jede Hoffnung auf den Abschluß des Staatsvertrages in irgendwie absehbarer Zeit geschwunden.“[217]

---

215 Protokoll dieser Sitzung in: Records of the Allied Commission for Austria, Mikrofilm, u. a. vorhanden im Institut für Geschichte der Universität Wien, in der Öst. Nationalbibliothek sowie im ÖStA, Allied Council for Austria, Minute Nr. 1957. Sven Allard, *Diplomat in Wien,* 132–135, vermutet aufgrund eines mit einem sowjetischen Diplomaten wenige Tage vorher geführten Gesprächs, die drohende Eingliederung der Bundesrepublik Deutschland in die NATO habe – vorübergehend – sowjetischerseits zu Erwägungen über eine Teilung Österreichs geführt.

216 Erinnerungsvermerk Schärfs über eine Aussprache bei Hochkommissar Iljitschow am 10. Dezember 1954, VGAB, Nachlaß Schärf, 4/220; weiters „Volksstimme“ v. 4. Jänner 1955, 1, sowie Telegramm Chauvel nach Paris v. 4. Jänner 1955, AD, EU – Europe, sous-série Autriche, vol. 288, fol. 170–171.

217 Bischoff, Haltung der Sowjetunion (wie Anm. 125), 80.

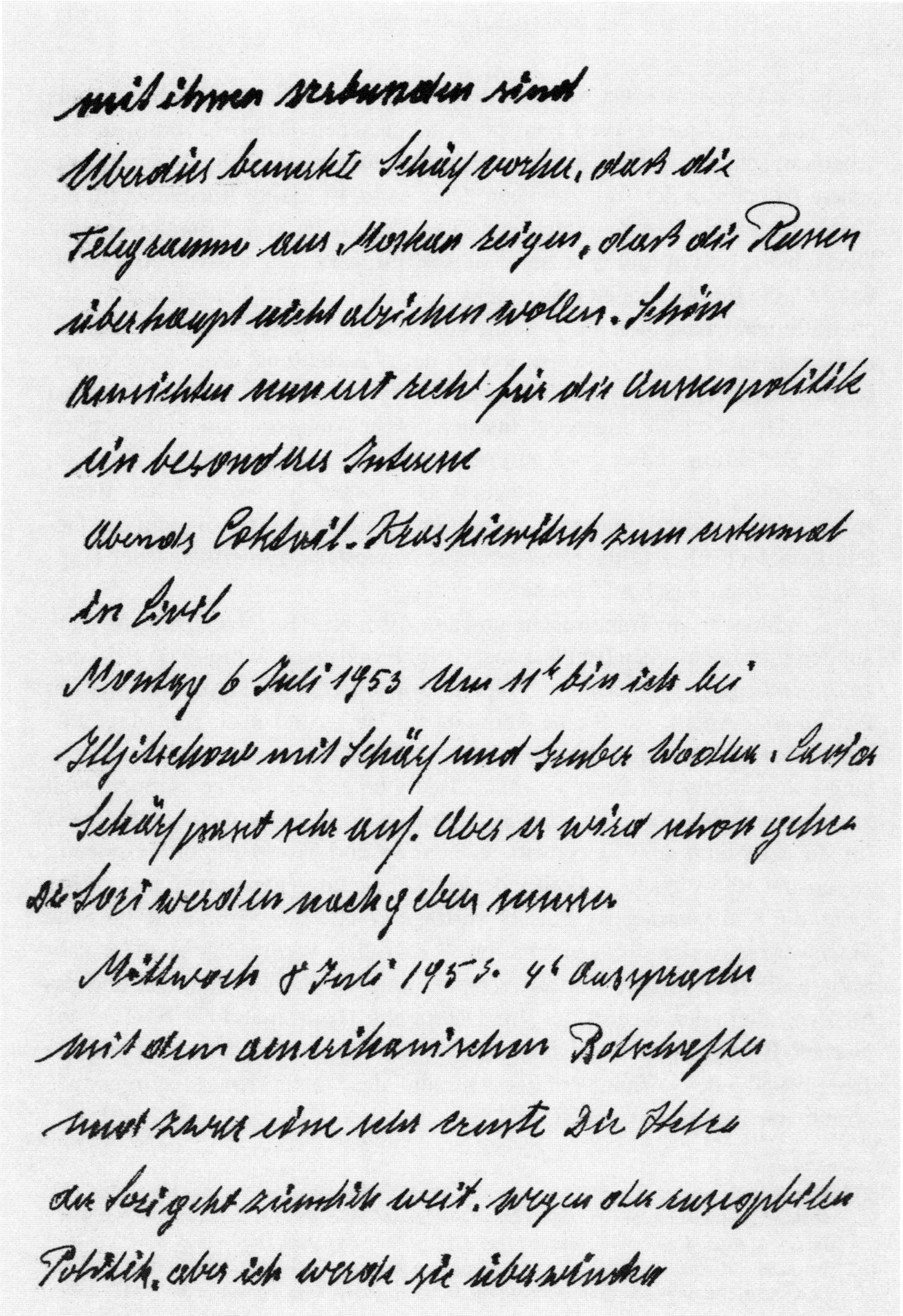
mit ihnen verbunden sind
Überdies bemerkte Schärf vorher, daß die
Telegramme aus Moskau zeigen, daß die Russen
überhaupt nicht abziehen wollen. Schärfs
Ansichten nimmt er recht für die Aussenpolitik
ein besonderes Interesse
Abends Cocktail. Kraskiewitsch zum erstenmal
im Hotel
Montag 6 Juli 1953 Um 11h bin ich bei
Iljitschow mit Schärf und Gruber Woollen. Lustig
Schärf paßt sehr auf. Aber er wird schon gehen.
die Sozi werden nachgeben müssen
Mittwoch 8 Juli 1953. 4h Aussprache
mit dem amerikanischen Botschafter
und zwar eine sehr ernste. Die Hetze
der Sozi geht ziemlich weit. wegen der europäischen
Politik. aber ich werde sie überwinden

Eintragungen Julius Raabs (zum Juli 1953), in einem im Stiftsarchiv Seitenstetten befindlichen eigenhändigen Tagebuch politischen Inhalts für die Zeit vom Februar 1953 bis September 1953 sowie Jänner bis Dezember 1954 (vgl. oben S. 218, Anm. 128). Signatur: StAS, Nachlaß Raab, D 1.

Секретно. Экз.№___

ЗАПИСЬ
ВТОРОГО ЗАСЕДАНИЯ С АВСТРИЙСКОЙ ПРАВИТЕЛЬСТВЕННОЙ ДЕЛЕГАЦИЕЙ

13 апреля 1955 года

Присутствуют:	с Советской стороны	с Австрийской стороны
	В.М.Молотов	Ю.Рааб
	А.И.Микоян	А.Шерф
	И.Г.Кабанов	Л.Фигль
	В.С.Семенов	Б.Крейский
	И.И.Ильичев	И.Шенер
Кроме того присутствуют:	С.Г.Лапин	Н.Бишофф
	М.Г.Грибанов	С.Вероста
	Р.А.Сергеев	

Рааб. Заявляет, что австрийская правительственная делегация обобщила результаты переговоров с советской делегацией за 12 апреля и выразила это в своем меморандуме (приложение I). Рааб зачитал меморандум.

Молотов. спрашивает, какое значение этому документу придае австрийская делегация, как она рассматривает содержащиеся в меморандуме формулировки.

Рааб говорит, что это предложение австрийской делегации, которое она делает на основе вчерашнего обсуждения и которое надо было бы сегодня обсудить.

Молотов спрашивает, можно ли считать этот документ рабочим

Рааб подтверждает, что это рабочий документ.

Молотов говорит, что в нем есть ряд неясностей и что его надо рассмотреть по пунктам. В пункте I говорится о готовности Советского Правительства безотлагательно подписать Австрийский Государственный договор. В такой формулировке, - говорит Молотов, - не совсем понятно поставлен вопрос, т.к. мы готовы под-

Ausschnitt aus der inoffiziellen Niederschrift über die Sitzungen der sowjetischen Regierungsdelegation mit der österreichischen Regierungsdelegation vom 12. bis 14. April 1955 (hier Beginn der zweiten Sitzung am 13. April 1955). Dieses Dokument im Umfang von 50 Seiten (einschließlich einiger Beilagen) konnte im April 1994 im Außenpolitischen Archiv der Russischen Föderation eingesehen und kopiert werden. Kopien im Besitz des Verf. Signatur: AVPRF, Fond 06, 14/9/117,1-50 (hier fol. 14). Vgl. auch S. 616.

VI

ÖSTERREICHS ANNUS MIRABILIS I: CHRUSCHTSCHOW CONTRA MOLOTOW – ÖSTERREICH ALS GEWINNER

1. Der Wendepunkt: Molotows Österreich-Erklärung vom 8. Februar 1955 und der Weg zur bilateralen Verständigung

Eine plötzliche und zunächst in ihrer vollen Tragweite gar nicht allgemein begriffene Wende ergab sich am 8. Februar 1955 und leitete die entscheidende Phase der Staatsvertragsverhandlungen ein. An jenem Tag ersetzte Bulganin Malenkow als Ministerpräsident der Sowjetunion; dieses Ereignis bedeutete einen Machtzuwachs für den Ersten Sekretär der KPdSU, Nikita Sergejewitsch Chruschtschow.[1] Erst nach und nach sollte sich herausstellen, daß der Machtzuwachs Chruschtschows eine Schwächung des Außenministers Molotow bedeutete.[2] Der Gegensatz zwischen dem eine flexiblere Außenpolitik befürwortenden Chruschtschow und dem an den erreichten Positionen starr festhaltenden Molotow schloß auch einen Konflikt bezüglich der sowjetischen Österreichpolitik ein. Diesen Konflikt konnte Chruschtschow infolge der veränderten Machtposition im Präsidium der KPdSU, wie das Politbüro damals hieß, für sich und gegen Molotow entscheiden.[3]

---

1 Die Absetzung Malenkows wurde intern bereits am 31. Jänner 1955 auf einer Plenarsitzung des Zentralkomitees der KPdSU beschlossen. Die außerordentlich scharfe Kritik des ZK an Malenkow ist nun einsehbar im einstimmigen „Beschluß" des Plenums betreffend Malenkow; ein Exemplar des russischen Originaltexts und eine deutsche Übersetzung in: SAPM-BA, Zentralarchiv der SED, Bestand Büro Walter Ulbricht, DY 30/J IV 2/202/319; vgl. auch unten S. 476. Zum Aufstieg Chruschtschows in den Monaten vor Malenkows Fall sehr instruktiv bereits Hans Wassmund, *Kontinuität im Wandel. Bestimmungsfaktoren sowjetischer Deutschlandpolitik in der Nach-Stalin-Zeit,* Köln – Wien 1974, 76–84. Für die unterschiedlichen politischen Linien, Konfrontationen und wechselnden Zweckbündnisse Malenkows, Chruschtschows und Molotows bereits sehr informiert Seweryn Bialer, „The Three Schools of Kremlin Policy", in: *The New Leader,* 29. Juli 1957, 11–12. Vgl. nunmehr James G. Richter, *Khrushchev's Double Bind: International Pressures and Domestic Coalition Politics,* Baltimore 1994, 30–52, sowie Zubok/Pleshakov, *Inside the Kremlin's Cold War,* 154–173.

2 Die Schwächung Molotows wurde erstmals sichtbar im Zusammenhang mit der von Chruschtschow angepeilten Annäherung an Tito. Tito-kritische Äußerungen Molotows in seiner Rede vom 8. Februar stießen auf heftige öffentliche Kritik Titos; der Abdruck von Titos Kritik an Molotow in den sowjetischen Spitzenzeitungen „Prawda" und „Iswestija" am 11. März 1955 bedeutete eine öffentliche Desavouierung Molotows. Wolfgang Leonhard, *Kreml ohne Stalin,* Köln – Berlin, 3. Aufl. 1962, 96–97, sowie Robin A. Remington, *The Warsaw Pact,* Cambridge, Mass., 1971, 13.

3 Der Konflikt um die sowjetische Außenpolitik zwischen Chruschtschow und Molotow im Jahre 1955, in dem die Politik gegenüber Jugoslawien eine sehr große Rolle spielte, der aber auch die

Am Tage der Bekanntgabe der Regierungsumbildung hielt Außenminister Molotow vor dem Obersten Sowjet eine außenpolitische Grundsatzrede; ein Abschnitt dieser Rede war Österreich gewidmet; in dieser Erklärung über Österreich hieß es, die Sowjetregierung halte eine weitere Verzögerung des Abschlusses des Staatsvertrages mit Österreich für ungerechtfertigt. Zugleich müsse man in Betracht ziehen, welche Gefahren die Pläne der Remilitarisierung Westdeutschlands vom Schlag der Pariser Abkommen für Österreich mit sich brächten. Die Sowjetregierung ziehe daraus drei Schlußfolgerungen:

1. Die Regelung der österreichischen Frage könne nicht ohne Zusammenhang mit der deutschen Frage behandelt werden, umso weniger angesichts der Pläne der Remilitarisierung Westdeutschlands, was die Gefahr „der Verschlingung – des Anschlusses – Österreichs" verstärke. Das bedeute, daß beim Abschluß des Staatsvertrages die Möglichkeit eines neuen Anschlusses auszuschalten sei; dies sei an die Annahme dahingehender vereinbarter Maßnahmen der vier Mächte in der deutschen Frage geknüpft. In diesem Falle könnte der Abzug der Truppen der vier Mächte aus Österreich erfolgen, ohne den Abschluß des Friedensvertrages mit Deutschland abzuwarten.
2. Österreich müsse die Verpflichtung auf sich nehmen, „keinerlei Koalitionen oder Militärbündnisse einzugehen, gerichtet gegen irgendeinen Staat, der sich mit seinen Streitkräften am Krieg gegen Hitler-Deutschland und an der Befreiung Österreichs beteiligt hat", und die Schaffung fremder Militärstützpunkte auf seinem Territorium nicht zuzulassen. Die Regierungen der vier Mächte müßten ihrerseits ebenfalls die Verpflichtung übernehmen, diese Bestimmungen einzuhalten.
3. Im Interesse einer raschesten Regelung der österreichischen Frage sei es notwendig, unverzüglich eine Viermächtekonferenz einzuberufen, auf der sowohl die deutsche Frage als auch die Frage des Abschlusses des Staatsvertrages zu behandeln wäre. Das setze selbstverständlich die Beteiligung Österreichs an der Lösung der Frage des Staatsvertrages voraus. Hierbei müsse in Betracht gezogen werden, daß im Falle der Ratifizierung der Pariser Abkommen, „die einer Wiederbelebung des Militarismus in Westdeutschland den Weg ebnen, eine ernste Gefahr des Anschlusses

---

Frage des Abzugs aus Österreich umfaßte – Molotow contra, Chruschtschow pro – wird wohl erst dann voll dokumentiert werden können, wenn die Quellen des Präsidiums (Politbüros) zugänglich sein werden, die im Archiv des Präsidenten der Russischen Föderation verwahrt werden. Es handelt sich vor allem um die Notizen über die Beratungen im Präsidium von Wladimir N. Malin, Sekretär der allgemeinen Abteilung des Zentralkommitees der KPdSU während der Ära Chruschtschow, die bisher nur bezüglich der Polen- und Ungarn-Krise von 1956 zugänglich gemacht worden sind; vgl. S. 485, Anm. 396. Gut dokumentiert ist die Konfrontation Chruschtschow-Molotow (einschließlich der Meinungsverschiedenheit bezüglich des Abzugs aus Österreich) auf einer Plenarsitzung des Zentralkomitees der KPdSU zwischen 4. und 12. Juli 1955; vgl. unten S. 455–460.

und folglich eine Gefahr für die Unabhängigkeit Österreichs entstehen würde".[4]

Molotows Österreich-Erklärung wurde, wie sich nunmehr aus Akten des sowjetischen Außenministeriums feststellen läßt, gründlich vorbereitet. Im Jänner 1955 sandte der Leiter der 3. Europäischen Abteilung des Außenministeriums, Botschafter Wladimir Semjonow,[5] einen längeren Bericht über die sowjetisch-österreichischen Beziehungen von 1950 bis 1954 an Außenminister Molotow.[6] Die unterschiedlichen Phasen dieser Beziehung wurden in der fünfzehnseitigen Studie dargestellt. Deutlich wurden die Erleichterungen im Besatzungsregime im Jahr 1953 und Raabs entgegenkommenderer Kurs im gleichen Jahr herausgearbeitet. Aufhorchen läßt der Satz: „Im Herbst 1953 wurde der ärgste Feind der UdSSR [„naibolee jaryj vrag SSSR"] aus der Regierung entlassen – Minister Gruber." Die Verschlechterung der österreichisch-sowjetischen Beziehungen nach der Berliner Konferenz – mit einer „antisowjetischen Kampagne in Österreich" – wurde unterstrichen. Als wichtigstes Ergebnis der Amerikareise Raabs im November/Dezember 1954 wurde festgehalten, daß Raab in mehreren Äußerungen in den USA und Kanada das Pariser Abkommen unterstützte und die Ansicht vertreten habe, die Staatsvertragsverhandlungen könnten nur dann fortgesetzt werden, wenn das Pariser Abkommen ratifiziert werde. Die Bildung von „illegalen militärischen Formationen" in den Westzonen unter dem Deckmantel „Gendarmerieschulen" – also die sogenannte B-Gendarmerie – wurde erwähnt, ebenso wie die Zuweisung von Mitteln aus dem österreichischen Budget für 1955 für „die illegal gebildeten österreichischen Militärverbände" in den Westzonen unter dem „Deckmantel" der Zuweisung für die „Ausbildung des Sicherheitsapparats". Semjonows Bericht vermerkte die (vom sowjetischen Hochkommissar in der Sondersitzung des Alliierten Rats am 21. Dezember 1954 vorgebrachte) Kritik an der Stationierung amerikanischer Truppen in der französischen Zone und den Vorwurf, dieses Territorium werde für militärische Zwecke des Nordatlantischen Blocks genutzt. Zitiert wurde auch die aus diesem Anlaß vom Hochkommissar Iljitschow ausgesprochene Warnung, daß „derartige Separatmaßnah-

4 Text der Österreich-Erklärung Molotows vom 8. Februar, in: *Österreichische Zeitung*, 10. Februar 1955, 2; sowie in: Mitteilung des Außenministeriums der UdSSR über die österreichische Frage, in: *Prawda*, 12. März 1955, 2, deutsch in: *WZ*, 13. März 1955, 1, sowie in: DÖA, Nr. 154.

5 Zu Wladimir S. Semjonow siehe *Diplomatičeskij slovar'*, Bd. III, 28. Semjonow war nach seiner Funktion als sowjetischer Botschafter in der DDR Ende Juli 1954 wieder in das Außenministerium in Moskau einberufen worden (AdG 1954, 4649 A); ihm wurde die Leitung der die Deutschland- und Österreichfragen bearbeitenden 3. Europäischen Abteilung übertragen. Seine Erinnerungen erschienen 1995: Wladimir S. Semjonow, *Von Stalin bis Gorbatschow: Ein halbes Jahrhundert in diplomatischer Mission, 1939–1991*, Berlin 1995.

6 AVPRF, Fonds 066, op. 14a, p. 40, d. 119, fol. 5–20 (SBKA, Depot von Quellen aus dem AVPRF), „Sowjetisch-österreichische Beziehungen 1950–1954" (19. 1. 1955).

men, die zur Verschmelzung einzelner Besatzungszonen führen, der Integrität des österreichischen Staates Schaden zufügen können" – wohl der ernsteste offizielle Hinweis auf die Gefahr einer Spaltung Österreichs, der überliefert ist.

In einem Begleitbericht des Außenministeriums an das ZK der KPdSU zum Entwurf einer Erklärung der Sowjetregierung zur Österreichfrage – eben jener schließlich am 8. Februar von Molotow abgegebenen Erklärung – wurden verschiedene Motive für die geplante Österreich-Initiative genannt:[7] Es wäre zweckmäßig, auch die Österreichfrage dazu auszunützen, die Ratifizierung der Pariser Abkommen zu erschweren. Als entscheidende Neuerung gegenüber der sowjetischen Haltung auf der Berliner Konferenz wurde festgehalten, daß es das Außenministerium zum gegenwärtigen Zeitpunkt nicht zweckmäßig finde, den Truppenabzug der vier Mächte aus Österreich mit dem Abschluß des Friedensvertrages mit Deutschland zu verbinden. Man könnte den Abzug der Truppen nach Abschluß des österreichischen Vertrages vorschlagen, *wenn* die Pläne zur Remilitarisierung Westdeutschlands und die Pariser Abkommen, in denen diese Pläne zum Ausdruck kämen, hinfällig würden, und *wenn* eine für die vier Mächte annehmbare Entscheidung der deutschen Frage zustande käme, die die Gefahr des Anschlusses Österreichs von seiten Westdeutschlands ausschließen würde. Eine solche Fragestellung könnte den Druck auf die Pariser Verträge (d. h. in Richtung der Ablehnung ihrer Ratifizierung, G. S.) verstärken und würde das Interesse der Österreicher an der Ablehnung der Pariser Abkommen wecken.

Zugleich schlug das Außenministerium vor, den auf der Berliner Konferenz vorgebrachten Antrag auf Aufnahme eines Artikels über die Neutralisierung (sic!) Österreichs in den Staatsvertrag beizubehalten. Das Außenministerium ging davon aus, daß die Westmächte höchstwahrscheinlich den neuen Vorschlag des Truppenabzugs aus Österreich unter der Bedingung der Ablehnung der Pariser Verträge nicht annehmen würden. Damit würden allerdings, so ging die Argumentation weiter, die Westmächte als Schuldtragende bei der Verzögerung der Österreichfrage dastehen, indem sie die Pläne für die Remilitarisierung Westdeutschlands verwirklichten und so die Gefahr eines Anschlusses Österreichs erzeugten. Andererseits würde die vorgeschlagene Österreich-Erklärung zeigen, daß die Sowjetunion das Einvernehmen in der Österreichfrage erleichtern wolle, indem sie den Truppenabzug aus Österreich nicht mehr mit dem Abschluß des deutschen Friedensvertrages verbinde. Im Fall der Ratifizierung der Pariser Verträge – dieser Fall wurde also durchaus bereits eingeplant! – könnten wir (d. h. die Sowjetunion) unseren neuen Vorschlag zu

7 AVPRF, Fonds 06, op. 14, p. 9, d. 116, fol. 2–4 (Entwurf Gromykos, Semjonows und Puschkins betreffend die österreichische Frage, 24. 1. 1955).

Österreich mit einer Forderung z. B. nach der „faktischen Aufhebung" der in den Pariser Abkommen vorgesehenen Maßnahmen verbinden, oder irgend einem anderen für uns annehmbaren Beschluß in der Deutschlandfrage. – Die letztgenannte Aussage ist von beträchtlichem Interesse; sie zeigt, daß und wie sehr die Planer im sowjetischen Außenministerium über die als möglich, wenn nicht sogar wahrscheinlich betrachtete Ratifizierung der Pariser Abkommen – ist gleich NATO-Beitritt der Bundesrepublik! – hinausdachten und auch *nach* einem NATO-Beitritt die „faktische" Aufhebung oder Abschaffung der durch die Pariser Abmachungen vorgesehenen Maßnahmen für möglich, zumindest erstrebbar hielten! Das Papier schloß mit einer optimistischeren Note: Im Fall der Annahme seitens der drei (West-)Mächte unserer Vorschläge würde dies die „faktische Vereitelung" der Pläne der USA in Europa bedeuten. In diesem Falle könnten wir, so der Bericht des Außenministeriums, im Laufe der Gespräche Garantien gegen die Remilitarisierung Westdeutschlands verlangen, aber auch die Errichtung einer Kontrolle im Zusammenhang mit den (von der Sowjetunion gewünschten, G. S.) Staatsvertragsbestimmungen zur Neutralisierung Österreichs.

Zum Text der Österreich-Erklärung liegen nicht weniger als vier Entwürfe vor, die in der Zeit zwischen dem 25. Jänner und dem 5. Februar entstanden.[8] Ein Vergleich mit der veröffentlichten Endfassung – dem von Molotow am 8. Februar verlesenen Text – ergibt, daß die Entwürfe zunächst sogar recht ausführliche Hinweise auf die sowjetische Haltung auf der Berliner Konferenz enthielten, die in der Endfassung wegfielen. Vor allem der erste Entwurf enthielt außerdem ein Sündenregister der drei Westmächte, denen vorgeworfen wurde, auf die Umwandlung Österreichs in „ein Anhängsel des remilitarisierten Westdeutschland, und des Territoriums Österreichs in einen militärisch-strategischen Brückenkopf des nordatlantischen Blocks" zu setzen. Unter anderem wurde das Entstehen von Militäreinheiten, die ihre Ausrüstung aus den Händen der westlichen Okkupationsmächte erhielten – gemeint war die B-Gendarmerie – kritisiert. Auch „sogenannte Soldatenverbände" wurden ins Visier genommen. Diese Hinweise sind auch deshalb von Interesse, weil

8 Ebd., fol. 5–11, 16–20 (dat. 25. 1.), 22–24, 25–29 (am 29. 1. 1955 von Gromyko, Semjonow und Iljitschow Molotow vorgelegt), 31–33 (mit Unterschriften Semjonows und Iljitschows v. 5. 2. 1955). Mehrere dieser Dokumente (die im Fonds 06, dem Fonds des Außenministers, erliegen) weisen handschriftliche Notizen bzw. Unterstreichungen Molotows auf. Zu unterscheiden ist zwischen ministeriumsinternen Entwürfen oder Vorentwürfen und Endfassungen, die immer noch als „Entwurf" („proekt") vom Außenministerium dem Zentralkomitee der KPdSU vorgelegt wurden. Die hierarchische Vorrangstellung der zentralen Parteiinstitutionen vor den staatlichen Institutionen ist in Rechnung zu stellen; die Erschließung der für den Entscheidungsprozeß innerhalb des Zentralkomitees – und vor allem des Präsidiums – der KPdSU relevanten Parteiakten bleibt ein Desiderat, das bisher nicht erfüllt werden konnte und nur nach Maßgabe des möglichst vollständigen Zugangs zu diesen Materialien möglich sein wird.

Anfang Februar 1955 ein umfangreiches Schreiben der Abgeordneten der „Volksopposition" im Wiener Parlament an den Präsidenten des Nationalrats eine lange Liste von Maßnahmen aufzählte – einschließlich des „Aufgebots"![9] –, die die Einbeziehung Westösterreichs in die NATO-Strategie und in die Aufrüstung Westdeutschlands beweisen sollten.[10] Im Zuge der mehrfachen Neufassung der Erklärungsentwürfe wurde viel Beiwerk weggelassen, aber noch zwischen dem letzten Entwurf vom 5. Februar und der Endfassung gibt es manche Unterschiede, die auf ein Feilen am Text bis zum letzten Augenblick schließen lassen.

Was ist zu den eingangs genannten drei Punkten oder Schlußfolgerungen Molotows zu sagen? Zunächst ist festzustellen, daß die Verbindung von deutscher und österreichischer Frage beibehalten wurde; ja diese Verknüpfung wurde in Molotows Erklärung so stark betont, daß es schwierig war, im Rahmen dieser altbekannten und von der sowjetischen Propaganda seit langem breitgetretenen These das Neue zu erkennen, das Molotow nunmehr anbot. Dieses Neue bestand vor allem darin, daß die Sowjetunion von ihrer in Berlin im Februar 1954 vertretenen Haltung abging, daß alliierte Truppen bis zum Abschluß eines Friedensvertrages mit Deutschland in Österreich verbleiben müßten. Die Sowjetunion schien also bereit, von ihrer früheren Forderung abzugehen, allerdings nur, wenn eine Lösung gefunden würde, die die Möglichkeit eines Anschlusses ausschalten würde. Molotow knüpfte jedoch eine solche Lösung an Vereinbarungen der vier Mächte in der deutschen Frage; dies, ebenso wie der Hinweis auf die Pariser Verträge und die Forderung nach einer Viermächtekonferenz, zeigt also, daß die Sowjetunion versuchte, ihre gegenüber der Berliner Konferenz gestiegene Konzessionsbereitschaft in der öster-

---

9 Hierzu vgl. Kap. IV, S. 208–218. Das „Aufgebot" wurde offensichtlich von den österreichischen Militärverantwortlichen als noch um eine Stufe „geheimer" als die B-Gendarmerie angesehen. Hierzu ein aufschlußreicher Brief des österreichischen Verbindungsoffiziers bei den Westalliierten, Paumgartten, aus Salzburg an Liebitzky in Wien. Nach weiteren „Enthüllungsartikeln" schrieb er am 11. März 1955: „Hoffentlich kommen in den Fortsetzungen nicht noch irgendwelche ‚Enthüllungen' über das A. [= Aufgebot, G. S.] denn dies halte ich für das einzig peinliche, weil es ja der kom. Seite offensichtlich nur darum geht nachzuweisen, daß wir in das Nato Konzept einbezogen seien, um dadurch einerseits auf die Fassung bzw. Verhinderung des ihnen unangenehmen Staatsvertrages einzuwirken und andererseits eine Pression auf die Ratifizierung der Pariser Verträge auszuüben." Rechtschreibung und Unterstreichung wie im Original. ÖStA, GD, NLS, B/1030/135.

10 Das mit 5. Februar 1955 datierte Schreiben an den Präsidenten des Nationalrates abgedruckt in: *Österreichische Zeitung*, 6. Februar 1955, 1 u. 3. Neben zahlreichen zutreffenden Tatsachen und Namen gab es auch diverse Irrtümer und nicht überprüfbare Behauptungen. U.a. wurde zutreffend der Name des Leiters des hier als „Militärkomitee" bezeichneten „Wiener Komitees", des Sektionschefs Krechler, genannt, oder der Name des österreichischen Verbindungsmannes beim amerikanischen Hauptquartier in Salzburg, Paumgartten, allerdings irrig Paumgarten geschrieben. Das Originalschreiben erliegt im Parlamentsarchiv, Wien. Der Präsident des Nationalrats, Dr. Felix Hurdes, übermittelte den Text an die Abgeordnetenclubs der ÖVP, der SPÖ und der Wahlpartei der Unabhängigen; eine Antwort traf lediglich seitens des SPÖ-Clubs ein, wobei eine inhaltliche Stellungnahme abgelehnt wurde (ebenfalls Parlamentsarchiv Wien).

reichischen Frage als Instrument zur Verhinderung oder zumindest Verzögerung des Inkrafttretens der Pariser Verträge und damit des Eintritts Westdeutschlands in die NATO zu benützen.[11]

Es stellt sich natürlich die Frage, ob die sowjetische Regierung zu diesem Zeitpunkt – am 8. Februar 1955 – wirklich noch hoffen konnte, das Konzept der Westmächte zur Eingliederung der Bundesrepublik in die NATO zu stören. Eine Entscheidung, vielleicht die wichtigste, war bereits Ende Dezember 1954 gefallen, als die französische Nationalversammlung, obgleich sie nur vier Monate vorher die Europäische Verteidigungsgemeinschaft zu Fall gebracht hatte, mit knapper Mehrheit den Pariser Verträgen die Genehmigung erteilte.[12] Doch stand die Genehmigung im französischen Rat der Republik und im deutschen Bundestag noch aus. Letzterer genehmigte die Pariser Verträge am 27. Februar 1955; einen Monat später, in der Nacht vom 26. zum 27. März 1955, erfolgte die Genehmigung durch den Rat der Republik in Paris; dies war die letzte noch ausstehende parlamentarische Genehmigung des NATO-Beitritts der Bundesrepublik. Es mußte sich also bald herausstellen, ob die Sowjetunion nach dem Scheitern ihrer gegen die Pariser Verträge gerichteten Aktionen ihre Österreich-Initiative fallenlassen oder weiter verfolgen würde.[13] Die Entwicklung während des Monats März zeigte, daß letzteres der Fall war.

In Österreich reagierte man rasch auf Molotows Erklärung vom 8. Februar. Noch am gleichen Tag gab Bundeskanzler Raab eine Erklärung ab, in der er die sowjetische Bereitschaft, die Unabhängigkeit Österreichs zu sichern, begrüßte, gleichzeitig allerdings der Auffassung entgegentrat, die österreichische Frage könne nicht ohne Berücksichtigung des deutschen Problems geregelt werden. Österreich, so sagte der Bundeskanzler, habe „stets einen Standpunkt vertreten, daß sein Recht auf Wiederherstellung der vollen Freiheit und Unabhängigkeit ein primäres“ sei, das in der Moskauer Deklaration von 1943 bestätigt worden sei „und nicht von irgendwelchen Bedingungen, Bindungen

---

11 Otto Eiselsberg, *Erlebte Geschichte 1917–1997,* Wien – Köln – Weimar 1997, 233, kommt auf Chruschtschows Machtübernahme Anfang Februar 1955 (der Regierungswechsel von Malenkow zu Bulganin wurde im ZK schon am 31. Jänner beschlossen) zu sprechen und meint, daß Molotow am 8. Februar zweifellos über den direkten Befehl von Chruschtschow die bekannten „Ouvertüren“ zur Lösung der österreichischen Frage machen mußte. Die bisher einsehbaren Akten zeigen, daß die Vorbereitung der Österreicherklärung im Außenministerium schon im Jänner, vor dem Regierungswechsel, eingesetzt hatte. Allerdings war der Regierungswechsel nur die letzte Konsequenz von Chruschtschows bereits Wochen vorher merkbarer Aszendenz in der Führung der Partei.

12 Zum Kampf um die Pariser Verträge in Frankreich und in der Bundesrepublik Deutschland siehe jetzt den vorzüglichen Sammelband *Die NATO-Option,* hrsg. v. Hans Ehlert, Christian Greiner, Georg Meyer und Bruno Thoß (= *Anfänge westdeutscher Sicherheitspolitik 1945–1956,* hrsg. v. Militärgeschichtlichen Forschungsamt, 3), München 1993, darin insbes. die Beiträge von Bruno Thoß und Hans Ehlert.

13 Der Zusammenhang zwischen dem Kampf um die Genehmigung der Pariser Verträge, vor allem im französischen Rat der Republik (Senat), und der sowjetischen Initiative zum Staatsvertrag wird ausführlich erörtert bei Allard, *Diplomat in Wien,* 145–182.

oder Umständen, auf die Österreich keinen Einfluß nehmen kann, abhängig gemacht werden“ dürfe.[14]

Unter den publizistischen Reaktionen auf Molotows Österreich-Erklärung ist eine besonders problematische Wortmeldung zu verzeichnen. Der Herausgeber der „Salzburger Nachrichten“, Gustav A. Canaval, veröffentlichte am 12. Februar 1955 in seinem Blatt den Vorschlag, man solle „tabula rasa“ machen, den bisherigen Staatsvertragsentwurf verwerfen und ein neues „Statut“ zur Räumung Österreichs vereinbaren.[15] In diesem Statut sollte auch Österreichs Verpflichtung zur militärischen und politischen Bündnisfreiheit verankert sein. Dieses Statut könnte unter der Garantie des UN-Sicherheitsrates stehen. Nun kam aber ein erstaunlicher Vorschlag: für den Fall, daß Österreich seine Verpflichtung zur Bündnisfreiheit nicht einhielte, sollte den Alliierten ein Recht zum Wiedereinmarsch gegeben werden. Canavals Vorschlag wurde schon drei Tage später vom Blatt der Regierungsparteien, dem „Neuen Österreich“, in heftigsten Worten als Unsinn abgetan.[16] Auch Kreisky äußerte sich am 16. Februar in einem Gespräch mit dem sowjetischen Botschaftsrat Timoschtschenko negativ zu Canavals Vorschlag; eine solche Bestimmung könnte, so Kreisky, „einen europäischen Krieg auslösen“.[17] Der Canaval-Vorschlag sollte in den kommenden Wochen noch manchen verärgerten oder besorgten Kommentar auslösen.

Die ersten Versuche des Bundeskanzlers und des Vizekanzlers, vom Hochkommissar Iljitschow Präzisierungen zu Molotows Punkten zu erhalten, blieben, wie Kreisky noch 1955 schrieb, erfolglos.[18] Ein nunmehr zugänglicher Bericht Iljitschows über ein Gespräch mit Raab am 18. Februar 1955, in Anwesenheit Schärfs, bestätigt Kreiskys Aussage.[19] Raab erklärte dem Hochkommissar, daß er Molotows Erklärung begrüße, jedoch verstehe er nicht, warum der österreichische Staatsvertrag mit einer so schwierigen Frage wie der deutschen verbunden werde; auch sei ihm nicht verständlich, wie man die österreichische Frage lösen könne, wenn die deutsche Frage nicht gelöst sei [!]. Es sei auch unklar, setzte Raab fort, welche vereinbarten Maßnahmen zur

14 *Neue Wiener Tageszeitung,* 9. Februar 1955, 1.

15 Gustav A. Canaval, „Statut – nicht Staatsvertrag“, Leitartikel der *SN* v. 12./13. Februar 1955. Zu der „Fronde“ gegen den von der Bundesregierung bekanntlich seit 1953 wieder als Verhandlungsgrundlage anerkannten sogenannten „langen“ Staatsvertragsentwurf, der Canaval sein Blatt öffnete und zu der bekannte konservative Persönlichkeiten wie Otto von Habsburg und die früheren Diplomaten Theodor Hornbostel und Johann Andreas Eichhoff gehörten, vgl. unten Anm. 37.

16 Leitartikel des (sozialdemokratischen) Chefredakteurs Paul Deutsch in: *Neues Österreich,* 15. Februar 1955, 1.

17 Gesprächsnotiz A. Timoschtschenkos über ein Gespräch mit Kreisky, 16. Februar 1955, AVPRF, Fonds 066, op. 38, p. 210, d. 9, fol. 90–96, hier 91 u. 92 (SBKA, Depot von Quellen aus dem AVPRF).

18 Observator (d. i. Bruno Kreisky), *Der lange Weg,* 27.

19 Gesprächsaufzeichnung Iljitschows vom 18. Februar 1955, AVPRF, Fonds 066, op. 38, p. 210, d. 3, fol. 24–25.

deutschen Frage getroffen werden müßten – damit bezog sich Raab auf den verklausulierten Wortlaut des Punktes 1 von Molotows Österreich-Erklärung, daß nämlich eine Österreich-Lösung unter Ausschluß der Möglichkeit eines neuen Anschlusses an die Annahme „dahingehend vereinbarter Maßnahmen der vier Mächte in der deutschen Frage" geknüpft sei. Iljitschow antwortete, daß er nichts zum Referat Molotows (am 8. Februar, G. S.) hinzufügen könne. Schärf, von dem ebenfalls ein (kurzer) Gesprächsvermerk erhalten ist, notierte zusätzlich, Iljitschow habe gemeint, aus Molotows Rede könne man nicht herauslesen, daß die Österreichfrage von der Deutschlandfrage getrennt werde oder daß ein Abzug der Besatzungstruppen vor dem Staatsvertrag möglich sei.[20] Iljitschow, dessen Bericht wir wieder folgen, betonte auch, daß die Pariser Abkommen Westdeutschland militarisierten, was nicht nur eine Gefahr für die Unabhängigkeit Österreichs, sondern auch die Gefahr der Auslösung eines neuen Krieges in Europa in sich berge. Raab antwortete, daß Österreich ein kleines Land sei, daß es auch keinerlei Einfluß ausüben könne. Raab erklärte, daß Österreich nicht vorhabe, an irgendwelchen Blöcken teilzunehmen, und wenn Garantien der vier Mächte gegeben werden würden, würde dies die Unabhängigkeit Österreichs gewährleisten.[21] Schärf stellte die Frage, welche Schritte die österreichische Regierung zum (Staats-)vertrag unternehmen müsse. Iljitschow gab zur Antwort, es sei schwierig für ihn, der österreichischen Regierung was auch immer zu raten.

Da es bisher nicht möglich gewesen war, Iljitschow auch nur irgendeinen konkreten Hinweis auf die sowjetischen Absichten zu entlocken, der über Molotows Erklärung vom 8. Februar hinausgegangen wäre, stellte Raab zu Schluß des Gesprächs die Frage, ob Molotows Vorschlag auf der Berliner Konferenz, man solle die vier Botschafter in Wien unter Beteiligung der österreichischen Regierung zu einer Beratung über den österreichischen Staatsvertrag einberufen, in Kraft bleibe. Iljitschow berichtete, er sei der Antwort ausgewichen, indem er Raab fragte, wie er Molotows Vorschlag über die unverzügliche Einberufung einer Viererkonferenz über die deutsche und die österreichische Frage beurteile. Raab antwortete, daß er nichts gegen irgendeine Konferenz habe, auf der die österreichische Frage gelöst würde.

---

20 Erinnerungsvermerk Schärfs über die Besprechung bei Raab mit Iljitschow (und dessen Dolmetscher), 18. 2. 1955 von 15–16¹/4 Uhr: VGAB, Nachlaß Schärf, 4/249.

21 Ganz ähnlich hatte sich drei Tage zuvor Finanzminister Kamitz in einem Gespräch mit dem sowjetischen Botschaftsrat Timoschtschenko auf der schweizerischen Gesandtschaft geäußert; auch Kamitz sagte, Österreich sei ein kleines Land und könne keinen Einfluß auf die politischen Ereignisse ausüben; vor allem aber wiederholte Kamitz mehrmals, „daß sich Österreich nicht an Militärblöcken beteiligen und eine neutrale Politik verfolgen werde". Figls Berliner Erklärung, wonach Österreich außerhalb aller militärischen Blöcke stehe, sei „auch zum gegenwärtigen Zeitpunkt aufrecht". Gesprächsnotiz A. Timoschtschenkos, 15. Februar 1955, AVPRF, Fonds 066, op. 38, p. 210, d. 9, fol. 81–84 (SBKA, Depot von Quellen aus dem AVPRF).

Aber er würde doch gerne eine Antwort auf seine Frage erhalten. Bereits hier wurde die in den kommenden Wochen von den sowjetischen Diplomaten in Wien immer wieder mit großer Ausdauer durchgehaltene Taktik sichtbar, sich nicht in die eigenen Karten schauen zu lassen und konkrete Antworten, Vorschläge oder Angebote tunlichst vom österreichischen Gesprächspartner zu erhalten.

Am gleichen Tage, dem 18. Februar, kam es in Moskau zu einem einstündigen Gespräch zwischen Botschafter Bischoff und dem sowjetischen Spitzendiplomaten Wladimir Semjonow, der damals die mitteleuropäischen Angelegenheiten leitete und alsbald, im März 1955, den Rang eines Vizeaußenministers erhalten sollte.[22] Als Ergebnis dieses Gesprächs, in dem Semjonow Molotows Erklärung vom 8. Februar erläuterte, ergab sich für Bischoff der sichere Eindruck, daß sich Moskau anschickte, die Österreichfrage von einer für die Sowjetunion befriedigenden Deutschlandlösung zu trennen. Sicher war nach diesem Gespräch, so Bischoff, „daß die Sowjetunion auch in der Perspektive des Inkrafttretens des Pariser Abkommens eine Lösung der Österreichfrage suchte, die einerseits eine gesicherte Ausschaltung jeder Möglichkeit eines neuerlichen Anschlusses nicht nur für heute, sondern auch für alle Zukunft gewährleistete, andererseits aber auch eine andere Gefahr bannte: die der Einbeziehung Westösterreichs in das Militärsystem der NATO und damit unter Umständen früher oder später die Zerspaltung Österreichs in zwei Teile nach deutschem, koreanischem und vietnamischem [sic] Muster.“[23]

Eine Woche später, am 25. Februar 1955, wurde Bischoff zu Außenminister Molotow gebeten; Molotow wiederholte den Tenor seiner Ausführungen vom 8. Februar, unterstrich deren Bedeutung, insbesondere das Abgehen von den auf der Berliner Konferenz gestellten Bedingungen des Truppenabzugs aus Österreich. Den Zusammenhang zwischen deutscher und österreichischer Frage abschwächend, sagte Molotow, daß die „sowjetische Seite die Lösung der österreichischen Frage nicht von der Lösung der deutschen Frage abhängig mache und lediglich auf den Zusammenhang hinweise, der naturgemäß zwischen diesen beiden Fragen bestehe“. Molotow meinte auch, präliminäre Verhandlungen zwischen Österreich und der UdSSR könnten zur Lösung der

---

22 Bekanntgabe der Ernennung zum Vizeaußenminister (deren es mehrere gab) am 22. März 1955: *AdG*, 25 (1955), 5085 A.

23 Bischoff, Die Haltung der Sowjetunion in der Frage des Abschlusses des österreichischen Staatsvertrages, 86 (vgl. auch oben Kap. IV, S. 228, Anm. 148). ÖStA, GD, NLS, E/1170. Bischoff schrieb dieses Manuskript, das auf seinen Berichten zur Staatsvertragsfrage basiert, in der Hoffnung, daß ähnliche Berichte über die Haltung der anderen Signatarstaaten des Staatsvertrages von seinen in diesen Staaten residierenden Amtskollegen ebenfalls verfaßt werden würden; freundliche mündliche Mitteilung von Frau Holda Bischoff.

österreichischen Frage beitragen, ebenso wie ein persönlicher Kontakt mit den Führern der österreichischen Regierung.[24]

Das Datum von Molotows Gespräch mit Bischoff ist signifikant, denn aus einem Dokument des sowjetischen Außenministeriums ergibt sich, daß am Vortag, dem 24. Februar, ein Beschluß (rešenie) des Zentralkomitees der KPdSU gefaßt worden war, wonach demnächst bilaterale sowjetisch-österreichische Gespräche durchgeführt werden sollten und dabei die Möglichkeit einer Einladung Raabs und anderer Vertreter der österreichischen Regierung nach Moskau ins Auge gefaßt wurde. Schon wenige Tage später legte Botschafter Semjonow dem Außenminister – zur Weitergabe an das ZK, das jeweils die Vorschläge des Außenministeriums zu genehmigen hatte – mit einem erläuternden Bericht den Entwurf von Direktiven für die Gespräche mit Österreich vor. In den Erläuterungen wurden – abgesehen von der bereits von Molotow am 8. Februar angedeuteten Entkoppelung des Truppenabzugs aus Österreich vom Abschluß eines Friedensvertrags mit Deutschland und der „schon bekannten Garantie" gegen einen Anschluß (die „Neutralisierung") – drei neue Forderungen besonders erwähnt:

Erstens wurde eine Räumungsfrist von 36 Monaten anstatt der im Staatsvertragsentwurf vorgesehenen 90 Tage genannt. Diese Frist von drei Jahren war allerdings von vornherein als Verhandlungspolster gedacht; Semjonow fügte nämlich hinzu, gemeint sei, daß Österreich nicht gegen die von Mendès-France vorgeschlagene Räumungsfrist von 18 bis 24 Monaten (vgl. hierzu Kap. V), Einspruch erheben sollte; im beiliegenden Entwurf der Direktiven wurde die Frist von 36 Monaten handschriftlich auf 24 Monate reduziert.

Zweitens – und dies war neu! – wurde ein Wiedereinmarschrecht der Alliierten in ihre jeweiligen Zonen postuliert für den Fall einer unmittelbaren Anschlußgefahr oder der militärischen Nutzung österreichischen Territoriums gegen eine Macht, die gegen Hitler-Deutschland gekämpft hatte.

Drittens wurde vorgeschlagen, nach dem Abzug der Besatzungstruppen gleichwohl ein Stationierungsrecht von alliierten Militärverbänden in begrenzter Zahl zwecks Vorbeugung eines Anschlußversuchs vorzusehen, und zwar auf die Dauer von sieben Jahren! Dieser Vorschlag schloß sich an die sowjetische Forderung in Berlin 1954 an, begrenzte Truppenverbände bis zum Abschluß eines Friedensvertrags mit Deutschland in Österreich zu belassen. Im Entwurf der Direktiven wurde ausdrücklich erwähnt, daß diese Verbände auch vor Ablauf der Frist abgezogen werden könnten, im Zusammenhang mit einer Veränderung in den internationalen Beziehungen oder auf jeden Fall nach Abschluß des Friedensvertrages mit Deutschland. Dies war eine deutliche Rute

---

24 Mitteilung des Außenministeriums der UdSSR (wie oben Anm. 4) sowie Bericht Bischoffs nach Wien, AdR, BMAA, II-Pol. Zl. 320.128-Pol/55 v. 25. 2. 1955, auch in: ÖuG, Nr. 101.

im Fenster, um bei den Westalliierten vielleicht im Zuge der Österreichverhandlungen Konzessionen in der Deutschlandfrage zu erlangen.

Schließlich wurde – als Konzession an die Österreicher – auch die Möglichkeit der Streichung einiger veralteter Artikel des Staatsvertragsentwurfs vorgesehen.[25]

Die zwei Themen Wiedereinmarschrecht und verlängerter Verbleib von Truppenverbänden waren in einem vorhergehenden Entwurf miteinander verknüpft worden; für den Fall, daß Österreich ein Wiedereinmarschrecht ablehnen sollte, war als Alternativvorschlag (wörtlich „zweite Position") die Errichtung einer „Militärbasis" in jeder Zone Österreichs mit Truppenverbänden in begrenzter Zahl für die Dauer von zehn Jahren (!) vorgesehen – unbeschadet der Frist von 36 Monaten für den Abzug der eigentlichen Besatzungstruppen. Noch deutlicher als in dem von Semjonow am 28. Februar vorgelegten Entwurf hieß es – an die Adresse der Westmächte gerichtet –, daß diese Militärbasen sofort zu liquidieren wären, wenn die vier Mächte „entsprechende gemeinsame Maßnahmen zur Deutschlandfrage" treffen würden, die die Möglichkeit eines neuen Anschlusses ausschließen würden . . .[26]

Sowohl das Wiedereinmarschrecht als auch der Verbleib begrenzter Truppenverbände sollten in den kommenden Wochen in unterschiedlicher Weise in Positionspapieren des sowjetischen Außenministeriums wiederkehren und – zumindest was das Wiedereinmarschrecht betraf – auch in inoffiziellen Gesprächen in Wien zur Sprache kommen, aber nie offiziell in die bilateralen Verhandlungen eingebracht werden.

In den letzten Februartagen berichtete Bischoff in sehr bemerkenswerten Berichten über das mögliche Ziel der neuen sowjetischen Österreich-Initiative. Dieses könne in zwei Richtungen gesucht werden: Erstens könnte es „bei einem Zusammentreffen günstiger Umstände" möglich werden, daß von einer Lösung der Österreichfrage so starke entspannende Einflüsse ausgehen könnten, daß es „bestenfalls" zu einer „Verzögerung oder gar Verhinderung der Ratifizierung [der Pariser Verträge] in Frankreich" käme; „weniger guten aber immer noch akzeptablen Falles": Vorbereitung einer Viererkonferenz über die österreichische „und mit ihr konnexen Teile der deutschen Frage", wobei sich vielleicht die Möglichkeit ergäbe, daß die Inkraftsetzung der ratifizierten Pariser Abmachungen verschoben werden könnte. Dies wäre das eine Ziel.

---

25 AVPRF, Fonds 06, op. 14, p. 9, d. 116, fol. 36–44. Das Dokument besteht aus einem Vorlageblatt Semjonows an Molotow vom 28. Februar 1955 mit der Bitte um Prüfung (rassmotrenie), mit Paraphe Molotows vom 2. März und dessen handschriftlicher Notiz „nötig durchzusehen" („nado smotr"), einem erläuternden Berichtsentwurf für das ZK (in dem bereits der Monat März für die Datumseinsetzung vorgeschrieben ist), und dem Textentwurf der Direktiven.

26 AVPRF, Fonds 06, op. 14, p. 9, d. 116, fol. 51–56; dieser Entwurf ist nicht datiert, jedoch eindeutig als dem in Anm. 25 genannten Entwurf vorhergehend zu qualifizieren.

„Das zweite Ziel aber wäre" – so präsentierte Bischoff gewissermaßen das Minimalprogramm – „für den Fall der Ratifizierung und des Inkrafttretens der Pariser Abmachungen die Zone der Spaltung und Zerreissung [!] tunlichst auf Deutschland zu beschränken, Österreich aus ihr heraus zu halten, ihm den Weg in eine mitteleuropäische Neutralitätsgruppe mit der Schweiz und Jugoslawien ... zu ermöglichen, wie es auch im Norden Europas eine schwedisch-finnische Neutralitätsgruppe gibt deren Existenz, trotz dem Beitritt Norwegens und Dänemarks zum Atlantikpakt, ganz Nordeuropa weitgehend aus der Weltspannung auszuschalten vermag."[27] Es handelte sich also um ein doppeltes „Szenario", das Maximalhoffnungen und Mindesterwartungen gleichermaßen umfaßte.

Einen Tag später, am 28. Februar, berichtete Bischoff, daß sich in einem Gespräch mit Semjonow die Vermutung verstärkt habe, Molotows Initiative gehe auf den Wunsch zurück, „durch eine real gesicherte Neutralisierung Österreichs zu verhindern, daß die durch die Pariser Abmachung bewirkte Zerreissung Deutschlands zusammen mit der dadurch geschaffenen Frontlinie sich – mit allem was das unter Umständen für uns zu bedeuten hätte – auch auf österreichischen Boden fortsetze. Es wäre uns", so schloß Bischoff, „damit eine funktional ähnliche Rolle zugedacht wie Schweden, Finnland, Schweiz und Jugoslawien."[28] Dies bedeutete eine Bestätigung der zweiten, im Bericht vom Vortage genannten Hypothese – des (realistischeren) Minimalziels. Wir werden auf diese doch sehr bemerkenswerte Konzeption noch zurückkommen.

Aufgrund des Berichts über das Gespräch Molotow–Bischoff vom 25. Februar ermächtigte die Bundesregierung Botschafter Bischoff, bei nächster Gelegenheit dem sowjetischen Außenminister mitzuteilen, daß die Bundesregierung verstehe, daß sowjetischerseits ein wichtiger Schritt vorwärts getan worden sei. Österreich würdige auch die Bedeutung der sowjetischen Erklärung, nach einer Einigung über die Maßnahmen zur Verhütung des Anschlusses könne der Abzug der ausländischen Truppen erfolgen. Allerdings müßten Verhandlungen über solche Sicherungen zwischen allen vier Großmächten und Österreich geführt werden. Dies teilte Botschafter Bischoff bei seinem nächsten Zusammentreffen mit Molotow am 2. März 1955 mit. Wie man sieht, gingen die Österreicher nicht sogleich auf die sowjetische Anregung, bilaterale Gespräche nur zwischen Wien und Moskau zu führen, ein, sondern betonten die Notwendigkeit von Verhandlungen mit allen vier Mächten. Molotow seinerseits urgierte in dem Gespräch mit Bischoff am 2. März die eindeutige Meinung der Bundesregierung zu den sowjetischen Vorschlägen vom 8. Fe-

27 AdR, BMAA, II-Pol, Zl. 320.331-Pol/55 (Bericht Zl. 21/Pol/55 v. 27. 2. 1955, Betreff: „Nach meinem Besuch bei Molotow"); auch in: ÖuG, Nr. 104.

28 Ebd., Zl. 320.131-Pol/55 (Chiffretelegramm v. 28. 2. 1955), auch in: ÖuG, Nr. 103.

bruar; bisher sei die Einstellung der österreichischen Regierung zu den erwähnten sowjetischen Vorschlägen noch nicht klar zum Ausdruck gebracht worden.[29]

Schon knapp danach kam es zu Gesprächen zwischen Kreisky und dem stellvertretenden Hochkommissar Kudriawzew sowie zwischen Raab und dem Hochkommissar Iljitschow. In einem Gespräch mit Kudriawzew am 4. März[30] erwähnte Kreisky, es habe aufgrund der Informationen Bischoffs ein Meinungsaustausch unter den Regierungsmitgliedern stattgefunden; neue Weisungen für Bischoff würden vorbereitet.[31] Der – wie nicht selten – sehr offen und direkt sprechende Kreisky sagte auch, daß die österreichische Regierung nicht die Absicht habe, sich an Blöcken zu beteiligen, und daß sie „daran interessiert sei, sich an die Neutralität zu halten". Die Regierung wäre bereit, dies entweder in einem Protokoll oder im Text des Staatsvertrags festzulegen. Mit der letzten Bemerkung nahm Kreisky im Gespräch vorweg, was Raab etwas später, am 20. März, öffentlich aussprechen würde – Österreichs Bereitschaft, allenfalls die (wie immer formulierte) Bündnisfreiheit/Neutralität auch im Text des Staatsvertrages zu verankern. Die in den Monaten Februar bis April 1955 allgegenwärtige Frage von „Garantien gegen die Gefahr eines Anschlusses" spielte auch in diesem Gespräch eine Rolle; während Kudriawzew bemerkte, daß er die in den Gesprächen Molotow/Bischoff berührten Fragen nicht erörtern könne, ging Kreisky sehr wohl auf mögliche „Garantien" ein; so sei der Gedanke aufgetaucht, die vier Mächte könnten untereinander vereinbaren, daß in den künftigen Friedensvertrag mit Deutschland ein Anschlußverbot aufgenommen würde. „Die Neutralität Österreichs", so Kreisky wörtlich gemäß Kudriawzews Gesprächsnotiz, müßte ihrer Meinung nach „entweder von den vier Mächten oder vom Sicherheitsrat der UNO garantiert werden".[32]

Auch darüber hinaus war das Gespräch, folgt man der Gesprächsnotiz Kudriawzews, bemerkenswert konkret. Kreisky unterstrich die Bedeutung der schon im Jahr zuvor in Berlin von Molotow gemachten Konzession, die Ablösesumme von 150 Millionen Dollar für die Rückgabe der USIA nicht in Dollars, sondern in Warenlieferungen zu akzeptieren, weil dies Österreich von den USA unabhängiger mache. Von großem Interesse ist Kreiskys Bemerkung, ihm sei „der Gedanke gekommen, daß es zweckmäßig wäre, im Staatsvertrag einen Artikel vorzusehen, der es Österreich verbiete, Deutschland ehemalige

29 DÖA, Nr. 154.

30 Allard erwähnt, daß am 4. März er, Kreisky und Pittermann Gäste in der sowjetischen Botschaft gewesen seien, berichtet allerdings nur über ein Gespräch, das er selbst mit Kudriawzew führte. Allard, *Diplomat in Wien,* 154–158.

31 Gesprächsnotiz Kudriawzews über ein Gespräch mit Kreisky, 4. März 1955, AVPRF, Fonds 066, op. 38, p. 210, d. 9, fol. 218–221 (SBKA, Depot von Quellen aus dem AVPRF).

32 Ebd. fol. 219. Der Hinweis „ihrer Meinung nach" ist nicht eindeutig zuzuordnen, bezieht sich im Kontext am ehesten auf die österreichische Regierung.

deutsche Unternehmen zurückzugeben, seien sie nun verstaatlicht oder USIA-Betriebe." Damit könne die weitere Stärkung der wirtschaftlichen Stellung Westdeutschlands in Österreich vermieden werden. Wenige Wochen später wird der SPÖ-Vorsitzende Adolf Schärf öffentlich ähnliche Gedanken äußern.[33] Mit größter Entschiedenheit nahm Kreisky neuerlich gegen den Gedanken eines Wiedereinmarschrechts Stellung, den Gustav Canaval Mitte Februar in den „Salzburger Nachrichten" lanciert hatte; er unterstrich, daß das Parlament niemals einer solchen Maßnahme zustimmen werde. Das Thema war allerdings damit noch nicht vom Tisch.

Im Gespräch zwischen Raab und Iljitschow am 5. März (an dem auch Kudriawzew teilnahm), kam der Bundeskanzler nach diversen Einzelthemen auf das letzte Treffen zwischen Molotow und Bischoff zu sprechen. Raab bemerkte, er habe aus Bischoffs Informationen den Eindruck gewonnen, daß Molotow effektivere Garantien gegen eine Anschlußgefahr haben wolle, als dies im Staatsvertragsentwurf vorgesehen sei. Raab erwähnte den Vertrag von Saint-Germain; dieser habe einen Artikel analog zum Anschlußverbot enthalten, jedoch keine Garantien, die die Einhaltung des Vertrags gewährleistet hätten. Das Resultat war, daß Österreich 1938 als erstes Opfer von Hitler-Deutschland verschlungen wurde. Die Großmächte, so Raab, erwiesen Österreich damals keinerlei Hilfe. Raab bemerkte, daß vielleicht jetzt vorsorgende Garantien der vier Mächte für die wirksame Sicherung der Unabhängigkeit Österreichs eingeholt werden sollten.

Und – offenbar ohne alle Vorbehalte, die anderswo vorhanden waren, wie zu zeigen sein wird – meinte Raab, daß bei ihnen (d. h. in Österreich, G. S.) die Idee der Neutralität nach dem schweizerischen Beispiel immer populärer werde. Diese Neutralität, bemerkte Raab, müsse natürlich durch die entsprechende Form garantiert werden.[34] Diese – bisher der Forschung nicht bekannte – Äußerung Raabs zeigt seine Unbefangenheit gegenüber dem Begriff der Neutralität nach dem Beispiel der Schweiz. Dies und Raabs Bereitschaft, relativ frühzeitig im Laufe der bilateralen Vorgespräche mit den sowjetischen Spitzendiplomaten in Wien darüber zu sprechen, waren gewiß Faktoren, deren Kenntnis der sowjetischen Diplomatie bei der Vorbereitung der Verhandlungen mit den Österreichern von Wert sein würde.

Die Bundesregierung arbeitete in den Folgetagen eine offizielle Stellungnahme zu den genannten drei Punkten der Erklärung Molotows vom 8. Februar aus, die Bischoff am 14. März Molotow im Beisein Semjonows überreichte. Die Bundesregierung bemerkte zu Punkt 1, sie begrüße „jede wirkungsvolle Sicherung und Garantie der österreichischen Unabhängigkeit und Freiheit nach

33 Ebd. fol. 218–219. Vgl. unten S. 377–378.

34 Gesprächsnotiz Iljitschows, 5. März 1955, AVPRF, Fonds 066, op. 38, p. 210, d. 3, fol. 36–38.

allen Seiten und somit auch gegen die Gefahr eines Anschlusses". Zu Punkt 2 hieß es, die Bundesregierung habe „zu wiederholten Malen ganz eindeutig erklärt, daß Österreich nicht die Absicht hat, militärischen Bündnissen beizutreten oder militärische Stützpunkte auf seinem Gebiet zuzulassen". Sie sei „bereit, die Form, in der eine solche Erklärung gegebenenfalls neuerlich abgegeben werden soll, zum Gegenstand eines Meinungsaustausches zu machen". Das Wort Neutralität wurde nicht genannt. Zu Punkt 3 meinte die Bundesregierung, sie sei gleichfalls der Überzeugung, daß eine endgültige Lösung der österreichischen Frage nur durch eine Konferenz aller beteiligten Mächte unter Teilnahme Österreichs gefunden werden könne. Allerdings bemühte sich nun die Bundesregierung, das von Molotow am 8. Februar geforderte Junktim einer gleichzeitigen Behandlung der österreichischen und der deutschen Frage auf einer Viermächtekonferenz, möglichst vor der Ratifizierung der Pariser Verträge, zu durchbrechen. Die Bundesregierung fügte daher ihrer Stellungnahme zu Punkt 3 hinzu, sie glaube, daß vor der Konferenz die unter den Punkten 1 und 2 angeführten Probleme so weit geklärt werden sollten, daß eine solche Konferenz Aussicht auf ein baldiges konkretes Resultat biete. Die Bundesregierung glaube, daß eine gesonderte Behandlung des Staatsvertrages durch die vier Mächte (d. h. also unabhängig von deutschen Problemen, G. S.) unter Beteiligung Österreichs einen erfolgreichen Abschluß herbeiführen würde. In der Berichterstattung über die Vorsprache bei Molotow machte Bischoff klar, daß die öffentlichen sowjetischen Äußerungen über die Unumgänglichkeit einer Viermächtekonferenz über Deutschland und Österreich vor Ratifizierung der Pariser Verträge „rein aus taktischen Gründen" erfolgten, und daß die Sowjets nach der Ratifizierung an Garantien gegen einen Anschluß nicht weniger, sondern mehr interessiert sein würden.[35]

---

35 Die am 14. März von Bischoff an Molotow übergebene Aufzeichnung wurde mit einer Stellungnahme der Bundesregierung am 16. März dem Hauptausschuß des Nationalrats mitgeteilt; veröffentlicht in: *WZ*, 17. März 1955, 1; Abdruck in DÖA, Nr. 155. Zum Besuch bei Molotow am 14. 3. 1955 mehrere Chiffretelegramme Bischoffs, publiziert in: ÖuG, Nr. 105 u. Nr. 106, hier zit. aus telegr. Bericht Zl. 320.528-Pol/55 v. 15. 3. 1955, in: ÖuG, Nr. 105. Bischoffs schon frühzeitig und mehrfach geäußerte Analyse, daß die sowjetische Politik zwar für die Öffentlichkeit den Ruf nach der Viererkonferenz erschallen lasse, intern jedoch stillschweigend den Fall der Ratifizierung der Pariser Abmachungen von vornherein in Rechnung stelle, ist überzeugend: vgl. auch dessen Bericht vom 23. März 1955: AdR, BMAA, II-Pol, Zl. 320.989-Pol/55 (= Bericht Zl. 27-Pol/55, Betreff: „Gespräche mit Semjonow und Gribanow vor meiner Reise nach Wien"). Vgl. auch die Überlegungen im sowjetischen Außenministerium Ende Jänner 1955 (oben S. 338–339). Daß zumindest bestimmte sowjetische Machtzentren schon frühzeitig die Ratifizierung der Pariser Verträge erwarteten, hatte bereits Mitte Dezember 1954 die österreichische Gesandtschaft Bern über Mitteilungen, die sie von Nikolaus Basseches erhielt (zu diesem vgl. Kap. IV, S. 222), berichtet; AdR, BMAA, II-Pol, Zl. 148.550-Pol/54 (= Bericht Zl. 40-Pol/54 der Gesandtschaft Bern v. 16. Dezember 1954); allerdings bleibt unklar, in wessen Auftrag Basseches seine Mitteilungen an die Gesandtschaft in Bern weitergab; sollten diese Mitteilungen aus dem Bereich des Zentralkomitees der KPdSU gekommen sein, wofür es gegenwärtig keine Hinweise gibt, würde diesen von

Im Mittelpunkt des Interesses stand naturgemäß die Frage, welcher Art die Sicherungen oder Garantien zur Verhütung des Anschlusses sein sollten. Die sowjetische Seite war in Molotows Ausführungen vom 8. Februar wie auch in den Gesprächen mit Bischoff Ende Februar und Anfang März nicht ins Detail gegangen; sie schien vielmehr abzuwarten, welche Vorschläge von österreichischer Seite hierzu vorgelegt werden würden. Der Kernpunkt der sowjetischen Erwartungen war allerdings doch schon von Molotow am 8. Februar formuliert worden, in Punkt 2 seiner Erklärung, daß Österreich die Verpflichtung auf sich nehmen müsse, keinerlei Koalition oder Militärbündnisse einzugehen, die gegen einen Staat gerichtet wären, der am Krieg gegen Deutschland und an der Befreiung Österreichs beteiligt war. Diese Formulierung erinnerte an eine der Forderungen der Sowjetunion in Berlin im Februar 1954. Es handelte sich aber nun darum, die Form einer solchen Verpflichtung seitens Österreichs wie auch die Art allfälliger Verpflichtungen seitens der Großmächte zu finden.

Bundeskanzler Raab nahm in einer Rundfunkansprache am 20. März zu diesen Fragen Stellung. Sie enthielt eine ganze Reihe konkreter Hinweise auf die Positionen, die die Bundesregierung in den weiteren Verhandlungen mit Rußland einzunehmen gedachte, und war de facto ebensosehr an die Adresse Moskaus wie an die österreichischen Zuhörer gerichtet. Raabs Rede stellt ohne Zweifel eines der interessantesten Dokumente zur Vorgeschichte der Moskauer Verhandlungen dar. Raab erinnerte an die wenige Tage zuvor veröffentlichte Erklärung der Bundesregierung mit den drei Punkten zu Molotows Rede vom 8. Februar. Der Hauptteil von Raabs Rede sei hier ungekürzt wiedergegeben:

Aus der Erklärung geht wohl eindeutig der feste Wille der Bundesregierung hervor, den Staatsvertrag zu unterzeichnen, und zwar so rasch als möglich. Um aber fruchtbringende und rasche Verhandlungen zu ermöglichen, müssen einige Klarstellungen erfolgen, in erster Linie hinsichtlich der von Außenminister Molotow erwähnten Garantieerklärungen und der Nichtbeteiligung an militärischen Bündnissen.

Bezüglich der militärischen Bündnisse haben wir zu wiederholten Malen sehr eindeutige Erklärungen abgegeben. Jene Erklärung, die unser Außenminister in Berlin abgab, nahm Außenminister Molotow selbst in sehr zustimmender Weise zur Kenntnis.
Ebenso hat Österreich erklärt, daß es das Verweilen fremder Truppen auf seinem Territorium entschieden ablehnt und auch nicht bereit ist, militärische Basen einzuräumen. *Diese Erklärung zu wiederholen sind wir bereit, allenfalls auch in feierlicher Form.* Wir wären auch einverstanden, daß eine diesbezügliche Bestimmung Aufnahme in den Entwurf des Staatsvertrages findet.
Das ist der Beitrag, den Österreich zu dieser Frage leisten kann. Es ist dies ein Beitrag, von

---

Basseches weitergegebenen Mitteilungen ein beträchtlicher Stellenwert zukommen; eine weitere Mitteilung gleichen Inhalts, nunmehr nicht mehr so überraschend, erfolgte Mitte März 1955 (BMAA, II-Pol, Zl. 320.582-Pol/55, = Bericht Gesandtschaft Bern Zl. 10-Pol/55 v. 15. März 1955).

dem auch der sowjetische Außenminister bei der Berliner Konferenz und auch jetzt wieder erklärt hat, daß er ein sehr beachtlicher sei.
Wir haben in unserer Erklärung weiters angeregt, die Sowjetunion möge mitteilen, wie sie sich die von ihr geforderte Garantie für die Unabhängigkeit und gegen die Gefahr eines Anschlusses vorstelle. Denn schließlich ist Österreich in der Moskauer Deklaration die volle Freiheit und Unabhängigkeit versprochen worden, und Artikel 4 des Staatsvertragsentwurfes enthält ohnehin das Verbot des Anschlusses. Wenn also die Sowjetunion eine darüber hinausgehende Garantie oder eine andere Formulierung wünscht, dann sollte sie einen diesbezüglichen Vorschlag machen. An und für sich begrüßt Österreich jede Garantie, die ihm seine Freiheit und Unabhängigkeit besser sichert.
Am zweckmäßigsten wäre wohl eine Garantie der vier Großmächte, die die Unverletzlichkeit des österreichischen Staatsgebietes nach allen Seiten hin automatisch zu sichern hätte.
Wir sind sehr daran interessiert, daß das österreichische Problem in möglichst absehbarer Zeit neuerlich Gegenstand der Verhandlungen einer Viermächtekonferenz unter Teilnahme Österreichs bildet. Wir sind aber überzeugt, daß mit Aussicht auf Erfolg diese Verhandlungen nur stattfinden können, wenn die beiden ersten Fragen, nämlich Garantie der vier Großmächte und die Form der von Österreich abzugebenden Erklärung betreffend Militärbündnisse, militärische Basen und fremde Truppen, geklärt sind. Da die Sowjetunion hier bestimmte Wünsche hat, liegt es an ihr, ehrlich zur Klärung beizutragen und diesen Wünschen konkreten Ausdruck zu geben. Es ist für uns begreiflicherweise sehr schwer, diese Wünsche festzustellen. Bei der Festlegung weltpolitisch bedeutender Fragen kann man nur aufgrund konkreter Vorschläge verhandeln.[36]

Im weiteren Verlauf seiner Rede drängte Raab neuerlich auf die Aufhebung des Junktims zwischen deutscher und österreichischer Frage: „Wenn wir bereit sind, keine militärischen Bündnisse einzugehen, keine fremden Truppen und keine Militärbasen auf unserem Gebiet zuzulassen, dann müssen wir aber auch verlangen, daß unsere Frage gesondert von allen anderen behandelt wird, da wir eben, wenn wir schon zum Ausdruck bringen, ein Eigenleben zu führen und uns an keinen Machtblock anlehnen zu wollen, auch die Gewähr haben müssen, daß wir nicht gegen unseren Willen mit anderen Fragen in Verbindung gebracht werden."

Der Bundeskanzler wandte sich dann, ohne Namen zu nennen, an Kritiker, die Verhandlungen auf Basis eines neuen Staatsvertragsentwurfes forderten, weil der alte Entwurf vom Jahre 1949 zu schwere Lasten auferlege. Konkret war dies gegen die scharfe Kritik an den Belastungen des Staatsvertragsent-

36 Rundfunkansprache Raabs etwas gekürzt wiedergegeben in *WZ*, 22. März 1955, 2. Hier zitiert nach dem Originaltext, der dankenswerterweise vom Bundespressedienst im Bundeskanzleramt beschafft werden konnte. Ein Exemplar mit Korrekturen in: AdR, BMAA, II-Pol, Zl. 321.176-Pol/55, Text abgedruckt in: DÖA, Nr. 156. Meine Hervorhebungen. Raabs Rede wurde den österreichischen Botschaftern in Washington, Paris, London und Moskau als „richtunggebende Ausführungen bei der Regelung Ihrer Sprache" übermittelt. AdR, BMAA, II-Pol, Zl. 320.685-Pol/55, auch in: ÖuG, Nr. 108.

wurfes gerichtet, die in den „Salzburger Nachrichten“ in Zusammenarbeit zwischen dem Chefredakteur Gustav Canaval und den pensionierten Gesandten Johann Andreas Eichhoff und Theodor Hornbostel, bekannten Diplomaten der Zwischenkriegszeit altösterreichischer Herkunft, veröffentlicht worden war. Eröffnet hatte die Reihe kritischer Artikel Otto von Habsburg, der sich auf ihm vorliegende Argumentationen Hornbostels stützte.[37] Raab sagte nicht ohne Schärfe, daß interessanterweise die kritischen Stimmen immer wieder an Orten auftauchten, die von der militärischen Besetzung wenig oder nichts spürten: „Wir müssen aber auf die große Zahl unserer Mitbürger Rücksicht nehmen, für die diese militärische Besetzung auch heute noch sehr fühlbar ist. Warum haben sich die Kritiker nicht schon früher zu Worte gemeldet? Warum kommen jetzt plötzlich und so spät die Bedenken? Die Bundesregierung würde den Kritikern sicherlich Gehör schenken, wenn sie uns ein Rezept verraten würden, wie man zu einem anderen, besseren Vertrag kommen könnte. Bedenken haben ist leicht, es besser machen ist schwer.“ Ohne sich festzulegen, versicherte Raab, daß sich die Regierung bemühen werde, bei den kommenden Verhandlungen noch Erleichterungen und Verbesserungen durchzusetzen.

Drei Vorschläge Raabs sind von besonderem Interesse:

Erstens deutet die Bereitschaft zur Abgabe einer Verpflichtungserklärung Österreichs „in feierlicher Form“ bereits auf die Einbindung des Parlaments bei der Bekräftigung der dem Inhalt nach ja schon von Figl 1954 in Berlin abgegebenen Erklärung hin.

---

37 Die *SN* brachten am 31. Dezember 1954, 1, einen Aufsatz „Österreichische Neujahrsgedanken“ von Otto von Habsburg, der unter Hinweis auf zahlreiche Artikel des Entwurfes in der Fassung von 1949 zu dem Schlusse kam, der Entwurf habe „den Charakter eines Diktats, das von einem Sieger dem Besiegten auferlegt wird“. Darauf bezog sich ein ebenfalls warnender Leitartikel des Gesandten Johann Andreas Eichhoff, „Ein Weckruf“, *SN,* 10. Februar 1955, 1–2; Eichhoff warnte, der Entwurf sei mit dem Begriff eines unabhängigen und demokratischen Österreich unvereinbar. Inzwischen hielt am 8. Februar 1955 Gesandter Theodor Hornbostel in Innsbruck vor der Liga für die Vereinten Nationen einen Vortrag „Die unveräußerlichen Rechte Österreichs und der Staatsvertragsentwurf“, auf den Gustav A. Canaval im Leitartikel „Statut – nicht Staatsvertrag“, *SN,* 12./13. Februar 1955, einging. Ein unveröffentlichtes Manuskript Hornbostels „Der österreichische Vertragsentwurf (Eine kritische Studie)“ vom Oktober 1954 (u. a. im Nachlaß Eichhoff, Allg. Verwaltungsarchiv, Wien, sowie NÖLA, Nachlaß Figl) bot die wichtigste argumentative Grundlage für die genannten Wortmeldungen, vor allem für Otto von Habsburgs Neujahrsartikel zur Jahreswende 1954/55; zum Inhalt der Denkschrift (und ihrer mit Hornbostel nicht abgesprochenen Verwendung durch Otto von Habsburg) vgl. Ableitinger, Österreichische Skepsis gegenüber Österreichs Staatsvertrag, 199–203. Hornbostels negative Einstellung zum Staatsvertragsentwurf sowie Otto von Habsburgs und Canavals Artikel waren Gegenstand sehr kritischer Äußerungen Kreiskys (der allerdings Hornbostels Vortrag nicht in Innsbruck, sondern in Linz lokalisierte) gegenüber dem sowjetischen Botschaftsrat Timoschtschenko anläßlich eines auf Wunsch Kreiskys zustandegekommenen Besuches Timoschtschenkos bei Kreisky im Außenamt am 16. Februar 1955. AVPRF, Fonds 066, op. 38, p. 210, d. 9, fol. 90–96 (SBKA, Depot von Quellen aus dem AVPRF). Auch der französische stellvertr. Hochkommissar Lalouette berichtete nach Paris über die Staatsvertragsskepsis der genannten Persönlichkeiten (Nr. 106 v. 18. Februar 1955). AD, série EU Europe, sous-série Autriche, vol. 300.

Zweitens ist das Angebot interessant, allenfalls auch im Staatsvertrag festzuhalten, daß Österreich das Verweilen fremder Truppen auf seinem Territorium und die Gewährung militärischer Basen ablehne; es handelt sich hier um ein gewisses Entgegenkommen gegenüber Molotows Antrag in Berlin, einen Art. 4 bis in den Vertrag aufzunehmen, und um ein Abweichen von der Position der Westmächte, die darüber auch nicht erbaut waren.[38]

Drittens ist schließlich Raabs Vorschlag einer *Territorialgarantie* interessant; nicht von einer Viermächtegarantie der von Österreich einzugehenden Verpflichtungen bezüglich Nichtbeitritt zu Militärbündnissen etc. ist die Rede, also nicht von einer Garantie dessen, was der Kern der späteren Neutralitätsverpflichtung war, sondern von einer Garantie der Unverletzlichkeit des österreichischen Staatsgebiets. Diese Formel orientiert sich am Text der Akte vom 20. November 1815 betreffend die Anerkennung und Gewährleistung der immerwährenden Neutralität der Schweiz und der Unverletzlichkeit ihres Gebiets. In diesem Dokument ist nämlich an einer Stelle davon die Rede, daß die Mächte die „Unversehrtheit und Unverletzlichkeit“ – „l'intégrité et l'inviolabilité“ des Staatsgebietes der Schweiz garantierten; diese Formel wird dreieinhalb Wochen nach Raabs Rede in den Punkten I,4 und II,5 des Moskauer Memorandums wieder auftauchen (siehe Dokumentenanhang, Nr. 4). Und das kleine Wörtchen „automatisch“? Die automatische Garantie des österreichischen Territoriums sollte wohl anzeigen, daß zu einem solchen Schutz kein vorheriges Übereinkommen aller Signatarmächte und keine Aufzählung der Eventualitäten für einen Garantiefall erforderlich wäre – denn dann könnte der Westen den Osten und der Osten den Westen blockieren, und Vorwände für Einmischungsversuche könnten leicht gefunden werden. Es sei an die Überlegungen zur Garantie-Klausel des Staatsvertragsentwurfes aus den Jahren 1947 bis 1949 erinnert.[39]

In der Tat stand das Schweizer Vorbild von 1815 Pate, als im März 1955 im Außenamt, besonders von Stephan Verosta, ein Garantiekonzept entwickelt wurde, um dem Wunsch nach zusätzlichen Garantien gegen die „Anschlußgefahr“ Rechnung zu tragen. In einem Positionspapier „Grundsätze für das weitere Vorgehen Österreichs“ vom 17. März 1955, also drei Tage vor Raabs Rundfunkrede, hatte die Völkerrechtsabteilung bzw. deren Leiter Stephan Verosta ein Garantiekonzept vorgeschlagen und ausführlich begründet. Dieses außenpolitische und völkerrechtliche Grundsatzpapier,[40] dessen vollständiger Text im Dokumentenanhang nachzulesen ist, ging über die Frage eines Garan-

38 Thompson an State Department, 23. 3. 1955, NA, RG 59, 663.001/3-2355, sowie 25. 3. 1955, ebd., 663.001/3-2555; Wallinger an Foreign Office, 23. 3. 1955, PRO, FO 371/117786/RR1071/56.

39 Vgl. oben S. 102–103, sowie Dokumentenanhang, S. 685–686.

40 Jenny, *Konsensformel*, 145, spricht sogar von einem „Schlüsseldokument“.

tiekonzepts weit hinaus. Drei Thesen oder Punkte für das weitere Vorgehen Österreichs wurden aufgestellt.

Erstens wäre der Staatsvertrag „trotz der enormen Hypotheken“, die er Österreich auferlege, auch mit seinem jetzigen Text zu unterzeichnen. Allerdings sollte nichts unversucht gelassen werden, besonders drückende Bestimmungen zu beseitigen, einschließlich des „für Österreich kaum tragbaren 3. Absatzes der Präambel“; dies war die auf die Moskauer Deklaration zurückgehende „Verantwortlichkeitsklausel“. Zur Begründung betonte Verosta, nach fast neunjährigem unausgesetztem Begehren nach Abschluß des Staatsvertrages wäre die Weigerung Österreichs, im jetzigen Zeitpunkt den Staatsvertrag zu unterschreiben, innen- und außenpolitisch untragbar. „Die Räumung Österreichs von allen fremden Truppen stellt die österreichische Unabhängigkeit und Souveränität in den Augen der österreichischen Bevölkerung und des Auslandes erst wieder her.“ So unangenehm der Verlust der österreichischen Verbindungslinien zwischen Süddeutschland und Italien sowie Jugoslawien „für die westeuropäische Verteidigungsgemeinschaft und für die NATO sein mögen“, wurde andererseits die Bedeutung des Rückzuges sowjetischer Truppen betont. Es würde das erste Mal sein, daß sowjetische Truppen sich aus ihren 1945 erreichten Stellungen in Europa zurückzögen.[41]

Der zweite Punkt lautete, Österreich bringe seine Bereitschaft zum Ausdruck, „seine Erklärung keinen militärischen Bündnissen beizutreten und keine fremden militärischen Stützpunkte auf seinem Gebiet zuzulassen, in der von den vier Mächten, insbesondere der Sowjetunion gewünschten Form, zu wiederholen“. Vier einander nicht notwendigerweise ausschließende formale Möglichkeiten wurden genannt, um diese (ja schon in Berlin abgegebene) Erklärung zu wiederholen bzw. eigentlich zu bekräftigen: eine „gesonderte feierliche Erklärung der Bundesregierung“, die vom Parlament gebilligt würde, allenfalls in Verbindung mit dem Dank Österreichs für die Garantieerklärung der Großmächte; oder die Aufnahme der österreichischen Erklärung mit der Garantie der Großmächte in den Staatsvertrag – hier ist wohl eine Wurzel von Raabs Äußerung in seiner drei Tage später gehaltenen, bereits analysierten Radioansprache zu sehen; drittens erwähnte Verosta auch ein innerstaatliches Verfassungsgesetz; schließlich könnte das in Artikel 4 des Staatsvertragsentwurfs niedergelegte Anschlußverbot allenfalls durch ein Verfassungsgesetz innerstaatlich bekräftigt werden. Von Interesse ist Verostas Bemerkung, inhaltlich wäre über die bereits abgegebene Erklärung nicht hinauszugehen. „Österreichs politische, wirtschaftliche und kulturelle Zugehörigkeit zum Westen

41 Dies wäre insoferne zu qualifizieren, als sich die Rote Armee bald nach Kriegsende aus einigen Gebieten zurückzog, allerdings in Ländern mit einem anderen Status als Österreich, nämlich aus Bornholm (Dänemark), Teilen Jugoslawiens und vor allem aus der Tschechoslowakei.

wird durch eine derartige Erklärung ebensowenig in Frage gestellt wie die Schwedens, Finnlands und der Schweiz." Er fügte hinzu: „Demgemäß wäre österreichischerseits weder der Ausdruck Neutralität oder gar Neutralisierung zu verwenden. Daß Österreich seinen wirtschaftlichen, politischen und kulturellen Verkehr mit dem Westen weder einschränken kann noch einschränken will, sollte klar gesagt werden." Allerdings sei hier daran erinnert, daß Bundeskanzler Raab bereits zwölf Tage zuvor im Gespräch mit dem Hochkommissar Iljitschow sehr wohl von der Idee der Neutralität nach dem Beispiel der Schweiz gesprochen hatte, die in Österreich immer populärer werde!

Im Mittelpunkt des Papiers stand jedoch der dritte Punkt, stand – als Antwort auf die mit stärkster Insistenz von der Sowjetunion an Österreich gerichtete Frage nach „Garantien" gegen die Gefahren eines Anschlusses – ein Garantiekonzept. Die zentrale Aussage zum Garantiekonzept lautete wie folgt: „Österreich wird sich im Sinne der sowjetischen Anregungen bemühen, eine Garantieerklärung der vier Großmächte für seine Unabhängigkeit zu erlangen. Hiefür würde folgende Verpflichtungserklärung der vier Großmächte genügen:

‚Die vier Großmächte – Großbritannien, Frankreich, die Sowjetunion und Vereinigte Staaten von Amerika – garantieren Österreich die Unversehrtheit und Unverletzlichkeit seines Gebietes innerhalb der Grenzen des Staatsvertrages von St-Germain vom 10. September 1919.'"

Die Formel der Garantieerklärung, so erläuterte Verosta, „ist der Garantieerklärung der fünf Mächte (Großbritannien, Frankreich, Rußland, Österreich und Preußen) für die Schweiz vom 20. November 1815 nachgebildet, die einen Annex zum Zweiten Pariser Frieden vom gleichen Tage bildet".[42]

42 Der Titel des Dokuments vom 20. November 1815 (Tag der Unterzeichnung des Zweiten Pariser Friedens) lautet: „Acte portant reconnaissance et garantie de la neutralité perpétuelle de la Suisse et de l'inviolabilité de son territoire". Der authentische französische Text wird wegen seiner großen Bedeutung hier im Original wiedergegeben; die als Vorlage für Österreich entscheidende Passage ist kursiv gesetzt (meine Hervorhebung, G. S.). Der Abdruck ist übernommen aus der vorzüglichen Darstellung von Otto Pleinert, „Die immerwährende Neutralität der Schweiz", in: *ÖZA* 8 (1968), 215–232, hier 231–232:

„L'accession de la Suisse à la Déclaration donnée à Vienne le vingt Mars mil huit cent quinze par les Puissances signataires du Traité de Paris ayant été dûment notifiée aux Ministres des Cours Impériales et Royales par l'Acte de la Diète Helvétique du vingt-sept Mai suivant, rien ne s'opposait à ce que l'Acte de la reconnaissance et de la neutralité perpétuelle de la Suisse dans ses nouvelles frontières fût fait conformément à la Déclaration susdite. Mais les Puissances ont jugé convenable de suspendre jusqu'à ce jour la signature de cet Acte à cause des changements que les événements de la guerre et les arrangements qui devaient en être la suite pouvaient apporter aux limites de la Suisse, et des modifications que pouvaient aussi en résulter dans les dispositions relatives au territoire associé au bienfait de la neutralité du Corps Helvétique.

Ces changements se trouvant déterminés par les stipulations du Traité de Paris de ce jour, les Puissances signataires de la Déclaration de Vienne du 20 Mars *font par le présent Acte une reconnaissance formelle et authentique de la neutralité perpétuelle de la Suisse, et Elles lui garantissent l'intégrité et l'inviolabilité de son territoire* dans ses nouvelles limites, telles qu'elles sont fixées tant par l'Acte du Congrès de Vienne que par le Traité de Paris de ce jour et telles l

Sowjetischerseits, so hieß es in dem Grundsatzpapier, würden „effektive Garantien" verlangt. „Eine effektive, d. h. wirksame Garantie, bietet aber nur eine derartige Erklärung der interessierten Großmächte. Ihre Garantieerklärung muß allerdings von dem andauernden Willen und der steten Bereitschaft und Fähigkeit der garantierenden Großmächte begleitet sein, das Garantieversprechen jederzeit einzulösen. Im Falle der Schweiz hat sich diese Garantie nunmehr durch 140 Jahre als wirksam und effektiv erwiesen.[43] Dies könnte

---

qu'elles le seront ultérieurement: conformément à la disposition du Protocole du trois Novembre, ci-joint en extrait, qui stipule en faveur du Corps Helvétique un nouvel accroissement de territoire, à prendre sur la Savoie pour arrondir et désenclaver le Canton de Genève.

Les Puissances reconnaissent et garantissent également la neutralité des parties de la Savoie désignées par l'Acte du Congrès de Vienne du 29 Mars mil huit cent quinze et par le Traité de Paris de ce jour, comme devant jouir de la neutralité de la Suisse, de la même manière que si elles appartenaient à celle-ci.

Les Puissances signataires de la Déclaration du 20 Mars reconnaissent authentiquement par le présent Acte que la neutralité et l'inviolabilité de la Suisse et son indépendance de toute influence étrangère sont dans les vrais intérêts de la politique de l'Europe entière.

Elles déclarent qu'aucune induction défavorable aux droits de la Suisse, relativement à sa neutralité et à l'inviolabilité de son territoire, ne peut ni ne doit être tirée des événements qui ont amené le passage des troupes alliées sur une partie du sol helvétique. Ce passage librement consenti par les Cantons dans la Convention du 20 Mars a été le résultat nécessaire de l'adhésion franche de la Suisse aux principes manifestés par les Puissances signataires du Traité d'alliance du 25 Mars.

Les Puissances se plaisent à reconnaître que la conduite de la Suisse dans cette circonstance d'épreuve a montré qu'elle savait faire de grands sacrifices au bien général et au soutien d'une cause que toutes les Puissances de l'Europe ont défendue et qu'enfin la Suisse était digne d'obtenir les avantages qui lui sont assurés, soit par les dispositions du Congrés de Vienne, soit par le Traité de Paris de ce jour, soit par le présent Acte, auquel toutes les Puissances de l'Europe sont invitées à accéder.

En foi de quoi la présente Déclaration a été faite et signée à Paris le vingt Novembre de l'an de grâce mil huit cent quinze.

Suivent les signatures dans l'ordre alphabétique des Cours:

Autriche:	Le Prince de Metternich
	Le Baron de Wessenberg
France:	Richelieu
Grande-Bretagne:	Castlereagh
	Wellington
Prusse:	Le Prince de Hardenberg
	Le Baron de Humboldt
Russie:	Le Prince de Rasoumoffsky
	Le Comte Capo d'Istria

43 Anläßlich einer Besprechung einiger österreichischer Spitzendiplomaten (Vollgruber, Schwarzenberg, Schöner, Verosta) beim Generalsekretär des Außenamtes Wildmann am 30. März 1955 wurde die „im Entwurf Gesandten Verostas vorgesehene Garantieformel" diskutiert, wobei Verosta bemerkte, die „in Anlehnung an das Schweizer Vorbild entworfene Formel hat sich immerhin durch 140 Jahre am Beispiel der Schweiz bewährt. Es sei vermutlich die klügste Lösung, sich an ein historisches Beispiel anzulehnen; mit einer möglichst einfachen Formulierung ist wohl am ehesten Aussicht gegeben, alle vier Mächte auf einen Nenner zu bringen. Eine kompliziertere Fassung könnte nur Anlaß zu schwierigeren Verhandlungen geben und schließlich auch zu divergierenden Interpretationen im Ernstfalle führen." AdR, BMAA, II-Pol, Zl. 320.925-Pol/55, veröffentlicht in: ÖuG, Nr. 111, 1. Teil; dort irrtümliche Namensangabe des Generalsekretärs (Wildner statt Wildmann).

und sollte auch bei der Garantie der österreichischen Eigenstaatlichkeit der Fall sein." Der Verfasser fand es nicht zweckmäßig, die Garantie der Großmächte an die UN zu binden, etwa von einem Beschluß des Sicherheitsrates oder der Generalversammlung der UN abhängig zu machen. Sollte Österreich den UN beitreten, würde es ohnehin in den Genuß der in der Satzung vorgesehenen gegenseitigen Garantien der einzelnen Mitglieder gelangen. Der Hinweis fehlte nicht, daß sich Österreich mit seinem UN-Beitritt „vom Beispiel der neutralen Schweiz entfernen" würde. Bei Abstimmungen in der UNO, so das Grundsatzpapier, könnte sich Österreich wohl meist mit Schweden abstimmen, „um über seine militärische Bündnislosigkeit eine politische Selbständigkeit darzutun". Eine Garantie durch Österreichs Nachbarstaaten hielt das Papier nicht für opportun; insbesondere galt dies für die Bundesrepublik oder auch ein wiedervereinigtes Deutschland; politisch von Nutzen wäre es hingegen, wenn die Westmächte, soferne sie sich zur Garantie der österreichischen Unabhängigkeit entschlössen, bei der BRD eine Erklärung der Achtung der österreichischen Unabhängigkeit erwirken würden, noch vor der – wohl ein Anschlußverbot enthaltenden – friedensvertraglichen Regelung mit Deutschland.

Das Papier schloß mit dem Hinweis auf die Dringlichkeit einer Anfrage bei den Westmächten bezüglich der Bereitschaft zur Abgabe einer Garantieerklärung. Für den Fall, daß aufgrund von Bedenken der Westmächte die Verhandlungen mit der Sowjetunion im Sande verlaufen könnten, wäre eine Garantie der Westmächte für ganz Österreich umso wichtiger, um wenigstens von Seite der Westmächte Garantien sowohl gegen einen Anschluß an die BRD, aber auch gegen sowjetische Maßnahmen im Fall des erfolglosen Abbruchs der gegenwärtigen Gespräche zu erhalten, Maßnahmen, die schließlich in der Abtrennung der sowjetischen Besatzungszone unter Abwürgung Wiens enden könnten.

Das in diesem Grundsatzpapier entwickelte Garantiekonzept nach dem Schweizer Modell von 1815 bildete ohne Zweifel die Grundlage für Raabs entsprechende Äußerungen in seiner Rede vom 20. März. Es bildete aber offensichtlich ebenso eine Grundlage für Äußerungen Kreiskys bei einem von diesem gegebenen Abendessen am 17. März 1955, das dank der ausführlichen Darstellung in den Memoiren des schwedischen Botschafters Sven Allard – und sich darauf beziehenden Veröffentlichungen Kreiskys selbst – einen beträchtlichen Bekanntheitsgrad gewonnen hat.

Bei Gelegenheit des vom damaligen Staatssekretär Kreisky gegebenen Abendessens fand eine Aussprache mit dem zweithöchsten sowjetischen Diplomaten in Österreich statt. Anwesend waren – außer dem Gastgeber und dem schwedischen Botschafter – Vizekanzler Schärf, der Leiter der politischen Abteilung des Außenamtes Gesandter Josef Schöner, der französische Geschäftsträger und Stellvertretende Hochkommissar Roger Lalouette und der nach dem Hochkommissar Iljitschow ranghöchste Diplomat der sowjetischen Mission in Wien und Stellvertretender Hochkommissar, Gesandter Sergej Kudriawzew.[44]

Nach Allards Schilderung versuchte Kreisky mit Unterstützung Schärfs und Schöners, von den anwesenden sowjetischen Diplomaten eine Präzisierung der von Molotow geforderten „Garantien gegen den Anschluß" zu erhalten. Im Laufe des Gesprächs kritisierte Kudriawzew die Haltung der österreichischen Regierung in ihrer am 14. März Molotow übergebenen Stellungnahme; insbesondere habe es die Bundesregierung unterlassen, zu dem sowjetischen Wunsch nach unverzüglicher Einberufung einer Viermächtekonferenz Stellung zu nehmen (Punkt 3 von Molotows Erklärung vom 8. Februar). Kreisky erwiderte, die Bundesregierung sei niemals gegen eine Konferenz gewesen, sondern habe nur unterstrichen, daß für ein positives Ergebnis eine sorgfältige Vorbereitung auf diplomatischem Wege vorangehen müsse. Als die österreichische Antwort verfaßt wurde, sei man davon ausgegangen, daß die Sowjetunion sich klar sein mußte, daß Molotows Forderung nach einem Zusammentreffen der Konferenz vor Ratifikation der Pariser Verträge unerfüllbar sei. Die erhofften Präzisierungen der sowjetischen Diplomaten zu Molotows Vorstellungen bezüglich der Garantien gegen den Anschluß blieben allerdings aus.

Schließlich griff Kreisky nach dem „Dictionnaire diplomatique" und zitierte die Akte vom 20. November 1815 über die immerwährende Neutralität der Schweiz, in der die vorhin erwähnte Territorialgarantie enthalten war. Der maßgebliche Satz lautet wie folgt: „. . . les Puissances signataires de la Déclaration de Vienne du 20 Mars font par le présent Acte une reconnaissance formelle et authentique de la neutralité perpétuelle de la Suisse, et Elles lui garantissent l'intégrité et l'inviolabilité de son territoire . . ."[45] In Übersetzung: „Die Signatarstaaten der Wiener Erklärung vom 20. März geben mittels dieser Akte eine formelle und authentische Anerkennung der immerwährenden Neutralität der Schweiz, und sie garantieren ihr die Unversehrtheit und Unverletzlichkeit ihres Gebietes." Kreiskys Frage an Kudriawzew, ob Bestimmungen

44 Allard, *Diplomat in Wien,* 171–174; ein Auszug aus Allards Memoiren bei Kreisky, *Herausforderung,* 105–106; darin wird der in der Buchausgabe von Allards Memoiren als K. bezeichnete sowjetische Diplomat als der Gesandte Kudriawzew identifiziert. Jenny, *Konsensformel*, 147–151, handelt ausführlich von den Gesprächen bei Kreiskys Abendeinladung und zieht als neue Quelle Allards Bericht an den schwedischen Außenminister Undén v. 18. März 1955 heran; während Allard in seinem Bericht schrieb, daß Kudriawzew von seiner Gattin begleitet war, schreibt er in den Memoiren von zwei sowjetischen Diplomaten; die anderen vorliegenden Quellen enthalten keine Hinweise hierzu. Eine Kalendereintragung Josef Schöners notiert als Zeitpunkt der Abendeinladung in der Armbrustergasse (Kreiskys Residenz in Wien-Döbling) 20 Uhr und nennt den Vizekanzler, Kudriawzew, Lalouette und Allard. Mit freundlicher Genehmigung von Frau Rita Schöner, Kopie im Besitz des Verfassers.

45 Siehe oben Anm. 42.

dieser Art als hinreichende Garantie gegen den Anschluß betrachtet werden können, dürfte sich besonders auf die Territorialgarantie dieses Dokuments bezogen haben.[46] Überraschenderweise antwortete Kudriawzew, er könne sich vorstellen, daß dieser oder ein ähnlicher Vorschlag Grundlage einer weiteren Diskussion des Staatsvertrages sein könne. Er fügte allerdings hinzu, ergänzend zu dem vorgelesenen Text – dem Text „über die referierten Bestimmungen betreffend die Neutralität der Schweiz", wie es in Allards Bericht nach Stockholm heißt – müßten die Besatzungsmächte zu bestimmten Maßnahmen berechtigt sein, falls die Bundesrepublik Deutschland Vorbereitungen treffen sollte, die als Bedrohung der österreichischen Unabhängigkeit verstanden werden müßten. Kudriawzew meinte damit offenbar einen schon in früheren Gesprächen mit Kreisky geäußerten Gedanken, daß nämlich den Besatzungsmächten das Recht eingeräumt werden müßte, ihre Zonen wieder zu besetzen, falls ihrer Auffassung nach die Gefahr eines Anschlusses akut werde.[47]

Gegen diesen von Kudriawzew bereits wiederholt ins Gespräch gebrachten Vorschlag wandten sich Kreisky und Schärf am Abend des 17. März mit aller Entschiedenheit – Kreisky hatte dies bereits zwei Wochen vorher ebenfalls getan.[48] Die österreichische Regierung könne niemals den Besatzungsmächten das Recht einräumen, zu entscheiden, ob die Selbständigkeit Österreichs von

---

46 Hinweis auf das *Dictionnaire diplomatique* bereits in der (früheren) Schilderung bei Kreisky, *Die österreichische Neutralität*, 6. Im *Dictionnaire diplomatique* ist ein Aufsatz über die geschichtlichen Grundlagen der Neutralität der Schweiz des Schweizer Diplomaten G. Wagnière enthalten, in dem aus dem Text der Akte des Wiener Kongresses vom 20. November 1815 über die Neutralität der Schweiz zitiert wird. *Dictionnaire diplomatique,* hrsg. von der Académie diplomatique internationale unter Leitung von A.-F. Frangulis, Paris o. J., Bd. II, 877, der gleiche Text des Dokuments vom 20. November zusätzlich abgedruckt als Anhang zu Wagnières Aufsatz, ebd., 884–885. Alexander Vodopivec, *Die Balkanisierung Österreichs,* Wien 1966, 266, will in dem von Allard wiedergegebenen Gespräch Kreisky-Kudriawzew eine Abweichung Kreiskys von den Ansichten des Parteivorsitzenden Adolf Schärf sehen. Dies ist nicht überzeugend, bedenkt man erstens, daß ja dieses Gespräch in Anwesenheit und unter Teilnahme Schärfs stattfand, und zweitens, daß die Garantieformel vom 20. November 1815, d. h. also eine Territorialgarantie, welche die Österreicher den Sowjets vorzuschlagen gedachten und dann auch tatsächlich vorschlugen, noch nicht die Übernahme des Begriffs „ständige Neutralität" selbst involvierte. Während allerdings die Österreicher speziell die Garantieformel des Dokuments vom 20. November 1815 anpeilten, scheint nach Allards Erinnerung Kreiskys und Schärfs sowjetischer Gesprächspartner vor allem am historischen Rahmen dieser Territorialgarantie, nämlich der „neutralité perpetuelle" der Eidgenossenschaft, interessiert gewesen zu sein. Ich verdanke diese Präzisierung einem Gespräch mit Botschafter Sven Allard in Wien am 20. September 1973. Allards Erinnerung wird nun bestätigt durch Kudriawzews zwei Schriftberichte über seine Gespräche mit Kreisky und Schärf, siehe unten S. 362–365.

47 Allard, *Diplomat in Wien,* 173–174; zur Frage eines Rechtes auf Wiederbesetzung vgl. auch ebd. 165–166. Der entscheidende Punkt von Kudriawzews Wortmeldung, der Hinweis auf Maßnahmen der Alliierten im Falle einer Bedrohung aus Deutschland – sprich Wiedereinmarschrecht – wurde in Allards Memoiren genau so wiedergegeben wie in seinem seinerzeitigen Bericht an Undén; vgl. Allard, *Diplomat in Wien,* 174, mit dem Zitat aus Allards Bericht an Undén bei Jenny, *Konsensformel,* 148.

48 Im Gespräch mit Kudriawzew am 4. März; vgl. oben S. 348.

deutscher Seite bedroht sei. Noch weniger könne eine Bestimmung akzeptiert werden, so berichtet Allard, die „diesen Mächten die Befugnis gebe, ihre Zonen ohne Genehmigung der österreichischen Regierung wieder zu besetzen".[49] Die Idee des von den Sowjets erwogenen Wiedereinmarschrechts sollte noch einmal, wie zu zeigen sein wird, Österreicher und Westalliierte mit Sorge erfüllen.[50]

Seit der letzten Auflage dieses Werkes sind weitere Quellen zu den Gesprächen im Hause Kreiskys zugänglich geworden, und zwar die Berichte des französischen sowie des sowjetischen Gastes. Roger Lalouette, französischer stellvertretender Hochkommissar und Geschäftsträger während des mehrere Monate dauernden Intervalls zwischen der Abreise des Botschafters Jean Chauvel und der Ankunft von dessen Nachfolger François Seydoux, faßte seinen inzwischen veröffentlichten Bericht in mehrere Punkte zusammen.[51]

Sie bringen allerdings wenig Neues gegenüber Allards ausführlicher Darstellung. Lalouette selbst lehnte im Gespräch ein allfälliges Junktim zwischen der Herstellung der österreichischen Unabhängigkeit und einer Nicht-Ratifizierung der Pariser Verträge – d. h. des Verzichts auf den Eintritt der Bundesrepublik in die NATO – ab; ein solches Junktim war allerdings von Kudriawzew selbst nicht ins Gespräch gebracht worden; Anlaß war die Kritik der österreichischen kommunistischen Presse an der Bundesregierung, weil sich diese nicht für die Zusammenkunft einer Vierer-Konferenz vor der Ratifikation der Pariser Verträge eingesetzt hatte. Zur Hauptfrage der Gespräche, den von sowjetischer Seite immer wieder eingeforderten „Garantien", habe Kreisky die Hauptbestimmungen der schweizerischen Regelung von 1815 „nach einer Enzyklopädie" zitiert; Kudriawzew habe nach einigem Zögern geantwortet – dies entspricht auch der von Allard gegebenen Darstellung –, daß ein solches Konzept als Basis für Gespräche dienen könne; Kudriawzew habe sich dann an Lalouette gewandt, ob die französische Regierung ihrerseits eine derartige Gesprächsgrundlage akzeptieren würde; Lalouette habe jedoch jede Stellungnahme dazu abgelehnt. Am interessantesten ist Lalouettes abschließender Kommentar: er sei „frappiert" gewesen zu sehen, mit welcher Leichtigkeit („facilité" – im Sinne von Vertrautheit, Geläufigkeit!) Kreisky sich auf das schweizerische Neutralitätsdokument berufen habe; dies sei ein Indiz für das Fortschreiten der österreichischen Ideen in dieser Richtung. Dies war offenbar auch der Tenor von Lalouettes Mitteilungen an seine westlichen Kollegen, denn Botschafter Thompson drahtete daraufhin nach Washington, die westlichen Hochkommissare seien der Meinung, Kreisky „und wahrscheinlich eine

49 Allard, *Diplomat in Wien,* 174.

50 Vgl. unten S. 371–372.

51 *Documents diplomatiques français 1955,* I, Paris 1987, Nr. 135 (Bericht Lalouettes vom 21. März 1955).

beträchtliche Zahl österreichischer Beamter" seien gegenüber der Idee irgendeiner Art von Neutralisierung Österreichs viel offener als früher.[52] Thompsons Mitteilung steht in deutlichem Kontrast zu einem nur kurz zuvor, nämlich am 21. März, nach Washington gesandten Bericht, wonach er vergeblich Figl und Kreisky bezüglich ihrer Ideen für eine Antwort an die Sowjets befragt habe; er sei überzeugt, „daß sie nicht einmal vorläufige („tentative") Vorschläge formuliert haben".[53] Hier irrte Thompson; die österreichischen Überlegungen waren, wie die österreichischen Quellen (aber auch die Berichte über die Gespräche am 17. März) zeigen, schon recht konkret geworden; nur die in früheren Jahren mit wenigen Ausnahmen fast grenzenlose Mitteilungsbereitschaft der Österreicher gegenüber den Westmächten, vor allem gegenüber den Amerikanern, schien nun einer weniger transparenten Haltung zu weichen . . .[54]

Zwei Schriftberichte Kudriawzews, die im außenpolitischen Archiv der Russischen Föderation erliegen, geben zusätzlichen Aufschluß über die Gespräche anläßlich Kreiskys Einladung. Kudriawzew berichtete separat über die Gespräche mit Kreisky und mit Schärf. Die Berichte geben jeweils überwiegend die Äußerungen der beiden Gesprächspartner wieder und gehen nur relativ kurz auf eigene Äußerungen und gar nicht auf Äußerungen der anderen Gäste ein.[55] Kreisky habe (u. a.) gesagt, er sei immer mehr der Überzeugung, daß die sowjetischen Vorschläge kein taktisches Manöver zur Verhinderung der Ratifikation der Pariser Verträge seien. Kreisky habe mehr Klarheit bei den sowjetischen Vorschlägen betreffend Garantien für die Sicherung der Unabhängigkeit Österreichs gefordert; Bischoff werde beauftragt werden, Klarheit in dieser Frage zu verschaffen. Kreisky habe aber nunmehr darzulegen begonnen, wie sich die österreichische Regierung diese Garantien vorstelle; und

52 Telegramm Thompsons an Secretary of State, 23. März 1955. NA, RG 59, 663.001/3-2255; die verwirrenden Datenangaben (Absendedatum 23. März 6.17 a.m., Registrierungsdatum nach Ankunft 22. März) sind vom Aktenstück korrekt übernommen. Thompson drahtete knapp darauf nach Washington, sein französischer Kollege (Lalouette) sei „very much attracted by the idea of neutralization"; Telegramm Nr. 2099 Thompson an Secretary of State, 23. März 1955, ebd., 663.0013-2355.

53 Telegramm Thompsons an Secretary of State, 21. März 1955, 7 p.m., in: *Foreign Relations of the United States, 1955–1957,* V: *Austrian State Treaty; Summit and Foreign Ministers Meetings, 1955,* Washington 1988, 11–12. Zit. bei Jenny, *Konsensformel,* 158.

54 Raab „was not prepared to disclose his thinking to us", heißt es, knapp eine Woche vor Beginn von Raabs Moskau-Reise, in einem Bericht des britischen Hochkommissars Sir Geoffrey Wallinger über eine Vorsprache der drei Westvertreter. Wallinger an Harrison, 6. April 1955, PRO, FO 371/117789/RR1071/130.

55 AVPRF, Fonds 066, op. 38, p. 295, d. 5, fol. 17–19 (Gespräch m. Kreisky) sowie 20–22 (Gespräch m. Schärf). Diese Berichte wurden erstmals von Manfried Rauchensteiner in einem Presseaufsatz vom Mai 1991 herangezogen. Rauchensteiner, „Frühlingstag", *Die Presse,* 11./12. Mai 1991, Spectrum I–II. Zu Sergej (nicht Semjon, wie in früheren Auflagen angegeben) Michailowitsch Kudriawzew, siehe die Angaben in: *Diplomatičeskij slovar'*, II, 120–121.

Kudriawzew, ebenso wie Allard und Lalouette, berichtete über das von Kreisky zur Hand genommene „Dictionnaire diplomatique“ – er nannte es das diplomatische Lexikon des französischen Außenministeriums – und die Verlesung des Textes von 1815 betreffend die Schweiz. Als Résumé habe Kreisky zwei Punkte des „schweizerischen Vertrags“, wie sich Kudriawzew ausdrückte, genannt: auf der einen Seite hätten die Großmächte die Neutralität der Schweiz und die Garantie ihrer Unabhängigkeit erklärt, auf der anderen Seite verpflichtete sich die Schweiz, diesen Vertrag einzuhalten. Dieser Vertrag bezüglich der Schweiz, habe Kreisky gesagt, werde von allen schon 140 Jahre lang eingehalten.[56]

Die Konversation zwischen Kudriawzew und Schärf handelte zunächst – aus Anlaß von Debatten im Hauptausschuß des Nationalrats am Vortage – von der deutschfreundlichen Haltung des VdU und der von Schärf „mit Verwunderung“ registrierten Haltung der Volkspartei, die gegen die VdU-Abgeordneten Stendebach und Hartleb Stellung genommen habe, obgleich sich ziemlich einflußreiche Gruppen in der Volkspartei für verstärkte Beziehungen zu Deutschland aussprächen. Schärf beklagte, daß man sich aus Bischoffs Berichten aus Moskau nur schwer eine Vorstellung von Molotows Äußerungen machen könne; es scheine, daß Molotow „die ganze Zeit“ Bischoff Fragen stelle. Das Konversationsthema wechselte dann zur Stellungnahme der Bundesregierung zu den Gesprächen Molotow-Bischoff, die am 14. März – also drei Tage zuvor – Molotow überreicht worden war.[57] Kudriawzew bemerkte, das Dokument sei in sehr vorsichtiger Form gehalten; Schärf replizierte, Österreich müsse nicht nur mit der Meinung eines Landes rechnen, sondern mit allen vier Ländern. Schärf betonte, daß die Bundesregierung eine positive Antwort auf alle Punkte von Molotows Vorschlägen gegeben habe: Österreich erkläre seine Bereitschaft, keinen Militärblocks beizutreten und sein Territorium für keine Militärbasen zur Verfügung zu stellen; Österreich sei mit der Garantie seiner Unabhängigkeit gegen die Gefahr eines Anschlusses einverstanden; Österreich sei der Meinung, die Vertragsfrage könne nur auf einer Viererkonferenz geregelt werden; Österreich könne allerdings die anderen Mächte nicht dazu zwingen, ihr Einverständnis zur Einberufung dieser Konferenz zu geben.

Das Hauptthema des Gesprächs war die Garantiefrage. Schärf fragte

---

56 „Im Falle der Schweiz hat sich diese Garantie nunmehr durch 140 Jahre als wirksam und effektiv erwiesen“ – so heißt es auch in der vom gleichen Tage datierten Ausarbeitung „Grundsätze für das weitere Vorgehen Österreichs“ aus der Völkerrechtsabteilung des Außenamtes (vgl. oben S. 357); die Ähnlichkeit der Argumentation ist frappierend und erlaubt die Annahme, daß Kreisky, als er am Abend dieses Tages über die schweizerischen Regelungen vom November 1815 sprach, entweder Kenntnis dieser Ausarbeitung hatte oder aus Besprechungen mit Stephan Verosta mit dessen Vorschlägen vertraut war.

57 Vgl. oben S. 349–350.

Kudriawzew, wie die sowjetische Seite sich die Garantien gegen den Anschluß vorstelle. Kudriawzew antwortete ausweichend, eine solche Frage könne auf einer Konferenz aller interessierten Staaten gelöst werden. Schärf selbst sagte dann, seiner Meinung nach müßten solche Garantien aus drei Elementen bestehen: politischen, ökonomischen und psychologischen.

Die politischen Garantien, so Schärf, müßten in etwa jenen entsprechen, die im Jahre 1815 von den Großmächten in bezug auf die Schweiz vereinbart worden waren. In der gegenwärtigen Zeit, so berichtet Kudriawzew Schärfs Äußerung, „könnten die vier Großmächte Österreich zum neutralen Staat erklären und seine Unabhängigkeit garantieren. Österreich würde seinerseits so wie die Schweiz die Verpflichtung abgeben, diese Neutralität zu wahren." Diese Aussage vermischt jene zwei Elemente, die im schon zitierten Dokument von 1815 getrennt waren, und auf deren Trennung die Propositionen des Völkerrechtsbüros im Wiener Außenamt größten Wert gelegt hatten: Garantie der Unversehrtheit und Unverletzlichkeit des Territoriums einerseits, Begriff der immerwährenden Neutralität andererseits. Allerdings – wie bereits gezeigt wurde – waren diese beiden Elemente des Dokuments von 1815 in einem einzigen Satz zusammengefaßt; sie auseinanderzuhalten, mußte wohl jedem schwer fallen, der kein geschulter Völkerrechtsexperte war und diesen Text vielleicht zum ersten Mal hörte oder las. Es ist nicht möglich, festzustellen, ob bereits Schärf eine undeutliche Darstellung gab oder ob Kudriawzew eine undeutliche, weil vielleicht ebenfalls ohne spezialisierte Vorkenntnis des Texts von 1815 erfolgende Weitergabe von Schärfs Äußerung verfaßte, oder ob beides der Fall war. Jedenfalls entsprach Schärfs Äußerung, wie sie überliefert ist, nicht den zugegebenermaßen subtilen Überlegungen und Unterscheidungen im österreichischen Außenministerium.

Schärfs Ausführungen über die „ökonomischen" Garantien gegen den Anschluß sind von besonderem Interesse. Schärf befürwortete eine Bestimmung, die es verbieten würde, daß große Unternehmen, die in der Vergangenheit als Deutsches Eigentum galten, von Deutschland zurückgefordert werden könnten. Ähnliche Überlegungen waren Kudriawzew bereits von Kreisky zwei Wochen zuvor mitgeteilt worden.[58] Die vier Mächte müßten beim Abschluß des Staatsvertrages mit Österreich eine entsprechende Vereinbarung treffen, die als eigener Artikel in den (zukünftigen, G. S.) Friedensvertrag mit Deutschland aufzunehmen wäre. Hier werden Überlegungen Schärfs deutlich, die er in den folgenden Tagen und Wochen zunächst im Parteivorstand der SPÖ und dann auch während der Moskauer Verhandlungen zur Geltung bringen würde.

Die psychologischen Garantien, so Schärfs Worte, müßten die Möglichkeit des politischen Drucks auf Österreich seitens anderer Staaten ausschließen, vor

58 Im Gespräch am 4. März 1955; vgl. oben S. 348–349.

allem seitens Deutschlands. Österreich seinerseits könnte die Verpflichtung auf sich nehmen, Schritte zu setzen, um jegliche Anschlußpropaganda zu verbieten.[59] Derartige Garantien, sagte Schärf abschließend, könnten die Gefahr des Anschlusses wenigstens für die nächsten fünfzig Jahre abwenden.

Die sowjetische Führung kam also durch die Berichte des Gesandten Kudriawzew über die Gespräche mit Kreisky und Schärf am 17. März ebenso wie nach Kenntnisnahme von Raabs vorhin erwähnter Radioansprache vom 20. März in den Besitz zusätzlicher Informationen über die sich konkretisierenden Planungen auf dem Ballhausplatz.[60] Diese Informationen ließen keinen Zweifel am deutlichen Willen der Spitzenvertreter beider Koalitionsparteien, auf Grundlage einer – wie immer im einzelnen zu beschreibenden – „Neutralität", besonders im Falle Kreiskys mit starker Orientierung am Muster der 1815 zur Sicherung der schweizerischen Neutralität getroffenen Vereinbarungen, mit den Sowjets zum Abschluß zu kommen.

Am Tage von Raabs Radiorede, dem 20. März, wurden aber auch von ganz anderem Orte, nämlich aus Paris, bedeutende Signale in Richtung Moskau gesendet. Der französische Ministerpräsident Edgar Faure kam an diesem Tage zu einem höchst vertraulichen Gespräch mit dem Sowjetbotschafter in Paris, Sergej Winogradow, zusammen, und zwar in der Wohnung des gaullistischen Ministers Gaston Palewski. Faure, der russisch sprach und sich, folgt man der breit und genußvoll angelegten Schilderung dieses Gesprächs in Faures Memoiren, auch einiges darauf zugute hielt, teilte Winogradow folgendes mit:

Erstens bestehe nicht der geringste Zweifel daran, so Faure, daß die obere Kammer des französischen Parlaments, der Rat der Republik, die Pariser Verträge alsbald ratifizieren werde. Dies war eine bittere Nuß für die Sowjets, denn die Ratifizierung im Rat der Republik (Senat) in Paris war die allerletzte noch ausständige parlamentarische Genehmigung in irgendeinem NATO-Mitgliedsland; von da an war der bundesdeutsche NATO-Beitritt nicht mehr aufhaltbar. Faure wollte allerdings den Sowjets diese bittere Nuß versüßen, indem er Winogradow versprach, sich bei Eisenhower und Churchill sogleich und mit aller Entschiedenheit für die von den Sowjets so gewünschte Gipfel-

59 Es gab übrigens bereits entsprechende Artikel des Staatsvertragsentwurfs (Art. 4 und 9).

60 Die beiden vorhin zitierten Gesprächsaufzeichnungen Kudriawzews tragen das Datum 22. März und wurden im Moskauer Außenministerium mit Datum 31. März registriert. Zu bedenken ist die Möglichkeit oder sogar Wahrscheinlichkeit einer rascheren Berichterstattung über die Gespräche vom 17. März auf telegraphischem oder sonstigem Wege, doch ist gegenwärtig hierüber nichts bekannt. Dechiffrierte Telegramme werden im Archiv des Moskauer Außenministeriums in vom übrigen Schriftverkehr völlig getrennten Beständen aufbewahrt, mit getrennten Freigabe- und Zugangsbestimmungen; 1993 wurde erst an der Deklassifizierung der Bestände 1917–1941 gearbeitet, und nur einzelne wenige rezentere Themen wurden bereits freigegeben; vgl. hierzu Vladimir V. Sokolov und Sven G. Holtsmark, „Note on the Foreign Policy Archive of the Russian Federation", in: Woodrow Wilson Center for Scholars, Washington, „Cold War International History Project", *Bulletin,* Nr. 3, Herbst 1993, 26.

konferenz einzusetzen. Faure erfüllte sein Versprechen noch am gleichen Tage und setzte entsprechende Schreiben auf, in welchen er allerdings sein Geheimgespräch mit Winogradow nicht erwähnte.

Zweitens tat Faure im Gespräch mit Winogradow noch ein übriges. Er tat seinen Wunsch kund, die Sowjetunion möge noch vor der geplanten Gipfelkonferenz den Österreichvertrag abschließen; er erwähnte Österreichs Bereitschaft, eine Neutralitätserklärung abzugeben und die grundsätzliche Zustimmung der Westmächte.[61] Bei allem Interesse, das Faures Initiative verdient, ist allerdings daran zu erinnern, daß die Sowjets bereits seit mehr als einem Jahr – genau seit dem 13. Februar 1954 – wußten, daß zumindest die Vormacht des Westens, die USA, mit Österreich als einer Art zweiter Schweiz einverstanden war.[62]

2. Der erste Durchbruch: Die Sowjetnote vom 24. März und die Einladung Raabs nach Moskau

Nur wenige Tage nach den eben geschilderten Äußerungen war die Sowjetregierung am Zug. Am 24. März übergab Molotow Botschafter Bischoff in Moskau eine Note als Antwort auf die ihm am 14. März überreichte Stellungnahme der Bundesregierung. Die russische Note vom 24. März kennzeichnet, wie Allard schreibt, „den entscheidenden Wendepunkt in den Verhandlungen über den österreichischen Staatsvertrag".[63] Über diese Note, über ihr Zustandekommen und über die sowjetischen Pläne im Kontext dieser Note ist ausführlicher zu referieren. Wiederum war der Inhalt der Note in drei Punkte gegliedert.

Zu Punkt 1 der österreichischen Stellungnahme bemerkte die Sowjetregierung, sie nehme zur Kenntnis, daß die österreichische Regierung „jede wir-

---

61 Zu dieser Episode: Edgar Faure, „*Si tel doit être mon déstin ce soir . . .*" (= *Mémoires*, II), Paris 1984, 132–139. Vgl. insbes. Angerer, „Besatzung, Entfernung . . . Integration?", 97, sowie ders., *Frankreich und die Österreichfrage*, 354–355; kein Hinweis auf die Faure-Episode bei Jenny, *Konsensformel*. Schreiben Faures an Eisenhower und Churchill, am 22. März 1955 dem britischen Botschafter bzw. dem amerikanischen Geschäftsträger persönlich überreicht, veröffentlicht in: *DDF 1955*, I, Nr. 139. Zur Episode Faure-Winogradow bereits kurz Bruno Thoß, „Modellfall Österreich? Der österreichische Staatsvertrag und die deutsche Frage 1954/55", in: Bruno Thoß und Hans Erich-Volkmann, (Hrsg.), *Zwischen Kaltem Krieg und Entspannung. Sicherheits- und Deutschlandpolitik der Bundesrepublik im Mächtesystem der Jahre 1953–1956*, Boppard/Rhein 1988, 115–116, sowie ders., „Der Beitritt der Bundesrepublik Deutschland zur WEU und NATO im Spannungsfeld von Blockbildung und Entspannung (1954–1955), in: Ehlert/Greiner/Meyer/Thoß, *Die NATO-Option*, 116.

62 Vgl. oben Kap. V, S. 309–310.

63 Die sowjetische Stellungnahme wurde am Abend des 24. März auf einer im Moskauer Außenministerium einberufenen Pressekonferenz bekanntgegeben. *WZ*, 25. März 1955, 1; Allard, *Diplomat in Wien*, 176.

kungsvolle Sicherung und Garantie der österreichischen Unabhängigkeit und Freiheit gegen die Gefahr eines Anschlusses oder gegen Anschläge von irgendeiner Seite begrüßt". Daraus ergebe sich die Notwendigkeit, „reale Maßnahmen zu treffen", unter Berücksichtigung der vorhandenen Pläne der Remilitarisierung Westdeutschlands, die die Gefahr „der Verschlingung (des Anschlusses) Österreichs" verstärkten.[64] In Verbindung damit sei es notwendig, die Fragen der Fristen des Abzugs der Besatzungstruppen zu behandeln sowie „der Maßnahmen, die in Hinkunft im Falle der Entstehung einer unmittelbaren Anschlußgefahr getroffen werden müssen". Hinter der letztgenannten Forderung – Maßnahmen im Fall einer direkten Anschlußdrohung – verbarg sich der Anspruch auf ein Wiedereinmarschrecht. Wir werden darauf zurückkommen.

Zu Punkt 2 hieß es in der Sowjetnote, die Sowjetregierung betrachte Österreichs Erklärung, es habe nicht die Absicht, militärischen Bündnissen beizutreten oder die Schaffung militärischer Stützpunkte auf seinem Gebiet zuzulassen, als Einverständnis der Regierung mit Punkt 2 des sowjetischen Vorschlages vom 8. Februar. Die Sowjetregierung sei bereit, entsprechend dem Wunsch der österreichischen Regierung die Frage zu prüfen, in welcher Form von seiten Österreichs eine entsprechende Erklärung abgegeben werden könnte. Die Sowjetregierung bestätigte auch „die Notwendigkeit, daß die Regierungen der USA, Englands, Frankreichs und der UdSSR ihrerseits entsprechende Verpflichtungen auf sich nehmen". – Dieser Punkt enthielt zwei wichtige Klarstellungen. Erstens ging die Sowjetunion nunmehr von der Formel des Beitrittsverbots zu „Koalitionen und Militärbündnissen" ab, die noch in Punkt 2 von Molotows Erklärung vom 8. Februar zu finden gewesen war, wie früher bereits in Berlin; der vage Begriff der „Koalition" kam nicht mehr vor.[65] Zweitens war die Sowjetunion mit der Abgabe einer österreichischen Verpflichtungserklärung einverstanden; sie kam nicht mehr auf den in Berlin gemachten Vorschlag eines zusätzlichen Staatsvertragsartikels zurück, obgleich Bundeskanzler Raab in seiner Radiorede vom 20. März angedeutet hatte, zumindest zur Verankerung des Verbots fremder Militärstützpunkte im Staatsvertrag bereit zu sein.

---

64 „Verschlingung" ist die wörtliche Übersetzung des russischen „poglaščenie", auch mit „Vereinnahmung, Absorption" zu übersetzen. Die Zitierungen erfolgen gemäß der dem russischen Original (in: *Pravda*, 25. 3. 1955, 3) genauer folgenden Übersetzung in: *Österreichische Zeitung*, 25. 3. 1955, 1); eine andere Übersetzung in *WZ*, 25. 3. 1955, 1 sowie in DÖA, Nr. 157. Die Übersetzung aus der *Österreichischen Zeitung* wird hier auch deshalb verwendet, weil diese Übersetzung als Arbeitsunterlage für die Moskauer Verhandlungen vom April 1955 diente; vgl. unten Dokumentenanhang Nr. 3.

65 Figl teilte Botschafter Thompson mit, er habe Molotow in Berlin gefragt, was das Verbot von „Koalitionen" bedeute, und Molotow habe gesagt, es würde Österreichs Mitgliedschaft in Organisationen wie dem Europarat ausschließen. Telegramm Thompsons Nr. 2129 vom 25. 3. 1955, NA, RG 59, 663.001/3-2555.

Zu Punkt 3 bemerkte die Sowjetregierung, sie sei den Wünschen der österreichischen Regierung entgegenkommend damit einverstanden, daß der Staatsvertrag gesondert auf einer Viermächtekonferenz unter Teilnahme Österreichs beraten werde.

Dieser letzte Punkt war nach Meinung Allards der wichtigste, enthüllte er doch, daß Rußland das beabsichtigte oder erhoffte Junktim zwischen Österreichfrage und Pariser Verträgen fallengelassen hatte; neuerlich sei daran erinnert, daß die „Pariser Verträge“ als Kürzel für den NATO-Beitritt der Bundesrepublik zu verstehen sind – nur dies erklärt ja, warum um deren Ratifikation so viel Aufhebens gemacht wurde![66] Tatsächlich läßt sich nun anhand von im Archiv des russischen Außenministeriums eingesehenen Entwürfen feststellen, daß während der Vorbereitung dieser Note die Junktimierung zwischen den Österreichverhandlungen und der Forderung nach Deutschlandverhandlungen *vor* Ratifikation der Pariser Verträge, schließlich der Forderung nach Deutschlandverhandlungen überhaupt, schrittweise gekappt wurde.

In einem nach dem 14. März – Datum von Bischoffs letztem Besuch bei Molotow –, aber vor dem 22. März verfaßten Entwurf hieß es in dem hier relevanten Punkt 3 zunächst in Hinblick auf die geplanten bilateralen Gespräche, die sowjetische Regierung würde es begrüßen, wenn Kanzler Raab und Vizekanzler Schärf in Begleitung anderer Repräsentanten, die zu entsenden die österreichische Regierung für notwendig hielte, in nächster Zeit in Moskau eintreffen könnten. Hinzugefügt wurde: „Der Meinung der Sowjetregierung nach wird das Erreichen der notwendigen Übereinstimmung in diesen [Österreich betreffenden, G. S.] Fragen die Einberufung der Konferenz der vier Mächte mit Beteiligung Österreichs *vor* der Ratifizierung der Pariser Abkommen vorantreiben.“[67] In der zweiten Fassung, als Beilage zu im Außenministerium für das Zentralkomitee der KPdSU vorbereiteten Dokumenten mit Datum 22. März, wurde in Punkt 3 immer noch die unverzügliche Einberufung einer Konferenz der vier Mächte verlangt, „um sowohl die Frage des Abschlusses des Staatsvertrags mit Österreich als auch die Deutschlandfrage zu besprechen“. Weiters hieß es, „den Wünschen der österreichischen Regierung entgegenkommend, ist die Sowjetregierung damit einverstanden, daß auf einer Beratung der vier Mächte zuerst unter Teilnahme Österreichs die Frage des

66 Allard, *Diplomat in Wien,* 176–177, überschätzte wohl die reale Bedeutung des Verlangens nach Zusammentreten einer Viererkonferenz *vor* Ratifizierung der Pariser Verträge, wenn man Bischoffs Berichterstattung schon Ende Februar und Mitte März berücksichtigt (vgl. oben S. 347 u. 350).

67 “. . . *do* ratifikacii parižskich soglašenij“ (meine Hervorhebung, G. S.). AVPRF, Fonds 06, op. 14, p. 9, d. 116, fol. 75–77: Entwurf („Proekt“) mit dem Titel „Memorandum der sowjetischen Regierung“, handschriftlich durchgestrichen; der Entwurf weist mehrere handschriftliche Streichungen und Korrekturen auf, möglicherweise von der Hand Gribanows; die sehr charakteristische Handschrift Semjonows ist auszuschließen.

Österreichvertrages beraten werde". Dies war bereits eine Konzession an Österreich, denn ursprünglich – in Molotows Erklärung vom 8. Februar – war zuerst von der deutschen und dann erst von der österreichischen Frage gesprochen worden; die Umkehrung der Reihenfolge wurde in einem sowjetischen Arbeitspapier ausdrücklich als Entgegenkommen gegenüber Österreich vermerkt.[68] Hinzu kam nun als dritter Satz ein Bezug zur Ratifizierung der Pariser Verträge, der *erstmals* von der *vor* der Ratifikation zu erfolgenden Einberufung der Konferenz abging und lediglich die Gefahren für Österreich beklagte, die im Falle der Ratifizierung der Pariser Verträge eintreten könnten: Die Sowjetregierung „unterstreicht ihre Position, daß im Falle der Ratifikation der Pariser Abkommen, die die Remilitarisierung Westdeutschlands vorsehen, eine ernste Anschlußgefahr und daraus folgend eine Gefahr für die Unabhängigkeit Österreichs heraufbeschworen" werden könne.[69] In anderen Worten: Die Ratifizierung der Pariser Verträge – d. h. die allerletzte noch ausstehende parlamentarische Genehmigung, jene im Französischen Rat der Republik (Senat) – wurde nunmehr als unheilschwangeres, aber vermutlich nicht mehr abwendbares Ereignis charakterisiert, das jedoch den Fortgang der Österreichverhandlungen nicht behindern würde!

In der letzten Fassung der Note – jener Fassung also, die am 24. März Bischoff von Molotow überreicht und sogleich veröffentlicht wurde, – war Punkt 3 viel knapper formuliert. Weder wurde von einer Viermächte-Konferenz zur Beratung der Staatsvertragsfrage und der Deutschlandfrage gesprochen, noch wurde die Ratifizierung der Pariser Abkommen erwähnt. In dem einzig verbleibenden Satz der vorhergehenden Fassung, dem mittleren, wurde nicht mehr gesagt, daß auf einer Viermächtekonferenz die Frage des Österreichvertrages „zuerst" beraten werde, sondern daß sie „gesondert" behandelt werde: Damit war das Junktim „Österreichischer Staatsvertrag – einvernehmliche Deutschlandlösung" endgültig gekappt!

Die sowjetische Note wurde Bischoff vier Tage nach dem Gespräch Faure-Winogradow in Paris und drei Tage vor der Genehmigung der Pariser Verträge im französischen Rat der Republik übergeben. Die Sowjetregierung handelte nun endgültig in Konsequenz der Tatsache, daß das ursprüngliche Verlangen Molotows nach Zusammentreten einer Viererkonferenz *vor* Ratifizierung der

68 AVPRF, Fonds 06, op. 14, p. 9, d. 116, fol. 89–93, hier 92: Es handelt sich um einen mit 22. März datierten (maschinschr.) von Molotow gezeichneten Bericht an das ZK der KPdSU über die sowjetisch-österreichische Verhandlungssituation nach Bischoffs Besuch bei Molotow am 14. März.

69 Der Entwurf der Antwortnote ist Beilage 2 zu einem (im Außenministerium vorbereiteten) Entwurf einer Entschließung (postanovlenie) des ZK, jeweils in zwei Faszikeln vorhanden: AVPRF, Fonds 06, op. 14, p. 9, d. 116, fol. 96–97, sowie ebd., d. 106, fol. 8–9 (der Entschließungsentwurf auf fol. 6 trägt die Unterschriften Gribanows und – mit 22. 3. datiert – Semjonows); die Exemplare in d. 116 sind angeschlossen an den in der vorhergehenden Anmerkung genannten Bericht Molotows.

Pariser Verträge unerfüllbar war. So zeichnete sich also ab, was Ministerpräsident Bulganin den österreichischen Gästen alsbald in Moskau sagen würde: Die Sowjetunion habe die jahrelange Verbindung von deutscher Frage und Österreichfrage fallengelassen.[70]

Die von Sven Allard vertretene Ansicht, Punkt 3 der sowjetischen Note sei der wichtigste, und diese Note sei (deshalb) der „eigentliche Wendepunkt“ der Staatsvertragsverhandlungen, lenkt allerdings davon ab, daß in Punkt 1 dieser Note, wenngleich verhüllt, die Möglichkeit eines Wiedereinmarschrechts anvisiert wurde.[71] Dort waren „Maßnahmen, die in Hinkunft im Falle des Entstehens einer unmittelbaren Anschlußgefahr getroffen werden müssen“, gefordert worden. Die Idee des Wiedereinmarschrechts war ja bereits Ende Februar/Anfang März in internen Entwürfen und Positionspapieren des sowjetischen Außenministeriums gefordert worden, wie bereits gezeigt wurde, und sie war auch anläßlich eines uns schon bekannten Gesprächs des Gesandten Kudriawzew mit Kreisky ventiliert worden.[72] Sowjetische Akten zeigen, daß auch während der Vorbereitung der Note vom 24. März das Wiedereinmarschrecht weiterhin – intern, jedoch sehr präzise – geplant wurde. In den Weisungen (ukazanija) für die Gespräche mit der österreichischen Regierung, die im sowjetischen Außenministerium ebenfalls mit Datum des 22. März vorbereitet wurden, gab es, wie bereits in einem Entwurf drei Wochen zuvor, einen eigenen Artikel 33-bis, der in den Staatsvertragsentwurf aufgenommen werden sollte; der neue Artikel besagte: „Im Falle des Entstehens einer unmittelbaren Gefahr des Anschlusses Österreichs oder der Nutzung des Territoriums Österreichs für die Organisation eines Militäraufmarsches gegen irgendeine Macht, die mit ihren Militärverbänden am Krieg gegen Hitlerdeutschland oder an der Befreiung Österreichs teilnahm, wird das Recht auf den [Wieder]einmarsch eigener Truppen vorgesehen: für die UdSSR – in bezug auf Ostösterreich und für Frankreich, England und die USA – in bezug auf die entsprechenden Zonen Westösterreichs“.[73]

Die sowjetische Diplomatie konnte übrigens umso eher das Wiederein-

70 Vgl. unten S. 416. Die Sowjetregierung denke bei ihrer Forderung nach Garantien nicht mehr an den Verzicht auf die (west-)deutsche Wiederaufrüstung; dies sei in der letzten sowjetischen Note klar gemacht worden, in der die Sowjets zugestimmt hätten, die österreichische Frage separat zu behandeln. Dies sagte Kudriawzew dem schwedischen Botschafter Allard eine Woche nach Veröffentlichung der Note; Allard teilte dies tags darauf Thompson mit: Telegramm Nr. 2202 Thompson an Secretary of State, 2. April 1955, NA, RG 59, 663.001/4355.

71 Sowohl Botschafter Bohlen in Moskau als auch Botschafter Thompson in Wien verwiesen auf diesen Zusammenhang: Telegramm Bohlens Nr. 1645 v. 25. März (irrtüml. Angabe des Absendedatums 15. März, zutreffendes Eintreffdatum 25. März) sowie Telegramm Thompsons Nr. 2129 vom 25. März 1955 nach Washington: NA, RG 59, 663.001/3-1555 (sic!), sowie 663.001/3-2555.

72 Vgl. oben S. 345, 349.

73 Punkt 3 der „Weisungen“; diese bilden Beilage 1 des oben in Anm. 69 genannten Entwurfs für eine Entschließung des ZK. AVPRF, Fonds 06. op. 14, p. 9, d. 106, fol. 7, sowie d. 116, fol. 95.

marschrecht zur Sprache bringen, als, wie bereits gezeigt wurde, bizzarerweise ein solches Wiedereinmarschrecht Mitte Februar von dem österreichischen Publizisten Gustav Canaval vorgeschlagen worden war.[74] Canavals Vorschlag diente übrigens ausgerechnet am Tage, an dem die sowjetische Note vom 24. März veröffentlicht wurde, Kudriawzew als „Aufhänger", um im Gespräch mit seinem französischen Kollegen Lalouette dessen Reaktion auf ein Wiedereinmarschrecht zu testen! Lalouettes Reaktion war negativ.[75]

Sehr besorgt bezüglich des 1. Punktes der Sowjetnote – und auch des Vorschlags Canavals! – zeigte sich das Völkerrechtsbüro des Außenamtes bzw. dessen Leiter, Stephan Verosta. Schon am 26. März notierte Verosta in einem Positionspapier „Zur Frage der Garantien", die sowjetische Note vom 24. März zeige, wie gefährlich eine „Kasuistik der Garantie" wäre; Verosta fand sich in seiner schon in dem Grundsatzpapier vom 17. März vertretenen Auffassung bestärkt, die von den Großmächten zu gewährende Territorialgarantie solle „automatisch" wirken und nicht an eine Liste bestimmter Tatbestände gekoppelt sein, die lediglich als Vorwände für Interventionsversuche dienen würden. In Punkt 1 der Sowjetnote gebe es eine „tatbestandsmäßige Gefahrenskala" – nämlich „Gefahr eines Anschlusses", „Verstärkte Gefahr eines Anschlusses", und „unmittelbare Anschlußgefahr" –, der eine Skala „wirkungsvoller Sicherungen und Garantien", „realer Maßnahmen" und „Maßnahmen" entspreche. Verosta warnte:

„Dies würde allen vier Mächten ein echtes Interventionsrecht in österreichischen Angelegenheiten einräumen, das sich bis zur Wiederbesetzung des Landes (Vorschlag Canaval!) steigern könnte. Die Bevormundung Österreichs würde – ohne die Sicherungen des vierteiligen Kontrollabkommens – bestehen bleiben und sich womöglich gefährlicher auswirken als die heute latent immer vorhandene Drohung der Zerreißung des Landes."[76]

Botschafter Bischoff, in den letzten Märztagen in Wien weilend, nahm die sowjetischen Absichten, konkrete Sicherungen zu verlangen, die über verbale Garantien hinausgingen, offenbar sehr ernst; es ist nicht auszuschließen, daß Bischoff, auf welche Weise immer, Kenntnis von den nicht publizierten sowje-

---

74 Vgl. oben S. 342.

75 Gespräch Kudriawzew-Lalouette am 25. März 1955, hierzu Telegramm Lalouettes an Pinay v. 26. März 1955, in: *DDF 1955,* I, Nr. 152; Lalouette antwortete Kudriawzew, seiner Meinung nach sei der Vorschlag „inakzeptabel", für die Westmächte ebenso wie für die österreichische Regierung. Vgl. hierzu Michael Gehler, „Österreich und die deutsche Frage 1954/55: Zur 'Modellfall'-Debatte in der internationalen Diplomatie und der bundesdeutschen Öffentlichkeit aus französischer Sicht", in: *Bericht über den zwanzigsten österreichischen Historikertag in Bregenz ... 1994,* Wien 1997 (im Erscheinen).

76 „Zur Frage der Garantien (Grundsätze für die internen Beratungen)", BMAA, Zl. 301.602-6VR/55; dieses Papier gehörte zu den Unterlagen für die am 28. März beginnenden Wiener Beratungen der österreichischen Botschafter bei den vier Besatzungsmächten (Nr. 16); Exemplare finden sich u. a. in SBKA, Nachlaß Kreisky, VII, Staatsvertrag 2, sowie VGAB, Nachlaß Schärf, 4/248.

tischen Wiedereinmarschideen hatte, die ja übrigens von Kudriawzew in Wien mehrfach ins Gespräch gebracht worden waren. Bischoff verfaßte zum Wiedereinmarschrecht sogar den – bisher unbekannten – Entwurf einer Regelung.[77] Er wird hier erstmals im Wortlaut veröffentlicht:

„1) Im Fall einer unmittelbaren Bedrohung der österreichischen Unabhängigkeit[78] wird Österreich Heer und Gendarmerie aufbieten und die Bevölkerung aufrufen, sich im Rahmen eines vorbereiteten Planes an der Verteidigung der Unabhängigkeit des Landes zu beteiligen.
2) Österreich wird sich gleichzeitig an die vier Hauptmächte um militärische Hilfeleistung zum Schutz seiner Unabhängigkeit wenden.
3) Die militärische Hilfeleistung wird nach im vorhinein zu erstellenden Plänen stattfinden und sich für jede der vier Mächte in ihren früheren Besatzungszonen abspielen.
4) Die Sicherung der Bundeshauptstadt Wien bleibt ausschließlich dem österreichischen Bundesheer überlassen.
5) Sollte eine der vier Hauptmächte die Hilfeleistung ablehnen, so werden Österreich und die übrigen Hauptmächte sich darüber einigen, auf welche Weise in der ehemaligen Zone der betreffenden Macht die zum Schutz der Unabhängigkeit Österreichs nötigen Maßnahmen sichergestellt werden sollen.
6) Der Abzug der Hilfskontingente der Hauptmächte erfolgt sogleich nach Beseitigen der unmittelbaren Gefahr für die Unabhängigkeit Österreichs."

Bischoffs Vorsorge sollte sich – erfreulicherweise – als unnötig herausstellen; das Wiedereinmarschrecht spielte zwei Wochen später bei den Moskauer Verhandlungen gar keine Rolle mehr. Bischoffs Entwurf ist gleichwohl aus zwei Gründen von Interesse. Erstens zeigen manche seiner Formulierungen – „unmittelbare Bedrohung der österreichischen Unabhängigkeit", „unmittelbare Gefahr für die Unabhängigkeit Österreichs" – deutlich den Eindruck, den die Sowjetnote vom 24. März mit ihrer Forderung nach Maßnahmen gegen eine „unmittelbare Anschlußgefahr" hinterlassen hatte. Zweitens dokumentiert der Text, wie tief zum damaligen Zeitpunkt das Denken in der Kategorie der Besatzungszonen auch Zukunftsplanungen beeinflußte: die militärische Hilfeleistung würde sich „für jede der vier Mächte in ihrer früheren Besatzungszone abspielen" – in anderen Worten: es war denkmöglich, die Fortdauer „unsichtbarer Demarkationslinien" auch für die Zeit nach Abschluß des Staatsvertrags und nach Abzug der Besatzungstruppen ins Auge zu fassen.

77 Ein maschinschriftlicher Durchschlag mit Schöners Datumstempel 30. März 1955 erliegt im Nachlaß Schöner, Konvolut 17 (nunmehr: ÖStA, GD, NLS, E/1773); der Erstentwurf in Bischoffs Handschrift (undatiert) erliegt im Nachlaß Bischoff, in: ÖStA, GD, NLS, E/1770:155.

78 Bischoff formulierte ursprünglich: „Im Falle einer unmittelbaren Anschlußdrohung"; damit wird die Entstehung dieses Textes als Reaktion auf die Sowjetnote vom 24. März 1955 noch deutlicher; ob Bischoff allenfalls über zusätzliche Informationen, die ihm von sowjetischer Seite zugekommen wären, verfügte, läßt sich gegenwärtig nicht nachweisen.

Bekanntlich gab es noch zusätzliche sowjetische Vorstellungen zur „konkreten" Sicherung. Wie schon in den Entwürfen Ende Februar/Anfang März war in den genannten „Weisungen" auch die Rede vom Verbleiben einer „streng begrenzten" Anzahl von Militäreinheiten in Militärmissionen jeder der vier Mächte, allerdings nicht mehr auf die Dauer von sieben oder gar zehn, sondern von fünf Jahren, und nun nicht mehr so deutlich mit dem Hinweis auf einen deutschen Friedensvertrag, sondern mit der Zielvorgabe, die Erfüllung der Bestimmungen des Staatsvertrags über die Nichtzulassung eines neuen Anschlusses ebenso wie die Bestimmungen der Neutralität Österreichs zu beobachten.[79] Bischoff scheint auch davon Kenntnis erhalten zu haben. Jedenfalls berichtete Thompson über diese sowjetischen Sicherungswünsche eigens nach Washington.[80] In Wien kursierten in den letzten Märztagen Berichte, zu von den Sowjets gewünschten Sicherungen zähle anscheinend auch die Idee, ein oder zwei Kompanien in Österreich, möglicherweise im Mühlviertel (bekanntlich jenes Gebiet der sowjetischen Zone, das direkt an die Bundesrepublik angrenzte!) zu belassen.[81]

Gleichzeitig mit der Überreichung der sowjetischen Note lud Molotow am 24. März Bundeskanzler Raab und andere Vertreter Österreichs, die die Bundesregierung zu entsenden für wünschenswert hielte, zu Gesprächen nach Moskau ein. Schon am 26. März bat Raab den Hochkommissar Iljitschow zu sich, der von Kudriawzew begleitet wurde. In Anwesenheit des Außenministers Figl teilte der Bundeskanzler mit – was Iljitschow natürlich bekannt war –, daß er eine offizielle Einladung, Moskau zu besuchen, erhalten habe, und daß diese Einladung selbstverständlich angenommen werde. Endgültig werde in der Ministerratssitzung vom 29. März entschieden werden und sowohl der Termin als auch die Zusammensetzung der Regierungsdelegation festgelegt werden.

Raab kam auch auf inhaltliche Dinge zu sprechen. Er sei optimistisch bezüglich seiner Reise nach Moskau, aber die Sowjetunion müsse noch einige kleinere Zugeständnisse machen. Auf Iljitschows Frage, um welche Zuge-

---

79 AVPRF, Fonds 06, op. 14, p. 9, d. 106, fol. 7 (Punkt 2), ein weiteres Exemplar in d. 116, fol. 95; auch in Molotows Bericht vom 22. März (vgl. oben Anm. 68), ebd., d. 116, fol. 91. In einer etwas früher, nach dem 14. März entstandenen Fassung war sogar von einem geringeren Zeitraum von zwei bis drei Jahren die Rede; ebd., fol. 73. Für den Abzug der Besatzungstruppen sah der Weisungsentwurf in der Fassung vom 22. März (Punkt 1), eine Frist von zwei Jahren ab Inkrafttreten des Staatsvertrags vor; ebd. fol. 95.

80 Telegramm Nr. 2156 Thompsons nach Washington, 29. März 1955, NA, RG 59, 663.001-3-2955: „I have learned in strictest confidence that Bischoff has stated that in his opinion Soviet Government would not be satisfied with mere statement of guarantee but will seek some provision such as retention token force, perhaps as small as one company, or right of entry."

81 Telegramm Nr. 2199 Thompsons nach Washington, 2. April 1955, NA, RG 59, 663.001/4-255. Karl Gruber hat dem Verfasser gegenüber in einem Gespräch am 6. Mai 1980 erwähnt, Bischoff habe berichtet, daß die Russen im Mühlviertel bleiben wollten.

ständnisse es sich handle, sagte Raab, daß die Frage der Garantien noch immer nicht klar sei. Nach Raabs Meinung müßten die Garantien von den vier Mächten nach dem Beispiel, wie es in Beziehung auf die Schweiz gehandhabt wurde, gegeben werden. Die vier Mächte, so Raab, garantieren die Unverletzlichkeit des Territoriums Österreichs, seine Unabhängigkeit und Freiheit. Hier ist die Zwischenbemerkung angezeigt, daß Raab offensichtlich nicht zwischen der (vom Außenamt angeregten) Territorialgarantie einerseits und einer Garantie der Unabhängigkeit und Freiheit andererseits unterschied. Das oben besprochene Grundsatzpapier der Völkerrechtsabteilung hatte ja lediglich von der Garantie des Territoriums gesprochen; in dem ergänzenden Papier vom 26. März (das Raab allerdings zum Zeitpunkt dieses Gesprächs noch nicht bekannt sein konnte) warnte der Leiter der Völkerrechtsabteilung ausdrücklich davor, die „politische Unabhängigkeit Österreichs" in die Garantieerklärung aufzunehmen. „So verlockend diese Formel vom österreichischen Sicherheitsbedürfnis aus sich auch darstellt", würde sie „den einzelnen Garanten nur eine Handhabe sein, in irgendwelchen wirtschaftlichen und kulturellen Maßnahmen eine Gefährdung und Beeinträchtigung der ‚politischen Unabhängigkeit Österreichs' zu erblicken und das Garantieverfahren auszulösen".[82]

Das Gespräch mit Iljitschow zum Abschluß bringend, unterstrich Raab, daß die Hauptsache in der baldigen Unterzeichnung des Vertrages und im Abzug der vier Mächte aus Österreich liege. Figl fügte hinzu, daß es wünschenswert wäre, einige veraltete Artikel aus dem Entwurf des Staatsvertrages zu beseitigen. Als Beispiele nannte Figl den Artikel über die Displaced Persons oder den Artikel über das Verbot für Österreich, Deutschen die Staatsbürgerschaft zu gewähren.[83]

Im nächsten Ministerrat am 29. März beschloß die Bundesregierung offiziell, der Einladung aus Moskau Folge zu leisten und eine Regierungsdelegation mit Bundeskanzler Raab, Vizekanzler Schärf, Außenminister Figl und Staatssekretär Kreisky nach Moskau zu entsenden. Auf die internen Gespräche, die der Bestellung der Delegation vorausgingen, wird noch zurückzukommen sein.[84]

Im März und Anfang April bereiteten sich also die Österreicher intensiv auf die kommenden Gespräche mit der Sowjetunion vor. So nutzte Kreisky eine Reise nach Genf zur Europäischen Wirtschaftskommission der UNO zu einem Abstecher nach Bern.[85] Am 25. März 1955 traf Kreisky, aus Genf kommend,

82 BMAA, Zl. 301.602-6VR/55 (vgl. oben Anm. 76).

83 Gesprächsaufzeichnung Iljitschows, 26. März 1955, AVPRF, Fonds 066, op. 38, p. 210, d. 3, fol. 46–47.

84 Siehe unten, S. 397–398.

85 In Genf traf Kreisky u. a. mit Andrej Gromyko, Molotows Stellvertreter zusammen; im Gespräch mit Gromyko wertete Kreisky es als „ermutigend" für die Österreicher, daß Molotow persönlich

in Bern mit Bundesrat Max Petitpierre, mit dem höchsten Beamten des Eidgenössischen Politischen Departements, Alfred Zehnder, und mit dem Außenwirtschaftsexperten Hans Schaffner zusammen. Zeitgenössische Quellen sind kaum vorhanden, insbesondere fanden sich weder in Bern noch Wien Gesprächsaufzeichnungen; knappe Notizen Petitpierres verzeichnen, daß Kreisky nach Bern kam, um sich „über die Neutralität, die für die Österreicher kein vertrauter Begriff ist, zu informieren“, ohne allerdings inhaltlich auf das Gespräch einzugehen; eine wesentlich später, erst 1983, geschriebene, für die Abfassung von Memoiren bestimmte Notiz Petitpierres dürfte zu sehr von der schließlich im April 1955 zustandegekommenen Lösung beeinflußt sein und die noch durchaus im Fluß befindliche Situation vom März 1955 nicht entsprechend reflektieren: die „beste Lösung schien uns, daß Österreich anbietet, die Neutralität als grundlegendes Prinzip seiner auswärtigen Beziehungen anzunehmen und sich dabei von der Schweizer Neutralität inspirieren läßt, die vom Wiener Kongreß anerkannt worden ist.“[86] Laut einer Mitteilung Schaffners im Jahre 1994 habe sich Kreisky besonders für die schweizerische Neutralitätspraxis interessiert, Schaffner habe die schweizerische Praxis des *courant normal* erklärt, aufgrund derer die Schweiz in Kriegszeiten den Handelsverkehr mit Kriegsparteien entsprechend dem Durchschnitt in den vorangegangenen Friedensjahren abgewickelt habe. Auch die Frage nach der Alternative zwischen einer vertraglichen „Neutralisierung“ (wie Raab sie ja als Möglichkeit fünf Tage zuvor öffentlich angedeutet hatte) und einer autonomen Erklärung mag vielleicht mit Generalsekretär Zehnder erörtert worden sein.[87]

---

die Österreichfrage behandle; Gromyko bestärkte ihn darin mit der Bemerkung, Molotow sei der zweite Mann in der Regierung. Bericht Thompsons an State Department, 28. 3. 1955, NA, RG 59, 663.001/3-2855. Über die Gromyko vermutlich bekannten Spannungen zwischen Molotow und Chruschtschow betreffend die Österreich-Politik sagte er nichts.

86 SBA, Fonds Petitpierre, E 2800, 1990/106, „Conversations avec des personnalités étrangères“ (post 1972) sowie Dossier „Pages de mémoires“, auch zit. bei Klaus Eisterer, „Die Schweiz und die österreichische Neutralität 1955/56“, in: Albrich/Eisterer/Gehler/Steininger, *Österreich in den Fünfzigern,* Innsbruck – Wien 1995, 305–306. Zu Kreiskys Gesprächen in Bern auch Jenny, *Konsensformel,* 218–221; eine zutreffende, den Stellenwert des Besuchs in Bern nicht überbewertende Beurteilung ebd. 316. – Nach einem Besuch bei Altbundesrat Petitpierre in Neuchâtel teilte dieser dem Verf. mit Brief vom 28. März 1985 mit, daß er, von möglichen Notizen in seinen im Bundesarchiv erliegenden Papieren abgesehen, in seinen persönlichen Papieren keine Notizen zu Kreiskys Besuch im März 1955 gefunden habe.

87 Jenny, *Konsensformel,* 220–221; zu bedenken ist jedenfalls, daß zum Zeitpunkt von Kreiskys Bern-Besuch die österreichischen Pläne *keine* „Neutralitätserklärung“ im engeren Sinn, sondern lediglich eine Erklärung (allenfalls vertragliche Verankerung) der Bündnis- und Stützpunktfreiheit vorsahen, kombiniert mit einer Territorialgarantie der Mächte nach dem schweizerischen Muster von 1815. Diese Unterscheidungen sind in Jahrzehnte später rückblickenden Erinnerungen verwischt bzw. überlagert durch die spätere, auf die Moskauer Verhandlungen vom April 1955 zurückgehende Entwicklung; dies zeigt sich in Petitpierres Notiz aus 1983 (vgl. vorhergehende Anmerkung) und noch deutlicher in Kreiskys Memoiren: *Zwischen den Zeiten,* Berlin 1986, 466–467.

Am gleichen Tage, somit in Abwesenheit Kreiskys, tagte in Wien der Parteivorstand der SPÖ. Schärf berichtete über Molotows Einladung; es sei nicht ausgeschlossen, „daß in diesem Schritt eine Chance für Österreich zu erblicken ist". Schärf stieß bald zu einem ihm wesentlichen Punkt vor. Bisher sei nur von einer politischen und militärischen Unabhängigkeitsgarantie gesprochen worden. „Eine wirkliche Garantie müßte aber auch die wirtschaftliche Unabhängigkeit beinhalten." Die Westmächte hätten erklärt, „daß sie ihren Verzicht auf das deutsche Eigentum in Westösterreich zu Gunsten Österreichs in den Friedensvertrag mit Deutschland aufnehmen würden." Es stehe aber in Frage, ob sie dazu imstande sein würden. „Zwei Drittel der verstaatlichten Industrie gelten als deutsches Eigentum. Wenn wir mit den Russen verhandeln", so Schärf, müßten wir ihnen klar machen, daß eine wirkliche Unabhängigkeit (nur) gegeben wäre, wenn nicht nur die USIA, sondern auch das Zistersdorfer Erdöl und die Donau-Dampfschiffahrtsgesellschaft Österreich übergeben würden. Zu dieser Forderung Schärfs ist – mehr als vier Jahrzehnte später – neuerlich in Erinnerung zu rufen, daß aufgrund des damals aktuellen Staatsvertragsentwurfs der DDSG-Besitz im östlichen Österreich *auf Dauer* an die Sowjetunion übergehen sollte, während beim Erdölkomplex der Sowjetunion Förderungsfristen von dreißig Jahren ab Inkrafttreten des Staatsvertrags eingeräumt werden sollten – in manchen Fällen sogar einschließlich einer Suchfrist nach neuen Ölvorkommen von acht Jahren Fristen von insgesamt 38 Jahren! Schärf schloß: „Unsere Forderung muß sein: weder eine wirtschaftliche Abhängigkeit vom Westen noch vom Osten." Wenn die Reise nach Moskau zustande komme, so meinte Schärf, wäre es zweckmäßig, eine Delegation zusammenzustellen wie seinerzeit nach London: „Sie müßte also bestehen aus Ing. Raab, Dr. Schärf, Ing. Figl und Dr. Kreisky."[88] In der Diskussion machte Bruno Pittermann geltend, daß man auch „politische Koalitionsfreiheit" fordern müßte; damit war – in Anspielung an die damals gängige sowjetrussische Terminologie – die Freiheit des Beitritts zu (politischen) internationalen Organisationen gemeint; Pittermann selbst dachte vermutlich in erster Linie an den Europarat. Alfred Migsch wandte gegen Pittermann ein: „Das Schweizer Neutralitätsbeispiel wäre für Österreich möglich, schließt aber die Forderung Dr. Pittermanns aus." Migsch fügte, auf Schärfs vorherige Forderung zurückkommend, hinzu: „Die Rückforderung des Erdöls und der Donau-Dampfschiffahrtsgesellschaft sei der beste politische Schachzug, den wir in dieser Lage unternehmen können." Migschs Wortmeldung ist aus zwei

88 Protokoll über die Sitzung des Parteivorstandes vom 25. März 1955, Bundesgeschäftsführung (vormals Zentralsekretariat) der SPÖ, Wien. Ich bin für die Ermöglichung der Einsichtnahme Bruno Kreisky und Zentralsekretär Fritz Marsch sehr zu Dank verpflichtet. Schärfs Verweis auf London (Jänner 1947) erinnert daran, daß damals Bundeskanzler, Vizekanzler und Außenminister nach London fuhren; einen Staatssekretär im Außenministerium gab es 1947 nicht.

Gründen bemerkenswert. Erstens wird wiederum deutlich, daß auch bei den Sozialisten das Schweizer Beispiel schon *vor* der Reise nach Moskau im Gespräch war; und zweitens wird ebenfalls deutlich, daß Migsch die Rückforderung des gesamten Deutschen Eigentums – d. h. auch jener Komplexe, die entweder auf Dauer oder für drei Jahrzehnte in sowjetischem Besitz verbleiben sollten, als den besten *politischen* Schachzug „in dieser Lage" ansah, d. h. offenbar in einer Lage, in der er aufgrund der auf Österreich zukommenden Neutralität Beschränkungen in der Freizügigkeit des Beitritts zu internationalen Organisationen erwartete. Weitere Wortmeldungen brachten, soweit aus dem knappen Protokoll ersichtlich, keine wesentlichen neuen Gesichtspunkte; u. a. warnte Karl Czernetz „vor überstürzten Aktionen", d. h. offensichtlich Festlegungen. Schärfs Vorschläge wurden einstimmig gebilligt; er wurde ermächtigt, „bei passender Gelegenheit die Forderung nach Rückgabe von Zistersdorf und der Donau-Dampfschiffahrtsgesellschaft in der Öffentlichkeit zu erheben."[89] Dies sollte Schärf bereits zwei Tage später tun.

Am 27. März 1955 unternahm Schärf einen massiven öffentlichen Vorstoß, um die Sowjetunion zum Verzicht auf das niederösterreichische Erdöl und auf die DDSG zu bewegen. In den Wiener Sophiensälen vor der SPÖ Wien hielt Schärf eine Rede, die eigentlich als das Gegenstück zu Raabs bereits ausführlich erwähnter Rundfunkrede vom 20. März zu bezeichnen ist. Schärf sagte: „Wir halten eine Garantie unserer Unabhängigkeit nach allen Richtungen und nach allen Seiten durch die Großmächte für eine wertvolle Grundlage der Selbständigkeit Österreichs. Wir sind aber davon überzeugt, daß Österreich nicht nur politisch unabhängig sein muß, sondern auch wirtschaftlich. Die Garantie einer politischen Unabhängigkeit könnte nur zu bald ausgehöhlt werden, wenn ein übermächtiges Ausland im Inland wirtschaftliche Kräfte

89 Ebd. Es fand noch eine weitere Parteivorstandssitzung vor der Abreise nach Moskau statt, am 1. April. Schärf berichtete, die Russen hätten scheinbar erwartet, daß die Westmächte die Reise nach Moskau zu unterbinden versuchten, und Adenauer tue „alles, um die Westmächte zu bewegen, keine Verhandlungen über Österreich zuzulassen". Protokoll über die Sitzung des Parteivorstandes vom 1. April 1955, Bundesgeschäftsführung der SPÖ, Wien. Es gab Vermutungen, offenbar auch aufgrund einer Äußerung Oskar Helmers am 15. April 1955, daß es Beschlüsse des SPÖ-Parteivorstandes gegeben habe, die einer Zustimmung zur Neutralität entgegenstünden. Ludwig Steiner, „Die Außenpolitik Julius Raabs als Bundeskanzler", in: Alois Brusatti/Gottfried Heindl, Hg., *Julius Raab. Eine Biographie in Einzeldarstellungen,* Linz, o. J. [1986], 241, Anm. 15. Diese Vermutungen finden in den Protokollen des Parteivorstandes vor der Abreise nach Moskau keine Bestätigung. Allerdings hat Schärf später geschrieben, daß einzelne Stimmen im Parteivorstand, und „ganz besonders lebhaft" Minister Helmer, sich gegen die Teilnahme sozialistischer Regierungsmitglieder an der Fahrt nach Moskau aussprachen; es scheine, so Schärf, daß Helmer in einem vertraulichen Gespräch mit Raab diesem in Aussicht gestellt habe, Sozialisten würden ihn nicht nach Moskau begleiten; zumindest habe Raab späterhin wiederholt solche Andeutungen gemacht. Maschinschriftl. Manuskript „Österreich wieder in Freiheit 1955–1957" (abgeschlossen April 1957, überarbeitet August 1959), VGAB, Nachlaß Schärf, 4/064, S. 18. Derartige Äußerungen könnten „außer Protokoll" gemacht worden sein.

gewinnt, wie wir dies vor 1938 erlebt haben." Die Westmächte, so fuhr Schärf fort, hätten zugesagt, daß das Deutsche Eigentum in den Westzonen auf Österreich übergehen werde. Dies werde der „Gefahr einer wirtschaftlichen Überfremdung in den westlichen Zonen vorbeugen. Wir sind überzeugt", so sprach Schärf über die Köpfe seiner Zuhörer direkt seine kommenden Verhandlungspartner an, „daß Rußland in diesem Zusammenhang ebenso großmütig auf seine Ansprüche auf das sogenannte Deutsche Eigentum in der von ihm besetzten Zone verzichten wird. Nicht nur auf die USIA-Betriebe, sondern auch auf die Zistersdorfer Ölquellen und auf die Donaudampfschiffahrtsgesellschaft." Schärf fügte hinzu, daß Rußland ja gegenüber Finnland ähnlich gehandelt habe. „Jede Garantie der politischen Unabhängigkeit wäre ein leeres Wort, wenn sie nicht ergänzt wird durch wirtschaftliche Unabhängigkeit."[90]

Die Presse der Volkspartei replizierte auf Schärfs Vorstoß mit der Kritik, Schärf präjudiziere die kommenden Verhandlungen. Der Staatsvertrag sei praktisch im Entwurf bereits fertig, Regierung und Parlament hätten sich zu diesem Entwurf bekannt. Die Forderung, die von verschiedenen Seiten in jüngster Zeit zu hören gewesen sei, daß versucht werden müsse, einen völlig neuen Vertrag zu schaffen, sei nicht vertretbar.[91] In der Tat kämpften damals Raab und die ihm nahestehenden Blätter einen Zweifrontenkampf, da ja von ganz anderer Seite (Gustav Canaval, Otto Habsburg, den Gesandten Eichhoff und Hornbostel) radikale Kritik an der Haltung der Regierung geübt worden war, den „langen" oder „alten" Vertragsentwurf zumindest als Verhandlungsgrundlage anzuerkennen. Allerdings wies auch die Presse der Volkspartei auf die Möglichkeit hin, die eine oder andere Erleichterung oder überhaupt die Eliminierung überholter Bestimmungen vorzuschlagen.[92] Auch hieß es in der „Österreichischen Neuen Tageszeitung", daß jede österreichische Politik „stets um eine Verbesserung der seinerzeit festgelegten Positionen bemüht sein werde", und zwar vor allem bei den Bestimmungen über wirtschaftliche Fragen, „insbesondere die des Deutschen Eigentums, genauer noch über die Zistersdorfer Ölquellen, die Donau-Dampfschiffahrtsgesellschaft usw."[93]

In der Publizistik der spannungsgeladenen Tage zwischen der Annahme der Einladung nach Moskau und der Abreise gab es einige Beiträge, die es auch aus großer zeitlicher Distanz verdienen, festgehalten zu werden, weil sie zwar die allgemeine Richtung andeuten, in der sich Österreichs Staatsschiff beweg-

90 Rede in den Wiener Sofiensälen vor der Wiener SPÖ. *AZ*, 29. März 1955, 1.

91 Leitartikel „Entscheidende Reise", in: *Das Kleine Volksblatt*, 30. März 1955, 1–2 (gezeichnet „G.", d. i. vermutlich Franz Grössl).

92 Ebd. Der Leitartikler fügte übrigens hinzu: „Wir vertrauen, das sei aus diesem Anlaß ohne Einschränkung gesagt, auch den beiden sozialistischen Kabinettsmitgliedern und sind überzeugt, daß auch sie ihr Bestes für Österreich tun werden."

93 Leitartikel „Keine Hemdärmelpolitik", in: *Österreichische Neue Tageszeitung*, 30. März 1955, 1–2 (gezeichnet als „-us-", d. i. vermutlich Helmut Schuster).

te, aber auch die noch offene Situation und die damit verbundenen begrifflichen Optionen – und Unschärfen – kennzeichnen, die es am Vorabend der Moskauer Verhandlungen gab.

Anfang April meldete sich ein prominenter und Österreich wohlgesinnter Schweizer zu Wort, der Historiker und Publizist Jean Rudolf von Salis. „Wird Österreich eine zweite Schweiz?" fragte er und gab selbst eine Antwort. „Das Wort ‚Neutralität' ist zwar noch von keiner Seite, auch nicht von österreichischer, gefallen. Faktisch bedeutet es Neutralitätspolitik, wenn die Regierung Raab den Versuch unternimmt, die untereinander uneinigen ehemaligen Sieger- und Besatzungsmächte wenigstens in der österreichischen Frage auf eine gemeinsame Stellungnahme zu verpflichten". Salis erwartete allerdings damals, daß eine gemeinsame Erklärung der vier Mächte über die Unverletzbarkeit Österreichs, über die Garantie gegen eine neue Anschlußgefahr „und über die Bündnisfreiheit des österreichischen Staates (wir würden sagen über seine Neutralität)" großen Schwierigkeiten begegnen werde.[94]

Am 6. April 1955 erschien aus der Feder des außenpolitischen Redakteurs der „Arbeiter-Zeitung", Dr. Friedrich Scheu, ein Leitartikel „Neutralität und Paktfreiheit", der eindeutig zugunsten der Paktfreiheit argumentierte und offenbar auch die Ansicht des sozialistischen Parteivorstandes, mindestens aber jene Schärfs und einiger weiterer Vorstandsmitglieder vor den Moskauer Verhandlungen reflektierte.[95] Der Begriff Neutralität, so schrieb F. S., „stammt in Wahrheit aus einer früheren Epoche und paßt in unsere Zeit gar nicht mehr recht hinein." Der alte Begriff der Neutralität habe eine Erweiterung erfahren, „als im 19. Jahrhundert die Schweiz ‚neutralisiert' wurde". Mit der Zeit habe die Schweizer Neutralität einen positiven Charakter bekommen. Die Entscheidung darüber, ob sie neutral bleiben können, war in Wahrheit nie den neutralen Staaten selbst überlassen. „Ob das wilhelminische Deutschland das ‚neutrale' Belgien überfiel, ob Hitler einen Staat verschonte, hing nicht von der Neutralitätserklärung dieses Staates ab, sondern von ganz anderen strategischen Erwägungen." Der Leitartikler verwies auch auf die Schweden, die oft von sich sagten, „Wir sind neutral, aber nicht ganz so neutral wie die Schweizer." Und was solle man nun gar unter einer „Neutralität im Kalten Krieg" verstehen? Scheu betonte, die Österreicher seien Demokraten; die geistige Auseinander-

94 J. R. von Salis, „Wird Österreich eine zweite Schweiz?", in: *Zürcher Woche*, Jg. 1955, Nr. 13, 1. April 1955.

95 F. S. (d. i. Friedrich Scheu), „Neutralität und Paktfreiheit", in: *AZ*, 6. April 1955, 1–2. Abgedruckt in *AdG*, Bd. 25, 1955, 5116–5117, sowie in DÖA, Nr. 162. In einem Brief an den Verf. vom 24. Oktober 1974 hat Dr. Scheu freundlicherweise mitgeteilt, er habe diesen Artikel im Auftrag des Chefredakteurs der AZ, Oscar Pollak, geschrieben, stillschweigend seine Billigung erhalten und sonst mit niemandem gesprochen. Pollak habe als Chefredakteur der AZ den Sitzungen des Parteivorstandes beigewohnt. Daß dieser Artikel die Ansicht des Parteivorstandes wiedergegeben habe, hat Bundeskanzler Kreisky in einem Gespräch mit dem Verf. am 17. Jänner 1972 mitgeteilt.

setzung zwischen Demokratie und Kommunismus könne ihnen nicht gleichgültig sein. „Natürlich wissen die Österreicher, wo sie stehen. Kann man von ihnen erwarten, daß sie ihre Meinung nicht mehr frei ausdrücken sollen, um nur ja niemandes Gefühle zu verletzen? Das wäre selbst schon der Anfang vom Ende der Demokratie!" Liest man dies, so wird man stark an zahlreiche ähnliche Äußerungen eines Oskar Helmer, eines Oscar Pollak, auch eines Karl Czernetz oder Bruno Pittermann erinnert, die im jahrelangen erbitterten publizistischen und parlamentarischen Kampf gegen die österreichischen Kommunisten und gegen deren Neutralitätsparolen gefallen waren – ohne daß eine kausale Zuordnung dieser Personen (und Parteivorstandsmitglieder) zu Scheus Leitartikel gegeben wäre. Scheu sprach sich nun klar zugunsten des Wortes „Paktfreiheit", im Unterschied zu „Neutralität", zur Kennzeichnung von Österreichs zukünftigem Status aus. Soweit man die russischen Vorschläge bis jetzt beurteilen könne, erstreckten sie sich „abgesehen von Sicherungen gegen den Anschluß, worüber kaum eine Meinungsverschiedenheit besteht – auf zwei bestimmte Punkte": Verzicht auf militärische Bündnisse und auf militärische Stützpunkte. Hier handle es sich, so Scheu, „nicht um Neutralität, sondern um etwas anderes, was man besser als ‚Paktfreiheit' bezeichnen kann". Die Regierung habe ja erklärt, daß der Verzicht auf Bündnisse und Stützpunkte durchaus diskutabel sei; sie hätte auch nichts „gegen eine internationale Garantie eines solchen Verzichts". Neuerlich kamen die ideologischen Vorbehalte aus der nur knapp zurückliegenden Zeit des Kampfes gegen die kommunistischen Neutralitätsvorstellungen zutage. „Die Vorstellung, daß man durch eine ‚Neutralitätserklärung' den Kopf in den Sand stecken kann und hoffen, daß sich das Weltgeschehen dadurch ablenken läßt, diese Vorstellung haben wir nicht. Wir sind keine ‚Neutralisten'." Daher zum Schluß nochmals: „Ein freies Österreich wäre vielleicht mit der ‚Paktfreiheit', das heißt mit dem Verzicht auf das Recht zum Abschluß militärischer Bündnisse und zum Einräumen militärischer Stützpunkte nicht zu teuer erkauft, wenn es um diesen Preis zu haben ist." Obgleich hier nicht ausgesprochen, lag Scheus Argumentation wohl auch die Überlegung der in Richtung Europarat besonders aktiven Sozialisten wie Pittermann und Czernetz zugrunde, mit „Paktfreiheit" würde sich Österreich weniger Brücken nach (West-)Europa verbauen als mit „Neutralität".

Am gleichen Tage, an dem in der „Arbeiter-Zeitung" Friedrich Scheu gegen „Neutralität" und zugunsten von „Paktfreiheit" argumentierte, schrieb der damals in Graz wirkende Benedikt Kautsky, eine in ihrer Ausgewogenheit und Offenheit besonders beeindruckende Persönlichkeit,[96] in der Grazer „Neuen Zeit" seelenruhig von Österreichs kommender Neutralität. Er kam auf Schärfs Rede vom 27. März zu sprechen und interpretierte Schärfs Sorge um die

96 Dieses Urteil beruht auf persönlichen Erinnerungen des Verfassers.

wirtschaftliche Unabhängigkeit als Sorge um Österreichs Neutralität, obgleich Schärf das Wort Neutralität nicht in den Mund genommen hatte. Kautsky fügte hinzu, daß die „wirtschaftliche Vormachtstellung eines Garanten der Neutralität vor den drei anderen" mit „einer echten Neutralität unvereinbar" wäre. „Daß Österreich den Willen zur Neutralität hat", schrieb Kautsky, „steht außer Zweifel." Der Wunsch Sowjetrußlands, „Österreich weder zu einem Stützpunkt deutscher Aggression noch des Atlantikpaktes werden zu lassen", sei „durchaus begreiflich und ihm wird niemand widersprechen. Aber ebenso begreiflich ist es", – so Kautsky –, daß Österreich keine Form der Neutralität auf sich nehmen könne, die nicht alle Möglichkeiten einer fremden Aggression ausschließe.[97]

Wir sind mit unserem Blick auf die Publizistik dem Gang der Dinge etwas vorausgeeilt. Noch im März waren Österreichs Botschafter bei den vier Mächten zu gemeinsamen Beratungen mit den verantwortlichen Regierungsmitgliedern nach Wien berufen worden, und am 28. März fand unter dem Vorsitz des Bundeskanzlers Raab eine Besprechung statt, an der Schärf, Figl und Kreisky, die Botschafter Bischoff (Moskau), Gruber (Washington), Schwarzenberg (London), Vollgruber (Paris) sowie leitende Beamte des Außenamtes teilnahmen.[98] Raab meinte einleitend, man werde in Moskau „keine Abschlüsse" machen, sondern sich eher erkundigen und sondieren. Die vorsichtige Haltung der Österreicher, die aus Raabs Worten sprach, hatte wohl zwei Motive: erstens konnten die Österreicher nicht wissen, was ihnen in den bevorstehenden Gesprächen angeboten werden würde. Sie hatten die schwere Enttäuschung der Berliner Konferenz erlebt und waren gebrannte Kinder. Die Devise „nur nicht festlegen" war sohin ein elementares Gebot verhandlungstaktischer Klugheit. Zweitens war es aber auch Bedachtnahme auf das loyale Verhältnis zu den Westmächten, worauf Kreisky hier (und auch nach der Ankunft in Moskau)[99] hinwies.

Eine weitere verhandlungstaktische Frage kam zur Diskussion: Vizekanzler Schärf meinte, wenn man am Staatsvertragstext viel herumarbeite, könne man in Schwierigkeiten geraten. Die Österreicher standen vor einem schwierigen, aber nicht neuen Dilemma: Sie wollten Verbesserungen, Erleichterungen, doch war es gefährlich, den „alten Vertragsentwurf" von 1949 grundsätzlich in Frage zu stellen; dies hatte ja zur Zeit des Kurzvertrages die bekannte schwere Abfuhr zur Folge. Gruber warnte, wenn man jetzt wieder über den Staatsvertragstext zu verhandeln beginne, sei kein Ende abzusehen, auch den Westmächten könne dies Gelegenheit geben, alles hinauszuziehen; Figl war der gleichen Ansicht.

---

97 Benedikt Kautsky, „Österreich zwischen den Fronten", in: *Neue Zeit,* 6. April 1955, 1–2.

98 Amtsvermerk (Mitschrift der Besprechung) in: AdR, BMAA, II-Pol, Zl. 320.920-Pol/55, veröffentlicht in: ÖuG, Nr. 110.

99 Vgl. die unten in Anmerkung 196 genannten Aufzeichnungen Schärfs und Kreiskys.

Figl wie Schärf meinten, daß mit Zusatzprotokollen gearbeitet werden müsse. Raab hatte ja, wie bereits berichtet, acht Tage zuvor öffentlich jene Kritiker um Gustav Canaval aufs Korn genommen, die zur grundsätzlichen Revision des „alten Vertrages" aufgerufen hatten.

Von Raab eingeladen, referierten die vier Botschafter über Probleme aus der Sicht der Hauptstädte, in welchen sie akkreditiert waren: Moskau, Washington, London, Paris. Bischoff äußerte sich fast wörtlich mit den gleichen Überlegungen, mit welchen er einen Monat zuvor über ein Gespräch mit dem Botschafter und inzwischen Vizeaußenminister Semjonow berichtet hatte.[100] Es beginne sich eine transkontinentale Frontlinie von Lübeck bis Triest abzuzeichnen, die durch unser Land gehe. „Diese Linie wird immer mehr zur Realität und droht unser Land entzweizuschneiden." Die Unterbrechung dieser Linie, so Bischoff, scheine „augenblicklich eine der wichtigsten Aufgaben der russischen Diplomatie zu sein. Deren Ideal ist es, einen Zustand in Europa herbeizuführen, bei dem eine neutrale Zone zustandekommt, ähnlich wie sie im Norden bereits durch Schweden und Finnland repräsentiert wird. Eine derartige Neutralitätszone, umfassend die Schweiz, Österreich und Jugoslawien würde Donaueuropa abschirmen."[101] Gruber referierte, daß man in Washington einsehe, daß wir keinen militärischen Bündnissen beitreten wollen, doch möchte man, „daß wir diesem Punkt keine besondere Prominenz geben". Das Wort „Neutralität", so berichtete Gruber, sollte den amerikanischen Vorstellungen zufolge möglichst wenig gebraucht werden, „selbst wenn es dem Sinn nach zu einer solchen kommen würde". Wie bereits erwähnt, meinte Gruber, daß die USA es sich nicht leisten könnten, eine wirkliche und praktische Lösung im Gegensatz zur Ansicht der Bundesregierung einfach zurückzuweisen. Vollgruber berichtete aus Paris, daß man dort eine „Neutralisierung" (im Sinne einer vertraglichen Neutralisierung) nicht gerne schon wegen der Einwirkungen auf Deutschland sehe – es war der alte Standpunkt der Westmächte aus der Zeit der Berliner Konferenz. „Wenn wir uns aber selbst als souveräner Staat für neutral erklären, dann hätte man sicherlich nichts dagegen." Schwarzenbergs Bericht aus London machte deutlich, daß die Skepsis im Foreign Office sehr groß war; der Tenor seines Berichts wich deutlich von Vollgrubers Bericht aus Paris ab; er berichtete aus London, man fürchte, daß die Russen wirklich konzessionsbereit sein würden und uns in Moskau „in vielen Dingen nachgeben werden"; die Westmächte könnten in die peinliche Situation des Nein-Sagers kommen. „Dies würde dann nach einem Frontwechsel aussehen, wobei Österreich auf der Seite der Sowjetunion gegen die drei nein sagenden Westmächte stände." Kreisky nahm dazu Stellung und sagte dabei den entscheidenden Satz der

100 Vgl. oben S. 347.
101 Vgl. ÖuG, Nr. 110 (S. 255–256).

ganzen Besprechung: „Zu der Bemerkung Botschafter Schwarzenbergs über die Gefahr, daß die Westmächte durch russische Konzessionen in eine unangenehme Lage kommen könnten, muß ich nur sagen, *daß wir bei wirklichen Zugeständnissen nicht nein sagen können.*“[102] Genau solche Zugeständnisse sollten den Österreichern in unerwartetem Ausmaß Mitte April zuteil werden.

Zum Abschluß der Sitzung gab Raab den in London, Paris und Washington akkreditierten Botschaftern Worte der Beruhigung für die Westmächte mit. Es stehe jedenfalls fest, „daß wir in unserer prinzipiellen Abwehr gegen den Bolschewismus keine politischen Konzessionen machen werden“. Die Botschafter sollten auch darauf hinweisen, „daß andere Staaten weniger brav sind als wir und erheblich intensivere Handelsbeziehungen mit dem Osten haben“. Österreich werde in keiner Weise dem Kommunismus eine Türe öffnen. Ausdrücklich bat Raab die Botschafter, dies den jeweiligen Regierungen in London, Paris und Washington ganz deutlich zu sagen. „Diese unsere Haltung sei eine feste Garantie der österreichischen Unabhängigkeit.“[103]

3. Die Sorgen des Westens; letzte Überlegungen vor der Moskau-Fahrt

Die Westmächte, zumal Briten und Amerikaner, waren im Lauf des März 1955, wie bereits gezeigt, immer unruhiger geworden. Sie fürchteten Übles als Folge der sich verdichtenden bilateralen Kontakte zwischen Moskau und Wien. Vorweg ist eine zunächst verblüffende Beobachtung zu registrieren: Obgleich seit geraumer Zeit, mindestens seit dem Herbst 1953, im Westen mit irgendeiner Form von Bündnisfreiheit oder Neutralität Österreichs gerechnet wurde, lösten die Anzeichen, daß es nun damit Ernst werden könnte, in den westlichen Staatskanzleien beträchtliche Aufregung aus.

Ausschlaggebend für die Alarmstimmung waren – eine Vielzahl von inzwischen zugänglichen Quellen zusammenfassend – drei Befürchtungen: erstens die Sorge, daß Österreich als der schwächere Partner im bilateralen „tête à tête“ mit Moskau diversen Sirenenklängen erliegen und nachgiebiger sein könnte, als dem Westen lieb war.[104] Zweitens gab es aber auch die Angst, Moskaus Österreich-Initiative sei nur ein Instrument in dem Bemühen, die westliche

---

102 Ebd. (S. 261). Meine Hervorhebung.

103 Ebd. (S. 262, 264). Die Mitschriften weiterer Besprechungen im Wiener Außenamt in Vorbereitung der Reise nach Moskau sind publiziert in ÖuG, Nr. 109 (Vorbesprechung bei Figl mit Kreisky am 28. März), Nr. 111 (Besprechung bei Generalsekretär Wildmann, 30. März sowie bei Außenminister Figl am 2. April); eine Besprechung bei Figl am 29. März ist lediglich durch eine im Nachlaß Schöner aufgefundene stenographische Mitschrift Schöners dokumentiert; vgl. unten Anm. 154. Zu einer ebenfalls im Nachlaß Schöner dokumentierten Besprechung am 31. März vgl. unten S. 568.

104 „We do not like bilateral Austro/Russian talks, since the Austrians are no match for the Russians.“ Aktennotiz Geoffrey Harrisons (o. D., vermutl. 17. März 1955), PRO, FO371/117786/RR1071/43.

Deutschlandpolitik, die seit den Pariser Verträgen vom Oktober 1954 ihrem größten Triumph zustrebte, nämlich der Umwandlung eines Landes unter Besatzungsstatut in einen Verbündeten des Westens, zu stören oder zu zerstören. Drittens, vor allem bei militärischen Amtsträgern, gab es Unzufriedenheit oder Besorgnis über die Möglichkeit/Notwendigkeit, Westösterreich räumen zu müssen. Alle drei dieser Alarm, manchmal sogar Panik auslösenden Sorgen müssen im folgenden beleuchtet werden.

Zur ersten, „nur" Österreich betreffenden Sorge: Die Österreicher „scheinen die Absicht zu haben, sich wie die Gadarenischen Säue über den Abgrund in ihr Verderben zu stürzen", notierte jener Diplomat, der zwölf Jahre zuvor den Urtext der Moskauer Österreich-Erklärung entworfen hatte, Geoffrey Harrison.[105] Harrison entwarf am 23. März 1955 ein Memorandum über Österreich, das skeptisch eine vom Westen wohl nicht zu verhindernde Situation skizzierte: Die österreichische Regierung scheine entschlossen, eine beträchtliche Wegstrecke in Richtung vollständiger „neutralisation" zu gehen.[106] In Hinblick auf „Österreichs geographische Position" wäre es vielleicht unlogisch, irgend etwas anderes zu erwarten. „Ist der Westen bereit, dies zu akzeptieren?" Harrison versuchte, eine Antwort zu geben. In der Vergangenheit hätten die Amerikaner eine „Vorwärts-Strategie" bevorzugt. Sie hätten es gerne gesehen, wenn sich Österreich, nach dem Vertrag, dem „westlichen militärischen Club" zugesellt hätte.[107] Wir, die Briten, hätten die Praktikabilität dieser Haltung sowohl aus militärischen als auch aus politischen Gründen bezweifelt. Aber

---

105 „The Austrians seem intent, like the Gadarene swine, on rushing over the precipice to their doom." Notiz vom 22. März 1955, PRO, FO 371/117786/RR1071/45. Die biblische Quelle: Math. 8, 32: eine von Dämonen besessene Schweineherde „stürzte sich den Abhang hinab in den See und kam in den Fluten um". Diese Äußerung wird seit ihrer Freigabe 1986 gerne zitiert; u. a. Rolf Steininger, „1955: The Austrian State Treaty and the German Question", in: *Diplomacy and Statecraft,* 3 (1992), 494–522, hier 505. Steininger bietet aufgrund britischer Akten eine ausführliche Darstellung der westlichen, zumal britischen Reaktionen auf die sowjetische Österreich-Initiative zwischen Februar und April/Mai 1955; zu diesem Thema auch mit stärkerer Betonung der USA mehrere Aufsätze von Günther Bischof, insbes. Anglo-American Powers, 385–388, Eisenhower and the Austrian Treaty, 156–157, und vor allem in: „Österreichische Neutralität, die deutsche Frage und die europäische Sicherheit 1953–1955", in: Rolf Steininger/Jürgen Weber/Günther Bischof/Thomas Albrich/Klaus Eisterer, Hg., *Die doppelte Eindämmung. Europäische Sicherheit und deutsche Frage in den Fünfzigern,* München 1993, 133–176, hier 158–160.

106 Zum folgenden PRO, FO 371/117787/RR1071/72.

107 „They would have liked Austria, after the Treaty, to join the western military club." Steininger, Austrian State Treaty, 506–507, (ebenso ders., „15. Mai 1955: Der Staatsvertrag", in: Steininger/Gehler, *Österreich im 20. Jahrhundert,* 2, 231) leitet daraus ab, man könne erstmals aus Harrisons Antwort entnehmen – in Hinblick auf die zahlreichen Sperren militärisch sensiblen Aktenmaterials bei den amerikanischen Akten –, daß die Vereinigten Staaten Österreichs Mitgliedschaft in der NATO wünschten bzw. erwogen. Dieser Interpretation kann ich mich nicht anschließen. Die in Kap. V besprochenen amerikanischen Quellen, insbesondere Dulles' Haltung im Nationalen Sicherheitsrat im Oktober 1953, vor allem die Stellungnahme des Präsidenten Eisenhower vor der Berliner Konferenz und Dulles' dementsprechend autorisierte Äußerungen

wir hätten gehofft, daß die Österreicher unserem „politischen Club“ beitreten würden. Auch dies sehe nun zweifelhaft aus. Die Aussichten („the prospect“) heute wären jene „eines politisch und militärisch neutralisierten Österreichs, möglicherweise unter internationaler Garantie“.

Anthony Eden, der Außenminister, erhielt dieses Memorandum zwei Tage später, am 25. März; es regte ihn sehr auf, und zwar offenbar auch aus Gründen, die mit Österreichs Geschichte und mit Edens eigener Biographie zu tun haben. Verärgert notierte er auf Harrisons Memorandum, er bedaure, daß dieses Aktenstück nicht den Vermerk „immediate“ – sofort – erhalten habe. Er habe Sorge bezüglich der Möglichkeit, daß Raab nach Moskau ginge. Raab müßte davor gewarnt werden. Auch tags darauf machte sich Eden größte Sorge wegen der sich den „Ränken“ der Sowjets ausliefernden Österreicher: „Ich bedaure, daß die Österreicher nicht entschiedener gegen Moskaus Ränke gewarnt wurden. Ich hoffe, daß wir nicht bald eines Morgens aufwachen und Raab in Moskau finden.“ Da war allerdings Moskaus Einladung an Raab bereits ergangen.[108] Am gleichen Tage, dem 26. März, besprach Eden mit Harrison die Österreichfrage. Harrison erklärte Eden, eigentlich könne Raab es nicht ablehnen, nach Moskau zu gehen. Daher wäre es unweise seitens der Westmächte, Raab hiervon abzubringen; dies sei die einstimmige Ansicht der westlichen Vertreter in Wien, des State Department und des Quai d'Orsay. Harrison erläuterte Eden auch, daß der gegenwärtige Fall „nicht parallel zu Schuschniggs berüchtigtem Besuch in Berchtesgaden sei“.[109] Warum diese Bemerkung? Eden war auch Außenminister zur Zeit von Schuschniggs folgenschwerem Besuch bei Hitler in Berchtesgaden am 12. Februar 1938 gewesen! Neun Tage später, am 21. Februar 1938, war Eden als Außenminister zurückgetreten, weil er Chamberlains milde Politik gegenüber Mussolini mißbilligte; Eden galt seit seinem Rücktritt als Gegner der britischen „appeasement“-Politik. Wir wissen nicht, ob Harrison durch eine Äußerung Edens zu dem

---

während der Berliner Konferenz (vgl. oben S. 297–298, 309–310) zeigen, daß die USA die NATO-Mitgliedschaft Österreichs nicht erwarteten oder forderten. Dies bedeutet natürlich nicht, daß die USA nicht eine „Harmonisierung“ des österreichischen Wehrpotentials (vgl. oben S. 272) mit dem westlichen (NATO-) Wehrpotential angestrebt und gefördert hätten, was in der Tat vor und auch noch zumindest in den ersten Jahren nach 1955 der Fall war (zur Entwicklung 1955–1958 vgl. das Aktenmaterial in: NA, RG 59, file 763.5-MSP, besonders deutlich 763.5-MSP/3-1358); siehe auch unten S. 546–548).

108 Eigenh. Anmerkung Edens 26. März 1955, ebd. RR1071/74; auch bei Steininger, Austrian State Treaty, 509. Edens Worte über „Moscow's wiles“ haben Günter Bischof zu dem Titel eines Vortrags „'Austria and Moscow's Wiles': The Western Powers, Neutrality and the Austrian Peace Treaty“ (1987) inspiriert; ich danke Günther Bischof für die freundliche Überlassung des unveröff. Manuskripts; Bischof hat das Thema in mehreren publizierten Arbeiten behandelt (vgl. oben Anm. 105).

109 “... that the occasion would not be parallel to Schuschnigg's notorious visit to Berchtesgaden“. Handschriftl. Notiz Harrisons am Montag, den 28. März 1955 auf dem bereits zitierten Aktenstück RR1071/72.

Hinweis auf die Unvergleichbarkeit von Schuschniggs und Raabs Reisen gebracht wurde, oder ob er – im Wissen um Edens damalige Stellung und politische Überzeugung – von selbst auf Berchtesgaden zu sprechen kam; wir wissen allerdings, daß Eden bei einer späteren, für Großbritannien viel schwerer wiegenden Krisensituation – der Politik Nassers in Ägypten und dessen Verstaatlichung des Suez-Kanals 1956 mit der darauffolgenden fehlgeschlagenen britisch-französisch-israelischen Intervention – sehr wohl Parallelen zum Aufstieg Hitlers und dessen Nichtverhinderung in den Dreißigerjahren zog.

Anders als Eden erwog John Foster Dulles in Washington zwar nicht, Raab am Gang nach Moskau zu hindern, warnte aber ebenfalls entschieden vor den Gefahren. „Es ist ein gefährlicher Ort, um allein hinzugehen" – „it is a dangerous place to go alone", sagte Dulles am 25. März zu Gruber, der am Tag des Abfluges zu den bereits geschilderten Botschafterbesprechungen nach Wien bei ihm vorsprach.[110] Dulles verstehe, „daß die österreichische Regierung eine solche Einladung schwer zurückweisen könne, Moskau sei jedoch ein gefährlicher Boden, deshalb empfehle sich, mit Vorsicht zu operieren" – so heißt es in der von Ernst Lemberger angefertigten österreichischen Niederschrift der Aussprache.[111] Dulles riet dazu, mit dem Termin einer Moskau-Reise eher langsam vorzugehen; in der Frage der Westeuropäischen Union gingen die Dinge rasch voran; er fügte hinzu, die Amerikaner wären nicht willens, einer Konferenz auf hoher Ebene über Deutschland oder auch über Österreich zuzustimmen, solange „die Sowjets in der Lage sein könnten, die Position des Westens aufzubrechen".[112] Dulles dachte offenbar an die unmittelbar bevorstehende Ratifizierung der Pariser Verträge im französischen Rat der Republik und das binnen weniger Wochen zu erwartende Inkrafttreten der Pariser Verträge mit seinen in der Tat ungeheuren, von uns schon genannten Folgen: der Umwandlung der Bundesrepublik Deutschland von einem Staat unter Besatzungsstatut zum Verbündeten. Das, was der Westen angestrebt hatte und im Begriff zu erreichen war, mußte, wie sich Dulles ausdrückte, „irreversible" – unumkehrbar – sein, bevor die USA auf hoher Ebene mit der Sowjetunion verhandeln würden.[113]

Dulles bemerkte weiters, eine Botschafterkonferenz in Wien, die sich aus-

---

110 Amerikanische Niederschrift des Gesprächs Dulles/Gruber vom 25. März 1955, *FR 1955–1957,* V, 16–19, hier 17.

111 Erliegt in VGAB, Nachlaß Schärf, 4/230, sowie im Julius Raab-Archiv, Wien, 116/a.

112 *FR 1955–1957,* V, 18.

113 Der Begriff „irreversible", obgleich nicht in der amerikanischen Niederschrift vorkommend, wird zweimal in Lembergers Niederschrift im Zusammenhang mit dem Ratifikationsprozeß der Pariser Verträge im englischen Wortlaut zitiert und ist sicher authentisch. VGAB, Nachlaß Schärf, 4/230. Er blieb in Grubers Ohr haften, denn drei Tage später – am dazwischen liegenden Wochenende war Gruber von Washington nach Wien geflogen – berichtete Gruber in einer Vorbesprechung bei Figl und Kreisky zur „großen" Botschafterbesprechung mit Raab und Schärf, der Abschluß des

schließlich mit dem Österreichvertrag befassen würde, schiene ihm akzeptabel, falls die Ergebnisse von Raabs Moskau-Reise dies rechtfertigen würden; dies, so Dulles, sage er nur zur Information der Österreicher, es sei mit Engländern und Franzosen nicht abgesprochen; die Österreicher dürften sich in Moskau nicht auf eine allfällige westliche Bereitschaft zu einer solchen Botschafterkonferenz berufen. Dulles' Äußerung ist deshalb von Interesse, weil hier die Anfangsüberlegungen zu der dann tatsächlich Anfang Mai 1955 in Wien zusammentretenden Botschafterkonferenz zu sehen sind.

Die Befürchtungen der Amerikaner bezüglich Raabs geplanter Moskau-Reise haben vielleicht einen weniger krassen Niederschlag in den Akten gefunden als jene der Briten; die amerikanischen Bedenken waren aber sehr stark, wie man aus Ernst Lembergers Situationsschilderungen in seinen Briefen an Adolf Schärf erkennen kann. Lemberger hat die Aussprache Dulles-Gruber vom 25. März als „äußerst unerquicklich" beschrieben; die ständigen Gespräche auf niederer Ebene seien „noch weniger erfolgversprechend" gewesen. Lemberger schrieb, „daß der Widerstand des State Department zuerst äußerst heftig und von verschiedenen Mißtrauenserklärungen gegenüber Raab begleitet war."[114]

In der amerikanischen Reaktion auf die sowjetische Österreich-Initiative und Raabs Einladung nach Moskau wurde natürlich neben der Befürchtung, daß Moskau „a dangerous place to go alone" sei, die zweite bereits vorhin genannte Sorge deutlich, daß nämlich die Sowjetunion Österreich nur als Instrument einer in erster Linie auf die Zerstörung der gerade ihrem größten Erfolg zustrebenden westlichen Deutschlandpolitik benütze. Im Bericht über das Gespräch Dulles-Gruber ist dies schon angeklungen, Dulles sprach gegenüber Gruber aber auch ganz deutlich seine Vermutung aus, das Motiv der Sowjets scheine es zu sein, ihre Österreich-Initiative als Hintertür zum deutschen Problem zu benützen.[115] Noch deutlicher tritt diese Vermutung in Dokumenten des State Department und in informellen österreichischen Berichten über Gespräche im State Department hervor. In einem für Dulles' Aussprache mit Gruber vorbereitetem „brief" betonte Livingston Merchant, Assistant Secretary of State for European Affairs, es sei mehr als wahrscheinlich, daß die sowjetische Österreich-Initiative das Ziel habe, die Ratifizierung, oder

---

Staatsvertrages werde bei den Militärs wahrscheinlich keine Freude hervorrufen. „Wenn aber die die deutsche Armee wirklich aufgestellt sein werde und die Situation nach dem endgültigen Vollzug der Ratifikation *irreversibel* geworden sei, würden wohl auch bei den amerikanischen Militärs weniger Schwierigkeiten zu erwarten sein" (Meine Hervorhebung). Vorbesprechung am 28. März 1955, 11 Uhr 10: AdR, BMAA, II-Pol, Zl. 319.796-Pol/55, abgedruckt in: ÖuG. Nr. 109.

114 Lemberger an Schärf, 16. Mai 1955, VGAB, Nachlaß Schärf, 4/230. Botschaftsrat Lemberger, Sozialdemokrat und Widerstandskämpfer, war Vertrauensmann Schärfs (und der SPÖ) an der Botschaft Washington.

115 "...their motive seems to be to use the present approach on Austria as a back door to the German problem". *FR 1955–1957,* V, 18.

„noch wahrscheinlicher, die Implementierung" der Pariser Verträge zu verhindern.[116] Die Implementierung, d. h. die Verwirklichung, die Umsetzung der Pariser Verträge in die Praxis: das war das große, nun zum Greifen nahe Ziel der amerikanischen (und überhaupt der westlichen) Europa- und Deutschlandpolitik, das unter keinen Umständen gestört, beschädigt, beeinträchtigt oder gar zerstört werden sollte.

Ernst Lemberger berichtete über den Einfluß des „German desk", des Deutschland-Referats im State Department. Dessen Leiter, der auch in Österreich-Fragen bewanderte Diplomat Coburn Kidd, erklärte Lemberger „mit aller Offenheit, die endgültige Befreiung Österreichs, verbunden mit einer Garantieerklärung der vier Großmächte, und das Ableben Adenauers, mit dem man immerhin rechnen muß – würden die Aufrüstung Deutschlands und dessen Einbeziehung in die NATO erschlagen. Gegen die Möglichkeit des nahen Ablebens eines alten Herren könne man sich nicht wehren; gegen das österreichische Beispiel könne man, und werde man sich wehren".[117]

Die Vermutung, Moskaus Österreich-Initiative ziele eigentlich auf die Bundesrepublik, war in den westlichen Staatskanzleien weit verbreitet und wohl die gängigste der diversen, in Korrespondenzen und Gesprächen zwischen westlichen Diplomaten kolportierten Hypothesen. Die Quellen hierzu sind reichlich vorhanden und auch mehrfach von der neueren historischen Forschung untersucht worden.[118] Hier soll lediglich auf einige wenige diplomatische Schriftstücke aufmerksam gemacht werden, die in den Wochen vor der österreichischen Moskau-Fahrt, voll des Rätselratens über die Motive der Sowjets, in außergewöhnlich brillanter Weise unterschiedliche Positionen formulierten. Der amerikanische Botschafter in Wien, Llewellyn Thompson, und sein Kollege in Moskau, Charles Bohlen, lieferten einander – in Glanzstücken diplomatischer Analyse – geradezu ein „Ping-Pong" unterschiedlicher Interpretationsmuster. Thompson meinte, das grundlegende sowjetische Ziel scheine die Schaffung eines Gürtels neutraler Staaten, bestehend aus Schweden, Deutschland, Österreich und Jugoslawien zu sein. In Hinblick auf Tendenzen in Jugoslawien in Richtung „Neutralismus" wäre dann Deutschland das einzige „missing link" dieser Kette – eine Situation, die für die Sowjets eine beträchtliche Attraktivität haben müsse („must have great attraction for

116 Merchant to The Secretary, subject: „Austria", 25. März 1955, NA, RG 59, 663.001/3-2555.

117 Lemberger an Schärf, 5. April 1955, VGAB, Nachlaß Schärf, 4/230.

118 Inbesondere Thoß, Beitritt der Bundesrepublik zu WEU und NATO, 113–120, und dessen ältere Studie: Bruno Thoß, „Modellfall Österreich? Der österreichische Staatsvertrag und die deutsche Frage 1954/55", in: Bruno Thoß/Erich Volkmann, Hg., *Zwischen Kaltem Krieg und Entspannung*, Boppard/Rh. 1988, 93–136, sowie die unten Anm. 125 genannten Arbeiten von Steininger und Bischof.

the Soviets").[119] Warum? Weil, so dürfen wir Thompsons hier nicht zu Ende geführte Gedankenkette fortsetzen, die Beispielswirkung solcher Staaten in der Bundesrepublik die Hoffnungen auf eine Option „Einheit durch Neutralität" – entgegen der Adenauerschen Option der vollständigen Westintegration – stärken würde. Bohlen stellte in seiner ersten Reaktion auf Thompsons Analyse drei mögliche sowjetische Motivationsstränge zur Diskussion: erstens der Wunsch, die Österreichfrage von den blockierten Deutschlandgesprächen zu trennen und nach der Ratifikation der Pariser Verträge die Österreichverhandlungen weiterzuführen, um nicht jeden Kontakt zu Westeuropa abzubrechen; zweitens (im Sinne Thompsons), die „solid neutralization" Österreichs mit der Absicht, ein Band neutraler Staaten quer durch Europa zu ziehen, mit Österreich als Prototyp für eine schließliche Lösung der deutschen Frage; drittens die Möglichkeit, daß die Sowjetunion die Österreichinitiative propagandistisch aufbaue, um eventuell nach der Annahme der Pariser Verträge (d. h. nach dem westdeutschen NATO-Beitritt) Gegenmaßnahmen in (Ost-)Österreich zu treffen.[120]

In einem weiteren Bericht aus Moskau betonte Bohlen stärker das Eigengewicht der Österreichfrage, d. h. der strategischen Rolle Österreichs im Rahmen der durch den westdeutschen NATO-Beitritt geschaffenen Situation. Die Sowjets wünschten wie bisher die Integration Österreichs in das westliche Verteidigungssystem zu verhindern; in Hinblick auf die kommende westdeutsche Wiederaufrüstung mochten die Sowjets die erhöhte Gefahr einer „verdeckten militärischen Assoziierung" Österreichs durch Verbindungslinien oder andere militärische Arrangements fürchten, die zur „de facto-Einbindung" („de facto involvement") der drei Westzonen Österreichs in das militärische Netzwerk der NATO führen könnten.[121]

Thompson hingegen hob – in einem Gespräch mit Kreisky, worüber er nach Washington berichtete – hervor, daß die grundlegenden sowjetischen Motive nicht so sehr Österreich beträfen als „deutsche Probleme".[122] Dem widersprach Bohlen bereits tags darauf. Er glaube nicht, daß die „grundlegende" sowjetische Motivation bei der Wiederaufnahme der Österreichfrage sich auf die sowjetische Position gegenüber Deutschland beziehe, sondern eher „eine Konsequenz" der Erkenntnis der Sowjets, daß die Wiederaufrüstung Deutschlands nicht zu stoppen sei. Die langfristige Deutschlandpolitik der Sowjets sei eine andere Frage. Bohlen präzisierte neuerlich, die wichtigste direkte Moti-

119 Thompson an State Department, 23. März 1955, *FR 1957–1957,* V, 13. All diese an das State Department gerichteten Berichte wurden auch sogleich nach Moskau, bzw. Bohlens Berichte auch nach Wien, gesandt.

120 Bohlen an State Department, 24. März 1955 (nicht veröffentlicht), NA, RG 59, 663.001/3-2455.

121 Bohlen an State Department, 25. März 1955, *FR 1955–1957,* V, 15–16.

122 Thompson an State Department, 30. März 1955, *FR 1955–1957,* V, 25.

vation der Sowjets sei das Bemühen, die Neutralisierung Österreichs durchzusetzen, um die militärische Integration der drei Westzonen Österreichs in das Nato-System („NATO set-up") zu verhindern – oder, falls sowjetische Wünsche in dieser Richtung von den Westmächten und der österreichischen Regierung abgelehnt würden, Vorbereitungen für die Sicherung der militärischen Position der Sowjetunion in Ostösterreich zu treffen. Bohlen verwies auf das nahe Bevorstehen sowjetischer Gegenmaßnahmen zur militärischen Organisierung Osteuropas; dies war ein Hinweis auf die Vorbereitungen zur Gründung einer Gegen-NATO, nämlich der Organisation des Warschauer Paktes. Bohlen glaubte, daß die Sowjetregierung wohl die Neutralisierung Gesamtösterreichs einer Alternative vorziehe, bei der zwar die sowjetische militärische Position in Ostösterreich beibehalten würde, sich aber die drei Westzonen in die Richtung der militärischen Einverleibung („incorporation") in die westliche Verteidigungsorganisation bewegen würden. Falls diese Ansicht richtig sei, so Bohlen, „werden die Gespräche mit Raab sich auf die Neutralisierungsfrage konzentrieren". Damit traf Bohlen, nur zwölf Tage vor Raabs Ankunft in Moskau, den Nagel auf den Kopf.[123]

Thompson und Bohlen setzten ihren Disput in zwei Berichten fort. Thompson bagatellisierte Bohlens Hinweise auf die den Sowjets gefährlich dünkende mögliche militärische Integration der Westzonen in die NATO; er verwies auf den fast vollständigen Rückzug der britischen und französischen Truppen aus Österreich, auf das Nichtvorhandensein eines amerikanischen militärischen „build-up" in Österreich und auf die Bedeutungslosigkeit („insignificance") des (B-)Gendarmerie-Programms. Etwas anderes, so Thompson, wäre das Risiko, das (nach Ende der Vier-Mächte-Besetzung) die Einverleibung Gesamtösterreichs in das westliche Verteidigungssystem für die Sowjets bedeuten würde; die Sowjets würden bestimmt auf starken Sicherungen dagegen bestehen. Thompson meinte, das Ziel der Sowjets bei der Neutralisierung Österreichs seien eher politische und wirtschaftliche Vorteile als die Vermeidung militärischer Nachteile.[124] Bohlen widersprach neuerlich. Er betonte den Primat der „Vermeidung militärischer Nachteile" in der sowjetischen Politik. Die Sowjets dürften in Hinblick auf die geographische Lage Westösterreichs zwischen einem bewaffneten Westdeutschland und dem italienischen Sektor der NATO annehmen, daß Westösterreich im Laufe der Zeit de facto, wenn

123 Bohlen an State Department, 31. März 1955, ebd. 26. Zu Bohlens Hinweis auf die militärische Organisierung Osteuropas: Einige Tage zuvor, am 22. März, war in Moskau offiziell mitgeteilt worden, daß vollständige Einigung über den Inhalt eines Vertrags über Freundschaft, Kooperation „und gegenseitige Hilfeleistung" erzielt worden sei, und daß dieser Vertrag im Falle der Ratifizierung der Pariser Abkommen zum Abschluß kommen würde. Neil Fodor, *The Warsaw Treaty Organisation,* London 1990, 22. Vgl. unten S. 463–464.

124 Thompson an State Department, 4. April 1955, NA, RG 59, 663.001/4-455.

auch nicht offen, in das westliche Verteidigungssystem eingebunden würde, als Teil einer ununterbrochenen Linie von der Elbe zur Adria. Bohlen betonte den defensiven Charakter der sowjetischen Politik in Reaktion auf die rezenten Entwicklungen in Westeuropa, vor allem auf die Annahme der Pariser Verträge. Er wiederholte seine Überzeugung, daß die Wiederaufnahme der Österreichfrage durch die Sowjets ein Ergebnis der Ratifizierung der Pariser Verträge und der Aussichten auf ein wiederaufgerüstetes (West-)Deutschland sei.[125]

Der dritte Bereich, der im Westen und besonders bei militärischen Funktionsträgern Sorgen bereitete – er wurde in der Debatte Thompson/Bohlen ja bereits angesprochen –, war der militärisch-strategische Bereich. Westlichen Militärs bereitete die Schaffung eines Keils zwischen dem alten NATO-Partner Italien und dem neuen NATO-Partner Bundesrepublik und darüber hinaus die Schaffung eines militärischen „Vakuums“ keine Freude. Daß dem so war, wurde im Frühjahr 1955 verschiedentlich besprochen. Sogar Marschall Tito sagte einmal (Ende April 1955) zum österreichischen Botschafter in Belgrad, daß die Militärs der Westmächte die Unterbindung der Nord-Süd-Verbindung zwischen Deutschland und Italien nicht gerne sehen würden; die Militärs „wollten immer alle ‚gaps‘ schließen“, fügte Tito hinzu; er wisse ein Lied davon zu singen.[126]

Österreichs Botschafter in Washington, Karl Gruber, berichtete Ende März (wie bereits erwähnt) bei der Botschafterbesprechung in Wien, die amerikanischen Militärs würden sicherlich nicht mit Freude reagieren, aber die Generäle entschieden die amerikanische Politik nicht allein. Die USA könnten es sich schließlich nicht leisten, „eine wirkliche und praktische Lösung aus militärischen Gründen im Gegensatz zur Ansicht der Bundesregierung einfach zurückzuweisen“.[127] Zwei Tage später sprach Kreisky mit Thompson darüber: er habe Gruber befragt, ob die US-Politik vom Wunsch der amerikanischen Militärs beherrscht sei, in Österreich zu bleiben; Kreisky fügte hinzu, man habe aus Paris (damals NATO-Hauptquartier!) Informationen erhalten, daß US-Militärs zutiefst besorgt („intensively preoccupied“) betreffend die Aufrechterhaltung ihrer Kommunikationslinien durch Österreich seien. Thompson beruhigte

125 Bohlen an State Department, 8. April 1955, ebd., 663.001/4-855. Zu einigen dieser Berichte vgl. auch Bischof, Österreichische Neutralität, deutsche Frage und europäische Sicherheit, 159–160, sowie Steininger, 1955: The Austrian State Treaty and the German Question, 512.

126 Bericht Walter Wodaks über ein Gespräch mit Tito am 28. April 1955: AdR, BMAA, II-Pol, Zl. 321.844-Pol/55 (= Botschaft Belgrad Zl. 41-Pol/55 v. 29. April 1955). Deutlich beklagte der amerikanische Generalstabschef Radford die Verschlechterung der Verteidigung der südlichen Flanke der NATO durch den Rückzug der Westalliierten aus Österreich und durch mangelnde jugoslawische Kooperationsbereitschaft in einem Memorandum an Verteidigungsminister Wilson, 5. Dezember 1955, in: *FR 1955–1957,* vol. XXVI, *Central and South Eastern Europe,* Washington 1992, 4–5.

127 ÖuG, Nr. 110 (S. 258–259).

Kreisky. Was Österreich betreffe, seien die USA mehr am Kalten Krieg als an einem heißen Krieg interessiert, besonders in diesen Tagen der Atombomben und modernen Kommunikationen.[128] Der letztere Hinweis könnte sich auf die – Thompson wohl bekannte – Verlagerung der amerikanischen Europa-Strategie auf taktische Atomwaffen seit 1953/54 beziehen.[129]

Die Sorgen jener österreichischen Militärexperten und politischen Exponenten, die in der ersten Hälfte der Fünfzigerjahre am engsten in die geheime militärische Zusammenarbeit mit dem Westen eingebunden waren, reflektierten und transportierten auch die Sorgen und Bedenken zumindest des amerikanischen Militärapparates in Salzburg, dem Sitz des „Salzburger Komitees" (vgl. oben Kap. IV). In einer Besprechung bei Außenminister Figl im Vorfeld der Moskau-Reise am 2. April 1955 fanden die Sorgen der westlich orientierten österreichischen Militärfachleute und zumindest jener westlichen Militärs, mit denen über das Salzburger Komitee direkte Verbindung bestand, lebhaften Ausdruck.[130] An dieser Besprechung nahmen drei der mit der geheimen Zusammenarbeit mit den westlichen Besatzungsorganen befaßten Personen teil, nämlich Staatssekretär Graf, Hofrat Liebitzky und der österreichische Vertreter im sogenannten „Salzburger Komitee" am Sitz des amerikanischen Hauptquartiers, Dr. Zdenko Paumgartten. Der Anlaß dieser Vorsprache knapp zehn Tage vor Figls Abreise nach Moskau war die Bitte seiner Besucher, für eine weitestgehende Lockerung der Militärklauseln des Staatsvertragsentwurfs einzutreten. In dem Gespräch bei Figl war allerdings von den eher beruhigenden Überlegungen Grubers oder Thompsons, die oben wiedergegeben wurden, keine Rede. Hier zeigte sich – bei den österreichischen Militärverantwortlichen mit engen Kontakten zum amerikanischen Hauptquartier in Salzburg – größte Beunruhigung. Werde der österreichische Raum neutralisiert, meinte Liebitzky, „so entsteht eine Lücke. Bricht man Österreich aus dem ganzen System heraus, so ist die westeuropäische Verteidigung im wichtigsten Punkte aufgebrochen." Paumgartten sagte, daß es gar nicht um die in den Zeitungen so viel besprochene Frage des Transits durch Westösterreich gehe, sondern um das „Problem der Gesamtverteidigung, das in zwei Gruppen aufgespalten würde". Liebitzky stieß nach: die Herausnahme des österreichischen Raumes würde ein „Vakuum" bedeuten, „das für die Russen umso interessanter wäre, weil in absehbarer Zeit zwei deutsche Armeecorps im Norden stehen werden. Eine Bündnislosigkeit Österreichs bedeutete, daß alle operativen Vorteile auf Seite des Ostblocks wären". Eine „Neutralisierung durch zwei Mächtegruppen, die vielleicht in einen Krieg miteinander ver-

---

128 Gespräch am 30. März 1955, *FR 1955–1957,* V, 25.

129 Hierzu oben Kap. IV, S. 216, Anm. 125.

130 Zum folgenden – Besprechung bei Figl am 2. April 1955 – von Schöner redigierter Aktenvermerk, AdR, BMAA, II-Pol, Zl. 321.310-Pol/55, veröffentlicht in: ÖuG, Nr. 115.

wickelt werden könnten", so Liebitzky, bedeute im Ernstfall, „daß jede der beiden Gruppen den Versuch machen wird, Österreich in die Hand zu bekommen. Es ist klar, daß der Westen hiebei gegenüber dem Osten leicht zu spät kommen könnte." Den Russen müsse gesagt werden: „Wenn ihr eine wirkliche Neutralisierung Österreichs wollt, dann müßt ihr uns auch nach dem Muster der Schweiz genügend stark machen." Auch die Schweiz, so Liebitzky, sei militärpolitisch nur durch den Ostblock gefährdet: „Sie hat auch – natürlich streng vertraulich – schon eine gewisse Anlehnung gesucht und Fühler nach Fontainebleau ausgestreckt. Kein kleiner Staat kann sich auf die Dauer selbst verteidigen ohne Anlehnung an einen größeren Block."[131] Figl reagierte übrigens auf die Besorgnisse seiner drei Besucher sehr zurückhaltend; beschwichtigend meinte er, wir hätten die ganze Zeit, „insbesondere seit der Berliner Konferenz", das Wort Neutralität „streng vermieden", worauf ihm Paumgartten erwiderte, in den Augen des Westens sei aber „die Bündnislosigkeit das gleiche wie Neutralisierung"; Figl replizierte wiederum – zutreffend –, der Westen sei ja „mit unserer Ablehnung von militärischen Bündnissen einverstanden". Graf resümierte sein wichtigstes Anliegen dahingehend, es dürfe keiner Regelung zugestimmt werden, „die es für uns gänzlich unmöglich macht, in dieser Frage später mit den USA zusammenzuarbeiten."

Schließlich wollte Paumgartten „zur Frage einer eventuellen Neutralisierung Österreichs nur einige Meinungen von offizieller amerikanischer Seite wiedergeben", die er kürzlich gehört habe: Bei einer Neutralisierung Österreichs sei es „natürlich äußerst fraglich, ob unsere Ausstattung, die in Livorno liegt, an uns umsonst abgegeben werden kann, wie dies vorgesehen ist".[132]

---

131 In Fontainebleau befand sich das NATO-Kommando Europa-Mitte. Seit Februar 1951 gab es ein internes Papier des schweizerischen Generalstabs über Beziehungen zu einem eventuellen Alliierten im Kriegsfall (bei einem Angriff auf die Schweiz erlosch die Neutralität und damit das Allianzverbot); gemeint war der Westen, nicht der Osten. Obgleich anscheinend keine Kooperationsabsprachen stattfanden, hat es offenbar informelle Informationskontakte zwischen schweizerischen „Militärsachverständigen" in Paris und Stabsoffizieren einer führenden NATO-Macht gegeben. Einer entsprechenden Meldung der *National-Zeitung* Basel vom 21. November 1952 wird trotz vager offizieller Dementis „mehr als nur ein kleines Körnchen Wahrheit" attestiert: Urs Grüter, *Neutrale Beobachter der Weltpolitik. Schweizer Diplomaten und Militärs im Kalten Krieg*. Unveröff. Diplomarbeit Universität Bern 1990, 99–104, bes. 100. Zu einer allerdings erfolglosen diplomatischen Initiative des französischen Botschafters in Bern Jean Chauvel 1952, die Schweiz näher an die NATO heranzubringen, vgl. Jenny, *Konsensformel,* 168. Zur militärischen Zusammenarbeit zwischen einem anderen neutralen Land, Schweden, und den USA am Höhepunkt des (ersten) Kalten Krieges kommt Jussi M. Hanhimäki zum Schluß, daß „... despite its official policy of neutrality, by 1953 Sweden had effectively become a 'secret ally' of the United States." J. H. Hanhimäki, „The First Line of Defence or a Springboard for Disintegration? European Neutrals in American Foreign and Security Policy, 1945–1961", in: *Diplomacy & Statecraft,* 7 (1996), 378–403, hier 388.

132 Die unter dem Mutual Security-Programm gratis zur Verfügung gestellten und auch physisch bereits in Europa bereitliegenden Ausrüstungsgegenstände; vgl. oben Kap. IV, S. 208, sowie *FR 1952–1954*, I, 696.

Kriegsmaterial dürfe nach den Beschlüssen des amerikanischen Kongresses „nur an befreundete oder verbündete Nationen kostenlos abgegeben werden. Für ein neutralisiertes Österreich gäbe es nur zwei Möglichkeiten: entweder den Verkauf an uns, was natürlich praktisch nicht in Frage käme, und die Herbeiführung eines neuen eigenen Kongreßbeschlusses, der uns das Material geben wird, obgleich wir weder ein verbündeter noch ein befreundeter Staat sind.“

Die Sorgen Grafs und seiner Begleiter waren zwar grundsätzlich erklärlich, doch wie zu zeigen sein wird, sollten sie sich als unnötig erweisen.[133]

Abschließend gab Paumgartten Einschätzungen amerikanischer Militärs weiter; die Lage werde inoffiziell folgendermaßen beurteilt: „Wenn die Russen die Neutralisierung Österreichs verlangen werden, so wäre dies für den Westen sehr unangenehm, weil er eine solche ablehnen müßte. Es sollte also in erster Linie der Versuch gemacht werden, eine derartige Entwicklung von österreichischer Seite zumindest hinauszuziehen. Wenn der Westen endgültig ablehnt, so bedeutet dies natürlich die Gefahr einer Aufkündigung des Kontrollabkommens oder einer Sprengung des Alliierten Rates.“ Derart alarmistische Töne mochten ein Indiz für die Stimmung im amerikanischen Hauptquartier und vielleicht auch darüber hinaus sein, sie reflektierten aber wohl nicht die differenziertere Einstellung der politischen Führungsspitze.

Für die Einstellung dieser Führungsspitze, nämlich des Präsidenten Eisenhower, ist eine Äußerung Eisenhowers von großem Interesse, die in einem Schreiben Ernst Lembergers aus Washington an Schärf überliefert worden ist. Lemberger berichtete im Mai 1955, daß er am 19. April 1955 den deutschen Sozialdemokraten Fritz Erler („Genossen Erler“, wie Lemberger schrieb) getroffen habe. Erler, zu Besuch in Washington als Mitglied des auswärtigen Ausschusses des Deutschen Bundestages, habe ihm vertraulich mitgeteilt, daß ihm bei einer Besprechung im Pentagon der Verteidigungsminister Charles Wilson erklärt habe, *„militärische Erwägungen dürfen bei der Lösung der Österreich-Frage gemäß dem Wunsch des Präsidenten keine Rolle spielen;* sei der Weg über den Brenner gesperrt, werde man eben andere Lösungen suchen müssen“.[134] Diesem Primat der Politik entsprach es, wenn Dulles am gleichen Tage, und vor einer Aussprache mit Gruber – der ersten nach Raabs Rückkehr aus Moskau – die österreichischen Diplomaten in Washington wissen ließ: Er sei bereit, zwei „Thesen“ aufzustellen – eigentlich handelte es sich um zwei Voraussetzungen –, um den Abschluß des Staatsvertrages zu ermöglichen: „1. Die Möglichkeit des Abschlusses des Staatsvertrages dürfe nicht durch Erwägungen über seine Auswirkungen auf Deutschland beeinträchtigt werden,

---

133 Vgl. unten S. 546–548.

134 Lemberger an Schärf, 16. Mai 1955, VGAB, Nachlaß Schärf, 4/230 (meine Hervorhebung).

2. Militärische Erwägungen (Tirol als Durchzug von Italien nach Süddeutschland) dürften keine Rolle spielen."[135]

Schließlich kam es in den ersten Apriltagen zur Ausarbeitung einer von den drei Westmächten gemeinsam redigierten Erklärung zu den sowjetisch-österreichischen Gesprächen und der kommenden Reise nach Moskau. Eine kleine Arbeitsgruppe, von Anthony Eden angefeuert, der offensichtlich auch von einem österreichischen Hilferuf beeindruckt war, arbeitete in London einen Text aus.[136] Die drei Botschafter/Hochkommissare in Wien überreichten am 5. April dem Bundeskanzler und dem Vizekanzler die gemeinsame Note. Darin verwiesen die Westmächte auf ihre jahrelangen Bemühungen um den Abschluß des Staatsvertrages, auf ihre Bereitschaft, den Vertrag in Berlin im Februar 1954 sogar unter den von der Sowjetunion 1949 gestellten Bedingungen zu unterzeichnen, und äußerten ihre Hoffnung, daß die Entscheidung der Bundesregierung, die Einladung nach Moskau anzunehmen, „nützliche Klarstellungen" zur Folge haben werde. Sie vertraten die Ansicht, daß von der Sowjetunion unterbreitete Vorschläge, falls sie „ein klares Versprechen für die Wiederherstellung der Freiheit und Unabhängigkeit Österreichs beinhalten", in Wien von den Botschaftern der vier Mächte unter Teilnahme der österreichischen Regierung erörtert werden sollten. Am Folgetag, dem 6. April, veröffentlichte die Bundesregierung eine Stellungnahme, in der sie die Note der Westalliierten begrüßte und mitteilte, die Bundesregierung betrachte es als „Hauptzweck der Reise, nach der Rückkehr von den Besprechungen in Moskau die vier Besatzungsmächte wieder an einen Verhandlungstisch zu bringen".[137]

Was bedeutete die Erklärung der Westmächte? Zunächst einmal „grünes Licht" für die Reise nach Moskau; auch sollte klargestellt werden, daß die Westmächte mit größter Aufmerksamkeit die Ergebnisse der Moskauer Gespräche prüfen würden. In London erklärte Anthony Eden dem Kabinett den Zweck der Erklärung damit, es sei wünschenswert, daß die Westmächte täten, was sie könnten, um die Österreicher in den Moskauer Diskussionen zu stärken.[138] Wichtig war der Verfahrensvorschlag, in Wien auf Botschafterebene

---

135 Ebd. Gespräch Lembergers mit dem „Counselor" des State Department, Douglas MacArthur II, von Lemberger als „ständiger politischer Berater Dulles'" charakterisiert, am 19. April 1955; das Gespräch kam auf Wunsch MacArthurs zustande. Zum Gespräch Dulles-Gruber vom gleichen Tage *FR 1955–1957,* V, 49–50.

136 Gesandter Verosta hatte einen Angehörigen der britischen Botschaft in Wien um westliche Ratschläge („guidance") „so lange wie möglich, bevor wir [nach Moskau] abreisen", gebeten und hinzugefügt, die Österreicher „bräuchten die Unterstützung der Westmächte und eine öffentliche Bezeugung (a public show) ihres Interesses". Wallinger an Foreign Office, 29. März 1955; Eden strich diesen Punkt eigens an und notierte ärgerlich: „Wir scheinen mit unserer gemeinsamen Erklärung nicht weiterzukommen." PRO, FO 371/117787/RR1071/84.

137 Note der Westmächte vom 5. April 1955 in: DÖA, Nr. 160; Stellungnahme der Bundesregierung vom 6. April ebd., Nr. 161.

138 Mitteilung Edens im Kabinett, 5. April 1955, PRO, CAB 128/28, C.C.28 (55).

weiterzuverhandeln, also auf einer „niedereren“ Ebene, als dies eine Außenministerkonferenz oder auch eine Konferenz von Sonderbeauftragten bzw. Stellvertretern der Außenminister gewesen wäre. Dahinter lag die Absicht, die sowjetische Initiative etwas zu dämpfen und vor allem ein Übergreifen der Diskussionen auf die Deutschlandfrage zu vermeiden.

Machten sich Österreichs Moskau-Fahrer mit großen oder mit geringen Erwartungen auf den Weg? Sollte es nur erkundende, „explorierende“ Gespräche geben oder könnte es auch zu Abmachungen, zu Abschlüssen kommen? Gegenüber westlichen Diplomaten wurden jedenfalls die Ziele und möglichen Ergebnisse der Reise nach Moskau als bescheiden dargestellt. Schon am 26. März hatte Außenminister Figl den drei westlichen Hochkommissaren gesagt, er sei ganz damit einverstanden, daß die Österreicher in Moskau „keine Verpflichtungen“ eingehen sollten.[139] Vier Tage später meinte Botschafter Schwarzenberg im Gespräch mit dem englischen Botschafter in Wien, die Delegation betrachte sich lediglich als „fact-finding and study group“, und sei sich absolut klar, daß sie keine Verpflichtungen irgendeiner Art eingehen könne.[140] Am gleichen Tage, dem 30. März, nannte Kreisky dem amerikanischen Botschafter Thompson einige Themen, u. a. die Garantiefrage und das Deutsche Eigentum, die wahrscheinlich diskutiert würden, „ohne Verpflichtungen einzugehen“; Kreisky erwähnte auch, daß Schärf vollkommen skeptisch gegenüber der Vorstellung sei, in Moskau könne etwas Konstruktives erreicht werden.[141] Am 1. April sagte Figl den drei Hochkommissaren ausdrücklich, die Regierung würde in Moskau keine Verpflichtungen oder Versprechen eingehen.[142] Mit Datum vom 4. April teilte das Wiener Außenamt den österreichischen Missionschefs im Ausland mit: „Die österreichische Delegation beabsichtigt nicht, anläßlich ihres Besuches in Moskau bindende Abmachungen zu treffen oder irgendwelche Verträge zu unterschreiben.“[143]

Vor allem war es Bundeskanzler Raab selbst, der den drei Hochkommissaren anläßlich der Überreichung der Drei-Mächte-Erklärung am 5. April sagte, daß die österreichische Delegation keine Verpflichtungen in Moskau eingehen würde.[144] Unmittelbar danach sandte Thompson ein weiteres Telegramm nach Washington, daß er in Hinblick auf Raabs „ausdrückliche Erklärung“ („flat statement“), daß die österreichische Delegation keine Verpflichtungen in Moskau eingehen werde, davon Abstand nehme, wie zunächst geplant, Raab noch

139 Thompson an State Department, 26. März 1955, NA, RG 59, 663.001/3-2655.

140 “... that they could undertake no commitment of any kind“. Wallinger an Foreign Office, 30. März 1955, PRO, FO 371/117787/RR1071/90.

141 Thompson an State Department, 30. März 1955, *FR 1955–1957*, V, 23–25.

142 Thompson an State Department, 1. April 1955, NA, RG 59, 663.001/4-155.

143 Runderlaß v. 4. April 1955, unterzeichnet vom Leiter der politischen Abteilung, Josef Schöner; AdR, BMAA, II-Pol, Zl. 321.020-Pol/55.

144 Thompson an State Department, 5. April 1955 (Nr. 2222), NA, RG 59, 663.001/4-555.

einmal allein aufzusuchen und ihm ins Gewissen zu reden.[145] Diese Zusicherungen österreichischerseits waren nicht unproblematisch; sie erfolgten, nachdem Kreisky in der Besprechung der Regierungsdelegation mit den Botschaftern am 28. März den entscheidenden und alle Zusicherungen relativierenden Satz ausgeprochen hatte: „. . . muß ich nur sagen, daß wir bei wirklichen Zugeständnissen nicht nein sagen können"![146]

Es ging allerdings nicht nur um Zusicherungen an die Westalliierten; etliche der österreichischen Delegationsmitglieder gingen offensichtlich mit sehr vorsichtigen Erwartungen nach Moskau. Von Schärf ist dies schon berichtet worden, doch gibt es noch weitere Quellen; am 4. April 1955 traf Schärf in Anwesenheit des Zentralsekretärs Otto Probst und Kreiskys Fritz Heine, langjähriges SPD-Vorstandsmitglied und Abgesandter des SPD-Vorsitzenden Erich Ollenhauer. Über Heines Anliegen, Fragen und Eindrücke in bezug auf die Moskau-Fahrt der zwei österreichischen Sozialisten wird noch an anderer Stelle berichtet werden; hier ist festzuhalten, daß Heine als Äußerung Schärfs, möglicherweise ergänzt durch Kreisky, notierte: „Unsere Absichten sind, anhören, was sie sagen. Unsere Meinung sagen, nicht dort verhandeln, sondern wieder abreisen und hier in Regierung und Parlament berichten, dann weiter sehen."[147]

Schärf selbst wiederum hat berichtet, daß Raab bei einer Besprechung zu zweit über die Einladung nach Moskau am 28. März meinte, „er verspreche sich nichts besonderes, Figl wolle gar nicht nach Moskau", und er schlage vor, die Sache so einfach wie möglich zu machen und auf Figl und Kreisky zu verzichten. Schärf entgegnete, er halte dies nicht für zweckmäßig, „schließlich sei Figl von allem Anfang an mit dem Staatsvertrag befaßt gewesen und es wäre nicht schön, ihn jetzt zu übergehen". Raab habe nicht weiter widersprochen. Schärf berichtet weiter, in der darauffolgenden Aussprache unter Zuziehung Figls und Kreiskys habe Figl sein Desinteresse an der Reise wiederholt.[148] Es ist schwer zu sagen, ob bei diesen die Erwartungen so niedrig ansetzenden Äußerungen taktisches Kalkül, und wenn ja, welches, mitgespielt hat: mögli-

---

145 Thompson an State Department, 5. April 1955 (Nr. 2226), NA, RG 59, 663.001/4-555, unter Bezugnahme auf: Thompson an State Department, 2. April 1955, *FR 1955–1957*, V, 28–29.

146 Vgl. oben S. 383.

147 Heines maschinschriftl. Bericht „Zwei Besprechungen mit Adolf Schärf" (vom 4. und 19./20. April 1955) veröffentlicht mit einer Vorbemerkung von Karl R. Stadler, „‚Modellfall Österreich'. Eine unbekannte Initiative aus dem Jahre 1955", in: Helmut Konrad/Wolfgang Neugebauer, Hrsg., *Arbeiterbewegung-Faschismus-Nationalbewußtsein. Festschrift zum 20jährigen Bestand des Dokumentationsarchivs des österreichischen Widerstandes und zum 60. Geburtstag von Herbert Steiner,* Wien – München – Zürich 1983, 391–402, hier 395.

148 Bisher unveröffentlichtes Vorblatt zu Schärfs Aufzeichnungen über die Moskau-Fahrt, VGAB, Nachlaß Schärf, 4/247. Diese Besprechungen fanden offensichtlich vor der am gleichen Tage um 16 Uhr 15 stattfindenden Besprechung mit den österreichischen Botschaftern statt, da bei dieser Besprechung bereits die Namen der nach Moskau fahrenden Regierungsmitglieder mitgeteilt wurden.

cherweise das Kalkül, wer von den zwei maßgebenden Politikern wen mit auf der Reise haben wollte und wen nicht. Ob bei Figls Desinteresse die Erinnerung an den schweren Konflikt mit Raab zur Zeit seiner Ablöse durch Raab als Bundeskanzler im Frühjahr 1953 und die Erwartung, die Moskau-Reise werde sowieso Raabs „show" werden, eine Rolle gespielt haben mögen, muß dahingestellt bleiben; der Gedanke darf aber ausgesprochen werden.[149]

In den Tagen und Wochen vor der Moskau-Fahrt wurden manche bemerkenswerte Einschätzungen über mögliche „Szenarien" nach der Rückkehr aus Moskau abgegeben, nicht in der Öffentlichkeit, aber in vertraulichen Gesprächen und Berichten. Kreisky, dessen Wortmeldungen auch damals schon durch ihre direkte und klare Artikulation auffielen,[150] fragte in der Besprechung mit den Botschaftern am 28. März, ob sich der Westen im klaren sei, „daß das gegenwärtige Idyll in Österreich nicht unbedingt andauern muß? Ein vollkommenes Scheitern der Besprechungen mit den Russen könnte Folgen haben, gegen die uns der Westen nicht schützen kann. Wenn der Westen von uns eine energische und harte Haltung verlangt, was geschieht dann in Ostösterreich?"[151]

Diese Sorge brachte Kreisky praktisch mit denselben Worten auch bei einem anderen Gespräch zum Ausdruck. Genau eine Woche später fielen diese Worte im Gespräch zwischen Fritz Heine, dem SPD-Abgesandten, Schärf und Kreisky; obgleich Heine die Äußerungen Schärfs und Kreiskys nicht im einzelnen voneinander abgegrenzt hat, läßt sich folgender Satz nunmehr Kreisky zuschreiben: „Hauptproblem für Österreich bezüglich Staatsvertrag ist, daß die Alternative zum Abschluß des Staatsvertrages nicht unbedingt eine Fortsetzung des jetzt fast idyllischen Zustandes wäre, sondern die Gefahr der Neubelebung des Kontrollabkommens durch die Russen, auf kaltem Wege." Kreisky deutete damit die Sorge an, bei einem Scheitern der Moskauer Gespräche könnten die Sowjets in ihrer Besatzungszone Maßnahmen ergreifen, die in Richtung einer Verschärfung des Unterschieds zwischen Ost- und Westösterreich weisen könnten – letzten Endes in Richtung einer Teilung Österreichs, wenngleich dieser Gedanke nicht ausgesprochen wurde.[152]

Die „idyllischen Verhältnisse" waren durchaus relativ. Gerade in jenen Tagen, in denen Kreisky vor den Konsequenzen des Scheiterns der kommenden Moskauer Gespräche warnte, wurden vom Innenminister Helmer im Ministerrat vom 29. März sehr unerfreuliche Mitteilungen über das Verhalten

149 „Aussprache mit Figl, der mir schwere Vorwürfe macht mit Recht verbittert." Dies notierte Raab zum 26. März 1953 in seinem Politischen Tagebuch, das gerade zum Wechsel von der Regierung Figl zur Regierung Raab Februar–April 1953 bemerkenswerte Eintragungen enthält. StAS, PT Raab.

150 Der amerikanische Botschafter Thompson bezeichnete Kreisky als „probably most intelligent member of Austrian Gvt concerned in foreign affairs", in einem Telegramm nach Washington vom 30. März 1955, *FR 1955–1957,* V, 25.

151 ÖuG, Nr. 110 (S. 261).

152 Stadler, „Modellfall Österreich", 396.

der sowjetischen Kommandantur in St. Pölten vorgelegt.[153] Kreisky brachte diese Nachrichten brühwarm in einer auf den Ministerrat folgenden Besprechung im Außenamt mit den österreichischen Botschaftern bei den vier Besatzungsmächten zur Sprache.[154] Er meinte, man müsse „sehr deutlich sagen, daß die Lage in der Ostzone Österreichs alles andere als gut ist"; die Russen könnten die Lage mit administrativen Mitteln sehr verschärfen. Kreisky illustrierte gerade in Hinblick auf solche Vorkommnisse die Notwendigkeit, den Westmächten die Dringlichkeit der kommenden Gespräche klar zu machen. „Man muß den Herren sagen, daß die Lage in der Ostzone nicht so ist, daß wir ruhig schlafen können."[155]

Ähnliche Besorgnisse wie jene Kreiskys finden sich auch in der Berichterstattung des amerikanischen Botschafters Thompson. Dieser meinte in einem

---

153 Am 29. März legte Innenminister Helmer dem Ministerrat einen Bericht der Sicherheitsdirektion für Niederösterreich (Zl. S.D. 2005/20) vor, wonach die sowjetische Stadtkommandantur St. Pölten dem zur periodischen Berichterstattung erschienenen stellvertretenden Bezirksgendarmeriekommandanten u. a. folgende Aufträge erteilt habe: Ab nun sei der Sowjetkommandantur monatlich schriftlich ein Lagebericht vorzulegen, der u. a. folgende Punkte zu umfassen hatte: Politische Lage (Stimmung der Bevölkerung, Lohnforderungen, Streiks usw.), Versammlungen aller Art und größere sportliche Veranstaltungen, Aufenthalte und Reisen von Angehörigen der westlichen Besatzungsmächte mit Kraftfahrzeugen außerhalb der Bundesstraße Nr. 1, Aufenthalt und Reisen deutscher Staatsangehöriger und anderer Ausländer ohne Visum (im positiven Fall mit telephonischem Bericht). Helmer bemerkte mündlich u. a., daß einerseits die Demarkationslinie beseitigt (d. h. genau genommen die Personenkontrollen, G. S.) „und auf der anderen Seite von den Russen 30 neue Hütten an der Demarkationslinie errichtet wurden". Er wolle das Material für die Reise nach Moskau mitgeben. (Zwischenruf Figls: „Gib' mir auch ein Exemplar.") Ob hier allenfalls eine gezielte Intervention Helmers vorlag, der, wie aus anderen Quellen bekannt ist, der österreichisch-sowjetischen Annäherung und der sich abzeichnenden Neutralitätslinie skeptisch gegenüberstand, läßt sich nicht nachweisen. Möglicherweise hatte Raab diesen Eindruck; Raab reagierte recht merkwürdig auf Helmers Bericht, indem er darauf hinwies, daß in der Bevölkerung bezüglich des Staatsvertrags eine ziemliche Lethargie herrsche; er appellierte an alle, gemeinsam über den Staatsvertrag zu beschließen. Der Ministerrat billigte die Haltung des Innenministers, der Weisung gegeben hatte, daß der Auftrag der Stadtkommandantur St. Pölten bezüglich der Erfassung alliierter sowie deutscher Reisender und ausländischer Reisender ohne Visum nicht zu befolgen sei. AdR, MRProt, Nr. 86, 29. 3. 1955, (Mitschrift, Beilage I/86, sowie Pkt. 4. d. Beschlußprotokolls).

154 Besprechung am 29. März 1955 um 12.25 bei Figl, zusätzlich anwesend: Kreisky, Generalsekretär Wildmann, der politische Direktor Schöner sowie die Botschafter Gruber, Vollgruber, Schwarzenberg und Bischoff. Unterlagen über diese von Figl am Ende der Besprechung der vier Botschafter mit Raab und Schärf am Vortag angekündigte Besprechung waren bisher nicht greifbar (vgl. Jenny, *Konsensformel,* 162, Anm. 4). Schöners stenographische Mitschrift fand sich im Nachlaß Schöner, Konvolut 17 (jetzt in ÖStA, GD, NLS, E/1773).

155 Gruber warnte hingegen vor einer Dramatisierung der Lage in der Sowjetzone; denn das verleite die Westmächte nur, „wieder den starken Mann herauszukehren". Kreisky erzählte eine bemerkenswerte Anekdote von der Berliner Konferenz im Februar 1954, offenbar zur Verstärkung seiner Argumentation, gerade wegen der Sorgen um die Sowjetzone sollten trotz westlicher Skepsis die Gespräche mit den Sowjets geführt werden: Molotow habe den Österreichern in Berlin „beim Kaffee" (vermutlich anläßlich von Molotows Mittagessenseinladung für die österreichische Delegation am 16. Februar 1954) gesagt, wenn sie sich weigerten, über den Staatsvertrag zu reden – zu präzisieren ist wohl: kompromißbereit zu reden – „muß die Besatzung ja gar nicht so arg für Sie sein". Ebd.

bemerkenswerten, in der Aktenpublikation des State Department nicht veröffentlichten Telegramm nach Washington, ein Aspekt der jetzigen sowjetischen Aktionen könnte die Vorbereitung von Maßnahmen sein, die (unter der nicht explizit ausgesprochenen Voraussetzung des Scheiterns der jetzt angebahnten Staatsvertragsgespräche, G. S.) bis zur „virtual partition", d. h. faktischen Teilung des Landes gehen könnten. Er habe immer angenommen, setzte Thompson fort, daß in bezug auf den Österreichvertrag unsere (d. h. die amerikanische) Option nicht zwischen dem Vertrag und dem status quo, sondern zwischen einem Vertrag und „der Situation, die die Sowjets gegenwärtig in Österreich zustande zu bringen in der Lage wären", bestehe.[156] Wenig später telegraphierte Thompson nach Washington, Raab glaube offenbar, daß Österreich, wenn der Vertrag nicht in dieser Runde zustande komme, wahrscheinlich letzten Endes geteilt werden würde.[157] Es stand also viel auf dem Spiel.

4. *Sowjetische Vorbereitungen*

Die bilateralen Verhandlungen mit der österreichischen Regierungsdelegation, in welchen die Sowjetunion ihre wichtigsten Interessen bezüglich Österreichs absichern wollte, bevor man sich dann zu fünft mit den Westmächten gemeinsam an einen Verhandlungstisch setzen würde, wurden sorgfältig vorbereitet. Eine Vielzahl von Instruktionsentwürfen für die sowjetische Verhandlungsdelegation in den Akten des sowjetischen Außenministeriums zeugt hiervon. Diese Entwürfe schlossen nahtlos an die verschiedenen Positionspapiere und Weisungen an, die seit Jänner 1955 zur Österreichfrage verfaßt worden waren und bereits vorgestellt wurden.

Insgesamt ist in den etwa zweieinhalb Wochen zwischen der sowjetischen Note vom 24. März und der Ankunft der Österreicher am 11. April eine deutliche schrittweise Milderung im Katalog der sowjetischen Konditionen für den Staatsvertragsabschluß erkennbar. Das Entgegenkommen – im Interesse eines raschen und großzügigen Abschlusses, dessen weiter nach Westen reichende Wirkung offensichtlich einkalkuliert wurde –, war beträchtlich. Dieses Entgegenkommen ging nicht vom Leiter des Außenministeriums, Molotow, sondern von der Leitung der KPdSU, d. h. von deren dominierendem Funk-

156 Telegramm Nr. 2134, 28. März 1955, NA, RG 59, 663.001/3-2855. Eine Aufzählung von Möglichkeiten, die den Sowjets in ihrer Besatzungszone zur Verfügung stünden, findet sich in einem weiteren Bericht Thompsons vom 6. April 1955, in dem er zum Schluß kam, daß die USA eine entschiedene Anstrengung machen sollten, um den Österreichvertrag jetzt zu vollenden. NA, RG 59, 663-001/4-655.

157 „I understand that he believes if Austria does not achieve treaty on this round she will probably end up by being partitioned." Thompson an State Department, 2. April 1955, *FR 1955–1957*, V, 28.

tionsträger, dem Ersten Sekretär Chruschtschow, und seinen Verbündeten im Präsidium der Partei aus. Der grundlegende Gegensatz zwischen Chruschtschow und Molotow in zwei parallel laufenden außenpolitischen Initiativen, der Aussöhnung mit Titos Jugoslawien und dem Abschluß des Staatsvertrages mit Österreich, ist bereits zu Anfang dieses Kapitels erwähnt worden und wird uns bei der abschließenden Würdigung der Moskauer Verhandlungen und ihres Stellenwertes in der sowjetischen Außenpolitik noch ausführlicher beschäftigen.[158]

Schon in den Frühfassungen der Weisungen (ukazanija) für die Gespräche mit der österreichischen Regierungsdelegation (Ende März bis 1. April) fehlten die früheren Hinweise auf das Wiedereinmarschrecht oder auf den mehrjährigen Verbleib begrenzter Truppenkontingente in Österreich.[159] Die Vorschläge des von Molotow geleiteten Außenministeriums bezüglich des Wiedereinmarschrechts waren auf den Widerstand des von Chruschtschow dominierten Parteipräsidiums gestoßen, wie sich aus der nunmehr einsehbaren Mitschrift der Plenartagung des Zentralkomitees der Kommunistischen Partei im Juli 1955 ergibt. Im Zuge der heftigen Kritik, die dort vor allem von Bulganin, Mikojan, Kaganowitsch und Chruschtschow an Molotows Haltung zur Österreichfrage geübt wurde, war es besonders Mikojan, der ausführlich auf die Gefahren des Wiedereinmarschrechts zu sprechen kam. Molotows Entwurf, der ein Wiedereinmarschrecht in Österreich vorgesehen habe, „wenn dort die Militaristen die Oberhand gewännen", habe vom Präsidium nicht verabschiedet werden können, berichtete Mikojan. Erstens, so argumentierte Mikojan, hätten weder Österreich noch die Westmächte diesem Vorschlag je zugestimmt, und zweitens wäre, selbst wenn sie zugestimmt hätten, das Recht auf Wiedereinmarsch eine ständige Bedrohung der Beziehungen der Sowjetunion zu Österreich und den Westmächten gewesen. Es wäre sogar gefährlich gewesen, da es zu einem Zusammenstoß zwischen Sowjets und Amerikanern in Österreich hätte führen können. Wenn die einen und die anderen Truppen wieder in Österreich einmarschierten, könnte es zu einem Zusammenstoß kommen, der den Anfang eines Kriegs bedeuten würde.[160]

---

158 Vgl. oben S. 335–336, Anm. 3, sowie unten S. 453–461.

159 Für das folgende, in teilweise etwas voneinander abweichenden Formulierungen, zwei Vorentwürfe, jedenfalls nach dem 24. März entstanden, AVPRF, Fonds 06, op. 14, p. 9, d. 106, fol. 13–17, 24–29, und eine Endfassung, die am 1. April von Semjonow Molotow vorgelegt, von diesem paraphiert und mit Datum 1. April an das ZK adressiert wurde, ebd., fol. 32–39.

160 Stellungnahme Mikojans am 11. Juli 1955 (Vormittagssitzung), in der stenographischen Mitschrift („Stenogramma") der Plenartagung des Zentralkomitees der Kommunistischen Partei der Sowjetunion vom 4. bis 12. Juli 1955, die im Zentrum zur Aufbewahrung zeitgenössischer Dokumentationen (CChSD) in Moskau erliegt. Für die Ermöglichung der Einsichtnahme in Österreich betreffende Stellungnahmen bin ich Frau Prof. Dr. Olga Veličko dankbar.Teile der Mitschrift (in deutscher Übersetzung) finden sich auch im Zentralarchiv der SED, allerdings lediglich zu

In den bereits genannten Entwürfen des Außenministeriums von Ende März bzw. vom 1. April wurden als Räumungsfrist für den Abzug der Besatzungstruppen (neuerlich) zwei Jahre vorgesehen, mit Berufung auf den Mendès-France-Vorschlag vom November 1954.

Es war jedoch nun nicht mehr von der „Neutralisierung" Österreichs die Rede, wie in früheren Positionspapieren, sondern von der Neutralität, genaugenommen von der „Politik der Neutralität"; Österreich sollte seine Politik der Neutralität, seine Nichtteilnahme an Militärbündnissen und „Koalitionen" und die Nichtzulassung fremder Militärstützpunkte in einer eigenen Erklärung festlegen – also nicht im Staatsvertrag, wozu Bundeskanzler Raab ja eventuell bereit gewesen wäre (vgl. seine Radioansprache vom 20. März). Sollte die österreichische Delegation keinen eigenen Entwurf vorlegen oder sollte sich der Text der Österreicher als ungeeignet herausstellen, wurden vorsorglich bereits Entwürfe einer solchen österreichischen Erklärung bereitgestellt! Der Terminus „Koalitionen" sollte erklärt werden; die sowjetischen Diplomaten waren sich offenbar bewußt, daß es schon früher in Österreich Unsicherheit und Verärgerung über das von den Sowjets (in Berlin) verlangte Verbot der Teilnahme Österreichs an „Koalitionen" gegeben hatte.[161] Darunter wären politische oder militärische Staatenverbände zu verstehen, die gegen eine Macht gerichtet sind, deren Streitkräfte sich am Krieg gegen Hitlerdeutschland und an der Befreiung Österreichs beteiligten – konkret also gegen die Sowjetunion. Nicht gemeint waren politische Staatenverbände, denen alle Staaten beitreten können und deren Ziel es war, die friedliche Zusammenarbeit der Völker zu unterstützen; damit war die UNO gemeint. Von Interesse ist ein Satz, der besagte, daß wirtschaftliche, kulturelle und andere Staatenverbindungen oder internationale Übereinkommen nicht mit dem Verbot der Teilnahme an „Koalitionen" gemeint wären. Schließlich wurde schon in diesen Entwürfen festgehalten, daß es annehmbar wäre, wenn Österreich in bezug auf die Nichtteilnahme an „Koalitionen" und die Einhaltung der Neutralität ungefähr die gleiche Position einnähme wie die Schweiz.

Ein bemerkenswertes Pressionsmittel gegenüber den Westmächten wurde in den zwei frühesten Entwürfen zur Diskussion gestellt. Sollte nämlich der Abschluß des Staatsvertrages hinausgezögert werden, wäre den Österreichern mitzuteilen, daß die Sowjetunion beabsichtige, mit Österreich einen „Meinungsaustausch" über die Änderung des Vier-Mächte-Kontrollsystems und die Auflösung des Alliierten Rates anzustreben. Dieser Vorschlag wäre damit zu begründen, daß Funktion und Struktur des Alliierten Rates veraltet seien, daß

Wirtschaftsfragen, nicht zu außenpolitischen Fragen (SAPM-BA, DY 30/J IV 2/202/319). Mikojans Stellungnahme in: CChSD, Fonds 2, op. 1, d. 180, fol. 161–162 (Druckfassung); ms. Fassungen ebd., d. 159, fol. 84–88, sowie d. 174, fol. 91–95.

161 Vgl. oben S. 313.

die Tätigkeit des Alliierten Rates gegenwärtig im wesentlichen auf eine überflüssige Einmischung in die inneren Angelegenheiten Österreichs hinauslaufe, was mit der Verpflichtung der vier Mächte, einen unabhängigen österreichischen Staat wiederzuerrichten, unvereinbar sei. Das einseitige sowjetische Angebot an Österreich, den Alliierten Rat aufzulösen, attraktiv für die Propaganda in der Öffentlichkeit, hätte in der Tat die Westalliierten und auch die österreichische Regierung in eine Zwickmühle bringen können. Es besteht offensichtlich ein enger Zusammenhang zwischen diesen Überlegungen und einem „offiziösen" Artikel „Zur Frage der alliierten Kontrolle in Österreich", der, aus der Zeitung der Roten Armee „Roter Stern" übernommen, am 24. März im Wiener Sowjetorgan „Österreichische Zeitung" erschienen war. Darin hatte es geheißen, die alliierte Kontrolle über Österreich sei praktisch zu einer „kleinlichen Vormundschaft" geworden. Der Kern der Attacke auf den Alliierten Rat bestand in dem Vorwurf an die „regierenden Kreise der USA", sie wollten die Okkupation Österreichs andauern lassen, um auf die österreichische Regierung Druck auszuüben und die Ausnützung der Ressourcen Österreichs für die Interessen des Nordatlantikpaktes zu erreichen.[162]

In der Endfassung, jener vom 1. April, waren die Hinweise auf eine Auflösung des Alliierten Rates wieder verschwunden. In einem Vorentwurf wurde auch vermerkt, es solle im Verlauf der Verhandlungen Raab mitgeteilt werden, daß österreichische Kriegs- und Zivilgefangene vorzeitig entlassen und nach Österreich zurückgeführt würden.[163] Alle Entwürfe enthielten eine Liste veralteter Artikel im Staatsvertragsentwurf.

Und nun ein Thema von großem Interesse: Bis einschließlich 1. April gingen alle Instruktionsentwürfe davon aus, daß die Erdölbetriebe und Erdölkonzessionen ebenso wie die DDSG im östlichen Österreich gemäß den 1949 vereinbarten Bedingungen bei der Sowjetunion verbleiben würden – und das hieß bei den Erdölbetrieben und Konzessionen 30 bis 38 Jahre, bei der DDSG auf Dauer! Ein eigenes österreichisch-sowjetisches Abkommen über die Schaffung „normaler Bedingungen" der Tätigkeit dieser Betriebe wurde als Vorbedingung für den Abschluß des Staatsvertrags bezeichnet. Hier sollte es allerdings sehr bald zu einer Kehrtwendung kommen.

In einem weiteren Punkt (noch nicht in der ersten, jedoch der zweiten und dritten Fassung vorhanden) wurde die Zusicherung der österreichischen Regierung verlangt, daß nach der im Staatsvertrag (gegen die Ablöse von 150 Mill. Dollar, G. S.) vorgesehenen Übergabe der USIA-Betriebe an Österreich – dies waren weder die Erdölbetriebe noch die DDSG – keine Diskriminierung und Schmälerung der Interessen des österreichischen Personals dieser

162 *Österreichische Zeitung*, 24. März 1955, 1.
163 AVPRF, Fonds 06, op. 14, p. 9, d. 106, fol. 28.

Betriebe (das nicht selten kommunistisch organisiert war) stattfinden dürfe. Dieses Diskriminierungsverbot sollte seinen Platz im Moskauer Memorandum finden.

Auch die völkerrechtlichen Aspekte der zukünftigen Neutralität Österreichs wurden erörtert; hierzu liegt eine Ausarbeitung des Leiters der Vertragsrechtsabteilung des Außenministeriums, Grigorij I. Tunkin, vor.[164] Tunkin unterschied zwischen Neutralität während eines Krieges und ständiger oder immerwährender Neutralität. Er befaßte sich vor allem mit letzterer.[165] Hier unterschied er zwischen garantierter ständiger Neutralität und (bloß) anerkannter ständiger Neutralität und nannte die Dokumente, die 1815 zur immerwährenden Neutralität der Schweiz geführt hatten, die Tunkin als eine garantierte Neutralität qualifizierte. Er erwähnte auch Stellungnahmen des langjährigen schweizerischen Außenministers Petitpierre aus den Jahren 1950 und 1952 und gab einen kurzen Hinweis auf die Neutralität Belgiens und Luxemburgs. Bezüglich Österreichs kommentierte Tunkin zwei Textentwürfe, eine „Erklärung Österreichs" und eine „Erklärung der Regierungen der UdSSR, der Vereinigten Staaten von Amerika, Großbritanniens und Frankreichs".[166]

Im Entwurf für eine Erklärung Österreichs hieß es, daß Österreich „unter unveränderter Aufrechterhaltung der Neutralität in den Beziehungen zu anderen Staaten" (in der früheren Variante: „unter unveränderter Aufrechterhaltung der politischen Neutralität") keinen Koalitionen und Militärbündnissen beitreten werde, die gegen eine Macht gerichtet wären, deren Streitkräfte am Krieg gegen Hitlerdeutschland und an der Befreiung Österreichs teilgenommen hätten, und daß Österreich fremde Militärbasen auf seinem Territorium nicht zulassen würde. Tunkin kommentierte diesen Text wie folgt: der erste Teil der österreichischen Erklärung mit den Worten „unter unveränderter Einhaltung der Neutralität in den Beziehungen zu anderen Staaten" könne als Übernahme der Verpflichtung durch Österreich ausgelegt werden, den Status der immerwährenden Neutralität anzunehmen. Der zweite Teil mit dem Hinweis auf die Nichtteilnahme an Koalitionen und Militärbündnissen und die Nichtzulassung der Errichtung von ausländischen Militärbasen könne so ausgelegt werden, „daß sich die Verpflichtungen des Landes auf die konkret in diesem Teil der Erklärung angeführten Punkte beschränken".

---

164 Zu Tunkin vgl. die Angaben in *Diplomatičeskij slovar'*, III, 486–487: zwischen 1952 und 1965 Leiter der genannten Abteilung des Außenministeriums der UdSSR.

165 Tunkins Papier (spravka) trägt den Titel „Immerwährende Neutralität" („Postojannyj nejtralitet"). AVPRF, Fonds 06, op. 14, p. 9, d. 109, fol. 1–5.

166 Diese Textentwürfe erliegen in einer früheren, mit Korrekturen versehenen Fassung und einer die Korrekturen berücksichtigenden späteren Fassung in: AVPRF, Fonds 06, op. 14, p. 9, d. 106, fol. 20–21 bzw. 30–31. Aus einer von Tunkin zitierten Textstelle ergibt sich, daß er sich auf die spätere Fassung bezog; im folgenden wird aus dieser Fassung zitiert.

Die Formel über die Neutralität enthalte also „ein Element der Unbestimmtheit“, schrieb Tunkin weiter. Dies sei aber „offensichtlich einer ihrer Vorzüge“, da „kaum zu erwarten ist, daß die Österreicher auf die Annahme einer klaren Formulierung des Status der immerwährenden Neutralität eingehen werden“.

Was die Verpflichtungen der vier Mächte betraf, wurde in dem sowjetischen Entwurf vorgeschlagen, daß die vier Mächte die Erklärung Österreichs über dessen „wechselseitige Beziehungen zu anderen Staaten“ zur Kenntnis nehmen und ihrerseits erklären, die in dieser Deklaration enthaltenen Bestimmungen „zu respektieren und einzuhalten“.[167] Bemerkenswerterweise enthielt der Entwurf für die Vier-Mächte-Erklärung das Wort Neutralität gar nicht.[168] Hier wurde offensichtlich deutliche Rücksicht auf die Empfindlichkeit der Westmächte genommen! Tunkin betonte, daß in Hinblick auf diesen Text die vier Mächte Österreichs Neutralität nicht garantieren würden und keine Verpflichtung übernähmen, diese Neutralität zu schützen. Ihre Verpflichtungen würden sich darauf beschränken, ihrerseits keinerlei Handlungen zu setzen, die den von Österreich übernommenen Verpflichtungen zuwiderlaufen würden. Tunkin machte einen Zusatzvorschlag, wonach die Regierungen der vier Mächte andere Staaten einladen sollten, sich der gegenständlichen Erklärung anzuschließen. Er begründete diesen Zusatzvorschlag damit, daß die Erklärung der vier Mächte ja andere Staaten nicht binden würde, was die Bedeutung der Neutralität Österreichs schwächen würde. Zur Stärkung der Neutralität Österreichs wäre es unbedingt notwendig, „eine möglichst große Zahl anderer Staaten“ an die Verpflichtungen zu binden, die in der Viererklärung enthalten seien.

Beratungen im Zentralkomitee der KPdSU am 2. April brachten eine bemerkenswerte Wende zugunsten Österreichs. Chruschtschows Apparat, das Zentralkomitee, setzte sich gegenüber Molotows Apparat, dem Außenministerium, durch. Ein danach ausgearbeitetes und mit Molotows Unterschrift an das ZK gerichtetes Positionspapier, in mehreren Entwürfen und einer Schlußfassung mit Datum des 7. April vorliegend, bezog sich auf den „Meinungsaustausch“ im ZK am 2. April und hielt die Änderungen fest, die auf Grund dieses Meinungsaustausches im ZK erfolgten. Folgende Änderungen wurden vorgenommen:[169]

1. Die Abzugsfrist für die Besatzungstruppen wurde von zwei Jahren auf ein Jahr reduziert. Zur Begründung hieß es, daß nach vorliegenden Nachrichten

167 „uvažat' i sobljudat'“.

168 Und zwar weder in dem früheren noch in dem späteren Entwurf; im früheren Entwurf wurde lediglich die Verpflichtung Österreichs, keinen Koalitionen und Militärbündnissen beizutreten und keine Militärbasen auf seinem Territorium zuzulassen, wörtlich angeführt, während sich die revidierte Fassung mit einem Hinweis auf die Österreich zugedachte Erklärung begnügte.

169 AVPRF, Fonds 06, op. 14, p. 9, d. 106, fol. 48–50, 74–76, Endfassung (mit Datum 7. April und der ms. Unterschrift Molotows) 82–84; hier wird, wenn nicht anders vermerkt, nach der Endfassung zitiert.

die Regierungen der USA und Englands aus militärstrategischen Gründen eher an einem Hinauszögern des Abzugs aus Österreich interessiert seien; der neue Vorschlag des rascheren Abzugs würde in der österreichischen Bevölkerung positiv aufgenommen werden und „gleichzeitig die Realisierung der militärisch-strategischen Pläne der westlichen Großmächte erschweren". Außerdem würde der Vorschlag der einjährigen Räumungsfrist „indirekt unsere Position in der Frage einer Beschleunigung des Abzugs der Truppen aus Deutschland stärken".[170]

2. Die eigentliche Wende kam in der Frage der Erdölbetriebe und der DDSG. Nunmehr wurde in Abkehr von der bisherigen Position, die sich am Staatsvertragsentwurf in der Fasssung von 1949 orientierte, die Rückgabe an Österreich vorgesehen! Als Kompensation für die Rückgabe der Erdölbetriebe (und Erdölkonzessionen) und der DDSG sollte Österreich sechs Jahre lang etwa 690.000 t Rohöl jährlich an die Sowjetunion liefern; diese Menge entspreche etwa dem Wert von 70,6 Mill. US-Dollar.[171] Als technische Grundlage diente ein zweiseitiges Papier oder Merkblatt (pamjatka) aus dem Außenhandelsministerium vom 4. April 1955. Diese Ausarbeitung „für Verhandlungen mit Vertretern Österreichs über eine Übertragung sowjetischer Erdölbetriebe und der Donaudampfschiffahrtsgesellschaft an Österreich", vom Außenhandelsminister Kabanow und einem weiteren Funktionär (Juschin) unterfertigt, berief sich ausdrücklich – und darin liegt das politische Interesse dieser Ausarbeitung! – auf „Weisungen" Molotows und Mikojans, die auch die Adressaten der Denkschrift waren.[172] In diesem Papier wurde übrigens eine etwas geringere Abschlagszahlung vorgeschlagen als die im Außenministerium genannten 70,6 Mill. Dollar. Als Pauschalbetrag, der lediglich dem Bilanzwert entspreche, wurden 66 Mill. Dollar für die Erdölbetriebe und 2,8 Mill. Dollar für die DDSG, zusammen also 68,8 Mill. Dollar vorgeschlagen, die durch auf sechs Jahre verteilte Erdöllieferungen seitens Österreichs zu bezahlen wären. Das Außenministerium erwähnte auch in seinem neuen Positionspapier die Notwendigkeit, nunmehr allgemein formuliert, die bei den sowjetischen Behörden und Betrieben in Österreich angestellten österreichischen Staatsbürger keinen Diskriminierungen auszusetzen.

3. Der interessanteste Punkt des neuen Positionspapiers betraf die Neutralität.

In der Erstfassung finden sich bemerkenswerte Hinweise auf die Motive, die hinter dem sowjetischen Interesse am Begriff „Neutralität" standen. Die Neutralität solle im Vorschlag (für eine von Österreich abzugebende Deklara-

170 Ebd. fol. 82.
171 Ebd., fol. 83.
172 AVPRF, Fonds 06, op. 14, p. 9, d. 106, fol. 44–46.

tion, G. S.) den Österreichern gegenüber unbedingt betont werden, da dies wiederholten Erklärungen führender Vertreter Österreichs entspreche, wonach Österreich bereit wäre, die Neutralität zu wahren; genannt wurden Raab, Schärf, Figl, Körner und Kreisky; die Nennung des Bundespräsidenten Körner ist besonders interessant, denn sie zeigt, daß auch Körners Erklärung über die Schweiz als Vorbild Österreichs (vgl. oben S. 258–259) in Evidenz war; sie sollte ja bald in den Verhandlungen von Molotow den Österreichern (besonders den Sozialisten) in Erinnerung gebracht werden. Der (sowjetische) Vorschlag, die Neutralität in der von Österreich abzugebenden Erklärung genannt zu sehen, könnte aber auch, so der Entwurf, „ein gewisses Hindernis einer offenen Einbeziehung Österreichs in Militärblöcke der Weststaaten darstellen". Ein diesbezüglicher Vorschlag würde auch der Verstärkung neutralistischer Tendenzen (nejtralistskich tendencij) in Westdeutschland sowie in den skandinavischen und einigen anderen westeuropäischen Ländern förderlich sein. Man müsse allerdings damit rechnen, daß die österreichische Regierung Einwände gegen eine direkte Erwähnung der Neutralität in der Erklärung Österreichs erheben könnte, indem sie sich auf die Position der Westmächte berufen würde. Umso sinnvoller sei es, einen solchen Vorschlag zu unterbreiten. Natürlich könne man, falls notwendig, im Zuge der Verhandlungen mit der österreichischen Regierung oder später mit den Regierungen der USA, Englands und Frankreichs, unter Berücksichtigung der Haltung der Österreicher, eine Kompromißformulierung betreffend die Neutralität Österreichs finden, vielleicht ohne diese direkt in der Erklärung Österreichs zu erwähnen.[173]

Sehr bald folgten jedoch weitere Fassungen des Positionspapiers, die auf die Erörterung von Motiven verzichteten, und, vor allem, ein überraschendes neues Argument zum Neutralitätsthema enthielten. Es werde, so hieß es, in den neuen Instruktionen für die sowjetische Verhandlungsdelegation die bisherige Formulierung (Nichtteilnahme an Militärbündnissen und „Koalitionen", Nichtzulassung von militärischen Basen) beibehalten. Doch würden vom Außenministerium Erklärungen des Kanzlers Raab, des Vizekanzlers Schärf und des Außenministers Figl in Gesprächen mit dem Hochkommissar der UdSSR in Österreich und mit dessen Stellvertreter einkalkuliert, wonach Österreich die Verpflichtung auf sich nehmen könnte, sich an die Neutralität zu halten (priderživat' nejtraliteta), sowie – und dieser Hinweis war neu! – die Erklärung von Dulles auf der Berliner Vier-Mächte-Konferenz am 13. Februar 1954. Und nun wurde wörtlich aus jenem Text Dulles' zitiert, der bereits besprochen wurde,[174] mit dem Hinweis auf die Österreich offenstehende Möglichkeit, sich so wie die Schweiz frei für die Neutralität zu entscheiden. In der Endfassung zitierte das sowjetische

173 AVPRF, Fonds 06, op. 14, p. 9, d. 106, fol. 49–50.
174 Oben Kap. V, S. 310.

Positionspapier noch zusätzlich Dulles' – damals an die Sowjets gerichtete – Warnung, es sei ein Unterschied, ob sich eine Nation frei dazu entscheide, neutral zu sein, oder ob ihr die Neutralität von einer anderen Nation als ständige Servitut aufgezwungen werde![175]

Mit Dulles' Berliner Erklärung verfügten die Sowjets über ein Atout, das, sechs Tage später im richtigen Augenblick ausgespielt, die endgültige Entscheidung der österreichischen Delegation zugunsten der Neutralität herbeiführen sollte! Wer immer in Moskau John Foster Dulles' Text aufgriff, um mit dessen Hilfe die österreichische Zustimmung zur Neutralität nach schweizerischem Muster zu erlangen – ihm war ein diplomatischer Geniestreich gelungen, der die sowjetische Verhandlungsposition in der Neutralitätsfrage eigentlich unschlagbar machte.

Trotzdem wurde weiterhin in Rechnung gestellt, daß die österreichische Regierung bei den Verhandlungen nicht damit einverstanden sein könnte, daß in der Erklärung Österreichs die *Neutralität* (Unterstreichung im Original) Österreichs gleich direkt angeführt würde. Hier kam es in der Endfassung des Positionspapiers zu einer Verhärtung der sowjetischen Position. Von einer Kompromißformulierung, wie sie in der Erstfassung und zunächst in recht milder Formulierung auch in der Zweitfassung in Aussicht gestellt wurde, war nicht mehr die Rede.[176] In dürren Worten hieß es lediglich, sollte sich herausstellen, daß diese Frage zu einem Hindernis für ein Übereinkommen werden sollte, würde das Außenministerium dem ZK seine Vorschläge unterbreiten. Worin diese Vorschläge bestehen könnten, wurde nicht gesagt.[177]

---

175 AVPRF, Fonds 06, op., 14, p. 9, d. 106, fol. 75–76, 83–84.

176 Ebd., fol. 76: Sollte sich herausstellen, daß diese Frage zu einem Hindernis für ein Übereinkommen werden sollte, „hält es das Außenministerium der UdSSR nicht für zweckmäßig, darauf zu bestehen, in der Erklärung Österreichs die Neutralität direkt anzusprechen". Statt dessen wäre eine Formulierung zu vereinbaren, die eine im wesentlichen ähnliche Verpflichtung Österreichs zum Ausdruck bringen würde (hs. durchgestrichen u. korrigiert, vgl. Endfassung). Mit dem handschriftl. Vermerk des bereits genannten Völkerrechtsexperten, „G. Tunkin, 6. IV." gibt es zwei (voneinander nur geringfügig abweichende) Entwurfsvarianten einer „Erklärung Österreichs", die in der Tat im Unterschied zu den oben S. 404–405 genannten Entwürfen den Begriff Neutralität nicht erwähnen. Die erste Variante lautete (hier ohne Berücksichtigung von Leerzeilen und Absätzen zitiert):

„Die Regierung der Republik Österreich, in Übereinstimmung mit dem Geist und den Zielen des Staatsvertrages über die Wiedererrichtung eines unabhängigen und demokratischen Österreich sowie unter Berücksichtigung allgemeiner Interessen an der Aufrechterhaltung und Festigung des Friedens in Europa, erklärt hiermit feierlich, daß Österreich an keinem internationalen bewaffneten Konflikt teilnehmen wird [zweite Variante: sich der Anwendung von Gewalt in den internationalen Beziehungen enthalten wird], mit Ausnahme eines bewaffneten Angriffs auf Österreich, und zu diesem Zweck keinen militärischen Bündnissen und Zusammenschlüssen beitreten wird, die gegen eine beliebige Macht gerichtet sind, deren Streitkräfte am Krieg gegen Hitler-Deutschland und an der Befreiung Österreichs beteiligt waren, sowie, daß es der Errichtung ausländischer Militärbasen auf seinem Territorium nicht zustimmen wird."

177 Ebd., fol. 84.

Eine Neufassung der Weisungen wurde von Semjonow am 9. April Molotow übermittelt; die Erstellung der endgültigen Fassung werde Molotow und Mikojan übertragen, bemerkte Semjonow.[178] Nur die wichtigsten Punkte seien herausgegriffen: Von Interesse ist, daß nunmehr eine im Vergleich zu den Entwürfen der vorangegangenen Wochen und Tage neuerlich verkürzte Räumungsfrist von lediglich sechs Monaten ab Inkrafttreten des Staatsvertrages vorgesehen wurde – im Staatsvertragsentwurf von 1947 waren allerdings nur drei Monate vorgesehen! In der Neutralitätsfrage folgte die neue Fassung den bereits zum 1. April verwendeten Formulierungen; es wäre (in den Verhandlungen mit den Österreichern) zu erklären, daß es akzeptabel wäre, wenn Österreich hinsichtlich der Nichtteilnahme an Koalitionen und Militärbündnissen zum Beispiel etwa eine Position einnähme wie die Schweiz.[179] Das eigentlich Neue – der Hinweis auf die Dulles-Erklärung in Berlin, das Offenhalten weiterer Schritte für den Fall, daß Österreich dem Begriff der Neutralität in der angepeilten Erklärung nicht zustimmen würde – fand sich in dem bereits erörterten Positionspapier.

Neuerlich wurde als Kompensation für die von der Sowjetunion an Österreich zurückzugebenden Erdölbetriebe, einschließlich der Erdölvertriebsfirma OROP, und der DDSG die Summe von 70,6 Mill. Dollar genannt, die dem Buchwert dieser Unternehmen entspreche, und die in Form der Jahreslieferung von 690.000 t Rohöl durch sechs Jahre zu zahlen wäre. Die Österreicher wären darauf hinzuweisen, daß keine Kompensation für über den Buchwert hinausgehende Rechte der UdSSR verlangt würde.[180] Eigens genannt wurde auch der Jahre zuvor umstrittenene Art. 48bis des Staatsvertragsentwurfs – die sogenannten „Erbsenschulden“ (vgl. oben S. 175–176); die Sowjetunion war nunmehr bereit, auf diese Nachkriegsschulden im Gegenzug gegen Österreichs Verzicht auf Forderungen aus den sogenannten zivilen Besatzungskosten zu verzichten.

Von besonderem Interesse war der Vorschlag, daß Österreich die Verpflichtung zu übernehmen habe, die Übergabe von großen Industrie- und Verkehrsbetrieben, Banken und anderen Unternehmen, Grundbesitz und anderen Besitzungen, die dem Deutschen Eigentum zuzurechnen seien, an die ehemaligen deutschen Eigentümer nicht zuzulassen. Hier mochten Ideen, die vor allem von Adolf Schärf, aber auch von Kreisky und Waldbrunner teils öffentlich, teils in

178 Handschriftlicher Vermerk Semjonows, ebd. fol. 109; die Weisungen samt Deckblatt umfassen die fol. 109–114 (ein Vorentwurf mit Korrekturen fol. 77–81).

179 Ebd., fol. 111.

180 Dies war ein Hinweis darauf, daß der Sowjetunion im Staatsvertragskompromiß von 1949 Erdölförderrechte von 60% der österreichischen Erdölbetriebe für die Zeit von 30 Jahren, und 60% der Konzessionen auf Schürfrechte für 8 Jahre mit weiteren 30 Jahren der Förderung ab Fündigwerden zugesichert worden waren.

persönlichen Gesprächen lanciert worden waren, auf fruchtbaren Boden gefallen sein.[181]

Das Moskauer Außenministerium hatte auch darüber hinaus Vorbereitungen für die Verhandlungen mit den Österreichern getroffen. Eine zwanzigseitige Information über die „Einstellung der österreichischen Regierung zu den sowjetischen Vorschlägen über den Abschluß des Staatsvertrags" stand zur Verfügung.[182] Sie enthielt in drei Abschnitten Äußerungen österreichischer Politiker und Presseorgane, betreffend die Haltung österreichischer Regierungskreise gegenüber der sowjetischen Erklärung vom 8. Februar, betreffend die sowjetischen Vorschläge nach den Verhandlungen Molotow-Bischoff, sowie die Haltung der österreichischen Regierung in der Frage der Revision des Staatsvertragsentwurfs. Es handelte sich um einen „Digest", wohl vornehmlich aus der Berichterstattung der Botschaft in Wien zusammengestellt; eine Reihe der in diesem Kapitel bereits dargestellten Gespräche mit Raab, Schärf oder Kreisky finden sich auszugsweise auch in dieser Sammelinformation, einschließlich der Berichte Kudriawzews über seine Gespräche im Hause Kreiskys am 17. März. Der letzte Hinweis betraf eine Pressemeldung vom 7. April, die hier zusammengefaßten Materialien waren also bis knapp vor der Ankunft der Österreicher tatsächlich „up to date". Aus diesen umfangreichen Informationen seien vier der aufschlußreichsten Themenbereiche herausgegriffen:[183]

Erstens wurden österreichische Äußerungen über die Schweiz als Vorbild gesammelt. Während sich Vertreter der österreichischen Regierung in ihren öffentlichen Aussagen mit der Erklärung begnügen, daß Österreich nicht an Militärbündnissen teilnehmen und Militärbasen nicht zulassen werde, „so vertreten sie im Gespräch mit Vertretern der sowjetischen Botschaft in letzter Zeit durchgehend die Idee, Österreich zum neutralen Land zu erklären, wobei sie insbesondere auf das Beispiel der Schweiz bezugnehmen". Zusätzlich zu bereits weiter oben erwähnten Gesprächen mit Raab, Schärf oder Kreisky wurden Äußerungen Waldbrunners, Pittermanns und Figls genannt.[184]

---

181 Vgl. S. 348 sowie 376–377.

182 Diese Information (spravka) trägt „in Vertretung des Leiters der 3. Europäischen Abteilung" die (handschriftliche) Unterschrift von Michail Gribanow. AVPRF, Fonds 06, op. 14ª, p. 40, d. 115, fol. 2–24 (SBKA, Depot von Quellen aus dem AVPRF).

183 Die folgende Wiedergabe der wichtigsten Punkte folgt nicht der sehr detaillierten Gliederung des Informationspapiers.

184 Vgl. oben S. 349, 362 u. 363. Waldbrunner habe am 2. März im Gespräch mit dem Stellvertretenden Hochkommissar (Kudriawzew) gesagt, Österreich sei ebenso einverstanden, eine Garantie seiner Neutralität durch die vier Mächte zu erhalten, wie seinerzeit die Schweiz diese Garantien vom Wiener Kongreß erhalten habe. Pittermann habe am 4. März im Gespräch mit dem Botschaftsrat der UdSSR (Timoschtschenko) erklärt, die Regierung wäre bereit, in den Staatsvertrag einen Punkt aufzunehmen, der Österreich verpflichtet, sich an eine strikte Neutralität zu halten. Was die Garantien gegen einen Anschluß betreffe, so wäre es am zweckmäßigsten, darauf

Zweitens vermerkte das Informationspapier, daß die österreichische Regierung die bevorstehenden Begegnungen in Moskau „nicht als offizielle Verhandlungen für ein formales Abkommen oder zur Übernahme von Verpflichtungen durch beide Seiten" betrachte. Diese Haltung sei damit zu erklären, daß „offensichtlich Befürchtungen bestehen, die Unzufriedenheit westlicher Mächte, in erster Linie der USA, hervorzurufen, deren Vertreter Österreich vor sogenannten ‚Separatverhandlungen' in Moskau warnten." Eine Äußerung Kreiskys wurde in diesem Zusammenhang besonders hervorgehoben.[185] Weiter hieß es, die österreichische Regierung habe – nach vorhandenen Angaben – der österreichischen Presse die Anweisung gegeben, im Zusammenhang mit dem Moskau-Aufenthalt nicht den Terminus „Verhandlungen", sondern lediglich den Begriff „Besprechungen" zu verwenden.

Drittens wurde das Interesse der Sozialisten an der Frage des Deutschen Eigentums eigens hervorgehoben. Kreiskys – uns bereits bekannte – Äußerung im Gespräch mit Kudriawzew am 4. März wurde genannt, wonach man im Staatsvertrag einen Artikel vorsehen sollte, der die Rückgabe früherer deutscher Unternehmungen an Westdeutschland verhindern könnte.[186] Auch Schärfs Vorschläge zur Verhinderung der Rückgabe deutscher Unternehmungen wurden genannt,[187] ebenso wie die Forderung Waldbrunners in einer Rede vom 2. April, man fordere nicht nur politische, sondern auch wirtschaftliche Unabhängigkeit, Österreichs Unternehmungen müßten frei vom Einfluß ausländischer Mächte, auch Deutschlands, sein.[188]

---

hinzuweisen, daß solche Garantien vom Sicherheitsrat und der Organisation der Vereinten Nationen insgesamt gewährleistet werden müßten. Es dürfte sich hier um den Ausschnitt aus einem Gespräch handeln, das anläßlich der Einladung Kreiskys, Pittermanns und des schwedischen Botschafters Allard an diesem Tage in der sowjetischen Botschaft stattfand. Vgl. Allard, *Diplomat in Wien,* 154–159. Von Figl wurde berichtet, er habe im Gespräch mit dem Stellvertretenden Hochkommissar am 9. März unterstrichen, die österreichische Regierung habe die Absicht, sich an eine Politik der Neutralität zu halten und sowohl vom Westen wie vom Osten unabhängig zu sein. Diese eher vage Formulierung ist nicht uncharakteristisch für Figl.

185 Bei einem Gespräch zwischen Figl, Kreisky und dem Botschaftsrat Timoschtschenko am 26. März betonte Kreisky, Garantien gegen einen neuerlichen Anschluß seien „von den vier Mächten auszuarbeiten"; die österreichische Regierungsdelegation in Moskau werde nicht zustimmen, konkrete Maßnahmen gegen einen Anschluß zu vereinbaren, da „nur die vier Mächte unter Beteiligung Österreichs konkret eine Vereinbarung zu diesen Fragen treffen" könnten. Bei dem gleichen Anlaß bemerkte übrigens Figl, daß Österreich einem Abzug der Truppen erst in fünf bis zehn Jahren nicht zustimmen könnte; der maximale Zeitraum für den Truppenabzug dürfe (bloß) „ein Jahr oder etwas mehr" betragen.

186 Vgl. oben S. 348–349.

187 Vgl. oben S. 364, 377–378.

188 Das Informationspapier des sowjetischen Außenministeriums fügte hinzu, daß die Forderungen der Führer der Sozialistischen Partei mit der Kontrolle über die verstaatlichten Unternehmungen durch das sozialistisch geleitete Ministerium für Verkehr und verstaatlichte Betriebe zusammenhingen, und verband dies mit dem Vorwurf der Parteifinanzierung aus den Gewinnen der verstaatlichten Unternehmen.

Viertens hob das sowjetische Informationspapier hervor, daß die österreichische Regierung nicht den Ersatz des Staatsvertrags durch ein sogenanntes „internationales Statut“ befürworte – eine Anspielung auf den Vorschlag Canaval! –, sondern den vorliegenden Staatsvertragsentwurf im Prinzip als zur Unterzeichnung annehmbar betrachte, „unter der Bedingung des Truppenabzugs der vier Mächte innerhalb einer bestimmten und knappen Frist“.

Im Moskauer Außenministerium erstellte man einen sorgfältigen „Plan der Gesprächsführung“.[189] Es handelte sich um einen verhandlungstaktischen, nicht bloß einen protokollarischen „Plan“. Für die erste Zusammenkunft am 12. April wurden sechs Punkte notiert:

Erstens war eine allgemeine Einführung seitens Molotows vorgesehen, mit dem Wunsch auf die baldige Lösung der Staatsvertragsfrage im Interesse der völligen Wiederherstellung der Unabhängigkeit Österreichs und der Friedenssicherung in Europa.

Zweitens folgte der Hinweis, daß zweckmäßigerweise zu Beginn die österreichische Delegation ihre Überlegungen zum Wesentlichen der Frage äußern sollte.

Drittens notierte man die Vermutung, daß die österreichische Delegation gleich zu Beginn ihre Überlegungen zur Frage der Frist für den Truppenabzug und auch zur Frage der Nichtteilnahme Österreichs an militärischen Bündnissen äußern dürfte. In diesem Fall wären die sowjetischen Überlegungen zur Fristenfrage darzulegen, ebenso wie aus unserer (d. h. sowjetischer) Sicht die Frage der Neutralität Österreichs, und zwar zusammenfassend und in allgemeiner Weise, ohne die Erklärungen über „Koalitionen“, die in den „Weisungen“ vorgesehen seien. Wenn nötig, wäre das sowjetische Verständnis der Nichtteilnahme Österreichs an Koalitionen entsprechend den „Weisungen“ zu erklären.

Viertens wurde vorgesehen, daß die Wirtschaftsfragen nicht aus eigener Initiative schon während der ersten Sitzung angesprochen werden sollten. Würden jedoch die Österreicher das Thema aufgreifen, womit man rechnen solle, insbesondere die Übergabe der Erdölfelder, der DDSG und der OROP (Erdölvertriebsgesellschaft), dann wäre im ersten Gespräch in allgemeiner Form „unter Berücksichtigung der Position der Österreicher bezüglich der Neutralitätsfrage“ (!) die sowjetische Bereitschaft auszudrücken, diese Frage wohlwollend zu überlegen. Dabei solle darauf hingewiesen werden, daß die Erörterung der Wirtschaftsfrage von politischen Fragen nicht zu trennen sei, vor allem nicht von der Frage der Neutralität und der Nichtteilnahme Österreichs an Koalitionen und Militärbündnissen. Das „do ut des“ gegenseitigen Entgegenkommens kam hier deutlich zum Ausdruck.

---

189 AVPRF, Fonds 06, op. 14, p. 9, d. 106, fol. 123–125.

Fünftens ging die sowjetische Diplomatie von der Annahme aus, daß sich die Österreicher für die sowjetische Position in der Frage der Garantien gegen den Anschluß interessieren würden und eher erwarteten, daß die Sowjetregierung eine strikte Position einnehmen würde – strikt oder streng, so dürfen wir wohl interpretieren, im Sinne zusätzlicher Garantievorkehrungen. Dies plante die Sowjetdiplomatie allerdings nicht, wie aus den weiteren Ausführungen des Planungspapiers hervorgeht: Aus taktischen Gründen sei es nicht zweckmäßig, während des ersten Treffens unsere (d. h. die sowjetische) Position aufzudecken und unsere Bereitschaft zu erklären, daß wir uns mit den Bestimmungen, die im Staatsvertragsentwurf vorgesehen sind, begnügen.[190] Aus diesen – d. h. taktischen – Überlegungen wäre es zweckmäßiger, dies erst später zu erklären, wenn die Österreicher ihre Position in der Frage der Neutralität und der Nichtteilnahme Österreichs an Koalitionen und Militärbündnissen offenlegten. Es zeichnete sich also ab, was wenige Tage später in den Verhandlungen offenbar werden würde: Das sicherheitspolitische Hauptziel der Sowjets bestand nicht in zusätzlichen Garantieformeln (wie sie die österreichische Seite vorbereitet hatte), sondern in der Neutralität selbst.

Sechstens vermutete man – wohlinformiert über die Einstellung der Regierung in Wien –, es sei nicht ausgeschlossen, daß die Österreicher das Treffen in Moskau als vorläufigen Meinungsaustausch betrachteten, in dessen Verlauf die Regierung keinerlei Verpflichtungen betreffend der Fragen übernehmen könne, die der Entscheidung der vier Mächte mit Teilnahme Österreichs unterlägen. Darauf sollte geantwortet werden, daß natürlich die Frage des Staatsvertrags nur bei Vorliegen einer Vereinbarung der vier Mächte, aber auch der Regierung Österreichs gelöst werden könne. Jedoch hätte die Position Österreichs bei der Lösung dieser Frage eine große Bedeutung, vor allem bei Berücksichtigung der Beziehungen Österreichs mit den übrigen Staaten nach Abschluß des Staatsvertrags. Dies war ein verschlüsselter, aber eindeutiger Hinweis auf die angestrebte Neutralität Österreichs und deren zentrale Stellung in der Planung der Moskauer Gespräche.

Für die zweite Sitzung am 13. April waren fünf Punkte vorgesehen: die Weiterführung des Meinungsaustausches über die politischen Fragen; unter Berücksichtigung des Gesprächsverlaufs die Darlegung der Wirtschaftsfragen und die Bekanntgabe des Vorhabens, die Erdölfelder, die DDSG und OROP an Österreich zu übergeben; weiters sollte die sowjetische Position zur Anschlußfrage sowie die Bereitschaft, sich mit den bereits vereinbarten Bestimmungen des Vertragsentwurfs zu begnügen, verdeutlicht werden. Aus diesen Überlegungen zeigt sich klar, was im Laufe der Verhandlungen zutage treten würde:

---

190 Dies bezog sich auf die Art. 3 (Anerkennung der Unabhängigkeit Österreichs durch Deutschland) und 4 (Anschlußverbot) des Staatsvertragsentwurfs.

die *eigentliche* Garantie, um die es der Sowjetunion zu tun war, war die *außerhalb* des Staatsvertrags zu verankernde Neutralität Österreichs. Weiters sollte auf der zweiten Sitzung der Vorschlag eigebracht werden, wonach die von der Sowjetunion an Österreich zu übertragenden früheren deutschen Vermögenswerte nicht an die früheren deutschen Eigentümer weiter übertragen werden dürften. Schließlich sollten die veralteten Artikel des Staatsvertragsentwurfs durchgesehen werden.

Die Planung für das dritte Treffen am 14. April sah die Weiterführung der politischen Besprechungen vor. Die Möglichkeit des endgültigen Einvernehmens (soglasovanie) über die Erklärung Österreichs über die Neutralitätsfrage und die Nichtteilnahme an Koalitionen und Militärbündnissen sollte hergestellt werden. Schließlich sollte das Einvernehmen über den Text der Vereinbarung (soglašenie) betreffend die Wirtschaftsfragen vorgenommen werden, aber auch über die Abmachung (dogovorënnost') betreffend die Frage der Nichtdiskriminierung der in den sowjetischen Institutionen und Betrieben arbeitenden österreichischen Bürger.

Zur unmittelbaren Vorbereitung der Gespräche mit den Österreichern ist auch ein Zettel mit handschriftlich notierten Stichworten Molotows zu zählen, der sich in den archivalischen Unterlagen zu den Gesprächen vom April 1955 findet.[191] Die Liste der numerierten Stichworte lautete wie folgt: „1. Neutralität", gefolgt von „2. Fristen für Truppenabzug". Der nächste Punkt lautete „3. Garantien gegen Anschluß", mit dem in Klammer gesetzten Zusatz: „(+ nicht weitergeben an Westdeutschland)". Letzteres bezog sich offensichtlich auf das geplante Verbot der Weiterübertragung der von der Sowjetunion an Österreich zurückzugebenden früheren deutschen Vermögenswerte an (west-)deutsche Eigentümer. Hierauf notierte Molotow: „4. Wirtschaftliche Fragen"; dazu kamen unterteilt zwei weitere Stichworte: „a) Schutz der ehemaligen . . ." Dies bezog sich offensichtlich auf den Schutz der in den USIA-, Erdöl- und DDSG-Betrieben tätigen Österreicher.[192] Punkt b) lautete: „Kompensation + 150 Millionen Dollar". Die Kompensation bezog sich auf die erstmals zu verhandelnde österreichische Kompensation für die Rückgabe des Erdölsektors und der DDSG, während die Summe von 150 Mill. Dollar für die USIA-Betriebe ja seit 1949 fest stand. Es folgte „5. Veraltete Artikel" sowie „6. Konferenz der Vier"; hier notierte Molotow zusätzlich: „a) Termin" und

191 AVPRF, Fonds 06, op. 14. p. 9, d. 106, fol. 122. Für die Entzifferung der Handschrift und die Ergänzung der abgekürzten Wörter bin ich Frau Prof. Dr. Olga Veličko, Moskau, zu sehr herzlichem Dank verpflichtet. Die (teilweise) abgekürzten Wörter werden in der Übersetzung voll ausgeschrieben wiedergegeben.

192 Vgl. oben S. 403–404, 406.

„b) Wer genau".[193] Damit waren die meisten Hauptpunkte der nun anhebenden Gespräche klar umrissen; in Molotows Stichworten fehlte der Hinweis auf die – für die Österreicher sehr wichtige – Entlassung der noch in der Sowjetunion befindlichen österreichischen Kriegsgefangenen und Zivilinternierten, doch war bei den Vorbereitungen auch darauf Bedacht genommen worden.[194] Beide Seiten traten einander gut vorbereitet gegenüber, wenngleich die sowjetische Seite über einen Informationsvorsprung und vor allem über Pfänder verfügte, deren Auslösung für die Österreicher lebenswichtig war.

5. Der erste Verhandlungstag in Moskau: Die Karten auf dem Tisch. – Österreichische Querelen um Neutralität und Erdöl

Am 11. April flog die österreichische Regierungsdelegation – Raab, Schärf, Figl, Kreisky – vom sowjetischen Militärflugplatz Bad Vöslau nach Moskau. Sie wurde von einigen Beamten begleitet, darunter dem Leiter der politischen Abteilung des Außenamtes, Gesandten Josef Schöner, der bereits der österreichischen Delegation bei der Berliner Konferenz angehört hatte, dem Leiter des Völkerrechtsbüros, Gesandten Stephan Verosta, und dem Sekretär des Bundeskanzlers, Legationsrat Ludwig Steiner.

Die feierliche Form des Empfanges der österreichischen Delegation in Moskau veranlaßte Botschafter Bischoff zu der Diagnose: „Wir kriegen den Staatsvertrag".[195] Das aufwendige Programm an Einladungen, Opernbesuch, Besuch der Universität ließ Vizekanzler Schärf zunächst vermuten, daß nicht wirklich verhandelt werden, sondern bloß aus irgendwelchen Gründen die Ankunft und der Aufenthalt der Österreicher sehr groß aufgemacht werden solle.[196] Doch das gesamte Programm, kulminierend in einem großen Fest-

193 Die Stichworte lauten im Russischen (Ergänzung der Abkürzungen in eckigen Klammern): 1. Nejtralitet. 2. Sṛoki vyvoda vojsk. 3. Garantii ot anšljusa (+ ne pered.[at'] Zap.[adnoj] Germ.[anii]). 4. Ėkonom.[ičeskie] vsy.[voprosy], a) žašcita . . . byvšej, b) kom[pensa]cija + 150 m.[illionov] d.[ollarov]. 5. Ustar.[evšie] stat'i. 6. Sovešč.[anie] 4-x a) srok, b) kto im[enno].

194 Vgl. oben S. 403.

195 Freundliche Mitteilung Frau Holda Bischoff. Das bereits mehrfach genannte Manuskript des Botschafters Bischoff über die Haltung der Sowjetunion in der Frage des Abschlusses des österreichischen Staatsvertrages enthält keine ausführlicheren Schilderungen der Moskauer Verhandlungen, lediglich eine kurze Zusammenfassung, da es auf Bischoffs schriftlicher Berichterstattung aufbaut und, wohl in Hinblick auf die Anwesenheit von Bundeskanzler, Vizekanzler, Außenminister und Staatssekretär im Außenamt und vermutlich auch in Hinblick auf die enorme Hektik dieser Tage, keine „Pol"-Berichte Bischoffs über die Verhandlungstage in Moskau vorliegen.

196 Aufzeichnungen Adolf Schärfs anläßlich der Moskauer Verhandlungen, mit Ergänzungen Bruno Kreiskys. Diese Aufzeichnungen wurden Botschafter Sven Allard zur Verfügung gestellt und dienten diesem als Grundlage für die Darstellung der Moskauer Verhandlungen in *Diplomat in Wien*, 183ff. (vgl. Nachwort zu der englischen Ausgabe von Allards Memoiren unter dem Titel *Russia*

bankett im Kreml in Anwesenheit des Parteichefs Nikita Chruschtschow, wirkte als Gradmesser für den Willen der sowjetischen Führung, mit Österreich zu einem guten Abschluß zu kommen. Die Ansprache des Ministerpräsidenten Bulganin am Abend des ersten Verhandlungstages anläßlich eines Diners in der österreichischen Botschaft kennzeichnete diese Bereitschaft. „Die österreichische Frage", so Bulganin, „kann erst heute einer Lösung zugeführt werden. Diese Lösung entspricht bei aller Sympathie für das österreichische Volk, für Wien, das ich gut kenne und wo ich einige Male war, nicht lyrischen Empfindungen. Wir haben geglaubt, daß wir das deutsche und das österreichische Problem zusammen werden lösen können, das war nicht möglich. Jetzt hat man eine Lösung für das deutsche Problem gefunden, die unerfreulich ist. Wir haben das zur Kenntnis zu nehmen und unsere Konsequenzen zu ziehen. Aber es besteht für uns jetzt kein Grund mehr, die österreichische Frage aufzuhalten. Und sie soll deshalb jetzt gelöst werden im Geist der Freundschaft, und diese Lösung soll die Grundlage für die Neuregelung unserer Beziehungen im Geiste der Freundschaft sein."[197] Das Fallenlassen des Junktims zwischen deutscher und österreichischer Frage ist es übrigens auch, was Außenminister Leopold Figl im Rückblick als entscheidende Wende der sowjetischen Österreichpolitik im Frühjahr 1955 anerkannt hat.[198]

Obgleich es in den Tagen vom 11. bis 15. April 1955 manche interessante und erinnernswerte Gespräche am Rande der Verhandlungen gab[199], sollen

---

and the Austrian State Treaty, University Park, Pa., 1970). Für die frühzeitige Ermöglichung der Einsichtnahme bin ich meinem verstorbenen Kollegen Univ.-Prof. Dr. Karl R. Stadler sehr zu Dank verpflichtet. Schärfs Manuskripte (Stenogramm mit wörtlicher maschinschriftlicher Transkription, einer „1. Fassung" und einer zweiten Fassung – letztere einschließlich Kreiskys Ergänzungen –) sind nun zugänglich in VGAB, Nachlaß Schärf, 4/247 u. 4/249. Schärfs Aufzeichnungen (mit Kreiskys Ergänzungen) unter dem Titel „Erinnerung an die Moskau-Fahrt vom 11. bis 15. April 1955" mit einer Einleitung von Karl R. Stadler erstmals veröffentlicht in: *Die Zukunft,* Jg. 1980, Nr. 4, April 1980, 23–30 sowie zwei Jahre später in Stadler, *Adolf Schärf,* 437–449. Weiterhin zitiert als: Schärf, Moskau-Fahrt, mit Seitenangaben nach der Veröffentlichung in *Die Zukunft.* Bei der Veröffentlichung wurden kleinere Auslassungen vorgenommen, teils auf die zeitweise physische Verfassung Raabs bzw. Figls bezugnehmend, teils eine mehrere Artikel des Staatsvertragsentwurfs betreffende Verhandlungsphase am 13. April betreffend; vgl. auch unten S. 636–637 (Veröffentlichung der die Staatsvertragsartikel betreffenden Auslassung).

197 Aufzeichnung Kreiskys bei Schärf, Moskau-Fahrt, 26 (etwas ausführlicher als Schärfs eigene Wiedergabe ebd.); Schärf machte bereits einen Tag nach der Rückkehr aus Moskau, am 16. April 1955, Mitteilung über Bulganins Äußerung: *AZ,* 17. April 1955, 1.

198 Leopold Figl, „10 Jahre verhandelt – in 3 Tagen perfekt" in: *WZ,* 15. Mai 1965, 2 und 4 (posthum veröffentlicht).

199 Zu – teils bemerkenswerten – Gesprächen „am Rande" vgl. Ludwig Steiner, „Ein langer Weg. Moskau 1955: Erinnerungen eines Augenzeugen", in: Academia, 31 (April 1980), 33–34; ders., Die Außenpolitik Julius Raabs, 226–230. Sehr bemerkenswert ist eine von Kreisky notierte Äußerung Mikojans: „Im letzten Krieg hat Rußland furchtbare Zerstörungen erlitten. Das hat uns um Jahre zurückgeworfen. Aber auch jetzt haben wir große Schwierigkeiten, denn die Herstellung der Atombombe kostet uns sehr viel Geld. Ihr opfern wir Jahre unserer Entwicklung." Schärf, Moskau-Fahrt, 29, Ergänzung Kreiskys.

doch die eigentlichen Verhandlungen und deren Ergebnisse im Mittelpunkt stehen. Die sehr ausführliche Mitschrift des Gesandten Josef Schöner ermöglicht gemeinsam mit der bereits 1955 veröffentlichten Schilderung von Raabs Dolmetscher Walter Kindermann, den erstmals 1980 veröffentlichten Aufzeichnungen Schärfs (mit Ergänzungen Kreiskys), den (eher sporadischen) Aufzeichnungen Figls,[200] der in diesem Buch erstmals verwerteten und ausführlich zitierten sowjetischen Niederschrift[201] sowie zusätzlichen im April 1955 verwendeten Arbeitspapieren eine exaktere Rekonstruktion der Verhandlungen, als dies bislang möglich war. Eine quellenkritische Veröffentlichung der vollständigen Mitschrift Josef Schöners mit umfangreicher Zitierung der sowjetischen Niederschrift und verschiedener, teils bisher unveröffentlichter Arbeitsunterlagen sowie Verwertung bereits publizierter Quellen ist Teil dieses Buches. Wer dem Verlauf der Moskauer Verhandlungen gewissermaßen Wort für Wort folgen möchte, sei zur Lektüre von Schöners Mitschrift und der in diesem Rahmen veröffentlichten weiteren Quellen eingeladen.[202] Die ausführliche Rekonstruktion der Moskauer Verhandlungen im Dokumententeil ermöglicht in diesem Kapitel eine etwas straffere Darstellung.

Schon in der ersten Arbeitssitzung, die am Nachmittag des 12. April 1955 im Kreml stattfand, wurden alle entscheidenden Probleme zur Sprache gebracht. An der Spitze der sowjetischen Verhandlungsdelegation standen Molotow und Anastas Mikojan, beide im Range eines stellvertretenden Ministerpräsidenten – Molotow für die Auswärtigen Angelegenheiten, Mikojan speziell für Außenhandelsfragen zuständig. Zeitweise nahm der Außenhandelsminister Kabanow an den Verhandlungen teil. Außenminister Molotow erklärte einleitend, es wäre gut, wenn das österreichische Volk den zehnten Jahrestag seiner Befreiung mit Genugtuung begehen könnte. Von sowjetischer Seite sei die Frage des Abschlusses des Staatsvertrages genug vorbereitet, um jetzt zu einer Lösung zu kommen. Molotow betonte, daß die sowjetische Seite die „vollkommene Sicherheit" haben müsse, „daß Österreich in Zukunft nicht zum Aufmarschgebiet für andere Mächte wird". Er fuhr fort: „Wir wissen, daß die Österreicher ein friedliebendes Volk sind und kein Interesse daran haben, daß es künftig wieder zu Kriegen kommt. Aber leider lehrt die Geschichte, daß der Friedenswille Österreichs allein nicht genügt, da aggressive Mächte Österreich als Werkzeug benützen können. Wir glauben, daß nicht nur die Sowjetregie-

200 Diese befinden sich im Niederösterreichischen Landesarchiv; erstmals veröffentlicht bei Jenny, *Konsensformel*, 337–340.

201 AVPRF, Fonds 06, op. 14, p. 9, d. 107, fol. 1–50. Soweit in diesem Kapitel dieses Dokument neuerlich zitiert wird, erfolgt lediglich der Kurzverweis „Sowjetische Niederschrift" und die folio-Angabe; ausführlichere Zitate im Dokumentenanhang Nr. 3, unten S. 615–666.

202 Dokumentenanhang Nr. 3 unten S. 615–666: hier weiter zitiert als Mitschrift Schöner. Im Dokumentenanhang Nr. 3 nähere Angaben zu den Fundorten der dort veröffentlichten bzw. zitierten Quellen.

rung, sondern auch Österreich interessiert ist, eine gemeinsame Sprache zu finden, um die Probleme zu lösen."[203]

Bundeskanzler Raab antwortete, indem er zunächst auf den Ausgangspunkt verwies, von welchem aus die Österreicher in die Verhandlungen eintraten: Österreichs schon auf der Berliner Konferenz bezogene Stellung, erstens den „alten" Staatsvertragsentwurf (in der Fassung von 1949) als Verhandlungsgrundlage anzunehmen, und zweitens die Erklärung über die Bündnisfreiheit. Raab machte aufmerksam, daß die Bundesregierung „immer wieder darauf hingewiesen hat, daß sie sich keinem militärischen Pakt anschließen will, sich aus allen militärischen Kombinationen heraushalten will. Wir sind bereit, alle Beschlüsse zu fassen, um diese Gedanken festzulegen, aber als kleines Land sind unsere Mittel beschränkt. Wir wollen im Volke diese Gedanken festlegen, um unsere Unabhängigkeit zu verteidigen."

Grundlage der weiteren Beratungen waren die Erklärung Molotows vom 8. Februar 1955, ergänzt und interpretiert in der sowjetischen Note vom 24. März 1955.[204] Raab steuerte direkt die von sowjetischer Seite immer so stark betonte Garantiefrage an. Die Österreicher hatten ja, wie wir gesehen haben, konkrete Garantievorstellungen nach dem Schweizer Muster von 1815 entwickelt. Raab bemerkte, daß es im Friedensvertrag von Saint-Germain zwar ein Anschlußverbot, aber keine Unabhängigkeitsgarantien gegeben habe. 1938 habe man uns international nicht geholfen, der englische und der französische Botschafter hätten nur mit den Achseln gezuckt. Wenn die vier Alliierten zu einem Beschluß kämen, Österreichs Unabhängigkeit zu garantieren, könnten wir das nur begrüßen.[205] Figl sekundierte Raab: man habe Österreich ein Anschlußverbot auferlegt, aber sich nicht bereit erklärt, ihm zu helfen.

Raab deutete an, daß eine Viermächtegarantie in den Staatsvertrag Aufnahme finden könnte. Dies war übrigens schon 1947 zur Diskussion gestanden. Die Sowjetunion, die bereits 1947 gegen die Hereinnahme eines Garantieartikels in den Staatsvertrag gewesen war, schien auch diesmal nicht sonderlich interessiert daran zu sein; eine solche Garantie müsse nicht in den Staatsvertrag hinein, sagte Molotow. Im übrigen meinte er, darüber müsse noch gesprochen werden; er sah aber keine Differenzen zwischen Österreich und der Sowjetunion in dieser Frage. Molotow, unterstützt von Mikojan, meinte auch, daß man über die Garantie zu einer Einigung mit den Westmächten kommen

---

203 Dieses und die folgenden Zitate aus Mitschrift Schöner.

204 Texte in DÖA, Nr. 154 u. 157.

205 Diese Äußerung Raabs sowie einige andere Stellen der Mitschrift Schöner wurden, noch ohne Quellennachweis, zitiert von Bruno Kreisky, „Der Staatsvertrag und die österreichische Neutralität" (erweiterte Fassung), in dessen Sammelband: *Neutralität und Koexistenz,* München 1975, 11–40, hier 32, abgedruckt aus: *Die Zukunft,* Jg. 1965, Nr. 9.

könnte. Raab faßte zusammen, daß dann alle vier Großmächte „unsere Taufpaten" wären, „die uns helfen müssen".

Es sei vorweggenommen, daß der österreichische Vorschlag einer Territorialgarantie nach dem Muster der Schweiz auf keine sowjetischen Bedenken stieß und in den Punkten I,4 und 5 sowie II,5 des drei Tage später paraphierten Moskauer Memorandums aufscheint.

Rasch drang die Diskussion jedoch zu jener Frage vor, die sich bald als der *eigentliche* Kern der sowjetischen Garantie- und Sicherheitsvorstellungen entpuppte: die Neutralität. Ausgangspunkt war Österreichs Berliner Erklärung über die Bündnisfreiheit und die Nichtzulassung militärischer Stützpunkte. Zwischen Raab – als Bundeskanzler und Leiter der Delegation weitaus am häufigsten am Wort – und Molotow entwickelte sich eine interessante Wechselrede. Raab erklärte, daß Österreich bereit sei, die Berliner Erklärung noch einmal abzugeben, „vielleicht vor dem österreichischen Parlament oder auf ähnliche Art". Molotow wollte ganz konkrete Vorstellungen vom Charakter der österreichischen Erklärung haben. Die österreichische Regierung, so meinte er, könnte „eine konkrete Erklärung über die Wahrung der Neutralität und die Nichtzulassung militärischer Basen auf ihrem Gebiet abgeben". Die vier Mächte ihrerseits könnten wiederum erklären, daß sie die österreichische Erklärung „honorieren" (richtig: „respektieren").[206]

Raab erwiderte, daß eine Erklärung im Hauptausschuß des Parlaments schon abgegeben worden sei. Dies bezog sich offensichtlich auf die Erklärung vom 23. September 1953 (vgl. oben S. 239). Die Erklärung „kann im Plenum des Nationalrates wiederholt werden, nochmals in ganz feierlicher Form". Darüber hinaus, so fügte Raab hinzu, könnte die Erklärung auch international an alle Mächte abgegeben werden. „Was wollen Sie darüber hinaus noch?" Molotow meinte, daß es gut wäre, hinzuzufügen, daß Österreich „die Politik einer Neutralität" machen wird. Die sowjetische Mitschrift ist in dieser Gesprächsphase etwas ausführlicher und verweist auf eine Wortmeldung Mikojans, der – anscheinend als erster – einwarf, „daß man in einer solchen Erklärung auf das Beispiel der Schweiz hinweisen könnte, die in ihren Beziehungen zu anderen Ländern Neutralität wahrt." Raab erwiderte, „daß man auch diesen Vorschlag besprechen könne; hier werde es kein großes Hindernis geben".[207]

---

206 Wörtlich sagte Molotow, die vier Mächte könnten in einer besonderen Erklärung dartun, „daß sie die in der österreichischen Erklärung enthaltenen Bestimmungen „respektieren und einhalten" (uvažat' i sobljudat') werden. Sowjetische Niederschrift, fol. 7. Die Formel „uvažat' i sobljudat'" wird übrigens wiederkehren im sowjetischen Entwurf einer Anerkennungserklärung der vier Mächte für die österreichische Neutralität, den Molotow am 14. Mai 1955 der Außenministerkonferenz in Wien vorlegte. Vgl. bereits oben S. 405 sowie unten S. 522–523.

207 Sowjetische Mitschrift, fol. 7.

Diese doch sehr positive Stellungnahme Raabs ließ Molotow weiter fortfahren: es könnte eine „große Genugtuung für die Sowjetunion sein, wenn Sie eine solche Erklärung abgeben. Der Sowjetregierung schwebt eine Stellung vor, wie sie etwa die Schweiz heute hat.[208] Wir glauben, daß, wenn eine Übereinkunft darüber erfolgt, könnten alle übrigen Fragen ohne Schwierigkeiten gelöst werden." Die Sowjetregierung glaube, daß eine solche Erklärung von allen vier Mächten angenommen werden könne. Darauf Raab: „Wir werden uns das zu Gemüte führen."[209]

Damit stellte sich – erst jetzt, in Moskau! – heraus, daß nicht besondere Garantiebestimmungen, sondern *die Neutralität als Garantie von Österreichs Unabhängigkeit* im Mittelpunkt des sowjetischen Sicherheitsinteresses stand.[210]

Raab kam noch in der ersten Gesprächsrunde darauf zurück. Er wiederholte, daß Österreichs Regierung eine Erklärung über Bündnisfreiheit und Ablehnung von militärischen Stützpunkten abgeben könnte „und, was wir noch beraten wollen, eine Erklärung über eine neutrale Haltung ganz allgemein".

Doch auch die anderen wesentlichen Themen des Staatsvertragsabschlusses kamen gleich in der ersten Sitzung zur Sprache.

Raab wies auf die Bedeutung eines festen Termins für den Abzug der Besatzungstruppen hin; Molotow war im Prinzip einverstanden. Weiters schnitt der Bundeskanzler die heikle Frage der Revision des „alten" Vertragsentwurfes vom Jahre 1949 an: „Es sind einige alte Möbel drinnen, die beseitigt werden sollen." Molotow erwiderte, auch die Sowjetregierung wisse davon; sie sei einverstanden, „daß alte Möbel ausgeräumt werden". Sodann erwähnte Raab die Frage der in der Sowjetunion inhaftierten Österreicher, und Molotow war bereit, zu dieser Frage zurückzukehren, wenn in den übrigen Fragen Einigkeit erzielt worden sei.[211] Übrigens hatten die Österreicher ein Schreiben des Bundespräsidenten Körner an Staatspräsident Woroschilow mitgebracht,

---

208 Gemäß der sowjetischen Mitschrift sagte Molotow zum Vorbild der Schweiz: „Wenn Österreich dieselbe Haftung zur Frage der Neutralität einnehmen wird, wie beispielsweise die Schweiz, werde dies nicht nur im Interesse der Bewahrung der Unabhängigkeit Österreichs sein, sondern es werde auch den Zielsetzungen der Aufrechterhaltung und Festigung des Friedens in Europa entsprechen." Ebd., fol. 8.

209 Sohin ist die Aussage bei Kindermann, *Flug nach Moskau,* 35, das Wort „Neutralität" sei am ersten Verhandlungstage überhaupt nicht gefallen, zu revidieren. Auch Kreiskys Aufzeichnungen in seinen Ergänzungen zu Schärfs „Moskau-Fahrt" vermerken, daß Molotow schon in der ersten Besprechung zu verstehen gegeben habe, „daß die Frage der Neutralität nach dem Modell der Schweiz die zentrale Frage für die Verhandlungen" sei. Schärf, Moskau-Fahrt, 25–26. Vgl. auch unten Anm. 257.

210 Vgl. bereits Stourzh, Die Sicherung der österreichischen Unabhängigkeit, 188.

211 Dieses und die folgenden Zitate aus Mitschrift Schöner.

in dem der Bundespräsident um die Freilassung der noch in der Sowjetunion befindlichen Kriegs- und Zivilgefangenen ersuchte.[212]

Schließlich kam Raab auf die wirtschaftlichen Fragen zu sprechen. Geschickt vermied er zunächst das Problem der Ablöse, sondern fragte, ob man nicht über einen Handelsvertrag zwischen Österreich und der Sowjetunion reden könne. Molotow sagte nicht nein: man könne sich auch mit dieser Frage befassen. Nun fiel Außenminister Figl ein und fragte, ob man „nicht auch über die Öl-Frage sprechen könne". Ja, antwortete Molotow, man könne auch diese Frage anschneiden. Raab kehrte zu dem von ihm angeregten Handelsvertrag zurück und meinte, „hoffentlich werden wir Ihnen viele Waren liefern können". Offenbar wollte Raab „schönes Wetter" für das schwierige Thema der Ablöse des Deutschen Eigentums schaffen. Molotow schien dies zu bemerken; er wiederholte, man könne auch die Frage eines Handelsvertrages vorantreiben und ermutigte die Österreicher: „Ich möchte überhaupt die Absicht der Sowjetregierung bekannt geben, daß die österreichische Delegation nicht umsonst nach Moskau gekommen sein soll. Es besteht kein Grund zum Pessimismus."

Spätestens im Verlauf dieser Sitzung am Nachmittag des 12. April 1955 merkten die Österreicher, daß die sowjetische Seite jetzt wirklich abschließen wollte. „Wenn alles abgeschlossen werden kann", sagte Raab, „dann bedenken Sie, daß die finanzielle Leistung, die wir an Sie zu entrichten haben, eine sehr große ist. Wir erwarten von Ihnen ein fühlbares Entgegenkommen."

Nun legte Molotow weitere Karten auf den Tisch. Der Text des Staatsvertrages solle weiter bestehen bleiben, wie er sei. Damit meinte er keineswegs, daß die „Entrümpelung", die Raab erbeten und Molotow akzeptiert hatte, hinfällig geworden wäre. Er deutete damit an, daß die wirklich großen Änderungen und Erleichterungen, die er im Begriffe war, den Österreichern anzubieten, außerhalb des Vertragstextes vereinbart werden sollten. Zunächst teilte Molotow mit, daß bei der Ablösesumme von 150 Millionen Dollar für die USIA-Betriebe keine Änderung eintreten könne, außer der Abstattung in Warenlieferungen; dies hatte er schon in Berlin 1954 konzediert. Molotow fügte hinzu, daß die sowjetische Seite großes Interesse daran hätte, daß diese Unternehmungen nicht an Westdeutschland übergehen. Damit war jenes Entfremdungs- oder Übertragungsverbot ausgesprochen, das alsbald im „Moskauer Memorandum" und schließlich auch im Staatsvertrag seinen Platz finden sollte.

Jetzt kam ein entscheidender Punkt. „Was die Frage des Öls und der DDSG betrifft, so ist die Sowjetregierung bereit, diese Fragen erneut zu prüfen und eine für Österreich günstige Lösung zu finden." Sogleich fragte Außenminister

212 Raab übergab das Handschreiben Körners an Woroschilow bei einem Besuch der Delegation am 13. April 1955. Vgl. Kindermann, *Flug nach Moskau*, 64.

Figl: „Wäre die Sowjetregierung in der Frage des Öls und der DDSG bereit, eine Ablöse anzunehmen? Im Prinzip?“ Die Antwort Molotows lautete:

„Die Sowjetregierung könnte im Prinzip damit einverstanden sein, daß das Öl und die DDSG zurückgegeben werden unter der Bedingung, daß der Gegenwert in Rohöl an die Sowjetunion erstattet wird. Die Bedingung könnte so sein, daß kein zusätzlicher Dollar-Betrag, sondern daß jährlich so und so viel Rohöl an die Sowjetunion gegeben werden. Die Sowjetunion ist der Meinung, daß diese Lösung für sechs Jahre laufen könnte.“

Somit war in runden 75 Minuten endgültig klar geworden, daß es den Sowjets ernst war, und daß den Österreichern – nach jahrelangem Warten waren sie gebrannte Kinder – endlich der Staatsvertrag ins Haus stand. Molotow brachte schon in dieser ersten Sitzung deutlich zum Ausdruck, daß er mit den Vertretern der großen Mehrheit des österreichischen Volkes verhandelte. Die Sowjets kannten die österreichische Realverfassung. Molotow erklärte ausdrücklich, die sowjetische Seite messe der Tatsache größte Bedeutung bei, daß bei den Verhandlungen die Vertreter der beiden großen Parteien Österreichs gehört würden. Es sei von großer Bedeutung, daß beide Parteien die große Majorität des österreichischen Volkes ausmachen, was niemand anzweifeln könne.[213]

Zwischen der ersten Arbeitssitzung vom Nachmittag des 12. April und der nächsten – entscheidenden – Sitzung am Vormittag des 13. April lagen gesellschaftliche Veranstaltungen, die zu interessanten Gesprächen Gelegenheit boten und den Meinungsbildungsprozeß vorantrieben,[214] unter anderem in der Frage des sogenannten Übertragungsverbotes für das Deutsche Eigentum. Schärf regte gelegentlich eines von Molotow am ersten Verhandlungstag gegebenen Empfanges an, die Sowjets mögen doch bei der Übertragung der Erdölbetriebe und der DDSG an Österreich verlangen, daß Österreich diese nicht weiterveräußern dürfe; wie Schärf notierte, seien Molotow, Mikojan und Kaganowitsch „freudig überrascht“ gewesen.[215] Schärf konnte nicht wissen, daß das Übertragungsverbot bereits in den sowjetischen Verhandlungsvorbereitungen eingeplant war.[216]

---

213 Mitschrift Schöner sowie Schärf, Moskau-Fahrt, 25; bereits bei Kindermann, *Flug nach Moskau,* 30, sowie Allard, *Diplomat in Wien,* 183.

214 Vgl. Kindermann, *Flug nach Moskau,* 38ff.

215 Schärf, Moskau-Fahrt, 26. Lazar Kaganowitsch war ein wichtiges Mitglied des Präsidiums (Politbüros) der KPdSU.

216 Vgl. oben S. 409. Von Interesse ist, daß aus Berichten der Gesandtschaft Bern über Mitteilungen Nikolaus Basseches’ Ende März hervorging, man habe in Moskau positiv auf Schärfs Erklärung reagiert, daß das Bestehen einer ausländischen Wirtschaftsmacht in Österreich die österreichische Unabhängigkeit gefährde; AdR, BMAA, II-Pol, Zl. 320.921-Pol/55 und Zl. 320.939-Pol/55 v. 29. März 1955. Zum Übertragungsverbot vgl. Punkt I,6 des Moskauer Memorandums sowie in modifizierter Form, Art. 22 Abs. 13 des Staatsvertrages von 1955. Kreisky hatte sich auch bei den Vorbesprechungen im Wiener Außenamt sehr entschieden gegen eine „Entstaatlichung“ und

In den ersten Tagen in Moskau gab es allerdings auch ernste, teilweise heftige Auseinandersetzungen der Koalitionspartner in der österreichischen Delegation. Es ging um zwei Dinge: erstens um das Wort „Neutralität“, und zweitens um die Ablöse für das „Deutsche Eigentum“, vor allem das Erdöl. Wir müssen etwas weiter ausgreifen.

Zunächst zur Neutralität. Es ist bekannt, daß Bundeskanzler Raab von vornherein weniger Bedenken gegen den Gebrauch des Begriffs Neutralität als Vizekanzler Schärf hatte. Es gibt Hinweise dafür, daß er bereits vor der Abreise nach Moskau von der Erwartung ausging, daß mit dem Zauberwort Neutralität der große Durchbruch zu erwarten wäre.[217] Auch wenn Quellen aus Raabs Hand bis heute spärlich sind, und wenn infolge von Raabs bekannter Zurückhaltung, ja Schweigsamkeit, auch Berichte von Gesprächspartnern weniger ergiebig erscheinen als im Falle von redefreudigeren Politikern, können doch einige der Faktoren genannt werden, die Raab zum Hauptexponenten einer österreichischen Neutralität werden ließen.

Vor allem die Argumente des Botschafters Bischoff, man könne alles erreichen, wenn man nur das Wort Neutralität gebrauche[218], dürften bei Raab Gewicht gehabt haben, zumal hinter Bischoffs Argumenten und Mitteilungen sehr wahrscheinlich die Kenntnis von Vorschlägen der politischen Führung der Sowjetunion stand. Es gibt Hinweise, daß Bischoff in Moskau – unter Umgehung des dortigen Außenministeriums – regelmäßige direkte Kontakte mit einem Gesprächspartner aus dem Apparat des Zentralkomitees der KPdSU pflog, mit dem er sich – aus leicht zu erratenden Gründen – nicht in der

---

Rückstellung an westliche Firmen für den Fall ausgesprochen, daß sich die Sowjets den Erdölkomplex von Österreich ablösen ließen: „Es sei nämlich österreichischerseits nicht vertretbar und würde auch natürlich dem Zweck der Übung nicht entsprechen, wenn wir von den Sowjets gegenwärtig beanspruchte, aber aufgegebene Konzessionsrechte wieder den früheren westlichen Eigentümern übergeben. In dieser Hinsicht müßte man den Westmächten klar machen, was ihnen lieber sei, ob diese Öl-Rechte sowjetisch bleiben oder österreichisch werden sollen.“ AdR, BMAA, II-Pol, Zl. 321.027-Pol/55 (Besprechung am 2. April 1955), veröffentlicht in: ÖuG, Nr. 111, 2. Teil.

217 Ludwig Steiner, damals Sekretär Raabs, berichtet, daß bei Gesprächen am 12. April zwei Angehörige des sowjetischen Außenministeriums ihn ermuntert hätten, Raab zu sagen, daß das Zauberwort für die Verhandlungen „Neutralität“ heiße – „was Raab freilich ohnehin wußte“, wie Steiner zutreffend hinzufügt. Ludwig Steiner, Die Außenpolitik Julius Raabs, 227 und 241. „Du wirst sehen, ehe der Hahn morgen dreimal kräht, werden wir unsere Neutralität erklärt haben“, sagte Raab seinem Sekretär Ludwig Steiner beim Verlassen der österreichischen Botschaft am Abend des 12. April; ebd., 241. In seinen Memoiren berichtet Tončić über innerparteiliche Beratungen mit Raab im Laufe des Monats März, wobei von seiten der ÖVP-Parlamentarier Maleta, Stürgkh und Tončić teilnahmen; bei einer Unterredung etwa zwischen dem 10. und 15. März hätten Stürgkh und Tončić Raab von einem Neutralitätsmodell nach dem Muster Schwedens abgeraten und hätten Raab bestärkt, Österreichs Neutralität nach dem Muster der Schweiz zu verstehen, deren Neutralität verfassungsmäßig und völkerrechtlich verankert sei. Lujo Tončić-Sorinj, *Erfüllte Träume. Kroatien – Österreich – Europa,* Wien–München 1982, 207–208.

218 Dies notierte Schärf, Moskau-Fahrt, 26.

Botschaft, sondern in einem Dampfbad, das Bischoff wöchentlich besuchte, zu treffen pflegte. Dieser Vertreter des Zentralkomitees, der sich als „Alexej Alexejewitsch“ ausgab, also lediglich einen Vornamen und ein Patronym angab, erklärte Bischoff, im Auftrag des Ersten Sekretärs der KPdSU, Chruschtschow, Verbindung mit Bischoff zu suchen. Diese Kontakte scheinen im Frühjahr 1954 auf Initiative der sowjetischen Seite eingesetzt und noch Anfang 1955 stattgefunden zu haben, zu einer Zeit also, in der Chruschtschow als Erster Sekretär bereits Leiter des Parteiapparates war, aber noch keinen Mann seines Vertrauens an der Regierungsspitze hatte; dieser Fall trat ja erst mit der Ernennung Bulganins zum Ministerpräsidenten (in der Nachfolge Malenkows) am 8. Februar 1955 ein. Bischoff fand auch Wege, Mitteilungen direkt an Raab unter Umgehung des Wiener Ministerialapparates gelangen zu lassen.[219] Wenn Bischoff später von einem bundesdeutschen, ebenfalls unorthodoxen, sehr um die Verständigung zwischen Bonn und Moskau bemühten Botschafter als „der eigentliche Vater des österreichischen Staatsvertrages“ bezeichnet wurde, so ist dies als freundliche, den politischen Stellenwert Bischoffs allerdings überschätzende Übertreibung zu werten.[220] In der Umsetzung von Raabs politischem Kalkül kam jedoch Bischoff von 1953 bis 1955 eine Schlüsselfunktion zu.[221] Nun, in den entscheidenden Beratungen der Österreicher in den ersten Tagen der Moskau-Fahrt, hatte in der Tat Bischoffs große Stunde geschlagen.

---

219 Hierzu nunmehr Eiselsberg, *Erlebte Geschichte,* 232–235; Eiselsbergs Informationen beruhen teils auf einer persönlichen Schilderung des damals in Moskau hospitalisierten Botschafters Bischoff etwa März 1960 – Eiselsberg, zu dieser Zeit als Geschäftsträger in Moskau, traf anläßlich eines Spitalsbesuchs auch Bischoffs früheren Gesprächspartner –, teils auf Mitteilungen, die Bischoff im Frühjahr 1955 dem von Bischoff besonders geschätzten damaligen französischen Botschafter in Moskau, Louis Joxe, machte. Bischoffs Briefe an Raab waren in einem an Raabs Bedienerin adressierten Überkouvert verwahrt. Dies ist dem Verf. auch von Bischoffs Witwe, Frau Holda Bischoff, bestätigt worden. Bisher sind keine Spuren dieser Briefe aufgetaucht. Eiselsberg vermerkt, daß ihn Bischoff über einzelne Phasen der Sondierungsgespräche mit seinem Gesprächspartner vom ZK nicht informiert habe (ebd. 233). Bischoff mußte für seine Abreise aus Moskau am 4. April 1960 direkt vom Spital auf der Bahre zum Zug gebracht werden; er starb einige Monate später, am 30. Juni 1960, in Schruns. Ich bin Herrn Botschafter i. R. Otto Eiselsberg für Mitteilungen am 17. 12. 1992, die nunmehr in seinen Memoiren enthalten sind, dankbar.

220 Hans Kroll, *Lebenserinnerungen eines Botschafters,* Köln–Berlin 1967, 372.

221 Von Interesse ist ein nunmehr zugänglicher Bericht des DDR-Missionschefs in Moskau, Rudolf Appelt, über Bischoff anläßlich Bischoffs Akkreditierung als Botschafter in Moskau: „In Österreich gilt er als ein Freund der Sowjetunion, und auch in Moskau besitzt er in dieser Hinsicht keinen schlechten Ruf. Wenn er nach mehr als 6-jähriger Anwesenheit in Moskau jetzt zum Botschafter ernannt wurde, so zeigt das, daß die österreichische Regierung daran interessiert ist, in Moskau einen Vertreter zu haben, der nicht als Sowjetfeind abgestempelt ist.“ PAAA – MfAADDR, A 252 (Bericht vom 28. Juli 1953). In britischen und amerikanischen Quellen finden sich mehrfach kritische Äußerungen zu Bischoff; u. a. PRO, FO 371/103769/CA1071/334 (Warner und Hancock, 14. u. 15. Dezember 1953), *FR 1955–1957,* VII, 8, 39 (Berichte Bohlens aus Moskau vom 5. März und 14. April 1955).

Ein anderer für Raabs Haltung bedenkenswerter Faktor, politisch wohl weniger gewichtig als die Haltung der Sowjetunion, doch keineswegs geringzuschätzen, ist im Modell der benachbarten Schweiz zu sehen. Auf dieses Modell ist Julius Raab frühzeitig von seinem Bruder Heinrich Raab aufmerksam gemacht worden; es hatte fraglos seit 1952/53 an Aktualität für Österreich gewonnen, wie im vorhergehenden Kapitel gezeigt wurde. Die Schweiz war in den spannungsgeladenen Wochen vor der Moskau-Fahrt in vieler Munde, und die Sowjets waren sich dessen wohl bewußt, wie bereits gezeigt wurde.[222] Niemand geringerer als der steirische Landeshauptmann Josef Krainer (sen.) hatte in einer Sitzung der Bundesparteileitung der ÖVP am 30. März 1955 gefordert: „Hinsichtlich der internationalen Stellung Österreichs verlangt die Steiermark die Stellung wie sie die Schweiz hat in Gestalt einer bewaffneten Neutralität [sic!].“[223] Auch Raabs durchaus unjuristische Denkweise ist in Rechnung zu stellen. Entscheidend für Raab war sicherlich die Überzeugung, mit der Annahme der Neutralität den Abzug der Sowjets zu erreichen und die Einheit des Landes zu retten. „Ich fresse alles“ – um den Staatsvertrag zu erhalten, soll Raab einmal gesagt haben.[224]

Raab war sich der Risiken seiner Politik wohl bewußt. Zwei Wochen vor der Moskau-Fahrt meinte er im Gespräch mit den österreichischen Botschaftern bei den Besatzungsmächten, es ergäben sich schwierige Fragen, „wenn wir in eine Neutralisierung einsteigen, insbesondere wegen Deutschland. Wer wird die Russen aufhalten, wenn sie bis zum Atlantik marschieren wollen? Andererseits können wir die gebotene Hand nicht zurückweisen. Wir wollen aber keine österreichische Unabhängigkeit unter russischem Protektorat.“[225]

---

222 Vgl. u. a. oben S. 253–255, 349, 410.

223 Verhandlungsschrift über die Sitzung der Bundesparteileitung der ÖVP am 30. März 1955, AKVI, Bestand Bundesparteileitungsprotokolle.

224 Raab habe dies wörtlich – „textuellement“ sagt der französische Bericht, dem dieser Ausspruch zu verdanken ist – einmal (1953) dem Abgeordneten Herbert Kraus gesagt, als Kraus im Gespräch mit Raab den 1949 ausgehandelten Vertragstext als nicht mehr akzeptabel befunden hatte; dies erzählte Kraus einem Mitarbeiter der französischen Botschaft; AAF, vol. 130 (Traité d'Etat, Négotiations, V), Nr. 574/HC/BE v. 14. 1. 1954. – Raab argumentierte bereits im Mai/Juni 1953 gegenüber dem damaligen Salzburger Landeshauptmann Josef Klaus zugunsten einer Neutralität Österreichs, während Klaus die Adenauersche Politik des Westbündnisses auch für Österreich empfahl. Laut Klaus habe Raab den Unterschied zwischen der Situation der Westösterreicher und jener der Österreicher in der Sowjetzone hervorgehoben, wo der Druck der Sowjets so unerträglich werde, daß er erleichtert werden müsse. Bericht James Espy über ein Gespräch mit Klaus am 1. August 1953 an Hochkommissar Thompson vom 3. August 1953 (NA, RG 59, Lot file, 56 D 294, Box 4), ausführlich zit. von Michael Gehler, „Österreich, die Bundesrepublik und die deutsche Frage 1945/49–1955“, in: *Ungleiche Partner? Österreich und Deutschland in ihrer gegenseitigen Wahrnehmung. Historische Analysen und Vergleiche aus dem 19. und 20. Jahrhundert,* hrsg. v. Michael Gehler, Rainer F. Schmidt, Harm-Hinrich Brandt u. Rolf Steininger, Stuttgart 1996, 535–580, hier 562.

225 AdR, BMAA, II-Pol, Zl. 320.920-Pol/55, Besprechung vom 28. März 1955; veröffentlicht in: ÖuG, Nr. 110.

All dies, vor allem der Gedanke, man könne die gebotene Hand nicht zurückweisen, mag bei Raabs Überzeugung von der Richtigkeit und Notwendigkeit, den Begriff Neutralität einzusetzen, mitgespielt haben.

Gegen den Gebrauch dieses Begriffs sprach zweierlei:

Erstens war es die jahrelange Praxis des Ballhausplatzes gewesen, bloß taxativ aufgezählte Einzelverpflichtungen vorzuschlagen – zum Beispiel bei der Sondierungsaktion mit Hilfe Indiens in Moskau im Sommer 1953, bei der Berliner Konferenz im Februar 1954 und auch bei der Vorbereitung der Reise nach Moskau, wie Raabs Rundfunkrede vom 20. März 1955 anzeigte. Verhandlungspartner formulieren vorsichtiger als Programmredner, und jeder Staat geht zunächst davon aus, sich ein Maximum an Optionen offenzuhalten und ein Minimum an Verpflichtungen einzugehen. Dazu kam, daß gerade der Begriff der Neutralität in unterschiedlicher Weise ausgelegt werden konnte, etwa in Richtung eines ideologischen „Neutralismus", wofür die Auseinandersetzungen mit den österreichischen Kommunisten in den frühen fünfziger Jahren genug Anschauungsmaterial gebracht hatten. Die Scheu vor unpräzisen Ausdrücken war auch durch bestimmte sowjetische Formulierungen genährt worden: Das Verbot des Beitritts zu „*Koalitionen* oder Militärbündnissen", von Molotow auf der Berliner Konferenz, aber auch noch in seiner Rede vom 8. Februar 1955 gefordert, hatte in Österreich Mißtrauen erweckt, und die sehr klaren Interpretationen, die die Sowjets selbst im Vorfeld der Moskauer Verhandlungen formulierten, waren den Österreichern nicht bekannt und wurden ihnen, soweit ersichtlich, auch nicht mitgeteilt.[226] Schließlich haben, wie Raab selbst in den Moskauer Verhandlungen mit Molotow bemerken sollte, Bedenken eine Rolle gespielt, die Anwendung des Wortes Neutralität könnte bei den Westmächten „einen Stein des Anstoßes" bilden.[227]

Zweitens war es die Politik des sozialistischen Regierungspartners, der in den frühen fünfziger Jahren begonnen hatte, die „Paktfreiheit" der „Neutralität" vorzuziehen. Die größere Vertrautheit mit Schweden, das keine völkerrechtliche Neutralität, sondern eine juristisch ungebundene Neutralitätspolitik oder auch Politik der Bündnisfreiheit führte, das abgrundtiefe Mißtrauen gegenüber den österreichischen Kommunisten und deren jahrelanger Neutralitätsrhetorik, die Vermutung, mit dem Begriff Neutralität umfassendere Bindungen einzugehen als mit konkret umschriebener Paktfreiheit – all dies wirkte jetzt zusammen. Von besonderer Bedeutung waren wohl, zumal im Falle des Parteivorsitzenden Schärf, aber auch anderer führender Sozialisten wie Helmer

226 Vgl. oben S. 402. Zur Kritik am sowjetischen Vorschlag des Beitrittsverbots zu „Koalitionen" vgl. Schärf, Erneuerung, 352, sowie Gorbach in: Sten. Prot. NR, 7. GP., 33. Sitzg., 1380 (24. Februar 1954).

227 Raabs Äußerung betreffend Rücksichtnahme auf die Westmächte bei Kindermann, *Flug nach Moskau,* 54, sowie Mitschrift Schöner, vgl. unten S. 435 u. 641.

in der älteren und Pittermann in der jüngeren Generation, Rücksichten auf den Westen, der Österreich jahrelang geholfen hatte, aber dem Begriff Neutralität ohne Begeisterung, wenn nicht mit Mißtrauen gegenüberstand. Daß die österreichischen Sozialisten unvergleichlich „westlicher" eingestellt waren als ihre bundesdeutschen Parteifreunde, ist in der neueren Forschungsliteratur zutreffend betont worden.[228] Der amerikanische Botschafter in Wien, Llewellyn Thompson, ein ausgesprochener Neutralitätsskeptiker, hatte sich in den der Moskau-Fahrt vorhergehenden Wochen besonders bemüht, den Sozialisten die Risiken der „Neutralisierung" zu verdeutlichen.[229] Wie bereits gezeigt wurde, hatte ja noch fünf Tage vor dem Abflug nach Moskau ein Leitartikel der Arbeiter-Zeitung die Alternative „Neutralität" oder „Paktfreiheit" angesprochen und zugunsten der letzteren optiert.[230] Allerdings ist die Unterscheidung zwischen Paktfreiheit und Neutralität im sozialdemokratischen Lager nicht ganz durchgehalten worden, offenbar nicht einmal immer von Schärf selbst, wenn sein Gespräch mit Kudriawzew im Hause Kreisky am 17. März zutreffend wiedergegeben wurde.[231] Übrigens hatte der SPD-Abgesandte Fritz Heine am 4. April über sein bereits erwähntes Gespräch mit Schärf und Kreisky festgehalten: „SPÖ und auch ÖVP sind mit Neutralisierungsforderungen der Russen einverstanden."[232] Sicher ist es möglich, daß der SPD-Politiker Heine die politischen Alternativen in erster Linie aus bundesdeutschem Blickwinkel sah und die subtilen Unterschiede zwischen Bündnisfreiheit, „freiwilliger" Neutralität und auferlegter „Neutralisierung" nicht ausreichend bedachte; doch scheint Heines Notiz ein Hinweis zu sein, daß trotz der in Moskau aufbrechenden Differenzen zwischen Raab und Schärf in der Neutralitätsfrage der Konsens über grundsätzliche Aspekte der österreichischen Ausgangsposition vorhanden war – über die Erklärung der Bündnis- und Stützpunktfreiheit und über die Territorialgarantie nach dem Schweizer Muster von 1815.

Zurück nach Moskau: Bei einem Empfang, den Molotow am 12. April gab, fragte er Schärf: „Das, was Sie anbieten, ist Neutralität, warum gebrauchen Sie

228 Zuletzt Michael Gehler, „Klein- und Großeuropäer. Integrationspolitische Konzeptionen und Wege der Bundesrepublik Deutschland und Österreichs 1947/49–1960 im Vergleich", in: Gehler/Schmidt/Brandt/Steininger, *Ungleiche Partner,* 581–642, hier 589–590.

229 Bericht Thompsons über ein langes Gespräch mit Kreisky am 30. März 1955: FR 1955–1957, V, 22–25; vgl. auch Oliver Rathkolb, „Die Außenpolitik. Die SPÖ und der außenpolitische Entscheidungsprozess 1945–1955. Mit einem Ausblick auf die Neutralitätspolitik bis 1965", in: Wolfgang Maderthaner, Hrsg., *Auf dem Weg zur Macht. Integration in den Staat, Sozialpartnerschaft und Regierungspartei*, Wien 1992, 51–72, hier 67.

230 Vgl. oben S. 379–380.

231 Vgl. oben S. 364.

232 Stadler, „Modellfall Österreich", 396.

nicht das richtige Wort dafür?“[233] Bruno Kreisky hat in seinen Ergänzungen zu Schärfs Notizen über die Moskau-Fahrt festgehalten, daß schon in der ersten Besprechung Molotow „klar und deutlich zu verstehen gegeben“ habe, „daß die Frage der Neutralität nach dem Muster der Schweiz die zentrale Frage für die Verhandlungen ist. Erst wenn hier und diesbezüglich eine befriedigende Antwort österreichischerseits gegeben würde, könne man über alle anderen Fragen zu einer Einigung gelangen.“ In den internen Besprechungen innerhalb der österreichischen Delegation hätten sich Schärf und Kreisky auf den Standpunkt gestellt, „daß das Wort Neutralität infolge seines unpräzisen Charakters und der eventuell von westlicher Seite zu erwartenden Schwierigkeiten“ durch eine konkrete Umschreibung des für Österreich zur Anwendung gelangenden Begriffes ersetzt werden sollte. Schärf und Kreisky vertraten den Standpunkt, „daß ja der Neutralität unsere Erklärung der Allianz- und Basenfreiheit im wesentlichen entspreche“, man könne hinzufügen, daß wir eine Außenpolitik zu betreiben wünschen, bei der diese Grundsätze berücksichtigt würden. Beide wiesen auf die Schweden hin, die „ihre eigene Politik als die der Allianzfreiheit deklarieren“ und deren außenpolitische Praxis „einer De-facto-Neutralität“ entspreche. Hier fragte Raab Kreisky mit den inzwischen oft zitierten Worten: „Herr Staatsekretär, warum san Sie eigentlich so gegen das Wort Neutralität? Dös spielt ja gar ka Rolle, wia ma dös nennen. Tan ma dös glei annehmen.“ Kreisky gab zur Antwort, daß er hier vor allem an die Westmächte denke, die wir davon überzeugen müßten, „daß wir uns jedenfalls bemüht haben, eine derartige weitgehende Festlegung nicht von vornherein anzunehmen“. Da im weiteren Verlauf Raab erklärte, „daß er unbedingt bereit wäre, die ‚Neutralität‘ zu akzeptieren, haben wir schließlich zugestimmt“.[234]

Kreiskys Schilderung bietet den Eindruck deckungsgleicher Positionen Schärfs und Kreiskys. In letzter Zeit zugänglich gewordene Quellen zeigen allerdings, daß es offenbar doch unterschiedliche Einschätzungen gab; Kreisky scheint die Bedeutung des „Zauberwortes“ Neutralität als Schlüssel zur sowjetischen Zustimmung zum Staatsvertrag früher erkannt oder akzeptiert zu haben als Schärf. Im Stenogramm Schärfs findet sich zu den Gesprächen am Abend des ersten Verhandlungstages, nach dem Abendessen mit den sowjetischen Gästen in der österreichischen Botschaft, die Eintragung: „Bischoff, Raab und Kreisky haben aus den einzelnen Gesprächen mit den Russen den Eindruck, daß es ohne das Wort ‚neutral‘ nicht gehen wird und daß die Russen bereit sind,

233 Bereits bei Allard, *Diplomat in Wien,* 187; auch Schärf, Moskau-Fahrt, 25–26. Zum Widerstand Schärfs gegen das Wort Neutralität, der sogar einmal mit der Abreise aus Moskau gedroht haben soll, nach Mitteilungen Raabs Vodopivec, *Balkanisierung,* 266–267; ders., Die Wahrheit über den Staatsvertrag, in: *Österreichische Monatshefte,* Jg. 22, 1966, 26.

234 Schärf, Moskau-Fahrt, 26 (Einfügung Kreiskys).

um dieses Wortes willen da und dort nachzugeben."[235] Daraus kann wohl geschlossen werden, daß Kreisky eher als Schärf bereit war, die Chance der Annahme des Neutralitätsbegriffs zu ergreifen und möglicherweise Schärf in dieser Richtung zu überzeugen versuchte, wie dies Stephan Verosta einmal angedeutet und auch Bischoff später im Gespräch mit Otto Eiselsberg berichtet hat.[236]

Die zweite Frage, in der es zu Meinungsverschiedenheiten kam, betraf das Erdöl. Schärf und – noch ausführlicher – Kreisky berichten über Gespräche der österreichischen Delegation nach dem Nachtmahl am Abend des Dienstag, 12. April. Schärf faßte Raabs Überlegungen wie folgt zusammen:[237] „Raab ist deutlich erkennbar gegen Übernahme der USIA-Betriebe, Zistersdorf und DDG [sic]. Er meint, die USIA-Betriebe sind keine 20 Millionen Dollar wert und Zistersdorf sei herabgewirtschaftet. Es würde vollständig genügen, wenn sie unter der österreichischen Gesetzgebung stehen. Mein Argument, daß ein Großstaat immer interveniert, will er nicht gelten lassen. Offenbar will er am liebsten den verstaatlichten Bereich nicht verstärken und lieber russische Betriebe im Lande lassen. Er erklärt immer, die russischen Betriebe seien ja nicht Staatsbetriebe, sondern privatwirtschaftliche Unternehmungen!" Aus-

235 VGAB, Nachlaß Schärf, 4/249 (Stenogramm und Erstübertragung); Rathkolb, „Außenpolitik", 68, schreibt: „In Moskau erkannte Schärf nach langem Widerstand und nach Zureden seitens Kreiskys, ‚daß es ohne das Wort ›neutral‹ nicht gehen wird und daß die Russen bereit sind, um dieses Wortes willen da und dort nachzugeben'". Von Interesse ist allerdings gerade, daß Schärf die Herren Bischoff, Raab und Kreisky als in der gleichen Richtung argumentierend notiert hat. Im Stenogramm Schärfs gibt es zwei getrennte, allerdings beide dem Abend des 12. April zuzurechnende Eintragungen ähnlichen Inhalts: einmal die im Text zitierte, und vorher bereits die Eintragung: „Man kann alles haben, wenn man nur das Wort ‚neutral' gebraucht." Aus diesen beiden Eintragungen wurde dann im redigierten Text der „Moskau-Fahrt" der Satz: „Bischoff gibt als Eindruck aus seinen Gesprächen mit den Russen wieder, man könne alles erreichen, wenn man nur das Wort Neutralität gebrauche." Raab und Kreisky werden allerdings nicht mehr gemeinsam mit Bischoff genannt. Dies zur Ergänzung der Darstellung bei Jenny, *Konsensformel,* 184–185, dem das Stenogramm und dessen Erstübertragung nicht bekannt waren.

236 Von „sachter Beratung durch Staatssekretär Kreisky" hat Verosta gesprochen, zit. bei Jenny, *Konsensformel*, 185, nach Stephan Verosta, „Die österreichische Sozialdemokratie und die Außenpolitik. Versuch einer Übersicht 1889 bis 1955", in: *Die Ära Kreisky. Schwerpunkte der österreichischen Außenpolitik,* hrsg. v. Erich Bielka, Peter Jankowitsch, Hans Thalberg, Wien–München–Zürich 1983, 15–60, hier 58. Eiselsberg, *Erlebte Geschichte,* 233–234, vermerkt, laut Bischoff hätte Kreisky „die allergrößten Verdienste, da es dessen Überzeugungskraft gelang, in einem langen nächtlichen Gespräch unter vier Augen Vizekanzler Schärf von der Notwendigkeit der Annahme der Neutralität Österreichs zu überzeugen". Die österreichische Delegation berichtete am 13. April telegraphisch nach Wien, daß Molotow verlangt habe, daß die österreichische Erklärung „ausdrücklich die Bezeichnung ‚Neutralität' als unerläßliche Voraussetzung für jedes Entgegenkommen enthalten müsse". AdR, BMAA, II-Pol, Zl. 321.304-Pol/55. Auch der amerikanische Botschafter Bohlen berichtete aus Moskau, die Österreicher hätten die Westalliierten am 13. April ausdrücklich informiert „that Soviets were insisting on inclusion word ‚neutrality'". Bohlen an State Department, Nr. 1848, 19. April 1955, NA, RG 59, 6633.001/4/1955.

237 Ich folge hier nicht der Druckfassung in Schärf, Moskau-Fahrt, 27, sondern der Erstübertragung des Stenogramms, VGAB, Nachlaß Schärf, 4/249.

führlicher hat Kreisky die Gespräche am späten Abend des 12. April geschildert.[238] Auch Kreisky erwähnt Raabs Äußerung, die Ölfelder seien heruntergewirtschaftet, „die brauchen wir nicht und außerdem werden die Russen Steuern zahlen müssen und den österreichischen Gesetzen unterliegen". Dem entgegnete Schärf: „Die werden dort aber einen Werkschutz auf ihren Feldern etablieren,[239] und wir werden 30 Jahre lang in Österreich russische Militärpersonen haben. Es wird ständige Konflikte geben, Auslegungsschwierigkeiten über das, was im Staatsvertrag steht." Raab wiederholte, das seien heruntergewirtschaftete Betriebe; auf Kreiskys Einwurf „Das wissen wir alles nicht" gab Raab zur Antwort: „Ich hab' meine Informationen."[240] Kreisky erwiderte, hier handle es sich aber um einen politischen Preis, den wir zu zahlen hätten. „Wir wollen verhindern, daß die Russen nach dem Staatsvertrag einen Fuß zwischen der Tür haben." Darauf stellte Raab die Gegenfrage: „Also gut, was stellen Sie sich vor?", und nun wurde über die Varianten möglicher österreichischer Angebote für die Ablöse des Erdöls diskutiert.

Zu diesem spätabendlichen Gespräch ist folgendes zu bemerken.

Was die USIA-Betriebe betraf, deren Wert Raab offensichtlich so gering einschätzte, war deren Rückgabe an Österreich gegen den (Ablöse-)Preis von 150 Millionen Dollar seit 1949 festgelegt. Eine Nichtannahme oder Nichtrückgabe der USIA-Betriebe stand 1955 gar nicht zur Debatte und ist auch bei den Vorbereitungsgesprächen in Wien nie zur Diskussion gestellt worden. Bei der DDSG und dem Erdölkomplex standen die Dinge insofern anders, als ja nach dem Staatsvertragsentwurf die DDSG im östlichen Österreich auf Dauer in sowjetischen Besitz übergehen sollte und 60 % der Erdölförderung in Ostösterreich auf 30 Jahre den Sowjets verbleiben sollte.

Schärfs politisches Argument zugunsten des Rückkaufs, nämlich seine Sorge wegen des Verbleibs sowjetischer Enklaven in Österreich, wog schwer.[241] Es besteht kein Anlaß, wegen der sicherlich bei Schärf vorhandenen Verstaatlichungshoffnungen (die wohl Raabs gereizte Reaktionen zum Komplex USIA-Erdöl-DDSG erklären könnten) das politische Argument weniger ernst zu nehmen.

Doch ist es nicht so, daß lediglich Schärf und Kreisky für den Rückkauf des Erdölkomplexes eingetreten wären. Schon im Jahr zuvor war bei den Vorbesprechungen zur Berliner Konferenz über die Ablöse des Erdöls gesprochen worden, wobei grundsätzlich Konsens der Koalitionspartner bestand.[242] Auch

238 Wiedergegeben in Schärf, Moskau-Fahrt, 26–27.

239 Zum Werkschutz vgl. Rauchensteiner, *Sonderfall,* 228.

240 Raab waren Informationen zugekommen, wonach sich die Zistersdorfer Erdölfelder in sehr schlechtem Zustand befänden. Freundliche Mitteilung Dr. Ludwig Steiner.

241 Vgl. Schärfs Argumente im SPÖ-Parteivorstand am 25. März, oben S. 376.

242 Vgl. oben S. 306.

bei den Vorbesprechungen im Wiener Außenministerium für Moskau trat der Generalsekretär des Außenministeriums Karl Wildmann in Anwesenheit Figls und Kreiskys unwidersprochen für die Ablöse des Erdöls ein.[243] Wie bereits gezeigt wurde, hatte Figl bereits in der ersten Verhandlungsrunde in Moskau die Frage nach der Ablöse von Erdöl und DDSG gestellt.[244] Die Österreicher kamen mit einem Arbeitspapier nach Moskau, das eindeutig von der Option der Ablöse des Erdöls ausging. Der Umfang der Rohölreserven wurde in diesem Papier offensichtlich auch aus verhandlungstaktischen Gründen betont niedrig mit etwa 20 Mill. Tonnen geschätzt.[245] Dem stand, wie bereits gezeigt wurde, die (vielleicht ebenfalls aus verhandlungstaktischen Gründen) wesentlich höhere Schätzung von 72,2 Mill. Tonnen im sowjetischen Vorbereitungspapier gegenüber, eine Zahl, die etwas abgerundet (72 Mill.) bald auch von Mikojan in den Verhandlungen genannt werden sollte.[246] Im österreichischen

243 AdR, BMAA, II-Pol, Zl. 321.027-Pol/55 (Besprechung am 2. April 1955); veröffentlicht in: ÖuG, Nr. 111, 2. Teil (mit irriger Namensnennung Wildner statt Wildmann).

244 Vgl. oben S. 421–422.

245 Arbeitspapier mit dem Titel „Abschlagszahlung für die der UdSSR im Staatsvertragsentwurf auf dem Erdölsektor gegenwärtig eingeräumten Rechte" (= Nr. 10 der Arbeitsunterlagen der Regierungsdelegation), erliegt u. a. in VGAB, Nachlaß Schärf, 4/248 sowie SBKA, Nachlaß Kreisky, VII/Staatssekretär. Ausdrücklich hieß es, daß die zugrundegelegten Zahlen „in einer äußerst vorsichtigen und den österreichischen Interessen im weitesten Maße Rechnung tragenden Form" geschätzt wurden; dies gelte „insbesondere für die angenommene Rohölreserve (20 Mio to)"! Angesichts des Fehlens konkreter Unterlagen waren österreichische Schätzungen der Rohölreserven unterschiedlich und eingestandenermaßen unpräzise. Eine im Auftrag der Kammer der gewerblichen Wirtschaft, Fachverband d. Erdölindustrie, von dem Erdölfachmann Dipl.-Ing. Ulrik vorgenommene Schätzung der Werte der österreichischen Erdölfelder war im Jänner 1954 zu dem pessimistischen Schluß gekommen, die Erdölförderung werde vermutlich 1972 keinen wirtschaftlichen Ertrag mehr abwerfen und „bereits von jetzt an stark sinken". Schreiben der Kammer der gewerbl. Wirtschaft, Zl. 4341/HGU/J/54 v. 21. 1. 1954, bei AdR, BMAA, II-Pol, Zl. 141.904-Pol/54 v. 28. Februar 1954. Die aus der Kammer kommenden Schätzungen dürften wohl auch Raab bekannt gewesen sein. Andererseits gab ein an den Bundesminister für Verkehr und verstaatlichte Betriebe gerichteter Bericht vom 5. April 1955, der über den Minister Waldbrunner an Schärf gelangte und sich in dessen Unterlagen für Moskau befindet, etwas optimistischere Prognosen. Dort war von einer Förderung von „ca. 3 Mill. t. Rohöl" die Rede, und es wurde angenommen, „daß die Förderung auf dieser Höhe weiter aufrecht erhalten und vielleicht noch durch 20 Jahre fortgesetzt werden kann". VGAB, Nachlaß Schärf, 4/249. – Ein erst nach den Moskauer Verhandlungen im Außenamt eingelangtes, nicht für die Verhandlungszwecke in Moskau erarbeitetes Memorandum der Bundessektion Industrie der Bundeswirtschaftskammer sprach im April 1955 von 20 bis 30 Mill. t. Rohölreserven (nach Angaben der Geologischen Bundesanstalt), betonte aber die Schwierigkeiten der Schätzungen infolge des Fehlens jeglicher Unterlagen, die sich noch in den Händen der sowjetischen Mineralölverwaltung befanden. Schreiben der Bundessektion Industrie an Außenminister Figl v. 26. April 1955, AdR, BMAA, II-Pol, Zl. 321.695-Pol/55.

246 Die Wahrheit, wie sich 1956 erweisen sollte, lag zwischen den zwei Schätzungen, aber doch näher an der sowjetischen Ziffer, nämlich bei etwa 58 Mill. t. Die großen Diskrepanzen zwischen den österreichischen und den sowjetischen Schätzungen, die nach der Übergabe der Ölbetriebe im August 1955 den österreichischen Experten bekannt wurden (in der Übergabebilanz im August 1955 nannten die Sowjets sogar 77 Mill. t) führten nach der Übergabe zu einer Schätzung der

Vorbereitungspapier wurden als wirtschaftlich vertretbare Abschlagszahlung 33 Mill. Dollar für die Rohölgewinnung, 10 Mill. Dollar für die Raffinerien, und 4 Mill. Dollar für den Verteilungsapparat, insgesamt also 47 Mill. Dollar genannt. Sollte es aus gesamtpolitischen Gründen unbedingt erforderlich sein, das österreichische Angebot zu erhöhen, so könnte eine maximale Gesamtabschlagsziffer von ca. 70 Mill. Dollar immer noch als wirtschaftlich vertretbar bezeichnet werden.[247]

Über Art und Höhe einer zu zahlenden Ablöse für die Erdölbetriebe entspann sich an jenem Abend des 12. April, wie bereits angedeutet, eine Wechselrede zwischen Raab und Kreisky, wobei Kreisky entweder einen Dollarbetrag oder die Lieferung einer festen Menge Rohöls pro Jahr vorschlug, während der Bundeskanzler von Prozentsätzen der Fördermenge ausgehen wollte.[248] Die Fixierung auf bestimmte Dollarbeträge oder Rohöllieferungen bot den Vorteil, daß es darüber keinen Streit geben konnte. Von einem bestimmten Prozentsatz auszugehen – Raab sprach von 50 % der (jährlichen) Fördermenge – bot nur dann einen Vorteil, wenn man von einer tendenziell sinkenden Fördermenge ausging. Raab ging offensichtlich von der Voraussetzung aus, daß die Erdölvorkommen in den Jahren der Besatzungszeit über Gebühr ausgebeutet worden waren und mit dem Absinken der Produktion zu rechnen war. Die Verhandlungen um die Ablöse des Erdöls in den kommenden zwei Tagen sollten sich als durchaus spannend erweisen.

Rohölreserven durch die Geologische Bundesanstalt, die 1956 die Gesamtvorräte mit etwa 58 Mill. t. bezifferte. Hierzu: *Die österreichische Erdölwirtschaft,* hrsg. v. Österreichischen Institut für Wirtschaftsforschung (= 10. Sonderheft, verfaßt von Stephan Koren und Kurt Wessely), Wien 1957, 13; die Autoren meinen, die Sowjets hätten wahrscheinlich, „um hohe Reparationslieferungen durchzusetzen, bewußt optimistische und zum Teil sogar spekulative Annahmen gemacht" (ebd.).

247 Österr. Arbeitspapier (wie Anm. 245). Hier sei daran erinnert, daß das sowjetische vorbereitende Arbeitspapier des Außenhandelsministers Kabanow die Übertragung der Erdölbetriebe zu einem Bilanzwert von 66 Mill. Dollar vorgeschlagen hatte. Vgl. oben S. 406. Da kaum bekannt, sei darauf hingewiesen, daß es auch während der Besatzungszeit in der Sowjetzone westliche Firmen neben der sowjetischen Mineralölverwaltung gab, deren (mengenmäßig wesentlich geringere) Erdölförderung von den Sowjets nicht angetastet wurde, die jedoch ihr Erdöl nur an SMV-Raffinerien abgeben durften. Stephan Koren, „Struktur und Nutzung der Energiequellen Österreichs", in: Wilhelm Weber, Hrsg., *Österreichs Wirtschaftsstruktur – gestern, heute, morgen,* Berlin 1961, 181. Hierzu auch informativ eine Note Raabs an den sowjetischen Hochkommissar Iljitschow v. 3. März 1955, BKA Zl. 84.545-2a/55, erliegt als Beilage in: AdR, BMAA, II-Pol. Zl. 320.596-Pol/55. Im Laufe der Besatzungsjahre verschob sich das Verhältnis der geförderten Erdölmengen wesentlich zugunsten der SMV (woran seit 1949 die Entdeckung und Entwicklung des im SMV-Bereich liegenden Feldes Matzen den größten Anteil hatte); vgl. Hinweise im Arbeitspapier der österreichischen Delegation in Moskau, wie oben Anm. 245.

248 Nach Kreiskys Darstellung in Schärf, Moskau-Fahrt 26–27.

6. Der endgültige Durchbruch, die zweite Halbzeit und das Moskauer Memorandum

Die beiden hier weiter ausgreifend erörterten Themen – Neutralität und Erdölablöse – standen am zweiten Verhandlungstag in Moskau im Vordergrund. Der 13. April 1955 – ein Mittwoch – brachte den eigentlichen Durchbruch zum jahrelang erstrebten Ziel: Abzug der ausländischen Mächte aus Österreich als Folge des Staatsvertrages. Im Mittelpunkt der zweiten Arbeitssitzung am Vormittag jenes 13. April stand die Frage der Neutralität. Die Österreicher hatten ein Arbeitspapier vorbereitet, das die Ergebnisse des Vortages zusammenfaßte.[249] Schärf hat in seiner „Moskau-Fahrt" berichtet, Raab habe noch vor Beginn der Sitzung „immer wieder" gewünscht, „daß wir sofort das Wort ‚neutral' anbieten, bevor er zu verlesen beginne". „Ich und Kreisky" – im Stenogramm und der 1. Fassung der Notizen heißt es allerdings „Ich und Figl"! – „lehnen dies ab."[250] Jedenfalls legten die Österreicher zunächst ein Papier vor, das neuerlich taxativ die Bündnisfreiheit und die Nichtzulassung von militärischen Stützpunkten nannte.[251]

Molotow äußerte sich nun noch ausführlicher zum Thema der Neutralität nach dem Muster der Schweiz, als er es am Vortage getan hatte. In einer weit ausholenden Darstellung deckte er jene Grundlagen auf, die das tragfähige

249 Veröffentlicht im Dokumentenanhang Nr. 3, unten S. 633–634 (Anm. 41).

250 Schärf, Moskau-Fahrt, 27. Im Stenogramm, in der Erstübertragung und in der sogenannten „1. Fassung" (VGAB, Nachlaß Schärf, 4/249 und 4/247) steht: „Ich und Figl lehnen dies ab." Eine gesicherte Aussage zu dieser überraschenden ursprünglichen Notiz und ihrer Korrektur ist nicht möglich. Zu erinnern ist daran, daß das Außenamt in Wien eine Festlegung auf den Begriff Neutralität vermeiden wollte (vgl. Ausarbeitung Verostas vom 17. März 1955, oben S. 356). Botschafter Thompson hatte noch am 12. April aus Wien nach Washington gekabelt, das State Department möge ja nicht das Wort „neutrality" verwenden. Die Österreicher wollten es sorgfältig vermeiden – „Austrians intend carefully to avoid it"(!) –, und bis jetzt sei es von den Sowjets nicht offiziell verlangt worden. NA, RG 59, 663-001/4-1255. Es war also gar nicht unplausibel, wenn Figl Raab zu bremsen versuchte. Aber auch Kreisky könnte trotz seiner Argumentation vom Vorabend aus taktischen Überlegungen und in Loyalität zu Schärf und zum Außenamt – die hier auf der gleichen Linie im Unterschied zur Raab-Bischoff-Linie lagen! – Schärf zugestimmt haben. Daß Figl in der Tat ähnlich wie Schärf argumentierte, hat Schärf später in einer bereits erwähnten (oben Anm. 89) unveröffentlichten Schrift festgehalten. In einer Formulierung, die offensichtlich eine Brücke schlägt zwischen der stenographischen Erstformulierung und der veröffentlichten Fassung der „Moskau-Fahrt", heißt es: „Der Bundeskanzler verlangte noch vor Beginn der für 11 Uhr vormittags bei Molotow angesetzten Verhandlungen, daß wir den Russen sofort das Wort „Neutral" anbieten. Ich und Dr. Kreisky lehnten dies ab, auch Außenminister Ing. Figl schloß sich unserer Meinung an." VGAB, Nachlaß Schärf, 4/064, „Österreich wieder in Freiheit 1955 – 1957", S. 29. – Von Interesse ist, daß Botschafter Thompson am 29. März 1955 nach Washington telegraphiert hatte, Kreiskys Denken entwickle sich sehr „toward some form of neutralization", und er, Thompson, glaube, die Anwesenheit Schärfs und Figls (!) werde einen bremsenden Einfluß haben („presence of Schärf and Figl will be restraining influence"). NA, RG 59, 663.001/3/2955.

251 Text unten S. 633–634 (Anm. 41).

Fundament für Österreichs internationalen Status nach Abschluß des Staatsvertrages bilden sollten.[252]

„Ich erinnere an die Erklärung des Bundespräsidenten vom Jahre 1952. Die Schweiz als Beispiel ist für die Sowjetunion sehr interessant. Die Sowjetregierung ist interessiert an einer eindeutigen Erklärung, die keine Zweifel zuläßt. Ich komme nochmals auf die Erklärung zurück, die Herr Bundespräsident Körner im Jahre 1952 gegenüber einem Vertreter des ‚Journal de Genève' abgegeben hat. Es heißt darin: ‚Was die endgültige Befreiung Österreichs anbetrifft, so ist die Schweiz ein Beispiel politischer Weisheit . . .' Außerdem hat der amerikanische Außenminister Dulles im Jahre 1954 eine Erklärung abgegeben, zur Frage einer österreichischen Neutralität. Er hat darin gesagt, der Status der Neutralität ist ein Ehrenstatus für einen Staat, wenn er von diesem freiwillig gewählt wurde."

Molotow zitierte aus Dulles' Berliner Erklärung recht ausführlich: „Die Schweiz hat den Weg der Neutralität gewählt und hat es als neutrales Land verstanden, einen Ehrenplatz in der Geschichte [richtig: Gemeinschaft] der Völker einzunehmen.[253] Die Republik Österreich hätte nach dem Staatsvertragsentwurf die Möglichkeit, die Neutralität als Ehrenstatus so wie die Schweiz zu wählen. Es könnten die Vereinigten Staaten eine solche Wahl ebenso honorieren[254], wie sie seinerzeit die Neutralität der Schweiz anerkannt haben." Weiters habe Dulles festgestellt, so fuhr Molotow fort, „daß eine von außen aufgezwungene Neutralität nicht annehmbar sei. Die Sowjetunion schlägt so etwas auch nicht vor. Sie wünscht, daß die österreichische Regierung von sich aus eine Erklärung abgibt, die die Form einer feierlichen Deklaration hat. Die Sowjetregierung hofft, daß die österreichische Regierung sich positiv zu diesem Vorschlag einstellen wird und eine Deklaration abgeben wird, in welcher ausdrücklich festgestellt wird, daß für Österreich künftig das Prinzip der Neutralität Geltung haben soll."

In einem Meisterstück diplomatischer Argumentation präsentierte Molotow *den gemeinsamen Nenner*, der es allen Beteiligten – Österreich, den Westmächten und der Sowjetunion – ermöglichen würde, die politische Voraussetzung für den Abschluß des Staatsvertrages und den Abzug der fremden Mächte aus Österreich zu schaffen: die Neutralität nach dem Muster der Schweiz. Die Auswahl der von Molotow zitierten Persönlichkeiten – Theodor Körner und John Foster Dulles – verriet großes taktisches Gespür, wohl nicht bloß Molotows, sondern auch jener Funktionäre, die die Unterlagen für Molotows

252 Die folgenden Zitate nach Mitschrift Schöner bereits ausführlich zitiert bei Kreisky, *Neutralität und Koexistenz*, 33 f.

253 Das englische Wort lautete: „family of nations". Die sowjetische Mitschrift verzeichnet lediglich, daß Molotow Dulles' Erklärung in Berlin verlas, ohne den vom Molotow zitierten Text wiederzugeben. Sowjet. Niederschrift, fol. 20. Da es sich um die Übersetzung eines englischen Textes aus dem Russischen ins Deutsche handelte, ist es schwer festzustellen, wo der Fehler lag. Ein oben (Anm. 175) erwähntes Papier mit Zitaten aus Dulles' Text zitiert gerade diesen Satz nicht.

254 Richtig wiederzugeben mit: respektieren (engl: „to respect", russ. „uvažat'").

Verhandlungsführung vorbereitet hatten. Wenn der amtierende Bundespräsident der Republik Österreich das Vorbild der Schweiz für Österreich pries, würden sich Regierung und Parlament kaum widersetzen; wenn dieser amtierende Bundespräsident noch dazu aus den Reihen der Sozialistischen Partei Österreichs kam, konnte sein Ausspruch dazu angetan sein, dem Parteivorsitzenden, dem das Wort „Neutralität" widerstrebte, dieses Wort mit dem Hinweis auf die Schweiz annehmbar zu machen. Wenn Molotow den amtierenden Außenminister der Vereinigten Staaten von Amerika, John Foster Dulles, zitierte, so darf man daraus auf die Absicht schließen, der westlichen Führungsmacht – und den anderen Westmächten – die Anerkennung der Neutralität Österreichs zu erleichtern.

Eine Reihe von Fragen, Wünschen, Erklärungen der Österreicher folgte. Schärf wünschte, daß die österreichische Erklärung von den vier Alliierten bestätigt werden könnte, und meinte nochmals, im österreichischen Vorschlag wäre die Neutralität bereits enthalten, ohne daß das Wort ausgesprochen wäre – gleichsam als Antwort auf Molotows Frage an Schärf vom Vortag. Figl verkündete die Verfahrenspläne der Österreicher: das Parlament werde eine Erklärung beschließen, die Großmächte werden sie akzeptieren und die Welt werde sie zur Kenntnis nehmen. Raab stellte die wesentliche Frage, ob Molotow glaube, daß das Wort „Neutralität" eine Erschwerung bei den Westmächten bedeuten könnte.[255] Molotow verneinte; die Erklärung des Bundespräsidenten Körner im Jahre 1952 habe keine negative Reaktion hervorgerufen; Dulles in Berlin habe ausdrücklich davon (d. h. von einer Neutralität wie der der Schweiz) gesprochen.

Bundeskanzler Raab, der ja in die Verhandlungen mit der Bereitschaft hineingegangen war, die Erklärung der Neutralität Österreichs in die politischen Vereinbarungen einzubringen, deren Abschluß als Voraussetzung für Staatsvertrag und Abzug der fremden Mächte nötig war, antwortete Molotow: „Wir sind wesentlich Ihrer Auffassung und wollen die Neutralität haben." Raab wiederholte Molotows Hinweis auf Dulles' Berliner Erklärung und machte damit deutlich, daß er an die Zustimmung der Westmächte glaube; er verwies ausdrücklich auf die freiwillige Beschlußfassung des Parlaments – eine solche Erklärung war spätestens seit dem Juni 1953 in Österreich erwogen worden![256] Raab stellte indessen die Frage, ob man nicht „aufgezwungen" sagen könnte, wenn die Neutralität bei diesen Verhandlungen hier vereinbart werde. Molotow schlug vor, daß vorläufig keine Veröffentlichung stattfinde, insistierte jedoch, daß eine Paraphierung vorzunehmen sei. Schärf resümierte, daß eine österreichische Erklärung jetzt nicht veröffentlicht werde, also geheim bleibe und erst

255 Vgl. auch Kindermann, *Flug nach Moskau,* 54.
256 Vgl. oben S. 230, 239.

bei der parlamentarischen Verhandlung des Staatsvertrages als österreichische Initiative herausgestellt werde. Molotow wies darauf hin, daß es sich um eine Erklärung der Neutralität handle, wie sie von der Schweiz gehandhabt werde, und fragte, ob die österreichische Bundesregierung eine Erklärung der Neutralität „nach dem Muster der Schweiz" abgeben könne.[257]

Eine Unterbrechung von etwa 15 bis 20 Minuten diente der internen Beratung der österreichischen Delegation.[258] Gesprächsnotizen sind bisher nicht aufgefunden worden; es läßt sich jedoch aus Arbeitsdokumenten – und aus einem bald nach Wiederaufnahme der Sitzung von Raab verlesenen Papier – rekonstruieren, daß die Regierungsdelegation nunmehr den Schritt von der

257 Dies geht aus den Darstellungen Kindermanns, *Flug nach Moskau,* 55, sowie vor allem Allards, *Diplomat in Wien,* 187, nicht entsprechend hervor. Rauchensteiners sich auf Allard stützende Vermutung, der Verweis auf die Schweiz sei möglicherweise etwas gewesen, was „über die sowjetischen Wünsche sogar hinaus gegangen war", und seine Aussage, die „angebotene Analogie zur Schweiz" sei auch für die Sowjets „überraschend" gewesen (*Die Zwei,* 323), treffen nicht zu. Zutreffend hingegen bereits Kreisky in seiner Ergänzung zu Schärf, Moskau-Fahrt, 25–26 (vgl. oben Anm. 209). Bischoff schrieb in seinem 1958 fertiggestellten Manuskript „Die Haltung der Sowjetunion" (S. 92): „Bereits in der zweiten Sitzung, am 13. April, war diese Formel gefunden: Österreich werde sich, so versprach die Delegation, einer immerwährenden Neutralität befleißigen. ‚Von der Art wie sie von der Schweiz geübt wird', und Molotow und Mikojan, die beiden Führer der sowjetischen Delegation, erklärten sich mit dieser Formulierung einverstanden." Dazu hat sich Josef Schöner 1959 wie folgt geäußert: „Zur Steuer der historischen Wahrheit möchte ich nur feststellen, daß Molotow und Mikojan sich nicht, wie auf Seite 92 im ersten Absatz geschrieben steht, mit der Formulierung einer immerwährenden Neutralität ‚von der Art, wie sie von der Schweiz geübt wird' einverstanden erklärten, sondern daß die ausdrückliche Erwähnung der Schweiz im Texte zu unserem Erstaunen von Molotow ausdrücklich verlangt wurde. Wir haben keinen derartigen Vorschlag gemacht." Schöner an Heinrich Haymerle (damals Politischer Direktor im Wiener Außenamt), 12. 3. 1959, in: Nachlaß Schöner, Konvolut 19, nunmehr in ÖStA, GD, NLS, E/1773 (Kopie im Besitz des Verfassers). Im Gespräch mit dem schweizerischen Gesandten in Wien, Hohl, unterstrich Schöner im Juni 1955, daß Molotow „zur Überraschung der österreichischen Delegation" immer wieder betonte, welch großen Wert Sowjetrußland auf die Neutralität Österreichs nach dem Muster der Schweiz lege. Die österreichische Delegation hatte „in ihren vorbereitenden Schriften nirgends das Wort Neutralität erwähnt, weil sie wußte, wie schwer es halten würde, diese Neutralität zu umschreiben". Hohl an den Chef der Politischen Abteilung im Eidgen. Politischen Departement, 22. Juni 1955: SBA, Bestand 2300 Wien, Nr. 59. Es gibt eine handschriftliche Marginalie Schöners zu einem Artikel in der Meraner Zeitschrift „Der Standpunkt" (8. Juli 1955) über die österreichische Neutralität von Franz Tinhof (Pseudonym), in dem gesagt wurde, Molotow habe die Schweizer Formel in Moskau „ausdrücklich akzeptiert"; Schöner notierte dazu: „nicht akzeptiert, sondern verlangt – wir waren nicht so begeistert!" AdR, BMAA, II-Pol, Zl. 323.874; im Informationsdienst des Bundeskanzleramtes wurde der Artikel Otto Schulmeister zugeschrieben; dieser teilte mir 1986 freundlicherweise mit, er sei nicht der Autor, möglicherweise handle es sich um ein Pseudonym für den Publizisten Louis Barcata. Außenminister Figl machte im Budgetausschuß des Nationalrats am 8. November 1955 eine Bemerkung, die Schöner stichwortartig notierte: „Molotow: ‚Nach Muster der Schweiz'". AdR, BMAA, II-Pol. Zl. 325.968-Pol/55.

258 Es fällt auf, daß Schärf (Moskau-Fahrt, 27) über diese Unterbrechung nichts anderes zu berichten weiß, als daß Figl die Beseitigung des Habsburgerparagraphen gewünscht habe, während doch während dieser Unterbrechung die letzte Entscheidung der österreichischen Delegation zur Neutralitätsformel fiel.

Erklärung der Allianz- und Stützpunktfreiheit zur Erklärung der Neutralität tat. Die Formel von der Neutralität, „wie sie von der Schweiz gehandhabt wird", findet sich in handschriftlichen Notizen der Gesandten Schöner und Verosta in den österreichischen Arbeitsunterlagen.[259]

Nach der Sitzungsunterbrechung setzte Raab die Verhandlungen mit den Worten fort: „Alles ein Guß." Das bedeutete, daß die Österreicher ein Paket offerierten, in dem nicht nur die Neutralitätserklärung, sondern alle anderen für Österreich wichtigen Punkte enthalten waren. Zuerst schlug Raab den 31. Dezember 1955 als letzten Termin für den Abzug der Besatzungstruppen vor. Molotow hatte Raabs „alles ein Guß" akzeptiert und meinte, daß man darüber sprechen könne. Raab nannte weitere Punkte: die Warenlieferung für die 150-Millionen-Dollar-Ablöse (für die USIA-Betriebe) und das Erdöl: Raab machte jenen Vorschlag, auf den er sich im Gespräch mit Schärf und Kreisky festgelegt hatte: die Lieferung von 50% der Ausbeute des letzten Produktionsjahres; darüber könne gesprochen werden, meinte Molotow.

Erst jetzt kam Raab zur Neutralität. Hier ist vorauszuschicken, daß sich die Österreicher in Moskau die Formel zurechtgelegt hatten, daß die Regierungsdelegation lediglich „Sorge tragen" könne, um bestimmte Beschlüsse der Bundesregierung – nach der Rückkehr nach Wien – herbeizuführen. Es handelte sich also um eine sogenannte „Verwendungszusage". Die Herren Raab, Schärf, Figl und Kreisky waren ja nicht die Bundesregierung selbst, sondern lediglich eine Delegation. Der Text, für dessen Beschlußfassung durch die Bundesregierung sie „Sorge tragen" würden, lautete wie folgt: im Sinne der von Österreich bereits auf der Konferenz von Berlin im Jahre 1954 abgegebenen Erklärung, keinen militärischen Bündnissen beizutreten und militärische Stützpunkte auf seinem Gebiet nicht zuzulassen, werde „die österreichische Bundesregierung eine Erklärung der Neutralität, wie sie von der Schweizer Eidgenossenschaft gehandhabt wird, abgeben".[260] Die sowjetische Niederschrift der Moskauer Verhandlungen enthält übrigens in russischer Übersetzung ein Dokument „Notiz der österreichischen Regierungsdelegation" mit dem Vermerk „übergeben am 13. April 1955". Die Notiz besteht nur (in Übersetzung) aus dem von Raab verlesenen Satz: „Die österreichische Regierung wird eine Erklärung der Neutralität, wie sie von der schweizerischen Eidgenossenschaft gehandhabt wird, abgeben."[261]

---

259 Vgl. Dokumentenanhang Nr. 3, unten S. 642–643 (Anm. 67).

260 Vgl. Dokumentenanhang Nr. 3, unten S. 644.

261 Notiz („zapiska") der österreichischen Regierungsdelegation, in: Sowjetische Niederschrift, fol. 33.

Damit war jene Formel festgelegt, die als Punkt I,1 in das am Morgen des übernächsten Tages, des 15. April 1955, paraphierte Memorandum Eingang fand.[262]

Mit dem Schnüren des Kompromiß-Pakets – Raabs „Alles ein Guß" – war um die Mittagsstunde des 13. April 1955 die Halbzeit der Moskauer Verhandlungen erreicht. Doch trotz des Einverständnisses im Grundsätzlichen mußte um die genaue Fixierung sehr wichtiger Fragen noch eingehend verhandelt werden. Molotow hatte durchblicken lassen, daß man über den Truppenabzugstermin des 31. Dezember 1955 reden könne; auch stellte er einen frühzeitigen Abzug der sowjetischen Truppen in Aussicht. Trotzdem schlug er vor, im Staatsvertrag eine Räumungsfrist von sechs Monaten ab Ratifizierung festzusetzen. Er fügte allerdings hinzu, daß die Ratifizierung seitens der Sowjetunion noch vor dem Juli (1955) durchgeführt werden könnte. Aus den vorliegenden Quellen gewinnt man den Eindruck, daß Molotow damit die anderen Vertragspartner – also die Westmächte – zu einem sehr raschen Vertragsabschluß bewegen wollte, denn bei Ratifizierung vor dem Juli 1955 wäre auch die sechsmonatige Räumungsfrist noch innerhalb des Jahres 1955 zu Ende gegangen – und die Österreicher hatten ja ihren Wunsch nach Räumung bis zum 31. Dezember 1955 schon deponiert. Die Ratifizierung vor dem Juli 1955 setzte aber einen baldigen Vertragsabschluß und ein rasches Ratifizierungsverfahren voraus. Die Frist von sechs Monaten bedeutete jedoch eine Verschlechterung im Vergleich zum Entwurf vom Jahre 1947. Damals war nämlich eine bloß neunzigtägige Räumungsfrist festgelegt worden. Hier griff Schärf mehrfach in die Debatte ein und bestand auf Beibehaltung der Dreimonatsfrist. Die österreichische Öffentlichkeit würde nur die Verschlechterung sehen, dies würde die Verhandlungen mit den Westmächten und auch im Parlament sehr belasten. Molotow meinte, sechs Monate wären weniger als jene Frist von 18 bis 24 Monaten, die Pierre Mendès-France im November 1954 vorgeschlagen hatte und zu der sich Österreich positiv geäußert habe. Raab betonte, daß dies nur im Zusammenhang mit einem festen Termin geschehen sei. Auf Molotows Frage, ob Raab dann nicht etwa auch auf den 15. Mai 1957 eingehen würde, replizierte Raab vorsichtig, ob 31. Mai 1955 oder 31. Juli 1956, es müsse ein fester Termin sein, und verwies auf die Möglichkeit, daß die Ratifizierung im französischen Parlament jahrelang dauern könnte. Molotow schlug dann vor, daß ein Räumungstermin von sechs Monaten nach Ratifizierung, doch spätestens am 1. Juli 1956 in Aussicht genommen werden könnte, machte jedoch gleichzeitig klar, daß die Sowjetunion ihre Truppen schon vor dem 31. Dezember 1955 unter der Voraussetzung abziehen wolle, daß dies die anderen auch

262 Die endgültige Formulierung im Moskauer Memorandum enthielt zusätzlich das Wort „immerwährend". Zu dessen Entstehung vgl. unten S. 444.

täten. Erst am nächsten Tag, dem 14. April, kam die endgültige Einigung über den Truppenabzug zustande. Schärf wiederholte, daß die Österreicher keine Verschlechterung des Staatsvertragsentwurfes, „auch keine optische“, nach Hause mitbringen könnten. Schärf sagte, daß die USA zu einer Verlängerung der Räumungsfrist keine Zustimmung geben würden. „Geben Sie uns doch direkt das, was sie später den Amerikanern geben werden.“[263] Molotow kam neuerlich auf den von Raab ursprünglich vorgeschlagenen Termin des 31. Dezember 1955 zurück und bestätigte auf Raabs Anfrage, daß die Sowjetunion bereit sei, ihre Truppen im Falle des Inkrafttretens des Staatsvertrages nicht später als zum 31. Dezember 1955 abzuziehen. Im Vertragsentwurf könne man die Dreimonatsfrist belassen. Damit war das größte Anliegen der Österreicher in überraschend günstiger Weise erfüllt worden.

Die Erdölfrage nahm den breitesten Raum bei den Wirtschaftsverhandlungen ein, die in Abwesenheit Molotows am Nachmittag des 13. April 1955 vor allem mit Mikojan verhandelt wurden. Raab verwies mehrfach darauf, daß das Erträgnis der Ölfelder sinken werde, weil Bohrungen ausgepumpt würden. Mikojan verwies auf neue Felder und gab ein optimistischeres Bild. Es wurde nicht bloß verhandelt, sondern auch gehandelt, und nicht ohne Humor. Mikojan fand, eigentlich gäbe die Sowjetunion das Erdöl Österreich ganz umsonst. Raab plädierte, daß Österreich so klein und Rußland so groß sei: „Sie müssen doch auch einmal den Kleinen helfen“. Raab sagte auch, daß man nicht die Katze im Sack kaufen könne, und Figl schlug vor, daß eine Gemischte Kommission von sowjetischen und österreichischen Experten die Felder besuchen sollte: „Wir müssen uns die Katze doch einmal anschauen.“ Auf Vorschlag Schärfs beschloß die österreichische Delegation, doch noch in Moskau selbst die Erdölablöse festzulegen, und so kam es am nächsten Tag, allerdings nach längeren Verhandlungen, zur endgültigen Einigung. Diesmal war Molotow wieder anwesend. Raabs Vorschlag, 50% der Jahresförderung durch sechs Jahre hindurch zu liefern (dies entsprach den sechs Jahren der Ablöselieferungen für die USIA-Betriebe), stieß auf den Gegenvorschlag, von einer bestimmten Jahresförderung – 1954 oder 1955 – auszugehen und diesen Basisbetrag jährlich aufzustocken. So käme man, meinte Molotow, zu festen Ziffern; dies wäre besser, weil keine Kontrollen (über die tatsächliche Jahresförderung) durchgeführt werden müßten. Raab schlug sofort eine Million Tonnen pro Jahr für 6 Jahre vor, und lag damit weit unter der Zahl, die den sowjetischen Vorschlägen zugrunde lag. Zuletzt schlug Mikojan vor, von 50% der Jahresförderung von 1954 auszugehen, die 3,2 Mill. Tonnen betragen hatte, d. h. von 1,6 Mill. Tonnen, und sechs Jahre lang jeweils 5% zuzuschlagen,

263 Dieses und die folgenden Zitate nach Mitschrift Schöner. Vgl. Dokumentenanhang Nr. 3, 656, 652, 663–664.

„wobei immer das Vorjahr als Basis dienen soll“. Dies hätte eine Gesamtlieferung von mehr als 11 Millionen Tonnen innerhalb von sechs Jahren bedeutet.

Molotow hatte schon vorher auf den politischen Zusammenhang zwischen Ablösediskussion und Neutralitätsverpflichtung hingewiesen; er machte deutlich, daß die Sowjetunion gemäß dem vorhandenen (1949 vereinbarten) Vertragsentwurf das Recht hätte, in der Ölindustrie zu bleiben. Tatsächlich war ja die Ölförderung für 30 Jahre, die Wahrnehmung der Schurfrechte für 8 Jahre, mit dem Recht auf Förderung durch 25 Jahre ab Fündigwerden, der Sowjetunion übertragen worden. Molotow bemerkte, daß dies „von Zeit zu Zeit Differenzen mit Österreich ergeben müßte. Wir sind der Ansicht“, so setzte er fort, „daß Österreich die Verpflichtung zur Neutralität ehrlich erfüllen wird, und wir glauben, daß es opportun ist, die Ölfrage schon jetzt zu lösen.“

Nach Sitzungsunterbrechung zwecks interner Beratung der Österreicher machte Raab den Vorschlag, daß Österreich 10 Millionen Tonnen Rohöl innerhalb von zehn Jahren liefern würde. Dies bedeutete also nicht bloß eine Reduktion der Gesamtliefersumme von mehr als 11 auf 10 Millionen Tonnen, sondern auch eine Erstreckung der Lieferfrist von sechs auf zehn Jahre. Raab fügte hinzu, daß im Fall eines außergewöhnlichen Versagens der Ölquellen neu verhandelt werden müsse. Molotow erwiderte, daß man dem Vorschlag nähertreten könnte, falls Österreich auf die Überprüfung (d. h. Neuverhandlung im Falle der Verminderung) verzichten könnte. Raab stimmte zu und meinte, wenn möglich, würden wir auch in kürzerer Zeit als zehn Jahren zahlen. Molotow war einverstanden. Raab meinte: „Wir werden geprügelt werden, wenn wir heimkommen!“ Molotow entgegnete: „Im Gegenteil, Sie werden auf Händen getragen werden, wenn Sie heimkommen!“ Mikojan ergänzte: „Mein Kompliment, Sie können sehr gut handeln, Herr Bundeskanzler!“ Damit war das schwierigste – und wichtigste – Ablöseproblem gelöst worden. Es soll erwähnt werden, daß die Sowjetunion zweimal, 1958 und 1960, Erleichterungen der Erdöllieferungen gewähren würde, so daß schließlich Österreich bloß 6 Millionen Tonnen Rohöl als Ablöse an die Sowjetunion liefern sollte (vgl. Dokumentenanhang Nr. 7).

Schon am Vortag, dem 13. April, war man sich rasch über die Ablöse der DDSG einig geworden. Zu dem von Mikojan namhaft gemachten Wert von 2,8 Millionen Dollar meinte Raab: „Die ist wirklich nicht so viel wert.“ Mikojan entgegnete: „Wir haben die DDSG nicht entwickelt, weil wir sie nicht auf die Dauer behalten wollen.“ Kreisky meinte, darüber müsse man mit unseren Fachleuten reden, und fand: „Die DDSG gehört eigentlich zum USIA-Komplex. Die müßten Sie uns eigentlich dazugeben.“ Mikojan war nicht dieser Meinung, und Raab machte nun das Offert von 2 Millionen Dollar, das Mikojan sofort annahm.

Zum Abschluß der Verhandlungen am 14. April übergab Molotow eine Liste von Kriegsgefangenen und Zivilinhaftierten und sagte zu, daß alle in der

Sowjetunion inhaftierten Österreicher spätestens mit Abzug der Besatzungstruppen nach Österreich repatriiert sein würden. Damit war einem großen humanitären Anliegen der österreichischen Delegation entsprochen und das an Staatspräsident Woroschilow gerichtete Ersuchen Bundespräsident Körners erfüllt worden.

Die eigentlichen Verhandlungen waren nun beendet – am 14. April um 12.30 Uhr. Doch mußten die erzielten Vereinbarungen in die endgültige Form eines Memorandums gebracht werden. Dies war die Aufgabe eines Redaktionskomitees, das am Nachmittag des 14. April um 16 Uhr im Kreml bei Vizeaußenminister Semjonow zusammentrat. Ihm gehörten Raab und Schärf, Molotow und Mikojan nicht mehr an. Auf österreichischer Seite waren Figl und Kreisky sowie die Beamten der Delegation darin tätig, auf sowjetischer Seite war Vizeaußenminister Semjonow, begleitet vom Völkerrechtsexperten Tunkin, federführend. Die Redaktionssitzung ging um 18 Uhr zu Ende, da das große von Ministerpräsident Bulganin im Kreml in Anwesenheit Chruschtschows gegebene Abschlußbankett begann.[264] Die redaktionelle Arbeit dauerte jedoch wegen der Übersetzungen und Textüberprüfungen bis weit in die Morgenstunden des 15. April 1955. Von dem außerordentlichen Zeitdruck, unter welchem der Redaktionsausschuß arbeitete, gibt eine österreichische, von der Delegationssekretärin Frau Rittershausen angefertigte Mitschrift Zeugnis.[265] Die Mitschrift enthält Gesprächsbrocken ohne Namensnennung der Redenden, so daß die Zuordnung zu einzelnen Mitgliedern der österreichischen Delegation mit Ausnahme einer namentlich genannten Wortmeldung Kreiskys nicht möglich ist; auch ist nicht immer eindeutig feststellbar, ob eine Wortmeldung von österreichischer oder sowjetischer Seite kam.[266] Vereinbart wurde, aus drei während der Verhandlung übergebenen Arbeitspapieren[267]

---

264 Nach der Rückkehr nach Wien wurden vom Gesandten Verosta mehrere Aktenvermerke mit den von den Moskauer Verhandlungen mitgebrachten Unterlagen angefertigt. Ein mit 18. April datierter Aktenvermerk (BMAA, Zl. 302.592-6VR/55) hielt fest, daß die erste Arbeitssitzung dieser Kommission (d. h. des Redaktionsausschusses) im Kreml am 14. April von 16 bis 18 Uhr stattfand; es konnte nur der russische Text (des Memorandums, G. S.) fertig redigiert werden, desgleichen „konnten vom Kommuniqué nur Bruchstücke definitiv redigiert werden". Kindermann, *Flug nach Moskau,* 74, berichtet, man habe Zeit bis halb sechs Uhr gehabt, weil das Festbankett für sechs Uhr angesetzt war.

265 Diese erliegt mit Datum „Moskau, 14. April 1955" bei dem in der vorergehenden Anmerkung genannten Aktenvermerk, der den handschriftlichen Zusatz enthält: „Ein von Frau Rittershausen angefertigtes Protokoll dient zur Kenntnis." Die Mitschrift umfaßt sechs Schreibmaschinseiten; vermutlich handelt es sich um die Übertragung aus einem Stenogramm; weder ein solches noch allfällige Durchschläge des maschingeschriebenen Textes sind dem Verfasser bisher bekannt geworden.

266 Die Mitschrift enthält auch etliche Textformulierungen, die bestimmten Punkten des Memorandums zugeordnet werden können.

267 Es handelte sich um zwei österreichische Papiere und ein sowjetisches Papier; das sowjetische Papier war das „Résumé" der Wirtschaftsverhandlungen mit Mikojan vom 13. April; die beiden

e i n Dokument zu redigieren. Über den Titel, den dieses Dokument erhalten sollte, herrschte zunächst noch kein Konsens. Von sowjetischer Seite wurde von einem „Protokoll“ gesprochen; schließlich meldete sich gegen Ende der Sitzung Kreisky zu Wort und sagte: „Wir haben keine Ermächtigung zur Unterzeichnung eines Protokolls; dazu sind wir nicht bevollmächtigt. Molotow hat ein ‚Memorandum‘ zugesagt“[268] – und dabei blieb es bekanntlich. Man kam überein, daß das Dokument aus drei Teilen bestehen sollte, und zwar:

„ I. – betrifft die Verpflichtungen österreichischerseits
II. – betrifft die Verpflichtungen sowjetischerseits
III.– betrifft die wirtschaftlichen Fragen.“

Vorangestellt wurde die Präambel, die aus dem österreichischen „Vermerk“ übernommen wurde. Allerdings zeigte sich bereits bei Beratung der Präambel die Brisanz der Frage, in welchem zeitlichen Zusammenhang der Abschluß des Staatsvertrags – theoretisch aus einer Mehrzahl von Schritten bestehend, nämlich Unterzeichnung, Ratifikationsverfahren und Inkrafttreten (nach Hinterlegung sämtlicher Ratifikationsurkunden) – mit der Errichtung der Neutralität stehen sollte. Der österreichische Textentwurf ging davon aus, daß die vier namentlich und mit Titel genannten Herren Raab, Schärf, Figl und Kreisky *„unmittelbar nach Inkrafttreten des österr. Staatsvertrages* [meine Hervorhebung, G. S.] für die Herbeiführung folgender Beschlüsse und Maßnahmen der österr. Bundesregierung Sorge tragen werden“. Dies hätte bedeutet, daß in der Tat die sowjetische Seite, deren Interesse an der Errichtung der österreichischen Neutralität groß war, selbst eine Vorleistung von beträchtlichen Dimensionen zu erbringen hätte – nämlich sowohl Unterzeichnung als auch Ratifikation des Staatsvertrags, bevor die österreichische Seite auch nur beginnen würde, die Errichtung der Neutralität in die Wege zu leiten. Im Redaktionskomitee einigte man sich auf die Formulierung, daß die genannten vier österreichischen Regierungsmitglieder „im Zusammenhang mit dem Abschluß“ des Staatsvertrags für die Herbeiführung der in der Folge genannten Beschlüsse der Bundesregierung Sorge tragen würden.

Die gleiche Problematik tauchte nochmals und mit noch größerer Schärfe auf, als Punkt 2 des österreichischen „Vermerks“ – aus dem ja Punkt I/2 des Moskauer Memorandums hervorgehen sollte – diskutiert wurde. Die Österreicher hatten einen Text vorgeschlagen, wonach die Bundesregierung „die österreichische Neutralitätsdeklaration gemäß den Bestimmungen der Bundes-

---

österreichischen Papiere waren eine 8 Punkte enthaltende Aufzählung der sowjetischerseits zu übernehmenden Verpflichtungen (vom 13. April) und ein „Vermerk“ (vom 14. April), der in 6 Punkten die von der österreichischen Seite zu übernehmenden Verpflichtungen enthielt. Diese drei Papiere vollinhaltlich veröffentlicht im Dokumentenanhang Nr. 3 in den Anmerkungen 96, 106 und 109.

268 Mitschrift Rittershausen. Es ist dies die einzige eindeutig zugeordnete Wortmeldung.

verfassung dem österreichischen Parlament zur Beschlußfassung vorlegen" werde. Der von der sowjetischen Seite hierzu präsentierte russische Text enthielt jedoch den Zusatz „gleichzeitig mit der Ratifikation des österreichischen Staatsvertrages."[269] Die Forderung nach der gleichzeitigen Vorlage von Staatsvertrag und Neutralitätserklärung provozierte heftigen österreichischen Widerspruch, der zu einer längeren Diskussion führte.[270] „Auf Seite des Westens" bestehe „der Standpunkt, sobald Österreich frei ist, kann es machen, was es will"; wenn „Ratifikation und Neutralitätserklärung am selben Tag dem Parlament vorgelegt wird", ist der Staatsvertrag „noch nicht in Kraft und die Truppen sind noch da". Dies einige der zwar den österreichischen Unterhändlern, aber leider keinem bestimmten Sprecher zuordenbare Kommentare. Zwei weitere: „Die Amerikaner werden sicher Schwierigkeiten machen"; „Molotow habe gesagt, er habe Vertrauen in die 4 öst. Reggsmitglieder." Hierauf wurde, offensichtlich von sowjetischer Seite, beschwichtigend und ausführlich Dulles' Berliner Erklärung über die Schweizer Neutralität beschworen – daß die Vereinigten Staaten nicht damit einverstanden sein könnten, daß die Neutralität einen integralen Teil des Staatsvertrags bilde, daß das freie Österreich das Recht auf einen Neutralitätsstatus nach Schweizer Muster habe, daß die amerikanische Regierung ohne Zweifel eine derartige Wahl der österreichischen Regierung anerkennen würde. Neuerlich zeigte sich, wie bereits bei den Hauptverhandlungen mit Molotow vom Vortage,[271] welch ausschlaggebende Rolle die Dulles-Erklärung vom Februar 1954 in der sowjetischen Verhandlungstaktik spielte. Die sowjetischen Unterhändler lenkten ein und deuteten an, sie könnten einer besseren Formulierung zustimmen, wenn die österreichische Delegation eine solche finde; es handle sich darum, daß der Sinn der gleiche bleibe. Die Österreicher schlugen vor, daß die österreichische Deklaration dem Parlament „unmittelbar nach" Ratifikation des Staatsvertrages zur Beschlußfassung vorgelegt werden werde.[272] Es wird später zu zeigen sein (Kap. VII), auf welch erfindungsreiche Art und Weise die Österreicher die Quadratur des Kreises lösten – indem sie nämlich in der Tat unmittelbar nach Ratifikation des Staatsvertrages im Parlament eine *Neutralitätsentschließung*

---

269 Dies und das folgende in Mitschrift Rittershausen. Auch in Josef Schöners Exemplar des österreichischen Arbeitspapiers („Vermerk") stehen in Schöners Handschrift am linken Rande die Worte: „russ. Text gleichzeitig mit Rat. des StV." Nachlaß Schöner, Konvolut 17, nunmehr ÖStA, GD, NLS, E/1773.

270 Stephan Verosta erzählte bald nach der Rückkehr nach Wien dem französischen Geschäftsträger Roger Lalouette, wie sehr sich die Österreicher bemühen mußten, um die Formel von der Gleichzeitigkeit durch einen für sie günstigeren Ausdruck zu ersetzen. Vgl. unten Kap. VII, S. 551.

271 Vgl. oben S. 434 sowie Dokumentenanhang Nr. 3, S. 640–642.

272 Die Worte „unmittelbar nach" sowohl am linken Rande als auch als handschriftliche Texteinfügung in Schöners Exemplar des „Vermerks".

zur Abstimmung brachten, jedoch das *Neutralitätsgesetz* erst nach Inkrafttreten des Staatsvertrags und Abzug der Besatzungstruppen verabschiedeten.

Ein weiterer zunächst schwieriger Punkt betraf die Textierung des Punktes I/1, also der berühmten „Schweizer Formel". Die Österreicher hatten eine Formulierung vorgeschlagen, wonach die Bundesregierung „eine Deklaration der Neutralität, wie sie von der Schweiz gehandhabt wird, für Österreich in einer international verbindlichen Form abgeben" werde. Als im Redaktionskomitee der entsprechende russische Text übersetzt wurde, zeigte sich, daß ein Zusatz vorgeschlagen wurde, wonach sich Österreich international verpflichte, „*ohne jede Abänderung* [meine Hervorhebung, G. S.] sich einer Neutralität derart zu befleißigen, wie sie von der Schweiz gehandhabt wird."[273] Um diesen Zusatz entwickelte sich eine offensichtlich nicht ganz einfache Debatte.[274] Das Ergebnis war – in deutlicher Anlehnung an die offizielle schweizerische Terminologie von der ständigen oder immerwährenden Neutralität („neutralité perpétuelle") – die Einfügung des Wortes „ständig" bzw. schließlich „immerwährend" in den Punkt I/1 des Moskauer Memorandums.[275] Die weitere Redaktion des Memorandums befaßte sich mit zahlreichen Detailfragen, insbesondere bezüglich der Übertragung der Erdölbetriebe und der geplanten Erdölablöselieferungen.

Das von Ministerpräsident Bulganin gegebene Festbankett im Kreml unterbrach die Redaktionsarbeit. Es war „ein großes Fest" mit unzähligen Trinksprüchen in einer Atmosphäre der Verbrüderung, wie es sie zwischen den Machthabern der Sowjetunion und der Regierungsspitze eines – noch – besetz-

273 Mitschrift Rittershausen. In Josef Schöners Exemplar des österreichischen Arbeitspapiers („Vermerk") stehen in Schöners Handschrift am linken Rand die Worte: „russ. Text: ohne jede Abänderung".

274 Es ist nicht eindeutig feststellbar, welcher russische Ausdruck der Übersetzung „ohne jede Abänderung" zugrunde lag, doch ist es nicht unwahrscheinlich, daß es sich um das Adverb „neizmenno" – „unabänderlich" – handelte, das nämlich im sowjetischen Entwurf für eine österreichische Neutralitätserklärung verwendet worden war (vgl. oben S. 404). Eine offensichtlich jenes Vokabel kommentierende Wortmeldung lautete: „‚unabänderlich' – ohne daran etwas zu ändern. Es ist zeitlich und meritorisch gemeint." Darauf folgte eine (österreichische) Wortmeldung: „Wir sind nicht gezwungen, jeden Schritt zu machen, den die Schweiz macht." Die nächste Wortmeldung (nicht eindeutig zuzuordnen) verzeichnet: „‚Immerwährend' (dauernd) . . . wenn die Herren Zweifel haben, so würde man noch einmal überlegen" (alle Wortmeldungen gemäß Mitschrift Rittershausen). Schöner notierte am linken Rand seines Arbeitspapiers mit Fragezeichen die Worte „immerwährend" und „ständig". Es handelte sich eindeutig um das russische Adverb „postojanno", das mit „ständig" oder „immerwährend" übersetzt werden konnte und in den russischen Text des Moskauer Memorandums Eingang fand (Punkt I/1).

275 Die Mitschrift Rittershausen vermerkte: „Bei der Übersetzung wird eine Änderung eingefügt u. zw.: (der letzte Nebensatz) dass Österreich ständig sich einer Neutralität befleissigen wird, wie sie von der Schweiz gehandhabt wird." Daraus wurde im endgültigen deutschen Text des Punktes I/1 des Moskauer Memorandums die Formulierung „. . . immerwährend eine Neutralität der Art zu üben, wie sie von der Schweiz gehandhabt wird".

ten Landes, zwischen Kommunisten, antikommunistischen Sozialdemokraten und „Kapitalisten", noch nie gegeben hatte. Am bemerkenswertesten war natürlich die Anwesenheit Nikita Chruschtschows, des Ersten Sekretärs der KPDSU. Chruschtschows Rede ist als die interessanteste jenes Abends bezeichnet worden.[276] Chruschtschow pries die Vorzüge des Kommunismus und sprach gleichzeitig das Lob der Koexistenz mit einem nichtkommunistischen Lande wie Österreich. Aufhorchen ließ eine Äußerung Chruschtschows, die klar machte, wer das Sagen hatte: Molotow und Mikojan hätten das Abkommen mit Österreich getroffen; wir werden es prüfen, und wenn es falsch gemacht ist, die Genossen Molotow und Mikojan zur Verantwortung ziehen.[277] Eingeweihte konnten darin ein Symptom für die Spannungen zwischen Chruschtschow und Molotow erblicken; auch wenn Mikojan mit genannt wurde, war wohl Molotow der Adressat dieser Spitze.[278]

Die Koexistenzpolitik Chruschtschows feierte einen wahren Triumph im Gespräch mit dem zutiefst antikommunistischen Sozialdemokraten Adolf Schärf gegen Ende des Festabends, das Bruno Kreisky festgehalten hat:[279] „Ja, wir waren Okkupanten, und das ist immer unangenehm für das okkupierte Volk. Diese Rolle war uns auch nicht angenehm. Aber jetzt werden wir Freundschaft halten zwischen Österreich und der Sowjetunion, das müssen Sie auch in Ihrer Partei berücksichtigen. Bekämpfen Sie die österreichischen Kommunisten, das ist uns gleich, das ist ihre Sache. Aber wir russischen Kommunisten führen Rußland und die österreichischen Sozialdemokraten führen die österreichische Arbeiterklasse. Wir haben die Macht und Sie haben die Macht. Reden wir miteinander. Wir können und müssen Freunde bleiben."[280]

Die Arbeit der Textredaktion und der Textvergleiche ging nach dem Festbankett im Kreml weiter, eine schlaflose Nacht stand den Österreichern (mit Ausnahme Raabs und Schärfs) bevor. Zusätzlich mußte auch ein zur Veröf-

---

276 Kindermann, Flug nach Moskau, 77; dort 74–82 eine farbige Schilderung des Festbanketts, einschließlich der Person des ebenfalls anwesenden Georgij Malenkow, des gestürzten Ministerpräsidenten.

277 Vgl. ebd., 79.

278 Jahrzehnte später hat der damalige Dolmetsch der sowjetischen Verhandlungsdelegation, der Diplomat Rostislaw Sergejew, im Gespräch mit Prof. Gerhard Jagschitz im Rahmen des Fernsehfilms „Die Geschichte von der anderen Seite" von Freddy V. Iversen (ausgestrahlt im ORF am 3. 11. 1995), darauf aufmerksam gemacht, daß man in dieser Äußerung Chruschtschows ein Symptom des Konflikts Chruschtschow – Molotow erkennen konnte. Zu erwägen ist übrigens auch, wenngleich nicht nachweisbar, wie weit die prominente Mitwirkung Mikojans an den Österreichverhandlungen, abgesehen von seiner Kompetenz bei Führung der Wirtschaftsverhandlungen, zusätzlich auch die Funktion eines „Aufpassers" für Molotow in Hinblick auf dessen im Führungsgremium der UdSSR hinlänglich bekannten Widerstand gegen eine großzügige Österreichlösung haben mochte. Vgl. auch unten S. 457.

279 Einfügung Kreiskys in Schärf, Moskau-Fahrt, 30.

280 Vgl. auch unten S. 473.

fentlichung bestimmtes Kommuniqué redigiert werden. Die zunächst noch für den 14. April vorgesehene Paraphierung des Memorandums mußte auf den 15. April, den Abreisetag der Österreicher, verschoben werden. Zwei Aktenvermerke Verostas, nach der Rückkehr in Wien geschrieben, charakterisieren den enormen Zeitdruck in der Nacht von Donnerstag auf Freitag.[281] Ein erster österreichischer Entwurf zum gemeinsamen Kommuniqué sei Semjonow am 14. April um 16 Uhr überreicht worden. Semjonow kündigte einen sowjetischen Gegenvorschlag an, der der österreichischen Delegation am 15. April um 2 Uhr morgens zugestellt wurde. Nun mußte sogleich der russische Text übersetzt werden, und von Gesandten Schöner wurde unter Zuziehung Figls und Kreiskys in den frühen Morgenstunden ein österreichischer Gegenentwurf verfaßt und den Sowjets gegen 5 Uhr 30 morgens wieder zugestellt. In der Nacht von Donnerstag auf Freitag hatten die Österreicher vor allem den deutschen Text des Memorandums auszuformulieren; er wurde Semjonow ebenfalls um 5 Uhr 30 morgens zugestellt. Außerdem richtete Verosta an Semjonow zu nächtlicher Stunde einen Brief, da im russischen Text eine kleine Auslassung festgestellt wurde. Das Redaktionskomitee trat am 15. April um 8 Uhr morgens zu seiner zweiten und letzten Sitzung zusammen; es wurden lediglich kleinere Korrekturen vorgenommen.[282]

Die Paraphierung des Memorandums durch Raab, Schärf, Figl und Kreisky erfolgte um 9 Uhr 30 am 15. April 1955 im Arbeitszimmer Molotows (siehe Bildteil nach S. 286). Anschließend informierten Figl und Kreisky die drei westlichen Missionschefs in Moskau. Bei dieser Gelegenheit teilten sie den Westbotschaftern mit, daß die Österreicher von Semjonow die ausdrückliche Erklärung erhalten hätten, daß Österreichs Neutralität kein Hindernis für einen UN-Beitritt wäre.[283] Knapp nach 12 Uhr mittags Moskauer Zeit flog die Delegation nach Bad Vöslau zurück und kehrte im Triumphzug nach Wien heim. Noch am Vortage hatte der Sekretär des Bundeskanzlers, Ludwig Steiner, eine Botschaft Julius Raabs an die österreichische Bevölkerung durchgegeben,

281 Aktenvermerke BMAA Zl. 302.581 sowie 302.582-6/VR, beide datiert 18. 4. 1955.

282 Ein Kommuniqué-Entwurf mit zahlreichen Korrekturen in der Handschrift Ludwig Steiners erliegt bei Zl. 302.581-6VR/55. Das Kommuniqé abgedruckt in DÖA, Nr. 164. Verostas Schreiben an Semjonow (datiert „Moskau, am 15. April 1955, 4 Uhr 40") erliegt im Durchschlag bei Zl. 301.581-6VR/55; die Auslassung betraf die Ablösezahlung von 150 Mill. Dollar „zur Gänze in österreichischen Warenlieferungen". Zu den nächtlichen Redaktionsarbeiten anschaulich Kindermann, *Flug nach Moskau,* 83, der Verostas Genauigkeit beschreibt: „Ich lerne seine Pedanterie in vollem Ausmaße kennen, bin aber schnell von ihrer Notwendigkeit überzeugt".

283 Bericht Botschafter Bohlen an State Department, 15. April 1955, *FR 1955–1957,* V, 40; Bericht Botschafter Sir William Hayter an Foreign Office, 15. April 1955, PRO, FO 371/117789/ RR1071/133; Bericht Geschäftsträger Le Roy nach Paris, Nr. 1193/98, 16. April 1955, AD, série Europe 1944–1960, sous-série Autriche, vol. 300. In den österreichischen (oder einsehbaren sowjetischen) Quellen ist ein diesbezüglicher Hinweis nicht enthalten. Vgl. unten Kap. VII, S. 573.

deren früh- bzw. vorzeitige Veröffentlichung für einige Aufregung sorgte.[284] Sie lautete: „Österreich wird frei. Wir bekommen unseren Heimatboden in seiner Gänze zurück. Die Kriegsgefangenen und Inhaftierten werden die Heimat wiedersehen. Das hat die aufrechte Haltung des österreichischen Volkes erarbeitet und errungen. Wir freuen uns schon, unsere Heimat nach Abschluß der schweren Verhandlungen glücklich wiederzusehen.“ Mit der Veröffentlichung von Raabs Botschaft gewann die ÖVP im Wettlauf um das Ohr der österreichischen Öffentlichkeit einen beachtlichen Vorsprung. Ein Telegramm Schärfs aus Moskau an Helmer, das diesen zeitig morgens am 15. April erreicht hatte und in dem Schärf berichtete, die Fragen der Ölfelder und des Deutschen Eigentums seien mit beachtlichem Erfolg abgeschlossen worden, wurde hierauf von Helmer der APA übergeben.[285]

Politischer Kern des Moskauer Memorandums war von österreichischer Seite die Zusage der Regierungsdelegation, für die Herbeiführung folgender, in den Punkten I,1 und I,2 enthaltenen Beschlüsse Sorge zu tragen:

1. Im Sinne der von Österreich bereits auf der Konferenz von Berlin im Jahre 1954 abgegebenen Erklärung, keinen militärischen Bündnissen beizutreten und militärische Stützpunkte auf seinem Gebiet nicht zuzulassen, wird die österreichische Bundesregierung eine Deklaration in einer Form abgeben, die Österreich international dazu verpflichtet, immerwährend eine Neutralität der Art zu üben, wie sie von der Schweiz gehandhabt wird.
2. Die österreichische Bundesregierung wird diese österreichische Deklaration gemäß den Bestimmungen der Bundesverfassung dem österreichischen Parlament unmittelbar nach Ratifikation des Staatsvertrages zur Beschlußfassung vorlegen.

Auf sowjetischer Seite wiederum waren die Punkte II,1 und II,2 von größter Tragweite:

1. Die Sowjetregierung ist bereit, den österreichischen Staatsvertrag unverzüglich zu unterzeichnen.
2. Die Sowjetregierung erklärt sich damit einverstanden, daß alle Besatzungstruppen der Vier Mächte nach Inkrafttreten des Staatsvertrages, nicht später als am 31. Dezember 1955, aus Österreich abgezogen werden.

---

284 Der Entwurf für den Text dieser Botschaft wurde gemeinsam von Raab und Steiner formuliert und von Steiner telephonisch an Bundesrat Josef Scheidl, damals stellvertretender Generalsekretär der ÖVP, von Moskau nach Wien durchgegeben. Freundliche Mitteilung Abg. Dr. Ludwig Steiner. Das Original des von Steiner nach Wien durchgegebenen Textes, der sich von dem in Wien auf Veranlassung von Scheidl veröffentlichten Text nur ganz geringfügig unterscheidet, befindet sich im Besitz von Dr. Ludwig Steiner. Der Text hier zitiert nach: *Das Kleine Volksblatt,* 15. April 1955, 1. Für die vorzeitige Veröffentlichung von Raabs Botschaft (vor dem offiziellen Kommuniqué vom 15. April 1955) übernahm Scheidl zufolge Ludwig Reichhold, *Geschichte der ÖVP,* Graz 1975, 259, die Verantwortung. Schärf erfuhr von der Veröffentlichung dieser Botschaft noch in Moskau nach Paraphierung des Moskauer Memorandums durch Molotow in Anwesenheit Raabs, der (laut Schärf) „blaß und verlegen“ geworden sei. Schärf, Moskau-Fahrt, 30.

285 Vgl. AdR, BMAA, II-Pol, Zl. 321.332-Pol/55.

Von Interesse ist auch, daß der österreichische Vorschlag einer Territorialgarantie – und sein Ursprung in der Erklärung der Mächte vom 20. November 1815 über die Schweiz – in Punkt II,5 des Memorandums klar ersichtlich verankert worden ist:

5. Die Sowjetregierung ist bereit, an einer Garantie der Unversehrtheit und Unverletzlichkeit des österreichischen Staatsgebietes durch die vier Großmächte – nach dem Muster der Schweiz – teilzunehmen.

Der Schweiz wird also in zwei Punkten des Memorandums – I,1 und II,5 – Erwähnung getan.

In einem amtlichen österreichischen Kommentar zum Moskauer Memorandum sowie zu den beiden Memoranden vom 10. Mai 1955 (österreichisch-britisch-amerikanisches und österreichisch-französisches), die noch zu nennen sein werden, heißt es: „Die Memoranden selbst sind keine zwischenstaatlichen Verträge im formalen Sinn, sondern Gedächtnisprotokolle über die Ergebnisse von Besprechungen österreichischer Regierungsmitglieder mit Regierungsvertretern der übrigen vier Signatarstaaten des Staatsvertrages, in welchen sich jeweils beide Seiten verpflichten, für die Herbeiführung bestimmter Beschlüsse und Maßnahmen der Regierung Sorge zu tragen."[286] Das Moskauer Memorandum ist nach Ansicht des damals führenden österreichischen Völkerrechtlers Alfred Verdross kein völkerrechtlicher Vertrag, sondern „eine politische Abmachung zwischen der Sowjetunion und der österreichischen Regierungsdelegation". Bezüglich der von den österreichischen Politikern übernommenen Verpflichtung, für die Herbeiführung bestimmter Beschlüsse der Bundesregierung Sorge zu tragen, wird auch von „Verwendungszusagen" gesprochen.[287]

Das Moskauer Memorandum wurde nicht sofort veröffentlicht. Zunächst teilte ein noch am 15. April ausgegebenes Kommuniqué die wichtigsten Verhandlungsergebnisse mit: Die Wirtschaftskonzessionen der Sowjetunion wurden, noch ohne Angabe der vereinbarten Ziffern, genannt; die Bereitschaft der Sowjetunion zum Abzug der Besatzungstruppen spätestens mit Ende des

---

286 *WZ,* 2. Dezember 1955, 1. Ergänzend ist darauf hinzuweisen, daß die auf die Ablöseleistungen Österreichs bezugnehmenden Abschnitte des Moskauer Memorandums von der Bundesregierung als „Anhang" zum Staatsvertrag dem Parlament vorgelegt und von diesem gemeinsam mit dem Staatsvertrag genehmigt wurden. Vgl. Dokumentenanhang, Nr. 6.

287 Verdross, *Immerwährende Neutralität,* 9; vgl. ferner eine spätere Schrift von Alfred Verdross: *Die immerwährende Neutralität Österreichs* (Sonderheft der Schriftenreihe „Politische Bildung"), Wien 1977, 31 f. Der Begriff „Verwendungszusage" u. a. bei Felix Ermacora, *Österreichs Staatsvertrag und Neutralität,* Frankfurt 1957, 197. Erwähnt sei, daß Jahrzehnte später, nach dem Ende der Sowjetunion, ein hoher Diplomat der Russischen Föderation bei Gesprächen im Wiener Außenamt am 16. Oktober 1995 festhielt, daß jede Entscheidung über die österreichische Neutralität ausschließlich Sache Österreichs sei. Berichte in *Die Presse,* 17. Oktober 1995, 1 und 4, sowie in *Der Standard,* 17. Oktober 1995, 1.

Jahres 1955 wurde bekanntgegeben. Zum politischen Hauptthema hieß es, die österreichische Delegation habe versichert, „daß die Republik Österreich im Sinne der bereits auf der Berliner Konferenz im Jahre 1954 gemachten Erklärung nicht beabsichtigt, sich irgendwelchen militärischen Bündnissen anzuschließen und auf ihrem Gebiet militärische Stützpunkte zuzulassen. Österreich wird allen Staaten gegenüber eine Politik der Unabhängigkeit führen, die die Einhaltung dieser Deklaration gewährleistet."[288] Von Neutralität war noch nicht die Rede. Man hatte ja zunächst Geheimhaltung vereinbart, und Raab hatte während der Moskauer Verhandlungen auch erwähnt, daß man die Öffentlichkeit vorbereiten müsse.[289] Schon am 16. April erschien allerdings in der Parteizeitung „Prawda" ein Leitartikel, der sehr deutlich den politischen Kern der Moskauer Vereinbarungen erkennen ließ. Darin hieß es:

„Das in Moskau erzielte Abkommen schließt den Beitritt Österreichs zu aggressiven Militärbündnissen und Koalitionen vom Schlage des Nordatlantikblocks oder der Westeuropäischen Union aus. Eine Einbeziehung Österreichs in derartige militärische Blocks würde das Land seiner nationalen Unabhängigkeit berauben und seine Sicherheit untergraben.

Welche internationale Situation schafft das in Moskau erzielte Abkommen für Österreich? Das ist nicht schwer zu verstehen, wenn man sich die Geschichte einiger anderer europäischer Staaten ansieht, die es verstanden haben, im System der internationalen Beziehungen ihre unabhängige Lage zu sichern. Ein solches Land wie die Schweiz genießt schon eine ganze historische Epoche hindurch die Wohltaten einer friedlichen Entwicklung, indem es sich seine Lage als unabhängiger Staat gesichert hat und keinerlei militärischen Blocks und Bündnissen angehört. Die Einhaltung eines solchen Status hat der Schweiz ihre friedlichen wirtschaftlichen und politischen Beziehungen zu anderen Ländern in Übereinstimmung mit ihren nationalen Interessen gewährleistet. *Österreich soll heute eine ebensolche Stellung einnehmen wie die Schweiz* – und die Bedeutung dieses Umstandes kann gar nicht überschätzt werden."[290]

---

288 *WZ,* 16. April 1955, 1, auch in DÖA, Nr. 164.

289 Mitschrift Schöner; vgl. Dokumentenanhang Nr. 3, unten S. 664–665.

290 Leitartikel „Ein wichtiger Schritt auf dem Wege zur Festigung des Friedens in Europa", *Prawda,* 16. April 1955, deutsche Übersetzung zitiert nach: *Die Sowjetunion für ein freies, unabhängiges und demokratisches Österreich.* Dokumente und Materialien zu den sowjetisch-österreichischen Verhandlungen in Moskau, Wien 1955, 5–8, hier 7. – Zur sowjetischen Neutralitätsdoktrin vgl. Denise Bindschedler-Robert, „Völkerrecht und Neutralität in sowjetischer Sicht", in: *ÖZA,* 5 (1965), 144–163, bes. 158 f.

7. Die sowjetische Österreich-Politik im Frühjahr 1955 und ihre Beweggründe: NATO-Abwehr, „Modellfall" für Deutschland, oder mehr?

Bevor wir gleichsam mit Raab und Schärf, Figl und Kreisky wieder nach Österreich zurückkehren und den weiteren Entwicklungen in Österreich nachspüren, ist innezuhalten, um über Relevanz und historischen Kontext der Moskauer Abmachungen vom April 1955 zu reflektieren.

Mit der Formel von der Neutralität, wie sie von der Schweiz gehandhabt wird, war jener politische *gemeinsame Nenner* gefunden, der den Interessen und dem Sicherheitsbedürfnis Österreichs, der Westmächte und der Sowjetunion entsprechen konnte. Damit war einer der wichtigsten, erfolgreichsten und dauerhaftesten Kompromisse in der Geschichte Europas im Zeitalter der Ost-West-Konfrontation zustande gekommen – wie auch mehr als vier Jahrzehnte später, nach der Auflösung der Sowjetunion und angesichts einer grundlegend veränderten politischen und strategischen Situation, gesagt werden kann. Tragfähige politische Kompromisse bestehen darin, daß aus einer Mehrzahl von verschiedenen Interessen ein Bereich *gegenseitigen*, und das heißt, gemeinsamen Interesses herausgeschält wird. Um diesen gemeinsamen Nenner zu finden, legten manche der Beteiligten ein beträchtliches Stück Weges zurück – und dies muß vom Historiker gebührend betrachtet werden. Wie weit, wie lang der Weg war, den die Teilhaber dieses internationalen Kompromisses zurücklegten, kann man nur ermessen, wenn man das sehr große Ausmaß an Mißtrauen bedenkt, das in den unmittelbar vorhergehenden Jahren des Kalten Krieges angehäuft worden war. Tragfähige Kompromisse sind ohne ein Mindestmaß an Vertrauen nicht machbar, nicht haltbar. Der Abbau von Mißtrauen war die schwierigste Aufgabe, vor die sich die Autoren jener „vertrauensbildenden Maßnahmen" – ein erst später in Kurs kommendes Wort – gestellt sahen, die 1955 zustande kamen: der Abschluß des Staatsvertrages, der Abzug der fremden Mächte aus Österreich und die Erklärung der österreichischen Neutralität.

Die Westmächte, deren Skepsis groß war, würden zögernd, aber doch die Formel des Moskauer Memorandums akzeptieren. Dieses Zögern war, wie in diesem Buch mehrfach gezeigt wird, bei den Westmächten unterschiedlich ausgeprägt, stärker bei den Briten als bei den Franzosen, und deutlich stärker als bei den Briten bei den Amerikanern und – wie noch zu zeigen sein wird – bei dem neuen Verbündeten des Westens, der von Konrad Adenauer geführten Bundesrepublik Deutschland. Doch die von den Sowjets so außerordentlich geschickt ins Spiel gebrachte Erklärung John Foster Dulles' vom Februar 1954 über die Schweiz als Vorbild für Österreich war einmal vorhanden und bot die Möglichkeit, einen von Moskau über Wien, Paris, London nach Washington reichenden gemeinsamen Nenner zu finden. Wie ein Kommentator schon 1955 vermerkte, „besaß Washington nach der Erklärung von Dulles keine Argumente mehr gegen die ihm in diesem Zeitpunkt nicht zuletzt aus psychologischen Gründen unwillkommene Neutralisierung Österreichs, wenn dieses nun ausdrücklich das Schweizer Muster übernehmen wollte".[291]

Die Österreicher, die in den Apriltagen des Jahres 1955 die entscheidenden Verhandlungen führten, mußten verschieden lange Strecken Weges zurücklegen, bevor sie der Kompromißformel zustimmten, die in der Mittagsstunde des 13. April 1955 zustande kam. Der Historiker, der politische Geschichte studiert und erforscht, ist gezwungen, Aussagen über Willensbildungen und Entscheidungsvorgänge zu machen. Doch gerade hier trifft er auf Grenzen, die sein Amt so schwierig machen, wo ihn auch modernste Methoden der quantifizierenden Sozialwissenschaften im Stich lassen. Denn die Alltagserfahrung, „daß man in den Menschen nicht hineinschauen kann", drängt sich dem Historiker gerade dann auf, wenn er über Motivationen, über Willensbildung und über Verantwortung auszusagen hat. Mit großer Behutsamkeit wird man wohl sagen dürfen, daß Julius Raab eine kürzere Strecke Weges zurückzulegen hatte als Adolf Schärf; der Weg Leopold Figls mag ein längerer gewesen sein, als es jener Raabs war, jener Bruno Kreiskys ein kürzerer als der Schärfs.

Die Formel von der Neutralität Österreichs „nach dem Muster der Schweiz" war ein Ergebnis sowjetischen Drängens, wie sich aus neu zugänglichen sowjetischen ebenso wie aus österreichischen Quellen ergibt.[292] Sie unterschied sich

---

291 Richard Thilenius, „Österreichs Freiheit. Die aktive Neutralitätspolitik Wiens", in: *Außenpolitik,* 6 (1955), 495–504, hier 499. Es gibt eine authentische Äußerung des Präsidenten Eisenhower, der die – nach außen nicht sichtbar werdende! – Enttäuschung der Amerikaner treffend zum Ausdruck brachte. Im Rahmen der John Foster Dulles-Sammlung der Princeton University Library wurde ein „Dulles Oral History Project" durchgeführt, in welchem auch eine Befragung Eisenhowers über Dulles stattfand. Eisenhower erinnerte sich: „Well, suddenly the thing was signed one day [der österreichische Staatsvertrag] and (Dulles) came in and he grinned rather ruefully and he said, ‚Well, we've had it' . . ." Diese idiomatische Äußerung ist nicht leicht zu übersetzen: „rueful" bedeutet etwa „betrübt", „vergrämt"; „we've had it" ist am ehesten mit „Es ist uns passiert . . ." wiederzugeben. Zitiert in einem unbetitelten Beitrag von Melvin J. Lasky in: „Symposium über den internationalen Hintergrund" in einer dem 25. Jahrestag des Abschlusses des Staatsvertrags gewidmeten Heft der Europäischen Rundschau: *Europäische Rundschau,* 8 (1980), 151–153, hier 153.

292 In einem Bericht der sowjetischen Verhandlungsdelegation an das ZK der KPdSU vom 14. April 1955 hieß es, daß unter Berücksichtigung der Vorschläge der österreichischen Delegation im Entwurf des Dokuments (des Moskauer Memorandums, G. S.) die Verpflichtungen Österreichs durch einen direkten Hinweis auf die Neutralität der Schweiz etwas verstärkt (neskol'ko usileny) wurden. AVPRF, Fonds 06, op. 14, p. 9, d. 106, fol. 158. – In den Akten des ehemaligen Außenministeriums der DDR befindet sich eine sowjetische Aufzeichnung im russischen Original und in deutscher Übersetzung über den Inhalt des Moskauer Memorandums zur Information der DDR-Führung. Darin wird mitgeteilt, daß sich „die Führer der Österreichischen Regierung, die gleichzeitig die Führer der beiden größten Parteien Österreichs – der Sozialisten und der Volkspartei – sind, *auf unser Drängen hin* [*po našemu nastojaniju* – meine Hervorhebung, G. S.] damit einverstanden erklärt" haben, „daß die österreichische Regierung im Geiste der von

allerdings deutlich von den Forderungen, die Molotow noch im Februar 1954 in Berlin vorgebracht hatte. Sie war auch deutlich günstiger als die Sicherheitsbedingungen, die die Sowjetunion nach dem Zweiten Weltkrieg bezüglich mancher anderer Staaten Europas durchgesetzt hatte. In einem berühmten Brief an Churchill im April 1945 hatte Stalin die Existenz einer der Sowjetunion freundlich gesinnten (und das hieß im speziellen Falle überwiegend kommunistischen) Regierung in Polen als Sicherheitsbedingung genannt, gleichzeitig auf die gemeinsamen Grenzen verwiesen und geschrieben, die polnische Frage bedeute für die Sicherheit der Sowjetunion, was die Frage Belgiens und Griechenlands für die Sicherheit Großbritanniens bedeute.[293] Es gab auch den „Sonderfall Finnland“: ein Land, nach dem Waffenstillstand im Zweiten Weltkrieg nie von sowjetischen Truppen besetzt (ein wenig bekannter Unterschied zu Österreich!); ein Land mit einer funktionierenden Mehrparteiendemokratie, mit dem verbrieften außenpolitischen Prinzip, sich aus den Interessenkonflikten der Großmächte herauszuhalten, doch im sowjetisch-finnischen Vertrag von 1948 zur Bündnishilfe in bestimmten Fällen verpflichtet.[294]

Neutralität nach dem Muster der Schweiz war weit entfernt von jener Neutralitätslehre, wie sie die Kommunistische Partei Österreichs in den frühen fünfziger Jahren verstanden hatte. Man kommt zu dem Schluß, daß auch die sowjetische Seite ein gutes Stück Weges ging, um einen gemeinsamen Nenner zu finden. Es besteht daher Anlaß, die Regelung vom April 1955 als große, in anderen politischen Konstellationen vielleicht unwiederholbare Chance anzusehen; es handelte sich um eine beträchtliche Konzession an Österreich und an die westlichen Signatarstaaten des Staatsvertrages. Allerdings haben die Sowjets damals, wie bereits 1955 ein kluger Publizist treffend feststellte, „indem sie das von Dulles genannte Beispiel aufnahmen, mehr erreicht als nur das Verbot von Militärbündnissen und -stützpunkten, denn die ‚immerwährende Neutralität‘ der Schweiz hat einen wesentlich weitergehenden Inhalt“.[295]

Österreich bereits auf der Berliner Konferenz im Jahre 1954 abgegebenen Erklärung, daß sich Österreich keinen militärischen Bündnissen anschließt und auf seinem Gebiet keine Militärstützpunkte zuläßt, eine Deklaration abgeben wird in einer Form, die Österreich internationale Verpflichtungen auferlegt, daß es sich ständig an die Neutralität der Art halten wird, wie sie die Schweiz wahrt“. Die sowjetische Aufzeichnung ist nicht datiert, die deutsche Übersetzung trägt jedoch einen mit 19. April 1955 datierten Vermerk eines Hauptabteilungsleiters des DDR-Außenministeriums (Fritz Grosse). PAAA-MAA, A-17545.

293 Botschaft Stalins an Churchill vom 24. April 1945: „Die polnische Frage ist für die Sowjetunion von gleicher Bedeutung, wie es Belgien und Griechenland für die Sicherheit Großbritanniens sind.“ In: *Briefwechsel Stalins mit Churchill, Attlee, Roosevelt und Truman 1941–1945,* übersetzt v. Helmuth Tautz, Berlin 1961, 406 (Nr. 439).

294 Vgl. Präambel und Art. 1 des finnisch-sowjetischen Vertrages vom 6. April 1948. Von Interesse sind die Ausführungen des damaligen ÖVP-Generalsekretärs Alfred Maleta über Finnland in der Parlamentsdebatte vom 28. April 1955, Sten. Prot. NR, VII. GP, 66. Sitzg., 3051.

295 Thilenius, Österreichs Freiheit, 499. Ich glaube mit den vorhergehenden Überlegungen, die auch schon in der dritten Auflage dieses Buches enthalten waren, deutlich gemacht zu haben, daß

Was wollte die sowjetische Führung mit ihren Initiativen vom Frühjahr 1955 überhaupt erreichen? Über die Motive der sowjetischen Konzessionsbereitschaft Aussagen zu treffen, ist weiterhin schwierig, solange die Vorgänge im Präsidium (Politbüro) der Kommunistischen Partei der Sowjetunion nicht quellenmäßig rekonstruierbar und belegbar sind. Neuerlich ist daran zu erinnern, daß es in der sowjetischen Führung 1955 starke Meinungsverschiedenheiten bezüglich des Rückzugs aus Österreich gab. Molotow war ein Gegner des Rückzugs aus Österreich, Chruschtschow der wichtigste Befürworter einer beweglicheren Politik, die sich ab Jänner/Februar 1955 durchzusetzen begann. In Chruschtschows Erinnerungen, deren Originalfassung ab 1990 in Moskau veröffentlicht wurde, ist ein Kapitel dem „Friedensvertrag" (!) mit Österreich gewidmet.[296] Molotows Widerstand gegen den Abzug aus Österreich wird darin als jahrelang und hartnäckig beschrieben, seine Reaktionen, als Chruschtschow in der Periode nach Stalins Tod das Österreich-Thema anschnitt, seien heftig gewesen.[297] Von Interesse ist Chruschtschows Behaup-

---

Konzessionen von beiden Seiten gemacht wurden, und daß eben auch der Westen und auch die Österreicher „ein Stück Weges" zurücklegen mußten, um die „Schweizer Formel" als gemeinsamen Nenner zu akzeptieren; dies zu Jenny, *Konsensformel,* 173 u. 315 Anm. 5, der kritisch angemerkt hat, ich hätte in meiner Darstellung den „Konzessionsaspekt" der österreichischen Annahme des Schweizer Musters zu kurz kommen lassen. Die Neutralität nach Schweizer Muster sei *„vor allem auch als österreichische Konzession einzustufen*"; ich stimme dieser Gewichtung durchaus zu, und neu zugängliche Quellen (Raabs Darstellung im Ministerrat nach der Rückkehr aus Moskau, vgl. unten S. 488) unterstreichen diesen Aspekt. Nicht ohne Absicht habe ich das Kapitel über die Entwicklung *vor* dem Jahr 1955 mit dem Titel *„Bündnisfreiheit* als Bedingung der Freiheit" versehen. Entgegen der von Jenny, 315 Anm. 5, vertretenen Ansicht habe ich auch in früheren Auflagen meines Buches sehr deutlich dargestellt, daß die Österreicher nicht mit der Formel der Neutralität, sondern der Bündnisfreiheit nach Moskau reisten, und welche Überlegungen gegen die Neutralitätsformel sprachen (unverändert in diesem Buch, vgl. oben S. 426–427), auch wenn ich mir Jennys Begriff des „Qualitätssprungs" (Jenny, 282 u. 315) nicht zu eigen mache. Hierzu vgl. etwa eine Äußerung des Botschafters Jean Chauvel vom 26. April 1955: „Quant au principe de cette neutralité même, il est considéré depuis Berlin comme pratiquement admis par l'Occident." Telegramm Chauvel aus London nach Paris Nr. 2239/44, 26. April 1955, AD, série Europe 1944–1960, sous-série Autriche, vol. 300. – Jenny, *Konsensformel*, 315 Anm. 1, bemerkt übrigens (mit Hinweis auf meinen Artikel „Rückblick auf den April 1955: Der lange Weg zur Schweizer Formel" in: *Die Furche,* 19. April 1985, 6–7), daß seine Argumentation – bezüglich des Schweizer Musters als Konsensformel – praktisch mit meiner übereinstimme.

296 „Memuary Nikity Sergeeviča Chruščeva" („Memoiren Nikita Sergejewitsch Chruschtschows"), mit einem Vorwort von Chruschtschows Sohn Sergej N. Chruschtschow, veröffentlicht in der Zeitschrift *Voprosy istorii* in Fortsetzungen ab Jg. 1990, Nr. 2, 80 ff.; das Kapitel „Friedensvertrag mit Österreich" („Mirnyj dogovor s Avstriej") in: *Voprosy istorii,* Jg. 1993, Nr. 8, 73–87.

297 Ebd. 75–76, 77–78. Chruschtschows Charakterisierung Molotows ist bemerkenswert: Molotows „Heftigkeit äußerte sich nicht in Form von Beleidigungen, sondern in seiner Leidenschaftlichkeit, im Gefühl des Bewußtseins, recht zu haben: es mußte so entschieden werden, wie er dachte.

Außenpolitik?" (ebd. 76). – Die Erinnerungen des 1894 geborenen Chruschtschow wurden in seinen letzten Lebensjahren zwischen 1967 und 1971, Jahre nach seinem Sturz 1964, auf Tonband gesprochen. Das Österreichkapitel enthält zahlreiche nachweislich irrige Erinnerungen oder Verwechslungen; so wird etwa Kreisky als Raabs Stellvertreter bezeichnet, der im Endstadium tung, in den letzten Monaten der Stalin-Ära habe Stalin den Abschluß des Österreichvertrags erwogen; zu dieser Zeit habe Stalin den Kontakt mit Molotow abgebrochen gehabt, und es sei möglich, so vermutet Chruschtschow, daß Molotow „der neue Standpunkt, den Stalin in seinen letzten Lebensmonaten einnahm, unbekannt war". Chruschtschow äußerte jedoch auch die Vermutung, daß vor dem XIX. Parteitag (im Oktober 1952) Stalin in einem Gespräch mit Molotow seine Überlegungen kundtat, „den Kriegszustand zwischen der UdSSR und Österreich" zu beenden, wie sich Chruschtschow ausdrückte. Dies ist deshalb bemerkenswert, weil, wie in Kap. IV gezeigt wurde, in der Tat im Herbst 1952 Signale aus Moskau in Richtung Österreich ausgesendet worden waren, die den Abschluß des Staatsvertrags und den Truppenabzug aus Österreich unter der Voraussetzung der Neutralität Österreichs zur Diskussion stellten.[298] Lange habe Molotow seine Weigerung, einem Abschluß des Österreichvertrags und damit dem Truppenabzug aus Österreich zuzustimmen, mit der Triester Frage verknüpft, aber auch nach der Einigung zwischen Italien und Jugoslawien über Triest an seinem Widerstand gegen den Abzug aus Österreich festgehalten, wofür Chruschtschow in seinen Erinnerungen allerdings keinen weiteren Grund anführt.[299] Jedenfalls, so Chruschtschow, mußten wir „die Entscheidung gegen die Haltung des Außenministers der UdSSR treffen".[300]

Chruschtschow war sich offensichtlich der Außerordentlichkeit einer Situation, in der eine größere außenpolitische Entscheidung gegen den Widerstand des Außenministers getroffen wurde, bewußt, denn er fügt hinzu: „Heute klingt das so unwahrscheinlich, daß diejenigen, die meine Aufzeichnungen lesen, daran vielleicht sogar ihre Zweifel haben. Wie früher die Gläubigen zur Bekräftigung ihrer Aussagen, schwöre ich auf das Evangelium! Ich bin nicht gläubig und bekenne mich nicht zum Evangelium. Ich habe mich nie dazu bekannt, auch

---

der Friedensverhandlungen wiederholt nach Moskau gekommen sei (während Kreisky in den Jahren nach dem Staatsvertrag noch wiederholt nach Moskau kam); Chruschtschow meinte: „Unterzeichnet wurde der Friedensvertrag in Moskau durch Raab." Dies ist eine klare Verwechslung mit der Unterzeichnung bzw. Paraphierung des Moskauer Memorandums durch Raab in Moskau (ebd. 79). Überdies mangelt es häufig an genaueren Zeitangaben oder überhaupt Zeitangaben. Der Versuch, zutreffende und unzutreffende, plausible und weniger plausible Elemente zu isolieren, kann hier nicht geleistet werden, doch lassen sich bestimmte Erinnerungen durch andere Quellen verifizieren oder zumindest als plausibel charakterisieren. Dazu kommen bemerkenswerte höchst persönliche Äußerungen oder emotionell getönte Beurteilungen von offensichtlicher Authentizität. – Der 1990 erschienene dritte Band der englischsprachigen Veröffentlichung *Khrushchev Remembers* enthält Teile des Österreich-Kapitels, jedoch mit zahlreichen nicht eigens angegebenen Auslassungen: *Khrushchev Remembers. The Glasnost Tapes,* übers. u. hsrg. v. J. L. Schecter und V. V. Luchkov, Boston – Toronto – London 1990, 72–80.

298 Siehe oben S. 220–221, 290.

299 Chruschtschow, „Memuary", 76.

300 Ebd. 76.

nicht, als ich noch kein Parteimitglied war. Ich war immer Atheist. Aber es ist nun einmal Volksbrauch, diese Art von Beweis anzutreten."[301]

Belege für die Heftigkeit des Gegensatzes in der Österreichfrage zwischen Chruschtschow, flankiert von den Präsidiums-(= Politbüro-)Mitgliedern Mikojan, Bulganin, Kaganowitsch und Perwuchin, einerseits und dem isoliert dastehenden Molotow andererseits ergeben sich aus den (bereits erwähnten) Auseinandersetzungen in der Plenartagung des Zentralkomitees der KPdSU zwischen 4. und 12. Juli 1955.[302] Noch im Jahre 1955 selbst, und zwar Anfang Juli 1955 – der Staatsvertrag war noch nicht einmal in Kraft getreten, sowjetische Besatzungstruppen standen noch im Lande! – kam es also hinter den verschlossenen Türen einer Plenarsitzung des Zentralkomitees zu schweren Angriffen Chruschtschows und seiner Verbündeten gegen Molotow und die von ihm geführte Außenpolitik. Molotows Widerstreben gegen die Aussöhnung mit Tito stand im Mittelpunkt der Kritik,[303] das Verhalten mancher sowjetischer Diplomaten in den Volksdemokratien, besonders in Polen, wurde gerügt, aber auch die Politik gegenüber anderen Staaten wie Japan oder der Türkei, bezüglich der Abrüstungsverhandlungen u. a. m. Molotows Kritiker, darunter Mikojan, warfen ihm „Großmachtchauvinismus" gegenüber den Volksdemokratien, aber auch gegenüber Titos Jugoslawien, vor.[304] Minister-

301 Ebd. 76–77.

302 Im Laufe des Jahres 1995 wurden Archivalien der Plenarsitzungen des Zentralkomitees der KPdSU vom Archiv des Präsidenten der Russischen Föderation in das Zentrum zur Aufbewahrung zeitgenössischer Dokumentation (CChSD) transferiert und (teilweise) zur Benützung freigegeben, darunter die Mitschriften des Plenums vom Juli 1955. Detaillierte Informationen über die Rolle der ZK-Plenartagungen und die neu zugänglichen Archivalien finden sich in: *Cold War International History Project Bulletin,* Nr. 10, März 1998, das sich schwerpunktmäßig mit den ZK-Plenartagungen zumal der Ära Chruschtschow befaßt. Vgl. v. a. Mark Kramer, „Declassified Materials from CPSU Central Committee Plenums: Sources, Context, Highlights", ebd. 7–25, und Vladislav M. Zubok, „CPSU Plenums, Leadership Struggles, and Soviet Cold War Politics", ebd. 28–33. Kenntnisse über die Plenartagung vom Juli 1955 waren allerdings bereits im Jahre 1956 in den Westen gelangt, und zwar durch den in den Westen geflüchteten früheren Funktionär der polnischen KP, Seweryn Bialer, nachmals Professor für Politische Wissenschaften an der Columbia University; vgl. Wolfgang Leonhard, *Kreml ohne Stalin,* Köln – Berlin. 1959, 101, David J. Dallin, *Soviet Foreign Policy after Stalin,* London 1962, 227–233, sowie (ohne Quellenhinweise) Allard, *Russia and the Austrian State Treaty,* 216–219. Zubok/Pleshakov, *Inside the Kremlin's Cold War,* erwähnen die Auseinandersetzungen vom Juli 1955 gar nicht; Vladislav Zubok, „Stalin's Plans and Russian Archives", in: *Diplomatic History,* 21 (1997), 303, verweist nunmehr aufgrund von Quelleneinsicht auf die Bedeutung des Juli-Plenums 1955.

303 Vgl. oben S. 335–336 bei Anm. 2 u. 3.

304 Mikojan kritisierte u.a. Molotows These, wonach die Kommunisten der Volksdemokratien ihre Heimat weniger lieben sollten als die Sowjetunion; dies wäre kein gewöhnlicher Großmachtchauvinismus, sondern „bereits Chauvinismus höchsten Grades, sozusagen nicht großrussischer, sondern großsowjetischer Chauvinismus" (das Stenogramm vermerkt „Gelächter, lebhafte Reaktion im Saal"), was, „wie Lenin richtig gesagt hat, nur eines bedeuten könnte – Verrat am Kommunismus". Rede am 11. Juli 1955 (Vormittagssitzung): CChSD, Fonds 2, op. 1, d. 174, fol. 115 (Druckfahnen), sowie ebd., d. 180, fol. 161 verso (endg. Druck). Mikojan hielt Molotows Behauptung für „übereilt und unüberlegt", worauf Chruschtschow einwarf „ich denke, nicht

präsident Bulganin warf Molotow vor, nicht nur in der Jugoslawienfrage, „sondern in allen großen Fragen unserer Außenpolitik nicht unserer Meinung" zu sein. Wörtlich sagte Bulganin: „Den Vertrag mit Österreich haben wir gegen den Wunsch des Genossen Molotow abgeschlossen und unterzeichnet."[305]

Am ausführlichsten und informiertesten sprach Mikojan zur Entwicklung der sowjetischen Österreichpolitik. Aus seiner Rede ist zu erfahren, daß es drei Sitzungen des Präsidiums des Zentralkomitees gab, auf denen „lang und breit" die Österreichfrage erörtert wurde.[306] Weiter ausholend, sagte Mikojan, noch zu Lebzeiten Stalins wäre die Sowjetführung einem Truppenabzug aus Österreich nicht abgeneigt gewesen, „aber angesichts der Verschärfung der internationalen Lage wurde beschlossen, einstweilen darauf zu verzichten und die österreichische Frage mit Triest zu verbinden"; dies könnte ein Hinweis auf die Versteifung der sowjetischen Politik zwischen 1949 und 1950 sein, als die Triestfrage erstmals aufs Tapet gebracht wurde.[307] Auf der Berliner Konferenz, setzte Mikojan fort, sei die Österreichfrage „von uns" – d. h. der Sowjetunion – auch noch mit der deutschen Frage verbunden worden. Da die deutsche Frage lange nicht gelöst werden würde, müßte also auch die Besetzung Österreichs auf lange Zeit fortgesetzt werden. „Die Anormalität [nenormal'nost'] eines solchen Zustandes war allen klar außer dem Genossen Molotow, der während der ersten umfassenden Erörterung der Frage scharf gegen den Truppenabzug aus Österreich Stellung bezog."[308] Molotow sei der Meinung gewesen, daß von einem Truppenabzug solange Abstand zu nehmen sei, solange unsere Truppen in Deutschland stünden. Bulganin habe gesagt, daß es Zeit sei, damit Schluß zu machen. Molotow sei erzürnt über Bulganin hergefallen: „Was heißt hier Schluß machen, womit Schluß machen?" Am „Ende einer hitzigen Debatte" habe das Präsidium des Zentralkomitees beschlossen, die Österreichfrage nicht

---

unüberlegt"; daraus und aus anderen Äußerungen erhellt, daß Chruschtschow mit Molotow schärfer ins Gericht ging als Mikojan.

305 CChSD, Fonds 2, op. 1, d. 173, fol. 101–102 (maschinschr. Mitschrift); das Wort „Wunsch" handschriftlich eingefügt; ursprünglich: gegen den „Willen" . . .

306 Die Materialien der Präsidiums-(= Politbüro-)Sitzungen werden im Archiv des Präsidenten der Russischen Föderation verwahrt, das nicht allgemein zugänglich ist.

307 Vgl. oben Kap. IV, 173–175, 178–179. Mikojans Äußerungen zu Österreich wurden eingesehen in einer kürzeren und einer ausführlicheren maschinschriftlichen Fassung, sowie in Druckfahnen und dem endgültigen Druck. CChSD, Fonds 2, op. 1, d. 159, fol. 84–88; d. 174, fol. 91–95; d. 174, fol. 115–116; d. 180, fol. 161 verso–162. Zitiert wird nach dem endgültigen Druck.

308 Ebd. d. 180, fol. 161 verso-162. Mikojan bezieht sich offensichtlich auf die erste der drei zuvor genannten Präsidiumssitzungen, die sich mit der Österreichlösung befaßten. Da Mikojan später erwähnte, daß diese Sitzung vor dem Jännerplenum des Zentralkomitees stattgefunden habe, dieses jedoch zu Ende des Monats tagte – der Beschluß zur Absetzung Malenkows datiert vom 31. Jänner –, und da die ersten ausführlicheren Ausarbeitungen des Außenministeriums zur Österreichfrage die Daten 19. bzw. 24. Jänner 1954 tragen (vgl. oben S. 337–338), wäre es möglich, daß die von Mikojan genannte Präsidiumssitzung etwa in der ersten Jännerhälfte 1955 stattfand.

(mehr) mit der deutschen in Verbindung zu bringen, die Truppen aus Österreich abzuziehen, und Molotow sei aufgetragen worden, entsprechende Vorschläge vorzulegen. Mikojan gab sodann – recht allgemein gehaltene und wohl nicht für Experten gedachte – Begründungen für die neue Linie des Präsidiums ab: Durch die seit zehn Jahren währende Besetzung Österreichs habe die Sowjetunion politisch in den Augen der österreichischen Arbeiterklasse und der gesamten Bevölkerung (an Ansehen) verloren. Aber auch militärisch sei der Abzug der Truppen aller Großmächte aus Österreich von Vorteil für die Sowjetunion, da die Amerikaner jetzt ihre Truppen an der Donau stehen hätten und im Kriegsfall eine günstige Position für einen großangelegten Angriff auf die Donauebenen hätten. Wenn alle Großmächte abzögen, müßten die Amerikaner ihre Truppen nach Amerika oder Italien verlagern – von Bayern sprach Mikojan nicht! –, d. h. sie stünden „hinter den Bergen und haben schlechte Verbindungsmöglichkeiten, die nur beschränkt Zugang in das Donaubecken erlauben". Kein Wort über die Pariser Verträge und Westdeutschlands Beitritt zur NATO.

Mikojan rekapitulierte sodann die weitere Entwicklung – er erwähnte Molotows Rede vor dem Obersten Sowjet vom 8. Februar, nicht ohne sich selbst Kredit für die Anregung zu geben, Molotow möge doch in seiner außenpolitischen Rede neue Vorschläge zur Österreichfrage machen, und zwar dahingehend, daß die Österreichfrage nicht mit der deutschen Frage in Zusammenhang gebracht werde. Mikojan berichtete weiter – wie bereits weiter oben erwähnt –, daß das Präsidium Molotows Vorschläge für den Truppenabzug aus Österreich nicht verabschieden konnte, weil sie das Wiedereinmarschrecht vorsahen. Die Verhandlungen mit Österreich seien dann aufgrund eines weiteren Entwurfs (ohne Wiedereinmarschrecht) geführt worden. Mikojan, der ja gemeinsam mit Molotow die Verhandlungen mit den Österreichern geführt hatte – und bei diesen Verhandlungen wohl nicht bloß die Funktion eines Außenhandelsfachmannes, sondern auch jene eines Aufpassers innehatte – zollte nun Molotow Lob: „Ich muß sagen, daß sich Genosse Molotow im Zuge der Verhandlungen von der Richtigkeit der Politik des Präsidiums des ZK überzeugt hat. Wir haben die Verhandlungen miteinander geführt. Er hat die Verhandlungen gut gemacht. Er war selbst mit den Ergebnissen sehr zufrieden und jetzt sagt er, daß er nie gegen die Lösung der österreichischen Frage war. Offenbar ist er selbst sosehr von der Richtigkeit der ZK-Linie überzeugt, daß er selbst nicht mehr weiß, daß er einmal dagegen war. Gut, daß er letzten Endes der Position des ZK zugestimmt hat. Nicht gut ist, daß Genosse Molotow jetzt in Abrede stellt, daß am Anfang heftige Streitereien stattgefunden haben."[309]

309 Ebd., fol. 162. Vgl. auch oben S. 445.

Nach Mikojan polemisierten zwei weitere Präsidiumsmitglieder, Lazar Kaganowitsch und Michail Perwuchin, gegen Molotows Einstellung zur Österreichfrage, wobei Kaganowitschs Wortmeldung von noch schärferen Zwischenbemerkungen Chruschtschows unterbrochen wurde.[310]

Molotows Replik zur Österreichfrage fiel eher matt aus. Zu bedenken ist, daß diese Auseinandersetzung in erster Linie wohl nicht nach sachlichen Argumenten, sondern als Teil eines auch mit den Mitteln der Rhetorik geführten Machtkampfes zu beurteilen ist; Molotow war bereits viel mehr, als dies damals nach außen drang, der Unterlegene. Molotow replizierte, er habe nicht bezweifelt, daß diese Frage in Angriff genommen werden müsse; möglicherweise habe das Außenministerium einige Monate Verspätung gehabt, „man hat uns zur Eile angetrieben und damals auch kritisiert, daß wir in dieser Frage nur langsam vorankommen. Wir haben entgegnet, daß wir nicht langsam sind, daß wir zeitgerecht arbeiten und so weiter. Natürlich gab es unsererseits Verzögerungen und wir waren nicht rasch genug." Chruschtschow unterbrach Molotow mit der Bemerkung, das sei doch nicht richtig, er möchte etwas dazu sagen. Auf Molotows Frage: „Was ist nicht richtig?" antwortete Chruschtschow, das werde er später sagen. Der mächtigste Mann der Parteiführung hob sich seine schärfste Kritik für sein Schlußwort auf; er wollte und sollte das letzte Wort haben. Molotow gab Verzögerungen zu; er gab zu, daß das Außenministerium das Wiedereinmarschrecht in Österreich vorgeschlagen habe, „falls es Komplikationen im Zusammenhang mit der Militarisierung Westdeutschlands geben sollte". Aber sein Ministerium habe nicht darauf bestanden und es wäre ein Fehler gewesen, darauf zu bestehen. Das Ende war Selbstkritik nach klassischem kommunistischem Ritual: die Partei(-führung) hat immer recht: „Es stimmt, wir haben nicht alles richtig vorgeschlagen, und das Präsidium des Zentralkomitees hat uns nicht nur in der österreichischen, sondern auch in anderen Fragen korrigiert, immer wieder zur Eile angetrieben und eine genauere Korrektur der von uns übergebenen Entwürfe verlangt. Aber das kommt in der Praxis eben vor. In der Praxis geht es eben einfach nicht ohne Korrekturen durch das Präsidium des Zentralkomitees ab."[311]

Doch noch kam das Schlußwort des Ersten Sekretärs. Chruschtschow sprach ausführlich zur Österreichfrage. Er begann – wie Mikojan – mit historischen Reminiszenzen; er erinnere sich, daß Stalin, etwa ein Jahr vor seinem Tod, mehrmals gesagt habe: „Warum schließen wir nicht den Vertrag mit Österreich ab?" Nach Stalins Tod hätten Malenkow und er mit Molotow über die Öster-

310 Kaganowitschs Wortmeldung (11. Juli, Abendsitzung): Ebd. d. 175, fol. 61–62, 91–94 (maschinschr. Fassung), d. 180, fol. 175–175 verso (Druckfassung); Perwuchins Wortmeldung (11. Juli, Abendsitzung): d. 175, fol. 171 (maschinschr. Fassung), d. 180, fol. 179 verso–180 (Druckfassung).

311 Ebd., d. 161, fol. 183–184 (maschinschr. Mitschrift, 12. Juli, Vormittagssitzung).

reichfrage gesprochen, der sie als komplex bezeichnet habe und deren Lösung aufzuschieben sei.[312] Drastisch beschrieb Chruschtschow, wie er damals jedem Wort Molotows geglaubt und „wie jeder von uns“ gedacht habe, daß Molotow ein großer und erfahrener Diplomat sei. Manchmal habe er sich gedacht: „Hol's der Teufel, vielleicht entgeht mir etwas!“ – „er sieht, und ich sehe nichts“. Das Stenogramm vermerkt an dieser Stelle: „Gelächter im Saal“. Nach einiger Zeit, so Chruschtschow, sei er zum Schluß gekommen, daß in der Österreichfrage die Zeit gegen uns – d. h. die Sowjetunion – arbeite. Er habe sich an Bulganin gewandt und gemeint, „die Österreichfrage, wie Molotow sie versteht, ist wie ein faules Ei“; bald werde man es wegwerfen müssen, weil es nicht mehr von Nutzen sei. Chruschtschow deutete an, wäre man mit einer Lösung der Österreichfrage während der Entwicklung der Pariser Abkommen entgegengekommen, hätte sich vielleicht die Frage der Pariser Abkommen anders entwickelt. (Stimme vom Präsidium: „richtig“; Stimme aus dem Saal: „Es hätte keine Pariser Abkommen gegeben“.) Chruschtschow schilderte die Auseinandersetzung mit dem den Abschluß eines Friedensvertrags (sic) mit Österreich hinausschiebenden Molotow im Parteipräsidium. Obwohl dies unüblich sei, hätten alle Präsidiumsmitglieder mehrfach das Wort ergriffen, ohne Molotow zu überzeugen, daß man den Vertrag nicht länger hinauszögern könne. Als der Beschluß, den Friedensvertrag mit Österreich abzuschließen und darauf hinzuarbeiten, daß Österreich ein neutraler Staat werde, gefaßt wurde, habe Molotow bemerkt, daß er keinen Einspruch erhoben habe.

Chruschtschow brachte noch einige Details aus der Diskussion. Er, Chruschtschow, habe Österreich als „Brückenkopf“ bezeichnet; wenn man vorhabe, jetzt Krieg zu führen, würde nur ein Dummkopf einen solchen Brückenkopf aufgeben; wenn nein, müsse man abziehen. Die Kommunisten der Sowjetunion, die Kommunisten in Österreich, die Kommunisten im Ausland verstünden das Verbleiben in Österreich nicht, die Arbeiter in Österreich „beginnen, unsere Truppen als Okkupanten anzusehen“ (!). „Warum sitzen wir in Österreich, worauf warten wir dort?“ Sehr scharf ging Chruschtschow mit den Plänen des Außenministeriums für das Wiedereinmarschrecht ins Gericht, es habe viel „Unsinn“ im Entwurf des Außenministeriums gegeben. Bemerkenswert waren Chruschtschows Überlegungen, sich nicht zu sehr in das österreichisch-deutsche Verhältnis einzumischen; die beiden Völker seien einander nahe; warum sollten wir unsere Nasen dort hineinstecken? Er erinnerte daran, daß Frankreichs Versuche nach dem Ersten Weltkrieg, sich Rechte in der Saar, in der Ruhr, im Rheinland zu sichern, nach Hitlers Machtergreifung gescheitert seien; für Frankreich sei daraus ein „konfuz“ (am treffendsten „Schlamassel“) entstanden, und Hitler habe für seine expansionistischen Abenteuer zu mobilisieren begonnen. Schließlich

312 Vgl. oben Kap. IV, S. 235.

habe Molotow unter dem Druck aller Präsidiumsmitglieder seine Zustimmung gegeben. Chruschtschow wörtlich: „Und nun, wo wir uns alle auf ihn gestürzt haben, ist ihm nichts anderes übrig geblieben, als zu sagen: Einverstanden, wir müssen einen Entwurf in Eurem Sinne vorlegen." Ironisch schloß Chruschtschow mit dem Hinweis auf das Lob, das Molotow nach Abschluß der Verhandlungen mit Österreich im Ausland eingeheimst habe; schließlich habe Molotow sogar bei einer Sitzung des Präsidiums die Frage gestellt, ob er wirklich gegen die Lösung der Österreichfrage gewesen sei. Vielleicht werde er in einem Monat auch sagen, daß er mit der Jugoslawienlösung einverstanden gewesen sei.[313]

Zum Abschluß dieses Einblicks in die Auseinandersetzungen auf dem Juli-Plenum des KP-Zentralkommitees vom Juli 1955 sei auf zwei Überlegungen hingewiesen, die jüngst in einem ersten systematischen Überblick über die Plenarversammlungen des Zentralkommitees der Ära Chruschtschow betont wurden.[314] Die Debatten über die Grundsätze, Ziele und die Taktik der sowjetischen Außenpolitik auf dem Juli-Plenum von 1955 sind vielleicht die ausführlichste Darlegung („airing") dieser Themen während des ganzen Kalten Krieges gewesen. Diese Debatten waren aber auch (wie bereits erwähnt) bewußt eingesetzte Instrumente eines Machtkampfes; obgleich Chruschtschow das „power game" gegen Molotow bereits gewonnen hatte, bevor das Juli-Plenum begann, mußte doch die politische Autorität Molotows vor den Augen dieser „Elite"-Versammlung zerstört werden.[315]

Molotow hielt eine militärische Konfrontation mit dem Westen für wahrscheinlicher als Chruschtschow.[316] Daher reagierte Molotow mit Widerstreben und Unwillen auf jeden Rückzug sowjetischer Streitkräfte – auf einen Rückzug aus Österreich[317] ebenso wie übrigens auf den einige Monate später folgenden Rückzug von der Kriegsmarinebasis Porkkala in Finnland.[318] Molotows Den-

313 CChSD, Fonds 2, op. 1, d. 161, fol. 216–221, (maschinschr. Mitschriften); d. 176, fol. 288–289 (Druckfahnen bzw. Umbruch), d. 180, fol. 199–200 (endg. Druckfassung); zitiert wurde nach der Druckfassung (Druckfahnen u. endg. Fassung bis auf einige Satzzeichen identisch). Eine Kopie des gesamten, 14 zweispaltige Druckseiten umfassenden Schlußworts Chruschtschows (Druckfahnen) wurde mir freundlicherweise von Christian Ostermann, dem stellv. Direktor des „Cold War International History Project" am Woodrow Wilson International Center for Scholars, Washington, D.C., zur Verfügung gestellt, wofür ich sehr zu Dank verpflichtet bin. Neuestens sind längere Auszüge aus Chruschtschows Schlußrede mit den Ausführungen zu Österreich in englischer Übersetzung veröffentlicht worden: „Plenum Transcripts, 1955–1957", in: *Cold War International History Project Bulletin,* Nr. 10, März 1998, 34–60, hier 42–43.

314 Vladislav M. Zubok, „CPSU Plenums, Leadership Struggles, and Soviet Cold War Politics", ebd., 28–33.

315 Ebd. 29. Chruschtschows Sieg wurde bekanntlich im Juni 1957 noch einmal in Frage gestellt (vgl. ebd. 30–32).

316 Vgl. Dallin, *Soviet Foreign Policy after Stalin,* 228.

317 Allard, *Russia and the Austrian State Treaty,* 217.

318 Molotow am 28. November 1974 im Gespräch mit Felix Chuev, in: *Molotov Remembers.* Conversations with Felix Chuev, hrsg. v. Albert Resis, Chicago 1993, 10.

ken war ganz stark vom Zwei-Lager-Denken geprägt – hie das (volks)demokratisch/sozialistisch/kommunistische Lager, dort das kapitalistisch/imperialistische Lager.[319] Im Rückblick meinte Molotow einmal, „so wie mit Österreich" seien wir (d. h. die Sowjets) auch darin erfolglos geblieben, Finnland „demokratisch" zu machen . . .![320]

Der Gegensatz zwischen Molotow und Chruschtschow in der Österreich-Politik ist übrigens von Chruschtschow selbst später, nach der Entmachtung Molotows,[321] auch gegenüber österreichischen Gesprächspartnern erwähnt worden.[322]

Molotow führte allerdings die Entscheidung des Führungsgremiums der KPdSU in der Österreichfrage mit vollständiger Disziplin, hoher Sachkompetenz und großem Detailwissen, ja mit diplomatischer Meisterschaft durch.[323]

---

319 Informativ zu Molotows Zwei-Lager-Sicht der Weltpolitik Richter, *Khrushchev's Double Bind,* 40–44.

320 *Molotov Remembers,* 10 (Konversation am 28. November 1974).

321 Molotow wurde Anfang Juni 1956 als Außenminister abgesetzt und war von 1957–1960 Botschafter in der Äußeren Mongolei. Im Juni 1957 wurde er als Mitglied der sogenannten „Anti-Parteigruppe" aus dem ZK der KPdSU ausgeschlossen. 1960 bestellte ihn Chruschtschow zum Vertreter der Sowjetunion bei der International Atomic Energy Agency in Wien (und nicht, wie irrtümlich bei Zubok/Pleshakov, *Inside the Kremlin's Cold War,* 81, angegeben, in Genf als stellvertretender Repräsentant); 1962 wurde Molotow pensioniert und sogar aus der KP ausgeschlossen, in die er 1984 wieder aufgenommen wurde; er starb 1986 im Alter von 96 Jahren. – Wladimir Semjonow, *Von Stalin bis Gorbatschow,* 309, schreibt, daß Molotow „Auseinandersetzungen und Meinungsverschiedenheiten in der Führung von Partei und Staat streng konspirativ" behandelte und nie darüber sprach. Als Beispiel führt Semjonow an, er sei 1954 beauftragt worden, am Entwurf für den Staatsvertrag mit Österreich zu arbeiten; erst „viel später erfuhr ich, daß Molotow in dieser Frage ernste Meinungsverschiedenheiten mit Chruschtschow hatte, der einen solchen Vertrag für verfrüht hielt". Diese Aussage dürfte revisionsbedürftig sein. Jedenfalls äußerte sich Semjonow in einem Schreiben an N. M. Schwernik vom 17. Oktober 1959 zu Molotows Österreichpolitik; hierzu Richter, *Khrushchev's Double Bind,* 65, Anm. 36 u. 70, Anm. 61, mit dem Archivbeleg CChSD, Fonds KPK, 13/76, vol. 3, p. 74. Es handelt sich um ein Schriftstück aus dem „Molotow-Akt" („delo Molotova"), der von der Parteikontrollkommission unter Schwernik angelegt wurde, bevor es schließlich zu Molotows Parteiausschluß kam. Aus dem gleichen Aktenbestand stammt eine bemerkenswerte Information, die Vladislav Zubok einer Forschungskonferenz in Essen im Juni 1994 vorgelegt hat: Am Abend des 14. April 1955 habe Chruschtschow nach Ende des Festbanketts im Kreml zu Ehren der Österreicher, nachdem Molotow gegangen war, gegenüber hohen Funktionären von Molotows Außenministerium (Gromyko, Zorin, Semjonow und Leonid Iljitschow, der dies später der Parteikontrollkommission berichtete) die langsame Gangart des Ministeriums in der Österreichfrage kritisiert und ihnen von dem Konflikt mit Molotow innerhalb der Parteiführung Mitteilung gemacht. Vladislav Zubok, „Soviet Foreign Policy in Germany and Austria and the Post-Stalin Succession Struggle 1953–1955", unveröffentlichtes Papier für die Essener Konferenz „Die Sowjetunion, Deutschland und der Kalte Krieg 1945–1962 – neue Evidenz aus östlichen Archiven" (28.–30. Juni 1994); ich bin Vladislav Zubok für die Ermöglichung der Einsichtnahme in sein Referat sehr dankbar.

322 Kreisky, *Zwischen den Zeiten,* 472, berichtet über Gespräche mit Chruschtschow anläßlich Raabs Moskau-Besuch im Juli 1958: laut Chruschtschow sei die harte Haltung der Sowjetunion in Berlin 1954 darauf zurückzuführen gewesen, daß Molotow im Präsidium der KPdSU den Standpunkt vertreten habe, man könne ein im Krieg erobertes Gebiet nicht einfach aufgeben.

323 Niemand geringerer als John Foster Dulles hat übrigens anläßlich der Berliner Konferenz 1954 Molotows diplomatische Qualitäten in den höchsten Tönen gelobt. Molotow sei „one of the most

Dies hinterließ bei den Österreichern einen großen Eindruck.[324] Bald wußten westliche Diplomaten zu berichten, wie sehr die Österreicher von der vorzüglichen Vorbereitung, Detailkenntnis – „Professionalität" würde man heute sagen – der Sowjets beeindruckt waren, zum Beispiel von der Verwendung von Dulles' Berliner Erklärung über die Schweizer Neutralität als Vorbild für Österreich.[325] Bei Betrachtung der diplomatischen Qualitäten der sowjetischen Verhandlungsdelegation ist auch die möglicherweise bedeutende Rolle des stellvertretenden Außenministers Wladimir Semjonow zu bedenken. Die „gesamte Entwicklung mit Österreich gehe auf einen Plan Botschafter Semjonows zurück" – so lautete eine Information, die Anfang Mai 1955 im Bonner Kanzleramt einging.[326] Umso bedauerlicher ist es, daß Semjonows Memoiren keinerlei Mitteilungen zu den Österreich-Verhandlungen von 1955 enthalten.[327]

Doch Molotows erfolgreiche Verhandlungsführung mit Österreich änderte nichts am entscheidenden Sachverhalt: Aus dem Machtkampf Chruschtschows gegen Molotow war Chruschtschow als Sieger hervorgegangen – und Österreich als Gewinner.

---

skillful diplomats of recent times", allerdings hinzufügend, daß Molotows „skill" eher technischen Charakters sei und nicht notwendigerweise „great statesmanship" einschließe. Dulles steuerte eine außergewöhnliche historische Perspektive bei. Dulles bemerkte, er habe praktisch alle größeren Diplomaten dieses Jahrhunderts persönlich gekannt, er habe schon „as a boy" 1907 an der Zweiten Haager Friedenskonferenz teilgenommen, die die berühmten Diplomaten der Jahrhundertwende zusammenbrachte, und er würde Molotow im Vergleich mit ihnen in die Spitzenklasse stellen: „I would classify Mr. Molotov as tops as far as they are concerned." Hier ist anzumerken, daß Dulles im Alter von 19 Jahren seinen Großvater John Watson Foster, einen früheren U.S.-Außenminister, nach Holland begleitete, der in Den Haag die kaiserlich chinesische Delegation (!) leitete; Dulles nahm auch an der Pariser Friedenskonferenz von 1919 teil. Dulles' Charakterisierung Molotows fand auf einem Hintergrund-Pressegespräch in Berlin am 31. Jänner 1954 statt, wobei Dulles' Äußerungen diesem nicht persönlich zugeschrieben werden durften („non-attribution"). NA, RG 59, 396.1-BE/2-154.

324 Ein Zeuge der Moskauer Verhandlungen, Stephan Verosta, hat berichtet, daß die Österreicher inoffiziell gehört hatten, daß Molotow gegen eine Neutralität Österreichs wäre, was er sich allerdings in keiner Weise anmerken ließ. Verosta hob hervor, daß Molotow bei den Verhandlungen über alle Einzelheiten im Bilde war und kaum jemals eine Auskunft von Beratern benötigte. *Das Beispiel Österreich. 25 Jahre Staatsvertrag,* hrsg. vom Bundespressedienst, Wien 1980, 21.

325 Bericht Lalouette an Pinay, 18. April 1955, *DDF* 1955, I, Nr. 199: Die sowjetischen Verhandler hätten betreffend die österreichischen Probleme über ein „dossier parfaitement à jour et qu'ils connaissaient dans le détail" verfügt; ähnlich Brief Wallinger an Harrison, 18. April 1955, PRO, FO 371/117803/RR1071/495. Harrison notierte auf dem Brief: „The Austrians seem to have fallen badly for Russian ‚charm'." Detaillierte Informationen aufgrund von Mitteilungen eines österreichischen Delegationsmitglieds über die Moskauer Gespräche in einem Bericht Wallingers an das Foreign Office, 18. April 1955, ebd., FO 371/117789/RR1071/149.

326 Die Information ging dem Staatssekretär Hans Globke „aus Kreisen der Ost-Berliner Botschaft" (in Moskau) zu. Hans-Peter Schwarz, *Adenauer. Der Staatsmann: 1952–1967,* Stuttgart 1991, 192.

327 Erstaunlich ist auch, daß Marschall Tito und der sowjetisch-jugoslawische Konflikt in Semjonows Memoiren überhaupt nicht erwähnt werden.

In einer zusammenfassenden Analyse soll nun – teils im Rückblick, teils im Vorgriff auf Vorgänge, über die noch nicht berichtet wurde – der Kontext der sowjetischen Österreichpolitik in vier Punkten zur Diskussion gestellt werden.

1. Die Sorge vor der intensivierten Nutzung des westösterreichischen Raumes nach der Eingliederung der Bundesrepublik Deutschland in das westeuropäisch-nordatlantische Verteidigungssystem tritt in einer ganzen Reihe der bereits vorgestellten sowjetischen Quellen aus den ersten Monaten des Jahres 1955 zutage.[328] Starke sowjetische Befürchtungen in dieser Richtung hat es offenbar, wie den Erinnerungen Valentin Falins zu entnehmen ist, auch schon 1954 gegeben.[329] Ende 1954 erfolgte, wie bereits erwähnt, die einzige während der ganzen Dauer der Besatzung offiziell ausgesprochene sowjetische Warnung vor einer Teilung Österreichs – in der drei Tage vor Weihnachten vom sowjetischen Hochkommissar Iljitschow zusammengetrommelten Sondersitzung des Alliierten Rates: die „Verschmelzung" westlicher Zonen könnte die territoriale Integrität Österreichs beeinträchtigen.[330] Drei Monate später erscholl der Ruf nach Auflösung der Alliierten Kommission für Österreich – wohl nicht zufällig veröffentlicht in der Zeitung der Roten Armee![331] Damit wurde deutlich, daß die Fortführung der Kontrolle der Westmächte über Westösterreich nicht den sowjetischen Interessen entsprach und selbst um den Preis des eigenen Rückzugs aus Ostösterreich zu Ende gebracht werden sollte.

Daß schließlich parallel zur Moskauer Österreich-Initiative auch die Vorbereitungen für die „Gegen-NATO" des Ostblocks, den Warschauer Pakt vom 14. Mai 1955 liefen, ist nachdrücklich in Erinnerung zu rufen. Mitte März 1955

---

328 Die klarste Erkenntnis dieses Sachverhalts auf westlicher Seite findet sich in der Berichterstattung des amerikanischen Botschafters Bohlen aus Moskau; hierzu vgl. oben S. 388–391.

329 Valentin Falin, *Politische Erinnerungen,* München 1993, 321. Falins Aussage, die Verhärtung der sowjetischen Position in der Österreichfrage auf und nach der Berliner Konferenz hätten „die amerikanischen Politiker" genutzt „zur Wiederaufnahme des Dialogs mit Wien über die Spaltung Österreichs mit sofortigem Eintritt des ‚freien' Teils Österreichs in die NATO (oder in die Europäische Verteidigungsgemeinschaft)", findet allerdings überhaupt keine Deckung in österreichischen oder westlichen Quellen. Falin berichtet von der Ausarbeitung eines Gutachtens des „Informationskomitees" beim Außenministerium, dem er damals (1954) angehörte, „über die Pläne zur Zerstückelung Österreichs und über die Reaktion darauf in den regierenden österreichischen Kreisen. Im Unterschied zu den Westdeutschen lehnten die Österreicher es ab, solchen Initiativen Vorschub zu leisten. Julius Raab und andere gaben massivem Druck nicht nach. Wie lange würden sie standhalten? Das blieb unklar." Von „Plänen zur Zerstückelung" Österreichs ist nichts bekannt; sie widersprächen der von Dulles und Eisenhower 1953/54 vertretenen Linie bezüglich Österreichs, die in Kap. V aufgezeigt wurde. Ob bzw. inwieweit die im Frühjahr 1954 (allerdings in höchster Geheimhaltung) vorbereiteten und im Juni 1954 an Raab und Schärf herangetragenen westalliierten Vorschläge betreffend die Organisation des (west-)österreichischen „Wehrpotentials" (vgl. oben S. 217–218) für den „Ernstfall" eine Grundlage für das von Falin genannte Gutachten geboten haben könnten, läßt sich aufgrund der gegenwärtigen Quellenkenntnisse nicht feststellen.

330 Vgl. oben Kap. V, S. 330–331.

331 Vgl. oben S. 403.

tagten in Moskau, wie bereits kurz erwähnt,[332] Vertreter der Ostblockstaaten einschließlich der DDR – chinesische Beobachter waren ebenfalls anwesend –, um jene „neuen Maßnahmen zur Gewährleistung ihrer Sicherheit“ vorzubereiten, die den Westmächten für den Fall des NATO-Beitritts der Bundesrepublik bereits im November und Dezember 1954 angedroht worden waren.[333] Eine Mitteilung des Moskauer Außenministeriums vom 22. März 1955 besagte, daß Einigung über den Inhalt eines Vertrags über Freundschaft, Kooperation und „gegenseitige Hilfeleistung“ erzielt worden war, und daß dieser Vertrag im Fall der Ratifizierung der Pariser Verträge unterzeichnet werden würde. Der (erst nach seiner Unterzeichnung in Warschau Mitte Mai so genannte) „Warschauer Vertrag“ war also in Planung und Vorbereitung eindeutig als Gegenzug gegen den NATO-Beitritt der Bundesrepublik konzipiert. Nur wenige Tage nach dem am 5. Mai 1955 rechtskräftig gewordenen Beitritt der Bundesrepublik zur NATO und dem Einzug Adenauers in den NATO-Rat am 9. Mai, nämlich vom 11. bis 14. Mai tagten die acht Staaten UdSSR, Polen, Tschechoslowakei, Ungarn, Rumänien, Bulgarien, Albanien und last not least die DDR in Warschau. Die sowjetische Delegation wurde von Ministerpräsident Bulganin angeführt, der am 14. Mai auch den Warschauer Vertrag für die Sowjetunion unterzeichnete. Molotow nahm zwar an der Tagung teil, spielte aber eine deutlich geringere Rolle als Bulganin.[334] Von Warschau flog Molotow direkt nach Wien, wo er am 15. Mai den Staatsvertrag unterzeichnete. Dieser zeitliche Zusammenhang darf nicht unbemerkt bleiben.

2. Ein bisher wohl zu wenig beachteter Faktor ist die Situation Jugoslawiens sowie die Evolution der sowjetisch-jugoslawischen Beziehungen von 1954 bis 1955. Schon am 8. Oktober 1953 hatten Amerikaner und Briten verkündet, daß sie ihre Besatzungstruppen aus der Zone A des Triester Gebiets (die Stadt Triest einschließend) abziehen würden (die Zone B war unter jugoslawischer Kontrolle), und es begann der Rückzug anglo-amerikanischer Streitkräfte aus Triest.[335] Nach monatelangen Verhandlungen in London unter maßgeblicher Vermittlung der Westmächte kam es zur einvernehmlichen Lösung des Triester Problems zwischen Jugoslawien und Italien im Vertrag von London vom

332 Vgl. oben S. 390.

333 Sowjetische Note vom 13. November 1954, sowie Schlußerklärung der Moskauer Konferenz für ein europäisches System der kollektiven Sicherheit vom 29. November bis 2. Dezember 1954; hierzu Fodor, *Warsaw Treaty Organization,* 17–21. Vgl. auch unten bei Anm. 352.

334 Robin A. Remington, *The Warsaw Pact,* Cambridge, Mass., 1971, 13–15. Umfangreiches Material zu Vorbereitung und Verlauf der Warschauer Konferenz findet sich in DDR-Archivalien, insbes. im Nachlaß Otto Grotewohl im Zentralarchiv der SED in: SAPM-BA, NY 4090/461, sowie im Archiv des ehem. DDR-Außenministeriums in: PAAA-MAA, A-14631.

335 Zu diesem Rückzug vgl. Rauchensteiner, *Sonderfall,* 323.

5. Oktober 1954.[336] Die Sowjetunion nahm die in London erzielte Lösung bemerkenswert rasch zur Kenntnis.[337] Eine Rücknahme der sowjetischen Militärpräsenz aus Österreich konnte für Jugoslawien, zumal wenn wenig Erwartungen in die Verteidigung Südösterreichs (der britischen Zone) seitens der Westalliierten bestanden, nur von Vorteil sein. Ein bemerkenswerter Bericht des französischen Botschafters in Belgrad Anfang April 1955 hat auf diese Zusammenhänge aufmerksam gemacht. Seit langem, so berichtete Botschafter Burin des Roziers, verlange Jugoslawien den Abschluß des Staatsvertrags und den Rückzug der Besatzungsmächte aus Österreich. Diese Haltung könne „paradox" erscheinen, wenn man bedenke, daß der Abzug der alliierten Truppen die Nordgrenze Jugoslawiens mit der Laibacher Pforte entblößt lassen würde. Diese Haltung sei jedoch nicht paradox, wenn man wisse, daß die Westmächte im Laufe von Militärgesprächen 1953 zu verstehen gegeben hätten, „daß sie im Falle eines Konflikts Österreich nicht verteidigen würden"(!).[338] Unter diesen Bedingungen könne Jugoslawien nur vom Abschluß eines Vertrags profitieren, der das Ende der russischen Okkupation (in Österreich) mit sich brächte. Der französische Botschafter berichtete weiter, er wisse aus sehr guter Quelle, daß Edvard Kardelj (Jugoslawiens Vizepräsident) auf die Anfrage seitens der sowjetischen Regierung, was diese tun könne, um die „Normalisierung" der sowjetisch-jugoslawischen Beziehungen zu betonen, die Regelung der Österreichfrage vorgeschlagen habe.

Offensichtlich ist schon Ende Dezember 1954 von jugoslawischer Seite der sowjetischen Führung der Abschluß des Staatsvertrages nahegelegt worden. Zu diesem Zeitpunkt hielt sich eine jugoslawische Wirtschaftsdelegation in Moskau auf. Überraschenderweise erschien zu einer Einladung der jugoslawischen Botschaft die höchste sowjetische Prominenz einschließlich des Ersten Sekretärs der KPdSU Chruschtschow, des Ministerpräsidenten Malenkow, und des Außenministers Molotow. Ein Zeuge jener Gespräche, der Slowene Bogdan Osolnik, damals Angehöriger des jugoslawischen diplomatischen Dienstes, hat berichtet, daß im Zuge der Konversation über die Blockierung der Beziehungen in Europa nach der Eingliederung Westdeutschlands in die NATO der jugosla-

---

336 Führend beteiligt an den Londoner Verhandlungen war der amerikanische Hochkommissar in Österreich, Thompson, der deswegen lange Perioden hindurch abwesend von Wien war. Hinweise zur Strategieplanung im Zusammenhang mit Triester Frage bei Nuti, Italy and the Defense of NATO's Southern Flank, 204–210.

337 Schon am 31. Mai 1954 hatte das Präsidium der KPdSU beschlossen, eine neue Politik gegenüber Jugoslawien einzuleiten. Andrei Edemskij, „The Turn in Soviet-Yugoslav Relations 1953–55", in: *Cold War International History Project Bulletin,* Nr. 10, März 1988, 138. Vgl. auch Bulganins Rede vor dem ZK-Plenum am 9. Juli 1955, ebd., 38.

338 „. . . qu'en cas de conflit elles ne défendraient pas l'Autriche". Bericht Botschafter Etienne Burin des Roziers nach Paris, 2. April 1955, AD, série Europe 1944–1960, sous-série Autriche, vol. 289, fol. 179–180.

wische Botschafter in Moskau, Vidić, eingeworfen habe, „Wieso sollte nicht die Anregung für den Abschluß eines Staatsvertrags mit Österreich gegeben werden können?“ Molotow habe aufbrausend und ablehnend reagiert: dann wären ja die „Kräfte des Imperialismus“ noch 250 km näher an der sowjetischen Grenze. Der Leiter der jugoslawischen Delegation, Todorovič, stellte demgegenüber den politischen Gewinn einer solchen Initiative heraus. Molotow erwiderte, man könne den österreichischen Vertrag nicht von der deutschen Frage trennen. Osolnik selbst wies darauf hin, daß bei weiterem Aufschub der Annahme des Staatsvertrags die Gefahr einer Teilung Österreichs bestehe.[339]

Die enge zeitliche Nähe der Aussöhnung zwischen der Sowjetführung und Marschall Tito zum Abschluß des Staatsvertrages ist jedenfalls in Rechnung zu stellen.[340] Die sowjetische Bereitschaft zum Abzug aus Österreich, Jugoslawiens nördlichem Nachbarn, war ganz offensichtlich ein vertrauensbildendes Element beim Abbau der sowjetisch-jugoslawischen Spannungen. Die Ankündigung der Reise Chruschtschows und Bulganins nach Belgrad erfolgte am 14. Mai 1955, gleichzeitig mit dem Abschluß des Warschauer Paktes und nur einen Tag vor dem Abschluß des Staatsvertrags. Hierzu gab Edvard Kardelj in einem Gespräch mit dem österreichischen Botschafter in Belgrad Walter Wodak im Mai 1955 interessante Hinweise. Es sei gerade der Abschluß des Staatsvertrages gewesen, der den Jugoslawen die Möglichkeit gegeben habe, den russischen Wunsch nach weiterer Normalisierung der Beziehungen zu akzeptieren; dies hätten die Jugoslawen in den sich über mehrere Monate hinziehenden Gesprächen, die dem Chruschtschow/Bulganin-Besuch in Belgrad vorhergingen, „immer wieder betont“. Für die Jugoslawen, so berichtete Wodak Kardeljs Äußerungen, „bedeute der Abzug der Russen aus Österreich genau dasselbe, wie für uns [d. h. die Österreicher, G. S.] der seinerzeitige Bruch zwischen Jugoslawien und der Kominform, der den russischen Einfluß von unserer Südgrenze entfernt habe“.[341]

3. Die sogenannte Modellfall-These – also die Frage möglicher und vor allem von der Sowjetunion beabsichtigter Beispielswirkungen der Österreich-

339 Bogdan Osolnik, *Med svetom in domovino. Spomini 1945–1981* [Zwischen Welt und Heimat. Erinnerungen 1945–1981], Maribor 1992, 118–124, insbes. 123; auch 174 und 184.

340 Der damalige amerikanische Botschafter in Belgrad, James Riddleberger, hat in einem zehn Jahre später für das „John Foster Dulles Oral History Project“ der Princeton University Library geführten Gespräch mit dem Historiker Gordon Craig gemeint, „the reconciliation policy vis-à-vis Yugoslavia didn't mean very much until Khrushchev did something about Austria“. Transkript des Gesprächs vom September 1965, Kopie im Besitz d. Verf. Ich bin Herrn Botschafter i. R. Dr. Friedrich Bauer für den Hinweis auf diese Äußerung sehr zu Dank verpflichtet.

341 AdR, BMAA, II-Pol, Bericht Wodak aus Belgrad v. 24. Mai 1955, Zl. 54-Pol/55 (= Zl. 322.468-Pol/55), über ein längeres Gespräch mit Kardelj am 23. Mai 1955. Die jugoslawische Komponente im Umfeld des Durchbruchs zum Staatsvertrag wird hier bewußt etwas ausführlicher erörtert, da in der neueren Forschung eine gewisse Engführung ausschließlich in Richtung Deutschland bzw. Österreich als allfälligem „Modellfall“ für Deutschland festzustellen ist.

Lösung auf die Bundesrepublik Deutschland –, ist bereits 1955 im Westen das häufigste Erklärungsmodell für die sowjetische Österreichpolitik gewesen, und zwar seitdem sich abzuzeichnen begann, daß die Sowjets mit Österreich „ernsthaft" zu verhandeln gedachten.[342] Die Modellfall-These, bereits viel und kontrovers in der Forschungsliteratur diskutiert, muß auch hier zur Erhärtung der im folgenden vorzutragenden eigenen Interpretationen mit Heranziehung einiger neuer Quellen eher ausführlich erörtert werden.

Bei den Verhandlungen über Österreich sei es der einzige Zweck der Sowjets, mittels des österreichischen Präzedenzfalls auf Deutschland zu zielen, so hieß es in einem Positionspapier des französischen Außenministeriums ausgerechnet am Tage des Moskauer Memorandums, dem 15. April 1955: „... l'unique objectif des Soviétiques est de viser l'Allemagne à travers le précédent Autrichien", und dieser Satz ist ob seiner Prägnanz auch als Titel einer neueren Arbeit zur „Modellfall"-Problematik gewählt worden.[343] Ähnlich einprägsam formuliert findet sich diese Hypothese in einem mündlichen Bericht des (neuen) britischen Außenministers Harold Macmillan an die Londoner Regierung knapp nach den Moskauer Gesprächen. Wir dürften nicht die Möglichkeit übersehen, so Macmillan, daß es das eigentliche Ziel der Russen (in Österreich) wäre, sich in eine günstigere Situation zu versetzen, „um Unabhängigkeit für ein vereinigtes Deutschland auf einer ähnlichen Basis militärischer Neutralität" anzubieten.[344] Auch Eisenhower meinte im Nationalen Sicherheitsrat, der sowjetische Schachzug in Österreich sei sicherlich mit Deutschland als eigentlichem Ziel gemacht worden.[345]

Geradezu ein Katastrophenszenario entwickelte der französische Sozialistenführer Guy Mollet im Gespräch mit dem Vertrauensmann Adolf Schärfs an der österreichischen Botschaft in Paris, Legationsrat Heinrich Standenat. Die Sowjetinitiative erfülle ihn mit größtem Unbehagen, so sagte Mollet, „da sie durch die Schaffung des österreichischen Präzedenzfalles darauf ausgerich-

342 Vgl. oben S. 388–391.

343 Note de la Direction Politique vom 15. April 1955, in *DDF 1955,* I, 456–458, hier 458 (Dok. Nr. 197). Michael Gehler, „‚L'unique objectif des Soviétiques est de viser l'Allemagne'. Staatsvertrag und Neutralität 1955 als ‚Modell' für Deutschland?", in: Thomas Albrich/Klaus Eisterer/Michael Gehler/Rolf Steininger, Hrsg., *Österreich in den Fünfzigern* (= Innsbrucker Forschungen zur Zeitgeschichte 11), Innsbruck 1995, 259–297, bes. 264. Die gleiche Thematik, materialmäßig erweitert, auch in: Michael Gehler, „Österreich, die Bundesrepublik und die deutsche Frage 1945/49–1955", in: Michael Gehler/Rainer F. Schmidt/Harm-Hinrich Brandt/Rolf Steininger (Hrsg.), *Ungleiche Partner? Österreich und Deutschland in ihrer gegenseitigen Wahrnehmung* (= Historische Mitteilungen der Ranke-Gesellschaft, Beihefte 15), Stuttgart 1996, 535–580.

344 PRO, CAB 128/29, C.M. 4(55), 19. April 1955. Am 5. April 1955 hatte Winston Churchill seinen Rücktritt als Premierminister erklärt, am 6. April wurde Anthony Eden von der Königin mit dem Amt des Premierministers betraut. Nachfolger Edens als Außenminister wurde Harold Macmillan.

345 In der Sitzung vom 21. April 1955. *FR 1955–1957, V,* 53.

tet sei, Adenauer zum Sturz zu bringen und die Neutralisierung Deutschlands vorzubereiten. Dies aber würde den Zusammenbruch der Nato, den Abzug der amerikanischen Truppen aus Europa und auf weitere Sicht die Sowjetisierung Westeuropas nach sich ziehen.“[346]

In der Bundesrepublik fürchtete Bundeskanzler Adenauer neuerlich, wie schon zu Zeiten der Berliner Konferenz, Beispielsfolgen für die Bundesrepublik, nur noch stärkere, da diesmal die Sowjets in der Österreichfrage ernst gemacht hatten. Adenauer hatte mit einer heftigen außenpolitischen Opposition der deutschen Sozialdemokratie zu rechnen, die ihm vorwarf, mit seinem Kurs der Westintegration verschütte er mögliche Chancen der deutschen Einheit. Die US-Regierung und unmittelbar danach die Regierung Adenauer hinterlegten vorzeitig – am 20. April – die Ratifikationsurkunden zu den Pariser Verträgen. Zeitgenössische Erklärungen sahen darin eine den Westkurs der BRD gerade vor dem Hintergrund der Österreichlösung bestärkende Geste; das auslösende Motiv zumindest bei den Amerikanern war aber der Versuch, Druck auf Frankreich wegen eines strittigen Saar-Problems auszuüben.[347]

Die Sowjets selbst gaben während der Moskauer Österreich-Verhandlungen und in den Wochen danach durchaus unterschiedliche, ja gegensätzliche Äußerungen über die Relevanz der Österreichlösung für Deutschland ab. Die Äußerungen der Spitzenvertreter der Sowjetunion gegenüber den Österreichern in Moskau waren eher dazu angetan, die Unterschiede zwischen Österreich- und Deutschlandfrage hervorzuheben. Bulganins Tischrede in der österreichischen Botschaft am 12. April wurde bereits erwähnt.[348]

Adolf Schärf bemühte sich seinerseits, dem von Fritz Heine nach Wien gebrachten Ersuchen der deutschen Sozialdemokraten folgend, um eine Aussprache über die deutsche Frage. Er wandte sich an Semjonow mit der Bitte, mit ihm namhaft zu machenden Personen über die deutsche Frage sprechen zu können. Darauf wurde Schärf am 14. April zu einem Gespräch mit Molotow in den Kreml gebeten. Schärf hat in seinen Notizen über die Moskau-Fahrt außer der Tatsache der Aussprache keinerlei Angaben gemacht.[349] Seit längerem sind allerdings die Aufzeichnungen, die Fritz Heine über Schärfs mündli-

---

346 Brief Standenats an Schärf, Paris, 5. Mai 1955, über ein Gespräch mit Mollet vom 4. Mai berichtend. VGAB, Nachlaß Schärf, 4/226. Standenat versuchte, Mollet zu beruhigen. Es sprächen doch zahlreiche Elemente wie beispielsweise das Ostgrenzenproblem gegen ein deutsches Ausspringen aus der Nato.

347 *New York Times*, City Edition, 22. April 1955, 1; Thoß, Beitritt der Bundesrepublik zu WEU und NATO, 130. Zu der der früheren Forschung unbekannten Verbindung mit der Saarfrage nunmehr: *Die Kabinettsprotokolle der Bundesregierung*, Bd. 8, 1955, bearb. M. Hollmann/K. v. Jena, München 1997, 229.

348 Vgl. oben S. 416.

349 Schärf, Moskau-Fahrt, 29.

chen Bericht machte, veröffentlicht, und inzwischen ist auch die sowjetische Aufzeichnung über das Gespräch Schärf-Molotow einsehbar.[350] Schärf stellte klar, daß Molotows Äußerungen an Ollenhauer (den Vorsitzenden der SPD) weitergegeben würden. Schärf wies – seinem eigenen Bericht an Heine folgend – darauf hin, daß seiner Meinung nach jeder Russe Angst vor Deutschland habe und aus diesem Grunde die Wiedervereinigung nicht für zweckmäßig halte; in Frankreich und in England gebe es keine Stimmung für die Wiedervereinigung Deutschlands, im Gegenteil; bezüglich der Vereinigten Staaten sei er weniger sicher, vermute aber auch dort keine große Neigung für die Wiedervereinigung.[351] Molotow erklärte die Einheit Deutschlands als Ziel der sowjetischen Politik. Sie sei mit dieser Politik gescheitert, so gab Schärf Molotows Ausführungen an Fritz Heine weiter. In der sowjetischen Mitschrift wird deutlicher, wo Molotow die Verantwortung hierfür festmachte: Westdeutschland sei „nicht bereit, von den Pariser Abkommen, die die Wiederherstellung der Einheit behindern, abzugehen". Aus der sowjetischen Mitschrift geht hervor, daß es ein gewisses Abtasten bezüglich der Intentionen der jeweils anderen Seite gab, ohne daß jedoch konkrete Absichten oder Vorschläge auf den Tisch gelegt worden wären. Schärf sagte, daß die deutschen Sozialdemokraten der Meinung wären, daß die Aufrüstung (West-)Deutschlands mehrere Jahre in Anspruch nehmen würde und daß sie deshalb die Perspektiven, die die Sowjetregierung als Grundlage für ein gegenseitiges Verständnis zwischen der Sowjetunion und den westdeutschen Sozialdemokraten sähe, kennenlernen möchten. Molotow konterte mit der Gegenfrage, welche Perspektiven und Möglichkeiten die Sozialdemokraten selbst sähen; die Sowjetunion wünschte, daß es solche Perspektiven und Möglichkeiten gebe. Schärf wiederholte nun, daß die westdeutschen Sozialdemokraten erfahren möchten, ob es seitens der Sowjetregierung neue Vorschläge geben würde. Molotow gab darauf keine Antwort, sondern schob den „Schwarzen Peter" dem Westen zu: Wenn die Politik der Remilitarisierung Westdeutschlands fortgesetzt werde, dann würde der Plan, der auf der Moskauer Konferenz des Jahres 1954 ausgearbeitet worden sei, in die Tat umgesetzt werden.[352] Es handelte sich um jenen Plan,

350 Aufzeichnung Fritz Heines über seine Besprechung mit Schärf (und Kreisky) am 19. und 20. April 1955, in Stadler, Modellfall Österreich, 400–401, (erliegt in VGAB, Nachlaß Schärf, 4/249), sowie Aufzeichnung „Empfang des Vorsitzenden der Sozialistischen Partei Österreichs Vizekanzler Schärf", 14. April um 17 Uhr, SBKA, Depot von Quellen aus dem AVPRF, Fonds 06, op. 14[a], p. 40, d. 116, fol. 30–33. Die Unterredung dauerte 30 Minuten, außer Schärf und Molotow war lediglich der Dolmetscher R. Sergejew anwesend.

351 Die sowjetische Mitschrift erwähnt Schärfs Bedenken nur hinsichtlich der Franzosen und der Engländer.

352 Dies bezog sich auf die Konferenz der Ostblockstaaten (die anderen Staaten Europas waren ferngeblieben), die von 29. November bis 2. Dezember 1954 in Moskau tagte und für den Fall der Ratifizierung der Pariser Verträge und des NATO-Beitritts der Bundesrepublik die Bildung einer eigenen Verteidigungsgemeinschaft in Aussicht stellte. Vgl. *AdG* 1954, 4878B.

der mit dem Warschauer Pakt vom 14. Mai 1955 Wirklichkeit werden sollte. Schärf, noch immer ohne konkrete Antwort Molotows, wechselte nun das Thema und kam auf die Österreichlösung zu sprechen, die er gemäß der sowjetischen Mitschrift als „moralische Niederlage Adenauers" bezeichnete. Doch ließ er nicht locker und fragte neuerlich, ob es keinen Weg gebe, die deutsche Frage zu lösen. Molotow erwiderte lediglich, die Sowjets würden neue Wege suchen, brauchten dazu aber entsprechende Helfer. Schärf meinte, die deutsche sozialdemokratische Partei befinde sich in einer schwierigen Lage, da sie einerseits von den bürgerlichen Parteien als „moskauhörig" angegriffen, andererseits von der Sowjetunion kritisiert werde. Schärf betonte, daß bisher die Einheit Deutschlands das Wichtigste in der Politik der Sozialdemokraten gewesen sei; schließlich fragte er, ob man die westdeutschen Sozialdemokraten zur direkten Kontaktaufnahme mit der sowjetischen Seite ermutigen solle. Molotow antwortete mit einer neuerlichen Gegenfrage; die deutschen Sozialdemokraten wären bis jetzt für die Einheit Deutschlands, aber wie würden sie sich in Zukunft verhalten? Er fügte allerdings hinzu, ein direkter Kontakt könne dazu beitragen, Wege zu finden und die Ziele des anderen zu erfahren. Auf Schärfs Frage, wie dies praktisch zu bewerkstelligen sei, meinte Molotow, dies wäre über den Apparat der Botschaft der UdSSR in Berlin möglich. Wehner, Mitglied des zentralen Vorstandes der deutschen sozialdemokratischen Partei, sei dies bekannt.[353]

Soweit das Zweiergespräch Schärf-Molotow über Deutschland; Kreisky wiederum hat über ein anderes Gespräch am Rande der Moskauer Verhandlungen berichtet, in dem Mikojan – nach einer Quelle allerdings Molotow! – den Unterschied zwischen dem Kleinstaat Österreich und einem großen Staat wie Deutschland stark herausgestrichen hätte; der Kern der in variierenden Formulierungen überlieferten Aussage war, Regelungen mit einem kleinen Staat ließen sich auf dem Papier festlegen, bei einer Großmacht (oder einem großen Staat) wären Garantien auf Papier nicht ausreichend.[354] Der britische

---

353 Molotows Hinweis auf (Herbert) Wehner wurde von Schärf gegenüber Fritz Heine detaillierter wiedergegeben: Molotow hätte zunächst einen Schärf unverständlichen Namen aus dem Stabe des UdSSR-Botschafters in Ostberlin, Puschkin genannt, sich dann korrigiert und gemeint: „Nein, da könnte ja der Abgeordntete Werner die Besprechungen fortsetzen"; auf Schärfs Zwischenbemerkung, „Sie meinen wohl den Abgeordneten Wehner", habe Molotow geantwortet: „Ja, natürlich, Wehner heißt er"; dies sei der Schluß des Gesprächs gewesen (Stadler, Modellfall Österreich, 401); in der sowjetischen Mitschrift folgt noch eine Frage Molotows zu den Österreichverhandlungen.

354 Verschiedene, Mikojan nennende Hinweise Kreiskys bei Thoß, Modellfall Österreich?, Anm. 136; vgl. insbes. Kreisky, *Zwischen den Zeiten,* 461; vgl. auch (ohne Nennung eines Namens) Stadler, Modellfall Österreich, 393. Die früheste, inhaltlich die gleiche Aussage wiedergebende Quelle ist ein Telegrammbericht Thompsons an Dulles vom 19. April 1955, wo allerdings Molotow, nicht Mikojan, genannt wird: „In course casual conversation Molotov remarked to Kreisky that treaties were all right where small powers were concerned but in case of big powers

Botschafter in Wien wiederum wußte zu berichten, einer der die österreichische Delegation begleitenden Beamten habe von seinen eigenen Gesprächen mit dem stellvertretenden Außenminister Semjonow den Eindruck erhalten, daß die neue Linie gegenüber Österreich das Ziel hätte, „einen Präzedenzfall und ein Beispiel für Deutschland zu schaffen“.[355]

All diese Berichte sind auch deshalb von Interesse, weil es Kontroversen über die Richtigkeit oder Unrichtigkeit von Schärfs Berichterstattung an Fritz Heine gibt. Schärf habe Heine „irreführend“ über den neuen sowjetischen Kurs informiert, ist geschrieben worden. Daher sei man im Zentralbüro der SPD zur Auffassung gelangt, daß die Gespräche „wenig ermutigend“ gewesen seien. „Offenbar hatten Schärf und Kreisky die Erwartungen heruntergespielt“.[356] Diese Interpretation ist im Lichte der verfügbaren Quellen und insbesondere der sowjetischen Aufzeichnung über das Gespräch Schärf-Molotow nicht überzeugend. Molotow gab Schärf nicht den geringsten Hinweis auf etwaige sowjetische Konzessionen in der Deutschlandfrage; zuerst müsse Westdeutschland weg von der „Wiederbewaffnung“, wie Schärf an Heine weitergab (Molotow hatte das Wort „Remilitarisierung“ verwendet); widrigenfalls käme es zur Durchführung der „Warschauer Beschlüsse“, wie es in Heines Aufzeichnung formal mißverständlich, inhaltlich unmißverständlich, heißt.[357] Molotows einziger Strohhalm in Richtung der SPD war die Bereitschaft zu Gesprächen mit bzw. über Herbert Wehner. Von einer irreführenden Information seitens Schärfs kann eigentlich nicht gesprochen werden.[358]

---

paper guarantees not sufficient. In this connection he cited evolution that had occurred in Germany in a period of ten years after first world war.“ Thompson setzt seinen Bericht über ein vertrauliches Gespräch mit Kreisky am Abend des 18. April 1955, also drei Tage nach der Rückkehr aus Moskau, mit den Worten fort: „Austrians got strong impression that Soviets for present are resigned to fact of divided Germany but will make strong effort bring about general detente with west.“ NA, RG 59, 663.001/4-1955.

355 „. . . precedent and example for Germany“; russische Vorschläge „might include an invitation to Adenauer and Ollenhauer to make a joint visit to Moscow“. Wallinger an Foreign Office, 18. April 1955, PRO, FO 371/117789/RR1071/149. Weitere Quellen zu dieser Äußerung sind bislang nicht bekannt.

356 Gehler, Österreich, die Bundesrepublik und die deutsche Frage, 572.

357 Es müßte „Moskauer Beschlüsse“ heißen, da es sich um die von Molotow genannte Moskauer Konferenz vom November/Dezember 1954 handelt; deren Durchführung erfolgte allerdings in der Warschauer Konferenz vom 11. bis 14. Mai 1955, die mit der Unterzeichnung des Warschauer Pakts endete. Heine kehrte von seinem zweiten Besuch in Wien enttäuscht und verstimmt nach Deutschland zurück; durch eine auf ein Gespräch mit Heine zurückgehende Glosse in der Zeitschrift *Der Monat* (Juni 1955), die Schärf als Indiskretion auffassen mußte, trat eine Verstimmung Schärfs hinzu; vgl. Stadler, Modellfall Österreich, 391–393.

358 Gehler gelangt zu seiner Interpretation offensichtlich aufgrund eines von ihm zitierten französischen Aktenstückes, und zwar eines Berichts des Botschafters Seydoux aus Wien vom 18. Juni 1955, ein Gespräch mit dem Gesandten Verosta wiedergebend, der die These gewisser österreichischer sozialistischer Kreise, wonach die Sowjetunion eigentlich die Teilung Deutschlands aufrechterhalten wolle und Wiedervereinigungsvorschläge nur in der Hoffnung mache, daß sie

In der Tat wurde von sowjetischer Seite selbst im Gefolge der Moskauer Verhandlungen viel gesagt, um die Lösung der Österreichfrage den Deutschen tunlichst zur Nachahmung zu empfehlen. Allerdings ist es nötig, die von sowjetischer (und ostdeutscher) Seite hergestellten Bezüge der Österreichlösung zur deutschen Frage sehr exakt zu untersuchen.

Am 7. Mai 1955 sprach der den Rang eines Ersten Stellvertretenden Ministerpräsidenten innehabende und anläßlich des zehnten Jahrestages der Kapitulation Deutschlands nach Ostberlin entsandte Michail G. Perwuchin, Präsidiumsmitglied der KPdSU, in der Berliner Staatsoper. „Das Beispiel der österreichisch-sowjetischen Verhandlungen in Moskau", so Perwuchin, „hat anschaulich bewiesen, daß eine Lösung strittiger internationaler Fragen auf dem Wege solcher Verhandlungen möglich ist, bei denen die interessierten Seiten in der Tat ein Übereinkommen anstreben und guten Willen zeigen."[359] Allerdings ist es doch zu einfach, Perwuchin dahingehend zu interpretieren, er habe damit „eine Analogie zur Lösung der deutschen Frage" gezogen.[360] Perwuchin sagte nämlich klipp und klar, daß es in „in Wirklichkeit jedoch nicht möglich" sei, „die friedliebende Deutsche Demokratische Republik mit dem militaristischen Westdeutschland zu vereinigen". Die Pariser Verträge – gerade zwei Tage zuvor in Kraft getreten! – würden eine „ernste Gefahr in Europa heraufbeschwören". Es wird weiter unten gezeigt werden, daß diese Äußerung Perwuchins in der Tat die damalige Position der sowjetischen Führung wiedergab, wie sie nur wenige Tage später in den internen Weisungen für Außenminister Molotow für die Begegnung mit den westlichen Außenministern in Wien am 14. Mai 1955 zum Ausdruck kommen sollte.[361] Natürlich präsentierte Perwuchin sogleich die – nicht neue – sowjetische Alternative: ein System der kollektiven Sicherheit „aller europäischen Staaten" unabhängig von der Unterschiedlichkeit ihres gesellschaftlichen und staatlichen Aufbaus, sohin „unter Beteiligung beider Teile Deutschlands und später auch des vereinigten

zurückgewiesen würden, als „plus subtil qu'exacte" – „eher ausgeklügelt denn buchstäblich wahr" – qualifiziert hatte: Gehler, Österreich, die Bundesrepublik und die deutsche Frage, 572, mit Bezug auf *DDF 1955*, I, Nr. 348. Hierzu wäre zu bemerken, daß bei dem Gespräch Schärf-Molotow kein weiterer Österreicher anwesend war und Schärf sich äußerst diskret verhielt, da es sich um eine Angelegenheit der SPD handelte, nicht einmal in seinen stenographischen Tagebuchnotizen den Inhalt seines Gesprächs notierte, und wohl auch die österreichischen Diplomaten nicht in dessen Inhalt einweihte. Dazu kommt, daß Verosta offensichtlich Mitteilungen erhielt, die vom Tenor des Gesprächs Molotow-Schärf abwichen; vgl. hierzu unten Anm. 373. Daß Schärf bzw. Kreisky sich in erster Linie an dem orientierten, was sie selbst gehört hatten – von Molotow, von Bulganin, von Mikojan – ist plausibel. Zu Kreisky vgl. auch unten S. 493.

359 Perwuchins Rede abgedruckt in: *Neues Deutschland,* Nr. 107 v. 8. Mai 1955, 4.

360 Dies tut Steininger, 15. Mai 1955, 237, sich auf einen Bericht des britischen Botschafters Hayter aus Moskau beziehend; Steininger datiert Perwuchins Berliner Äußerung irrtümlich mit 9. Mai 1955.

361 Vgl. unten S. 478.

Deutschlands [sic]". Dies war sorgfältig formuliert; das Wörtchen „später" öffnete einen weiten zeitlichen Horizont, der mit der gerade im Jahre 1955 deutlich werdenden Stärkung der DDR und der Hinwendung zur Politik der „zwei deutschen Staaten" seitens der Sowjetunion durchaus vereinbar war.[362]

Die kontroverse Frage nach der sowjetischen Deutschlandpolitik im Frühjahr und Frühsommer 1955 und nach dem Stellenwert des in diese Politik eingebauten „Modellfalls Österreich" möchte ich mit dem Hinweis auf eine sowjetische „Politik der drei Ebenen" beantworten. Die drei Ebenen waren die folgenden:

a) Die resolute Hinwendung zu einer Politik der direkten Kontaktnahme mit den Machthabern der Bundesrepublik Deutschland – d. h. mit der Bundesregierung und der in jeder Hinsicht dominierenden Persönlichkeit, Konrad Adenauer, und damit die Hinwendung zu einer Politik der „zwei deutschen Staaten". Schon am 25. April 1955 – nur zehn Tage nach dem Moskau-Besuch der Österreicher! – erfuhren bundesdeutsche Diplomaten inoffiziell von der Absicht der sowjetischen Führung, Adenauer nach Moskau einzuladen – sechs Wochen vor der offiziellen Einladung an Adenauer, die am 7. Juni 1955 ausgesprochen wurde und als Sensation ersten Ranges wirkte.[363] Setzt man diese Daten mit den Daten des NATO-Beitritts der Bundesrepublik in Verbindung – 5. Mai Rechtskraft der Pariser Verträge, 9. Mai Einzug Adenauers in den NATO-Rat in Paris –, so wird der machtpolitische Realismus der Moskauer Führung deutlich. Dieser machtpolitische, ideologische Barrieren überspringende Realismus war ja bei den Moskauer Gesprächen mit den Österreichern direkt ausgesprochen worden: „Wir haben die Macht und Sie haben die Macht. Reden wir miteinander. Wir können und müssen Freunde werden" – so hatte Chruschtschow in Moskau zu einem der heftigsten Gegner der Sowjetpolitik und des Kommunismus in Österreich, dem SPÖ-Vorsitzenden Adolf Schärf gesprochen.[364] In ähnlichem Sinne ist das Anerbieten Chruschtschows an Adenauer – den Kanzler, der Westdeutschland gerade in die NATO geführt

362 Rede Perwuchins wie Anm. 359; vgl. auch die bemerkenswerte Analyse bei Wassmund, *Kontinuität im Wandel,* 93.

363 Entsprechende Informationen erhielt der bundesdeutsche Vertreter in Washington, Botschafter Heinz Krekeler am 25. April, und zwar aufgrund von Andeutungen des sowjetischen Botschafters Zarubin in Washington gegenüber dem italienischen Botschafter Manlio Brosio, der zuvor Botschafter in Moskau gewesen war: Hans-Peter Schwarz, *Die Ära Adenauer. Gründerjahre der Republik 1949–1957,* Stuttgart – Wiesbaden 1981, 505–506 (Anm. zu S. 277), sowie Daniel Kosthorst, *Brentano und die deutsche Einheit. Die Deutschland- und Ostpolitik des Außenministers im Kabinett Adenauer 1955–1961,* Düsseldorf 1993, 51–52.

364 Aufzeichnungen Kreiskys über ein Gespräch zwischen Chruschtschow und Schärf nach dem Bankett bei Ministerpräsident Bulganin am Abend des 14. April 1955, in: Schärf, Moskau-Fahrt, 30. Schärf antwortete auf Chruschtschows Äußerung mit einer Frage: „Also Koexistenz, friedliche Koexistenz zwischen der Kommunistischen Partei Rußlands und der sozialdemokratischen [sic] Partei Österreichs ohne Vermittlung der Kommunistischen Partei Österreichs?", worauf Chruschtschow dies bejahte; ähnlich äußerte sich auch Mikojan (ebd.; diese interessante Konversation auch nachlesbar bei Stadler, *Schärf,* 449). Vgl. oben S. 445.

hatte – zu interpretieren.[365] Adenauers Moskau-Besuch fand bekanntlich zwischen 9. und 13. September 1955 statt und führte zur Vereinbarung der Aufnahme diplomatischer Beziehungen zwischen Moskau und Bonn; ab März 1956 kam zum DDR-Botschafter in Moskau ein bundesdeutscher Botschafter hinzu – es residierten also zwei deutsche Botschafter in Moskau, ein deutlicher Beweis der von Chruschtschow im Juli 1955 in Ostberlin öffentlich ausgesprochenen „Zwei-Staaten-Politik" der Sowjetunion.[366] Die „Zwei-Staaten-Politik" wurde jedoch bereits Mitte Jänner 1955 durch das Angebot der Normalisierung der Beziehungen zwischen der UdSSR und der Bundesrepublik vorbereitet,[367] durch die Planung von Adenauers Moskau-Reise spätestens im April 1955 im politischen Kalkül der Sowjetführung festgeschrieben und während des ganzen Jahres 1955 durch eine Vielzahl von Gesten zur Stärkung der DDR begleitet.[368]

---

365 „Wir anerkennen, daß der Fall Deutschlands verschieden von jenem Österreichs ist, aber indem wir Kanzler Raab einluden, haben wir die Methode angeben wollen, der zu folgen wäre" – „. . . nous avons voulu indiquer la méthode à suivre". So habe sich der sowjetische Botschafter in Washington Zarubin gegenüber dem italienischen Botschafter Brosio geäußert. Bericht des französischen Botschafters Couve de Murville nach Paris Nr. 2582, 6. Mai 1955, AD, série Europe 1944–1960, sous-série Autriche, vol. 300. – Vgl. auch die differenzierten Überlegungen von Thoß, Modellfall Österreich?, 127–128, der zeigt, wie die sowjetische Politik in einer Kosten-Nutzen-Rechnung die (bisherige) Politik „mit den Opponenten" des NATO-Beitritts relativierte und die direkte Verbindung zu den Entscheidungsträgern in der BRD anpeilte.

366 Rede Chruschtschows in Ostberlin am 26. Juli 1955, *AdG* 1955, 5282A, Abschn. 5. Sehr frühzeitig, am 10. Juni 1955, hatte der französische Botschafter André François-Poncet Bundeskanzler Adenauer in einem Gespräch darauf hingewiesen, daß es also in diesem Falle „zwei deutsche Botschafter in Moskau" geben würde; Adenauer spielte die Bedeutung dieses Faktums herunter. François-Poncet an Pinay, 10. Juni 1955, *DDF 1955,* I, 754 (Nr. 331). Die Versuche der Bundesrepublik, mittels der „Hallstein-Doktrin" die sowjetische Zwei-Staaten-Politik zu durchkreuzen, scheiterten schließlich im Zuge der „Ostpolitik" Willy Brandts.

367 Dies geschah, manchmal übersehen, in der Erklärung der Sowjetregierung zur Deutschlandfrage vom 15. Jänner 1955, in der für den Fall der Aufgabe der militärischen Westbindung der BRD freie Wahlen für ganz Deutschland unter internationaler Kontrolle, allerdings unter Wahrung zahlreicher Mitwirkungsrechte der DDR, zur Diskussion gestellt wurden. Vgl. *AdG,* 1955, 4959C; eine westdeutsche Stellungnahme hierzu (ebd.) bemerkte zutreffend, daß hier erstmals das Angebot zur Aufnahme diplomatischer Beziehungen zur Bundesrepublik vorliegen dürfte.

368 Schon in der eben genannten Erklärung vom 15. Jänner 1955 kündigte die Sowjetregierung an: Wenn die Pariser Abkommen ratifiziert seien, würde eine neue Lage entstehen, bei der die Sowjetunion (u. a.) „für die weitere Festigung der freundschaftlichen Beziehungen zur Deutschen Demokratischen Republik Sorge tragen wird" (ebd.). Am 25. Jänner 1955 wurde die Beendigung des Kriegszustandes zwischen der UdSSR und Deutschland durch Dekret des Präsidiums des Obersten Sowjet verkündet; der Text war mit besonders freundlichen Erklärungen gegenüber der DDR versehen, ebnete aber auch einer späteren Aufnahme von Beziehungen mit der BRD den Weg (*AdG* 1955, 4980A). Einen Irrtum stellt die Behauptung von Wilfried Loth, *Stalins ungeliebtes Kind. Warum Moskau die DDR nicht wollte,* Berlin 1994, 220, dar, am 25. März 1955 habe die Sowjetregierung erklärt, daß die Überwachung der Tätigkeit der staatlichen Organe der DDR durch den Hohen Kommissar der UdSSR aufgehoben sei; diese Erklärung erfolgte nämlich bereits am 25. März 1954 (!). Eine Stärkung der Position der DDR erfolgte durch ihre Einbindung in die Vorbereitung und den Abschluß des Warschauer Paktes vom 14. Mai 1955, sowie mit dem Vertrag

Die Zwei-Staaten-Politik Chruschtschows kann aus einer Kombination von machtpolitischen und gesellschaftspolitischen Überlegungen erklärt werden – Angst vor dem Machtpotential eines bevölkerungsstarken wiedervereinigten Deutschland u n d Sorge um die Bewahrung der kommunistischen Bastion in einem der deutschen Teilstaaten. Österreich hingegen hatte weder die Bevölkerungszahl Deutschlands, noch war es in Ostösterreich zur Einführung des Modells der Volksdemokratien gekommen. Chruschtschow hat selbst den Österreichern dieses kombinierte Motiv der unterschiedlichen Sowjetpolitik gegenüber Österreich und gegenüber Deutschland angedeutet, allerdings nicht 1955, sondern vier Jahre später, wie einer sehr präzisen Schilderung Rudolf Kirchschlägers zu entnehmen ist. Anläßlich des Staatsbesuchs des inzwischen zum Bundespräsidenten gewählten Adolf Schärf in Moskau kontrastierte Chruschtschow die Situation in Österreich mit jener in Deutschland. Im Gespräch mit Schärf, Kreisky und Staatssekretär Gschnitzer im Beisein Kirchschlägers meinte Chruschtschow, in Österreich habe die Bevölkerung das sozialistische (im Sinne von volksdemokratisch-kommunistisch, G. S.) System abgelehnt; unter diesen Umständen habe es keinen Sinn gehabt, in Österreich zu bleiben – höchstens einen militärischen, der aber die friedliche Koexistenz unglaubwürdig gemacht hätte.[369] Auf eine Frage Gschnitzers, ob diese Überlegungen „nicht auch auf die Wiedervereinigung Deutschlands anwendbar gewesen wären", antwortete Chruschtschow: „Sind Ihnen 50 Millionen Deutsche nicht genug? Sie verstehen meine Politik nicht und auch das nicht, was ich gesagt habe. In Deutschland ist die Sache doch ganz anders. Dort hat sich ein Teil zum Sozialismus [gemeint ist nach unserem Sprachgebrauch Kommunismus – Anmerkung Kirchschlägers] bekannt. Das ist etwas ganz anderes. Ein Volk, das sich einmal zu uns bekennt, das lassen wir im Kampf gegen die Konterrevolution nicht im Stich, dem lassen wir die fortschrittlichen Errungenschaften nicht nehmen; von niemandem!"[370]

---

vom 20. September 1955 zwischen der UdSSR und der DDR, in welchem der DDR die freie Entscheidung in Fragen der Innen- und Außenpolitik einschließlich ihrer Beziehungen zur BRD verbrieft wurde *(AdG* 1955, 5369E). Vgl. die sorgfältige Analyse bereits bei Wassmund, *Kontinuität im Wandel,* 90–97. So zahlreich übrigens die Kontroversfragen auf der Plenartagung des ZK der KPdSU im Juli 1955 zwischen Chruschtschow und Molotow in Fragen der Führung der Außenpolitik waren, die „deutsche Frage" war offensichtlich keine davon.

369 Dies entspricht übrigens Äußerungen Chruschtschows auf dem Plenum des Zentralkomitees der KPdSU im Juli 1955; vgl. oben S. 459.

370 Rudolf Kirchschläger, *Der Friede beginnt im eigenen Haus. Gedanken über Österreich,* Wien 1980, 72–73; auch zit. bei Stadler, Modellfall Österreich, 393; Kirchschläger leitete damals die Völkerrechtsabteilung im Wiener Außenamt. Diese Darstellung ist aussagekräftiger und ausführlicher als Kreiskys Schilderung einer ähnlichen Äußerung anläßlich eines Wienbesuchs Chruschtschows, zit. bei Thoß, Modellfall Österreich?, 135, nach einem Interview Kreiskys in *Der Spiegel,* Nr. 7 v. 11. 2. 1985, 126.

b) Auf einer zweiten Ebene betrieb jedoch die Sowjetführung im Frühjahr und Frühsommer 1955 eine „Politik der Verunsicherung" gegenüber den Westmächten und der Bundesrepublik, indem sie in vertraulichen und inoffiziellen Äußerungen „unter der Hand" die Möglichkeit weitestgehender Konzessionen in der Deutschlandfrage ins Gespräch brachte. Wie extrem die Bereitschaft war, Verunsicherung im Westen zu stiften, kann anhand des Themas einer „Opferung" der DDR gezeigt werden. Als Ende Jänner 1955 das Zentralkomitee der KPdSU beschloß, Georgij Malenkow seines Amtes als Ministerpräsident zu entheben, befaßte sich ein Punkt der Begründung der Amtsenthebung mit Malenkows Deutschlandpolitik 1953, die allzusehr der des (inzwischen hingerichteten) Beria geglichen habe. Die (in Archivbeständen der früheren DDR aufgefundene) Schuldzuweisung an Malenkow lautete:

„Gen. Malenkow ging mit Beria in einer so wichtigen Frage zusammen, wie die Frage unserer Politik in Deutschland. Gen. Malenkow unterstützte den Vorschlag Berias, vom Aufbau des Sozialismus in der DDR gänzlich abzugehen und den Kurs darauf zu richten, Deutschland zu verlassen und damit die Möglichkeit der *Schaffung eines einheitlichen bürgerlichen Deutschland als angeblich ‚neutralen' Staates* zu geben. Als diese kapitulantenhaften Vorschläge von der überwiegenden Mehrheit der Mitglieder des Präsidiums des ZK abgelehnt wurden, fiel nicht nur Beria, sondern auch Gen. Malenkow nach der Sitzung mit Drohungen über einzelne Mitglieder des Präsidiums her, versuchte sie einzuschüchtern und die Durchführung der kapitulantenhaften Linie zu erreichen."[371]

Knappe drei Monate später wurde genau jene Alternative, die Malenkow zum Vorwurf gemacht wurde, nämlich die Schaffung einer bürgerlichen, neutralen Regierung für ganz Deutschland in Berlin, unter Bezugnahme auf das österreichische Beispiel in London von einem Sowjetdiplomaten gegenüber einem französischen Kollegen ins Gespräch gebracht! Die Vereinigung Deutschlands und seine Neutralisierung würden es erlauben, eine Pufferzone zwischen dem Westen und dem Osten vom Polarkreis bis zur Adria zu errichten. Darüber berichtete Botschafter Jean Chauvel nach Paris.[372]

---

371 SAPM-BA, Bestand Büro Walter Ulbricht, DY 30/J IV 2/202/319, „Beschluß des Plenums des Zentralkomitees d. KPdSU über Gen. Malenkow G. M. (einstimmig angenommen auf der Sitzung des Plenums des ZK d. KPdSU am 31. Januar 1955)", liegt in den Archivalien des Büros Walter Ulbricht sowohl in der russischen Originalfassung („postanovlenie") als auch in deutscher Übersetzung vor (Kursivsetzung G. S.).

372 Bericht des Botschafters Chauvel aus London an Außenminister Pinay, 2. Mai 1955, *DDF 1955*, I, 559–561 (Nr. 243); Chauvel nannte weder den Namen des sowjetischen noch des französischen Gesprächspartners; es habe seit Ende März mehrere Gespräche dieser zwei Diplomaten gegeben; Chauvel berichtete, daß der sowjetische Gesprächspartner kürzlich gesagt habe, daß die Österreichlösung nach Ansicht der sowjetischen Regierung eine Art Präzedenzfall bilden sollte, geeignet, die Deutschen zu beeindrucken. Dieser Gesprächspartner habe auch erklärt, daß die Sowjetregierung bereit wäre, für ganz Deutschland freie Wahlen zu akzeptieren in dem Sinne, in dem die österrei-

Ähnliche Versuchsballons gelangten in den folgenden Wochen mehrfach in den Westen, vor allem in die Bundesrepublik, wobei auch Österreicher als Hinweisträger solcher Anregungen fungierten, u. a. Außenminister Figl, Gesandter Verosta und der Presseattaché an der österreichischen Vertretung in Bonn, Seiffert; sogar die mögliche Rückgabe von Gebieten jenseits der Oder-Neiße-Grenze wurde erwähnt.[373] Es fällt auf, daß eine Reihe dieser Hinweise im Monat Juni erfolgten, nach der offiziellen Einladung Adenauers nach Moskau. Inwieweit derartige Anregungen als ernsthafte Angebote aufzufassen waren, ist umstritten.[374] Anders als Michael Gehler[375] sehe ich in der sowjetischen Deutschland-Politik von März bis Juni 1955 – im Unterschied zur sowjetischen Deutschland-Rhetorik! – eine eindeutige Prioritätensetzung zugunsten der Zwei-Staaten-Politik. Bedenkt man die Härte, mit der das von Chruschtschow geführte Zentralkomitee Ende Jänner die Politik eines vereinten, bürgerlichen

---

chischen Wahlen frei wären; er habe auch anerkannt, daß solche Wahlen zur Vernichtung (écrasement) der kommunistischen Partei in Deutschland führen würden, daß jedoch Moskau nicht vor der Möglichkeit zurückweichen würde, daß sich eine bürgerliche Regierung in Berlin so wie in Wien einrichte, unter der Voraussetzung, daß diese Regierung neutral wäre („l'éventualité d'un gouvernement bourgeois s'installant à Berlin comme à Vienne, pourvu que ce gouvernement fût neutre“).

373 Zu einem Gespräch Figls mit einem bayrischen CSU-Politiker (Hanns Seidel oder Franz Seidl, bislang nicht eindeutig geklärt, vermutlich eher Seidel) vgl. Tagebucheintragung des CDU-Politikers Heinrich Krone, der darüber mit Adenauer sprach, vom 30. Juni 1955: „. . . es liege in Wien eine zu beachtende Meldung aus Moskau vor, nach der die Russen die Absicht hätten, einer Wiedervereinigung Deutschlands in Freiheit zuzustimmen, diesem Deutschland militärische Kräfte zuzugestehen und einen Teil des Gebietes jenseits der Oder-Neiße-Linie zurückzugeben; die einzige Gegenleistung der Bundesrepublik müsse sein, daß Deutschland sich aus dem NATO-Bündnis löse.“ Adenauer war schon der Meinung, „daß solche Überlegungen in Moskau vorliegen“; er war aber, laut Krone, „in keiner Weise bereit, auf solche Gedankengänge einzugehen“. Hierzu Heinrich Krone, „Aufzeichnungen zur Deutschland- und Osteuropapolitik 1954–1959“, in: Rudolf Morsey/Konrad Repgen, Hrsg., *Adenauer-Studien III,* Mainz 1974, 139–140. Die Gesamtedition der Krone-Tagebücher nennt F. Seidl statt H. Seidel. Heinrich Krone, *Tagebücher,* 1. Band, 1945–1961, bearb. v. H.-O. Kleinmann (= Forschungen und Quellen zur Zeitgeschichte 28), Düsseldorf 1995, 183. Vgl. auch *Kabinettsprotokolle* 1955, 388, Anm. 1. Zu Mitteilungen des Presseattachés Seiffert vgl. Krones Tagebucheintragung vom 10. Juni 1955, *Tagebücher* 1, 179 f. Ähnliche Mitteilungen gelangten über den Vorarlberger ÖVP-Abgeordneten Franz Grubhofer durch den Bundestagsabgeordneten Grafen Spreti an das Bonner Auswärtige Amt; vgl. Thoß, Modellfall Österreich?, 130. Gesandter Verosta teilte Mitte Juni 1955 dem französischen Botschafter Seydoux mit, ein Gesprächspartner in Moskau habe gemeint, die Rückgabe Breslaus und Stettins könnte zwischen einem wiedervereinigten und souveränen Deutschland und Polen ausgehandelt werden. Bericht Seydoux an Pinay, 18. Juni 1955, *DDF 1955,* I, 794 (Nr. 348).

374 Der Stellenwert dieser Mitteilungen wird eher hoch eingeschätzt von Gehler, Österreich, die Bundesrepublik und die deutsche Frage, 572–574, gering von Klaus Gotto, der bemerkt, daß vor Adenauers Moskau-Besuch „insbesondere über österreichische Kanäle die Hoffnung genährt worden“ war, „daß es in Moskau Anzeichen für die Bereitschaft gebe, weitgehende Konzessionen für eine Wiedervereinigung in Freiheit zu machen. Diese Anzeichen hatten sich auch nicht ansatzweise bestätigt.“ Gotto, „Adenauers Deutschland- und Ostpolitik 1954–1963“, in Morsey/Repgen, *Adenauer-Studien III,* 16; vgl. auch Thoß, Beitritt der Bundesrepublik, 121.

375 Gehler, Österreich, die Bundesrepublik und die deutsche Frage, 574.

und neutralen Deutschland anläßlich der Absetzung Malenkows verurteilte, scheint die Ernsthaftigkeit genau solcher Propositionen drei oder vier Monate später extrem unwahrscheinlich. Vor allem zeigen interne Weisungen für die Außenministerkonferenz in Wien am 14. Mai 1955, daß die sowjetische Führung von derartigen Vorstellungen weit entfernt war. Es sei offensichtlich, hieß es in den Weisungen an Außenminister Molotow für die Wiener Außenministerkonferenz mit den Westmächten, die sich auf die Vorbereitung der kommenden Gipfelkonferenz bezogen, „daß in der deutschen Frage in nächster Zeit eine Annäherung zwischen den Positionen der Sowjetunion und der Westmächte unmöglich ist". Sollten die westlichen Außenminister in Wien versuchen, bereits jetzt eine Übereinstimmung bezüglich der Prüfung der deutschen Frage auf der Konferenz der Regierungschefs zu erzielen, wäre darauf hinzuweisen, „daß sich die Lage in Europa nach der Ratifizierung der Pariser Verträge verändert hat und daß zur Zeit die deutsche Frage keineswegs als reif für eine erfolgversprechende Erörterung betrachtet werden kann".[376] Diese Position war jedoch offenbar keineswegs unvereinbar mit der Verbreitung von Spielmaterial zur möglichst weitgehenden Verunsicherung der Regierungen der Westmächte und besonders der Bundesrepublik Deutschland.

c) Auf einer dritten Ebene schließlich, jener der öffentlichen Äußerungen und der Beeinflussung der westlichen, vor allem westdeutschen Öffentlichkeit, wurde die Bedeutung der Österreichlösung für Deutschland stark herausgestrichen. In einem Gespräch anläßlich der Maifeiern 1955 in Moskau zwischen dem DDR-Botschafter Appelt und P. N. Pospelow, Sekretär des ZK für ideologische Fragen, meinte letzterer, daß als Folge der Österreichverhandlungen zur Zeit in Westdeutschland ein Prozeß vor sich gehe und innerhalb der Sozialdemokratie zu spüren sein dürfte. Ob die SPD wolle oder nicht, ihre Mitglieder diskutierten die Österreichfrage in den verschiedensten Formen und brächten zum Ausdruck, „daß Parallelen zu ziehen sind auf die Wiedervereinigung Deutschlands bzw. Neutralität Westdeutschlands [sic]".[377] Was immer der Realitätsgehalt solcher Erwartungen sein mochte, sowjetische und ostdeutsche Stellungnahmen ließen

---

376 AVPRF, Fonds 06, op. 14, p. 10, d. 118, fol. 88–89 (auch in SBKA, Depot von Quellen aus dem AVPRF). Es handelt sich um eine Neufassung der Weisungen an Molotow, „korrigiert in Übereinstimmung mit den Anmerkungen, die auf der Sitzung des Präsidiums des ZK der KPdSU am 13. Mai d. J. gemacht wurden" (!), wie aus einem Schreiben des Ersten Stellvertretenden Außenministers Gromyko an das ZK vom gleichen Tage hervorgeht (ebd. fol. 84); Molotow selbst weilte an diesem Tage in Warschau anläßlich der Vorbereitung des Warschauer Paktes. In einem früheren Entwurf der Weisungen (fol. 74–76) sind die hier zitierten Passagen noch nicht enthalten, sie reflektieren sohin die in der Präsidiums-Sitzung vom 13. Mai vertretene Auffassung.

377 Bericht des DDR-Botschafters Rudolf Appelt „Beisammensein im Kreml am 1. Mai 1955"; erstmals waren hierzu die Vertreter der „Volksdemokratien" geladen, und zwar auf Initiative des Ministerpräsidenten Bulganin, der Wert darauf legte, in Anwesenheit Gromykos den Botschaftern mit einem kleinen Seitenhieb auf das Außenministerium zu sagen, daß die Initiative nicht von diesem gekommen sei. PAAA-MAA, A 17545.

nicht locker in dem Bemühen, die Österreichverhandlungen zwecks Verunsicherung der Westdeutschen in Sachen NATO-Mitgliedschaft ins Gespräch zu bringen. Die bereits erwähnte Stellungnahme des anläßlich des zehnten Jahrestages des Kriegsendes nach Ostberlin entsandten Michail Perwuchin zeigt dies ebenso wie die recht langatmigen Ausführungen, die Molotow am 15. Mai 1955 anläßlich der Staatsvertragsunterzeichnung in Wien machen sollte. Allerdings wurde eben nicht eine etwa kurzfristig zu erreichende Analogie zur Österreichlösung angesprochen, sondern der Kontrast, der zwischen der erfolgreichen Österreichlösung und der „unter den gegenwärtigen Bedingungen als undurchsetzbar" deklarierten Lösung der deutschen Frage bestehe; unter diesen „gegenwärtigen Bedingungen" war, wie Molotow ebenfalls sagte, „die Gefahr der Wiedergeburt des aggressiven deutschen Militarismus" – sprich die NATO-Mitgliedschaft der Bundesrepublik – zu verstehen.[378] Der östlichen Seite schien es allerdings nicht nur um die kurzfristige Verunsicherung der westlichen, zumal westdeutschen Öffentlichkeit zu gehen, obgleich zeitweise auch prominente konservative Presseorgane vom „Vorbild" Österreichs beeindruckt schienen.[379] Man gewinnt auch den Eindruck der publizistischen Vorbereitung möglicher langfristiger Prozesse, konkret der Unterminierung der Adenauerschen Westpolitik; dies wird besonders deutlich in ostdeutschen Stellungnahmen zur Österreichlösung. Deutlich auf die Zukunft setzend meinte der DDR-Ministerpräsident Otto Grotewohl in seiner Rede auf der Warschauer Konferenz am 11. Mai, „Adenauer wird nicht ewig sein", aber Deutschland werde sein. „Das Beispiel Österreichs zeigt den realen Weg zur Lösung der deutschen Frage", sagte Grotewohl wörtlich. Die positiven Ergebnisse der sowjetisch-österreichischen Verhandlungen seien dadurch möglich geworden, „weil die österreichische Regierung den Weg einer unabhängigen nationalen Politik beschritten hat". Die Lösung der deutschen Frage, so interpretierte Grotewohl die Folgen des österreichischen Beispiels, hänge jetzt vor allem davon ab, „ob die patriotischen Kräfte in Westdeutschland vermögen, eine wirklich unabhängige nationale Politik durchzuführen", eine Politik der friedlichen Wiedervereinigung Deutschlands auf demokratischer Grundlage, der friedlichen Verhandlungen und Verständigung. Die Voraussetzung dafür sei allerdings, „daß die Pariser Verträge durch das deutsche Volk wieder beseitigt

378 Text von Molotows Erklärung im Wiener Belvedere am 15. Mai 1955 in DÖA, Nr. 173.

379 Wie die Frankfurter Allgemeine Zeitung, die am 16. April 1955 vom „Vorbild" Österreichs für die Zweckmäßigkeit, mit der Sowjetunion zu verhandeln, sprach. Vgl. Thoß, Modellfall Österreich?, 128. Zwei Wochen vor Inkrafttreten der Pariser Verträge vertrat eine Erklärung des DDR-Ministerrats vom 21. April zu den sowjetisch-österreichischen Vereinbarungen die Ansicht, daß diese Vereinbarungen „dem deutschen Volk" zeigten, daß es „auch jetzt noch" Möglichkeiten zur Lösung der Deutschlandfrage gebe, wenn – ja wenn! – „die Pariser Verträge beseitigt" würden. Erklärung des DDR-Ministerrats vom 21. April 1955, zit. in einer längeren Ausarbeitung des DDR-Außenministeriums in Vorbereitung der Rede Grotewohls auf der Warschauer Konferenz, Abschnitt III, „Österreich – das Beispiel für Gesamtdeutschland", hier S. 17, PAAA-MAA, A 14631, fol. 82.

werden".[380] Der Appell an die „patriotischen Kräfte" in Westdeutschland, der Hinweis auf das Beispiel der „unabhängigen nationalen Politik" Österreichs zeigt den Versuch, die „nationale Karte" im Propagandakrieg um die Hoffnungen der westdeutschen Bevölkerung einzusetzen.[381]

4. Die neue Flexibilität der sowjetischen Außenpolitik, die den Westen im Fall Österreich, im Fall Jugoslawien und neuerlich anläßlich Adenauers Einladung nach Moskau überraschte, hatte allerdings wesentlich weiter ausgreifende Dimensionen. Ihre ersten Symptome sind ganz weit weg von unseren bisherigen Schauplätzen der Handlung anzusetzen, nämlich in Port Arthur in China. Port Arthur, zaristischer Marinestützpunkt im Fernen Osten, war dem Zarenreich nach dem russisch-japanischen Krieg von 1904/5 verloren gegangen. Stalin hatte bei den Geheimabmachungen von Jalta mit F. D. Roosevelt größten Wert darauf gelegt, wieder die Kontrolle über den Kriegsmarinestützpunkt zu erlangen. Die sowjetische Militärpräsenz in Port Arthur wurde auch in einem von Stalin und Mao Zedong im Februar 1950 vereinbarten Abkommen verankert, zunächst mit 1952 limitiert, jedoch 1952 – inzwischen war der Korea-Krieg ausgebrochen – verlängert; als Grund wurde das Nichtvorhandensein eines Friedensvertrags zwischen der Sowjetunion und der Volksrepublik China einerseits und Japan andererseits angegeben. Mit Ende des Korea-Kriegs 1953 und zumal durch die Teilnahme an der Genfer Indochina-Konferenz von 1954 war Chinas internationale Stellung gestärkt.[382] Anläßlich eines China-Besuchs des Ersten Sekretärs Chruschtschow in China Ende September/Anfang Oktober 1954 verzichtete die Sowjetunion auf ihren Anteil am Marinestützpunkt Port Arthur und vereinbarte den Abzug der sowjetischen Streitkräfte.[383] Am 24. Mai 1955 – zwei Tage vor Chruschtschows sensatio-

---

380 Rede Grotewohls auf der Warschauer Konferenz, Nachlaß Otto Grotewohl, SAPM-BA, NY 4090/461 (Materialien zur Warschauer Konferenz), hier fol. 131–132. In diesem Zusammenhang bemerkenswert die Ansicht eines hohen schwedischen Diplomaten: Das Ziel, (West-)Deutschland vom Atlantikpakt loszulösen, verfolge die Sowjetunion mittels einer langfristigen und methodischen Einwirkung auf die deutsche öffentliche Meinung („par un long et méthodique travail sur l'opinion allemande"), so der Generalsekretär des Außenministeriums Arne Lundberg in einem Gespräch mit dem französischen Botschafter in Stockholm am 25. Mai 1955. Schriftbericht Gabriel Bonneau an Pinay, Nr. EU/409, 26. Mai 1955, AD, série Europe 1944–1960, sous-série Autriche, vol. 300.

381 „Die Meinung der deutschen Patrioten kann deshalb in der kurzen Feststellung zusammengefaßt werden: Österreich muß das Beispiel für Deutschland sein." So heißt es in der oben Anm. 379 genannten Ausarbeitung des DDR-Außenministeriums (S. 18 bzw. fol. 83). Ausführlich befaßte sich Walter Ulbricht in einem Referat vor der 24. Plenartagung des Zentralkomitees der SED am 1. Juni 1955 mit der Beispielsbedeutung der Österreichlösung für Deutschland; die österreichische Regierung habe die „nationalen Interessen" höher gestellt als die Interessen der USA und Großbritanniens. SAPM-BA, Bestand Zentralkomitee der SED, DY 30/IV 2/1/147, fol. 18.

382 Vgl. ausführlich Helmut Handzik, *Politische Bedingungen sowjetischer Truppenabzüge 1925–1958,* Baden-Baden 1993, 205–238, hier 229–230.

383 Zu Chruschtschows China-Besuch 1954 und seiner trotz Widerständen im Parteipräsidium durchgesetzten Politik des Entgegenkommens gegenüber China aufschlußreich Zubok/Pleshakov,

neller Belgrad-Reise – wurde der Abschluß des Truppenabzugs aus Port Arthur und die Übergabe der Kriegsmarinebasis in die alleinige Oberhoheit Chinas in einem Protokoll festgehalten.[384] Ein zeitgenössischer Diplomat – vielleicht der einzige, der die Ereignisse in Port Arthur und in Österreich im Zusammenhang kommentiert hat –, ist Anfang Mai 1955 der brilliante Jean Chauvel gewesen: Man dürfe nicht mehr als gesichert ansehen, daß die Russen die Evakuation jedes Territoriums ablehnten, das von sowjetischen Truppen besetzt sei; dies habe er bereits im Oktober 1954 nach der Rückgabe der Halbinsel Liao-tung (auf der sich Port Arthur befindet, G. S.) geschrieben; die Absicht, die russischen Truppen aus Österreich zurückzuziehen, gehe in die gleiche Richtung. Auch die neue Haltung gegenüber Tito erwähnend, stellte Chauvel eine neue „Biegsamkeit" („souplesse") fest, die man bis vor kurzem nicht gekannt habe; sie erlaube Moskau, das Wesentliche vom Nebensächlichen zu unterscheiden und allenfalls das Nebensächliche dem Wesentlichen zu opfern.[385]

Der Rückzug aus der Marinebasis Port Arthur sollte bald eine Fortsetzung in Europa finden. Der Abzug aus der sowjetischen Marinebasis in Porkkala-Udd in Finnland wurde am 19. September 1955 in Moskau verkündet; er wurde am 26. Jänner 1956 abgeschlossen.[386] Damit war, nach Österreich, ein weiteres Land in Europa frei von ausländischen Militärstützpunkten. Von da an entwickelte sich in den Folgejahren die finnische Selbstdarstellung der finnischen Neutralität. In der Tat gab es also Ende 1955 zwei Regionen in Europa, die, militärisch gesehen, zwischen dem „Ostblock" und dem „Westblock" standen: die Region Schweiz – Österreich – Jugoslawien, und die skandinavische Region Schweden – Finnland. Genau dies hatte schon Ende Februar 1955 der Botschafter Bischoff als Ziel der sowjetischen Strategie angesichts des Beitritts der Bundesrepublik zur NATO bezeichnet. Es wäre uns, so Bischoff, „eine funktional ähnliche Rolle zugedacht wie Schweden, Finnland, Schweiz und Jugoslawien". In einem ausführlichen Exposé hatte Bischoff dargelegt, daß es für den Fall der Ratifizierung und des Inkrafttretens der Pariser Verträge das Ziel der Sowjetpolitik wäre, „die Zone der Spaltung und Zerreissung tunlichst auf Deutschland zu beschränken, Österreich aus ihr herauszuhalten, ihm den Weg in eine mitteleuropäische Neutralitätsgruppe mit der Schweiz und Jugoslawien als gewiß nicht formellen oder vertraglichen, aber doch als de facto-Partnern zu ermöglichen, wie es auch im Norden Europas eine schwedisch-

---

Inside the Kremlin's Cold War, 170–171. Weder Ministerpräsident Malenkow noch Außenminister Molotow nahmen an dem Besuch teil. Die flexiblere Chinapolitik ist frühzeitig mit dem Aufstieg Chruschtschows innerhalb der KPdSU und mit dem wachsenden Primat der Parteiführung gegenüber dem Staatsapparat in den Beziehungen zu anderen Staaten des kommunistischen Blocks in Zusammenhang gebracht worden. Wassmund, *Kontinuität im Wandel,* 75–76.

384 Gemeinsames chinesisch-sowjetisches Protokoll vom 24. Mai 1955, *AdG* 1955, 5194B.

385 Chauvel an Pinay, 2. Mai 1955, *DDF 1955,* I, 561 (Nr. 243).

386 Zur Porkkala-Frage ausführlich Handzik, *Politische Bedingungen,* 239–280.

finnische Neutralitätsgruppe gibt, deren Existenz trotz dem Beitritt [sic] Norwegens und Dänemarks zum Atlantikpakt ganz Nordeuropa weitgehend aus der Weltspannung auszuschalten vermag."[387]

Ob in einem „grand dessein soviétique", einem großen Plan der Sowjetpolitik, wie es der französische Botschafter in Belgrad nannte, einem Plan, der die Bildung zwischen den zwei Blöcken „einer Art von Barriere neutraler oder neutralisierter Staaten, die von Finnland und Schweden bis Jugoslawien reichen würde", vorsah, „übermorgen" auch Deutschland eingebunden sein würde, mochte Anfang April 1955 noch offen scheinen.[388] Ein „grand dessein" der Chruschtschowschen Politik im Jahre 1955 wird dennoch sichtbar, und er ging weit über Europa hinaus. Kaum von der spektakulären Reise zu Marschall Tito zurückgekehrt, empfingen Chruschtschow und Bulganin den indischen Ministerpräsidenten Nehru in Moskau, der eine mehr als zweiwöchige triumphale Reise durch die Sowjetunion absolvierte. Die sowjetische Führung benutzte Nehrus Besuch, um in einer gemeinsamen Erklärung einen Brückenschlag zur afro-asiatischen Konferenz von Bandung und den dort proklamierten Prinzipien der friedlichen Koexistenz und des Antikolonialismus zu bewerkstelligen; an der Bandung-Konferenz im April 1955 hatten zwar Indien und das kommunistische China, nicht jedoch die Sowjetunion teilgenommen.[389] Noch im November und Dezember des gleichen Jahres reisten Chruschtschow und Bulganin nach Indien, Burma und Afghanistan, um neuerlich die friedliche Koexistenz von Staaten mit verschiedenen sozialen und politischen Systemen und die Opposition gegen den Kolonialismus zu zelebrieren. Die Politik des Wohlwollens oder auch der Annäherung gegenüber nichtkommunistischen Staaten, soferne sie nicht einem Militärblock unter „imperialistischer", sprich amerikanischer Patronanz angehörten, wurde zur Signatur der Chruschtschowschen Politik. Der Stellenwert der Österreichlösung in diesem „grand dessein" wurde deutlich vom Ministerpräsidenten Bulganin charakterisiert: Er lobte Österreich für die Bereitschaft zur Kooperation zwischen Staaten ohne Rücksicht auf ihr gesellschaftliches System. Es wäre

387 Telegr. Bischoffs vom 28. 2. 1955, AdR, BMAA, II-Pol, Zl. 320.131-Pol/55 (auch in ÖuG, Nr. 103) sowie Schriftbericht Bischoffs Nr. 21-Pol/55 v. 27. 2. 1955, Zl. 320.331-Pol/55 (auch in ÖuG, Nr. 104). Bischoff wiederholte diese These auch in der Botschafterbesprechung mit Raab und Schärf am 28. März (vgl. ÖuG, Nr. 110), und er zitierte sein Telegramm vom 28. Februar auch in seinem Manuskript „Die Haltung der Sowjetunion in der Frage des Abschlusses des österreichischen Staatsvertrages", S. 88.

388 Bericht des Botschafters Etienne Burin des Roziers aus Belgrad, 2. April 1955, AD, série Europe 1944–1960, sous-série Autriche, vol. 289, fol. 179–180; Burin des Roziers erwähnte auch, daß sein österreichischer Kollege Walter Wodak von der Schaffung eines solchen Neutralitätsgürtels (einschließlich Deutschlands) überzeugt sei.

389 Vgl. die Memoiren des indischen Botschafters in Moskau K. P. S. Menon, *Many Worlds. An Autobiography,* London 1965, 286–287 sowie gemeinsame Erklärung Bulganins und Nehrus vom 22. Juni 1955, *AdG* 1955, 5216E, 3. Abschnitt. Die Bandung-Konferenz fand zwischen 19. und 24. April 1955 statt.

falsch, anzunehmen, so Bulganin, daß diese Haltung von der österreichischen Regierung allein eingenommen werde. Es gebe eine ganze Reihe von Staaten, *„sowohl in Europa als auch in Asien“,* die „gegen den Beitritt zu aggressiven Militärblöcken“ seien.[390] Ein neuer Begriff, der die kommunistischen (offiziell „sozialistischen“ oder „volksdemokratischen“) Staaten mit nichtkommunistischen, aber allianzfreien Staaten unter Abgrenzung gegenüber den Mitgliedern „aggressiver Militärblocks“ verbinden sollte, fand Eingang in das Vokabular der sowjetisch beeinflußten Propagandasprache: „Sphäre des Friedens“ oder auch „Friedenslager“.[391] Zweck eines solchen „Friedenslagers“ war letztlich die Zurückdrängung des amerikanischen Einflußbereichs. Dazu kam allerdings auch eine neue Kontaktbereitschaft mit dem „gegnerischen“ Lager, wie dies in der Genfer Gipfelkonferenz vom Juli 1955[392] und in den Gesprächen mit Adenauer in Moskau im September 1955 zum Ausdruck kam.

Zum Jahresende 1955 konnte die Sowjetführung unter Chruschtschow zufrieden zurückblicken. In einer internen Erfolgsbilanz wurde eine „Reihe außenpolitischer Maßnahmen“ genannt, die „zum Wachstum der Autorität der Länder des sozialistischen Lagers und zur Minderung der Spannungen in den internationalen Beziehungen beigetragen“ hätten. Die Reihenfolge der Aufzählung dieser Maßnahmen ist von Interesse, weil sie die Perspektiven des Machtzentrums Moskau widerspiegelt: „Zu diesen Erfolgen gehören vor allem: der entschiedene Umschwung in den Beziehungen zwischen der UdSSR und den Ländern der Volksdemokratie und Jugoslawien, eine Wendung zu Freundschaft und Zusammenarbeit; *die Regelung der österreichischen Frage mit der Verkündigung der Neutralitätspolitik durch Österreich*; die Festigung der Beziehungen der Sowjetunion und Finnland in Verbindung mit dem Verzicht der Sowjetunion auf den Kriegsmarine-Stützpunkt Porkkala-Udd auf finnischem Boden und die Verlängerung des Finnisch-Sowjetischen Vertrages über gegenseitige Hilfe; die Herstellung diplomatischer Beziehungen zwischen der UdSSR und der deutschen Bundesrepublik; die wichtigen politischen Ergebnisse der Bandung-Konferenz der Länder Asiens und Afrikas, die dank der aktiven Teilnahme der Chinesischen Volksrepublik erreicht wurden“; erst dann folgten andere Ereignisse und Initiativen einschließlich der Genfer Gipfelkonferenz und sogar der

390 Bulganin am 11. Mai 1955 auf der Warschauer Konferenz, hier zitiert nach Bader, *Austria between East and West,* 206. Meine Hervorhebung (G. S.).

391 Walter Ulbricht sprach von den „Kräften des Friedenslagers“ im Kontext seiner Interpretation der Österreichlösung und ihrer Bedeutung für Deutschland bei der 24. Tagung des Zentralkomitees der SED am 1. Juni 1955: SAPM-BA, Bestand ZK der SED, DY 30/IV 2/1/147, fol. 19. Von einer „Sphäre des Friedens“ sprachen Bulganin und Nehru in einer gemeinsamen Erklärung am 22. Juni 1955; *AdG* 1955, 5216E, Abschn. 3.

392 In Wien herrschte nach der Genfer Gipfelkonferenz Euphorie: „. . . de l'avis général ici, la guerre froide a pris fin“ – „nach allgemeiner Ansicht hier ist der Kalte Krieg zu Ende gekommen“. Dies berichtete Botschafter Seydoux am 25. Juli 1955 nach Paris. *DDF 1955,* II, Nr. 56 (S. 138).

Reise Bulganins und Chruschtschows nach Indien, Burma und Afghanistan.[393] Der früheste Indikator der „neuen Politik“, der Rückzug aus Port Arthur, wurde hier nicht erwähnt, er war ja schon 1954 zustande gekommen. „Von Port Arthur bis Porkkala“ – so könnte man die Politik der neuen „souplesse“, der neuen Flexibilität umschreiben, die Jean Chauvel im Mai 1955 zu analysieren versuchte, noch bevor sich alle Facetten dieser Politik entfaltet hatten. Bei einem Baustein dieser Politik, der Österreichlösung vom April 1955, ging es also um mehr als lediglich die NATO-Abwehr, auch um mehr als die Funktion eines „Modellfalls“ für Deutschland; es handelte sich um einen Teil einer über Europa hinausreichenden Politik der Flexibilität unter dem Schlagwort der „friedlichen Koexistenz“, die überdies nichtkommunistischen, aber eben durch kein Militärbündnis mit dem Westen und dessen Führungsmacht verbundenen Staaten einen neuen Rang in der sowjetischen politischen Strategie einräumte – und zunächst dem Westen eine Überraschung nach der anderen bescherte.

Für Chruschtschow selbst bedeutete die Österreichlösung im Rückblick seine eigene Emanzipation von der außenpolitischen Dominanz Stalins und nach dessen Tod auch Molotows. Er sagt in seinen Erinnerungen, daß er keine Erfahrungen mit internationalen Kontakten gehabt habe. Er identifizierte sich mit einer Frauenfigur, Dun’ka, die sich zur Reise nach Europa aufmacht.[394] Die Österreichlösung mit der Erklärung der österreichischen Neutralität betrachtete Chruschtschow als „Sieg“: „Die Reise Dun’kas nach Europa war erfolgreich und bewies, daß wir in internationalen Angelegenheiten auch ohne Anweisungen Stalins zurechtkommen konnten. Um es bildhaft auszudrücken, hatten wir in der Außenpolitik die kurzen Kinderhosen aus- und die langen Hosen der Erwachsenen angezogen. Unser erfolgreiches Début wurde nicht nur in der UdSSR anerkannt, sondern auch im Ausland, was ebenfalls große Bedeutung hatte. Wir fühlten unsere Macht.“ Chruschtschow betrachtete sogar, „wenn man alles ins Kalkül zieht“, den Abschluß des „Friedensvertrages“(!) mit Österreich „als Schritt zu einer Neubestimmung unserer Position auch in

393 „Schreiben des Außenministeriums der UdSSR zu außenpolitischen Fragen“ in deutscher Übersetzung vorliegend, eine sechzehnseitige Ausarbeitung „entsprechend dem Auftrag des Präsidiums des ZK der KPdSU vom 31. Dezember“ (1955), die dem DDR-Ministerpräsidenten Otto Grotewohl vom sowjetischen ZK-Sekretär B. Ponomariew als Unterlage für eine Tagung am 6. Januar 1956 übermittelt wurde. SAPM-BA, Bestand Büro Walter Ulbricht, DY 30/J IV 2/202/75. (Meine Hervorhebung, G. S.).

394 Chruschtschow, „Memuary“ (Österreichkapitel), *Voprosy istorii* 1993, Nr. 8, 78. Zur Figur der Dun’ka verwies Chruschtschow auf das Theaterstück „Ljubov’ Jarovaja“. Autor dieses in den dreißiger Jahren in der Sowjetunion beliebten Stücks war der spätere Stalinpreisträger K. A. Trenjow. „Laßt Dun’ka nach Europa fahren“, heißt es an einer Stelle dieses Stücks (5. Akt). „Wie Dun’ka in Europa“ bedeutet im Russischen etwa „wie eine Landpomeranze in der großen Welt“. Für diese Informationen bin ich Frau Univ.-Prof. Dr. Juliane Besters-Dilger außerordentlich dankbar.

der Frage der Rolle Stalins".[395] Diese Neubestimmung, die „Entstalinisierung", erfolgte bekanntlich mit Chruschtschows Geheimrede über die Verbrechen Stalins vor dem XX. Parteitag der KPdSU im Februar 1956.

Die großen Risiken der Chruschtschowschen Politik sollten erst im Herbst 1956 offenbar werden, als nach Unruhen in Polen die Revolution in Ungarn ausbrach und die Regierung Imre Nagys am 1. November 1956 den Austritt aus dem Warschauer Pakt sowie die Neutralität Ungarns ankündigte. Diesmal optierte Chruschtschow schließlich für die gewaltsame Unterdrückung der Revolution und die Wiedereingliederung Ungarns in das sowjetische Hegemonialsystem.[396] Die „erste Détente" von 1955/56 sollte in der Doppelkrise des Spätherbsts 1956 – die Kämpfe in Ungarn und der franko-britisch-israelische Angriff auf Ägypten – zu einem abrupten Ende gelangen; doch dies sind Vorgänge, die über den Zeitrahmen dieses Buches hinausreichen.

---

395 Ebd., 80. Das Österreichkapitel von Chruschtschows Erinnerungen zeigt eine deutlich österreichfreundliche, wenngleich etwas patronisierende Einstellung. Chruschtschow scheint bereits bei seinem ersten Besuch in Österreich im Frühsommer 1946 (inkognito, unter dem Namen General Petrenko) freundliche Eindrücke aus Österreich mitgenommen zu haben; ohne den Namen des Berges zu nennen, dürfte er mit der Seilschwebebahn auf die Rax gefahren sein; er rühmt die Schönheit der Berglandschaft. In Wien hatten es ihm u.a. mechanisierte Wäschereibetriebe angetan, aber auch die Musik von Johann Strauß, von der er mit Begeisterung spricht (ebd. 84–85).

396 Zu dem sehr komplexen Entscheidungsprozeß vgl. den Bericht von Wolfram Kaiser, „Die internationale Politik während des Ungarnaufstands 1956", *Deutschland-Archiv,* 30 (1997), 130–133, sowie quellenintensiv Mark Kramer, „New Evidence on Soviet Decision-Making and the 1956 Polish and Hungarian Crises", in: Woodrow Wilson International Center for Scholars, Hg., Cold War International History Project *Bulletin,* Nr. 8–9, Winter 1996/97, 358–384 (gefolgt von seiner Quellenedition der sog. „Malin-Notizen" über Beratungen im Präsidium der KPdSU zur Polen- und Ungarn-Krise, ebd. 385–410).

VII

ÖSTERREICHS ANNUS MIRABILIS II: OPERATIONSKALENDER 1955

1. Die Reaktionen auf Moskau

Und nun zurück nach Österreich. Die Rückkehr der Regierungsdelegation aus Moskau, vor allem die Fahrt vom Flughafen Bad Vöslau nach Wien, war von Freude und Begeisterung der Bevölkerung geprägt. „Österreich wird frei!" – und die angekündigte Rückkehr der letzten Kriegsgefangenen und Zivilinternierten – dies waren die beiden ersten Botschaften der Rückkehrer, die enormes Echo fanden. Auch die Rückgabe der USIA-Betriebe und besonders, weil früher nicht eingeplant, die Rückgabe von DDSG und der Erdölbetriebe waren sehr rasch in aller Munde. Mit der Neutralität war es etwas schwieriger. Sie war ja im veröffentlichten Kommuniqué vom 15. April nicht erwähnt worden. Wie erinnerlich, hatte Raab noch in Moskau gemeint, es müsse die Öffentlichkeit erst vorbereitet werden. Die Schwierigkeiten dürften bei den Sozialisten größer gewesen sein als bei der Volkspartei. Oscar Pollak schrieb noch am 16. April 1955, daß das offizielle Kommuniqué „keinen Hinweis auf die Frage der sogenannten Neutralität Österreichs"(!) oder ihre Garantie durch die alliierten Mächte enthalte.[1] Schon tags darauf sprach Pollak erstmals von der Neutralität.[2] In allgemeiner Form sagte Bundeskanzler Raab am 17. April in Sankt Pölten, daß sich Österreich „auch in Zukunft als neutraler Staat von allen Händeln der Welt abseits halten werde".[3]

Benedikt Kautsky war es, der in der österreichischen Öffentlichkeit, und zwar in der Grazer „Neuen Zeit", den durch die Moskauer Gespräche geschaffenen Sachverhalt frühzeitig aufzeigte. Mit einer gewissen Kritik schrieb er in einem „Vorbild Schweiz?" betitelten Leitartikel mit dem Datum des 19. April, daß man „eine genaue Kenntnis der Kernprobleme" vermisse, „um die es in Moskau ging". Man könne begreifen, daß die beiderseitigen Unterhändler „so lange Stillschweigen über ihre Vereinbarungen in diesem Punkt bewahren, bis die alliierten Außenämter davon in Kenntnis gesetzt worden sind". Kautsky fuhr fort, daß aber „doch einige Andeutungen von russischer Seite erkennen lassen", wie man sich die zukünftige Gestaltung der Neutralität vorstelle. Ursprünglich war davon die Rede, daß Österreich seine Neutralität nach dem

1 Leitartikel „Österreichs Erfolg", *AZ,* 16. April 1955, 1.
2 Leitartikel „Was kommt jetzt?", *AZ,* 17. April 1955, 1.
3 *Das Kleine Volksblatt,* 19. April 1955, 3.

Vorbild Schwedens auszugestalten habe; jetzt spreche die Prawda von einer Neutralität nach dem Muster der Schweiz.[4]

Intern waren die Rückkehrer aus Moskau etwas mitteilsamer. Die ersten Mitteilungen erfolgten ohne Zweifel unmittelbar nach der Rückkehr informell gegenüber den jeweiligen engeren Parteifreunden und sind im einzelnen nicht dokumentiert, doch gibt es eine Reihe von Quellen über die Berichte, die in Parteigremien, im Ministerrat, im Hauptausschuß des Nationalrats und gegenüber den höchst interessierten westlichen Diplomaten gegeben wurden.

Formell am wichtigsten war die Berichterstattung im Ministerrat, denn es war ja eine Regierungsdelegation, die aus Moskau mit der Verpflichtung zurückgekehrt war, für bestimmte Beschlüsse der Bundesregierung Sorge zu tragen. Im ersten Ministerrat nach der Rückkehr, am 19. April, gab Raab seinen Bericht über Moskau. Bemerkenswert ist Raabs Äußerung: „Das wesentlichste bei den Verhandlungen war die Neutralitätserklärung. Wir versuchten wohl, dieser aus dem Wege zu gehen. Die Russen wollen auch nicht, daß es den Anschein erweckt, daß irgendein Druck ausgeübt wurde. Hiezu wird wohl unsererseits ein Verfassungsgesetz notwendig sein, das beschlossen werden muß. Überdies wird Österreich sich um die Anerkennung bemühen müssen." Hierauf verlas der Bundeskanzler die drei Teile des Memorandums, ebenso die sowjetische Erklärung über die Kriegsgefangenen und Zivilinternierten. Raab ersuchte hierauf „die Bundesregierung um Genehmigung der von uns geführten Verhandlungen, besser gesagt, ich bitte um Entlastung der nach Rußland entsandten Delegation." Danach sprach Innenminister Helmer „im Namen aller" den „herzlichsten Dank" für alle Bemühungen während der Moskauer Reise aus. Eine inhaltliche Debatte fand nicht statt. Die Information der Regierungsmitglieder, allfällige Fragen, all dies war in den vorhergehenden vier Tagen seit der Rückkehr aus Moskau bereits erfolgt. Nüchtern bemerkte Raab: „Darf ich das also protokollieren. Im Hauptausschuß werde ich die weiteren ausführlichen Erklärungen in die Rede einbauen."[5]

Die Protokollierung mit der Entlastung der vier zurückgekehrten Regierungsmitglieder bedeutete sehr viel. Damit erst machte sich die Bundesregierung jene „Verwendungszusage" zu eigen, die vier ihrer Mitglieder am 15. April in Moskau abgegeben hatten – nämlich, um die entscheidenden Worte des Moskauer Memorandums in Erinnerung zu rufen, daß die Herren Raab, Schärf, Figl und Kreisky „im Zusammenhang mit dem Abschluß des österrei-

---

4 Benedikt Kautsky, „Vorbild Schweiz?", *Neue Zeit,* 20. April 1955, 1–2.

5 AdR, MRProt Nr. 88, 19. April 1955. Hier zitiert nach der endgültigen Niederschrift; ebenfalls vorhanden das Stenogramm sowie ein maschinschr. Rohkonzept mit handschriftl. Ergänzungen, gegenüber dem Stenogramm sind wie üblich einige Glättungen vorhanden. Der entscheidende Satz lautet im Stenogramm: „Das wesentliche ist die Neutralitätserklärung. Wir versuchten, dem aus dem Weg zu gehen."

chischen Staatsvertrages für die Herbeiführung folgender Beschlüsse und Maßnahmen der österreichischen Bundesregierung Sorge tragen werden". Nunmehr, mit Herbeiführung des Ministerratsbeschlusses vom 19. April 1955, hatten sie „Sorge getragen"; sie waren entlastet.

Der Ministerratsbeschluß lautet in seinem zentralen Satz wie folgt:

„Der Ministerrat hat in der Sitzung am 19. April 1955 den Bericht des Bundeskanzlers über den Verlauf und den Inhalt der Besprechungen in Moskau zur Kenntnis genommen und das vom Bundeskanzler dem Ministerrat vorgelegte Memorandum und die Erklärung der UdSSR bezüglich der Freilassung der österreichischen Kriegsgefangenen genehmigt."[6]

Noch am 15. April selbst war der Parteivorstand der SPÖ zusammengetreten. Schärf berichtete über die Moskauer Verhandlungen: „Die österreichischen Forderungen waren, wie allgemein bekannt, Erdöl, DDSG, USIA-Betriebe und die Freilassung der österreichischen Kriegsgefangenen bzw. Zivilinternierten. Die russischen Forderungen waren Beseitigung jeder Anschlußgefahr an Deutschland und völlige Neutralität Österreichs. Die Regierungsdelegation mußte sich verpflichten, in der Regierung und im Parlament die Neutralität Österreichs durchzusetzen." Schärf berichtete auch über weitere Einzelheiten, wie Bulganins Äußerung über die Trennung der österreichischen von der deutschen Frage, und über Molotows Forderungen betreffend eine Frist von sechs Monaten für den Truppenabzug. Raab wäre bereit gewesen, dem zuzustimmen, jedoch sei es bei der ursprünglichen Fassung (des Staatsvertragsentwurfs, G. S.), wonach drei Monate vorgesehen seien, geblieben. Raab „war auch nicht bereit, sich besonders in der Frage Erdöl und DDSG anzustrengen". Aus Gesprächen mit den russischen Regierungsmitgliedern, so Schärf, „war die Angst vor einem neuen Krieg zu erkennen". Schärf verwies auf die Fülle neuer Probleme für Österreich, die der Abschluß des Staatsvertrags bringen werde und folgerte daraus, daß „das Zusammenbleiben der beiden großen Parteien in der jetzigen Koalition" notwendig sein werde.[7]

Vier Tage später berichtete Schärf auch der Parteivertretung der SPÖ. Schärf verwies unter anderem auf Molotows Feststellung, daß er in Raab und Schärf nicht nur die Regierungsvertreter sehe, sondern die Führer der beiden großen Parteien und daß er dies als eine reale Tatsache zur Kenntnis nehme.[8] Eine große Rolle habe die Frage der Neutralität gespielt. „Die Regierungsdelegation mußte sich verpflichten, in der Regierung und im Parlament für die Neutralität einzutreten, gedacht ist an die Form der Schweizer Neutralität." Schärf verwies

---

6 Pkt. 5 des Beschlußprotokolls der 88. Sitzung v. 19. April 1955, sowie BKA, Zl. 2920-PrM/55 v. 19. April 1955 (in AdR, Bestand Bundeskanzleramt).

7 Protokoll über die Sitzung des Parteivorstandes vom 15. April 1955, Bundesgeschäftsführung der SPÖ, Wien.

8 Hierzu vgl. Dokumentenanhang, S. 623.

weiters „auf die militärische Bedeutung, falls die Russen Zistersdorf oder die USIA-Betriebe behalten hätten. Russischer Besitz in Österreich wäre für die Russen der Vorwand, militärische Stützpunkte zum Schutz ihrer Betriebe zu errichten." Dies ist ein Thema, das Schärf, wenn auch weniger direkt, in der Öffentlichkeit herausstellen sollte, als er von der Gefahr „ausländischer Enklaven" sprach, die nunmehr als Folge der Moskauer Abmachungen nicht mehr in Österreich verbleiben würden.[9] Schärf wandte sich dann den innenpolitischen Folgen zu – keine Aussicht auf Steuererleichterungen, Frage von Neuwahlen; auch die Debatte galt überwiegend den innenpolitischen Konsequenzen des kommenden Staatsvertrags.[10]

Am 19. und 20. April war Fritz Heine, der SPD-Sendbote, neuerlich in Wien, um Schärfs und Kreiskys Nachrichten aus Moskau zu hören. Heine traf mit Schärf und Kreisky zu einem kurzen Vorgespräch bei einer Feier am Vorabend von Schärfs 65. Geburtstag zusammen und dann zu einem ausführlichen Gespräch mit Schärf unter vier Augen am 20. April. Soweit es sich um Kreiskys und vor allem Schärfs Mitteilungen zur Deutschlandfrage handelte, wurde ja bereits darüber berichtet.[11] Heine war frappiert von der Form der österreichisch-sowjetischen Abmachungen. „Bemerkenswerter Weise handelt es sich um einen persönlichen Pakt", so kommentierte er die uns schon bekannte Verwendungszusage der vier Regierungsmitglieder. Schärf berichtete ausführlich über die aus Moskau nach Hause gebrachten Wirtschaftskonzessionen, deren Vorteile für Österreich – und für die SPÖ – er in acht Punkte auffächerte, darunter die Verstärkung des staatlichen Sektors „zum Vorteil der SPÖ und zum Leidwesen der ÖVP", die Beseitigung von russischen wirtschaftlichen Enklaven, und die Möglichkeit, in der Sowjetzone zu investieren, was politisch einen Erfolg für die SPÖ bedeuten dürfte. Als besonderen Erfolg wertete Schärf das Übertragungsverbot der von den Sowjets an Österreich zurückzugebenden deutschen Betriebe an Ausländer, das er selbst in Verhandlungen unter vier Augen mit Mikojan erreicht habe, um die Weitergabe von Ölkonzessionen an die Amerikaner zu verhindern; als Gegengabe für das von Schärf gewünschte, in den eigentlichen Verhandlungen von den Sowjets verlangte Übertragungsverbot des Deutschen Eigentums an Ausländer habe Mikojan eine österreichische Zusicherung verlangt, daß es keine Diskriminierung gegen Kommunisten

9 Schärf in einer Erklärung für den Bayerischen Rundfunk nach Abschluß des Staatsvertrages. *AZ*, 19. Mai 1955, 1.

10 Nur der Abg. Karl Czernetz stellte die Frage, „welche Sanktion vorgesehen" sei für den Fall, „daß die Neutralität gebrochen wird"; eine Antwort ist nicht vermerkt. Bruno Kreisky war übrigens sowohl bei der Sitzung des Parteivorstandes wie bei der Sitzung der Parteivertretung anwesend, Wortmeldungen sind jedoch nicht verzeichnet. Protokoll über die Sitzung der Parteivertretung vom 19. April 1955, Bundesgeschäftsführung der SPÖ, Wien.

11 Vgl. auch oben S. 468–470; zum folgenden vgl. Stadler, „Modellfall Österreich", 397–401.

in bisher unter sowjetischer Kontrolle stehenden Betrieben geben dürfe.[12] Die Neutralitäts- und Garantiefrage behandelte Schärf ganz am Rande. Dies fiel auch Heine auf, der notierte: „Demgegenüber [den Wirtschaftskonzessionen gegenüber, G. S.] verblassen merkwürdigerweise die für uns wichtiger erscheinenden Probleme, wie das der Garantie vor dem Anschluß und der Neutralisierung. Die Österreicher fühlen sich sicher, sie glauben nicht an eine russische Intervention oder an die Gefährdung ihrer Unabhängigkeit."

Ebenfalls am 20. April berichtete Raab der Bundesparteileitung der Volkspartei. „Die Neutralitätserklärung", so Raab, war „die conditio sine qua non des gesamten Vertragswerkes". Zu diesem Thema bemerkte Raab weiter: „Die Neutralisierung Österreichs wird nicht im Staatsvertrag ausgesprochen und nicht[,] solange nicht die Besatzungstruppen aus Österreich abgezogen sind. Auch die anderen Alliierten werden nicht unsere Neutralisierung aussprechen, sondern wir werden, sobald wir tatsächlich frei sind und souverän[,] aus eigenem Antrieb die Neutralitätserklärung abgeben, und sie den anderen Mächten zur Kenntnis bringen. Die Neutralisierung wird also ein Akt unseres souveränen Willens sein." Raabs Mitteilungen über Moskau enthielten einige polemische Auslassungen zur SPÖ-Linie, die wirtschaftlichen Zugeständnisse der Sowjets den Bemühungen von SPÖ-Seite gutzuschreiben. Raab meinte, die Streichung des Habsburgerartikels im Staatsvertragsentwurf wäre nicht undurchsetzbar gewesen, „weil die Russen an die Rückkehr der Habsburger nicht glauben"; die SPÖ hätte aber so entschieden dagegen Stellung genommen,[13] „daß wir die Frage gar nicht verfolgten". Raab berichtete auch über die Wirtschaftskonzessionen der Sowjets und die Klärung der Kriegs- und Zivilgefangenenfrage. Abschließend meinte Raab, was wir in Rußland erreicht hätten, sei von doppelter Bedeutung: „1.) Rußland nimmt eine militärische Position, die sie [sic] besetzt hat, zurück. 2.) Rußland zieht sich von der österreichischen Wirtschaft zurück. Das muß international anerkannt werden. Seit Beginn des 2. Weltkrieges hat Rußland einen solchen Rückzug noch niemals angetreten."[14] Figl ergänzte Raab mit einigen Details über die Verhandlungen und betonte – in Hinblick auf die bereits seit Tagen sichtbare Konkurrenz der beiden Koalitionsparteien um die Zuschreibung der jeweiligen Verdienste bei den Moskauer Verhandlungen – die Rolle Raabs als Delegationschef und seiner eigenen Person als Ressortchef, auch bei den Wirtschaftsverhandlungen.

Einige Mitglieder der ÖVP-Bundesparteileitung zogen aus der Verpflichtung zur Neutralität bemerkenswerte Schlußfolgerungen für ein neues Selbstverständnis Österreichs. Ähnliches läßt sich bei den Aufzeichnungen der ersten

---

12 Vgl. Punkt I/6 des Moskauer Memorandums, siehe Dokumentenanhang, Nr. 4, S. 667.

13 Vgl. oben S. 436.

14 Zu bedenken wäre allerdings der (unter US- und UN-Druck erfolgende) Rückzug aus dem nördlichen Iran 1946.

Beratungen in den sozialistischen Parteigremien nicht feststellen. Der Vorarlberger Abgeordnete Franz Grubhofer meinte, das Moskauer Ereignis müsse „eine Umstellung in der Sinnesart unseres ganzen Volkes mit sich bringen. Unser Volk wird jetzt erst reif für eine österreichische Nationalpolitik." Grubhofer regte an, man möge mit der CDU in Verhandlung treten, „daß man in Deutschland dieser österreichischen Umstellung Verständnis entgegenbringt", wie das Protoll vermerkt(!). Unterrichtsminister Heinrich Drimmel fand, die neue Situation Österreichs werde auch auf die Erziehung wesentlichen Einfluß ausüben. Die österreichische Jugend sei zunächst „im Gedanken der großen Monarchie" aufgewachsen. Als diese zusammengebrochen sei, „wendete sie sich dem großdeutschen Gedanken zu, weil sie sich einfach mit dem Kleinstaat nicht abfinden wollte". Nach dem Zusammenbruch des großdeutschen Reiches habe sie „im Europagedanken einen Ersatz" gesucht. „Durch die Neutralisierung muß sie systematisch auf eine neue Aufgabe, auf das Leben in einem neutralen Kleinstaat hingelenkt werden."

Bemerkenswert sind auch weitere Äußerungen Drimmels, der als führender Studentenfunktionär in der Zeit des Ständestaates im Umkreis der Idee von Österreichs deutscher Sendung gewirkt hatte und der auch als Unterrichtsminister seine schützende Hand über bestimmte Exponenten des katholisch-deutschnationalen „Brückenbaus" hielt. Drimmel „warnte vor einer Art Pragmatisierung der österreichischen Nation. Es ist unmöglich[,] Österreich gleichsam über Nacht aus dem deutschen Gesamtraum herauszuholen. Das würde für die österreichischen Hochschulen und daher für die österreichische Kultur verderblich sein." Alfred Maleta meinte, Nation sei ein vieldeutiger Begriff. Es falle den „Schweizerdeutschen nicht ein, ihr deutsches Volkstum zu verleugnen, oder auch den französischen oder italienischen Schweizern ihre Zugehörigkeit zum französischen oder italienischen Volkstum. Dennoch fühlen sich alle Schweizer als eine nationale Einheit. Auch wir müssen uns angewöhnen, zwischen Volkstum bzw. Nation im landläufigen Sinn und Staatsnation zu unterscheiden."

Felix Hurdes, erster Unterrichtsminister der Regierung Figl, setzte, wohl vor allem gegen Drimmel, andere Akzente. „Ein wirklich österreichisches Staatsbewußtsein" habe sich erst nach 1945 entwickelt. Hurdes verwies auf die spontanen Kundgebungen bei der Rückkehr des Bundeskanzlers aus Moskau und fügte hinzu: „Auch der Umstand, daß zum ersten Mal aus eigenem Antrieb die Bevölkerung die Volkshymne, die angeblich unbekannte Volkshymne anstimmte, beweist, daß Österreichs Volk nun wirklich ein Nationalbewußtsein gefunden hat."[15] Raab selbst stellte in den folgenden Wochen in Gesprächen

---

15 AKVI, Bestand Bundesparteileitungsprotokolle, „Kurzgefaßte Verhandlungsschrift" über die Sitzung der Bundesparteileitung vom 20. April 1955. Gemeint war die offizielle Bundeshymne („Mozart-Hymne").

mit Westdiplomaten mehrfach einen Zusammenhang zwischen Österreichs Neutralität, der damit definitiv gegebenen Trennung von Deutschland – das ihm als neutraler Staat unvorstellbar schien – und der Stärkung und Entwicklung eines nationalen Bewußtseins her.[16]

In Gesprächen mit westlichen Diplomaten gaben die Rückkehrer aus Moskau schon bald viele Details preis. Schon am Tag nach der Rückkehr hatte Außenminister Figl die drei West-Botschafter auf den Ballhausplatz gebeten und empfing sie in Anwesenheit Kreiskys. Figl zögerte zunächst, den drei Botschaftern den Text des Moskauer Memorandums zu überreichen, las den Text aber vor. Er unterspielte die Tragweite der Moskauer Ergebnisse – in Hinblick auf die vor der Abreise den Westmächten gemachten Zusicherungen, es werde zu gar keinen Abmachungen kommen. Figl nutzte hierbei die von den Österreichern in Moskau verwendete Formel, daß die Regierungsdelegation lediglich für die Herbeiführung von Regierungsbeschlüssen Sorge tragen werde. Entsprechend „dem Versprechen, das er uns gegeben habe", so berichtete der stellvertretende französische Hochkommissar nach Paris, sei in Moskau „kein Protokoll, kein Arrangement, keine Vereinbarung getroffen worden. Nur ein die Ergebnisse der Gespräche resümierendes Memorandum" sei festgelegt worden.[17] Kreisky hob hervor, wie stark Bulganin die nunmehr erfolgte Trennung der Österreichlösung von der deutschen Frage betont habe. Kreisky lieferte übrigens den drei Botschaftern eine Interpretation der sowjetischen Politik, die auch Jahrzehnte später als überzeugendste Erklärung der Haltung Moskaus im Jahre 1955 bezeichnet werden kann: Kreisky, so berichtete Thompson, sei sich sicher, daß die Sowjets die österreichische Lösung in ihrer Propaganda in Deutschland verwenden würden, aber er glaube, daß die Sowjets zur Kenntnis nahmen, daß das deutsche Problem zur Zeit nicht behandelt – d. h. einer Lösung zugeführt – werden könne.[18]

Raab selbst äußerte sich nur wenige Tage nach der Rückkehr aus Moskau in Anwesenheit des bundesdeutschen Vertreters in Wien, Mueller-Graaf, über die neue außenpolitische Situation. Wie Mueller-Graaf nach Bonn berichtete, meinte Raab, daß seit 1945 nunmehr die erste Rückwärtsbewegung der So-

16 Bericht Lalouettes nach Paris über ein Gespräch Raabs mit Wallinger, Nr. 1065/68, 4. Juni 1955, AD, série Europe 1944–1960, sous-série Autriche, vol. 300. Ähnlich ein Schriftbericht Seydoux' nach Paris über ein Gespräch mit Raab, Nr. EU/373, 23. Juni 1955, ebd.

17 „. . . aucun protocole, aucun arrangement, aucun accord n'avait été conclu à Moscou. Seul avait été établi un mémorandum résumant les résultats des conversations." Lalouette an Außenminister Pinay, 16. April 1955, in: *DDF* 1955, I, Nr. 198. Ähnlich Wallinger an Foreign Office, 16. April 1955: Figl „was at pains to emphasize that the document was merely an agreed record of discussions and that it did not (repeat not) commit the Austrian Government." PRO, FO 371/117789/RR1071/139. Etwas kürzer Thompsons Telegramm nach Washington vom gleichen Datum, in: *FR 1955–1957,* V, 41–43.

18 Thompson an State Department, 16. April 1955, *FR 1955–1957,* V, 43.

wjets sichtbar werde – so hatte Raab ja bereits tags zuvor in der ÖVP-Bundesparteileitung gesprochen – und dies „wesentlich ein erster Erfolg der Pariser Verträge sei". Der Versuch der Sowjets, „mit dem Österreichbeispiel die deutsche Bundesrepublik aus der NATO-Front herauszulocken", sei, wie Raab hoffe, „ungefährlich und eine für den Westen günstige sowjetische Fehlspekulation", weil „die Bonner Regierung sich sicherlich nicht verlocken lassen werde". Hier vertrat Raab also eine andere Hypothese über die sowjetische Politik als Kreisky in der gerade zitierten Äußerung zu den Westbotschaftern – jene Kreiskys dürfte allerdings die realistischere gewesen sein. Wichtig war jedoch Raabs grundlegende Differenzierung zwischen der Situation Deutschlands und jener Österreichs: „Die Lage Österreichs sei von der Lage der Bundesrepublik grundverschieden. Die Probleme Deutschlands – Teilung und ungelöste Grenzfragen – seien gänzlich andere als die des ungeteilten, klar begrenzten, aber dauernd von der Zerreissung bedrohten Österreichs."[19] Im Gespräch mit Botschafter Thompson bemerkte Raab, er habe dem deutschen Vertreter in Wien – eben Mueller-Graaf – mitgeteilt, Deutschland müsse weiter aufrüsten, da dies die einzige Sprache sei, welche die Sowjets verstünden.[20]

Am 25. April gab Bundeskanzler Raab dem Hauptausschuß des Nationalrates in einer vertraulichen Sitzung einen Bericht über das Ergebnis der Moskauer Verhandlungen.[21] Raab legte das Moskauer Memorandum vor, ersuchte um dessen Genehmigung und bemerkte, daß über das Memorandum hinaus keinerlei Abmachungen getroffen wurden. In der Diskussion wurden unbeschadet der grundsätzlichen Einhelligkeit zugunsten der Moskauer Abmachungen unterschiedliche Akzente deutlich. Der Sozialist Ernst Koref betonte das grundsätzliche Bekenntnis zum Westen und stellte Fragen nach den Beitrittsmöglichkeiten Österreichs zu internationalen Organisationen; UN, OEEC, die Europäische Zahlungsunion schienen außer Zweifel, bei Europarat und Mon-

---

19 Mueller-Graaf an Auswärtiges Amt Bonn, 22. April 1955, PAAA, Abt. 3, Bd. 32 (neu Bd. 1400), Zl. 210-01/94.19. Bericht über ein Gespräch mit Raab auf der niederländischen Botschaft in Wien am 21. April 1955 anläßlich des Staatsbesuchs des luxemburgischen Ministerpräsidenten Josef Bech. Vgl. auch Bischof, Österreichische Neutralität, 160–161. Michael Gehler meint, Raabs Haltung zum „Modellfall" Österreich für Deutschland dürfte nicht so negativ gewesen sein, wie Bischof dies darstelle. Ich teile Bischofs, nicht Gehlers Ansicht und sehe in Raabs Äußerungen eine eindeutige Ablehnung der Idee, Österreich solle als Modellfall für Deutschland dienen. Gehler, Österreich, Bundesrepublik und deutsche Frage, 569, Anm. 122.

20 Thompson an State Department, 22. April 1955, *FR 1955–1957*, V, 54. Aus Bonn telegraphierte Botschafter James Conant wenig später nach Washington, ein dem Staatssekretär Walter Hallstein zugeteilter deutscher Diplomat (Rolf Pauls) habe den Amerikanern folgendes mitgeteilt: „Austrians have confidentially told Germans that one major premise for their willingness agree to neutralization of Austria is that FedRep [Federal Republic] is firmly integrated with West; moreover that if Germany were to be neutralized Austria's situation would be hopeless." Conant an State Department, 28. April 1955, NA, RG 59, 663.001/4-2855.

21 Zum folgenden vgl. Protokoll der Hauptausschußsitzung des Nationalrats vom 25. April 1955, Parlamentsarchiv Wien.

tanunion machte Koref Fragezeichen. Der VdU-Abgeordnete Stendebach betonte, Österreich sei nicht die Schweiz; es gebe eine andere geopolitische Lage. Der Weg nach Europa dürfe nicht versperrt werden. Der Sozialist Bruno Pittermann meinte, die Schweiz sei nur Beispiel, nicht Modell.

Raabs Schlußwort machte neuerlich den zentralen Punkt des in Moskau erzielten Durchbruchs klar: „Die Neutralität war die Bedingung. Bulganin hat in einer späten Stunde dies auch sehr deutlich gemacht." Wie im Ministerrat betonte Raab auch im Hauptausschuß, daß ein Verfassungsgesetz betreffend die Neutralität gemacht werden müsse. Bezüglich mancher internationaler Organisationen brach Raabs Skepsis durch. „Die Uno[.] Was bringt uns das? Auch der Europarat? Die Beziehung zur Montanunion wird nicht berührt." Zwischen den vertraulichen Beratungen über das Moskauer Memorandum und den für die Öffentlichkeit bestimmten Anträgen und Beschlüssen des Hauptausschusses klaffte ein beträchtlicher Unterschied. Der Hauptausschuß beschloß, dem Plenum des Nationalrates drei Entschließungsanträge vorzulegen. Der erste bezog sich auf eine Deklaration des Obersten Sowjets der UdSSR vom 9. Februar, die insbesondere den Wunsch nach Stärkung des Friedens und nach Fühlungnahme zwischen den Parlamenten aller Staaten ausgedrückt hatte. Der zweite und unmittelbar wichtigste Antrag dankte der Bundesregierung für die Bemühungen der Regierungsdelegation in Moskau, den Abschluß der Staatsvertragsverhandlungen „wesentlich beschleunigt" zu haben; gleichzeitig wurde die Bundesregierung aufgefordert, bei den alsbald zu gewärtigenden Verhandlungen mit den vier Großmächten über den Abschluß des Staatsvertrages alles vorzukehren, „um die politische und wirtschaftliche Unabhängigkeit und Selbständigkeit der Republik Österreich zu sichern". Von einer Deklaration betreffend die Neutralität war noch nicht die Rede. Ein dritter Antrag schließlich ersuchte die Bundesregierung, zeitgerecht alle geeigneten Schritte zu unternehmen, damit das Aufnahmegesuch der Republik Österreich in die UN bereits der nächsten Vollversammlung zur Beschlußfassung vorliege.[22]

Zwei Tage später, am 27. April, fand eine gemeinsame Gedenksitzung des Nationalrates und des Bundesrates aus Anlaß des zehnten Jahrestages der Gründung der Zweiten Republik statt. In diesem Rahmen berichtete Bundeskanzler Raab öffentlich über die Moskauer Verhandlungen; er teilte das Ausmaß der sowjetischen Wirtschaftskonzessionen mit. Zur Frage der von Österreich abzugebenden Erklärung sagte Raab, die Regierungsdelegation habe in Moskau den Standpunkt vertreten, „daß diese Erklärung nach der Unterzeichnung des Staatsvertrages erfolgen müsse". Der Bundeskanzler fuhr fort: „Eine

22 Nr. 498 der Beilagen zu den Sten. Prot. NR, 7. GP.; diese Anträge wurden im Plenum am 28. April 1955 angenommen.

derartige Festlegung der Politik eines Staates, die Erklärung, die Unabhängigkeit nach allen Seiten zu bewahren und sich keinen Militärbündnissen anzuschließen, habe nur dann besonderen Wert, wenn sie von einem vollsouveränen Staat freiwillig gesetzt wird. Eine derartige Erklärung zu erzwingen würde nur ihren Wert herabmindern." Für diese Auffassung habe man in Moskau volles Verständnis gefunden. Und nun wandte sich der Bundeskanzler an das Parlament: „Wenn sich die österreichische Volksvertretung entschließen kann, eine derartige Neutralitätserklärung abzugeben, dann glaube ich, wird es zweckmäßig sein, wenn wir an die vier Großmächte mit der Anregung herantreten, ihrerseits eine Erklärung dahingehend abzugeben, daß sie gewillt sind, diese Neutralität Österreichs anzuerkennen und zu respektieren und die Unversehrtheit und Unverletzlichkeit des österreichischen Staatsgebietes zu garantieren."[23]

Analysiert man die Haltung der Bundesregierung zur Frage der Errichtung der Neutralität Österreichs in den entscheidenden Wochen des Frühjahres 1955, so treten drei Erwägungen hervor:

Erstens sollte deutlich werden, daß die österreichische „Erklärung" keine vertraglich auferlegte Verpflichtung darstellte, sondern eine Willensentscheidung Österreichs war; daher sollte die Neutralität weder im Staatsvertrag noch etwa in einem bilateralen österreichisch-sowjetischen Vertrag verankert werden.

Zweitens sollte der Staatsvertrag unter Dach und Fach gebracht werden, bevor Österreich seine Neutralität erklärte und nicht etwa umgekehrt. Für diese Reihenfolge – zuerst Staatsvertrag, dann Neutralität – sprachen zwei Überlegungen: zunächst die praktisch-politische, daß die Beendigung der Besetzung und die Herstellung der vollen Souveränität Österreichs das primäre Ziel der österreichischen Politik seit einem Jahrzehnt darstellte; aber auch die grundsätzliche vom Bundeskanzler in seiner Rede vom 27. April angesprochene Erwägung ist hier in Rechnung zu stellen, daß eine Erklärung von so weitreichender Bedeutung nur dann besonderen Wert habe, wenn sie freiwillig von einem vollsouveränen Staat abgegeben werde.

Drittens ist schließlich zu betonen, daß es den Regierungsparteien darum zu tun war, daß die Neutralität Österreichs vom Parlament beschlossen werde; die Volksvertretung, nicht bloß die Regierung, sollte das entscheidende Wort sprechen. Dies wurde schon in Vorbesprechungen vor der Reise nach Moskau deutlich und fand Eingang in Punkt I,2 des Moskauer Memorandums: – die Bundesregierung werde die österreichische Deklaration „gemäß den Bestimmungen der Bundesverfassung dem österreichischen Parlament unmittelbar nach

---

23 *Zehnte Wiederkehr des Tages der Proklamation der Unabhängigkeit Österreichs,* Österreichische Staatsdruckerei, Wien 1955, 8–10, insbes. 9 (= Anhang zu den Sten. Prot. des Bundesrates 1953–1956), auch in DÖA, Nr. 165.

Ratifikation des Staatsvertrages zur Beschlußfassung vorlegen".[24] Es wird sich zeigen, daß dem Parlament eine zentrale Rolle bei der Errichtung der österreichischen Neutralität zugedacht war und daß die Koalitionsparteien damit eine Linie fortsetzten, die schon 1952 und 1953 eingeschlagen worden war.

2. Die Botschafterkonferenz in Wien, 2. bis 13. Mai 1955

Zunächst müssen wir uns allerdings der letzten Runde der Staatsvertragsverhandlungen zuwenden. Wie erinnerlich, hatten noch vor der Reise nach Moskau die drei Westmächte die österreichische Regierung wissen lassen, daß die von der Sowjetunion unterbreiteten Vorschläge unter Teilnahme der Bundesregierung von den Botschaftern der Vier Mächte in Wien erörtert werden sollten. Hingegen schlug die Sowjetregierung nur vier Tage nach dem Abschluß der österreichisch-sowjetischen Gespräche in Moskau den Westmächten eine Außenministerkonferenz in Wien vor. Die Westmächte stimmten grundsätzlich zu, stellten allerdings die Bedingung einer vorbereitenden Botschafterkonferenz. Diese Botschafterkonferenz trat in Wien im Gebäude des Alliierten Rates auf dem Schwarzenbergplatz (jetzt Haus der Industrie) am 2. Mai 1955 unter Zuziehung einer österreichischen Delegation unter Führung Außenminister Figls und Staatssekretär Kreiskys zusammen.[25]

Die zehn Sitzungen der Botschafterkonferenz zwischen 2. und 13. Mai 1955 sollen hier nicht in ihrem Ablauf beschrieben werden.[26] Es sollen lediglich die Hauptinteressen der Teilnehmer, daraus sich ergebende Konstellationen und taktische Manöver und die wichtigsten Themen und Ergebnisse der Konferenz skizziert werden.

---

24 Vgl. ausführlicher unten S. 551–555.

25 Wie in Moskau gehörten der Leiter der politischen Abteilung im Außenamt, Josef Schöner, und der Leiter des Völkerrechtsbüros im Außenamt, Stephan Verosta, der Delegation an. Zur österreichischen Delegation gehörte auch der damalige stellvertretende Leiter des Völkerrechtsbüros, Dr. Rudolf Kirchschläger; vgl. Rudolf Kirchschläger, „Erinnerungen an die Wiener Botschafterkonferenz 1955", in: *Zeitgeschichte,* 2 (1974/75), 177–179. Weiters gehörten der Delegation an der langjährige Staatsvertragsexperte der politischen Abteilung, Johannes Coreth, und als einer der Dolmetscher der junge Diplomat Georg Seyffertitz.

26 Die einzelnen Sitzungen sind nunmehr in leicht zugänglicher Weise dokumentiert in ÖuG, Nr. 131–136, *FR 1955–1957,* V, 66–109, sowie in *DDF 1955,* I (ab Dok. Nr. 241 zahlreiche Berichte bis einschließlich Abschlußbericht Nr. 277). Zu den Ergebnissen der Botschafterkonferenz siehe auch die erläuternden Bemerkungen der Bundesregierung zum Staatsvertrag, Nr. 517 der Beilagen zu den Sten. Prot. NR, 7. GP. Vgl. ferner *The Austrian State Treaty. An Account of the Postwar Negotiations together with the Text and Related Documents,* Department of State Publication Nr. 6437, Washington D.C., April 1957, 29–33. Die Botschafterkonferenz ist in den im AdR, Bestand BMAA, II-Pol, vorhandenen Akten gut dokumentiert. Vgl. insbesondere den Sammelakt Zl. 322.268-Pol/55.

Die Sowjetunion peilte zwei Ziele an. Erstens: Der Staatsvertrag sollte rasch abgeschlossen werden; dieses Ziel war ja in Moskau in aller erwünschten und zunächst überraschenden Klarheit zutage getreten. Zweitens: Die Sowjetunion strebte hoch- und höchstrangige Beratungen mit den Westmächten an; der Wunsch nach einer Konferenz der Außenminister war ja seit Molotows Rede vom 8. Februar deutlich geworden, wenn sich inzwischen auch die gewünschten Themen verschoben hatten. Die Deutschlandfrage trat bekanntlich, da nach der Ratifikation der Pariser Verträge nicht mehr verhandelbar, in den Hintergrund – nicht jedoch der Wunsch der sowjetischen Führung nach hochrangigen Kontakten mit dem Westen. Seit der zweiten Märzhälfte begann sich auch abzuzeichnen, daß die Westmächte zu einer Gipfelkonferenz bereit sein würden (Verwendungszusage des französischen Ministerpräsidenten Faure gegenüber dem Sowjetbotschafter Winogradow).[27] Noch während der Wiener Botschafterkonferenz, am 10. Mai, sollten die Westmächte an die Sowjetunion die Einladung zu einer Gipfelkonferenz richten.[28]

Die Vorbereitung der Instruktionen für die sowjetische Delegation zur Botschafterkonferenz ergibt ein aufschlußreiches Bild.[29] Die Kompetenzen der Botschafterkonferenz, aus sowjetischer Sicht nur ein ungeliebtes Kind, wurden restriktiv gesehen. Betont wurde, daß die Aufgabe der Botschafterkonferenz darin bestehe, die Vorbereitungsarbeiten für die baldige Einberufung einer Außenministerkonferenz (unter Beteiligung Österreichs) durchzuführen. Angesichts dieser Tatsache müsse sich die Botschafterkonferenz „auf jene Fragen beschränken, die mit der Vorbereitung des Staatsvertragstexts zur Überprüfung durch die Minister im Zusammenhang stehen“. Ausdrücklich nahmen die Instruktionen die Erörterung wesentlicher politischer Fragen von der Kompetenz der Botschafterkonferenz aus; Fragen wie die Neutralität Österreichs, die Garantien der Vier Mächte hinsichtlich der territorialen Integrität Österreichs, Österreichs Aufnahme in die UNO könnten angesichts ihrer besonderen Bedeutung nur durch die Außenminister geprüft werden.

Ohne auf alle in den Instruktionen genannten Detailfragen einzugehen, sei nur auf einige Hauptthemen hingewiesen. Bezüglich der zahlenmäßigen Begrenzung der österreichischen Armee, wie sie in Art. 17 des Vertragsentwurfs vorgesehen war, müsse der sowjetische Vertreter für den Fall, daß die Vertreter der drei (West-)Mächte auf einer Vergrößerung der zahlenmäßigen Stärke bestehen sollten, erklären, daß er nicht bevollmächtigt sei, diese Frage zu erörtern. Vorschläge für eine Änderung des Art. 35 (deutsche Vermögenswerte

27 Vgl. oben S. 365–366.

28 Detlev Felken, *Dulles und Deutschland. Die amerikanische Deutschlandpolitik 1953–1959,* Bonn – Berlin 1993, 286.

29 AVPRF, Fonds 06, op. 14, p. 10, d. 118, fol. 21–24. Entwurf mit zahlreichen handschr. Korrekturen; ich folge hier der sich aus den Korrekturen ergebenden Fassung.

in Österreich) wären mit der Begründung abzulehnen, daß dieser Artikel lange erörtert und vollständige Übereinstimmung erzielt wurde – im November 1949, wie zur Erinnerung hinzugefügt sei! Damit war das zentrale Konfliktthema angesprochen, das während der Botschafterkonferenz als einziges die Konferenz selbst – und damit den raschen Staatsvertragsabschluß – fast zum Scheitern gebracht hätte. Die Moskauer Vereinbarungen vom April bedeuteten ja massive inhaltliche Veränderungen des Artikels 35 – zugunsten Österreichs übrigens; doch die Sowjetregierung beharrte darauf, Staatsvertrag und Moskauer Vereinbarungen als zwei voneinander vollständig getrennte Dinge zu sehen. In einer in der Tat kühnen Konstruktion argumentierten die Instruktionen, daß die Moskauer Vereinbarungen den Inhalt des Art. 35 nicht berührten; die Moskauer Vereinbarungen beträfen „lediglich die Realisierung der Rechte der Sowjetunion auf ehemalige deutsche Vermögenswerte in Ostösterreich", die der UdSSR „in Übereinstimmung mit den internationalen Verträgen übergeben wurden", und daher falle diese Frage nicht in die Kompetenz der Konferenz der vier Botschafter. Hätte sich diese Anschauung durchgesetzt, wäre dies von gravierenden Folgen für Österreich begleitet gewesen, wie bald zu zeigen sein wird. Damit war jedenfalls ein ernster Konflikt auf der Botschafterkonferenz vorprogrammiert. Ein weiterer Punkt ist von Interesse. In der Erstfassung der Instruktionen hieß es bezüglich der Präambel des Staatsvertrages – bekanntlich eine Mitschuldklausel für die Kriegsteilnahme enthaltend[30] –: Gegen mögliche Vorschläge zur Änderung der Präambel und insbesondere gegen die Entfernung der Worte betreffend eine gewisse Verantwortung für die Teilnahme am Kriege seien Einwände zu erheben. Es wäre darauf hinzuweisen, daß die Präambel des Vertragsentwurfs vollständig unter den vier Mächten und Österreich abgestimmt worden sei und dem Inhalt der Moskauer Erklärung vom 1. November 1943 entspreche, wonach „Österreich für die Kriegsteilnahme an der Seite Hitlerdeutschlands eine Verantwortung trägt, der es nicht entkommen kann". In der korrigierten Fassung gab es zunächst einige Korrekturversuche und schließlich eine Streichung des Punktes. Wie sich zeigen sollte, wurde die Präambelproblematik von den Sowjets ebenfalls aus der Beratungskompetenz der Botschafterkonferenz herausgenommen und auf die Ebene der Ministerentscheidungen gehoben.

Wenngleich vor allem im Fragenkomplex „Deutsches Eigentum, Moskauer Memorandum und Artikel 35 des Vertragsentwurfs" ein Konflikt vorhersehbar war, ist doch daran zu erinnern, daß das sowjetische Interesse an einem raschen Vertragsabschluß groß war. Dieses Interesse teilte die Sowjetunion mit Österreich, das von allen fünf Vertragsparteien natürlich das allergrößte Interesse am baldigen Vertragsabschluß hatte. Dies führte dazu, daß fallweise – wenn

30 Vgl. oben, Kap. II, S. 72–75.

die Westmächte sich querlegten – die Österreicher „a silent ally of the Soviet Union“ wurden, wie es ein britisches, den Verlauf der Botschafterkonferenz zusammenfassendes Memorandum einmal ausdrückte.[31] Aber auch die Westmächte waren nicht daran interessiert, den Vertrag hinauszuzögern, denn den Vorwurf, für die Fortdauer der jahrelangen Besetzung verantwortlich zu sein, wollten sie nicht auf sich nehmen, und die grundlegende politische conditio sine qua non des Vertragsabschlusses, Österreichs Neutralität nach dem Muster der Schweiz, war von der Vormacht des Westens, den USA, spätestens im Februar 1954 akzeptiert worden. Alle Delegationen hatten es eilig, hat Geoffrey Wallinger, der britische Hochkommissar und Botschafter, geschrieben. Wallinger hat den originellsten Kommentar zur Botschafterkonferenz geliefert:

“. . . In einer Hinsicht war die ganze Verhandlung unwirklich. Jede Delegation – einschließlich der russischen, wie ich überzeugt bin – wußte, daß ihre Regierung aus unterschiedlichen Gründen beschlossen hatte, den Vertrag am oder um den 15. Mai zu unterzeichnen, in was immer für einem Zustand der Entwurf sich dann befinden würde. Die Verhandlung war eigentlich keine Verhandlung im gewöhnlichen Sinne, sondern eine Art Poker-Spiel, in dem gute Nerven und Ausdauer eine außergewöhnlich wichtige Rolle spielten.“[32] Am Schluß, meint Wallinger, hatten die Sowjets mehr aufgegeben als die anderen; aber es wäre zu viel, dies einer sowjetischen Disposition der Versöhnlichkeit zuzuschreiben. Der wahrscheinlichere Grund sei, „daß die Russen es nicht nur eilig hatten, sondern eiliger als die westlichen Delegationen. Die letzteren konnten sich dessen allerdings zur Zeit [der Konferenz] nicht so sicher sein“.[33]

Eine ganze Reihe von Österreich belastenden Artikeln des bisherigen Vertragsentwurfs wurde gestrichen; einige dieser Streichungen waren bereits bei den österreichisch-sowjetischen Besprechungen in Moskau in Aussicht genommen worden. In Wien bemühte sich die österreichische Delegation um Streichung der Art. 16 und 17 des Vertragsentwurfs. Art. 16 betraf die Ver-

---

31 Neunseitiges britisches Memorandum über die Botschafterkonferenz, mit einem kommentierenden Begleitbrief des Botschafters Wallinger vom 20. Mai 1955 an Außenminister Macmillan. PRO, FO 371/117801/RR1071/428. Ein bemerkenswertes Dokument mit zahlreichen klugen, auch sarkastischen Beobachtungen.

32 Wallinger an Macmillan, 20. Mai 1955, Begleitbrief zum in der vorherigen Anm. genannten Memorandum, ebd.: „I would only add the comment that in one respect the whole negotiation was unreal. Every Delegation – including, I am convinced, the Russian – knew that its Government had, for varying reasons, made up its mind to sign the Treaty on or about the 15th of May whatever state the draft might then be in. The negotiation, then, was not really a negotiation at all in the ordinary sense but a kind of poker-game in which good nerves and endurance played an exceptionally important part.“

33 Memor., Pkt. 5: „Yet it would be too much to ascribe much of this result to any Soviet mood of reconciliation. The likelier reason is that the Russians were not only in a hurry but in even more of a hurry than the Western Delegations. The latter, however, could not be sure of this at the time.“

pflichtung Österreichs zur Mitwirkung an der Repatriierung versetzter Personen und Flüchtlinge; Art. 17 bezog sich auf die zahlenmäßige Beschränkung der österreichischen Streitkräfte auf ein Heer von 53.000 und eine Luftwaffe von 5000 Mann.[34] Während in einem sowjetischen Pressekommentar unmittelbar vor Eröffnung der Botschafterkonferenz die Frage gestellt wurde, warum ein friedliebendes Österreich eine Vergrößerung der Anzahl seiner Divisionen wünschen sollte, waren die Westmächte gegen die zahlenmäßige Begrenzung der österreichischen Streitkräfte. Überdies strebte Österreich die Einführung der allgemeinen Wehrpflicht an. Hier ist nun anzumerken, daß sich auf der Botschafterkonferenz bald eine bemerkenswerte inoffizielle Gesprächspartnerschaft zwischen dem französischen Stellvertretenden Hochkommissar Lalouette und Michail Gribanow entwickelte, dem aus Moskau angereisten Stellvertreter Semjonows, der dem Delegationsleiter und Hochkommissar Iljitschow zur Seite stand. Bereits am dritten Verhandlungstage, dem 4. Mai, fragte Gribanow in einer Sitzungspause Lalouette, ob die Franzosen bereit wären, Kompromißlösungen für die strittigen Artikel zu suchen und ihm zu sagen, welche Artikel besonders wichtig wären. Lalouette gab die Artikel 16, 17, 25 (überschüssiges Kriegsmaterial) und natürlich 35 (Deutsches Eigentum) an. Gribanow entgegnete, es wäre ohne Zweifel möglich, Konsensformeln zu finden; noch gegen Ende der gleichen Sitzung überraschte dann der bis dahin sehr zugeknöpfte Hochkommissar Iljitschow die anderen Delegationen, indem er der Streichung der Art. 16, 17 und 25 zustimmte; der schwierigste Artikel, Art. 35 über das Deutsche Eigentum, blieb ausgeklammert.[35]

Ein Themenbereich, der den sowjetischen Vorstellungen zufolge gar nicht von den Botschaftern diskutiert werden sollte, wurde trotzdem in einer Geheimsitzung mit verkleinerten Delegationen („restricted session") am 5. Mai von den Amerikanern angeschnitten: die Neutralitätsfrage und die Frage der Garantie des österreichischen Territoriums durch die vier Mächte. Botschafter Thompson erklärte zunächst, daß die Neutralitätsfrage seiner Regierung keine Schwierigkeiten bereite. Anders stehe es mit der Garantiefrage. Hier gebe es für die USA sehr ernste verfassungsrechtliche Probleme. Falls auf der kommenden Ministerkonferenz Molotow eine Vier-Mächte-Garantie als Vorbedingung für den Abschluß des Staatsvertrags verlangen sollte, würde Außenminister Dulles nicht in der Lage sein, den Vertrag zu unterzeichnen. Iljitschow, der zunächst – entsprechend den Instruktionen, wie bereits gezeigt wurde – an der These festhielt, dies seien nicht Fragen für die Botschafter, sondern für die

34 FR 1955–1957, V, 66–69; die Westmächte, besonders die Amerikaner, unterstützten Österreich entschieden bezüglich des Artikels 16; bei Art. 17 zeigten sich Franzosen und Amerikaner großzügiger als die Briten.

35 *DDF 1955,* I, Nr. 248 (Lalouette an Pinay, 5. Mai 1955); *FR 1955–1957,* V, 76–77, 79; AdR, BMAA, II-Pol, Zl. 321.882-Pol/55 (auch in ÖuG, Nr. 132).

Außenminister, zeigte sich durch Thompsons ultimative Frage verunsichert. Iljitschow erkundigte sich, worin denn die verfassungsmäßigen Schwierigkeiten bestünden. Thompson gab zur Antwort, daß nur der Kongreß der Vereinigten Staaten die Kompetenz zur Kriegserklärung habe, und daß deshalb die Garantiefrage (die ja ein kriegerisches Eingreifen erforderlich machen könnte, G. S.) sehr wichtig sei. Iljitschow zog nun Gribanow zu Rate – der, wenngleich nicht Delegationsleiter, doch als Stellvertreter Semjonows offensichtlich über beträchtliche Autorität verfügte – und antwortete darauf beschwichtigend, daß seines Wissens die Gewährung einer Garantie keine Bedingung für den Abschluß des Staatsvertrags wäre.[36]

Zwei weitere Fragenkomplexe, deren schließliche Regelung nach spannungsreichen Verhandlungen den Erfolg der Botschafterkonferenz entschied, betrafen die Räumung Österreichs von alliierten Truppen und das Deutsche Eigentum.

Die Westmächte erhoben zunächst Einwendungen gegen den im Moskauer Memorandum, übrigens auf Drängen der Österreicher, genannten spätesten Räumungstermin des 31. Dezember 1955. Sie hielten es für schwierig, einen festen Räumungstermin zu nennen, wenn kein fester Termin für die Ratifizierung des Vertrages festgesetzt werden könne. Sowohl der Abzug der alliierten Truppen als auch der Aufbau der österreichischen Armee würden Zeit erfordern. Die Westmächte, und zwar vor allem die USA, fürchteten die Entstehung eines militärischen Vakuums in Österreich.[37] Ein französischer Kompromißvorschlag kam schließlich den österreichischen Wünschen weitgehend entgegen: Die alliierten Truppen würden innerhalb von 90 Tagen, vom Inkrafttreten des Vertrages gerechnet, „soweit irgend möglich, spätestens bis zum 31. Dezember 1955“ aus Österreich zurückgezogen werden. Der französische Vorschlag wurde allerdings aus verhandlungstaktischen Gründen erst knapp vor Konferenzende am 11. Mai angenommen.[38]

Noch kritischer gestalteten sich die Verhandlungen um die Frage des Deutschen Eigentums. Die seit 1945 wie ein roter Faden die Haltung der Sowjetunion kennzeichnende Taktik der bilateralen Regelung machte sich neuerlich bemerkbar. Nach sowjetischen Vorstellungen sollte der Komplex des Deutschen Eigentums in einer zweiseitigen, lediglich die Sowjetunion und Österreich berührenden Abmachung geregelt werden. Obgleich die im Moskauer

36 *DDF 1955,* I, Nr. 254 (Lalouette an Pinay, 6. Mai 1955); der amerikanische Bericht ist hier weniger informativ: *FR 1955–1957,* V, 83–84. Zuvor hatten die westlichen Botschafter Figl bezüglich des von den Österreichern geplanten Verfahrens zur Neutralitätserklärung befragt (ebd., 83)..

37 Von Interesse ist Allard, *Diplomat in Wien,* 211–212.

38 8. Sitzung am 11. Mai 1955. Vgl. AdR, BMAA, II-Pol, Zl. 322.058-Pol/55, Zl. 322.167-Pol/55 (Beschlußprotokoll); der französische Vorschlag (vorgelegt am 6. Mai) im Sammelakt Zl. 322.268-Pol/55. Vgl. auch *DDF 1955,* I, Nr. 270 sowie *FR 1955–1957,* V, 101.

Memorandum von der Sowjetunion gewährten Wirtschaftskonzessionen den Inhalt des vielberufenen Art. 35 des Staatsvertragsentwurfes entscheidend modifizierten, und zwar zugunsten Österreichs, war Botschafter Iljitschow zunächst – entsprechend den uns bereits bekannten Instruktionen – nicht bereit, die in Moskau besprochenen Konzessionen im Staatsvertrag zu verankern. Österreich deponierte hingegen seinen Wunsch, die in Moskau besprochenen Konzessionen im Staatsvertrag abzusichern.[39] Sonst würde der unveränderte, im Jahr 1949 nur in der Hoffnung auf einen unmittelbar bevorstehenden Abschluß des Staatsvertrages unter schwersten Opfern Österreichs zustande gekommene Art. 35 wie ein Damoklesschwert über der Zukunft Österreichs hängen. Die Amerikaner malten sowjetische Interventionsmöglichkeiten bei unveränderter Beibehaltung des Art. 35, einschließlich einer möglichen Wiederbesetzung der Ölfelder im Falle einer behaupteten Verletzung der österreichisch-sowjetischen Abmachungen seitens Österreichs, in grellen Farben an die Wand.[40]

Während also bezüglich der Räumung Österreichs von alliierten Truppen eine Affinität der Interessen Österreichs und der Sowjetunion gegenüber den zögernden Westmächten festzustellen war, gingen in der Frage der staatsvertraglichen Verankerung der sowjetischen Wirtschaftskonzessionen Österreich und die Westmächte stärker konform. Allerdings lastete auf den Österreichern der Druck, nur ja nichts zu unternehmen, was den schon so nahen Staatsvertrag wieder in weite Ferne rücken könnte. Die westlichen Diplomaten wußten zu berichten, Figl sei mit massiven Vorwürfen Iljitschows konfrontiert worden, daß die Österreicher zu viele Änderungswünsche geäußert hätten, vor allem offenbar, daß sie gewagt hätten, entgegen der sowjetischen Position die in Moskau vereinbarten sowjetischen Wirtschaftskonzessionen in den Staatsvertrag (Art. 35) einbinden zu wollen. Tatsächlich schwächten die Österreicher ihre ursprüngliche Haltung zu Art. 35 ab und bemerkten in der Geheimsitzung am 5. Mai lediglich, es mögen die vier Mächte untereinander eine Einigung über Art. 35 erreichen.[41] Das Dilemma der Österreicher, weder die Westmächte, vor allem die am härtesten verhandelnden Amerikaner, noch die in Moskau so großzügig gewesenen Sowjets zu vergrämen, jedenfalls nichts zu riskieren, was die sowjetische Zustimmung zu Staatsvertrag und Truppenabzug gefährden könnte, wurde offensichtlich in Richtung stärkerer Rücksichtnahme auf

39 Vgl. Berichte über die 2. Sitzung am 3. Mai; *FR 1955–1957,* V, 69–70, *DDF 1955,* I, Nr. 244.

40 Thompson sah in den Möglichkeiten sowjetischer Interventionen im Fall der unveränderten Beibehaltung des Art. 35 auch die Gefahr einer Verletzung der österreichischen Neutralität. *FR 1955–1957,* V, 69–70, 73–74 (Berichte vom 3. u. 4. Mai über die 2. u. 3. Sitzung der Botschafterkonferenz).

41 *FR 1955-1957,* V, 84–85 (Thompson an State Department, Telegramm 2618, 5. Mai 1955), sowie PRO, FO 371/117801/RR1071/428 (Wallingers Memorandum an Macmillan, 20. Mai 1955, Punkt 11).

die Sowjets gelöst. Thompson berichtete am 10. Mai nach Washington, nach einer leidenschaftlichen Auseinandersetzung („violent debate“) innerhalb der österreichischen Delegation wären die Österreicher bereit, die Verknüpfung von Staatsvertrag und Moskauer Memorandum fallen zu lassen; er und Wallinger hofften, die Österreicher zu überreden, noch einen Tag lang fest zu bleiben.[42] Die im Laufe der Konferenz zunehmende Tendenz der Österreicher, den sowjetischen Standpunkt zu akzeptieren, ist im rückblickenden Schlußbericht des britischen Hochkommissars Wallinger in sehr unfreundlicher Weise kommentiert worden. Wallinger sah die „verzwickte Lage“ („quandary“) der Österreicher, er hatte Verständnis für ihre „Schwäche“, meinte jedoch, daß die Tendenz Figls – „der unter dem Druck Kreiskys zu stehen schien“ –, den russischen Standpunkt anzunehmen, die Aufgabe der westlichen Delegierten nicht leichter machte.[43] Vor allem Iljitschows Druck auf die Österreicher bezüglich des Artikels 35 veranlaßte Wallinger zu höchst geschmacklosen Kommentaren über Figl.[44]

Die Westmächte, zumal die Amerikaner, kämpften hartnäckig um die Verankerung der Wirtschaftskonzessionen des Moskauer Memorandums im Staatsvertrag. Als dominierender Verhandlungspartner erwies sich der amerikanische Botschafter Llewellyn Thompson, ohne Zweifel die bedeutendste Persönlichkeit der drei westlichen Delegationen. Nach dem Scheitern der ursprünglichen westlichen Vorschläge, in den Art. 35 selbst die wichtigsten relevanten Bestimmungen des Moskauer Memorandums einzubringen, wurde als „fall back“-Position die Aufnahme eines Annexes zum Staatsvertrag vorgeschlagen, in dem die Moskauer Vereinbarungen genannt werden sollten.[45]

Die Westmächte – unter amerikanischer Führung – kamen aber nunmehr mit einem weiteren Kompromißvorschlag, der bestimmte westliche Erdölinteressen in Ostösterreich berücksichtigen und dies den Sowjets mit einem gewaltigen Köder schmackhaft machen sollte. Das in Moskau zwischen Sowjets und Österreichern vereinbarte allgemeine Rückübertragungsverbot der von der Sowjetunion an Österreich zu übertragenden Vermögenswerte *in der Sowjetzone an Ausländer* wäre zu ersetzen durch ein Rückübertragungsverbot *ledig-*

42 *FR 1955–1957,* V, 96, Anm. 2 (Thompson an State Department, Telegramm 2668, 10. Mai 1955).

43 PRO, FO 371/117801/RR1071/428, Memorandum vom 20. Mai 1955, Punkt 3. Der von Wallinger bemerkte Druck Kreiskys auf Figl scheint insoferne plausibel, als das Interesse der Sozialisten an dem in Moskau zustande gekommenen Übertragungsverbot des Deutschen Eigentums groß war.

44 Die Bedeutung des von Iljitschow Figl erteilten „Verweises“ lag laut Wallinger darin, daß er die österreichische Delegation „zu Brei schlug“ („The importance of this rebuke is that it finally reduced the Austrian delegation to pulp“), und daß das grundlegende bereits beschriebene Dilemma der Österreicher „took them right out of the Western ranks“. Wallinger schloß diesen Punkt seines Berichts mit den Worten: „The spectacle of Dr. Figl, of all people, behaving like a paralysed rabbit, was unpleasant and distressing.“ Ebd., Punkt 11.

45 *FR 1955–1957,* V, 82 (Thompson an State Department, 5. Mai 1955, Telegramm 2620).

lich an Deutsche, dafür aber in allen Zonen, also in ganz Österreich. Von diesem Rückübertragungsverbot an Deutsche sahen die Westmächte allerdings bestimmte *Ausnahmen* vor: Eigentum erzieherischen, kulturellen, karitativen und religiösen Charakters sowie („Klein"-)Eigentum deutscher natürlicher Personen, dessen Wert 260.000 Schilling (= 10.000 US-Dollar nach damaligem Umrechnungskurs) nicht übersteigen würde.[46] Die – relativ niedrige – Obergrenze von 10.000 Dollar war amerikanischen Ursprungs; die USA hatten sich bei bundesdeutsch-amerikanischen Verhandlungen über das in den USA beschlagnahmte deutsche Vermögen in Washington im Februar/März 1955 (lediglich) bereit erklärt, die Rückgabe von Vermögen, das aufgrund der Potsdamer Beschlüsse an die USA gefallen war, an natürliche Personen bis zu einem Höchstbetrag von 10.000 Dollar vorzuschlagen.[47] In einer weiteren Geheimsitzung am 6. Mai gewann Thompson den Eindruck, daß den Sowjets die Ausweitung des Rückübertragungsverbots des Deutschen Eigentums an deutsche Staatsbürger auf ganz Österreich attraktiv schien und sie zustimmen würden. Hier sei nicht unerwähnt gelassen, daß schon vor Beginn der Botschafterkonferenz die Österreicher den Westbotschaftern gesagt hatten, daß sie eine Bestimmung über ein Rückübertragungsverbot des Deutschen Eigentums in den Westzonen begrüßen würden, und daß sie glaubten, eine solche Bestimmung würde die Abänderung des Art. 35 für die Sowjets attraktiv machen.[48] Auch der französische Delegationsleiter Lalouette – offensichtlich bestärkt durch vorhergehende Gespräche mit Gribanow – hatte den Eindruck, daß sich ein Kompromiß abzeichne.[49]

Über das Wochenende des 7. und 8. Mai flog Thompson nach Paris, wo die Außenminister der Westmächte zu einer NATO-Ratstagung versammelt waren, um sich von seinem Chef letzte Weisungen zu holen. Im Gespräch mit Dulles schlug Thompson für den Fall, daß die Sowjets die Einfügung eines Annexes betreffend das Moskauer Memorandum ablehnten, noch eine zweite „fall back"-Position vor: die Sowjets sollten lediglich in einer Note (an die Westmächte) festhalten, daß sie das Moskauer Memorandum nicht so interpre-

46 Ebd. Kursivsetzungen vom Verfasser.

47 Die bundesdeutsch-amerikanischen Verhandlungen über das beschlagnahmte deutsche Vermögen in den USA fanden zwischen 10. Februar und 4. März 1955 in Washington statt. *AdG*, 1955, 5053F. Matthias Pape, „Die deutsch-österreichischen Beziehungen zwischen 1945 und 1955. Ein Aufriß", in: *Historisch-Politische Mitteilungen. Archiv für Christlich-Demokratische Politik,* 2 (1995), 149–172, hier 167, nennt den Jänner 1955 als Zeitpunkt für die amerikanische Entscheidung. Finanzminister Kamitz hatte sich in einem Brief an Figl am 27. April 1955 gegen die Obergrenze von 10.000 Dollar als „vollkommen unzulänglich" ausgesprochen und großzügigere und mehr Spielraum gebende Regelungen gewünscht. AdR, BMAA, II-Pol, Zl. 322.247-Pol/55.

48 *FR 1955–1957,* V, 58 (Thompson an State Department, Telegramm 2480, 27. April 1955); auch PRO, FO 371/117793/RR1071/220 (Wallinger an Foreign Office, 28. April 1955).

49 *FR 1955–1957,* V, 87–88 (Thompson an State Department, 6. Mai 1955, Telegramm 2641); *DDF 1955,* I, Nr. 259 (Lalouette an Pinay, 6. Mai 1955).

tierten, daß es eine Wiederbesetzung der Ölfelder gestatten würde. Dies schien Dulles zu schwach zu sein. Dulles betonte, er und der Präsident fürchteten, daß Österreich einen „gebrochenen", d. h. fehlerhaften Vertrag („broken treaty") abschließe, da Art. 35 nicht vollzogen werden würde (in Hinblick auf die für Österreich günstigeren Abmachungen des Moskauer Memorandums, G. S.). Es sollte doch im Vertrag klargemacht werden, daß die Anwendung des Art. 35 in Übereinstimmung mit dem Moskauer Memorandum modifiziert werde.[50] Die gemeinsame Anwesenheit Dulles', Macmillans und Pinays in Paris erleichterte es übrigens den drei westlichen Außenministern, ihren Kollegen Molotow zur Eile zu drängen, indem sie alle möglichen Terminprobleme geltend machten, die eine Beratung und Unterzeichnung des Staatsvertrags nach dem 15. Mai unmöglich machen würden.[51]

Paris war am 8. und 9. Mai Schauplatz einiger bemerkenswerter Österreich-Beratungen der Westmächte und ihrer NATO-Verbündeten; diesen müssen wir uns zuwenden, ehe wir zur Botschafterkonferenz nach Wien zurückkehren. Für den 9. Mai war eine NATO-Ratstagung angesetzt, bei der übrigens Adenauer – damals Kanzler und Außenminister zugleich – erstmals im Kreis des NATO-Rates erschien. Am Vortag konferierten Dulles, Macmillan und Pinay auch über Österreich.[52] Eine Frage plagte die westlichen Außenminister besonders, die sich – um das Ergebnis vorwegzunehmen – als größtes „Nicht-Ereignis" des Staatsvertragsjahres herausstellen sollte, nämlich die schließlich und endlich nie zustande kommende Viermächte-Garantie des österreichischen Staatsgebiets. Wie erinnerlich, wurde die Idee einer Territorialgarantie auf dem Ballhausplatz als eine „Garantie gegen den Anschluß" – welche die Sowjets unentwegt gefordert hatten – entwickelt. Als Vorbild hatte die 1815 der Schweiz gegebene Garantie der Unversehrtheit und Unverletzlichkeit ihres Staatsgebiets gedient. Das Konzept wurde in Moskau von sowjetischer Seite akzeptiert, ohne daß ein sonderliches Engagement der Sowjets dafür erkennbar gewesen wäre. Immerhin fand das Konzept Eingang ins Moskauer Memorandum (Pkte I/4, I/5, II/5). Der Aufwand an diplomatischer Korrespondenz zur Garantiefrage in den folgenden Wochen und Monaten, auch noch über 1955 hinausgehend, war beträchtlich.[53] Es gab eine Vielzahl von Problemen; mehrfach wurden die unterschiedlichen Problemkreise einer Garantie der Neutralität und einer Territorialgarantie miteinander verwechselt. Doch auch bei klarerer Identifizierung des Konzepts einer Territorialgarantie blieben genug Bedenken. Im Westen war man sich nicht klar, ob die Garantiefrage von der

50 *FR 1955–1957,* V, 89 (Notizen über die Beratungen Thompsons mit Dulles, Paris, 8. Mai 1955).

51 Weisung an die drei Westbotschafter in Moskau, 7. Mai 1955, ebd., 88.

52 Zum folgenden: amerikanischer Bericht in: *FR 1955–1957,* V, 90–91, französische Mitschrift in: *DDF 1955,* Annexes, tome I, 98–102.

53 Hierzu unten S. 567–574.

Sowjetseite ausging. Es gab die Befürchtung, ob nicht etwa von sowjetischer Seite die Garantie als Vorbedingung für die Unterzeichnung des Staatsvertrags verlangt werden könnte – so der französische Außenminister Pinay. Dulles erklärte, falls eine Grenzgarantie Vorbedingung des Vertrags wäre, könnten die USA wohl nicht unterzeichnen; er hielt eine solche Vorbedingung allerdings für unwahrscheinlich. Pinay ging zunächst von der doppelten Frage einer Garantie der Neutralität und des Staatsgebiets aus. Die Franzosen wollten eine Neutralitätsgarantie vermeiden, eine Territorialgarantie könnte negative und positive Seiten haben; zu den Vorteilen könnte die Rechtfertigung des Verbleibens amerikanischer Streitkräfte in Europa nach einer Regelung der deutschen Frage zählen (!). Vor allem Briten und Amerikaner zauderten, einer derartigen Garantieverpflichtung näherzutreten. Harold Macmillan, der neue britische Außenminister, teilte mit, daß die Briten im Augenblick nicht bereit wären, eine Garantieerklärung abzugeben, hielt aber weitere Verhandlungen für möglich. Macmillan (ebenso wie Pinay) fürchtete, daß vielleicht die Sowjetunion auch ohne die Westmächte bereit sein würde, eine solche Garantie zu übernehmen, und daß dann Österreich erst recht wieder von sowjetischen Interventionen bedroht sein könnte. Dulles äußerte größte Zweifel, daß die USA ständig Österreichs Grenzen garantieren würden. Dulles, wie auch Pinay, erwähnten die UN als möglichen Rahmen für eine Garantieverpflichtung gegenüber Österreich. Hier liegt übrigens offensichtlich eine der Wurzeln der westlichen, insbesonderen amerikanischen, Bereitschaft, Österreich rasch in die Vereinten Nationen aufzunehmen.

Auch bei der NATO-Ratstagung am 9. Mai kam Österreichs zukünftiger Status zur Sprache. Adenauer nutzte sein erstes Auftreten im NATO-Rat, um kundzutun, daß die Situation in Deutschland von jener Österreichs vollkommen verschieden sei.[54] Begeisterung über Österreichs zukünftigen Status kam nicht auf. Der türkische Außenminister Zorlu meinte, die Türkei könne sich nicht über Österreich freuen, da die Sowjetunion versuche, „ein neutrales Niemandsland quer durch Europa“ aufzubauen, um später die militärische Initiative zu gewinnen und gegen eine Region vorzugehen, die ein niedriges Niveau an Rüstung aufweisen würde.[55] Am massivsten meldete sich allerdings Belgiens Außenminister Paul-Henri Spaak zu Wort.[56] Eine Viermächte-Garantie für Österreich könne nicht ohne Mitwirkung von Österreichs Nachbarn

---

54 In der Plenarsitzung am 9. Mai vormittags. *FR 1955–1957,* IV, 9.

55 Sitzung des NATO-Rats mit begrenzter Teilnehmerzahl („restricted“) am 9. Mai nachmittags, ebd. 11.

56 Zum folgenden ebd., 13–14. Zu Spaaks kritischen Fragen auch Bericht Macmillans nach London, 9. Mai 1955, PRO, FO 371/117797/RR1071/348, sowie aus belgischen Quellen wohl informiert Bericht Botschafter Schwarzenbergs aus London nach Wien, Zl. 70-Pol/55 v. 23. Mai 1955. AdR, BMAA, II-Pol, Zl. 322.480-Pol/55.

durchgeführt werden, und deshalb sei dies eine europäische Frage, an der alle interessiert wären. Es folgte „eine sehr konfuse Diskussion", in der einige Außenminister „die österreichische Neutralität mit der Frage der Territorialgarantie verwechselten". Dulles versuchte, zu beschwichtigen: man werde diese Frage erst später behandeln müssen. Er war äußerst zurückhaltend bezüglich einer möglichen Garantie seitens der USA; die USA hätten eine solche Garantie noch nie gegeben, mit möglicher Ausnahme Panamas im Zusammenhang mit der Panamakanal-Zone. Bezüglich der mehrfach geäußerten Befürchtung, Österreichs zukünftiger Status könne schlechte Wirkungen auf andere europäische Staaten ausüben, die sich dem „Neutralismus" zuwenden würden, meinte Dulles, daß Österreichs Neutralität keine Entmilitarisierung bedeute. Österreich „would not get a free ride" und würde verpflichtet sein, für seine eigene Sicherheit zu sorgen und eine Verteidigungslast zu tragen.

Am Tage dieser recht skeptischen Diskussionen im NATO-Rat begann in Wien die zweite und letzte Woche der Botschafterkonferenz. Die Frontstellungen waren sehr merkwürdig. Der vom größten Getümmel der aufeinander prallenden Interessenkonflikte etwas entferntere französische Delegationsleiter Lalouette faßte die Lage wie folgt zusammen: Die Amerikaner und Briten, umgeben von den Experten und Bevollmächtigten der großen anglo-amerikanischen Erdölgesellschaften (er nannte Shell, Socony Vacuum, Esso Standard), stießen sich an einer gemeinsamen Front der Sowjets und der österreichischen Sozialisten; beide, Sowjets und SPÖ, waren an dem in Moskau zustandegekommenen Übertragungsverbot der von den Sowjets an Österreich zu übergebenden Werte an Ausländer (Punkt I, 6 des Moskauer Memorandums) interessiert, wie Lalouette zu Recht hervorhob. Eine Lösung dieses Interessengegensatzes zeichnete sich jedoch ab. Die Sowjets und die Österreicher – so teilte Lalouettes interessantester Gesprächspartner, der sowjetische Spitzendiplomat Gribanow, ihm mit –, wären bereit, das Übertragungsverbot zu lockern, wenn die Engländer und Amerikaner auf die Ansprüche (ihrer Erdölfirmen) auf die Ölfelder – d. h. also Ölförderung und Konzessionen auf Öl-Schurfgebiete (wie sie in den Listen Nr. 1 und 2 des Art. 35 verzeichnet waren) – verzichten würden. Nachdem sich Thompson der Zustimmung der Österreicher versichert hatte, bereitete er einen entsprechenden Vorschlag vor, der das Übertragungsverbot an Ausländer auf die Bereiche der Ölförderung und der Schurfkonzessionen (Listen 1 und 2) begrenzen und dafür die Bereiche Erdölraffinerien und Erdölverteilungs- und Vertriebsunternehmen (Listen 3 und 4 des Artikels 35) von dem Übertragungsverbot an Ausländer ausnehmen würde.[57] Noch ließen sich die Sowjets allerdings nicht auf neue Regelungen festlegen, obgleich

57 *DDF 1955*, I, Nr. 265 und 266 (zwei Berichte Lalouettes an Pinay vom 9. Mai 1955); *FR 1955–1957*, V, 94 (Thompson an US. Delegation beim NATO-Rat in Paris, 9. Mai 1955).

Thompson inoffiziell mitteilte, Dulles würde nicht nach Wien kommen, wenn das Problem des Art. 35 nicht gelöst wäre.[58]

Am 10. Mai machten die Westmächte den Sowjets eine Konzession, indem sie die seit 1949 umstrittene sowjetische Fassung des Art. 42 (Eigentum der Vereinten Nationen) des Vertragsentwurfs endgültig annahmen.[59] Dies wurde möglich, weil die Westalliierten und Österreich am gleichen Tage jene zwei Memoranden paraphiert hatten, die als „Wiener Memorandum" (USA, Großbritannien, Österreich) und „österreichisch-französisches Memorandum" bekannt sind.[60] Die Paraphierung erfolgte übrigens in gespannter Atmosphäre; Thompson führte den Österreichern mit größtem Nachdruck zu Gemüte, daß Dulles im Einvernehmen mit dem Präsidenten Eisenhower auf der Einarbeitung des Moskauer Memorandums in den Staatsvertrag bestehe, und verlangte von den Österreichern, die österreichische Delegation solle noch einmal den Standpunkt mitvertreten, daß eine diesbezügliche Abänderung des Art. 35 erwünscht sei. Dies sagte Raab schließlich zu, obwohl Raab und Schärf gegenüber den Westbotschaftern wiederholt betonten, daß die Russen in Moskau erklärt hätten, sie würden Art. 35 nicht abändern. Thompson und Wallinger warnten übrigens die Österreicher davor, daß im Moskauer Memorandum kein Termin für die Übergabe der Ölfelder gesetzt sei, „und sie hätten größte Bedenken für Österreichs Zukunft".[61]

Das Poker-Spiel ging indes weiter. Am 11. Mai kam es, wie bereits erwähnt, zur Einigung um die Modalitäten des Truppenabzugs aufgrund des französischen Kompromißvorschlags, doch in der Frage des Art. 35 bewegten sich die Sowjets nicht. Dulles hatte schon am Vortage aus Paris an Thompson telegraphiert, er werde nicht nach Wien kommen und keinen Vertrag unterzeichnen, wenn nicht im Vertrag ein Hinweis auf das bilaterale Moskauer Memorandum aufgenommen werde.[62] Thompson teilte dies offiziell in der Sitzung vom 11. Mai mit. Die Amerikaner mochten allerdings Gründe haben, doch ein sowjetisches Einlenken zu erwarten. Am 10. Mai hatten ja die Westmächte,

58 Ebd.

59 Eigentum der Vereinten Nationen betraf Eigentum bzw. Vermögenswerte („assets") von Staatsangehörigen – einschließlich juristischer Personen, also konkret Firmen – der im Kriege gegen Deutschland und seine Verbündeten alliierten und assoziierten Nationen, die sich seit 1942 als „Vereinte Nationen" bezeichneten; dies hat nichts mit der 1945 gegründeten Organisation der Vereinten Nationen (UNO) zu tun. Für die diesbezüglichen Verhandlungen und österreichischen Zusagen aus 1949 vgl. oben S. 171 sowie 174. Finanzminister Kamitz hatte Figl geschrieben, die sowjetische Fassung des Art. 42 sei die für Österreich günstigste. Kamitz an Figl, 27. April 1955: AdR, BMAA, II-Pol, Zl. 322.247-Pol/55.

60 Vollinhaltlich abgedruckt im Dokumentenanhang, Nr. 5.

61 Erinnerungsvermerk Schärfs über die (mit der Paraphierung der Memoranden endende) Besprechung mit den westlichen Hochkommissaren am 10. Mai 1955 von 1 bis 3/42 Uhr im alten Ministerrats-Sitzungssaal im Bundeskanzleramt, VGAB, Nachlaß Schärf, 4/249.

62 *FR 1955–1957,* V, 97.

wie bereits erwähnt, ihre Einladungsnote zu einer Gipfelkonferenz an die Sowjetunion übermittelt. Sie wußten, wie sehr der Sowjetunion an einer Gipfelkonferenz gelegen war; gegenüber dem übergeordneten Interesse an der Gipfelkonferenz mochte wohl ein Einlenken in einer Einzelfrage des österreichischen Staatsvertrags weniger schwer wiegen.[63]

In der gleichen Sitzung vom 11. Mai legte Thompson jene drei Texte vor, auf deren Grundlage am Folgetag der endgültige Durchbruch gelang.

Erstens formulierte ein neuer Abs. 13 des Artikels 35 das (schon am 5. Mai in die Diskussion eingebrachte) auf ganz Österreich bezogene Übertragungsverbot der von den Alliierten an Österreich zu übertragenden früheren deutschen Vermögenswerte an deutsche juristische Personen – mit Ausnahme der erzieherischen, kulturellen, caritativen und religiösen Zwecken dienenden Vermögenschaften – und an deutsche physische Personen, soweit der Wert der Vermögenschaften, Rechte und Interessen 260.000 Schilling überstieg.[64] Thompsons Entwurf enthielt auch Österreichs Verpflichtung, die in den Listen 1 und 2 dieses Artikels erwähnten Rechte und Vermögenschaften, die von der Sowjetunion gemäß dem Memorandum vom 15. April 1955 an Österreich übertragen würden (Ölfelder und Ölschurfkonzessionen), nicht in ausländisches Eigentum zu übertragen. Zusätzlich hieß es in dem amerikanischen Vorschlag noch ausdrücklich, daß diese Bestimmungen an die Stelle jener Regelungen des Moskauer Memorandums träten, die mit dem Übertragungsverbot der deutschen Vermögenswerte an Ausländer zu tun hätten.[65] Damit wollten die Amerikaner festhalten, daß die Bereiche der Erdölraffinerien und der Erdölvertriebsbetriebe (Listen 3 und 4 des Art. 35) eben nicht mehr unter das Übertragungsverbot an Ausländer (im Klartext: westliche Erdölfirmen) fielen.

Zweitens hielt ein neuer Abs. 14 (Thompsons zweiter Text) fest, daß die Bestimmungen dieses Artikels (Art. 35 des Entwurfs) den Bestimmungen eines Annexes zum Staatsvertrag unterlägen.

Drittens legte Thompson jenen Annex vor, in dem festgehalten wurde, daß sämtliche gemäß Art. 35 der Sowjetunion zustehenden Vermögenschaften, Rechte und Interessen von dieser innerhalb von zwei Monaten nach Abschluß

---

63 Diese Erwägung ergänzt die von Rathkolb, *Washington ruft Wien,* 77, angestellten Überlegungen zu Dulles' Verhandlungstaktik; ebd. 75–83 eine vorzügliche Darstellung von Dulles' Österreichpolitik zwischen April und Juni 1955.

64 Die Ausnahmebestimmungen für „kleines" deutsches Eigentum und für religiöse Organisationen waren bereits, wenngleich in anderer Form, im Jahre 1949 in Aussicht genommen worden. Vgl. die österreichische Erklärung vom 21. September 1949, die im Anhang zum Wiener Memorandum publiziert wurde (abgedruckt im Dokumentenanhang, Nr. 5).

65 In der Originalquelle etwas komplizierter formuliert: „. . . shall be deemed to supersede those provisions having to do with exclusion from foreign ownership of German assets, contained in the memorandum signed in Moscow on April 15, 1955." *FR 1955–1957,* V, 105.

des Vertrags an Österreich zu übertragen seien – mit Ausnahme der DDSG-Werte in Ungarn, Rumänien und Bulgarien.[66]

Die Sowjets lenkten schon am nächsten Tag, dem 12. Mai, ein; Iljitschow nahm den amerikanischen Kompromißentwurf zu Art. 35 mit einer Ausnahme an. Diese betraf den oben zitierten letzten Satz des Art. 35, Abs. 13, der eigens die Ersetzung des Übertragungsverbots an Ausländer des Moskauer Memorandums durch die neuen Regelungen genannt hatte; kompromißbereit ließen die Amerikaner diesen Satz fallen, kompromißbereit erklärte Iljitschow, man werde den Geist dieses Satzes respektieren.[67]

Die Neunumerierung aller Artikel des Staatsvertrags – notwendig infolge der doch zahlreichen Streichungen – machte aus dem umstrittensten aller Artikel, dem Artikel 35, den neuen Artikel 22.[68] Der von den Amerikanern vorgeschlagene Annex mit dem Hinweis auf das Moskauer Memorandum wurde zum Annex II des endgültigen Vertragstextes.[69].

Mit Recht spricht eine der interessantesten Analysen des Staatsvertrages, jene des französischen Senators Ernest Pezet, vom „article fondamental (art. 22) et l'annexe II qui l'annule" – vom grundlegenden Vertragsartikel und dem Annex, der ihn annulliert. So sind denn die Mehrzahl der Paragraphen und die fünf Listen jenes Artikels vom Tage des Inkrafttretens des Staatsvertrages bloß historische Dokumente geblieben – ohne praktische Wirksamkeit, nicht mehr als ein Monument der Erinnerung an die schwierigen Jahre zwischen 1949 und 1954.[70]

Der neue Abs. 13 des Artikels 35 bzw. nunmehr 22 mit seiner Ausweitung des Übertragungsverbots an deutsche Staatsbürger (mit den schon genannten Ausnahmen) auf ganz Österreich stellte ein Entgegenkommen der Westmächte an die Sowjetunion dar; den Sowjets konnte es sehr willkommen sein, die Rückübertragung des an Österreich übertragenen Deutschen Eigentums in deutsche Hände in ganz Österreich blockiert zu sehen. Es darf nicht unerwähnt bleiben, daß gerade dieser Abs. 13 des Art. 22 des Staatsvertrags zu jenen Vertragsbestimmungen zählt, die 35 Jahre später, im November 1990 von der Bundesregierung mit dem Hinweis, „seit dem Abschluß des Staatsvertrags" seien „grundlegende Veränderungen in Europa eingetreten", als „obsolet"

---

66 Ebd.

67 Beschlußprotokoll der 9. Sitzung vom 12. Mai in: AdR, BMAA, II-Pol, Zl. 322.184-Pol/55. Materialien zu den Verhandlungen in dem Sammelakt Zl. 322.268-Pol/55. Weiters *DDF 1955,* I, Nr. 275 (Lalouette an Pinay, 12. Mai 1955); für zahlreiche hier nicht wiedergegebene Details zum Zustandekommen des Kompromisses *FR 1955–1957,* V, 97–99, 103–105, 108–109.

68 Die Gegenüberstellung der „alten" und der endgültigen Artikelzählung ist aus Dokument Nr. 6 des Dokumentenanhangs ersichtlich.

69 Siehe Dokumentenanhang, Nr. 6, S. 760–761.

70 Bericht Ernest Pezets, in Annexe No. 400. *Documents Parlementaires, Conseil de la République de 1955,* tome X, Paris 1956, 699–710, hier 704–707. Vgl. auch Allard, *Diplomat in Wien,* 212.

erklärt wurden – mit Zustimmung der vier Staatsvertragsmächte einschließlich der Sowjetunion![71]

Das westliche Entgegenkommen war nicht uneigennützig erfolgt, sondern in Förderung der Interessen westlicher Erdölgesellschaften. In einer internen österreichischen Sprachregelung heißt es: „Diese Beschränkungen [der Rückübertragung deutschen Eigentums an deutsche Staatsbürger in ganz Österreich, G. S.] beruhen auch nicht auf sowjetischen Forderungen, sondern gehen ausschließlich auf einen amerikanischen Vorschlag zurück, welcher den Russen eine Kompensation für die Annahme gewisser anderer angelsächsischer Forderungen bieten sollte.“[72] Amerikaner und Briten erlangten als Gegengabe die Herauslösung der Erdölraffinerien und Erdölvertriebsbetriebe aus dem in Moskau vereinbarten Übertragungsverbot an Ausländer (Punkt I/6 des Moskauer Memorandums). Gleichzeitig bedeutete diese Regelung allerdings einen Erfolg für österreichische Interessen insoferne, als schon seit Jahren Besorgnisse vor deutschem Druck im Falle der Rückgabe früherer deutscher Vermögenswerte an Österreich durch die Westalliierten geäußert worden waren.[73] Auch im Vorfeld der Botschafterkonferenz waren mehrfach österreichische Wünsche in Richtung der Absicherung des Deutschen Eigentums in den Westzonen zu verzeichnen.[74] Schließlich bedeutete diese Regelung einen beträchtlichen Erfolg für die österreichischen Sozialisten und deren Verstaatlichungspolitik. Schon am 13. Mai sagte SPÖ-Obmann und Vizekanzler Schärf vor der Presse: „Ganz besonders bedeutungsvoll ist aber die Errungenschaft, daß jenes Eigentum in ganz Österreich, das fälschlicherweise als deutsches Eigentum bezeichnet wurde, nunmehr in das Eigentum des österreichischen Staates übertragen werden wird. Damit ist einer kommenden unangenehmen Auseinandersetzung mit Deutschland vorgebeugt.“[75] Dies sollte sich allerdings als unberechtigter Optimismus erweisen; im Gegenteil, die neue Regelung in Abs. 13 des Art. 22 war der Ursprung einer schweren deutsch-österreichischen Krise, worüber eingehend zu berichten sein wird.[76]

---

71 Die Texte zur „Obsoleterklärung“ einiger Staatsvertragsbestimmungen vom November 1990 sind mit Quellenhinweis im Dokumentenanhang als Nr. 8 abgedruckt; siehe unten S. 776–779. Die „Obsoleterklärung“ des im Jahre 1955 so umstrittenen Abs. 13 des Art. 22 ging 1990 ohne die geringste öffentliche Diskussion vor sich.

72 Sprachregelung für die österreichische Mission in Bonn vom 21. Mai 1955, AdR, BMAA, II-Pol, Zl. 322.315-Pol/55.

73 Hierzu vgl. unten Anm. 126.

74 Thompson an State Department, 27. April 1955, *FR 1955–1957*, V, 58.

75 Wortlaut in einem Drahtbericht des Leiters der bundesdeutschen Wirtschaftsdelegation in Wien, Mueller-Graaf, nach Bonn, zit. in: Niels Hansen, „Eine peinliche Mission. Wien, 14. Mai 1955: Wider die Enteignung deutschen Vermögens durch den österreichischen Staatsvertrag“, in: *Historisch-politische Mitteilungen. Archiv für Christlich-Demokratische Politik,* 2 (1995), 223–246, hier 229, Anm. 18.

76 Vg. unten S. 526–537.

Wie bereits kurz erwähnt, wurden parallel zur Botschafterkonferenz eine Reihe von schwierigen vermögensrechtlichen Fragen, die sich teils aus dem generellen Veräußerungsverbot für Ölfelder und Ölschurfkonzessionen des Art. 22, betreffend das Deutsche Eigentum, teils aus Art. 25, betreffend das Vermögen von Angehörigen der Vereinten Nationen in Österreich, ergaben, zwischen den Westmächten und Österreich ausgehandelt; es handelte sich primär, doch nicht ausschließlich um Ansprüche westlicher Erdölgesellschaften. Diese Verhandlungen führten jene Fragen zum Abschluß, die schon in früheren Jahren aus dem Staatsvertrag ausgeklammert und bilateralen Regelungen zugeführt werden sollten. Österreich hatte bekanntlich schon im November 1949 bestimmte Schadenersatzverpflichtungen gegenüber westlichen Ölgesellschaften für Werte auf sich genommen, die nach westlicher Ansicht westliches, jedoch nach sowjetischer Ansicht deutsches Eigentum waren. Im Jahre 1951 war Österreich dem Druck der westlichen Ölinteressen noch weiter nachgekommen und hatte eine Entstaatlichung von de jure bereits verstaatlichten westlichen Erdölbetrieben für die Zeit nach Abschluß des Staatsvertrages in Aussicht gestellt. Dies war mit der Begründung geschehen, daß im Staatsvertragsentwurf die Übertragung von Erdölbetrieben an die Sowjetunion vorgesehen war, die 1946 im 1. Verstaatlichungsgesetz verstaatlicht worden waren. Die Übertragung an die Sowjetunion, wie sie im Jahre 1949 bei der Einigung über das Deutsche Eigentum vorgesehen wurde, bedeutete in der Tat aus österreichischer Sicht eine Entstaatlichung. Die Westmächte argumentierten, daß ihre Interessen bezüglich der Verstaatlichung bzw. Entstaatlichung nicht schlechter behandelt werden dürften als jene der Sowjetunion.[77]

Nun schuf der Verzicht der Sowjetunion auf das Deutsche Eigentum im Erdölbereich eine neue Situation. Ihr wurde teilweise, wie bereits berichtet, im Staatsvertrag selbst Rechnung getragen. Ölfelder und die Hoffnungsgebiete (Konzessionen auf Ölschurfgebiete) mußten gemäß Abs. 13 des Art. 22 bei

77 Vgl. die im Anhang zum „Wiener Memorandum" publizierten, im Dokumentenanhang bei Nr. 5 abgedruckten österreichischen Verbalnoten vom 29. November 1949 und 31. Juli 1951. In Hinblick auf die jahrelange Verzögerung des Staatsvertragsabschlusses verstärkte sich 1953 und 1954 der Druck amerikanischer, kanadischer und britischer Erdölinteressen, noch vor Abschluß des Staatsvertrages eine Entstaatlichung durchzuführen. Vgl. u. a. AdR, BMAA, II-Pol, Zl. 145.523-Pol/54 und Zl. 146.719-Pol/54; zahlreiche Materialien hierzu in: VGAB, Nachlaß Schärf, 4/244. Eine umfangreiche Denkschrift (ohne Hinweis auf den Verfasser) zur Vorgeschichte und zur rechtlichen Problematik der beiden Memoranden vom 10. Mai 1955 im Kontext von Staatsvertrag und Moskauer Memorandum findet sich ebd., 4/246. Es handelt sich hierbei um die von Stephan Verosta stammende „Gegenäußerung" zu einem „Gutachten über die die Erdölindustrie betreffenden Bestimmungen des Wiener Memorandums vom 10. 5. 1955" des Rechtsanwalts Wilhelm Rosenzweig; dessen Gutachten sowie dessen „Erwiderung" auf die „Gegenäußerung" befinden sich im Nachlaß Karl Waldbrunners; vgl. Rathkolb, *Washington ruft Wien,* 168–169; zur Gesamtproblematik des Wiener Memorandums und der von sozialistischer Seite besonders starken Kritik an den Ansprüchen der westlichen Erdölfirmen ebd. 163–173. Ich bin Oliver Rathkolb für die Überlassung von Kopien der beiden Ausarbeitungen Rosenzweigs sehr zu Dank verpflichtet.

Österreich verbleiben, durften also keineswegs zugunsten westlicher Ölgesellschaften entstaatlicht werden. Soweit für diese Felder bzw. Hoffnungsgebiete westliche Rechtsansprüche bestanden, wurden Entschädigungen in Aussicht genommen. Das sehr komplexe Bündel von Entschädigungs- und Rückstellungszusagen an die Westmächte wurde in den zwei Memoranden niedergelegt, die am 10. Mai 1955 in Wien in Entsprechung des in Moskau gefundenen Modus paraphiert wurden: das „Wiener Memorandum", enthaltend die Verwendungszusage der Herren Raab, Schärf, Figl und Kreisky betreffend britische und amerikanische Ansprüche, und ein österreichisch-französisches Memorandum vom gleichen Tage. Das Wiener Memorandum verwies auch auf bestimmte Leistungen der Westmächte: die Westmächte hatten sich bei den Verhandlungen auf der Botschafterkonferenz bereit erklärt, das Deutsche Eigentum in den drei Westzonen an Österreich zu „übertragen", nicht bloß zu „überlassen", wie es im Entwurf seit 1949 gelautet hatte. Dies stellte eine Verbesserung des österreichischen Rechtstitels auf das Deutsche Eigentum dar.[78] Außerdem wiesen die USA und Großbritannien darauf hin, daß sie „außerhalb Österreichs" Maßnahmen für die Anerkennung von Österreichs Rechtstitel am Deutschen Eigentum geschaffen hätten. Das bezog sich auf die Verpflichtung der Bundesrepublik Deutschland gegenüber den Westalliierten, die von den Alliierten mit Österreich vereinbarte Übertragung des Deutschen Eigentums an Österreich „hinzunehmen".[79] Großbritannien und die USA machten auch darauf aufmerksam, daß sie das Deutsche Eigentum in Österreich an die Republik Österreich übertrügen, um die österreichische Volkswirtschaft zu stärken und Österreich in gewissem Ausmaß dafür zu entschädigen, daß Österreich auf Forderungen an Deutschland aus der Zeit der deutschen Besetzung Österreichs verzichtete. Schließlich unterließen die beiden Staaten auch nicht, darauf aufmerksam zu machen, daß die Übertragung des Deutschen Eigentums überdies „ohne Bezahlung oder eine andere Leistung" Österreichs

---

78 Siehe Abs. 11 des Art. 22 des Staatsvertrags. Vgl. Figls Vortrag an den Ministerrat Zl. 303.462-6VR/55 v. 2. Juli 1955, dem Ministerrat vom 5. Juli 1955 vorgetragen: AdR, MRProt, Nr. 99, 5. Juli 1955, Beilage 13d/99. Vgl. auch die bundesdeutsche „Denkschrift" zum österreichisch-deutschen Vermögensvertrag, bei Gerhardt Plöchl und Josef Vlcek, *Die Rechtsvorschriften über das deutsche Eigentum in Österreich,* Wien/Stuttgart 1959, 31–32. Die Verbesserung der österreichischen Rechtsposition war von den Österreichern seit längerem angestrebt worden. Im Oktober 1953 hatte Außenminister Gruber betont, es sei nötig, von den Westmächten „die definitive Übergabe" des Deutschen Eigentums in österreichische Hände zu verlangen, vor allem um bei eventuellen Verhandlungen (mit den Sowjets) über die USIA in einer besseren Position zu sein. Gedächtnisnotiz Schärfs v. 8. Oktober 1953, in: SBKA, Nachlaß Kreisky, VII/Staatssekretär. Am Eröffnungstag der Botschafterkonferenz (2. Mai) regten Schärf und Kreisky im Gespräch mit Wallinger, Thompson und Lalouette an, daß die Westmächte „uns gegenüber nicht nur die Überlassung, sondern die Übergabe des deutschen Eigentums aussprechen und uns gegen Rückforderungsansprüche der Deutschen absichern"; am 4. Mai stimmte Raab zu. Erinnerungsvermerke Schärfs in: VGAB, Nachlaß Schärf, 4/247.

79 Hierzu vgl. unten S. 530–531.

– d. h. ohne Ablösezahlungen oder Ablöselieferungen – erfolgte.[80] Es sei hier vorweggenommen, daß die beiden Memoranden vom 10. Mai erst im Ministerrat vom 5. Juli 1955 von Figl vorgelegt und von der Bundesregierung zustimmend genehmigt wurden.[81]

Nach der Einigung über das Deutsche Eigentum am 12. Mai gab es noch eine Abschlußsitzung der Botschafterkonferenz am 13. Mai. Noch knapp vor Abschluß der Botschafterkonferenz unternahm Bundeskanzler Raab eine Initiative zur Eliminierung des „Habsburger-Artikels" aus dem Staatsvertrag, d. h. des Art. 10, Abs. 2, der Österreich zur Aufrechterhaltung des Habsburgergesetzes vom 3. April 1919 verpflichtete. Raab hatte beim sozialistischen Koalitionspartner bereits in Moskau und neuerlich in den ersten Tagen der Botschafterkonferenz einen Konsens zum Antrag auf Streichung des Habsburger-Artikels gesucht; vergeblich. Diesmal schaltete Raab sogar den Bundespräsidenten Körner ein, der am 12. Mai nach einer Vorsprache Raabs eigens zu Schärf ins Parlament kam. Im Parlament gab es erregte Zwiegespräche zwischen Raab und Helmer sowie Raab und Schärf, doch Schärf blieb mit dem Hinweis, er könne in der Partei die Aufhebung der Habsburger-Bestimmung nicht durchbringen, unnachgiebig.[82]

---

80 Punkte I/1–4 des Wiener Memorandums (vgl. Dokumentenanhang Nr. 5).

81 AdR, MRProt. Nr. 99, 5. Juli 1955 (Punkt 13d der Tagesordnung, vertraulich und unter Verschluß). Als Beilage 13d/99 erliegt Figls Bericht für den Ministerrat, Zl. 303.462-6VR/55. Die Durchführung bzw. Erfüllung der beiden Memoranden sollte sich über mehrere Jahre hinziehen. Dies müßte Thema einer wirtschafts- und finanzhistorischen Spezialuntersuchung sein. – Die Verhandlungen über die Erfüllung des österreichisch-französischen Memorandums wurden im Jahre 1958 zum Abschluß gebracht. Sehr umfangreiche Materialien über die Verhandlungen im Jahre 1958 befinden sich als Beilagen in: AdR, MRProt. Nr. 90, 16. September 1958; der Ministerrat genehmigte die vorgelegten österreichisch-französischen Vereinbarungen eine Woche später (ebd., MRProt. Nr. 91, 23. September 1958). – Die Verhandlungen über das Wiener Memorandum, von schweren Spannungen zwischen den Koalitionsparteien über die Kontrolle im Erdölbereich begleitet, kamen erst 1960 zum Abschluß, nach mehrfachen Mahnungen der amerikanischen und britischen Diplomatie wegen der österreichischen Verzögerungen (hierzu aufschlußreich Information für Bundesminister Figl v. 25. Juni 1957, AdR, BMAA, II-Pol, Zl. 221.444-Pol/57). Der abschließende Vortrag des Außenministers Kreisky über die Ergebnisse der Verhandlungen mit den im Wiener Memorandum genannten anglo-amerikanischen Ölgesellschaften wurde dem Ministerrat im Juli 1960 vorgelegt und von diesem antragsgemäß beschlossen: AdR, MRProt Nr. 43, 12. Juli 1960, dort Beilage 28h/43 (= BMAA, Zl. 138.645-13/RE/60 v. 12. Juli 1960). Fünf vom ersten Verstaatlichungsgesetz erfaßte Firmen wurden den Vorbesitzern zurückgegeben; die im anglo-amerikanischen Besitz befindliche RAG (Rohölgewinnungs-AG) erhielt 13 Millionen Dollar Barentschädigung; Angaben bei Alois Brusatti, *50 Jahre Erdöl in Österreich* (Privatdruck der Österr. Gesellschaft f. Erdölwissenschaften), Wien 1980. Die Budgetbelastung aus dem Wiener sowie dem österr.-franz. Memorandum ist mit insgesamt 423,4 Mill. Schilling beziffert worden. Leopold Wallner, „Was bezahlte Österreich für seine Freiheit?", in: *Österreichische Monatshefte,* 21 (1965), Nr. 5, 24.

82 Erinnerungsvermerke Schärfs über Gespräche mit Raab am 4. Mai und am 12. Mai 1955, VGAB, Nachlaß Schärf, 4/249. Am 12. Mai kam auch die mögliche Eliminierung der die Nationalsozialistengesetzgebung betreffenden Bestimmung ins Gespräch, die im gleichen Artikel wie das Habsburgerverbot enthalten war (Art. 10); dem hätte Schärf zugestimmt, doch Raab fand, daß eine Eliminierung der Nationalsozialistenklausel bei Beibehaltung des Habsburgerverbots nicht möglich sei (ebd.).

3. *Die Außenministerkonferenz in Wien und der Abschluß des Staatsvertrags*

Der Weg war nunmehr frei für die Außenministerkonferenz. Frühzeitig traf noch am 13. Mai nachmittags Dulles aus Paris kommend in Wien ein, um sogleich eine Besprechung mit Raab und Schärf abzuhalten. Hauptthema war die bewaffnete Neutralität Österreichs. Dulles legte den größten Wert auf den Zusammenhang von Neutralität und Verteidigungsbereitschaft, auch und besonders in Zusammenhang mit der kommenden Notwendigkeit, die Genehmigung des Staatsvertrags im amerikanischen Kongreß durchzubringen; Raab und Schärf gaben beruhigende Zusicherungen. Dulles' zweites Thema im gleichen Zusammenhang, wenngleich weniger ausführlich diskutiert als das Verteidigungsthema, betraf jüdische Entschädigungsansprüche an Österreich. Dulles hatte hierüber mit Raab bereits im November 1954 in Washington gesprochen und seine Hoffnung auf eine baldige Einigung ausgedrückt.[83] Wie im November 1954 gab Raab neuerlich beruhigend klingende Zusicherungen. Allerdings waren Gespräche mit Vertretern des „Jewish Claims Committee on Austria" tatsächlich gerade in der Woche vor Abschluß des Staatsvertrags wieder aufgenommen worden, und Raabs Hinweis, der nächste Ministerrat (der erste nach der Staatsvertragsunterzeichnung) werde sich mit der Materie befassen, traf zu.[84]

Am 14. Mai vormittags hielten die drei westlichen Außenminister eine Vorbesprechung ab.[85] Neuerlich kam auch die Garantiefrage zur Sprache; Dulles betonte nun stärker als eine knappe Woche zuvor in Paris, daß nur eine Garantie im Rahmen der Vereinten Nationen in Frage käme. Macmillan hingegen meinte, bezüglich der Garantie des Staatsgebiets sollte man eine Viermächte-Garantie ins Auge fassen; man dürfe der UdSSR nicht die Möglichkeit geben, eine Garantie anzubieten, die über jene der Westmächte hinausginge. Hätten die drei westlichen Minister Molotows Instruktionen für seine Wiener Begegnung mit ihnen gekannt, hätten sie sich vermutlich weniger den Kopf über die Garantiefrage zerbrochen.

Die Instruktionen, die Molotow für die Außenministerkonferenz unter Beteiligung Österreichs erhielt, umfaßten lediglich zwei Punkte.

In Punkt 1 hieß es: Die sowjetische Delegation habe sich mit den drei Westdelegationen im Zusammenhang mit Österreichs Verpflichtung, eine Erklärung der Neutralität abzugeben, darüber zu einigen, daß die Regierungen der Vier Mächte eine gemeinsame Erklärung des Inhalts abgeben, daß sie den

83 *FR 1952–1954,* VII, 1983 (Besprechung Dulles-Raab am 22. November 1954).

84 *FR 1955–1957,* V, 109–112, sowie Erinnerungsvermerk Schärfs in VGAB, Nachlaß Schärf, 4/249. Vgl. den zusammenfassenden Überblick unten S. 539–544.

85 Französische Mitschrift in: *DDF 1955,* Annexes, tome I, 131–133.

Status der ständigen Neutralität Österreichs von einer solchen Art, wie ihn die Schweiz in ihren Beziehungen mit anderen Staaten pflegt, respektieren und einhalten würden. Ein Entwurf wurde beigelegt.[86]

In Punkt 2 hieß es, daß die sowjetische Delegation auf der Konferenz nicht auf eigene Initiative die Frage der Garantien der Unversehrtheit des Staatsgebiets Österreichs zu stellen brauche. Sollte die Frage von der österreichischen Delegation oder einem anderen Konferenzteilnehmer gestellt werden, wäre von der sowjetischen Delegation in Übereinstimmung mit der in Moskau erzielten sowjetisch-österreichischen Vereinbarung zu erklären, daß die Sowjetregierung bereit sei, sich an der Garantie der Unversehrtheit und Unverletzlichkeit des österreichischen Staatsgebiets durch die Vier Mächte nach dem Vorbild der Schweiz zu beteiligen. Falls von den Delegationen der Westmächte Einwände gegen die Zusicherung solcher Garantien an Österreich erhoben würden, habe die sowjetische Delegation zu erklären, daß – unabhängig davon, ob Garantien der territorialen Unversehrtheit und Unverletzlichkeit Österreichs vereinbart werden –, die Sowjetunion die Erklärung der Vier Mächte über die Respektierung und Wahrung der Neutralität Österreichs durch die Mächte als Garantie der Unverletzlichkeit des österreichischen Staatsgebiets betrachte.[87] Der letzte Satz ist von großem Interesse; er spricht aus, was de facto bereits während der Moskauer Verhandlungen deutlich geworden war: Die eigentliche von der Sowjetunion gewünschte Garantie war die Neutralität Österreichs. Die Territorialgarantie war ein durchaus sekundäres Anliegen; nur wußten das die Österreicher und die Westmächte nicht.

Der ausführlichere Teil der Instruktionen befaßte sich mit der Vorbereitung der Gipfelkonferenz, die Molotow mit seinen drei westlichen Kollegen in Wien besprechen sollte; soweit die deutsche Frage angesprochen wurde, haben wir bereits darauf Bezug genommen.[88]

Die Außenministerkonferenz trat am 14. Mai um 17 Uhr in Wien im Kontrollratsgebäude (Haus der Industrie) zusammen. Der Vorsitz wurde auf Dulles' Vorschlag Molotow übertragen, der direkt von der Warschauer Pakt-Konferenz nach Wien gekommen war. Die Außenminister genehmigten zunächst die Ergebnisse der Botschafterkonferenz.

Als einzige Änderung des nunmehr vorliegenden Staatsvertragstextes beantragte Außenminister Figl die Streichung des dritten Absatzes aus der Präambel zum Staatsvertrag. Es war jener Absatz, in dem – der Textierung der Moskauer Erklärung vom 1. November 1943 folgend – „eine Verantwortlichkeit" Österreichs für die Teilnahme am Kriege „als integrierender Teil Hitler-Deutsch-

86 Für dessen Inhalt vgl. unten S. 522–523.

87 AVPRF, Fonds 06, op. 14, p. 10, d. 118, fol. 84–90, hier fol. 86–87 (auch in SBKA, Depot von Quellen aus dem AVPRF).

88 Vgl. oben S. 477.

lands" festgehalten war. Hier ist kurz auszuholen. Raab hatte das österreichische Anliegen auch in Moskau vorgebracht, war aber bei Molotow auf taube Ohren gestoßen.[89]

Mit Beginn der Botschafterkonferenz in Wien hoffte die österreichische Diplomatie, einen neuen Anlauf unternehmen zu können. Ein für Außenminister Figl verfaßtes Papier des Generalsekretärs Wildmann vom 2. Mai 1955, also zu Beginn der Botschafterkonferenz, enthält vor allem interessante verhandlungstaktische Überlegungen. Die Revision der Präambel wäre „vorerst bilateral mit den Russen zu besprechen, da ja gerade sie das primäre Interesse haben, alle Bindungen Österreichs an die letzte Vergangenheit zu beseitigen und den Weg in die von ihnen gewünschte Neutralitätspolitik zu ebnen." Wildmann zeigte vier Argumente auf, die dazu dienen sollten, den Sowjets den Verzicht auf den Verantwortlichkeits-Passus der Präambel plausibel zu machen.

Erstens, so Wildmann, „gäbe es psychologisch nichts Unklügeres, als eine ‚Schuld-Verbundenheit' zwischen Österreich und Deutschland sozusagen feierlich zu deklarieren und zu verewigen". Es werde doch „von deutscher Seite diese angebliche Gemeinsamkeit der Schuld uns gegenüber schon jetzt bei jeder Gelegenheit ausgespielt", und es sei damit zu rechnen, daß dies auch in Hinkunft im österreichisch-deutschen Verhältnis nicht nur in politischer Hinsicht, „sondern auch bei unseren materiellen Auseinandersetzungen eine entscheidende Rolle spielen wird, dies umso mehr, wenn selbst die vertragschließenden Mächte noch im Jahre 1955 eine solche Verantwortlichkeit, d. h. Mitschuld, in aller Form konstatieren." Ein „Fallenlassen dieses Passus", so setzte Wildmann fort, „würde dagegen zwischen Österreich und Deutschland gewissermaßen eine politische und moralische Scheidewand errichten und damit auch unerwünschten künftigen Verbrüderungstendenzen recht hinderlich sein".

Zweitens argumentierte Wildmann, daß der Verantwortlichkeits-Passus besonders den von „sowjetischer Seite in den Vertragsabschluß gesetzten Erwartungen abträglich" wäre. Wenn Österreich als nunmehr grundsätzlich neutraler Staat in dieser Rolle „gewissermaßen seine künftige Staatsidee finden und realisieren soll", wäre es geradezu zweckwidrig und widersinnig, dem neuen österreichischen Neutralitäts- und Friedensfaktor bei seiner Geburt „ein Schuldmal aufzubrennen" und so seine Entwicklung „mit einer moralischen Hypothek zu belasten". Es wird alsbald gezeigt werden, daß Figl gerade diesen Punkt des Wildmann-Papiers wörtlich und ausführlich in der Außenministerkonferenz am 14. Mai vortragen sollte.

Drittens meinte Wildmann, daß auch „vom Standpunkt der Festigung des österreichischen Staatsbewußtseins, das letzten Endes die einzige reale Basis sowohl einer österreichischen Selbständigkeitspolitik als einer österreichi-

89 Siehe Dokumentenanhang, Nr. 3, S. 637.

schen Neutralitäspolitik darstellt", ein Fallenlassen des Schuldpassus absolut notwendig wäre. „Wie will man deutsch-österreichische Soldatentreffen und sonstige deutsch-österreichische Gemeinschaftskundgebungen unterbinden, wenn man andererseits im Staatsvertrag selbst das gemeinsame Kriegserlebnis der beiden Völker – wenn auch in tadelndem Sinn – verewigt?"

Viertens argumentierte Wildmann, es wäre von Bedeutung, „diesen Soldatentreffen des zweiten Weltkrieges ein Ende zu bereiten, da dieser Unfug dem notwendigen Wiederaufleben einer echt österreichischen militärischen Tradition überaus hinderlich" sei. Die neue österreichische Armee könne nur „im Geiste rein österreichischer, antipreußischer militärischer Tradition aufgerichtet werden". Das Fallenlassen des Schuldpassus könnte, „falls nötig, zweckmäßig und logischer Weise mit der Verpflichtung des Verbots deutsch-österreichischer Soldatentreffen eingehandelt werden."[90]

Figls Versuche, auf der Botschafterkonferenz die Präambel-Frage zu klären, stießen neuerlich auf die tauben Ohren der Sowjets. Figl erklärte auf der Botschafterkonferenz, daß diese Bestimmung in politisch-ideologischer wie rechtlicher Hinsicht für Österreich untragbar wäre, doch bemerkte Botschafter Iljitschow lediglich, daß seine Delegation nicht autorisiert sei, diesen Punkt zu diskutieren.[91] Gesandter Stephan Verosta, der das Bemühen um die Streichung der Verantwortlichkeitsklausel mit besonderem Engagement betrieb, wies zweimal sowjetische Gesprächspartner auf die Notwendigkeit der Streichung dieser Klausel hin – Semjonow in Moskau und einen Botschaftsrat in Wien.[92]

Es schien allerdings, als wolle Molotow – Außenminister zum Zeitpunkt der Moskauer Deklaration im Oktober 1943 und wiederum im Mai 1955! – die Erlassung der Verantwortlichkeitsklausel gewissermaßen als Gnade im letztmöglichen Augenblick persönlich gewähren: eine Anfrage des Gesandten Schöner bei Iljitschow anläßlich der Einholung Molotows auf dem Flugplatz in Vöslau ergab nämlich, daß sowjetischerseits nicht gewünscht wurde, daß Außenminister Figl die Frage beim Empfang und beim Besuch und Gegenbesuch Molotows aufwerfe. Erst bei der letztmöglichen Gelegenheit, im Rahmen der Außenministerkonferenz vom 14. Mai, war der Augenblick gekommen. Figl erklärte – sich wörtlich auf Punkt 2 des bereits erwähnten, von Generalsekretär Wildmann ausgearbeiteten Papiers stützend –, wenn Österreich „nunmehr als grundsätzlich neutraler Staat mit der besonderen politischen und

90 Dieses fünfseitige Papier erliegt im Nachlaß Schöner, K. 8, Konvolut 17, jetzt in: ÖStA, GD, NLS, E/1773. Laut handschriftl. Vermerk Wildmanns wurde es dem Bundesminister (Figl) und dem Staatssekretär (Kreisky) übergeben (mit Datum 5. Mai 1955).

91 Erklärung Figls in der 8. Sitzung der Botschafterkonferenz am 11. Mai, in: AdR, BMAA, II-Pol, Sammelakt Zl. 322.268-Pol/55; Bericht über die Sitzung vom 11. Mai ebd., Zl. 322.058-Pol/55; auch *DDF 1955,* I, Nr. 270 (Lalouette an Pinay, 11. Mai 1955).

92 Gespräch mit Semjonow am 12. April 1955 abends, und mit Botschaftsrat Sitnikow in Wien am 4. Mai 1955. BMAA, Amtsvermerke Zl. 302.593-6VR/55 sowie 302.596-6VR/55.

moralischen Aufgabe und Verantwortung eines solchen Staates in Erscheinung treten und in dieser Rolle gewissermaßen seine künftige Staatsidee finden und realisieren soll", dann wäre es doch geradezu „zweckwidrig und widersinnig, diesem neuen österreichischen Neutralitäts- und Friedensfaktor bei seiner Geburt ein Schuldmal aufzubrennen und so seine innere und äußere Entwicklung mit einer moralischen Hypothek zu belasten". Nun gaben Molotow (der den Vorsitz führte) und mit ihm Dulles, Macmillan und Pinay ihr Einverständnis.[93]

Die Löschung dieser auf die Moskauer Österreich-Erklärung zurückgehenden Verantwortlichkeitsklausel ist mehr als drei Jahrzehnte später inmitten der Waldheim-Affaire als „Pyrrhussieg" bezeichnet worden, als „moralisch nie haltbar" und „politisch kontraproduktiv".[94] Es trifft zu, daß die juristische Betonung der Handlungsunfähigkeit Österreichs als Staat zwischen 1938 und 1945 dazu beitrug, die moralische Reflexion über die österreichischen Mittäter und Nutznießer der NS-Verbrechen zu erschweren[95] – weniger allerdings in den ersten Nachkriegsjahren als zwischen den fünfziger und siebziger Jahren –, und ebenso politische Initiativen zur Entschädigung der vertriebenen Opfer der NS-Herrschaft einzubremsen.[96]

Im außenpolitischen Umfeld jenes 14. Mai 1955 stand es allerdings außer Zweifel, daß Österreich die Chance wahrnehmen würde, sich einer Belastungsformel zu entledigen, wie sie der bisherige Absatz drei der Präambel zum Staatsvertragsentwurf darstellte.[97] Immerhin war nur neun Tage zuvor die Bundesrepublik Deutschland – ohne Friedensvertrag – souverän geworden, und nur fünf Tage zuvor – genau zehn Jahre und einen Tag nach der Kapitulation des Deutschen Reiches – war der Bundeskanzler und Außenminister der Bundesrepublik Deutschland als Verbündeter im Kreise der NATO empfangen

---

93 BMAA, Amtsvermerk Zl. 302.598-6VR/55; österr. Mitschrift der Sitzung der Außenminister vom 14. Mai 1955, AdR, BMAA, II-Pol, Zl. 322.267-Pol/55. Die Streichung erfolgte also nicht durch die Botschafterkonferenz (so Rathkolb, *Washington ruft Wien,* 216). – Erwähnt sei, daß trotz des schließlich erfolgreichen Bemühens um die Eliminierung des Abs. 3 der Präambel ein Hinweis auf Österreichs „Teilnahme am Kriege als integrierender Teil Deutschlands" möglicherweise unbemerkt blieb und jedenfalls im Text der Präambel weiterhin aufscheint (in Abs. 7 der ursprünglichen, Abs. 6 der endgültigen Fassung der Präambel zum Staatsvertrag).

94 Albert Sternfeld „Image und Wirklichkeit", in *Wiener Journal,* Dezember 1987/Jänner 1988, 9 f., abgedruckt in: Anton Pelinka/Sabine Mayr (Hrsg.), *Die Entdeckung der Verantwortung. Die Zweite Republik und die vertriebenen Juden,* Wien 1998, 6.

95 Hierzu zahlreiche Beiträge in: Wolfgang Kos/Georg Rigele (Hrsg.), *Inventur 45/55. Österreich im ersten Jahrzehnt der Zweiten Republik,* Wien 1996. Ich kann mir allerdings den in diesem Band mehrfach verwendeteten Begriff der „Lebenslüge" oder „Lebenslügen" der Zweiten Republik nicht zu eigen machen, da ich ihn nicht für zutreffend halte.

96 Hierzu aufschlußreich Brigitte Bailer, „Alle waren Opfer. Der selektive Umgang mit den Folgen des Nationalsozialismus", ebd., 181–200. – Wichtiger als die Okkupationstheorie ist allerdings wohl das konkrete Kalkül betreffend das Wählerpotential ehemaliger NS-Anhänger gewesen.

97 Zur Entstehung vgl. oben S. 72–74; Text auch abgedruckt Dokumentenanhang, Nr. 6, S. 683–684.

worden.[98] Und am gleichen Tage, dem 14. Mai, war die DDR – ebenfalls ohne Friedensvertrag – als Gründungsmitglied in den von der Sowjetunion inspirierten Warschauer Pakt aufgenommen worden. Der österreichische Staatsvertrag, wenngleich selbst kein Friedensvertrag, war doch der letzte der nach dem technischen Muster der Friedensverträge von 1946/47 mit Italien, Finnland, Ungarn, Rumänien und Bulgarien geschneiderten Verträge.[99] Zu erinnern ist auch daran, daß die nunmehr eliminierte Belastungsformel – auf Wyschinskijs Verschärfung und Juridifizierung der Moskauer Erklärung zurückgehend – den Staat „Österreich“ und nicht, wie ursprünglich im anglo-amerikanischen Entwurf der Moskauer Erklärung geplant, die österreichische Bevölkerung oder das österreichische Volk für die Teilnahme am Kriege verantwortlich machte.[100] Es ist nicht von der Hand zu weisen, daß bei Beibehaltung der ursprünglichen englisch-amerikanischen Formel für die Moskauer Erklärung, die „the Austrian people“ mit Verantwortung bedachte und nicht den Staat „Austria“, die Frage der Mittäterschaft und Nutznießung vielleicht eher diskutiert worden wäre als angesichts des von den Sowjets durchgesetzten Staatsbegriffs „Austria“.

Ein ganz anderer Aspekt jener Außenministerkonferenz vom 14. Mai 1955 soll nicht unerwähnt bleiben. Es saßen am gleichen Tisch Außenminister Figl und Außenminister Molotow. Der eine erbat, der andere gewährte – man ist versucht zu sagen, Nachlaß der Sünden – technisch korrekt jedoch die Eliminierung der Verantwortlichkeitsklausel aus der Staatsvertragspräambel. In welcher Situation hatten sich die zwei Außenministerkollegen etwa eineinhalb Jahrzehnte zuvor befunden? Genau 15 Jahre, 8 Monate und 22 Tage zuvor stand der eine, Figl, als KZ-Häftling auf dem Appellplatz von Dachau, um eine Radioübertragung anzuhören. Dort hörte er die Stimme des andern, Molotows, der gerade mit Joachim von Ribbentrop den Hitler-Stalin-Pakt unterzeichnet hatte.[101]

---

98 Konrad Adenauer hatte zu diesem Zeitpunkt auch das Amt des Außenministers inne.

99 Vgl. etwa oben S. 78.

100 In seiner Rede in Jerusalem am 9. Juni 1993 sagte Bundeskanzler Vranitzky u. a.: „Wir müssen mit dieser Seite unserer Geschichte leben, mit unserem Anteil an der Verantwortung für das Leid, das nicht von Österreich – der Staat existierte nicht mehr – sondern von einigen seiner Bürger anderen Menschen und der Menschheit zugefügt wurde. Wir haben immer empfunden und empfinden noch immer, daß der Begriff ‚Kollektivschuld‘ auf Österreich nicht anzuwenden ist. Aber wir anerkennen kollektive Verantwortung, Verantwortung für jeden von uns, sich zu erinnern und Gerechtigkeit zu suchen.“ Zit. bei Thomas Albrich, „Holocaust und Schuldabwehr. Vom Judenmord zum kollektiven Opferstatus“, in: Steininger/Gehler, *Österreich im 20. Jahrhundert,* II, 99 (Datum irrtümlich mit 10. Juni angegeben). Albrich (ebd., 84) bezweifelt wohl zu Recht, daß diese Rede als „offizielle Verabschiedung der Opferthese gesehen werden“ kann, wie dies Bischof, Instrumentalisierung der Moskauer Erklärung, 346, gemeint hat.

101 Hierzu Trost, *Figl von Österreich,* 12, sowie Bericht Wallingers über ein Gespräch mit Figl am 21. Dezember 1954, wobei Figl erwähnte, daß er sich gut an die Unterzeichnung des Molotow-

Mit der Einigung über den Text der Präambel herrschte, erstmals seit Beginn der Staatsvertragsverhandlungen Anfang 1947, vollständige Einigkeit zwischen allen vier Mächten und Österreich über den gesamten Text des Staatsvertrages. Nunmehr ging Molotow zur Neutralitätsfrage über. Er verlas jene fünf Punkte des Moskauer Memorandums (I,1–5), die die zukünftige Neutralität Österreichs betrafen. Die Außenminister der Westmächte, denen der Inhalt des Memorandums ja bereits bekannt war, erklärten ihr grundsätzliches Einverständnis mit den im Moskauer Memorandum enthaltenen österreichischen Absichten. John Foster Dulles sagte, daß die Vereinigten Staaten mit dem Memorandum vertraut seien und keinen Einwand dagegen hätten, „daß Österreich einen Kurs verfolgt, so wie er in diesem Memorandum niedergelegt ist". Antoine Pinay gab die Ansicht der französischen Regierung bekannt: Wenn die österreichische Regierung eine solche Erklärung (wie sie im Moskauer Memorandum in Aussicht gestellt wurde) abzugeben wünsche, sei dies ihr volles Recht. Die anderen Mächte könnten erst dann eine Erklärung abgeben, wenn sie die österreichische Deklaration kannten. Pinay fügte jedoch ausdrücklich hinzu, „daß wir keinerlei prinzipielle Einwände dagegen erheben". Harold Macmillan sagte, daß die Regierung des Vereinigten Königreiches „prinzipiell keine Einwände dagegen" habe, „daß die österreichische Regierung den hier aufgezeigten Weg beschreitet". Macmillan kam auch auf die Frage einer Garantieerklärung zu sprechen und meinte, die britische Regierung müßte „natürlich vorher den Text einer solchen Garantieerklärung kennen. Sie würde dann auch überprüfen, ob sie einer derartigen Erklärung beitreten könnte." Hier wird die britische Reserve bezüglich der Garantiefrage sichtbar, und in der Tat sollte es ja zur Anerkennung der österreichischen Neutralität durch die vier Mächte, nicht jedoch, zu einer Territorialgarantie kommen. Außenminister Figl betonte, daß die österreichische Regierung zu dem Moskauer Übereinkommen stehe.[102]

Hierauf legte Molotow den sowjetischen Entwurf einer Erklärung der vier Mächte vor, wonach diese Regierungen „den Status der immerwährenden Neutralität Österreichs von einer solchen Art, wie sie die Schweiz in ihren Beziehungen zu anderen Staaten einhält, achten und aufrechterhalten wer-

---

Ribbentrop-Abkommens, die er im KZ erlebte, erinnere. PRO, FO 371/112999/R1071/80 (Wallinger an Harrison, 22. Dezember 1954, ein auch sonst bemerkenswerter Bericht über Figls Einschätzung der sowjetischen Politik; Harrison notierte handschriftlich: „Dr. Figl is admirably robust"). Figl verbrachte insgesamt 68 Monate, also fünf Jahre und acht Monate in NS-Haft, davon 63 Monate in den Konzentrationslagern Dachau, Flossenbürg und Mauthausen. Vgl. Trost, *Figl von Österreich,* 128, sowie Angaben über die Daten von Figls Haft in Mauthausen in einem Aktenvermerk im Archiv des Öffentlichen Denkmals und Museums Mauthausen, im Besitz des Verfassers.

102 Zitiert nach der in der Anm. 93 genannten Mitschrift. Die französische Mitschrift der Sitzung ist veröffentlicht in: *DDF 1955,* I, 647–653 (Nr. 281).

den“[103]. Die drei westlichen Außenminister betonten übereinstimmend, daß sie zunächst den genauen Text der österreichischen Erklärung kennen und studieren müßten. Dulles sagte, daß er keinen prinzipiellen Einwand gegen die sowjetischerseits vorgeschlagenen Formulierungen hätte.[104] Außenminister Figl teilte mit, daß die Bundesregierung im Sinne des Moskauer Memorandums entschlossen sei, dem Parlament eine Neutralitätserklärung zur Beschlußfassung vorzulegen. Figl fügte hinzu, daß die österreichische Delegation bereit sei, den Außenministern einen vorläufigen Entwurf einer Neutralitätserklärung vorzulegen – ein Anerbieten, das von Molotow als Vorsitzendem angenommen wurde.[105] Überdies erklärte sich Figl mit dem sowjetischen Entwurf der Viermächteerklärung zur österreichischen Neutralität einverstanden.[106]

Der Sowjetunion war es offenbar darum zu tun, die im Moskauer Memorandum zum Ausdruck gekommene Bereitschaft Österreichs zur Neutralität mit dem Abschluß des Staatsvertrages zu verbinden. Dies erklärt wohl die Verlesung der entscheidenden Punkte I,1 bis I,5 durch Molotow auf der Außenministerkonferenz vom 14. Mai – mit dem Kommuniqué über diese Sitzung gelangten sie erstmals an die Öffentlichkeit, denn die Österreicher hatten das Moskauer Memorandum noch nicht veröffentlicht. Eine Absprache mit den Österreichern bezüglich der einseitigen Veröffentlichung scheint es nicht gegeben zu haben. Am 15. Mai selbst veröffentlichte die Agentur TASS den vollständigen Text des Moskauer Memorandums, der in verschiedene ausländische Presseorgane Eingang fand – doch handelte es sich um eine Übersetzung; der authentische deutsche Text wurde erst am 22. Mai vom sowjetischen Informationsorgan in Österreich, der „Österreichischen Zeitung“, und drei

103 Zitiert nach der Tass-Meldung über die Außenministerkonferenz, vollständiger Abdruck in: *Die Initiative der Sowjetunion brachte Österreich den Staatsvertrag. Dokumente und Materialien zum Abschluß des Staatsvertrags mit Österreich,* Wien 1955, 8–11. Der russische Originaltext sowie zwei sprachlich leicht abweichende deutsche Übersetzungen in: AdR, BMAA, II-Pol, Zl. 322.143-Pol/55. Das in der veröffentlichten Übersetzung mit „aufrechterhalten“ übersetzte russische Verbum „sobljudat’“ wurde in der dem Ballhausplatz zugesandten inoffiziellen Übersetzung wohl zutreffender mit „einhalten“ übersetzt. Auch die französische Diplomatie hatte Schwierigkeiten mit einer adäquaten Übersetzung dieses Verbums: vgl. Telegramm des franz. Geschäftsträgers Le Roy aus Moskau, 17. Mai 1955, AD, Série Europe 1944–1960, sous-série Autriche, vol. 300: Das russische Verbum impliziere nicht die Verpflichtung zur aktiven Aufrechterhaltung der Neutralität.

104 Pinay schien etwas reservierter als Dulles, und zwar bezüglich des Verfahrens; Macmillan war im Prinzip einverstanden, betonte jedoch, daß alle Punkte der vorgeschlagenen Erklärung der vier Mächte sorgfältig zu prüfen wären. Mitschrift wie in Anm. 93.

105 Der österreichische Entwurf ist in engl. Übersetzung veröffentlicht in *FR 1955–1957,* V, 114–115; er entsprach bereits inhaltlich exakt und mit ganz geringfügigen formalen Unterschieden dem von allen vier Parteien am 25. Mai 1955 im Nationalrat eingebrachten Entschließungsantrag, der am 7. Juni vom Nationalrat angenommen wurde. Vgl. unten S. 554–555.

106 Ebd., 113, sowie der in Anm. 103 genannte TASS-Bericht.

Tage später von der Bundeskanzler Raab nahestehenden „Österreichischen Neuen Tageszeitung“ publiziert.[107]

Am Abend des 14. Mai versammelten sich die Außenminister der Vier Mächte zu einem Abendessen in der Residenz des amerikanischen Botschafters. Hier wurde vor allem über die kommende Gipfelkonferenz und über die Abrüstungsfrage gesprochen, doch kamen Mitarbeiter Molotows neuerlich auf die von sowjetischer Seite gewünschte Viermächte-Erklärung zu sprechen, die ihrer Ansicht nach den Abschluß des Staatsvertrags begleiten sollte.[108] Dieser Wunsch ging bekanntlich nicht in Erfüllung. Zu (gleichlautenden) Erklärungen der Vier Mächte über die Neutralität Österreichs sollte es erst sieben Monate später kommen.[109]

Molotow selbst schlug gemäß den aus Moskau erhaltenen Weisungen seinen westlichen Kollegen vor, die kommende Gipfelkonferenz in Wien abzuhalten.[110] Dies stieß bei Dulles und Macmillan auf taube Ohren. Lediglich Pinay regte als Kompromiß an, die Staats- bzw. Regierungschefs könnten in Wien zusammentreffen, die Außenminister danach in Lausanne.[111] Intern hatte Dulles gegen Wien als Tagungsort geltend gemacht, man würde die Bundesdeutschen vor den Kopf stoßen: Es würde eine „katastrophale“ Wirkung auf Deutschland ausüben, wenn Wien, als Belohnung für die Neutralität, sogleich zu einem Zentrum europäischer Aktivität gemacht würde, einschließlich der Beratung der Zukunft Deutschlands. Gegenüber Molotow argumentierten Dulles und Macmillan, Österreich wäre zum Zeitpunkt der Gipfelkonferenz noch besetzt. Noch beim Weggehen sagte Molotow zu Dulles, die westliche Weigerung, Wien als Tagungsort zu akzeptieren, würde ernstliche Schwierigkeiten bereiten.[112] Bekanntlich fand die Gipfelkonferenz zwei Monate später in Genf statt.

Den krönenden Abschluß nicht nur der dramatischen Entwicklungen der letzten Wochen, sondern beinahe eines Jahrzehnts des Ringens um die Freiheit Österreichs brachte die oft beschriebene und im Bild festgehaltene Zeremonie

---

107 Der in *AdG,* Bd. 25, 1955, 5163–5164, laut TASS vom 15. Mai 1955 veröffentlichte Text des Moskauer Memorandums ist ebenfalls abgedruckt als Anhang zu Heinrich Siegler, *Österreichs Weg zur Souveränität, Neutralität, Prosperität 1945–1959,* Bonn – Wien – Zürich 1959. Er variiert zwar nicht inhaltlich, aber sprachlich von dem (authentischen) Text, der in *Österreichische Zeitung,* 22. Mai 1955, 2, sowie *Österreichische Neue Tageszeitung,* 25. Mai 1955, 2, veröffentlicht ist. Bei Siegler, *Österreichs Weg,* lautet die Formulierung von Punkt I, 1: die österreichische Bundesregierung werde „eine Deklaration in einer Form abgeben, die Österreich die internationale Verpflichtung auferlegt, sich ständig an eine solche Neutralität zu halten, wie sie die Schweiz wahrt“. Vgl. hierzu die im Dokumentenanhang Nr. 4 wiedergegebene authentische Formulierung.

108 *DDF 1955,* I, 653 Anm. 1 (Nr. 281).

109 Vgl. unten S. 563.

110 Letzter Punkt der Instruktionen; wie oben Anm. 87, fol. 89.

111 Französische Mitschrift der Abendberatungen am 14. Mai 1955, *DDF 1955,* Annexes, I, 139–143, hier 141.

112 Dulles an Eisenhower, 14. Mai 1955, *FR 1955–1957,* V, 181.

der Unterzeichnung des Staatsvertrages im Oberen Belvedere am Sonntag, dem 15. Mai 1955. Nicht mehr auf gewissermaßen alliiertem Boden, nämlich im Gebäude des Alliierten Rates auf dem Schwarzenbergplatz (damals noch „Stalinplatz“), wo die Botschafterkonferenz und die Außenministerkonferenz getagt hatten, sondern auf österreichischem Boden, auf Einladung der Regierung Österreichs, fand die Unterzeichnung des Staatsvertrages im Schloß Belvedere statt. Der Staatsvertrag trägt neun Unterschriften: für die vier Mächte unterschrieben jeweils der Außenminister sowie der Hochkommissar und Botschafter in Österreich bzw. im Falle Frankreichs der stellvertretende Hochkommissar; in der Reihenfolge der Unterschriften also Molotow, Iljitschow, Macmillan, Wallinger, Dulles, Thompson, Pinay und Lalouette. Für Österreich unterschrieb Außenminister Figl allein. Die Reihenfolge ergab sich aus der bereits 1947 festgelegten Nennung der vertragschließenden Staaten in der Präambel des Staatsvertrags.

Unmittelbar auf die Unterzeichnung folgten Gratulationsreden der Außenminister und die Dankesrede Figls. Dulles hatte am Vortag angemessene Kürze – jeweils etwa zwei Minuten pro Rede – vorgeschlagen, Molotow jedoch entgegnet, daß die Reden, wenn erforderlich, auch länger dauern könnten. Tatsächlich sprach Molotow etwa vier mal so lang wie seine Kollegen; in einer politischen Propagandarede kam er auch auf Deutschland zu sprechen und attackierte die „Wiedergeburt des deutschen Militarismus“. Den Staatsvertrag pries Molotow als Beispiel für die Lösung bestehender internationaler Fragen. Figls Dankesrede, im gewohnten, aber bei diesem Anlaß nicht unpassenden Pathos, enthielt einen Kernsatz: „Wenn nun die Glocken von ganz Österreich, vom Bodensee bis zum Neusiedlersee, von der Thaya bis zu den Karawanken, läuten, dann läuten sie eine neue Zeit für Österreich ein, dann künden sie, daß Österreich frei ist.“[113]

Nach der Unterzeichnungszeremonie im Belverede gab es für die ausländischen Gäste ein Mittagessen in der Hofburg bei Bundespräsident Körner. Um 17 Uhr zelebrierte Kardinal Innitzer ein Te Deum im Stephansdom, an dem unter anderen Bundespräsident Körner und die Außenminister Pinay und Macmillan teilnahmen. Um sieben Uhr abends gab die Bundesregierung ein Bankett in Schloß Schönbrunn, dem um 9 Uhr ein Empfang für über 1200 Personen folgte. Dulles flog noch in der Nacht nach Washington zurück, Pinay und Macmillan reisten am nächsten Morgen ab, nur Molotow blieb einen Tag länger – er besuchte einige der Erdöl- und USIA-Betriebe und abends mit Figl die Staatsoper im Theater an der Wien, wo man Verdis „Troubadour“ gab.[114]

113 Die Erklärungen aller Außenminister in: DÖA, Nr. 173.

114 Ich folge hier einem minutiösen Bericht über den Programmablauf am 15. Mai des britischen Hochkommissars Wallinger an Macmillan – der ja selbst anwesend gewesen war! Schriftbericht vom 19. Mai 1955, PRO, FO 371/117801/RR1071/433. Bemerkenswert ob des großen Eindrucks, den die Freude der Bevölkerung in Wien auf ihn machte, sind Aussagen und Materialien von

4. Intermezzo: Eine schwere Krise – die Regierung Adenauer und der Staatsvertragsabschluß

Des einen Freud, des anderen Leid. Mit so altmodischen Worten läßt sich die Situation beschreiben, die, in der Nacht vom 14. zum 15. Mai einsetzend, durch mehrere Monate hindurch, bis Mitte November 1955, zu einer schweren Trübung des bundesdeutsch-österreichischen Verhältnisses führte. Aus zweifachem Anlaß war Konrad Adenauer, der deutsche Bundeskanzler, zutiefst über den Gang der Dinge in Österreich verärgert: einerseits wegen der österreichisch-alliierten Einigung in der Frage des Deutschen Eigentums, und andererseits wegen Österreichs neuem Neutralitätsstatus und der Angst vor der Bildung eines Neutralitätsgürtels in Europa.[115] Zehn Tage nach Abschluß des Staatsvertrages schimpft Adenauer intern über „die ganze österreichische Schweinerei",[116] und zwar im Kontext der Sorge vor einem europäischen Neutralitätsgürtel. Weitere neun Tage später macht Adenauer im Bundesvorstand der CDU seinem Ärger über die aus seiner Sicht allzu selbstgerechte österreichische Einstellung gegenüber Deutschland Luft: „Die Gebeine Hitlers sind nicht aufzufinden, sonst würde ich anheimstellen, diese Gebeine Hitlers wieder in sein Heimatland zurückzuführen."[117]

Livingston Merchant, der als Assistant Secretary of State Außenminister Dulles nach Wien begleitete, und die sich in der John Foster Dulles Collection der Princeton University Library befinden. Das „Oral History Project" der Dulles Collection enthält neben Reminiszenzen Merchants u. a. auch Erinnerungen des Botschafters Thompson an den 15. Mai 1955, der seine Schwierigkeiten beim Dolmetschen der oben erwähnten Molotow-Rede für Dulles schildert (Einsichtnahme im Oktober 1980).

115 Zu Adenauers großen Sorgen über einen Neutralitätsgürtel in Europa und seinem Urteil, daß das Einschwenken in der Frage Österreichs ein „von Moskau klug berechneter Schritt" war: Konrad Adenauer, *Erinnerungen 1953–1955,* Stuttgart 1966, 441–446, Zitat 441. Adenauers Sorge war durch eine Äußerung Präsident Eisenhowers bei dessen Pressekonferenz am 18. Mai 1955 gestiegen, der die Bildung eines solchen Gürtels von Norden nach Süden in Europa für möglich hielt; die heftige diplomatische Reaktion Adenauers führte zu einem Einlenken Eisenhowers und zu einer Erklärung Dulles' vor der Presse am 24. Mai, eine Neutralitätspolitik käme für ein Land wie Deutschland nicht in Frage. Dulles hielt jedoch nach seiner Rückkehr aus Österreich intern die Herauslösung der Satellitenstaaten aus der sowjetischen Kontrolle, etwa nach dem Vorbild Finnlands, für erwägenswert. Vgl. Felken, *Dulles und Deutschland,* 288–291.

116 Zit. bei Hans-Peter Schwarz, *Adenauer. Der Staatsmann: 1952–1967,* Stuttgart 1991, 184, nach dem Protokoll einer Besprechung Adenauers mit den Diplomaten Blankenhorn, von Herwarth und Krekeler am 25. 5. 1955.

117 Adenauer in seinem Bericht über die politische Lage im CDU-Bundesvorstand vom 3. Juni 1955, in: *Adenauer: „Wir haben wirklich etwas geschaffen." Die Protokolle des CDU-Bundesvorstands 1953–1957,* bearb. v. Günter Buchstab, Düsseldorf 1990, 499. Adenauers Ausbruch wird erst durch die diesem vorhergehenden Bemerkungen über Österreich verständlich, vom Vorwurf, die Behandlung des Deutschen Eigentums gehe auf Überlegungen anläßlich der österreichisch-sowjetischen Besprechungen in Moskau zurück, bis zur Erbitterung darüber, wenn Österreich „meiner Meinung nach gegen die historische Wahrheit . . . die Sache so darstellt, als wenn es von uns vergewaltigt worden wäre und tatsächlich ein Recht auf Reparationen hätte . . . Sie wissen ja, wie der Anschluß Österreichs vollzogen worden ist. Sie wissen, daß es weite Teile in Österreich

Die Krise zwischen Bonn und Wien war bereits am 14. Mai ausgebrochen. An diesem Vortag der Staatsvertragsunterzeichnung, einem Samstag, hatte Staatssekretär Walter Hallstein den Gesandten Mueller-Graaf telegraphisch angewiesen, sogleich nach Eingang dieser Weisung Bundeskanzler Raab aufzusuchen und diesem namens der deutschen Bundesregierung folgendes zu eröffnen:

Die Lösung der deutschen Vermögensfrage im Staatsvertrag habe in Bonn „außerordentlich überrascht. Die Bundesregierung muß ihrem Befremden und ihrer Enttäuschung Ausdruck geben, daß Österreich an dieser Lösung mitgewirkt hat." Sie sei gezwungen, diese Lösung „hinzunehmen". Sie könne sie jedoch „niemals anerkennen". Die (deutsche) Bundesregierung behalte sich alle Schritte wegen der Weiterbehandlung des Problems vor; sie gebe schon jetzt der Erwartung Ausdruck, daß die Entschädigung der durch den neuen Zusatz in Art. 35, Ziffer 13 enteigneten deutschen Eigentümer (das sogenannte „kleine Deutsche Eigentum", G. S.) im Geiste gutnachbarlicher Beziehungen von der österreichischen Regierung aufgegriffen werde. „Ein Anstehenlassen dieser Frage würde das deutsch-österreichische Verhältnis auf das schwerste belasten." Hallstein wies Mueller-Graaf ferner an, Raab auch mitzuteilen, daß die Presseerklärung Schärfs über das Deutsche Eigentum – daß diese Errungenschaft für Österreich die Gefahr vermögensrechtlicher Auseinandersetzungen mit Deutschland beseitige – „die Bundesregierung außerordentlich verstimmt hat".[118]

Nach offenbar längeren Bemühungen wurde Mueller-Graaf um 21 Uhr von Außenminister Figl angerufen, er möge um 22 Uhr in Figls Wohnung (in Wien-Döbling) erscheinen. Mueller-Graaf tat dies, und um 22 Uhr 25 traf auch Bundeskanzler Raab in Figls Wohnung ein. Mueller-Graaf teilte zunächst Figl seinen Auftrag mit und übermittelte nach Raabs Eintreffen auch diesem die

---

gegeben hat, die nationalsozialistischer gewesen sind als irgendein Teil Deutschlands . . ." (ebd. 498–499). Adenauers Bitterkeit war nicht neu; zwei Jahre zuvor hatte er in einem vertraulichen Pressegespräch gesagt, Österreich „hat uns ja Hitler geschickt, das dürfen wir auch nicht vergessen" (18. Mai 1953, vor Grubers und Kreiskys Besuch in Bonn). Adenauer, *Teegespräche 1950–1954,* bearb. v. H. J. Küsters, Berlin 1984, 471. Adenauers Ausspruch über Hitlers Gebeine fand bald seinen Weg, nur leicht verkürzt, in die Zeitschrift „Der Spiegel" (Ausgabe vom 8. Juni 1955, S. 7); vgl. Bericht des Botschafters Rotter aus Bonn nach Wien, AdR, BMAA, II-Pol, Zl. 322. 967-Pol/55. In der Hamburger Illustrierten „Stern" (deutsche Ausgabe) vom 29. Mai 1955 wurde etwa die Parole von 1938 „Ein Volk – ein Reich – ein Führer" gekoppelt mit einem Bildbericht über die Staatsvertragsunterzeichnung.

118 Der Text der Drahtweisung ausführlicher zitiert bei: Hansen, Eine peinliche Mission, 235. Die Weisung erliegt in: PAAA, Ref. 506, 518g-165/55g. Der bundesdeutsche Diplomat (später Botschafter) Niels Hansen war 1955 der bundesdeutschen Wirtschaftsdelegation in Wien im Rang eines Vizekonsuls zugeteilt und Zeuge der Gespräche in der Residenz Mueller-Graafs in Wien-Hietzing am Samstag, dem 14. Mai 1955 und in der Nacht von Samstag auf Sonntag. Der Aufsatz Hansens ist sehr informativ, allerdings teilweise von starken Emotionen und Einseitigkeiten durchsetzt.

Stellungnahme der Bonner Regierung.[119] Mueller-Graaf berichtete tags darauf nach Bonn, Figl habe mit „weitschweifigen, aber inhaltslosen Erklärungen, die neben der Sache lagen", geantwortet und nach Raabs Ankunft den Versuch fortgesetzt, „außerordentlich redselig die nüchternen Tatsachen zu vertuschen". Figl „tat immer wieder so, als ob Österreich in der Lage sein würde, nach der Räumung durch die Sowjets die Dinge als souveräner Staat in ‚amicalster Form' zu regeln." Figl „leugnete, daß Österreich an der Lösung mitgewirkt habe" – dies ein Hinweis auf die Initiative der Amerikaner bei der endgültigen Regelung des Staatsvertragsartikels über das Deutsche Eigentum. Figl distanzierte sich neuerlich – wie bereits tags zuvor – von Schärfs Äußerung, der die Regelung als „Errungenschaft" bezeichnet hatte; dies sei nicht die Erklärung des Vizekanzlers, sondern die des (SPÖ-)Parteiobmannes gewesen. Raab, so Mueller-Graaf, habe sich „in seiner wortkargen Art" Figls Ausführungen angeschlossen. Auch Raab erklärte, daß Österreich bereit sei, später mit der Bundesrepublik zu verhandeln, insbesondere auch über eine Entschädigung, dies könne aber erst erfolgen, „wenn die Sowjets das Land geräumt hätten". Es sei ihm nicht möglich, „vorher in dieser Richtung etwas zu sagen, weil die Sowjets sonst womöglich nicht räumen würden". Dies war übrigens ein Argument, das Raab und Figl, wie zu zeigen sein wird, noch mehrfach im Laufe der kommenden Monate gegenüber bundesdeutschen Gesprächspartnern verwenden sollten.[120]

Mueller-Graaf kehrte knapp vor Mitternacht vom Gespräch mit Figl und Raab zurück, „bleich und irritiert, etwas fahrig, in einer Gemütsverfassung, die man vielleicht als sarkastisch resigniert bezeichnen kann", wie sich Niels Hansen erinnert. „Räuber und Diebe" – so sei es dem „sonst so verbindlichen und beherrschten Mann" entfahren. Dies bezog sich darauf, daß Figl tags zuvor Mueller-Graaf ausdrücklich gesagt hatte, die „ÖVP stehe auf dem Standpunkt, daß sie nicht ‚rauben und stehlen' werde, ich möchte dies in Bonn mitteilen", wie es in Mueller-Graafs Bericht nach Bonn heißt.[121]

Als Ausdruck des Bonner Protestes gegen Wiens Haltung wurde Mueller-Graaf sogleich nach seiner Demarche vom 14. Mai zur Berichterstattung nach Bonn berufen; er kehrte erst im August auf seinen Posten zurück und nahm im September wieder die politischen Gespräche mit den Regierungsspitzen (Raab, Schärf) auf, hielt sich allerdings in der Zwischenzeit fallweise inoffiziell in Wien auf. Mueller-Graaf verfaßte schon Ende Mai eine längere Denkschrift

119 Der österreichische, von Figls Sekretär Lukas Beroldingen angefertige Aktenvermerk deckt sich weitgehend mit Hallsteins Weisung an Mueller-Graaf. AdR, BMAA, II-Pol, Zl. 322.194-Pol/55.

120 Drahtbericht Mueller-Graafs, zitiert bei Hansen, Eine peinliche Mission, 243, erliegt in: PAAA, Ref. 304, Tb. Nr. 418/55g (= FS Nr. 87 v. 15. Mai 1955).

121 Drahtbericht Mueller-Graafs v. 13. Mai 1955, ausführlicher zitiert bei Hansen, Eine peinliche Mission, 232 nach PAAA, Ref. 506, Bd. 75.

zum Konflikt in der Eigentumsfrage. „Der Konflikt mit Österreich entwickelt sich für die Bundesrepublik immer ungünstiger", stellte Mueller-Graaf fest, und zwar wegen der Aufschaukelung in der öffentlichen Meinung, aber auch in Hinblick auf die amtliche österreichische Erläuterung zum Staatsvertrag, die dem Nationalrat zur Vorbereitung der parlamentarischen Genehmigung des Staatsvertrags zugegangen war. Mueller-Graaf ortete das Zentrum der antideutschen Einstellung im „Gebaren der intransigenten nationalistischen [gemeint war österreichisch-nationalistischen, G. S.] Clique von einigen scharfen Sozialisten und antideutschen Ultra-Konservativen, welche zur Zeit bemüht ist, den Anlaß dazu auszunützen, um ‚den erwünschten historischen Trennungsstrich' (Tončić) so scharf wie möglich zu ziehen". Indem er dies sage, so Mueller-Graaf, berühre er aber bereits wesentliche Punkte, „welche dagegen sprechen, dem Konflikt von deutscher Seite eine polemische Schärfe zu geben. Damit würden wir nur denen dienen, welche Österreich innerlich möglichst weit von Deutschland zu entfernen versuchen, ja wir würden sogar der in Österreich gegenwärtig sehr unbedeutenden Gruppe in die Hand arbeiten, welche sich der Hoffnung hingibt, Österreich langsam vom Westen zu trennen und in die Arme der sowjetischen Weltseite zu drängen." Unbeschadet der in der Öffentlichkeit hochgehenden Wogen der Emotion (und wohl auch seiner eigenen, in der Nacht vom 14. zum 15. Mai explosiv zum Ausdruck gekommenen Erregung)[122] plädierte Mueller-Graaf in bemerkenswerten längerfristigen Überlegungen zugunsten einer Politik der guten Nachbarschaft. Es schien ihm zweifelhaft, „ob sich eine Verstimmung gegenüber Österreich durchhalten läßt". Es dürfe im gegenwärtigen Konflikt „keinen Augenblick das Ziel aus dem Auge verloren werden", zwischen „den beiden Staaten, welche eben ihre Souveränität erlangt haben, so bald wie möglich ein anständiges nachbarliches Verhältnis herzustellen". Die Gefahr sei groß, so argumentierte Mueller-Graaf, daß „durchaus unerwünschte Kräfte die Entwicklung benutzen, um Österreich in ein gefährliches Fahrwasser zu bringen". Mit dieser Übertreibung widersprach Mueller-Graaf allerdings seiner eigenen vorher notierten Beurteilung von der „gegenwärtig sehr unbedeutenden Gruppe", die sich der Hoffnung hingebe, Österreich in die Arme der sowjetischen Weltseite zu drängen. Mueller-Graaf bemerkte auch, daß für die Stellung der Bundesrepublik in Europa „ein schlechtes Verhältnis zu Österreich psychologisch abträglich sein"

122 „Deeply agitated at new language Article 35", wie Thompson nach Washington berichtete, habe Mueller-Graaf Raab und Figl mit einem deutschen Touristen-Embargo gedroht, wenn die Vertragsbestimmungen über das Deutsche Eigentum umgesetzt würden; dies habe die amerikanische Botschaft vertraulich aus dem Wiener Außenamt erfahren. Thompson an State Department, Telegr. 2793, 17. Mai 1955, NA, RG 59, 663.001/5-1755.

dürfte.[123] Doch noch schien es Ende Mai zu früh für solch weitblickende Erwägungen. Sechs Wochen lang, vom 14. Mai bis etwa 24. Juni, herrschte Eiszeit zwischen Bonn und Wien. Bonn unterließ es auch, zum Staatsvertrag zu gratulieren.

Bundeskanzler Adenauer legte noch am Vortag der Staatsvertragsunterzeichnung, am 14. Mai, bei der amerikanischen, britischen und französischen Regierung wegen Art. 22, Abs. 13 des Staatsvertrages Protest ein, und zwar in außerordentlich ernsten Worten. In Adenauers Schreiben an den amerikanischen Botschafter in Bonn, James Conant, hieß es, eine solche zehn Jahre nach Kriegsbeendigung vorgenommene Maßnahme gegen deutsches Auslandsvermögen sei nicht zu erwarten gewesen. „Umso enttäuschender ist für mich die augenscheinlich im letzten Augenblick getroffene Regelung der deutschen Vermögensfrage, die nicht nur die deutsch-österreichischen Beziehungen aufs schwerste belasten wird, sondern auch der von mir verfolgten Außenpolitik abträglich sein muß.“[124]

Die Verärgerung nicht nur gegenüber Österreich, sondern auch gegenüber den Westmächten war also groß. Kaum war – nur fünf Tage zuvor! – Kanzler Adenauer im Rate der NATO-Staaten als neuer und gleichberechtigter Bündnispartner empfangen worden, kam es schon wegen Österreich zu einem Konflikt mit den Westmächten. Gewiß hatte sich die Bundesrepublik bereits 1952 gegenüber den Westmächten verpflichten müssen, die Bestimmungen über das deutsche Auslandsvermögen („external assets“) in Österreich „hinzunehmen“, die zwischen den Alliierten bzw. im zukünftigen Staatsvertrag mit Österreich getroffen werden würden.[125] Diese „Hinnahme“-Verpflichtung war

---

123 Neunzehnseitiger Bericht Mueller-Graafs, datiert Wien (!), 31. Mai 1955: PAAA, Bd. VS-4696a, Zl. 62/55g, zu 506-518g-191/55g.

124 Text in: PAAA, Verschlußakten Bd. VS-4696a (Aktenzeichen des Bandes 245-03/94.19, offengelegt September 1994); die gleiche Äußerung erging auch an den britischen bzw. den französischen Botschafter.

125 „Vertrag zur Regelung aus Krieg und Besatzung entstandener Fragen“ zwischen der BRD, den USA, Großbritannien und Frankreich vom 26. Mai 1952, genannt „Überleitungsvertrag“, als Zusatzvertrag zu dem „Vertrag über die Beziehungen zwischen der Bundesrepublik Deutschland und den Drei Mächten“ (sog. „Deutschland-Vertrag“ oder „Generalvertrag“) vom gleichen Tage abgeschlossen. Das Inkrafttreten dieser Verträge war an das Inkrafttreten des Vertrags über die Europäische Verteidigungsgemeinschaft gebunden, zu dem es infolge des Scheiterns der Ratifikation in Frankreich nie kam. Die für Österreich relevante Bestimmung (Teil VI, Art. 3, Abs. 2) lautete: „Die Bundesrepublik wird die Bestimmungen über die Behandlung des deutschen Auslandvermögens hinnehmen, die in einem Abkommen enthalten sind, bei dem die gegenwärtigen Besatzungsmächte Parteien sind, oder die in dem zukünftigen Staatsvertrag mit Österreich getroffen werden.“ In Art. 5 verpflichtete sich die Bundesrepublik, die früheren Eigentümer der in Art. 3 angesprochenen Werte zu entschädigen. Text in: Bundesgesetzblatt der Bundesrepublik Deutschland, 1955/II, Nr. 8, ausgegeben am 31. März 1955, 440 u. 441. – Gehler, Österreich, die Bundesrepublik und die deutsche Frage, 548–549, geht zwar auf den „Generalvertrag“ von 1952 ein, verabsäumt es jedoch, wohl aufgrund des unzureichenden Informationsstandes einer von ihm herangezogenen Quelle, die im dazugehörigen „Überleitungsvertrag“ getroffene Österreich-Regelung („Hinnahme“-Klausel) zu erwähnen.

in die Pariser Verträge vom Oktober 1954 übernommen worden, mit deren Inkrafttreten am 5. Mai 1955 die Bundesrepublik ihre Souveränität errang und Bündnispartner der NATO wurde.[126]

Doch nun, im Mai 1955, war die internationale Stellung der Bundesrepublik stärker als drei oder vier Jahre zuvor. Umso empfindlicher war daher die Reaktion darauf, daß die „Hinnahme"-Verpflichtung von 1952 so drastisch eingefordert wurde. Nur so ist ja Mueller-Graafs an Raab überbrachte Protesterklärung zu verstehen, die deutsche Bundesregierung sei nach dem Überleitungsvertrag gezwungen, die Lösung „hinzunehmen", sie könne sie jedoch „niemals anerkennen"! Es wäre „für uns besonders schmerzlich", so sagte ein höherer deutscher Diplomat einem französischen Kollegen in Bonn, daß „diese Vereinbarung in Wien in dem Augenblick getroffen worden wäre, wo die Pariser Verträge in Kraft getreten seien und der Herr Bundeskanzler in Paris mit den Außenministern der drei Westmächte verhandelt habe, ohne daß die Bundesregierung konsultiert oder auch nur informiert worden sei".[127] Dazu kam, daß sich die rechtliche Situation für die Bundesrepublik tatsächlich durch das alle vier Besatzungszonen betreffende Rückübertragungsverbot (mit Aus-

---

126 Der „Vertrag zur Regelung aus Krieg und Besatzung entstandener Fragen" wurde (mit einigen hier nicht relevanten Modifikationen) durch das „Protokoll über die Beendigung des Besatzungsregimes in der Bundesrepublik Deutschland" vom 23. Oktober 1954 in das System der Pariser Verträge übernommen. Damit wurde auch die das Deutsche Eigentum in Österreich betreffende „Hinnahme"-Klausel rechtskräftig.
Neu erschlossene Quellen zeigen, daß Österreich im Vorfeld der „Hinnahme"-Verpflichtung durchaus aktiv gewesen war. Figl und Gruber wandten sich bezüglich des Deutschen Eigentums in den Westzonen an den britischen Außenminister Herbert Morrison anläßlich dessen Wien-Besuchs im Mai 1951. Morrison berichtete: „They felt unhappy about Austria's position in relation to these assets. They considered that clarification was required regarding the possibility of the Germans' asserting valid claims for the eventual recovery of their assets in Austria. They feared pressure from the Federal German Government and mentioned that there had been already indications of this form of German pressure in Germany and in Austria." Morrison gab eine mündliche und vertrauliche, aber präzise ausformulierte Zusicherung ab, wonach es „die feste Ansicht der britischen Regierung" sei, sicherzustellen, „daß die Geltendmachung deutscher Ansprüche auf dieses Eigentum verhindert wird". Es sei der westdeutschen Bundesregierung bereits von der britischen, französischen und amerikanischen Regierung klargemacht worden, „daß sie keinerlei deutsche Anregungen entgegennehmen können, die dahingehen, daß deutsches, im Ausland gelegenes Eigentum [„German external assets"] wieder erlangt werden könnte". Die noch abzuschließenden vertraglichen Vereinbarungen betreffend deutsche Vermögenswerte im Ausland, einschließlich jener in Österreich, würden veröffentlicht werden. Morrison schloß mit seiner Überzeugung, daß als Ergebnis dieser Maßnahmen „jeglicher deutscher Druck auf Österreich in dieser Angelegenheit aufhören werde" („any German pressure exerted upon Austria on this issue will subside"). Gruber brachte Morrisons Erklärung dem Ministerrat zur vertraulichen Kenntnis. Englischer Text in: PRO, FO 800/630 (Herbert Morrison Papers: Bericht Morrisons aus Wien vom 23. Mai 1951 über sein Gespräch mit Figl und Gruber vom 22. Mai); deutsche (nicht immer präzise) Übersetzung in Grubers Ministerratsvortrag Zl. 138. 322-Pol/51 v. 30. August 1951, in: AdR, MinRProt Nr. 261 v. 11. September 1951, Beil. I.

127 Gesandter Freiherr von Welck im Gespräch mit dem französischen Ministre-Conseiller Leduc am 25. Mai 1955, PAAA, Bd. VS-4696a, Tb Nr. 453/55g.

nahme des „kleinen Eigentums") verschlechtert hatte.[128] Die Westalliierten blieben allerdings gegenüber dem neuen Verbündeten unnachgiebig; in ihren Antworten auf Adenauers Protest beharrten sie auf der völkerrechtlichen Position, die durch den Überleitungsvertrag und durch den Staatsvertrag gegeben war. Sehr entschieden reagierten die Amerikaner.[129] Der Stellvertreter des amerikanischen Botschafters in Bonn, Gesandter Walter Dowling, früherer stellvertretender Hochkommissar in Österreich, äußerte sich besonders kritisch zur bundesdeutschen Reaktion auf den Staatsvertrag.[130] Die Briten folgten nach einigen internen Diskussionen[131] mit einer Antwort an Adenauer, deren Ton man nur als „eisig" bezeichnen kann.[132] Die französische Antwort fiel milder aus.[133]

---

128 Hierzu zutreffend eine Aussendung des Presse- und Informationsdienstes der deutschen Bundesregierung vom 18. Mai: „Der Entwurf des alten Vertrages ließ offen, ob Eigentum zurückgegeben würde oder nicht." Text in: AdR, BMAA, II-Pol, Zl. 322.328-Pol/55 (Bericht Rotters vom 18. Mai 1955). In einer internen Aufzeichnung eines leitenden Juristen des Bonner Auswärtigen Amtes hieß es, die Bundesregierung sei von einer unveränderten Übernahme des (alten) Art. 35 des Vertragsentwurfs in den endgültigen Vertrag ausgegangen; sonst hätte die (deutsche) Bundesregierung im Oktober 1954 auf der Neuverhandlung von VI, 3, 2 (= „Hinnahme"-Klausel der Überleitungsvertrags) bestanden. Aufzeichnung des Ministerialdirektors Dr. Berger (Leiter der Abt. 5/Rechtsabteilung des Auswärtigen Amtes). PAAA, Bd, VS-4696a, Aufzeichnung v. 7. Juni 1955; diese Argumentation, die den Eindruck erweckt, man habe sich düpiert gefühlt, scheint in weiteren Stellungnahmen (Aufzeichnung der Rechtsabteilung v. 8. Juni 1955 zu 506-518g-191/55g) nicht mehr auf.

129 Vgl. Weisung Dulles' an die Botschaft in Bonn für die amerikanische Antwort v. 17. Mai, Tel. Nr. 3236, in: NA, RG 59, 663.001/5-1755. Hierzu Kommentar Thompsons aus Wien, ebd. 663.001/5-1955, der darauf hinwies, daß der Staatsvertrag die Rückgabe „kleinen" Deutschen Eigentums auch aus der Sowjetzone ermögliche, während in Moskau ein vollständiges Übertragungsverbot zwischen Sowjets und Österreichern vereinbart worden war.

130 Dabei handelte sich Dowling eine verärgerte Reaktion des Staatssekretärs Walter Hallstein ein. Als Dowling geltend machte, die deutschen „external assets" wären ja nicht bloß in Österreich, sondern auch in den anderen von Deutschland besetzten Ländern und auch in den USA ihren früheren Besitzern entzogen worden, habe Hallstein auf die Volksabstimmung in Österreich vom April 1938 verwiesen. Bericht des Botschafters Rotter nach Wien Zl. 59-Pol/55 vom 20. Mai 1955 über Gespräche mit Dowling am 16. und 19. Mai: AdR, BMAA, II-Pol, Zl.322.332-Pol/55, sowie Bericht Rotters vom 22. Juni, Zl. 69-Pol/55, über ein weiteres Gespräch mit Dowling; ebd., Zl. 323.249-Pol/55.

131 U. a. Vorschläge Botschafter Wallingers aus Wien v. 19. Mai 1955, in: PRO, FO 371/117801/RR1071/419. Der britische Botschafter in Bonn, Sir Frederick Hoyer Miller, telegraphierte am 23. Mai nach London mit Anregungen für eine Verschärfung der britischen Antwort an Adenauer und kommentierte die bundesdeutsche Haltung in folgenden Worten: „The Germans are clearly feeling their oats [am besten idiomatisch zu übersetzen: „Die Deutschen sticht der Hafer"] after regaining sovereignty. Their ill-judged handling of the Austrian affair is only one instance of this." PRO, FO 371/117801/RR1071/431.

132 Antwortschreiben des Botschafters Hoyer Miller an Adenauer v. 26. Mai 1955 in: PRO, FO 371/117802/RR1071/455, Abschrift in: AdR, BMAA, II-Pol, Zl. 323.521-Pol/55. Die Kernsätze des damals nicht veröffentlichten Schreibens lauten: „Her Majesty's Government in the United Kingdom are surprised to learn that the Federal Government should regard these provisions [Art. 22, Abs. 13 Staatsvertrag] as being an unexpected or unjustified step against German property. Your Excellency will be aware that this property was divested of its German ownership by Control Council Law No. 5 dated the 30th of October, 1945." Weiters wurde auf die bundesdeutsche

All dies war nicht dazu angetan, Adenauers Ärger abflauen zu lassen. Daß die neuen Verbündeten die gerade souverän gewordene Bundesrepublik in einer historisch-emotionell derart belasteten causa, wie es das Verhältnis Deutschland-Österreich nun einmal war, gleich in den allerersten Tagen so sehr in die Schranken wiesen, konnte in Bonn nur als Demütigung empfunden werden.[134] Öffentlich ließ Adenauer dem Ärger gegen Österreich freien Lauf, als am 21. Juni der Sozialdemokrat Carlo Schmid im Bundestag die Regierung und das Auswärtige Amt heftig angriff: Das Auswärtige Amt dürfe keinen Unterschied zwischen großen und kleinen Staaten machen; die Enteignung des deutschen Vermögens in den USA sei zwar mit Bedauern, aber ohne diplomatischen Protest zur Kenntnis genommen worden, im Falle Österreich habe die Bundesregierung grobes Geschütz auffahren lassen. Adenauer nannte Schmids Kritik „unglücklich"; Schmid wolle offensichtlich seinen österreichischen Parteigenossen zu Hilfe kommen. Übrigens sei bekannt, daß Deutschland mit den USA im Kriege gestanden habe, während in Österreich die Dinge wohl ganz anders gelegen wären. Nirgends sei Hitler so begeistert aufgenommen worden wie in Wien.[135]

„Hinnahme-Verpflichtung" im Überleitungsvertrag aufmerksam gemacht sowie auch auf Österreichs Verpflichtung im Staatsvertrag, auf alle Ansprüche Österreichs und österreichischer Staatsbürger gegen Deutschland und deutsche Staatsbürger als Folge der deutschen Besetzung Österreichs zu verzichten: „The fact that Austria was forcibly annexed by the German Reich and was occupied for seven years, during which time it was integrated financially and administratively into the Reich, inevitably gave rise to numerous claims against Germany which at this stage it would be difficult to assess and settle. In the view of Her Majesty's Government, the transfer to the Austrian Government of former German assets in Austria provides Austria with some measure of compensation for the renunciation of its claims against Germany." Die persönliche Überreichung dieses Schreibens durch den Gesandten Allen im Auswärtigen Amt beim Gesandten Freiherrn von Welck (PAAA, Bd. VS-4696a, Aufzeichnung Welcks v. 26. Mai 1955) ergab ein unerquickliches Gespräch. Allen sagte, „die deutsche Note hätte bei den Regierungen der Westmächte deshalb einen peinlichen Eindruck hervorgerufen, weil dieser deutsche Protest den ersten Schritt der Zusammenarbeit zwischen der Bundesrepublik und den Westmächten seit in Kraft treten [sic] der Verträge gebildet hätte." Welck wiederum empfand es als „besonders peinlich", daß die Bundesregierung nicht vorher informiert oder konsultiert worden war. Zu Welcks Gespräch mit dem Amerikaner Dowling am Tage zuvor notierte Welck (Aufzeichnung vom 25. Mai, ebd.), daß Dowling „sehr energisch" sprach und „mit großem Nachdruck" sagte, er „könne nur den dringenden Rat aussprechen, daß die Bundesregierung in dieser Frage die Dinge auf sich beruhen lasse". Die amerikanische Antwortnote an Adenauer erliegt in Abschrift in: AdR, BMAA, II-Pol, Zl. 325.590-Pol/55.

133 Note des Botschafters André François-Poncet an Adenauer v. 25. Mai 1955, frz. Wortlaut (Kopie von Botschafter Vollgruber aus Paris nach Wien gesendet) in: AdR, BMAA, II-Pol, Zl. 322.941-Pol/55.

134 Gehler, Österreich, die Bundesrepublik und die deutsche Frage, 573, klammert den Konflikt von 1955 um die deutschen Vermögenswerte aus; Adenauers tiefe Verärgerung, die in dem Aufschrei „die ganze österreichische Schweinerei" gipfelte, ist aber nur zu verstehen, wenn bedacht wird, daß zum Ärger über die Neutralitätsdiskussion die doppelte Verbitterung – doppelt in Richtung Wien *und* in Richtung der Westalliierten! – über die Vermögensfrage hinzukam. Am Tage dieses „Aufschreis", dem 25. Mai, stellten Amerikaner und Franzosen in Bonn ihre ablehnende Antwort auf Adenauers Protestnote vom 14. Mai zu (die Briten folgten einen Tag später).

135 Telegr. Bericht der Botschaft Bonn nach Wien v. 21. Juni 1955: AdR, BMAA, II-Pol, Zl. 323.289-Pol/55.

Die österreichische Botschaft in Bonn wußte auch zu berichten, daß sich Adenauer zwei Tage nach der Auseinandersetzung im Bundestag im Gespräch mit Mitgliedern der britischen Botschaft sehr bitter über Österreich geäußert habe.[136] Die stärksten Impulse für den Anschluß seien stets von Österreich ausgegangen. Adenauer habe an Georg von Schönerer, Karl Lueger (? – möglicherweise in Hinblick auf dessen Antisemitismus), an die „erste Version der österreichischen Verfassung von 1919" – wohl ein Hinweis auf den Anschlußbeschluß der Provisorischen Nationalversammlung vom November 1918 – und an die politische Konzeption des Bundeskanzlers Schober (das deutsch-österreichische Zollunionsprojekt von 1931) erinnert. Was Adenauer „maßlos erbittere" – offensichtlich Adenauers eigene Worte – sei vor allem die Haltung des SPÖ-Vorsitzenden Schärf vor, während und nach Abschluß der Staatsvertragsverhandlungen.

Doch zeichnete sich nun, gegen Ende Juni 1955, eine Wende ab. Es scheint, daß die Person des am 7. Juni 1955 zum Bundesminister für Auswärtige Angelegenheiten ernannten bisherigen CDU-Fraktionsführers Dr. Heinrich von Brentano eine ruhigere Haltung in das Bonner Auswärtige Amt brachte. Brentano äußerte bei einer Pressekonferenz in Berlin am 25. Juni den Wunsch, „daß die guten freundschaftlichen Beziehungen, die wir zu unserem Nachbarvolk haben möchten, bald wieder hergestellt sein werden".[137] Auffallende Haltungsänderungen traten ein: plötzliche Zusagen zu einer Einladung des österreichischen stellvertretenden Missionschefs in Bonn am 28. Juni mit freundlichen Worten und sogar einer Entschuldigung für Adenauers Äußerung im Bundestag – dessen große Überarbeitung und sein hohes Alter wurden genannt.[138]

Auch von österreichischer Seite waren Initiativen gesetzt worden, um die Beziehungen Wien-Bonn zu entschärfen. Im Auftrag Raabs fuhr der Generalsekretär der ÖVP, Alfred Maleta, um den 18./19. Juni unter größter Geheimhaltung in die Bundesrepublik, um CDU-Politiker zu kontaktieren.[139] Inwieweit

136 Information des österr. Presseattachés Seiffert vom 25. Juni 1955, Beilage zu dem Bericht Zl. 73-Pol/55 des (zeitweiligen) österr. Geschäftsträgers in Bonn Erich Pichler; AdR, BMAA, II-Pol, Zl. 323.316-Pol/55.

137 Bericht Pichlers vom 27. Juni, ebd.

138 Bericht Pichlers vom 29. Juni 1955, Zl. 74-Pol/55; die entschuldigenden Worte kamen aus dem Munde des Leiters der Länderabteilung im Auswärtigen Amt, des Gesandten Freiherrn von Welck. AdR, BMAA, II-Pol, Zl. 323.393-Pol/55.

139 Die Daten von Maletas geheimer Reise nach Bonn – er reiste über die Schweiz nach Deutschland ein – waren bisher nicht bekannt. Am 18. Juni wurde dem Bundesminister von Brentano von seinem Amte eine Aufzeichnung aus Anlaß des bevorstehenden Besuches des ÖVP-Abgeordneten Maleta vorgelegt: Notiz in PAAA, Bd. VS-4696a. Am 20. Juni fand in der Wachau auf Einladung Außenminister Figls ein Diplomatenausflug statt (*WZ*, 22. Juni 1955, 2), und Maleta hat (ohne Datenangaben) geschildert, daß er von seiner Geheimmission zurückkehrend sich in Dürnstein dem Diplomatenausflug zugesellte, wo ihn allerdings der sowjetische Botschaftsrat Timoschtschenko mit der Frage überraschte, ob er mit dem Ergebnis seiner Reise nach Bonn

Maletas Besuch mit Brentanos beruhigender Äußerung zusammenhängen könnte, ist noch zu klären.[140] Außenminister Figl wiederum suchte den Kontakt mit dem ihm befreundeten deutschen Bundesfinanzminister Fritz Schäffer; das Gespräch über das Deutsche Eigentum fand unter vier Augen am 11. August 1955 im Gasthaus Eder in Salzburg statt.[141] Figl übergab Schäffer bei dieser Gelegenheit vertraulich Kopien des Moskauer Memorandums und des Wiener Memorandums. Figl betonte Österreichs Bereitschaft, die sich ergebenden Fragen in „freund-nachbarlichem Geist" zu regeln und der Bundesrepublik Deutschland möglichst Entgegenkommen zu beweisen. Figl schlug vor, zunächst den Weg privater Besprechungen fortzusetzen. Laut Schäffers Aufzeichnung betonte Figl auch, daß Österreich die Politik Adenauers mit allen ihr zur Verfügung stehenden Mitteln unterstützen wolle. „Der Geist Adenauers sei der Geist der Politik, die die Kultur Europas vor dem Osten allein retten könne."

Langsam kamen auch in Wien die Gespräche auf offizieller Ebene wieder in Gang. Anläßlich eines Besuches des Hamburger Bürgermeisters Sieveking meinte Raab am 5. Juli zum Geschäftsträger der deutschen Wirtschaftsdelegation Horst Groepper, daß er erst etwas tun könne, wenn die letzten sowjetischen Soldaten das Land verlassen hätten – eine in diesen Monaten häufig wiederkehrende Argumentation.[142] Im September nahm Mueller-Graaf, wieder auf seinen Posten zurückgekehrt, politische Gespräche auf. Am 6. September sprach er mit Raab. Raab sagte, er wünsche möglichst viel zurückzugeben, jedoch müsse er die Räumung des Landes abwarten, so Raab wörtlich, „bevor er den Vertrag breche". Mueller-Graaf entgegnete, daß seines Erachtens eine weitgehende wirtschaftliche Wahrung der Eigentümerinteressen mit dem Wortlaut der Verträge nicht in Widerspruch stehe. Raabs „wortkarger ruhiger Art" fiel es nicht schwer, so Mueller-Graaf, „die Dinge vage und unklar zu lassen". Acht Tage später sprach Mueller-Graaf mit Schärf, wobei Mueller-Graaf die große Bedeutung der von Deutschland während der Jahre 1938 bis 1945 in Österreich geleisteten Investitionen betonte und, trotz der (im Über-

---

zufrieden sei! Maleta, *Entscheidung für morgen,* 160–161, sowie Mock/Khol/Steiner, *Neue Fakten zu Staatsvertrag und Neutralität,* 86–87.

140 Kosthorst, *Brentano und die deutsche Einheit,* enthält leider keine Hinweise auf Brentanos Rolle in der Entschärfung des deutsch-österreichischen Konflikts von 1955.

141 Gedächtnisniederschrift Schäffers „über die Besprechung mit dem Außenminister der Republik Österreich, Herrn Figl, in Salzburg, am Donnerstag, 11. 8. 1955, abends", in PAAA, Bd. VS-4696a.

142 Fernschreiben Groeppers nach Bonn Nr. 124 v. 6. Juli 1955, ebd; ähnlich argumentierte Maleta in einem Gespräch mit Groepper am 15. Juli. Maleta wies übrigens auf die für ihn schwierige Situation nach seinem Bonn-Besuch auf Grund der Kanzler-Erklärung hin! Fernschreiben Groeppers Nr. 136 v. 16. Juli 1955, ebd. Dies ist von Interesse, weil die anti-österreichische Erklärung Adenauers im Bundestag vom 21. Juni datierte, also nur etwa zwei oder drei Tage nach Maletas Bonn-Besuch, der darin eine Desavouierung seiner Versöhnungsbemühungen sehen konnte!

leitungsvertrag festgelegten) Verpflichtung der Bundesrepublik zur Entschädigung deutscher Staatsbürger, die durch das Rückübertragungsverbot Verluste erlitten hatten, Entschädigungsleistungen von Österreich erwartete – dies sei der „Prüfstein" für die zukünftige Entwicklung der Beziehungen der beiden Staaten.[143] Damit hatten die ersten Vorgespräche zu sehr schwierigen und jahrelangen Verhandlungen begonnen. Anfang Oktober kam Ministerialdirektor Dr. Berger, der Leiter der Rechtsabteilung im Bonner Auswärtigen Amt, nach Wien. Die Gespräche verliefen unter unerfreulichen Begleitumständen in einer äußerst frostigen Atmosphäre.[144] Raab lehnte Verhandlungen über die Frage einer Entschädigung an frühere deutsche Eigentümer ab; er sagte, man könne doch nicht von ihm verlangen, daß er später einmal in einen Wahlkampf gehe als ein Mann, der für das Deutsche Eigentum in Österreich zweimal bezahlt habe. Bergers Ansinnen, deutsche Experten zur Vorbereitung des endgültigen Textes des geplanten ersten Staatsvertragsdurchführungsgesetzes heranzuziehen, wurde von Raab strikt abgelehnt. „Vorläufig sei Österreich noch kein Gau der Bundesrepublik Deutschland."[145]

Erst sechs Wochen später brachte ein Staatsbesuch des deutschen Außenministers Heinrich von Brentano in Wien – offiziell der Gegenbesuch für den bereits zweieinhalb Jahre zurückliegenden Besuch Grubers und Kreiskys in Bonn! – den Durchbruch zu einem Neubeginn der deutsch-österreichischen Beziehungen. Es wurde beschlossen, reguläre diplomatische Vertretungen im Range von Botschaften zu errichten. Übereinkunft für die Bildung einer gemischten Kommission wurde erzielt; Raab und Brentano fanden viele freundliche Worte für den jeweiligen Nachbarstaat und für die Gestaltung der zukünftigen Beziehungen zwischen Österreich und der Bundesrepublik Deutschland. Langwierige Verhandlungen führten schließlich zum Vermögensvertrag zwischen Österreich und der Bundesrepublik Deutschland vom 15. Juni 1957, der ein ebenso detailliertes wie komplexes System zur Streitbeilegung und Regelung der vermögensrechtlichen Fragen enthielt.[146] Die Rückgabe des sogenannten „kleinen" Deutschen Eigentums mit der Wertgren-

143 Fernschreiben Mueller-Graafs vom 6. 9. und vom 14. 9. 1955, PAAA, Bd. VS-4696a; ausführlicher Erinnerungsvermerk Schärfs über die Unterredung mit Mueller-Graaf am 12. 9. 1955, VGAB, Nachlaß Schärf, 4/223.

144 Zum „ultimativen Benehmen" Bergers und Mueller-Graafs vgl. Telegramm des Wiener Außenamts an die österr. Vertretung Bonn, AdR, BMAA, II-Pol, Zl. 325.145-Pol/55.

145 Amtsvermerk über die Vorsprache Bergers bei Bundeskanzler Raab am 4. Oktober 1955, in: AdR, BMAA, II-Pol, Zl. 325.261-Pol/55; zusammenfassender Bericht über Bergers Wien-Besuch ebd., Zl. 325.212-Pol/55.

146 Der Besuch Heinrich von Brentanos fand zwischen 16. und 18. November 1955 statt. *AdG,* 1955, 5479D. Am 21. Dezember 1955 konstituierte sich die österreichisch-deutsche Gemischte Kommission, deren Arbeiten schließlich zu dem Vertrag vom 15. Juni 1957 führten. Zu diesem vgl. kurz zusammenfassend Pape, Die deutsch-österreichischen Beziehungen, 170–171.

ze 10.000 Dollar = 260.000 Schilling wurde schließlich in einem sehr großzügigen Interpretationsrahmen durchgeführt.[147] Die Geschichte der deutsch-österreichischen Vermögens- und Entschädigungsregelungen liegt allerdings jenseits des Themas dieses Buches.[148]

5. Die Staatsvertragsratifizierung und der Abzug der Besatzungsmächte

Mit der Unterzeichnung des Staatsvertrages am 15. Mai 1955 war allerdings keineswegs alles getan. In der nun einsetzenden Schlußphase waren die Genehmigung durch die Parlamente, Ratifizierung durch die Staatsoberhäupter, Hinterlegung der Ratifizierungsurkunde bei einer der Signatarmächte, und zwar bei der Sowjetunion, erforderlich, ehe der Alliierte Rat seine Tätigkeit einstellen und insbesondere die Dreimonatsfrist zum Abzug der Besatzungstruppen zu laufen beginnen konnte. De facto wurde freilich mit dem Abbau der Tätigkeit der alliierten Behörden und mit der Vorbereitung des Abzuges schon bald nach der Unterzeichnung begonnen.

Der österreichische Nationalrat erteilte dem Staatsvertrag seine Genehmigung am 7. Juni 1955, einen Tag später stimmte der Bundesrat zu und unterfertigte Bundespräsident Körner die Ratifizierungsurkunde; sie wurde am 14. Juni 1955 vom österreichischen Botschafter in Moskau, Norbert Bischoff, im sowjetischen Außenministerium hinterlegt. Auch die vier Mächte erledigten das Verfahren der parlamentarischen Genehmigung und der Ratifikation rasch,

---

147 Nach Pape (ebd.) regelte der Vermögensvertrag von 1957 die Rückgabe von 99% des deutschen Eigentums natürlicher Personen im Wert von 500 bis 600 Mill. DM, während die ursprüngliche staatsvertragliche Regelung lediglich eine Rückgabe von Vermögenswerten von höchstens 100 bis 120 Mill. DM erlaubt hätte. Die deutsche Gegenleistung bestand darin, wie Pape ausführt, daß der im Staatsvertrag (Art. 23, Abs. 3) verankerte Forderungsverzicht österreichischer Gläubiger gegenüber deutschen Schuldnern im privaten Rechtsbereich aufgehoben wurde. Von Matthias Pape steht die Veröffentlichung eine Monographie über die deutsch-österreichischen Beziehungen 1945–1960 bevor. Kritisch zu den sehr weitreichenden österreichischen Konzessionen der Artikel „Deutsches Eigentum – ein Nachwort“, in der Innsbrucker Wochenzeitung *Der Volksbote* v. 29. Juni 1957; erliegt in: AdR, BMAA, II-Pol, Zl. 221.738-Pol/57.

148 Der Text des Vermögensvertrages, einschließlich amtlicher österreichischer und bundesdeutscher Kommentare, in: Plöchl/Vlcek, *Rechtsvorschriften über das deutsche Eigentum,* 27 ff., hier bes. 32. In diesem Band ebenfalls enthalten ist das mehrfach novellierte 1. Staatsvertragsdurchführungsgesetz vom 25. Juli 1956, BGBl. Nr. 164/1956. Als zeitgenössische Publikation eines „insiders“ ist von Interesse Fritz Bock, *Das Durchführungsgesetz zum Deutschen Eigentum,* Wien 1956. Bock war von Juli 1955 bis September 1956 als Staatssekretär im Bundesministerium für Finanzen mit Fragen des Deutschen Eigentums befaßt. Zur Tätigkeit des Schiedsgerichts, das aufgrund des Vermögensvertrages vom 15. Juni 1957 errichtet wurde, vgl. Ignaz Seidl-Hohenveldern, *The Austrian-German Arbitral Tribunal,* Syracuse, N.Y., 1972 (mit weiterführender Literatur).

zuerst die Sowjetunion, dann die USA, Großbritannien, und etwas verzögert Frankreich.[149]

Gerade die französischen Ratifikationsdebatten erwiesen sich allerdings als die weitaus originellsten.[150] In der Assemblée nationale – damals der Name lediglich für die untere Kammer des französischen Parlaments – wurde geltend gemacht, der Begriff „Traité d'Etat" – Staatsvertrag – finde sich nicht in der französischen diplomatischen Terminologie; die parlamentarische Genehmigung erfolgte somit für den „Vertrag über die Wiederherstellung eines unabhängigen und demokratischen Österreich".[151] Von großem Interesse waren die Beratungen im Oberhaus des französischen Parlaments, im Rat der Republik. Der Berichterstatter, Senator Ernest Pezet, dem katholischen MRP[152] angehörend, war seit langen Jahren ein guter Kenner Österreichs; er hatte in den dreißiger Jahren stark mit den Abwehrbestrebungen des Ständestaates gegen die Vereinnahmung durch NS-Deutschland sympathisiert und 1938 ein den Verlust von Österreichs Unabhängigkeit beklagendes Buch geschrieben, das nach dem Ende des Zweiten Weltkrieges in veränderter Form, nun mit hoffnungsvollen Perspektiven, neu herauskam.[153] Pezets ausführliche Darstellung des Staatsvertrags, seines politischen Kontexts und seiner Probleme, ist eine bis heute lesenswerte politische Analyse von hohem Rang. Wie bereits erwähnt,[154] arbeitete Pezet besonders deutlich heraus, daß auf der Botschafterkonferenz vom Mai 1955 ein Kernstück des Vertrags, die Bestimmungen über den langfristigen Verbleib des Erdölkomplexes und den dauernden Verbleib der DDSG in Ostösterreich in sowjetischen Händen, zwar im gültigen Vertragstext verblieb, jedoch durch den Einbau der in Moskau gemachten sowjetischen Konzessionen seiner Wirksamkeit beraubt wurde. Pezet fügte eine

149 Das Präsidium des Obersten Sowjets der UdSSR ratifizierte den Staatsvertrag am 11. Juni 1955; nach Zustimmung des US-Senats am 17. Juni ratifizierte Präsident Eisenhower den Vertrag am 24. Juni 1955; das britische Unterhaus stimmte am 29. Juni 1955 in zweiter und dritter Lesung zu; die französische Nationalversammlung stimmte dem Vertrag am 12. Juli, der Rat der Republik am 21. Juli 1955 zu. Die Hinterlegung der Ratifikationsurkunden in Moskau erfolgte seitens Österreichs am 14. Juni, seitens der UdSSR am 5. Juli, seitens der USA am 9. Juli, seitens Großbritanniens am 19. Juli und seitens Frankreichs am 27. Juli 1955. Vgl. die einschlägigen Meldungen in *AdG* bzw. für die Hinterlegungsdaten Department of State, *Treaties and other International Acts Series 3298, Austrian State Treaty,* Department of State Publication 6016, Washington 1955, 167. Zur Debatte in Paris vgl. folgende Anmerkung.

150 Zum folgenden vgl. ausführlich Gerald Stourzh und Silvia Streitenberger, „La position internationale de l'Autriche après la seconde guerre mondiale – Quelques réflexions sur l'origine du Traité d'Etat et de la neutralité autrichienne avec égard particulier aux débats parlementaires français de 1955" in: *Austriaca* (Rouen), Jg. 4, 1978, Sondernummer, 215–234.

151 Vgl. oben Kap. I, S. 42–45.

152 Mouvement républicain populare; dies war auch die Partei Bidaults und Schumans.

153 Ernest Pezet, *Fin de l'Autriche, fin d'une Europe,* Paris 1938; ders., *L'Autriche et la paix,* Paris 1945.

154 Vgl. oben S. 511.

etwas skeptische Bemerkung über die strategischen Folgen des Staatsvertragsabschlusses in Verbindung mit der Erklärung der Neutralität Österreichs hinzu: es werde eine „enorme und lange Neutralitätssperre" („barrage de neutralité") von Genf bis Ungarn errichtet, die die strategischen Dispositionen und die militärischen Verbindungslinien der NATO zerschneide.

Wesentlich schärfer äußerte sich der damals dem Rat der Republik angehörende General Béthouart, bekanntlich bis 1950 Hochkommissar und Oberbefehlshaber Frankreichs in Österreich. Béthouarts Verhalten war eigenartig. Er verfaßte eine schriftliche Stellungnahme für die Ratifikationsdebatte im Rat der Republik, bat seinen Kollegen Pezet, diese zu verlesen, und reiste am Vorabend der Debatte nach Marokko ab. Béthouart bemerkte, daß die politische Aktion der Sowjets in Österreich von strategischen Überlegungen beherrscht und geleitet worden sei; es sei nicht besonders beruhigend („rassurant"), daß auf westlicher Seite die strategischen Gegebenheiten praktisch gar keine Rolle gespielt hätten. Wörtlich setzte Béthouart fort: „Die Neutralisierung Österreichs bricht das Gleichgewicht der Kräfte zugunsten der Sowjets an diesem neuralgischen Punkt Europas. Sie stellt einen unbestreitbaren strategischen Erfolg für die sowjetische Diplomatie dar." Es drängt sich doch der Gedanke auf, daß Béthouart auf seine Weise das im parlamentarischen Leben nicht seltene „Verlassen des Saales vor der Abstimmung" praktizierte. Robert Schuman, geschäftsführender Außenminister, bemühte sich, beruhigend zu wirken. Schon bisher wäre ja die militärische Stärke der westlichen Besatzungstruppen in Österreich wesentlich geringer als die der Sowjets gewesen – jene der Franzosen „praktisch [nur mehr] symbolisch"; überdies sei es ja nicht gestattet [gewesen], „sich unserer westlichen Besatzungszone in der Organisation der atlantischen Verteidigung zu bedienen".[155]

In die Zeit der Ratifikationsverfahren fiel eine wichtige Phase der Verhandlungen zwischen der Bundesregierung und dem „Committee for Jewish Claims on Austria", die am 18. Juli 1955 zur Einigung über die Errichtung eines Hilfsfonds führten, der von der Bundesregierung mit 550 Mill. Schilling dotiert werden sollte. Es ist kein Zufall, daß gerade der Abschluß des Staats-

---

155 Für Pezets Bericht vgl. oben Anm. 70. Die zitierten Passagen der Debatte im Original in Stourzh/Streitenberger, Position internationale, 228–229, entnommen aus: *Débats parlementaires. Conseil de la République, Compte rendu in extenso des séances, vol. 4, session de 1955, 53e séance, séance du 21 juillet 1955*, in: *Journal officiel de la République Française* (1955, 53), 1871–1872, 1875. – Julius Raab vertrat anläßlich einer Befragung durch Univ.-Prof. Dr. Ludwig Jedlicka die Auffassung, die Reaktion bei den Westmächten über den Staatsvertrag und die Neutralität sei sowohl vor dem 15. Mai als auch nachher sehr kühl gewesen (Niederschrift eines am 16. Februar 1963 geführten Gesprächs; Institut für Zeitgeschichte der Universität Wien). Bruno Kreisky gegenüber äußerte sich Geoffrey Harrison, der mit Macmillan zur Staatsvertragsunterzeichnung nach Wien gekommen war, skeptisch: „Wie lange wird das halten?" Mündliche Mitteilung Kreiskys an den Verf. in einem Gespräch am 27. 1. 1971 im Historischen Institut der Universität Wien.

vertrags und das sich daran anschließende Ratifikationsverfahren – vor allem in den USA, wo der Senat seine Zustimmung zum Vertrag zu erteilen hatte – Druck auf die Regierung erzeugte, der erstmals zu greifbaren Ergebnissen führte, die auch von den Organisationen akzeptiert wurden, die die Interessen der von der NS-Herrschaft aus Österreich vertriebenen Juden vertraten. Es wurde bereits erwähnt, daß John Foster Dulles selbst zweimal auf höchster Ebene die Notwendigkeit einer Regelung unterstrich, einmal gegenüber Raab im November 1954 in Washington, und neuerlich gegenüber Raab und Schärf am 13. Mai 1955 in Wien.[156] Überdies gab es während des Ratifizierungsverfahrens im Senat mehrfach Anfragen bezüglich der Regelung jüdischer Forderungen, und das State Department ließ Botschafter Gruber nicht im Unklaren über den Zusammenhang des Ratifikationsverfahrens mit dem zufriedenstellenden Fortgang der Verhandlungen.[157]

Es sei hier in einem kurzen Exkurs etwas weiter ausgegriffen. Wiedergutmachungsverhandlungen zwischen der Interessengemeinschaft jüdischer Organisationen „Conference on Jewish Claims against Germany" und dem Staat Israel einerseits und der Bundesrepublik Deutschland andererseits hatten dank des maßgeblichen politischen Willens Konrad Adenauers gegen Widerstände aus den eigenen Reihen bereits am 10. September 1952 zum sogenannten Luxemburger Abkommen über Wiedergutmachungsleistungen der Bundesrepublik geführt. Bei diesen Verhandlungen hatte die „Claims Conference" zunächst auch die Berücksichtigung „zeitweise eingegliederter Gebiete" bei den deutschen Zahlungen gefordert. Dies bezog sich vor allem auf Österreich – Österreich, „das, statt seine Mithaftung anzuerkennen, sich als überfallenes Kind hätscheln" lasse, wie der deutsche Delegationsleiter einmal bemerkte.[158] Die deutsche Bundesregierung lehnte die Einbeziehung von Vertriebenen aus Österreich am 8. September 1952 endgültig ab.[159] Zwei Tage später kam es zum Abschluß des Abkommens von Luxemburg, das Globalzahlungen der Bundesrepublik an den Staat Israel in Höhe von 3 Mrd. DM und an die „Claims Conference" in Höhe von 450 Mill. DM vorsah.[160] Unmittelbar nach diesem Abschluß erklärte der israelische Außenminister Moshe Sharett, daß Israel nicht die Absicht habe, an Österreich ähnliche Forderungen zu richten, daß

156 Vgl. oben S. 516.

157 Albrich, „Es gibt keine jüdische Frage", 162–163, mit Hinweis auf ein Gespräch Grubers im State Department am 3. Juni 1955, NA, RG 59, 611.63/6-355. Vgl. u. a. auch SN, 20. Mai 1955. zit. bei Dietmar Walch, *Die jüdischen Bemühungen um die materielle Gutmachung durch die Republik Österreich,* Wien 1971, 93.

158 Es war dies der Frankfurter Universitätsprofessor Franz Böhm. Zit. aus einer Sitzung am 26. März 1952 bei Constantin Goschler, *Wiedergutmachung. Deutschland und die Verfolgten des Nationalsozialismus (1945–1954)*, München 1992, 270.

159 Beschluß des Bundeskabinetts am 8. September 1952; ebd., 278.

160 Ebd., 282.

jedoch zwischen jüdischen Organisationen und der österreichischen Regierung Gespräche im Gange seien, um von dieser eine Einladung zur Aufnahme von Verhandlungen über die Wiedergutmachungsfrage zu erhalten.[161]

Umso eher ging es allerdings dem analog zur „Claims Conference" gebildeten „Committee for Jewish Claims on Austria" um zweierlei: die finanzielle Berücksichtigung der Notlage der aus Österreich vertriebenen Juden, und die Verbesserung der österreichischen Gesetzgebung für Opfer der NS-Verfolgung im In- und Ausland. Die im Juni 1953 schließlich einsetzenden und mehrfach unterbrochenen Verhandlungen wurden durch vier Aspekte zusätzlich erschwert: a) die juristische Argumentation, daß der Staat Österreich mit den Untaten der NS-Zeit nichts zu tun habe;[162] b) die Junktimierung der jüdischen Entschädigungsforderungen mit Forderungen des sozialistischen Koalitionspartners auf Berücksichtigung der in den Jahren 1933–1938 der Sozialistischen Partei und vielen ihrer Anhänger zugefügten Schäden; c) Ansprüche von Gruppen, die sich nicht durch das „Claims Committee" vertreten sahen, insbesondere Geschädigte des NS-Regimes jüdischer Herkunft, die nicht der jüdischen Religionsgemeinschaft angehörten; und d) das innenpolitische Schielen auf die Wählerstimmen ehemaliger Nationalsozialisten.[163]

Anläßlich seines Amerikabesuchs im November/Dezember 1954 wurde Julius Raab massiv mit Protesten jüdischer Organisationen und Persönlichkeiten konfrontiert; einem nach Kanada emigrierten und in Vancouver lebenden alten Bekannten, John R. Hecht, teilte Raab mit, er habe an dem Besuch wenig

161 Pressekonferenz Sharetts in der israelischen Gesandtschaft in Paris am 11. September 1952, in: Die Presse, 12. September 1952. Vgl. auch Michael Wolffsohn, „Das deutsch-israelische Wiedergutmachungsabkommen von 1952 im internationalen Zusammenhang", in: *Vierteljahreshefte für Zeitgeschichte,* 36 (1988), 691–731, hier 721 (ein längerer Österreich gewidmeter Abschnitt 721–727).

162 Wolffsohn, ebd., 724, formuliert zutreffend: „Österreichs Regierung packte das Problem legalistisch an, während für die Bundesregierung in Bonn – vorsichtiger und zutreffender formuliert: für Adenauer – das Primat der moralisch-pädagogischen Überlegungen galt." In einer Weisung des Wiener Außenamts vom 17. Juni 1952 an den Generalkonsul in Tel Aviv, Karl Hartl, hieß es zum Thema Judenverfolgungen durch das Hitlerregime: „Die Bundesrepublik Österreich, die selbst vom nationalsozialistischen Deutschland gewaltsam besetzt wurde, hat mit diesen Dingen nichts zu tun . . ." Zit. von Albrich, „Es gibt keine jüdische Frage", 160. In einer Diskussion im Ministerrat im November 1948 trat der Unterschied zwischen formalen und „realistischen" Gesichtspunkten klar zu Tage: Handelsminister Kolb sagte, „das Unrecht, das den Juden zugefügt wurde, hat Österreich nicht zugefügt. Österreich und das Großdeutsche Reich, das ist ein Unterschied." Innenminister Helmer entgegnete: „Was den Juden weggenommen wurde, kann man nicht auf die Plattform ‚Großdeutsches Reich' bringen. Ein Großteil fällt schon auf einen Teil unserer lieben Mitbürger zurück." Knight, *„Ich bin dafür, die Sache in die Länge zu ziehen",* 197 (MRProt. Nr. 132 v. 9. November 1948).

163 Zur Gesamtproblematik vgl. zusätzlich zu den bereits genannten Arbeiten von Albrich, Bailer, Knight und Wolffsohn vor allem folgende Studie von Thomas Albrich: „Jewish Interests and the Austrian State Treaty", in: *Austria in the New Europe* (= Contemporary Austrian Studies 1), hrsg. v. G. Bischof u. A. Pelinka, New Brunswick – London 1993, 137–164, sowie nunmehr Rathkolb, *Washington ruft Wien,* 212–227.

Freude gehabt. Gleichwohl bat Raab Hecht, er möge über israelische Diplomaten den jüdischen Organisationen Kompromißbereitschaft signalisieren.[164] Ab Februar/März 1955 wurde der politische Wille des Bundeskanzlers deutlich, die Dinge voranzutreiben. Im Ministerrat vom 1. Februar 1955 wurde ein Ministerkomitee eingesetzt, das am 14. Februar tagte.[165] In einer Radioansprache am 6. März nannte Raab bisherige Leistungen Österreichs und kündigte vor allem die Einladung zur Fortsetzung der Verhandlungen mit dem „Claims Committee" an.[166]

Nur zwei Tage nach Unterzeichnung des Staatsvertrags berichtete Finanzminister Kamitz im Ministerrat über Besprechungen mit einer Delegation des Exekutivausschusses des Claims Committee,[167] und der Ministerrat billigte den Text eines Schreibens des Bundeskanzlers an Dr. Nehemia Robinson, den Leiter der Delegation.[168] Aus dem Schreiben ging hervor, daß die Bundesregierung einen Betrag von etwa 500 bis 600 Millionen Schilling über zehn Jahre bereitzustellen beabsichtigte, um nunmehr einem über die in Österreich lebenden Opfern des NS-Regimes hinausgehenden Personenkreis, „insbesondere den Emigranten", Hilfe zu gewähren. Zusätzlich betonte der Bundeskanzler in diesem Schreiben, daß die Regierung das „nicht in Anspruch genommene Vermögen" – ob wegen Erblosigkeit oder anderen Gründen nicht in Anspruch genommen – grundsätzlich zugunsten der in Österreich aus rassischen, religiösen oder politischen Gründen verfolgten Personen verwenden möchte, allerdings bezüglich der Ausfolgung an Art. 26 des Staatsvertrags gebunden sei. Art. 26 (Abs. 2) sah vor, daß erbloses oder mindestens sechs Monate nach Inkrafttreten des Staatsvertrages nicht beanspruchtes Vermögen von den vier Missionschefs in Wien im Wege von Vereinbarungen mit der österreichischen Regierung geeigneten Dienststellen oder Organisationen zu übertragen sei, damit sie für Hilfe und Unterstützung von Opfern der Verfolgung durch die Achsenmächte und für Wiedergutmachung an solche verwendet würden.[169]

164 Wolffsohn, Das deutsch-israelische Wiedergutmachungsabkommen, 726, aufgrund von Akten des israelischen Außenministeriums. Hecht war übrigens langjähriger österreichischer Honorargeneralkonsul in Vancouver.

165 Ein Erinnerungsvermerk Schärfs über die Besprechung bei Raab (zusätzlich anwesend Kamitz, Drimmel und Maisel) vom 14. Februar über die jüdischen Forderungen befindet sich in SBKA, Nachlaß Kreisky, Material Staatssekretär, Mappe 1955.

166 Die von Raab genannten Ziffern riefen allerdings sogleich die Kritik des Präsidenten der Wiener Kultusgemeinde, Dr. Emil Maurer, hervor. Walch, *Die jüdischen Bemühungen,* 84–88.

167 Die Besprechungen „mit den Vertretern der Weltjudenschaft", wie die Mitschrift der Ministerratssitzung Kamitz' Worte wiedergibt, hätten in der Vorwoche (d. i. die Woche vor Abschluß des Staatsvertrags) stattgefunden, AdR, MRProt Nr. 92, 17. Mai 1955 (Verschluß).

168 Entwurf des Schreibens in zwei Fassungen (vor und nach der Diskussion im Ministerrat) als Beilage I zu MRProt Nr. 92, noch in Form eines Briefs Kamitz' an Dr. Robinson, laut Ministerratsprotokoll jedoch als Brief des Bundeskanzlers abzusenden.

169 Für den vollen Text des Art. 26 vgl. Dokumentenanhang, Nr. 6, S. 741–742.

Das Schreiben an den Exekutivausschuß enthält ferner die Zusicherung, der österreichischen israelitischen Kultusgemeinde (sic; richtig den Kultusgemeinden) einen Betrag von 5 Mill. Schilling für die Wiederherstellung von Tempeln und Friedhöfen zur Verfügung zu stellen.[170]

Mit Schreiben vom 23. Mai setzte Dr. Nahum Goldmann namens des Jewish Claims Committee den Bundeskanzler in Kenntnis, daß man zur Aufnahme der Verhandlungen bereit sei.[171] Schon am 12. Juli 1955 konnte Raab im Ministerrat mitteilen, daß aufgrund der Verhandlungen mit dem Claims Committee ein Fonds gebildet werde, dem durch zehn Jahre je 55 Mill. Schilling, zusammen also 550 Mill. Schilling zugeführt werden sollten, „um Unterstützungen an unverschuldet in Not geratene emigrierte Österreicher gewähren zu können".[172] Am 18. Juli empfing der Bundeskanzler in Beisein des Vizekanzlers und des Finanzministers den Vorsitzenden des Exekutivausschusses des Claims Committee, Dr. Goldmann, in Begleitung des Präsidenten der Wiener Kultusgemeinde Dr. Emil Maurer. Goldmann überreichte Raab ein Schreiben, in dem das Claims Committee den Vorschlag der Bundesregierung auf Schaffung eines Fonds von 550 Millionen Schilling „zur Hilfeleistung an politisch Verfolgte, die ihren ständigen Wohnsitz im Ausland haben" annahm.[173] Goldmanns Schreiben faßte auch die weiteren Punkte der erzielten Übereinstimmung fest, insbesondere, daß die Bestellung der Mitglieder des Kuratoriums des Hilfsfonds durch die Bundesregierung im Einvernehmen mit dem Claims Committee erfolgen werde. Goldmann gab der Genugtuung Ausdruck, „daß es nach langwierigen Verhandlungen zu einer Verständigung bezüglich der Hilfeleistung für die von uns vertretenen Opfer der Verfolgung gekommen ist", und drückte gleichzeitig die Hoffnung aus, daß der „im Staatsvertrag vorgese-

---

170 Finanzminister Kamitz hatte zunächst 8 Millionen vorgeschlagen; Raab meinte im Ministerrat: „Sagen wir 5 Millionen und wenn sie unzufrieden sind, gehen wir auf 8 Millionen."

171 Mitteilung Raabs im Ministerrat am 14. Juni 1955. AdR, MRProt Nr. 96, 14. Juni 1955.

172 AdR, MRProt Nr. 100, 12. Juli 1955. Der Fonds sollte beim Bundesministerium f. Inneres gebildet werden.

173 Sehr unterschiedliche Vergleiche dieser österreichischen Leistung mit der Leistung der Bundesrepublik Deutschland gemäß dem Luxemburger Abkommen von 1952 sind angestellt worden. Vergleicht man die von Österreich mit dem Claims Committee vereinbarte Summe von 550 Mill. Schilling (= 22 Mill. Dollar – ursprünglich hatte das Claims Committee 80 Mill. Dollar in Aussicht genommen) mit der zwischen der BRD und der „Claims Conference" im Luxemburger Abkommen vereinbarten Summe von 450 Mill. DM (= etwa 120 Mill. Dollar), so kann man, wie dies Thomas Albrich tut, von einem „fair share" Österreichs im Verhältnis zur Größe und Wirtschaftskraft der Bundesrepublik sprechen. Albrich, Jewish Interests and the Austrian State Treaty, 157. Michael Wolffsohn wirft hingegen zusätzlich die von der Bundesrepublik im Luxemburger Abkommen bereitgestellten Leistungen an den Staat Israel in Höhe von 3 Mrd. DM (rd. 800 Mill. Dollar) in die Waagschale und kommt dann zum Ergebnis, daß die Zahl von 550 Mill. Schilling lediglich ungefähr 2 Prozent des bundesdeutschen Wiedergutmachungsbetrags betrage, was deutlich unter dem Bevölkerungsanteil Österreichs im „Großdeutschen Reich" lag. Wolffsohn, Das deutsch-israelische Wiedergutmachungsabkommen, 723.

hene Fonds des erblosen Vermögens", der zur Befriedigung notleidender Opfer der Verfolgung in Österreich benützt werden soll, baldmöglichst etabliert werde, und daß die berechtigten Ansprüche der israelitischen Kultusgemeinden recht bald eine befriedigende Regelung finden würden. Raab machte am Folgetag, dem 19. Juli, dem Ministerrat hiervon Mitteilung, und es erfolgte die Veröffentlichung des Verhandlungsergebnisses.[174] Mit Goldmanns Schreiben an Raab vom 18. Juli war also knapp vor Inkrafttreten des Staatsvertrags[175] ein erster Durchbruch gelungen.[176]

Am 27. Juli 1955, also wenig mehr als zwei Monate nach der Unterzeichnung des Staatsvertrags, wurde der Ratifikationsprozeß mit der Hinterlegung der letzten noch ausständigen Ratifikationsurkunde, jener Frankreichs, in

174 AdR, MRProt Nr. 101, 19. Juli 1955; Goldmanns Schreiben vom 18. Juli erliegt abschriftlich als Beilage A/101 beim Protokoll dieses Ministerrates.

175 De facto genau neun Tage vor Inkrafttreten des Staatsvertrags – nur kannte man am 18. Juli dieses Datum noch nicht, da der Tag der Hinterlegung der letzten Ratifikationsurkunde in Moskau noch nicht feststand.

176 Es handelte sich nur um einen ersten Durchbruch, da in den Folgejahren noch weitere, teilweise sehr schleppende Verhandlungen zu den teils bereits vorgesehenen, teils zusätzlichen Einrichtungen und finanziellen Leistungen führten. Das zur Errichtung des im Juli 1955 vereinbarten Hilfsfonds erforderliche Gesetz wurde als Regierungsvorlage von der Bundesregierung am 8. November 1955 verabschiedet und vom Nationalrat am 18. Jänner 1956 beschlossen (BGBl. 25/1956). Die Republik Österreich zahlte die vorgesehenen 550 Millionen bereits bis 1961 in den Fonds ein. Die in Art. 26, Abs. 2 des Staatsvertrags vorgesehene Erfassung erblosen Vermögens führte zur Errichtung der sogenannten Sammelstellen A (für NS-Opfer, die am 31. Dezember 1937 der israelitischen Kultusgemeinde angehörten) und B (für NS-Opfer, die an diesem Stichtag nicht der Kultusgemeinde angehörten); Österreich hielt die im Staatsvertrag vorgesehene Frist von 18 Monaten (d. h. bis 27. Jänner 1957) nicht ein, jedoch wurde das Gesetz zur Errichtung der Sammelstellen bald darauf, am 13. März 1957, verabschiedet (BGBl. 73/1957); die ersten Auszahlungen erfolgten allerdings erst ab 1961. Die Verteilung erfolgte nach dem Schlüssel von 80% durch die Sammelstelle A, 20 % durch die Sammelstelle B. Es wurde insgesamt Vermögen von ca. 320 Mill. Schilling gesammelt (Knight, „*Ich bin dafür, die Sache in die Länge zu ziehen*", 244). Mit dem Finanz- und Ausgleichsvertrag von Bad Kreuznach vom 27. November 1961 zwischen Österreich und der Bundesrepublik Deutschland wurde der Sammelstelle A ein Betrag von 6 Mill. DM zugeführt. Ein Betrag von 95 Mill. DM (= 600 Mill. Schilling) war zur Aufstockung des „Hilfsfonds" vorgesehen; aus statutarischen Gründen mußte für die von der BRD zur Verfügung gestellten Mittel ein „Neuer Hilfsfonds" geschaffen werden (Bdsges. v. 13. Juni 1962, BGBl. 178/1962. Davon zu unterscheiden ist der in Erfüllung des Art. 26, Abs. 1 des Staatsvertrags errichtete „Fonds zur Abgeltung von Vermögensverlusten politisch Verfolgter" (Abgeltungsfonds), der mit Bundesgesetz vom 22. März 1961 (BGBl. 100/1961) geschaffen und mit 6 Mill. Dollar plus 10% Verwaltungskosten ausgestattet wurde. Gleichzeitig mit dem Gesetz über den Abgeltungsfonds wurde die 12. Novelle zum Opferfürsorgegesetz (BGBl. 101/1961) beschlossen, das bestimmte Leistungen auch an NS-Opfer, die nicht mehr die österreichische Staatsbürgerschaft besaßen, vorsah (Haftentschädigungen, Abgeltung für erlittene Freiheitsbeschränkungen, Entschädigungen für Träger des „Judensterns"); hierzu vorzüglich Bailer, *Wiedergutmachung kein Thema,* 93–96. Ende 1961 gab Dr. Nahum Goldmann namens des Jewish Claims Committee mit Schreiben vom 19. Dezember 1961 an Finanzminister Josef Klaus eine „Entfertigungserklärung" ab, die allerdings später vielfach kritisiert wurde. Abdruck der Erklärung in Walch, *Die jüdischen Bemühungen,* Beilage XI (in dieser Salzburger Dissertation zahlreiche Materialien zur Entwicklung der Entschädigungsgesetzgebung zwischen 1955 und 1961).

Moskau abgeschlossen.[177] Am gleichen Tag hielt der Alliierte Rat in Wien unter Vorsitz des französischen Hochkommissars und Botschafters François Seydoux seine letzte Sitzung ab und beschloß die Auflösung der Alliierten Kommission für Österreich. Die Fahnen der vier Alliierten wurden vom Gebäude des Alliierten Rates auf dem Wiener Schwarzenbergplatz (offiziell noch Stalinplatz) eingeholt. Österreich war souverän.[178]

Am gleichen Tage – und zwar eben wegen des Inkrafttretens des Staatsvertrages – traten zwei Abkommen in Kraft, die in den vorhergehenden Wochen zwischen Österreich und der Sowjetunion vereinbart worden waren. Das erste Abkommen betraf die Warenlieferungen als Ablöse des Vermögens, das laut Punkt 6 des Artikels 22 des Staatsvertrages durch die Sowjetunion an Österreich zu übergeben war. Es handelte sich um jene Ablöse im Gesamtwert von 150 Millionen Dollar, die ihren Ursprung im großen Kompromiß von 1949 hatte und deren Abstattung in einem Zeitraum von sechs Jahren erfolgen sollte. Das zweite Abkommen betraf die Erdöllieferungen, die Österreich als Ablöse für die von der Sowjetunion an Österreich zu übergebenden Erdölunternehmungen akzeptiert hatte. Beide Abkommen waren am 12. Juli 1955 in Moskau unterzeichnet worden, und zwar mit dem ausdrücklichen Hinweis, daß sie

---

177 Der Vollständigkeit halber ist hinzuzufügen, daß Art. 37 des Staatsvertrags bestimmten anderen Staaten die Möglichkeit einräumte, dem Staatsvertrag „beizutreten". Jedes Mitglied der Vereinten Nationen (im Sinne der Kriegsallianz gegen Deutschland, Japan und deren Verbündete), „das am 8. Mai 1945 sich mit Deutschland im Kriegszustand befunden und den Status einer Vereinten Nation besessen hat und nicht Signatar des vorliegenden Vertrages ist, kann dem Vertrag beitreten und ist nach Beitritt für die Zwecke des Vertrages als Assoziierte Macht anzusehen." Die Beitrittsurkunden sollten gemäß Art. 37, Abs. 2 bei der Regierung der UdSSR hinterlegt werden und mit der Hinterlegung in Kraft treten – also analog zur Hinterlegung der Ratifikationsurkunden durch die Signatarmächte des Staatsvertrags. Acht Staaten traten in der Folge dem Staatsvertrag bei: Tschechoslowakei (28. September 1955), Jugoslawien (28. November 1955), Polen (20. August 1956), Mexiko (28. Dezember 1956), Brasilien (15. September 1958), Kanada (23. Juni 1959), Neuseeland (26. September 1959) und Australien (10. August 1961); vgl. die genauen Angaben über die jeweilige Publikation im Bundesgesetzblatt unten S. 766. Da zunächst zwei Ostblockstaaten sowie Jugoslawien dem Staatsvertrag beitraten, bemühte sich die Diplomatie Österreichs und der westlichen Signatarstaaten im Laufe des Jahres 1956 und später mit nur teilweisem Erfolg, westlich orientierte Staaten zum „Beitritt" zu ermuntern. Rudolf Kirchschläger meinte im August 1956 im Gespräch mit einem Rechtsexperten der amerikanischen Botschaft, die Situation gleiche dem Sprichwort „Those we love don't come to us, while those that come to us we don't love." Kirchschläger bemerkte, daß das Zögern westlicher Länder mit den Bestimmungen des Art. 27, Abs. 1 des Staatsvertrags, betreffend österreichische Eigentumsansprüche in den Alliierten und Assoziierten Mächten, zusammenhänge. Aktenvermerk L. M. Goodman über ein Gespräch mit Kirchschläger am 22. August 1956, NA, RG 59, 663.001/8-2256. Vgl. u. a. auch Aktenvermerk der Politischen Abteilung des Wiener Außenamtes v. 2. 8. 1956, AdR, BMAA, II-Pol, Zl. 517.020-Pol/56 u. Nachakten, sowie zu britischen und amerikanischen Bemühungen PRO, FO 371/124096/RR1071/54 sowie 69 (14. März bzw. 14. April 1956).

178 Ein vorzüglicher Überblick des langjährigen Leiters der Rechtsabteilung des britischen Elements der Alliierten Kommission, C. L. P. Gilshenan, „The Allied Control Machinery in Austria, 1945–1955 – A survey, with a critique of the Control Agreement" (34 Maschinschreibseiten) erliegt in: PRO, FO 371/117778/RR1016/22 (Beilage zu Bericht Wallingers Nr. 162, 9. November 1955).

gleichzeitig mit dem Staatsvertrag in Kraft treten würden. Dies war am 27. Juli 1955 der Fall.[179]

Ebenfalls am 27. Juli begann die Frist von 90 Tagen zu laufen, die für den Abzug der Streitkräfte der vier Mächte im Staatsvertrag (Art. 20) vorgesehen war. Die Monate zwischen der Unterzeichnung und dem Inkraftreten des Staatsvertrags einerseits und dem Ende der Räumungsfrist spielten in amerikanischen Planungen eine besondere Rolle. Seit Jahren war es bekanntlich Teil der politisch-strategischen Überlegungen der USA gewesen, zur Vermeidung eines militärischen Vakuums nach Abzug der Westmächte für die raschestmögliche Errichtung des Bundesheeres vorzusorgen.[180] Die USA hatten Materialien zur Ausrüstung des neuen Bundesheeres im beträchtlichen Wert von 57,5 Mill. Dollar vorbereitet,[181] die zuletzt in dem von den Amerikanern für Militärtransporte verwendeten Hafen Livorno lagerten. Die Freigabe der Mittel hatte allerdings im Rahmen des gesetzlich geregelten amerikanischen Militärhilfsprogramms zu erfolgen. Hier ergaben sich nun gewisse Schwierigkeiten im Zusammenhang mit Österreichs neuem Status als neutraler Staat. Die amerikanische Militärhilfe-Gesetzgebung, im „Mutual Security Act" von 1954 neu geregelt (und 1955 ergänzt), sah vor, daß normalerweise ein Staat nur dann amerikanische Militärhilfe erhalten durfte, wenn er seine Bereitschaft erklärte, einen Beitrag zur Verteidigung der freien Welt machen zu wollen.[182] Doch gab es Ausnahmebestimmungen, die es den USA ermöglichten, auch unter den neuen außenpolitischen Verhältnissen von 1955 und – in einem

179 Der Text dieser beiden Abkommen veröffentlicht in: *ÖZA*, Jg. 4, 1964, 31–36. Zur Durchführung der Ablöselieferungen vgl. Dokumentenanhang Nr. 7, unten S. 775–776.

180 Vgl. oben Kap. IV, S. 207–208. Zu den Übergangsphasen bei den Vorbereitungen und dem Aufbau des Bundesheeres vor und nach Abschluß des Staatsvertrags aus österreichischer Sicht besonders der Sammelband *Schild ohne Schwert. Das österreichische Bundesheer 1955–1970*, hrsg. v. Manfried Rauchensteiner und Wolfgang Etschmann (= Forschungen zur Militärgeschichte 2), Graz 1991. Militärstrategische und politische Komponenten der US-Politik gegenüber Österreich vor und besonders auch ab 1955 werden behandelt in mehreren Arbeiten von Oliver Rathkolb: „Historische Bewährungsprobe des Neutralitätsgesetzes 1955. Am Beispiel der US-amerikanischen Österreichpolitik 1955–1959", in: Nikolaus Dimmel u. Alfred-Johannes Noll (Hrsg.), *Verfassung. Juristisch-politische und sozialwissenschaftliche Beiträge anläßlich des 70-Jahr-Jubiläums des Bundes-Verfassungsgesetzes*, Wien 1990, 122–141; „Austria's 'Ostpolitik' in the 1950s and 1960s: Honest Broker or Double Agent?" in: *Austrian History Yearbook*, 26 (1995), 129–145, und nunmehr in dem bereits erwähnten Buch *Washington ruft Wien*.

181 „Prior to the conclusion of the Austrian State Treaty a stockpile of $ 57,500.000 worth of military equipment (designated as stockpile A) was established in accordance with the decision of the National Security Council to assist the post-treaty build-up of an Austrian Army to fill the military vacuum created by the withdrawal of the occupation forces." Memorandum des Direktors der International Cooperation Administration, John Hollister, an Präsident Eisenhower, 26. Oktober 1956, in: NA, RG 59, 763.5.-MSP/10-3156 (Beilage).

182 „. . . to make a full contribution to the defensive strength of the free world". Section 142 des Mutual Security Act 1954, genannt in einem Memorandum Hollisters an Eisenhower, 29. Juli 1955, (Beilage zu einem Schreiben Hollisters an J. F. Dulles, 8. August 1955), NA, RG 59, 763.5.-MSP/8-355.

kurzen Exkurs sei dies erwähnt – auch in den Folgejahren ihr von langer Hand vorbereitetes Hilfsprogramm für den Aufbau des Bundesheeres in die Tat umzusetzen.

Österreich, so hieß es in einem Ende Juli 1955 an Präsident Eisenhower gerichteten Memorandum des Leiters der International Cooperation Administration (ICA), John Hollister, könne die vom Gesetz geforderte Zusicherung nicht geben, daß es bereit sei, „to make a full contribution to the defensive strength of the free world", und zwar in Hinblick auf seine gegenüber der Sowjetunion zwecks Erreichung des Staatsvertrags eingegangenen Verpflichtungen.[183] Das amerikanische Militärhilfegesetz ermöglichte es dem Präsidenten jedoch, innerhalb eines bestimmten finanziellen Rahmens auch ohne die erwähnte Erklärung Budgetmittel zur Militärhilfe an das betreffende Land zu bewilligen, wenn er feststellte, daß diese Hilfe „wichtig für die Sicherheit der Vereinigten Staaten sei".[184] Entsprechende Feststellungen („determinations") des Präsidenten Eisenhower erfolgten noch vor Abzug der Besatzungstruppen am 19. Juni 1955, mit der Freigabe von 20 Millionen Dollar, und am 2. August 1955, mit der Freigabe von weiteren 20 Mill. Dollar.[185] Auch in den Folgejahren erfolgten derartige Freigaben seitens des Präsidenten Eisenhower, wobei der Ermessensspielraum des Präsidenten zur Freigabe von Militärhilfe auch ohne die vorhin genannte Zusicherung des betreffenden Landes, einen Beitrag zur Verteidigung der freien Welt zu leisten, auf 30 Mill. Dollar pro Fiskaljahr beschränkt war.[186] Im Oktober 1956 gab Präsident Eisenhower 17,5 Millionen Dollar frei.[187] Weitere Bewilligungen folgten 1957, 1958, und abschließend

---

183 Dies ist ein Hinweis auf das Moskauer Memorandum. Hollister an Eisenhower, wie vorhergeh. Anm.

184 Laut Section 401a des Mutual Security Act von 1954, auch in der 1955 ergänzten Fassung. Hiefür Hollisters eben genanntes Memorandum an Eisenhower vom 29. Juli 1955 sowie ebenfalls sein „Memorandum for the President" vom 26. Oktober 1956, in: NA, RG 59, 763.5.-MSP/10-3156 (Beilage).

185 Vgl. die Quellenstücke in NA, RG 59, 763.5-MSP/8-355, sowie 763.5-MSP/10-3156. Die erste Materialfreigabe in Höhe von 20 Mill. Dollar würde es ermöglichen, etwa 17.000 Mann auszurüsten: Mitteilung des Generals Arnold in einem Gespräch mit Raab und Schärf am 16. Juli 1955, *FR 1955–1957,* XXVI, 17; in diesem Band auch weitere Dokumente zur Planung der amerikanischen Militärhilfe für Österreich im Übergang von der Besatzungszeit zur „Post-Treaty"-Situation. Größere Teile der in Livorno gelagerten Materialien wurden zwischen August und Oktober 1955 in insgesamt 1986 Güterwaggons nach Österreich transportiert und in Hörsching in Oberösterreich dem österreichischen Übernahmekommmando übergeben: Mario Duic, „Das Erbe von Kriegs- und Nachkriegszeit", in: Rauchensteiner/Etschmann, *Schild ohne Schwert,* 110; zur Weiterentwicklung der Materiallieferungen ebd. 111–113.

186 In einem Freigabeantrag im Oktober 1956 an den Präsidenten bemerkte Hollister: „Under its neutrality law, enacted to implement the Austro-Soviet understanding which made possible conclusion of the Austrian State Treaty, Austria cannot give such an undertaking." Memorandum Hollisters an den Präsidenten, 26. Oktober 1956, NA, RG 59, 763.5-MSP/10-3156. Das amerikanische Fiskaljahr lief (bis 1976) jeweils vom 1. Juli bis zum 30. Juni des Folgejahres.

187 Am 27. Oktober 1956; vgl. Materialien in NA, RG 59, 763.5-MSP/10-3156.

1959.[188] Die Bedeutung der österreichischen Landesverteidigung für die Verteidigung des Westens auch nach der Neutralitätserklärung kommt in zahlreichen amerikanischen Quellen der Folgejahre zu Ausdruck.[189]

In den Monaten September/Oktober 1955 erfolgte der endgültige Abzug der Besatzungstruppen.[190] Bald wurden die minimalen französischen Kontingente abgezogen – 400 Mann verließen Wien mit Sonderzug am 9. September, die Übergabe von Material und Räumlichkeiten in Tirol war Mitte Oktober abge-

---

188 Am 29. Juni 1957 bewilligte Eisenhower 12,5 Mill. Dollar (noch für das Fiskaljahr 1957), am 26. Mai 1958 30 Mill. Dollar für das Fiskaljahr 1958; Angaben in einem Memorandum des Deputy Under Secretary for Economic Affairs, Douglas Dillon, an den Präsidenten vom 22. Mai 1958; Dillon hielt fest, daß einschließlich des Fiskaljahres 1957 70 Millionen Dollar Militärhilfe an Österreich bewilligt worden waren; eine neuerliche Bewilligung von bis zu 30 Millionen für das Fiskaljahr 1958 wurde beantragt und ein Auslaufen im darauffolgenden Fiskaljahr in gleicher oder etwas geringerer Höhe in Aussicht gestellt. Neuerlich wurde festgehalten, daß „Austria's neutrality law, which prohibits Austria from entering any military alliance", es für Österreich unmöglich mache, die normalerweise vorgesehene Erklärung abzugeben. NA, RG 59, 763.5.-MSP/5-2358. Mit einer weiteren Bewilligung Präsident Eisenhowers von 9 Mill. Dollar für das Fiskaljahr 1959 (ursprünglich waren 27,5 Mill. Dollar beantragt worden) am 30. April 1959 ging das Hilfsprogramm für den Aufbau des Bundesheeres (mit Ausnahme eines kleinen Trainingsprogramms 1960/61) zu Ende; hierzu *FR 1958–1960,* IX: Berlin Crisis 1959–1960; Germany, Austria, Washington, D.C., 1993, 777, Anm. 5, sowie ebd. 826; die zwischen Juni 1955 und April 1959 erfolgten „determinations" des Präsidenten für das „Military Assistance Program" betrafen somit insgesamt 109 Mill. Dollar; es gibt Quellen mit stark voneinander abweichenden Zahlen für das gesamte Militärhilfsprogramm (ebd. 786: „when completed" 130 Mill., ebd. 841 für 1955–1959 lediglich 80 Mill. Dollar). Zu der hier angesprochenen Thematik auch mehrere Arbeiten Rathkolbs (vgl. oben Anm. 180) sowie nunmehr Rathkolb, *Washington ruft Wien,* 124–127.

189 In einem Memorandum „Military Aid to the Republic of Austria" vom 1. März 1956 spezifizierte der damalige Militärattaché in Wien Delk M. Oden Umfang und Ziele der amerikanischen Militärhilfe für den Aufbau der österreichischen Streitkräfte. Aus Sicht des Militärattachés gehörte zu den zukünftigen Aufgaben dieser Streitkräfte u. a. die Fähigkeit „of holding a part of Western Austria if assistance arrives in sufficient time", und auch „to be of direct assistance to the defense of the NATO area in the event of general war." Oden meinte auch: „Austrian military authorities consider active participation on the side of the West as their country's only possible course of action in the event of a general war." NA, RG 59, bei Zl. 763.5-MSP/4-2456. Dies wird in den Quellen mehrfach bestätigt. Wie Rathkolb, *Washington ruft Wien,*122–123, aufgezeigt hat, gab es schon im November/Dezember 1955 diesbezügliche Initiativen des Verteidigungsministers Graf beim italienischen Verteidigungsminister Taviani und eine Reise des Generals Liebitzky nach Rom. – Im Herbst 1956, vor der Ungarnkrise, erkundigten sich Handelsminister Bock und Verteidigungsminister Graf bei Botschafter Thompson, ob nicht US-Finanzhilfe für die Beschleunigung der Fertigstellung der Westautobahn in Hinblick darauf gewährt werden könnte, „that the completion of the autobahn and particularly the Salzburg-Linz portion was in the military interests of the United States and the other NATO powers . . ." Thompson verhielt sich ablehnend, regte aber eine Finanzierungshilfe aus Counterpart-Mitteln an. Thompson an State Department, 25. Jänner 1957, NA, RG 59, 763.5. MSP/1-2557. Im September 1956 richtete der Vorsitzende des amerikanischen Generalstabs, Admiral Radford, folgende Empfehlung an den Verteidigungsminister: „The strategic objective for Austrian defense forces be maintenance of internal security and a limited capability of delaying Soviet Bloc attack toward key passes into Italy and Western Europe." Memorandum vom 11. September 1956, in: NA, RG 59, 763.5/10-1056 (Beilage).

190 Hierfür zahlreiche Berichte in der österreichischen Tagespresse; zum folgenden mit zahlreichen zusätzlichen Details zwei Berichte der amerikanischen Botschaft in Wien v. 30. September bzw. 4. November 1955, NA, RG 59, 763.0221/9-3055 sowie 763.0221/11-455.

schlossen. Der letzte französische Befehlshaber, Oberst Ollé-Laprune, verblieb in Wien als Militärattaché an der französischen Botschaft. Am 14. September wurde mit einer kleinen Zeremonie die interalliierte Militärpolizei für Wien – die durch einen Filmtitel berühmt gewordenen „Four in a Jeep" – aufgelöst. Was die Sowjets betraf, war es am 13. August zur Übergabe der großen Betriebskomplexe USIA, SMV (Mineralölproduktion) und OROP (Mineralölverteilung und -verkauf) gekommen.[191] Am 19. September teilte der sowjetische Botschafter Iljitschow dem Bundeskanzler mit, daß mit gleichem Tage die Räumung Österreichs durch sowjetische Truppen abgeschlossen sei. Vorhergegangen waren eine Reihe von Abschiedszeremonien und Kranzniederlegungen für die in Österreich gefallenen sowjetischen Soldaten. Engländer und Amerikaner ließen sich insgesamt etwas mehr Zeit; im großen und ganzen schlossen sie aber die Räumung ihrer Zonen Mitte Oktober 1955 ab. Einzelne Angehörige der bisherigen Besatzungstruppen blieben noch bis in die letzten Tage der Räumungsfrist in Österreich. Der letzte amerikanische Befehlshaber, Generalmajor Nutter, verließ Salzburg mit seinem Personal am 24. Oktober in Richtung Bayern. Die Räumungsfrist lief am 25. Oktober 1955 ab. Das letzte kleine Kontingent der Besatzungstruppen, das Österreich verließ, war offenbar ein britisches. Die letzte Kaserne, Klagenfurt-Lendorf, wurde von den Briten am Vormittag des 25. Oktober übergeben, und die „letzten Besatzungssoldaten" passierten am Spätnachmittag des gleichen Tages die Grenze bei Thörl-Maglern.[192]

6. *Die Erklärung und Anerkennung der Neutralität*

Nun war der Augenblick für die verfassungsgesetzliche Verankerung der Neutralität Österreichs gekommen. Nicht am Tage des Abzugs des letzten Besatzungssoldaten, wie oft zu lesen ist, sondern selbstverständlich am Tage *nach* dem Ablauf der Räumungsfrist, am ersten Tage der wiederhergestellten Freiheit Österreichs, beschloß der Nationalrat das Bundesverfassungsgesetz über die Neutralität Österreichs. Doch die Vorüberlegungen gingen noch in die Zeit vor den Moskauer Verhandlungen zurück. Vor Moskau stand bekanntlich eine Erklärung der Bündnisfreiheit und Freiheit von ausländischen Militärstützpunkten im Sinne von Figls Berliner Erklärung vom Februar 1954 zur

---

191 Hierzu siehe Berichte der Tagespresse sowie einen ausführlichen Bericht der amerikanischen Botschaft in Wien Nr. 197, 24. August 1955, NA, RG 59, 863.19/8-2455.

192 Rauchensteiner *Sonderfall*, 335. Für einen britischen Oberst fand erst am 29. Oktober in Klagenfurt eine Abschiedsfeier statt; Rauchensteiner, *Die Zwei*, 286 f., mit Hinweis, daß der Abzug laut Staatsvertrag innerhalb der Räumungsfrist, spätestens (jedoch) bis zum 31. Dezember 1955 zu erfolgen hatte. Zum Zustandekommen dieser Bestimmung vgl. oben S. 502.

Diskussion, noch nicht eine Erklärung der Neutralität. In einer Vorbesprechung für Moskau im Wiener Außenamt am 2. April 1955 kamen verschiedene Alternativen betreffend die formale Verankerung einer solchen Erklärung zur Sprache – „unsere sogenannte militärische Erklärung", wie sich Gesandter Verosta ausdrückte. Nochmals wurde die Frage einer Verankerung im Staatsvertrag durchgesprochen – sei es als Zusatz zu Art. 2 (über die Wahrung der Unabhängigkeit Österreichs), sei es als Annex. Figl und Kreisky erinnerten daran, daß Molotow schon in Berlin von der Verankerung im Staatsvertrag abgegangen sei und ein eigenes Protokoll angeregt habe. Die anwesenden Politiker – Figl und Kreisky – ebenso wie der Völkerrechtsexperte Verosta und die anderen hohen Beamten des Außenamtes einigten sich bald darauf, daß „es eine einseitige Erklärung unsererseits sein sollte", wie Gesandter Schöner sagte, die „von den anderen Mächten respektiert wird", wie Generalsekretär Wildmann ergänzte. Verosta meinte nun, daß als Form der Erklärung „entweder ein Beschluß des Parlaments beziehungsweise ein Bundesgesetz in Frage komme, allenfalls auch als Verfassungsgesetz". Damit war eigentlich schon Anfang April 1955 jene Rechtsform angesprochen, die am 26. Oktober 1955 verwirklicht werden sollte. Außenminister Figl betonte, „daß die Erklärung jedenfalls durch das Parlament bekräftigt werden sollte".[193]

Die Österreicher nahmen im Gepäck nach Moskau ein Papier zum Entwurf einer Erklärung über die Bündnisfreiheit Österreichs mit, in dem festgehalten war, daß eine solche Erklärung nach österreichischem Verfassungsrecht der Sanktionierung durch den Nationalrat bedürfe; dies könne erfolgen durch einen Beschluß des Nationalrats, oder durch ein Bundes-Verfassungsgesetz und zwar entweder durch eine Novellierung der Bundesverfassung oder durch ein eigenes Bundesverfassungsgesetz. Diese Aussage basierte auf einer Ausarbeitung des Verfassungsdiensts im Bundeskanzleramt, die ebenfalls zu den nach Moskau mitgenommenen Unterlagen zählte. Der Verfassungsdienst sprach seine uneingeschränkte Präferenz für eine verfassungsrechtliche Regelung aus, meinte jedoch, auch ein Beschluß des Parlaments hätte „als politische Demonstration und Festlegung des derzeitigen Gesetzgebungsorgans eine gewisse politische Bedeutung und würde auch im Hinblick auf die politische Verantwortlichkeit der Regierung dem Parlament gegenüber die österreichische Regierung dem Nationalrat gegenüber binden."[194]

193 Zur ausführlichen Besprechung am 2. April 1955 vgl. Mitschrift in: AdR, BMAA, II-Pol, Zl. 321.027-Pol/55, veröffentlicht in ÖuG, Nr. 111 (2. Dok., hier bes. S. 269–271) dort Name des Generalsekretärs Wildmann irrtümlich mit Wildner wiedergegeben.

194 Diese vierseitige Ausarbeitung ohne Titel gehört zur Sammlung der nach Moskau mitgenommenen Unterlagen (ad Nr. 2) und erliegt u.a. in SBKA, Nachlaß Kreisky, VII/Staatsvertrag 2 sowie BMAA, Zl. 302.576-6VR/55. Von Interesse ist folgende, die Zukunft bedenkende Erwägung des Verfassungsdienstes (der Verfasser dürfte Sektionschef Edwin Loebenstein gewesen sein): „Der möglichen Einwendung, daß auch diese in einem Verfassungsgesetz verankerte Erklärung durch

Im Moskauer Memorandum kündigte ja die österreichische Regierungsdelegation bekanntlich an, die Bundesregierung werde die österreichische Deklaration (d. h. die zur Neutralitätserklärung umgewandelte Erklärung der Bündnisfreiheit, G. S.) „gemäß den Bestimmungen der Bundesverfassung dem Parlament unmittelbar nach Ratifikation des Staatsvertrages zur Beschlußfassung vorlegen" (Punkt I/2 des Moskauer Memorandums).

Nach der Rückkehr aus Moskau galt es, zwei Ziele miteinander in Einklang zu bringen. Auf der einen Seite war es notwendig, die gerade genannte Verwendungszusage des Moskauer Memorandums in die Tat umzusetzen, nämlich die österreichische Neutralitätserklärung dem Parlament zur Beschlußfassung „unmittelbar nach Ratifikation des Staatsvertrages" vorzulegen. Auf der anderen Seite setzte sich aber immer stärker der Wille durch, eine gesetzlich verbindliche Festlegung der Neutralität erst nach dem Abzug der Großmächte zu verabschieden. Die subtilen und komplexen Erwägungen des Ballhausplatzes wurden in einem Gespräch mit dem Leiter der Völkerrechtsabteilung Stephan Verosta deutlich, worüber der französische stellvertretende Hochkommissar Lalouette nach Paris berichtete. Die Sowjets hätten, wie Verosta erzählte, zunächst gewünscht, daß die Neutralitätserklärung gleichzeitig mit der Ratifikation des Staatsvertrags durch Österreich erfolge; die Österreicher hätten die Formel „unmittelbar nach . . ." durchgesetzt.[195] Aber, so Verosta, die Neutralitätserklärung, die dem Parlament unmittelbar nach Ratifikation des Staatsvertrags vorgelegt würde, solle erst an dem Tag wirksam werden, an dem der letzte fremde Soldat das Staatsgebiet verlassen hätte.[196] Am gleichen Tage, an dem Verosta mit Lalouette sprach, dem 26. April, schrieb Adolf Schärf nach Paris an Legationsrat Heinrich Standenat, den Vertrauensmann der Sozialisten in der Pariser Botschaft, zur Information des französischen Sozialistenführers Guy Mollet: „Es ist beabsichtigt, daß nach Rechtskraft des Staatsvertrages die österreichische Regierung (sic!) ein Verfassungs-

---

ein späteres Verfassungsgesetz abgeändert, abgeschwächt, ja sogar aufgehoben werden kann, ist entgegenzuhalten, daß in einem parlamentarisch-demokratischen Staatssystem durch das Abstellen auf den in freien und geheimen Wahlen zum Ausdruck kommenden Volkswillen eine Selbstbindung des Gesetzgebers auf Jahrzehnte hinaus verfasssungsrechtlich nicht durchführbar ist. Das Beispiel der seit 1848 parlamentarisch-demokratischen Schweiz zeigt aber eine größere Beständigkeit innen- und außenpolitischer Grundsätze, als dies in allen totalitären Systemen der Fall ist."

195 Vgl. oben S. 442–443.

196 „. . . pourrait ne prendre effet que le jour où le dernier soldat étranger *aurait quitté* le territoire fédéral" (meine Hervorhebung, G. S.). Dies bedeutet natürlich den Tag, *nachdem* der letzte fremde Soldat Österreich verlassen hätte. Äußerungen Verostas am 26. April 1955, Telegramm Lalouette nach Paris Nr. 723/726, 26. April 1955, AD, série Europe 1944–1960, sous-série Autriche, vol. 300.

gesetz über die Neutralität Österreichs beschließt und an die vier Großmächte mit dem Ersuchen herantritt, die Neutralität zu garantieren."[197]

Mehrere Entwürfe für eine Neutralitätsentschließung des Nationalrats Ende April/Anfang Mai zeigen, wie der Versuch, die beiden genannten Ziele zu vereinen, nur schrittweise Gestalt annahm. Ein den westalliierten Missionschefs am 28. April in Wien übergebener Entwurf hielt fest, daß die „aus Anlaß der Ratifikation" des Staatsvertrags gefaßte Entschließung des Nationalrats mit der Erklärung der immerwährenden Neutralität von der Bundesregierung allen Staaten mit dem Ersuchen um Anerkennung mitzuteilen wäre; erst nach Inkrafttreten des Staatsvertrages und dem Abzug der Besatzungstruppen sollten die Vier Mächte um eine Territorialgarantie ersucht werden.[198] Der Hinweis auf die Territorialgarantie wurde auf Wunsch der Westmächte alsbald gestrichen; diese Frage sollte getrennt behandelt werden.[199] Schon eine ganz knapp danach redigierte Neufassung ging einen Schritt weiter in Richtung einer engeren Koppelung des Wirksamwerdens der Neutralitätserklärung mit der Räumung Österreichs von den Besatzungstruppen. Ausdrücklich hieß es in dieser Neufassung, die Bundesregierung werde aufgefordert, „sobald der österreichische Staatsvertrag in Kraft getreten und Österreich von den Besatzungstruppen geräumt sein wird, diese Entschließung allen Staaten mit dem Ersuchen um Anerkennung mitzuteilen".[200] Bereits am 30. April gab es eine neuerlich revidierte Fassung, die nun erstmals zusätzlich zur Entschließung des Nationalrats über die Erklärung der Neutralität die Aufforderung des Nationalrats an die Bundesregierung enthielt, dem Nationalrat den Entwurf eines geeigneten Verfassungsgesetzes vorzulegen.[201] Ein nochmals revidierter Entwurf wurde während der Botschafterkonferenz – vermutlich am 5. Mai –

---

197 Schärf an Standenat, 26. April 1955, VGAB, Nachlaß Schärf, 4/226. Die bemerkenswerte Fehlleistung Schärfs, daß nicht das Parlament, sondern die Regierung das Verfassungsgesetz beschließen werde, geht sicher nicht auf mangelnde verfassungsrechtliche Kenntnisse des Juristen Schärf zurück, sondern vielleicht auf die Tendenz der wirklichen Machthaber in Regierung und Regierungsparteien, im Parlament lediglich ein Instrument des Willens der Regierung und Regierungsparteien zu sehen.

198 Text wörtlich in franz. Übersetzung in Telegramm Lalouette nach Paris Nr. 764/767, 29. April 1955, AD, série Europe 1944–1960, sous-série Autriche, vol. 300; hierzu auch Briefbericht Lalouette an Pinay, Nr. EU/272, 29. April 1955, ebd.

199 Mitteilung Lalouettes, ebd.

200 „3. Fassung" des Entwurfs einer Entschließung des Nationalrats, undatiert, in: VGAB, Nachlaß Schärf, 4/248, sowie in Nachlaß Schöner, K. 8, Konvol. 17, jetzt in ÖStA, GD, NLS, E/1773. Diese Fassung dürfte am ehesten mit 29. April zu datieren sein, da sie bereits die am 28. April nachmittags von den westalliierten Diplomaten gewünschte Herausstreichung der Territorialgarantie berücksichtigt, ein „4. österreichischer Entwurf" mit Datum 30. April aber bereits einen entscheidenden Schritt weiterging (siehe folgende Anmerkung).

201 Der 4. österreichische Entwurf findet sich in englischer Übersetzung („Fourth Austrian Draft, April 30, 1955") mit einigen handschriftlichen Abänderungsvorschlägen in den französischen Akten. AD, série Europe 1944–1960, sous-série Autriche, vol. 300, unter Datum 30. April 1955.

inoffiziell den westlichen Delegierten und offiziell am 14. Mai 1955 von Außenminister Figl den Außenministern der Vier Mächte übergeben.[202] In diesem Entwurf hieß es nunmehr noch präziser nach der eigentlichen Neutralitätsentschließung des Nationalrats, der Nationalrat fordere die Bundesregierung auf, „dem Nationalrat den Entwurf eines die Neutralität regelnden Bundesverfassungsgesetzes vorzulegen".[203] Dies war, von einer unbedeutenden Ausnahme abgesehen,[204] bereits jener Text, der elf Tage später, am 25. Mai 1955, im Nationalrat als Entschließungsantrag aller vier Parlamentsparteien eingebracht wurde.[205]

Mit der Unterzeichnung des Staatsvertrags am 15. Mai begann ein Zeitplan zu laufen,[206] der sich teils aus den im Vertrag vorgesehenen Räumungsfristen, teils jedoch aus der politischen Verknüpfung von Staatsvertrag und Neutralitätserklärung in Punkt I/2 des Moskauer Memorandums ergab. Schon am 17. Mai sagte Raab im Ministerrat: „Der Staatsvertrag wurde unterzeichnet und ich beantrage, diesen sofort dem Parlament zur Ratifizierung vorzulegen. Bei dieser Gelegenheit wird ja die Frage der Neutralität angeschnitten, und das Haus muß die Entschließung beschließen, daß die Regierung ein Verfassungsgesetz vorlegt."[207]

---

202 Vgl. oben S. 523.

203 Ein Text in deutscher Sprache mit der Bezeichnung „5. Entwurf" befindet sich im Nachlaß Schöner, K. 8, Konvolut 17, jetzt in: ÖStA, GD, NLS, E/1773; beigefügt ist ein handschriftlicher, aber undatierter Zettel Verostas, wir würden „vermutlich in die Lage kommen", die Neutralitätserklärung „heute auf der Botschafterkonferenz vorzulegen!"; er habe diesen Entwurf (der auch einen Hinweis auf Österreichs Ansuchen um UN-Mitgliedschaft enthielt) den westlichen Delegierten auf der Botschafterkonferenz als „nichtapproved draft" gegeben. Da die Botschafterkonferenz in einer „restricted session" die Neutralitäts- und Garantiefrage am 5. Mai besprach und Figl einen Hinweis auf das beabsichtigte Verfahren gab, dürfte sich Verostas „heute" auf den 5. Mai beziehen. Vgl. *FR 1955–1957,* V, 83, sowie oben S. 501–502. Der „5. Entwurf" erliegt auch in: VGAB, Nachlaß Schärf, 4/249. Eine englische Übersetzung ist publiziert in: *FR 1955–1957,* V, 114–115; eine französische Übersetzung befindet sich in: Telegramm Lalouette nach Paris Nr. 994/997, 24. Mai 1955, AD, série Europe 1944–1960, sous-série Autriche, vol. 300, sowie als eigene Abschrift mit der irrigen Datumsangabe „remis aux représentants occidentaux le 28 avril 1955" unter diesem Datum ebd.

204 Sie betraf einen Hinweis auf Österreichs bereits vor Jahren (1947) erfolgtes Ansuchen um Aufnahme in die Vereinten Nationen; in dem am 14. Mai den vier Außenministern übergebenen Entwurf war ein noch auszufüllendes Datum offen gelassen, während der endgültige Text gar keine Datumsangabe enthielt.

205 Der Text wird zitiert unten S. 555.

206 Ein Papier „Einzuhaltender Vorgang über das Zustandekommen der Neutralitätserklärung" in sieben Punkten (undatiert, vermutlich Mitte Mai) erliegt in: VGAB, Nachlaß Schärf, 4/249.

207 AdR, MRProt Nr. 97, 17. Mai 1955. Im Konzept zur Reinschrift hieß es zunächst lediglich: „. . . und das Haus muß beschließen, daß die Regierung ein Verfassungsgesetz vorschlägt" (die Worte „die Entschließung" handschriftlich nach „muß" eingefügt). Raabs Ausdrucksweise „. . . das Haus muß beschließen . . ." ist vielleicht nicht uncharakteristisch in Hinblick auf die tatsächlich leitende Rolle, die der Regierung, vor allem der Regierungsspitze, assistiert von den beamteten Experten, bei der Planung des Ablaufs der Errichtung der österreichischen Neutralität zukam. Vgl. auch oben zu Schärf bei Anm. 197.

Wie sehr man übrigens von sowjetischer Seite Wert auf die alsbaldige Befassung des Parlaments mit der Neutralitätserklärung legte, zeigt sich daran, daß schon am 20. Mai – fünf Tage nach der Staatsvertragsunterzeichnung! – Botschafter Iljitschow bei Raab vorsprach und deponierte, es werde erwartet, „daß die von Außenminister Figl abgegebene Erklärung über die Neutralität auch dem österreichischen Parlament zur Kenntnis gebracht werde." Raab berichtete hierüber dem Ministerrat am 24. Mai. In der ersten Sitzung des Nationalrates nach Unterzeichnung des Staatsvertrages, am 25. Mai 1955, brachten die Abgeordneten Maleta, Pittermann, Kraus, Koplenig und Genossen, also Vertreter aller vier im Parlament vertretenen Parteien, einen Antrag betreffend die Erklärung der Neutralität Österreichs ein. Der Antrag wurde dem Hauptausschuß zugewiesen, der ihn am 1. Juni 1955 behandelte und dem Plenum zur Annahme empfahl.[208] Dieser Entschließungsantrag wurde vom Plenum des Nationalrates am 7. Juni 1955 einstimmig angenommen, und zwar unmittelbar nach der Genehmigung des Staatsvertrages durch den Nationalrat. Dies bedeutete somit die Erfüllung von Punkt I/2 des Moskauer Memorandums. Die Entschließung des Nationalrats, deren Kern ja bereits den Wortlaut des späteren Bundesverfassungsgesetzes enthält, erfolgte auch noch vor der Ratifizierung des Staatsvertrages durch die Sowjetunion am 11. Juni 1955.

Ein präziser Regelmechanismus, der die Durchführung des Moskauer Memorandums mit den letzten Phasen der Realisierung des Staatsvertrages verband, ist hier am Werke gewesen. In der Verzahnung des Staatsvertragsabschlusses, des Ratifikationsverfahrens, des Truppenabzugs und der Vorbereitung der österreichischen Neutralitätserklärung läßt sich das Muster eines Regelmechanismus oder Ablauf-Programms erkennen, für das sich seit längerem der Name „Operationskalender" eingebürgert hat.[209]

Die Neutralitätsentschließung des Nationalrats vom 7. Juni 1955 hat – ohne die begründenden Einleitungssätze – folgenden Wortlaut:[210]

---

208 Aktennotiz vom 20. Mai über die Vorsprache Iljitschows – der auch andere Punkte zur Sprache brachte – bei Raab, AdR, MRProt Nr. 93, 24. Mai 1955, Beilage I. Iljitschow bezog sich auf Figls Äußerung zur Neutralität auf der Außenministerkonferenz vom 14. Mai. – Im Hauptausschuß fand keine inhaltliche Debatte des Neutralitätsantrags statt. Protokoll der Hauptausschußsitzung v. 1. Juni 1955, Parlamentsarchiv Wien.

209 Die diplomatische Methode eines Ablauf-Programms, in welchem *zum Zwecke gegenseitiger Sicherung und Vertrauensbildung* eine bestimmte Abfolge von Handlungen seitens der Kontrahenten einer außenpolitischen Spannungs- oder Konfliktsituation vereinbart wird, ist nicht neu, doch hat sich, soweit ich sehe, der Begriff „Operationskalender" erst mit den österreichisch-italienischen Südtirolverhandlungen der sechziger Jahre eingebürgert. Gerald Stourzh, „Operationskalender 1955. Der politische Zusammenhang zwischen Staatsvertrag und Neutralität", in: *Die Furche,* Nr. 20, 14. Mai 1980, sowie ders., „Vertrauen und Mißtrauen in der internationalen Politik", in: *ÖZA* 23 (1983), 19–32, hier 31–32.

210 Text der vom Hauptausschuß vorgelegten und vom Plenum des Nationalrats unverändert angenommenen Entschließung in Nr. 520 der Beilagen, Sten. Prot. NR, 7. GP; vollständiger Text auch

Österreich erklärt zum Zwecke der dauernden und immerwährenden Behauptung der Unabhängigkeit nach außen und der Unverletzlichkeit seines Gebietes sowie im Interesse der Aufrechterhaltung von Ruhe und Ordnung im Inneren aus freien Stücken seine immerwährende Neutralität und ist entschlossen, diese mit allen ihm zu Gebote stehenden Mitteln aufrechtzuerhalten und zu verteidigen.
Österreich wird zur Sicherung dieser Zwecke in aller Zukunft keinen militärischen Bündnissen beitreten und die Errichtung militärischer Stützpunkte fremder Staaten auf seinem Gebiete nicht zulassen.
Österreich erklärt in diesem Zusammenhang, sich in seinen Beziehungen zu anderen Staaten stets an die in der Charter der Vereinten Nationen ausgesprochenen Grundsätze halten zu wollen, und bringt neuerlich seine Bereitwilligkeit und seine Fähigkeit zum Ausdruck, die in der Charter enthaltenen Verpflichtungen anzunehmen und einzuhalten.
Darüber hinaus wird die Bundesregierung aufgefordert,
dem Nationalrat den Entwurf eines die Neutralität regelnden Bundesverfassungsgesetzes vorzulegen,
alle Schritte zu unternehmen, um die endliche Aufnahme in die Organisation der Vereinten Nationen, um die Österreich bereits angesucht hat, zu erreichen,
sobald der österreichische Staatsvertrag in Kraft gesetzt ist und Österreich von den Besatzungstruppen geräumt sein wird, dieses Gesetz allen Staaten mit dem Ersuchen um Anerkennung der Neutralität Österreichs mitzuteilen.

Bemerkenswert am Text dieser Entschließung ist, daß sie eine *Erklärung* der Neutralität Österreichs beinhaltet; wie immer die juristische Relevanz dieser Entschließung sein mochte – das moralische Gewicht einer Entschließung der österreichischen Volksvertretung war nicht gering und mochte der Sowjetunion, im Rahmen des vorhin besprochenen „Operationskalenders", als Unterpfand dienen, daß die Neutralität Österreichs auf gutem Wege war. Wichtig ist ferner der gleichzeitige Hinweis auf Neutralität und Mitgliedschaft bei den Vereinten Nationen. Wir werden darauf noch zurückkommen.

Bereits am 28. Juni verabschiedete der Ministerrat die Regierungsvorlage für das Neutralitätsgesetz, beschloß aber auf Antrag Schärfs, die Vorlage dem Parlament erst zuzuleiten, „wenn von allen vier Staaten die Ratifizierung erfolgt ist".[211] In den ausführlichen teils historischen, teils völkerrechtlichen und verfassungsrechtlichen „Erläuternden Bemerkungen" findet sich auch der Satz, die

in DÖA, Nr. 178 (als Antrag der Abgeordneten Maleta, Pittermann, Kraus, Koplenig u. Genossen (Zl. 161/A); mündlicher Bericht des Berichterstatters Abg. Lujo Tončić-Sorinj im Plenum des Nationalrats am 7. Juni 1955 in: Sten. Prot. NR, 7. GP, 3145–3146, Debatte und Abstimmung 3146–3164 (Bericht Tončić auch in DÖA, Nr. 181). Der Bundesrat schloß sich am 8. Juni der Entschließung des Nationalrats an. Sten. Prot. Bundesrat, 103. Sitzg., 2383.

211 AdR, MRProt Nr. 98, 28. Juni 1955. Als Beilage 3/98 erliegt der gemeinsame Ministerratsvortrag des Bundeskanzlers und des Bundesministers für Auswärtige Angelegenheiten über den „Entwurf eines Bundesverfassungsgesetzes betreffend die Neutralität Österreichs", Zl. 92.051-2a/1955 vom 24. Juni 1955 (= Aktenzahl des Bundeskanzleramts – Verfassungsdienst). Der Text entspricht der später als Nr. 598 der Beilagen zu den Sten. Prot. des NR, VII. GP, gedruckten Regierungsvorlage, abgedruckt in DÖA, Nr. 183.

nach Moskau entsendete Regierungsdelegation „konnte bei ihren Besprechungen (vom 12. bis 14. April 1955) mit der sowjetischen Regierung feststellen, daß die von Österreich erwogene Übung einer immerwährenden Neutralität, wie sie von der Schweiz gehandhabt wird, den raschesten Abschluß des Staatsvertrages zu sichern in der Lage ist".[212] Dies war wohl eine „Nachbesserung" der Vorgänge, wie sie sich, inzwischen von einer Mehrzahl von Quellen belegt, in Moskau abgespielt hatten.[213] Drei Wochen später, am 19. Juli 1955, teilte allerdings Raab dem Ministerrat mit, es sei die Meinung ausgesprochen worden, ob man das Gesetz (richtig wäre: die Regierungsvorlage, G. S.) wegen Behandlung im zuständigen Parlamentsausschuß nicht doch schon herausgeben sollte. Wenn der Ministerrat zustimme, müßte man den Beschluß vom 28. Juni reassumieren.[214] Dies geschah, und so wurde mit dem Datum des 19. Juli dem Nationalrat die Regierungsvorlage betreffend ein Bundesverfassungsgesetz über die Neutralität Österreichs zugeleitet. Die Textierung des Gesetzesentwurfs orientierte sich deutlich an der bereits zitierten Neutralitätsentschließung des Nationalrats. Die Regierungsvorlage gelangte in einer Sitzung des Hauptausschusses des Nationalrats am 24. Oktober 1955 zur Beratung.[215] Dort legte der VdU-Abgeordnete Max Stendebach einen Alternativentwurf zur Regierungsvorlage vor. Darin fehlten die Worte „aus freien Stücken"; Stendebach bezweifelte, ob „die Neutralität von Österreich aus freiwillig gefordert bzw. gewünscht wird". Stendebach wünschte auch einen deutlichen Hinweis, daß Österreich in Hinblick auf die Militärklauseln des Staatsvertrags nicht über seine „volle Wehrhoheit" verfüge und daher noch nicht zu einer wirksamen Verteidigung fähig sei.[216] In der Auseinandersetzung mit Stendebach sagte Bundeskanzler Raab, im Gegensatz zu Stendebach begrüßten 90% der Bevölkerung die Neutralität und wünschen das „Heraushalten von den Händeln in der Welt". Der Verteidigungswille müsse schon jetzt vorhanden sein. Zu Stendebachs Kritik an

---

212 DÖA, Nr. 183 (S. 435).

213 Vgl. oben Kap. VI, S. 436 u. 451.

214 AdR, MRProt Nr. 101, 19. Juli 1955. Zu diesem Zeitpunkt hatten sowohl die USA als auch die Sowjetunion ihre Ratifikationsurkunden bereits hinterlegt; Großbritannien tat dies an eben diesem Tag, nur in Frankreich war die parlamentarische Behandlung zwar in der Nationalversammlung, aber noch nicht im Rat der Republik abgeschlossen. Die politischen Überlegungen, die offensichtlich Schärfs Antrag vom 28. Juni zugrunde lagen, waren also nicht mehr wirklich relevant, denn von Frankreich allein konnte wohl kaum die Gefahr einer Blockierung des Ratifikationsprozesses ausgehen.

215 Zum folgenden: Parlamentsarchiv Wien, Protokoll der Sitzung des Hauptausschusses am 24. Oktober 1955, 16 Uhr.

216 Stendebach beantragte folgenden Wortlaut für den (inhaltlich allein relevanten) Art. I des Neutralitätsgesetzes:
„(1) Österreich erklärt seine dauernde Neutralität. Es wird infolgedessen bei im übrigen voller Wahrung seiner völkerrechtlichen Handlungsfreiheit in Zukunft keinen militärischen Bündnissen beitreten und fremden Staaten die Errichtung militärischer Stützpunkte auf seinem Gebiet nicht gestatten.

der Formulierung „aus freien Stücken“ meinte Raab, dieser Beschluß (der immerwährenden Neutralität, G. S.) sei „ein absolut freiwilliger und kein Zwang“.[217] Zwischen den Angehörigen der Koalitionsparteien entwickelte sich eine Auseinandersetzung um den in den Erläuternden Bemerkungen zur Regierungsvorlage verwendeten Begriff „Annexion“. Gorbach (und Maleta) wünschten, den Begriff „Annexion“ gegen das Wort „Besetzung“ auszutauschen; dies war ein kleines Scharmützel in der jahrelangen Auseinandersetzung der beiden Koalitionsparteien um die „Annexionstheorie“ (von den Sozialisten, besonders von Adolf Schärf, hochgehalten, in Hinblick auf das Konkordat von 1934 gegen die Rechtskontinuität mit Österreich vor 1938 plädierend) und die „Okkupationstheorie“ (von der Volkspartei hochgehalten, zugunsten der Rechtskontinuität mit Österreich vor 1938 plädierend).[218] Zu einer diesbezüglichen Änderung kam es nicht. Der Antrag Stendebachs wurde mit allen gegen zwei VdU-Stimmen abgelehnt. In der Regierungsvorlage wurde, abgesehen von kleinen stilistischen Änderungen, lediglich eine Formulierung gestrichen, nämlich das „Interesse der Aufrechterhaltung von Ruhe und Ordnung im Innern“ als zusätzliches Motiv für die Erklärung der Neutralität.[219]

Am 26. Oktober beriet der Nationalrat über die Regierungsvorlage, die Bundeskanzler Raab erläuterte. Der vorliegende Gesetzesentwurf, so sagte Raab, gelange erst heute zur Abstimmung, „da der letzte fremde Soldat österreichischen Boden verlassen hat, um eindeutig darzutun, daß die Beschlußfassung der legitimen frei gewählten österreichischen Volksvertretung in voller Unabhängigkeit und in voller Freiheit erfolgt“. Im Mittelpunkt der Ausführungen des Bundeskanzlers standen die oft zitierten Worte:

---

(2) Österreich wird diese Neutralität auch mit militärischen Mitteln verteidigen, sobald es nach Herstellung seiner vollen Wehrhoheit zu einer wirksamen militärischen Verteidigung in der Lage ist.“

217 Bemerkenswert ist eine Überlegung des amerikanischen Botschafters Thompson zum Thema „Freiwilligkeit“. Im September 1955 hatte Thompson angeregt, daß die Vier Mächte in der geplanten Anerkennung der immerwährenden Neutralität die Freiwilligkeit ausdrücklich erwähnen sollten. Seine Begründung: „What Austria has declared once of its own free choice, may again be altered by free choice.“ Schriftbericht Thompsons Nr. 245 an das State Department, 6. September 1955, NA, RG 59, 663.00/9-655.

218 Hierzu vgl. Kap. I, S. 36.

219 Ein Artikel von Franz Gschnitzer „Neutralität mit Sprachschwierigkeiten“, in: *Die Presse*, 14. August 1955, 4, hatte eine radikale Kritik an der Textierung der Regierungsvorlage enthalten; Gschnitzer hatte gefragt, was die Neutralität mit der Aufrechterhaltung von Ruhe und Ordnung zu tun habe; er wüßte nicht, was. Die vom Hauptausschuß fallengelassene Formel vom „Interesse der Aufrechterhaltung von Ruhe und Ordnung im Inneren“ hatte sich an Art. 2 der Schweizerischen Verfassung vom 29. Mai 1874 angelehnt; dort wurden unter den Zwecken des Bundes u. a. angeführt „Behauptung der Unabhängigkeit des Vaterlandes gegen außen, Handhabung von Ruhe und Ordnung im Innern . . .“ Die Eliminierung der gerügten Formel wurde zunächst vom ÖVP-Abgeordneten Ing. Hartmann beantragt, dann in einem gemeinsamen Antrag der Abgeordneten Hartmann und Koref eingebracht. Der Text der Erläuternden Bemerkungen zur Regierungsvorlage abgedruckt u. a. in: DÖA, Nr. 183.

Durch den Gesetzgebungsakt werden in keiner Weise die Grund- und Freiheitsrechte der Staatsbürger beschränkt. Die Neutralität verpflichtet den Staat, nicht aber den einzelnen Staatsbürger. Die geistige und politische Freiheit des einzelnen, insbesondere die Freiheit der Presse und der Meinungsäußerung, wird durch die dauernde Neutralität eines Staates nicht berührt. Damit ist auch keine Verpflichtung zur ideologischen Neutralität begründet. Ich will weiters hervorheben, daß die militärische Neutralität, die Sie, meine Damen und Herren, heute beschließen werden, keinerlei Verpflichtungen und Bindungen auf wirtschaftlichem und kulturellem Gebiet beinhalten wird.[220]

Neuerlich, obgleich ohne Chancen auf Annahme, beantragte der Verband der Unabhängigen jene alternative Textierung für das Neutralitätsgesetz, die schon im Hauptausschuß vorgelegt worden war.[221] Mit allen Stimmen gegen jene des VdU beschloß der Nationalrat das Bundesverfassungsgesetz über die Neutralität Österreichs mit folgendem Wortlaut:[222]

Artikel I

(1) Zum Zwecke der dauernden Behauptung seiner Unabhängigkeit nach außen und zum Zwecke der Unverletzlichkeit seines Gebietes erklärt Österreich aus freien Stücken seine immerwährende Neutralität. Österreich wird diese mit allen ihm zu Gebote stehenden Mitteln aufrechterhalten und verteidigen.

(2) Österreich wird zur Sicherung dieser Zwecke in aller Zukunft keinen militärischen Bündnissen beitreten und die Errichtung militärischer Stützpunkte fremder Staaten auf seinem Gebiet nicht zulassen.

Artikel II

Mit der Vollziehung dieses Bundesverfassungsgesetzes ist die Bundesregierung betraut.

Das Neutralitätsgesetz erlangte nach der Kundmachung im Bundesgesetzblatt am 5. November 1955 Rechtskraft. Am 14. November 1955 notifizierte die Bundesregierung allen Staaten, mit denen Österreich diplomatische Beziehungen unterhielt, den Text des Neutralitätsgesetzes und ersuchte die Regierungen dieser Staaten, „die immerwährende Neutralität Österreichs im Sinne dieses Bundesverfassungsgesetzes anzuerkennen“. Die Westalliierten hatten sich übrigens frühzeitig für den Text dieser Notifizierung interessiert; ein (mit dem endgültigen Text übereinstimmender) Entwurf war ihnen vom Außenminister Figl bereits Mitte September überreicht worden. Bei dieser Gelegenheit hatte Figl betont, Österreich werde das Ersuchen um Anerkennung an alle Staaten

220 Sten. Prot. NR, VII. GP, 80. Sitzg., 26. Oktober 1955, 3690. Voller Text abgedruckt in: DÖA, Nr. 186. Bereits im Juni 1955 wurde in der Zeitschrift Forum festgehalten: „‚Der Staat ist neutral, nicht der Bürger‘ – das ist kurz formuliert, die schweizerische Haltung zum Problem der inneren Freiheit.“ Heinrich Blechner, „Neutralität als Verpflichtung. Die Gültigkeiten des Schweizer Vorbilds für Österreich“, in: *Forum,* 2 (1955) 210 (Juni-Ausgabe).

221 Sten. Prot. NR, VII. GP, 80. Sitzg., 26. Oktober 1955, 3696; vgl. auch Herbert Kraus, *Untragbare Objektivität – Politische Erinnerungen 1917 bis 1987,* Wien – München 1988, 260–261.

222 Bundesverfassungsgesetz vom 26. Oktober 1955 über die Neutralität Österreichs, BGBl. Nr. 211 aus 1955.

richten, „denn wir bräuchten nicht nur eine Zurkenntnisnahme unseres Schrittes, sondern auch schon gegenüber dem Osten eine formelle Anerkennung der österreichischen Neutralität".[223]

Nun ging es um Inhalt und Form der Stellungnahme der Vier Mächte zur Neutralität. Hier ist weiter auszugreifen. Wie erinnerlich, hatte Molotow bereits anläßlich der den Staatsvertragsentwurf absegnenden Außenministerkonferenz am 14. Mai in Wien vorgeschlagen, die Vier Mächte sollten eine gemeinsame Erklärung über die Respektierung und Wahrung der Neutralität Österreichs abgeben; einen Entwurf hatte er vorgelegt, doch den Westmächten war es gelungen, eine Festlegung mit dem Hinweis auf die zunächst abzuwartenden österreichischen Initiativen – Neutralitätsentschließung des Nationalrats, Vorbereitung des Neutralitätsgesetzes – hinauszuzögern.[224] Doch schon in der zweiten Junihälfte näherte sich ein neuer Termin für ein Zusammentreffen der Westaußenminister mit Molotow – in San Francisco anläßlich des Zehnjahres-Jubiläums der Vereinten Nationen. In der ersten Junihälfte kam es seitens der Westmächte zu einer Klärung der für sie günstigsten Vorgangsweise. Sie rückten von der Idee einer gemeinsamen Viermächte-Erklärung ab; jede der Vier Mächte sollte individuell zur Erklärung der österreichischen Neutralität Stellung nehmen, allerdings mit identischen Texten im Osten wie im Westen! Für diese originelle Konzeption gab es Gründe. Eine gemeinsame Viermächte-Erklärung zur Anerkennung der österreichischen Neutralität würde das völkerrechtliche Gewicht von Österreichs neuem Status steigern; darum war es den Westmächten nicht unbedingt zu tun. Ja, im Londoner Foreign Office wurde intern ausgesprochen, daß eines Tages die Aufgabe von Österreichs Neutralität leichter sein könnte, wenn es kein Kollektivdokument der Vier Mächte gäbe.[225] Andererseits strebten die Westmächte doch identische Texte seitens der Westmächte und der Sowjetunion an. Warum? Um zu vermeiden, daß eine Macht (im Klartext: die Sowjetunion) durch freundlicher getönte Formulierungen sich einseitig zum Protektor Österreichs aufschwingen könnte, und um Differenzen bei späteren Interpretationen unterschiedlicher Texte aus dem Wege zu gehen.[226]

---

223 Besprechung vom 15. September 1955, Amtsvermerk in: AdR, BMAA, II-Pol, Zl. 324.797-Pol/55; das im Entwurf einer Weisung an die Botschafter in Washington, London und Paris (gleiche Aktenzahl) enthaltene Datum 14. September ist irrig. Vgl. auch Telegramm Botschafter Seydoux nach Paris, 15. September 1955. AD, série Europe 1944–1960, sous-série Autriche, vol. 300, sowie Schriftbericht Seydoux an Pinay, 16. September 1955, Nr. EU/558, ebd. Eine neuerliche Besprechung mit Überreichung des endgültigen Textentwurfs gab es am 10. November 1955: Amtsvermerk in: AdR, BMAA, II-Pol, Zl. 325.989-Pol/55.

224 Vgl. oben S. 523.

225 Telegramm Chauvel aus London nach Paris Nr. 3000/3002, 11. Juni 1955. AD, série Europe 1944–1960, sous-série Autriche, vol. 300.

226 Weisung des französischen Außenministeriums (gezeichnet von Generalsekretär Massigli) an die Botschaft Wien, Nr. 1421/23 v. 15. Juni 1955, ebd. Die Amerikaner, die ursprünglich an eine gemeinsame Viermächte-Erklärung dachten, schlossen sich der französischen und britischen

Am 20. Juni trafen Dulles, Macmillan und Pinay mit Molotow in San Francisco zusammen. Molotow kam sogleich auf sein Projekt einer gemeinsamen Viermächte-Erklärung über die österreichische Neutralität zu sprechen. Dulles gab zu bedenken, daß die Österreicher erst eine solche Erklärung von den Mächten verlangen müßten.[227] Pinay versuchte, Molotow die Idee vier getrennter Erklärungen schmackhaft zu machen. Eine Begründung jenseits der eigentlichen, gegenüber Molotow aber nicht zu nennenden, war rasch gefunden: Eine gemeinsame Erklärung würde den „Quadripartismus" – das Viermächte-Regime – in einem Augenblick aufrechterhalten, in dem Österreich seine volle Souveränität zurückerhielt.[228] Molotow zog zwar eine gemeinsame Erklärung vor, noch wichtiger war ihm jedoch ein gemeinsamer, oder genauer gesagt, ein identischer Text; darauf bestand er, und hier gab es Übereinstimmung zwischen allen vier Ministern. Molotow meinte auch, ein solcher Text wäre nach Inkrafttreten des Vertrags und der Beschlußfassung über das Neutralitätsgesetz zu veröffentlichen.[229] Damit war zunächst etwas Zeit gewonnen, denn die Beschlußfassung über das Neutralitätsgesetz fand bekanntlich erst nach Ablauf der Räumungsfrist gegen Ende Oktober statt.

Gerade die Franzosen bemühten sich übrigens längere Zeit, die österreichische Formulierung von der „immerwährenden" Neutralität, vom Schweizer Modell übernommen und im Moskauer Memorandum genannt, durch eine engere Formulierung zu ersetzen, nämlich „militärische Neutralität".[230] Dies schien ihnen offenbar in Hinblick auf die geplante UN-Mitgliedschaft Österreichs wichtig.[231] Allerdings steckte auch noch anderes dahinter, wie ein hoher

---

Ansicht zugunsten getrennter Erklärungen anläßlich einer Dreimächtebesprechung im State Department am 15. Juni an. Telegramm Couve de Murville aus Washington nach Paris, Nr. 3329/34 v. 15. Juni 1955, ebd., sowie Telegramm State Department nach Wien Nr. 3564, 16. Juni 1955, NA, RG 59, 663.001/6-1555 (sic).

227 Dies sollte in der Tat mit der Notifizierung des Neutralitätsgesetzes am 14. November 1955 geschehen.

228 Bruno Kreisky nahm drei Monate später bei einer Besprechung mit den drei Westbotschaftern in Wien am 14. September 1955 genau aus diesem Grunde gegen das Konzept einer gemeinsamen Viermächte-Erklärung Stellung. Schriftbericht Seydoux an Pinay, 16. September 1955, Nr. EU/558. AD, série Europe 1944–1960, sous-série Autriche, vol. 300.

229 Ausführliche franz. Mitschrift des Vierergesprächs in: *DDF 1955,* Annexes, I, 224–225. Amerik. Bericht in Telegramm Dulles an State Department, 21. Juni 1955, NA, RG 59, 663.001/6-2155.

230 Weisung des französischen Außenministeriums an die Botschaften London und Washington, Nr. 7343/46 bzw. 7853/56, 26. Mai 1955 sowie Antwort der Botschaft Washington, Nr. 2877/79, 27. Mai 1955. AD, série Europe 1944–1960, sous-série Autriche, vol. 300.

231 Vgl. State Department Telegramm nach Wien Nr. 3385, 27. Mai 1955, NA, RG 59, 663.001/5-2755, sowie Telegramm der amerikanischen Botschaft Paris nach Washington Nr. 5261, 31. Mai 1955, ebd. 663.001/5-3155. Zehn Jahre zuvor hatte übrigens Frankreich auf der Gründungskonferenz der UN die Unvereinbarkeit von ständiger Neutralität und UN-Mitgliedschaft postuliert; vgl. mit weiteren Literaturhinweisen Jenny, *Konsensformel,* 202. Noch im April 1955 hielten die Instruktionen für den französischen Vertreter in einer Arbeitsgruppe der drei Westmächte zur Vorbereitung der Wiener Botschafterkonferenz fest, daß Österreichs „militärische Neutralität

französischer Diplomat Ende September 1955 dem österreichischen Botschafter Vollgruber in schöner Offenheit sagte: „Weniger erbaut sei man hier darüber, daß man die ‚immerwährende' Neutralität anerkennen solle. Wir wüßten ja, daß man hier immer den Standpunkt vertreten habe, unsere Neutralität solle auf eine militärische Neutralität beschränkt bleiben und so gestaltet sein, daß wir sie, wenn sich die Zeiten und unsere Ansichten ändern sollten, allenfalls auch wieder aufkündigen könnten. Ein Verfassungsgesetz könne schließlich und endlich immer wieder durch ein Verfassungsgesetz abgeändert werden. Durch eine Anerkennung der ‚immerwährenden' Neutralität wäre aber Frankreich eigentlich für die Ewigkeit und daher sogar mehr als wir gebunden, es würde weitergehendere Verpflichtungen auf sich nehmen als wir."[232] Die französische Diplomatie versuchte auch noch, wenigstens für den Notenwechsel betreffend die Notifizierung des Neutralitätsgesetzes und die Anerkennung der Neutralität von der „immerwährenden Neutralität" wegzukommen und lediglich „militärische Neutralität" oder bloß „Neutralität" zu setzen. Amerikaner und Engländer waren skeptisch; die französische Initiative war wohl zu spät unternommen worden und hatte keine Aussicht auf Erfolg.[233]

Die Diplomaten der Westmächte arbeiteten im Herbst an Textentwürfen für die Anerkennung der Neutralität. Die Begeisterung zumal der Amerikaner hielt sich in Grenzen. Botschafter Thompson bemerkte einmal anläßlich einer Besprechung der drei Westbotschafter bei Figl und Kreisky, die Westmächte hätten sich „ohne Freude" mit der Neutralität abgefunden, weil sie die Bedingung der Russen für die Freiheit Österreichs gewesen sei.[234] Ein französischer Vorschlag, der sich genau an den Text der österreichischen Notifikation hielt, wurde angenommen und am 22. November von den drei Westbotschaftern in Wien dem Gesandten Kudriawzew, der als Geschäftsträger fungierte, überreicht. In nüchternen Worten

---

verpflichtend [obligatoirement] einen Sonderstatus" impliziere, da es sonst einen Widerspruch zwischen Österreichs Beitritt zur UNO und den Bestimmungen der Charter gäbe. „Instruction pour le représentant français au groupe tripartite d'experts préparatoire à la Conférence des Quatre Ambassadeurs", AD, série Europe 1944–1960. sous-série Autriche, vol. 300 (eingeordnet Anfang Mai, zu datieren gegen Ende April 1955).

232 Es handelte sich um Etienne de Crouy-Chanel, damals stellvertretender politischer Generaldirektor am Quai d'Orsay und nachmals Botschafter in Wien. Bericht Vollgrubers nach Wien, 30. September 1955, Zl. 56-Pol/55. AdR, BMAA, II-Pol, Zl. 325.201-Pol/55.

233 Weisung des französischen Außenministeriums an die Botschaften London und Washington, Nr. 12.459/60 bzw. 13.019/20, 29. September 1955; Antworten der Botschaft Washington, Nr. 5394/95, 30. September 1955 bzw. der Botschaft London, Nr. 4363/64, 6. Oktober 1955, sowie Bericht der Botschaft Wien Nr. 1518/21, 13. Oktober 1955, wie Anm. 231.

234 Am 10. November 1955, gemäß Schriftbericht Seydoux' an Pinay vom 11. November 1955, Nr. EU/705, AD, série Europe 1944–1960, sous-série Autriche, vol. 300. Zurückhaltender vermerkte die österreichische Aufzeichnung Thompsons Äußerung, „daß, obwohl man in Amerika selbstverständlich die Notwendigkeit der Neutralitätsverpflichtung Österreichs anerkenne, man doch der Ansicht sei, daß eine Neutralität an sich keinen Vorteil für die USA bedeute." AdR, BMAA, II-Pol, Zl. 325.989-Pol/55.

wurde die Mitteilung über die Beschlußfassung und das Inkrafttreten des Bundesverfassungsgesetzes über die Neutralität Österreichs bestätigt, dieses Bundesverfassungsgesetz zur Kenntnis genommen und – der entscheidende Passus! – mitgeteilt, daß die Regierung (der Französischen Republik, etc.) „die immerwährende Neutralität Österreichs, so wie sie in diesem Gesetz bestimmt ist, anerkennt".[235] Kudriawzew seinerseits legte einen sowjetischen Entwurf vor, der in blumigerer Sprache abgefaßt war. Hier war davon die Rede, daß die Sowjetregierung „mit Genugtuung" die Beschlußfassung und das Inkrafttreten des Neutralitätsgesetzes zur Kenntnis genommen habe, und daß sie „den Neutralitätsstatus Österreichs, der freiwillig vom österreichischen Volk gewählt worden sei", respektieren werde. Vor allem Botschafter Thompson reagierte negativ; die Worte „mit Genugtuung" könne er dem State Department nicht zur Annahme empfehlen; er sagte (offenbar nur seinen Westkollegen), nie werde er das Wort „Genugtuung" akzeptieren. Auch den Hinweis auf die freiwillige Entscheidung des österreichischen Volkes waren die Westbotschafter nicht bereit anzunehmen.[236] Drei Tage später informierte der stellvertretende Außenminister Semjonow Molotow und das Zentralkomitee der KPdSU über Kudriawzews Besprechung mit den drei Westbotschaftern.[237] Es wurde Thompsons Ablehnung des Wortes „Genugtuung" („udovletvorenie") berichtet; der Botschafter der USA habe erklärt, „daß diese Formulierung den Eindruck erwecken könnte, daß die USA der Proklamation („provozglašenie") der Neutralität durch andere Staaten ermunternd gegenüberstünden". Semjonow legte Empfehlungen zur Approbation vor. Die Empfehlung lautete, die sowjetische Seite möge dem vom französischen Botschafter vorgeschlagenen Entwurf zustimmen, wenn die Botschafter der drei Mächte nicht ihre Einwände gegen den sowjetischen Vorschlag zurückzögen; zur Begründung wurde angeführt, daß der französische Entwurf im wesentlichen die Anerkennung der immerwährenden Neutralität Österreichs enthalte und das Außenministerium der UdSSR der Ansicht sei, „im Interesse der Erzielung einer einheitlichen Lösung" nicht auf den Formulierungen des eigenen Entwurfs bestehen zu sollen.

Am 30. November kam es neuerlich zu einem Zusammentreffen der vier

---

235 „. . . et reconnait la neutralité perpetuelle de l'Autriche telle qu'elle est définie dans cette loi". Vgl. u. a. Schriftbericht Seydoux nach Paris Nr. EU/558 v. 16. September 1955, AD, série Europe 1944–1960, sous-série Autriche, vol. 300.

236 Zur Viermächte-Besprechung vom 22. November: Telegramme Seydoux nach Paris, Nr. 1656/59 u. 1660/61, 22. November 1955, ebd.; Telegramm Thompson nach Washington Nr. 1342, 22. November 1955, NA, RG 59, 663.0021/11-2255; Telegramm Wallinger nach London Nr. 448, PRO, FO 371/117814/RR1071/738; zum sowjetischen Bericht siehe folgende Anmerkung.

237 Zum folgenden: Bericht des Außenministers an das ZK der KPdSU, 25. November 1955, mit handschriftlichem Vermerk Semjonows: „An Genossen W. M. Molotow[.] Ersuche um Prüfung. Äußerst dringliche Frage. W. Semjonow[.] 25. XI." sowie Molotows Paraphe „M". AVPRF, Fonds 06, op. 14, p. 9, d. 110, fol. 1–2.

Missionschefs in Wien. Thompson hatte neue Instruktionen aus Washington erhalten, die großes Gewicht auf ein winziges Detail legten; das Detail ist allerdings instruktiv für die amerikanische Einstellung zu Österreichs neuem Status. Thompson erhielt den Auftrag, sich gegen die im ursprünglichen sowjetischen Vorschlag enthaltene Futurform des Wortes „respektieren" auszusprechen: die Sowjetunion (bzw. die USA, Frankreich, Großbritannien) erkläre, daß sie ... den „vom österreichischen Volk freiwillig gewählten neutralen Status respektieren *wird*". Warum? Die Futurform, so das State Department, käme einer vertraglichen Verpflichtung gleich, die jenseits der Kompetenz des Präsidenten läge. Die Gegenwartsform „respektiert" bedeute lediglich die Erklärung einer politischen Linie („a policy declaration"), die im Rahmen der Kompetenz des Präsidenten liege.[238]

Beim Zusammentreffen der vier Botschafter am 30. November kämpfte Kudriawzew offenbar besonders zäh für die Formulierung „wird respektieren",[239] doch akzeptierte er schließlich im Sinne der Überlegungen des sowjetischen Außenministeriums den französischen Entwurf.[240] Diese Kompromißbereitschaft ermöglichte die Übermittlung von vier gleichlautenden Noten an die österreichischen Botschafter in den vier Hauptstädten am gleichen Tage, dem 6. Dezember 1955. Jede der Vier Mächte teilte mit, daß die jeweilige Regierung das Bundesverfassungsgesetz zur Kenntnis genommen habe „und die immerwährende Neutralität Österreichs in der Art, wie sie in diesem Gesetz definiert ist, anerkennt".[241]

Bemerkenswert war die Überreichung der Anerkennungsnote in Washington. John Foster Dulles, der die Note persönlich dem Botschafter Karl Gruber überreichte, war unmittelbar zuvor aus Wien zurückgekehrt, wo er der Eröff-

---

238 Telegr. Weisung State Department an Thompson Nr. 1588, 29. November 1955, NA, RG 59, 663.0021/11-2555 (sic).

239 Dies berichtete Thompson nach Washington. Telegramm Nr. 1402, 30. November 1955, NA, RG 59, 663.0021/11-3055.

240 Telegramm Seydoux nach Paris Nr. 1667/68, 30. November 1955, AD, série Europe 1944–1960, sous-série Autriche, vol. 300.

241 Der britische Text besagt, daß „Her Majesty's Government in the United Kingdom have taken cognisance of this Constitutional Law and *recognise the perpetual neutrality of Austria as defined therein* [meine Hervorhebung, G. S.]"; veröffentlicht in: *Austria No. 3 (1955). Exchange of Notes between the Government of the United Kingdom of Great Britain and Northern Ireland and the Austrian Federal Government on Austrian Neutrality* ... London, Her Majesty's Stationery Office, Cmd. 9645. Die amerikanische Note ist publiziert in: *Department of State Bulletin*, Bd. 33, Juli–Dezember 1955, 1011–1012. Die deutsche Übersetzung der sowjetischen Note, abgedruckt nach dem im Staatsarchiv erliegenden Text in DÖA, Nr. 191, spricht von der „ständigen Neutralität"; das russische Wort „postojannyj" („ständig") wäre wohl zutreffend mit „immerwährend" zu übersetzen, da es sich auf den Text des österreichischen Neutralitätsgesetzes bezieht; dem entspricht die Übersetzung laut Agentur TASS in *AdG*, Bd. 25, 1955, 5511A. Der russische Originaltext erliegt in: AdR, BMAA, II-Pol, Sammelmappe mit Anerkennungsnoten (ohne eigene Zahl) in K. 352 (1955, Staatsvertrag 5).

nung der wiederhergestellten Staatsoper mit Beethovens „Fidelio" am 5. November beigewohnt hatte.[242] Dulles zeigte sich begeistert von der Operneröffnung und dem anschließenden Ball. Dies hinderte ihn nicht, die Anerkennung von Österreichs Neutralität mit deutlichen Mahnungen, gleichsam mit erhobenem Zeigefinger, zu begleiten: Die Vereinigten Staaten würden die Neutralität nicht nur wegen des Ersuchens der österreichischen Regierung anerkennen, sondern im Vertrauen darauf, „daß Österreich im Geiste nicht neutral ist und nicht sein wird, sondern seine früheren Bande mit dem Westen beibehalten und seine Neutralität mit allen zur Verfügung stehenden Mitteln verteidigen wird". Die Österreicher wüßten wohl, von wo eine Bedrohung kommen könnte, und er erinnerte an Österreichs Abhängigkeit von Hilfe aus dem Westen. Österreich habe immer wieder seine geistige Orientierung nach Westen gezeigt, und die Vereinigten Staaten nähmen nicht an, daß sich an dieser Orientierung etwas ändern werde. Gruber gab zur Antwort, daß trotz der neuen wirtschaftlichen Probleme, denen Österreich gegenüberstehe, Dulles' Überzeugung von Österreichs Orientierung wohl begründet sei. Österreich, so Gruber, sei bereit, alles zu tun, was notwendig sei, um einer Bedrohung aus dem Osten zu begegnen, und man könne auf alle Österreicher, mit Ausnahme einer Handvoll Kommunisten, zählen.[243] Grubers Drahtbericht nach Wien über Dulles Mahnungen war noch etwas deutlicher. Dulles „hoffe, daß man sich in Wien darüber im klaren sei, daß die einzige militärische Gefahr, die Österreich drohe, aus dem Osten käme, und daß man beim Aufbau der militärischen Einrichtungen diesem Gesichtspunkt Rechnung trage, sich also in Bewaffnung und Munition nicht vom eventuellen Gegner abhängig mache."[244]

Den Westmächten lag übrigens auch daran, den Eindruck zu vermeiden, es hätte sich bei dem Notenwechsel über Notifizierung und Anerkennung der Neutralität um einen vertragsartigen Vorgang gehandelt. Alle drei Westmächte sprachen sich intern gegen eine Registrierung des Notenwechsels zwischen Österreich und den vier Mächten bei den Vereinten Nationen (im Sinne der üblichen Registrierung internationaler Verträge bei den UN, G. S.) aus, und eine solche Registrierung fand auch nicht statt.[245]

---

242 Zur Staatsoperneröffnung vgl. Portisch, *Österreich II. Der lange Weg zur Freiheit,* 530–533.

243 Department of State, „Memorandum of Conversation", 6. Dezember 1955, *FR 1955–1957,* XXVI, 21–22.

244 Telegramm Grubers, 6. Dezember 1955, AdR, BMAA, II-Pol, Zl. 326.698-Pol/55.

245 Für die Festlegung der britischen Haltung, einschließlich des entscheidenden Votums des „Legal Adviser" Sir G. Fitzmaurice, Aktenvermerke vom 3.–8. Dezember 1955 in: PRO, FO 371/117816/RR1071/791. Das State Department betrachtete eine allfällige Registrierung des Notenwechsels zwischen Österreich und den Vier Mächten über die Anerkennung der Neutralität bei den Vereinten Nationen als „inopportun"; der Quai d'Orsay pflichtete bei. Telegramm des französischen Außenministeriums an die Botschaft Washington, Nr. 15979, 23. Dezember 1955, AD, série Europe 1944–1960, sous-série Autriche, vol. 300.

Insgesamt hatte die Bundesregierung am 14. November 1955 an alle Staaten, mit denen Österreich damals diplomatische Beziehungen unterhielt, eine Note mit dem Ersuchen um Anerkennung der Neutralität ausgesandt.[246] Die Vier Mächte waren mit ihren Antwortnoten vom 6. Dezember keineswegs die ersten. Japan hatte als erster Staat schon am 16. November die Neutralität anerkannt, gefolgt von Kolumbien am 17., Italien und Schweden am 18. November.[247] Zahlreiche weitere Staaten folgten in den kommenden Wochen und Monaten, darunter die Schweiz am 23. November, die Bundesrepublik Deutschland am 7. Dezember. Etwas Zeit ließen sich die Benelux-Staaten, die erst die NATO-Ratstagung Mitte Dezember abwarten wollten. Der größte Skeptiker bezüglich des neuen Status Österreichs war der belgische Außenminister Spaak, während aus Luxemburg sehr freundliche Töne zu hören waren.[248] Bei Spaak, der schon im Mai des Jahres sehr kritische Fragen im NATO-Rat gestellt hatte, ist zu bedenken, daß Belgien innerhalb eines halben Jahrhunderts zwei sehr bittere Erfahrungen gemacht hatte. 1914 hatte das kaiserliche Deutschland Belgiens Neutralität zerstört. Trotzdem versuchte Belgien ab 1936 aus Angst vor Hitler neuerlich sein Glück in einer sich von Frankreich und England abkoppelnden Außenpolitik und teilte diesen Ländern mit, daß es auf jedes Bündnis zu verzichten beabsichtige. Niemand anderer war damals Außenminister als – Paul-Henri Spaak. Seine Politik nützte Belgien nichts, Hitler überfiel das Land im Mai 1940. 1955 war Spaak wohl unter jenen westeuropäischen Politikern zu finden, die am negativsten auf Österreichs neuen Status reagierten, wobei die noch ungeklärte Frage einer Garantie sein besonderes Mißtrauen erweckte.[249] Aber auch im niederländischen Außenministerium gab es Fragen: Was würde eine Garantie bedeuten? Und was geschähe, wenn die österreichische Neutralitätserklärung Schule machen und etwa Dänemark oder irgend ein anderes NATO-Mitglied aus der NATO ausspringen würde?[250] Die Anerkennung seitens der Benelux-Staaten erfolgte also leicht verzögert, am spätesten jene Belgiens.[251] In den Anerkennungsnoten variierten die Formulierungen von

---

246 Insgesamt wurden 64 Staaten notifiziert. Vgl. Amtsvermerk v. 11. Jänner 1956, AdR, BMAA, II-Pol, Zl. 511.131-Pol/56.

247 Genaue Datenangaben über alle Antwortnoten bei Hans Mayrzedt und Waldemar Hummer, *20 Jahre österreichische Neutralitäts- und Europapolitik (1955–1975)*, Wien 1976, Teil I, 107–108.

248 Aufschlußreiche Berichte des österreichischen Botschafters in Brüssel Martin Fuchs: Zl. 41-Pol v. 2. Dezember 1955, AdR, BMAA, II-Pol, Zl. 326.708-Pol/55, sowie Zl. 1-Res/56 v. 3. Jänner 1956, ebd., Zl. 511.120-Pol/56.

249 Als im Dezember 1955 in Brüssel bei einem offiziellen Essen das Glas auf das Wohl des jüngst neutral und frei gewordenen Österreich erhoben wurde, zögerte Spaak eine Weile, bevor er sich mit dem Wort „quand-même" – „trotzdem" – anschloß. Dies berichtet Tončić-Sorinj, *Erfüllte Träume*, 232.

250 Bericht des Botschafters Karl Wildmann aus den Haag, Zl. 38-Pol/55 v. 20. Dezember 1955, AdR, BMAA, II-Pol, Zl. 326.921-Pol/55.

251 Luxemburg am 7. Dezember, Niederlande am 23. Dezember 1955, Belgien am 2. Jänner 1956.

blumigen bis zu knappen Texten.[252] Die vatikanische Antwortnote verwendete das Wort „zur Kenntnis nehmen“, dies wurde jedoch schließlich nach mündlicher Nachfrage ausdrücklich im Sinne der Anerkennung interpretiert.[253] Bei einigen mittelamerikanischen Staaten gab es völkerrechtliche Fragen; Mexiko und Panama teilten Bedenken ob der Vereinbarkeit von Neutralität und Mitgliedschaft bei den Vereinten Nationen mit, ersteres mündlich/inoffiziell, letzteres schriftlich. Während Mexiko allerdings doch recht bald die Anerkennung aussprach, scheint dies bei Panama nicht der Fall gewesen zu sein.[254]

Österreich hat nur noch im Jahre 1956 einige nachträgliche Ersuchen um Anerkennung der Neutralität an Staaten, mit denen am 14. November 1955

252 Die Originalnoten über die Anerkennung der Neutralität erliegen (ohne eigene Zahlen) in einer Sammelmappe in: AdR, BMAA, II-Pol, K. 352 (1955, Staatsvertrag 5).

253 „prendere atto“, Note vom 4. Dezember 1955, ebd. Zur Nachfrage vgl. ebd. Zl. 326.768-Pol/55 (Josef Schöner – seit September 1955 zum Generalsekretär für Auswärtige Angelegenheiten avanciert – an Botschafter Josef Kripp, 14. Dezember 1955); sie wurde mit zwei Briefen Kripps an Schöner über zwei Gespräche im vatikanischen Staatssekretariat beantwortet. Im ersten Brief vom 28. Dezember 1955 (Zl. 429-Res/55) berichtete Kripp über die Ausführungen seines Gesprächspartners Msgre. Samoré, daß bei vollem Verständnis dafür, „daß Österreich für die endliche Befreiung von der fremden Besetzung einen großen Preis zu zahlen bereit war, eben seine Neutralisierung“(!), Österreich nicht erwarten könne, „daß die übrige okzidentalische Welt, schon gar die Atlantik-Pakt Nachbarn, über die Neutralisierung vom westeuropäischen Standpunkt aus die gleiche Freude empfinden; denn die Neutralität bedeute zweifellos eine schwache Stelle in deren potentieller Abwehrfront. So habe auch der Heilige Stuhl keinerlei Anlaß, irgend eine – über die wohlwollende stillschweigende individuelle Anteilnahme an Österreichs Schicksal hinaus gehende Genugtuung zu empfinden und zu bekunden; somit erscheine tatsächlich eine gewisse Zurückhaltung in dieser Frage der Gesamtschau des Heiligen Stuhles am ehesten konform. – Gebe Gott, schloß mein Mitredner, daß der tragische Fall nie eintrete, der die Neutralität Österreichs als nachteilig für den Westen erzeigen würde.“ Ebd., Zl. 511.084-Pol/56. In seinem zweiten Brief vom 21. Jänner 1956 (Zl. 31-Res/56) berichtete Kripp, sein Gesprächspartner (wiederum Msgre. Samoré) habe die Stellungnahme des Heiligen Stuhls dahingehend präzisiert, der Vatikan betrachte sich selbst als neutralen Staat, der aber nicht um Anerkennung seiner Neutralität bei anderen Staaten angesucht habe. Österreich sei der erste Staat gewesen, der wegen Anerkennung seiner Neutralität an den Heiligen Stuhl herangetreten sei. „Seine Antwort, er nehme Kenntnis von der Neutralitätserklärung Österreichs, könne also von diesem ohne weiteres unter die positiven Antworten eingereiht und ‚katalogisiert‘ werden.“ Falls Österreich dies wünsche, könnte eine weitere Antwortnote in Erwägung gezogen werden. Im Wiener Außenamt ließ man es mit dieser Interpretation bewenden. Ebd., Zl. 511.530-Pol/56. Auf den letztzitierten Bericht geht offensichtlich die Mitteilung bei Mayrzedt/Hummer, *20 Jahre österreichische Neutralitäts- und Integrationspolitik*, 108, zurück, Vertreter des Hl. Stuhls hätten gegenüber österreichischen Diplomaten mehrfach zum Ausdruck gebracht, daß „die Antwort des Vatikans unter die positiven eingereiht werden könne“.

254 Hierzu Telegramm der österr. Botschaft in Mexiko, 21. Dezember 1955, AdR, BMAA, II-Pol, Zl. 338.101-Int/55, und 29. Dezember 1955 (Anerkennung der Neutralität), Zl. 327.097-Pol/55; zu Panama Schriftbericht der Botschaft in Mexiko, 11. Februar 1956, Zl. 511.967-Pol/56, mit beiliegender Übersetzung eines Schreibens des Außenministers von Panama an den Botschafter von Panama in Mexiko vom 23. Jänner 1956, bei Zl. 515.254-Pol/56; dortselbst eine von Rudolf Kirchschläger unterzeichnete Einsichtsbemerkung der Völkerrechtsabteilung, Zl. 523.431-VR/56, die eine konzise Darstellung der österreichischen Rechtsauffassung der Vereinbarkeit von Neutralität und UN-Mitgliedschaft darstellt. Diese Überlegungen wurden in einer Note vom 19. Juni 1956 dem Botschafter von Panama in Mexiko mitgeteilt; hierzu Zl. 516.137-Pol/56 v. 3. Juli 1956.

keine diplomatischen Beziehungen bestanden hatten, gestellt.[255] Bis einschließlich 1957 anerkannten insgesamt 62 Staaten die Neutralität, vier weitere nahmen sie zur Kenntnis.[256] An später neu entstandene bzw. später anerkannte Staaten wurden mit einer Ausnahme keine Ansuchen mehr gestellt. Diese Ausnahme war die Volksrepublik China, die nach bilateralen Gesprächen im Mai 1971 und unmittelbar vor Aufnahme diplomatischer Beziehungen zwischen den beiden Staaten eine Erklärung über die Respektierung des neutralen Status Österreichs abgab. Dies war von grundsätzlicher Bedeutung, da sonst die Volksrepublik China nach Einnahme des chinesischen Sitzes in den Vereinten Nationen das einzige ständige Mitglied des Sicherheitsrates gewesen wäre, das Österreichs Neutralität nicht anerkannt hätte.[257]

7. Die Frage der Territorialgarantie und die Aufnahme in die Vereinten Nationen

Die Anerkennung der Neutralität war eigentlich mit den Anerkennungsnoten der vier Staatsvertragsmächte und für Österreich wichtiger anderer Staaten, einschließlich aller Nachbarn Österreichs sowie aller NATO- und Warschauer Pakt-Staaten, innerhalb weniger Wochen vom Tisch. Die Garantie des österreichischen Staatsgebiets war es jedoch keineswegs.

---

255 Es waren dies Spanien, Albanien, Neuseeland, Liechtenstein, Island, Monaco und Kambodscha; detaillierte Angaben bei Mayrzedt/Hummer, *20 Jahre österreichische Neutralitäts- und Integrationspolitik,* 107.

256 Vgl. die Aufstellungen ebd. 106–108 aufgrund von Angaben des BMAA aus 1973 bzw. 1975. Unklar erscheint lediglich der Fall Äthiopiens, das in der Liste der die Neutralität anerkennden Staaten an erster Stelle mit Datum des 14. 11. 1955 genannt wird; an diesem Tag erfolgte aber erst die Notifizierung des Neutralitätsgesetzes seitens Österreichs, und in mehreren Listen, die 1956 mit Namen und Zahl der die Anerkennung ausgesprochen habenden Staaten im Außenamt verfaßt wurden, scheint Äthiopien nicht auf. Vgl. u. a. AdR, BMAA, II-Pol, Zl. 512.570-Pol/56 v. 13. März 1956, sowie mit Berichtigungen früherer Listen eine Äußerung der Völkerrechtsabteilung (Dr. Kirchschläger) an die Politische Abteilung vom 13. Juli 1956, Zl. 524.862-VR/56, bei Zl. 516.578-Pol/56. Folgende Staaten, die den Inhalt der österreichischen Notifizierungsnote zur Kenntnis nahmen, aber nicht ausdrücklich anerkannten, werden genannt: Panama, Ecuador, Philippinen, Costa Rica, Paraguay; Mayrzedt/Hummer, 108, meinen, daß in diesen Fällen von einer stillschweigenden Anerkennung der Neutralität gesprochen werden könne; der Fall Panama stellt sich allerdings nach der Aktenlage etwas komplizierter dar; da dem Austausch unterschiedlicher Rechtsansichten (vgl. oben Anm. 254) keine Zustimmung Panamas zur österreichischen Rechtsansicht folgte, dürfte man eher von einem stillschweigenden „agreement to disagree" sprechen. Keine Antwort auf die österreichische Notifikationsnote erfolgte anscheinend von Kuba, San Domingo, Haiti, Uruguay und Island (Mayrzedt/Hummer, 108).

257 Zur Respektierung des Status der Neutralität Österreichs durch die Volksrepublik China – seit 1971 ständiges Mitglied des Sicherheitsrates – siehe gemeinsames österreichisch-chinesisches Kommuniqué und die Pressekonferenz Außenminister Kirchschlägers am 27. Mai 1971, in: *ÖZA,* 11 (1971), 153–154.

Wie erinnerlich, ging die Frage der Territorialgarantie auf österreichische Überlegungen im März 1955 zurück, eine Antwort auf das sowjetische Drängen nach Garantien gegen eine – angebliche – Anschlußgefahr zu finden. Das schweizerische Vorbild der Territorialgarantie von 1815 spielte vor allem in den Vorschlägen des Völkerrechtsexperten Stephan Verosta eine beträchtliche Rolle.[258] Botschafter Schwarzenberg, in Kenntnis der Skepsis in London, zeigte sich besonders interessiert.[259] Die Schlußberatungen mit den aus Washington, London, Paris und Moskau herbeigerufenen Botschaftern führten zu dem Ergebnis, auf Anfragen (im konkreten Falle aus dem Londoner Foreign Office) solle man antworten: „Die Garantie sei Sache der vier Mächte. Österreich sei für eine allgemeine Klausel."[260] Adolf Schärf bemerkte übrigens bei dieser Gelegenheit, er glaube nicht, daß die Westmächte es mit einer Garantieerklärung sehr eilig hätten, und bewies damit beachtliche Voraussicht. Doch die Formel von der Garantie des österreichischen Staatsgebietes durch die Vier Mächte fand bekanntlich Eingang in das Moskauer Memorandum (Punkte I/4 u.5 sowie II/5), und von da an wurde sie Gegenstand – und Sorgenkind – der westlichen Diplomatie.[261]

Wie bereits berichtet, bewegte diese Frage die westlichen Außenminister anläßlich ihrer Beratungen in Paris und Wien im Mai des Jahres.[262] Die Tendenz der Westmächte, vor allem allerdings der Amerikaner, war es, eine allfällige Erklärung a) auf die lange Bank zu schieben und b) inhaltlich mit den Bestimmungen der UN-Satzungen zu verbinden, wofür eine baldige UN-Mitgliedschaft Österreichs hilfreich sein würde.[263] Schon Ende April 1955 hatte der Nationale Sicherheitsrat in Washington festgehalten, „daß die Vereinigten

258 Vgl. oben S. 354–356 ff. sowie unten Dokumentenanhang Nr. 2.

259 Figl regte daraufhin an, daß sich Schwarzenberg und der (abwesende) Verosta miteinander bereden sollten. Stenogr. Mitschrift Schöners über eine Besprechung bei Figl in Anwesenheit Kreiskys, Grubers, Schwarzenbergs, Vollgrubers und Bischoffs am 29. 3. 1955, Nachlaß Schöner, K. 8, Konvolut 17, jetzt in ÖStA, GD, NLS, E/1773.

260 Dies die übereinstimmende Antwort Josef Schöners und Karl Grubers auf die Frage des Botschafters Schwarzenberg, was er antworten solle, wenn er im Foreign Office gefragt werde, wie sich Österreich die Garantie vorstelle. Mitschrift der „letzten Besprechung" mit den vier Botschaftern aus Washington, London, Paris und Moskau vor deren Rückkehr an ihre Dienstorte am 31. März 1955, Nachlaß Schöner, K. 9, Konvolut 18, jetzt in: ÖStA, GD, NLS, E/1773. Raab ließ sich entschuldigen, Figl führte den Vorsitz, Schärf und Kreisky waren anwesend.

261 In einem Bericht der sowjetischen Verhandlungsdelegation an das ZK der KPdSU vom 14. April 1955 hieß es, die Formulierungen bezüglich der Garantien gingen auf österreichische Vorschläge zurück, mit denen die sowjetische Seite konform gehen könnte. Allerdings wird in diesem Dokument nicht nur von der Garantie der territorialen Unversehrtheit, sondern auch der Unabhängigkeit Österreichs gesprochen; letzteres entsprach nicht den österreichischen Intentionen und ist auch nicht im Text des Moskauer Memorandums enthalten. AVPRF, Fonds 06, op. 14, p. 9, d. 106, fol. 158.

262 Vgl. oben S. 506 u. 516.

263 Vgl. u. a. Aktenvermerk des State Department v. 5. Oktober 1955, NA, RG 59, 663.001/10-555,

Staaten bereit sein sollten, jegliche Verletzung des österreichischen Staatsgebiets als schwere Bedrohung des Friedens zu behandeln, ohne jedoch Staatsgebiet oder Neutralität zu garantieren, ausgenommen innerhalb des Rahmens der UN".[264] Bereits knapp danach reflektierten amerikanische Entwürfe für eine Viermächte-Garantie-Erklärung, die während der Wiener Botschafterkonferenz entstanden, die Einbindung des Schutzes der territorialen Integrität Österreichs in den Rahmen der Vereinten Nationen.[265]

Es gab zwei Gründe, die die Westmächte dazu zwangen, sich für den Fall einer doch erforderlichen Garantieerklärung gut zu wappnen.

Erstens fürchteten die Westmächte, daß die Sowjetunion vielleicht einseitig eine Garantieerklärung für Österreich abgeben könnte; sie hatte sich ja im Moskauer Memorandum bereit erklärt, an einer Territorialgarantie teilzunehmen.[266] Allerdings erklärte Figl am 22. Juli den Westbotschaftern, Österreich werde keinesfalls eine einseitige Garantie der UdSSR akzeptieren.[267]

Zweitens nahm die Bundesregierung die im Moskauer Memorandum gemachten Aussagen ernst, sie werde eine Garantie der Unversehrtheit und Unverletzlichkeit des österreichischen Staatsgebiets durch die vier Großmächte begrüßen, und sie werde sich bei den drei Westmächten für die Abgabe einer solchen Garantie einsetzen. In den ersten Wochen nach der Rückkehr aus Moskau hatten die Österreicher einen Entwurf vorbereitet, der den Westalliierten am 28. April 1955 übergeben wurde und, wie bereits erwähnt, die Erklärung der Neutralität mittels Entschließung des Nationalrats und die darin

---

sowie Telegramm State Department an Botschaft Wien Nr. 1362, 28. Oktober 1955, NA, RG 59, 663.0021/10-2655 (sic).

264 „NSC Action No. 1388" (28. April 1955), zit. in einem Dokument des Nationalen Sicherheitsrates über die U.S.–Politik gegenüber Österreich vom 23. März 1956 (NSC 5603), *FR 1955–1957,* XXVI, 35. Die Quellenpublikation über die hier relevante Sitzung des Nationalen Sicherheitsrates vom 28. April 1955 ist durch Zensurstreichungen vollkommen unverständlich (*FR 1955–1957,* V, 59); nur durch begleitende Dokumente bzw. nachträgliche Zitierungen lassen sich Beschlüsse dieser Sitzung betreffend Österreich rekonstruieren; hierzu hilfreich Rathkolb, *Washington ruft Wien,* 33. Zu Dulles' Linie der Einbettung der Garantiefrage in die Sicherheitsstruktur der UN, informativer Bericht Wallingers aufgrund amerikanischer Informationen nach London, 29. April 1955, PRO, FO 371/117793/RR1071/238.

265 Zwei amerikanische Entwürfe, mit britischen Ergänzungsvorschlägen, als Anhang zu einem zehnseitigen eingehenden Schriftbericht Thompsons zur internationalen Anerkennung der Neutralität und zur Garantiefrage, Nr. 245 v. 6. September 1955, NA, RG 59, 663.00/9–655, mit einem vorzüglichen Überblick über die Entwicklung von April bis September 1955.

266 Vgl. bereits Schriftbericht Lalouette an Pinay, Nr. EU/247, 23. April 1955, AD, série Europe 1944–1960, sous-série Autriche, vol. 300. Dies war ein wichtiges Motiv dafür, daß die britische Regierung zunächst die Teilnahme an Gesprächen auf der Grundlage billigte, „that we were prepared in principle to consider participating in a suitable form of guarantee of Austrian territorial integrity and inviolability". Cabinet Paper „Austria", 26. April 1955, PRO, CAB 129/75, C.P. (55) 12; Kabinettsbeschluß vom 27. April 1955, ebd., CAB 128/29, C.M. 7 (55), Conclusions, Minute 3.

267 Hierzu Schriftbericht Seydoux an Pinay Nr. EU/558, 16. September 1955. AD, série Europe 1944–1960, sous-série Autriche, vol. 300.

ebenfalls genannte Erwartung der Anerkennung der Neutralität und der Gewährung der Garantie des Staatgebiets seitens der Großmächte enthielt.[268] Aus diesen Tagen stammt wohl auch ein undatierter österreichischer Entwurf für eine Garantieerklärung, wonach unter Hinweis auf die mit Parlamentsentschließung erklärte immerwährende Neutralität Österreichs die namentlich genannten vier Mächte „durch die vorliegende Akte die förmliche und rechtskräftige Anerkennung der immerwährenden Neutralität der Republik Österreich" erteilen und ihr „die Unversehrtheit und Unverletzlichkeit ihres Staatsgebietes in seinen gegenwärtigen Grenzen" gewährleisten.[269] Die Westmächte setzten sich rasch für die Trennung dieser zwei Themen ein und ließen die Österreicher auch mehrfach wissen, daß sie darauf größten Wert legten.[270] Erst langsam wurde den Westmächten deutlich, daß nicht die Sowjets, sondern die Österreicher die Urheber des Konzepts der Territorialgarantie – nach dem Muster der Schweiz von 1815 – waren.[271] Die Bundesregierung ließ die Westmächte mehrfach wissen, daß sie (nach Erledigung des Neutralitätsgesetzes) an die Großmächte mit dem Ersuchen um Abgabe der Garantieerklärung herantreten wolle.[272] Interessanterweise war es gerade Bruno Kreisky, der sich in Gesprächen mit den Westbotschaftern in Wien vehement für die Abgabe der Garantieerklärung einsetzte.[273] Einmal bemerkte Kreisky, die Garantie wäre

---

268 Vgl. oben S. 550.

269 Undatierter Text „Garantieerklärung (österr. Entwurf)", handschr. Vermerk „IV", VGAB, Nachlaß Schärf, 4/248. Ein Exemplar des gleichen Textes mit gleicher Überschrift und Vermerk „IV" befindet sich auch in SBKA, Nachlaß Kreisky, VII/Staatssekretär. Dieser Text dürfte spätestens mit dem 28. April 1955 zu datieren sein, da er a) noch von einer gemeinsam und gleichzeitig auszusprechenden Anerkennung der Neutralität und Gewährung der Garantie ausgeht und b) noch nicht auf ein Neutralitätsgesetz, nur auf eine Neutralitätsentschließung des Nationalrats Bezug nimmt. Vgl. oben S. 552.

270 Telegramm Lalouette nach Paris Nr. 764/767, 29. April 1955, AD, série Europe 1944–1960, sous-série Autriche vol. 300; Schriftbericht Lalouette an Pinay Nr. EU/272, 29. April 1955, ebd. Neuerlich sehr massiv in einer Aussprache der drei Westbotschafter mit Figl und Kreisky am 10. November 1955. Telegramm Thompson an State Department, Nr. 1267, 10. November 1955, NA, RG 59, 663.0021/11-1055, sowie österr. Amtsvermerk, AdR, BMAA, II-Pol, Zl. 325.989-Pol/55.

271 In London glaubte G. Harrison noch Anfang Juni 1955, die Sowjets wären die „originators" der Garantieidee gewesen. Notiz Harrisons vom 3. Juni 1955 in Beantwortung einer Anfrage des Außenministers Macmillan über den Stand der Neutralitäts- und Garantiefragen, PRO, FO 371/117803/RR1071/483. Vgl. hingegen telegr. Bericht Seydoux nach Paris, Nr. 1364/69, 22. Juli 1955, AD, série Europe 1944–1960, sous-série Autriche, vol. 300, sowie Schriftbericht Seydoux an Pinay Nr. EU/651, 18. Oktober 1955, ebd.

272 In einem von Figl abgezeichneten Telegramm an die Botschaft London vom 2. Juni 1955 sagte das Außenamt, wir seien „selbstverständlich auch weiterhin lebhaftest an einer Garantieerklärung der vier Großmächte interessiert. Auch im Falle der Aufnahme in die Vereinten Nationen würde eine solche Garantie eine zusätzliche besondere politische Bedeutung haben". AdR, BMAA, II-Pol. Zl. 322.603-Pol/55. Botschafter Schwarzenberg berichtete hierauf über äußerst skeptische Reaktionen Geoffrey Harrisons, ebd. Zl. 322.694-Pol/55.

273 U.a. in einem Gespräch mit Seydoux am 7. November 1955. Bericht Seydoux nach Paris, Nr. 1598/99, 7. November 1955, AD, série Europe 1944–1960, sous-série Autriche, vol. 300.

für den Westen deshalb von Vorteil, weil der Schutz (des Westens) „von der österreichischen West-Grenze ca. 600 km weiter östlich vorverlegt werde".[274]

Die Garantiefrage war mit Jahresende 1955 nicht geregelt.[275] Anfang Februar 1956 wandte sich das Wiener Außenamt an die drei Westmächte mit dem Ersuchen um (zunächst) informelle Gespräche über eine Garantieformel. Es wäre höchst unerwünscht, wenn die Westmächte keine klaren Vorstellungen für den Fall eines sowjetischen Vorstoßes in der Garantiefrage hätten.[276] Am 23. Februar baten Figl und Kreisky die drei Westbotschafter auf den Ballhausplatz, um die Garantiefrage zu besprechen. Figl bejahte auf Thompsons Frage ausdrücklich Österreichs Interesse an einer Garantie. Kreisky betonte darüber hinaus, stärker als Figl, die Bedeutung einer Viermächte-Garantie als zusätzlichen Schutz für Österreich; einige kleinere europäische Staaten würden durch die NATO geschützt, die Schweiz und Schweden wären nicht in der vordersten Linie und hätten starke Militärkräfte. Kreisky meinte sogar, eine Viermächtegarantie könnte die Landesverteidigung populärer machen.[277] Bei den Briten stieg der Verdacht auf, das Garantieverlangen könnte sozialistischerseits als Ersatz für größere Verteidigungsanstrengungen seitens Österreichs gemeint sein. Figl ließ erkennen, daß Österreichs Entschluß, dem Europarat beizutreten, zumindest ein Motiv für die Sorge war, die Sowjetregierung könnte die

274 Kreisky in einer Besprechung mit Figl und den drei Westbotschaftern, 10. November 1955, AdR, BMAA, II-Pol, Zl. 325.989-Pol/55. Seydoux betonte in einem Bericht vom 14. November 1955, der sich ebenfalls mit Kreiskys Garantieideen befaßte, daß bei den Sozialisten auch die Sorge vor Deutschland eine Rolle spiele. Seydoux an Pinay, Nr. EU/720, 14. November 1955, AD, série Europe 1944–1960, sous-série Autriche, vol. 300. In Seydoux' Berichten wird deutlich, daß die Franzosen der Garantieidee in Hinblick auf ihre Sorgen wegen Deutschland positiver gegenüberstanden als Briten oder Amerikaner.

275 Gegen Jahresende glaubte Botschafter Seydoux, ein Nachlassen des Engagements in der Garantiefrage bei Kreisky festzustellen, und insbesondere bei Verosta, der ein überzeugter Befürworter („partisan") der Garantie gewesen sei, aber nunmehr glaube, daß derartige Zusicherungen oft eher gefährlich und kompromittierend als wirkungsvoll seien. Seydoux fügte vielsagend hinzu: „Er kommt aus den USA zurück". Schriftbericht Seydoux an Pinay (mit umfangreichen Beilagen zur Garantiefrage), Nr. EU/783, 20. Dezember 1955, AD, série Europe 1944–1960, sous-série Autriche, vol. 300.

276 Thompson an State Department, 6. Februar 1956, NA, RG 59, 663.0021/2-656, sowie State Department an Botschaft Wien, 9. Februar 1956, über Vorsprache des Botschafters Gruber im State Department, 663.0021/2-956, ferner britischer Aktenvermerk über Vorsprache des Botschafters Schwarzenberg bei Geoffrey Harrison im Foreign Office am 8. Februar, PRO, FO 371/124095/RR1071/26.

277 Besprechung Figls und Kreiskys mit den drei Westbotschaftern am 23. Februar 1956; Bericht Thompson an State Department, 23. Februar 1956, NA, RG 59, 663.0021/2-2356, sowie aufgrund von Wallingers Bericht nach London Rauchensteiner, *Die Zwei,* 327. Kreisky schrieb später in seinen Memoiren (*Zwischen den Zeiten,* 469–70), er sei (im Frühjahr 1955) einer gemeinsamen Garantie „entschieden entgegengetreten, weil ich fürchtete, daß dann überall, nur nicht am Ballhausplatz, entschieden werde, wann Österreichs Unabhängigkeit gefährdet sei"; dies widerspricht der Quellenlage für 1955 und die ersten Monate 1956; Rauchensteiner weist zurecht auf diesen Widerspruch hin (*Die Zwei,* 514, Anm. 34).

Initiative in Richtung Vier-Mächte-Garantie ergreifen.[278] Zwischen Februar und April 1956 feilten die Diplomaten der drei Westmächte am Entwurf einer Garantieerklärung.[279] Die von den Amerikanern konzipierte Linie der Einbindung der Garantie in das „Auffangnetz" der UN-Satzung setzte sich vollständig durch. Der Entwurf sah in seinem entscheidenden Teil (Punkt 5) eine Erklärung der vier Signatarmächte vor, „daß sie dann, wenn es zu einer Verletzung der territorialen Integrität Österreichs kommen sollte, oder dann, wenn eine solche Verletzung unmittelbar bevorzustehen scheint, für ihren Teil eine solche Entwicklung als Bedrohung für den Frieden erachten und die Angelegenheit unverzüglich zur Kenntnis der Vereinten Nationen bringen werden, mit dem Ziel, geeignete Maßnahmen der Vereinten Nationen sicherzustellen, mit denen der Situation begegnet werden kann".[280]

Aus dem Textentwurf geht eines klar hervor: es handelte sich um eine „Nicht-Garantie"; es war das Versprechen, im Fall des Falles die Vereinten Nationen zu befassen. Bedenkt man die Vielzahl an diplomatischen Schriftstücken, die seit April 1955 zur Garantiefrage verfaßt worden waren, läßt sich wohl sagen: Berge haben gekreißt, und ein Mäuslein wurde geboren. Der Text reflektierte genau das amerikanische Konzept, wie es im Nationalen Sicherheitsrat Ende April 1955 gebilligt worden war.[281]

Mitte April 1956 nutzte die Sowjetunion den Jahrestag des Moskauer Memorandums, um in einem Leitartikel der „Prawda" vom 16. April an die von Österreich vorgeschlagene (!) Viermächtegarantie zu erinnern. Allerdings sei hier eingefügt, daß insgesamt ein auffallend geringes Interesse der sowjetischen Seite für eine Viermächte-Territorialgarantie festzustellen ist. Dies

278 Dies in Ergänzung zur Darstellung Rauchensteiners, *Die Zwei,* 327 aufgrund Wallingers Bericht vom 23. Februar 1955, PRO, FO 371/124095/RR1071/34, sowie Thompsons Bericht vom gleichen Tage, NA, RG 59, 663.0021/2-2356. Zwei Tage zuvor, am 21. Februar 1956, hatte der Ministerrat den Beitritt Österreichs zum Europarat beschlossen. Hierzu Burtscher, Österreichs Annäherung an den Europarat, 49.

279 Zum folgenden vgl. Rauchensteiner, *Die Zwei,* 326–330.

280 Sog. „operativer" Teil (ohne die vorausgehenden Begründungen) eines Entwurfs vom 2. März 1956, hier zitiert nach der Übersetzung bei Rauchensteiner, *Die Zwei,* 326–327 (dort das gesamte Dokument). Rauchensteiner bezeichnet diesen Text als ein „einzigartiges Dokument" (ebd. 326). Damit wird ihm formal wie inhaltlich ein zu hoher Stellenwert beigemessen: formal, weil es sich bei diesem Dokument nicht um einen endgültigen Text, sondern um einen im Foreign Office revidierten amerikanisch-britischen Entwurf handelt (vgl. W. H. Young an Wallinger, 2. März 1956, PRO, FO 371/124095/RR1071/30 m. Beilage, sowie Aktenvermerke ebd. bei FO 371/124096/RR1071/46). Inhaltlich ist zu bedenken, daß interne Kommentare im Foreign Office die in diesem Dokument formulierte Garantieformel mehrfach als „innocuous formula" – als „harmlose" oder auch „nichtssagende" Formel – bezeichneten. Dies entsprach dem Wunsch des Außenministers Macmillan, wenn möglich eine „innocuous form" einer Vier-Mächte-Garantie zu finden. Aktenvermerk Macmillans vom 4. Oktober 1955, FO 371/117813/RR1071/707/G, ferner Aktenvermerk vom 13. März 1956, FO 371/124096/RR1071/46, sowie ein späteres Memorandum des Foreign Office Research Department vom 21. August 1959, FO 371/153178/RR1072/1.

281 Vgl. „NSC Action No. 1388", oben bei Anm. 264.

wurde auch von westlichen Beobachtern kommentiert. Botschafter Seydoux spekulierte diesbezüglich einmal, ob es vielleicht im sowjetischen Interesse sei, die Neutralität so leicht und anziehend wie möglich zu gestalten und die Position der neutralen Staaten nicht durch zusätzliche politisch-juristische Anforderungen zu erschweren.[282] Dies ist eine plausible Erwägung; sie wird durch den Befund ergänzt, daß die sowjetische Österreichpolitik von 1945 bis 1955 immer wieder von dem Bestreben bestimmt war, möglichst unter Ausschaltung der Westmächte bilateral mit Österreich zu verhandeln und handelseins zu werden.[283]

Nach dem Warnschuß aus Moskau kam es in der zweiten Aprilhälfte 1956 neuerlich zu Beratungen zwischen Figl, Kreisky und den Missionschefs der Westmächte. Die Österreicher deponierten neuerlich ihr Interesse an Gesprächen mit den Westmächten über eine Garantieformel. Weitaus am engagiertesten war Kreisky, der betonte, daß „uns allen noch das Jahr 1938 in den Knochen liegt". Kreisky malte die Gefahr einer einseitigen sowjetischen Garantie an die Wand – dies wäre „eine Katastrophe" und würde de facto ein (sowjetisches) Bündnisangebot bedeuten. Auf die ausdrückliche Frage des Botschafters Seydoux, ob die Österreicher auch eine Garantie wünschten, wenn es keine Zusage im Moskauer Memorandum gäbe, sich für die Abgabe einer Garantieerklärung einzusetzen, antwortete Kreisky mit einem emphatischen „Ja". Die einzige Bedrohung, vor der die Österreicher in der voraussehbaren Zukunft Angst hätten, wäre eine Bedrohung aus dem Osten. In der Praxis würde die Garantie also vom Westen kommen und Österreich würde sich im Falle eines Angriffs auf der westlichen Seite befinden. „The Western guarantee would, so to speak, bring Austria into N.A.T.O."[284] Kreisky entwickelte Ideen für eine Garantie im Rahmen der UNO unter Umgehung bzw. Ausschaltung des Vetorechts der ständigen Mitglieder des Sicherheitsrates, das ja den größten Hemmschuh für eine wirksame Viermächtegarantie bedeutete. Dies schien deshalb angezeigt, weil voraussichtlich die behauptete Bedrohung Österreichs durch eine mit dem Vetorecht ausgestattete Macht (also etwa die USA oder die Sowjetunion) das Veto gerade dieser Macht auslösen würde. Es müßte eine Konstruktion gefunden werden, so Kreisky, wonach eine allfällige Bedrohung Österreichs mit Mehrheitsbeschluß festgestellt werden könnte.[285]

---

282 Schriftbericht Seydoux an Pinay, Nr. EU/783, 20. Dezember 1955, AD, série Europe 1944–1960, sous-série Autriche, vol. 300.

283 Vgl. u. a. oben Kap. I, S. 50, Kap. II, S. 88–90.

284 Achtseitige Gesprächsmitschrift Wallingers über die Besprechung am 26. April 1956, PRO, FO 371/124097/RR1071/88 (hier S. 5).

285 Zur Besprechung am 26. April 1956 auch Schriftbericht Wallingers v. 27. April 1956, ebd. Bei den ebenfalls anwesenden österreichischen Diplomaten Schöner und Haymerle zeigte sich Skepsis gegenüber Kreiskys Engagement, wie sie Wallinger am Folgetag in einem Gespräch auf der japanischen Botschaft sagten. Zweiter Schriftbericht Wallingers nach London v. 27. April

Trotz der Textentwürfe in den Schubladen der westlichen Außenministerien und trotz der Erinnerung aus Moskau zum Jahrestag des Moskauer Memorandums schwenkten die Westmächte im Mai 1956 endgültig auf die amerikanische Linie ein.[286] Botschafter Thompson betonte die verfassungsrechtlichen Bedenken der USA gegen die Abgabe einer Garantie. Österreich könne sich gegenüber den Sowjets immer darauf berufen, daß es sich im Sinne des Moskauer Memorandums um eine Garantie bemüht habe; ein allfälliges einseitiges Garantieangebot der sowjetischen Seite könnte damit beantwortet werden, daß Österreich sich nur zur Erlangung einer Viermächtegarantie verpflichtet habe.[287] Zur Viermächtegarantie, wie sie im Wiener Außenamt im März 1955 als Antwort auf die wiederholten sowjetischen Forderungen nach „Garantien gegen einen Anschluß" konzipiert und im Moskauer Memorandum erwähnt worden war, ist es nie gekommen.

Österreichs Beitritt zu den Vereinten Nationen kam im Gegensatz zur nicht verwirklichten Viermächte-Garantie sehr rasch zustande. Es gab günstige Voraussetzungen und Begleitumstände. Alle vier Signatarstaaten des Staatsvertrags hatten sich in der Präambel zum Staatsvertrag verpflichtet, Österreichs UN-Beitritt zu unterstützen. Der betreffende Text war schon 1947 einvernehmlich formuliert worden. Ein Rückzieher – etwa wegen möglicher Unvereinbarkeitsprobleme zwischen ständiger Neutralität und UN-Mitgliedschaft – war in der Konstellation von 1955 kaum vorstellbar. Die Sowjetunion spielte 1955 die Karte des Wohlwollens und der großzügigen Konzessionen gegenüber Österreich aus; Österreichs UN-Beitritt zu blockieren, wäre in diesem Kontext kontraproduktiv gewesen. Die Westmächte hatten aber vielleicht ein noch größeres Interesse, Österreich in den Vereinten Nationen zu empfangen. Noch waren die Vereinten Nationen ein von den Westmächten dominiertes Gebilde, wie sich dies im Korea-Konflikt 1950 gezeigt hatte und in der Ungarn-Krise von 1956 nochmals zeigen sollte. Dazu kam das Interesse der Westmächte, Österreichs neue Neutralität und besonders, wie bereits gezeigt, die schwierige Garantiefrage durch eine UN-Mitgliedschaft gleichsam zu entschärfen.

Es sei daran erinnert, daß ein Entschließungsantrag im Hauptausschuß des Nationalrats bereits sehr bald nach der Rückkehr der Regierungsdelegation aus

---

1956, ebd., FO 371/124097/RR1071/89. Zu diesen Gesprächen auch Rauchensteiner, *Die Zwei,* 329.

286 Im Resümee eines Gesprächs zwischen Wallinger und Harrison im Foreign Office am 7. Mai 1956 hielt Harrison fest, „we should like, if possible, to get the idea of a guarantee killed", doch wurden noch diverse taktische Manöver besprochen, um die Westmächte nicht mit dem „Schwarzen Peter" einer glatten Garantieablehnung zu belasten. PRO, FO 371/124097/RR1071/96.

287 Rauchensteiner, *Die Zwei,* 330, nach BMAA, II-Pol, Zl. 514.605-Pol/56 v. 22. Mai 1956, sowie mit negativen Äußerungen des Botschafters Seydoux, Zl. 514.499-Pol/56 v. 22. Mai 1956.

Moskau den Beitritt zu den Vereinten Nationen urgiert hatte.[288] Wir wissen, daß die Frage der Mitgliedschaft bei den Vereinten Nationen auch von der Regierungsdelegation in Moskau zur Sprache gebracht wurde und keine Einwände gegen Österreichs Wunsch, den Vereinten Nationen beizutreten, erhoben wurden.[289] Es war jedenfalls der Wunsch von Bundesregierung und Parlament, anders als die Schweiz, den Vereinten Nationen beizutreten. Ohne Zweifel stand dahinter der Gedanke, daß die Mitgliedschaft bei den Vereinten Nationen Österreich ein zusätzliches Maß an Schutz und Sicherheit sowie auch die Möglichkeit, sich vor der Weltöffentlichkeit Gehör zu verschaffen, gewähren würde. Auf dem Ballhausplatz wurde eine zeitlang im Sommer 1955 die Möglichkeit erwogen, daß Österreich bei den Vereinten Nationen einen besonderen Status erhalten könnte, ähnlich dem der Schweiz während ihrer Mitgliedschaft im Völkerbund.[290] Allerdings setzte sich offensichtlich bald die Überzeugung durch, es sei unnötig – und vielleicht auch inopportun –, einen besonderen Status eigens zu verankern. Die Satzung der Vereinten Nationen war im Vergleich zu jener des Völkerbundes in bezug auf die Organisation der kollektiven Sicherheit flexibler. Dem Sicherheitsrat kam bei der Heranziehung einzelner Mitglieder für militärische Sanktionen ein beträchtliches Ermessen zu; auch war die Teilnahme an Militärsanktionen vom Abschluß eines eigenen Vertrags zwischen dem Sicherheitsrat und den einzelnen Staaten abhängig. Es begann sich die spätere österreichische Argumentation abzuzeichnen, wonach die Tatsache, daß vier ständige Mitglieder des Sicherheitsrates sowohl die Mitgliedschaft Österreichs befürworteten als auch Österreichs Neutralität anerkannten, zugunsten der Vereinbarkeit von Neutralität und UN-Mitgliedschaft spreche.[291]

---

288 Vgl. oben S. 495.

289 Unmittelbar vor dem Abflug aus Moskau am 15. April 1955 informierten Figl und Kreisky die Westbotschafter in Moskau, daß Semjonow den Österreichern auf ihre Frage bestätigt habe, daß sich an der in der Präambel zum Staatsvertragsentwurf enthaltenen Befürwortung von Österreichs UN-Beitritt nichts ändere. Botschafter Sir William Hayter an Foreign Office, 15. April 1955, PRO, FO 371/117789/RR1071/133, im gleichen Sinne der französische Geschäftsträger Le Roy aus Moskau nach Paris, Telegramm Nr. 1193/98, 16. April 1955, AD, série Europe 1944–1960, sous-série Autriche, vol. 300. Ferner Gespräch Kreiskys mit Botschafter Wallinger am 22. April, hierzu dessen Bericht an Foreign Office, 23. April 1955, PRO, FO 371/117791/RR1071/190. Vgl. auch Mitteilung Figls in einem Interview vom 19. April 1955 für die Kopenhagener Zeitung *Berlingske Tidende*, vgl. *Österreichische Neue Tageszeitung*, 20. April 1955, 1; Mitteilung Kreiskys in einem Vortrag vor der Akademischen Vereinigung für Außenpolitik, vgl. *Neues Österreich*, 7. Mai 1955, 1.

290 Bericht über eine Pressekonferenz leitender Beamter des Außenamtes und des Bundeskanzleramtes, darunter des Botschafters Schöner, am 21. Juli 1955, vgl. *WZ*, 22. Juli 1955, 2.

291 Von Wichtigkeit war eine rechtzeitig verfaßte und veröffentlichte Arbeit von Alfred Verdross, „Die dauernde Neutralität Österreichs und die Vereinten Nationen", in: *Juristische Blätter*, 77 (1955), 345–348 (Nr. 14, 9. Juli 1955), die mit Runderlaß vom 25. Juli 1955 allen österreichischen diplomatischen Vertretungen übermittelt wurde, mit zusätzlichen Informationen über die positive Einstellung der USA, Frankreichs und der UdSSR zum UN-Beitritt Österreichs. Zl. 334.299-

Seitens der Westmächte war in den dem UN-Beitritt vorhergehenden Monaten deutlich das Bestreben zu spüren, Österreichs UN-Beitritt möglichst ohne wenn und aber über die Bühne gehen zu lassen.[292] Allerdings neigte Dulles zur Ansicht, daß Österreich mit Rücksicht auf andere Ansuchen (die USA unterstützten u. a. die Aufnahme Italiens) nicht bevorzugt als Sonderfall behandelt werden sollte.[293] Österreichs UN-Mitgliedschaft war den Westmächten wohl aus einer Mischung von Motiven sehr wichtig. Die UN-Mitgliedschaft bot die Möglichkeit, die im Moskauer Memorandum in Aussicht gestellte, den Westmächten unerwünschte Viermächte-Territorialgarantie für Österreich gewissermaßen auf die UN-Satzung abzuschieben. Überdies bot die UN-Mitgliedschaft die Chance, Österreichs Neutralität vom in Moskau akkordierten Schweizer Muster etwas wegzuziehen und zu „flexibilisieren". Besonders die Amerikaner rieten von Vorbehalten anläßlich des UN-Beitritts ab.[294] Bei einer Besprechung des Botschafters Karl Gruber und des Beobachters bei den UN Kurt Waldheim im State Department Ende September 1955 vertraten die amerikanischen Gesprächspartner die Ansicht, die Neutralität Österreichs lasse sich mit der UN-Mitgliedschaft durchaus vereinbaren. Bedenken wären unberechtigt, „da die Charta der Vereinten Nationen hinreichend Möglichkeiten bietet, der besonderen Lage Österreichs Rechnung zu tragen. Nach Ansicht des State Department handelt es sich hier eher um eine akademische Frage, welche am besten nicht weiter aufgeworfen werden sollte".[295] Es hieße eine „Büchse der Pandora" öffnen, verlautete in einer internen amerikanischen Weisung im Dezember 1955, würde man im NATO-Rat eine Diskussion über

---

Int/55, veröffentlicht in: ÖuG, Nr. 146. Sehr informativ Jenny, *Konsensformel*, 293–297; das Thema „Neutralität und UN-Mitgliedschaft" völlig ignoriert bei Mauk, *Österreich und die UNO*, Dissert. Univ. Wien 1981, 245–255 (Kapitel über Österreichs UN-Beitritt 1955).

292 In einem Aktenstück des Wiener Außenamtes vom 21. Juli 1955 findet sich ein nuancenreicher Überblick über das Ergebnis von Sondierungen über Österreichs Aufnahme in die UN am Sitz der UNO in New York, in den Hauptstädten der vier Staatsvertragssignatarstaaten sowie Belgiens, Brasiliens und der Türkei (damals nichtständige Mitglieder des Sicherheitsrates); es gab keine Probleme in Bezug auf das Verhältnis von UN-Mitgliedschaft und Neutralität (von den Briten lag noch keine Äußerung vor); die Franzosen hatten offensichtlich anfängliche Bedenken zurückgestellt (vgl. oben Anm. 231); es gab jedoch unterschiedliche Stellungnahmen, ob Österreichs Ansuchen um UN-Mitgliedschaft eine „Sonderbehandlung" (gegenüber zahlreichen gegenseitig vom Westen bzw. dem Osten blockierten Ansuchen anderer Staaten) erfahren solle oder nicht: AdR, BMAA, II-Pol, Zl. 334.206-Int/55, 21. Juli 1955.

293 Schriftbericht Thompson an State Department Nr. 245, 6. September 1955, NA, RG 59, 663.00/9-655.

294 Hierzu eine Notiz des UN-Experten im Wiener Außenamt und späteren Botschafters bei den UN in New York Franz Matsch auf einem Bericht des österreichischen Beobachters bei den UN Kurt Waldheim an Außenminister Figl vom 21. Juli 1955, AdR, BMAA, II-Pol, Zl. 334.595-Int/55, zit. bei Jenny, *Konsensformel*, 295.

295 Amtsvermerk über eine Besprechung im State Department am 26. September 1955, vorgelegt mit Bericht Zl. 82-Pol/55 des UN-Beobachters Waldheim vom 3. Oktober 1955. AdR, BMAA, II-Pol, Zl. 336.248-Int/55.

die Konsequenzen der österreichischen Neutralität einschließlich der Frage der Vereinbarkeit oder Nichtvereinbarkeit von Neutralität und UN-Mitgliedschaft abführen.[296] Schon gegen Ende des Jahres 1955 und neuerlich sehr entschieden 1958 äußerte man sich übrigens im Londoner Foreign Office intern dahingehend, daß im Konfliktfalle zwischen Neutralitätsverpflichtungen und Verpflichtungen im Rahmen der UN-Charter den letzteren eindeutig der Vorrang zu geben sei.[297] Schließlich mochte die UN-Mitgliedschaft einmal Möglichkeiten bieten – britische interne Stellungnahmen deuteten es schon 1955 an –, den Neutralitätsstatus ganz abzulegen.

Acht Tage nach der Anerkennung der österreichischen Neutralität durch die Vier Mächte, nämlich am 14. Dezember 1955, wurde Österreich auf Empfehlung des Sicherheitsrates, dem ja die vier früheren Besatzungsmächte, die gerade Österreichs Neutralität anerkannt hatten, als ständige Mitglieder angehörten, von der Generalversammlung der Vereinten Nationen als Mitglied aufgenommen. Österreichs Aufnahme erfolgte unter dramatischen Umständen. In den Vereinten Nationen tobte seit Jahren ein Kampf um die Aufnahme einerseits vom Sowjetblock, andererseits von den Westmächten favorisierter Länder, der zur Blockierung der Aufnahme neuer Mitglieder geführt hatte. Aus dieser Sackgasse sollte nunmehr eine seit der Jubiläumstagung von San Francisco im Juni 1955 in Gang kommende Kompromißlösung herausführen. Seit der afro-asiatischen Konferenz von Bandung im April des Jahres war auch der Druck auf Aufnahme asiatischer und afrikanischer Staaten gewachsen. Am 8. Dezember 1955 empfahl die UN-Generalversammlung dem Sicherheitsrat die Aufnahme von 18 neuen Mitgliedern, darunter Österreich; die geteilten Staaten Nord- und Südkorea sowie Nord- und Südvietnam blieben ausgeklam-

296 Anlaß war eine inoffizielle niederländische Anfrage bezüglich einer allfälligen Diskussion im NATO-Rat über die Konsequenzen der österreichischen Neutralität einschließlich der Frage der Vereinbarkeit oder Unvereinbarkeit der Neutralität mit der UN-Mitgliedschaft und insbesondere mit den aus der UN-Charta resultierenden militärischen Verpflichtungen. Vgl. Telegramm US-Botschaft Paris nach Washington, Nr. Polto 1005, 14. Dezember 1955, NA, RG 59, 663.0021/12-1455; Weisung State Department an Botschaft Paris, Nr. Topol 719, 17. Dezember 1955, ebd., 663.0021/12-1455 (sic); eine Debatte im NATO-Rat wäre unnütz, weil es keinen Zweifel über die Antwort gebe, meinte Thompson zu Seydoux. Telegramm Seydoux nach Paris Nr. 1721, 19. Dezember 1955. DA, série Europe 1944–1960, sous-série Autriche, vol. 300.

297 Interne Stellungnahmen, u. a seitens des Legal Adviser Sir G. Fitzmaurice vom 16. Dezember 1955, und Schreiben von H. Young an die Botschaft Wien, 30. Dezember 1955, PRO, FO 371/117816/RR1071/715; ausführliche Ausarbeitung von John Blair (britische Botschaft Wien), 25. Februar 1958, über österreichische Interpretationen, einschließlich der Ansichten des damaligen Leiters des Völkerrechtsbüros Rudolf Kirchschläger, ebd. FO 371/136597/RR1074/1; Stellungnahme hierzu von Sir G. Fitzmaurice, 4. September 1958, ebd. (urspr. Zl. 1071/2); Amtsdruck „The Legal Basis of Austrian Neutrality“, bestehend aus einem Bericht von R. P. Heppel (britische Botschaft Wien) an Außenminister Selwyn Lloyd, 31. Oktober 1958 und Schreiben des Premierministers Macmillan an Botschafter Sir James Bowker Wien, 5. Jänner 1959, ebd. FO 371/136597/RR1074/3.

mert. Doch die Konflikte in Ostasien bereiteten Schwierigkeiten bis in die letzten Stunden; das damals noch den ständigen Sitz Chinas im Sicherheitsrat einnehmende Nationalchina (territorial auf Taiwan und einige kleinere Inseln beschränkt) stellte am 13. Dezember doch einen Antrag auf Aufnahme Südkoreas und Südvietnams, wogegen die Sowjetunion ein Veto einlegte; Nationalchina wiederum legte ein Veto gegen die von der Sowjetunion favorisierte Mongolische Volksrepublik ein; nunmehr konterte die Sowjetunion mit einem Einspruch gegen 13 nichtvolksdemokratische Aufnahmekandidaten, wovon auch Österreich betroffen war. Erst als sich die Sowjetunion in Kompromißverhandlungen bereit erklärte, die Aufnahme der Äußeren Mongolei zurückzustellen, wenn der Westen die Aufnahme Japans zurückstelle, kam es am 14. Dezember im Sicherheitsrat zu Beschlüssen, die – in gesonderten Abstimmungen – die Aufnahme von insgesamt 16 Staaten ermöglichten. Es war der größte „Aufnahmeschub“ seit Gründung der Vereinten Nationen. Die Empfehlung des Sicherheitsrates bezüglich Österreichs wie auch zehn anderer Staaten erfolgte einstimmig; bei fünf Staaten gab es unterschiedliche Stimmenthaltungen. Österreich wurde gleichzeitig mit folgenden Staaten aufgenommen: Albanien, Bulgarien, Ceylon, Finnland, Irland, Italien, Jordanien, Kambodscha, Laos, Libyen, Nepal, Portugal, Rumänien, Spanien und Ungarn.[298]

Staatsvertrag, Ende der alliierten Kontrolle, Ende der Besetzung durch Streitkräfte aus Ost und West, Neutralität, Mitgliedschaft bei den Vereinten Nationen: das sind die Marksteine des *annus mirabilis* der Zweiten Republik, des Jahres 1955. Zu Beginn dieses Jahres hätte niemand gewagt, den Eintritt auch nur eines dieser Ereignisse vorauszusagen. Im Gegenteil, knapp vor Weihnachten 1954 war vom sowjetischen Hochkommissar die Gefährdung der Einheit Österreichs – anders gesagt, die Gefahr einer Spaltung des Landes – kaum verhüllt an die Wand gemalt worden.[299] Noch im Frühjahr 1955 vor den Moskauer Verhandlungen war mehrfach spekuliert worden, daß bei Scheitern der österreichisch-sowjetischen Verhandlungen die Teilungsgefahr akut werden könnte.[300] An diesen außerordentlichen Veränderungen innerhalb weniger Monate ist die herausragende Bedeutung des Jahres 1955 für die Geschichte der Zweiten Republik zu ermessen.

298 Eine knappe Übersicht in: *AdG* 1955, 5521A.
299 Siehe oben S. 337–338.
300 Siehe oben S. 398–400.

VIII

SCHLUSSWORT

ÖSTERREICHS INTERNATIONALE POSITION 1945–1955: ALTERNATIVEN, OPTIONEN, DENKMODELLE

Blickt man auf Österreich und sein internationales Umfeld während des Jahrzehnts 1945–1955, und versucht man, den empirischen Befund zu ordnen, so ist zunächst eine entscheidende Voraussetzung in Erinnerung zu rufen. Die wiedererrichtete Republik Österreich erstand 1945 an der Nahtstelle zweier militärischer Operationsbereiche – der sowjetischen Militärmacht (damals im Bunde mit Titos Jugoslawien) auf der einen Seite, der unter gemeinsamem Oberkommando operierenden amerikanisch-britisch-französischen, „westalliierten“ Militärmacht auf der anderen. Diese zwei militärischen Eingriffsbereiche, die auf österreichischem Boden im Rahmen der Vier-Zonen-Einteilung ein Jahrzehnt nach Kriegsende fortexistierten, waren zwar im Zuge der Kriegführung gegen NS-Deutschland und dessen Verbündete entstanden; sie erhielten jedoch eine neue geostrategische Bedeutung im Rahmen der bald (1947) als „Kalter Krieg“ bezeichneten, rasch eskalierenden Konfrontation machtmäßiger und ideologischer Blockbildungen. Ohne bestimmte Sonderentwicklungen wie das Ausscheren Jugoslawiens aus dem sowjetischen Dominanzbereich geringzuschätzen, ist doch festzuhalten, daß für einen Staat wie Österreich, der sich *auf beiden Seiten* der militärstrategischen Nahtstelle zwischen Ost und West befand, diese Konfrontation außerordentliche Konsequenzen hatte.

Es ist ja nicht so, wie man aus der Erinnerung an die rund dreieinhalb Jahrzehnte zwischen 1955 und 1989 glauben könnte, daß der „Eiserne Vorhang“, um ein seit 1946 in Umlauf gekommenes Vokabel zu verwenden, nur an Österreichs Nord- und Ostgrenze, zeitweise auch an der Südostgrenze, verlaufen wäre. Dem bloßen Auge – vor allem in den späteren Jahren der Besatzungszeit – weniger sichtbar als die auch aus politischen Gründen abgeschotteten Grenzen zu den „Ostblockstaaten“, verlief militärstrategisch gesehen der Eiserne Vorhang, nämlich die Grenze zwischen östlichem und westlichem militärischem Dispositionsbereich, quer durch Österreich: von Passau entlang der Donau und Enns, dann entlang der steirisch-niederösterreichischen Grenze über den Semmering und entlang der steirisch-burgenländischen Landesgrenze bis zur Staatsgrenze mit Jugoslawien.

Sicher waren die Enklaven der Westalliierten in Wien in Friedenszeiten von beträchtlicher politischer und atmosphärischer Bedeutung; die in diesem Buch (Kap. I) erwähnte eigentümliche Verklammerung der vier Alliierten in Wien (Internationaler Sektor, uneinheitliche räumliche Sektorenabgrenzung) hatte ohne Zweifel eine deeskalierende Wirkung; doch im Ernstfall des Krieges wären diese Enklaven nicht ins Gewicht gefallen. Die institutionelle Gemeinsamkeit der Vier Mächte in der Alliierten Kommission, der besonders von französischer Seite oft hervorgehobene „Quadripartismus", bedeutete ebenfalls ein Element der Stabilität. Doch für den Ernstfall, und für die Vorbereitungen zum Ernstfall (vgl. Kap. IV) zählte eben die Zonengrenze zwischen der Sowjetzone und den zunehmend im Sprachgebrauch gemeinsam benannten „Westzonen". Die österreichische Bevölkerung, die acht Jahre lang – bis Juni 1953 – nur unter Kontrolle die Demarkationslinie zwischen Sowjetzone und Westzonen überschreiten konnte, reiste zwar im eigenen Land, aber gleichsam im „kleinen Grenzverkehr" hin und her über einen Abschnitt der militärischen Ost-West-Grenze in Europa. Diese „besondere Lage" Österreichs hat Karl Gruber frühzeitig und zutreffend gekennzeichnet: Österreich „ragt in die militärischen Positionen des Ostens und Westens hinein".[1]

Welche mögliche Varianten der Entwicklung für Österreichs internationale Position, welche Alternativen und Eventualitäten, vielleicht Optionen, zumindest welche Denkmöglichkeiten oder Denkmodelle ergaben sich aus dieser Voraussetzung? Ich möchte fünf solche Varianten nennen; es handelt sich nicht etwa um eine chronologische Abfolge bestimmter Phasen der Geschichte Österreichs von 1945 bis 1955, sondern um die systematische Erörterung von fünf denkmöglichen, teils gar nicht, teils in Ansätzen, teils auf längere Dauer verwirklichten Varianten der Position Österreichs im von der Ost-West-Konfrontation dominierten Europa. Die folgenden fünf Varianten oder Themen seien in diesem abschließenden Überblick teils knapp, teils etwas ausführlicher, zur Diskussion gestellt:[2]

Variante 1: Die anhaltende Besetzung Österreichs durch die Vier Mächte.
Variante 2: Die Teilung Österreichs.
Variante 3: Österreich als Teil des Ostblocks.
Variante 4: Österreich als auch militärisch integrierter Teil des Westblocks.
Variante 5: Österreich als Staat zwischen zwei Militärblöcken.

Zur *ersten* Variante: Ein Termin für den Abzug der Alliierten aus Österreich, wenngleich noch nicht an ein festes Datum gebunden, entstand erst, als die Vier Mächte übereinkamen, die Räumung des Landes 90 Tage nach dem Inkrafttreten des „Vertrags betreffend die Wiederherstellung eines freien und demokratischen Österreich" vorzunehmen. Dies geschah in den ersten Mona-

---

1 Karl Gruber, undatierte streng vertrauliche Aufzeichnung „Die Lage in Mitteleuropa" [Frühjahr 1947], KGA, K. 14, Mappe Div. vertrauliche Informationen, zit. bei Michael Gehler, „„Politisch unabhängig', aber ‚ideologisch eindeutig europäisch' – Die ÖVP, die Vereinigung christlicher Volksparteien (NEI) und die Anfänge der europäischen Integration 1947–1960", in: Gehler/Steininger, *Österreich und die europäische Integration 1945–1963*, 295. Ich bin Michael Gehler für die Ermöglichung der Einsichtnahme in dieses Dokument sehr zu Dank verbunden.

2 Ich greife hier in erweiterter und revidierter Form auf ein Schema zurück, das ich erstmals im März 1986 auf einem Symposium in New Orleans präsentiert habe; vgl. Stourzh, Origins, bes. 37–42.

ten des Jahres 1947 (vgl. Kap. II). Spätestens von da an galt in Österreich die Gleichung: Staatsvertrag = Abzug der Großmächte aus Österreich. Die Unterscheidung zwischen dem Abschluß, d. h. der Unterzeichnung des Staatsvertrags einerseits und seinem Inkrafttreten nach Ende des Ratifikationsverfahrens mit der Hinterlegung der letzten von fünf Ratifikationsurkunden im sowjetischen Außenministerium andererseits war wohl den außenpolitischen und militärischen Experten geläufig, kaum der Öffentlichkeit. Die Gleichung „Staatsvertrag = Abzug der Großmächte aus Österreich" war jedenfalls jahrelang die wichtigste Triebfeder der österreichischen Politik. „Trotz aller Lasten" wäre „ein Staatsvertrag mit Räumung des Landes günstiger" als die „fortdauernde Besetzung", sagte Außenminister Gruber 1952.[3] Sicher ging es Gruber in besonderem Maße um die Räumung der Sowjetzone,[4] doch stand für ihn außer Zweifel, daß nur ein Übereinkommen mit allen Vier Mächten gemeinsam das erstrebte Ziel der Räumung bringen konnte. Auf keinen Fall, so Gruber im Februar 1952, „können wir uns zum Abschluß von Sonderverträgen mit den einzelnen Mächten bereit erklären, denn dies wäre das Ende Österreichs".[5]

Die anhaltende Besetzung Österreichs war von zwei gefährlichen Tendenzen begleitet.

Erstens bestand die Gefahr des mentalen Auseinanderdriftens der Bevölkerung der verschiedenen Zonen. Die alliierte Besetzung stellte sich zumal in den letzten Besatzungsjahren unter sehr unterschiedlichen Aspekten dar. Im Oktober 1954 gab es in Österreich gemäß einem Bericht Jean Chauvels 36.000 Mann der sowjetischen Besatzungsmacht, 15.172 Amerikaner, 2820 Engländer und 542 Franzosen, davon 150 Gendarmen (!).[6] Diese Ziffern allein sind angetan, eine Vorstellung der unterschiedlichen Lebensverhältnisse in den Besatzungszonen zu geben. Während Tirol und Vorarlberg faktisch besatzungsfrei waren (die geringen französischen Kräfte waren in Wien konzentriert), gab es auch in Kärnten und in der Steiermark nur ganz geringfügige britische Kräfte. Die Präsenz der Amerikaner war in Salzburg und im südlichen Oberösterreich viel stärker fühlbar – auch als Wirtschaftsfaktor[7] – als jene der Briten im südlichen oder der Franzosen im westlichsten Teil Österreichs. Der

---

3 Protokoll über die (vertrauliche) 71. Sitzung des Nationalratsklubs der ÖVP am 12. 2. 1952. KGA, K. 11, Mappe „V"-Akten.

4 „All tactics, treaty, diplomatic, and Austrian, should be directed towards this end; all problems would be immeasurably easier to solve once this country was emptied of Soviet forces." Im Gespräch mit dem US-Diplomaten Coburn Kidd am 20. September 1951. *FR 1951*, IV, 1135.

5 Gruber am 12. Februar 1952 im ÖVP-Nationalratsklub, wie Anm. 3. Die Gefahr von „Sonderverträgen" wurde damals, wenige Monate nach dem „Sonder"-Friedensvertrag der Westmächte mit Japan, vor allem von KPÖ-Abgeordneten an die Wand gemalt. Vgl. auch oben Kap. V, 274.

6 Schriftbericht Chauvel an Außenminister Mendès-France, 27. Oktober 1954, *DDF 1954*, Nr. 300 (S. 625).

7 Nicht umsonst wurde vor allem von den Bewohnern der amerikanischen Zone nach dem Abzug der Amerikaner halb im Scherz als „Befreiungsgeschädigten" gesprochen.

Kontrast zu der noch wesentlich größeren Zahl der sowjetischen Truppen springt umso mehr in die Augen. Es gab recht unterschiedliche Lebenswelten im Österreich von 1954 oder Anfang 1955 – etwa der Bregenzer Wald im vollständig besatzungsfreien Vorarlberg, Salzburg-Siezenheim mit sehr starker amerikanischer „Besatzungsbevölkerung", oder das Waldviertel mit dem großen der Roten Armee dienenden Truppenübungsplatz Döllersheim. Auch das Straßenbild in den Städten Österreichs war unterschiedlich – von den ganz oder fast besatzungsfreien Städten der französischen und britischen Zone über die starke amerikanische Präsenz in Salzburg bis Baden bei Wien mit dem sowjetischen Hauptquartier oder auch der Bundeshauptstadt selbst mit einer merkbaren Präsenz aller vier Besatzungsmächte. Von Seiten mancher Politiker, die sich um die Einheit ganz Österreichs sorgten, gab es bisweilen ernste, bisweilen auch bissige Kommentare zum Unverständnis in Westösterreich für die Sorgen im östlichen Teil des Landes.[8]

Zweitens bestand die Gefahr einer zunehmenden Resignation, eines Sich-Gewöhnens an den sich von Jahr zu Jahr verlängernden Zustand der Nicht-Souveränität, gepaart mit Bitterkeit. Die Filmsatire „1. April 2000" vom Jahr 1952 war ein Beispiel für diese Haltung: Österreich wird des Friedensbruchs angeklagt, weil es sich nach der 2850. Sitzung über den Staatsvertrag aus eigenem für frei und unabhängig erklärt.[9] Auch Österreichs Regierungspolitiker waren um 1954 sehr bescheiden geworden, wenn man die Bereitschaft zur Akzeptanz wesentlich verlängerter Abzugsfristen in Betracht zieht, wie sie zu Ende der Berliner Konferenz oder im Spätherbst 1954 zum Ausdruck kam.[10] Manche Politiker wie Karl Gruber oder Bruno Kreisky fürchteten auch, daß das andauernde vergebliche Warten auf Österreichs Souveränität das noch fragile Selbstbewußtsein des Landes schwächen würde und daß Österreich zunehmend der Sogkraft der aufsteigenden Bundesrepublik Deutschland ausgesetzt sein könnte.[11] Kreisky, nie um originelle oder gewagte Formulierungen verlegen, meinte einmal im Gespräch mit dem französischen Hochkommissar Jean Chauvel, daß die Fortdauer der militärischen Besetzung aus Österreich eine Art „Gibraltar" machen und die Seele des Landes zerstören würde.[12] Das

8 Vgl. u. a. oben Kap. III, 122, Kap. IV, 181, Kap. VI, 353; Gruber bemerkte einmal im ÖVP-Nationalratsklub sehr scharf, „daß die Feigheit im Westen weitaus größer ist als im Osten Österreichs. Auch findet man im Westen mehr Rückversicherer als bei uns." Protokoll der Sitzung vom 12. 2. 1952, wie oben Anm. 3.

9 Vgl. oben Kap. IV, 181.

10 Vgl. oben Kap. V, 317, 327–329.

11 Zu Grubers Argumentation gegenüber den Amerikanern im September 1949 vgl. oben Kap. III, 169–170.

12 „. . . il considère que le régime actuel où la persistence d'une occupation militaire, sous quelque forme que ce soit, aboutirait à la longue à faire de l'Autriche une sorte de ‚Gibraltar' et détruirait l'âme du pays." Französische Mitschrift des Gesprächs Kreisky-Chauvel (in Gegenwart von

Datum von Kreiskys kühnem Vergleich Österreichs mit Gibraltar – den militärisch ad infinitum besetzten Appendix eines anziehungsstarken Nachbarn suggerierend – ist signifikant: Kreisky zog diesen Vergleich am 27. Oktober 1954, nur vier Tage nach den Pariser Verträgen, die das Ende des Besatzungsregimes in der Bundesrepublik Deutschland besiegelt hatten! Kreisky fügte der düsteren Perspektive einer Gibraltarisierung Österreichs[13] auch sogleich die Warnung hinzu, es sei zu befürchten, daß die Anziehungskraft des mächtigen Nachbarn auf Österreich eine noch vermehrte Kraft ausübe, nachdem die Bundesrepublik glanzvoll ihre souveränen Rechte wiedererrungen habe![14] Sechs Wochen später berichtete Chauvel nach Paris, er komme täglich stärker zur Überzeugung, daß die Stagnation des Besatzungsregimes dem Nationalbewußtsein („esprit national") der Bevölkerung immer tiefer Abbruch tue, und infolgedessen auch den Lebensinteressen Österreichs und der Stabilität in diesem Teil Europas.[15] Noch in seinem Abschlußbericht aus Wien vom 1. Februar 1955 betonte Chauvel, das Nationalgefühl in Österreich könne sich nicht festigen, wenn das erwachsen gewordene Österreich am Gängelband gehalten werde.[16]

Gewiß konnte man in der Vier-Mächte-Besetzung Österreichs auch Elemente der internationalen Stabilität finden, solange der institutionelle Rahmen der Alliierten Kommission und des Zweiten Kontrollabkommens funktionierte. Jean Chauvel schrieb mehrmals davon, daß die Vier-Mächte-Kontrolle de facto die Neutralität oder, wie er auch einmal sagte, die „Neutralisierung" Österreichs bedeute.[17] So originell diese These auch sein mochte, hält sie doch einer eingehenderen Überprüfung nicht stand, denn im Ernstfall wären die westlichen Truppen in Österreich sehr wohl unter NATO-Oberkommando gestanden, wie wohl auch die in Österreich stationierten Kontingente der Roten Armee

Chauvels Stellvertreter Lalouette) vom 27. Oktober 1954: AAF, Traité d'Etat VI. Chauvel, französischer Spitzendiplomat, war nur vier Monate lang Hochkommissar und Botschafter in Wien, von Anfang Oktober 1954 bis Anfang Februar 1955.

13 Das Wort „gibraltarisation" verwendet eine Ausarbeitung des Pariser Außenministeriums vom 30. Oktober 1954 über Kreiskys Vorschläge in dessen Gesprächen mit Lalouette und Chauvel: AAF, Traité d'Etat VI, Durchschrift in AD, série Europe, 1944–1960, sous-série Autriche, vol. 287, fol. 256–261.

14 „ayant recouvré avec éclat ses droits souverains": wie Anm. 12.

15 Schriftbericht Chauvel an Außenminister Mendès-France, Nr. EU/537, 13. Dezember 1954, AD, série Europe 1944–1960, sous-série Autriche, vol. 288, fol. 156–161 (nicht publiziert).

16 „Le sentiment national ne peut se confirmer si l'Autriche adulte est ainsi tenue en lisière." Schriftbericht Chauvel an Außenminister Faure, 1. Februar 1955, *DDF 1955,* I, Nr. 60 (S. 143). Chauvel wurde von Wien als Botschafter nach London versetzt.

17 Ebd. (S. 140, 142), sowie bereits Telegramm Chauvel an Außenminister Mendès-France, 6. Jänner 1955, *DDF 1955,* I, Nr. 13 (S. 34) und neuerlich Telegramm Chauvel aus London an Außenminister Pinay, Nr. 2239/44, 26. April 1955, AD, série Europe 1944–1960, sous-série Autriche, vol. 300: „. . . du fait de l'accord de contrôle, l'ensemble du territoire autrichien est actuellement neutralisé, aucune de ses parties n'appartenant à l'un ou l'autre système."

als integrale Komponente der sowjetischen Gesamtmilitärmacht zu betrachten waren. So kam denn auch eine Studie des französischen Außenministeriums zu der plausiblen Schlußfolgerung, daß die Präsenz von Truppen der atlantischen Staaten einerseits und der Sowjetunion andererseits de facto dazu geführt habe, daß der westliche Teil des Landes unter der Garantie der NATO (Artikel 6), der östliche Teil unter der „impliziten" Garantie der UdSSR stehe.[18] Solange aber eine solche Situation existierte, bestand die Gefahr, daß die Vier-Mächte-Besetzung oder, realistischer gesagt, die Ost-West-Besetzung Österreichs zur Teilung des Landes führen könne.

Die *zweite* Variante, die Teilung Österreichs, wurde in der Öffentlichkeit eher selten, in vertraulichen diplomatischen oder militärischen Analysen wohl häufiger, zur Diskussion gestellt. Teilungsbefürchtungen hatten Hochkonjunktur zur Zeit der Berlin-Krise 1948/49. Ernstfallplanungen der Westmächte (Vorratsanlegung in Wien; Luftbrücke für Wien; Evakuierung der österreichischen politischen Führungsgarnitur, etc.) wurden ab 1948/49 intensiv betrieben.[19] Allerdings ist zu bedenken, daß Österreichs Teilung entlang der Ost-West-Demarkationslinie zwei Konsequenzen in sich barg, die keinesfalls im Interesse einer wie immer motivierten sowjetischen Interessenpolitik liegen konnten: erstens eine stärkere Annäherung der österreichischen Westzonen an Westdeutschland, und zweitens eine (verstärkte) Integration Westösterreichs in die US-dominierte Militärkontrolle im westlichen Mitteleuropa; die US-Zonen in Deutschland (mit Bayern!) und in Österreich grenzten ja unmittelbar aneinander. Teilung ist auch nicht die Politik der Westmächte gewesen, wenngleich zeitweise eine gewisse Leichtigkeit des Umgangs mit der Eventualität einer Teilung in amerikanischen Quellen feststellbar ist.[20] Noch im Herbst 1954 hat der französische Hochkommissar Chauvel die Ansicht vertreten, daß sich die Amerikaner mit einem Niedergehen des Eisernen Vorhangs an der Enns eher leicht abfinden würden.[21] Die Franzosen standen aus begreiflichen

18 „Note" über das Problem der Österreich zu gewährenden Garantie (Mitte Juli 1955), AD, série Europe 1944–1960, sous-série Autriche, vol. 300. Der hier erwähnte Art. 6 des Nordatlantikpaktes schloß im räumlichen Geltungsbereich des Bündnisfalles auch die von Besatzungstruppen der Vertragspartner besetzten Gebiete in Europa ein.

19 Vgl. oben S. 140; die gleichzeitige Betreibung von Luftbrücken nach Berlin und Wien wurde im Rahmen der in Europa vorhandenen Kapazitäten als undurchführbar angesehen; vgl. Schmidl, The Airlift That Never Was, 16.

20 Vgl. oben S. 103 u. 132.

21 Schriftbericht Chauvel an Außenminister Mendès-France, 27. Oktober 1954, *DDF 1954,* Nr. 300 (hier S. 624–625). Allerdings bemerkte Livingston Merchant, enger Berater John Foster Dulles', fast zur gleichen Zeit: „A separate treaty for Austria, without Soviet participation, would result in the partition of Austria, *something none of us want*" (meine Hervorhebung, G. S.). Merchant an Dulles, 14. November 1954 (in Vorbereitung von Raabs Washington-Besuch), NA, RG 59, Lot files, 58 D 223. Ich danke Herrn Mag. Walter Blasi, Wien, für diese Quelle.

Gründen, wie Thomas Angerer gezeigt hat, einer Teilung Österreichs höchst skeptisch gegenüber, würden sich doch dann „Österreichs Westzonen Westdeutschland zuwenden".[22]

Teilungsbesorgnisse spielten gerade in den Monaten Dezember 1954 bis April 1955 eine größere Rolle als in den Jahren vorher. Erstmals – und einmalig – wurde die Gefahr einer Teilung von sowjetischer Seite im Dezember 1954 an die Wand gemalt. Anlaß war bekanntlich der sowjetische Vorwurf an Amerikaner und Franzosen, in Tirol hielten sich amerikanische Kontingente auf. Der Kontext war ein umfassenderer, nämlich die höchst beunruhigte sowjetische Reaktion auf den Beschluß der Westmächte vom Oktober 1954, die Bundesrepublik Deutschland in die NATO aufzunehmen, mit sowjetischen Versuchen, durch Sperrfeuer verschiedener Art den Weg der Bundesrepublik in die NATO doch noch zu verhindern oder zumindest zu verlangsamen.[23]

Neue Nahrung erhielten die Teilungssorgen gerade in Verbindung mit der sowjetischen Einladung an Raab zu Gesprächen in Moskau – paradoxerweise, ist man versucht hinzuzufügen, doch diese Reaktion ist das Privileg des Rückblickenden, der weiß, wie die Dinge ausgingen. Was würde geschehen, wenn die Moskauer Gespräche scheiterten? Es bestand die Befürchtung, daß ein Scheitern nicht bloß zur Fortdauer des status quo, also zur Fortdauer des Vier-Mächte-Regimes in seiner (zumindest seit 1953) erträglicher gewordenen Form, führen würde, sondern zu einer vielleicht dramatischen Verschlechterung der Lage, bis zu einer Spaltung des Landes hin. Eine weitere Besetzung Österreichs könne „im Stadium der Pariser Verträge nur zu leicht dazu führen, daß die beiderseitigen militärischen Positionen in dem besetzten Land wechselweise weiter ausgebaut werden und das Land auf diese Weise schließlich zerrissen wird". Dies schrieb der bundesdeutsche Vertreter in Wien, Mueller-Graaf, Mitte April nach Bonn.[24] Zurück in Paris von den Botschafterbesprechungen mit Raab, Schärf, Figl und Kreisky, teilte Botschafter Vollgruber einem hohen Diplomaten des Quai d'Orsay mit, in Wien fürchte man für den Fall, daß die Situation sich nicht günstig entwickle, daß die Sowjets, die Formen wahrend und ohne das Kontrollabkommen brutal zu verletzen, doch versuchen könnten, „Österreich praktisch zweizuteilen".[25] Es wäre nicht auszuschließen, obgleich Belege fehlen, daß in Österreichs politischer Führung, zumal bei Raab selbst, Interesse daran bestand, ein mögliches Scheitern der

22 Angerer, Integrität vor Integration, 178 (mit zahlreichen Quellenbelegen).

23 Vgl. oben S. 330–331, 337–338.

24 Mueller-Graaf an Freiherrn von Welck, 13. April 1955. Dieser bemerkenswerte, großes Verständnis für Österreichs Lage zeigende neunseitige Brief erliegt in: BAK, N 1351 (= Nachlaß Herbert Blankenhorn), 44a.

25 Aufzeichnung von François Seydoux, zu diesem Zeitpunkt „Directeur d'Europe" in der politischen Generaldirektion des Quai d'Orsay, über ein Gespräch mit Vollgruber, 4. April 1955, AD, série Europe 1944–1960, sous-série Autriche, vol. 289, fol. 195–199.

bevorstehenden Moskauer Gespräche in dunkelgrauen bis schwarzen Farben zu schildern, um es den Westmächten zu erleichtern, die für sie eher bittere Pille einer bilateralen sowjetisch-österreichischen Verständigung zu schlukken.

Allerdings ist eine weitere Überlegung hinzuzufügen. Der sowjetischen Besatzungsmacht stand ein weitgefächertes Instrumentarium zur Verfügung, um, eventuell auch nur als Drohgebärde, Erschwernisse oder gar Schikanen im Verkehr zwischen der Sowjetzone und den anderen Zonen walten zu lassen, und zwar ohne eine formale Verletzung des Kontrollabkommens zu begehen. Die weitgehenden Verfügungen der Stadtkommandantur St. Pölten Ende März 1955, über die Innenminister Helmer im Ministerrat berichtete, gaben ein Signal – war es ein bewußt abgegebenes Warnsignal? – in Richtung unerfreulicher Maßnahmen. Auch ist zu bedenken, daß damals allen verantwortlichen Personen manche erst kurzvergangene Erfahrungen – etwa die acht Jahre währende Zonenkontrolle an Enns und Semmering von 1945 bis Juni 1953, von der Verhaftungs- und Entführungswelle der späten vierziger Jahre ganz zu schweigen, deren Opfer damals größtenteils noch in sowjetischem Gewahrsam waren – in frischer Erinnerung standen. Jeder Kenner der Geschichte Berlins von 1945 bis 1961 und darüber hinaus kann ermessen, wie variiert und nuanciert Maßnahmen zur Behinderung des freien Verkehrs sein konnten und tatsächlich waren, ohne den Westmächten eine Handhabe zum Eingreifen zu gewähren. Dies ist wohl eine echte, nicht bloß taktisch motivierte Sorge gewesen. Die ultima ratio der totalen Spaltung oder Zerreissung mußte nicht gleich oder überhaupt eintreten, und war, wie bemerkt, wohl auch gar nicht in sowjetischem Interesse. Doch die Möglichkeiten, durch Druck sei es die Westmächte, sei es die österreichische Regierung zum Einlenken zu bewegen, waren umfangreich. Einer der klügsten Kommentare in den Wochen vor der Moskau-Fahrt ist in Erinnerung zu rufen: Er habe immer geglaubt, so drahtete Botschafter Thompson Ende März nach Washington, daß in der Frage des Österreichvertrags unsere (d. h. die amerikanische) Alternative *nicht* zwischen einem Vertragsabschluß und dem status quo bestehe, sondern zwischen einem Vertrag „und der Situation, die die Sowjets unter den gegenwärtigen Umständen fähig sind, zustande zu bringen".[26]

„Teilungsanfällig" war Österreich in der Zeit seiner Ost-West-Besetzung nicht in erster Linie aufgrund der Entwicklung in Österreich selbst. Die eigentlichen Teilungssorgen hingen vielmehr mit Ost-West-Krisen außerhalb Österreichs zusammen – mit der Berliner Blockade, der Situation nach Ausbruch des Korea-Krieges, den Pariser Verträgen mit ihrer Öffnung des Weges

26 Thompson an State Department, Tel. Nr. 2134, 28. März 1955, NA, RG 59, 663.001/3-2855. Vgl. bereits oben S. 400.

der Bundesrepublik Deutschland in die NATO. Besorgnisse vor externen Konflikten, deren Krisenmanagement außer Kontrolle geraten konnte, und die in ein Land überschwappen könnten, das von Militärverbänden beider Blöcke kontrolliert wurde, mußten so lange anhalten, wie eben die Ost-West-Besetzung Österreichs andauerte. Die Teilungsgefahr war der Ost-West-Besetzung Österreichs inhärent. So ist auch eine öffentliche Äußerung Bruno Kreiskys Anfang Mai 1955 zu verstehen, der die Neutralität nicht nur als einzige Alternative zum Besatzungszustand, sondern auch zur Gefahr des Niedergehens des Eisernen Vorhangs an der Enns bezeichnete.[27]

Die *dritte* Variante betrifft eine mögliche Entwicklung Österreichs in Richtung Osten. „Dieser Krieg ist nicht wie in der Vergangenheit; wer immer ein Gebiet besetzt, erlegt ihm auch sein eigenes gesellschaftliches System auf. Jeder führt sein eigenes System ein, so weit seine Armee vordringen kann." Diese Worte Stalins, im April 1945 im Gespräch mit Milovan Djilas gefallen, zählen zu den meistzitierten Sätzen in der Geschichte des Kalten Krieges.[28] Versucht man, sie auf Österreich anzuwenden, so genügt zunächst die banale Feststellung, daß die Rote Armee eben nur Teile Österreichs besetzte und, mit gewissen Veränderungen aufgrund des Zonenabkommens vom Juli 1945, besetzt hielt. Darüber hinaus gilt der wohl immer deutlicher werdende historische Befund, daß die Sowjetpolitik unter der Diktatur Stalins ideologische und pragmatische, offensive und defensive Elemente durchaus miteinander zu vereinbaren wußte.[29] Doppel- oder Mehrfachstrategien mit unterschiedlichem Zeithorizont waren Teil des Rüstzeugs der sowjetischen Politik, und ideologische Rechtfertigungen konnten immer, für jeden Schritt in jeder Richtung, geliefert werden.

Versuche der Kommunisten in Österreich, Zentren politischer Einflußnahme und Macht zu erringen, entsprachen sehr deutlich dem Grundmuster kommunistischer Machteroberungsstrategien, wie sie in den ostmitteleuropäischen und südosteuropäischen Staaten mit unterschiedlichem zeitlichen Gefälle ab 1944/45 sichtbar wurden. Dazu zählte in erster Linie der Versuch, Kontrolle über den Apparat des Innenministeriums und damit über die Polizei,

27 Vortrag vor der Hochschulsektion der Österreichischen Liga der Vereinten Nationen, 6. Mai 1955. Kurze (und unbefriedigende) Berichte in: *Neues Österreich,* 7. Mai 1955, 1; *AZ,* 7. Mai 1955, 2; ausführlicher ist ein Drahtbericht des französischen stellv. Hochkommissars Lalouette nach Paris, Nr. 898, 7. Mai 1955: Kreisky habe mit folgenden Worten geschlossen: Wenn es Personen gebe, die glaubten, daß es besser sei, nicht neutral zu sein und zu sehen, wie der Eiserne Vorhang an der Enns niedergeht, mögen sie den Mut haben, dies zu sagen. Die Regierung müsse die gleiche Sorge („les mêmes yeux") für Eisenstadt wie für Klagenfurt und Bregenz haben. AD, série Europe 1944–1960, sous-série Autriche, vol. 300.

28 Milovan Djilas, *Gespräche mit Stalin,* Frankfurt/Main 1962, 146.

29 Vgl. u. a. die Diskussionen in dem Tagungsband *Die sowjetische Deutschland-Politik in der Ära Adenauer,* hrsg. v. Gerhard Wettig, Bonn 1997.

besonders die Staatspolizei zu gewinnen, in zweiter Linie Kontrolle über das Erziehungswesen; beide Ressorts wurden in der Provisorischen Staatsregierung von Kommunisten besetzt. Die österreichischen Kommunisten traten ganz offen für die „Errichtung einer echten Volksdemokratie" in Österreich ein (KPÖ-Programm, März 1946) und strebten deshalb auch eine neue Verfassung für Österreich an, darin zeitweise auch von der sowjetischen Besatzungsmacht unterstützt.[30] Das bekannte Wahlergebnis der November-Wahlen 1945, das den Kommunisten nur vier von 165 Mandaten brachte, führte zum Verlust der in der Provisorischen Regierung bereits errungenen Machtpositionen; der Kampf um die Brechung der kommunistischen Dominanz in der Staatspolizei dauerte etwas länger. Österreichs blitzschnelle Entscheidung Ende Juni 1947, sich am Marshallplan zu beteiligen, während beitrittswillige ostmitteleuropäische Staaten wie Polen und die Tschechoslowakei nur Tage später von Stalin zurückgepfiffen wurden, verstärkte Österreichs westliche Verankerung wesentlich. Das Scheitern des von den Kommunisten dominierten Generalstreikversuchs Anfang Oktober 1950, bei dessen Begleitumständen offenbar wurde, daß die sowjetische Besatzungsmacht nicht bereit war, sich auf eine risikoreiche allfällige Umsturzsituation einzulassen, war das letzte Aufflammen einer umfassenderen kommunistischen Aktivität in Österreich.

Bei den Westmächten, besonders den Militärs, verblieb allerdings die Besorgnis vor einer „friedlichen Satellisierung" Österreichs nach Abschluß des Staatsvertrags und dem Abzug der Besatzungsmächte. Diese Besorgnis sollte, so die westliche Planung, durch rechtzeitige Vorbereitungen für den Aufbau einer österreichischen bewaffneten Macht entschärft werden.[31] Der Zeitraum zwischen dem Abschluß des Staatsvertrags, seiner Ratifikation und dem Abzug der Besatzungstruppen sollte genutzt werden, um nach guten Vorbereitungen in kürzester Zeit den Kern eines Heeres auf die Beine zu stellen, das, unter der Kontrolle einer dem Westen freundlich gesinnten Bundesregierung, auch im Fall östlich inspirierter innerer Turbulenzen eingreifen könnte. Entscheidend für die Tatsache, daß Österreich nicht dem Weg Ungarns, Polens oder der Tschechoslowakei folgen mußte, war aber die Tatsache, daß Österreich eben

30 Vgl. Stourzh, Die Regierung Renner, die Anfänge der Regierung Figl und die Alliierte Kommission, 339–341.

31 Der Begriff „satellisation pacifique" verwendet in einer Anfrage des französischen Verteidigungsministeriums an das französische Außenministerium vom 15. Oktober 1951, ob unter den gegenwärtigen Umständen der Abschluß des Staatsvertrages nicht zu einer solchen Satellisierung führen „und den Sowjets erlauben würde, eine schwere Bedrohung auf unsere Streitkräfte in der Mitte und im Süden Europas auszuüben". Wiedergabe aufgrund des Antwortschreibens des Außenministers (de facto der „Sous-Direction d'Europe Centrale"; Außenminister zu diesem Zeitpunkt war Robert Schuman) vom 24. Oktober 1951, in dem sich das Außenministerium loyal zum ehestmöglichen Abschluß des von der „österreichischen Regierung um jeden Preis erwünschten" Staatsvertrages bekannte und auf die Vorbereitungen zum Aufbau eines Bundesheeres zum frühestmöglichen Zeitpunkt nach Ratifikation des Staatsvertrags verwies. AAF, Traité d'Etat III, 128.

nur zum Teil im östlichen Einflußbereich gelegen war. Nur die Spaltung des Landes hätte zu einer Teilsatellisierung des Ostteils führen können; eine solche Spaltung schien aber aus den bereits angegebenen Gründen nicht im Interesse der östlichen Führungsmacht.

Die *vierte* Variante betrifft die Eventualität einer vollständigen Einbindung Österreichs in das westlich-atlantische Verteidigungssystem. Es hat österreichischerseits einige Initiativen in Richtung einer derartigen Einbindung gegeben. Sowohl im Frühjahr 1948 als auch Anfang 1949, während der Vorbereitungsstadien der westlichen Bündnisstrukturen, bekundete Außenminister Gruber Interesse an einer solchen Einbindung; er stieß allerdings zumal bei den Engländern auf wenig Gegenliebe, so daß Gruber bereits im Juni 1949 erklärte, Österreich beabsichtige nicht, der NATO beizutreten. Wie gezeigt, wurde in den frühen Planungsstadien für den Nordatlantikpakt von der Einbeziehung Deutschlands (oder seiner drei Westzonen) und Österreichs (oder seiner drei Westzonen) gesprochen. In den entscheidenden Endstadien der NATO-Errichtung spielte Österreich keine Rolle. Wie ebenfalls gezeigt, gab es weiterhin in Österreich Stimmen zugunsten einer NATO-Mitgliedschaft – öffentlich nur eine einzige, jene des Staatssekretärs Ferdinand Graf im Juli 1949.[32] Wie ebenfalls bereits berichtet, äußerte sich niemand geringerer als Adolf Schärf zu Jahresende 1949 in einem Schreiben an den französischen Sozialistenführer Léon Blum vertraulich zu einem Kernproblem der Situation Österreichs in Europa, und es lohnt sich, Schärfs zentrale Aussage in Erinnerung zu rufen: „Ich höre, daß man über österreichische Äußerungen verwundert ist, wonach wir für die Zeit nach der Befreiung an politische Neutralität denken wollen. Wir sind uns darüber im klaren, daß ein militärisch schwaches Österreich – und Österreich muß militärisch schwach bleiben – ein Vakuum vorstellt, durch das man binnen weniger Tage aus der ungarischen Tiefebene bis an den Bodensee gelangen kann; wir wissen, daß wir die Einordnung in ein größeres politisches und vermutlich auch militärisches System brauchen; aber ich glaube, es wäre unmöglich, in einem Zustand der Viermächtebesetzung etwa öffentlich zu erklären, wir wollen dem Atlantikpakt beitreten, wenn wir frei sind – da die Russen den Atlantikpakt als gegen sich gerichtet ansehen, wäre eine solche österreichische Erklärung der erwünschte Vorwand, um die Räumung zu vereiteln."[33]

Allerdings stieß eine derartige Doppelstrategie des vorläufigen Sprechens über Neutralität mit dem Hintergedanken des NATO-Beitritts nach Abzug der Sowjets – wenn es eine solche war – auf ein entscheidendes Hindernis. Keine der zwei Weltmächte, die einander (auch) auf österreichischem Boden gegenüberstanden, war gewillt, Österreich ganz dem jeweils anderen Block zu

---

32 Vgl. oben S. 269.
33 Vgl. oben S. 272–273; Quellenangabe S. 272, Anm. 79.

überlassen. Mit großer Klarheit ist dieser Sachverhalt schon im Oktober 1947 von französischer Seite ausgesprochen worden. Das wirkliche Ziel der Vereinigten Staaten und der UdSSR wäre es, „um jeden Preis zu verhindern, daß sich Österreich nach der Evakuation [dem Abzug der Besatzungstruppen, G. S.] freiwillig oder gezwungen, sogleich oder längerfristig, dem gegnerischen ‚Block' anschließe".[34] Sowohl die USA als auch die UdSSR verfügten allein kraft ihrer Kontrolle von Teilen des österreichischen Staatsgebiets über Pfänder, die bei der definitiven Regelung der Österreichfrage zu bedenken waren. Die Sowjetunion hatte sich noch zusätzliche Pfänder gesichert – die von ihr als Deutsches Eigentum beschlagnahmten Betriebe im Industrie- und Handelsbereich, in der Erdölproduktion und im Erdölvertrieb sowie in der Donauschiffahrt. Dazu kam, daß der zwischen den Westalliierten und der Sowjetunion im Juni 1949 geschlossene Kompromiß der Sowjetunion bestimmte Pfänder weit über den Abzug ihrer Streitkräfte hinaus sicherte – die Erdölproduktion für einen Zeitraum von 30 Jahren bzw. unter Berücksichtigung der Auswertung von Schurfrechten bis zu 33 Jahren ab Abschluß des Staatsvertrags, und das Eigentum an der Donaudampfschiffahrtsgesellschaft im östlichen Österreich (einschließlich Uferanlagen) auf Dauer. Gerade in Hinblick auf die prowestliche Orientierung der überwiegenden Mehrheit der österreichischen Bevölkerung und der im Parlament vertretenen politischen Kräfte war es undenkbar, daß die Sowjetunion auf ihre Pfänder in Österreich ohne Garantien für ihre Sicherheitsinteressen verzichten würde.

Diese Situation ist immer wieder erkannt und in unterschiedlich nuancierter Weise kommentiert worden. Der amerikanische Politikwissenschaftler Hans J. Morgenthau kam 1951 zu dem Schluß, daß die Zustimmung der Sowjetunion zu einem Staatsvertrag nur möglich scheine „entweder als Teil einer generellen europäischen Regelung oder als „quid pro quo for consensus elsewhere", also als Konzession im Zusammenhang mit einer (für die Sowjetunion günstigen) Lösung an einem anderem Ort.[35] Konkreter auf ein „quid pro quo" in Öster-

---

34 „. . . le but réel des Etats-Unis et de l'U.R.S.S. est d'empêcher à tout prix qu'après l'évacuation, l'Autriche ne rallie, de gré ou de force, immédiatement ou à plus lointaine échéance, le ‚bloc' adversaire". Schriftbericht des Generals Paul Cherrière in seiner Eigenschaft als Leiter der französischen Delegation bei der Wiener Vertragskommission an Außenminister Georges Bidault, Nr. 582/16/CT, 15. Oktober 1947, AAF, dossier „Conférence de Vienne (1947), Correspondence du Général Cherrière aux Affaires Etrangères à Paris" (handschriftl. numer. Bericht Nr. 16; vgl. oben Kap. II, 110, Anm. 107).

35 Hans J. Morgenthau, „United States Policies in Austria", Bericht für das Department of State in Washington, datiert 1. Oktober 1951, S. 37, zitiert in der aufschlußreichen Studie über Morgenthaus mehrmonatigen Österreichaufenthalt im Auftrag des State Department im Frühjahr 1951 von Oliver Rathkolb, „Hans J. Morgenthau und das Österreich-Problem in der letzten Phase der Truman-Administration 1951/52", in: Emil Brix/Thomas Fröschl/Josef Leidenfrost (Hrsg.), *Geschichte zwischen Freiheit und Ordnung. Gerald Stourzh zum 60. Geburtstag,* Graz – Wien – Köln 1991, 277–298, hier 289. Rathkolb schreibt, daß Morgenthau deutlicher als andere „die Bedeutung des

reich selbst wies eine Analyse des britischen Staatsvertrags-Sonderbeauftragten Ivo Mallet – vielleicht der bedeutendste britische Diplomat, der mit der Österreichfrage befaßt war.[36] Mallet analysierte schon Anfang 1950 Österreichs Position in Europa sehr nüchtern, wie Günter Bischof gezeigt hat. Die Sowjets, so Mallet, stellten sich einem Vertragsabschluß entgegen, da sie fürchteten, Österreich könne ein „Westsatellit und ein Vorposten des Atlantikpakts" werden. Dazu kam noch die für die Sowjetunion ebenfalls nicht akzeptable Funktion Österreichs als Bindeglied zwischen dem Westen und dem sich dem Westen annähernden Jugoslawien Titos. Mallet meinte, der Westen solle den Sowjets zu verstehen geben, daß man Österreich politisch und militärisch nicht in den Westen integrieren und auch nicht wiederbewaffnen werde. Der Westen sollte bereit sein, Österreich als „eine Art neutralen Pufferstaat" einzurichten.[37] Dies waren allerdings Ratschläge, von denen die Amerikaner, wie Bischof zutreffend gesagt hat, nichts wissen wollten. Ohne Ratschläge, doch mit der gleichen eindeutigen Diagnose, hat im Dezember 1952 der langjährige schweizerische Gesandte in Wien Peter Anton Feldscher den entscheidenden Punkt angesprochen: „Die Besetzung der östlichen Hälfte des österreichischen Staates stellt für die Regierung in Moskau, wie die Erfahrung gezeigt hat, im Ost-West-Konflikt ein zu gewichtiges Pfand dar, als daß sie es ohne für sie zwingende Umstände aus der Hand geben würde."[38]

Dieses Pfand wurde nun in der ersten Hälfte der fünfziger Jahre immer wertvoller. Warum? Weil die Westzonen Österreichs, im Zuge der nach Ausbruch des Korea-Krieges im Juni 1950 forcierten „Militarisierung des Kalten Krieges" in einer Weise in das westliche Verteidigungssystem eingebunden wurden, die es gerechtfertigt scheinen läßt, Österreich in den frühen fünfziger Jahren als „geheimen Verbündeten des Westens" zu bezeichnen. Die hier angesprochene geheime Kooperation im Verteidigungsbereich – auch wenn in der Geheimhaltung bald und bis 1955 zunehmend diverse Lücken auftraten –

Staatsvertrages für die Sowjetunion im Sinne eines militärischen, wirtschaftlichen und politischen Rückzuges" erkannt habe (ebd.). Bemerkenswert ist Josef Dobretsbergers im Gespräch mit Morgenthau (26. April 1951 in Graz) deponierte Ansicht, er postuliere hinsichtlich eines Staatsvertrages als conditio sine qua non die österreichische Neutralität, die von den Großmächten garantiert werden sollte (ebd. 286). Morgenthau hat allerdings die Neutralitätshypothese nicht aufgegriffen. Hans J. Morgenthau steht, entgegen der Angabe bei Rauchensteiner, *Die Zwei*, 172, er sei der Sohn des amerikanischen Politikers Henry Morgenthau, in keinem verwandtschaftlichen Verhältnis zu letzterem. Der aus Deutschland vertriebene Jurist Hans Morgenthau arbeitete auch nicht im State Department (ebd.), sondern lehrte 1951 als Professor für Politikwissenschaften an der University of Chicago.

36 Vgl. oben Kap. III, 167–168.

37 Memorandum Mallets für Ivone Kirkpatrick, 9. Februar 1950, PRO, FO 371/84928/C1133, zit. bei Bischof, Österreich – ein geheimer Verbündeter?, 442.

38 Feldscher an das Eidgenöss. Polit. Departement, 20. Dezember 1952, SBA, Bestand 2300 Wien, Bd. 58, zit. nach Eisterer, Die Schweiz und die österreichische Neutralität, 323, Anm. 23.

ist in Kap. IV ausführlich dargestellt worden.[39] Dazu kam ab Oktober 1954 mit dem Beschluß zum NATO-Beitritt der Bundesrepublik Deutschland die verstärkte Bedeutung der österreichischen Westzonen als faktischer Kommunikationsbereich zwischen den NATO-Kommanden Mitte und Süd. Daß die ab Oktober 1954 einsetzende Entwicklung der sowjetischen Führung Kopfzerbrechen bereitete, ist an den sehr verärgerten, ja drohenden Reaktionen auf (teilweise wohl auch hochgespielte) Vorgänge in den Westzonen 1954/55 abzulesen.[40] Und bald sollte klar werden, in welcher Weise die (ab Jänner 1955 neugewichtete) Sowjetführung ihr aus der Kontrolle Nord- und Ostösterreichs bestehendes Pfand einsetzen würde, um die österreichischen Westzonen als faktischen NATO-Kommunikationsbereich auszuschalten.

Was die eventuelle Einordnung Österreichs in ein größeres militärisches System betraf, um nochmals Schärfs Worte zu verwenden, gab es abgesehen vom „Pfand“ der sowjetischen Militärdominanz in Ostösterreich ein weiteres schwerwiegendes Problem: Österreichs – von Westeuropa gesehen – weit in den Osten vorspringende geostrategische Lage. Was bei einem westlichen Offensivkonzept als Vorteil angesehen werden konnte, erwies sich bei dem tatsächlich gegebenen Defensivkonzept bzw. bei den im Laufe der ersten Hälfte der fünziger Jahre modifizierten Defensivkonzepten als Nachteil. Nur ein kleinerer Teil des österreichischen Staatsgebiets im Alpenraum, und eben nicht einmal das gesamte Gebiet der Westzonen, wurde als Verteidigungs- bzw. zumindest Rückzugsraum in Betracht gezogen. Die geradezu verzweifelten Bemühungen der österreichischen Militärverantwortlichen in den frühen fünziger Jahren, Kärnten in den Verteidigungsraum einzubeziehen, sprechen eine beredte Sprache.[41]

Bundespräsident Renner hatte im November 1949 gegenüber dem französischen Politiker Bonnefous auf die Verteidigungslinie des Westens am Rhein und auf Österreichs so viel weiter östlich gelegene Position hingewiesen.[42] Wenig später notierte Heinrich Wildner, langjähriger Generalsekretär des Außenamtes, in einer Denkschrift, daß sich aus verschiedenen Äußerungen und Anzeichen herauszustellen scheine, daß von Österreich „nur der Alpenwall für den Ernstfall als zunächst zu verteidigende erste Aufhaltslinie in Betracht“ komme. „Der davor liegende Raum bis zur Donau wäre ohne Schonung preisgegeben.“[43] Letzten Endes änderte sich bis Mitte der fünfziger Jahre

39 Vgl. oben S. 203–220, sowie S. 340.

40 Vgl. oben S. 330–331, 339–340, 403.

41 Vgl. oben S. 212.

42 Vgl. ausführlich oben S. 270–271.

43 Denkschrift Heinrich Wildners mit Paraphe 30. 1. 1950, KGA, K. 22, Blaue Mappe P.-B.; Wildner, offiziell mit 31. Dezember 1949 pensioniert, doch in den ersten Wochen des Jahres 1950 noch amtierend, übergab diese Denkschrift am 6. Februar 1950 an Gruber, der sie allerdings zunächst nicht kommentierte. Aufzeichnungen Wildners v. 6. u. 24. Februar 1950, ÖStA, GD, NS, E/1791.

unbeschadet mancher Modifikationen des westlichen Verteidigungskonzepts („Forward Defense" der frühen fünziger Jahre, Einbeziehung taktischer Atomwaffen ab 1954) daran nichts.[44] Auch die Anfänge der österreichischen Neutralität konnten an den geostrategischen Gegebenheiten insoferne nichts Wesentliches ändern, als im Westen (völkerrechtlich korrekt) davon ausgegangen wurde, daß im Falle eines Angriffs aus dem Osten durch Österreich die Neutralität Österreichs beendet wäre. Jean Chauvel sprach im Mai 1955 davon, daß im Ernstfall (d. h. Angriff aus dem Osten) die an der bayerisch-österreichischen Grenze stationierten atlantischen Truppen die Möglichkeit haben müßten, sich die Kontrolle „der einzigen militärisch verteidigbaren österreichischen Provinzen zu sichern, nämlich Vorarlbergs und Tirols".[45] Im gleichen Monat äußerte sich der italienische Verteidigungsminister Taviani im Gespräch mit dem britischen Diplomaten A. Ross, daß bei Bruch der Neutralität „wir [d. h. der Westen, G. S.] natürlich Wien verlieren würden, aber wir könnten die Bergprovinzen retten, indem wir die Täler mit Atombomben blockieren würden."[46] Der Schutz der Alpenpässe nach Italien und Westeuropa wurde noch im September 1956 vom amerikanischen Generalstabschef Radford als einzige erwähnenswerte Aufgabe der österreichischen Verteidigungskräfte im Falle eines Angriffs aus dem Osten genannt.[47]

In der so nachteiligen geostrategischen Lage Österreichs an der Nahtstelle von Ost und West, um ein schon zum cliché werdendes Wort neuerlich zu bemühen, mußte sich die Frage stellen – wie dies ein Karl Renner seinen

---

44 Zur schlechten Verteidigungssituation Österreichs aus westlicher Sicht in den ausgehenden vierziger Jahren und der ersten Hälfte der fünfziger Jahre vgl. u. a. oben S. 213, 278, 465.

45 Schriftbericht Chauvel aus London an Außenminister Pinay, 2. Mai 1955, *DDF 1955*, I, Nr. 243 (hier S. 563).

46 „... we should of course lose Vienna but we could save the mountain provinces by blocking the valleys with atomic bombs". Zuvor hatte Taviani gemeint, daß eine Respektierung der österreichischen Neutralität (seitens der UdSSR) von Vorteil für den Westen wäre. A. D. M. Ross an J. G. Ward (Foreign Office), Rom, 23. Mai 1955, über ein Gespräch mit Taviani am 20. Mai 1955. PRO, FO 371/117801/RR1071/441. Es ist daran zu erinnern, daß auch bundesdeutsches Gebiet, das im Falle einer Invasion aus dem Osten von westlichen Verbänden geräumt bzw. nicht verteidigt würde, Ziel westlicher taktischer Atomwaffen geworden wäre. Vgl. Greiner, Zur Rolle Kontinentaleuropas, 157, der hinzufügt, die neue „Militärstrategie auf der Basis taktisch einsetzbarer Nuklearwaffen schuf nicht nur aus diesem Grund mehr Probleme, als sie löste. Jenseits der Abschreckung drohte ein nukleares Schlachtfeld auf dem europäischen Festland und besonders in der Bundesrepublik Deutschland". Vgl. auch oben, S. 216.

47 „... a limited capability of delaying Soviet Bloc attack toward key passes into Italy and Western Europe." Für das volle Zitat und Fundort vgl. oben S. 548, Anm. 189. Noch im April 1958 informierte der italienische Verteidigungsminister Taviani den österreichischen Verteidigungsminister Graf, daß eine westliche Verteidigungslinie „vom Norden bis Kufstein, die zweite vom Norden bis Bregenz gehe". Graf berichtete dies am 11. April 1958 dem Bundespräsidenten Schärf, der seinen Erinnerungsvermerk über das Gespräch mit Graf mit Schreiben vom 14. April 1958 dem damaligen Staatssekretär Kreisky zusandte. SBKA, VII/Staatssekretär.

französischen Gesprächspartnern 1949 offen dargelegt hatte –, ob nicht eine wie immer geartete Sicherstellung Österreichs zwischen den Militärblöcken die relativ günstigsten Zukunftsperspektiven bot. Die *fünfte* anfangs genannte Variante, Österreich als Land zwischen den Militärblöcken bzw. Militärbündnissen, ist somit abschließend und zusammenfassend zu besprechen.

Ausgangspunkt muß allerdings weiterhin der Hinweis auf jenes Pfand sein, das der schweizerische Diplomat Feldscher so eindrucksvoll im Jahre 1952 beschrieben hatte: „Die Besetzung der östlichen Hälfte des österreichischen Staates". Das Bild vom Pfand kehrt wieder in einem sehr bemerkenswerten zeitgenössischen Kommentar zum außenpolitischen Durchbruch des Frühjahrs 1955, Bruno Kreiskys Artikel „Die österreichische Alternative" vom Mai 1955 – bemerkenswert ob seiner rhetorischen Brillianz ebenso wie im Kontext der noch nachschwingenden Entscheidungssituation, die Kreisky nur wenige Wochen zuvor in Moskau durchlebt hatte.[48] Österreich sei *„zum Pfand des Mißtrauens der einen gegen die andern"* geworden, schrieb Kreisky (Hervorhebung im Original). „Pfänder gelten nicht als permanenter Besitz. Sie dienen ihrer Natur nach dazu, nach einer Frist bestimmter oder unbestimmter Dauer wieder herausgegeben bzw. eingelöst zu werden." Wir kommen auf Kreiskys Aufsatz noch zurück.

In diesem Buch, zumal den Kapiteln VI und VII, wurde versucht zu zeigen, in welcher Weise die Führung der Sowjetunion die in ihrem Besitz befindlichen Pfänder teils gegen materielle Ablöse, vor allem aber gegen neue Sicherheiten eintauschte. Es sei nicht vergessen, daß in gewissem Sinne auch der Westen sein Pfand der Besetzung Westösterreichs gegen gewisse materielle Zusicherungen (im Wiener Memorandum und dem österreichisch-französischen Memorandum) und sicherheitspolitische Gewährleistungen eintauschte. Die sicherheitspolitische Gewährleistung, auf die zumal die Vereinigten Staaten größten Wert legten, bestand – im Vertrauen auf die grundsätzlich prowestliche Einstellung der österreichischen politischen Führung – in der möglichst raschen Errichtung einer mit massiver amerikanischer Finanzhilfe aufgebauten Armee.[49]

Österreichs Ablöseleistungen an die Sowjetunion in Erfüllung des durch die Moskauer Vereinbarungen modifizierten Staatsvertrags[50] lassen sich wie folgt aufschlüsseln:

---

48 Bruno Kreisky, „Die österreichische Alternative", in: *Forum,* 2 (1955), Heft 17, 166–167, abgedruckt in DÖA, Nr. 177. In diesem Artikel finden sich Gedanken und Formulierungen, die offensichtlich in sehr ähnlicher Weise von Kreisky am 6. Mai 1955 in einem Vortrag vor der Hochschulsektion der Österreichischen Liga der Vereinten Nationen in Wien geäußert wurden. Zu Kreiskys Vortrag vgl. oben Anm. 27.

49 Vgl. oben S. 544–546, 562.

50 Vgl. Art. 22, Abs. 14 sowie Annex II des Staatsvertrags, unten S. 716 u. 761–762.

a) Warenlieferungen für die Dauer von sechs Jahren als Ablöse für die Rückgabe der USIA-Betriebe im Wert von 150 Mill. US-Dollar bzw. dem Schillingwert von 3.895,1 Mill. Schilling.

b) Erdöllieferungen für die Dauer von zehn Jahren als Ablöse für die Rückgabe des Erdölkomplexes (SMV und OROP), zunächst vereinbarte Gesamthöhe 10 Mill. t, als Folge späterer Vereinbarungen in den Jahren 1958 und 1960 herabgesetzt auf netto 6 Mill. t, hierfür Budgetbelastung von 2.668,9 Mill. Schilling.[51]

c) Einmalzahlung als Ablöse für die DDSG-Werte im östlichen Österreich in der Höhe von 2 Mill. US-Dollar bzw. dem Schillingwert von 52,2 Mill. Schilling.[52]

d) Zu diesen relativ klar zu beziffernden Leistungen (in Gesamthöhe von 6 Milliarden, 656 Millionen und 200.000 Schilling) kamen zusätzliche, im Sommer 1955 vor Übergabe der USIA- und SMV-Betriebe von sowjetischer Seite gestellte Forderungen betreffend Schulden der an Österreich zu übergebenden Betriebe an die sowjetische Militärbank. Der von österreichischer Seite hierfür gezahlte Betrag (finanziert durch Bankkredite der betreffenden Betriebe mit einer Ausfallshaftung des Bundes) wird sehr unterschiedlich angegeben, zutreffend wohl mit 508 Mill. Schilling, wovon das Bundesbudget mit einer Ausfallshaftung in Höhe von 181,3 Mill. Schilling belastet wurde.[53] Weitere sowjetische Forderungen betrafen die Ablöse des Zentrallagers der SMV sowie Lagerbestände der USIA-Betriebe, die schließlich mit 67 Mill. Schilling (SMV-Lager) bzw. 20 Mill. Schilling (Teilankauf von USIA-Lagerbeständen durch die Bundesregierung) abgegolten wurden.[54]

---

51 Im Zusammenhang mit diesen Zahlen sind die Schätzungen von Interesse, die die von der Sowjetunion während der Besatzungszeit aus Österreich exportierte Erdölmenge und deren Wert betreffen. Finanzminister Kamitz vermerkte (in *Die Wirtschaft,* Nr. 19, 14. 5. 1960, S. III), daß die Sowjetunion im Jahrzehnt 1945–1955 schätzungsweise 11 Mill. t Rohöl und Erdölprodukte exportiert habe. Bei Zugrundelegung eines Tonnenpreises von 20 Dollar ergebe sich daraus ein Verlust für Österreich von 220 Mill. Dollar oder 5,7 Milliarden Schilling.

52 Diese genauen Zahlenangaben, die in der Literatur vielfach nach oben oder unten abgerundet werden, bei: Leopold Wallner, „Was bezahlte Österreich für seine Freiheit“, in: *Österreichische Monatshefte,* 21 (1965), Nr. 5, 22–26. Ebenfalls präzise Zahlenangaben in der Diplomarbeit von Renald Knogler, *Wirtschaftliche Folgen des österreichischen Staatsvertrages,* Diplomarbeit Wirtschaftsuniversität Wien, 1978.

53 Mehrfach werden die Zahlungen an die sowjetische Militärbank mit 750 Mill. Schilling angegeben, so bei Karl Ausch, *Licht und Irrlicht des österreichischen Wirtschaftswunders,* Wien 1965, 100; dessen dort gegebene Aufstellung wurde übernommen von Felix Butschek, *Die österreichische Wirtschaft im 20. Jahrhundert,* Wien 1985, 128. Knogler, *Wirtschaftliche Folgen,* 38–39, zeigt, daß die ursprünglichen sowjetischen Forderungen 760 Mill. Schilling für die USIA-Betriebe und 80 Mill. Schilling für die SMV betrugen; als Ergebnis von Verhandlungen einigte man sich, zwei Drittel der Militärbank-Forderungen an die USIA-Betriebe in bar abzulösen, die Forderung von 80 Mill. Schilling für SMV-Schulden wurde gestrichen.

54 Knogler, *Wirtschaftliche Folgen,* 40.

Die unter a) – d) angegebenen Ablösezahlungen in Höhe von etwa 7,25 Milliarden Schilling sind allerdings nur ein Teil dessen, was mit unterschiedlichen Parametern und unterschiedlichen Zahlen als „Kosten des Staatsvertrags", „Kosten und Schäden der Besatzungszeit", „Schäden und Lasten für die österreichische Wirtschaft nach 1945" oder „österreichische Reparationsleistungen" bezeichnet wird.[55]

Die wichtigste Pfandauslösung war jedoch die Auslösung des Pfandes „militärische Besetzung Nord- und Ostösterreichs" gegen neue Sicherheitsgarantien, und die zentrale Sicherheitsgarantie bestand in der Neutralität Österreichs, die der Sowjetunion allerdings, wie gezeigt wurde, auch aus weit über Österreich hinausgreifenden Überlegungen wichtig war.[56]

Welche Optionen hatte Österreich 1955? Bruno Kreisky hat unter dem unmittelbaren Eindruck der Moskauer Verhandlungen in dem schon genannten Aufsatz vom Mai 1955 zwei Schlüsselsätze geschrieben. Sie lauten: „Für

---

55 Bei Ausch, *Licht und Irrlicht*, 100 und in dessen von Butschek, *Die österreichische Wirtschaft*, 128, übernommenen Aufstellung über die Kosten des Staatsvertrages fehlt die Ablösezahlung für die DDSG-Werte in Österreich. Sie enthält allerdings einen Posten für Zahlungen aufgrund des „Wiener Memorandums" (de facto Wiener Memorandum und österreichisch-französisches Memorandum), der mit 400 Mill. Schilling nach unten abgerundet ist (die Budgetbelastung aus den Verpflichtungen dieser beiden Memoranden betrug laut Wallner, Was zahlte Österreich für seine Freiheit? 24, 423,4 Mill. Schilling). Irrtümlich betrachtet Bischof, *Responsibility*, 319, die von Butschek, *Die österreichische Wirtschaft*, 128 genannte Summe von 7.750 Mill. Schilling (bei Bischof aufgerundet mit 7,8 Milliarden Schilling) als Betrag, den Österreich „for the final withdrawal of Soviet troops" zu zahlen hatte, obgleich diese Summe die Leistungen an die westlichen Unternehmungen gemäß dem Wiener und dem österreichisch-französischen Memorandums einschließt. Eine Aufstellung bei Bischof, Instrumentalisierung der Moskauer Erklärung, 355, nennt bei dem Posten „Ablösezahlungen für das Deutsche Eigentum" lediglich die oben unter a) genannte Ablösesumme von 150 Mill. Dollar für die USIA-Betriebe und läßt die Ablösezahlung für die DDSG (oben unter c) und vor allem die Ablöse-Erdöllieferungen (oben unter b) außer Acht. Andererseits sind die von Bischof (ebd.) angegebenen Schätzungen für den Posten „Demontierte Industrieanlagen (‚Kriegsbeute')" mit 1200–1500 Mill. Dollar sehr hoch angesetzt. Ausch, *Licht und Irrlicht*, 101, bezifferte die Schäden aus Demontagen und Beutegut mit 500 Mill. Dollar. Bei Fisch, *Reparationen*, 226–232, sowie 319, zahlreiche Angaben aus unterschiedlichen Quellen zu Österreichs „reparationsäquivalenten Leistungen", wie sich Fisch vorsichtig und präzise ausdrückt; Fisch gelangt zu insgesamt niedrigeren Schätzungen als Bischof. Fisch, ebd. 229 nennt allerdings irrtümlich einen nicht-existenten Posten von Warenlieferungen in Höhe von 25 Mill. Dollar zusätzlich zur bekannten 150 Mill. Dollar-Summe für die USIA-Ablöse. Eine aus Archivquellen erarbeitete finanzgeschichtliche Darstellung des Gesamtkomplexes von Schäden und Lasten aus Besatzungszeit und Staatsvertrag – ebenso wie der Österreich zugekommenen Hilfsleistungen sowie der Erträge aus den von den Alliierten der Republik aufgrund des Staatsvertrags (Art. 22) übertragenen ehemaligen deutschen Vermögenswerten ist ein dringendes Desiderat. Im Jahre 1965 wurde bekanntgegeben, daß die Republik „aus der Veräußerung, Verwertung und Abwicklung ehemaliger deutscher Vermögenswerte öS 1.940,986.340 eingenommen hat"; voraussichtliche weitere Einnahmen in Höhe von rund einer halben Milliarde „aus der Verwertung des deutschen Vermögens" wurden in Aussicht gestellt. Sten.Prot. NR, X. GP, 78. Sitzg., 7. April 1965, 4272 (Anfragebeantwortung des Finanzministers Wolfgang Schmitz auf eine Anfrage des Abg. Oskar Weihs).

56 Vgl. oben Kap. VI, 462–484.

Österreich gibt es nicht die Alternative zwischen Neutralität und Einbau in die Militärsysteme der großen Blöcke. Die Alternative Österreichs ist wesentlich enger; sie lautet im besten Fall: status quo oder Neutralität."[57] Dies ist wichtig, denn in der Tat wäre es Legende, würde die Alternative des Jahres 1955 (oder auch der vorhergehenden Jahre der Ost-West-Besetzung) als „NATO oder Neutralität" umschrieben werden.[58]

Kreiskys „enge" Alternative „status quo oder Neutralität" traf unter den geostrategischen Gegebenheiten der Situation nach 1945 – heute können wir sagen, der Situation zwischen 1945 und 1989/91 – sicher zu. Doch müssen wir zusätzlich eine Frage stellen, die Kreisky damals nicht aufwarf. Gab es nicht auch noch engere, aber im Entscheidungsprozeß abzuwägende Alternativen zwischen Neutralität und Neutralität? Zwischen lockereren und festeren, zwischen weitmaschigeren und engmaschigeren Gestaltungsalternativen von Neutralität, oder, um in der allerdings nie ganz klar durchgehaltenen Terminologie der Zeit zu bleiben, zwischen Bündnis- und Stützpunktfreiheit und Neutralität? Die Zusatzfrage ist wichtig, denn es gilt auch, möglichst klare Antworten auf Auffassungen zu geben, die hin und wieder vertreten werden. So ist gesagt worden, Österreich sei in die Neutralität „hineingestolpert".[59]

Die Antwort, den in diesem Buch ausgebreiteten eher komplexen Befund bündelnd, aber hoffentlich nicht zu sehr vereinfachend, ist folgende. Die Ansicht, Österreich wäre in die Neutralität hineingestolpert, ist schwer vereinbar mit zahlreichen Äußerungen hoher und höchster Vertreter der Republik aus den Jahren vor 1955, die von der Nichtteilnahme an Bündnissen, vom Beispiel der Schweiz oder auch, wie Außenminister Gruber, von einer völkerrechtlichen Neutralität sprachen.[60] Dessenungeachtet gingen ideologische Sympathien, wirtschaftliche Bindungen und auch, am stärksten vom Schleier der Geheimhaltung verdeckt, verteidigungspolitische Kontakte und Dispositionen für den Ernstfall stark in Richtung Westen. Nicht unähnliche Tendenzen dürfte es in den frühen fünfziger Jahren auch in Schweden und der Schweiz gegeben haben.[61] Die Westsympathien eines Großteils der Bevölkerung (mit Ausnahme

57 Im schlechtesten Fall war die Alternative: Neutralität oder Gefahr des Niedergehens des Eisernen Vorhangs an der Enns. Dies sagte Kreisky zwar nicht in seinem *Forum*-Artikel, er sprach es aber in seinem Vortrag vom 6. Mai aus; vgl. oben bei Anm. 27.

58 Wie Anm. 27. Lalouette telegraphierte aus Kreiskys Vortrag von 6. Mai u. a. folgendes Zitat nach Paris: „Nous n'avons trahi personne. L'Autriche n'a jamais eu le choix entre l'adhésion à un bloc et la neutralité. Nous avions seulement le choix entre la neutralité ou une prolongation illimitée de l'occupation."

59 Rauchensteiner, *Die Zwei,* 334.

60 Man denke etwa an die Eisenstädter Rede (November 1951) und das Genfer Interview (geschrieben Dezember 1951, veröffentlicht Februar 1952) des Bundespräsidenten Theodor Körner, oder Äußerungen des Außenministers Gruber im Nationalrat im April 1952, vgl. oben S. 258–259, 275, 276.

61 Vgl. oben S. 393, Anm. 131.

der zahlenmäßig kleinen Gruppe der Kommunisten und ihrer Sympathisanten) waren allerdings durchaus vereinbar mit einer Grundhaltung des „Heraushaltens“ – vielleicht auch noch negativer formuliert des „Trittbrettfahrens“. Dies geht aus manchen westlichen Beobachtungen der späten Vierziger- und frühen Fünfzigerjahre hervor. „Strikte Neutralität, nach dem Muster der Schweiz“ wurde nach einer Umfrage der amerikanischen Besatzungsmacht von 78% der Befragten im März 1947 für wünschenswert gehalten.[62] Österreich möchte praktisch „neutral“ auf der westlichen Seite sein, meinte man in der amerikanischen Botschaft in Wien im Mai 1950.[63] Wie bei den Bürgern der meisten kleinen Länder sei es der unbesonnene, der gedankenlose Wunsch („unthinking wish“) der großen Mehrheit der Österreicher, eine zweite Schweiz zu werden – so hatte der britische Hochkommissar Caccia Anfang 1952 nach London berichtet.[64] Es begann also nicht alles erst plötzlich und unvorbereitet im Frühjahr 1955.

Von Julius Raab ist aus berufenem Munde gesagt worden: „Raab war von Anfang seiner Kanzlerschaft der Meinung, daß Österreich ein neutraler Staat werden sollte.“[65] Diese Kanzlerschaft begann, daran sollte vielleicht erinnert werden, bereits im April 1953, nicht etwa erst 1955. Raabs Bemühen, ein gewisses Vertrauensverhältnis zur sowjetischen Führung herzustellen, um Vorbedingungen für die Verwirklichung seines Hauptziels zu schaffen, die Sowjets – und auch die Westmächte – aus Österreich hinauszubefördern, bedeutete taktisch die Abkehr von der ausschließlichen Stützung auf die Westmächte; es bedeutete eine Emanzipation von der zweifellos gegebenen Bevormundung durch die Westmächte, zumal die USA. Man hat von „leverage“, der Hebelkraft, gesprochen, die Österreich fallweise gegenüber den Westmächten ausüben konnte.[66] Die den Konsens mit der Sowjetunion anstrebende und schließlich erreichende Neutralitätspolitik Raabs ist zweifellos der Versuch solcher „leverage“ gewesen. Zeitgenössische diplomatische Beobachter wie der französische stellvertretende Hochkommissar Lalouette haben die neue Taktik Raabs frühzeitig bemerkt: Wenn in den früheren Jahren die Verantwortlichen der österreichischen Politik versucht hätten, „auf Sowjetruß-

62 Vgl. oben S. 260.

63 Vgl. oben S. 277.

64 Vgl. ebd.

65 Ludwig Steiner, „„. . . zur richtigen Zeit das Richtige getan““. Zeitzeugengespräch mit Michael Gehler und Helmut Wohnout (22. April 1996) in: *Demokratie und Geschichte. Jahrbuch des Karl-von-Vogelsang-Instituts zur Erforschung der Geschichte der christlichen Demokratie in Österreich,* 1 (1997), 13–48, hier 31. Steiners Ausführungen über Raab und Gruber im Kontext der prinzipiellen und taktischen Erwägungen von Raabs Bundeskanzlerschaft (ebd. 30–33) zählen zu den differenziertesten und ausgewogensten Erörterungen dieser Frage.

66 Cronin, *Great Power Politics,* 166.

land mittels der Westmächte einzuwirken", schrieb Lalouette im August 1953, sehe augenblicklich alles so aus, als ob sie „ab jetzt versuchten, auf die Westmächte einzuwirken, indem sie sich auf Sowjetrußland berufen."[67]

Gleichwohl vertritt der Schreiber dieser Zeilen die Ansicht, daß die neue Taktik Raabs, die dem seit 1945 immer wieder festzustellenden sowjetischen Bemühen, mit den Österreichern bilaterale Abmachungen unter Ausschaltung der Westmächte zu treffen, entgegenkam, nur im Zusammenhang mit sich ändernden Machtkonstellationen und Interessenperzeptionen in der sowjetischen Führung zum Erfolg führte. Der Mißerfolg der österreichischen und indischen Bemühungen in Moskau Ende Juni 1953, die starre, am Junktim Deutschland-Österreich festhaltende Linie Molotows in Berlin im Februar 1954, die neuerliche Verhärtung nach Unterzeichnung der Pariser Verträge im Spätherbst 1954[68] – all dies waren zunächst unüberwindbare Hindernisse, ehe die Machtverschiebung in Moskau den Weg zum Durchbruch vom April 1955 ebnete. Das bedeutet allerdings nicht, daß die Bereitschaft Raabs, Signale der Verständigungsbereitschaft auszusenden und in der Person Norbert Bischoffs einen überzeugten, wenngleich einseitigen Befürworter dieser Verständigungsbereitschaft einzusetzen, nicht ihren Anteil am Prozeß der Vertrauensbildung, an der Vorbereitung und am schließlichen Erfolg der bilateralen Abmachungen gehabt hätte. Es ist aber auch in Erinnerung zu rufen, was der Politische Direktor des Wiener Außenamtes Josef Schöner 1954 zu bedenken gab, daß nämlich unsere „wenn auch beschränkte Manövrierfähigkeit auf der Tatsache beruht, daß wir die Rückendeckung des Westens gegen den Osten haben. Dies wird von den meisten Österreichern als so selbstverständlich angesehen, daß sie gar nicht mehr daran denken. Die russische Politik uns gegenüber würde sich bei einem Fortfall unserer Stützung durch den Westen sehr wahrscheinlich gründlich ändern."[69]

Welche Möglichkeiten der „Pfandauslösung" standen in den entscheidenden Jahren von 1953 bis 1955 zur Diskussion? Welche Form sollte, konnte, oder mußte man den Garantien geben, die nötig schienen, um das Ziel „Staatsvertrag = Ende der Ost-West-Besetzung Österreichs" zu erreichen? Den Befund der

---

67 „. . . si, dans les années précédentes, les dirigeants fédéraux ont essayé d'agir sur la Russie soviétique par l'intermédiaire des Puissances occidentales, tous se passe maintenant comme s'ils essayaient désormais d'agir sur les Puissances occidentales en recourant à la Russie soviétique." Heute sei dies der Fall bezüglich der Besatzungskosten, fügte Lalouette hinzu (vgl. S. 223–224), aber morgen könne dies gleichermaßen, wenn man gewissen Gerüchten glaube, der Fall bezüglich der militärischen Okkupation selbst sein. Telegr. Bericht Lalouette nach Paris Nr. 1241–1250, 26. August 1953, AAF, Traité d'Etat IV, 129. Von Günter Bischof ist demnächst das Erscheinen eines Buches *The Leverage of the Weak* über Österreich und die Großmächte im Ersten Kalten Krieg angekündigt.

68 Vgl. oben S. 235, 312, 326.

69 Vgl. oben S. 308.

vorhergehenden Kapitel kurz zusammenfassend, kann man vier unterschiedliche Formeln festhalten:

a) Österreichs Erklärung, sich von Militärbündnissen oder Militärblöcken freizuhalten und keine ausländischen Militärstützpunkte auf seinem Territorium zuzulassen. Dies war gewissermaßen das Angebot, wie es im Juni 1953 von Gruber in Übereinstimmung mit Kreisky in der für Indiens gute Dienste bestimmten Aufzeichnung enthalten war, wie es (etwas vereinfacht) im September 1953 von Gruber gegenüber dem Hauptausschuß des Nationalrats festgehalten und von diesem gebilligt wurde, und wie es von Grubers Nachfolger Figl auf der Außenministerkonferenz von Berlin im Februar 1954 wiederholt wurde.[70]

b) Die Verankerung eines Neutralisierungsartikels im Staatsvertrag. Dies war die sowjetische Forderung vom Februar 1954. Aus Gründen der Genauigkeit sei wiederholt, daß in dem sowjetischen Entwurf vom Februar 1954 weder das Wort Neutralisierung noch das Wort Neutralität vorkamen; jedoch ist die staatsvertragliche Verankerung des Verbots, „Koalitionen und Militärbündnisse einzugehen, die sich gegen irgendeine Macht richten, die mit ihren Streitkräften am Kriege gegen Deutschland und an der Befreiung Österreichs beteiligt ist", verbunden mit dem Verbot, die „Errichtung ausländischer Militärstützpunkte auf seinem Territorium oder die Heranziehung ausländischer Militärberater oder -spezialisten in Österreich" zuzulassen, füglich als Neutralisierung zu bezeichnen.[71] Die Bundesregierung war im Februar 1954 bereit, eventuell der sowjetischen Forderung entgegenzukommen, wurde aber von den Westmächten im wahrsten Sinne des Wortes zurückgerissen. Neuerlich deutete Julius Raab im März 1955 an, daß eine staatsvertragliche Festlegung der Bündnisfreiheit und Stützpunktfreiheit allenfalls erwogen werden könnte – zum Mißvergnügen der Westmächte –, doch sollte sich diese Alternative als überholt erweisen.

c) Österreichs Erklärung der Bündnisfreiheit und der Stützpunktfreiheit, einschließlich der Bereitschaft, eine solche Erklärung parlamentarisch und eventuell sogar verfassungsgesetzlich zu verankern, *in Verbindung* mit dem österreichischen Vorschlag einer Vier-Mächte-Garantie der Unversehrtheit und Unverletzlichkeit des österreichischen Staatsgebiets nach dem Muster der Schweiz 1815. Dies war das Angebot, mit dem die Regierungsdelegation unter Raabs Führung im April 1955 nach Moskau reiste. Der Begriff Neutralität kam in diesem „Angebotspaket" bekanntlich nicht vor. Es ist allerdings in Kap. VI gezeigt worden, daß in den Wochen vor den Moskauer Verhandlungen in

70 Vgl. oben S. 230–232, 238–239, 311–312.

71 Wie in Kap. VI gezeigt, sprachen interne sowjetische Dokumente noch Anfang 1955 von dem auf der Berliner Konferenz vorgebrachten Artikel über die „Neutralisierung" Österreichs, eine Terminologie, die Ende März 1955 fallen gelassen wurde; vgl. oben S. 308, 338, 402.

Österreich selbst mehrfach von der kommenden Neutralität des Landes gesprochen wurde.[72] Auch das im Zusammenhang mit der Vier-Mächte-Garantie ausdrücklich genannte Vorbild der Schweiz wurde natürlich vielfach auf den zukünftigen Status Österreichs insgesamt, eben auf einen „neutralen" Status, übertragen. *Vor* den Moskauer Verhandlungen – dies ist festzuhalten! – berichtete Frankreichs Vertreter in Wien, Roger Lalouette, nach Paris: „Die Begriffe der Neutralität, der internationalen Garantie gegen den Anschluß sind öffentlich anerkannt. Es gibt nur [noch] Zweifel bezüglich der Modalitäten."[73]

d) Die Verwendungszusage der österreichischen Regierungsdelegation, wie sie im Moskauer Memorandum formuliert wurde, wonach die Bundesregierung eine Deklaration in einer Form abgeben werde, „die Österreich international dazu verpflichtet, immerwährend eine Neutralität der Art zu üben, wie sie von der Schweiz gehandhabt wird". Diese Deklaration, so hieß es bekanntlich weiter, werde von der Bundesregierung dem österreichischen Parlament unmittelbar nach Ratifikation des Staatsvertrages zur Beschlußfassung vorgelegt werden. Dazu kam die österreichische Bereitschaft, sich bei den Westmächten für die (ursprünglich von Österreich konzipierte) Vier-Mächte-Territorialgarantie einzusetzen. Es ist in diesem Buch gezeigt worden, daß bestimmte Teile dieses Textes, das Wort Neutralität selbst (anstatt der österreichischen Alternative der „Bündnis- und Stützpunktfreiheit"), der Hinweis auf die Schweiz und das Wort „immerwährend", auf sowjetisches „Drängen" zurückgingen – um ein Wort zu verwenden, das die Sowjetregierung selbst in ihrer Darstellung zu Handen der DDR-Führung gebrauchte.[74] Julius Raab hat im Ministerrat nach der Rückkehr über die Neutralitätserklärung gesagt, daß wir „wohl versuchten, dieser aus dem Wege zu gehen", wobei sich Raab auf die endgültige Form der Erklärung bezog, – denn mit einer weitmaschigeren Erklärung im Gepäck (Bündnisfreiheit und Stützpunktfreiheit sowie Territorialgarantie nach Schweizer Muster) waren die Österreicher ja schon nach Moskau gekommen. Im Hauptausschuß des Nationalrats erklärte Raab wenig später: „Die Neutralität war *die* Bedingung." Dies habe Bulganin sehr deutlich gemacht. Raabs Bemerkungen im Ministerrat und im Hauptausschuß bedeuten ja nicht, daß gerade der Bundeskanzler vor den Moskauer Verhandlungen etwa gegen die Neutralität, oder gegen einen Status Österreichs ähnlich dem der Schweiz, gewesen wäre. Sie zeigten jedoch an, daß wie jeder Staat auch Österreich ein Maximum an Optionen, an Bewegungsfreiheit, vor allem in Richtung der politischen und wirtschaftlichen Entwicklungen im freien Teil

---

72 Vgl. u. a. oben S. 380–381.

73 „Les notions de neutralité, de garantie internationale contre l'anschluss sont publiquement admises. Il n'y a de doute que sur les modalités." Telegr. Bericht Lalouette nach Paris, Nr. 558/67, 8. April 1955, AD, série Europe 1944–1960, sous-série Autriche, vol. 289, fol. 217–220.

74 Vgl. oben S. 451.

Europas, anstrebte, und daß die Moskauer Formel ein Plus an möglichen Bindungen implizierte, mehr Bindungen jedenfalls, als in der ursprünglichen österreichischen Formel von der Bündnis- und Stützpunktfreiheit enthalten waren.

Die Frage stellt sich, ob die österreichische Delegation die Alternative hatte, den so dringend erwünschten Hinweis auf die Neutralität und deren Handhabung nach dem Muster der Schweiz abzulehnen. Es wurde gezeigt, daß bei den Vorbereitungen sowjetischerseits diese Möglichkeit durchaus in Rechnung gestellt wurde und zeitweise eine kompromißbereitere, schließlich aber wieder härtere Linie in Aussicht genommen wurde, ohne daß allerdings konkrete Alternativen oder auch Druckmittel genannt wurden.[75] In welcher Weise also eine Weigerung der Österreicher beantwortet worden wäre, läßt sich, zumindest gegenwärtig, nicht sagen. Was sich jedoch eindeutig sagen läßt, ist folgendes. Es erfüllte sich Kreiskys Voraussage vom 28. März 1955, „. . . daß wir bei wirklichen Zugeständnissen nicht nein sagen können".[76] Und von entscheidender Bedeutung war, daß die brilliante Taktik der Sowjets, den Österreichern niemand anderen als John Foster Dulles als Befürworter des Schweizer Vorbildes vor Augen zu halten, eine Ablehnung de facto unmöglich machte. Hinter dem denkwürdigen 13. April 1955, an dem die Würfel in Moskau fielen, erscheinen die Umrisse eines anderen, früheren Lostages für Österreich, des 13. Februar 1954. An jenem Tage hatte ja John Foster Dulles im Vier-Augen-Gespräch mit Molotow in Berlin diesem mitgeteilt, „wenn Österreich eine Schweiz zu sein wünscht, werden die Vereinigten Staaten nicht im Wege stehen, aber dies sollte nicht auferlegt werden".[77] Und unmittelbar darauf hatte Dulles in der Außenministerkonferenz sein Plädoyer gegen einen Neutralisierungsartikel im Staatsvertrag gehalten und seinen Respekt für die freie Entscheidung der Schweiz und allenfalls Österreichs bekundet: „Under the Austrian State Treaty as heretofore drafted, Austria would be free to choose for itself to be a neutral state like Switzerland. Certainly the United States would fully respect its choice in this respect, as it fully respects the choice of the Swiss Nation."[78] Am stärksten bleiben Dulles' Worte im Vier-Augen-Gespräch mit Molotow haften: „. . .wenn Österreich eine Schweiz zu sein wünscht . . ." 14 Monate später nahm Molotow Dulles beim Wort. Das Ergebnis war die Neutralitätsformel des Moskauer Memorandums: inspiriert von John Foster Dulles, initiiert von den Sowjets, akzeptiert von den Österrei-

75 Vgl. oben S. 405, 407, 408.
76 Vgl. oben S. 383.
77 Vgl. oben S. 309–310.
78 Ebd.

chern.[79] John Foster Dulles als Inspirator der Moskauer Formel: paradox, und nicht ohne Ironie.

So wurde 1955 zum Jahr des großen Pfänderauslösens. Der Staatsvertrag kam zustande, das sowjetische Wirtschaftsimperium in Ostösterreich wurde durch Ablöse liquidiert, und vor allem fand Österreichs Ost-West-Besetzung, mit dem Risiko der Landesteilung behaftet, ihr Ende. Österreichs Karriere als neutraler Staat begann, mit neuen Risiken behaftet, deren Erfahrung und Entdeckung erst bevorstand.[80]

---

79 Einer der klarsten Kommentare wurde schon zehn Tage später geschrieben. Er stammt vom französischen stellvertretenden Hochkommissar in Österreich, Roger Lalouette: Die Formel, die der Kreml vorgeschlagen habe, präsentiere sich in einem Erscheinungsbild, das so flexibel (souple) und liberal wie möglich sei. Doch man dürfe sich über diesen Liberalismus keiner Illusion hingeben. Es handle sich in Wirklichkeit – die Erzählungen der österreichischen Delegierten über die Gespräche in Moskau bestätigten dies – um eine notwendige und dem Staatsvertrag vorangehende Bedingung zur Unterzeichnung des Staatsvertrags, wenn auch in der chronologischen Abfolge die Ausführung (der Neutralitätsformel, G. S.) erst nach der Ratifikation erfolge. Es ist gewissermaßen eine „spontane" Neutralitätserklärung, zu welcher die Sowjets Österreich verpflichten, das übrigens bereits zustimme. Dieser Kommentar ist unveröffentlicht und soll darum auch im Original zitiert werden: „La formule suggérée par le Kremlin se présente donc sous une apparence aussi souple et liberale que possible. Mais ce libéralisme ne doit pas faire illusion. Il s'agit en réalité – les relations des délégués autrichiens sur les entretiens de Moscou le confirment – d'une condition sine qua non et préalable de la signature du traité, même si, dans l'ordre chronologique son exécution n'intervient qu'après la ratification. C'est en quelque sorte une déclaration 'spontanée' de neutralité à laquelle les Soviets obligent l'Autriche qui d'ailleurs est d'ores et déjà consentante." Schriftbericht Lalouette an Außenminister Pinay, Nr. EU/247, 23. April 1955, AD, série Europe 1944–1960, sous-série Autriche, vol. 300.

80 Zwei dieser neuen Risiken habe ich als die zwei Paradoxa der Neutralität bezeichnet: *Erstens* das Paradoxon, von Machiavelli in Kap. XXI des Buchs vom Fürsten („Il principe") zeitlos formuliert, daß gerade „der, der nicht dein Freund ist, wünscht, daß du neutral bleibst", während der, der dein Freund ist, verlangen wird, daß du dich auf seine Seite stellst (wörtlich „daß du dich erklärst und zu den Waffen greifst"). In anderen Worten, das „Affinitäts-Paradoxon" bedeutet, daß gerade jene Staaten, mit welchen ein Land durch engere gesellschaftspolitische, ideologische oder andere Bande verbunden ist, enttäuscht sein werden, wenn dieses Land „nur" neutral bleibt. Die Reaktion mancher westlicher Staaten 1955 entsprach genau diesem von Machiavelli dargestellten Reaktionsmuster. Ich wurde auf diese Stelle in Machiavellis „principe" von Bruno Kreisky in einem Gespräch im Juli 1961 aufmerksam gemacht. Kreisky hat auf dieses Phänomen hingewiesen. Vgl. Kreisky, *Neutralität und Koexistenz,* 67 u. 158. Die andere Seite der Medaille ist, daß die im Grunde feindseligere, ideologisch ferner stehende Macht dem Neutralen entgegenkommen bzw. sogar verschiedene „Umarmungsversuche" oder Vereinnahmungsversuche unternehmen wird. Derartigen Vereinnahmungsversuchen war Österreich in der Ära Chruschtschow mehrfach ausgesetzt, so daß Julius Raab einmal nach Chruschtschows Österreichbesuch im Sommer 1960 im Ministerrat wörtlich bemerkte: „Der Chruschtschow hat den Versuch gemacht, eine Art Protektorat zu machen." AdR, MRProt Nr. 43 v. 12. Juli 1960, 15–16.
Entgegengesetzt ist das *zweite* Paradoxon, das ich als „Glaubwürdigkeits-Paradoxon" bezeichne: Gerade wenn die Tendenz besteht, Neutralität, die ja grundsätzlich als Instrument staatlicher Politik, nicht als Selbstzweck konzipiert ist, durch andere Instrumente zu ersetzen, sind Zweifel an der Glaubwürdigkeit (noch) praktizierter Neutralitätspolitik unvermeidbar. Ich habe auf diese beiden Paradoxa erstmals hingewiesen in: Stourzh, Some Reflections on Permanent Neutrality, 96. –

Zwei Jahre vor Ende des Jahrhunderts ist Europa grundlegend verändert. Das kommunistische Herrschaftssystem in Osteuropa ist zwischen 1989 und 1991 zusammengebrochen. 1990 ging Deutschlands Teilung zu Ende, doch deren langanhaltende psychologische Folgen machen im Vergleich deutlich, wie günstig sich die 1955 in Österreich erreichte Sicherung von Einheit in Freiheit auf das Land auswirkte. 1991 wurde der (einen Tag vor dem Staatsvertrag gegründete) Warschauer Pakt aufgelöst, und im Dezember dieses Jahres hörte die Sowjetunion zu bestehen auf. Im Jahr zuvor (November 1990) hatte Österreich mit Zustimmung der vier Signatarmächte des Staatsvertrags eine Reihe von Artikeln als „obsolet" erklärt.[81] In Österreichs unmittelbarer Nachbarschaft sind Staaten auseinandergebrochen, neue Nachbarstaaten sind entstanden.[82]

Die Umbrüche der Jahre 1989/91 – weitaus die tiefgreifendsten in Europa seit Ende des Zweiten Weltkrieges – ebenso wie die seit 1989 zur Verhandlung stehende und 1995 Wirklichkeit gewordene Mitgliedschaft Österreichs in der Europäischen Union machen deutlich, wie grundlegend sich Österreichs außenpolitisches Umfeld gewandelt hat. Die Entstehungsgeschichte des Staatsvertrags, die Entstehungsgeschichte der österreichischen Neutralität, oder, um andere und weniger abgegriffene Worte zu wählen, die Geschichte der Umstände und Bedingungen, unter welchen die Besetzung Österreichs durch zwei einander argwöhnisch gegenüberstehende Militärsysteme zu ihrem Ende kam, ist sicher kein Kapitel der Gegenwartsgeschichte, der „histoire du temps présent", wie dies etwa die Geschichte der deutschen Wiedervereinigung oder von Österreichs Beitritt zur Europäischen Union wäre. Ist sie ein Kapitel der Zeitgeschichte? Immer weniger, je älter und geringer die Zahl jener wird, die über bewußte Erinnerungen an die Anfänge und das erste Jahrzehnt der Zweiten Republik verfügen. Ist sie ein Kapitel der Geschichte Österreichs, dessen „Lehren" ganz bestimmte Konsequenzen für die Gestaltung von Österreichs Gegenwart und Zukunft suggerieren würden ? Mitnichten. Das Umfeld ist anders, und verschiedene Leser und Leserinnen können (und werden) sehr

---

Obgleich in diesem Buch auf die Geschichte der österreichischen Neutralität nach 1955 nicht eingegangen werden kann, möchte ich aus der Fülle der Literatur zwei markante Arbeiten herausgreifen: Konrad Ginther, *Neutralität und Neutralitätspolitik. Die österreichische Neutralität zwischen Schweizer Muster und sowjetischer Koexistenzdoktrin,* Wien – New York 1975, sowie Franz Cede, „Österreichs Neutralität und Sicherheitspolitik nach dem Beitritt zur Europäischen Union", in: *Zeitschrift für Rechtsvergleichung*, 36 (1995), 142–148.

81 Vgl. Anhang Nr. 8, S. 776–779.

82 Zu den völkerrechtlichen Konsequenzen dieser Entwicklungen, vgl. u. a. Gerhard Hafner und Elisabeth Kornfeind, „The Recent Austrian Practice of State Succession. Does the Clean Slate Rule Still Exist?" in: *Austrian Review of International and European Law* 1 (1996), 1–49 (zum Staatsvertrag insbes. 17, 48), sowie Gerhard Hafner, „Austria and Slovenia: The Succession in Bilateral Treaties and the State Treaty of 1955", in: *Development and International Cooperation,* 12, Nr. 23 (Dez. 1996), 65–83.

unterschiedliche Folgerungen aus der hier erzählten Geschichte ziehen. Es handelt sich allerdings sehr wohl um ein Kapitel der Geschichte Österreichs, das wert ist, ohne krasse Aktualitätsbezüge, um seiner selbst willen, studiert zu werden, weil es ein Kapitel des versuchten Neubeginns, einer „renovatio“, eines veränderten Selbstverständnisses in der so alten und langen und sich so vielfältig wandelnden Geschichte Österreichs und der Österreicher ist.

Darüber hinaus wurde in diesem Buch versucht, ein in seinem Interesse über Österreich hinausragendes, die Entscheidungsprozesse anderer Staaten einschließlich zweier Weltmächte einbeziehendes Kapitel der internationalen Diplomatiegeschichte des 20. Jahrhunderts zu schreiben. Diplomatiegeschichte hat einen altmodischen Klang. Das „métier du diplomate“, das Handwerk des Diplomaten ist allerdings so modern wie eh und je. Einer der großen politischen Denker des 20. Jahrhunderts, Raymond Aron, hat in seinem Werk über Frieden und Krieg zwischen den Nationen die Symbolfiguren des Militärs und des Diplomaten zur Charakterisierung zweier Funktionsweisen der Beziehungen zwischen Staaten festgehalten. Beide Symbolfiguren, der Militär und der Diplomat, üben gleichsam in Verdichtung politische Funktionen aus.[83] Sie üben zutiefst „öffentliche“ Funktionen aus – dies ist in einer Zeit, die von einem Verfall des Öffentlichen und dem Primat privater Interessensausübung geprägt ist, zu betonen. Beide Symbolfiguren repräsentieren den Staat – heute würden wir hinzufügen: oder neuartige überstaatliche politische Gebilde – in zwei Funktionsweisen der internationalen Beziehungen. Der Militär agiert mittels der Bereitschaft zur Ausübung von physischer Kontrolle, einschließlich der Verfügung über Tod oder Leben, der Diplomat mit den Mitteln der Verhandlung, natürlich unter Einschluß von Druckausübung, aber doch mit den Mitteln der Argumentation, der Formulierung, des Wortes. „L'art de négocier“ – die Kunst des Verhandelns – bleibt im Bereich der Konfliktaustragung die einzige Alternative zur Anwendung physischer Gewalt und Zerstörung. Daher spielen in der Geschichte der Diplomatie als „art de négocier“ das Wort, die Sprache, das Ringen um Formulierungen, das Kräftemessen mit Hilfe des Wortes, eine so außerordentliche Rolle. Auch in der Geschichte, die in diesem Buch erzählt wurde, kommt dem Kräftemessen mit den Instrumenten der Sprache, der Rhetorik, eine ausschlaggebende Rolle zu. Diplomatische Texte und deren Formulierung, so zeigt dieses Buch von der Moskauer Erklärung von 1943 bis zum Moskauer Memorandum von 1955 und zum Text des Staatsvertrages selbst, sind das klassische Mittel friedlicher Interessensabklärung und friedlicher Konfliktregelung. Der Diplomat verhandelt – wie dies im Jahre 1598 einmal gesagt wurde, „non militari manu sed eloquio et viribus ingenui“ – „nicht mit der Waffe in der Hand, sondern mit Beredsamkeit und Geisteskräf-

83 Raymond Aron, *Paix et guerre entre les nations,* Paris 1962, 17–18.

ten".[84] Die hier erzählte Geschichte über das Zustandekommen des österreichischen Staatsvertrags möge nicht zuletzt gelesen werden als eine exemplarische Geschichte über die Kunst des Verhandelns – und über jene Künstler des Verhandelns, ob Berufsdiplomaten oder Staatsmänner, die, fünf verschiedenen Ländern angehörend, „non militari manu sed eloquio et viribus ingenui" eine der dauerhaftesten friedlichen Kompromißlösungen in der Geschichte des 20. Jahrhunderts errungen haben.

84 Zitiert aus dem Buch „Legatus" – der Gesandte – des in Frankreich tätigen Piemontesen Carlo Pasquale – Paschalius –, bei: Gerald Stourzh, „Außenpolitik, Diplomatie, Gesandtschaftswesen: zur Begriffsklärung und historischen Einführung", in: *Diplomatie und Außenpolitik Österreichs*, hrsg. v. Erich Zöllner, Wien 1977, 18.

DOKUMENTENANHANG

1.

Moskauer Erklärung über Österreich, 1. November 1943

Vorbemerkung: Diese Erklärung wurde von den Außenministern der drei Mächte, Anthony Eden, Wjatscheslaw M. Molotow und Cordell Hull am 30. Oktober 1943 beschlossen und am 1. November 1943 verlautbart. Daher werden in verschiedenen Veröffentlichungen wechselnde Datierungen angegeben; die Präambel zum Staatsvertrag nennt den 1. November 1943. Die Erklärung trägt nicht, wie bisweilen irrtümlich angegeben, die Unterschriften Roosevelts, Churchills und Stalins; sie wurde auch nicht direkt von den drei Außenministern unterzeichnet, da sie formell lediglich den Annex 6 des – allerdings von den drei Außenministern unterzeichneten – Beschlußprotokolls der Moskauer Konferenz darstellt. Das in der Erklärung genannte Datum des 15. März 1938 ist irrtümlich und geht auf den britischen Referentenentwurf zurück, richtig müßte es lauten: 13. März 1938.

Englischer Text (hier abgedruckt nach: FR 1943, I, 761):

The Governments of the United Kingdom, the Soviet Union and the United States of America are agreed that Austria, the first free country to fall a victim to Hitlerite aggression, shall be liberated from German domination.

They regard the annexation imposed upon Austria by Germany on March 15th, 1938, as null and void. They consider themselves as in no way bound by any changes effected in Austria since that date. They declare that they wish to see reestablished a free and independent Austria, and thereby to open the way for the Austrian people themselves, as well as those neighboring states which will be faced with similar problems, to find that political and economic security which is the only basis for lasting peace.

Austria is reminded, however, that she has a responsibility which she cannot evade for participation in the war on the side of Hitlerite Germany, and that in the final settlement account will inevitably be taken of her own contribution to her liberation.

Deutsche Übersetzung der Zentral-Übersetzungsstelle des State Department, abgedruckt u. a. bei Verosta, Die internationale Stellung Österreichs 1938–1947, *52–53:*

Die Regierungen des Vereinigten Königreiches, der Sowjetunion und der Vereinigten Staaten von Amerika sind darin einer Meinung, daß Österreich, das erste freie Land, das der typischen Angriffspolitik Hitlers zum Opfer fallen sollte, von deutscher Herrschaft befreit werden soll.

Sie betrachten die Besetzung Österreichs durch Deutschland am 15. März 1938 als null und nichtig. Sie betrachten sich durch keinerlei Änderungen, die in Österreich seit diesem Zeitpunkt durchgeführt wurden, als irgendwie gebunden. Sie erklären, daß sie wünschen, ein freies unabhängiges Österreich wiederhergestellt zu sehen und dadurch ebensosehr den Österreichern selbst wie den Nachbarstaaten, die sich ähnlichen Problemen gegenübergestellt sehen werden, die Bahn zu ebnen, auf der sie die politische und wirtschaftliche Sicherheit finden können, die die einzige Grundlage für einen dauernden Frieden ist.

Österreich wird aber auch daran erinnert, daß es für die Teilnahme am Kriege an der Seite Hitler-Deutschlands eine Verantwortung trägt, der es nicht entrinnen kann, und daß anläßlich der endgültigen Abrechnung Bedachtnahme darauf, wieviel es selbst zu seiner Befreiung beigetragen haben wird, unvermeidlich sein wird.

2.

Grundsätze für das weitere Vorgehen Österreichs

Vorbemerkung: Dieses Dokument ohne Aktenzahl mit neben dem Titel handschriftlich angegebenem Datum „17. 3. 55" wurde in der Völkerrechtsabteilung des Wiener Außenamtes verfaßt; diese Abteilung wurde damals von Gesandten Stephan Verosta geleitet, der auch als Verfasser diese Denkschrift anzusehen ist. Sie gehörte zu den Unterlagen, die für die Besprechung der österreichischen Botschafter bei den Signatarmächten des Staatsvertrags mit der für die Moskauer Gespräche nominierten Regierungsdelegation (Raab, Schärf, Figl, Kreisky) am 28. März 1955 zusammengestellt wurden. Das Dokument ist in mehreren hektographierten Exemplaren vorhanden (u. a. Nachlaß Kreisky in SBKA, VII, Staatsvertrag 2).

I. Der Staatsvertrag ist trotz der enormen Hypotheken, die er Österreich auferlegt, auch mit seinem jetzigen Text zu unterzeichnen.

Dabei soll österreichischerseits nichts unversucht gelassen werden, besonders drückende Bestimmungen des Staatsvertragsentwurfes (St.V.E.) einschliesslich des für Österreich kaum tragbaren 3. Absatzes der Präambel zu beseitigen.

II. Österreich bringt seine Bereitschaft zum Ausdruck, seine Erklärung keinen Militärbündnissen beizutreten und keine fremden militärischen Stützpunkte auf seinem Gebiet zuzulassen, in der von den vier Mächten, insbesondere der Sowjetunion, gewünschten Form zu wiederholen.

III. Österreich wird sich im Sinn der sowjetischen Anregungen bemühen, eine Garantieerklärung der vier Grossmächte für seine Unabhängigkeit zu erlangen.

Hiefür würde folgende Verpflichtungserklärung der vier Grossmächte genügen:

„Die vier Grossmächte – Grossbritannien, Frankreich, Sowjetunion und Vereinigte Staaten von Amerika – garantieren Österreich die Unversehrtheit und Unverletzlichkeit seines Gebietes innerhalb der Grenzen des Staatsvertrages von St. Germain vom 10. September 1919."

<u>I. Der Staatsvertrag ist trotz der enormen Hypotheken, die er Österreich auferlegt, auch mit seinem jetzigen Text zu unterzeichnen. – Dabei sollte österreichischerseits nichts unversucht gelassen werden, besonders drückende Bestimmungen des Staatsvertragsentwurfes einschliesslich des für Österreich kaum tragbaren 3. Absatzes der Präambel zu beseitigen.</u>

<u>Gründe:</u>

Nach fast 9-jährigem unausgesetztem Begehren nach Abschluss des Staatsvertrages wäre die Weigerung Österreichs, im jetzigen Zeitpunkt den Staatsvertrag zu unterschreiben, innerpolitisch [*sic*] und aussenpolitisch untragbar.

Die Räumung Österreichs von allen fremden Truppen stellt die österreichische Unabhängigkeit und Souveränität in den Augen der österreichischen Bevölkerung und des Auslandes erst wieder her. Soferne diese Räumung von Garantien der Grossmächte begleitet wird, die über die bisherigen Bestimmungen des St.V.E. hinausgehen müssen, stellt sie für die österreichische Regierung [*hs. Einfügung*: einen Gewinn] an innenpolitischem und aussenpolitischem Prestige und eine Sicherung der österreichischen Eigenstaatlichkeit dar, was die drückenden Bestimmungen des Staatsvertrages aufwiegt.

So unangenehm der Verlust der unmittelbaren Verfügung über die österreichischen Verbindungslinien zwischen Süddeutschland und Italien sowie Jugoslawien für die westeuropäische Verteidigungsgemeinschaft und für die NATO sein mögen, ist nicht zu übersehen, dass der Osten sich mit der Räumung Österreichs auf die Südgrenze der CSR und die Westgrenze Ungarns zurückzieht. Es würde das erste Mal sein, dass die sowjetischen Truppen sich aus ihren 1945 erreichten Stellungen [*hs. Einfügung*: in Europa] zurückziehen. Eine Weigerung der Westmächte, das gleiche in ihren Besatzungszonen zu tun, könnte leicht den Anschein erwecken, die Westmächte seien es, die ihre 1945 erreichten Stellungen trotz aller Versicherungen, den österreichischen Staatsvertrag jederzeit zu unterschreiben, nunmehr nicht aufgeben wollen. Man wird ihnen vorwerfen können, dass sie selbst auf einem kleinen politisch und strategisch gar nicht besonders wichtigen Sektor wie Österreich eine Entspannung nicht wünschen, die zur gesamteuropäischen Entspannung beitragen könnte.

II. Österreich bringt seine Bereitschaft zum Ausdruck, seine Erklärung, keinen militärischen Bündnissen beizutreten und keine fremden militärischen Stützpunkte auf seinem Gebiet zuzulassen, in der von den vier Mächten insbesondere der Sowjetunion gewünschten Form zu wiederholen.

Form:

Dies kann durch eine gesonderte feierliche Erklärung der österreichischen Bundesregierung geschehen, die vom Parlament gebilligt wird; allenfalls in Verbindung mit der Garantieerklärung der vier Grossmächte, die von Österreich gleichzeitig mit Dank entgegengenommen wird.

Andererseits könnte die österreichische Erklärung mit der Garantie der Grossmächte in den Staatsvertrag aufgenommen werden. Am ehesten würde das in einen erweiterten Artikel 2 hineinpassen oder in einen eigenen Artikel, wobei die Präambel sinngemäss geändert werden müsste. Damit würde zugleich die Änderung des Staatsvertragstextes eingeleitet.

Nötigenfalls könnte diese Verpflichtung Österreichs auch innerstaatlich in einem Verfassungsgesetz absolut verankert oder ein Abgehen von dieser Verpflichtung an eine Beschlussfassung des Nationalrates mit besonders qualifizierter Mehrheit gebunden werden.

Desgleichen könnte nötigenfalls das in Artikel 4 St.V.E. niedergelegte Verbot einer politischen und wirtschaftlichen Vereinigung Österreichs mit Deutschland allenfalls durch ein spontan eingebrachtes österreichisches Verfassungsgesetz von österreichischer Seite innerstaatlich bekräftigt werden.

Inhalt:

Über diese bereits abgegebene Erklärung wäre österreichischerseits nicht hinauszugehen. Österreichs politische, wirtschaftliche und kulturelle Zugehörigkeit zum

Westen wird durch eine derartige Erklärung ebensowenig in Frage gestellt wie die Schwedens, Finnlands und der Schweiz.

Demgemäss wäre österreichischerseits weder der Ausdruck Neutralität oder gar Neutralisierung zu verwenden. Dass Österreich seinen wirtschaftlichen, politischen und kulturellen Verkehr mit dem Westen weder einschränken kann noch einschränken will, sollte klar gesagt werden.

Die österreichische Wehrmacht:

Die österreichische Wehrmacht wird als primärer Garant der österreichischen Unabhängigkeit aber keine näheren Verbindungen mit den Armeen anderer Staaten einschliesslich seiner Nachbarn pflegen können, ausser mit der der Schweiz. Diese befindet sich in ähnlicher wehrpolitischer Lage, kann sich aber als kapitalkräftiger Gläubigerstaat eine weitergehende wirtschaftliche und politische Unabhängigkeit leisten als es Österreich zunächst möglich sein wird. Für ein Militärbündnis mit Österreich wird die Schweiz wohl kaum zu haben sein, selbst wenn die Grossmächte ein solches ausdrücklich zulassen würden, was an und für sich sinnvoll wäre. Auf jeden Fall ist zu erwarten, dass gegen eine Fühlungnahme mit der Schweiz keine der Mächte etwas einzuwenden haben werden. Eine Zusammenarbeit mit der Schweiz – auch ohne jedes Bündnis – kann sich für Österreich in seinem zu schaffenden neuen internationalen Status politisch und wirtschaftlich günstig auswirken; es dürfte auch von der Schweiz begrüsst werden und für sie fruchtbar sein.

III. Österreich wird sich im Sinne der sowjetischen Anregungen bemühen, eine Garantieerklärung der vier Grossmächte für seine Unabhängigkeit zu erlangen, die etwa lauten würde:

„Grossbritannien, Frankreich, die Sowjetunion und die USA garantieren Österreich die Unversehrtheit und Unverletzbarkeit seines Gebietes innerhalb der Grenzen des Staatsvertrages von Saint-Germain vom 10. September 1919.“

Die Formel ist der Garantieerklärung der fünf Mächte (Grossbritannien, Frankreich, Russland, Österreich und Preussen) für die Schweiz vom 20. November 1815 nachgebildet, die einen Annex zum Zweiten Pariser Frieden vom gleichen Tage bildet. Sowjetischerseits werden „effektive Garantien“ verlangt. Eine effektive, d. h. wirksame Garantie, bietet aber nur eine derartige Erklärung der interessierten Grossmächte. Ihre Garantieerklärung muss allerdings von dem andauernden Willen und der steten Bereitschaft und Fähigkeit der garantierenden Grossmächte begleitet sein, das Garantieversprechen jederzeit einzulösen. Im Falle der Schweiz hat sich diese Garantie nunmehr durch 140 Jahre als wirksam und effektiv erwiesen. Dies könnte und sollte auch bei der Garantie der österreichischen Eigenstaatlichkeit der Fall sein. Eine solche effektive Garantie können aber nur die vier Grossmächte durch ihre andauernde Garantiebereitschaft und Garantiefähigkeit auf Grund ihrer Garantieerklärung prästieren.

Genau gesehen garantieren die vier Grossmächte bisher die Eigenstaatlichkeit Österreichs effektiv durch dessen vierteilige Besetzung. Diesem Zustand, der ohne Rechtsgrundlage, ja völkerrechtswidrig ist, soll nun ein Ende gesetzt werden. In Artikel 2 des St.V.E. erklären die Mächte aber nur, dass sie nach Abzug ihrer Truppen

„die Unabhängigkeit und territoriale Unversehrtheit Österreichs achten werden.“ Das ist keine Garantieerklärung. Zum Staatsvertrag muss also eine Erklärung effektiver Garantie durch die Grossmächte treten.

Von 1918 an hatten die Grossmächte die Unabhängigkeit Österreichs auch nur „für unabänderlich erklärt“ und die allgemeinen Zusicherungen der Völkerbundsatzung für die politische Unabhängigkeit und territoriale Unversehrtheit jedes Völkerbundmitgliedes daran geschlossen. Österreichs Unabhängigkeit war von 1918 bis 1938 daher ebenso wenig effektiv garantiert, wie sie bei blossem Abschluss des Staatsvertrages garantiert wäre.

Eine Garantieerklärung der vier Grossmächte würde daher das internationale Statut Österreichs ergänzen und die Unabhängigkeit Österreichs soweit effektiv sichern, als die vier Grossmächte als Garanten effektiv wirksam bleiben. Eine darüber hinaus effektive Garantie ist – ausser der Fortdauer der völkerrechtswidrigen Besetzung des Landes – nicht vorstellbar.

Die Erfahrungen Österreichs – aber auch Äthiopiens, der Tschechoslowakei und Albaniens mit dem Völkerbund lassen eine Garantie der Vereinten Nationen (UN) für Österreich problematisch erscheinen. Keinesfalls sollte die unmittelbare Garantie der vier Grossmächte vom Beschluss des Sicherheitsrates oder der Generalversammlung der UN abhängig gemacht werden. Dagegen könnte eine zusätzliche Garantie der UN in Erwägung gezogen werden, soferne deren Mitglieder sich hiezu bereit erklären sollten, was fraglich ist. Sollte Österreich der UN beitreten, gelangt es ohnehin in den Genuss der durch die Satzung der UN vorgesehenen gegenseitigen Garantien der einzelnen Mitglieder, wie es seit 1920 durch seine Aufnahme in den Völkerbund in den Genuss des Schutzes dieser Organisation kam. Mit seinem Beitritt zur UN würde sich Österreich vom Beispiel der neutralen Schweiz entfernen. Bei Abstimmungen in der UN könnte es sich wohl meist mit den *[sic]* in ähnlicher wehrpolitischer Lage befindlichen Schweden abstimmen, um über seine militärische Bündnislosigkeit seine politische Selbständigkeit darzutun.

Das Beispiel der Garantie für die Schweiz ist für die Frage einer weiteren Garantie der Unabhängigkeit Österreichs – etwa durch seine Nachbarn oder durch europäische Staaten – von Bedeutung. In der Garantieerklärung für die Schweiz von 1815 fehlen als Garanten der schweizerischen Unabhängigkeit ihre damaligen Nachbarn Baden, Württemberg, Bayern und Sardinien-Piemont. Im europäischen Interesse haben die weitentfernten Grossmächte Grossbritannien, Preussen und Russland die Unabhängigkeit der Schweiz garantiert.

Es ist heute politisch kaum vorstellbar, dass etwa die Bundesrepublik Deutschland (BRD) oder ein wiedervereinigtes Deutschland die Unabhängigkeit Österreichs mitgarantiert. Gerade die BRD wird als der Rechtsnachfolger des Aggressors von 1938 noch heute von der Sowjetunion und nach mehreren Artikeln des StVE auch von den anderen Grossmächten für fähig gehalten, einen neuen Anschluss Österreichs anzustreben. Dagegen würde es politisch von Nutzen sein, wenn die Westmächte, soferne sie sich zur Garantie der österreichischen Unabhängigkeit entschliessen, bei der BRD dahin wirken, dass diese noch vor der friedensvertraglichen Regelung über Deutschland, die wohl ein Anschlussverbot enthalten wird, wenigstens eine Erklärung abgibt, die österreichische Unabhängigkeit zu achten. Wenn die Sowjetunion eine solche

Erklärung der BRD nach den Erfahrungen von 1938 kaum als eine zusätzliche „effektive Garantie“ der Unabhängigkeit Österreichs ansehen dürfte, würde sich die BRD durch eine solche Verpflichtung dem Verdacht, weiterhin Anschlusstendenzen zu verfolgen, entziehen; denn bisher fehlt eine solche Verpflichtungserklärung der BRD, worauf sowjetischerseits nicht ganz mit Unrecht immer wieder hingewiesen wird. Das hiemit dargetane Ausscheiden der BRD, aber auch eines wiedervereinigten Deutschlands, aus dem Kreis der möglichen Garanten der österreichischen Unabhängigkeit lässt auch die Mitgarantie anderer Staaten – etwa der Tschechoslowakei, Ungarns, Jugoslawiens, oder Italiens – als entbehrlich und vermutlich unerwünscht erscheinen.

Die Schweiz dürfte sich einem Begehren auf die Mitgarantie der österreichischen Unabhängigkeit auf Grund ihrer traditionellen, absoluten Neutralität ohnehin versagen. Derzeit könnte eine Mitgarantie Jugoslawiens und Italiens für beide weltpolitischen Lager tragbar erscheinen; ein politischer Kurswechsel in beiden Staaten könnte sich aber für die Eindeutigkeit der Garantie der österreichischen Unabhängigkeit ungünstig auswirken.

Dagegen könnte in Erwägung gezogen werden, die Garantieerklärung der vier Grossmächte allenfalls noch durch zusätzliche bilaterale Freundschafts- und Nichtangriffsverträge Österreichs mit allen seinen Nachbarn einschliesslich der Schweiz zu ergänzen.

Der St.V.E. räumt der Sowjetunion durch eine Überlassung der ostösterreichischen Ölfelder und der DDSG einseitige beträchtliche Machtpositionen in Österreich und damit partielle, aber effektive Garantien einseitig ein. Die Westmächte könnten ähnliche Beteiligungen an der österreichischen Volkswirtschaft fordern, um die einseitige Privilegierung der Sowjetunion auszugleichen, wenn [*wohl zu lesen*: wenngleich] diese sicherlich auf die „Dienstbarmachung der westösterreichischen Industrie und Energie für die Rüstung des Westens“ hinweisen dürfte. Damit könnte sich die Perspektive eröffnen, bei Eingehen der Sowjetunion auf die Vier Mächte-Garantie der österreichischen Unabhängigkeit [*sinngemäß zu ergänzen*: diese] zum Aufgeben dieser Faustpfänder (und zusätzlichen effektiven Garantien) – allenfalls unter Hingabe einer erhöhten Ablösesumme und Abschluss eines Handelsvertrages unter Einbeziehung österreichischer Öllieferungen – zu bewegen.

IV. Sofortige Anfrage bei den Westmächten, ob sie zur Abgabe einer Garantieerklärung bereit sind.

Damit sich Österreich nicht bei Misslingen der jetzigen Gespräche den Vorwurf zuziehe, sich zu Gunsten der sowjetischen Propaganda ausnützen zu lassen, wäre unter Darlegung der wesentlichsten Argumente zu I bis III sofort bei den Westmächten – am besten im Wege über die Botschaften in Wien – anzufragen, ob sie bereit sind, die unter III formulierte Garantieerklärung abzugeben.

Fällt die Antwort bejahend aus, könnte im Einverständnis mit ihnen die Aussprache mit der Sowjetunion mit dem Ziele Garantieerklärung und Staatsvertrag (wenn möglich modifiziert) fortgesetzt werden.

Fällt die Antwort unter Angabe von Gründen, deren Stichhältigkeit sich die österreichische Regierung nicht entziehen zu können glaubt, negativ aus, wäre eine Garantieerklärung der drei Westmächte für die Unabhängigkeit Österreichs und die Integrität des gesamten österreichischen Staatsgebietes einschliesslich der sowjetischen Besatzungszone und Wiens zu verlangen. Die Westmächte können nämlich billigerweise Österreich wohl nicht zumuten, hoffnungsvolle und vielleicht aussichtsreiche Verhandlungen mit der Sowjetunion in unbedankter Selbstaufopferung im Sande verlaufen zu lassen. Verlangen sie dies aber, müssten sie unbedingt ihrerseits eine eindeutige effektive Garantieerklärung im Wortlaut der angegebenen Formel abgeben, womit Österreich wenigstens von ihrer Seite sowohl gegen einen Anschluss an die BRD aber auch gegen sowjetische Massnahmen nach erfolglosem Abbruch der gegenwärtigen Gespräche erhalten würde, die schliesslich in der Abtrennung der sowjetischen Besatzungszone unter Abwürgung Wiens enden könnten.

Damit würden die Westmächte nur eine Garantie abgeben, die sie für Westberlin längst ausdrücklich übernommen haben. Es ist nicht auszuschliessen, dass bei einem solchen nachdrücklichen österreichischen Verlangen die Westmächte veranlasst würden, aus ihrer bisherigen Rolle eines in einer bequemen Loge sitzenden Zuschauers herauszutreten, nicht weiter einen möglichen, wenn nicht sogar wahrscheinlichen Propagandaerfolg der Sowjetunion gerade bei negativem Verlauf der Besprechungen abzuwarten und hinzunehmen, sondern durch die ihrerseits erfolgende Abgabe einer Garantieerklärung für ganz Österreich die ihnen entglittene politische Initiative wieder an sich [zu] bringen.

3.

Josef Schöners Niederschrift über die Verhandlungen der österreichischen Regierungsdelegation in Moskau vom 12. bis 14. April 1955.

Vorbemerkung: Der nachstehend erstmals vollständig publizierte Text ist die von Josef Schöner selbst vorgenommene Transkription seiner stenographischen Mitschrift der Moskauer Verhandlungen vom 12. bis 14. April 1955. Diese Transkription wurde im Frühjahr 1964, also neun Jahre nach den Verhandlungen, vorgenommen. Sie umfaßt 40 Maschinschreibseiten. Schöner hat in einem mit 4. 4. 1964 datierten (maschinschriftlichen) Vermerk (Zl. 3505-GS/64) folgendes festgehalten:

„Die inliegende Niederschrift beruht auf persönlichen Aufzeichnungen, die der damalige Leiter der Politischen Abteilung, Gesandter Dr. Josef Schöner, während der Verhandlungen gemacht hat. Hiebei wurden nur die mündlichen Ausführungen der Beteiligten in Rede und Gegenrede niedergeschrieben. Die vorbereiteten Papiere, welche während der Verhandlungen verlesen wurden, sind darin nicht festgehalten, ebenso nicht die vertraulichen Beratungen innerhalb der österreichischen Delegation während der Sitzungsunterbrechungen. Die während der Verhandlungen verlesenen Papiere und Memoranden befinden sich im Sammelakt über die Moskauer Besprechungen.

Der Text wird auf Grund des Stenogramms wörtlich wiedergegeben. Die Niederschrift der sowjetischen Ausführungen erfolgte auf Grund der Übersetzung der sowjetischen Dolmetscher. Die dabei vorkommenden sprachlichen und grammatikalischen Unebenheiten sind wörtlich wiedergegeben worden.

Das Stenogramm enthält manche unzusammenhängende oder unlogische Sätze, die zum Teil auf nicht mehr lesbare Zeichen zurückgehen. Um der geschichtlichen Wahrheit willen wurde nicht versucht, etwas zu ergänzen oder einzufügen, sondern unverständliche und fehlende Satzteile durch Punkte angedeutet. So wurde auch davon abgesehen, die Diktion zu glätten oder zu verfeinern. Die Niederschrift hält sich genau und streng an den Wortlaut des Stenogrammes."

Ein Nachsatz in Schöners Handschrift besagt: „Die darin zitierten Artikel entsprechen in ihrer Numerierung nicht dem endgültigen Text des Staatsvertrages, sondern der provisorischen Bezifferung des Entwurfes!"

Ein Exemplar der Transkription sowie der zitierte Vermerk Schöners befinden sich im Bundesministerium für Auswärtige Angelegenheiten; eine erstmalige Einsichtnahme durch den Verf. erfolgte im Jänner 1980 mit Zustimmung des damaligen Bundeskanzlers Dr. Bruno Kreisky und dank des Entgegenkommens des damaligen Generalsekretärs für Auswärtige Angelegenheiten Botschafter Dr. Alois Reitbauer. Diese Quelle konnte daher bereits in der zweiten Auflage dieses Buches (1980) für die Darstellung der Moskauer Verhandlungen in Kap. VI verwertet werden. Inzwischen sind andere Kopien der Transkription bekannt geworden, so im Nachlaß Bruno Kreiskys in der Stiftung Bruno Kreisky Archiv (SBKA, VII/2), sowie im Nachlaß Josef Schöners im Österreichischen Staatsarchiv (ÖStA, GD, NLS, E/1773, Konvolut 17). In letzterem fanden sich auch einige Blätter einer früheren Transkription vom September 1956, die *allerdings nur die Anfänge der ersten Sitzung vom 12. April 1955 wiedergibt. – Die Abfassung der vollständigen Transkription im Frühjahr 1964 durch Schöner, der damals österreichischer Botschafter in Bonn war, dürfte im Einvernehmen mit dem damaligen Außenminister Bruno Kreisky erfolgt sein; jedenfalls finden sich in Kreiskys im Mai 1965 in erweiterter Form publiziertem Aufsatz „Der Staatsvertrag und die österreichische Neutralität" (*Die Zukunft, *Nr. 9/1965, Wiederabdruck in Kreiskys 1975 veröffentlichtem Buch* Neutralität und Koexistenz*) bei der Schilderung der Moskauer Verhandlungen eine Reihe wörtlicher Zitate aus Schöners Mitschrift.*

Die Grundlage der Transkription sind 53 Notizblockseiten stenographischer Notizen aus dem Nachlaß Josef Schöners, in den ich dank des Entgegenkommens von Frau Rita Schöner und Univ.-Prof. DDr. Franz Matscher frühzeitig Einsicht nehmen konnte. Kopien befinden sich im Besitz des Verfassers. Lebensweg und diplomatische Laufbahn Josef Schöners sind geschildert von Franz Matscher, „Josef Schöner, 1904–1978. Lebensbild eines österreichischen Diplomaten", in dem Buch: Josef Schöner, Wiener Tagebuch 1944/45, *hrsg. v. Eva-Marie Csáky, Franz Matscher und Gerald Stourzh, Wien – Köln – Weimar 1992, 9–14.*

Zu den von Schöner wiedergegebenen Verhandlungsgesprächen stehen auch weitere Quellen zur Verfügung. Abgesehen von dem nur wenige Wochen nach den Verhandlungen veröffentlichten, aber nicht verläßlichen Büchlein des Dolmetschers Julius Raabs, Walter Kindermann (vgl. oben S. 420 u. 436), sind drei Quellen zu nennen:

Erstens die stenographischen, sehr bald transkribierten Notizen von Adolf Schärf, ergänzt durch Mitteilungen Bruno Kreiskys, die (mit geringfügigen Auslassungen, vgl. oben S. 416) von Karl R. Stadler erstmals 1980 veröffentlicht wurden: Adolf Schärf, „Erinnerung an die Moskau-Fahrt", Die Zukunft, *Nr. 4/1980, 23–30; eine neuerliche Veröffentlichung erfolgte 1982 in Stadlers Schärf-Biographie, 437–449, dort allerdings ohne Kennzeichnung der Auslassungen und Unterstreichungen; zitiert wird im folgenden nach der Veröffentlichung in „*Die Zukunft*". Inzwischen sind Schärfs Stenogramme sowie verschiedene Fassungen des Typoskripts zugänglich geworden: VGAB, Nachlaß Schärf, 4/247 sowie 4/249.*

Zweitens die allerdings wesentlich kürzeren und unvollständigeren stenographischen Notizen Leopold Figls, die sich im Nachlaß Figls im Niederösterreichischen Landesarchiv befinden (NÖLA, Nachlaß Figl, K. 13); sie wurden erstmals von R. Jeřábek transkribiert für die Publikation in Christian Jennys Konsensformel oder Vorbild*? (1995), S. 337–340.*

Drittens die vom Verfasser im Frühjahr 1994 im Außenpolitischen Archiv der Russischen Föderation in Moskau eingesehene und kopierte „Inoffizielle Niederschrift über die Sitzungen der sowjetischen Regierungsdelegation mit der österreichischen Regierungsdelegation", einschließlich Beilagen (ohne Zählung des Moskauer Memorandums) 50 maschingeschriebene Seiten umfassend, angefertigt von dem sowjetischen Diplomaten und Delegationsmitglied Michail Gribanow (AVPRF, Fonds 06, op. 14, p. 9, d. 117, ll.[=fol.] 1–50). Für die Übersetzung bin ich meinem ehemaligen Fakultätskollegen Herrn Hon.-Prof. Hofrat Dipl. Dolm. Dr. Viktor Petioky zu tiefem Dank verpflichtet.

Die Edition von Schöners Verhandlungsmitschrift erfolgt nachfolgenden Gesichtspunkten: Der Abdruck erfolgt buchstabengetreu ohne irgendwelche stillschweigende

Korrektur, Normalisierung, Glättung oder Ergänzung. Berichtigungen von fehlerhaften Worten, soweit in Kürze möglich, erfolgen in eckigen Klammern im Text. Weitere textkritische, aber auch inhaltliche Erläuterungen des Verfassers bzw. hier Herausgebers werden, in Vereinfachung der bei Editionen üblichen Anmerkungsform, in einheitlich durchnumerierten Fußnoten gegeben. Zitate aus den in Schöners Mitschrift genannten, aber dort nicht wörtlich zitierten Arbeitsdokumenten sowie aus anderen Quellen erfolgen ebenfalls in den Anmerkungen. Wichtige in der Mitschrift erwähnte Arbeitsdokumente, insbesondere im Laufe der Verhandlungen als Diskussionsgrundlage dienende Unterlagen werden, z. T. erstmals, vollinhaltlich im Anmerkungsapparat wiedergegeben. Wie üblich sind Aussagen des Herausgebers kursiv, Zitate in Normalschrift gesetzt; Zitate werden zusätzlich mit Anführungszeichen versehen. Unterstreichungen in den Quellentexten (insbes. zur Kennzeichnung der jeweils sprechenden Personen) sind immer in den Vorlagen enthalten. Schöners Niederschrift selbst enthält keine Fußnoten, alle Fußnoten sind somit jene des Herausgebers. Ein Vergleich der Transkription mit Schöners Stenogramm (auf Grundlage der Einheitskurzschrift, vielfach durchsetzt mit ausgeschriebenen Worten oder Abkürzungen) zeigt, daß Schöner in der Transkription mehrfach Füllworte einschob oder Sätze vervollständigte, wo im Stenogramm lediglich Stichworte oder unvollständige Sätze notiert wurden. Schöner hat im Stenogramm verwendete Abkürzungen (etwa SR für Sowjetregierung, StV für Staatsvertrag etc.) in der Transkription regelmäßig ausgeschrieben. Die integrale quellenkritische Publikation aller zugänglichen Mitschriften und Arbeitsdokumente für die Moskauer Verhandlungen wäre wünschenswert, kann aber im Rahmen dieses Bandes nicht geleistet werden. Die hier vorgelegte Edition soll jedoch als Beitrag zur Erfüllung dieses Desiderats dienen.

Niederschrift über die Verhandlungen einer österreichischen Regierungsdelegation in Moskau im April 1955

Von sowjetischer Seite nahmen teil:
Die Stellvertretenden Ministerpräsidenten
Mikojan und Molotow
Die Abteilungsleiter im sowjetischen Aussenministerium
Iljitschow, Semjonow, Komykin [*r.* Kumykin],
Michailow, Gribonow [*r.* Gribanow]
und vier nicht namentlich bekannte Herren[1]

1 *Die sowjetische Niederschrift nennt ohne Titel oder Funktionsangabe folgende Namen als anwesend von sowjetischer Seite: W. M. Molotow, A. I. Mikojan, I. G. Kabanow, W. S. Semjonow, I. I. Iljitschow. Als „außerdem anwesend" werden genannt: S. G. Lapin, M. G. Gribanow, R. A. Sergejew (Dolmetscher). Bei Schöners*

Von österreichischer Seite nahmen teil:
Bundeskanzler Ing. RAAB
Vizekanzler Dr. SCHÄRF
Bundesminister Ing. Dr. h. c. FIGL
Staatssekretär Dr. KREISKY
Botschafter Dr. BISCHOFF[2]
Die Gesandten Dr. SCHÖNER und Dr. VEROSTA sowie
Dr. KINDERMANN

Die Niederschrift der sowjetischen Ausführungen erfolgte auf Grund der Übersetzung der sowjetischen Dolmetscher. Die vorkommenden sprachlichen und grammatikalischen Unebenheiten sind dabei wörtlich wiedergegeben worden.

Erste Besprechung am 12. April 1[9]55, 15 Uhr, im Kreml zu Moskau

Molotow: Wir haben Möglichkeit des Zusammentreffens geschaffen, um unsere Absichten zu klären. Wir sprachen bei Ministerpräsident und bei mir darüber. Ich

---

Angaben fehlt der Name des Außenhandelsministers Kabanow. Schöners Nennung von fünf Personen als „Abteilungsleiter im sowjetischen Außenministerium" *ist zu verallgemeinernd; I. I. Iljitschow war damals sowjetischer Botschafter und Hochkommissar in Österreich; ranghöchster sowjetischer Diplomat war W. S. Semjonow, seit seiner Rückkehr vom Posten des sowjetischen Hochkommissars in Deutschland und Botschafters in der DDR Ende 1954 Leiter der III. Europäischen Abteilung des Außenministeriums, zuständig für Österreich ebenso wie für Deutschland und wenige Wochen zuvor (Mitteilung vom 22. März 1955 in AdG, 5085 A) in den Rang eines Stellvertretenden Außenministers erhoben. Bei Komykin, richtig Kumykin, handelt es sich um den stellvertretenden Außenhandelsminister P. N. Kumykin, der Ende August/September 1945 die (schließlich fehlgeschlagenen) sowjetisch-österreichischen Erdölverhandlungen in Wien geführt hatte (vgl. oben Kap. II), und mit dem Kreisky im März 1955 in Genf bei einer Tagung der UN-Wirtschaftskommission für Europa zusammentraf (hierzu* ÖuG, *Nr. 109). Zu dem Namen Michailow, der in der sowjetischen Niederschrift nicht aufscheint, gibt es weder in den österreichischen noch den sowjetischen Niederschriften weitere Hinweise. M. G. Gribanow war von 1949-1953 stellvertr. Leiter der III. Europäischen Abteilung; für 1953 bis 1955 gibt das offizielle sowjetische „Diplomatische Wörterbuch" (diplomaticeskij slovar', siehe Bibliographie) „verantwortungsvolle Tätigkeit im Zentralapparat des sowjetischen Außenministeriums" an; im Frühjahr 1955 war er Stellvertreter Semjonows in der Leitung der III. Europäischen Abteilung. S. Lapin war höherer Beamter des Außenministeriums (und nachmaliger Botschafter in Österreich); der als Dolmetscher tätige R. Sergejew hatte zuvor einige Jahre an der Botschaft Bern zugebracht. Bezüglich der Namen der österreichischen Teilnehmer gibt es keine Differenzen zwischen Schöners und der sowjetischen Niederschrift; in keiner der beiden Quellen erscheint der Name von Raabs damaligem Sekretär Ludwig Steiner, der Raab nach Moskau begleitete.*

2 *Bischoff hatte keinen Doktorgrad.*

möchte wi[e]der den Gedanken geben, den ich heute schon geäußert habe bei unserer Zusammenkunft.

Die Sowjetregierung denkt, dass die Tage des zehnten Jahrestages kommen[3] und es wäre gut, wenn das österreichische Volk diese Tage mit grosser Genugtuung feiern könnte. Da das österreichische Volk sicher wäre, dass Möglichkeit einer Vorstufe der Erlangung der Freiheit besteht.

Die Frage ist schon vorbereitet und es bleibt nicht viel, was wir zu machen haben. Wir denken, dass der Text des Staatsvertrages für Österreich eine gute Basis für die Verhandlungen ist.

Was die Sowjetregierung betrifft, so nehmen wir an, dass die Frage des Abschlusses des Staatsvertrages genug vorbereitet ist, um jetzt zu einer Lösung zu kommen.

Wir so auch wie Sie verstehen gut, dass die Unterzeichnung nicht nur unsere Sache ist, sondern Sache der vier Mächte und natürlich auch Sache Österreichs. Wir haben die Meinung, dass wir eine gemeinsame Meinung haben können, wenn wir das Gemeinsame finden können. Natürlich werden wir noch sehen, welche Fragen wir haben zu erörtern. Es sind nur mehr wenige Fragen und wir glauben, dass Möglichkeit besteht, sie zu lösen.

Natürlich werden wir zu konkreten Besprechungen der Fragen übergehen müssen, die wir noch zu lösen haben. Unsere Unterredungen haben einen vorbereitenden Charakter, aber sie sollen die Lösung durch die vier Mächte erleichtern.

Wir sind der Meinung[,] dass diese Tage für die Lösung des Problems des Staatsvertrages von Bedeutung sind. Allgemein verstehen wir die Tendenz des österreichischen Volkes, andererseits ist die Frage eng verbunden mit der Frage des allgemeinen Friedens. Eigentlich gesagt, haben wir ja von Österreich nichts nötig, ausser was wir bereits gesagt haben, aber wir müssen vollkommene Sicherheit haben, dass Österreich in Zukunft nicht zum Aufmarschgebiet für andere Mächte wird.

Wir verstehen, dass die Österreicher ein friedliebendes Volk und an kommenden Kriegen keineswegs interessiert sind. Aber leider lehrt die Geschichte, dass der Friedenswille Österreichs nicht allein genügt, da aggressive Mächte Österreich zum Werkzeug benützen könnten. Wir glauben, dass nicht nur die Sowjetregierung, sondern auch Österreich interessiert ist, eine gemeinsame Sprache zu finden, um die Probleme zu lösen. Dies sind die einführenden Worte der sowjetischen Delegation bei der Eröffnung der Verhandlungen.

Raab: Wenn ich auf die Worte des Herrn Ministerpräsidenten kurz eingehen soll, so möchte ich folgendes sagen: Wir haben in Berlin unsere Stellung bezogen, da wir einerseits den Staatsvertrag als Grundlage der Verhandlungen nehmen und da die österreichische Bundesregierung immer wieder darauf hingewiesen hat, dass sie sich keinem militärischen Pakt anschliessen will, sich aus allen militärischen Kombinationen heraushalten will. Wir sind bereit, alle Beschlüsse zu fassen, um diese Gedanken festzulegen, aber als kleines Land sind unsere Mittel beschränkt. Wir wollen im Volke diese Gedanken festlegen, um unsere Unabhängigkeit zu verteidigen.

---

3 *Hinweis auf den 27. April 1945, Tag der Proklamation der Selbständigkeit Österreichs (Unabhängigkeitserklärung).*

Ich frage, wie sich die Herren die weitere Ausgestaltung dieses Sicherheitsgedankens vorstellen. Dies wird auch Aufgabe des Vertragsabschlusses der vier Mächte sein. Wir begrüssen einen solchen Abschluss und werden dazu alles beitragen, was wir können. Ich bitte, wenn Aussenminister Molotow uns sagen würde, wie er sich selber diese Garantie vorstellt.

Molotow: Ich glaube, es würde richtig sein, die Feststellungen zu analysieren, die in der Rede des Aussenministers am 8. Februar[4] und in den Erklärungen des Herrn Botschafters Bischoff[5] festgelegt worden sind. Wenn wir die Angelegenheit auf diese Weise verhandeln, so werden wir schon jetzt die wichtigsten Punkte streifen können. Ich glaube, dass man die drei Punkte in meiner Rede vom 8. Februar zum Ausgangspunkt, zur Basis der Verhandlungen machen sollte. Es ist selbstverständlich, dass die Sowjetdelegation ihren Standpunkt und die österreichische Delegation ihren eigenen Standpunkt vorbringt. Ich hoffe, dass der Herr Bundeskanzler das Memorandum vom 24. März[6] in seinem Besitz hat.

Raab:[7] Ich wer[d]e vorerst nicht von der Präambel der Sowjetregierung sprechen.

(Bundeskanzler Raab verliest eine vorbereitete Erklärung[8]

1. Dieser Punkt enthält drei Gedanken . . .
2. Allgemeine Betrachtungen
3. Ich betrachte die bestehende Remilitarisierung Westdeutschlands
   . . . . Gefahr eines Zwangsanschlusses . . .
   . . . „Verschlingung“
4. Termin für Abzug der Besatzungsgruppen [*sic*])[9]

---

4 *Dies bezieht sich auf Molotows eigene Rede vor dem Obersten Sowjet in Moskau vom 8. Februar 1955; die Österreich betreffenden Passagen abgedruckt in: DÖA, Nr. 154.*

5 *Es handelt sich um Bischoffs am 2. März sowie am 14. März im Auftrag der Bundesregierung an Molotow überbrachte Mitteilungen bzw. Noten, die jeweils auf Molotows Erklärung vom 8. Februar Bezug nahmen: Text in DÖA, Nr. 154 und 155. Zum Gesamtzusammenhang vgl. oben Kap. VI, S. 347–350.*

6 *Es handelt sich um die am 24. März von Molotow dem Botschafter Bischoff überreichte Note der Sowjetregierung (vgl. oben Kap. VI, S. 366–368).*

7 *Zahlreiche Indizien sprechen dafür, daß diese Wortmeldung ebenso wie die in der nächsten Zeile von Schöner Raab zugeschriebene Verlesung einer Erklärung Molotow zuzuschreiben sind. Die Zuordnung* „Raab“ *– bzw. die von Schöner regelmäßig verwendete Abkürzung* „R“ *– findet sich im Stenogramm vor den Worten* „Ich wer[d]e vorerst nicht von der Präambel der Sowjetregierung sprechen“ *nicht.*

8 *Die von Schöner verwendeten Klammern – die Klammern befinden sich nicht in Schöners Stenogramm! – deuten auf gewisse Unsicherheiten bei der Transkription hin. Der Satz* „Bundeskanzler Raab verliest eine vorbereitete Erklärung“ *findet sich nicht im Stenogramm. Dort finden sich lediglich in Kürzeln die Worte* „liest vor“ *und am Rande – vermutlich zu einem späteren Zeitpunkt – vorangestellt das voll ausgeschriebene Wort* „Raab“ *(während Schöner Raabs Wortmeldungen sonst immer mit einem unterstrichenen* „R.“ *kennzeichnet).*

9 *Aus der sowjetischen Mitschrift ebenso wie aus Schärfs und Figls Notizen ergibt*

sich, daß der Verleser des Texts und Formulierer der in diesem Punkt enthaltenen „drei Gedanken“ Molotow war. Nicht eindeutig geklärt ist allerdings, ob der verlesene und kommentierte Text Punkt 1 von Molotows Österreich-Erklärung vom 8. Februar oder Punkt 1 seiner Note vom 24. März war, oder ob sich Molotow (dies die plausibelste Erklärung) allenfalls auf beide Texte bezog.

Punkt 1 der Molotow-Erklärung vom 8. Februar lautet wie folgt (Tass-Übersetzung in AdG, 8. Februar 1955, 5007):

„Vor allem muß berücksichtigt werden, daß die Regelung der österreichischen Frage nicht ohne Zusammenhang mit der deutschen Frage behandelt werden kann, umso weniger angesichts der Pläne zur Remilitarisierung Westdeutschlands, was die Gefahr der Verschlingung – des Anschlusses – Österreichs verstärkt.

Das bedeutet, daß beim Abschluß des Staatsvertrages über die Wiederherstellung eines unabhängigen und demokratischen Österreich eine Lösung gefunden werden muß, die die Möglichkeit eines neuen Anschlusses Österreichs an Deutschland ausschalten würde, was an die Annahme dahingehender vereinbarter Maßnahmen der vier Mächte in der deutschen Frage geknüpft ist. In diesem Fall könnte der Abzug der vier Mächte aus Österreich erfolgen, ohne den Abschluß des Friedensvertrages mit Deutschland abzuwarten.“

Punkt 1 der sowjetischen Note vom 24. März lautet wie folgt (Tass-Übersetzung in AdG, 24. März 1955, 5087 D):

„Die Sowjetregierung nimmt die Erklärung der Regierung Österreichs zur Kenntnis, daß sie jegliche wirksame Gewährleistung und Garantie der österreichischen Unabhängigkeit und Freiheit gegen die Gefahr eines Anschlusses oder Anschläge von irgendeiner Seite begrüßt.

Daraus ergibt sich die Notwendigkeit, reale Maßnahmen zu ergreifen und dabei die bestehenden Pläne der Remilitarisierung Westdeutschlands zu berücksichtigen, welche die Gefahr eines Verschlingens (Anschlusses) Österreichs verstärkt.

In diesem Zusammenhang ist es notwendig, die Frage der Fristen für den Abzug der Truppen der vier Mächte von dem Territorium Österreichs sowie die Frage der Maßnahmen zu erörtern, welche in Zukunft im Fall der Entstehung der unmittelbaren Gefahr des Anschlusses getroffen werden müssen.“

Die sowjetische Niederschrift lautet wie folgt:

„Molotow verlas Punkt 1 der Vorschläge der Sowjetregierung vom 8. Februar und sagte, dieser Punkt enthalte die Behandlung von Fragen über die tatsächliche Sicherung und Garantien der Freiheit Österreichs sowie dessen Unabhängigkeit vom Anschluß, über die zu treffenden erforderlichen Maßnahmen gegen den Anschluß und über die Fristen des Abzugs von Truppen der vier Mächte aus Österreich.“

Bei Schärf heißt es, wohl am genauesten, in der Molotow zugeordneten Wortmeldung (vgl. Schärf, Moskau-Fahrt, 24):

„Molotow: Es würde richtig sein, die allgemeinen Richtlinien, die in seiner Rede vom 8.Februar 1955 niedergelegt sind, ins Auge zu fassen. Man solle die dort geäußerten Punkte ins Auge fassen. Sie sollen zur Grundlage der Diskussion werden und ebenso das, was er mit dem Botschafter Bischoff besprochen habe (Memoran-

Raab: Ich wiederhole: Wir haben im Staatsvertragsentwurf Aufstellungen über die künftigen militärischen Möglichkeiten Österreichs. Die österreichische Regierung ist bereit, mit dieser Truppe auch die Unabhängigkeit Österreichs zu verteidigen, soweit es nur möglich ist. Wir können dies auch im Sinne Ihrer Auffassung, nicht weil Sie es wollen, sondern weil wir es wollen, die Unabhängigkeit moralisch festigen und festlegen, da wir ein unabhängiger Staat bleiben wollen.[10]

Was die Remilitarisierung Westdeutschlands anlangt, ist dies eine Frage, die uns nicht berührt, auf die wir keinen Einfluss haben. Wir haben zu Westdeutschland dieselben Beziehungen wie zu anderen Staaten, auch z. B. zur CSR und zu anderen Volksdemokratien. Wir haben in den letzten Jahren jede Einmischung immer abgelehnt.[11]

---

dum vom 24. März). Man nimmt sonach die beiden Memoranden zur Hand (Österreichische Zeitung vom 25. März mit der Erklärung Molotows vom 24. März.) Im Punkt 1 sind drei Gedanken enthalten:

a) Die Garantie der österreichischen Unabhängigkeit und die Sicherung gegen einen Anschluß;

b) die Remilitarisierung Westdeutschlands erhöht die Gefahr eines Anschlusses;

c) die Festsetzung eines Termines für den Abzug der Besetzungstruppen [*sic*]."

Zumindest die Punkte b) und c) entsprechen den in Schöners Transkription genannten Punkten 3 und 4. Die Transkription ist allerdings fehlerhaft: im Stenogramm sind die Punkte 2, 3 und 4 mit Buchstaben – a) [undeutlich lesbar], b) und c) bezeichnet.

Bei Figl (zit. bei Jenny, Konsensformel, *338) heißt es, ebenfalls Molotow zugeordnet, etwas undeutlicher:*

„Garantien sind im Zusammenhang von Remilitarisierung Westdeutschlands. Termin für Abzug der Truppen."

Die von Schärf, Figl und Schöner notierten Punkte korrelieren eher mit der Note vom 24. März als mit der Erklärung vom 8. Februar. Das Wort „Garantie" *kommt in der Erklärung vom 8. Februar nicht vor, wohl aber im ersten Absatz des Punktes 1 der Note vom 24. März. Die Worte* „Remilitarisierung Westdeutschlands" *(bei Schärf, Figl und Schöner) und das von Schöner eigens notierte Wort* „Verschlingung" (*im russischen Original* „pogloščenie" *– Aufgehen, Absorption – für Anschluß) finden sich zwar in beiden Dokumenten, jedoch in der am klarsten bei Schärf notierten Reihung nur im Dokument vom 24. März.*

10 *Die sowjetische Niederschrift lautet wie folgt:* „Raab verliest Artikel 17 des Vertragsentwurfs, in dem bestimmte Stärkezahlen für die Österreich durch den Vertrag erlaubten Streitkräfte vorgesehen werden. Diese Truppen, sagte Raab, würden dem Schutz der Unabhängigkeit Österreichs dienen, denn man wolle stets ein unabhängiger Staat bleiben."

11 *Die sowjetische Niederschrift lautet*: „Was nun die Frage der Remilitarisierung Westdeutschlands betrifft, erklärte Raab, so habe Österreich hiezu keinen Bezug. Österreich unterhalte zu Westdeutschland die gleichen Beziehungen wie auch zu anderen Staaten – der Tschechoslowakei, Ungarn usw."

Wir haben im ersten Friedensvertrag von Saint Germain 1918 [*sic*] ein Anschlussverbot gehabt, es sind damals keine Unabhängigkeitsgarantien beschlossen worden. Wie wir 1938 in Gefahr kamen, hat man uns international nicht geholfen und der englische und der französische Botschafter haben nur die Achseln gezuckt.[12]

Wenn die vier Alliierten zu einem Beschluss kommen, die Unabhängigkeit zu garantieren, so könnten wir das nur begrüssen und wir werden allen Einfluss wahrnehmen, um zu diesem Beschluss zu gelangen.

Molotow: Wir rechnen mit diesen Tatsachen und verstehen die Lage Österreichs. Wir verstehen insbesondere, dass die österreichische Regierung am Frieden interessiert ist.

Raab: Was Punkt 3) anlangt,[13] sind wir dafür, dass der Abzug aller Mächte aus Österreich gleichzeitig erfolgt, womöglich zu einem fixen Termin, nicht so unbestimmt und variabel wie der Staatsvertragsentwurf. Es muss für alle vier Mächte bestimmt werden, dass sie ihre Truppen gleichzeitig zurückziehen.

Molotow: Die Sowjetregierung erinnert sich an den Vertrag von Saint Germain und feststellt daraus, dass die Unterzeichnung eines blossen Vertrages als Garantie für Österreich nicht ausreicht.

Wir glauben trotzdem, dass der neue Staatsvertrag ein Instrument von grosser Bedeutung sein wird, weil auf vier Grossmächten beruhend und von Österreich mit zu unterzeichnend. Wie bekannt, hat die Sowjetregierung am Staatsvertrag von Saint Germain keinen Anteil gehabt. Wir messen dem grösste Bedeutung bei, daß bei den Verhandlungen auch die Vertreter der beiden grossen Parteien Österreichs gehört werden. Es ist von grösserer Bedeutung, dass beide Parteien die grosse Majorität des österreichischen Volkes ausmachen, was niemand anzweifeln kann.[14]

---

12 *Die sehr präzise Übersetzung und Wiedergabe der Worte Raabs in der sowjetischen Niederschrift kommt bei diesem Passus deutlich zum Ausdruck:* „Dann ging Raab zum Thema des Anschlusses über. Die Frage des Anschlusses, meint Raab, behandelte man auch schon im Vertrag von Saint-Germain. Doch dort war nichts über Garantien gegen den Anschluß gesagt worden. Als 1938 Deutschland Österreich überfiel, hätten der englische und der französische Botschafter nur mit den Achseln gezuckt und nichts zum Schutz der Unabhängigkeit Österreichs unternommen." *Die Niederschrift fügt hinzu:* „Molotow bestätigt die Richtigkeit dieser Bemerkung von Raab."

13 *Dies bezieht sich auf Punkt 4 (bei Schärf Punkt c) der oben (Anm. 9) erwähnten Auflistung.*

14 *Die sowjetische Niederschrift der beiden letzten Sätze lautet*: „Die Verhandlungen mit führenden Funktionären der österreichischen Regierung und führenden Persönlichkeiten zweier österreichischer Parteien seien deshalb von überaus großer Bedeutung, weil die Vertreter dieser Parteien die überwiegende Mehrheit des österreichischen Volkes repräsentieren. Übereinkünfte, die in diesen Verhandlungen erreicht werden, würden große Bedeutung haben." *Molotows Aussage zur Bedeutung der beiden großen Parteien war Figl offenbar besonders wichtig, denn er notierte mit Unterstreichungen und Rufzeichen:* „Verhandlungen mit Österreich und den beiden großen Parteien Österreichs! Die große Mehrheit Österreichs, die niemand anzweifeln kann, sind diese Parteien.–" *Veröff. bei Jenny,* Konsensformel, *337.*

Was die Frage der Garantien betrifft, so dürfte dies keine besonderen Schwierigkeiten machen, wenn bezüglich der anderen Punkte Einigung erzielt werden kann. Die Frage der Garantien steht in enger Verbindung mit Punkt 3),[15] daher mit jenem Komplex, welcher sich mit der Remilitarisierung Westdeutschlands befasst.

Die Erklärung von Paul [*r.* Pierre] Mendes-France[16] ist der Sowjetregierung bekannt, ebenso die Art, wie die österreichische Regierung reagiert hat. Der Herr Aussenminister sagte, es wäre gut, einen fixen Termin für den Abzug der Besatzungstruppen festzusetzen. Er ist nicht dafür, dass die Termine lange dauern sollen, er ist eher für einen kurzen Termin für diesen Abzug.[17]

(Molotow verliest nunmehr Punkt 2) seiner Erklärung vom 25.[*r.*24.] März 1955

„Es ist natürlich, dass sich die Sowjetregierung dafür interessiert, wie sich Österreich eine Erklärung laut Punkt 2) vorstellt. Die Sowjetregierung könnte nicht darauf bestehen, dass der Text Teil des Vertrages bildet, könnte auch ausserhalb des Vertrages gemacht werden. Die Sowjetregierung glaubt feststellen zu können, welcher Art die

---

15 *Dies dürfte ein Irrtum sein; im Stenogramm ist übrigens keine Ziffer angegeben, sondern nur* „Pkt . . .“ *notiert. In einer früheren Transkription dieser Passage (vgl. Einleitung) hatte Schöner Punkt 1 genannt. Der Begriff* „Remilitarisierung Westdeutschlands“ *findet sich sowohl in Punkt 1 der Molotow-Erklärung vom 8. Februar wie auch in Punkt 1 (Abs. 2) der sowjetischen Note vom 24. März; letztere spricht von der Notwendigkeit,* „reale Maßnahmen zu ergreifen, und damit die bestehenden Pläne der Remilitarisierung Westdeutschlands zu berücksichtigen, welche die Gefahr eines Verschlingens (Anschlusses) Österreichs verstärkt“ *(nach der Übersetzung in AdG, 1955, 5087 D). Laut sowjetischer Mitschrift habe Molotow Punkt 2 seiner Erklärung vom 8. Februar 1955 angesprochen:* „Was die Frage der Garantien betrifft, sagte Molotow, so werde sie ohne besondere Schwierigkeiten gelöst werden, wenn man im wesentlichen über jene Punkte übereinkommen werde, die in der Erklärung der Sowjetunion von 8. Februar aufgestellt wurden. Die Garantiefrage sei eng mit dem Punkt 2 dieser Vorschläge verknüpft.“ *Punkt 2 lautete:* „Österreich muß die Verpflichtung übernehmen, keinerlei Koalitionen oder Militärpakte einzugehen, die gegen irgendeinen Staat, der sich mit seinen Streitkräften am Krieg gegen Hitlerdeutschland und an der Befreiung Österreichs beteiligt hat, gerichtet sind, und die Schaffung fremder Militärstützpunkte auf seinem Territorium nicht zuzulassen“ *(abgedruckt in DÖA, Nr. 154).*

16 *In Stenogramm steht lediglich die Abkürzung PMF, deren erster Buchstabe offensichtlich neun Jahre später von Schöner irrtümlich mit Paul statt Pierre transkribiert wurde. In der sowjetischen Niederschrift wird lediglich der Nachname genannt. Zur Erklärung von Mendès-France, der am 22. November 1954 den Vorschlag eines Stufenplans machte, wonach die Besatzungstruppen aus Österreich innerhalb eines Zeitraums von 18 bis 24 Monaten nach Unterzeichnung des Staatsvertrags abgezogen werden könnten, vgl. oben Kap. V, S. 329.*

17 *Mit den Worten* Der Herr Aussenminister *ist offensichtlich Molotow gemeint; es dürfte in diesen beiden Sätzen der Dolmetscher Molotows Worte wiedergegeben oder zusammengefaßt haben. Schärf notierte wie folgt:*

Erklärung der österreichischen Regierung sein kann, dass diese von allen vier Mächten unterschrieben werden könnte."[18]

Bundeskanzler Raab kommt nochmals auf Punkt 1) zu sprechen:

„Es müsste also die Frage des Termines im Staatsvertragsentwurf geändert werden und ein fixer Termin angesetzt werden.")[19]

„Molotow ist für fixen Termin für den Abzug der Truppen
(Dazu ein Zwischenruf eines anderen russischen Delegierten: Das ist die Meinung der sowjetischen Regierung!)" *(Moskau-Fahrt, 25).*

In der sowjetischen Mitschrift lautet die entsprechende Passage wie folgt: „Die Sowjetregierung sei dafür, sagte Molotow, daß ein genauer Termin für den Abzug der vier Mächte vom österreichischen Territorium festgesetzt werde. Hiebei vertrete die Sowjetunion nicht die Meinung, daß diese Frist nach Abschluß des Staatsvertrags mit Österreich zu lang sein sollte."

18 *Im Stenogramm ist die Passage vom Beginn der Klammer bis zum Ende dieses Absatzes mit einem Zeichen am Rande versehen, wohl ein Hinweis, daß Schöner hier Probleme sah. Zu bemerken ist:*

Es gibt keine Erklärung Molotows vom 25. März 1955, sondern seine an die Bundesregierung gerichtete Note vom 24. März, die allerdings am 25. März veröffentlicht wurde (vgl. oben Anm. 9).

Laut der sowjetischen Niederschrift verlas Molotow Punkt 2 seiner Erklärung vom 8. Februar. Die nun folgenden Kommentare bzw. Anfragen Molotows beziehen sich allerdings eher auf den Wortlaut des Punktes 2 der sowjetischen Note vom 24. März 1955; dieser lautet: „Die Sowjetregierung betrachtet die Erklärung der österreichischen Regierung, daß Österreich nicht beabsichtigt, sich Militärbündnissen anzuschließen oder die Schaffung von Militärstützpunkten auf seinem Territorium zuzulassen, als Zustimmung der Regierung Österreichs zu dem Punkt 2 der Vorschläge der Sowjetregierung vom 8. Februar dieses Jahres zu dieser Frage. Die Sowjetregierung ist bereit, in Übereinstimmung mit den Wünschen der österreichischen Regierung die Frage zu behandeln, in welcher Form eine entsprechende Erklärung von seiten Österreichs darüber abgegeben werden könnte. Die Sowjetregierung unterstreicht die Notwendigkeit, daß die Regierungen der USA, Großbritanniens, Frankreichs und der UdSSR ihrerseits entsprechende Verpflichtungen übernehmen."

Die sowjetische Niederschrift besagt: „Was nun Punkt 2 der sowjetischen Vorschläge vom 8. Februar (Molotow verliest den Punkt 2) betrifft, so interessiere, sagt Molotow, die sowjetische Delegation Inhalt und Charakter jener Erklärung, die von der österreichischen Regierung in der in diesem Punkt berührten Angelegenheit abgegeben werden wird. Man bestehe nicht darauf, daß die diesbezügliche Angelegenheit in den Vertrag aufgenommen werde. Doch man müßte Charakter und Inhalt dieser österreichischen Erklärung kennen. Eine der allernächsten Aufgaben unserer Zusammenkünfte soll auch darin bestehen, den Charakter und Inhalt dieser österreichischen Erklärung klarzulegen. Unsererseits nehmen wir an, daß diese Erklärung bei den vier Mächten Unterstützung finden wird. Wie sieht die österreichische Regierung diese Angelegenheit?"

19 *Im Stenogramm keine Anführungszeichen.*

Molotow: Die Termine sind ja ein Gegenstand der Erörterungen, die jetzt vor sich gehen.

Figl: Wir sind mit der Feststellung eines Termines einverstanden, die Frage ist, ob nach Unterzeichnung oder nach Ratifizierung des Staatsvertrages. Die österreichische Regierung ist nicht für einen Termin nach der Ratifizierung, sondern für einen früheren nach Unterzeichnung des Vertrages.

Raab: Im Staatsvertrag könnte es einen Artikel geben, dass die vier Mächte die Unabhängigkeit Österreichs garantieren.[20]

Molotow: Eine solche Garantie muss nicht in den Staatsvertrag hinein.

Raab: Eine Garantie hat im Vertrag von Saint Germain gefehlt, niemand hat uns damals gesichert.

Figl: Man hat Österreich ein Verbot des Anschlusses auferlegt, aber sich nicht bereit erklärt, Österreich dabei zu helfen.

Molotow: Über die Garantiefrage muss noch gesprochen werden. Zwischen der Meinung der Sowjetunion und der österreichischen Regierung bestehen keine Differenzen, I[*r*.i]ch glaube, dass man zu einer Einigung mit den drei übrigen Mächten kommen könnte.

Mikojan: Es könnte den Westmächten wohl schwer sein, dagegen zu sein.

Molotow: Die Sowjetregierung glaubt, obwohl Österreich ein kleines Land ist, dass seine öffentliche Meinung eine einhellige ist, gegen die die übrigen Mächte kein Veto einlegen könnten.

Raab: Es bestehe dann für die Grossmächte eine Verpflichtung, alle vier Grossmächte sind dann unsere Taufpaten,[21] die uns helfen müssen.[22]

Zu Punkt 2): Diese Erklärung ist schon in Berlin abgegeben worden. Wir sind bereit, sie noch einmal abzugeben, vielleicht vor dem österreichischen Parlament oder auf ähnliche Art. Der Punkt 2) bietet für uns keine Schwierigkeiten.

Molotow: Die sowjetische Regierung will ganz konkrete Vorstellungen von dem Charakter der österreichischen Erklärung haben. In Berlin wurde so etwas erklärt. Die Sowjetregierung ist der Meinung, dass die österreichische Regierung eine konkrete Erklärung über die Wahrung der Neutralität und die Nichtzulassung militärischer Basen auf ihrem Gebiet abgeben könnte. Ausserdem könnten die vier Mächte eine Erklärung ihrerseits abgeben, dass sie diese Erklärung honorieren.[23]

---

20 *Einen solchen Vorschlag hatte Raab bereits in seiner Radiorede vom 20. März 1955 gemacht (vgl. oben S. 354).*

21 *Im Stenogramm* „Taufpaten" *in Anführungszeichen.*

22 *Die Vielzahl relativ kurzer Wechselreden und Einwürfe im Vorhergehenden, einschließlich jener Figls und Mikojans, die auch in Schärfs Notizen nur teilweise festgehalten wurden, werden in der sowjetischen Niederschrift nicht einzeln wiedergegeben; diese hält Äußerungen Molotows fest, die sich am Punkt 2 seiner Erklärung vom 8. Februar bzw. seiner Note vom 24. März (vgl. oben Anm. 18) orientieren.*

23 *Dieser (erste) sowjetische Hinweis auf die Neutralität lautet in der sowjetischen Niederschrift wie folgt*: „Molotow spricht weiter darüber, daß die diesbezügliche

Raab: Die Erklärung ist im Hauptausschuss gegeben worden[24] und kann im Plenum des Nationalrates wiederholt werden, nochmals in ganz feierlicher Form. Der Staatsvertrag muss ja durch das österreichische Parlament genehmigt werden. Darüber hinaus kann diese Erklärung auch international an alle Mächte abgegeben werden. Was wollen Sie darüber hinaus noch? Was Sie in Punkt 2) festlegen, könnten wir im Parlament genau wiederholen lassen.[25]

Molotow: Es könnte gut sein, hinzuzufügen, dass Österreich die Politik einer Neutralität machen wird.[26]

Raab: Wir werden es uns überlegen und glauben, dass es keine Hindernisse geben wird.[27]

Molotow: Das könnte grosse Genugtuung *[sic]* für die Sowjetunion sein, wenn Sie eine solche Erklärung abgeben. Der Sowjetregierung schwebt eine Stellung vor, wie sie etwa die Schweiz heute hat. Wir glauben, dass, wenn eine Übereinkunft darüber erfolgt, könnten alle übrigen Fragen ohne Schwierigkeiten gelöst werden. Die Sowjetregierung glaubt, dass eine solche Erklärung von allen vier Mächten angenommen werden kann.[28]

Erklärung der österreichischen Regierung einen Hinweis enthalten könnte, Österreich werde in seinen Beziehungen zu anderen Staaten Neutralität wahren, keinen Koalitionen oder militärischen Bündnissen beitreten, die gegen irgendeine der Mächte, welche mit ihren Streitkräften gegen Hitlerdeutschland und an der Befreiung Österreichs teilgenommen haben, gerichtet wären; es werde auch nicht die Bildung von ausländischen Militärstützpunkten auf seinem Gebiet zulassen."

24 *Dies bezieht sich auf die Hauptausschußsitzung des Nationalrats vom 23. September 1953; vgl. oben Kap. IV, S. 239.*

25 *Die sowjetische Niederschrift lautet wie folgt:* „Raab sagt, daß eine solche Erklärung bereits im Hauptausschuß des österreichischen Parlaments abgegeben wurde. Wir könnten, sagt er, eine solche Erklärung noch einmal abgeben. Sobald diese Erklärung im Parlament abgegeben sein wird, könnte sie in Form einer Note an die Regierungen der vier Mächte übermittelt werden."

26 *Die sowjetische Niederschrift vermerkt:* „Molotow macht die Bemerkung, daß in dieser Erklärung hinzuzufügen wäre, Österreich werde in seinen Beziehungen zu anderen Staaten unverbrüchlich Neutralität wahren." *Schärf notierte Molotows Worte wie folgt:* „Es wäre gut, daß sich Österreich auf Neutralität verpflichtet" *(Moskau-Fahrt, 25). Figl notierte:* „Neutralität auch gegenüber den anderen Mächten" *(bei Jenny,* Konsensformel, *338).*

27 *Die sowjetische Niederschrift vermerkt:* „Raab antwortet, daß diese Frage verhandelt werden könne, und daß die österreichische Delegation über diese Frage Überlegungen anstellen werde." *Schärf notierte:* „Raab: Wir müssen uns das überlegen" *(bei Stadler,* Schärf, *441). Figl notierte:* „R[aab] Wir überlegen uns diese Sache!–" *(bei Jenny,* Konsensformel, *338).*

28 *Die sowjetische Niederschrift ist hier etwas ausführlicher und bringt vor Molotows Hinweis auf die Schweiz und ihre Neutralität einen diesbezüglichen Einwurf Mikojans:*

Raab: Wir werden uns das zu Gemüte führen.

Molotow: Wie ist es nun mit Punkt 3)?

Raab: Der wird keine Schwierigkeiten machen.[29] Ich bitte, noch einige Bemerkungen machen zu können. Der Staatsvertrag ist in seiner vorliegenden Form vor dem Jahre 1949 entworfen worden. Es erscheint mir dringend notwendig, an eine Modernisierung zu denken. Es sind einige alte Möbel drinnen, die beseitigt werden sollen.[30]

„Mikojan erwähnt, daß man in einer solchen Erklärung auf das Beispiel der Schweiz hinweisen könnte, die in ihren Beziehungen zu anderen Ländern Neutralität wahrt."

Raab erklärt, daß man auch diesen Vorschlag besprechen könne; hier werde es keine großen Hindernisse geben.

Molotow bemerkt, daß eine solche Erklärung Österreichs mit großer Befriedigung aufgenommen würde. Wenn Österreich dieselbe Haltung zur Neutralität einnehmen wird, wie beispielsweise die Schweiz, werde dies nicht nur im Interesse der Bewahrung der Unabhängigkeit Österreichs sein, sondern es werde auch den Zielsetzungen der Aufrechterhaltung und Festigung des Friedens in Europa entsprechen. Eine solche Erklärung Österreichs betreffend Neutralität, Nicht-Teilnahme an Militärbündnissen und Nicht-Zulassung der Errichtung von Militärstützpunkten auf österreichischem Territorium könnte von den vier Mächten unterstützt werden.

Raab sagt, die österreichische Delegation werde dies in Betracht ziehen und morgen darauf Antwort geben. Wir verstehen es nun so – sagte er –: Sie messen dem große Bedeutung bei, daß die Erklärung Österreichs eine Bestimmung hinsichtlich der Einhaltung seiner Neutralität gegenüber anderen Staaten enthalte.

Molotow bestätigt dies."

Schärfs Notizen enthalten keinen Hinweis auf die Nennung der Schweiz von sowjetischer Seite in diesem Stadium der Gespräche. Figl hingegen notierte kurz den Kern von Molotows Äußerung: „Dies würde die S.U. primär für wünschenswert erachten (genauso wie Schweiz!) Eine Erklärung der Österreicher würde von allen 4 Mächten übernommen werden.–" *Bei Jenny,* Konsensformel, *338.*

29 *Punkt 3 bezog sich auf die Frage einer Viermächtekonferenz; am 8. Februar 1955 hatte Molotow eine Viermächtekonferenz gefordert, auf der sowohl die Deutschland- als auch die Österreichfrage behandelt werden solle; dieses Junktim hatte die Sowjetunion in ihrer Note vom 24. März 1955 aufgegeben; vgl. oben Kap. VI, S. 368. Die sowjetische Niederschrift notiert zur diesbezüglichen Wortmeldung Molotows:* „In bezug auf Punkt 3 der sowjetischen Vorschläge, sagt er *[Molotow]*, sei die Frage abgestimmt." *Zu Raabs Reaktion:* „Raab bestätigt dies."

30 *Raab und die österreichische Delegation hatten unter ihren aus Wien mitgebrachten Arbeitsunterlagen (als Nr. 4) eine Aufstellung über für Österreich ungünstige Bestimmungen des Staatsvertragsentwurfes vor sich (Zl. 301.083-VR/55 v. 28. Februar 1955, unterfertigt vom stellvertretenden Leiter der Völkerrechtsabteilung Rudolf Kirchschläger, u.a. in: SBKA, Nachlaß Kreisky, VII, Staatsvertrag 2; VGAB, Nachlaß Schärf, 4/248; ÖStA, GD, NLS, E/1773, Nachlaß Schöner, Konvolut 17); diese Aufstellung umfaßte insgesamt 17 Artikel des Staatsvertragsentwurfs.*

Molotow: Auch die Sowjetregierung weiss von alten Möbeln. Wir sind einverstanden, dass alte Möbel ausgeräumt werden.[31]

Raab: Wir wollen am 27. April eine Einladung an die vier Grossmächte ergehen lassen, sich zusammenzusetzen und den Staatsvertrag endlich fertig zu machen.

Molotow: Die Sowjetregierung ist damit einverstanden.

Raab: Den Termin müssten die vier Grossmächte gemeinsam bestimmen.

Molotow: Was die Sowjetregierung betrifft, so kann sie einen kurzen Termin vertreten und hofft, dass Österreich den gleichen Standpunkt vertritt. Die Sowjetregierung kann jedem kurzen Termin zustimmen. Natürlich ist Voraussetzung, dass vorher Einigung über die prinzipiellen Fragen erfolgt.

Raab: Sie haben in Berlin zum Schluss eine Botschafter-Konferenz vorgeschlagen? Die drei Westmächte haben uns vor der Abreise eine Note überreicht, die Sie ja kennen. Wir legen Wert darauf, dass bei dieser Konferenz Leute reden, die auch Vollmacht haben, die Sache zum Abschluss zu bringen.

Molotow: Die Sowjetregierung ist ganz Ihrer Ansicht.

Raab: Dann habe ich noch die Frage nach unseren Leuten, die noch hier sind. Sie könnte eine wesentlich andere Stimmung in der österreichischen Bevölkerung hervorrufen.

Molotow: Die Sowjetregierung kann gerne zu dieser Frage zurückkehren, wenn in den übrigen Fragen Einigung erzielt worden ist.

Raab: Wie steht es nun mit den wirtschaftlichen Fragen, könnte man nicht auch über einen Handelsvertrag zwischen Österreich und der Sowjetunion reden?

Molotow: Die Sowjetregierung kann sich auch mit dieser Frage befassen, wenn Österreich daran Interesse bekundet.

Figl: Könnte man nicht auch über die Öl-Frage nunmehr sprechen?

Molotow: Ja, man kann auch diese Frage anschneiden.

Raab: Hoffentlich werden wir Ihnen viele Waren liefern können.

Molotow: Wir sind bereit, auch diese Frage zu erörtern und die Frage eines Handelsvertrages voranzutreiben. Ich möchte überhaupt die Ansicht der Sowjetregierung bekanntgeben, dass die österreichische Delegation nicht umsonst nach Moskau gekommen sein soll. Es besteht kein Grund zu Pessimismus.[32]

---

31 *In der sowjetischen Niederschrift heißt es entsprechend:* „Da dieser Entwurf – meint Raab – im wesentlichen schon 1949 abgestimmt wurde, enthalte er viele alte Artikel, viele alte Möbel, die ausgeräumt werden sollten.“ *Molotow* „stimmt zu, daß es im Vertragsentwurf einige veraltete Artikel gebe“.

32 *Zu dem vorangehenden kurzen ersten Gespräch über die Wirtschaftsthemen gibt es kleinere Differenzen in den vorhandenen vier Mitschriften bzw. Notizen. Figl dürfte nicht nur, wie in Schöners Mitschrift angegeben, die Erdöl-Frage angeschnitten haben, sondern auch die Frage DDSG und neuerlich, nach Raab, die Handelsvertragsfrage. In Figls Notizen heißt es stichwortartig mit Zuordnung zu* „Figl“: „Oel.-DDSG.
Handelsvertrag.-*[letzteres Wort stenogr.]*“
(NÖLA, Nachlaß Figl, K. 13). Im Unterschied zu Schöner und Figl ordnen Schärf und die sowjetische Niederschrift den Hinweis auf Öl und die DDSG (die DDSG

Raab: Darf ich nun resumieren:[33] Die Sowjetregierung ist also bereit, den Staatsvertrag nächstens [*alternative Lesart des Stenogramms:* ehestens] abzuschliessen. Sie ist ferner bereit, einem festen Termin für den Abzug der Besatzungstruppen zuzustimmen. Die vier Grossmächte sollen die Unabhängigkeit Österreichs durch irgend einen Beschluss garantieren.

Molotow: Die Form dieser Frage muss noch erörtert werden. Im Prinzip bestehen keine Einwände.

Raab: Die Form kann ja bei der Konferenz der vier Mächte festgelegt werden.

Molotow: Die Sowjetregierung meint, dass vor den Vier-Mächte-Besprechungen eine gemeinsame Plattform gefunden werden soll. Die Sowjetregierung ist am Charakter der österreichischen Erklärung sehr interessiert, ebenso daran, welchen Charakter die Erklärung der vier Mächte tragen soll. Die Sowjetregierung glaubt, eine Lösung zu finden, die für Österreich und die Sowjetunion annehmbar wäre.[34] Es kann erwartet werden, dass ein Text . . .[35]

Raab: Die österreichische Regierung könnte eine Erklärung abgeben über den Nichtbeitritt zu militärischen Allianzen. Sie könnte sich ebenso gegen militärische Stützpunkte aussprechen und, was wir noch beraten wollen, eine Erklärung über eine neutrale Haltung ganz allgemein abgeben. Wir werden uns bemühen, eine Formel zu finden und dieselbe vielleicht schon morgen überreichen.[36]

---

scheint in Schöners Stenogramm nicht auf) Raab zu. Schärf faßt die österreichischen Wortmeldungen zur Wirtschaftsdiskussion sehr kurz zusammen: „Raab: Auch über Erdöl und Donaudampfschiffahrtsgesellschaft wollen wir verhandeln" *(Moskau-Fahrt, 25).*

33 *Raabs nun folgendes Resümee ist bei Schöner nicht nach Punkten gegliedert, wohl aber (mit Abweichungen) in den Aufzeichnungen Schärfs, Figls und in der sowjetischen Niederschrift. Schärf (Moskau-Fahrt, 25), nennt die drei Punkte Vertragsabschluß, Truppenabzug und Vier-Mächte-Garantie. Figl (bei Jenny,* Konsensformel, *338) fügt beim dritten Punkt die Frage Militärbündnisse/Stützpunkte hinzu, nennt als vierten Punkt* „Konferenz", *d.h. Raabs Ersuchen um Österreichs Beteiligung an der Viermächtekonferenz, und als fünften Punkt* „Präzisierung des Vertrags"; *hier handelt es sich um den Staatsvertrag, wie ein Vergleich mit der sowjetischen Niederschrift und auch Schöners Mitschrift zeigt, und nicht, wie Jenny (ebd.) ergänzt hat, um einen Handelsvertrag, von dem vorher die Rede gewesen war. Die sowjetische Niederschrift gliedert Raabs Resümee in fünf Punkte: Ehester Vertragsabschluß, terminisierter Truppenabzug, Garantie der Vier Mächte, Erklärung über Nichteintritt in Militärbündnisse und Nichtzulassung von Militärstützpunkten sowie Neutralität (siehe unten Anm. 36), Besprechung veralteter Staatsvertragsartikel.*

34 *Figl notierte:* „Charakter der österreichischen Erklärung [*zu ergänzen wäre:* sowie der Erklärung] der Westmächte interessiert, man wird eine Lösung für Österreich und SU und dann für die 4 anderen.–" *Diese Äußerung wird von Jenny (*Konsensformel, *338) irrtümlich Raab zugeordnet.*

35 *Der unvollständige Satz ist im Stenogramm durchgestrichen.*

36 *In Schärfs Mitschrift (Moskau-Fahrt, 25) sind diese Äußerungen Raabs irrtümlich Molotow zugeschrieben (in Verbindung mit Molotows unmittelbar vorhergehenden*

Zu Punkt 3): Wir bitten um Zuziehung, nachdem wir schliesslich die Hauptbeteiligten sind.[37] Wir stellen fest, dass der Text des Staatsvertrages überholt werden kann, und über wirtschaftliche Fragen noch gesprochen werden wird. Wenn alles abgeschlossen werden kann, dann bedenken Sie, dass die finanzielle Leistung, die wir an Sie zu entrichten haben, eine sehr grosse ist. Wir erwarten von Ihnen ein fühlbares Entgegenkommen.

Molotow: Die Sowjetregierung meint, dass der Text des Staatsvertrages weiter bestehen bleiben soll, wie er ist.

Was die 150 Millionen anbetrifft, kann keine Änderung eintreten, ausser Abstattung in Warenlieferungen. Wir haben natürlich grosses Interesse, dass diese Unternehmungen nicht an Westdeutschland übergehen.[38]

Was die Frage des Öls und der DDSG betrifft, so ist die Sowjetregierung bereit, diese Fragen erneut zu prüfen und eine für Österreich günstige Lösung zu finden.

Figl: Wäre die Sowjetregierung in der Frage des Öls und der DDSG bereit, eine Ablöse anzunehmen? Im Prinzip?

Molotow: Die Sowjetregierung könnte im Prinzip damit einverstanden sein, dass das Öl und die DDSG zurückgegeben werden unter der Bedingung, dass der Gegenwert in Rohöl an die Sowjetunion erstattet wird. Die Bedingung könnte so sein, dass kein zusätzlicher Dollar-Betrag, sondern dass jährlich so und so viel Rohöl an die Sowjetunion gegeben werden. Die Sowjetunion ist der Meinung, dass diese Lösung für sechs Jahre laufen könnte.[39]

Ausführungen über eine für beide Teile annehmbare Lösung); Schärf notierte wie folgt: „Österreich soll keinen militärischen Bündnissen beitreten und die Schaffung militärischer Stützpunkte nicht zulassen, und es soll sich auf eine neutrale Haltung festlegen (worüber noch gesprochen werden soll)."

In der sowjetischen Niederschrift werden Raabs Äußerungen wie folgt wiedergegeben:

„Raab sagt, der nächste, vierte Punkt des Resümees betreffe die Erklärung Österreichs darüber, daß Österreich in keine Militärbündnisse eintreten werde, die gegen irgendeine Macht gerichtet wären, die mit Deutschland gekämpft hatte, und daß es auf seinem Gebiet keine Militärstützpunkte zulassen werde. Wir wollen – sagte Raab – uns in der Delegation dahin beraten und besprechen, in unsere Erklärung einen Hinweis aufzunehmen, daß Österreich in seinen Beziehungen zu anderen Staaten Neutralität wahren wird. Wir werden uns bemühen, eine solche Erklärung vorzubereiten und Ihnen morgen einen Entwurf zur Durchsicht übergeben."

37 *Punkt 3) bezog sich auf die Einberufung einer Viermächtekonferenz.*

38 *Fast wortgleich in der sowjetischen Niederschrift:* „Wir sind daran interessiert – sagte Molotow -, daß diese Betriebe nicht an Westdeutschland übergingen." *Entsprechende Hinweise auch in den Notizen Schärfs (Moskau-Fahrt, 25):* „Die von Rußland an Österreich übergebenen Unternehmungen dürfen nicht an Westdeutschland übergeben werden;") *und Figls (bei Jenny,* Konsensformel, *338, allerdings irrigerweise Raab zugeordnet):* „USIA nicht nach Westdeutschland zurückgegeben wird."

39 *Figls Frage und Molotows wohlwollende Antwort werden in der sowjetischen Niederschrift ausführlich wiedergegeben und überdies um eine weitere, bei Schöner nicht enthaltene Äußerung Figls ergänzt. Die entsprechende Passage lautet:*

Ich schlage vor, morgen um 11 Uhr wieder zusammen zu kommen. Von 11 Uhr bis etwa 13 Uhr. Anschliessend findet ein Frühstück statt. Die Sowjetregierung meint, dass heute ein guter Anfang gemacht worden ist.

Raab: Auch wir sind derselben Meinung.

Molotow: Morgen werden wir mit Erfolg weiter fortsetzen und später gut essen.

Ende 16.15 Uhr.

Zweite Besprechung am 13. April 1955, 11.05 Uhr, im Kreml zu Moskau[40]

Anwesend: Die gleichen Herren wie am Vortage.

Raab: Wir haben die gestrige Besprechung zusammengefasst, aber noch nicht übersetzt.

„Figl fragt, ob es im Prinzip möglich wäre, daß die sowjetischen Erdölbetriebe in Österreich und die Donaudampfschiffahrtsgesellschaft um einen bestimmten Betrag oder gegen österreichische Erdöllieferungen an die Sowjetunion an Österreich zurückübergeben werden ?

Molotow erklärt, die Sowjetunion betrachte eine Bestimmung dahingehend für annehmbar, daß die sowjetischen Erdölbetriebe und die Donaudampfschiffahrtsgesellschaft in die Verfügung der österreichischen Regierung übergeben werden und daß die UdSSR für diese Betriebe und die Donaudampfschiffahrtsgesellschaft eine bestimmte Menge Rohöl im Verlauf einer Anzahl von Jahren, zum Beispiel im Laufe von sechs Jahren, erhalte. Wir, sagte Molotow, wollen Österreich nicht mit der Zahlung von Dollar für diese Betriebe belasten. Eine derartige Entscheidung kommt den Wünschen Österreichs entgegen, und wir sind bereit, sie zu treffen.

Figl sagt, wenn es sich um österreichische Lieferungen von Erdöl im Lauf von sechs Jahren handle, sei dies für Österreich gut.

Molotow bemerkt, darüber müßte man sich einigen."

Bei Schärf sind keine Hinweise auf Figls diesbezügliche Wortmeldungen vorhanden. Figl selbst notierte in der für seine stenographischen Notizen charakteristischen Kürze Molotows wichtigste Aussagen (bei Jenny, Konsensformel, *338, jedoch irrtümlich Raab zugeordnet):*

„Öl und DDSG bereit mit uns zu verhandeln.

Bereit, dies zurück zu geben und dafür Produkte zu liefern innerhalb der 6 Jahre.–"

40 *Schöners Ortsangabe ist irrtümlich; sie findet sich auch nicht im Stenogramm und wurde offensichtlich zur Zeit der Transkription gemacht. Die zweite Arbeitssitzung fand in dem dem sowjetischen Außenministerium gehörenden Spiridonowka-Palais statt. Schärf, Moskau-Fahrt, 27, berichtet zutreffend:* „Um 11 Uhr im Spiridonowka-Palais in der Alexander Tolstoi-Straße." *Merkwürdigerweise gibt es in der sowjetischen Niederschrift eine irrtümliche Ortsangabe: Zu Ende der Niederschrift über die Sitzung vom 12. April heißt es:* „Man vereinbarte das zweite Zusammentreffen für den 13. April 11 Uhr in der Villa des Außenministers in der Ostrowskij-Straße." *In dieser Straße befand sich zwar das Gästehaus des Außenministeriums, in dem Raab, Schärf, Figl, Kreisky, Ludwig Steiner und der Dolmetscher unterge-*

(Der Bundeskanzler verliest ein Papier, welches übersetzt wird.[)][41]

---

bracht waren (vgl. Schärf, Moskau-Fahrt, 23), nicht jedoch das Spiridonowka-Palais. Die im Stil des Historismus gegen die Jahrhundertwende als Residenz für den Textilkaufmann S. Morosow erbaute prunkvolle palaisartige Spiridonowka-Villa wurde ab 1930 vom Außenministerium (damals Volkskommissariat) übernommen, diente zeitweise als Residenz des Volkskommissars Maxim Litwinow und später sowohl für Verhandlungen als auch Empfänge des Außenministeriums. Die Innenräume des Spiridonowka-Palais wurden in der vom ORF am 3. 11. 1995 ausgestrahlten Fernsehdokumentation „Die Geschichte von der anderen Seite. Fünf Tage im April" von Freddy V. Iversen gezeigt; in diesem Film schildert der seinerzeitige Dolmetscher der sowjetischen Delegation und spätere Botschafter R. A. Sergejew im Gespräch mit Univ.-Prof. Dr. Gerhard Jagschitz am Schauplatz selbst die Verhandlungen vom April 1955 und gibt auch Hinweise auf die Geschichte des Spiridonowka-Palais. Ich bin Gerhard Jagschitz sehr dafür zu Dank verpflichtet, daß ich in zusätzliche, bei der endgültigen Redaktion nicht verwendete Videobänder über seine Gespräche Einsicht nehmen konnte.

41 *Das österreichische Arbeitspapier trug keinen Titel und hatte folgenden Wortlaut:*

„Bei den ab [*übertippt; urspr. wohl* am] 12. April 1955 in Moskau abgehaltenen Besprechungen hat die österr. Delegation folgende Erklärungen der sowjetischen Delegation mit Befriedigung zur Kenntnis genommen:

1.) Die Sowjetregierung ist bereit, den österr. Staatsvertrag unverzüglich zu unterschreiben [*urspr. irrtümlich getippt* „unterstreichen"; *handschr. korrigiert*];

2.) die Sowjetregierung ist bereit, einen festen und in naher Zukunft liegenden Zeitpunkt für den Abzug ihrer Besatzungstruppen aus Österreich festzulegen;

3.) die Sowjetregierung hält ihre auf der Konferenz in Berlin im Jahre 1954 gemachte Zusage aufrecht, den Gegenwert der in Art. 35 angeführten Pauschalsumme zum Teil in österr. Warenlieferungen entgegenzunehmen;

4.) die Sowjetregierung ist bereit, die ihr gemäss Art. 35 zufallenden Rechte an den österr. Ölvorkommen und an der DDSG an Österreich gegen eine der Höhe nach noch festzusetzende Lieferung von Rohöl auf die Dauer von 6 Jahren zurückzugeben;

5.) die Sowjetregierung ist bereit, bei der Anwendung einzelner Bestimmungen des Staatsvertrages den durch den Zeitablauf eingetretenen Veränderungen wohlwollend Rechnung zu tragen;

6.) die Sowjetregierung ist bereit, an einer Garantie der vier Großmächte für die Unabhängigkeit und Souveränität Österreichs teilzunehmen.

Im Hinblick auf diese Erklärungen der sowjetischen Delegation wird die österr. Delegation für die eheste Herbeiführung von Beschlüssen der österr. Bundesregierung im Sinne der nachstehend angeführten Punkte Sorge tragen.

1.) Im Sinne der von Österreich bereits auf der Konferenz von Berlin im Jahre 1954 abgegebenen Erklärung, keinen militärischen Bündnissen beizutreten und militärische Stützpunkte auf seinem Gebiet nicht zuzulassen, wird die österr. Bundesregierung eine derartige Erklärung in einer für Österreich international verbindlichen Form abgeben.

2.) Die österr. Bundesregierung wird die österr. Erklärung in Übereinstim-

Im Laufe der Verlesung:
„Es soll heissen aller Besatzungstruppen“[42]
„Über die Bedingungen des Staatsvertragsentwurfes hinaus“[43]
„Weil im Artikel 2 nur vom ‚8.‘(?) die Rede ist“[44]
Es müsste da hineinkommen oder sonst ein eigener Vertrag über die Garantie beschlossen werden.

Das haben wir zusammengefasst, ich bitte die Herren um ihre Stellungnahme.

Molotow: Welche Bedeutung legen Sie diesem Papier bei?

Raab: Es handelt sich nur um eine Niederlegung der gestrigen Unterredung.

Molotow: Ist das also ein Arbeitspapier zum Gespräch?

Raab: Ja.

Molotow: Es gibt da noch eine Reihe von unklaren Punkten.

Punkt 1): Es ist nicht ganz klar, ob Sie nur unter der Voraussetzung unterschreiben, dass über alle Punkte Einverständnis erzielt wurde. Der Punkt sollte am Ende stehen,

---

mung mit den Bestimmungen der Bundesverfassung dem österr. Parlament zur Beschlussfassung vorlegen.

3.) Die Bundesregierung wird alle zweckdienlichen Schritte unternehmen, um für diese vom österr. Parlament bestätigte Erklärung eine internationale Anerkennung zu erlangen.

4.) Die österr. Bundesregierung begrüsst im Sinne des Staatsvertragsentwurfes eine Garantie der Unabhängigkeit und der territorialen Unversehrtheit Österreichs durch die vier Großmächte.

5.) Die österr. Bundesregierung wird sich für die Abgabe einer solchen Garantieerklärung durch Frankreich, Grossbritannien und die Ver. Staaten bei diesen Mächten einsetzen.“

Exemplare dieses Arbeitspapiers, mit unterschiedlichen handschriftlichen Korrekturen und Randbemerkungen, erliegen in: SBKA, Nachlaß Kreisky, VII/Staatsvertrag 2; BMAA, Zl. 302.578-VR/55, dort auch eine frühere Fassung. Jenny, Konsensformel, *186, zitiert nur die Punkte 1–5 des zweiten Teils des Arbeitspapiers. Die russische Übersetzung des Arbeitspapiers befindet sich als Beilage 1 in der sowjetischen Niederschrift der Sitzung vom 13. April 1955, fol. 29–30, mit dem Titel* Memorandum der österreichischen Delegation vom 13. April 1955.

42 *Dies bezieht sich auf Punkt 2 des ersten Teils des österreichischen Papiers. Diese Korrektur ist in der russischen Übersetzung berücksichtigt.*

43 *Dies bezieht sich auf Punkt 4 des zweiten Teils des österreichischen Papiers. Diese Korrektur ist in der russischen Übersetzung nicht berücksichtigt.*

44 *Die richtige Transkription des mit der Ziffer „8.“ wiedergegebenen Kürzels lautet* „achten“. *Art. 2, Abs. 1 des Staatsvertragsentwurfs lautete:* „Die Alliierten und Assoziierten Mächte erklären, daß sie die Unabhängigkeit und territoriale Unversehrtheit Österreichs, wie sie gemäß dem gegenwärtigen Vertrag festgelegt wurden, achten werden.“ *Eine Garantie, wie sie die Österreicher vorschlugen, ging über die bloße Achtung der Unabhängigkeit und territorialen Unversehrtheit Österreichs hinaus.*

nicht am Anfang.[45] Die Sowjetregierung ist bereit, den Termin des Abzuges der Besatzungstruppen schon heute festzulegen. Unter der Bedingung, dass über die anderen Punkte Einverständnis erzielt werden kann.[46] Wie ist es mit unserem Vorschlag der Abstattung „eines Teiles in Waren"?[47]

Die Sowjetregierung ist auch einverstanden, dass der ganze Betrag in Warenlieferungen abgestattet werden kann,[48] ausserdem natürlich Warenlisten angelegt werden, Art und Lieferung, Verpflichtung der österreichischen Regierung für Warenlieferungen, dass später keine Differenzen entstehen sollen. Die Sowjetregierung möchte in den nächsten sechs Jahren irgend welche Differenzen vermeiden.

Figl: Man müsste das Besprechungen von Fachleuten überlassen.

Mikojan: Das Grundsätzliche muss aber hier schon besprochen werden, nur über Einzelheiten kann man später reden.

Molotow: Die Sowjetunion hat derartige Abmachungen schon mit anderen Staaten abgeschlossen, so mit Finnland. Dieser Vertrag könnte als Vorbild dienen.[49] Die Sowjetunion wünscht auch heute, dass alles auf solche Art und Weise festgelegt wird.

Raab: Das ist ganz unsere Meinung. Die 150 Millionen Dollar können also in ihrer Gesamtheit in Waren geliefert werden.

Mikojan: Jawohl, nach Weltmarktpreisen.

Molotow: Dementsprechend muss der Wortlaut des Punktes formuliert werden. Die Sowjetregierung meint, dass Punkte im Staatsvertragsentwurf Artikel 35 nicht geändert werden sollen. Die Erledigung soll Gegenstand einer besonderen Vereinbarung zwischen Österreich und der Sowjetunion sein, gleichzeitig mit Unterzeichnung des Staatsvertrages abzuschliessen, aber als zweiseitige Abmachung.

---

45 *Dies bezieht sich auf Punkt 1 des ersten Teils des österreichischen Papiers.*

46 *Dies bezieht sich auf Punkt 2 der ersten Teils des österreichischen Papiers.*

47 *Dies bezieht sich auf Punkt 3 des ersten Teils des österreichischen Papiers. Es ist unklar, warum die Österreicher von einer* „zum Teil" *in Warenlieferungen abzuwickelnden Zahlung von 150 Mill. Dollar für die Rückgabe der USIA-Betriebe sprachen. Molotow hatte am 12. Februar 1954 in Berlin erklärt, die Sowjetunion sei bereit, die Zahlung der in Art. 35 des Staatsvertragsentwurfs als Ablösesumme vorgesehenen 150 Mill. Dollar in Warenlieferungen zuzustimmen. Auch ein österreichisches Arbeitspapier über die Abzahlung dieses Betrages in Warenlieferungen, das für die nach Moskau entsandte Regierungsdelegation vorbereitet wurde (Nr. 11 der Arbeitsunterlagen), ging von einer Gesamtablöse in Warenlieferungen aus. Aus den Mitschriften und Notizen über die erste Arbeitssitzung in Moskau am 12. April ist kein Hinweis auf eine lediglich teilweise Abzahlung in Warenlieferungen zu erkennen.*

48 *In den eingesehenen Exemplaren des österreichischen Papiers sind die Worte* „zum Teil" *ausgestrichen.*

49 *Finnlands Reparationsleistungen in Höhe von 300 Mill. Dollar wurden 1945–1952 in Warenlieferungen auf Preisbasis 1938 abgezahlt. Zu dem diese Leistungen regelnden sowjetisch-finnischen Abkommen vom 17. Dezember 1944 und dessen Modifikationen sowie zum sowjetisch-finnischen Handelsvertrag vom 13. Juni 1950, der ähnliche Lieferungen wie die Reparationen, jedoch zu Weltmarktpreisen, vorsah, vgl. Fisch,* Reparationen, *144–155.*

Raab: Wir sind einverstanden.

Molotow: Man könnte auch früher paraphieren und die endgültige Unterzeichnung gleichzeitig mit dem Staatsvertrag vornehmen. Es wäre wünschenswert, die Höhe der Öllieferungen festzusetzen, und zwar schon heute oder morgen. Minister Kabanow könnte ermächtigt werden, darüber mit der österreichischen Delegation zu verhandeln.

Raab: Ich hoffe nur, dass er[50] nicht zu teuer ist! Wollen Sie uns nicht einen Vorschlag machen?

Molotow: Seitens der Sowjetunion kann ein Vorschlag gemacht werden. Österreich kann den Wert dieser abgetretenen Rechte wohl richtig schätzen.

Mikojan: Man darf nicht nur die Ölrechte in Betracht ziehen, sondern auch alle Nachkriegsinvestitionen müssen in dieser Summe enthalten sein. Bei der Übernahme waren nur Ölfelder mit einem geschätzten Ertrag von 4 Millionen Tonnen bekannt, die sowjetischen Experten haben in Österreich 70 Millionen Tonnen Öl entdeckt. Die Förderung beträgt jetzt 3,5 Millionen Tonnen jährlich gegenüber einer früheren Förderung von nur 600.000 Tonnen im Jahr. Diesen unseren grossen Investitionen muss wohl Rechnung getragen werden.

Raab: Das muss erst eine gemeinsame Kommission von Experten feststellen.

Mikojan: Das könnte heute gemacht werden. Es soll sich eine Kommission gleich mit dieser Sache beschäftigen.

Molotow: Ich möchte das unterstreichen, was gestern gesagt wurde, nämlich, dass die Rechte der Sowjetunion an Österreich in solcher Weise übergeben werden müssen, dass sie auch in den Händen Österreichs bleiben. Wir fürchten nicht, dass sie an ausländische Mächte abgetreten werden.

Raab: Wir haben auch nicht eine solche Absicht.

Molotow: Das sollte aber ausdrücklich festgelegt werden. Für die sowjetische Seite kann die Kommission Minister Kabanow führen.[51] Wer soll auf österreichischer Seite führen?

---

50 *Dies scheint sich auf Kabanow zu beziehen.*

51 *Beginnend mit diesem Hinweis Molotows auf Kabanow ist in der von K. R. Stadler besorgten Veröffentlichung von Schärfs Notizen eine Auslassung vorgenommen worden (vgl. Schärf, Moskau-Fahrt, 27, Auslassungszeichen mittlere Spalte unten). Der dort ausgelassene Text bezieht sich auf das Ende der Diskussion über den Erdölkomplex und die darauf folgenden Beratungen über verschiedene allenfalls zu eliminierende Artikel des Staatsvertragsentwurfs. Der ausgelassene Text wird hier nach dem der Veröffentlichung durch Stadler zugrundeliegenden Typoskript (VGAB, Nachlaß Schärf, 4/247) erstmals veröffentlicht und lautet wie folgt:*

„Molotow: Kabanow wird für Rußland verhandeln.

Mikojan: Es wurden Ölvorkommen von 70 Millionen Tonnen festgestellt.

Punkt 5: Molotow: Veraltet vom Staatsvertragsentwurf sind: 6, 11, 15, 16 bis 36 [*recte* 16bis, 36]. Diskussion über 40 [*recte* 48]bis soll erfolgen bei gleichzeitiger Verzichtsleistung Österreichs aus dem Rechtstitel der zivilen Besatzungskosten.

Raab: Abänderungsbedürftig wäre in der Präambel Absatz 3.

Molotow: meint dazu: Gerade über die Präambel soll man nicht neuerlich diskutieren.

Raab: Wir haben alles Interesse daran, dass wir nicht zu stark belastet werden. Schliesslich werden wir schon 10 Jahre ausgebeutet.

Molotow: Aber auch entwickelt!

Mikojan: Die Sowjetunion hat schliesslich grosse Arbeit bei der Erschliessung geleistet.

Raab: Wir werden uns die Sache überlegen und Ihnen dann eine Antwort geben.

Molotow: Um welche Artikel handelt es sich weiter?

Raab: Da ist z. B. die Frage unserer Staatsbürger in der Sowjetunion.

Molotow: Ich schlage vor, darüber zu reden, welche Artikel des Staatsvertragsentwurfes als veraltet angesehen werden sollen.

Artikel 6: Einbürgerung und Aufenthalt der Deutschen in Österreich

Artikel 11: Über Kriegsverbrecher

Artikel 15: Über Archive

Artikel 16bis: Über Abtransport

Artikel 36: Über Rückstellungen durch Österreich

Wir sind ausserdem bereit, in Diskussionen einzutreten über Artikel 48bis, Bezahlung für Nachkriegsschulden.[52]

Raab: Ich möchte noch auf Absatz 3 der Präambel aufmerksam machen, in dem wir der Mitschuld am Kriege angeklagt werden.

Molotow: Es fragt sich, ob es weise ist, die Präambel überhaupt anzurühren. Wenn man es tut, werden weitere Fragen aufgerollt werden. Die Sowjetregierung schlägt vor, die Präambel in bisheriger Form zu belassen.

Raab: Daran soll es nicht scheitern.[53]

Raab ist damit einverstanden.

Raab: 7bis sollte geändert werden.

Molotow: Diskutieren wir darüber lieber nicht, SU ist an der Frage nicht interessiert, aber sie würde doch neuerliche Verhandlungen nötig machen.

Raab: 10 wird nicht geltend gemacht; zu 14 sagt

Molotow: Wir werden Juristen befragen. 16bis sollen ebenfalls Juristen durchsehen. 18 sei überholt.

Molotow meint, man sollte ihn lieber unverändert lassen, als eine neue Diskussion darüber zu beginnen.

Molotow meint, über 21 solle man lieber nicht diskutieren !

38. Hier regt Raab den Entfall einiger Worte an.

Molotow: ist für die Befragung von Juristen darüber.

45. Raab: Wir sind mit den Jugoslawen darüber in Verhandlungen.

Molotow: Gut, man soll darüber mit der jugoslawischen Regierung verhandeln.

Punkt 6: Molotow: Er schlägt vor, ihn mit dem nächsten Punkt zu verhandeln."

52 *Für den Wortlaut dieser Artikel des Staatsvertragsentwurfs ebenso wie zu den in der weiteren Diskussion genannten Artikeln vgl. unten Dokument Nr. 6.*

53 *In Schöners Stenogramm folgt, noch Raab zugeordnet, der Hinweis:* „Art. 6, 7 bis", *ohne weitere Ausführungen. Die sowjetische Mitschrift ist ausführlicher und lautet wie folgt:*

„Raab erhebt keinen Einwand [*dies bezieht sich auf Raabs vorhergehende*

Molotow: Da ist noch die Frage mit den Forderungen der Jugoslawen. Die könnte weitere Schwierigkeiten machen.

Raab: Vor allem nach unserer Auffassung.

Molotow: Es wäre vielleicht notwendig, die jugoslawische Regierung zu konsultieren. Der Artikel wurde über Verlangen Österreichs hineingenommen.[54] Die Sowjetregierung ist an dieser Frage nicht direkt interessiert.[55]

Raab: Den Artikel 11 betrachten wir vom gleichen Standpunkt wie die Sowjetunion.

Molotow: Einverstanden.

Raab: Der Artikel 14 bedeutet eine Einschränkung der Rechte Österreichs.

Molotow: Ich werde unsere Juristen befragen. Die Sowjetunion hat kein besonderes Interesse an dem Artikel.

Raab: Spricht über Artikel 15.

Molotow: Wir sind einverstanden.

Raab: Die Artikel 16 und 16bis sind heute auch bereits überholt.

Molotow: Darüber müssen sich gleichfalls die Juristen unterhalten. Es wäre besser, sich auf Artikel 16bis zu beschränken, sonst geht es wieder an eine zeitraubende Kommission.

Äußerung zur Präambel] und sagt, daß die österreichische Delegation es für erforderlich halte, den Artikel 6 über die Einbürgerung und den Aufenthalt von Deutschen in Österreich und den Artikel 7-bis über die Garantien der Rechte der slowenischen und kroatischen nationalen Minderheiten in Österreich aus dem Vertragsentwurf zu eliminieren."

Schärfs Stenogramm und die Ersttranskription vermerken lediglich: „7 bis." *(VGAB, Nachlaß Schärf, 4/249); in den redigierten Fassungen der Notizen (ebd. 4/247, vgl. auch oben Anm. 51) lautet dieser Hinweis:* „7bis sollte geändert werden." *Raab hatte offensichtlich in dieser Phase der Diskussion die aus Wien mitgebrachte Aufstellung über für Österreich ungünstige Artikel des Staatsvertrages (vgl. oben Anm. 30) vor sich.*

54 *Der erste Entwurf dieses Artikels wurde Anfang Juli 1949 vom sowjetischen Sonderbeauftragten Botschafter Zarubin vorgelegt; vgl. oben S. 155–156.*

55 *Die Diskussion zwischen Raab und Molotow zu Art. 7-bis wird in der sowjetischen Niederschrift (im Anschluß an die in Anm. 53 zitierte Äußerung Raabs) wie folgt wiedergegeben:*

„Molotow bemerkt, daß Art. 7-bis Fragen aufwerfe, die Jugoslawien betreffen, und daß es besser wäre, ihn nicht anzutasten.

Raab erwähnt, daß die österreichische Verfassung Bestimmungen enthält, die im wesentlichen den Artikel 7-bis erschöpfen.

Molotow erklärt: Sollte man die Frage der Eliminierung des Artikels 7-bis stellen, müßte man in dieser Sache Jugoslawien heranziehen, was zu einer Verzögerung der Vertragsvorbereitung führen könnte. Die Sowjetunion – meint Molotow – sei nicht unmittelbar an diesem Artikel interessiert, doch da er mit Jugoslawien abgestimmt worden ist, hielten wir es für zweckmäßig, ihn nicht anzurühren."

Raab ist einverstanden."

Raab: Artikel 18 ist gleichfalls überholt, ob er nun darin steht oder nicht.[56]

Molotow: Es ist besser, wir lassen ihn drinnen, damit keine neuen Diskussionen hervorgerufen werden.

Raab: Zu Artikel 21 möchte ich nur bemerken, dass wir ja schliesslich keine Marine haben.[57]

Molotow: Der Artikel enthält aber auch die Atomwaffen. Es dürfte besser sein, aus prinzipiellen Gründen den Artikel nicht anzurühren.

Raab: Ich kann uns aber nicht mit diesem Artikel belasten.

Schärf: Wir müssten dann die Alliierten bitten, uns zu diesem Artikel auch das Wasser und die See zu verschaffen.

Molotow: Das wäre wirklich ein interessanter Antrag!

Raab: Spricht über Artikel 36 und 38/3. Wir wollen nur die Werte heraushaben, „die im Namen der österreichischen Staatsangehörigen" laufen.[58] Das bedeutet eine ungeheure Verwaltungsaufgabe.

Molotow: Die Sowjetregierung ist daran nicht interessiert. Man muss darüber die Juristen konsultieren.

Raab: Zu Artikel 39 möchte ich bemerken, dass dieser mit Artikel 38 zusammenhängt. Vielleicht kann er bei den Verhandlungen mit den anderen zusammen besprochen werden.

Molotow: Wir sind einverstanden.

Raab: Es handelt sich um eine sehr starke verwaltungsmässige Belastung. Weiters kommen wir zu Artikel 42 und zu Artikel 45. Es handelt sich um jugoslawische Forderungen.[59] Wir stehen mit Jugoslawien in Verhandlungen und wollen das in zweiseitiger Form mit Jugoslawien regeln.

---

56 *Der Hinweis auf Art. 18 wird bei Schärf irrtümlich Molotow zugeordnet (siehe Zitat oben in Anm. 51).*

57 *Bei Art. 21 handelte es sich um das in späteren Jahren vieldiskutierte Verbot von Spezialwaffen, einschließlich selbstgelenkter Waffen (sog. „Raketenverbot"). In der oben Anm. 30 genannten Aufstellung von für Österreich ungünstigen Artikeln des Staatsvertragsentwurfs wurde das Spezialwaffenverbot, wohl in Hinblick auf die zahlreichen dort genannten Seekriegswaffen, als* „zum überwiegenden Teil mehr wirklichkeitsfremd als schädlich" *bezeichnet.*

58 *Dies bezieht sich auf eine Bestimmung in Art. 38, Abs. 3 des Staatsvertragsentwurfs, wonach Österreich im eigenen Namen und* „im Namen der österreichischen Staatsangehörigen" *auf alle am 8. Mai 1945 noch offenen Forderungen gegen Deutschland (mit Ausnahme jener, die noch aus der Zeit vor dem 13. März 1938 stammten,) verzichtete. In der genannten Aufstellung der für Österreich ungünstigen Bestimmungen des Staatsvertragsentwurfs hieß es, daß diese Bestimmung* „zu einer sehr weitgehenden Entschädigungspflicht Österreichs an österreichische Staatsbürger" *führen würde.*

59 *In Art. 45, Abs. 2 wurde Jugoslawien das Recht eingeräumt, österreichische Vermögenschaften, Rechte und Interessen in Jugoslawien zu beschlagnahmen, zurückzubehalten oder zu liquidieren; Österreich wurde zur Entschädigung öster-*

Molotow: Sie könnten auch einen Parallelvertrag mit Jugoslawien gleichzeitig machen, wir hätten dagegen keine Einwände, nur wünschen wir keine Änderung des Artikels.

Mikojan: Dazu hat Österreich aber ohnedies das Recht.

Molotow: Wir sind nicht interessiert an Ihren Verhandlungen mit Jugoslawien. Wir werden keine Hindernisse in den Weg legen, aber durch Herausstreichen soll keine neue Komplikation entstehen.

Raab: Artikel 48 ist bereits geregelt. Sonst haben wir derzeit nichts weiter zu bemerken.

Molotow: Sind Sie mit Artikel 48bis einverstanden? Bei gleichzeitigem Verzicht Österreichs auf zivile Okkupationskosten?[60]

Raab: Ja.

Molotow: Nunmehr kann es weitergehen.

Punkt 6: Ich bitte, diesen Punkt zurückzustellen[61] und gleichzeitig zum nächsten Punkt überzugehen.

Zum ersten Absatz Seite 2: Dieser Punkt[62] ist schon gestern diskutiert worden. Die Sowjetunion wünscht, dass er gemeinsam behandelt wird mit einer Erklärung Österreichs, die eine Festlegung der österreichischen Neutralität enthalten muss.

Raab: Wir nehmen das zur Kenntnis und bitten aber um Unterbrechung zur Beratung.

Molotow: Ich erinnere an die Erklärung des Bundespräsidenten vom Jahre 1952. Die Schweiz ist als Beispiel für die Sowjetunion sehr interessant. Die Sowjetregierung ist interessiert an einer eindeutigen Erklärung, die keine Zweifel zulässt. Ich komme nochmals auf die Erklärung zurück, die Herr Bundespräsident Körner im Jahre 1952 gegenüber einem Vertreter des „Journal de Genève“ abgegeben hat. Es heisst darin: „Was die endgültige Befreiung Österreichs anbetrifft, so ist die Schweiz ein Beispiel politischer Weisheit . . .“.[63] Ausserdem hat der amerikanische Aussenminister Dulles im Jahre 1954 eine Erklärung abgegeben, zur Frage einer österreichischen Neutralität.

---

reichischer Staatsangehöriger, deren Vermögen aufgrund dieses Paragraphen herangezogen wurde, verpflichtet.

60 *Art. 48-bis handelte von Österreichs Anerkenntnis seiner Schulden insbesondere für von den Alliierten an Österreich gelieferte Versorgungsgüter; konkret handelte es sich um die im Winter 1949/50 viel diskutierten sogenannten „Erbsenschulden“ (vgl. oben, S. 175–177). Molotows Wortmeldung ist als Verzicht der Sowjetunion auf Forderungen aus Art. 48-bis im Gegenzug zu Österreichs Verzicht auf Refundierung der sog. zivilen Besatzungskosten (Aufwendungen für Unterkünfte, Arbeitskräfte, Transportleistungen) zu interpretieren; dies erhellt aus Ziffer II/3 des Moskauer Memorandums (vgl. unten S. 668).*

61 *Es handelt sich um Punkt 6 des ersten Teils des österreichischen Papiers (zit. oben Anm. 41).*

62 *Es handelt sich um Punkt 1 des zweiten Teils des österreichischen Papiers (Bereitschaft zur Abgabe einer Erklärung über die Bündnis- und Stützpunktfreiheit, zit. oben Anm. 41).*

63 *Vgl. oben S. 258–259, sowie Faksimile vor S. 241.*

Er hat darin gesagt, der Status der Neutralität ist ein Ehrenstatus für einen Staat, wenn er von diesem freiwillig gewählt wurde. Die Schweiz hat den Weg der Neutralität gewählt und hat es als neutrales Land verstanden, einen Ehrenplatz in der Geschichte der Völker einzunehmen. Die Republik Österreich hätte nach dem Staatsvertragsentwurf die Möglichkeit, die Neutralität als Ehrenstatus zu wählen so wie die Schweiz. Es könnten die Vereinigten Staaten von Amerika eine solche Wahl ebenso honorieren wie sie seinerzeit die Neutralität der Schweiz anerkannt haben.[64] Weiter hat Herr Dulles festgestellt, dass eine von aussen aufgezwungene Neutralität nicht annehmbar sei. Die Sowjetunion schlägt so etwas auch nicht vor. Sie wünscht, dass die österreichische Regierung von sich aus eine Erklärung abgibt, die die Form einer feierlichen Deklaration hat. Die Sowjetregierung hofft, dass die österreichische Regierung sich positiv zu diesem Vorschlag einstellen wird und eine Deklaration abgeben wird, in welcher ausdrücklich festgestellt wird, dass für Österreich künftig das Prinzip der Neutralität Geltung haben soll. Wir haben nichts dagegen, wenn die österreichische Delegation sich jetzt zu einer Beratung zurückzuziehen wünscht.

Raab: Wir möchten einstweilen lieber weiter fortsetzen.

Molotow: Spricht nunmehr zu Punkt 2) und zu Punkt 3) und fragt, was man insbesonders unter Punkt 3) auf österreichischer Seite verstehe.[65]

Raab: Wenn das Parlament einen entsprechenden Beschluss gefasst hat, kann dieser allen Staaten formell bekanntgegeben werden.

Figl: Wir werden einen solchen Beschluss allen Staaten zur Kenntnis bringen und um Anerkennung desselben ersuchen.

Schärf: Wir würden wünschen, dass diese Erklärung, wie immer sie lauten mag, von den vier Alliierten mächten [*r.* Mächten] bestätigt werden kann.

Molotow: Das betrachten wir als keine grundsätzliche Frage.

Raab: Es würde nur eine Untermauerung gegenüber der ganzen Welt bedeuten.

Schärf: Wir werden uns bemühen, die Anerkennung aller anderen in Betracht kommenden Länder zu erlangen.

Figl: Das Parlament wird die Erklärung beschliessen, die Grossmächte werden sie akzeptieren und die Welt wird sie zur Kenntnis nehmen.

Raab: Ich habe noch eine Frage. Glauben Sie, dass das Wort „Neutralität" eine Erschwerung bei den drei Westmächten bedeuten kann?

Schärf: In unserem Vorschlag ist die Neutralität bereits enthalten, ohne dass das Wort ausgesprochen wird.

Molotow: Ich meine, wenn das Wort Neutralität in der Erklärung aufgenommen wird, wird es keine Schwierigkeiten hervorrufen, weil die Erklärung des Bundespräsidenten Körner im Jahre 1952 keine negative Reaktion bei den Westmächten bewirkt hat. Herr Dulles hat in Berlin ja ausdrücklich davon gesprochen.

---

64 *Molotow bezog sich auf Dulles' Erklärung vom 13. Februar 1954 in Berlin. Obgleich Schöner keine Anführungszeichen setzte, zitierte Molotow wörtlich (in russischer Übersetzung) aus Dulles' Berliner Erklärung, wie ein Vergleich mit dem oben S. 310 abgedruckten englischen Originalwortlaut ergibt.*

65 *Es handelt sich um die Punkte 2 und 3 des zweiten Teils des österreichischen Papiers (zit. oben Anm. 41).*

Raab: Wir sind wesentlich Ihrer Auffassung und wollen die Neutralität haben. Sie haben selbst auf die Erklärung Dulles['] hingewiesen. Ich weise ausdrücklich auf die freiwillige Beschlussfassung des Parlamentes hin. Man könnte aber sagen „aufgezwungen", wenn die Neutralität bei diesen Verhandlungen hier vereinbart wird.

Molotow: Wir wollen daher vorläufig, dass keine Veröffentlichung stattfindet. Was wir hier besprechen, soll nirgends einen Niederschlag finden. Die Erklärung der österreichischen Regierung muss aus freiem Willen sein.

Mikojan: Man könnte ja auch einwenden, dass militärische Stützpunkte unter Druck der Sowjetunion stattgefunden haben.

Schärf: Welchen Zeitpunkt stellt sich die Sowjetregierung für eine derartige Erklärung vor?

Molotow: Nach Unterzeichnung des Staatsvertrages oder gleich.

Schärf: Das soll also heissen, dass jetzt vereinbart wurde, dass eine solche Erklärung nicht veröffentlicht wird, sondern erst bei der parlamentarischen Verhandlung des Staatsvertrages als österreichische Initiative herausgestellt werden soll.

Molotow: Trotzdem muss eine Paraphierung dieser Erklärung vorgenommen werden. Es handelt sich um eine Erklärung der Neutralität, wie sie von der Schweiz gehandhabt wird. Ich frage, kann die österreichische Bundesregierung eine Erklärung der Neutralität „nach dem Muster der Schweiz" abgeben?

Raab: Wir ersuchen um eine Unterbrechung zwecks interner Beratung.

Ende 12.15 Uhr.[66]

Fortsetzung der Besprechung am 13. April 1955 um 12.30 Uhr[67]

---

66 *Schärf (Moskau-Fahrt, 27) notierte, daß die Verhandlung um 12 Uhr 20 auf 20 Minuten unterbrochen wurde.*

67 *Schärf (ebd.) notierte, daß die Verhandlung um 12 Uhr 35 fortgesetzt wurde. Die Beratungen der Österreicher während der Verhandlungsunterbrechung fanden in einem salonartigen Nebenraum des Verhandlungssaales statt, der in der bereits in Anm. 40 genannten ORF-Fernsehdokumentation „Die Geschichte von der anderen Seite" ausführlich gezeigt wurde. Genauere Mitschriften über die internen Beratungen der Österreicher sind anscheinend nicht vorhanden. Schärf erwähnt lediglich, daß Figl die Beseitigung des Habsburg-Artikels wünschte und er dies ablehnte (vgl. Schärf, Moskau-Fahrt, 27; es handelte sich um Art. 10, Abs. 2 des Staatsvertragsentwurfs, betreffend Österreichs Verpflichtung, das Habsburger-Gesetz vom 3. April 1919 aufrechtzuerhalten).*

Weitere Quellen zeigen, daß die Österreicher eine Modifizierung des Textes über die Bündnis- und Stützpunktfreiheit berieten, den Raab zu Beginn der Vormittagssitzung verlesen hatte (Punkt 1 des zweiten Teils des oben S. 633, Anm. 41 abgedruckten Arbeitspapiers), und daß diese Modifizierung den Begriff der Neutralität und den Hinweis auf die Schweiz enthalten sollte. Zum besseren Verständnis der nun zu zitierenden Quellen wird der genannte Text als wichtigste Arbeitsunterlage der Österreicher während der entscheidenden Phase der Beratungen nochmals wiedergegeben, wobei jener Satzteil, um dessen Modifizierung durch Aufnah-

Raab: Alles ein Guss. Es kann nicht ein einziger Punkt allein perfekt werden.

Molotow: Die Sowjetregierung ist der gleichen Meinung.

Raab: Könnten wir für den Abzug der Besatzungstruppen den 31. Dezember 1955 als letzten Termin vorschlagen?

Molotow: Darüber kann man sprechen.

Raab: Ich denke, die vier Hochkommissäre sollen in Wien oder hier bei einer Sitzung zusammentreten, die die Art und Preise der Lieferungen festsetzt.[68]

---

me des Wortes „Neutralität" *und eines Hinweises auf die Schweiz es ging, – durch Fettdruck ausgezeichnet wird:* „Im Sinne der von Österreich bereits auf der Konferenz von Berlin im Jahre 1954 abgegebenen Erklärung, keinen militärischen Bündnissen beizutreten, und militärische Stützpunkte auf seinem Gebiet nicht zuzulassen, **wird die österr. Bundesregierung eine derartige Erklärung in einer für Österreich verbindlichen Form abgeben.**"

Schöners Stenogramm enthält als einzige Notiz – nicht in die Transkription übertragen – während der Verhandlungsunterbrechung folgende Eintragungen: „[...] wird die österreichische Bundesregierung eine Erklärung der Neutralität nach dem Muster der Schweiz abzugeben [sic]." *Die Worte* „nach dem Muster der" *sind umrahmt, darüber notierte Schöner:* „wie sie von der Schweiz gehandhabt [wird]". *Schöners Notiz findet ihre Bestätigung in handschriftlichen Notizen auf dem in den Akten der Völkerrechtsabteilung erliegenden Exemplar des österreichischen Arbeitspapiers, das Raab zu Beginn der Vormittagssitzung verlesen hatte. Im Text des Punktes 1 des zweiten Teils des österreichischen Papiers findet sich nach dem Wort* „Erklärung" *die Einfügung (offenbar in Verostas Handschrift)* „der Neutralität nach dem Muster Schweiz"; *auf der gleichen Seite ganz oben sind in der gleichen Handschrift die Worte* „wie sie von der Schweiz gehandhabt wird, abgeben." *Aus diesen Quellen ergibt sich im Zusammenhalt, daß die Variante einer Neutralität* „nach dem Muster der Schweiz" *eine frühere, die Variante einer Neutralität,* „wie sie von der Schweiz gehandhabt wird", *die spätere, endgültig adoptierte Textvariante darstellt.*

68 *Die Worte* „die vier Hochkommissäre" *bereiten Schwierigkeiten. Wie aus den Worten* „Art und Preise der Lieferungen", *aus den folgenden Wortmeldungen und auch aus den entsprechenden Eintragungen bei Schärf und in der sowjetischen Niederschrift hervorgeht, ging es um die Ablöselieferungen (in Höhe von 150 Mill. Dollar) für die Rückgabe des Deutschen Eigentums (exklusive Ölbereich und DDSG). Der abrupte Übergang vom vorhergehenden Thema – Abzug der Besatzungstruppen – zu den Ablöselieferungen ist dadurch erklärbar, daß Raab nach Wiederaufnahme der Verhandlungen die im ersten Teil des österreichischen Arbeitspapiers (zit. oben Anm. 41) aufgezählten Punkte neuerlich durchging und konkretisierte. Auf Punkt 1 (Bereitschaft zum Staatsvertragsabschluß) und Punkt 2 (Truppenabzug) folgte sogleich Punkt 3 (Ablöse-Warenlieferungen).* „Die vier Hochkommissäre" *hatten mit dieser Materie nichts zu tun. Im Stenogramm steht lediglich die Abkürzung* „HKomm." *Da Molotow in seiner unmittelbar folgenden Wortmeldung gemäß der sowjetischen Niederschrift von* „Wirtschaftsdelegationen zwecks Abstimmung der Warenliste, der Preise, der Fristen sowie der Art und Weise

Molotow: Das wäre besser, hier in Moskau zu verhandeln, man soll es nicht auf die lange Bank schieben, sondern möglichst bald erledigen.

Figl: Sind Konsumgüter auch dabei? Und in welchem Rahmen?

Mikojan: Wir werden Ihnen eine Warenliste geben.

Molotow: Es können nicht alle Waren von uns angenommen werden, wir können Ihnen [a]ber Listen von Waren, die wir brauchen, geben. Es wird nichts gefordert werden, was Österreich nicht ohnedies bereits exportiert.

Mikojan: Man könnte das zusammen mit dem Handelsvertrag regeln.

Raab: Was die Frage des Öles anlangt, so glauben wir, Ihnen vielleicht 50% der Ausbeute des letzten Produktionsjahres gratis liefern zu können.

Mikojan: Darüber kann gesprochen werden.

Raab: Das war nur ein Vorschlag von uns.

Nun zum entscheidenden Punkt, nämlich die Verpflichtung der österreichischen Bundesregierung nach Punkt 1).[69] Wir schlagen folgendes vor:

(Bundeskanzler Raab verliest ein Papier:

„wird die österreichische Bundesregierung eine Erklärung der Neutralität, wie sie von der Schweizer Eidgenossenschaft gehandhabt wird, abgeben . . .")[70]

---

der Lieferungen" *(betreffend die Ablöselieferungen) sprach, wäre es möglich, für die Auflösung von* „HKomm." „Handelskommissionen" *zu lesen; dann ergäbe Raabs Wortmeldung im Zusammenhalt mit Molotows Antwort (Verhandlungen* „in Wien oder hier" *bzw.* „besser, hier in Moskau zu verhandeln") *einen Sinn.*

69 *Es handelte sich um den – während der Sitzungsunterbrechung modifizierten – Punkt 1 des zweiten Teils des österreichischen Papiers (zit oben Anm. 41). Dies geht besonders deutlich aus Schärfs Notiz (Moskau-Fahrt, 28) hervor:* „Raab zum zweiten Teil: Die österreichische Regierung wird eine Erklärung abgeben, daß sie eine Neutralität, wie sie von der Schweizerischen Eidgenossenschaft gehandhabt wird, für möglich halte."

70 *Dieser Wortlaut entspricht den handschriftlichen Modifikationen, die auf einem Exemplar des österreichischen Arbeitspapiers (bei BMAA, Zl. 302.578-6VR/55), zu sehen sind, und ebenso Schöners stenographischer, nicht transkribierter Notiz während der Sitzungsunterbrechung (vgl. oben Anm. 67). Die sowjetische Niederschrift bringt den Wortlaut der österreichischen Formulierung zwar infolge der Übersetzung weniger präzise, aber ausführlicher, da Raab in der bei Schöner nur mit Pünktchen angegebenen Fortsetzung seiner Verlesung offenbar neuerlich die Punkte 2 und 3 des österreichischen Papiers nannte (vgl. Text oben in Anm. 41: Beschlußfassung durch das Parlament, Erlangung der internationalen Anerkennung der österreichischen Erklärung). In der sowjetischen Niederschrift heißt es wie folgt:*

„Raab sagt, bezüglich der Neutralität schlagen wir vor, daß Österreich eine Erklärung in dem Sinne abgibt, wie sie unsererseits [*d. h. österreichischerseits*] bei der Berliner Konferenz über den Nicht-Beitritt zu militärischen Bündnissen und die Nicht-Zulassung von militärischen Stützpunkten in Österreich mitgeteilt worden ist. Außerdem wird Österreich erklären, daß es in Beziehungen mit anderen Staaten Neutralität nach der von der Schweiz ausgeübten Praxis beachten wird. Diese Erklärung – sagt Raab – wird von der österreichischen Regierung dem

Molotow: Gut.

Raab: Die österreichische Bundesregierung übernimmt dann die Verpflichtung, sich dafür einzusetzen, dass die drei westlichen Alliierten dem Garantievertrag beitreten.[71]

Molotow: Wir hätten gerne einen schriftlichen Text Ihrer Erklärung nachher, die Antwort ist befriedigend. Die Sowjetregierung hofft, dass die österreichische Bundesregierung mit dem Termin für den Abzug der Besatzungstruppen einverstanden sein wird. Möglich wäre ein sechsmonatlicher Termin im Vertrag von dem Tage ab, an dem der Vertrag Rechtskraft erreicht.[72] Bindung durch die Ratifikation der Sowjetunion ist nicht in Aussicht genommen.[73] Es wird ein Termin vorgeschlagen werden, der noch vor dem 31. Dezember 1955 liegen soll. Wenn die Arbeiten bis Juli beendet werden, dann käme noch ein früherer Termin in Frage. Was die übrigen Truppen angeht, muss Einigung unter den Alliierten erzielt werden.

Raab: Wann läuft denn die Frist ab?[74]

Molotow: Sechs Monate nach dem Tag der Ratifizierung. Die Ratifizierung kann durch die Sowjetunion noch vor dem Juli durchgeführt werden. Wir schlagen vor, statt drei Monate sechs Monate.[75]

Parlament zur Billigung vorgelegt. Wir werden – erklärt er – alle Maßnahmen ergreifen, um für diese Erklärung die internationale Anerkennung zu erlangen."

71 *Vgl. Punkt 5 des zweiten Teils des österreichischen Papiers (zit. oben Anm. 41).*

72 *Im Staatsvertragsentwurf (Art. 33) war vorgesehen, daß vom Tage des* „Inkrafttretens" *– in der Übersetzung aus dem Russischen hier als* „Rechtskraft" *wiedergegeben! – eine Räumungsfrist von 90 Tagen für den Abzug der Besatzungstruppen zu laufen beginne. Das Inkrafttreten des Vertrags sollte unmittelbar nach Hinterlegung der Ratifikationsurkunden durch die Sowjetunion, die USA, Großbritannien, Frankreich und Österreich erfolgen (vgl. Art. 59 des Vertragsentwurfs). Daher wird in der folgenden Diskussion mehrfach von der* „Ratifikation" *des Vertrags als Beginn der Abzugsfrist für die Besatzungstruppen gesprochen. Genau genommen müßte vom Termin der Hinterlegung der letzten von insgesamt fünf Ratifikationsurkunden als Beginn der Abzugsfrist gesprochen werden!*

73 *Der Satz ist nicht klar; möglich wäre, daß er Molotows (in der sowjetischen Niederschrift knapp weiter unten verzeichnete) Äußerung wiedergibt, wir (d.h. die Sowjetregierung) beabsichtigten nicht, die Ratifikation des Vertrags hinauszuschieben; das verwendete russische Verbum* „zaderživat'" *bedeutet hinausschieben, hinhalten, aber auch festnehmen, anhalten, in Beschlag nehmen; daher möglicherweise die allerdings unklare Übersetzung* „Bindung durch die Ratifikation".

74 *Die sowjetische Niederschrift gibt (wohl zutreffend in Hinblick auf Molotows Antwort und den weiteren Verlauf der Diskussion) anstatt Raabs Frage eine Frage Schärfs an:* „6 Monate nach der Ratifikation oder der Unterzeichnung des Vertrages?"

75 *In der sowjetischen Niederschrift lautet Molotows Aussage noch präziser:* „Wir beabsichtigen nicht, die Ratifikation des Vertrages hinauszuschieben, daher sollte man den Truppenabzug ab dem Tage der Ratifikation vereinbaren. Unsererseits – sagt er – werden wir alles tun, um die Ratifikation des Vertrags bis zum 1. Juli 1955 vorgenommen zu haben."

Raab: Für uns wäre es sehr wünschenswert, wenn ein fixer Termin festgesetzt werden könnte. Ich verweise auf die Äusserung des Staatssekretär Dulles.[76]

Molotow: Natürlich ist die Sowjetregierung daran interessiert, dass nicht nur der Truppenabzug in Kraft tritt, sondern der ganze Vertrag. Daher wünscht sie so bald als möglich das zu arbeiten.[77]

Schärf: Bisher waren als spätester Termin 90 Tage nach der Ratifizierung vorgesehen. Der Vorschlag des Herrn Molotow wäre eine Verschlechterung des bisherigen Zustandes. Sechs Monate sind doppelt so viel wie drei Monate. Wir kamen hierher, um über einen früheren Abzug zu sprechen. Was hier gesprochen wurde, bedeutet doch längere Zeit.

Molotow: Immerhin sind sechs Monate noch kürzer als jene zwei Jahre, die Paul [*r.* Pierre] Mendes-France vorgeschlagen hat.

Schärf: Wir haben doch angenommen, dass ein fester Termin festgesetzt werden wird. Das ist wieder ein unbestimmter Termin und noch ein ungünstiger dazu. Wir können doch nicht zu den Westmächten gehen und sagen, die Sowjetunion wünscht eine längere Besatzung als im Entwurf vorgesehen.

Molotow: Haben Sie denn Informationen darüber, dass die Westmächte auf einen kürzeren Termin als sechs Monate eingehen werden?

Schärf: Aber die drei Monate stehen doch im Staatsvertragsentwurf drinnen.

Molotow: Es ist aber von keiner Seite gegen Paul [*r.* Pierre] Mendes-France[s] Vorschlag, einer Zeit von 18 bis 24 Monaten, protestiert worden. Es ist doch darüber eine Erklärung durch den Herrn Bundeskanzler abgegeben worden.

(Molotow verliest eine nach seinen Angaben am 25. November 1954 in der Neuen Wiener Tageszeitung erschienene Erklärung, wonach Österreich eine positive Einstellung zum Vorschlag des Ministerpräsidenten Paul [*r.* Pierre] Mendes-France einnimmt, was den Abzug der Besatzungstruppen anlangt.)[78]

---

76 *Dies dürfte sich auf Dulles' Äußerung anläßlich Raabs Besuch bei Dulles am 22. November 1954 beziehen; Dulles stimmte Raabs Wunsch nach einem fixen Datum für den Truppenabzug zu und sprach sich ebenfalls für ein* „frühes, fixiertes Datum" *aus. Vgl.* FR 1952–1954, *VII, 1982-1983, sowie das Kommuniqué des State Department über Raabs Besuch in DÖA, Nr. 152.*

77 *Unklarer Satz; in der sowjetischen Mitschrift lautet dieser Satz anders (und sinnvoll):* „Wichtig ist, das Inkrafttreten des gesamten Vertrages nicht zu verzögern." *Das von Schöner mit „wünscht" transkribierte Stenogramm kann auch als „wichtig" gelesen werden. Bei dem von Schöner auch im Stenogramm notierten Verbum* „arbeiten" *kann es sich um einen Hör- oder Übersetzungsfehler handeln. Das russische Verbum lautet* „ottjagivat'" („verzögern", „in die Länge ziehen").

78 *In einer bezüglich des Datums leicht abweichenden Formulierung heißt es in der sowjetischen Niederschrift*: „Daraufhin verlas Molotow die Erklärung Raabs, die dieser während seines Aufenthaltes in den USA am 25. November 1954 abgegeben hat und die in der „Wiener Tageszeitung" veröffentlicht worden ist." *Es handelt sich um eine – eher vorsichtige – Äußerung Raabs auf einer Pressekonferenz vor seinem Abflug aus Washington am 25. November 1954, die in der* Neuen Wiener Tageszeitung *vom 26. November 1954, 1, wiedergegeben wurde*: „Der Bundeskanz-

Raab: Jawohl, aber mit einem festen Termin!

Molotow: Es könnte daraus hervorgehen, dass Sie auch auf den 15. Mai 1957 eingehen würden, wenn nur ein fester Termin festgelegt würde.[79]

Raab: Ob 31. Mai 1955 oder 31. Juli 1956, es muss aber nur ein fester Termin sein. Die Ratifizierung z.B. durch das französische Parlament kann unter Umständen jahrelang dauern.[80]

Molotow: Man soll sagen, sechs Monate nach Ratifizierung, aber nich[t] später als ein bestimmter Termin. Wenn ein fester Termin gefordert wird, dann sechs Monate nach der Ratifizierung, aber nicht später als der 1. Juli 1956. Der Termin kann aber früher sein, wenn früher ratifiziert wird. Von Seiten der Sowjetunion wird es keine Hindernisse geben, nichts was darüber hinaus dauern soll. Wir möchten unsere Truppen schon vor dem 31. Dezember 1955 abziehen unter der Voraussetzung, dass die anderen das auch tun.[81]

---

ler deutete an, daß sich Österreich mit dem Vorschlag von Mendès-France einverstanden erklären könne, den Besatzungstruppen nach der Unterzeichnung des Staatsvertrages zur Räumung des Landes eine Frist von 18 bis 24 Monaten zu geben. Das Wichtigste in diesem Punkt sei die Festsetzung eines genauen Termins, auf dem Österreich bestehen werde."

79 *In der sowjetischen Niederschrift wird ein anderes Datum angegeben. Die entsprechende Passage lautet dort:* „Molotow fragt, ob die österreichische Delegation einen präzise zum 1. Mai 1958 festgelegten Termin für den Truppenabzug aus Österreich als annehmbar betrachten würde, wenn man sich an den Vorschlag von Mendès-France halten sollte." *Dieses Datum ist allerdings insoferne merkwürdig, als ja Mendès-France von einer Truppenabzugsfrist von 18–24 Monaten gesprochen hatte und der 1. Mai 1958 mehr als 36 Monate vom Zeitpunkt der Gespräche vom April 1955 entfernt war.*

80 *Die sowjetische Niederschrift gibt in der Wiedergabe von Raabs Äußerung keine Daten an. Sie lautet:* „Raab erwähnt, die österreichische Regierung habe wiederholt erklärt, daß es für Österreich wichtig ist, einen genauen Termin für den Truppenabzug festzulegen. Man müsse in Betracht ziehen – sagte Raab –, daß die Ratifikation des Vertrags mit Österreich sehr viel Zeit in Anspruch nehmen könne, sogar mehrere Jahre, insbesondere, wenn man die Lage in Frankreich berücksichtigt."

81 *Entsprechend heißt es in der sowjetischen Niederschrift:* „Molotow erklärt: Wir sind bereit darüber zu sprechen, daß die Truppen der vier Mächte innerhalb von 6 Monaten aus Österreich abgezogen werden, doch nicht später als zu einem bestimmten Termin. Die Sowjetunion ist nicht daran interessiert, daß sich die Truppen länger als 6 Monate in Österreich aufhalten. Wenn Sie aber einen genauen Termin, zum Beispiel den 1. Mai 1956, festlegen wollen, so werden wir das besprechen. Ich denke – sagt Molotow –, daß wir diese Frist verkürzen könnten. Die sowjetische Delegation wird den Vorschlag der österreichischen Delegation, einen genauen Termin für den Truppenabzug aus Österreich festzulegen, in Erwägung ziehen, insbesondere über einen Truppenabzug zum 31. Dezember 1955; sie wird morgen, den 14. April, hiezu ihre Antwort geben." *Die letzten Worte beziehen sich bereits auf eine von Schöner weiter unten wiedergegebene Äußerung; die nun bei Schöner*

Mikojan: Die französische öffentliche Meinung lässt nicht erwarten, dass dort Schwierigkeiten gemacht werden.

Molotow: Wir sind bereit, einen festen Termin zu versprechen, wenn sich Ratifizierungsschwierigkeiten ergeben würden.

Schärf: Wir machen politisch eine Schwenkung. Die österreichische Öffentlichkeit sieht nur eine Verlängerung der Räumungsfrist von drei auf sechs Monate. Das wird uns bei unseren Verhandlungen mit den Westmächten sehr belasten und auch in unserem Parlament.[82]

Molotow: Die Herren werden die Frage des 31. Dezember 1955 noch untereinander besprechen. Wir werden morgen zu dieser Frage zurückkehren.

Raab: Noch eine Frage: Wie steht es mit der Rückkehr der Kriegsgefangenen und Inhaftierten?

Molotow: Sind alle Fragen, die den Staatsvertrag selbst betreffen, nunmehr erschöpft?

Raab: Die ganze Delegation kann mit Minister Kabanow Verhandlungen führen.

Molotow: Kabanow, Mikojan und Semjonow können daran teilnehmen.

Raab: Wir würden sehr bitten, anlässlich des zehnten Jahrestages einen Gnadenakt zu setzen, der für die öffentliche Meinung in Österreich von grosser Wichtigkeit wäre.

Molotow: Wir sind bereit, diese Frage zu besprechen.

Raab: Darf ich noch folgendes bemerken: Unser Herr Bundespräsident Körner schrieb einen Brief an Herrn Präsidenten Woroschilow, der die Frage der Kriegsgefangenen behandelt und den wir heute nachmittag überreichen wollen.

Molotow: Auf die Frage der Internierten wollen wir am besten zurückkommen nach dem Empfang bei Marschall Woroschilow.

Zu den wirtschaftlichen Verhandlungen möchte ich noch folgende Bemerkung machen:

Von österreichischer Seite müsste eine Erklärung abgegeben werden, dass zurückgegebenes deutsches Eigentum nicht in ausländischen Besitz zurückgeht, sondern Österreich verbleibt.[83]

---

folgende Wechselrede zum Thema des Truppenabzugstermins, einschließlich der Wortmeldungen Mikojans und Schärfs, wird in der sowjetischen Niederschrift nicht einzeln wiedergegeben.

82 *Schärf, Moskau-Fahrt, 28, notiert seine eigene Wortmeldung kurz wie folgt:* „Ich halte das für unmöglich." *Kreiskys Ergänzungen zu Schärfs Notizen (ebd.) geben Schärfs Einwendungen ausführlicher wieder.*

83 *Die sowjetische Niederschrift ist etwas ausführlicher:* „Nach Auffassung der sowjetischen Delegation, sagt Molotow, müßte in unserem Dokument über die Verhandlungsergebnisse die Verpflichtung Österreichs festgeschrieben werden, den Übergang von großem Industrie- und Bankeneigentum sowie anderem Eigentum, welches von der Sowjetunion an Österreich übergeben wird und das zur Kategorie der ehemaligen deutschen Aktiva gehört, an fremde Staaten wie auch Firmen und Privatpersonen nicht zuzulassen." *Zu den Bemühungen Schärfs in dieser Richtung, oben S. 376.*

Ausserdem im Verhältnis zu österreichischen Staatsbürgern, die in sowjetischen Unternehmungen in Österreich gearbeitet haben, soll keine Diskriminierung ergriffen werden.[84]

Raab: Wir sind einverstanden, wir haben ohnedies zu wenig Arbeiter.

Molotow: Es wäre gut, das niederzulegen, dass für die Zukunft keine Missverständnisse entstehen.

Der nächste Tagespunkt [*sic*] ist das Essen, wir haben es uns verdient.

Raab: Wir wollen am Freitag nach Wien zurückreisen.

Ende 13.05 Uhr.

Fortsetzung der Besprechung im Kreml am 13. April 1955 um 15.30 Uhr

Auf Seiten der sowjetischen Delegation ist Minister Kabanow zusätzlich erschienen. Molotow nimmt an dieser Besprechung nicht mehr teil.[85]

Mikojan: Wir wollen jetzt nur über die Grundsätze der wirtschaftlichen Seite sprechen. Wir denken an 25 Millionen Dollar jährlich. Wir haben in unsere Listen aufgenommen, was Österreich besitzt und exportiert und das was hier benötigt wird. Was wir im Rahmen eines Handelsvertrages kaufen werden, ist eine besondere Frage, die hier nicht behandelt werden soll.

Dr. Kindermann verliest sodann eine Liste, die ihm von Mikojan übergeben worden ist.[86]

Mikojan: Das ist die erste Liste. Es wird nicht erwartet, dass die österreichische Delegation sofort Antwort gibt. Haben Sie noch irgend welche Bemerkungen? Das ist keine Handelsliste, sondern eine Liste der Waren für die Abzahlung von 150 Millionen Dollar.

Figl: Das müsste eine Kommission bestimmen.

Raab: Wir wissen ja gar nicht, ob wir das alles liefern können. Wir werden aber bald, vielleicht in 14 Tagen, eine Kommission herschicken, die das alles im einzelnen

---

84 *Die sowjetische Niederschrift lautet diesbezüglich wie folgt:* „Molotow sagt, die sowjetische Delegation hätte den Wunsch, von der österreichischen Delegation die Zusicherung zu erhalten, daß gegenüber österreichischen Staatsbürgern im Zusammenhang mit deren Tätigkeit in sowjetischen Betrieben keine Repressionen [pritesnenij] oder Diskriminierungsmaßnahmen zugelassen werden."

85 *Diese Sitzung fand, wie Schärf, Moskau-Fahrt,28, notiert, bei Mikojan, d.h. im Büro Mikojans im Kreml, statt. Die Nennung des Außenhandelsministers Kabanow als „zusätzlich" entspricht nicht der sowjetischen Niederschrift über die zwei vorhergehenden Sitzungen, in welchen Kabanow jeweils als anwesend genannt wird. Über die nunmehr in Abwesenheit Molotows beginnenden Wirtschaftsverhandlungen liegt keine sowjetische Niederschrift vor; diese Sitzung am Nachmittag des 13. April wird auch in der fortlaufenden Numerierung der Regierungsdelegationssitzungen in der sowjetischen Niederschrift übergangen; die am folgenden Vormittag (14. April) stattfindende Sitzung wird daher als „dritte Sitzung" der Regierungsdelegation bezeichnet.*

86 *Diese Liste erliegt in: AdR, BMAA, II-Pol, Zl. 321.448-Pol/55.*

besprechen soll. Könnten Sie in dieser Liste nicht Konsumgüter, Textilien, Schuhe, Aluminium, Zellwolle usw. unterbringen?

Mikojan: Textilien erzeugen wir selber genug. Wir werden daneben doch auch einen Handel haben.

Raab: Wir werden darüber prüfen, was wir machen können. Wir stellen fest, dass das eine Kommission in Moskau ausarbeiten soll.

Mikojan: Wir sind einverstanden. Nun kommt die Frage der Preise.

Raab: Natürlich Weltmarktpreise.

Mikojan: Sollen wir die Preise ein für allemal festlegen oder jährlich einmal?

Figl: Wir sind für die fluktuierenden Preise der freien Wirtschaft.

Raab: Lassen wir das für die Verhandlungen offen. Wir sollen uns alljährlich zusammensetzen und das jeweilige Kontingent bestimmen.

Mikojan: Wie wird das organisationsmässig ausschauen?

Figl: Wir werden Ihnen auch eine Liste geben, so dass Sie, wenn unsere Delegation kommen wird, schon kennen, was wir haben.

Raab: Wo übernehmen Sie die Waren?

Mikojan: An der österreichischen Grenze, franko Grenze. Die Abnahme kann auch bei den einzelnen Fabriken stattfinden. An der Grenze erlischt die Verpflichtung Österreichs.

Welches Organ der österreichischen Bundesregierung wird mit der Durchführung der Lieferungen betraut sein?

Raab: Wir werden wahrscheinlich eine eigene Kommission dafür gründen müssen.

Mikojan: Wir werden für die Durchführung dieser Lieferungen unsere Handelsvertretungen in Wien bevollmächtigen. Nach Inkrafttreten des Staatsvertrages soll die Nationalbank Wechsel über die 50 [*im Stenogramm r.* 150] Millionen Dollar ausstellen, mit denen dann alljährlich die Lieferungen bezahlt werden sollen.

Jetzt kommen wir zur Frage des Öles.

Raab: Was stellen Sie sich an Prozenten vor?

Mikojan: Im vorigen Jahr wurden in Österreich 3,300.000 Tonnen gefördert, dieses Jahr werden $3^1/_2$ Millionen Tonnen produziert werden.[87] Wie hoch hat Komykin [*im Stenogramm r.* Kumykin] unsere Anlagen damals geschätzt? Ich glaube, auf 6 Millionen Dollar vor sechs Jahren.

---

87 *Die Förderbetriebe der SMV (Sowjetische Mineralölverwaltung) in Niederösterreich produzierten 1954 3,271.963 Tonnen Erdöl; Angaben in*: Die USIA-Betriebe in Niederösterreich. Geschichte, Organisation, Dokumentation, *hsrg. v. Niederösterreichischen Institut für Landeskunde, Wien 1983, 328. Die Schätzung Mikojans für 1955 war sehr genau: im Jahr 1955 wurden von der SMV (bis zur Übergabe an Österreich am 13. August 1955) bzw. danach ÖMV 3,483.354 Tonnen Erdöl gefördert, bei einer Gesamtfördermenge in Österreich von 3,666.112 Tonnen Erdöl. Angaben nach*: Die österreichische Erdölwirtschaft, *hrsg. v. Österreichischen Institut für Wirtschaftsforschung (10. Sonderheft, verfaßt von Stephan Koren und Kurt Wessely), Wien 1957, 9.*

Wir haben aber die österreichischen Ölfelder sehr entwickelt, neue Felder gefunden. Die genauen Adressen der neuen Felder sind bekannt.[88]

Figl: Was schlagen Sie uns vor?

Mikojan: Der Vorschlag der österreichischen Bundesregierung erscheint uns annehmbar. In der hier herrschenden freundschaftlichen Stimmung hat es keinen Sinn, lange zu feilschen. Sagen wir 50% von der tatsächlichen Förderung der nächsten sechs Jahre.

Raab: Das Erträgnis wird aber in den nächsten Jahren fallen, weil Bohrungen ausgepumpt werden.

Mikojan: Wenn es notwendig ist, wird die Sowjetunion ihre Spezialisten zur Hebung der Produktion in Österreich zur Verfügung stellen. Jährlich werden neue Felder von 7 Millionen Tonnen gefunden, die Förderung bleibt aber nur bei 3 Millionen.

Raab: Sie können von uns nicht verlangen, dass wir die Katze im Sack kaufen.

Mikojan: Kein Sack, keine Katze.

Raab: Was haben Sie investiert, 6 Millionen Dollar, 12 Millionen Dollar? Was kostet Ihnen eine Tonne gefördertes Öl? Wir müssen eine Summe wissen, die wir leisten können.

Mikojan: Die Ziffern stehen augenblicklich nicht zur Verfügung.

Raab: Gehen wir auf die Dollar-Währung über. Sie sind ein guter Kaufmann. Wir haben gerechnet mit 12 Millionen Dollar.[89]

Mikojan: Das kann nur ein Politiker zusammengezählt haben, aber bestimmt kein Kaufmann.

Raab: Was wollen Sie, sie haben mit Ihren USIA-Betrieben doch keine Freude.

Mikojan: Wenn die Sowjetunion die Absicht gehabt hätte, lange in Österreich zu bleiben, so hätte sie in den Werken mehr modernisiert, dann wären sie auch gute Betriebe geworden. Österreich wird keine Ausgaben für seine Verteidigung haben, wieviele Prozent würden Sie dafür geben? Eigentlich gibt Ihnen ja die Sowjetunion das Öl ganz umsonst.

Raab: Meine Herren, machen Sie uns jetzt einen warmherzigen Antrag!

Mikojan: Wir akzeptieren den Vorschlag von 50%.

Raab: Wir wollen aber zuerst sehen, was die 50% kosten. Wir werden sehen, ob wir das machen können oder nicht.

Mikojan: Es ist Ihr Recht, zu sehen, ob Sie es können oder nicht. Alles wird übergeben werden, auch die OROP[90], unter einer Bedingung, dass sie nicht an Ausländer weitergegeben werden. Sehr wichtig sind nicht nur die 50%, sondern es muss auch ein Minimum etwa auf der Basis von 1954 garantiert werden.

---

88 *Eine Liste dieser Felder in*: Die österreichische Erdölwirtschaft, 9. *Das Feld Matzen, am 12. Mai 1949 entdeckt, bestritt ab 1951 mehr als die Hälfte, im Jahre 1955 nicht weniger als 78 % (2,873.143 Tonnen) der Erdölförderung in Österreich! 1955 war das Rekordjahr der Erdölproduktion in Österreich.*

89 *Zur Auseinandersetzung um die Interpretation dieser Summe vgl. unten bei Anm. 112.*

90 *Die den Vertriebsbereich abdeckende, zum SMV-Komplex gehörende „Aktiengesellschaft für Handel mit Ölprodukten".*

Komykin [*im Stenogramm r.* Kumykin]: Ich meine, die Sowjetunion müsste 60% des Öles fordern, eventuell könnte dann aber auf ein garantiertes Minimum verzichtet werden.

Raab: Ich will nur den Preis wissen, das geht noch in die Milliarden.

Mikojan: Die Erdölförderung in Österreich belief sich 1951 auf 2 Millionen Tonnen, 1952 auf 2,2 Millionen, 1953 auf 3,54 Millionen, 1954 auf 3,2 Millionen und 1955 auf 3,5 Millionen Tonnen.[91]

Raab: Wir kommen doch auf 2 Milliarden Schilling, das ist zu hoch. Es sollte jährlich ein Betrag festgesetzt werden, um den wir Öl zu liefern haben.

Mikojan: Nach dem Entwurf des Staatsvertrages haben wir doch das Recht auf 30 Jahre, wir geben es Ihnen schon nach sechs Jahren ab.[92]

Raab: Das sind halt die unglücklichen Folgen von Potsdam.

Mikojan: Das ist Ihnen nach Hitler geblieben.

Raab: Es ist unmöglich, es ist zu hoch. Ich schlage vor, 6 Millionen plus 6 Millionen ist gleich 12 Millionen Dollar. Ich weiss, dass so und so viele Bohrtürme trockengelegt sind, weil nichts mehr im Boden drinnen ist.

Mikojan: Das ist eben das Schicksal, sogar der Mensch vertrocknet mit der Zeit.

Raab: Im Grundprinzip sind wir sehr interessiert, das Öl zurückzukriegen. Wir müssen aber erst mit Fachleuten reden.

Österreich ist so klein und Russland ist so gross, Sie müssen doch einmal auch den Kleinen helfen.

Mikojan: Dann glauben Sie doch den Experten.

Raab: Gleichzeitig mit Verhandlungen und 150 Millionen Dollar Zahlung! Ich will nichts zusagen, was wir nicht halten könnten.

Figl: Es muss eben eine Gemischte Kommission zusammen mit russischen Fachleuten die Felder besuchen. Wir müssen uns die Katze doch einmal anschauen.

Mikojan: Wir sind einverstanden.

Wir kommen jetzt zur DDSG. Die Aktiven der DDSG werden auf 2,8 Millionen Dollar geschätzt.

Raab: Die ist wirklich nicht so viel wert.

Mikojan: Wir haben die DDSG nicht entwickelt, weil wir sie nicht auf die Dauer behalten wollten.

Kreisky: Darüber muss man mit unseren Fachleuten reden. Die DDSG gehört eigentlich zum USIA-Komplex. Die müssten Sie uns eigentlich dazugeben.

---

91 *Im Stenogramm sind lediglich die genannten Zahlen notiert. Die in dem Band* Die USIA-Betriebe in Niederösterreich, *328, veröffentlichten Zahlen lauten wie folgt: 1951: 2,057.490 Tonnen, 1952: 2,573.521 Tonnen, 1953: 3,054.952 Tonnen; die von Schöner für 1953 notierte Zahl (3,54 Millionen) könnte u. U. auf einem Hör- oder Übersetzungsfehler beruhen, da diese Zahl ein Abfallen der Förderung von 1953 bis 1954 bedeuten würde, alle vorliegenden Statistiken jedoch eine kontinuierliche Steigerung von Jahr zu Jahr, also auch von 1953 auf 1954, verzeichnen; zu den Zahlen für 1954 und 1955 vgl. oben Anm. 87.*

92 *Siehe oben S. 114–115, sowie im Text des Staatsvertrages Art. 22 (Art. 35 des Entwurfs), Abs. 1 (unten S. 710).*

Mikojan: Ich glaube nicht, dass sie dazugehört.

Raab: Sagen wir, 2 Millionen Dollar abgehandelt.

Mikojan: Abgemacht!

In den USIA-Betrieben bleibt alles so, wie es jetzt ist.

Raab: Wenn es recht ist, könnten sogar sowjetische Experten belassen werden, damit eine reibungslose Übergabe erfolgen kann.

Mikojan: Wir wollen jetzt über einen Handelsvertrag reden. Ein solcher soll nach den üblichen Formen ausgehandelt werden. Ein ganz normaler Handelsvertrag. Ein Handelsvertrag für einen bestimmten Termin, fünf oder sechs Jahre, könnte abgeschlossen werden. Jedes Jahr soll die Menge eingesetzt werden.

Raab: Ich hoffe, dass sich die Gütermenge alle Jahre vermehren wird. Wir hoffen, dass Sie uns möglichst viel abkaufen werden.

Schärf: Wir werden das Warenhaus GUM mit allen Waren beliefern.

Mikojan: Ich möchte zum Schluss erklären, dass uns die Rolle des Okkupanten nicht angenehm ist. Für einen Kommunisten ist nämlich der Beruf eines Okkupanten kein guter Beruf. Ich hoffe, dass es zu guten wirtschaftlichen Beziehungen kommen wird. Sie werden vergessen, dass wir eine Okkupationsmacht waren und wir wollen vergessen, dass Österreich gegen die USSR mitgekämpft hat.

Raab: Ja, so wie Ihr General Wlassow.[93] Aber wir schauen nach vorwärts. Kommen Sie einmal nach Wien! Vielleicht zur Wiener Messe, um den Pavillon der Sowjetunion zu eröffnen.

Ende 16.30 Uhr.

Fortsetzung der Besprechungen im Kreml am 14. April 1955, um 11.05 Uhr.[94]

Anwesend von sowjetischer Seite:

Molotow, Mikojan, Kabanow, Iljitschow, Semjonow und Kymanow [*im Stenogramm r.* Gribanow] sowie zwei weitere sowjetische Beamte.[95]

Molotow: Begrüsst und fragt, wie die österreichischen Herren nach dem gestrigen Empfang geschlafen hätten und wie Ihnen die Oper gefallen habe.

Raab: Verliest eine Zusammenstellung unserer Verpflichtungen und liest dieselben punktweise vor.[96]

---

93 *Eine – sehr scharfe – Entgegnung auf Mikojans letzte Bemerkung. Dem in deutsche Kriegsgefangenschaft geratenen General A. A. Wlassow wurde das Kommando über aus Kriegsgefangenen gebildete russische Truppenverbände übergeben, die auf deutscher Seite kämpften. Wlassow wurde nach dem Kriege von den USA an die UdSSR ausgeliefert und 1946 hingerichtet.*

94 *Die sowjetische Niederschrift bezeichnet die folgende Sitzung als* „Dritte Sitzung der österreichischen Regierungsdelegation".

95 *Die sowjetische Niederschrift nennt zusätzlich zu den von Schöner genannten Namen Lapin und Sergejew. – Im Stenogramm vermerkte Schöner in eckiger Klammer:* „Ich und Verosta sitzen hinter dem Bundeskanzler."

96 *Es handelt sich um ein mit* „Vermerk" *betiteltes Papier, bestehend aus einer Präambel und sechs Punkten. Je ein Exemplar einer (früheren) zweizeiligen Fas-*

sung erliegt im Nachlaß Schärf (4/249, VGAB), im Nachlaß Kreisky (SBKA, VII, Staatsvertrag 2; dieses Exemplar veröffentlicht bei Jenny, Konsensformel, *191–192) sowie (mit handschriftlichen Notizen bzw. Korrekturen) im Nachlaß Schöner (Konvolut 17, nunmehr in ÖStA, GD, NLS, E/1773); zwei Exemplare einer (späteren) eineinhalbzeiligen Fassung (mit Einarbeitung minimaler, in der früheren Fassung teils maschinschriftlich, teils handschriftlich eingefügter Korrekturen), mit zusätzlichen unterschiedlichen handschriftlichen Korrekturen (auf einem Exemplar in Verostas Handschrift), die schon auf die Textierung des Moskauer Memorandums vom 15. April hinweisen, befinden sich im Aktenstück BMAA Zl. 302.577-6VR/55; die russische Übersetzung bildet die Beilage 1 der sowjetischen Niederschrift vom 14. April 1955 (AVPRF, loc.cit., fol. 43 u. 44). Der* „Vermerk", *der inhaltlich und textlich eine Vorform des Teils I des Moskauer Memorandums darstellt, lautet (ohne Berücksichtigung von offensichtlich erst nach der Verlesung erfolgten handschriftlichen Korrekturen bzw. Ergänzungen) wie folgt:*

„Im Zuge der Besprechungen über den ehesten Abschluss des österreichischen Staatsvertrages in Moskau vom 12.–14. April 1955 wurde zwischen der sowjetischen und der österreichischen Delegation Einverständnis darüber erzielt, dass im Hinblick auf die von den sowjetischen Regierungsmitgliedern Herren stellvertretenden Ministerpräsidenten Molotow und Mikojan gemachten Zusagen Herr Bundeskanzler Ing. Julius Raab, Herr Vizekanzler Dr. Adolf Schärf, Herr Aussenminister Dr. Ing. Leopold Figl, Herr Staatssekretär Dr. Bruno Kreisky unmittelbar nach Inkrafttreten des österreichischen Staatsvertrages für die Herbeiführung folgender Beschlüsse und Massnahmen der österreichischen Bundesregierung Sorge tragen werden.

1.) Im Sinne der von Österreich bereits auf der Konferenz von Berlin im Jahre 1954 abgegebenen Erklärung, keinen militärischen Bündnissen beizutreten, und militärische Stützpunkte auf seinem Gebiet nicht zuzulassen, wird die österreichische Bundesregierung eine Deklaration der Neutralität, wie diese [*in der früheren Fassung:* sie] von der Schweiz gehandhabt wird, für Österreich in einer international verbindlichen Form abgeben.

2.) Die österreichische Bundesregierung wird die österreichische Neutralitätsdeklaration [*in einem Exemplar ist* „Neutralitäts" *ausgestrichen und wurde möglicherweise bei der Verlesung ausgelassen; in der russischen Übersetzung heißt es lediglich:* „österreichische Deklaration"] gemäss den Bestimmungen der Bundesverfassung dem österreichischen Parlament zur Beschlussfassung vorlegen.

3.) Die Bundesregierung wird alle zweckdienlichen Schritte unternehmen, um für diese vom österreichischen Parlament bestätigte Deklaration eine internationale Anerkennung zu erlangen.

4.) Die österreichische Bundesregierung wird eine Garantie der Unversehrtheit und Unverletzlichkeit des österreichischen Staatsgebietes durch die vier Grossmächte begrüssen.

5.) Die österreichische Bundesregierung wird sich für die Abgabe einer solchen Garantieerklärung durch die vier Grossmächte bei den Regierungen Frankreichs, Grossbritanniens und der Vereinigten Staaten von Amerika einsetzen.

6.) Die Bundesregierung wird nach Übergabe der deutschen Vermögenswerte

Das waren also unsere Verpflichtungen, die die Grundlage eines Dokumentes bilden sollen, das wir unterschreiben wollen.[97]

Molotow: Die Redaktion des Papieres muss noch abgestimmt werden.

(Das Papier wird nochmals verlesen.)

Statt „verhindern" muss eine stärkere Form gewählt werden, nämlich „ausschliesst".[98]

Schärf: Ich möchte feststellen, dass das ganze nicht als Protokoll, sondern als Ergänzungsvermerk [*im Stenogramm r.* Erinnerungsvermerk] unterzeichnet werden soll.

Molotow: Bin einverstanden, ist möglich.[99]

Schärf: Eigentlich wird es ja nur paraphiert, das meiste bedarf ja der Zustimmung des österreichischen Parlaments.

Molotow: Die Redaktion muss noch durchgeführt werden.

Raab: Auf Ihrer Seite ist noch die Frage des Abzugstermines der Truppen offen.

Molotow: Wie versteht die österreichische Delegation den Ausdruck „Garantie der vier Mächte"?

---

in der sowjetischen Besatzungszone an Österreich Massnahmen herbeiführen, die eine Überführung dieser Vermögenswerte in das Eigentum ausländischer Staatsangehöriger einschliesslich juristischer Personen privaten oder öffentlichen Rechts verhindert. Ferner wird sie dafür Sorge tragen, dass gegen die bei den früheren USIA-Betrieben, bei den Betrieben der ehemaligen sowjetischen Mineralöl-Verwaltung und bei der DDSG Beschäftigten keine diskriminierenden Massnahmen ergriffen werden."

97 *Raabs letzte Äußerung wird in der sowjetischen Niederschrift wie folgt wiedergegeben:*

„Die österreichische Delegation – sagt Raab – habe den Wunsch, aus allen drei von ihr am 13. und 14. April vorgelegten Papieren ein einziges Dokument zusammenzustellen, das als Protokoll unterzeichnet werden würde." [*Es handelt sich um die in Anm. 41, 96 und 106 wiedergegebenen Papiere.*]

98 *Dies bezieht sich auf Punkt 6 des „Vermerks": die Überführung der zurückzugebenden deutschen Vermögenswerte an ausländische Staatsangehörige sollte nicht bloß „verhindert", sondern „ausgeschlossen" werden.*

99 *Figl, der bei den Verhandlungen am 13. und 14.April wesentlich weniger Notizen machte als am ersten Verhandlungstag, notierte als Molotows Bemerkung: „*Dieses Memorandum wird als Erinnerungsvermerk paraphiert! – S.U. wird rasch ratifizieren und dann könnte der Abzug 31. 12. 55.–" *Nachlaß Figl, NÖLA, K. 13, zit. bei Jenny,* Konsensformel, *340. – Die sowjetische Niederschrift gibt Schärfs Anregung mit den Worten wieder*: „Man kann auch die Form eines Memorandums festlegen." *Schärfs Bestreben war es offenkundig, dem Abschlußpapier einen weniger verbindlichen Charakter als den eines „Protokolls" zu geben; dies geht auch aus seiner folgenden Wortmeldung hervor; Schärfs eigene Notizen geben keinen Aufschluß über diesen Teil der Diskussion.*

Raab: So wie es seinerzeit bei der Schweiz war.[100]

Molotow: Das erscheint mir möglich. Natürlich muss das Einverständnis der anderen drei Mächte erreicht werden. Die Sowjetunion sieht kein Hindernis.

Die Sowjetunion ist einverstanden, wenn vor dem 31. Dezember 1955 die Ratifikation erledigt ist, den Abzug vor diesem Termin vorzunehmen. Von Seiten der Sowjetunion wird keinerlei Verzögerung bei der Ratifizierung entstehen. Damit wird die Frage, ob drei oder sechs Monate irrelevant.

Schärf: Ich betrachte die Sache so wie Herr Molotow. Wenn wir zur Ratifizierung kommen, spielt die Frage keine Rolle mehr. Aber wir könnten keine Verschlechterung des Staatsvertragsentwurfes, wenn auch nur eine optische, nach Hause mitbringen. Die USA werden keine Zustimmung zu einer Verlängerung von drei auf sechs Monate geben. Geben Sie uns doch direkt das, was Sie später den Amerikanern geben werden.[101]

Molotow: Wir nehmen ihren Vorschlag entgegen und nehmen an, alles andere hängt nicht von uns ab. Die 90 Tage werden ausgeschlossen,[102] wir nehmen Ihren Vorschlag an.

Schärf: Und im Staatsvertragsentwurf bleiben sie?[103]

Molotow: Wenn Sie sie behalten wollen, kein Einwand, ich wollte nur einen besseren Vorschlag machen.[104]

Schärf: Der Vorschlag des Herrn Molotow besteht unabhängig vom Staatsvertragsentwurf, es ist ein fester Termin, aber im Staatsvertragsentwurf bleibt es bei drei Monaten.

---

100 *Die sowjetische Niederschrift ist hier ausführlicher*: „Raab antwortet, Österreich werde eine Erklärung abgeben, daß es in den Beziehungen mit anderen Staaten Neutralität einhalten, keinen militärischen Bündnissen beitreten und keine militärischen Stützpunkte zulassen werde. Die Mächte könnten ihrerseits eine Erklärung Österreich gegenüber abgeben, wie dies seinerzeit der Schweiz gegenüber geschehen ist."

101 *Die sowjetische Niederschrift vermerkt*: „Schärf bemerkt, wenn der Vertrag einmal ratifiziert ist, werde alles übrige keine entscheidende Rolle mehr spielen. Wie die österreichische Delegation bereits bemerkt hat – sagte er – wünschte man, daß hinsichtlich des Truppenabzuges aus Österreich nicht einmal der optische Eindruck einer Verschlechterung des Staatsvertrags entstehe."

102 *Die Aussage ist unklar;* „ausgeschlossen" *entspricht dem Stenogramm.*

103 *Diese Frage ist in der sowjetischen Niederschrift Kreisky zugeordnet*: „Kreisky fragt, ob im Vertrag der Hinweis auf den Truppenabzug innerhalb von 90 Tagen bleiben werde."

104 *Die sowjetische Niederschrift lautet*: „Molotow antwortet: Wenn wir zu einer Übereinkunft entsprechend dem von der sowjetischen Delegation heute eingebrachten Vorschlag hinsichtlich eines Truppenabzugstermins 31. Dezember 1955 gelangen, wird man auch die Formulierung des Artikels 33 des Vertragsentwurfs in bezug auf den Abzug der Truppen der vier Mächte aus Österreich abändern müssen."

Raab: Die Sowjetunion ist also bereit, ihre Truppen im Falle des Zustandekommens in diesem Jahre spätestens mit 31. Dezember 1955 abzuziehen.[105]

Molotow: Einverstanden.

Raab: Verliest Papier betreffend die sowjetischen Verpflichtungen.[106]

---

105 *Die sowjetische Niederschrift geht von dieser Wortmeldung direkt zu Raabs Anschneiden der Wirtschaftsfragen und dem Verlesen des Résumés über die Besprechung bei Mikojan vom Vortage über; sie erwähnt nicht die Verlesung des in der folgenden Anmerkung wiedergegebenen österreichischen Papiers und die kurze Diskussion über dieses Papier, dessen russische Übersetzung allerdings als Beilage der sowjetischen Niederschrift der Sitzung vom Vortage (13. April vormittags) beigelegt ist (vgl. folgende Anmerkung).*

106 *Dieses Papier – ohne Titel – war österreichischen Ursprungs und faßte in Ergänzung zu dem die österreichischen Bereitschaftserkärungen enthaltenden* „Vermerk" *(oben Anm. 96) nunmehr die sowjetischen Bereitschaftserklärungen (aus österreichischer Sicht) zusammen, soweit sie den am 12. und 13. April erreichten Verhandlungsergebnissen entsprachen. Dieses Papier liegt in mehreren Exemplaren vor; es existieren zwei Fassungen, die allerdings lediglich durch die Neufassung des Punktes fünf voneinander abweichen. Das Papier, hier erstmals veröffentlicht, lautet wie folgt:*

„Die Herren stellvertretenden Ministerpräsidenten der Sowjetunion W. M. Molotow und A. I. Mikojan haben namens der Sowjetregierung folgende Erklärungen abgegeben:

1.) Die Sowjetregierung ist bereit, den österreichischen Staatsvertrag unverzüglich zu unterzeichnen;

2.) Die Sowjetregierung ist bereit, die Besatzungstruppen im Sinne des Artikels 33 drei Monate nach Inkrafttreten des Staatsvertrages, spätestens aber am 31. Dezember 1955, aus Österreich abzuziehen;

3.) Die Sowjetregierung ist im Sinne ihrer auf der Konferenz in Berlin 1954 gemachten Zusage bereit, den Gegenwert der in Artikel 35 angeführten Pauschalsumme von 150 Millionen Dollar zur Gänze in österreichischen Warenlieferungen entgegenzunehmen;

4.) Die Sowjetregierung ist bereit, Österreich alle Aktiven der DDSG, die sich im östlichen Österreich befinden, einschliesslich der Werft in Korneuburg, Schiffe und Hafenanlagen zu übergeben, wofür Österreich an die Sowjetunion den Betrag von 2 Millionen Dollar zahlt;

5.) [*endgültige Fassung, die sich auch in russischer Übersetzung in dem im AVPRF erliegenden Exemplar findet*:] Die Sowjetregierung ist bereit, die ihr nach Artikel 35 anfallenden Rechte an Ölfeldern und Ölraffinerien, einschließlich der „Krackereien" und die AG. für Handel mit Ölprodukten (OROP) gegen eine zu vereinbarende Entschädigung an Österreich zu übergeben. [*Die ältere Fassung lautete*: „. . . und die AG. für Handel mit Ölprodukten an Österreich zu übergeben. Die von Österreich hiefür zu leistende Ablöse wird insgesamt mit 6 Millionen Tonnen Rohöl, das ist 1 Million pro Jahr, festgesetzt."]

6.) Die Sowjetregierung hält die Artikel 6, 11, 15, 16 bis, 36 und 48 bis für

Zu Punkt 3) kommt noch Protokoll von gestern nachmittag über Öl und wirtschaftliche Regelungen.[107]

Zu Punkt 4) sagt

Molotow nach kurzer Rückfrage bei dem neben ihm sitzenden Mikojan „einverstanden".

Zu Punkt 5) (Öl)

Molotow: Diese Sache ist akzeptiert. Wir werden auf Punkt 3) zurückkommen.

Schärf: Vielleicht kommen wir schon heute zu Punkt 5) zu einer Einigung?

Raab: Wir werden dann beim wirtschaftlichen Protokoll, dem russischen, darüber reden.

Molotow: Welche Änderungen meinen Sie noch zu Punkt 6?

Raab: Wir wollen möglichst wenig ändern, besonders aber Artikel 38/3.[108]

Molotow: Ich bin zu Punkt 8) einverstanden.

Raab: Gibt ein Resumé *[sic]* des russischen Protokolls vom 13. April 1955 und liest Übersetzung vor.[109]

überholt oder überflüssig und ist bereit, diese Artikel fallen zu lassen. Sie wird überdies die österreichische Regierung in ihren Bemühungen, weitere Änderungen des Staatsvertragsentwurfes zu erreichen, unterstützen und solchen Änderungen zustimmen. Jedoch besteht Einverständnis darüber, dass durch Änderungsvorschläge die Verhandlungen zum Abschluss des Staatsvertrages zwischen den vier Mächten und Österreich nicht unnötig verzögert werden sollen.

7.) Die Sowjetregierung ist bereit, die Deklaration über die Neutralität Österreichs anzuerkennen;

8.) Die Sowjetregierung ist bereit, an einer Garantie der Unversehrtheit und Unverletzlichkeit des österreichischen Staatsgebietes durch die vier Großmächte – nach dem Muster der Schweiz – teilzunehmen."

Beide Fassungen erliegen in: Nachlaß Schöner, Konvolut 17 (nunmehr ÖStA, GD, NLS, E/1773) sowie in BMAA, Zl. 302.578-6VR/55 (die zweite Fassung in zwei Exemplaren, davon eines mit zahlreichen handschriftlichen Korrekturen Verostas, die offensichtlich bei der Vorbereitung des endgültigen Textes des Moskauer Memorandums entstanden); die zweite Fassung erliegt außerdem in: Nachlaß Schärf (VGAB, 4/249) und Nachlaß Kreisky (SBKA, VII, Staatsvertrag 2). Die russische Übersetzung erliegt im AVPRF (loc. cit., fol. 31–32), jedoch irrtümlich als Beilage 2 zur 2. Sitzung vom 13. April 1955 vormittags; die irrtümliche Zuordnung ergibt sich bereits aus der (richtigen) Datierung in der Betitelung der russischen Übersetzung: „Aufzeichnung der österreichischen Delegation über die Verhandlungsresultate, übergeben am 14. April 1955".

107 *Zu diesem siehe unten bei Anm. 109.*

108 *Es handelte sich um einen generellen österreichischen Forderungsverzicht gegenüber Deutschland für den Zeitraum vom 13. März 1938 bis 8. Mai 1945; vgl. den Text unten S. 727–728.*

109 *Diese umfangreiche Aufzeichnung, – aus der Teil III des Moskauer Memorandums entstehen sollte - wird hier erstmals veröffentlicht und lautet in der in den Akten liegenden deutschen Übersetzung wie folgt:*

„Resumé *[sic]* der Resultate der Besprechung zwischen der Regierungsdelegation Österreichs und der Delegation der Sowjetunion in wirtschaftlichen Fragen vom 13. April 1955.

Als Resultat des stattgefundenen Meinungsaustausches sind die Parteien zu Folgendem gelangt:

I. Zu der Frage der Lieferung von Waren an die UdSSR laut Artikel 35 des Staatsvertrages mit Österreich übergebene Sowjetunternehmen in Österreich [*sic: es wurden, wohl in Eile, einige Worte des russischen Originals ausgelassen*: „zur Ablöse des Wertes" *(der zu übergebenden Sowjetunternehmungen in Österreich)*].

1.) Die Sowjetdelegation nimmt die Erklärung der österr. Delegation zur Kenntnis, dass sie die Liste der Waren, welche sie von der Sowjetdelegation erhalten hat, prüfen wird und dass im Laufe von zwei Wochen in Moskau besondere Bevollmächtigte der österr. Regierung eintreffen werden, um die damit verbundenen Fragen zu besprechen.

2.) Die Sowjetdelegation nimmt auch die Erklärung der österr. Delegation zur Kenntnis, dass die österr. Regierung eine besondere Kommission bilden wird, welche sich mit den Terminen und der Qualität der Lieferung an die Sowjetunion in den übereingekommenen Mengen für die allgemeine Summe von 150 Mio am. Dollar, d. h. 25 Mio jährlich, befassen wird.

3.) Die österr. Delegation hat sich bereit erklärt, den Vertretern des sowjetischen Bestellers die Möglichkeit zu geben, Prüfungen bei Annahmen *[sic]* der Waren durchzuführen, die zur Lieferung an die SU auf Rechnung der obigen Summe bestimmt sind. Es wird angenommen, dass die Lieferung der Waren franko österr. Grenze erfolgen soll u. zw. zu Weltpreisen *[sic]*. Die Preise und die Mengen der Waren werden durch die beiden Parteien jährlich, drei Monate vor Beginn eines jeden Jahres, festgesetzt werden. Die Österr. Nationalbank wird Garantiewechsel zur Sicherstellung der obigen Warenlieferung auf die im Staatsvertrag mit Österreich erwähnte Summe von 150 Mio Dollar ausfolgen. Die Wechsel der Österr. Nationalbank werden nach Massgabe der Tilgung der Wechselsumme durch Warenlieferung zurückgegeben werden.

II. Zur Frage der Übergabe an Österreich der der UdSSR gehörenden Ölunternehmungen.

1.) Die Sowjetdelegation nimmt die Erklärung der österr. Delegation zur Kenntnis, dass die österr. Regierung bereit ist, für die an Österreich zu übergebenden und der UdSSR gehörenden Ölfelder und Ölraffinerien eine Bezahlung im Wege von Lieferung von Rohöl zu leisten u. zw. im Ausmasse von 50% des jährlich in Österreich geförderten Öls im Laufe von 6 Jahren.

2.) Die österr. Delegation gab weiter ihrem Wunsche Ausdruck, eventuelle andere Varianten zu diskutieren u. zw. durch Festlegung bestimmter Mengen von zu lieferndem Rohöl für die ganze Zeit oder z. B. durch eine Zahlung von einer Kompensation in der Höhe von 12 Mio Dollar jährlich mit der Ergänzung, dass im Laufe von sechs Jahren jedes Jahr für diese Summe Rohöl an die UdSSR geliefert werden soll.

Die Sowjetdelegation ist der Meinung, dass der erste Vorschlag der österr.

Delegation u. zw. die Kompensation durch Lieferung von Rohöl in der Höhe von 50% des jährlichen in Österreich geförderten Öls im Laufe von sechs Jahren diejenige ist, die sie annehmen kann.

Die österr. Delegation erklärt, dass sie es für nötig erachtet, eine ergänzende Konsultation mit ihren Experten in dieser Frage durchzuführen und im besonderen festzustellen, wie hoch die Kosten der Förderung des Öls in der Gegenwart sind und dass sie wünscht, zu dieser Frage in zwei Wochen zurückzukehren u. zw. gleichzeitig mit der Besprechung der Listen der Waren für die allgemeine Summe von 150 Mio Dollar.

3.) Die österr. Delegation hat die Erklärung der Sowjetdelegation zur Kenntnis genommen, dass zu den von der Sowjetunion an Österreich zu übergebenden Ölunternehmen und -raffinerien auch die „Krackereien" und die AG. für Handel mit Ölprodukten (Orop) gehört [*die Übersetzung ist nicht ganz exakt; r.:* „. . . zu übergebenden Ölunternehmen und Ölfeldern auch die Ölraffinerien und die AG. für Handel mit Erdölprodukten (Orop) gehört"].

4.) Die Sowjetdelegation hat für die Übergabe der Unternehmen an Österreich die Bedingung gestellt, dass die österr. Regierung sich verpflichtet, dieselben nicht in das Eigentum oder in die Konzession von ausländischen juristischen und physischen Personen zu übergeben, womit sich die österr. Delegation einverstanden erklärt hat.

III. Betrifft die Übergabe der österr. Aktiven in der Donaudampfschiffahrtsgesellschaft im östlichen Österreich.

Die sowjetische Seite übergibt an Österreich alle Aktiven der Donaudampfschiffahrtsgesellschaft, die sich im östlichen Österreich befinden, incl. die Werft in Korneuburg, Schiffe und Hafenanlagen, wofür die Regierung Österreichs an die SU den Betrag von 2 Mio Dollar zur Auszahlung bringen wird.

IV. Betrifft Handelsbeziehungen zwischen der SU und Österreich.

1.) Es wurde Einverständnis ezielt zwischen der SU und Österreich, einen Handelsvertrag für die Dauer von fünf Jahren mit automatischer Verlängerung, wenn derselbe von einer der Parteien nicht gekündigt wird, zu schliessen.

2.) Weiters wurde auch Einverständnis darüber erzielt, dass noch ein besonderer Vertrag über Handel und Zahlungen zwischen Österreich und der SU für fünf Jahre geschlossen wird und dass die Mengen der Waren jährlich abgestimmt wird *[sic]*."

Ein Exemplar der deutschen Übersetzung des Résumés findet sich in: VGAB, Nachlaß Schärf, 4/249; Schöners und Verostas Exemplare, jeweils mit zahlreichen handschriftlichen Bemerkungen und Korrekturen, die die Verwendung dieser Exemplare bei der Textierung des Moskauer Memorandums zeigen, befinden sich bei dem Aktenstück BMAA, Zl. 302.579-6VR/55. Exemplare des russischen Textes befinden sich in: AVPRF, loc. cit., fol.45–47 als Beilage 2 zur Niederschrift der 3. Sitzung vom 14. April 1955, sowie im Nachlaß Schöner (ÖStA, GD, NLS, E/1773, Konvolut 17).

Mikojan: Die Warenliste zur Grundlage anzusehen werden, sollte geändert werden.[110]

Raab: Der Termin von zwei Wochen ist etwas zu kurz. Ich schlage vor, einen Termin längstens zu Ende Mai.

Molotow: Einverstanden.

Raab: Spricht zu Punkt 2):

Das wird eine konstante Kommission sein.

Verliest Punkt 3).[111]

Mikojan: Natürlich handelt es sich dabei um US-Dollar, nicht vielleicht um mexikanische.

Raab: In II/2: Nicht 12 Millionen Dollar jährlich, sondern insgesamt.[112]

Meine Herren, das können wir nicht zahlen, wollen Sie, dass wir wieder bei den Amerikanern pumpen gehen?

Mikojan: Dollar sind für uns uninteressant. Wir nehmen in natura.

Raab: Wir können das nicht zahlen.

Mikojan: Wir haben Ihre Vorschläge angenommen, Kabanow hat 60% verlangen wollen. Sie haben selbst 50% versprochen. Die Sowjetunion ist ohne weiteres Handeln mit österreichischem Vorschlag einverstanden.

Raab: Die Sowjetunion hat den Entwurf auf die Leistung des Jahres 1947 basiert mit 500.000 Tonnen Förderung.

Mikojan: Die 500.000 Tonnen als Basis können nur als Scherz angesehen werden. Der Bundeskanzler scherzt manchmal. Wir verlangen Öl, schieben die Dollar zur Seite.

Raab: Wir müssen aber in Dollar kalkulieren.

Molotow: Wenn die Kosten der Förderung von Österreich nicht getragen werden können, dann ist die Sowjetunion bereit, die Felder selbst zu behalten und auszunützen. Wenn es zu Schwierigkeiten kommt, ist es besser, die Frage auf die lange Bank zu schieben, Zweifel aufzuschieben und in ein oder zwei Jahren zur Entscheidung zu kommen.

Raab: Dadurch würde es auch nicht besser werden. Welche Summe stellen Sie sich also vor?[113]

---

110 *Der etwas unklare Satz bezieht sich auf Punkt I/1 des sowjetischen „Résumés“ und besagt, daß die von sowjetischer Seite überreichte Warenliste von den Österreichern als* „Grundlage“ *für die weiteren Verhandlungen über die Ablöselieferungen anerkannt werden sollte; dies wird deutlich bei Vergleich des Punktes I/1 des Résumés mit dem daraus hervorgegangenen Punkt III/2 des Moskauer Memorandums (Text unten S. 668).*

111 *Es handelt sich um die Punkte I/2 und I/3 des Résumés.*

112 *Zum folgenden, dem einzigen wirklich gravierenden Punkt der Ablöseverhandlungen, vgl. die Diskussionen vom Vortag, oben S. 651–652.*

113 *In der sowjetischen Niederschrift lauten Molotows Mahnung an die Österreicher und Raabs Antwort:*

„Molotow meint, sollte es bei der österreichischen Delegation ernste Schwierigkeiten geben, wäre es möglich, die Erdölfrage zu vertagen, ohne zu versuchen, sie jetzt zu entscheiden.“

Molotow: Ich will nicht von einer Summe sprechen, da es sich nur um Sachlieferungen handelt.

Raab: Ich möchte aber doch eine Summe zur Bewertung der Sachlieferungen haben.

Mikojan: Gehen wir von der Voraussetzung aus, dass man jedes Jahr die Förderung feststellt.

Raab: Wenn es weniger wird, dann weniger, wenn mehr, dann wird es mehr für Sie.

Molotow: Die Sowjetunion geht darauf ein.

Mikojan: Wir denken, dass die Produktion für 1955 3,5 Millionen sein wird und immer wachsen wird.

Molotow: Man könnte das letzte Jahr der Förderung annehmen, jedes Jahr um 5% steigern und so zu festen Sätzen kommen. 1955 käme als feste Basis von 50% in Betracht. So käme man zu festen Ziffern. Dies ist aber nur ein Vorschlag. Mit festen Ziffern ist es besser, weil keine Kontrollen durchgeführt werden müssen.

Raab: Ich schlage vor, eine Million pro Jahr für sechs Jahre.[114]

Mikojan: Sie sind ein sehr scharfsinniger Mann, sogar wenn man das Vorjahr als Basis annimmt, kämen doch 1,6 Millionen heraus.[115] Wir wollen doch so wie bisher auf freundschaftlicher Basis verhandeln.

Es gibt schliesslich zwei Arten der Verhandlung. Erstens: man verhandelt, bis man umfällt, oder zweitens: als realer Kaufmann. Ich sehe schon, wir sind schlechtere Kaufleute als Sie![116]

Raab bemerkt, daß später die Situation nicht besser sein werde."

Schärf notierte (laut Ersttranskription, VGAB, Nachlaß Schärf, 4/249): „Längere Debatte über Erdölfrage. Wir haben uns entschlossen, Festsetzung der Lei[s]tung nicht durch Kommission, sondern jetzt schon erfolgen zu lassen. Darüber längere Debatte." *In der Druckfassung lautet der mittlere Satz:* „Auf meinen Vorschlag haben wir uns entschlossen, die Festsetzung der Gegenleistung nicht durch eine Kommission, sondern schon jetzt durchzuführen" *(Moskau-Fahrt, 29).*

114 *Dieses Angebot war von den Österreichern offensichtlich vorbesprochen worden, denn es findet sich in der ersten Fassung der Aufzeichnung (Punkt 5), die zuvor von Raab verlesen worden war (vgl. oben Anm. 106).*

115 *Hierzu vgl. oben Anm. 87.*

116 *Auch die sowjetische Niederschrift läßt den in dieser Verhandlungsphase durchbrechenden „händlerischen" Tonfall zur Geltung kommen, ordnet allerdings eine Äußerung Molotow, nicht Mikojan, zu:*

„Mikojan wirft ein: Sie bieten 1 Mio Tonnen pro Jahr und nicht 50% der Erdölförderung, wie es gestern die österreichische Delegation erklärt hat. Faktisch ergaben 50% der Erdölförderung 1954 1,6 Mio Tonnen. Ferner weist Mikojan auf zwei Arten der Verhandlungsführung: feilschen bis zum Umfallen oder an die Frage sachlich, 'kaufmännisch' herangehen.

Molotow bemerkt, die sowjetischen Delegationsteilnehmer wären schlechtere Kaufleute als die österreichischen.

Raab: Wie hoch schätzen Sie Ihr Vermögen?

Mikojan: Ich schätze es auf 70 Millionen Dollar, nur die Anlagen ohne die Ölfelder.[117] Festgestellte Felder betragen 70 Millionen Tonnen, das sind ungefähr 130 Millionen Dollar Wert.[118] Sowas verkaufen wir an Österreich, nachdem Deutschland unser Land geplündert hat!

Molotow: Wir gehen nicht nur wirtschaftliche, sondern auch politische Standpunkte an. Es ist besser, die Frage gleich zu regeln, nicht auf die lange Bank zu schieben. Für die Beziehungen zwischen Österreich und der Sowjetunion wird das von guter Auswirkung sein.

Wir könnten auch die Aufgabe stellen, in der Ölindustrie Österreichs zu bleiben und müssten unsere Rechte dann auch entsprechend verteidigen. Aber wir sind uns klar, dass das von Zeit zu Zeit Differenzen mit Österreich ergeben müsste. Wir sind der Ansicht, dass Österreich die Verpflichtung zur Neutralität ehrlich erfüllen wird und wir glauben, dass es opportun ist, die Ölfrage schon jetzt zu lösen.

Wir erinnern uns daran, dass die österreichische Delegation gestern 50% angeboten hat. Wenn das für Österreich sehr schwer ist, könnten wir die Bedingungen ein wenig erleichtern. Auch hier lassen wir uns von dem Wunsch leiten, dass die Beziehungen zu Österreich auf Dauer sich freundschaftlich gestalten sollen. Darum ist es besser, eine feste Zahl festzusetzen, um sie von Kontrollen und den damit verbundenen Differenzen unabhängig zu machen. Ausserdem ist es unser ehrlicher Wunsch, dass Naturalzahlungen von Österreich nicht als allzu drückende Last empfunden werden sollen. Darum fordern wir die österreichische Delegation auf, einen Vorschlag für eine feste Menge Rohöl zu machen, die für die nächsten sechs Jahre an die Sowjetunion zu liefern sein wird. Ich habe mit Mikojan mich beraten und wir bitten die österreichische Delegation, diese Frage nochmals zu überlegen. Wir könnten heute abend beim Diner die festen Zahlen festlegen.

Raab: Ich bitte um eine kurze Unterbrechung.

Molotow: Wir wollen nicht drängen, wir stehen später zu Ihrer Verfügung.

Schärf: Was denkt aber Minister Mikojan selber darüber?

Mikojan: Ölförderung 1954 und Prozentsätze aus zu erwartender Vermehrung, sieben bis zehn Prozent mehr, aber mit Erhöhung von fünf Prozent einverstanden. Basis 1,6 Millionen Tonnen, zu dieser Ziffer fünf Prozent Zuschlag. Fünf Prozent jährlich zu

---

Raab erwidert: Sie sind sehr gute Kaufleute. Für uns – sagt er – stellt ihr Vorschlag betreffend die Erdöllieferungen eine Belastung dar, wir möchten wissen, wie hoch Sie das Vermögen der Sowjetischen Mineralölverwaltung einschätzen."

117 *Die sowjetische Mitschrift verzeichnet eine etwas höhere Zahl:* „Mikojan bemerkt, allein an Investitionen in die Erdölbetriebe habe die Sowjetunion 72 Mio Dollar aufgewendet."

118 *In starkem Gegensatz zu den von Mikojan genannten 70 Mill. Tonnen Ölreserven stand die Zahl von lediglich 20 Mill. Tonnen, die in dem von der österreichischen Delegation mitgenommenen Arbeitspapier (vgl. oben S. 431) genannt wurde. Auch in Bezug auf die von Mikojan genannten Dollarwerte waren die österreichischen Schätzungen wesentlich niedriger. Vgl. oben Kap. VI, 430–432.*

1,6 Millionen Tonnen zuzuschlagen, wobei immer Vorjahr als Basis dienen soll. Das wären 30% im letzten Jahr.

(Die Verhandlung wird zwecks Beratung der österreichischen Delegation in einem anderen Raum unterbrochen.)

Fortsetzung der Besprechungen im Kreml am 14. April 1955, um 12.05 Uhr[119]

Raab: Ich möchte mitteilen, dass wir folgendes vorschlagen:

Österreich liefert 10 Millionen Tonnen Rohöl innerhalb einer Frist von 10 Jahren.

Im Falle eines aussergewöhnlichen Versagens der Quellen müsste neu verhandelt werden können. Wir schlagen einen Zeitraum von zehn Jahren vor, weil wir daneben 25 Millionen Dollar jährlich zahlen müssen. Unser Vorschlag entspricht mengenmässig dem Vorschlage des Herrn Mikojan.[120]

Mikojan: Sie sprechen von Überprüfung für den Fall der Verminderung der Öllieferung. Warum nicht auch bei einer Erhöhung der Öllieferung?

Raab: Fünf Prozent Zusatz haben wir schon eingerechnet.

Molotow: Wenn die österreichische Delegation auf die Bedingung verzichten würde, das heisst auf die Überprüfung verzichten könnte, dann würde man dem Vorschlag nähertreten. Wir würden dies nur aus politischen Gründen tun, denn aus wirtschaftlichen Gründen besteht kein Grund, den österreichischen Vorschlag anzunehmen.

Raab: Ich sehe ein, dass es ein Kaufpreis ist, für den wir das Risiko übernehmen müssen. Wenn es uns möglich ist, werden wir auch in kürzerer Zeit als in zehn Jahren zahlen.

Molotow: Einverstanden.

Raab: Also zehn Jahre lang. Ich sage Ihnen aber, wir werden geprügelt werden, wenn wir heimkommen!

Molotow: Im Gegenteil, Sie werden auf Händen getragen werden, wenn Sie heimkommen!

Mikojan: Mein Kompliment, Sie können sehr gut handeln, Herr Bundeskanzler!

Raab: Punkt 2) muss neu formuliert werden.[121]

Mikojan: Wie ist es mit dem Termin für die Übergabe der DDSG? Wann wird bezahlt?

Raab: Zusammen mit der Übergabe.

Mikojan: Im Jahre 1956.

Raab: Übernahme gleich nach dem Staatsvertrag? Das ist Sache von Detailverhandlungen. Ich bitte nun um Zusammenfassung der Punkte 1), 2) und 3).[122]

Ausserdem bitten wir nochmals, wegen der österreichischen Inhaftierten in der Sowjetunion etwas zu unternehmen.

Und dann geht es um das gemeinsame Komuniqué. Ich stelle mir vor, dass wir

---

119 *Schärf, Moskau-Fahrt, 29, notiert um 12 Uhr eine Unterbrechung auf 10 Minuten.*

120 *Die von Raab genannte Jahresleistung von 25 Mill. Dollar war bekanntlich sechs Jahre lang zu erbringen. – Mengenmäßig lag Mikojans Vorschlag über Raabs Angebot.*

121 *Es handelt sich wohl um Punkt II insgesamt.*

122 *Es handelt sich wohl um die Punkte I, II, und III.*

unsere Öffentlichkeit langsam vorbereiten müssen. Es wäre wichtig, wenn über die Gefangenen etwas gebracht werden könnte.

Figl: Lassen Sie am zehnten Jahrestag alle aus!

Molotow: Wir werden eine Erklärung abgeben, eine Erklärung Ihnen aushändigen mit Einschränkungen. Hier werden Zahlen angeführt, die vielleicht nicht ganz stimmen. Diese müssen erst ganz genau festgestellt werden.

(Molotow verliest vorbereitete Erklärung.[123])

In allernächster Zeit wird die Frage erörtert werden, die Frage betreffend der Verurteilten, die ihre Strafen auf dem Territorium der USSR abbüssen.

Bezüglich der österreichischen Kriegsgefangenen und Zivilinhaftierten wird vorgesehen:

1.) Vor dem Termin des Strafendes zu repatriieren 300 verurteilte österreichische Kriegsgefangene.

2.) Zur Verfügung der Republik Österreich zu übergeben als Kriegsverbrecher die übrigen 92 österreichischen Kriegsgefangenen, bezüglich derer russischer Organe nicht die Möglichkeit gefunden haben, von Strafverbüssung zu befreien in Anbetracht ihrer gemeinen Verbrechen.

3.) Vor Strafende werden wir gestatten zurückzukehren 306 österreichischen Zivilpersonen, verurteilt wegen Verbrechens gegen die Sowjetunion und ihre Truppen in Österreich.

4.) Wir werden gestatten, in die Heimat zurückzukehren 17 österreichischen Staatsbürgern, die sich derzeit befinden laut Bestimmungen sowjetischer Gerichte in Verbannung und strafweise in Ansiedlungen sind befinden [*sic*].

5.) Zeitweise in der USSR zu belassen 31 Österreicher, die in letzter Zeit Verurteilungen wegen aktiver Spionage in der Sowjetunion zugunsten von ausländischen Geheimdiensten *[sic]*.[124]

Diese Personen[125] können österreichischen Organen übergeben werden am Tage der Räumung Österreichs von den sowjetischen Truppen.

Wenn diese repatriiert sein werden, bleibt keine Person österreichischer Staatsbürgerschaft zurück, die eine Strafe in der Sowjetunion abbüsst. Alle früheren österreichischen Kriegsgefangenen werden in allernächster Zeit nach Österreich repatriiert werden. Die von mir genannten Ziffern können sich leicht ändern, besonders auch die Aufteilung nach Kategorien. Das Präsidium des Obersten Sowjets muss diese Begnadigungen erst bewilligen. In den nächsten Tagen werden die Gnadenakte vorbereitet, schon in den allernächsten Tagen.

Die Bitte des Herrn Staatspräsidenten Körner ist dadurch erfüllt.

Raab: Spricht den Dank der österreichischen Delegation für die Freilassung der Österreicher aus.

---

123 *Der Text erliegt u. a. in AdR, BMAA, II-Pol. Zl. 321.449-Pol/55, sowie in ÖStA, GD, NLS, E 1773, Konvolut 17.*

124 *Die Zahlenangaben in allen fünf Kategorien entsprechen exakt den in der sowjetischen Niederschrift genannten Zahlen; sie wurden von Schöner entweder sorgfältig mitgeschrieben oder von einem den Österreichern ausgehändigten Text übernommen.*

125 *In der sowjetischen Niederschrift*: „Diese 31 österreichischen Staatsbürger".

Was werden wir nun als nächstes angehen? Soll die Unterzeichnung abends vor dem Essen stattfinden?

Molotow: Darüber müssen wir noch reden, wir werden Sie verständigen.[126]

Ende 12.30 Uhr.

---

126 *Die letzten Wortmeldungen Molotows und Raabs lauten in der sowjetischen Niederschrift wie folgt*:

„Am Ende der Sitzung wurde vereinbart, daß sich heute um 16 Uhr die Vertreter der sowjetischen Delegation Semjonow, Iljitschow sowie Lapin und Gribanow und die Vertreter der österreichischen Delegation Figl, Kreisky, Schöner und Verosta im Kreml treffen werden, um die Texte des Memorandums und des Kommuniqués über die Ergebnisse der österreichisch-sowjetischen Verhandlungen endgültig abzustimmen.

Vor der Schließung der Sitzung dankt Raab der Sowjetregierung für die erfolgreichen Verhandlungen und den warmherzigen Empfang, welcher der österreichischen Delegation in Moskau zuteil geworden ist.

Molotow bemerkt, die Delegation habe im Interesse des Friedens gearbeitet."

Schöners Mitschrift ist mit dieser Sitzung beendet. Für die für 14. April 1955 um 16 Uhr angesetzte Redaktionssitzung gibt es österreichische Gesprächsnotizen (vgl. oben im Text S. 441–444).

Die sowjetische Niederschrift wird fortgesetzt und abgeschlossen mit der Niederschrift „über die vierte Sitzung der österreichischen Regierungsdelegation, 15. April 1955" *(AVPRF, loc.cit., fol. 48). Als anwesend von sowjetischer Seite werden verzeichnet: Molotow, Mikojan, Kabanow, Semjonow, Iljitschow,* „außerdem anwesend" *Lapin, Gribanow und Sergejew; von österreichischer Seite Raab, Schärf, Figl, Kreisky, Schöner, Verosta, Bischoff, außerdem Kindermann. Einzelne Wortmeldungen sind nicht verzeichnet. Die Niederschrift lautet wie folgt*:

„Bei der Sitzung wurden folgende Dokumente, die die von W. S. Semjonow seitens der sowjetischen Delegation und von L. Figl seitens der österreichischen Delegation geführten Kommissionen zuvor abgestimmt haben, behandelt und angenommen:

1) Sowjetisch-österreichisches Kommuniqué über den Aufenthalt der österreichischen Regierungsdelegation (beiliegend).

2) Memorandum über die Ergebnisse der Besprechungen zwischen der Regierungsdelegation der Sowjetunion und der Regierungsdelegation der Republik Österreich (beiliegend).

Nach der Abstimmung der Dokumente fand die Paraphierung des Memorandums statt.

Nach Beendigung der Paraphierung beglückwünschten die Delegationen einander zum erfolgreichen Abschluß der Verhandlungen.

Raab dankte noch einmal herzlich der Sowjetregierung für den freundlichen Empfang der österreichischen Delegation."

Die Niederschrift für alle vier Sitzungen trägt jeweils (mit dem Vermerk „Die Niederschrift hat angefertigt") *die Unterschrift Michail Gribanows.*

4.

Memorandum über die Ergebnisse der Besprechungen zwischen der Regierungsdelegation der Republik Österreich und der Regierungsdelegation der Sowjetunion („Moskauer Memorandum“, 15. April 1955)

I.

Im Zuge der Besprechungen über den ehesten Abschluß des österreichischen Staatsvertrages in Moskau vom 12. bis 15. April 1955 wurde zwischen der sowjetischen und der österreichischen Delegation Einverständnis darüber erzielt, daß im Hinblick auf die von den Mitgliedern der sowjetischen Regierung – dem Herrn Stellvertretenden Vorsitzenden des Ministerrates der UdSSR und Außenminister der UdSSR W. M. Molotow und dem Herrn Stellvertretenden Vorsitzenden des Ministerrates der UdSSR A. I. Mikojan – abgegebenen Erklärungen, Herr Bundeskanzler Ing. Julius Raab, Herr Vizekanzler Dr. Adolf Schärf, Herr Außenminister Dr. h. c. Ing. Leopold Figl, Herr Staatssekretär Dr. Bruno Kreisky im Zusammenhang mit dem Abschluß des österreichischen Staatsvertrages für die Herbeiführung folgender Beschlüsse und Maßnahmen der österreichischen Bundesregierung Sorge tragen werden.

1.) Im Sinne der von Österreich bereits auf der Konferenz von Berlin im Jahre 1954 abgegebenen Erklärung, keinen militärischen Bündnissen beizutreten und militärische Stützpunkte auf seinem Gebiet nicht zuzulassen, wird die österreichische Bundesregierung eine Deklaration in einer Form abgeben, die Österreich international dazu verpflichtet, immerwährend eine Neutralität der Art zu üben, wie sie von der Schweiz gehandhabt wird.

2.) Die österreichische Bundesregierung wird diese österreichische Deklaration gemäß den Bestimmungen der Bundesverfassung dem österreichischen Parlament unmittelbar nach Ratifikation des Staatsvertrages zur Beschlußfassung vorlegen.

3.) Die Bundesregierung wird alle zweckdienlichen Schritte unternehmen, um für diese vom österreichischen Parlament bestätigte Deklaration eine internationale Anerkennung zu erlangen.

4.) Die österreichische Bundesregierung wird eine Garantie der Unversehrtheit und Unverletzlichkeit des österreichischen Staatsgebietes durch die vier Großmächte begrüßen.

5.) Die österreichische Bundesregierung wird sich für die Abgabe einer solchen Garantieerklärung durch die vier Großmächte bei den Regierungen Frankreichs, Großbritanniens und der Vereinigten Staaten von Amerika einsetzen.

6.) Die Bundesregierung wird nach Übergabe der deutschen Vermögenswerte in der sowjetischen Besatzungszone an Österreich Maßnahmen herbeiführen, die eine Überführung dieser Vermögenswerte in das Eigentum ausländischer Staatsangehöriger einschließlich juristischer Personen privaten oder öffentlichen Rechts ausschließt. Ferner wird sie dafür Sorge tragen, daß gegen die bei den früheren USIA-Betrieben, bei den Betrieben der ehemaligen sowjetischen Mineralölverwaltung, der Aktiengesellschaft OROP und bei der DDSG Beschäftigten keine diskriminierenden Maßnahmen ergriffen werden.

II.

Die Herren Stellvertretenden Vorsitzenden des Ministerrates der UdSSR W. M. Molotow und A. I. Mikojan haben namens der Sowjetregierung im Hinblick auf die Erklärungen der österreichischen Regierungsdelegation folgende Erklärungen abgegeben:

1.) Die Sowjetregierung ist bereit, den österreichischen Staatsvertrag unverzüglich zu unterzeichnen.

2.) Die Sowjetregierung erklärt sich damit einverstanden, daß alle Besatzungstruppen der Vier Mächte nach Inkrafttreten des Staatsvertrages, nicht später als am 31. Dezember 1955, aus Österreich abgezogen werden.

3.) Die Sowjetregierung hält die Artikel 6, 11, 15, 16-bis und 36 für überholt oder überflüssig und ist bereit, diese Artikel fallen zu lassen. Sie ist überdies bereit, auch den Artikel 48-bis bei gleichzeitigem Verzicht Österreichs auf die Forderungen an die Sowjetunion aus den sogenannten "zivilen Besatzungskosten" fallen zu lassen.

Sie wird überdies die österreichische Regierung in ihren Bemühungen, weitere mögliche Änderungen des Staatsvertragsentwurfes zu erreichen, unterstützen und solchen Änderungen zustimmen. Jedoch besteht Einverständnis darüber, daß durch Vorschläge zur Änderung des Vertrages die Verhandlungen zum Abschluß des Staatsvertrages zwischen den Vier Mächten und Österreich nicht unnötig verzögert werden sollen.

4.) Die Sowjetregierung ist bereit, die Deklaration über die Neutralität Österreichs anzuerkennen.

5.) Die Sowjetregierung ist bereit, an einer Garantie der Unversehrtheit und Unverletzlichkeit des österreichischen Staatsgebietes durch die Vier Großmächte – nach dem Muster der Schweiz – teilzunehmen.

[III.]

Als Ergebnis des stattgefundenen Meinungsaustausches sind die Delegationen zu Folgendem gelangt:

Über die Lieferung von Waren an die UdSSR zur Ablöse des Wertes der gemäß dem österreichischen Staatsvertrag (Artikel 35) übergebenen sowjetischen Unternehmen in Österreich.

1.) Die Sowjetregierung ist im Sinne ihrer auf der Konferenz in Berlin 1954 gemachten Zusage bereit, den Gegenwert der in Artikel 35 angeführten Pauschalsumme von 150 Millionen Dollar zur Gänze in österreichischen Warenlieferungen entgegenzunehmen.

2.) Die sowjetische Delegation nimmt die Erklärung der österreichischen Delegation zur Kenntnis, daß diese die Liste der Waren, welche sie von der sowjetischen Delegation erhalten hat, als Grundlage annimmt, und in diesem Zusammenhang besondere Bevollmächtigte der österreichischen Regierung nicht später als bis Ende Mai dieses Jahres sich nach Moskau begeben werden.

3.) Die sowjetische Delegation nimmt auch die Erklärung der österreichischen Delegation zur Kenntnis, daß die österreichische Regierung eine besondere Kommission bilden wird, welche sich mit den Terminen und der Qualität der Lieferung der Waren an die Sowjetunion befassen wird, und zwar in den vereinbarten Mengen für die allgemeine Summe von 150 Millionen am. Dollar, d. h. 25 Millionen am. Dollar jährlich.

4.) Die österreichische Delegation hat sich bereit erklärt, den Vertretern des sowjetischen Bestellers die Möglichkeit zu gewährleisten, bei Übernahme der Waren, die zur Lieferung an die Sowjetunion auf Rechnung der obigen Summe bestimmt sind, Prüfungen durchzuführen. Es besteht Einverständnis darüber, daß die Lieferung der Waren franko österreichische Grenze zu Weltmarktpreisen erfolgen soll. Die Preise und die Menge der Waren werden durch die beiden Parteien jährlich, 3 Monate vor Beginn eines jeden Jahres, abgesprochen werden. Die Österreichische Nationalbank wird Garantiewechsel zur Sicherstellung der obigen Warenlieferungen auf die im Staatsvertragsentwurf erwähnte Summe von 150 Millionen am. Dollar ausfolgen. Die Wechsel der Österreichischen Nationalbank werden nach Maßgabe der Tilgung der Wechselsumme durch Warenlieferungen zurückgegeben werden.

Zur Übergabe der von der UdSSR in Österreich innegehabten Ölunternehmungen an Österreich

1.) Die sowjetische Delegation nimmt den Vorschlag der österreichischen Delegation an, wonach die österreichische Regierung für die an Österreich übergebenen und von der UdSSR innegehabten Ölfelder und Ölraffinerien eine Bezahlung durch Lieferungen von Rohöl im Ausmaß von einer Million Tonnen jährlich innerhalb von 10 Jahren, also von insgesamt 10 Millionen Tonnen, an die Sowjetunion leisten wird.

Die sowjetische Delegation nimmt die Erklärung der österreichischen Delegation zur Kenntnis, daß die österreichische Regierung sich das Recht vorbehält, die Lieferungen der angeführten Menge von Rohöl an die Sowjetunion auch in kürzeren Fristen durchzuführen. Das Rohöl wird zu folgenden Bedingungen geliefert werden: franko österreichische Grenze, frei von Abgaben und Zöllen.

2.) Die österreichische Delegation hat die Erklärung der sowjetischen Delegation zur Kenntnis genommen, daß zu den von der Sowjetunion an Österreich übergebenen Ölunternehmen und Ölfeldern auch die Raffinerien und die Aktiengesellschaft für Handel mit Ölprodukten (OROP) gehören.

Zur Übergabe der Vermögenswerte der Donaudampfschiffahrtsgesellschaft im östlichen Österreich an Österreich

Die sowjetische Seite übergibt an Österreich alle Vermögenswerte der Donaudampfschiffahrtsgesellschaft, die sich im östlichen Österreich befinden einschließlich der Schiffswerft in Korneuburg, der Schiffe und Hafenanlagen, wofür die österreichische Regierung gleichzeitig mit der Übergabe dieser Vermögenswerte an Österreich den Betrag von zwei Millionen am. Dollar an die Sowjetunion auszahlen wird.

Zur Frage des Handels zwischen der Sowjetunion und Österreich

1.) Es wurde zwischen der Sowjetunion und Österreich Einverständnis erzielt, einen Handelsvertrag für die Dauer von fünf Jahren abzuschließen, mit automatischer Verlängerung, soferne keine Kündigung des Vertrages von einer der beiden Parteien erfolgt.

2.) Weiters wurde auch Einverständnis darüber erzielt, daß ein Vertrag über den Warenaustausch und den Zahlungsverkehr zwischen Österreich und der Sowjetunion für die Dauer von fünf Jahren geschlossen wird, wobei die Mengen der Waren jährlich vereinbart werden.

Ausgefertigt in zwei Exemplaren, jedes in deutscher und russischer Sprache, wobei beide Texte gleichermaßen authentisch sind.

Zur Beurkundung des oben Angeführten wird dieses Memorandum paraphiert.

Für die Regierungsdelegation der Sowjetunion:	Für die österreichische Regierungsdelegation:
W. M. Molotow m. p.	J. Raab m. p.
A. I. Mikojan m. p.	A. Schärf m. p.
	L. Figl m. p.
	B. Kreisky m. p.

Moskau, am 15. April 1955

Veröffentlicht in: Österreichische Zeitung, 22. Mai 1955, 2, und Österreichische Neue Tageszeitung, 25. Mai 1955, 2. Abdruck gemäß Aktenstück Zl. 321.349-Pol/55 (AdR, BMAA, II-Pol) in: DÖA, Nr. 163, dem auch hier gefolgt wird. Der überwiegende Teil von Abschnitt III (mit Ausnahme der letzten beiden Absätze zur Frage des Handels zwischen der Sowjetunion und Österreich) wurde auch als Anhang zum Staatsvertrag im Bundesgesetzblatt publiziert (siehe unten S. 762–764).

5.

Die mit den Westmächten vereinbarten Memoranden vom 10. Mai 1955

a.

Memorandum über die Ergebnisse der Besprechungen zwischen Mitgliedern der österreichischen Bundesregierung und den Botschaftern Ihrer Königlichen Britannischen Majestät und der Vereinigten Staaten von Amerika, 10. Mai 1955 („Wiener Memorandum")

Aus Anlaß der Botschafterkonferenz in Wien haben zum Zwecke des ehesten Abschlusses des österreichischen Staatsvertrages zwischen dem Botschafter Ihrer Königlichen Britannischen Majestät, Sir Geoffrey Arnold Wallinger, K. C. M. G., und dem Botschafter der Vereinigten Staaten von Amerika, Herrn Llewellyn E. Thompson, einerseits und den Mitgliedern der österreichischen Bundesregierung, Herren Bundeskanzler Ingenieur Julius Raab, Vizekanzler Dr. Adolf Schärf, Bundesminister für die Auswärtigen Angelegenheiten Dr. h. c. Leopold Figl, Staatssekretär für die Auswärtigen Angelegenheiten Dr. Bruno Kreisky, andererseits, Besprechungen mit folgendem Ergebnis stattgefunden:

I.

1. Die beiden Botschafter haben den oben angeführten Mitgliedern der österreichischen Bundesregierung die Versicherung abgegeben, daß das Vereinigte Königreich und die Vereinigten Staaten von Amerika Eigentum, Rechte und Interessen, die Gegenstand des Artikels 35, Absatz 11 [jetzt Art. 22], des Staatsvertragsentwurfes in seiner vorliegenden Form sind, an Österreich übertragen werden.

2. Die beiden Botschafter verwiesen auf die Tatsachen, daß die in der amerikanischen und britischen Zone gelegenen, früheren deutschen Vermögenswerte schon seit 1946 in die Kontrolle der österreichischen Verwaltung übergeben worden waren. In Entsprechung der von ihren Regierungen im Jahre 1949 erklärten Absicht, die früheren deutschen Vermögenswerte im westlichen Österreich mit dem Inkrafttreten des österreichischen Staatsvertrages an Österreich zu übergeben, haben ihre Regierungen außerhalb Österreichs Maßnahmen für die Anerkennung des zukünftigen Rechtstitels Österreichs an diesen Vermögenswerten getroffen.

3. Diese früheren deutschen Vermögenswerte werden auf Grund des österreichischen Staatsvertrages an Österreich übertragen werden, um die österreichische Volkswirtschaft zu stärken und um Österreich für seinen Verzicht auf die aus der Zeit der Besetzung Österreichs durch Deutschland herrührenden, gegenüber Deutschland bestehenden Forderungen in einem gewissen Ausmaß zu entschädigen.

4. Diese Übertragung erfolgt überdies ohne Bezahlung oder eine andere Leistung durch Österreich an das Vereinigte Königreich und die Vereinigten Staaten von Amerika.

5. Der Botschafter der Vereinigten Staaten von Amerika erklärte sein Einverständnis, daß seine Regierung nicht beabsichtige, die von den Vereinigten Staaten von Amerika in Österreich für Besatzungszwecke errichteten Bauten zu entfernen, und daß seine Regierung bereit sei, alle Vorschläge der österreichischen Bundesregierung für den vorteilhaften Erwerb dieser Vermögenswerte, fester Ausstattungen und Einrichtungen durch Österreich unverzüglich und wohlwollend zu erwägen.

6. Der Botschafter Ihrer Königlichen Britannischen Majestät bestätigte, daß alle auf Kosten des Vereinigten Königreichs gebauten Familienwohnhäuser den österreichischen Behörden in einer für Österreich vorteilhaften Weise übergeben werden. Desgleichen wird eine ähnliche Verfügung über Einrichtungsgegenstände und feste Ausstattungen, die den Besatzungsstreitkräften des Vereinigten Königreiches in Österreich gehören, in wohlwollende Erwägung gezogen werden.

7. Um das endgültige Einvernehmen über den Text des österreichischen Staatsvertrages zu beschleunigen, erklärten die beiden Botschafter ihre Zustimmung, daß sie die österreichische Regierung in ihren Bemühungen unterstützen werden, für Österreich günstige, mögliche Änderungen des Staatsvertrages zu erreichen.

8. Der Botschafter Ihrer Königlichen Britannischen Majestät erklärte ferner seine Zustimmung, daß er die Streichung der Annexe VIII und X auf Antrag der österreichischen Regierung unterstützen würde, soweit er hiezu in der Lage sei.

Es wurde erklärt, daß Österreich den Bestimmungen dieser Annexe hinsichtlich der wenigen in Betracht kommenden Fälle, soweit dies noch notwendig sein sollte, durch bilaterale Regelungen Rechnung tragen wird.

II.

Im Hinblick auf die von den Botschaftern Ihrer Königlichen Britannischen Majestät und der Vereinigten Staaten von Amerika unter I. abgegebenen Erklärungen erklärten die oben genannten Mitglieder der österreichischen Bundesregierung, so bald als möglich nach Inkrafttreten des Staatsvertrages, längstens aber, sofern im folgenden nichts anderes bestimmt ist, binnen 21 Monaten nach Inkrafttreten des Staatsvertrages für die Herbeiführung folgender Beschlüsse und Maßnahmen Sorge tragen zu wollen:

1. Den Firmen Anglo-Saxon Petroleum Co. Ltd. und Socony Vacuum Oil Co. sollen im Hinblick auf ihre vor dem Inkrafttreten des Staatsvertrages bestandenen indirekten 100%igen Eigentumsrechte an der Lobauer Raffinerie und der Zistersdorf-Lobau Ölleitung diese Vermögenswerte entweder direkt oder an ihre Tochtergesellschaft Österreichische Mineralölwerke übergeben werden. Falls die österreichische Bundesregierung verhindert ist, dies zu tun, wird sie die genannten Unternehmungen im Sinne der Erklärung vom 29. November 1949 angemessen befriedigen.

2. Die Firmen Anglo-Saxon Petroleum Co. Ltd. und Standard Oil Co.-N.J. werden hinsichtlich ihrer vor dem Inkrafttreten des Staatsvertrages bestandenen indirekten 50%igen (je 25%igen) Beteiligung an der Korneuburger Raffinerie im Sinne der Erklärung vom 29. November 1949 angemessen befriedigt werden.

3. Die Firmen Anglo-Saxon Petroleum Co. Ltd. und Standard Oil Co.-N.J. werden im Hinblick auf ihre 50%ige (je 25%ige) indirekte Beteiligung an den im östlichen Österreich gelegenen Verteileranlagen der Deutschen Gasolin AG. und der Gasolin

Ges. m. b. H. dadurch befriedigt werden, daß an sie der 50%ige deutsche Anteil an den Verteileranlagen der Deutschen Gasolin AG. und ihrer Tochtergesellschaft Gasolin Ges. m. b. H. im westlichen Österreich übertragen wird.

4. Hinsichtlich einer allfälligen amerikanischen 25%igen indirekten Beteiligung an der Hotel Nordbahn-Gesellschaft und hinsichtlich einer allfälligen 5,06%igen britischen indirekten Beteiligung an der Osram Ges. m. b. H. werden Anteilsrechte gleichen inneren Wertes an wirtschaftlich gleichartigen anderen Unternehmungen in Österreich übergeben werden. Falls die österreichische Bundesregierung hiezu nicht in der Lage wäre, werden die Anteilsberechtigten hiefür angemessen befriedigt werden.

5. Die Fabrik in Atzgersdorf der österreichischen UNILEVER AG., die britisch-holländisches Eigentum ist, wird so bald als möglich an die österreichische UNILEVER AG. übergeben werden.

6. Die Firmen Rohölgewinnungs-Aktiengesellschaft (RAG), Van Sickle und möglicherweise Austrogasco und Steinberg-Naphta haben infolge der deutschen Gesetzgebung oder infolge angeblicher Entziehungen im Sinne der Rückstellungsgesetzgebung Freischurfrechte auf Bitumen eingebüßt. Auf Grund dieser Tatsache und um die Erklärung vom 29. November 1949, Zl. 89.095-Pol/49, und vom 31. Juli 1951, Zl. 137.556-Pol/51, samt Begleitnote durchzuführen, erklärt sich die österreichische Bundesregierung bereit, soweit dies nicht schon geschehen ist, mit den Firmen oder ihren britischen, kanadischen oder amerikanischen Anteilsberechtigten, die am 12. März 1938 Freischurfrechte besessen und sie infolge der deutschen Gesetzgebung oder durch Entziehung im Sinne der österreichischen Rückstellungsgesetzgebung verloren hatten, in Verhandlungen einzutreten, um zu einer für die Beteiligten befriedigenden Regelung zu gelangen.

Hiebei hat die österreichische Bundesregierung nicht die Absicht, Vermögenswerte der in den Listen Nr. 1 und Nr. 2 zu Artikel 35 [jetzt Art. 22] des Staatsvertragsentwurfs in der zu Beginn der Botschafterkonferenz vorliegenden Fassung angeführten Gebiete – soweit es sich nicht um Rückstellungsfälle im Sinne der österreichischen Rückstellungsgesetzgebung handelt – in das Eigentum der eingangs genannten Firmen zu übertragen. Die österreichische Bundesregierung beabsichtigt jedoch im Falle der RAG, in erster Linie die gegenständliche Erklärung dadurch zu erfüllen, daß sie Betriebsdurchführungsverträge (operating agreements) zwecks Entwicklung der Ölvorkommen in Österreich mit dieser Firma abzuschließen versucht, die für beide Teile befriedigend sein sollen.

7. A. Die Herren Botschafter Ihrer Königlichen Britannischen Majestät und der Vereinigten Staaten von Amerika haben folgendes erklärt:

a) Die Anglo-Saxon Petroleum Co. Ltd. und Socony Vacuum Oil Co. Inc., welche britische beziehungsweise amerikanische Staatsangehörige sind, waren zur Zeit der Erlassung des Verstaatlichungsgesetzes vom 26. Juli 1946 (BGBl. Nr. 168) direkt oder indirekt die Eigentümer der Aktien der Shell-Floridsdorfer-Mineralölfabrik beziehungsweise der Vacuum Oil Co. Alle Investitionen in diesen österreichischen Gesellschaften seit dem Inkrafttreten des Verstaatlichungsgesetzes wurden ausschließlich von den Muttergesellschaften oder von den österreichischen Gesellschaften aus ihren eigenen Mitteln gemacht.

b) Die Anglo-Saxon Petroleum Co. Ltd. und die Socony Vacuum Oil Co. Inc., welche britische beziehungsweise amerikanische Staatsangehörige sind, waren zur Zeit der Erlassung des Verstaatlichungsgesetzes vom 26. Juli 1946 (BGBl. Nr. 168) direkt oder indirekt die Eigentümer der Anteilsrechte an der Österreichischen Mineralölwerke Ges. m. b. H. (Ö.M.W.).

c) Die Socony Vacuum Oil Co. Inc. und die Anglo-Saxon Petroleum Co. Ltd., welche amerikanische beziehungsweise britische Staatsangehörige sind, waren zur Zeit der Erlassung des Verstaatlichungsgesetzes vom 26. Juli 1946 die direkten Eigentümer der Aktien der Rohöl-Gewinnungs-AG (RAG).

Die Standard Oil Co.-N.J., welche amerikanische Staatsangehörige ist, war zur selben Zeit direkte Eigentümerin von Anteilsrechten an der Gewerkschaft Austrogasco.

Richard Keith van Sickle, ein kanadischer Staatsangehöriger, war zur selben Zeit direkter Eigentümer der Firma Tiefbohrunternehmen R. K. van Sickle.

Alle Investitionen in RAG und Tiefbohrunternehmen R. K. van Sickle seit dem Inkrafttreten des Verstaatlichungsgesetzes wurden ausschließlich von deren Muttergesellschaften (im Falle des Tiefbohrunternehmens R. K. van Sickle von Mr. Richard Keith van Sickle) oder von ihnen selbst aus ihren eigenen Mitteln gemacht.

B. Unter der Annahme der Richtigkeit dieses unter A. dargelegten Sachverhaltes geben die eingangs genannten Mitglieder der österreichischen Bundesregierung die Erklärung ab, daß sie für die Herbeiführung folgender Maßnahmen der österreichischen Bundesregierung Sorge tragen wollen:

Zu a):

Die Aktienrechte der zu Punkt a) genannten österreichischen Gesellschaften werden in das Eigentum der Anglo-Saxon Petroleum Co. Ltd. beziehungsweise der Socony Vacuum Oil Co. überführt werden.

Zu b):

Nach Zurückhaltung von Anteilsrechten, welche den in der Ö.M.W. von anderen Stellen als den im Punkt b) genannten Gesellschaften gemachten Investitionen entsprechen, werden die restlichen Anteilsrechte an der Ö.M.W. an die Anglo-Saxon Petroleum Co. Ltd. beziehungsweise die Socony Vacuum Oil Co. überführt werden, wobei das Ausmaß der zurückzustellenden Anteilsrechte mit diesen Gesellschaften zu vereinbaren sein wird.

Zu c):

Die Aktien- beziehungsweise Anteilsrechte der in Punkt c) angeführten österreichischen Gesellschaften werden an die dort angeführten Muttergesellschaften und im Falle des Tiefbohrunternehmens R. K. van Sickle an Mr. Richard Keith van Sickle überführt werden.

Zu a) bis c):

Es besteht darüber Einverständnis, daß die Wiederherstellung der Eigentumsrechte entsprechend diesem Paragraphen nicht die Ansprüche auf Rechte in den früher durch Freischurfrechte der oben genannten Gesellschaften beziehungsweise Unternehmungen gedeckten Gebiete in sich schließt, da die damit zusammenhängenden Ansprüche durch Paragraph 6 geregelt sind.

8. Die Erklärung der österreichischen Bundesregierung vom 21. September 1949 wird bekräftigt. Zur Vermeidung von Unklarheiten erklärt die österreichische Bundesregierung, daß die Maßnahmen zur Eliminierung des deutschen Eigentums, der deut-

schen Rechte und Interessen in den westlichen Zonen Österreichs und im Wiener Ersten Bezirk das in diesen Gebieten liegende rechtmäßig erworbene Eigentum, die Rechte und Interessen, welche direkt oder indirekt Staatsbürgern der Vereinten Nationen gemäß der Definition im Artikel 42/8 [jetzt Art. 25] zustehen, oder die gemäß den Artikeln 42 [jetzt Art. 25] und 44 [jetzt Art. 26] des Staatsvertragsentwurfes oder der gegenwärtigen österreichischen Gesetzgebung zurückzustellenden Eigentumsrechte und Interessen, nicht beeinträchtigen werden.

In allen Fällen jedoch, in denen direkte oder indirekte Eigentumsrechte oder Interessen von Staatsangehörigen der Vereinten Nationen (Artikel 42/8 Staatsvertragsentwurf [jetzt Art. 25]) im ganzen österreichischen Staatsgebiet durch den Entwurf des Staatsvertrages, insbesondere durch den Artikel 35 [jetzt Art. 22], berührt werden, erklärt sich die österreichische Bundesregierung überdies bereit, mit dem betreffenden Mitgliedstaat der Vereinten Nationen zum Zwecke des Abschlusses von die Anerkennung und Befriedigung solcher Eigentumsrechte und Interessen betreffenden, beide Teile befriedigenden Vereinbarungen in Verhandlungen zu treten.

Diese Erklärung findet auf Staatsangehörige eines Staates, auf dessen Territorium das österreichische Eigentum Gegenstand von konfiskatorischen Maßnahmen ist, keine Anwendung.

9. Keine der obigen Erklärungen ist nach österreichischer Auffassung dahin auszulegen, daß für einen allfälligen Produktions- oder Gewinstentgang in der Zeit von der Besetzung Österreichs durch Deutschland bis drei Monate nach Übernahme der effektiven Kontrolle durch Österreich, keinesfalls aber früher als drei Monate nach dem Ende der Besetzung, oder für während dieses Zeitraumes eingetretene Schäden oder Verluste irgendeine Zuwendung, sei es in Geld, sei es im Wege einer Natural- oder Ersatzleistung, gewährt wird. Beträge, die den Anteilseignern an den genannten Gesellschaften beziehungsweise den Eigentümern dieser Unternehmungen für die Überlassung ihrer Beteiligungen oder für Vermögen und Rechte der Unternehmungen nach dem 12. März 1938 geleistet worden sind, werden angerechnet werden. Dagegen werden die von den ursprünglichen Anteilsberechtigten an verstaatlichten Gesellschaften oder von den Eigentümern dieser Unternehmungen trotz der Verstaatlichung dieser Unternehmungen nach dem Inkrafttreten der Verstaatlichung vorgenommenen Investitionen bei der Ermittlung des Wertes ihrer Beteiligungen beziehungsweise ihrer Vermögenswerte diesen gutzubringen sein. Wertvermehrungen, die nach dem 12. März 1938 aus Mitteln anderer Rechtsträger als der ursprünglichen Anteilsberechtigten vorgenommen worden sind, sind bei der Ermittlung des Wertes der Beteiligungen nicht gutzubringen beziehungsweise von den Anspruchswerbern (claimant) in einer noch zu vereinbarenden Weise abzulösen.

Ausgefertigt in drei Exemplaren in deutscher Sprache.

Zur Beurkundung des oben Angeführten wird dieses Memorandum paraphiert.

Wien, am 10. Mai 1955.

*

Die in diesem Memorandum erwähnte Erklärung vom 21. September 1949 und die zitierten Noten vom 29. November 1949 und 31. Juli 1951 haben folgenden Wortlaut:

Erklärung der österreichischen Bundesregierung vom 21. September 1949

Unter der Voraussetzung, daß die Bestimmungen des Artikels 35 [jetzt Art. 22] des Staatsvertrages mit Österreich die Übertragung des in Österreich gelegenen deutschen Eigentums, der deutschen Rechte und Interessen an Österreich vorsehen werden, hat die österreichische Bundesregierung die Absicht, Gesetze zu erlassen, um solches deutsches Eigentum, Rechte und Interessen zu eliminieren.

Zu diesem Zweck wird sich die österreichische Bundesregierung von den folgenden Prinzipien leiten lassen:

1. Diese Maßnahmen werden keine Beeinträchtigung von Eigentum, Rechten oder Interessen enthalten, welche gemäß Artikel 42 [jetzt Art. 25] des Staatsvertrages wiederherzustellen sind.
2. Es ist nicht die Absicht der österreichischen Bundesregierung, deutsche Eigentumsrechte an Kleingewerbebetrieben, kleinen Landwirtschaften, Wohnhäusern, Einrichtungsgegenständen und anderen persönlichen Gebrauchsgegenständen zu eliminieren.
3. Bei der Erlassung solcher Gesetze wird die österreichische Bundesregierung im Falle von Eigentum ausschließlich religiöser Organisationen und von Personen, welche durch Naziverfolgung schweren Schaden erlitten haben, geeignete Ausnahmen statuieren.
4. Eigentum, Rechte und Interessen, welche seit 8. Mai 1945 in Österreich im Gefolge eines bewilligten Handelsverkehrs mit Deutschland entstanden sind, sollen durch diese Maßnahmen nicht berührt werden.

Verbalnote vom 29. November 1949

Unter Bezugnahme auf die von Herrn Legationsrat Dowling bei dem Herrn Bundesminister für die Auswärtigen Angelegenheiten durchgeführte Demarche in der Angelegenheit der von Österreich zu übernehmenden Verpflichtung, den Angehörigen der Vereinten Nationen Kompensation für eventuelle Schäden zu leisten, welche diese durch die im Artikel 35 [jetzt Art. 22] des Staatsvertrages vorgesehenen Vermögensübertragungen an die Sowjetunion erleiden könnten, beehrt sich das Bundeskanzleramt, Auswärtige Angelegenheiten, folgendes zur Kenntnis zu bringen:

Angesichts der prinzipiellen Weigerung des Sowjetdelegierten, eine solche Kompensationsverpflichtung Österreichs in den Vertrag aufnehmen zu lassen, hat die Bundesregierung grundsätzlich beschlossen, dem Vorschlag der Gesandtschaft der Vereinigten Staaten, eine solche Verpflichtung in einem Zusatzprotokoll einzugehen, aus dem Grunde zuzustimmen, um das Zustandekommen des Staatsvertrages nicht länger zu verzögern, zumal ja auch die von den Delegierten der Westmächte vorgeschlagene Bestimmung für einen § 9 des Artikels 42 [jetzt Art. 25]* zu demselben Resultat geführt hätte.

Im Sinne des von Herrn Legationsrat Dowling überreichten Vorschlages erklärt sich die österreichische Bundesregierung daher bereit, ein Zusatzprotokoll zum Staatsvertrag mit dem folgenden Wortlaut zu unterzeichnen:

"In any case in which the transfer of property, rights and interests as 'German assets' in accordance with the provisions of Article 35 [jetzt Art. 22) Austrian Treaty prevents Austria from fulfilling the provisions of Para. 1 of Article 42, Austria shall make prompt, adequate and effective compensation to the United Nation or United Nations national concerned (as defined in Article 42 of the Treaty) for any resulting loss or prejudice."**

Die österreichische Bundesregierung sieht sich jedoch in diesem Zusammenhang genötigt, ausdrücklich darauf hinzuweisen, daß anläßlich der Vorbesprechungen über diese Frage von seiten der interessierten Mächte wiederholt darauf hingewiesen wurde, man wolle Österreich nicht dazu veranlassen, die zu leistenden Kompensationsentschädigungen nach dem Ausland zu transferieren. Die österreichische Bundesregierung gibt daher die vorstehende Bereitschaftserklärung in der ausdrücklichen Erwartung ab, daß bei den seinerzeitigen Verhandlungen zur Festsetzung der Kompensationssumme auf die besondere Lage Österreichs in dieser Hinsicht gebührend Bedacht genommen werden wird.

* In Artikel 25 ist aber dieser Paragraph 9 nicht enthalten; die von den Westmächten seinerzeit vorgeschlagene Bestimmung dieses Paragraphen 9 lautete: „Österreich ist nicht verpflichtet, irgendwelche Vermögen, Rechte und Interessen von Vereinten Nationen oder von Staatsangehörigen Vereinter Nationen wiederherzustellen, die infolge der Anwendung des Paragraphen XXX des Artikels 35 des vorliegenden Vertrages Schaden erlitten haben könnten, sondern wird prompte, angemessene und effektive Entschädigung hiefür zahlen."

** Übersetzung:
In jedem Fall, in dem die Übertragung von Vermögenschaften, Rechten und Interessen als „deutsche Vermögenswerte" in Übereinstimmung mit den Bestimmungen des Artikels 35 des österreichischen Staatsvertrages Österreich daran hindert, den Bestimmungen des Paragraph 1 des Artikels 42 nachzukommen, wird Österreich der betreffenden Vereinten Nation oder dem betreffenden Staatsangehörigen der Vereinten Nationen (gemäß der Definition des Artikels 42 des Staatsvertrages) prompte, angemessene und effektive Entschädigung für jeden sich hieraus ergebenden Verlust oder Schaden gewähren.

Verbalnote vom 31. Juli 1951

Unter Bezugnahme auf die Verhandlungen über die Entschädigung der Angehörigen der Vereinten Nationen, die durch die im Artikel 35 [jetzt Art. 22] des Staatsvertrages vorgesehenen Vermögensübertragungen in ihren Interessen geschädigt wurden, beehrt sich das Bundeskanzleramt, Auswärtige Angelegenheiten, nachstehende Erklärung abzugeben:

Mit Rücksicht darauf, daß sich die österreichische Regierung bereit erklärt hat, die Angehörigen der Vereinten Nationen für jede Benachteiligung zu entschädigen, die ihnen durch die Bestimmungen des Artikels 35 [jetzt Art. 22] des Staatsvertrages zugefügt wurde,

mit Rücksicht darauf, daß die Interessen, die durch diese Bestimmungen berührt werden, hauptsächlich in der Erdölindustrie liegen,

und außerdem mit Rücksicht darauf, daß die Kontinuität und die Entwicklung der Operationen durch die Angehörigen der Vereinten Nationen, die Interessen in der

Erdölindustrie Österreichs haben, gleichzeitig für Österreich und für diese Angehörigen von Nutzen sind,

verpflichtet sich die österreichische Regierung:

1. sofortige Maßnahmen zu ergreifen, um die oben genannten Interessen und ihre Beteiligung an der Entwicklung der Erdölindustrie in Österreich wiederherzustellen und ihnen zu diesem Behufe alle notwendigen Erleichterungen zu sichern;

2. den Interessen aller Angehörigen der Vereinten Nationen der Erdölindustrie in Österreich, was die Nationalisierung anlangt, die Behandlung der meistbegünstigten Nation zu garantieren.

Veröffentlicht in: Wiener Zeitung, *2. Dezember 1955, 8-9 (Amtsblatt). Die Paraphen der Herren Raab, Schärf, Figl, Kreisky für die österreichische Seite und der Herren Wallinger und Thompson für die britische bzw. die amerikanische Seite fehlen in der amtlichen Publikation. Die in der* Wiener Zeitung *in Form von Fußnoten hinzugefügten Hinweise auf die endgültige Numerierung der Artikel des Staatsvertrags werden hier in eckigen Klammern als Einschaltungen im Text angeführt. Der Name des in der Verbalnote vom 29. November 1949 genannten Legationsrates lautet nicht Dawling, wie irrtümlich in der* Wiener Zeitung *veröffentlicht, sondern Dowling. Die Übersetzungen der englischen Textstellen aus der genannten Verbalnote wurden von der Wiener Zeitung übernommen.*

b.

Memorandum über die Ergebnisse der Besprechungen zwischen Mitgliedern der österreichischen Bundesregierung und dem Geschäftsträger der französischen Republik, 10. Mai 1955

Im Zuge der Besprechungen über den ehesten Abschluß des österreichischen Staatsvertrages in Wien wurde dem Geschäftsträger der französischen Republik, Herrn außerordentlichen Gesandten und bevollmächtigten Minister Roger Lalouette, im Hinblick auf dessen Erklärung, daß die französische Regierung bereit ist,

1. auf alle Forderungen gegenüber der österreichischen Regierung oder österreichischen Staatsangehörigen aus der Lieferung von Importgütern zur Versorgung der österreichischen Zivilbevölkerung in der Zeit vom 8. Mai 1945 bis zum Datum des Inkrafttretens des Staatsvertrages – ausgenommen Transaktionen kommerziellen Charakters – zu verzichten,

2. auf die Rückstellung folgender in Frankreich im Verlauf der deutschen Besetzung gewaltsam oder durch Zwang entzogener und auf österreichischem Gebiet allenfalls befindlicher Güter, hinsichtlich derer der Rückstellungsanspruch durch Artikel 2 des Übereinkommens vom 18.Juli 1949 vorbehalten wurde, und zwar

a) der Aktien, übertragbaren Wertpapiere und Devisen und Edelmetalle (geprägt oder ungeprägt) und

b) rollenden Materials der Eisenbahn

zu verzichten,

3. auf alle Rechte, die ihr aus ihrem Eintritt in die Rechte der tschechoslowakischen Regierung hinsichtlich der Rückstellung der in der französischen Besatzungszone Österreichs gelegenen Güter erwachsen seien, zu verzichten,

von den Herren Bundeskanzler Ing. Julius Raab, Vizekanzler Dr. Adolf Schärf, Bundesminister für die Auswärtigen Angelegenheiten Dr. h. c. Leopold Figl, Staatssekretär für die Auswärtigen Angelegenheiten Dr. Bruno Kreisky die Erklärung abgegeben, eine angemessene Zeit nach Inkrafttreten des Staatsvertrages, längstens aber binnen 18 Monaten für die Herbeiführung folgender Beschlüsse und Maßnahmen der österreichischen Bundesregierung Sorge tragen zu wollen:

I. Die nachstehenden Arten von im Lauf der deutschen Besetzung in Frankreich gewaltsam oder durch Zwang entzogenen und allenfalls in Österreich wiedergefundenen Güter werden an Frankreich oder französische Staatsbürger zurückgestellt werden:

a) kulturelle Güter, Kunstwerke, Kunstgegenstände und Gegenstände aus Sammlungen,

b) Schmuck, Edelsteine, Stilmöbel und Musikinstrumente, sofern ihr gegenwärtiger Wert 100.000 Schillinge übersteigt.

II. Als Kompensation dafür, daß das in Ranshofen befindliche elektrische Material und das in Moosbierbaum befindliche Material für Erdölgewinnung nicht naturaliter rückgestellt werden konnten und daß Frankreich auf alle Ansprüche hieraus verzichtet, wird zur endgültigen Regelung eine Pauschalzahlung von 25 Millionen Schilling, zahlbar in zwei gleichen Jahresraten, die erste ein Jahr, die zweite zwei Jahre nach Inkrafttreten des Staatsvertrages, an die französische Regierung geleistet werden.

III. Die österreichische Bundesregierung wird zur Herstellung der Interessen der Société Française Industrielle et Commerciale de Pétroles (SFICP) an der Petroleumraffinerie in Schwechat (NOVA)

a) unverzüglich nach dem Inkrafttreten des Staatsvertrages auf ein offenes Konto auf den Namen der SFICP eine angemessene Entschädigung überweisen, deren Höhe unter Bedachtnahme auf eine diesbezügliche Abrechnung durch ein Übereinkommen zwischen der österreichischen Regierung und der französischen Gesellschaft bestimmt werden wird,

b) innerhalb eines Zeitraumes von 18 Monaten nach Inkrafttreten des Staatsvertrages die Investierung der so geleisteten Entschädigungssumme in die Industrie oder den Handel mit Erdölprodukten in Österreich erleichtern, so zwar, daß die französische Gesellschaft auf den Stand ihrer Interessen und ihrer Tätigkeit vor dem Anschluß gebracht wird;

c) im Falle, daß die Regelung, welcher die im östlichen Österreich gelegenen Erdölraffinerien gegenwärtig unterliegen, zugunsten anderer Angehöriger der Vereinten Nationen geändert werden sollte, die SFICP nach Maßgabe dieser Änderungen in die Rechte und Interessen, die sie am 13. März 1938 hinsichtlich der Raffinerie Schwechat besaß, im Umfang der Punkte 7 und 9 des anglo-amerikanischen Memorandums vom gleichen Tage wiedereinsetzen.

Ausgefertigt in zwei Exemplaren in deutscher und französischer Sprache, wobei beide Texte gleichermaßen authentisch sind.

Zur Beurkundung des oben Angeführten wird dieses Memorandum paraphiert.

Wien, am 10. Mai 1955.

Veröffentlicht in: Wiener Zeitung, *2. Dezember 1955, 9 (Amtsblatt). Die Paraphen der Herren Raab, Schärf, Figl, Kreisky für die österreichische Seite und des Geschäfsträgers Lalouette für die französischer Seite fehlen in der amtlichen Publikation.*

6.

Der Österreichische Staatsvertrag

Vorbemerkung. – Die Entstehungsdauer des Staatsvertrages ist außergewöhnlich lang. Die erstmals in der Erstauflage dieses Buches vorgenommene Gegenüberstellung des endgültigen Vertragstextes vom 15. Mai 1955 und des Entwurfes nach dem Stande vom 24. April 1947 bietet die Möglichkeit, die Ausgangssituation der Vertragsverhandlungen Anfang 1947 mit den Ergebnissen der Schlußphase der Verhandlungen im Frühjahr 1955 zu vergleichen. Außerdem ist versucht worden, in eigenen Anmerkungen festzuhalten, zu welchem Zeitpunkt verschiedene Artikel des ursprünglichen Entwurfes fallengelassen wurden bzw. wann de facto Einigung über die Artikel des endgültigen Vertragstextes erzielt wurde. Diese Anmerkungen, welche zur historischen Erkenntnis der Genese des Staatsvertrages beitragen sollen, wurden teils aufgrund von Angaben in der Tagespresse, teils aufgrund der bislang einzigen ausführlichen Aktenedition, der „Foreign Relations"-Serie des amerikanischen State Department, erstellt und für die Neuausgabe dieses Buches aufgrund des inzwischen zugänglich gewordenen Aktenmaterials überprüft und ergänzt. Hierzu dienten insbesondere die teils im Haus-, Hof- und Staatsarchiv Wien, teils in den National Archives Washington eingesehenen Protokolle der Sitzungen der Sonderbeauftragten für den Staatsvertrag, teils die sehr genauen und vollständig erhaltenen österreichischen Akten zur Wiener Botschafterkonferenz vom Mai 1955, nunmehr im Archiv der Republik, Wien.

Der Vertragsentwurf nach dem Stand vom 24. April 1947, dem letzten Tag der Moskauer Session des Rates der Außenminister, wird hier erstmals in der deutschen Übersetzung, die die Bundesregierung zum Gebrauch interessierter Stellen 1947 herstellen ließ, veröffentlicht. Ein Exemplar dieser Übersetzung, die in der Staatsdruckerei gedruckt wurde, fand sich im Nachlaß des Gesandten Johann Andreas Eichhoff im Allgemeinen Verwaltungsarchiv in Wien. Die Exemplare der Übersetzung wurden seinerzeit numeriert und mit dem Vermerk „Streng vertraulich!" versehen. Sie enthielten den Hinweis, daß mit Rücksicht darauf, daß die Kenntnis des der Übersetzung zugrundeliegenden Textes auf Informationen streng vertraulicher Natur beruhe, die Veröffentlichung der Übersetzung durch die Presse und ihre sonstige Weitergabe an die Öffentlichkeit untersagt sei. Seit 1958 ist ein französischer Text des Vertragsentwurfes vom April 1947 in Form des hektographierten Dokuments CMAE/47/M/82 der Moskauer Session des Rates der Außenminister in der Druckschriftensammlung der Österreichischen Nationalbibliothek zugänglich. 1972 wurde in dem Band Foreign Relations of the United States 1947, II. Council of Foreign Ministers; Germany and Austria *ein englischer Text ediert, in dem überdies die während der Moskauer Ratstagung gestrichenen Artikel angegeben sind. Sachliche Abweichungen in den drei nunmehr vorliegenden Texten in französischer, englischer und deutscher Sprache sind geringfügig.*

Die deutsche Übersetzung enthält die Vorbemerkung, die Kürze der zur Verfügung stehenden Zeit habe nicht erlaubt, eine durchaus einwandfreie Übersetzung des Entwurfes herzustellen. Es sei „unter anderem Aufgabe dieser Veröffentlichung, den interessierten Stellen Gelegenheit zu geben, zu Mängeln dieser Übersetzung Stellung zu nehmen und dadurch an der Vorbereitung eines endgültigen deutschen Textes des

Vertrages mitzuwirken". Da nur der russische, englische und französische Text authentisch sein würden, würden diese allein maßgebend sein. – Ein Vergleich des französischen, englischen und deutschen Textes ließ vermuten, daß die deutsche Übersetzung überwiegend oder ausschließlich aus dem Englischen erfolgte. Dies wurde durch das inzwischen eingesehene österreichische Aktenmaterial bestätigt.

Der Entwurf des Jahres 1947 enthält numerierte Fußnoten, die jeweils am Ende eines Artikels vermerkten, welchen Standpunkt einzelne der vier Mächte bei strittigen Formulierungen einnahmen. Überdies wurden strittige Textvorschläge jeweils in eckige Klammern gestellt. Die Kennzeichnung der strittigen Textvorschläge ebenso wie die numerierten Fußnoten sind Bestandteile der ursprünglichen alliierten Dokumente, wie ein Vergleich mit den oben genannten französischen bzw. amerikanischen Fassungen des Vertragsentwurfs ergeben hat.

Auch aus späteren Stadien der Staatsvertragsverhandlungen sind Amtsdrucke vorhanden, die den jeweiligen Stand wiedergaben. Im Archiv der Republik findet sich u. a. ein Amtsdruck des Vertragsentwurfes nach dem Stande vom 2. September 1949 sowie ein weiterer nach dem Stande vom 15. März 1950 (BMAA, II-Pol, Staatsvertragsakten 1953).

Der deutsche Text des Staatsvertrages vom 15. Mai 1955 ist dem Bundesgesetzblatt für die Republik Österreich, *Jg. 1955, 39. Stück, ausgegeben am 30. Juli 1955, Nr. 152, entnommen. Aus Gründen der Verdeutlichung sind einzelne Stellen in Kursivdruck gesetzt, doch ist dies jedes Mal eigens in einer Anmerkung vermerkt. Die dem Staatsvertrag beigegebenen zwei Karten betreffend die der Sowjetunion im Kompromiß von 1949 eingeräumten Konzessionen auf Ölfelder und Ölschurfgebiete im östlichen Österreich (zu Artikel 22, Abs. 1 und 2 des Staatsvertrages von 1955) konnten aus Kosten- und Raumgründen nicht aufgenommen werden. Sie sind in dem genannten Stück des Bundesgesetzblattes enthalten, sind jedoch insoferne gegenstandslos, als die der Sowjetunion gemäß Artikel 22 übertragenen Rechte auf dem Erdölsektor aufgrund des Moskauer Memorandums vom 15. April 1955 von Österreich abgelöst wurden.*

Die im Bundesgesetzblatt ebenfalls publizierte russische, englische und französische Fassung des Staatsvertrages wird hier nicht abgedruckt. Hingegen wird, zum besseren Verständnis des sehr komplizierten Vorgangs der parlamentarischen Genehmigung, der Ratifizierung durch den Bundespräsidenten und der Inkraftsetzung auch der Text des „Anhangs" zum Vertrag, der Text der Ratifikationsurkunde und der Vermerk des Bundeskanzlers über das Inkrafttreten des Vertrages aus dem Bundesgesetzblatt abgedruckt.

Nachdem der am 15. Mai 1955 in Wien unterzeichnete Staatsvertrag betreffend die Wiederherstellung eines unabhängigen und demokratischen Österreich zwischen der Union der Sozialistischen Sowjetrepubliken, dem Vereinigten Königreich von Großbritannien und Nordirland, den Vereinigten Staaten von Amerika und Frankreich einerseits und Österreich andererseits, welcher also lautet:

[Fortsetzung der Ratifikationsformel S. 762, Abschluß S. 764–765.]

Deutsche Übersetzung des Entwurfes zum Vertrag für die Wiedererrichtung eines unabhängigen und demokratischen Österreich

Stand vom 24. April 1947

PRÄAMBEL

1. Die Union der Sozialistischen Sowjetrepubliken, die Vereinigten Staaten von Amerika, das Vereinigte Königreich von Großbritannien und Nordirland und Frankreich, im folgenden genannt die Alliierten und Assoziierten Mächte einerseits und Österreich anderseits;

2. im Hinblick darauf, daß Hitler-Deutschland am 13. März 1938 Österreich mit Gewalt annektierte und sein Gebiet dem Deutschen Reich einverleibte;

3. daß nach dieser Annexion Österreich als integrierender Teil Hitler-Deutschlands am Kriege gegen die Alliierten und Assoziierten und gegen andere Vereinte Nationen teilnahm und daß Deutschland sich zu diesem Zwecke österreichischen Gebietes, österreichischer Truppen und materieller Hilfsquel-

Staatsvertrag betreffend die Wiederherstellung eines unabhängigen und demokratischen Österreich

PRÄAMBEL

Die Union der Sozialistischen Sowjetrepubliken, das Vereinigte Königreich von Großbritannien und Nordirland, die Vereinigten Staaten von Amerika und Frankreich, in der Folge die Alliierten und Assoziierten Mächte genannt, einerseits und Österreich anderseits;

Im Hinblick darauf, daß Hitler-Deutschland am 13. März 1938 Österreich mit Gewalt annektierte und sein Gebiet dem Deutschen Reich einverleibte;

[Abs. 3 des Entwurfes wurde in der Außenministerkonferenz in Wien am 14. Mai 1955 auf Antrag Außenminister Figls gestrichen.]

len bediente, und daß Österreich eine Verantwortlichkeit, die sich aus dieser Teilnahme am Kriege ergibt, nicht vermeiden kann;

4. daß in der Moskauer Erklärung vom 1. November 1943 die Regierung der Union der Sozialistischen Sowjetrepubliken, der Vereinigten Staaten von Amerika und des Vereinigten Königreiches erklärten, daß sie die Annexion Österreichs durch Deutschland am 13. März 1938 als null und nichtig betrachten und ihrem Wunsche Ausdruck gaben, Österreich als einen freien und unabhängigen Staat wiederhergestellt zu sehen, und daß das Französische Komitee der nationalen Befreiung am 16. November 1943 eine ähnliche Erklärung abgab;

5. daß als das Ergebnis des alliierten Sieges Österreich von der Gewaltherrschaft Hitler-Deutschlands befreit wurde;

6. daß die Alliierten und Assoziierten Mächte und Österreich unter Berücksichtigung der Bedeutung der Anstrengungen, die das österreichische Volk zur Wiederherstellung und zum demokratischen Wiederaufbau seines Landes selbst machte und weiter zu machen haben wird, den Wunsch hegen, einen Vertrag abzuschließen, der Österreich als einen freien, unabhängigen und demokratischen Staat wiederherstellt, wodurch ein Beitrag zur Wiederaufrichtung des Friedens in Europa geleistet wird;

7. daß die Alliierten und Assoziierten Mächte den Wunsch haben, durch den vorliegenden Vertrag in Übereinstimmung mit den Grundsätzen der Gerechtigkeit alle Fragen zu regeln, die im Zusammenhange mit den oberwähnten Ereignissen, einschließlich der Annexion Österreichs durch Hitler-Deutschland und seine Teilnahme am Kriege als integrierender Teil Deutschlands, noch offenstehen; und

Im Hinblick darauf, daß in der Moskauer Erklärung, verlautbart am 1. November 1943, die Regierung der Union der Sozialistischen Sowjetrepubliken, des Vereinigten Königreiches und der Vereinigten Staaten von Amerika erklärten, daß sie die Annexion Österreichs durch Deutschland am 13. März 1938 als null und nichtig betrachten, und ihrem Wunsche Ausdruck gaben, Österreich als einen freien und unabhängigen Staat wiederhergestellt zu sehen und daß das Französische Komitee der Nationalen Befreiung am 16. November 1943 eine ähnliche Erklärung abgab;

Im Hinblick darauf, daß als ein Ergebnis des alliierten Sieges Österreich von der Gewaltherrschaft Hitler-Deutschlands befreit wurde;

Im Hinblick darauf, daß die Alliierten und Assoziierten Mächte und Österreich unter Berücksichtigung der Bedeutung der Anstrengungen, die das österreichische Volk zur Wiederherstellung und zum demokratischen Wiederaufbau seines Landes selbst machte und weiter zu machen haben wird, den Wunsch hegen, einen Vertrag abzuschließen, der Österreich als einen freien, unabhängigen und demokratischen Staat wiederherstellt, wodurch sie zur Wiederaufrichtung des Friedens in Europa beitragen;

Im Hinblick darauf, daß die Alliierten und Assoziierten Mächte den Wunsch haben, durch den vorliegenden Vertrag in Übereinstimmung mit den Grundsätzen der Gerechtigkeit alle Fragen zu regeln, die im Zusammenhange mit den oberwähnten Ereignissen einschließlich der Annexion Österreichs durch Hitler-Deutschland und seiner Teilnahme am

8. daß die Union der Sozialistischen Sowjetrepubliken, die Vereinigten Staaten von Amerika, das Vereinigte Königreich von Großbritannien und Nordirland und Frankreich einerseits und Österreich anderseits dementsprechend von dem Wunsche geleitet sind, zu diesem Zwekke den vorliegenden Vertrag abzuschließen, um als Grundlage freundschaftlicher Beziehungen zwischen ihnen zu dienen und um die Union der Sozialistischen Sowjetrepubliken, die Vereinigten Staaten von Amerika, das Vereinigte Königreich von Großbritannien und Nordirland und Frankreich in die Lage zu versetzen, die Bewerbung Österreichs um Zulassung zur Organisation der Vereinten Nationen zu unterstützen.

9. Zu diesem Behufe haben die Regierungen der Alliierten und Assoziierten Mächte und Österreich die unterfertigten Bevollmächtigten ernannt, welche nach Vorweisung ihrer Vollmachten, die in guter und gehöriger Fonn befunden wurden, über die nachstehenden Bestimmungen übereingekommen sind.

TEIL I
POLITISCHE KLAUSELN

Abschnitt I

Artikel 1.
Wiederherstellung Österreichs als freien und unabhängigen Staat

Die Alliierten und Assoziierten Mächte anerkennen, daß Österreich als ein souveräner, unabhängiger und demokratischer Staat wiederhergestellt ist.

Artikel 2.
Wahrung der Unabhängigkeit Österreichs[1]

1. Die Alliierten und Assoziierten Mächte erklären, daß sie die Unabhän-

Kriege als integrierender Teil Deutschlands noch offenstehen; und

Im Hinblick darauf, daß die Alliierten und Assoziierten Mächte und Österreich zu diesem Zwecke den Wunsch hegen, den vorliegenden Vertrag abzuschließen, um als Grundlage freundschaftlicher Beziehungen zwischen ihnen zu dienen und um damit die Alliierten und Assoziierten Mächte in die Lage zu versetzen, die Bewerbung Österreichs um Zulassung zur Organisation der Vereinten Nationen zu unterstützen;

Haben daher die unterfertigten Bevollmächtigten ernannt, welche nach Vorweisung ihrer Vollmachten, die in guter und gehöriger Form befunden wurden, über die nachstehenden Bestimmungen übereingekommen sind:

TEIL I
POLITISCHE UND TERRITORIALE BESTIMMUNGEN

Artikel 1.
Wiederherstellung Österreichs als freier und unabhängiger Staat

Die Alliierten und Assoziierten Mächte anerkennen, daß Österreich als ein souveräner, unabhängiger und demokratischer Staat wiederhergestellt ist.

Artikel 2.
Wahrung der Unabhängigkeit Österreichs

Die Alliierten und Assoziierten Mächte erklären, daß sie die Unabhängigkeit und gigkeit und territoriale Unversehrtheit Österreichs, wie sie gemäß dem gegenwärtigen Vertrag festgelegt wurden, achten werden.

2. Die Alliierten und Assoziierten Mächte werden sich jeder Handlung, welcher Art auch immer, widersetzen, die die politische oder wirtschaftliche Unabhängigkeit oder die territoriale Unversehrtheit Österreichs bedrohen könnte; sie werden sich im Falle einer solchen Bedrohung untereinander und mit den maßgebenden Organen der Vereinten Nationen wegen des geeigneten Vorgehens beraten.[2]

[3. Österreich anerkennt seinerseits die Verantwortlichkeiten dem Ausland gegenüber, die an die Wiederherstellung der nationalen Unabhängigkeit geknüpft sind, und verpflichtet sich, sich jeder Handlung zu enthalten, welche geeignet wäre, unmittelbar oder mittelbar seine politische oder wirtschaftliche Unabhängigkeit oder seine territoriale Unversehrtheit zu bedrohen.][3]

1 Die Sowjetdelegation erachtet diesen Artikel für unnötig.

2 Vorschlag der Franzosen und der USA.

3 Vorschlag der USA, von der französischen Delegation unterstützt. UK-Delegation erachtet diesen Paragraphen als überflüssig.

territoriale Unversehrtheit Österreichs, wie sie gemäß dem vorliegenden Vertrag festgelegt sind, achten werden.

[Abs. 2 des Entwurfes wurde von den Sonderbeauftragten am 4. Juli 1949 gestrichen.]

[Abs. 3 des Entwurfes wurde im Außenministerrat im April 1947 zurückgezogen.]

Artikel 3.

Anerkennung der Unabhängigkeit Österreichs durch Deutschland

Die Alliierten und Assoziierten Mächte werden in den deutschen Friedensvertrag Bestimmungen aufnehmen, welche die Anerkennung der Souveränität und Unabhängigkeit Österreichs durch Deutschland und den Verzicht Deutschlands auf alle territorialen und politischen Ansprüche in bezug auf Österreich und österreichisches Territorium sichern.

Artikel 3.

Anerkennung der Unabhängigkeit Österreichs durch Deutschland

Die Alliierten und Assoziierten Mächte werden in den deutschen Friedensvertrag Bestimmungen aufnehmen, welche die Anerkennung der Souveränität und Unabhängigkeit Österreichs durch Deutschland und den Verzicht Deutschlands auf alle territorialen und politischen Ansprüche in bezug auf Österreich und österreichisches Staatsgebiet sichern.

Artikel 4.

Verbot des Anschlusses

1. Die Alliierten und Assoziierten Mächte erklären, daß eine politische oder wirtschaftliche Vereinigung zwischen Österreich und Deutschland verboten ist. Österreich anerkennt voll und ganz seine Verantwortlichkeiten auf diesem Gebiete und wird keine wie immer geartete politische oder wirtschaftliche Verbindung mit Deutschland eingehen.

2. Um einer solchen Vereinigung vorzubeugen, wird Österreich keinerlei Vereinbarung mit Deutschland treffen oder irgendeine Tatsache setzen oder irgendwelche Maßnahmen treffen, die geeignet wären, unmittelbar oder mittelbar eine politische oder wirtschaftliche Vereinigung mit Deutschland herbeizuführen oder seine territoriale Unversehrtheit oder politische oder wirtschaftliche Unabhängigkeit zu beeinträchtigen. Österreich verpflichtet sich ferner, innerhalb seines Gebietes jede unmittelbar oder mittelbar auf eine solche Vereinigung abzielende Handlung zu verhindern und wird den Bestand, das Wiederaufleben und die Tätigkeit jeglicher Organisationen, die die politische oder wirtschaftliche Vereinigung mit Deutschland und großdeutsche Propaganda zugunsten der Vereinigung mit Deutschland zum Ziele haben, verhindern.

Artikel 5.

Grenzen Österreichs

[Die Grenzen Österreichs werden jene sein, die am 1. Jänner 1938 bestanden haben.][1, 2]

1 Vorschlag des Vereinigten Königreiches, der Vereinigten Staaten und Frankreichs.

2 Die Sowjetdelegation unterstützt die Gebietsansprüche Jugoslawiens gegen Österreich, die in dem den Stellvertretern am 22. Jänner 1947 von der jugoslawischen Regierung überreichten Memoran-

Artikel 4.

Verbot des Anschlusses

1. Die Alliierten und Assoziierten Mächte erklären, daß eine politische oder wirtschaftliche Vereinigung zwischen Österreich und Deutschland verboten ist. Österreich anerkennt voll und ganz seine Verantwortlichkeiten auf diesem Gebiete und wird keine wie immer geartete politische oder wirtschaftliche Vereinigung mit Deutschland eingehen.

2. Um einer solchen Vereinigung vorzubeugen, wird Österreich keinerlei Vereinbarung mit Deutschland treffen oder irgendeine Handlung setzen oder irgendwelche Maßnahmen treffen, die geeignet wären, unmittelbar oder mittelbar eine politische oder wirtschaftliche Vereinigung mit Deutschland zu fördern oder seine territoriale Unversehrtheit oder politische oder wirtschaftliche Unabhängigkeit zu beeinträchtigen. Österreich verpflichtet sich ferner, innerhalb seines Gebietes jede Handlung zu verhindern, die geeignet wäre, eine solche Vereinigung mittelbar oder unmittelbar zu fördern, und wird den Bestand, das Wiederaufleben und die Tätigkeit jeglicher Organisationen, welche die politische oder wirtschaftliche Vereinigung mit Deutschland zum Ziele haben, sowie großdeutsche Propaganda zugunsten der Vereinigung mit Deutschland verhindern.

Artikel 5.

Grenzen Österreichs

Die Grenzen Österreichs sind jene, die am 1. Jänner 1938 bestanden haben.

[Text einvernehmlich festgelegt von den Sonderbeauftragten am 1. Juli 1949 aufgrund eines Beschlusses des Außenministerrates vom 20. Juni 1949.]

dum behandelt sind, und empfiehlt, daß der Rat der Außenminister ein besonderes Komitee einsetze zum Studium der jugoslawischen Ansprüche und zur Vorbereitung entsprechender Empfehlungen.

Artikel 6.

Einbürgerung und Aufenthalt von Deutschen in Österreich

1. Die österreichische Regierung verpflichtet sich, keine deutschen Staatsangehörigen, die Mitglieder der nationalsozialistischen Partei gewesen sind, einzubürgern.

2. Alle nach dem 1. März 1933 vorgenommenen Einbürgerungen deutscher Staatsangehöriger, die Mitglieder der nationalsozialistischen Partei gewesen sind, werden durch die österreichische Regierung innerhalb einer Zeitspanne von einem Jahr, gerechnet vom Inkrafttreten des vorliegenden Vertrages, aufgehoben werden.

3. Die österreichische Regierung verpflichtet sich, die Einwanderung nach Österreich zwecks dauernden Aufenthaltes und den dauernden Aufenthalt in Österreich deutschen Staatsangehörigen nicht zu gestatten, mit Ausnahme jener Fälle, die durch regelmäßige Interessen gerechtfertigt sind.

4. Die österreichische Regierung wird von den in §§ 2 und 3 genannten deutschen Staatsangehörigen verlangen, ihren Wohnsitz unter den Bedingungen und innerhalb der Zeitspanne, die durch Vereinbarung zwischen der österreichischen Regierung und dem Kontrollrat für Deutschland festgelegt werden sollen, nach Deutschland zu verlegen.

[Art. 6 des Entwurfes wurde im Moskauer Memorandum vom 15. April 1955 als überholt bzw. überflüssig bezeichnet und von der Wiener Botschafterkonferenz am 2. Mai 1955 gestrichen.]

Abschnitt II
Artikel 7.
Menschenrechte

1. Österreich wird alle erforderlichen Maßnahmen treffen, um allen unter österreichischer Gerichtsbarkeit lebenden Personen, ohne Unterschied von Rasse, Geschlecht, Sprache oder Religion den Genuß der Menschenrechte und der fundamentalen Freiheiten einschließlich der Freiheit der Meinungsäußerung, der Presse und Veröffentlichung, der Religionsausübung, der politischen Meinung und der öffentlichen Versammlung zu sichern.

2. Österreich verpflichtet sich weiters dazu, daß die in Österreich in Geltung stehenden Gesetze weder ihrem Inhalt noch ihrer Anwendung nach zwischen Personen österreichischer Staatsangehörigkeit auf Grund ihrer Rasse, ihres Geschlechtes, ihrer Sprache oder ihrer Religion, sei es in bezug auf ihre Personen, ihr Eigentum, ihr Geschäft, ihre beruflichen oder finanziellen Interessen, ihre Rechtsstellung, ihre politischen oder bürgerlichen Rechte, sei es auf irgendeinem anderen Gebiete Unterscheidungen machen oder Unterscheidungen zur Folge haben werden.

[Der Artikel über die Rechte der slowenischen und kroatischen Minderheiten wurde aufgrund des Beschlusses des Außenministerrates vom 20. Juni 1949 in den Vertragsentwurf aufgenommen. Einvernehmen über den Text wurde von den Sonderbeauftragten am 24. August 1949 erzielt, vorbehaltlich der Präzisierung durch ein Redaktionskomitee; dieser Artikel figurierte vom August 1949 bis zur endgültigen Neunumerierung der Vertragsartikel

Artikel 6.
Menschenrechte

1. Österreich wird alle erforderlichen Maßnahmen treffen, um allen unter österreichischer Staatshoheit lebenden Personen ohne Unterschied von Rasse, Geschlecht, Sprache oder Religion den Genuß der Menschenrechte und der Grundfreiheiten einschließlich der Freiheit der Meinungsäußerung, der Presse und Veröffentlichung, der Religionsausübung, der politischen Meinung und der öffentlichen Versammlung zu sichern.

2. Österreich verpflichtet sich weiters dazu, daß die in Österreich geltenden Gesetze weder in ihrem Inhalt noch in ihrer Anwendung zwischen Personen österreichischer Staatsangehörigkeit auf Grund ihrer Rasse, ihres Geschlechtes, ihrer Sprache oder ihrer Religion, sei es in bezug auf ihre Person, ihre Vermögenswerte, ihre geschäftlichen, beruflichen oder finanziellen Interessen, ihre Rechtsstellung, ihre politischen oder bürgerlichen Rechte, sei es auf irgendeinem anderen Gebiete, diskriminieren oder Diskriminierungen zur Folge haben werden.

Artikel 7.
Rechte der slowenischen und kroatischen Minderheiten

1. Österreichische Staatsangehörige der slowenischen und kroatischen Minderheiten in Kärnten, Burgenland und Steiermark genießen dieselben Rechte auf Grund gleicher Bedingungen wie alle anderen österreichischen Staatsangehörigen einschließlich des Rechtes auf ihre eigenen Organisationen, Versammlungen und Presse in ihrer eigenen Sprache.

2. Sie haben Anspruch auf Elementarunterricht in slowenischer oder kroatischer Sprache und auf eine verhältnismä-

durch die Botschafterkonferenz als Art. 7 bis. Die einzige gegenüber dem Text vom August 1949 vorgenommene redaktionelle Änderung betraf die Schullehrpläne (Abs. 2): anstatt „soweit als notwendig revidiert" heißt es im endgültigen Text: „überprüft".]

ßige Anzahl eigener Mittelschulen; in diesem Zusammenhang werden Schullehrpläne überprüft und eine Abteilung der Schulaufsichtsbehörde wird für slowenische und kroatische Schulen errichtet werden.

3. In den Verwaltungs- und Gerichtsbezirken Kärntens, des Burgenlandes und der Steiermark mit slowenischer, kroatischer oder gemischter Bevölkerung wird die slowenische oder kroatische Sprache zusätzlich zum Deutschen als Amtssprache zugelassen. In solchen Bezirken werden die Bezeichnungen und Aufschriften topographischer Natur sowohl in slowenischer oder kroatischer Sprache wie in Deutsch verfaßt.

4. Österreichische Staatsangehörige der slowenischen und kroatischen Minderheiten in Kärnten, Burgenland und Steiermark nehmen an den kulturellen, Verwaltungs- und Gerichtseinrichtungen in diesen Gebieten auf Grund gleicher Bedingungen wie andere österreichische Staatsangehörige teil.

5. Die Tätigkeit von Organisationen, die darauf abzielen, der kroatischen oder slowenischen Bevölkerung ihre Eigenschaft und ihre Rechte als Minderheit zu nehmen, ist zu verbieten.

Artikel 8.

Demokratische Einrichtungen

Österreich wird eine demokratische, auf geheimen Wahlen gegründete Regierung haben und wird allen Staatsbürgern ein freies, gleiches und allgemeines Wahlrecht verbürgen, ferner das Recht, ohne Unterschied der Rasse, des Geschlechtes, der Sprache, Religion oder politischen Meinung zu einem öffentlichen Amte gewählt zu werden.

Artikel 8.

Demokratische Einrichtungen

Österreich wird eine demokratische, auf geheime Wahlen gegründete Regierung haben und verbürgt allen Staatsbürgern ein freies, gleiches und allgemeines Wahlrecht sowie das Recht, ohne Unterschied von Rasse, Geschlecht, Sprache, Religion oder politische Meinung zu einem öffentlichen Amte gewählt zu werden.

Artikel 9.

Auflösung nationalsozialistischer Organisationen

Österreich wird die bereits durch die Erlassung entsprechender und von der Alliierten Kommission für Österreich genehmigter Gesetze begonnenen Maßnahmen zur Auflösung der nationalsozialistischen Partei und der ihr angegliederten und von ihr geleiteten Organisationen einschließlich der politischen, militärischen und paramilitärischen auf österreichischem Gebiet vollenden und wird die Bemühungen fortsetzen, aus dem österreichischen politischen, wirtschaftlichen und kulturellen Leben alle Spuren des Nazismus zu entfernen, um Sicherheit dafür zu schaffen, daß die obgenannten Organisationen nicht in was immer für einer Form aufleben, und um alle nazistische oder militärische Tätigkeit und Propaganda in Österreich zu verhindern.

[Abs. 2 und 3 gehen auf einen sowjetischen Vorschlag vom 26. April 1950 zurück und wurden von der Botschafterkonferenz in Wien im Mai 1955 angenommen.]

Artikel 10.

Besondere Bestimmungen über die Gesetzgebung

1. Österreich verpflichtet sich, die

Artikel 9.

Auflösung nazistischer Organisationen

1. Österreich wird die bereits durch die Erlassung entsprechender und von der Alliierten Kommission für Österreich genehmigter Gesetze begonnenen Maßnahmen zur Auflösung der nationalsozialistischen Partei und der ihr angegliederten und von ihr kontrollierten Organisationen einschließlich der politischen, militärischen und paramilitärischen auf österreichischem Gebiet vollenden. Österreich wird auch die Bemühungen fortsetzen, aus dem österreichischen politischen, wirtschaftlichen und kulturellen Leben alle Spuren des Nazismus zu entfernen, um zu gewährleisten, daß die obgenannten Organisationen nicht in irgendeiner Form wieder ins Leben gerufen werden, und um alle nazistische oder militaristische Tätigkeit und Propaganda in Österreich zu verhindern.

2. Österreich verpflichtet sich, alle Organisationen faschistischen Charakters aufzulösen, die auf seinem Gebiete bestehen, und zwar sowohl politische, militärische und paramilitärische, als auch alle anderen Organisationen, welche eine irgendeiner der Vereinten Nationen feindliche Tätigkeit entfalten oder welche die Bevölkerung ihrer demokratischen Rechte zu berauben bestrebt sind.

3. Österreich verpflichtet sich, unter der Androhung von Strafsanktionen, die umgehend in Übereinstimmung mit den österreichischen Rechtsvorschriften festzulegen sind, das Bestehen und die Tätigkeit der obgenannten Organisationen auf österreichischem Gebiete zu untersagen.

Artikel 10.

Besondere Bestimmungen über die Gesetzgebung

1. Österreich verpflichtet sich, die

Grundsätze, die in den von der österreichischen Regierung und vom Parlament seit dem 1. Mai 1945 kundgemachten und von der Alliierten Kommission für Österreich genehmigten, auf die Liquidierung der Überreste des Naziregimes und auf die Wiederherstellung des demokratischen Systems abzielenden Gesetze und Verordnungen aufrechtzuerhalten und ihre Anwendung fortzusetzen; die seit dem 1. Mai 1945 bereits getroffenen oder begonnenen gesetzgeberischen und administrativen Maßnahmen zu vollenden und die in den Artikeln 7, 8 und 9 des vorliegenden Vertrages festgelegten Grundsätze zu kodifizieren und mit Gesetzeskraft auszustatten und, soweit dies nicht schon geschehen ist, alle gesetzgeberischen und administrativen Maßnahmen, die zwischen dem 5. März 1933 und dem 30. April 1945 getroffen wurden und die in Widerspruch mit den in den Artikeln 7, 8 und 9 festgelegten Grundsätzen stehen, für nichtig zu erklären oder abzuändern.

2. Österreich verpflichtet sich ferner, das Gesetz vom 3. April 1919, betreffend das Haus Habsburg-Lothringen, aufrechtzuerhalten.

Abschnitt III

Artikel 11.

Kriegsverbrecher

1. Österreich wird alle notwendigen Maßnahmen ergreifen, um die Festnahme und Auslieferung von Personen, die in die in den nachfolgenden Unterabschnitten a) und b) gekennzeichneten Kategorien fallen, zu sichern, sobald hinreichender Nachweis darüber den Chefs der diplomatischen Missionen der Sowjetunion, des Vereinigten Königreiches, der Vereinigten Staaten und Frankreichs in Wien erbracht worden ist, daß die Personen, deren Auslieferung verlangt wird,

Grundsätze, die in den von der österreichischen Regierung, und vom österreichischen Parlament seit dem 1. Mai 1945 angenommenen und von der Alliierten Kommission für Österreich genehmigten, auf die Liquidierung der Überreste des Naziregimes und auf die Wiederherstellung des demokratischen Systems abzielenden Gesetze und Verordnungen enthalten sind, aufrechtzuerhalten und ihre Durchführung fortzusetzen, die seit dem 1. Mai 1945 bereits getroffenen oder eingeleiteten gesetzgeberischen und administrativen Maßnahmen zu vollenden und die in den Artikeln 6, 8 und 9 des vorliegenden Vertrages festgelegten Grundsätze zu kodifizieren und in Kraft zu setzen und, soweit dies nicht schon geschehen ist, alle gesetzgeberischen und administrativen Maßnahmen, die zwischen dem 5. März 1933 und dem 30. April 1945 getroffen wurden und die in Widerspruch mit den in den Artikeln 6, 8 und 9 festgelegten Grundsätzen stehen, aufzuheben oder abzuändern.

2. Österreich verpflichtet sich ferner, das Gesetz vom 3. April 1919, betreffend das Haus Habsburg-Lothringen, aufrechtzuerhalten.

[Art. 11 des Entwurfes wurde im Moskauer Memorandum vom 15. April 1955 als überholt bzw. überflüssig bezeichnet und von der Wiener Botschafterkonferenz am 2. Mai 1955 gestrichen.]

tatsächlich Übeltäter im Sinne obiger Kategorien sind.

a) Personen, die beschuldigt werden, Kriegsverbrechen oder Verbrechen gegen Frieden und Menschlichkeit begangen, angeordnet oder geduldet zu haben;

b) Angehörige einer der Alliierten und Assoziierten Mächte, die beschuldigt werden, die Gesetze ihres Heimatstaates durch Verrat oder Zusammenarbeit mit dem Feind während des Krieges verletzt zu haben.

2. Die Ersuchen um Auslieferung von Personen, die als Beschuldigte angefordert werden, sind innerhalb von sechs Monaten nach Inkrafttreten des vorliegenden Vertrages zu stellen.

3. Auf Ersuchen der beteiligten Regierungen der Vereinten Nationen wird Österreich gleichweis die seiner Gerichtsbarkeit unterliegenden Personen, deren Aussage im Verfahren gegen die in § 1 dieses Artikels genannten Personen benötigt wird, als Zeugen zur Verfügung stellen.

4. Jede Meinungsverschiedenheit über die Anwendung der Bestimmungen dieses Artikels wird von einer der beteiligten Regierungen den vier Missionschefs in Wien unterbreitet werden.

Abschnitt IV

Artikel 12.

Anerkennung der Friedensverträge

Österreich verpflichtet sich, die volle Geltung der Friedensverträge mit Italien, Rumänien, Bulgarien, Ungarn und Finnland und anderer Abkommen oder Vereinbarungen, die zur Wiederherstellung des Friedens von den Alliierten und Assoziierten Mächten über Deutschland und Japan getroffen wurden oder künftig getroffen werden, anzuerkennen.

Artikel 11.

Anerkennung der Friedensverträge

Österreich verpflichtet sich, die volle Geltung der Friedensverträge mit Italien, Rumänien, Bulgarien, Ungarn und Finnland und anderer Abkommen oder Regelungen anzuerkennen, die von den Alliierten und Assoziierten Mächten bezüglich Deutschlands und Japans zur Wiederherstellung des Friedens herbeigeführt worden sind oder künftig herbeigeführt werden.

Artikel 13.

Liquidierung des Völkerbundes

Österreich verpflichtet sich, alle Vereinbarungen anzuerkennen, die zur Liquidierung des Völkerbundes, des ständigen internationalen Gerichtshofes und des internationalen Institutes für Ackerbau in Rom getroffen wurden oder künftig getroffen werden.

[Art. 13 des Entwurfes wurde von der Wiener Botschafterkonferenz am 2. Mai 1955 gestrichen.]

Artikel 14.

Zweiseitige Verträge

1. Jede Alliierte und Assoziierte Macht wird Österreich innerhalb einer Frist von sechs Monaten vom Inkrafttreten des vorliegenden Vertrages bekanntgeben, welche der von ihr vor dem 13. März 1938 mit Österreich abgeschlossenen zweiseitigen Verträge sie in Kraft belassen oder erneuern will. Alle mit dem vorliegenden Vertrag nicht in Übereinstimmung stehenden Bestimmungen der obgenannten Verträge werden jedoch außer Kraft gesetzt.

2. Alle so bekanntgegebenen Verträge sind beim Sekretariat der Vereinten Nationen gemäß Artikel 102 der Charter der Vereinten Nationen einzutragen.

3. Alle Verträge, die nicht in dieser Weise bekanntgegeben worden sind, werden als aufgehoben angesehen werden.

[Art. 14 des Entwurfes wurde von der Wiener Botschafterkonferenz am 2. Mai 1955 gestrichen.]

Artikel 15.

Wiederherstellung der Archive

1. Die Deutschland besetzt haltenden Mächte werden der österreichischen Regierung alle administrativen Archive (Akten, Register, Pläne und Dokumente jeder Art) übergeben, die jetzt in Deutschland aufbewahrt und für die Wiederherstellung des österreichischen Verwaltungsapparates nötig sind.

2. Österreich wird alle administrativen Archive (Akten, Register, Pläne und

[Art. 15 des Entwurfes wurde im Moskauer Memorandum vom 15. April 1955 als überholt bzw. überflüssig bezeichnet und von der Wiener Botschafterkonferenz am 2. Mai 1955 gestrichen.]

Dokumente jeder Art) übergeben, die jetzt in Österreich aufbewahrt und für die Wiederherstellung des deutschen Verwaltungsapparates nötig sind.

Abschnitt V

Artikel 16.

[Abtransport der versetzten Personen aus Österreich

Österreich soll innerhalb einer Frist von sechs Monaten nach dem Inkrafttreten des gegenwärtigen Vertrages den Abtransport der versetzten Personen beenden und übernimmt es zu diesem Behufe,

a) den mit der Heimbeförderung ihrer Staatsangehörigen befaßten offiziellen Vertretern der Alliierten und Assoziierten Mächte volle Mitarbeit zu leisten; freien Zutritt zu den Lagern und sonstigen Plätzen zu gewähren, in denen versetzte Personen untergebracht sind und die notwendigen Transportmittel für die Überführung der Heimzubefördernden in ihr Heimatland bereitzustellen; in den Lagern der versetzten Personen jede den Interessen der Alliierten und Assoziierten Mächte oder einer von ihnen feindliche Propaganda sowie jede Tätigkeit zu verbieten, die darauf abzielt, die versetzten Personen zu bewegen, nicht in ihr Heimatland zurückzukehren; die Wiedererrichtung aufgelöster und die Bildung neuer „Komitees, Zentren" oder anderer Organisationen, die eine den Interessen irgendeiner der alliierten Mächte feindliche Tätigkeit entwickeln, nicht zu gestatten; die Anwerbung versetzter Personen zu militärischen oder paramilitärischen Organisationen, wie Sicherheits- oder Wacheabteilungen, zu verbieten;

b) mit den Regierungen der beteiligten Nachbarländer in direkte zweiseitige Verhandlungen einzutreten, um alle

[Art. 16 des Entwurfes wurde von der Wiener Botschafterkonferenz am 4. Mai 1955 gestrichen.]

Fragen zu regeln, die den Abtransport aus Österreich von versetzten Personen betreffen, deren Anwesenheit eine Bedrohung der gutnachbarlichen Beziehungen zwischen Österreich und seinen Nachbarstaaten bilden.][1]

1 Sowjetvorschlag. Die französische Delegation ist der Meinung, daß der wesentliche Inhalt des Absatzes 2 a überprüft werden sollte, sobald die Außenminister eine endgültige Entschließung über ähnliche Vorschläge gefaßt haben werden, die im Zusammenhang mit den Problemen der versetzten Personen und der Demographie in Deutschland gestellt worden sind.

[Versetzte Personen und Flüchtlinge

1. Österreich wird auf Flüchtlinge und versetzte Personen auf seinem Gebiete die Grundsätze der Entschließung, betreffend Flüchtlinge und versetzte Personen, anwenden, die von der Generalversammlung der Vereinten Nationen am 12. Februar 1946 angenommen wurde und die in der Beilage VI wiedergegeben ist. Österreich verpflichtet sich, solchen Flüchtlingen und versetzten Personen in jeder Hinsicht dieselben Rechte einzuräumen, die üblicherweise den in Österreich ordnungsgemäß zugelassenen Nichtösterreichern zugestanden werden.

2. Österreich verpflichtet sich, jede internationale Organisation, die mit dem allgemeinen Problem der Flüchtlinge und versetzten Personen verantwortlich befaßt ist, im Hinblick auf die Wiederansiedlung solcher Flüchtlinge und versetzten Personen an anderem Orte zu unterstützen.][2]

2 UK-Vorschlag, den die US- und F-Delegation annehmen.

Artikel 16 bis

Abtransport von Personen deutschen Ursprungs

(Reichsdeutsche und Volksdeutsche)

1. Österreich verpflichtet sich, den Abtransport aus Österreich der deutschen Staatsangehörigen (Reichsdeutschen), die gemäß den bestehenden interalliierten Übereinkünften einschließlich der Beschlüsse des Kontrollrates für Deutschland dem Abtransport nach Deutschland unterliegen, innerhalb einer vom Kontrollrat für Deutschland bestimmten Zeitspanne zu vollenden.

2. Österreich verpflichtet sich ferner, bei der Durchführung der vom Kontrollrat für Deutschland gefaßten oder künftig zu fassenden Pläne für den Abtransport jener Volksdeutschen, deren Abtransport durch die bestehenden interalliierten Übereinkünfte einschließlich der Beschlüsse des Kontrollrates für Deutschland vorgesehen ist, nach Deutschland mitzuwirken.

3. Die Bestimmungen dieses Artikels finden auf Personen, die unter die von der Alliierten Kommission für Österreich genehmigten Ausnahmekategorien fallen, keine Anwendung.

Anmerkung:

In diesem Zusammenhange hat die Sowjetdelegation die Aufmerksamkeit des Rates der Außenminister auf die Notwendigkeit gelenkt, dem Kontrollrat für Deutschland entsprechende Anweisungen zu geben, damit er für die Wiederansiedlung der in Gemäßheit dieses Artikels von Österreich abtransportierten Personen Vorsorge treffe.

[Art. 16 bis des Entwurfes wurde im Moskauer Memorandum vom 15. April 1955 als überholt bzw. überflüssig bezeichnet und von der Wiener Botschafterkonferenz am 3. Mai 1955 gestrichen.]

TEIL II
MILITÄRISCHE UND LUFTKLAUSELN

Abschnitt I

Artikel 17.
Beschränkung der österreichischen Streitkräfte

1. Die Unterhaltung von Land- und Luftstreitkräften und Befestigungen soll eng darauf beschränkt sein, Aufgaben inneren Charakters und der lokalen Verteidigung der Grenzen zu erfüllen. Im Hinblick auf das Vorstehende ist Österreich berechtigt, Streitkräfte zu unterhalten, die aus nicht mehr bestehen als:

a) eine Landarmee, einschließlich Grenzschutz, Luftabwehrtruppen, Gendarmerie und Flußpolizei, in einer Gesamtstärke von 53.000;

b) eine Luftwaffe von 90 Flugzeugen, einschließlich Reserven, von denen nicht mehr als 70 typenmäßig Kampfflugzeuge sein dürfen, mit einer Gesamtstärke des Personals von 5000. Österreich darf keine Flugzeuge besitzen, die ursprünglich als Bomber gebaut wurden und in ihrem Innenraum Vorrichtungen für das Mitführen von Bomben besitzen. Diese Stärkezahlen sollen in jedem Falle Kampf-, Boden- und Reservepersonal einschließen.

2. Österreich verpflichtet sich, keine militärischen Anlagen oder Befestigungen wiederherzustellen, die gemäß den Weisungen der Alliierten Kommission für Österreich zerstört wurden.

3. Die Zahl und die Größe der Flugplätze müssen im genauen Einklang mit den Aufgaben der österreichischen Luftwaffe und den Bedürfnissen der Zivilluftfahrt stehen.

[4. Die im obigen § 1 aufgezählten Streitkräfte werden lediglich mit Waffen

TEIL II
MILITÄRISCHE UND LUFTFAHRT-BESTIMMUNGEN

[Art. 17 des Entwurfes wurde von der Wiener Botschafterkonferenz am 5. Mai 1955 gestrichen.]

[Dieser Sowjetvorschlag wurde am 15. April 1948 zurückgezogen.]

und technischem Material österreichischer Erzeugung ausgerüstet sein.][1]

1 Sowjetvorschlag.

Artikel 18.

Ausschließung von früheren Mitgliedern der nationalsozialistischen und anderen Organisationen vom Dienst in der österreichischen bewaffneten Macht

Den nachstehend angeführten Personen wird es in keinem Falle erlaubt sein, in den in Artikel 17 aufgezählten österreichischen Streitkräften zu dienen.

1. Personen, die nicht die österreichische Staatsbürgerschaft besitzen.

2. Österreichische Staatsangehörige, die zu irgendeiner Zeit vor dem 13. März 1938 deutsche Staatsangehörige waren.

3. Österreichische Staatsangehörige, die in der Zeit vom 13. März 1938 bis zum 8. Mai 1945 in der deutschen Wehrmacht im Range eines Obersten oder in einem höheren Range gedient haben.

4. Österreichische Staatsangehörige, die in eine der unten angeführten Kategorien fallen, mit Ausnahme solcher Personen, die von den zuständigen Stellen gemäß den österreichischen Gesetzen entlastet worden sind:

Personen, die zu irgendeiner Zeit angehört haben:

a) der Nationalsozialistischen Deutschen Arbeiterpartei (NSDAP), den SS-, SA- und SD-Organisationen; der Geheimen Staatspolizei (Gestapo); oder dem nationalsozialistischen (NS) Soldatenring oder der nationalsozialistischen (NS) Offiziersvereinigung; oder welche waren:

b) Führer im nationalsozialistischen Fliegerkorps (NSFK) oder in dem nationalsozialistischen Kraftfahrerkorps (NSKK), in einem Range nicht geringer als der eines Untersturmführers oder Gleichgestellten oder

Artikel 12.

Verbot der Dienstleistung in den österreichischen Streitkräften für ehemalige Mitglieder nazistischer Organisationen und Angehörige bestimmter anderer Personenkreise

Folgenden Personen ist es in keinem Falle erlaubt, in den österreichischen Streitkräften zu dienen:

1. Personen, die nicht die österreichische Staatsangehörigkeit besitzen.

2. Österreichische Staatsangehörige, die zu irgendeiner Zeit vor dem 13. März 1938 deutsche Staatsangehörige waren.

3. Österreichische Staatsangehörige, die in der Zeit vom 13. März 1938 bis zum 8. Mai 1945 in der deutschen Wehrmacht im Range eines Obersten oder in einem höheren Range gedient haben.

4. Österreichische Staatsangehörige, die in eine der folgenden Kategorien fallen, mit Ausnahme solcher Personen, die von den zuständigen Stellen gemäß dem österreichischen Recht entlastet worden sind:

a) Personen, die zu irgendeiner Zeit der Nationalsozialistischen Deutschen Arbeiterpartei (NSDAP), oder den SS-, SA- oder SD-Organisationen, der Geheimen Staatspolizei (Gestapo) oder dem nationalsozialistischen Soldatenring oder der nationalsozialistischen Offiziersvereinigung angehört haben;

b) Führer im nationalsozialistischen Fliegerkorps (NSFK) oder in dem nationalsozialistischen Kraftfahrerkorps (NSKK) in einem Range nicht geringer als der eines Untersturmführers oder Gleichgestellten;

— 1947 —

c) Funktionäre in einer der von der NSDAP kontrollierten oder ihr angeschlossenen Organisation in keinem niedrigeren Range als dem entsprechend einem Ortsgruppenleiter;
d) Verfasser von Druckwerken oder von Drehbüchern, die wegen ihres nazistischen Charakters von der von der österreichischen Regierung bestellten zuständigen Kommission in die Kategorie verbotener Werke eingereiht wurden;
e) Leiter industrieller, finanzieller und kommerzieller Unternehmungen, die auf Grund von offiziellen und authentischen Berichten von bestehenden industriellen, kommerziellen und finanziellen Vereinigungen, Gewerkschaften und Parteiorganisationen von den zuständigen Kommissionen als schuldig befunden wurden, an der Durchführung der Ziele der Nationalsozialistischen Deutschen Arbeiterpartei (NSDAP) oder einer der ihr angeschlossenen Organisationen aktiv mitgearbeitet, die Prinzipien des Nationalsozialismus unterstützt, nationalsozialistische Organisationen oder ihre Tätigkeiten finanziert oder für sie Propaganda getrieben und damit den Interessen eines unabhängigen und demokratischen Österreich geschadet zu haben.
Jede Person, die als Mitglied in die Nationalsozialistische Deutsche Arbeiterpartei (NSDAP) (Parteimitglied) oder als Parteianwärter aufgenommen wurde und das provisorische Recht, das Parteiabzeichen zu tragen, erworben hat, soll als Mitglied der NSDAP angesehen werden.

Artikel 19.

Verbot der militärischen Ausbildung

Personal, das weder dem österreichischen Landheere noch der Luftwaffe angehört, darf keine Art militärischer Aus-

— 1955 —

c) Funktionäre in einer der von der NSDAP kontrollierten oder ihr angegliederten Organisation in keinem niedrigeren Range als dem entsprechend einem Ortsgruppenleiter;
d) Verfasser von Druckwerken oder von Drehbüchern, die wegen ihres nazistischen Charakters von den von der österreichischen Regierung bestellten zuständigen Kommissionen in die Kategorie verbotener Werke eingereiht wurden;
e) Leiter industrieller, kommerzieller und finanzieller Unternehmungen, die auf Grund von offiziellen und authentischen Berichten von bestehenden industriellen, kommerziellen und finanziellen Vereinigungen, Gewerkschaften und Parteiorganisationen von den zuständigen Kommissionen als schuldig befunden wurden, an der Durchführung der Ziele der NSDAP oder einer der ihr angeschlossenen Organisationen aktiv mitgearbeitet, die Prinzipien des Nationalsozialismus unterstützt, nationalsozialistische Organisationen oder ihre Tätigkeit finanziert oder für sie Propaganda getrieben und damit den Interessen eines unabhängigen und demokratischen Österreich geschadet zu haben.

[Der letzte Absatz des Punktes 4 des Art. 18 des Entwurfes wurde von der Wiener Botschafterkonferenz am 4. Mai 1955 gestrichen.]

[Art. 19 des Entwurfes wurde von der Wiener Botschafterkonferenz im Mai 1955 gestrichen.]

bildung oder Ausbildung im militärischen Flugwesen erhalten, wie solches in Annex I bezeichnet ist.

Artikel 20
fällt weg.

Abschnitt II

Artikel 21.
Ausschließung von bestimmten Waffen

Österreich darf weder besitzen noch erzeugen noch zu Versuchen verwenden:

1. Irgendeine Atomwaffe oder eine andere schwerere Waffe, die jetzt oder in der Zukunft als Mittel für Massenzerstörung verwendbar gemacht werden kann und als solche durch das zuständige Organ der Vereinten Nationen bezeichnet worden ist.
2. Irgendeine Art von selbstgetriebenen oder gelenkten Geschossen und Torpedos und desgleichen Apparate, die für deren Abschuß und Kontrolle dienen.
3. Seeminen.
4. Torpedos, die bemannt werden können.
5. Unterseeboote oder andere Unterwasserfahrzeuge.
6. Motor-Torpedoboote.
7. Spezialisierte Typen von Angriffs-Fahrzeugen.
8. Geschütze mit einer Reichweite von mehr als 30 km.
9. Erstickende, ätzende oder giftige Materialien oder biologische Substanzen in größeren Mengen oder anderen Typen als solchen, die für erlaubte zivile Zwecke benötigt werden, oder irgendwelche Apparaturen, die geeignet sind, solche Materialien oder Substanzen für kriegerische Zwecke herzustellen, zu schleudern oder zu verbreiten.

Die Alliierten und Assoziierten Mächte behalten sich das Recht vor, zu diesem Artikel Verbote von irgendwelchen Waf-

[Art. 20 des Entwurfes, von Frankreich und der Sowjetunion unterstützt, verlangte, daß Österreich zu Beginn jedes Budgetjahres sein Militärbudget und die Stärke seiner bewaffneten Macht bekanntgeben sollte. Er wurde vom Außenministerrat am 17. April 1947 gestrichen.]

Artikel 13.
Verbot von Spezialwaffen

1. Österreich soll weder besitzen noch herstellen noch zu Versuchen verwenden:

a) irgendeine Atomwaffe,
b) irgendeine andere schwerere Waffe, die jetzt oder in der Zukunft als Mittel für Massenvernichtung verwendbar gemacht werden kann und als solche durch das zuständige Organ der Vereinten Nationen bezeichnet worden ist,
c) irgendeine Art von selbstgetriebenen oder gelenkten Geschossen, Torpedos sowie Apparaten, die für deren Abschuß und Kontrolle dienen,
d) Seeminen,
e) Torpedos, die bemannt werden können,
f) Unterseeboote oder andere Unterwasserfahrzeuge,
g) Motor-Torpedoboote,
h) spezialisierte Typen von Angriffs-Fahrzeugen,
i) Geschütze mit einer Reichweite von mehr als 30 km,
j) erstickende, ätzende oder giftige Stoffe oder biologische Substanzen in größeren Mengen oder anderen Typen als solchen, die für erlaubte zivile Zwecke benötigt werden, oder irgendwelche Apparate, die geeignet sind, solche Stoffe oder Substanzen für kriegerische Zwecke herzustellen, zu schleudern oder zu verbreiten.

2. Die Alliierten und Assoziierten Mächte behalten sich das Recht vor, zu

fen hinzuzufügen, deren Herstellung sich als Ergebnis wissenschaftlicher Entwicklung ergeben sollte.

diesem Artikel Verbote von irgendwelchen Waffen hinzuzufügen, die als Ergebnis wissenschaftlichen Fortschritts entwickelt werden könnten.

Artikel 22 bis 24.
Siehe Annexe III, IV und Art. 17/§ 2.

Artikel 25.
Verbot von überschüssigem Kriegsmaterial

Österreich soll Kriegsmaterial, das über das zur Aufrechterhaltung der gemäß Artikel 17 des gegenwärtigen Vertrages zugelassenen Streitkräfte erforderliche Ausmaß hinausgeht, weder behalten noch erzeugen noch auf andere Weise erwerben noch Erzeugungsmöglichkeiten dafür aufrechterhalten.

[Art. 25 des Entwurfes wurde von der Wiener Botschafterkonferenz am 5. Mai 1955 gestrichen.]

Artikel 26.
Verfügung über Kriegsmaterial alliierten und deutschen Ursprungs

1. Alles Kriegsmaterial alliierten Ursprungs in Österreich muß zur Verfügung der betreffenden Alliierten und Assoziierten Mächte gestellt werden, gemäß den Weisungen, die von der betreffenden Macht gegeben werden.

Innerhalb eines Jahres vom Inkrafttreten des vorliegenden Vertrages muß Österreich für Militärzwecke unbrauchbar machen oder vernichten:

Alles überschüssige Kriegsmaterial deutschen oder nichtalliierten Ursprungs; insoweit als es sich auf modernes Kriegsmaterial bezieht, alle deutschen und japanischen Zeichnungen einschließlich vorhandene Werkzeichnungen (blue prints), Muster (prototypes), Experimentiermodelle und Pläne sowie alles Kriegsmaterial, das durch Artikel 21 dieses Vertrages verboten ist.

Alle spezialisierten Einrichtungen einschließlich Forschungs- und Produk-

Artikel 14.
Verfügung über Kriegsmaterial alliierten und deutschen Ursprungs

1. Alles Kriegsmaterial alliierten Ursprungs in Österreich wird der betreffenden Alliierten oder Assoziierten Macht gemäß den von dieser Macht gegebenen Weisungen zur Verfügung gestellt werden. Österreich verzichtet auf alle Rechte an dem obenerwähnten Kriegsmaterial.

2. Innerhalb eines Jahres vom Inkrafttreten des vorliegenden Vertrages soll Österreich für Militärzwecke unbrauchbar machen oder vernichten:

alles überschüssige Kriegsmaterial deutschen oder nichtalliierten Ursprungs;

insoweit als sie sich auf modernes Kriegsmaterial beziehen, alle deutschen und japanischen Zeichnungen einschließlich vorhandener Werkszeichnungen, Muster und Experimentiermodelle und Pläne;

alles Kriegsmaterial, das durch Artikel 13 des vorliegenden Vertrages verboten ist;

tionsausrüstung, die durch Artikel 21 [und 27][1] verboten sind und nicht für eine erlaubte Forschung, Entwicklung oder Konstruktion umgeändert werden können oder die das Ausmaß dessen übersteigen, was für die militärischen Bedürfnisse gemäß den Artikeln 17 und 25 des vorliegenden Vertrages notwendig ist.

2. Österreich wird, innerhalb von sechs Monaten nach Inkrafttreten des vorliegenden Vertrages, den Regierungen der Sowjetunion, der Vereinigten Staaten von Amerika, des Vereinigten Königreiches und Frankreichs eine Liste von dem in Paragraph 1 aufgezählten Kriegsmaterial und Einrichtungen übermitteln.

3. Österreich verzichtet auf alle Rechte an vorerwähntem Kriegsmaterial.

[4. Österreich darf kein Kriegsmaterial deutschen oder nichtösterreichischen Ursprungs oder Entwurfs, weder öffentlich noch privat oder durch irgendwelche andere Mittel, herstellen, erwerben oder besitzen.

Dies bedeutet nicht ein Verbot, solche beschränkte Mengen von Kriegsmaterial deutschen oder nichtalliierten Ursprungs oder Entwurfs zu verwenden, das nach dem zweiten Weltkrieg in Österreich verblieben ist und für die durch Artikel 17 dieses Vertrages gestattete Aufrichtung einer Wehrmacht benötigt wird.][2]

[Österreich darf kein Kriegsmaterial deutschen Entwurfs herstellen.][3]

5. Eine Definition und Liste des Kriegsmaterials für die Zwecke des vorliegenden Vertrages sind in Annex II enthalten.

1 Französischer Vorschlag, mit dem die Sowjetdelegation einverstanden ist. Die Delegationen der USA und UK widersetzen sich dem Vorschlag.

2 Sowjetvorschlag.

3 USA-Vorschlag, dem die Delegation Frankreichs und des UK zustimmen.

alle spezialisierten Einrichtungen einschließlich Forschungs und Produktionsausrüstung, die durch Artikel 13 verboten sind und nicht für eine erlaubte Forschung, Entwicklung oder Konstruktion umgeändert werden können.

3. Österreich wird innerhalb von sechs Monaten nach Inkrafttreten des vorliegenden Vertrages den Regierungen der Sowjetunion, des Vereinigten Königreiches, der Vereinigten Staaten von Amerika und Frankreichs eine Liste von Kriegsmaterial und Einrichtungen übermitteln, die in Paragraph 2 aufgezählt sind.

4. Österreich soll kein Kriegsmaterial deutschen Entwurfes herstellen.

Österreich soll kein Kriegsmaterial deutscher Erzeugung oder deutschen Ursprungs oder Entwurfes öffentlich oder privat oder durch irgendwelche andere Mittel erwerben oder besitzen, mit der Ausnahme, daß die österreichische Regierung zur Aufstellung der österreichischen Streitkräfte beschränkte Mengen von Kriegsmaterial deutscher Erzeugung, deutschen Ursprunges oder Entwurfes, das nach dem Zweiten Weltkrieg in Österreich verblieben ist, verwenden kann.

5. Eine Definition und Liste des Kriegsmaterials für die Zwecke des vorliegenden Vertrages sind in Annex I enthalten.

Artikel 27.

Verhinderung der deutschen Wiederaufrüstung

1. Österreich wird den Alliierten und Assoziierten Mächten volle Mitwirkung gewähren, um Sicherheit dafür zu schaffen, daß Deutschland nicht in der Lage ist, außerhalb des deutschen Territoriums Schritte für eine Wiederaufrüstung zu unternehmen.

[2. Österreich verpflichtet sich, die Beschränkungen und Verbote, die in den Beilagen III, IV und V des vorliegenden Vertrages aufgestellt sind, einzuhalten.[1]]

3. Österreich darf in der militärischen oder zivilen Luftfahrt oder bei Experimenten, Entwürfen, in der Produktion oder Instandhaltung von Kriegsmaterial weder anstellen noch einüben:

Personen, die deutsche Staatsangehörige sind oder zu irgendeiner Zeit vor dem 13. März 1938 deutsche Staatsangehörige waren, oder österreichische Staatsangehörige, die vom Dienst in den Streitkräften gemäß Artikel 18 ausgeschlossen sind [oder Personen, die nicht österreichische Staatsangehörige sind].[2]

[1] Französischer Vorschlag, mit dem die Sowjetdelegation übereinstimmt. Die US- und UK-Delegationen sind gegen die Aufnahme dieses Paragraphen und seiner Annexe. Immerhin machte die UK-Delegation folgenden Vorbehalt: Falls die Minister die Aufnahme von Einschränkungen dieser Art in den Vertrag beschließen sollten, könnte die UK-Delegation, vorbehaltlich der Einfügung einer spezifizierten, zeitlichen Begrenzung dieser Einschränkungen, nachstehende Paragraphen annehmen:

Annex III, paras. I b), II, III.

Annex IV, paras. I, III a), c) und e), und könnte, vorbehaltlich von Modifikationen, die folgenden Paragraphen dieser Annexe annehmen;

Annex III, paras. I c).

Annex IV, paras. II a) und d).

Annex V.

2 Sowjetvorschlag, dem sich die französische, UK- und US-Delegation widersetzt.

Artikel 15.

Verhinderung der deutschen Wiederaufrüstung

1. Österreich arbeitet mit den Alliierten und Assoziierten Mächten voll zusammen, um zu gewährleisten, daß Deutschland nicht in der Lage ist, außerhalb des deutschen Territoriums Schritte für eine Wiederaufrüstung zu unternehmen.

[Abs. 2 des Entwurfes sowie die Annexe III, IV und V wurden am 1. April 1949 vom französischen Sonderbeauftragten zurückgezogen; die Sowjetunion verzichtete auf diesen Absatz sowie die Annexe III, IV und V am 6. Oktober 1949.]

2. Österreich soll in der militärischen oder zivilen Luftfahrt oder bei Experimenten, Entwürfen, bei der Produktion oder Instandhaltung von Kriegsmaterial weder verwenden noch ausbilden:

Personen, die deutsche Staatsangehörige sind oder zu irgendeiner Zeit vor dem 13. März 1938 deutsche Staatsangehörige waren;

oder österreichische Staatsangehörige, die von der Dienstleistung in den Streitkräften gemäß Artikel 12 ausgeschlossen sind;

oder Personen, die nicht österreichische Staatsangehörige sind.

Artikel 28.

Verbot der Verwendung von deutschen und japanischen Zivilflugzeugen

Österreich darf zivile Luftfahrzeuge deutschen oder japanischen Musters oder solche Luftfahrzeuge, die eine größere Zahl von Teilen deutscher oder japanischer Herstellung oder Konstruktion enthalten, weder erwerben noch erzeugen.

Artikel 29.

(Siehe Annex V)

Artikel 30.

Dauer der Beschränkungen

Jede der militärischen und Luftfahrtklauseln des vorliegenden Vertrages soll in Kraft bleiben, bis sie zur Gänze oder zum Teil durch ein Abkommen zwischen den Alliierten und Assoziierten Mächten und Österreich oder, nachdem Österreich ein Mitglied der Vereinten Nationen geworden ist, durch ein Abkommen zwischen dem Sicherheitsrat und Österreich abgeändert werden.

Abschnitt IV

Artikel 31.

Kriegsgefangene

1. Österreicher, die derzeit Kriegsgefangene sind, sollen sobald als möglich gemäß Vereinbarungen, die zwischen den einzelnen Mächten, die solche Kriegsgefangene festhalten, und Österreich abzuschließen sind, heimbefördert werden.

2. Alle Kosten, einschließlich der Erhaltungskosten, die sich aus dem Transport von Österreichern, die derzeit Kriegsgefangene sind, aus den in Betracht kommenden Sammellagern, wie sie von der Regierung der betreffenden Alliierten und Assoziierten Macht ausgewählt worden sind, bis zum Punkte

Artikel 16.

Verbot betreffend Zivilflugzeuge deutscher und japanischer Bauart

Österreich soll zivile Luftfahrzeuge deutscher oder japanischer Bauart oder solche Luftfahrzeuge, die eine größere Zahl von Teilen deutscher oder japanischer Herstellung oder Bauart enthalten, weder erwerben noch erzeugen.

[Die Artikel 12–16 des Staatsvertrages wurden im November 1990 von der Bundesregierung als „obsolet“ erklärt; vgl. unten S. 776–779.]

Artikel 17.

Dauer der Beschränkungen

Jede der militärischen und Luftfahrtsbestimmungen des vorliegenden Vertrages bleibt in Kraft, bis sie zur Gänze oder zum Teil durch ein Abkommen zwischen den Alliierten und Assoziierten Mächten und Österreich oder, nachdem Österreich Mitglied der Vereinten Nationen geworden ist, durch ein Abkommen zwischen dem Sicherheitsrat und Österreich abgeändert wird.

Artikel 18.

Kriegsgefangene

1. Österreicher, die derzeit Kriegsgefangene sind, sollen sobald als möglich gemäß Regelungen, die zwischen den einzelnen Mächten, die solche Kriegsgefangene festhalten, und Österreich zu vereinbaren sind, heimbefördert werden.

2. Alle Kosten einschließlich der Unterhaltskosten, die sich aus dem Transport von Österreichern, die derzeit Kriegsgefangene sind, aus den in Betracht kommenden Sammelstellen, wie sie von der Regierung der betreffenden Alliierten oder Assoziierten Macht aus-

ihres Eintrittes auf österreichisches Gebiet ergeben, sollen von der österreichischen Regierung getragen werden.

Artikel 32
fällt weg.

[Am 25. Juli 1949 wurde von sowjetischer Seite ein Artikel über „Kriegsgräber und Denkmäler" eingebracht, dem ein britischer Alternativvorschlag mit amerikanischer und französischer Unterstützung entgegengesetzt wurde. Die Entwürfe zur Regelung dieser Materie wurden als Vorschläge zu einem neuen Art. 32 in den Vertragsentwurf eingearbeitet. Im Oktober 1949 einigten sich die Außenminister auf Übernahme des sowjetischen Vorschlages, der demnach dem endgültigen Text (nunmehr Art. 19) zugrunde liegt.]

gewählt worden sind, bis zum Punkte ihres Eintrittes auf österreichisches Gebiet ergeben, werden von der österreichischen Regierung getragen werden.

[Art. 32 des Entwurfes in der Fassung, die von den Sonderbeauftragten am 29. März 1947 in Moskau dem Rat der Außenminister vorgelegt wurde, wurde in der Ratssitzung am 17. April 1947 gestrichen. Es handelte sich um einen französischen Vorschlag, dem sich die Delegationen der Vereinigten Staaten, des Vereinigten Königreiches und der Sowjetunion widersetzten. Er trug den Titel „Kommission der Militärexperten". Zum Inhalt siehe S. 101–102.]

Artikel 19.
Kriegsgräber und Denkmäler

1. Österreich verpflichtet sich, die auf österreichischem Gebiet befindlichen Gräber von Soldaten, Kriegsgefangenen und zwangsweise nach Österreich gebrachten Staatsangehörigen der Alliierten Mächte und jener der anderen Vereinten Nationen, die sich mit Deutschland im Kriegszustand befanden, zu achten, zu schützen und zu erhalten; desgleichen die Gedenksteine und Embleme dieser Gräber sowie Denkmäler, die dem militärischen Ruhm der Armeen gewidmet sind, die auf österreichischem Staatsgebiet gegen Hitler-Deutschland gekämpft haben.

2. Die österreichische Regierung wird jede Kommission, Delegation oder andere Organisation anerkennen, die von dem betreffenden Land ermächtigt ist, die in Paragraph 1 angeführten Gräber und Bauten zu identifizieren, zu registrieren, zu erhalten und zu regulieren; sie wird die Arbeit solcher Organisationen erleichtern, sie wird hinsichtlich der obenerwähnten Gräber

Teil III

Artikel 33.

Rückziehung der Alliierten Streitkräfte

1. Das Übereinkommen über den Kontrollmechanismus in Österreich vom 28. Juni 1946 soll mit dem Inkrafttreten des vorliegenden Vertrages seine Wirksamkeit verlieren.

2. Mit dem Inkrafttreten des vorliegenden Vertrages wird die gemäß § 4 des im Abkommen über Besetzungszonen in Österreich und die Verwaltung der Stadt Wien vom 9. Juli 1945 errichtete interalliierte Regierungsbehörde (Commendatura) aufhören, irgendwelche Funktionen im Hinblick auf die Verwaltung der Stadt Wien auszuüben. Das Übereinkommen über die Besetzungszonen *[sic]* in Österreich wird mit der Beendigung der Räumung Österreichs durch die Streitkräfte der Alliierten und Assoziierten Mächte und auf alle Fälle mit dem Ablauf von 90 Tagen, angefangen vom Inkrafttreten des vorliegenden Vertrages, außer Kraft treten.

3. Die Streitkräfte der Alliierten und

und Bauten die für nötig befundenen Abkommen mit dem betreffenden Land oder mit jeder von ihm bevollmächtigten Kommission oder Delegation oder mit irgendeiner anderen Organisation abschließen. Sie erklärt desgleichen ihr Einverständnis, in Übereinstimmung mit angemessenen sanitären Vorsichtsmaßnahmen jede Erleichterung für die Exhumierung und Überführung der in den erwähnten Gräbern bestatteten Überreste in deren Heimatland zu gewähren, sei es auf Ansuchen der offiziellen Organisationen des betreffenden Staates oder auf Ansuchen der Angehörigen der beerdigten Personen.

Teil III

Artikel 20.

Zurückziehung der Alliierten Streitkräfte

1. Das Übereinkommen über den Kontrollapparat in Österreich vom 28. Juni 1946 verliert mit dem Inkrafttreten des vorliegenden Vertrages seine Wirksamkeit.

2. Mit dem Inkrafttreten des vorliegenden Vertrages hört die gemäß Paragraph 4 des Abkommens über Besatzungszonen in Österreich und die Verwaltung der Stadt Wien vom 9. Juli 1945 errichtete interalliierte Kommandantur auf, irgendwelche Funktionen hinsichtlich der Verwaltung der Stadt Wien auszuüben. Das Übereinkommen über die Besatzungszonen in Österreich tritt mit der Beendigung der Räumung Österreichs durch die Streitkräfte der Alliierten und Assoziierten Mächte gemäß Paragraph 3 dieses Artikels außer Kraft.

3. Die Streitkräfte der Alliierten und Assoziierten Mächte und die Mitglieder der Alliierten Kommission für Österreich werden innerhalb von neunzig Tagen, an-

Assoziierten Mächte und die Mitglieder der Alliierten Kommission für Österreich werden sobald wie möglich und auf alle Fälle innerhalb von 90 Tagen, angefangen vom Inkrafttreten des vorliegenden Vertrages, aus Österreich zurückgezogen werden.

4. Die österreichische Regierung wird den Streitkräften der Allierten und Assoziierten Mächte und den Mitgliedern der Alliierten Kommission für Österreich bis zu ihrer Rückziehung aus Österreich alle Rechte, Immunitäten und Erleichterungen gewähren, die diesen unmittelbar vor dem Inkrafttreten des vorliegenden Vertrages zustanden.

5. Die Alliierten und Assoziierten Mächte verpflichten sich, der österreichischen Regierung innerhalb des festgesetzten Zeitraumes von 90 Tagen zurückzustellen:

a) alle Zahlungsmittel, die den Alliierten und Assoziierten Mächten für Okkupationszwecke kostenlos zur Verfügung gestellt worden und im Zeitpunkt der Beendigung der Zurückziehung unverausgabt geblieben sind;

b) alles österreichische Eigentum, das von alliierten Streitkräften oder von der Alliierten Kommission requisitioniert wurde und sich noch in deren Besitz befindet. Die sich aus diesem Unterparagraphen ergebenden Verpflichtungen sind vorbehaltlich der Bestimmungen des Artikels 35 des vorliegenden Vertrages anzuwenden.

gefangen vom Inkrafttreten des vorliegenden Vertrages, *soweit irgend möglich, spätestens bis zum 31. Dezember 1955, aus Österreich zurückgezogen.*

4. Die österreichische Regierung wird den Streitkräften der Alliierten und Assoziierten Mächte und den Mitgliedern der Alliierten Kommission für Österreich bis zu ihrer Zurückziehung aus Österreich alle Rechte, Immunitäten und Begünstigungen gewähren, die ihnen unmittelbar vor dem Inkrafttreten dieses Vertrages zustanden.

5. Die Alliierten und Assoziierten Mächte verpflichten sich, der österreichischen Regierung nach Inkrafttreten dieses Vertrages und innerhalb der in Paragraph 3 dieses Artikels vorgesehenen Frist zurückzustellen:

a) alles Geld, das den Alliierten und Assoziierten Mächten für Okkupationszwecke kostenlos zur Verfügung gestellt worden und im Zeitpunkt der Beendigung der Zurückziehung der alliierten Streitkräfte unverausgabt geblieben ist;

b) alles österreichische Eigentum, das von alliierten Streitkräften oder von der Alliierten Kommission requiriert wurde und sich noch in deren Besitz befindet. Die sich aus diesem Absatz ergebenden Verpflichtungen sind vorbehaltlich der Bestimmungen des Artikels 22 dieses Vertrages zu erfüllen.

[Der kursivgedruckte Textteil in Art. 20, Abs. 3 wurde von der Wiener Botschafterkonferenz am 11. Mai 1955 auf französischen Antrag angenommen. Siehe Seite 502.]

Teil IV
Aus dem Kriege herrührende Ansprüche

Abschnitt I

Artikel 34.
Reparationen

[Die Alliierten und Assoziierten Mächte erklären, daß sie weder für sich selbst, noch für ihre Staatsangehörigen, an Österreich Reparationsforderungen stellen werden, soweit solche Forderungen direkt auf dem Kriege oder auf Maßnahmen, die infolge des Vorhandenseins eines Kriegszustandes in Europa nach dem 1. September 1939 Platz griffen, beruhen, gleichgültig, ob die Alliierte und Assoziierte Macht zu jener Zeit mit Deutschland im Kriege war.][1]

[1] UK- und US-Vorschlag.
Die Sowjetdelegation schlägt vor, den Vorschlag der jugoslawischen Delegation in Betracht zu ziehen, der in den Dokumenten CFM (D) (47) (A), 10 und 75, vom 21. Jänner und 17. Februar 1947, dargelegt ist und sich auf ihre Reparationsforderungen gegen Österreich bezieht. Die französische Delegation stimmt im Prinzip dem UK- und US-Vorschlag zu, vorausgesetzt, daß die Minister das darin enthaltene Prinzip annehmen, behält sich jedoch das Recht kleinerer Entwurfsänderungen vor.

Teil IV
Aus dem Krieg herrührende Ansprüche

Artikel 21.
Reparationen

Von Österreich werden keine Reparationen verlangt, die sich aus dem Bestehen eines Kriegszustandes in Europa nach dem 1. September 1939 ergeben.

[Einvernehmen über den Inhalt dieses Artikels wurde auf der Tagung des Außenministerrates in Paris im Juni 1949 erzielt und die endgültige Textformulierung von den Sonderbeauftragten am 7. Juli 1949 vorgenommen.]

Der nun folgende Artikel über die deutschen Vermögenswerte in Österreich (Art. 35 des Vertragsentwurfes, Art. 22 des endgültigen Vertragstextes) ist der schwierigste und umstrittenste Artikel des ganzen Vertragswerks. Eine einfache Gegenüberstellung der Texte von 1947 und 1955 läßt sich aus zwei Gründen nicht bewerkstelligen:

Erstens gab es 1947 vier verschiedene Entwürfe der vier Mächte, die aus Gründen der Übersichtlichkeit nebeneinander gestellt werden sollten, jedoch aus Platzgründen hintereinander in der in den Dokumenten von 1947 eingehaltenen Reihenfolge abgedruckt werden: amerikanischer, britischer, französischer und sowjetischer Vorschlag.

Zweitens ist der Text des endgültigen Artikels 22 vom Jahre 1955 aus historischen Gründen höchst inhomogen: Einvernehmen über die Absätze 1 bis 12 und die Listen 1 bis 5 wurden auf Grundlage des sogenannten Cherrière-Plans (siehe oben Kapitel III) nach rund zweijährigen Verhandlungen im Kompromißwege am 18. November 1949 erzielt. Die Absätze 13 und 14 (unten kursiv gedruckt) wurden erst von der Wiener Botschafterkonferenz am 12. Mai 1955 beschlossen. Diese beiden Absätze sowie der in Absatz 14 genannte Annex II des Vertrags (Text unten S. 760–761) beziehen sich auf die Ablösevereinbarungen des Moskauer Memorandums vom 15. April 1955. Durch diese Vereinbarungen des Moskauer Memorandums (vgl. oben S. 668–669 *sowie unten S. 762–764) wurden jedoch die Bestimmungen der Absätze 1 bis 4 (Erdölrechte der Sowjetunion in Österreich) des Artikels 22 hinfällig. Absatz 5 des Artikels 22 (Donau-Dampfschiffahrtsgesellschaft) wurde teilweise hinfällig, da die im östlichen Österreich gelegenen Vermögenswerte der DDSG ebenfalls von Österreich abgelöst wurden, die in Ungarn, Rumänien und Bulgarien gelegenen Vermögenswerte der DDSG jedoch tatsächlich der Sowjetunion zufielen. Sohin haben auch die zum Artikel 22 gehörenden Listen 1 bis 5 von Rechten und Vermögenswerten auf dem Erdölsektor und bezüglich der DDSG im östlichen Österreich, die der Sowjetunion übertragen werden sollten, nur mehr historische Bedeutung, da die sowjetischen Rechte aufgrund der Vereinbarungen des Moskauer Memorandums vom 15. April 1955 abgelöst wurden. Eine Ausnahme bilden nur die Listen 1 und 2 insofern, als die darin erwähnten Rechte und Vermögenschaften (Erdölfelder und Ölschurfkonzessionen) von Österreich gemäß Absatz 13 des Artikels 22 nicht in ausländisches Eigentum übertragen werden dürfen. Allerdings gehört Absatz 13 des Artikels 22 zu jenen Bestimmungen, die gemäß der Erklärung der Bundesregierung vom 6. November 1990 als obsolet anzusehen sind (vgl. unten S. 776). Ferner ist festzuhalten, daß in Absatz 11 des Artikels 22 die drei Westalliierten die von ihnen innegehabten oder beanspruchten Werte an Österreich „übertragen". Diese Formulierung kam erst im Mai 1955 zustande; sie bedeutete eine bessere Sicherung des österreichischen Rechtstitels auf das deutsche Eigentum, als es das in früheren Entwürfen gebrauchte Wort „überlassen" dargestellt hatte.*

Artikel 35.

Deutsche Vermögenswerte in Österreich

US-Vorschlag

1. Österreich anerkennt, daß die US, UK, USSR und Frankreich berechtigt sind, über alle deutschen Vermögenswerte in Österreich gemäß den Bestimmungen des Berliner Protokolles vom 2. August 1945, betreffend deutsche Reparationen, zu verfügen. Österreich wird alle erforderlichen Maßnahmen treffen, um die Übertragung allen Eigentums in Österreich, das deutsche Vermögenswerte darstellt, an die vier Mächte zu erleichtern.

2. Als deutsche Vermögenswerte gelten Eigentum, Rechte und Interessen, die am 8. Mai 1945 im wirtschaftlich arbeitenden Besitz der deutschen Regierung oder deutscher Staatsangehöriger waren, und zwar:

a) die schon am 12. März 1938 im

Artikel 22.

Deutsche Vermögenswerte in Österreich

Die Sowjetunion, das Vereinigte Königreich, die Vereinigten Staaten von Amerika und Frankreich haben das Recht, über alle ehemaligen deutschen Vermögenswerte in Österreich gemäß dem Protokoll der Berliner Konferenz vom 2. August 1945 zu verfügen.

1. Die Sowjetunion erhält für eine Geltungsdauer von dreißig Jahren Konzessionen auf Ölfelder, die 60% der Ölförderung in Österreich im Jahre 1947 entsprechen, sowie Eigentumsrechte an allen Gebäuden, Konstruktionen, Ausrüstung und anderen Vermögenschaften, die gemäß Liste Nr. 1 und Karte Nr. 1, welche dem Vertrag angeschlossen ist, zu diesen Ölfeldern gehören. *[Karte nicht aufgenommen.]*

2. Die Sowjetunion erhält Konzession auf 60% aller im östlichen Österreich

Besitz der deutschen Regierung oder deutscher Staatsangehöriger gewesen sind;

b) die nach dem 12. März 1938 von der deutschen Regierung oder von Personen, die am 12. März 1938 deutsche Staatsangehörige gewesen sind, erworben wurden, sofern diese Erwerbung nicht durch Gewalt oder Zwang erfolgte.

3. Alle auf diese Weise übertragenen Vermögenswerte werden den Vorschriften der österreichischen Gesetze unterliegen, mit der Ausnahme, daß sie innerhalb einer Zeitspanne von ... nach dem Inkrafttreten des Vertrages von Österreich nicht verstaatlicht werden können.

4. Das Gebiet des östlichen Österreich, auf das sich das Berliner Protokoll bezieht, umfaßt die sowjetische Besatzungszone in Österreich mit dem sowjetischen Sektor in der Stadt Wien.

Artikel 35.

Deutsche Vermögenswerte in Österreich

UK-Vorschlag

Österreich anerkennt die Gültigkeit der Entscheidung der Berliner Konferenz vom 2. August 1945 über deutsche Vermögenswerte im Ausland und das Recht der Sowjetunion, des Vereinigten Königreiches, der Vereinigten Staaten und Frankreichs, über alle deutschen Vermögenswerte in Österreich als deutsche Reparationen zu verfügen. Österreich verpflichtet sich, alle nötigen Maßnahmen zu ergreifen, um die Übertragung solcher Vermögenswerte [in Übereinstimmung mit den Bestimmungen dieses Artikels und des Annex VII][1] zu erleichtern.

2. Für Zwecke der Anwendung des Potsdamer Beschlusses werden deutsche Vermögenswerte wie folgt definiert:

a) Alles Eigentum, Rechte und Interessen in Österreich, die vor dem gelegenen Schurfgebiete, die deutsche Vermögenschaften sind, auf welche die Sowjetunion gemäß dem Potsdamer Abkommen Anspruch hat und welche derzeit in ihrem Besitz sind, gemäß der Liste Nr. 2 und der Karte Nr. 2, welche dem Vertrag angeschlossen ist. *[Karte nicht aufgenommen.]*

Die Sowjetunion hat das Recht, in den in diesem Paragraph erwähnten Schurfgebieten acht Jahre hindurch Schurfarbeiten durchzuführen und anschließend durch einen Zeitraum von 25 Jahren, beginnend mit dem Zeitpunkt des Fündigwerdens, Öl zu gewinnen.

3. Die Sowjetunion erhält Ölraffinerien mit einer jährlichen Gesamtproduktion von 420.000 Tonnen Rohöl gemäß Liste Nr. 3.

4. Die Sowjetunion erhält jene mit der Verteilung von Ölprodukten befaßten Unternehmungen, die sie zur Verfügung hat, gemäß der Liste Nr. 4.

5. Die Sowjetunion erhält die in Ungarn, Rumänien und Bulgarien gelegenen Vermögenswerte der DDSG; desgleichen gemäß der Liste Nr. 5 100% der im östlichen Österreich gelegenen Vermögenswerte der Donau-Dampfschiffahrts-Gesellschaft.

6. Die Sowjetunion überträgt an Österreich Vermögenschaften, Rechte und Interessen, die sie als deutsche Vermögenswerte mit der vorhandenen Ausstattung innehat oder beansprucht, und überträgt auch Kriegsindustrie-Unternehmungen zusammen mit vorhandenen Ausstattungen, Häusern und ähnlichem Immobiliarvermögen einschließlich von in Österreich gelegenen Grundstücken, die sie als Kriegsbeute innehat oder beansprucht mit Ausnahme der in den Paragraphen 1, 2, 3, 4 und 5 dieses Artikels erwähnten Vermögenswerte. Österreich verpflichtet sich seinerseits, der Sowjet-

12. März 1938 im Besitze Deutschlands oder deutscher Staatsangehöriger standen und noch in deutschem Besitz sind.

b) Alles Eigentum, Rechte und Interessen, die seit dem 12. März 1938 auf Grund eines bona-fide-Verkaufes an Deutschland oder deutsche Staatsangehörige übertragen wurden und noch in deutschem Besitz sind.

c) Wo Eigentum, Rechte und Interessen in Österreich seit dem 12. März 1938 ohne vollständige und wirklich geleistete Entschädigung an Deutschland oder deutsche Staatsangehörige übertragen wurden, werden das Eigentum, die Rechte und Interessen an den früheren Eigentümer zurückfallen, vorausgesetzt, daß er die Entschädigung zurückzahlt, die dann einen deutschen Vermögenswert darstellt.

3. Wo ein Eigentum, Rechte und Interessen durch Deutschland oder deutsche Staatsangehörige seit dem 12. März 1938 durch Gewalt oder Zwang oder durch die Anwendung von Österreich aufgebürdeten Nazigesetzen erworben wurden, steht es dem früheren Eigentümer frei, die Rückgabe seines Eigentums zu fordern. Unter solchen Umständen wird jede Meinungsverschiedenheit über die Rechtsgültigkeit dieser Forderung Gegenstand zweiseitiger Verhandlungen sein und mangels einer Regelung einem Schiedsgericht unterbreitet werden. Wenn mehr wie *[sic]* eine Regierung in diese Meinungsverschiedenheit einbezogen ist, werden Verhandlungen zwischen diesen Regierungen stattfinden und sie wird mangels einer Regelung eine solche Meinungsverschiedenheit ebenfalls einem Schiedsgericht unterbreitet.

4. Der in diesem Artikel gebrauchte Ausdruck „deutsche Staatsangehörige“ bedeutet:

union 150,000.000 USA-Dollar in frei konvertierbarer Währung innerhalb eines Zeitraumes von sechs Jahren zu zahlen.

Die angeführte Summe wird der Sowjetunion von Österreich in gleichen dreimonatlichen Raten von 6,250.000 Dollar in frei konvertierbarer Währung gezahlt werden. Die erste Zahlung wird am ersten Tag des zweiten Monats geleistet werden, der auf den Monat folgt, in dem der vorliegende Vertrag in Kraft tritt. Die folgenden dreimonatlichen Zahlungen werden am ersten Tag des entsprechenden Monates geleistet werden. Die letzte dreimonatliche Zahlung wird am letzten Tag des Zeitraumes von sechs Jahren nach dem Inkrafttreten des Vertrages geleistet.

Die Grundlage für die in diesem Artikel vorgesehenen Zahlungen ist der USA-Dollar zu seiner Goldparität am 1. September 1949, das sind 35 Dollar für eine Unze Gold.

Als Sicherstellung für die pünktliche Zahlung der obenerwähnten der Sowjetunion zustehenden Summen wird die Österreichische Nationalbank der Staatsbank der UdSSR innerhalb von zwei Wochen nach Inkrafttreten des vorliegenden Vertrages Wechsel über die Gesamtsumme von 150,000.000 USA-Dollar ausstellen, die zu den im vorliegenden Artikel vorgesehenen Zeitpunkten fällig zu stellen sind.

Die von Österreich auszustellenden Wechsel sind unverzinslich. Die Staatsbank der UdSSR beabsichtigt nicht, diese Wechsel weiterzubegeben, sofern die österreichische Regierung und die österreichische Nationalbank ihre Verpflichtungen pünktlich und genau erfüllen.

7. Rechtsbestimmungen betreffend die Vermögenswerte:

a) Alle ehemaligen deutschen Vermögenswerte, die gemäß Paragraph 1, 2,

a) Physische Personen, welche am 8. Mai 1945 die deutsche Staatsangehörigkeit besaßen, ausgenommen jene, welche eine solche Staatsangehörigkeit infolge der nach dem 12. März 1938 erfolgten Einverleibung irgendeines Gebietes in das Deutsche Reich erworben haben, sowie ausgenommen jene, die die Erlaubnis hatten, sich frei in dem Gebiete einer der Alliierten oder Assoziierten Mächte während der Zeit, wo diese Macht sich vor dem 8. Mai 1945 mit Deutschland im Kriege befand, aufzuhalten.

b) Gesellschaften, die ihren Gesellschaftssitz innerhalb der Grenzen Deutschlands haben, wie diese am 12. März 1938 waren.

5. Ein im Wege der Reparation übertragener deutscher Vermögenswert übernimmt damit alle Rechte, die mit einem solchen Vermögenswert verknüpft sind, und unterliegt allen Forderungen, die gegen ihn nach österreichischem Gesetz geltend gemacht werden können. Ein solcher Vermögenswert und seine Nutznießung unterliegt in jeder Beziehung dem österreichischen Gesetz.

1 Die französische Delegation hält die Aufnahme der eingeklammerten Worte für unnötig.

Artikel 35.

Deutsche Vermögenswerte in Österreich

F-Vorschlag

1. Österreich anerkennt die Gültigkeit der Entscheidung der Berliner Konferenz vom 2. August 1945 über deutsche Vermögenswerte im Ausland und das Recht der Sowjetunion, des Vereinigten Königreiches, der Vereinigten Staaten und Frankreichs, über alle deutschen Vermögenswerte in Österreich als deutsche Reparationen zu verfügen. Österreich verpflichtet sich, alle erforderlichen Maß-

3, 4 und 5 dieses Artikels Eigentum der Sowjetunion geworden sind, bleiben grundsätzlich unter österreichischer Staatshoheit und dementsprechend finden die österreichischen Gesetze auf sie Anwendung.

b) Hinsichtlich Gebühren und Abgaben, Vorschriften für Handel, Gewerbe und Industrie und der Einhebung von Steuern, unterliegen diese Vermögenswerte nicht weniger günstigen Bestimmungen als jenen, die auf Unternehmungen Anwendung finden oder Anwendung finden werden, die Österreich oder seinen Staatsangehörigen und auch anderen Staaten und Personen gehören, denen Meistbegünstigungsbehandlung gewährt wird.

c) Alle ehemaligen deutschen Vermögenswerte, die Eigentum der Sowjetunion geworden sind, sollen nicht ohne Zustimmung der Sowjetunion enteignet werden.

d) Österreich wird hinsichtlich der Ausfuhr von Gewinnen und anderen Einkommen (das sind Miet- oder Pachtzinse) in Form von Produkten oder irgendeiner erhaltenen frei konvertierbaren Währung keine Schwierigkeiten bereiten.

e) Die der Sowjetunion übertragenen Rechte, Vermögenschaften und Interessen sowie die Rechte, Vermögenschaften und Interessen, welche die Sowjetunion Österreich überträgt, werden ohne Lasten oder Ansprüche seitens der Sowjetunion oder seitens Österreichs übertragen. Unter den Ausdrücken „Lasten und Ansprüche“ sind nicht nur Gläubiger-Ansprüche zu verstehen, die sich aus der Ausübung der Alliierten Kontrolle über diese Vermögenschaften, Rechte und Interessen nach dem 8. Mai 1945 ergeben, sondern auch alle anderen Ansprüche einnahmen zu ergreifen, um die Übertragung solcher Vermögenswerte zu erleichtern.

2.a) Für den Zweck dieses Artikels umfaßt der Begriff „deutsche Vermögenswerte" alles Eigentum, Rechte und Interessen, die am 8. Mai 1945 Deutschland oder deutschen Staatsangehörigen gehörten und welche:

i) am 13. März 1938 Deutschland oder deutschen Staatsangehörigen gehörten;

ii) nach dem 13. März 1938 an Deutschland oder deutsche Staatsangehörige übertragen wurden, vorausgesetzt, daß solche Übertragungen nicht durch Gewalt oder Zwang oder im Wege der Arisierung durchgeführt wurden, und daß sie nicht nach Maßgabe des Artikels 42 dieses Vertrages ungültig sind.

b) Eigentum, Rechte und Interessen des österreichischen Staates, die infolge der Annexion Österreichs an den deutschen Staat oder an deutsche Staatsangehörige übertragen wurden, sind nicht als deutsche Vermögenswerte anzusehen.

c) Für den Zweck dieses Artikels bedeutet der Begriff „deutsche Staatsangehörige":

i) Physische Personen, die am 8. Mai 1945 die deutsche Staatsangehörigkeit besaßen, ausgenommen jene, welche eine solche Staatsangehörigkeit infolge der nach dem 12. März 1918 erfolgten Einverleibung irgendeines Gebietes in das Deutsche Reich erwarben.

ii) Körperschaften oder Gesellschaften, die ihren Sitz innerhalb der Grenzen Deutschlands haben, wie diese am 12. März 1938 bestanden, insoweit als die Anteile solcher Körperschaften oder Gesellschaften wirklich deutschen Staatsangehörigen gehören.

schließlich Ansprüchen hinsichtlich Steuern. Der gegenseitige Verzicht der Sowjetunion und Österreichs auf Lasten und Ansprüche bezieht sich auf alle Lasten und Ansprüche, die im Zeitpunkt bestehen, in dem Österreich die Rechte der Sowjetunion auf die ihr übertragenen deutschen Vermögenswerte formell einträgt, und die im Zeitpunkt der tatsächlichen Übertragung der von der Sowjetunion überlassenen Vermögenswerte an Österreich bestehen.

8. Die Übertragung aller in Paragraph 6 des vorliegenden Artikels vorgesehenen Vermögenschaften, Rechte und Interessen auf Österreich sowie die formelle Eintragung der Rechte der Sowjetunion auf die zu übertragenden deutschen Vermögenswerte wird innerhalb von zwei Monaten vom Tag des Inkrafttretens dieses Vertrages durchgeführt.

9. Die Sowjetunion erhält desgleichen das Eigentum an den Vermögenschaften, Rechten und Interessen hinsichtlich aller Vermögenswerte, die zum Betrieb der in den nachstehenden Listen 1, 2, 3, 4 und 5 aufgezählten Vermögenschaften von sowjetischen Organisationen seit dem 8. Mai 1945 geschaffen oder käuflich erworben wurden, wo immer sie im östlichen Österreich gelegen sein mögen.

Die in den Absätzen a, b, c und d des Paragraph 7 dieses Artikels angeführten Bestimmungen finden auf diese Vermögenswerte entsprechend Anwendung.

10. Meinungsverschiedenheiten, die sich hinsichtlich der Anwendung der Bestimmungen des vorliegenden Artikels ergeben, sind im Wege von zweiseitigen Verhandlungen zwischen den beteiligten Parteien beizulegen.

Im Falle, daß eine Einigung im Wege von zweiseitigen Verhandlungen zwischen den Regierungen der Sowjetunion

3. Ein im Wege der Reparation übertragener deutscher Vermögenswert übernimmt damit alle Rechte, die mit einem solchen Vermögenswert verknüpft sind, und unterliegt allen Forderungen, die gegen ihn nach österreichischem Gesetz geltend gemacht werden können. Ein solcher Vermögenswert und seine Nutznießung unterliegt in jeder Beziehung dem österreichischen Gesetz.

Österreich verpflichtet sich jedoch, solche Vermögenswerte innerhalb einer Periode von achtzehn Monaten vom Inkrafttreten des vorliegenden Vertrages nicht und nach Ablauf dieses Zeitraumes nicht ohne volle und entsprechende Entschädigung, deren Höhe und Art durch Übereinkommen zwischen der interessierten Alliierten und Assoziierten Macht und Österreich oder mangels eines solchen Übereinkommens durch einen Schiedsrichter, der in Einklang mit den Bestimmungen des Artikels 50 des vorliegenden Vertrages bestellt wird und seine Funktion ausübt, festgesetzt wird, zu requirieren, zu nationalisieren oder auf irgendeine andere Art deren zwangsweise Enteignung zu verfügen.

Artikel 35.

Deutsche Vermögenswerte in Österreich
Sowjet-Vorschlag

1. Österreich anerkennt, daß die Sowjetunion, das Vereinigte Königreich, die Vereinigten Staaten und Frankreich das Recht auf alle deutschen Vermögenswerte in Österreich haben, das durch den Beschluß der Berliner Konferenz der Chefs der drei Regierungen vom 2. August 1945 an die genannten Staaten in ihren respektiven Zonen in Österreich übertragen wurde; es verpflichtet sich, alle erforderlichen Maßnahmen zu treffen, um die Übertragung solcher Vermögenswerte zu erleichtern.

und Österreichs innerhalb von drei Monaten nicht erreicht wird, werden Meinungsverschiedenheiten zwecks Beilegung einer Schiedskommission überwiesen, die aus einem Vertreter der Sowjetunion, einem Vertreter Österreichs und zusätzlich einem dritten Mitglied besteht, das Staatsangehöriger eines dritten Landes ist und auf Grund einer Einigung zwischen den beiden Regierungen ausgewählt wird.

11. Das Vereinigte Königreich, die Vereinigten Staaten von Amerika und Frankreich übertragen hiemit Österreich alle Vermögenschaften, Rechte und Interessen, die von ihnen oder in ihrem Namen in Österreich als ehemalige deutsche Vermögenswerte oder Kriegsbeute innegehabt oder beansprucht werden.

Die Österreich gemäß diesem Paragraphen übertragenen Vermögenschaften, Rechte und Interessen gehen seitens des Vereinigten Königreiches, der Vereinigten Staaten von Amerika oder Frankreichs frei von allen Lasten oder Ansprüchen, die sich aus der Ausübung ihrer Kontrolle dieser Vermögenschaften, Rechte oder Interessen nach dem 8. Mai 1945 ergeben, auf Österreich über.

12. Nach Erfüllung aller Verpflichtungen, die in den Bestimmungen des vorliegenden Artikel festgesetzt oder aus solchen Bestimmungen abgeleitet werden, durch Österreich sind die Ansprüche der Alliierten und Assoziierten Mächte hinsichtlich ehemaliger deutscher Vermögenswerte in Österreich, die sich auf die Beschlüsse der Berliner Konferenz vom 2. August 1945 gründen, als voll befriedigt anzusehen.

13. Österreich verpflichtet sich, mit Ausnahme der erzieherischen, kulturellen, caritativen und religiösen Zwecken dienenden Vermögenschaften keine der ihm als ehemalige deutsche Vermögens-

2. Alle deutschen Vermögenswerte in Österreich werden Eigentum der vier Mächte, und zwar:

a) jene, die vor dem 13. März 1938 deutsch waren;

b) jene, die an Deutschland, deutsche Staatsangehörige oder Gesellschaften nach dem 12. März 1938 übertragen wurden, auf Grund von Verkauf und Kauf von entweder österreichischen Eigentümern oder von Firmen oder Staatsangehörigen von Staaten, die früher Alliierte Deutschlands waren, und auch von neutralen Staaten, Vereinten Nationen und deren Staatsangehörigen, außer wenn die Übertragung des genannten Eigentums infolge einer direkten gewaltsamen Maßnahme durchgeführt wurde;

c) jedes Recht, das von deutschen Firmen oder Privatpersonen nach dem 12. März 1938 zum Zwecke der Entwicklung der natürlichen Hilfsquellen des Landes erworben wurde, sowie alle Unternehmen, welche nach dieser Zeit auf Grund deutscher Investitionen entstanden oder entwickelt wurden.

Staats-, Gemeinde- und anderes Eigentum, das dem österreichischen Staate oder österreichischen Staatsangehörigen gehört und an Deutschland oder deutsche Staatsangehörige ohne Entschädigung, durch die Verschmelzung von Staaten, Kredit- oder anderen Institutionen oder durch Arisierung übertragen wurde, wird den Eigentümern, denen es vor dem Anschluß gehörte, zurückgestellt.

Freiwillige Übertragung und Kapitalserhöhung auf Grund von deutschen Investitionen wird in diesem Falle eine Ausnahme bilden.

3. Alle ehemaligen deutschen Vermögenswerte, die Eigentum der in Paragraph 1 erwähnten Staaten wurden, dürfen ohne Einverständnis des Eigentümer-

werte übertragenen Vermögenschaften, Rechte und Interessen in das Eigentum deutscher juristischer Personen oder – sofern der Wert der Vermögenschaften, Rechte oder Interessen 260.000 Schillinge übersteigt – in das Eigentum deutscher physischer Personen zu übertragen. Österreich verpflichtet sich ferner, diejenigen in den Listen 1 und 2 dieses Artikels erwähnten Rechte und Vermögenschaften, welche von der Sowjetunion gemäß dem österreichisch-sowjetischen Memorandum vom 15. April 1955 an Österreich übertragen werden, nicht in ausländisches Eigentum zu übertragen.

14. Die Vorschriften dieses Artikels unterliegen den Bestimmungen des Annexes II dieses Vertrages.

Liste Nr. 1

Ölfelder im östlichen Österreich, an denen der Sowjetunion Konzessionen eingeräumt werden sollen

Laufende Nr.	Name des Ölfeldes	Name der Gesellschaft
1	Mühlberg	ITAG
2	St. Ulrich – D.E.A.	D. E. A.
3	St. Ulrich – Niederdonau	Niederdonau
4	Gösting – Kreutzfeld – Pionier 50% der Produktion	E. P. G.

Bemerkung: A. Die gesamten Vermögenschaften der oben aufgezählten Ölfelder werden der Sowjetunion übertragen einschließlich aller ergiebigen wie auch unergiebigen Bohrlöcher mit ihrer gesamten Obertags- und Untertagsausrüstung, dem Ölsammelsystem, Einrichtungen und Ausrüstung für Bohrungen, Kompressor- und Pumpstationen, mechanischen Werkstätten, Benzinanlagen, Dampfkesselanlagen, Elektrizitätswerke staates keiner Requirierung, Konfiskation oder allgemeinen zwangsweisen Enteignung unterzogen werden.

[4. Meinungsverschiedenheiten, die aus der Anwendung der Bestimmungen dieses Artikels entspringen, sind auf der Grundlage zweiseitiger Verhandlungen zwischen den betreffenden Parteien zu regeln.][1]

---

1 Die UK-Delegation würde eine Methode zur Regelung von Meinungsverschiedenheiten vorziehen, die der in Abschnitt 3 des Annexes zu CFM (D) (47) (A), 60, vorgesehenen ähnlich wäre, würde jedoch, wenn darüber keine Einigung zu erzielen wäre, die Regelung des Artikels 57 annehmen.

Die französische Delegation ist der Ansicht, daß Meinungsverschiedenheiten, die in Zusammenhang mit der Anwendung dieses Artikels entstehen, nach den Bestimmungen des Artikels 57 zu regeln sind, außer soweit es in § 3 anders vorgesehen ist.

Die US-Delegation ist gegen diese Bestimmung. Sie hält die Aufnahme von Spezialbestimmungen zur Regelung von Meinungsverschiedenheiten, die aus dem Artikel entstehen, für unnotwendig, da ja der Vorgang, auf den man sich in Artikel 57 geeinigt hat, völlig entspricht.

und Unterstationen mit Leitungssystem, den Bohrleitungen, Wasserversorgungsanlagen und Wasserleitungs-Hauptrohren, elektrischem Leitungssystem, Dampfleitungen, Gashauptleitungen, Werkstraßen in den Ölfeldern, Zufahrtsstraßen, Telephonleitungen, Feuerlöschausrüstung, den Motorfahrzeugen und Traktorenparks, die zu den Ölfeldern gehörenden Dienst- und Wohnräume und andere Vermögenschaften, die mit der Ausbeutung der oben aufgezählten Ölfelder im Zusammenhang stehen.

B. Das Eigentumsrecht und Pachtrechte an den gesamten Vermögenschaften der oben erwähnten Produktionsfelder werden der Sowjetunion in dem Ausmaße übertragen, in dem eine natürliche oder juristische Person, welche Eigentümer dieser Felder war, sie ausbeutete oder an ihrer Ausbeutung teilnahm, Rechte, Titel oder Interessen an den besagten Vermögenschaften besaß.

In Fällen, in denen eine der Vermögenschaften gepachtet war, wird die in den Pachtverträgen vorgesehene Pachtdauer vom Zeitpunkt des Inkrafttretens des vorliegenden Vertrags an berechnet und die Pachtverträge können nicht ohne die Zustimmung der Sowjetunion beendet werden.

Liste Nr. 2

Konzessionen auf Ölschurfgebiete im östlichen Österreich, die der Sowjetunion übertragen werden sollen

Lfd. Nr.	Name der Konzession	Name der Gesellschaft	Flächenausmaß des der UdSSR zu überlassenden Gebietes in Hektar
1	Neusiedlersee	Elverat	122.480
2	Leithagebirge	Kohle Öl Union	52.700
3	Groß-Enzersdorf (einschließlich des Aderklaa-Feldes)	Niederdonau	175.000
4	Hauskirchen (einschließlich des Alt-lichtenwarth-Feldes)	ITAG	4.800
5	St. Ulrich	D. E. A.	740
6	Schrattenberg	Kohle Öl Union	3.940
7	Großkrut	Wintershall	8.000
8	Mistelbach	Preussag	6.400
9	Paasdorf (50%des Gebiets)	E. P. G.	3.650
10	Steinberg	Steinberg Naphta	100
11	Hausbrunn	D. E. A.	350
12	Drasenhofen (Gebiet auf österr. Staatsgebiet)	Kohle Öl Union	8.060
13	Ameis	Preussag	7.080
14	Siebenhirten	Elverat	5.000
15	Leis	ITAG	14.800
16	Korneuburg	Ritz	30.000
17	Klosterneuburg (50%des Gebiets)	E. P. G.	7.900
18	Oberlaa	Preussag	51.400
19	Enzersdorf	Deutag	25.800
20	Ödenburger Pforte	Kohle Öl Union	55.410
21	Tulln	Donau Öl	38.070
22	Kilb (50% des Gebiets)	E. P. G.	18.220
23	Pullendorf	Kohle Öl Union	60.700
24	Nordsteiermark (50% des Gebiets in der Sowjetzone)	E. P. G.	55.650
25	Mittelsteiermark (Gebiet in der Sowjetzone)	Wintershall	9.840
26	Gösting (50% des Gebiets)	E. P. G.	250
	Totalsumme . . .	26 Konzessionen	766.340

Bemerkung zu Liste Nr. 2

A. Die gesamten Vermögenschaften der oben angeführten Ölschurfgebiete werden der Sowjetunion übertragen.

B. Das Eigentumsrecht und Pachtrechte an den gesamten Vermögenschaften der oben angeführten Ölschurfgebiete werden der Sowjetunion in dem Ausmaß übertragen, in dem jede natürliche oder juristische Person, welche Eigentümerin dieser Ölschurfgebiete war oder sie ausgebeutet hat oder an ihrer Ausbeutung beteiligt war, an den besagten Vermögenschaften, Rechte, Titel oder Interessen hatte.

In Fällen, in denen irgendein Eigentum gepachtet war, werden die Pachtfristen, wie sie in den Pachtverträgen vorgesehen sind, vom Zeitpunkt des Inkrafttretens des vorliegenden Vertrages an gerechnet, und die Pachtverträge können nicht ohne Zustimmung der Sowjetunion beendet werden.

Liste Nr. 3

Ölraffinerien im östlichen Österreich, deren Eigentumsrechte der Sowjetunion übertragen werden sollen

Lfd. Nr.	Name der Raffinerie	Jahresproduktionskapazität in 1000 Tonnen Rohöl im Jahre 1947
1	Lobau	240·0
2	Nova	120·0
3	Korneuburg	60·0
4	Okeros (Wiederveredelung)	–
5	Ölraffinerie „Moosbierbaum" ausschließlich der Ausrüstung, welche Frankreich gehört und der Rückstellung unterliegt	–
	Totalsumme . . .	420·0

Bemerkung zu Liste Nr. 3

A. Die Raffinerien werden mit ihren Vermögenschaften übertragen einschließlich technologischer Anlagen, Elektrizitätswerke, Dampfkesselanlagen, mechanischer Werkstätten, Ausrüstung für die Öldepots und Lageranlagen, Laderampen und Flußanlegeplätzen, Rohrleitungen einschließlich der Rohrleitung Lobau-Zistersdorf, Straßen, Zufahrtsstraßen, Dienst- und Wohnräumen, Feuerlöschausrüstung usw.

B. Das Eigentumsrecht und Pachtrechte an den gesamten Vermögenschaften der oben angeführten Ölraffinerien werden der Sowjetunion in dem Ausmaß übertragen, in dem jede natürliche oder juristische Person, welche Eigentümerin dieser Ölraffinerien war oder sie ausgebeutet hat oder an ihrer Ausbeutung beteiligt war, an den besagten Vermögenschaften Rechte, Titel oder Interessen hatte.

In Fällen, in denen irgendein Eigentum gepachtet war, werden die Pachtfristen, wie sie in den Pachtverträgen vorgesehen sind, vom Zeitpunkt des Inkrafttretens des vorliegenden Vertrages an gerechnet und die Pachtverträge können nicht ohne Zustimmung der Sowjetunion beendet werden.

Liste Nr. 4

Unternehmungen im östlichen Österreich, die mit der Verteilung von Ölprodukten befaßt sind und die in das Eigentum der Sowjetunion übertragen werden sollen

Lfd. Nr.	Name des Unternehmens
1	Deutsche Gasolin A.G., Verteilungsstelle in Österreich, G.m.b.H.
2	„A.G. der Kohlenwerkstoffsverbände Bochum; Gruppe Benzin-Benzol-Verband" – Zweigstelle in Österreich, einschließlich des ihr gehörenden Öllagers am Praterspitz
3	„Nova" Mineral Öl Vertrieb Gesellschaft m.b.H.

Lfd. Nr.	Name des Unternehmens
4	„Donau-Oel G.m.b.H."
5	„Nitag" mit Öllager am Praterspitz
6	Die mit der Gasverteilung beschäftigten Firmen „Erdgas G.m.b.H.", „Fern Gas A.G.", „Zaya Gas G.m.b.H.", „Reintal Gas G.m.b.H." und „B.V. Methan G.m.b.H."
7	Öllager „Praterspitz Winter Hafen" und „Mauthausen"
8	„Wirtschaftliche Forschungsgesellschaft m.b.H." (W.I.F.0.), Öllager in der Lobau und Grundstücke
9	Rohrleitung Lobau (Österreich)-Raudnitz (Tschechoslowakei) auf dem Abschnitt von der Lobau bis zur tschechoslowakischen Grenze

Bemerkung zu Liste Nr. 4

A. Die Unternehmungen werden der Sowjetunion vollständig mit ihren gesamten im östlichen Österreich gelegenen Vermögenschaften übertragen, einschließlich von Öllagern, Rohrleitungen, Verteilungspumpen, Lade- und Entladerampen, Flußanlegeplätzen, Straßen, Zufahrtsstraßen usw.

Außerdem werden der Sowjetunion die Eigentumsrechte über den gesamten Park der sich jetzt im Besitz sowjetischer Organisationen befindlichen Eisenbahnkesselwagen übertragen.

B. Das Eigentumsrecht und Pachtrechte an den gesamten Vermögenschaften der oben angeführten, im östlichen Österreich gelegenen Unternehmungen, die mit der Verteilung von Ölprodukten befaßt sind, werden der Sowjetunion in dem Ausmaß übertragen, in dem jede natürliche oder juristische Person, welche Eigentümerin dieser Unternehmungen war oder sie ausgebeutet hat oder an ihrer Ausbeutung beteiligt war, an den besagten Vermögenschaften Rechte, Titel oder Interessen hatte.

In Fällen, in denen irgendein Eigentum gepachtet war, werden die Pachtfristen, wie sie in den Pachtverträgen vorgesehen sind, vom Zeitpunkt des Inkrafttretens des vorliegenden Vertrages an gerechnet und die Pachtverträge können nicht ohne Zustimmung der Sowjetunion beendet werden.

Liste Nr. 5

Vermögenswerte der DDSG im östlichen Österreich die der Sowjetunion übertragen werden sollen

I. Schiffswerft in der Stadt Korneuburg

Die Eigentumsrechte an der Schiffswerft in der Stadt Korneuburg, die auf dem linken Ufer der Donau bei Kilometer 1943 gelegen ist und auf beiden Seiten des alten Donaubettes Grundstücke umfaßt, mit einer Gesamtfläche von 220.770 Quadratmetern, werden der Sowjetunion übertragen. Die Kaianlage beträgt 61.300 Quadratmeter und die Ankerplatzanlage 177 Meter.

Weiters werden der Sowjetunion Pachtrechte auf Schiffswerftgebiet von 2946 Quadratmetern übertragen.

Die Eigentumsrechte und andere Rechte auf die gesamten Vermögenschaften der Schiffswerft bis zu dem Ausmaß, in dem die DDSG an den erwähnten Vermögenschaften Rechte, Titel oder Interessen hatte, einschließlich aller Grundstücke, Gebäude, Werften und Hellinge, schwimmender Geräte, Werkstätten, Gebäude und Räume, Kraftstationen und Transformatorunterstationen, Eisenbahnnebengeleise, Transportausrüstung, technologischer und Betriebsausrüstung, Werkzeuge und Lagerbestände, Verkehrsanlagen und aller gemeinnützigen

Anlagen, Wohngebäude und Baracken sowie alles übrige Eigentum, das zur Schiffswerft gehört, werden der Sowjetunion übertragen.

II. Gebiete des Hafens der Stadt Wien

a) Erstes Gebiet (Nordbahnbrücke)

1. Das Hafengebiet von Kilometerpunkt 1931, 347'35 entlang des Laufes der Donau bis Kilometerpunkt 1931, 211'65 einschließlich des „Donausandwerkplatz"-Gebietes, und von Kilometerpunkt 1931, 176'90 bis Kilometerpunkt 1930, 439'35 entlang des Laufes der Donau, einschließlich der Gebiete „Nordbahnbrücke" und „Zwischenbrükke", die sich entlang der Kaiseite auf eine Gesamtdistanz von 873'2 Meter und mit einer durchschnittlichen Breite von etwa 70 Meter erstrecken.

b) Zweites Gebiet (Nordbahnlände)

2. Das Hafengebiet von Kilometerpunkt 1929, 803'00 bis Kilometerpunkt 1929, 618'00 entlang des Laufes der Donau, das sich entlang der Kaiseite auf eine Distanz von 185'00 Meter und mit einer durchschnittlichen Breite von etwa 15 Meter erstreckt, mit den beiden anliegenden Eisenbahnen und auch dem Stück des „Kommunalbäder"-Gebietes.

c) Drittes Gebiet (Praterkai)

Das Hafengebiet von Kilometerpunkt 1928, 858'90 bis Kilometerpunkt 1927, 695'30 entlang des Laufes der Donau auf eine Distanz von 1163'60 Meter und einer durchschnittlichen Breite von etwa 70 Meter.

d) Viertes Gebiet

Das an Kilometerpunkt 1925, 664'7 der Donau auf dem Gebiet des von der Ungarischen Dampfschiffahrtgesellschaft benützten Hafengebietes angrenzende Hafengebiet bis Kilometerpunkt 1925, 529'30 auf dem von der Eisenbahn (Kaibahnhof) verwendeten Gebiet, welches sich entlang der Kaiseite auf eine Gesamtdistanz von 135'4 Meter und mit einer durchschnittlichen Breite von etwa 70 Meter erstreckt.

Die vier aufgezählten Gebiete des Hafens werden mit den gesamten wasserbaulichen Konstruktionen, Lagerhäusern, Magazinen, Schuppen, der Schiffsstation, dem technischen Dienst und den Wohnhäusern, Hilfsgebäuden und Hilfsanlagen, der mechanischen Lade- und Entladeausrüstung und den mechanischen Einrichtungen, den Reparaturwerkstätten mit Ausrüstung, Transformatorunterstationen und der elektrischen Ausrüstung, den Verkehrsanlagen und gemeinnützigen Anlagen, den gesamten Straßen- und Transportanlagen und ebenso mit den gesamten Vermögenschaften und dem gesamten Lagerbestand übertragen.

III. Vermögenschaften und Anlagen der Agentien, der Flußstationen und Lagerhäuser

Lfd. Nr.	Name
	Niederranna
1	Agentie- und Lagerhaus-Gebäude
	Obermühl
2	Agentie- und Lagerhaus-Gebäude
3	Grundstück von 536 Quadratmetern
	Neuhaus
4	Warteraum
	Mauthausen
5	Agentie-Gebäude
	Wallsee
6	Agentie-Gebäude
7	Lagerhaus

Lfd. Nr.	Name
	Grein
8	Agentie- und Lagerhaus-Gebäude
	Sarmingstein
9	Agentie-Gebäude
	· *Ybbs*
10	Agentie-Gebäude
	Pöchlarn
11	Wohnräume
12	Agentie-Gebäude
13	Grundstück von 1598 Quadratmetern
	Melk
14	Lagerhaus (in der Stadt)
15	Warteraum und Büro
16	Lagerhaus
	Schönbühel
17	Warteraum
	Aggsbach Dorf
18	Agentie-Gebäude
19	Lagerhaus
	Spitz
20	Agentie-Gebäude
21	Lagerhaus
22	Grundstück von 1355 Quadratmetern
	Weißenkirchen
23	Büro und Warteraum
24	Lagerhaus
25	Grundstück von 516 Quadratmetern
	Dürnstein
26	Agentie-Gebäude
	Stein
27	Wohnstätten
28	Warteraum und Lagerhausgebäude
29	Grundstück entlang dem Haus
	Krems
30	Agentie-Gebäude
	Hollenburg
31	Warteraum

Lfd. Nr.	Name
	Tulln
32	Agentie-Gebäude
	Greifenstein
33	Schuppen
	Korneuburg
34	Warteraum und Fahrkartenschalter-Gebäude
	Hainburg
35	Wohnräume
36	Agentie-Gebäude
37	Lagerhaus
38	Grundstück von 754 Quadratmetern
	Arnsdorf
39	Agentie-Gebäude
	Landungsstellen
40	Melkstrom
41	Isperdorf
42	Marbach
43	Weitenegg
44	Deutsch-Altenburg
45	Zwentendorf
46	Kritzendorf

Die in Abschnitt III aufgezählten Vermögenschaften werden mit der gesamten Ausrüstung und dem gesamten Lagerbestand übertragen.

IV. Eigentum in der Stadt Wien

1. Wohnhaus Erzherzog-Karl-Platz 11 (früher Hausnummer 6), 2. Bezirk, das auf seinem eigenen Grund steht.

2. Eigentum an Grund und Gebäude, Handelskai 204, 2. Bezirk.

3. Eigentum an Baugrundstücken in der Wehlistraße, 2. Bezirk, Katastralregister Nr. 1660, 1661, 1662.

4. Das gepachtete Grundstück Handelskai Nr. 286, 2. Bezirk.

Die erwähnten in Abschnitt IV aufgezählten Vermögenschaften werden mit der gesamten Ausrüstung und dem gesamten Inventar übertragen.

Bemerkung zu den Abschnitten II, III und IV

Der Grund, der von dem in Abschnitt II der vorliegenden Liste erwähnten Hafengebiet und ebenso von den in Abschnitt III und IV der vorliegenden Liste aufgezählten Agentiegebäuden, Stromstationen, Lagerhäusern und anderen Gebäuden eingenommen wird, und alle in den Abschnitten II, III und IV angeführten Vermögenschaften sind der Sowjetunion unter denselben gesetzlichen Bedingungen zu übertragen, unter denen die DDSG diesen Grund und die anderen Vermögenschaften innegehabt hat, mit der Maßgabe, daß am 8. Mai 1945 im Eigentum der DDSG gestandener Grund in das Eigentum der UdSSR übergeht.

In Fällen, in denen Vereinbarungen, die die gesetzliche Grundlage für die Übertragung von Gründen an die DDSG herstellten, nicht die Übertragung der Eigentumsrechte an diesen Gründen an die DDSG vorsahen, wird die österreichische Regierung verpflichtet, die Übertragung der von der DDSG durch solche Vereinbarungen erworbenen Rechte an die UdSSR zu verbüchern und die Gültigkeit dieser Vereinbarungen für eine unbestimmte Zeitdauer unter dem Vorbehalt zu verlängern, daß in der Zukunft die Gültigkeit solcher Vereinbarungen nicht ohne die Zustimmung der Regierung der UdSSR widerrufen wird.

Das Ausmaß der Verpflichtungen der Sowjetunion hinsichtlich dieser Vereinbarungen ist durch ein Abkommen zwischen der Regierung der UdSSR und der österreichischen Regierung festzusetzen. Diese Verpflichtungen sollen nicht die Verpflichtungen überschreiten, die von der DDSG in Übereinstimmung mit den vor dem 8. Mai 1945 abgeschlossenen Vereinbarungen eingegangen worden waren.

V. Im östlichen Österreich gelegene und der DDSG gehörige Schiffe, die der UdSSR zu übertragen sind

Nr.	Schiffstype	Gegenwärtiger Name	Früherer Name	Leistung in PS	Ladefähigkeit
1	Schlepper	„Vladivostok“	„Persenbeug“	1000	—
2	Schlepper	„Cronstadt“	„Bremen“	800	—
3	Passagierdampfer	„Caucasus“	„Helios“	1100	—
4	Tankkahn	104	„DDSG-09714“	—	967
5	Tankkahn	144	„DDSG-09756“	—	974
6	Tankkahn	161	„DDSG-05602“	—	548
7	Tankkahn	09765	„DDSG-09765“	—	952
8	Tankkahn	29	„DDSG-XXIX“	—	1030
9	Schleppkahn	22	(wird nach Vollendung übernommen)	—	972
10	Schleppkahn	23	(wird nach Vollendung übernommen)	—	972

Nr.	Schiffstype	Gegenwärtiger Name	Früherer Name	Leistung in PS	Ladefähigkeit
11	Schleppkahn	EL72	„DDSG-EL-72“	—	180
12	Schleppkahn	654	„DDSG-67277“	—	669
13	Schleppkahn	689	„DDSG-6566“	—	657
14	Schleppkahn	1058	„DDSG-1058“	—	950
15	Schleppkahn	5016	„DDSG-5016“	—	520
16	Schleppkahn	5713	„DDSG-5713“	—	576
17	Schleppkahn	5728	„DDSG-5728“	—	602
18	Schleppkahn	6746	„DDSG-6746“	—	670
19	Schleppkahn	65204	„DDSG-65204“	—	650
20	Schleppkahn	67173	„DDSG-67173“	—	670
21	Schleppkahn	10031	„DDSG-10031“	—	942
22	Schleppkahn	5015	„DDSG-5015“	—	511
23	Schleppkahn	6525	„DDSG-6525“	—	682
24	Schleppkahn	67266	„DDSG-67266“	—	680
25	Leichter	304	„Johanna“	—	30
26	Leichter	411	„V-238“	—	40
27	Rohrponton	„RP-IV“	„RP-IV“	—	—
28	Rohrponton	„RP-VI“	„DDSG-RP-VI“	—	—
29	Rohrponton	„RP-XX“	„DDSG-RP-XX“	—	—
30	Landungs-brücke	„EP-97“	„DDSG-EP-9721“	—	—
31	Ponton	„EP-120“	„DDSG-EP-120“	—	—
32	Leichter ohne Deck	„Trauner“	„Trauner“	—	—
33	Schwimmkran	P-1	(namenlos)	—	—
34	Schwimmkran	P-2	„DDSG-21“	—	—
35	Ponton	Pt-7	—	—	—
36	Ponton	Pt-8	—	—	—

Abschnitt II

Artikel 36.
Rückstellung durch Österreich

1. Österreich nimmt die Grundsätze der Erklärung der Vereinten Nationen vom 5. Jänner 1943 an und wird so schnell wie möglich alles Eigentum zurückstellen, das aus dem Gebiete einer der Vereinten Nationen weggeschafft wurde.

2. Die Verpflichtung zur Rückstellung bezieht sich auf alles gegenwärtig in Österreich befindliche identifizierbare Eigentum, das durch Gewalt oder Zwang durch irgendeine Achsenmacht aus dem Gebiete einer der Vereinten Nationen weggeschafft wurde, ohne Rücksicht auf irgendwelche nachfolgende Transaktionen, durch welche der gegenwärtige Inhaber eines solchen Eigentums den Besitz erworben hat.

3. Die österreichische Regierung wird das in diesem Artikel bezeichnete Eigentum in guter Ordnung zurückstellen und in diesem Zusammenhang alle in Österreich in bezug auf Arbeit, Material und Transport auflaufenden Kosten tragen.

4. Die österreichische Regierung wird mit den Vereinten Nationen zusammenarbeiten und auf ihre eigenen Kosten für alle nötigen Erleichterungen Vorsorge treffen, um das auf Grund des vorliegenden Artikels unter die Rückstellungspflicht fallende Vermögen auszuforschen und zurückzustellen.

5. Die österreichische Regierung wird die nötigen Maßnahmen ergreifen, um die Rückstellung in diesem Artikel umschriebenen Vermögens, das sich in irgendeinem dritten Land im Besitze von Personen befindet, die der österreichischen Gerichtsbarkeit unterstehen, durchzuführen.

6. Ansprüche auf Rückstellung von

[Art. 36 des Entwurfes wurde im Moskauer Memorandum vom 15. April 1955 als überholt bzw. überflüssig bezeichnet und von der Wiener Botschafterkonferenz am 4. Mai 1955 gestrichen.]

Vermögen sollen der österreichischen Regierung durch die Regierung jenes Landes überreicht werden, aus dessen Gebiet das Vermögen verbracht worden ist, wobei Einverständnis darüber besteht, daß rollendes Material als von jenem Gebiete verbracht angesehen werden soll, zu dem es ursprünglich gehörte. Der Zeitraum, in dem solche Ansprüche geltend gemacht werden können, beträgt neun Monate vom Inkrafttreten des vorliegenden Vertrages.

7. Die Last, das Vermögen zu identifizieren und das Eigentumsrecht zu beweisen, obliegt der Regierung, die den Anspruch stellt; und die Beweislast dafür, daß das Vermögen nicht durch Gewalt oder Zwang verbracht wurde, obliegt der österreichischen Regierung.

8. Die zu einem Rückstellungsanspruch berechtigte Regierung und die österreichische Regierung können Abkommen schließen, durch welche die Bestimmungen des gegenständlichen Artikels ersetzt werden. Dieses zweiseitige Verfahren wird insbesondere auf die Rückstellung des rollenden Materials Anwendung finden, in Ansehung dessen die Alliierten und Assoziierten Mächte anerkennen, daß die Rückstellung in solcher Weise geregelt werden soll, daß sie so wenig wie möglich in die wesentlichen Transporterfordernisse Österreichs eingreift.

[9. Falls es in konkreten Fällen Österreich unmöglich ist, die Rückstellung von Gegenständen künstlerischen, historischen oder archäologischen Wertes, die zum kulturellen Erbgut jener Vereinten Nation gehören, von deren Gebiet solche Gegenstände unter Gewalt und Zwang durch deutsche Streitkräfte, Behörden oder Staatsangehörige nach Österreich verbracht worden sind, durchzuführen, wird Österreich der betreffenden Vereinten Nation Gegenstände gleicher Art und von annähernd gleichem Werte übertragen, soweit solche Gegenstände in Österreich erhältlich sind.][1]

1 Sowjetvorschlag (gehört zu Artikel 36).

Artikel 37
fällt weg.

[Art. 37 des Entwurfes betraf die Rückstellung österreichischen Eigentums, das durch die Achsenmächte auf Staatsgebiet der Vereinten Nationen verbracht worden war; gestrichen vom Außenministerrat am 18. April 1947.]

Artikel 38.
Österreichisches Eigentum in Deutschland und Verzicht Österreichs auf Forderungen gegenüber Deutschland

1. Vom Datum des Inkrafttretens des vorliegenden Vertrages ist das in Deutschland befindliche Eigentum der österreichischen Regierung oder der österreichischen Staatsangehörigen [einschließlich des Eigentums, das ihnen früher gehörte und das ihnen durch Akte der Gewalt oder des Zwanges durch Deutschland oder durch deutsche Staatsangehörige entzogen wurde][1] seinen Eigentümern wieder zurückzugeben. Diese Bestimmung bezieht sich nicht auf das Eigentum von Kriegsverbrechern oder Personen, die den Strafbestimmungen der Denazifizierungsmaßnahmen unterliegen; solches Eigentum wird der österreichischen Regierung zur Verfügung gestellt, sofern es nicht gemäß den in Deutschland nach dem 8. Mai 1945 in Kraft stehenden Gesetzen oder Verordnungen blockiert oder konfisziert wurde.

[2. Identifizierbares Eigentum Österreichs oder österreichischer Staatsangehöriger, das durch deutsche Streitkräfte oder Behörden nach dem 12. März 1938 mit Gewalt oder Zwang aus dem österreichischen Staatsgebiet nach Deutschland verbracht wurde, kann für Rückstellung angefordert werden.][2]

[3. Die Rückgabe und Rückstellung von österreichischem Eigentum in

Artikel 23.
Österreichisches Vermögen in Deutschland und Verzicht Österreichs auf Forderungen gegenüber Deutschland

1. Vom Zeitpunkt des Inkrafttretens des vorliegenden Vertrages ist das in Deutschland befindliche Vermögen der österreichischen Regierung oder österreichischer Staatsangehöriger einschließlich von Vermögen, das nach dem 12. März 1938 gewaltsam aus dem österreichischen Staatsgebiet nach Deutschland verbracht worden ist, seinen Eigentümern wieder zurückzugeben. Diese Bestimmung bezieht sich nicht auf das Eigentum von Kriegsverbrechern oder Personen, die den Strafbestimmungen der Entnazifizierungsmaßnahmen unterliegen; solches Vermögen wird der österreichischen Regierung zur Verfügung gestellt, sofern es nicht gemäß den in Deutschland nach dem 8. Mai 1945 in Kraft stehenden Gesetzen oder Verordnungen blockiert oder konfisziert wurde.

2. Die Wiederherstellung österreichischer Vermögensrechte in Deutschland ist im Einklang mit Maßnahmen durchzuführen, die durch die Besatzungsmächte in Deutschland in ihren Besatzungszonen festgelegt werden.

3. Unbeschadet dieser und aller anderen zugunsten Österreichs und österreichischer Staatsangehöriger getroffenen Verfügungen der Besatzungsmächte in Deutschland verzichtet Österreich, unbe-

Deutschland wird in Übereinstimmung mit Maßnahmen durchgeführt werden, die durch die Okkupationsmächte in Deutschland festgelegt werden.][3]

[Die Rückgabe von österreichischem Eigentum in Deutschland wird in Einklang mit Maßnahmen durchgeführt, die durch die Besatzungsmächte in Deutschland in ihren Okkupationszonen festgelegt werden.][4]

[4. Unbeschadet dieser und aller anderen zugunsten Österreichs und österreichischer Staatsangehöriger getroffenen Verfügungen der Besatzungsmächte in Deutschland verzichtet Österreich im eigenen Namen und im Namen der österreichischen Staatsangehörigen auf alle am 8. Mai 1945 noch offenen Forderungen gegen Deutschland und deutsche Staatsangehörige, mit Ausnahme jener, die aus Verträgen und anderen Verpflichtungen stammen, die vor dem 13. März 1938 eingegangen wurden, sowie der vor dem 13. März 1938 erworbenen Rechte.][5] [Dieser Verzicht umfaßt Schulden, alle Forderungen mit Bezug auf während der Zeit der Annexion Österreichs durchgeführte Transaktionen und alle Forderungen mit Bezug auf während dieser Periode erlittenen Verlust oder Schaden, insbesondere auf öffentliche deutsche Schulden im Besitz der österreichischen Regierung oder ihrer Staatsangehörigen und auf Zahlungsmittel, die zur Zeit der Geldkonversion eingezogen wurden. Solche Zahlungsmittel sollen bei Inkrafttreten des vorliegenden Vertrages vernichtet werden.][6]

[Dieser Verzicht umfaßt im Krieg eingegangene Schulden und alle Forderungen für Verluste oder Schäden, die während des Krieges entstanden sind.][7]

[Unbeschadet dieser und aller anderen zugunsten Österreichs und der österreichischen Staatsangehörigen getroffenen

schadet der Giltigkeit *[sic]* bereits getroffener Regelungen, im eigenen Namen und im Namen der österreichischen Staatsangehörigen auf alle am 8. Mai 1945 noch offenen Forderungen gegen Deutschland und deutsche Staatsangehörige, mit Ausnahme jener, die aus Verträgen und anderen Verpflichtungen stammen, die vor dem 13. März 1938 eingegangen wurden sowie der vor dem 13. März 1938 erworbenen Rechte. Dieser Verzicht umfaßt alle Forderungen hinsichtlich der während der Zeit der Annexion Österreichs durch Deutschland durchgeführten Transaktionen und alle Forderungen hinsichtlich der während dieses Zeitraumes erlittenen Verluste oder Schäden, insbesondere hinsichtlich der im Besitz der österreichischen Regierung oder österreichischer Staatsangehöriger befindlichen öffentlichen deutschen Schulden und der Zahlungsmittel, die zur Zeit der Geldkonversion eingezogen wurden. Solche Zahlungsmittel sind bei Inkrafttreten des vorliegenden Vertrages zu vernichten.

[Einvernehmen über den Wortlaut dieses Artikels wurde von den Sonderbeauftragten am 20. Juli 1949 erzielt.]

Verfügungen der Besatzungsmächte in Deutschland verzichtet Österreich im eigenen Namen und im Namen seiner Staatsangehörigen auf alle Forderungen gegen die frühere deutsche Regierung und ihre Dienststellen und alle deutschen, mit der Erzeugung von Waffen und Kriegsbedarf im Sinne der Definition des Annex II des vorliegenden Vertrages beschäftigten Unternehmungen, die nach dem 1. September 1939 entstanden sind und am 8. Mai 1945 noch bestanden, mit Ausnahme solcher, die aus Verträgen und anderen Verpflichtungen stammen, die vor dem 1. September 1939 eingegangen wurden, sowie der vor dem 1. September 1939 erworbenen Rechte. Dieser Verzicht umfaßt Schulden und alle Forderungen für Verluste oder Schäden, die während des Krieges entstanden sind.][8]

1 Die Sowjetdelegation ist gegen die Aufnahme der eingeklammerten Worte.

2 Vorschlag der französischen, US- und UK-Delegation. Die Sowjetdelegation hält die Aufnahme dieses Paragraphen nicht für notwendig.

3 US- und F-Vorschlag, dem sich UK angeschlossen hat.

4 Sowjetvorschlag.

5 F-, USSR- und UK-Vorschlag.

6 F-Vorschlag, unterstützt von der Sowjetdelegation.

7 UK-Vorschlag, Alternative zu vorhergehendem Satz.

8 US-Vorschlag für § 4.

Abschnitt III

Artikel 39.

Verzicht Österreichs auf Ansprüche gegen die Alliierten

1. Österreich verzichtet im Namen der österreichischen Regierung oder österreichischer Staatsangehöriger auf alle Ansprüche irgendwelcher Art gegen die Al-

Artikel 24.

Verzicht Österreichs auf Ansprüche gegen die Alliierten

1. Österreich verzichtet im Namen der österreichischen Regierung oder österreichischer Staatsangehöriger auf alle Ansprüche irgendwelcher Art gegen die Al-

liierten und Assoziierten Mächte, soweit sich solche Ansprüche direkt aus dem Krieg in Europa nach dem 1. September 1939 oder aus Maßnahmen, die infolge des Kriegszustandes in Europa nach diesem Datum ergriffen wurden, ergeben, gleichgültig, ob sich die Alliierte oder Assoziierte Macht zu jenem Zeitpunkt mit Deutschland im Krieg befand oder nicht. Dieser Verzicht umfaßt folgende Ansprüche:

a) Ansprüche für Verluste oder Schäden, die infolge von Handlungen der alliierten oder assoziierten Streitkräfte oder Behörden erlitten wurden;

b) Ansprüche, die sich aus der Anwesenheit, aus Operationen oder Handlungen von alliierten oder assoziierten Truppen oder Behörden auf österreichischem Gebiet ableiten;

c) Ansprüche mit Bezug auf Verordnungen und Erlässe von Prisengerichten der Alliierten oder Assoziierten Mächte, wobei Österreich damit einverstanden ist, alle Entscheidungen und Anordnungen solcher Prisengerichte, die vom 1. September 1939 an ergangen sind und sich auf österreichischen Staatsbürgern gehörige Schiffe und Güter und die Bezahlung von Kosten beziehen, als gültig und bindend anzuerkennen;

d) Ansprüche, die sich aus der Ausübung oder behaupteten Ausübung von Rechten der Kriegführenden ergeben.

2. Die Bestimmungen dieses Artikels schließen vollständig und endgültig alle Ansprüche der hierin angeführten Natur aus; solche Ansprüche sollen von nun an erloschen sein, welche Vertragsteile auch immer ein Interesse daran haben mögen. Die österreichische Regierung stimmt zu, eine billige und gerechte Entschädigung in Schillingen den Personen zu leisten, die den Streitkräften der Alliierten und

liierten und Assoziierten Mächte, soweit sich solche Ansprüche unmittelbar aus dem Krieg in Europa nach dem 1. September 1939 oder aus Maßnahmen, die infolge des Kriegszustandes in Europa nach diesem Datum ergriffen wurden, ergeben, gleichgültig, ob sich die Alliierte oder Assoziierte Macht zu jenem Zeitpunkt mit Deutschland im Krieg befand oder nicht. Dieser Verzicht umfaßt folgende Ansprüche:

a) Ansprüche für Verluste oder Schäden, die infolge von Handlungen der Streitkräfte oder Behörden Alliierter oder Assoziierter Mächte erlitten wurden;

b) Ansprüche, die sich aus der Anwesenheit, aus Operationen oder Handlungen von Streitkräften oder Behörden Alliierter oder Assoziierter Mächte auf österreichischem Staatsgebiet ergeben;

c) Ansprüche hinsichtlich der Entscheidungen oder Anordnungen von Prisengerichten der Alliierten oder Assoziierten Mächte, wobei Österreich damit einverstanden ist, alle Entscheidungen und Anordnungen solcher Prisengerichte, die vom 1. September 1939 an ergangen sind und sich auf österreichischen Staatbürgern gehörige Schiffe oder Güter oder auf die Bezahlung von Kosten beziehen, als gültig und bindend anzuerkennen;

d) Ansprüche, die sich aus der Ausübung oder vermeintlichen Ausübung von Rechten der Kriegsführenden ergeben.

2. Die Bestimmungen dieses Artikels schließen vollständig und endgültig alle Ansprüche der hierin angeführten Natur aus, die von nun an erloschen sein sollen, welche Vertragsteile auch immer ein Interesse daran haben mögen. Die österreichische Regierung stimmt zu, eine billige

Assoziierten Mächte im österreichischen Staatsgebiet auf Requisition Güter geliefert oder Dienste geleistet haben und ebenso eine Entschädigung zur Befriedigung von Ansprüchen aus Nichtkampfschäden gegen die Streitkräfte der Alliierten und Assoziierten Mächte, die auf österreichischem Staatsgebiet entstanden sind.

3. Österreich verzichtet gleichfalls im Namen der österreichischen Regierung oder österreichischer Staatsangehöriger auf alle Ansprüche der in § 1 dieses Artikels bezeichneten Art gegen jede Vereinte Nation, deren diplomatische Beziehungen mit Deutschland zwischen dem 1. September 1939 und dem 1. Jänner 1945 abgebrochen waren und die sich in Zusammenarbeit mit den Alliierten und Assoziierten Mächten aktiv betätigt hat.

4. Die österreichische Regierung wird für alliiertes Militärgeld im Nennwerte von fünf Schilling und darunter, das in Österreich von alliierten Militärbehörden ausgegeben wurde, einschließlich jenes Geldes, das sich beim Inkrafttreten des vorliegenden Vertrages im Umlauf befindet, die volle Einlösepflicht übernehmen. Noten, ausgegeben von den alliierten Militärbehörden, im Nennwert von mehr als fünf Schilling sollen vernichtet und keine Ansprüche können in diesem Zusammenhang gegen irgendeine der Alliierten und Assoziierten Mächte erhoben werden.

5. Der Verzicht auf Ansprüche durch Österreich nach § 1 dieses Artikels umfaßt jeden Anspruch, der aus Handlungen stammt, die von irgendeiner Alliierten oder Assoziierten Macht in bezug auf solche Schiffe ergriffen wurden, die österreichischen Staatsangehörigen im Zeitraum zwischen 1. September 1939 und dem Inkrafttreten des vorliegenden Vertrages gehörten; er umfaßt ebenso alle

Entschädigung in Schillingen den Personen zu leisten, die den Streitkräften der Alliierten oder Assoziierten Mächte im österreichischen Staatsgebiet auf Grund von Requisition Güter geliefert oder Dienste geleistet haben und ebenso eine Entschädigung zur Befriedigung von Ansprüchen aus Nichtkampfschäden gegen die Streitkräfte der Alliierten oder Assoziierten Mächte, die auf österreichischem Staatsgebiet entstanden sind.

3. Desgleichen verzichtet Österreich im Namen der österreichischen Regierung oder österreichischer Staatsangehöriger auf alle Ansprüche der in Paragraph 1 dieses Artikels bezeichneten Art gegen jede Vereinte Nation, deren diplomatische Beziehungen mit Deutschland zwischen dem 1. September 1939 und dem 1. Jänner 1945 abgebrochen waren und die mit den Allierten oder Assoziierten Mächten aktiv zusammengearbeitet hat.

4. Die österreichische Regierung wird für alliiertes Militärgeld im Nennwert von fünf Schilling und darunter, das in Österreich von alliierten Militärbehörden ausgegeben wurde, einschließlich jenes Geldes, das sich beim Inkrafttreten des vorliegenden Vertrages im Umlauf befindet, die volle Einlösepflicht übernehmen. Von den alliierten Militärbehörden ausgegebene Noten im Nennwert von mehr als fünf Schilling werden vernichtet und Ansprüche in diesem Zusammenhang können gegen keine der Alliierten und Assoziierten Mächte erhoben werden.

5. Der Verzicht auf Ansprüche durch Österreich nach Paragraph 1 dieses Artikels umfaßt alle Ansprüche, die sich aus Maßnahmen ergeben, die von irgendeiner Alliierten oder Assoziierten Macht hinsichtlich solcher Schiffe ergriffen wurden, die österreichischen Staatsangehörigen im Zeitraum zwischen dem

Ansprüche und Schulden, die aus jetzt in Kraft befindlichen Abkommen über Kriegsgefangene stammen.

[6. Die Bestimmungen dieses Artikels sind jedoch nicht als ein Verzicht auf Ansprüche aufzufassen, die Österreich oder seine Staatsangehörigen auf Eigentum nach Artikel 35 hätten.][1]

1 US-Vorschlag, dem sich UK, Sowjet und F widersetzen.

1. September 1939 und dem Inkrafttreten des vorliegenden Vertrages gehörten, und ebenso alle Ansprüche und Schulden, die sich aus jetzt in Kraft befindlichen Abkommen über Kriegsgefangene ergeben.

[Einvernehmen über den Wortlaut wurde nach Rücknahme des amerikanischen Vorschlags für Abs. 6 während der Tagung der Vertragskommission in Wien Mai–Oktober 1947 erzielt.]

Artikel 40
wurde mit Artikel 38
zusammengezogen.

[Zusammenlegung der Art. 40 und 38 des Entwurfes wurde vom Außenministerrat in Moskau am 19. April 1947 beschlossen.]

Artikel 41.

Deutsche Ansprüche gegen Österreich

[Die Alliierten und Assoziierten Mächte verpflichten sich, die Aufnahme eines Verzichtes Deutschlands auf alle wirtschaftlichen und finanziellen Ansprüche gegen Österreich oder österreichische Staatsangehörige, die am 8. Mai 1945 noch offen waren oder aus der Wiedererrichtung der österreichischen Unabhängigkeit herrühren, sowie eines entsprechenden Verzichtes auf Ansprüche von deutschen Staatsangehörigen gegen Österreich oder österreichische Staatsangehörige in den deutschen Friedensvertrag zu unterstützen.][1]

1 US- und UK-Vorschlag, dem die französische Delegation mit dem Vorbehalt beistimmt, noch zu der Frage, ob der Artikel in den Vertrag aufgenommen oder Gegenstand eines besonderen Dokumentes bilden soll, Stellung zu nehmen. Die Sowjetdelegation hält die Erörterung dieser Frage für verfrüht.

[Art. 41 des Entwurfes wurde im Jahre 1949 zurückgezogen.]

Teil V
Eigentum, Rechte und Interessen

Artikel 42.
Eigentum der Vereinten Nationen in Österreich

[1. Soweit Österreich dies nicht schon durchgeführt hat, wird es alle gesetzlichen Rechte und Interessen der Vereinten Nationen und ihrer Staatsangehörigen in Österreich wieder herstellen, wie sie am 1. September 1939 bestanden, und wird alles Eigentum der Vereinten Nationen und ihrer Staatsangehörigen in Österreich zurückgeben, so wie es jetzt vorhanden ist.

Österreich nimmt es auf sich, in allen Fällen, in denen Eigentum, Rechte oder Interessen von Staatsangehörigen der Vereinten Nationen in Österreich als Folge der Annexion Österreichs durch Deutschland und der deutschen Wirtschaftsdurchdringung Österreichs nach dem 12. März 1938 entzogen oder auf andere Weise beeinträchtigt wurden, alle Übertragungen, Akte der Enteignung oder Beeinträchtigungen in bezug auf dieses genannte Eigentum, Rechte und Interessen als null und nichtig zu erklären. Die Last, das Eigentumsrecht an dem genannten Eigentum, Rechten und Interessen am 12. März 1938 zu beweisen, soll auf den Vereinten Nationen oder ihren Staatsangehörigen ruhen und die Beweislast, daß dieselben nicht als Folge der Annexion Österreichs durch Deutschland und der deutschen Wirtschaftsdurchdringung Österreichs übereignet wurden, soll auf der österreichischen Regierung ruhen.

Die vorstehenden Bestimmungen beziehen sich gleicherweise auf Eigentum, Rechte und Interessen von Vereinten Nationen und deren Staatsangehörigen, gleichgültig, ob es sich um einen direkten oder indirekten Besitz handelt.][1]

Teil V
Eigentum, Rechte und Interessen

Artikel 25.
Vermögen der Vereinten Nationen in Österreich

1. Soweit Österreich dies nicht schon durchgeführt hat, wird es alle den Vereinten Nationen und ihren Staatsangehörigen gehörenden gesetzlichen Rechte und Interessen in Österreich wiederherstellen, wie sie an dem Tag bestanden, an dem die Feindseligkeiten zwischen Deutschland und der betreffenden Vereinten Nation begannen, und wird alles Vermögen der Vereinten Nationen und ihrer Staatsangehörigen in Österreich zurückgeben, wie es jetzt vorhanden ist.

2. Die österreichische Regierung verpflichtet sich, alle unter diesen Artikel fallenden Vermögenschaften, Rechte und Interessen frei von allen Belastungen und Kosten jeder Art wiederherzustellen, denen sie als Folge des Krieges mit Deutschland unterworfen sein mögen, und ohne Auferlegung irgendwelcher Kosten durch die österreichische Regierung aus Anlaß ihrer Rückgabe. Die österreichische Regierung wird alle Maßnahmen der Beschlagnahme, Sequestrierung oder Kontrolle für nichtig erklären, die gegen Vermögen von Vereinten Nationen in Österreich in der Zeit zwischen dem Tag des Beginns der Feindseligkeiten zwischen Deutschland und der betreffenden Vereinten Nation und dem Inkrafttreten des vorliegenden Vertrages ergriffen wurden. In Fällen, in denen das Eigentum nicht innerhalb von sechs Monaten nach Inkrafttreten dieses Vertrages zurückgegeben worden ist, ist die Anmeldung zwecks Rückgabe des Eigentums bei den österreichischen Behörden spätestens innerhalb von zwölf Monaten nach Inkrafttreten des Vertrages vorzuneh-

[1. Soweit Österreich eine solche Aktion nicht schon durchgeführt hat, wird es alle gesetzlichen Rechte und Interessen der Vereinten Nationen und deren Staatsangehörigen in Österreich, wie sie am 13. März 1938 bestanden, wieder herstellen, außer wenn dieselben freiwillig übertragen worden sind, und wird alles Eigentum der Vereinten Nationen und deren Staatsangehörigen in Österreich zurückgeben, so wie es jetzt vorhanden ist.][2]

2. Die österreichische Regierung verpflichtet sich, alle unter diesen Artikel fallenden Vermögen, Rechte und Interessen frei von allen Belastungen und Kosten jeder Art, denen sie als Folge des Krieges mit Deutschland unterworfen sein mögen, und ohne daß im Zusammenhang mit ihrer Rückgabe irgendwelche Kosten durch die österreichische Regierung angerechnet werden, wieder herzustellen. Die österreichische Regierung wird alle Maßnahmen [einschließlich Beschlagnahme, Sequestrierung oder Kontrolle][3] [der Beschlagnahme, Sequestrierung oder Kontrolle][4], die gegen das Eigentum von Vereinten Nationen zwischen [13. März 1938][5] [dem Tag des Beginns der Feindseligkeiten zwischen Deutschland und der betreffenden Vereinten Nation][6] und dem Inkrafttreten des vorliegenden Vertrages ergriffen wurden, für null und nichtig erklären. In Fällen, in denen das Eigentum nicht innerhalb von sechs Monaten nach Inkrafttreten des vorliegenden Vertrages zurückgegeben worden ist, soll die Anmeldung bei den österreichischen Behörden nicht später als zwölf Monate nach Inkrafttreten des Vertrages eingebracht werden, ausgenommen jene Fälle, in denen der Anspruchstellende zu beweisen in der Lage ist, daß er innerhalb dieser Zeit seine Anmeldung nicht einreichen konnte.

3. Die österreichische Regierung wird

men, ausgenommen in Fällen, in denen der Anspruchstellende beweisen kann, daß er innerhalb dieser Zeit seine Anmeldung nicht vornehmen konnte.

3. Die österreichische Regierung wird Übertragungen in bezug auf Staatsangehörigen der Vereinten Nationen gehörende Vermögenschaften, Rechte und Interessen jeder Art, für ungültig erklären, soferne solche Übertragungen durch von Regierungen der Achsenmächte oder deren Dienststellen in der Zeit zwischen dem Beginn der Feindseligkeiten zwischen Deutschland und der betreffenden Vereinten Nation und dem 8. Mai 1945 ausgeübten Zwang zustande gekommen sind.

4.a) In Fällen, in denen die österreichische Regierung eine Entschädigung für Verluste leistet, die auf Grund einer während der deutschen Besetzung Österreichs oder während des Krieges erlittenen Verletzung oder einer Schädigung an Vermögen in Österreich entstanden sind, soll den Staatsangehörigen der Vereinten Nationen keine weniger vorteilhafte Behandlung eingeräumt werden, als österreichischen Staatsangehörigen gewährt wird; und in solchen Fällen sollen Staatsangehörige der Vereinten Nationen, die unmittelbar oder mittelbar Eigentumsinteressen an Gesellschaften oder Vereinigungen besitzen, die nicht Staatsangehörige der Vereinten Nationen im Sinne des Paragraphen 8 a dieses Artikels sind, eine Entschädigung erhalten, die unter Zugrundelegung des gesamten Verlustes oder Schadens, den diese Gesellschaften oder Vereinigungen erlitten haben, berechnet ist, und in jenem Verhältnis zu diesem Verlust oder Schaden steht, das der kapitalsmäßigen Beteiligung eines solchen Staatsangehörigen an der Gesellschaft oder Vereinigung entspricht.

alle Übertragungen in bezug auf Eigentum, Rechte und Interessen jeder Art, die Staatsangehörigen der Vereinten Nationen gehören, für ungültig erklären, sofern solche Übertragungen durch Gewalt [oder Zwang][7], ausgeübt von Achsenregierungen oder deren Organen in der Zeit zwischen dem [13. März 1938][8] [dem Beginn der Feindseligkeiten zwischen Deutschland und der betreffenden Vereinten Nation][9] und dem 8. Mai 1945, zustande gekommen sind.

[4.a) Die österreichische Regierung soll dafür verantwortlich sein, daß das den Staatsangehörigen der Vereinten Nationen gemäß Paragraph 1 dieses Artikels zurückzugebende Eigentum in vollkommen guter Ordnung zurückgestellt wird. In Fällen, in denen das Eigentum nicht zurückgegeben werden kann, oder wenn ein Staatsangehöriger der Vereinten Nationen als Folge des Krieges einen Verlust auf Grund eines Unrechtes oder einer Beschädigung seines in Österreich befindlichen Eigentums erlitten hat, soll derselbe von der österreichischen Regierung eine Entschädigung in Schillingen in der Höhe von zwei Dritteln jener Summe erhalten, die am Zahlungstag notwendig ist, um ein ähnliches Gut zu erwerben oder den erlittenen Verlust wieder gutzumachen. In keinem Falle genießen Staatsangehörige Vereinter Nationen im Hinblick auf die Entschädigung eine weniger vorteilhafte Behandlung als jene, die österreichischen Staatsangehörigen gewährt wird.

b) Staatsangehörige der Vereinten Nationen, die direkt oder indirekt Eigentumsinteressen an Körperschaften oder Gesellschaften besitzen, die nicht Staatsangehörige der Vereinten Nationen im Sinne des Paragraph 8a dieses Artikels sind, die jedoch einen Verlust

b) Die österreichische Regierung wird den Vereinten Nationen und deren Staatsangehörigen in der Zuteilung von Material für die Reparatur oder den Wiederaufbau ihres Eigentums in Österreich und in der Zuteilung von Devisen für die Einfuhr von solchem Material die gleiche Behandlung wie den österreichischen Staatsangehörigen gewähren.

5. Alle angemessenen Ausgaben, die in Österreich im Zusammenhang mit der Geltendmachung von Ansprüchen, einschließlich der Kosten für die Festsetzung des Verlustes oder Schadens, erwachsen, werden von der österreichischen Regierung getragen.

6. Staatsangehörige der Vereinten Nationen und deren Vermögen sind von allen außerordentlichen Steuern, Abgaben und Auflagen befreit, mit denen ihre Kapitalswerte in Österreich durch die österreichische Regierung oder irgendeine österreichische Behörde zwischen dem Zeitpunkt der Übergabe der deutschen Streitkräfte und dem Inkrafttreten dieses Vertrages zu dem besonderen Zwecke belastet worden sind, Ausgaben, die sich aus dem Kriege ergeben, oder die Kosten der Besatzungstruppen damit zu decken. Beträge, die aus diesem Titel bezahlt wurden, sind zurückzuerstatten.

7. An Stelle der Bestimmungen dieses Artikels können der Eigentümer des betreffenden Vermögens und die österreichische Regierung eine Vereinbarung treffen.

8. Die in diesem Artikel gebrauchten Ausdrücke

a) „Staatsangehörige der Vereinten Nationen" bedeuten physische Personen, die im Zeitpunkt des Inkrafttretens dieses Vertrages Staatsangehörige irgendeiner der Vereinten Nationen sind, oder Gesellschaften oder Vereiniauf Grund eines Unrechtes oder einer Beschädigung ihres in Österreich befindlichen Eigentums erlitten haben, erhalten eine Entschädigung gemäß des vorstehenden Subparagraphen a. Diese Entschädigung wird auf der Basis des gesamten Verlustes oder Schadens, den die Körperschaft oder Gesellschaft erlitten hat, berechnet, und wird in jenem Verhältnis zu diesem Verlust oder Schaden stehen, das der kapitalsmäßigen Beteiligung von solchen Staatsangehörigen an der Körperschaft oder Gesellschaft entspricht.

c) Die Entschädigung muß frei von Gebühren, Taxen oder anderen Auflagen gezahlt werden. Über ihre Verwendung in Österreich soll frei verfügt werden können, sie soll aber den Bestimmungen einer Devisenkontrolle unterworfen sein, wenn eine solche zeitweise in Österreich in Geltung stehen sollte.][10]

[4. In Fällen, in denen die österreichische Regierung eine Entschädigung für Verluste leistet, die auf Grund eines während der deutschen Besetzung Österreichs oder während des Krieges erlittenen Unrechtes oder einer Beschädigung an in Österreich befindlichem Eigentum entstanden sind, soll den Staatsangehörigen der Vereinten Nationen auf keinen Fall eine weniger vorteilhafte Behandlung als jene eingeräumt werden, die österreichischen Staatsangehörigen gewährt wird; und in solchen Fällen sollen Staatsangehörige der Vereinten Nationen, die direkt oder indirekt Eigentumsinteressen an Körperschaften oder Gesellschaften besitzen, die nicht Staatsangehörige der Vereinten Nationen im Sinne des Paragraph 8a dieses Artikels sind, eine Entschädigung erhalten, die auf Basis des gesamten Verlustes oder Schadens, den diese Körperschaften oder

gungen, die im Zeitpunkt des Inkrafttretens dieses Vertrages gemäß dem Recht irgendeiner der Vereinten Nationen errichtet worden sind, vorausgesetzt, daß diese physischen Personen, Gesellschaften oder Vereinigungen diesen Status auch am 8. Mai 1945 besessen haben.

Der Ausdruck „Staatsangehörige der Vereinten Nationen" schließt auch alle physischen Personen, Gesellschaften und Vereinigungen ein, die gemäß den während des Krieges in Österreich geltenden Gesetzen als Feinde behandelt worden sind.

b) „Eigentümer" bedeutet eine der Vereinten Nationen oder einen Staatsangehörigen einer der Vereinten Nationen im Sinne der Definition des oben angeführten Absatzes a), der einen Rechtsanspruch auf das in Frage stehende Vermögen hat, und umfaßt auch den Rechtsnachfolger des Eigentümers, vorausgesetzt, daß der Rechtsnachfolger gleichfalls eine Vereinte Nation oder ein Staatsangehöriger einer Vereinten Nation im Sinne der Definition des Absatzes a) ist. Wenn der Rechtsnachfolger das Vermögen in einem beschädigten Zustand erworben hat, behält der Übertragende seine Rechte auf Entschädigung gemäß diesem Artikel; Verpflichtungen nach Landesrecht zwischen dem Übertragenden und dem Erwerber werden hiedurch nicht berührt.

c) „Vermögen" bedeutet alles bewegliche oder unbewegliche, materielle oder immaterielle Vermögen einschließlich gewerblichen, literarischen und künstlerischen Eigentums sowie alle Eigentumsrechte und -interessen jeder Art.

9. Die Bestimmungen dieses Artikels finden keine Anwendung auf die Übertra-

Gesellschaften erlitten haben, berechnet ist, und in jenem Verhältnis zu diesem Verlust oder Schaden steht, das der kapitalsmäßigen Beteiligung eines solchen Staatsangehörigen an der Körperschaft oder Gesellschaft entspricht.][11]

[4. Die österreichische Regierung verpflichtet sich, mit jeder der beteiligten Vereinten Nationen in bezug auf in Österreich befindliches und in diesem Artikel behandeltes Eigentum der Staatsbürger derselben, das nicht zurückgegeben werden kann oder das infolge des Krieges mit Deutschland Gegenstand eines Unrechtes oder einer Beschädigung war, Vereinbarungen einzugehen. Diese Vereinbarungen sind ehebaldigst abzuschließen, und Österreich verpflichtet sich darin, den Staatsangehörigen jeder der betreffenden Vereinten Nationen eine Behandlung zu gewähren, die nicht weniger vorteilhaft ist als jene, die dem österreichischen Eigentum im Gebiete dieser Vereinten Nation gewährt wird oder wurde und keinesfalls eine weniger vorteilhafte als jene, die die österreichische Regierung österreichischen Staatsangehörigen zugesteht.

Im vorstehenden wird jedoch von Österreich nicht verlangt, in bezug auf Verlust, Unrecht oder Schaden an Eigentum Zahlungen in fremder Währung zu leisten.][12]

4.d) Die österreichische Regierung soll den Staatsangehörigen der Vereinten Nationen in der Zuteilung von Material für die Reparatur oder den Wiederaufbau ihres Eigentums in Österreich und in der Zuteilung von Devisen für die Einfuhr von solchem Material die gleiche Behandlung wie den österreichischen Staatsangehörigen gewähren.

5. Alle angemessenen Ausgaben, die in Österreich im Zusammenhang mit der

gung von Vermögen, Rechten oder Interessen von Vereinten Nationen oder von Staatsangehörigen Vereinter Nationen in Österreich, die in Übereinstimmung mit Gesetzen und Verordnungen erfolgte, die als österreichisches Recht am 28. Juni 1946 in Kraft waren.

10. Die österreichische Regierung anerkennt, daß das Abkommen von Brioni vom 10. August 1942 null und nichtig ist. Sie verpflichtet sich, mit den anderen Signataren des Abkommens von Rom vom 21. März 1923 an Verhandlungen teilzunehmen, die den Zweck verfolgen, in die Bestimmungen des Abkommens die nötigen Modifikationen einzufügen, um eine billige Regelung der darin vorgesehenen Annuitäten sicherzustellen.

[Einvernehmen über den Text dieses Artikels wurde auf der Wiener Botschafterkonferenz am 10. Mai 1955 hergestellt, nachdem es außerhalb der Botschafterkonferenz zur Paraphierung eines österreichisch-britisch-amerikanischen Memorandums (sog. Wiener Memorandum) und eines österreichisch-französischen Memorandums am 10. Mai 1955 gekommen war (siehe S. 513–515).]

Geltendmachung von Ansprüchen, einschließlich der Kosten für die Festsetzung des Verlustes oder Schadens, erwachsen, sind von der österreichischen Regierung zu tragen.

6. Staatsangehörige der Vereinten Nationen und deren Eigentum sind von allen außerordentlichen Taxen, Steuern und Auflagen befreit, mit denen ihre Kapitalswerte in Österreich durch die österreichische Regierung oder irgendeine österreichische Behörde zwischen dem Datum der Übergabe der deutschen Streitkräfte und dem Inkrafttreten des vorliegenden Vertrages zu dem besonderen Zwecke belastet worden sind, Ausgaben, die sich aus dem Krieg ergeben oder die Kosten der Besatzungstruppen damit zu decken. Beträge, die aus diesem Titel bezahlt wurden, müssen zurückgegeben werden.

7. An Stelle der Bestimmungen dieses Artikels können der Eigentümer des betreffenden Vermögens und die österreichische Regierung eine Vereinbarung treffen.

8. Die in diesem Artikel gebrauchten Ausdrücke:

a) „Staatsangehörige der Vereinten Nationen" bedeuten physische Personen, die Staatsangehörige irgendeiner der Vereinten Nationen sind oder Körperschaften oder Gesellschaften, die gemäß dem Recht irgendeiner der Vereinten Nationen zum Zeitpunkt des Inkrafttretens des vorliegenden Vertrages errichtet worden sind, vorausgesetzt, daß diese physischen Personen, Körperschaften oder Gesellschaften diesen Status auch am 8. Mai 1945 besessen haben.

Der Ausdruck „Staatsangehörige der Vereinten Nationen" schließt auch alle physischen Personen, Körperschaften und Gesellschaften ein, die gemäß den während des Krieges in Österreich geltenden Gesetzen als Feinde [oder als unter Feindkontrolle stehend][13] behandelt worden sind.

[Es sind jedoch nur jene Staatsangehörigen einer Vereinten Nation, die die Staatsangehörigkeit einer Vereinten Nation schon vor dem Datum besaßen, an dem ihr Eigentum einen Schaden in Österreich erlitten hat, zu einer Entschädigung gemäß Paragraph 4 dieses Artikels berechtigt.][14]

b) „Eigentümer" bedeutet die Vereinte Nation oder den Staatsangehörigen der Vereinten Nation im Sinne der Definition des oben angeführten Unterparagraphen a, der ein Recht auf das in Frage stehende Vermögen hat und umfaßt auch den Rechtsnachfolger des Eigentümers, vorausgesetzt, daß der Rechtsnachfolger gleichfalls eine Vereinte Nation oder ein Staatsangehöriger einer Vereinten Nation im Sinne der Definition des Unterparagraphen a ist. Wenn der Rechtsnachfolger das Eigentum in einem beschädigten Zustand erworben hat, behält der Übertragende seine Rechte auf Entschädigung gemäß diesem Artikel; Verpflichtungen nach Landesrecht zwischen dem Übertragenden und dem Erwerber werden hiedurch nicht berührt.

c) „Eigentum" bedeutet alles bewegliche oder unbewegliche oder unkörperliche Eigentum einschließlich gewerblichen, literarischen und künstlerischen Eigentums sowie Rechte und Eigentumsinteressen aller Art.

9. [Die Bestimmungen dieses Artikels finden keine Anwendung auf die Übertragung von Eigentum, Rechten oder Interessen von Vereinten Nationen oder Staatsangehörigen Vereinter Nationen in Österreich, deren Übertragung in Übereinstimmung mit Gesetzen und Verordnungen erfolgte, die als österreichisches

Recht am 28. Juni 1946 in Kraft waren.][15]

10. Die österreichische Regierung anerkennt, daß das Abkommen von Brioni vom 10. August 1942 null und nichtig ist. Sie verpflichtet sich, mit den anderen Signatarstaaten des Abkommens von Rom vom 29. Mai 1923 an Verhandlungen teilzunehmen, die den Zweck verfolgen, in die Bestimmungen des Abkommens die nötigen Modifikationen einzufügen, um eine billige Regelung der darin vorgesehenen Annuitäten sicherzustellen.

1 F- und UK-Vorschlag. Die Sowjetdelegation stimmte zu, den ersten Paragraphen vorstehenden Vorschlages als ersten Paragraphen dieses Artikels anzunehmen, vorausgesetzt, daß die Worte „am 1. September 1939" ersetzt werden durch „an dem Tag, an dem die Feindseligkeiten mit Deutschland und der betreffenden Vereinten Nation begannen".

2 US-Vorschlag.

3 UK-, F- und US-Vorschlag.

4 Sowjetvorschlag.

5 UK-, F- und US-Vorschlag.

6 Sowjetvorschlag.

7 Die Sowjetdelegation spricht sich gegen die Einbeziehung dieser Worte aus.

8 UK-, US- und F-Vorschlag.

9 Sowjetvorschlag.

10 Französischer Vorschlag.

11 US- und Sowjet-Alternativvorschlag für a, b und c.

12 UK-Alternativvorschlag für a, b und c.

13 Zusatz der Delegationen der Vereinigten Staaten und des Vereinigten Königreiches, den die sowjetische und die französische Delegation für unnötig halten.

14 Zusatz der französischen Delegation, der sich die Delegation der Vereinigten Staaten widersetzt.

15 Vorschlag der USSR, dem die Delegationen der Vereinigten Staaten und des Vereinigten Königreiches opponierten.

Artikel 43.

Anwendung österreichischen Rechtes auf Eigentum, Rechte und Interessen der Vereinten Nationen in Österreich

[Unbeschadet aller anderen Bestimmungen des vorliegenden Vertrages, die die Behandlung von Eigentum in Österreich betreffen, sollen sämtliches Eigen-

[Art. 43 des Entwurfes wurde im Zuge der Einigung über Art. 35 des Entwurfes am 16. August 1949 gestrichen.]

tum, Rechte und Interessen der Vereinten Nationen und ihrer Staatsangehörigen in Österreich gleich österreichischem Eigentum den vollen Schutz des österreichischen Rechtes genießen und den Bestimmungen des österreichischen Rechtes unterworfen sein.][1]

1 Vorschlag Frankreichs, der US und des Vereinigten Königreiches. Die Delegation der USSR sieht keinen Grund, diesen Artikel einzuschließen.

Artikel 44.
Eigentum, Rechte und Interessen von Minderheitsgruppen in Österreich

1. Soweit Vorsorgen dafür noch nicht getroffen worden sind, verpflichtet sich Österreich, dafür zu sorgen, daß in allen Fällen, in denen Eigentum, gesetzliche Rechte oder Interessen in Österreich seit dem 13. März 1938 wegen der rassischen Abstammung oder der Religion des Eigentümers [Maßnahmen der Sequestrierung, Beschlagnahme oder Kontrolle]* [oder Übertragungen unter Zwang][1] unterworfen worden sind, dieses Eigentum zurückgegeben wird und diese gesetzlichen Rechte mit allem Zubehör wieder hergestellt werden. Wo eine Rückgabe oder Wiederherstellung nicht möglich ist, wird für auf Grund solcher Maßnahmen erlittene Verluste eine Entschädigung in einer Höhe gewährt, wie sie in bezug auf Kriegsschäden generell österreichischen Staatsangehörigen jetzt oder späterhin gegeben wird.

2. Österreich stimmt zu, sämtliches Eigentum, gesetzliche Rechte und Interessen in Österreich, das Personen, Organisationen oder Gemeinschaften gehört, die einzeln oder als Mitglieder von Gruppen rassischen, religiösen oder anderen Naziverfolgungsmaßnahmen unterworfen worden sind, unter seine Kontrolle zu nehmen, wenn, falls es sich um Personen handelt, dieses Eigentum, Rechte und In-

Artikel 26.
Vermögenschaften, Rechte und Interessen von Minderheitsgruppen in Österreich

1. Soweit solche Maßnahmen noch nicht getroffen worden sind, verpflichtet sich Österreich in allen Fällen, in denen Vermögenschaften, gesetzliche Rechte oder Interessen in Österreich seit dem 13. März 1938 wegen der rassischen Abstammung oder der Religion des Eigentümers Gegenstand gewaltsamer Übertragung oder von Maßnahmen der Sequestrierung, Konfiskation oder Kontrolle gewesen sind, das angeführte Vermögen zurückzugeben und diese gesetzlichen Rechte und Interessen mit allem Zubehör wiederherzustellen. Wo eine Rückgabe oder Wiederherstellung nicht möglich ist, wird für auf Grund solcher Maßnahmen erlittene Verluste eine Entschädigung in einem Ausmaß gewährt, wie sie bei Kriegsschäden österreichischen Staatsangehörigen jetzt oder späterhin generell gegeben wird.

2. Österreich stimmt zu, alle Vermögenschaften, gesetzlichen Rechte und Interessen in Österreich, die Personen, Organisationen oder Gemeinschaften gehören, die einzeln oder als Mitglieder von Gruppen rassischen, religiösen oder anderen Naziverfolgungsmaßnahmen unterworfen worden sind, unter seine Kontrolle zu nehmen, wenn, falls es sich um

teressen ohne Erben bleiben oder durch sechs Monate nach Inkrafttreten des vorliegenden Vertrages nicht angefordert werden oder wenn, falls es sich um Organisationen und Gemeinschaften handelt, diese Organisationen und Gemeinschaften substanzmäßig (substantially) aufgehört haben zu bestehen. Österreich soll dieses Eigentum, Rechte und Interessen geeigneten, von den vier Chefs der Missionen in Wien im Wege von Vereinbarungen mit der österreichischen Regierung zu bestimmenden Amtsstellen oder Organisationen übertragen, damit sie für Unterstützung von Opfern der Verfolgung durch die Achsenmächte und Wiedergutmachung an solche verwendet werden, wobei aber diese Bestimmungen so zu verstehen sind, daß sie von Österreich keine Zahlungen in fremder Währung oder andere Überweisungen an fremde Länder verlangen, die eine Belastung der österreichischen Wirtschaft darstellen würden. Diese Übertragung soll innerhalb von 18 Monaten nach Inkrafttreten des vorliegenden Vertrages durchgeführt werden und Eigentum, Rechte und Interessen, deren Wiederherstellung in Paragraph 1 dieses Artikels verlangt wird, einschließen.

* Sowjetvorschlag, den die französische Delegation annehmen würde.

[Anm. d. Verf.: Diese Anmerkung und Einklammerung wurde in der deutschen Übersetzung irrtümlich ausgelassen.]

1 US- und UK-Vorschlag, den die französische Delegation annehmen würde.

Artikel 45.

Österreichisches Vermögen im Gebiete der Alliierten und Assoziierten Mächte

1. Die Alliierten und Assoziierten Mächte erklären ihre Absicht, österreichisches Eigentum und österreichische Rechte und Interessen, so wie sie sich derzeit in ihren Gebieten vorfinden, zu-

Personen handelt, diese Vermögenschaften, Rechte und Interessen ohne Erben bleiben oder durch sechs Monate nach Inkrafttreten des vorliegenden Vertrages nicht beansprucht werden oder wenn, falls es sich um Organisationen und Gemeinschaften handelt, diese Organisationen und Gemeinschaften aufgehört haben zu bestehen. Österreich soll diese Vermögenschaften, Rechte und Interessen geeigneten, von den vier Missionschefs in Wien im Wege von Vereinbarungen mit der österreichischen Regierung zu bestimmenden Dienststellen oder Organisationen übertragen, damit sie für Hilfe und Unterstützung von Opfern der Verfolgung durch die Achsenmächte und für Wiedergutmachung an solche verwendet werden; diese Bestimmungen sind dahin zu verstehen, daß sie von Österreich keine Zahlungen in fremder Währung oder andere Überweisungen an fremde Länder erfordern, die eine Belastung der österreichischen Wirtschaft darstellen würden. Diese Übertragung wird innerhalb von achtzehn Monaten nach Inkrafttreten des vorliegenden Vertrages durchgeführt werden und Vermögenschaften, Rechte und Interessen, deren Wiederherstellung in Paragraph 1 dieses Artikels verlangt wird, einschließen.

[Einvernehmen über diesen Artikel wurde am 22. Juli 1949 hergestellt.]

Artikel 27.

Österreichisches Vermögen im Gebiete der Alliierten und Assoziierten Mächte

1. Die Alliierten und Assoziierten Mächte erklären ihre Absicht, österreichische Vermögenschaften, Rechte und Interessen, so wie sie sich derzeit in ihren Gebieten vorfinden, zurückzustellen

rückzustellen oder, soweit solches Eigentum, solche Rechte und Interessen einer Liquidierungs-, Verfügungs- oder sonstigen Verwertungsmaßnahme unterzogen worden sind, den Erlös, der sich aus den Liquidierungs-, Verfügungs- und Verwertungsmaßnahmen über solches Eigentum oder solche Rechte und Interessen ergeben hat, abzüglich der aufgelaufenen Gebühren-, Verwaltungsausgaben, Gläubigerforderungen und anderen ähnlichen Lasten auszufolgen.

Die Alliierten und Assoziierten Mächte sind bereit, zu diesem Behufe Vereinbarungen mit der österreichischen Regierung einzugehen.

2. Unbeschadet der vorstehenden Bestimmungen wird der föderativen Volksrepublik von Jugoslawien das Recht eingeräumt, österreichisches Eigentum, österreichische Rechte und Interessen, die sich im Zeitpunkt des Inkrafttretens des vorliegenden Vertrages auf jugoslawischem Gebiet befinden, zu beschlagnahmen, zurückzubehalten oder zu liquidieren und auch deren Erlöse nach ihrem Gutdünken zu verwenden, und zwar im Rahmen der ihr und ihren Staatsangehörigen gegen Österreich oder österreichische Staatsangehörige zustehenden Forderungen einschließlich jener aus Schulden, wobei jene Forderungen außer Betracht zu bleiben haben, deren volle Befriedigung bereits in einem anderen Artikel des vorliegenden Vertragsentwurfes vorgesehen ist. Die österreichische Regierung verpflichtet sich, die österreichischen Staatsangehörigen, deren Eigentum auf Grund dieses Paragraphen herangezogen wird, zu entschädigen.

US und UK können Paragraph 2 nur annehmen, falls ihr Vorschlag zu Artikel 34 von allen Delegationen angenommen wird. Die Sowjetdelegation ist der Ansicht, daß Paragraph 2 keinerlei Zusammenhang mit Artikel 34 habe und abgesondert erörtert werden soll.

oder, soweit solche Vermögenschaften, Rechte und Interessen einer Liquidierungs-, Verwendungs- oder sonstigen Verwertungsmaßnahme unterzogen worden sind, den Erlös, der sich aus der Liquidierung, Verwendung oder Verwertung solcher Vermögenschaften, Rechte und Interessen ergeben hat, abzüglich der aufgelaufenen Gebühren, Verwaltungsausgaben, Gläubigerforderungen und anderen ähnlichen Lasten auszufolgen. Die Alliierten und Assoziierten Mächte sind bereit, zu diesem Behufe Vereinbarungen mit der österreichischen Regierung abzuschließen.

2. Unbeschadet der vorstehenden Bestimmungen wird der Föderativen Volksrepublik Jugoslawien das Recht eingeräumt, österreichische Vermögenschaften, Rechte und Interessen, die sich im Zeitpunkt des Inkrafttretens des vorliegenden Vertrages auf jugoslawischem Gebiet befinden, zu beschlagnahmen, zurückzubehalten oder zu liquidieren. Die österreichische Regierung verpflichtet sich, österreichische Staatsangehörige, deren Vermögen auf Grund dieses Paragraphen herangezogen wird, zu entschädigen.

[Einvernehmen über Abs. 2 wurde auf der Tagung des Außenministerrates in Paris im Juni 1949 erzielt und die endgültige Formulierung von den Sonderbeauftragten am 7. Juli 1949 vorgenommen.]

Artikel 46
wurde mit Artikel 38 verbunden.

[Verbindung mit Art. 38 des Entwurfes wurde vom Außenministerrat in Moskau am 19. April 1947 beschlossen.]

Artikel 47.
Dieser Artikel wurde zurückgezogen.

[Art. 47 betraf die Definition österreichischen Eigentums und wurde am 21. April 1947 zurückgezogen.]

Artikel 48.
Schulden[1]

1. Die Annexion Österreichs durch Deutschland ist nicht so zu betrachten, als ob durch sie die Verpflichtungen der österreichischen Regierung hinsichtlich der vor dem 13. März 1938 begebenen fremden Anleihen berührt würden. Die Alliierten und Assoziierten Mächte anerkennen, daß die österreichische Regierung keine Verpflichtungen hinsichtlich deutscher Staatspapiere hat, die von den Inhabern freiwillig im Tausch gegen österreichische Staatspapiere angenommen wurden.

[2. Die Alliierten und Assoziierten Mächte anerkennen, daß Zinsenzahlungen und ähnliche Auflagen, die österreichische Staatspapiere belasten und nach dem 12. März 1938 und vor dem 8. Mai 1945 fällig wurden, einen Anspruch gegen Deutschland und nicht gegen Österreich darstellen.][2]

[2. In bezug auf Zinsenzahlungen und ähnliche Auflagen, die österreichische Staatspapiere belasten und die zwischen dem 13. März 1938 und dem 8. Mai 1945 fällig wurden, erklären die Alliierten und Assoziierten Mächte ihre Bereitwilligkeit, mit Österreich in Verhandlungen einzutreten, um Zahlungsbedingungen zu vereinbaren, wobei sie die Zahlungsfähigkeit Österreichs in Betracht ziehen werden.][3]

3. Die Alliierten und Assoziierten Mächte erklären ihre Absicht, die Bestimmungen von Anleiheabkommen, die

Artikel 28.
Schulden

[Zu Abs. 1 des Entwurfes wurde auf der Wiener Vertragskonferenz Mai – Oktober 1947 ein sowjetischer, von den anderen drei Mächten nicht akzeptierter Zusatz vorgeschlagen: „oder hinsichtlich jener österreichischen Wertpapiere, über die nach dem 13. März 1938 zwischen Deutschland und dem Gläubigerstaate Zahlungsabkommen abgeschlossen wurden". Abs. 1 des Entwurfes wurde auf der Wiener Botschafterkonferenz im Mai 1955 gestrichen.]

1. Die Alliierten und Assoziierten Mächte anerkennen, daß Zinsenzahlungen und ähnliche Auflagen, die österreichische Staatspapiere belasten und nach dem 12. März 1938 und vor dem 8. Mai 1945 fällig wurden, einen Anspruch gegen Deutschland und nicht gegen Österreich darstellen.

[Der französische Alternativvorschlag zu Abs. 2 des Entwurfes wurde 1949 zurückgezogen, doch bemerkte die französische Delegation, daß dieser Absatz sich nur auf österreichische Staatspapiere beziehe, was z. B. die Obligationen der Donau-Save-Adria-Bahn ausschließe.]

2. Die Alliierten und Assoziierten Mächte erklären ihre Absicht, von den Bestimmungen von Anleiheabkommen, die von der österreichischen Regierung vor dem 13. März 1938 abgeschlossen wurden, keinen Gebrauch zu machen, insoweit diese Bestimmungen den Gläubi-

von der österreichischen Regierung vor dem 13. März 1938 abgeschlossen wurden, nicht auszunützen, insoweit diese Bestimmungen den Gläubigern ein Kontrollrecht über die österreichischen Staatsfinanzen einräumen.

4. Das Bestehen des Kriegszustandes zwischen den Alliierten und Assoziierten Mächten und Deutschland berührt an sich nicht die Verpflichtung zur Bezahlung solcher Geldschulden, die entweder aus vor Bestehen des Kriegszustandes stammenden Verpflichtungen und Verträgen herrühren oder aus Rechten hervorgehen, die vor Bestehen des Kriegszustandes erworben wurden, soweit diese Schulden vor dem Inkrafttreten des vorliegenden Vertrages fällig geworden sind und sei es der Regierung oder den Staatsangehörigen einer der Alliierten und Assoziierten Mächte gegen die Regierung oder Staatsangehörige Österreichs, sei es der Regierung oder Staatsangehörigen Österreichs gegen die Regierung oder Staatsangehörige einer der Alliierten und Assoziierten Mächte zustehen.

5. Soweit nicht in dem vorliegenden Vertrag ausdrücklich etwas anderes bestimmt ist, soll nichts darin so ausgelegt werden, daß dadurch das Schuldner-Gläubiger-Verhältnis beeinträchtigt wird, das aus Verträgen hervorgegangen ist, die zu irgendeinem Zeitpunkt vor dem 1. September 1939 entweder von der österreichischen Regierung oder von Personen, die am 12. März 1938 österreichische Staatsangehörige waren, abgeschlossen worden sind.

1 Die Sowjetdelegation behält sich das Recht vor, einen Zusatz zu diesem Artikel vorzuschlagen.

2 UK-, US- und Sowjetvorschlag. Die F-Delegation ist gegen die Aufnahme dieses Paragraphen.

3 F-Vorschlag zu Paragraph 2.

gern ein Kontrollrecht über die österreichischen Staatsfinanzen einräumen.

3. Das Bestehen des Kriegszustandes zwischen den Alliierten und Assoziierten Mächten und Deutschland berührt an sich nicht die Verpflichtung zur Bezahlung von Geldschulden, die entweder aus vor Bestehen des Kriegszustandes stammenden Verpflichtungen und Verträgen herrühren oder aus Rechten hervorgehen, die vor Bestehen des Kriegszustandes erworben wurden, soweit diese Schulden vor dem Inkrafttreten des vorliegenden Vertrages fällig geworden sind und die der Regierung oder den Staatsangehörigen einer der Alliierten und Assoziierten Mächte gegen die Regierung oder Staatsangehörige Österreichs zustehen, oder die der Regierung oder Staatsangehörigen Österreichs gegen die Regierung oder Staatsangehörige einer der Alliierten und Assoziierten Mächte zustehen.

4. Soweit nicht in dem vorliegenden Vertrag ausdrücklich etwas anderes bestimmt ist, ist darin nichts dahin auszulegen, daß dadurch das Schuldner-Gläubigerverhältnis beeinträchtigt wird, das sich aus Verträgen ergibt, die zu irgendeinem Zeitpunkt vor dem 1. September 1939 entweder von der österreichischen Regierung oder von Personen, die am 12. März 1938 österreichische Staatsangehörige waren, abgeschlossen worden sind.

Artikel 48bis

[Österreich anerkennt als Schuld, die es bezahlen muß, Geldanleihen und auch den Gegenwert aller Versorgungsgüter und Dienste, die der österreichischen Regierung durch eine der Alliierten oder Assoziierten Mächte zwischen dem 8. Mai 1945 und dem Inkrafttreten des vorliegenden Vertrages geliefert wurden.][1] [Die Regierungen der Alliierten und Assoziierten Mächte verzichten auf alle Ansprüche gegen die Regierung oder Staatsangehörige Österreichs, die sie oder eine von ihnen für den Wert jener eingeführten Versorgungsgüter haben, die von ihnen oder einer von ihnen für den zivilen Verbrauch in Österreich zwischen dem 8. Mai 1945 und dem Inkrafttreten des vorliegenden Vertrages geliefert wurden, wobei jedoch die Versorgungsgüter, die auf Grund von Geschäftsverträgen, Handelsvereinbarungen oder Kreditübereinkommen geliefert wurden, ausgenommen sind.][2]

1 Sowjetvorschlag.
2 US-Vorschlag, von UK- und F-Delegation unterstützt.

[Art. 48 bis des Entwurfes wurde von der Wiener Botschafterkonferenz am 4. Mai 1955 gestrichen, nachdem die Sowjetregierung im Moskauer Memorandum vom 15. April 1955 ihre Bereitschaft erklärt hatte, diesen Artikel fallenzulassen.]

TEIL VI

ALLGEMEINE WIRTSCHAFTSBEZIEHUNGEN

Artikel 49.

1. Bis zum Abschluß von Handelsverträgen oder -abkommen zwischen einzelnen der Vereinten Nationen und Österreich soll die österreichische Regierung während eines Zeitraumes von 18 Monaten nach Inkrafttreten des vorliegenden Vertrages jeder der Vereinten Nationen, die Österreich tatsächlich in reziproker Weise eine gleiche Behandlung in den

TEIL VI

ALLGEMEINE WIRTSCHAFTSBEZIEHUNGEN

Artikel 29.

1. Bis zum Abschluß von Handelsverträgen oder -abkommen zwischen einzelnen der Vereinten Nationen und Österreich gewährt die österreichische Regierung während eines Zeitraumes von achtzehn Monaten vom Inkrafttreten des vorliegenden Vertrages jeder der Vereinten Nationen, die Österreich tatsächlich in reziproker Weise eine gleichartige Be-

analogen Belangen einräumt, folgende Behandlung gewähren:

a) In allem, was Abgaben und Lasten auf die Ein- oder Ausfuhr, die interne Besteuerung eingeführter Waren und sämtliche hiezu gehörenden Regelungen betrifft, soll den Vereinten Nationen die bedingungslose Meistbegünstigung gewährt werden.

b) In jeder anderen Hinsicht soll Österreich Güter, die aus dem Gebiet einer der Vereinten Nationen stammen oder für deren Gebiet bestimmt sind, nicht willkürlich gegenüber den gleichen Gütern diskriminieren, die aus dem Gebiet einer anderen der Vereinten Nationen oder irgendeinem anderen fremden Lande stammen oder dorthin bestimmt sind.

c) Staatsbürgern der Vereinten Nationen, unter Einschluß juristischer Personen, soll in allen Dingen, die Handel, Industrie, Schiffahrt und andere Formen der Geschäftstätigkeit innerhalb Österreich *[sic]* betreffen, die gleiche Behandlung wie den Inländern und der meistbegünstigten Nation gewährt werden. Diese Bestimmungen sollen auf Handelsluftschiffahrt keine Anwendung finden.

d) Österreich soll keinem Land für den Betrieb von Handelsflugzeugen im internationalen Verkehr ausschließliche oder unterschiedliche Rechte gewähren, soll allen Vereinten Nationen gleiche Möglichkeiten bieten, Rechte der internationalen Handelsluftschiffahrt auf österreichischem Gebiet zu erwerben, einschließlich des Rechtes der Landung zur Brennstoffaufnahme und Reparatur, und soll hinsichtlich des Betriebes von Handelsflugzeugen im internationalen Verkehr allen Vereinten Nationen auf Grundlage der Gegenseitigkeit und nicht diskriminierender Be-

handlung in analogen Angelegenheiten einräumt, folgende Behandlung:

a) In allem, was Abgaben und Lasten auf die Ein- oder Ausfuhr, die innerstaatliche Besteuerung eingeführter Waren und sämtliche einschlägigen Regelungen betrifft, wird den Vereinten Nationen die bedingungslose Meistbegünstigung gewährt.

b) In jeder anderen Hinsicht wird Österreich Güter, die aus dem Gebiet einer der Vereinten Nationen stammen oder für deren Gebiet bestimmt sind, im Verhältnis zu den gleichen Gütern, die aus dem Gebiet einer anderen der Vereinten Nationen oder irgendeinem anderen fremden Lande stammen oder dorthin bestimmt sind, nicht willkürlich diskriminierend behandeln.

c) Staatsangehörigen der Vereinten Nationen, einschließlich juristischen Personen, wird in allen Angelegenheiten, die Handel, Industrie, Schiffahrt und andere Formen der Geschäftstätigkeit innerhalb Österreichs betreffen, die gleiche Behandlung wie den Inländern und der meistbegünstigten Nation gewährt. Diese Bestimmungen finden auf die Handelsluftfahrt keine Anwendung.

d) Österreich gewährt keinem Land für den Betrieb von Handelsflugzeugen im internationalen Verkehr ausschließliche oder präferenzielle Rechte, es bietet allen Vereinten Nationen gleiche Möglichkeiten, internationale Handelsluftfahrtsrechte auf österreichischem Staatsgebiet zu erwerben, einschließlich des Rechtes der Landung zur Brennstoffaufnahme und Reparatur, und gewährt hinsichtlich des Betriebes von Handelsflugzeugen im internationalen Verkehr allen Vereinten Nationen auf Grundlage der Gegenseitigkeit und nicht diskriminierenhandlung das Recht zugestehen, über österreichisches Gebiet zu fliegen, ohne zu landen. Diese Bestimmungen sollen die Interessen der österreichischen Landesverteidigung nicht beeinträchtigen.

2. Es versteht sich, daß die obigen Verpflichtungen Österreichs den Ausnahmen unterworfen sind, die üblicherweise in den vor dem 13. März 1938 von Österreich abgeschlossenen Handelsverträgen enthalten waren; die Bestimmungen bezüglich der von jeder der Vereinten Nationen gewährten Gegenseitigkeit sind gleichfalls mit jenen Ausnahmen zu verstehen, die üblicherweise in den von diesem Staat geschlossenen Handelsverträgen enthalten sind.

Artikel 49bis

Verträge zwischen Österreich und Deutschland

Die österreichische Regierung kann mit Zustimmung der Chefs der diplomatischen Missionen der USSR, UK, US und F in Wien Maßnahmen zwecks Aufhebung solcher Vertragsbeziehungen zwischen österreichischen Staatsangehörigen einerseits und Deutschland und deutschen Staatsangehörigen anderseits treffen, die am 8. Mai 1945 bestanden und Bedingungen ungebührlicher Abhängigkeit Österreichs von Deutschland begründet haben oder für die österreichische Wirtschaft abträglich waren und langwährende Verpflichtungen zur Lieferung von Gütern oder Diensten oder zur Festsetzung von Preisen oder bevorzugten Zahlungsbedingungen mit sich brachten.

Anmerkung:
Sowjetdelegation behält sich ihre Stellungnahme zu diesem Artikel vor, bis ein Beschluß über Artikel 35 gefaßt worden ist.

der Behandlung das Recht, über österreichisches Gebiet zu fliegen ohne zu landen. Diese Bestimmungen dürfen die Interessen der österreichischen Landesverteidigung nicht beeinträchtigen.

2. Es besteht Einverständnis darüber, daß die obigen Verpflichtungen Österreichs den Ausnahmen unterworfen sind, die üblicherweise in den vor dem 13. März 1938 von Österreich abgeschlossenen Handelsverträgen enthalten waren; die Bestimmungen bezüglich der von jeder der Vereinten Nationen gewährten Gegenseitigkeit sind gleichfalls mit jenen Ausnahmen zu verstehen, die üblicherweise in den von diesem Staat geschlossenen Handelsverträgen enthalten sind.

[Art. 49bis des Entwurfes wurde im Zuge der Einigung über Art. 35 des Entwurfes am 8. August 1949 gestrichen.]

Teil VII

Artikel 50.

Beilegung von Streitigkeiten

1. Alle Streitfragen, die über die Ausführung der Artikel (über Restitution) und (Eigentum der Vereinten Nationen in Österreich) und Annexe VIII, IX und X des vorliegenden Vertrages entstehen sollten, sollen einer Vergleichskommission, die aus einem Vertreter der Regierung der in Betracht kommenden Vereinten Nation und einem Vertreter der österreichischen Regierung besteht, vorgelegt werden. Wenn innerhalb von drei Monaten, nachdem die Streitfrage vor die Vergleichskommission gebracht wurde, keine Einigung erzielt wurde, kann jede der Regierungen um die Beigabe eines dritten Mitgliedes zur Kommission ersuchen, das durch beiderseitiges Einverständnis der beiden Regierungen aus den Angehörigen eines dritten Landes auszuwählen ist. Sollten die beiden Regierungen innerhalb von zwei Monaten zu keinem Einverständnis über die Wahl eines dritten Mitgliedes der Kommission gelangen, kann jede der beiden Regierungen die Chefs der diplomatischen Missionen der USSR, der Vereinigten Staaten, des Vereinigten Königreiches und Frankreichs in Wien ersuchen, die Bestellung vorzunehmen. Wenn die Chefs der Missionen innerhalb eines Zeitraumes von einem Monat sich über die Bestellung dieses dritten Mitgliedes nicht einigen können, kann der Generalsekretär der Vereinten Nationen von jeder der beiden Parteien ersucht werden, die Bestellung vorzunehmen.

2. Wenn irgendeine Vergleichskommission nach obigem Paragraph 1 eingesetzt ist, soll sie die Jurisdiktion über alle Streitfragen haben, die in Hinkunft zwischen der in Betracht kommenden Vereinten Nation und Österreich bezüglich

Teil VII
Regelung von Streitfällen

Artikel 30.

1. Alle Streitfälle, die bei Ausführung des Artikels über das Eigentum der Vereinten Nationen in Österreich dieses Vertrages entstehen könnten, werden einer auf paritätischer Grundlage gebildeten Vergleichskommission, die aus einem Vertreter der Regierung der in Betracht kommenden Vereinten Nation und einem Vertreter der österreichischen Regierung besteht, überwiesen werden. Wenn innerhalb von drei Monaten, nachdem der Streitfall der Vergleichskommission überwiesen wurde, keine Einigung erzielt worden ist, kann jede der Regierungen die Zuziehung eines dritten Mitgliedes zur Kommission beantragen, das von den beiden Regierungen einvernehmlich aus den Angehörigen eines dritten Landes ausgewählt wird. Sollten die beiden Regierungen innerhalb von zwei Monaten zu keinem Einverständnis über die Wahl eines dritten Mitgliedes der Kommission gelangen, kann jede der beiden Regierungen die Chefs der diplomatischen Missionen der Sowjetunion, des Vereinigten Königreiches, der Vereinigten Staaten von Amerika und Frankreichs in Wien ersuchen, die Bestellung vorzunehmen. Wenn sich die Missionschefs innerhalb eines Zeitraumes von einem Monat nicht über die Bestellung dieses dritten Mitgliedes einigen können, kann der Generalsekretär der Vereinten Nationen von jeder der beiden Parteien ersucht werden, die Bestellung vorzunehmen.

2. Wenn eine Vergleichskommission nach Paragraph 1 dieses Artikels bestellt ist, hat sie die Jurisdiktion über alle Streitfälle, die in Hinkunft zwischen der in Betracht kommenden Vereinten Nation und Österreich bezüglich der Anwendung oder der Auslegung des in Para-

der Anwendung oder der Auslegung der in Paragraph 1 dieses Artikels aufgezählten Artikel und Annexe entstehen, und soll die ihr durch diese Bestimmungen zugewiesenen Funktionen ausüben.

3. Jede Vergleichskommission soll ihr Verfahren selbst bestimmen, wobei der Gerechtigkeit und der Billigkeit entsprechende Regeln anzunehmen sind.

4. Jede Regierung soll das Honorar des von ihr bestellten Mitgliedes der Vergleichskommission und eines jeden Bevollmächtigten, den sie zu ihrer Vertretung vor der Kommission bestimmt, tragen. Das Honorar des dritten Mitgliedes soll durch besonderes Einvernehmen zwischen den in Betracht kommenden Regierungen festgesetzt und dieses Honorar soll zusammen mit den gemeinsamen Auslagen jeder Kommission zu gleichen Teilen von den beiden Regierungen berichtigt werden.

5. Die Parteien sichern zu, daß ihre Behörden der Vergleichskommission direkt jeden in ihrer Macht stehenden Beistand leisten werden.

6. Die Entscheidung der Mehrzahl der Mitglieder der Kommission hat als Entscheidung der Kommission zu gelten und soll von den Parteien als endgültig und bindend angesehen werden.

TEIL VIII
VERSCHIEDENE WIRTSCHAFTLICHE BESTIMMUNGEN[1]

Artikel 51
Patente

[Das österreichische Patentgesetz ist derart abzuändern, daß die der Registrierung vorangehende Prüfung auf eine einfache Überprüfung der Definition der neuen Charakteristica der Entwürfe eingeschränkt wird.

graph 1 dieses Artikels genannten Artikels entstehen könnten, und übt die ihr durch diese Bestimmungen zugewiesenen Funktionen aus.

3. Jede Vergleichskommission bestimmt ihr Verfahren selbst, wobei eine der Gerechtigkeit und der Billigkeit entsprechende Geschäftsordnung anzunehmen ist.

4. Jede Regierung bezahlt das Honorar des von ihr bestellten Mitgliedes der Vergleichskommission und jedes Bevollmächtigten, den sie zu ihrer Vertretung vor der Kommission bestimmt. Das Honorar des dritten Mitgliedes wird durch besondere Vereinbarung zwischen den in Betracht kommenden Regierungen festgesetzt und zusammen mit den gemeinsamen Auslagen jeder Kommission zu gleichen Teilen durch die beiden Regierungen bezahlt.

5. Die Parteien verpflichten sich, daß ihre Behörden der Vergleichskommission direkt jeden in ihrer Macht stehenden Beistand leisten werden.

6. Die Entscheidung der Mehrzahl der Mitglieder der Kommission stellt die Entscheidung der Kommission dar und ist von den Parteien als endgültig und bindend anzunehmen.

TEIL VIII
VERSCHIEDENE WIRTSCHAFTLICHE BESTIMMUNGEN

[Art. 51 des Entwurfes wurde von der französischen Delegation bei den Beratungen der Sonderbeauftragten bereits 1948 inoffiziell modifiziert und am 9. August 1949 zurückgezogen.]

Jedwede technische Zentralisierung durch jede, in welcher Art immer erfolgende vorangehende Aufforderung zu einem Einspruch ist verboten.][2]

1 Die französische Delegation behält sich das Recht vor, eine Bestimmung bezüglich der Nichtigkeit der Folgen des Anschlusses anzuregen.

2 F-Vorschlag, dem sich die US-, UK- und Sowjetdelegation widersetzen.

Artikel 31.

Bestimmungen betreffend die Donau

Die Schiffahrt auf der Donau ist für die Angehörigen, die Handelsschiffe und die Waren aller Staaten auf Grundlage der Gleichstellung bezüglich der Hafen- und Schiffahrtsgebühren und der Bedingungen für die Handelsschiffahrt frei und offen. Vorstehendes findet keine Anwendung auf den Verkehr zwischen Häfen desselben Staates. *[Hierzu vgl. Teil IX, Art. 55 des Vertragsentwurfes.]*

Artikel 52.

Transiterleichterungen

Österreich soll soweit wie möglich den Eisenbahn-Transitverkehr durch sein Staatsgebiet zu angemessenen Tarifen fördern und mit den Nachbarstaaten über alle zu diesem Zwecke notwendigen gegenseitigem Abkommen unterhandeln.

Artikel 52 bis

Die Alliierten und Assoziierten Mächte verpflichten sich, die Einschaltung von Bestimmungen zwecks Erleichterung des Transits und Durchzugsverkehres ohne Zölle und sonstige Lasten zwischen Salzburg und Lofer (Tirol) *[sic]* über den Reichenhall-Steinpaß in die Regelung im Verhältnis zu Deutschland zu unterstützen.

Artikel 32.

Transiterleichterungen

1. Österreich wird soweit wie möglich den Eisenbahn-Transitverkehr durch sein Staatsgebiet zu angemessenen Tarifen erleichtern und ist bereit, mit den Nachbarstaaten zu diesem Zwecke notwendige Gegenseitigkeitsabkommen abzuschließen.

2. Die Alliierten und Assoziierten Mächte verpflichten sich, die Aufnahme von Bestimmungen zwecks Erleichterung des Transits und der Verbindungen ohne Zölle und sonstige Lasten zwischen Salzburg und Lofer (Salzburg) über den Reichenhall-Steinpaß und zwischen Scharnitz (Tirol) und Ehrwald (Tirol) über Garmisch-Partenkirchen in die Regelung hinsichtlich Deutschlands zu unterstützen.

Artikel 53.

Anwendungsbereich

Artikel (Rückstellung, Rückgabe von Eigentum der Vereinten Nationen und allgemeine wirtschaftliche Verhältnisse) und Annexe (Urteile) des vorliegenden Vertrages sind auf die Alliierten und Assoziierten Mächte und diejenigen der Vereinten Nationen anzuwenden, die diesen Status am 8. Mai 1945 hatten und deren diplomatische Beziehungen mit

Artikel 33.

Anwendungsbereich

Die mit „Vermögen der Vereinten Nationen in Österreich“ und „Allgemeine Wirtschaftsbeziehungen“ überschriebenen Artikel dieses Vertrages sind auf die Alliierten und Assoziierten Mächte und diejenigen der Vereinten Nationen anzuwenden, die diesen Status am 8. Mai 1945 hatten und deren diplomatische Beziehungen mit Deutschland im Zeitraum

Deutschland während der Zeit zwischen dem 1. September 1939 und 1. Jänner 1945 abgebrochen worden sind.

zwischen dem 1. September 1939 und 1. Jänner 1945 abgebrochen worden sind.

Artikel 54.

Rechtskraft der Annexe

Die Bestimmungen der Annexe VIII, IX und X sollen, ebenso wie es bezüglich der übrigen Annexe der Fall ist, als integrierende Bestandteile des vorliegenden Vertrages Rechtskraft und Rechtswirksamkeit haben.

[Vgl. Art. 36 des Staatsvertrages.]

TEIL IX
KLAUSELN, BETREFFEND DIE DONAU

Artikel 55.

Die Schiffahrt auf der Donau soll für die Angehörigen, die Handelsschiffe und Waren aller Staaten auf dem Fuße der Gleichstellung bezüglich der Hafen- und Schiffahrtsgebühren und der Bedingungen für die Handelsschiffahrt frei und offen sein. Obiges findet keine Anwendung auf den Verkehr zwischen Häfen desselben Staates.

[Vgl. Art. 31 des Staatsvertrages.]

TEIL X
SCHLUSSBESTIMMUNGEN

Artikel 56.

Missionschefs

1. Für einen Zeitraum, der 18 Monate vom Inkrafttreten des vorliegenden Vertrages an gerechnet nicht zu überschreiten hat, werden die Chefs der diplomatischen Missionen der Sowjetunion, des Vereinigten Königreiches, der Vereinigten Staaten und Frankreichs in Wien einvernehmlich die Alliierten und Assoziierten Mächte in allen die Durchführung und Auslegung des gegenwärtigen Vertrages betreffenden Fragen der österrei-

TEIL IX
SCHLUSSBESTIMMUNGEN

Artikel 34.

Missionschefs

1. Für einen Zeitraum, der achtzehn Monate vom Inkrafttreten dieses Vertrages an gerechnet nicht zu überschreiten hat, werden die Chefs der diplomatischen Missionen der Sowjetunion, des Vereinigten Königreiches, der Vereinigten Staaten von Amerika und Frankreichs in Wien im einvernehmlichen Vorgehen die Alliierten und Assoziierten Mächte in allen die Durchführung und Auslegung des vorliegenden Vertrages betreffenden

chischen Regierung gegenüber vertreten.

2. Die vier Missionschefs werden der österreichischen Regierung Anleitung, technischen Rat und Aufklärung geben, die etwa erforderlich sein sollten, um die rasche und wirksame Durchführung des vorliegenden Vertrages dem Wortlaut und dem Sinne nach zu sichern.

3. Die österreichische Regierung soll den genannten vier Missionschefs jede nötige Information erteilen und jeden Beistand leisten, den sie zur Erfüllung der ihnen aus dem vorliegenden Vertrage erwachsenden Aufgaben benötigen.

Artikel 57.

Auslegung des Vertrages

1. Soweit kein anderes Verfahren in irgendeinem Artikel des vorliegenden Vertrages besonders vorgesehen ist, wird jede Meinungsverschiedenheit über die Auslegung oder die Durchführung des Vertrages, die nicht durch unmittelbare diplomatische Verhandlungen beigelegt wird, den vier Missionschefs vorgelegt werden, die gemäß Artikel 56 mit der Maßgabe vorgehen werden, daß sie in diesem Fall nicht durch die in diesem Artikel vorgesehene Zeitspanne beschränkt sein werden. Jede Meinungsverschiedenheit dieser Art, die von ihnen nicht innerhalb eines Zeitraumes von zwei Monaten beigelegt wird, soll, falls sich die streitenden Parteien nicht über andere Beilegungsmöglichkeiten verständigen, auf Ersuchen jeder der beiden Parteien einer Kommission vorgelegt werden, die aus einem Vertreter jeder Partei und einem dritten Mitglied besteht, das einvernehmlich von den beiden Parteien aus Angehörigen eines dritten Staates ausgewählt wird. Sollten die beiden Parteien innerhalb eines Monats sich nicht über die Bestellung des dritten Mit-

Fragen der österreichischen Regierung gegenüber vertreten.

2. Die vier Missionschefs werden der österreichischen Regierung Anleitung, technischen Rat und Aufklärung geben, die etwa erforderlich sein sollten, um die rasche und wirksame Durchführung des vorliegenden Vertrages sowohl dem Wortlaut als dem Sinne nach zu gewährleisten.

3. Die österreichische Regierung wird den genannten vier Missionschefs jede notwendige Information erteilen und jeden Beistand leisten, den sie zur Erfüllung der ihnen aus diesem Vertrage erwachsenden Aufgaben benötigen sollten.

Artikel 35.

Auslegung des Vertrages

1. Soweit kein anderes Verfahren in irgendeinem Artikel des vorliegenden Vertrages besonders vorgesehen ist, wird jede Meinungsverschiedenheit über die Auslegung oder die Durchführung des Vertrages, die nicht durch unmittelbare diplomatische Verhandlungen beigelegt wird, den vier Missionschefs überwiesen, die gemäß Artikel 34 vorgehen, jedoch mit der Maßgabe, daß die Missionschefs in diesem Fall nicht durch die in diesem Artikel vorgesehene Frist beschränkt sind. Jede Meinungsverschiedenheit dieser Art, die von ihnen nicht innerhalb eines Zeitraumes von zwei Monaten beigelegt worden ist, wird, falls sich die streitenden Parteien nicht über andere Mittel der Beilegung einigen, auf Ersuchen einer der beiden Parteien einer Kommission überwiesen, die aus einem Vertreter jeder Partei und einem dritten Mitglied besteht, das von den beiden Parteien einvernehmlich aus Angehörigen eines dritten Staates ausgewählt wird. Sollten sich die beiden Parteien innerhalb eines Monats nicht über die Bestellung des dritten Mitgliedes einigen können,

gliedes einigen können, kann der Generalsekretär der Vereinten Nationen von jeder der beiden Parteien ersucht werden, die Bestellung vorzunehmen.

2. Die Entscheidung der Mehrzahl der Mitglieder der Kommission hat als Entscheidung der Kommission zu gelten und soll von den Parteien als endgültig und bindend angesehen werden.

[Art. 36 des Staatsvertrages stellt die vom Sekretariat der Wiener Botschafterkonferenz im Mai 1955 redigierte und an geeigneter Stelle eingefügte Neufassung des Art. 54 des Vertragsentwurfes dar.]

Artikel 58.

Beitrittsklausel

1. Jedes Mitglied der Vereinten Nationen, das sich mit Deutschland im Kriegszustand befunden hat und den Status einer Vereinten Nation am 8. Mai 1945 besaß und das nicht Signatarmacht des vorliegenden Vertrages ist, kann dem Vertrag beitreten und soll nach Beitritt für die Zwecke des Vertrages als Assoziierte Macht gelten.

2. Die Beitrittsurkunden sollen bei der Regierung der Union der Sozialistischen Sowjetrepubliken hinterlegt werden und treten nach Hinterlegung in Kraft.

Artikel 59.

Ratifikation

Der vorliegende Vertrag, dessen russischer, englischer und französischer Text authentisch sind, soll ratifiziert werden. Er soll unmittelbar nach Hinterlegung der Ratifikationsurkunden durch die Union der Sozialistischen Sowjetrepubliken, durch die Vereinigten Staaten, durch das Vereinigte Königreich von Großbritannien und Nordirland und durch Frankreich einerseits und durch Österreich anderseits in Kraft treten. Die Ratifikationsurkunden

kann der Generalsekretär der Vereinten Nationen von jeder der beiden Parteien ersucht werden, die Bestellung vorzunehmen.

2. Die Entscheidung der Mehrzahl der Mitglieder der Kommission stellt die Entscheidung der Kommission dar und ist von den Parteien als endgültig und bindend anzunehmen.

Artikel 36.

Geltung der Annexe

Die Bestimmungen der Annexe haben als integrierende Bestandteile dieses Vertrages Geltung und Wirksamkeit.

Artikel 37.

Beitritt zum Vertrage

1. Jedes Mitglied der Vereinten Nationen, das am 8. Mai 1945 sich mit Deutschland im Kriegszustand befunden und den Status einer Vereinten Nation besessen hat und nicht Signatar des vorliegenden Vertrages ist, kann dem Vertrag beitreten und ist nach Beitritt für die Zwecke des Vertrages als Assoziierte Macht anzusehen.

2. Die Beitrittsurkunden sollen bei der Regierung der Union der Sozialistischen Sowjetrepubliken hinterlegt werden und treten mit der Hinterlegung in Kraft.

[Hierzu siehe unten S.766.]

Artikel 38.

Ratifikation des Vertrages

1. Der vorliegende Vertrag, dessen russischer, englischer, französischer *und deutscher* Text authentisch ist, soll ratifiziert werden. Er tritt unmittelbar nach Hinterlegung der Ratifikationsurkunden durch die Union der Sozialistischen Sowjetrepubliken, durch das Vereinigte Königreich von Großbritannien und Nordirland, durch die Vereinigten Staaten von Amerika und durch Frankreich einerseits und durch Österreich andererseits in

sollen in möglichst kurzer Zeit bei der Regierung der Union der Sozialistischen Sowjetrepubliken hinterlegt werden.

Der Vertrag soll bezüglich jeder Alliierten oder Assoziierten Macht, deren Ratifikationsurkunde hienach hinterlegt wird, am Datum der Hinterlegung in Kraft treten.

Der vorliegende Vertrag soll in den Archiven der Regierung der Union der Sozialistischen Sowjetrepubliken hinterlegt werden, die beglaubigte Abschriften jedem der Signatarstaaten übermitteln wird.

Urkund dessen haben die unterzeichneten Bevollmächtigten den vorliegenden Vertrag unterzeichnet und mit ihren Siegeln versehen.

Geschehen in . . .
in russischer, englischer und französischer Sprache am . . .

Liste der Annexe

Annex I	Definition der militärischen und militärischen Luftausbildung;
Annex II	Definition und Liste von Kriegsmaterial;
Annex III	Verbot bestimmter Ausrüstungen und Erzeugnisse;
Annex IV	Verbot gewisser Forschungen und Erzeugungen;
Annex V	Begrenzung der Lager gewisser Materialien;
Annex VI	Beschluß der Generalversammlung der Vereinten Nationen vom 12. Februar 1946;
Annex VII	Einteilung der deutschen Vermögenswerte in Österreich;
Annex VIII	Sonderbestimmungen in bezug auf bestimmte Arten von Eigentum;
Annex IX	Verträge, Verjährung und Handelspapiere;
Annex X	Urteile.

Kraft. Die Ratifikationsurkunden sollen in möglichst kurzer Zeit bei der Regierung der Union der Sozialistischen Sowjetrepubliken hinterlegt werden.

2. Der Vertrag soll bezüglich jeder Alliierten oder Assoziierten Macht, deren Ratifikationsurkunde hienach hinterlegt wird, am Tag der Hinterlegung in Kraft treten. Der vorliegende Vertrag soll in den Archiven der Regierung der Union der Sozialistischen Sowjetrepubliken hinterlegt werden, die jedem der Signatarstaaten und beitretenden Staaten beglaubigte Abschriften übermitteln wird.

[Der kursivgedruckte Textteil in Art. 38 wurde auf der Wiener Botschafterkonferenz am 11. Mai 1955 hinzugefügt.]

Zu Urkund dessen haben die unterzeichneten Bevollmächtigten den vorliegenden Vertrag unterzeichnet und mit ihren Siegeln versehen.

Geschehen in der Stadt Wien in russischer, englischer, französischer und deutscher Sprache am 15. Mai 1955.

L. S. V. Molotow
L. S. J. *[r. I.]* Iljitschow
L. S. Harold Macmillan
L. S. Geoffrey Wallinger
L. S. John Foster Dulles
L. S. Llewellyn E. Thompson
L. S. Ant. Pinay
L. S. R. Lalouette
L. S. Leopold Figl

Annex I

Definition der militärischen und militärischen Luftausbildung

1. Als militärische Ausbildung wird bezeichnet: das Studium und die Übung im Gebrauch von Kriegsmaterial, das für den Gebrauch der Landarmee besonders bestimmt oder angepaßt ist, und die diesbezüglichen Anleitungen; das Studium und die Ausführung jeder Art von Drill oder anderer Bewegungen, durch welche Manöver, wie sie von Kampftruppen im Felde durchgeführt werden, gelehrt oder geübt werden, und das organisierte Studium von Taktik, Strategie und Stabsarbeit.

2. Als militärische Luftausbildung wird bezeichnet: das Studium und die Übung im Gebrauch von Kriegsmaterial, das für den Gebrauch von Luftstreitkräften besonders bestimmt oder angepaßt ist, und die diesbezüglichen Anleitungen; das Studium und die Übung aller spezialisierten Bewegungen einschließlich des Fliegens im Verband, wie sie von Flugzeugen in Ausübung von Einsätzen in der Luft durchgeführt werden; und das organisierte Studium von Lufttaktik, Strategie und Stabsarbeit.

[Annex I des Entwurfes wurde auf der Wiener Botschafterkonferenz am 11. Mai 1955 gestrichen.]

Annex II

Definition und Liste von Kriegsmaterial

Der Ausdruck „Kriegsmaterial", wie er im vorliegenden Vertrag gebraucht wird, schließt alle Waffen, Munition und Ausrüstungsgegenstände ein, die für den Gebrauch im Kriege speziell entworfen oder adaptiert wurden, soweit sie nachstehend aufgezählt sind.

Die Alliierten und Assoziierten Mächte behalten sich das Recht vor, die Liste periodisch durch Änderung oder Hinzufügung mit Rücksicht auf nachfolgende wissenschaftliche Entwicklungen zu ergänzen.

Annex I

Definition und Liste von Kriegsmaterial

Der Ausdruck „Kriegsmaterial", wie er im vorliegenden Vertrag gebraucht wird, umfaßt alle Waffen, Munition und Ausrüstungsgegenstände, die für den Gebrauch im Kriege speziell entworfen oder adaptiert wurden, soweit sie nachstehend aufgezählt sind.

Die Alliierten und Assoziierten Mächte behalten sich das Recht vor, die Liste periodisch durch Änderung oder Hinzufügung im Hinblick auf die künftige wissenschaftliche Entwicklung zu ergänzen.

Kategorie I.

1. Militärgewehre, Karabiner, Revolver und Pistolen; Behälter für diese Waffen und andere Ersatzteile, die nicht ohneweiters für zivilen Gebrauch umgeändert werden können.

2. Maschinengewehre, automatische und selbstladende Militärgewehre und Maschinenpistolen; Behälter für diese Waffen und andere Ersatzteile, die nicht ohneweiters für zivilen Gebrauch umgeändert werden können; Maschinengewehrgestelle.

3. Geschütze, Haubitzen, Mörser, Spezialkanonen für Flugzeuge, verschlußlose oder rückstoßfreie Geschütze und Flammenwerfer; Behälter für diese Waffen und Ersatzteile, die nicht ohneweiters für zivilen Gebrauch umgeändert werden können; Lafetten und Gestelle für die vorgenannten.

4. Abschußvorrichtungen für Raketen; Abschuß- und Kontrollmechanismen für selbstgetriebene und gelenkte Geschosse; Montierungen für dieselben.

5. Selbstgetriebene und gelenkte Geschosse, Projektile, Raketen, scharfe Munition und Kartuschen, geladen oder ungeladen, für die Waffen, die in den oben angeführten Punkten 1 bis 4 aufgezählt sind, und Zündvorrichtungen, Zündladungen oder Auslöser, um dieselben zur Explosion zu bringen oder zu betätigen. Zündvorrichtungen für zivile Zwecke sind nicht eingeschlossen.

6. Granaten, Bomben, Torpedos, Minen, Wasserbomben und Brandsätze und Ladungen, gefüllt und ungefüllt, alle Mittel, um dieselben zur Explosion zu bringen oder zu betätigen. Zündvorrichtungen für zivilen Gebrauch sind nicht eingeschlossen.

7. Bajonette.

Kategorie I.

1. Militärgewehre, Karabiner, Revolver und Pistolen; Läufe für diese Waffen, und andere Ersatzteile, die nicht ohne weiteres für zivilen Gebrauch umgeändert werden können.

2. Maschinengewehre, automatische und selbstladende Militärgewehre und Maschinenpistolen; Läufe für diese Waffen und andere Ersatzteile, die nicht ohne weiteres für zivilen Gebrauch umgeändert werden können; Maschinengewehrgestelle.

3. Kanonen, Haubitzen, Mörser, Minenwerfer, Spezialkanonen für Flugzeuge, verschlußlose oder rückstoßfreie Geschütze und Flammenwerfer; Läufe für diese Waffen und Ersatzteile, die nicht ohne weiteres für zivilen Gebrauch umgeändert werden können; Lafetten und Gestelle für die vorgenannten.

4. Abschußvorrichtungen für Raketen; Abschuß- und Kontrollmechanismen für selbstgetriebene und gelenkte Geschosse und Projektile; Montierungen für diese.

5. Selbstgetriebene und gelenkte Geschosse, Projektile, Raketen, scharfe Munition und Kartuschen, sei es gefüllt oder ungefüllt, für die Waffen, die in den oben angeführten Punkten 1 bis 4 aufgezählt sind und Zündvorrichtungen, Zündladungen oder Auslöser, um dieselben zur Explosion zu bringen oder zu betätigen. Zündvorrichtungen für zivile Zwecke sind nicht eingeschlossen.

6. Granaten, Bomben, Torpedos, Minen, Wasserbomben und Brandsätze und Ladungen, sei es gefüllt oder ungefüllt, alle Mittel, um sie zur Explosion zu bringen oder zu betätigen. Zündvorrichtungen für zivilen Gebrauch sind nicht eingeschlossen.

7. Bajonette.

Kategorie II.

1. Gepanzerte Kampfwagen; Panzerzüge, die technisch nicht für zivilen Gebrauch umzuändern sind.

2. Mechanische und selbstgetriebene Fahrzeuge für alle in Kategorie I angeführten Waffen; Chassis und Karosserien speziell militärischen Typs, außer den in Punkt 1 angeführten.

3. Panzerplatten mit mehr als drei Zoll Dicke, die für Schutzzwecke im Kriege verwendet werden.

Kategorie III.

1. Ziel- und Einstellungsvorrichtungen zur Vorbereitung und Kontrolle des Feuers einschließlich Zielmeßgeräte und Flächenmeßgeräte für Feuerkontrolle; Feuerlenkungsgeräte, Kanonen- und Bombenzielvorrichtungen, Einstellungsvorrichtungen für Zündladungen, Ausrüstungen für die Kalibrierung von Geschützen und Feuerkontrollinstrumenten.

2. Sturmbrücken, Angriffs- und Sturmboote.

3. Objekte für Täuschung im Felde; Blend- und Lockvorrichtungen.

4. Persönliche Kriegsausrüstung spezialisierter Natur, nicht ohneweiters für zivilen Gebrauch verwendbar.

Kategorie IV.

1. Kriegsschiffe aller Art, eingeschlossen umgewandelte Schiffe und Fahrzeuge, die für deren Unterstützung und Versorgung konstruiert und bestimmt sind, die technisch nicht für zivilen Gebrauch abgeändert werden können, als auch Waffen, Panzerung, Munition, Flugzeuge und alle andere Ausrüstung, Materialmaschinen und Installationen, die in Friedenszeiten nicht auf anderen Schiffen als auf Kriegsschiffen verwendet werden.

Kategorie II.

1. Gepanzerte Kampfwagen; Panzerzüge, die technisch nicht für zivilen Gebrauch umzuändern sind.

2. Mechanische und selbstgetriebene Fahrzeuge für alle in Kategorie I angeführten Waffen; Chassis und Karosserien speziell militärischen Typs, außer den in Punkt 1 angeführten.

3. Panzerplatten mit mehr als drei Zoll Dicke, die für Schutzzwecke im Kriege verwendet werden.

Kategorie III.

1. Ziel und Einstellungsvorrichtungen zur Vorbereitung und Kontrolle des Feuers einschließlich Zielmeßgeräte und Flächenmeßgeräte für Feuerkontrolle; Feuerlenkungsgeräte, Kanonen und Bombenzielvorrichtungen, Einstellungsvorrichtungen für Zündladungen, Ausrüstungen für die Kalibrierung von Geschützen und Feuerkontrollinstrumente.

2. Sturmbrücken, Angriffs- und Sturmboote.

3. Objekte für Täuschung im Felde; Blend und Lockvorrichtungen.

4. Persönliche Kriegsausrüstung spezialisierter Natur, die nicht ohne weiteres für zivilen Gebrauch zu adaptieren ist.

Kategorie IV.

1. Kriegsschiffe aller Art einschließlich umgebaute Schiffe und Fahrzeuge, die für deren Unterstützung und Versorgung konstruiert und bestimmt sind, die technisch nicht wieder für zivilen Gebrauch abgeändert werden können, als auch Waffen, Panzerung, Munition, Flugzeuge und alle andere Ausrüstung, Material, Maschinen und Vorrichtungen, die in Friedenszeiten nicht auf anderen Schiffen als auf Kriegsschiffen verwendet werden.

— 1947 —

2. Landungsboote und amphibische Fahrzeuge oder Ausrüstung jeder Art; Sturmboote und Vorrichtungen aller Art sowohl als Katapulte wie auch als andere Apparate, um Flugzeuge zu starten oder abzuschleudern, Raketen, selbstgetriebene Waffen oder andere Geschosse, Instrumente oder Vorrichtungen, bemannt oder unbemannt, gesteuert oder ungesteuert.

3. Tauchfähige oder halbtauchfähige Schiffe, Fahrzeuge, Waffen, Vorrichtungen oder Apparate jeder Art, einschließlich speziell entworfene Ausleger zur Hafenverteidigung, ausgenommen solche, die für Rettung aus Seenot oder andere zivile Zwecke benötigt werden, ferner alle Ausrüstung, Zubehör, Ersatzteile, experimentelle oder Ausbildungshilfen, Instrumente oder Installationen, die besonders für die Konstruktion, Erprobung, Unterhaltung oder Unterbringung derselben entworfen wurden.

Kategorie V.

1. Luftfahrzeuge, zusammengestellt oder nicht zusammengestellt, sowohl schwerer als auch leichter als die Luft, die für den Luftkampf durch den Gebrauch von Maschinengewehren, Raketenvorrichtungen oder Artillerie konstruiert oder eingerichtet wurden, ferner solche, die für das Tragen und den Abwurf von Bomben oder für irgendwelche Geräte, wie sie in Punkt 2 angeführt sind, ausgerüstet oder auf Grund ihres Zweckes oder Konstruktion dafür bestimmt sind.

2. Flakgeschützstände und Montierungen, Bombenbehälter, Torpedoträger und Vorrichtungen zum Abschuß von Bomben oder Torpedos, Geschütztürme und Deckungen.

3. Speziell für Luftinfanterie bestimmte und nur von ihr benützte Ausrüstung.

4. Katapulte und Abschußapparate für Flugzeuge auf Mutterschiffen, Land- und

— 1955 —

2. Landungsboote und amphibische Fahrzeuge oder Ausrüstung jeder Art; Sturmboote oder Vorrichtungen aller Art sowie Katapulte oder andere Apparate zum Starten oder Abschleudern von Flugzeugen, Raketen, angetriebene Waffen oder andere Geschosse, Instrumente oder Vorrichtungen, sei es bemannt oder unbemannt, sei es gesteuert oder ungesteuert.

3. Tauchfähige oder halbtauchfähige Schiffe, Fahrzeuge, Waffen, Vorrichtungen oder Apparate jeder Art einschließlich speziell entworfene Ausleger zur Hafenverteidigung, ausgenommen solche, die für Bergung, Rettung oder andere zivile Zwecke benötigt werden, ferner alle Ausrüstung, Zubehör, Ersatzteile, experimentelle oder Ausbildungshilfen, Instrumente oder Vorrichtungen, die besonders für ihre Konstruktion, Erprobung, Unterhaltung oder Unterbringung derselben entworfen wurden.

Kategorie V.

1. Zusammengestellte oder nicht zusammengestellte Luftfahrzeuge, schwerer oder leichter als Luft, die für den Luftkampf durch den Gebrauch von Maschinengewehren, Raketenvorrichtungen oder Geschützen oder für Mitführen und Abwurf von Bomben entworfen oder adaptiert sind, ferner solche, die für Geräte der in Absatz 2 angeführten Art eingerichtet oder nach ihrem Entwurf oder ihrer Konstruktion dafür bestimmt sind.

2. Bordgeschützstände und Montierungen, Bombenhälter, Torpedoträger und Auslösevorrichtungen für Bomben oder Torpedos, Geschütztürme und Deckungen.

3. Speziell für Luftlandetruppen bestimmte und nur von ihnen benützte Ausrüstung.

4. Katapulte und Abschußapparate für Flugzeuge auf Mutterschiffen, Land und

Seeflugzeuge, Apparate für den Abschuß von Flugzeugwaffen.

5. Sperrballons.

Kategorie VI.

Erstickende, blasenerzeugende, tödliche, giftige oder lähmende Substanzen, die für Kriegszwecke bestimmt oder über die zivilen Bedürfnisse hinaus hergestellt werden.

Kategorie VII.

Antriebstoffe, Explosivstoffe, pyrotechnische Stoffe, unverflüssigte Gase, die für Antrieb, Explosion, Laden oder Füllen von oder für den Gebrauch in Verbindung mit Kriegsmaterial verwendet werden und für zivile Zwecke nicht verwendbar sind oder über die Zivilbedürfnisse hinaus hergestellt werden.

Kategorie VIII.

Fabrik- und Werkzeugausrüstung, die speziell für die Herstellung und Instandhaltung des oben angeführten Materials bestimmt sind und technisch nicht für zivilen Gebrauch umwandelbar sind.[1]

1 Die französische Delegation behält sich das Recht vor, gewisse geringfügige Änderungen vorzuschlagen.

[Annex II des Staatsvertrages wurde von der Wiener Botschafterkonferenz am 12. Mai 1955 angenommen.]

Seeflugzeuge, Apparate für den Abschuß von fliegenden Geschossen.

5. Sperrballons.

Kategorie VI.

Erstickende, blasenerzeugende, tödliche, giftige oder lähmende Stoffe, die für Kriegszwecke bestimmt oder über die zivilen Bedürfnisse hinaus hergestellt werden.

Kategorie VII.

Antriebsstoffe, Explosivstoffe, pyrotechnische Stoffe oder verflüssigte Gase, die für Antrieb, Explosion, Laden oder Füllen von oder für den Gebrauch in Verbindung mit Kriegsmaterial im Sinn dieser Kategorien bestimmt und für zivile Zwecke nicht verwendbar sind oder über die Zivilbedürfnisse hinaus hergestellt werden.

Kategorie VIII.

Fabrik- und Werkzeugausrüstungen, die speziell für die Herstellung und Instandhaltung des oben angeführten Materials bestimmt sind und technisch nicht für zivilen Gebrauch umgewandelt werden können.

Annex II

In Anbetracht der zwischen der Sowjetunion und Österreich getroffenen und in dem in Moskau am 15. April 1955 unterzeichneten Memorandum niedergelegten Vereinbarungen gilt Artikel 22 dieses Vertrages nach Maßgabe folgender Bestimmungen:

1. Auf Grund der einschlägigen wirtschaftlichen Bestimmungen der Vereinbarungen zwischen der Sowjetunion und Österreich vom 15. April 1955 überträgt die Sowjetunion an Österreich innerhalb von zwei Monaten vom Tage des Inkrafttretens dieses Vertrages alle Vermögens-

werte, Rechte und Interessen, die sie gemäß Artikel 22 behalten oder erhalten hat, ausgenommen die Vermögenswerte der Donau-Dampfschiffahrts-Gesellschaft (DDSG) in Ungarn, Rumänien und Bulgarien.

2. Es besteht Übereinstimmung, daß die Rechte Österreichs hinsichtlich aller Vermögenschaften, Rechte und Interessen, die an Österreich gemäß diesem Annex übertragen werden, nur in der im Paragraph 13 des Artikels 22 dargelegten Weise beschränkt werden.

[Mit dem Annex II endet der eigentliche Text des Staatsvertrages. Die Bundesregierung legte jedoch dem Parlament als „Anhang zum Staatsvertrag" (zu unterscheiden von den vorhergehenden „Annexen des Staatsvertrages"!) die im Annex II angesprochenen einschlägigen Bestimmungen des Moskauer Memorandums ebenfalls zur verfassungsmäßigen Genehmigung vor. Es handelt sich hierbei um die in Teil III des Moskauer Memorandums enthaltenen Vereinbarungen über die Ablöse des der Sowjetunion zugesprochenen Deutschen Eigentums in Österreich, nicht jedoch um die ebenfalls in Teil III des Memorandums enthaltenen Punkte zur Frage des Handels zwischen der Sowjetunion und Österreich. Dieser „Anhang zum Staatsvertrag" ist nicht Teil des am 15. Mai 1955 unterzeichneten Vertrages, während die vorhergehenden Annexe I und II gemäß Art. 36 integrierende Bestandteile des Vertrags sind.
Nach dem „Annex II" (= Ende des Staatsvertragstextes) wird die vor Beginn des Staatsvertragstextes einsetzende Ratifikationsformel (vgl. oben S. 683) wieder aufgenommen. Der Abdruck folgt weiterhin dem Bundesgesetzblatt.]

[Annexe III, IV und V des Entwurfes – ein französischer, von der sowjetischen Delegation unterstützter Vorschlag, den die amerikanische und britische Delegation nicht unterstützten – wurde von Frankreich am 1. April 1949 zurückgezogen. Die Sowjetunion zog ihre Unterstützung am 6. Oktober 1949 zurück. Vgl. Art. 27, Abs. 2 des Entwurfes.]

Annex III

Verbot bestimmter Ausrüstungen und Erzeugnisse

Liste
der Ausrüstung und Erzeugnisse, deren Forschung und Entwicklung, Experimentieren, Erzeugung und Besitz gemäß nachstehenden Bestimmungen verboten sind

I.

a) Ständige Walzwerke mit einer effektiven Weite von über 2 Meter, ausgenommen die schon vorhandenen;
b) Krane und Flaschenzüge mit einer größeren Kraft als 100 Tonnen in Stahlwerken oder Gießereien, ausgenommen die schon vorhandenen. Panzerplatten, mehr als 3 Zoll dick (76 mm), mit einer Oberflächenhärte von über 500 Brinnell.

II.

Die Herstellung, Forschung für Zwecke der industriellen Erzeugung und der Besitz von Wasserstoffsuperoxyd mit einer höheren Konzentration als 41 Prozent. Laboratoriumsforschung an diesem Erzeugnis ist gestattet; ebenso der Besitz der Behelfsmengen für diesen Zweck.

III.

a) Mathematische Maschinen mit der speziellen Bestimmung, in verbotene Apparate oder Ausrüstungsgegenstände eingebaut zu werden oder zu deren Studium oder Konstruktion angewendet zu werden;

b) für die Atomkernphysik erfundene Einrichtungen oder Apparate, wie sie für Industrie- oder Kriegszwecke Anwendung finden. Der Gebrauch von Zyklotronen oder ähnlichen Instrumenten in Universitäten für grundlegende Forschungsarbeit ist jedoch gestattet;

c) Einrichtungen oder Apparate, die für aerodynamische Forschungen in Regionen bestimmt sind, die einer Machnummer von 0.9 oder größer entsprechen;

d) Versuchtanks und alle anderen Apparate, die zum Studium und der Entwicklung von Fahrzeugen von hoher Geschwindigkeit (Geschwindigkeit von 30 Knoten oder darüber), Unterseebooten, Unterwasserexplosionen bestimmt sind, sowie andere Entwicklungen oder Apparate und Ausrüstungen, die für den Seekrieg anwendbar sind.

Annex IV

Verbot gewisser Forschungen, Entwicklungen und Erzeugungen

Liste

von Forschungen und Entwicklungen und Erzeugungen, die gemäß

und nachdem der Anhang zu diesem Vertrag, beinhaltend die wirtschaftlichen Bestimmungen der im Annex II zitierten Vereinbarungen zwischen der Sowjetunion und Österreich vom 15. April 1955, welcher also lautet:

Über die Lieferung von Waren an die UdSSR zur Ablöse des Wertes der gemäß dem österreichischen Staatsvertrag (Artikel 22) übergebenen sowjetischen Unternehmen in Österreich

1. Die Sowjetregierung ist im Sinne ihrer auf der Konferenz in Berlin 1954 gemachten Zusage bereit, den Gegenwert der in Artikel 22 angeführten Pauschalsumme von 150 Millionen Dollar zur Gänze in österreichischen Warenlieferungen entgegenzunehmen.

2. Die sowjetische Delegation nimmt die Erklärung der österreichischen Delegation zur Kenntnis, daß diese die Liste der Waren, welche sie von der sowjetischen Delegation erhalten hat, als Grundlage annimmt und in diesem Zusammenhang besondere Bevollmächtigte der österreichischen Regierung nicht später als bis Ende Mai dieses Jahres sich nach Moskau begeben werden.

3. Die sowjetische Delegation nimmt auch die Erklärung der österreichischen Delegation zur Kenntnis, daß die österreichische Regierung eine besondere Kommission bilden wird, welche sich mit den Terminen und der Qualität der Lieferung der Waren an die Sowjetunion befassen wird, und zwar in den vereinbarten Mengen für die allgemeine Summe von 150 Millionen am. Dollar, das heißt 25 Millionen am. Dollar jährlich.

4. Die österreichische Delegation hat sich bereit erklärt, den Vertretern des sowjetischen Bestellers die Möglichkeit zu gewährleisten, bei Übernahme der Wa-

nachstehender Bestimmungen verboten sind

I.

a) Forschung und Entwicklung für die Anbringung von Gasturbinen und Raketenantrieb an Flugzeugen und die damit zusammenhängende Erzeugung;
b) Forschung und Entwicklung von Selbststeuerungsapparaten.

II.

a) Forschung, Entwicklung und Herstellung von radio-elektrischen Sendeapparaten mit einer Frequenz von mehr als 300 Kilo-Cycles und die dazugehörige Ausrüstung;
b) Forschung, Entwicklung und Verbesserung des Erzeugungsprozesses von Quarz- und piezo-elektrischen Zellen, thermo-elektrischen, radioelektrischen und photo-elektrischen Zellen, deren Gebrauch zwar unbeschränkt gestattet ist, deren Lager jedoch auf das unentbehrliche Maß beschränkt sein muß und deren Export verboten ist;
c) Forschung, Entwicklung und Herstellung von Sende- oder Empfangsgeräten für infrarote und ultraviolette Strahlungen, Infraschall und Ultraschall; deren Verwendung soll auf die medizinischen und Universitätsbedürfnisse beschränkt sein und die Lager hievon haben auf das unentbehrliche Maß für diese Bedürfnisse beschränkt zu sein.
Grundlegende Forschungen und Entwicklungen betreffend infrarote und ultraviolette Strahlungen, Infraschall und Ultraschall sind erlaubt;
d) Forschung und Entwicklung von stratosphärischen Kabinen und Erzeugung in diesem Zusammenhang;
e) Forschung, Entwicklung und Er-

ren, die zur Lieferung an die Sowjetunion auf Rechnung der obigen Summe bestimmt sind, Prüfungen durchzuführen. Es besteht Einverständnis darüber, daß die Lieferung der Waren franko österreichische Grenze zu Weltmarktpreisen erfolgen soll. Die Preise und die Menge der Waren werden durch die beiden Parteien jährlich, drei Monate vor Beginn eines jeden Jahres abgesprochen werden. Die österreichische Nationalbank wird Garantiewechsel zur Sicherstellung der obigen Warenlieferungen auf die im Staatsvertragsentwurf erwähnte Summe von 150 Millionen am. Dollar ausfolgen. Die Wechsel der Österreichischen Nationalbank werden nach Maßgabe der Tilgung der Wechselsumme durch Warenlieferungen zurückgegeben werden.

Zur Übergabe der von der UdSSR in Österreich innegehabten Ölunternehmungen an Österreich

1. Die sowjetische Delegation nimmt den Vorschlag der österreichischen Delegation an, wonach die österreichische Regierung für die an Österreich übergebenen und von der UdSSR innegehabten Ölfelder und Ölraffinerien eine Bezahlung durch Lieferungen von Rohöl im Ausmaß von einer Million Tonnen jährlich innerhalb von 10 Jahren, also von insgesamt 10 Millionen Tonnen, an die Sowjetunion leisten wird.

Die sowjetische Delegation nimmt die Erklärung der österreichischen Delegation zur Kenntnis, daß die österreichische Regierung sich das Recht vorbehält, die Lieferungen der angeführten Menge von Rohöl an die Sowjetunion auch in kürzeren Fristen durchzuführen. Das Rohöl wird zu folgenden Bedingungen geliefert werden: franko österreichische Grenze, frei von Abgaben und Zöllen.

2. Die österreichische Delegation hat

zeugung von folgenden industriellen Maschinen:
Zentriermaschinen und industrielle Meßmaschinen und Werkzeugmaschinen mit einer Genauigkeit von über 1 Zehntausendstel in der Messung der Energie, 1 Zehntausendstel von 1 Sekunde in der Messung der Zeit und 1 Zehntausendstel von 1 mm in der Messung der Länge.

III.

a) Herstellung und Gebrauch von schwerem Wasser in einem industriellen Ausmaß und Forschung für diesen Zweck;
b) die Herstellung folgender Metalle und ihrer Legierungen für Exportzwecke:
Magnesium, Beryllium, Vanadium;
c) die Herstellung von Salpeter- und Schwefelsäuren durch Prozesse, die direkt Konzentrationen von mehr wie 95 Prozent beziehungsweise 98 Prozent herstellen, wenn sie den inländischen, nichtmilitärischen Bedarf übersteigen;
d) Forschung, Entwicklung und Erzeugung auf dem Gebiete der gehärteten Metalle, mit Ausnahme der Reutte-Werke, denen jedoch eine Vergrößerung oder Änderung ihrer Einrichtungen und Ausrüstung untersagt ist;
e) Forschung, Entwicklung und Erzeugung von radioaktiven Materialien, wobei deren Verwendung und Lagerung auf die medizinischen und Universitätsbedürfnisse beschränkt ist.

Annex V.

Begrenzung der Lager gewisser Materialien

Liste

von Materialien, deren Lagerung auf jene Quantitäten beschränkt wird,

die Erklärung der sowjetischen Delegation zur Kenntnis genommen, daß zu den von der Sowjetunion an Österreich übergebenen Ölunternehmen und Ölfeldern auch die Raffinerien und die Aktiengesellschaft für Handel mit Ölprodukten (OROP) gehören.

Zur Übergabe der Vermögenswerte der Donaudampfschiffahrtsgesellschaft im östlichen Österreich an Österreich

Die sowjetische Seite übergibt an Österreich alle Vermögenswerte der Donaudampfschiffahrtsgesellschaft, die sich im östlichen Österreich befinden einschließlich der Schiffswerft in Korneuburg, der Schiffe und Hafenanlagen, wofür die österreichische Regierung gleichzeitig mit der Übergabe dieser Vermögenswerte an Österreich den Betrag von zwei Millionen am. Dollar an die Sowjetunion auszahlen wird.

---

die verfassungsmäßige Genehmigung des Nationalrates erhalten hat, erklärt der Bundespräsident diesen Staatsvertrag für ratifiziert und verspricht im Namen der Republik Österreich die gewissenhafte Erfüllung der in diesem Vertrage enthaltenen Bestimmungen.

Zu Urkund dessen ist die vorliegende Ratifikationsurkunde vom Bundespräsidenten unterzeichnet, vom Bundeskanzler, vom Vizekanzler, vom Bundesminister für Inneres, vom Bundesminister für Justiz, vom Bundesminister für Unterricht, vom Bundesminister für soziale Verwaltung, vom Bundesminister für Finanzen, vom Bundesminister für Land- und Forstwirtschaft, vom Bundesminister für Handel und Wiederaufbau, die zur Befriedigung der Friedensbedürfnisse der österreichischen Wirtschaft für einen Zeitraum von sechs Monaten erforderlich sind:

Kupfer
Nickel
Chrom
Vanadium
Wolfram
Mangan
Molybdän
Magnesium
Beryllium
Natürliche und künstliche radioaktive Produkte
Gummi
Primär-Aluminium
Gehärtete Metalle
Schwefelsäure (von mehr als 98prozentiger Konzentration)
Salpetersäure (von mehr als 95prozentiger Konzentration).

[Der folgende Annex VI bezog sich auf den von der britischen Delegation dem Außenministerrat in Moskau im Frühjahr 1947 vorgelegten Text für Art. 16, der aber bereits während der Session der Vertragskommission in Wien Mai bis Oktober 1947 derart modifiziert wurde, daß Annex VI entfiel.]

vom Bundesminister für Verkehr und verstaatlichte Betriebe und vom Bundesminister für die Auswärtigen Angelegenheiten gegengezeichnet und mit dem Staatssiegel der Republik Österreich versehen worden.

Geschehen zu Wien, den 8. Juni 1955.

Der Bundespräsident:
Körner

Der Bundeskanzler:
Raab

Der Vizekanzler:
Schärf

Der Bundesminister für Inneres:
Helmer

Der Bundesminister für Justiz:
Kapfer

Der Bundesminister für Unterricht:
Drimmel

Der Bundesminister für soziale Verwaltung:
Maisel

Der Bundesminister für Finanzen:
Kamitz

Der Bundesminister für Land- und Forstwirtschaft:
Thoma

Der Bundesminister für Handel und Wiederaufbau:
Illig

Der Bundesminister für Verkehr und verstaatlichte Betriebe:
Waldbrunner

Der Bundesminister für die Auswärtigen Angelegenheiten:
Figl

Annex VI

Beschluß der Generalversammlung der UN vom 12. Februar 1946

Die Generalversammlung,

in der Erkenntnis, daß das Problem der Flüchtlinge und versetzten Personen aller Kategorien von unmittelbarer Wichtigkeit ist und daß zwischen den echten Flüchtlingen und versetzten Personen einerseits, Kriegsverbrechern, Quislingen und Verrätern, auf die sich der nachfolgende Paragraph 3 bezieht, anderseits klar unterschieden werden muß:

a) beschließt, dieses Problem an den Wirtschafts- und Sozialrat zur gründlichen Prüfung in allen seinen Aspekten gemäß Punkt 10 der Tagesordnung für die erste Sitzung des Rates und zwecks Berichterstattung im zweiten Teil der ersten Sitzung der Generalversammlung zu übertragen;

b) empfiehlt dem Wirtschafts- und Sozialrat ein besonderes Komitee mit der Aufgabe einzusetzen, die Prüfung und die Vorbereitung des im Paragraphen a erwähnten Berichtes beschleunigt durchzuführen;

c) empfiehlt dem Wirtschafts- und Sozialrat hiebei folgende Grundsätze in Betracht zu ziehen:

i) dieses Problem ist von internationaler Tragweite und Natur;

ii) Flüchtlinge oder versetzte Personen, die endgültig und unwiderruflich in vollkommen freier Entscheidung und in voller Kenntnis der Tatsachen, einschließlich entsprechender Aufklärung durch die Regierung ihres Heimatlandes, triftige Gründe gegen ihre Rückkehr in ihr Heimatland vorgebracht haben und die nicht unter die Bestimmung des folgenden Paragraphen d fallen, sollen nicht gezwungen werden, in ihr Heimatland zurückzukehren. Mit dem weiteren Schicksal

Der vorliegende Vertrag ist nach Hinterlegung der Ratifikationsurkunden durch Österreich, durch die Union der Sozialistischen Sowjetrepubliken, durch das Vereinigte Königreich von Großbritannien und Nordirland, durch die Vereinigten Staaten von Amerika und durch Frankreich gemäß seinem Artikel 38 am 27. Juli 1955 in Kraft getreten.

Raab

Hiermit endet die Publikation des Staatsvertrages im Bundesgesetzblatt. Folgende Staaten sind dem Staatsvertrag gemäß Artikel 37 (oben S. 754) beigetreten:

Tschechoslowakei: 28. September 1955
(siehe BGBl. Nr. 219/1955)

Jugoslawien: 28. November 1955
(siehe BGBl. Nr. 258/1955)

Polen: 20. August 1956
(siehe BGBl. Nr. 192/1956)

Mexiko: 28. Dezember 1956
(siehe BGBl. Nr. 38/1957)

Brasilien: 15. September 1958
(siehe BGBl. Nr. 228/1958)

Kanada: 23. Juni 1959
(siehe BGBl. Nr. 140/1960)

Neuseeland: 26. September 1959
(siehe BGBl. Nr. 82/1960)

Australien: 10. August 1961
(siehe BGBl. Nr. 243/1961)

solcher Flüchtlinge und versetzter Personen soll was immer für eine internationale Körperschaft befaßt werden, die hiezu auf Grund des in den obigen Paragraphen a und b bezogenen Berichtes berufen oder neu errichtet wird, ausgenommen jene Fälle, in denen die Regierung des Landes, wo sie sich niedergelassen haben, in einer Vereinbarung mit dieser Körperschaft eingegangen ist, alle Kosten für ihren Unterhalt und die Verantwortung für ihren Schutz übernommen hat;

iii) die wichtigste Aufgabe, betreffend die versetzten Personen, besteht darin, in jeder irgend möglichen Weise ihre eheste Heimkehr in ihr Heimatland zu fördern und zu unterstützen. Solche Unterstützung kann in der Weise erfolgen, daß der Abschluß zweiseitiger Übereinkommen für die gegenseitige Unterstützung bei der Heimbeförderung solcher Personen unter Berücksichtigung der im obigen Paragraph c, ii, niedergelegten Grundsätze herbeigeführt wird;

d) ist der Meinung, daß keine als Ergebnis dieses Beschlusses ergriffene Maßnahme solchen Charakter tragen soll, daß sie in irgendeiner Weise in die Auslieferung und Bestrafung von Kriegsverbrechern, Quislingen und Verrätern gemäß der bereits bestehenden oder künftig abgeschlossenen internationalen Vereinbarungen oder Abkommen eingreift;

e) ist der Meinung, daß Deutsche, die von anderen Staaten nach Deutschland überführt worden oder die vor den alliierten Truppen in andere Staaten geflohen sind, nicht unter die Wirksamkeit dieser Erklärung fallen, insofern als über ihre Lage durch Alliierte Besatzungstruppen in Deutschland in Übereinstimmung mit den Regierungen der betreffenden Länder entschieden werden mag.

[Annex VII, ein britischer Vorschlag für die Moskauer Tagung des Außenministerrates im Frühjahr 1947, wurde durch Bemühungen, die Materie in Art. 35 des Entwurfes selbst zu klären, überflüssig und noch 1947 zurückgenommen.]

Annex VII[1]

Einteilung der deutschen Vermögenswerte in Österreich

[1. Deutsche Vermögenswerte in Österreich sind in folgender Weise zu verteilen:

a) alle deutschen Vermögenswerte, die zur Gänze im östlichen Österreich gelegen sind, stehen der USSR zur Verfügung;

b) alle deutschen Vermögenswerte, die zur Gänze [im westlichen Österreich][2] [irgendwo anders in Österreich][3] gelegen sind, stehen zur Verfügung gemäß Weisungen, die gemeinsam von den Regierungen des Vereinigten Königreiches, der USA und Frankreichs ergehen sollten;

c) wenn ein deutscher Vermögenswert in einer Beteiligung an einem Unternehmen besteht, das teilweise im östlichen Österreich und teilweise im [westlichen Österreich][2] [irgendwo anders in Österreich][3] gelegen und als Aktiengesellschaft errichtet ist, soll die deutsche Beteiligung in dem Verhältnis des Wertes der physischen Vermögensobjekte, die im östlichen und [westlichen Österreich][2] [wo anders in Österreich][3] liegen, verteilt werden. Im gleichen Falle wird, falls es sich um keine Aktiengesellschaft handelt, das Unternehmen als solche errichtet und die Aktien der neuen Gesellschaft in gleicher Weise verteilt werden.

d) [Wo ein deutscher Vermögenswert in einer Gläubigerforderung gegen eine juristische Person besteht, deren Eigentum teilweise im östlichen Österreich, teilweise irgendwo anders in Österreich gelegen ist, wird die Gläubigerforderung wertmäßig in demselben Verhältnis geteilt, in dem die physischen Vermögenswerte des Schuldners im östlichen Österreich und irgendwo anders in Österreich gelegen sind.][4]

2.a) Östliches Österreich bedeutet die Zone Österreichs und den Teil von Wien, der von den Sowjettruppen gemäß dem „Übereinkommen über die Besatzungszonen in Österreich und die Verwaltung der Stadt Wien" besetzt ist, [und westliches Österreich den Rest Österreichs mit Ausnahme der Inneren Stadt von Wien].[5]

b) In dem Ausmaß, in dem ein deutscher Vermögenswert in der Inneren Stadt von Wien gelegen ist, soll er so behandelt werden, als wäre er zu 25 Prozent in Ostösterreich und zu 75 Prozent in Westösterreich gelegen.][6]

c) Als Lage eines deutschen Vermögenswertes, der in einer Beteiligung an einem Unternehmen besteht, sollen der Ort oder die Orte angesehen werden, wo das physische Eigentum des Unternehmens gelegen ist.]

1 UK-Vorschlag, von den Delegationen der US und Frankreichs unterstützt. Die Sowjetdelegation behält sich ihre Stellungnahme in bezug auf den Text des Annexes in seiner Gänze vor.

2 UK- und französischer Vorschlag.

3 US-Vorschlag.

4 Die US-Delegation schlägt diesen Zusatz für den Fall vor, als *[sic]* der Subparagraph 2a, iv des britischen Entwurfes nicht in den Artikel 35 aufgenommen wird.

5 Die US-Delegation ist mit der Aufnahme dieser Worte nicht einverstanden.

6 UK-Vorschlag, der von den Stellvertretern nicht diskutiert wurde.

[Die Annexe VIII, IX und X des Entwurfes wurden von der Wiener Botschafterkonferenz am 11. (Annexe VIII und X) bzw. 12. (Annex IX) Mai 1955 gestrichen.]

Annex VIII

Besondere Bestimmungen, betreffend bestimmte Arten von Vermögen

A. Gewerbliches, literarisches und künstlerisches Eigentum

1.a) Den Alliierten und Assoziierten Mächten und ihren Staatsangehörigen wird ein Zeitraum von einem Jahr von dem Inkrafttreten des vorliegenden Vertrages ohne Verlängerungsgebühren oder andere Geldstrafen irgendwelcher Art eingeräumt, um sie in die Lage zu versetzen, alle für die Erlangung und Beibehaltung gewerblicher, literarischer und künstlerischer Eigentumsrechte in Österreich nötigen Handlungen vorzunehmen, die infolge des Bestehens des Kriegszustandes oder infolge der Annexion Österreichs durch Deutschland nicht durchgeführt werden konnten.

b) Alliierte und Assoziierte Mächte oder ihre Staatsangehörigen, die im Gebiet irgendeiner Alliierten oder Assoziierten Macht in gebührender Weise ein Patent oder die Registrierung eines Gebrauchsmusters nicht früher als zwölf Monate vor Ausbruch des Krieges mit Deutschland oder während des Krieges mit Deutschland oder während des Krieges, oder die Registrierung eines gewerblichen Musters oder Modelles oder einer Handelsmarke nicht früher als sechs Monate vor Ausbruch des Krieges mit Deutschland oder während des Krieges beantragt haben, sind innerhalb von zwölf Monaten nach dem Inkrafttreten des vorliegenden Vertrages berechtigt, entsprechende Rechte in Österreich mit einem Recht auf Priorität zu beantragen, die sich auf die vorher erfolgte Einbringung des Antrages im Gebiet der betroffenen Alliierten und Assoziierten Macht gründet.

c) Jeder der Alliierten und Assoziierten Mächte und ihren Staatsangehörigen wird ein Zeitraum von einem Jahr von dem Inkrafttreten des vorliegenden Vertrages an eingeräumt, während dem sie in Österreich Verfahren gegen solche natürliche oder juristische Personen einleiten können, die ihre gewerblichen, literarischen oder künstlerischen Eigentumsrechte zwischen dem Tag des Ausbruches des Krieges und dem Inkrafttreten des vorliegenden Vertrages in rechtswidriger Weise verletzt haben sollen.

2. Ein Zeitraum vom Ausbruch des Krieges bis zum Ablauf von 18 Monaten nach dem Inkrafttreten des vorliegenden Vertrages bleibt bei Berechnung der Zeit unberücksichtigt, innerhalb welcher ein Patent verwertet oder ein Muster oder eine Handelsmarke verwendet werden muß.

3. Der Zeitraum vom Ausbruch des Krieges bis zum Inkrafttreten des vorliegenden Vertrages ist von der normalen Frist für gewerbliche, literarische und künstlerische Eigentumsrechte, die beim Ausbruch des Krieges in Österreich in Geltung waren oder die gemäß Teil A dieses Anhanges anerkannt oder begründet werden und einer der Alliierten oder Assoziierten Mächte oder deren Staatsangehörigen gehören, abzuziehen. Daher gilt die normale Geltungsfrist solcher Rechte in Österreich automatisch um eine weitere Frist verlängert, die dem so abgezogenen Zeitraum entspricht.

4. Die vorhergehenden Bestimmungen bezüglich der Rechte der Alliierten und Assoziierten Mächte oder deren Staatsangehörigen in Österreich finden gleichermaßen auf die Rechte Österreichs und seiner Staatsangehörigen in den Gebieten der Alliierten und Assoziierten Mächte Anwendung. Keine dieser Bestimmungen jedoch gibt Österreich oder seinen Staatsangehörigen Anspruch auf eine günstigere Behandlung in dem Gebiet irgendeiner der Alliierten und Assoziierten Mächte, als in gleichen Fällen von einer solchen Macht anderen Vereinten Nationen oder ihren Staatsangehörigen eingeräumt wird, noch wird hiemit von Österreich verlangt, irgendeiner der Alliierten und Assoziierten Mächte oder deren Staatsangehörigen eine günstigere Behandlung einzuräumen, als Österreich oder seinen Staatsangehörigen in dem Gebiet einer solchen Macht hinsichtlich der in den vorstehenden Bestimmungen behandelten Angelegenheiten zuteil wird.

5. Dritten Parteien in den Gebieten irgendeiner der Alliierten und Assoziierten Mächte oder Österreichs, die vor dem Inkrafttreten des vorliegenden Vertrages in gutem Glauben gewerbliche, literarische oder künstlerische Eigentumsrechte erworben haben, die mit gemäß Teil A dieses Anhanges wiederhergestellten Rechten oder mit Rechten unvereinbar sind, die mit einer gemäß diesen Bestimmungen vorgesehenen Priorität erlangt wurden oder die in gutem Glauben den Gegenstand solcher Rechte erzeugt, veröffentlicht, vervielfältigt, benützt oder verkauft haben, ist ohne jede Haftung für die Übertretung gestattet, die Ausübung solcher Rechte fortzusetzen und die Erzeugung, Veröffentlichung, Vervielfältigung, Benützung oder den Verkauf fortzusetzen oder wieder aufzunehmen, die in gutem Glauben erworben und begonnen wurden. In Österreich erhält diese Erlaubnis die Form einer nicht ausschließlichen Lizenz, gewährt unter Fri-

sten und Bedingungen, über die Übereinkommen zwischen den in Betracht kommenden Parteien herzustellen ist oder die mangels eines Übereinkommens von der gemäß Artikel ... des vorliegenden Vertrages errichteten Schlichtungskommission festzusetzen sind. In den Gebieten jeder der Alliierten und Assoziierten Mächte jedoch erhalten dritte Parteien, die in gutem Glauben gehandelt haben, solchen Schutz, wie unter ähnlichen Umständen Parteien, die guten Glaubens sind, gewährt wird, deren Rechte mit denen der Staatsangehörigen anderer Alliierter und Assoziierter Mächte kollidieren.

6. Keine Bestimmung in Teil A dieses Annexes soll dahin ausgelegt werden, daß Österreich oder seine Staatsangehörigen ein Recht auf irgendwelche Patente oder Gebrauchsmuster im Gebiet irgendeiner der Alliierten und Assoziierten Mächte hinsichtlich Erfindungen haben, die irgendeinen, namentlich in Anhang II des vorliegenden Vertrages in die Liste aufgenommenen Artikel betreffen oder die von Österreich oder irgendwelchen seiner Staatsangehörigen mit schriftlichen Anträgen in Österreich oder in dem Gebiet irgendeiner der Achsenmächte oder in irgendeinem von den Streitkräften der Achse besetzten Gebiet während der Zeit, in welcher ein solches Gebiet unter der Kontrolle der Streitkräfte oder der Behörden der Achsenmächte beansprucht wurden.

7. Österreich hat desgleichen die Vorteile der vorstehenden Bestimmungen dieses Anhanges auf andere Vereinte Nationen auszudehnen, die nicht Alliierte oder Assoziierte Mächte sind, deren diplomatische Beziehungen mit Deutschland während des Krieges abgebrochen worden waren und die sich verpflichten, die Österreich gemäß den genannten Bestimmungen eingeräumten Vorteile auf Österreich auszudehnen.

8. Keine Bestimmung des Teiles A dieses Annexes gilt als unvereinbar mit den Artikeln ... des vorliegenden Vertrages.

B. Versicherung

1. Keine Hindernisse, außer den allgemein auf Versicherer anwendbaren, sollen der Wiederaufnahme ihrer früheren Geschäftstätigkeit durch Versicherer in den Weg gelegt werden, die Staatsangehörige von Vereinten Nationen sind.

2. Wenn ein Versicherer, der ein Staatsangehöriger irgendeiner der Vereinten Nationen ist, seine Berufstätigkeit in Österreich wieder aufzunehmen wünscht und wenn der Wert von Garantiedepots und Reserven, deren Rücklage als eine Bedingung der Geschäftsausübung in Österreich erforderlich ist, infolge Verlustes oder Entwertung der Sicherheiten, die diese Depots oder Reserven gebildet haben, vermindert ist, verpflichtet sich die österreichische Regierung für einen Zeitraum von 18 Monaten die Sicherheit, die noch verblieben ist, als allen gesetzlichen Erfordernissen hinsichtlich Depots und Reserven entsprechend anzuerkennen.

Annex IX

Verträge, Verjährung und Handelspapiere

A. Verträge

1. Jeder Vertrag, der zu seiner Durchführung einen Verkehr zwischen irgendwelchen Vertragsteilen erforderte, die im Sinne der Definition im Teil D dieses Annexes Feinde geworden sind, gilt vorbehaltlich der unten in den Paragraphen 2 und 3 angeführten Ausnahmen als von dem Zeitpunkt an aufgelöst, in dem irgendwelche Vertragsteile Feinde gewor-

den sind. Eine solche Auflösung jedoch beeinträchtigt nicht die Bestimmungen des Artikels . . . des vorliegenden Vertrages, noch befreit sie irgendeinen Vertragsteil von der Verpflichtung, Beträge zurückzuzahlen, die als Vorauszahlungen oder als Akontozahlungen in Empfang genommen wurden und hinsichtlich deren dieser Vertragsteil noch keine Gegenleistung erbracht hat.

2. Unbeschadet der Bestimmungen des obigen Paragraphen 1 sollen jene Teile eines Vertrages von der Auflösung ausgenommen werden und in Geltung bleiben, die getrennt werden können und die zu ihrer Durchführung keinen Verkehr zwischen den Vertragsteilen, die im Sinne der Definition in Teil D dieses Annexes Feinde geworden sind, erfordern. Wenn die Bestimmungen eines Vertrages nicht auf diese Weise getrennt werden können, so gilt der Vertrag als zur Gänze aufgelöst. Das Vorstehende gilt vorbehaltlich der Anwendung innerstaatlicher Gesetze, Verordnungen oder Regelungen, die von einer der Alliierten und Assoziierten Mächte erlassen wurden, der eine rechtliche Zuständigkeit bezüglich des Vertrages oder bezüglich irgendeiner der Vertragsteile zukommt, und weiters vorbehaltlich der Bestimrnungen des Vertrages selbst.

3. Keine Bestimmung in Teil A dieses Annexes soll dahin ausgelegt werden, daß durch sie Transaktionen ungültig gemacht werden, die gemäß einem Vertrag zwischen Feinden rechtmäßig durchgeführt worden sind, soweit die Durchführung mit Ermächtigung der Regierung einer der Alliierten und Assoziierten Mächte erfolgte.

4. Unbeschadet der vorstehenden Bestimmungen sollen Versicherungs- und Rückversicherungsverträge Gegenstand besonderer Abkommen zwischen der Regierung der betreffenden Alliierten oder Assoziierten Macht und der österreichischen Regierung bilden.

B. Verjährungsfristen

1. Alle Verjährungsfristen und Beschränkungen des Rechtes der Klagseinbringung oder des Rechtes zur Aufrechterhaltung von Rechtsbeziehungen, die Personen oder Eigentum betreffen, Maßnahmen zu ergreifen, sind, insofern daran Staatsangehörige der Vereinten Nationen und österreichische Staatsangehörige beteiligt sind, die infolge des Kriegszustandes mit Deutschland nicht in der Lage waren, den Rechtsweg zu beschreiten oder die zum Schutze ihrer Rechte erforderlichen Formalitäten zu erfüllen, und zwar gleichgültig, ob diese Fristen vor oder nach dem Ausbruch dieses Krieges mit Deutschland begonnen haben[,] für den Zeitraum vom 1. September 1939 bis zum Datum des Inkrafttretens des vorliegenden Vertrages als gehemmt anzusehen, und zwar sowohl auf österreichischem Gebiet wie auch auf dem Gebiet jener Vereinten Nationen, die Österreich auf Grundlage der Gegenseitigkeit die Begünstigung der Bestimmungen dieses Paragraphen zugestehen. Diese Fristen sollen mit dem Inkrafttreten des vorliegenden Vertrages wieder zu laufen beginnen. Die Bestimmungen dieses Paragraphen finden auf Fristen Anwendung, die für die Einreichung von Zinsen- und Dividendenkupons oder für die Einreichung zur Zahlung von für die Einlösung ausgelosten oder aus einem anderen Grund zur Einlösung gelangenden Wertpapieren festgesetzt sind.

2. Wenn infolge der Unterlassung einer Handlung oder der Beobachtung einer Förmlichkeit innerhalb des Zeitraumes vom 1. September 1939 bis zum Datum des Inkrafttretens des vorliegenden Vertrages auf österreichischem Gebiet

Zwangsvollstreckungsmaßnahmen zum Schaden eines Staatsangehörigen einer der Vereinten Nationen vorgenommen worden sind, hat die österreichische Regierung die Rechte wiederherzustellen, die beeinträchtigt worden sind. Falls eine solche Wiederherstellung unmöglich ist oder unbillig wäre, soll die österreichische Regierung dafür Vorsorge treffen, daß dem Staatsangehörigen der Vereinten Nationen jene Abhilfe gewährt wird, die unter den gegebenen Umständen gerecht und billig erscheint.

C. Handelspapiere

1. Zwischen Feinden verliert kein vor dem Krieg errichtetes Handelspapier nur deshalb seine Gültigkeit, weil die Urkunde nicht innerhalb der vorgeschriebenen Frist zur Annahme oder Zahlung präsentiert oder weil die Nichtannahme oder die Nichtzahlung dem Aussteller oder Indossanten nicht angezeigt oder das Handelspapier nicht protestiert oder sonst eine Förmlichkeit innerhalb des Zeitraumes vom 1. September 1939 bis zum Datum des Inkrafttretens des vorliegenden Vertrages nicht eingehalten worden ist.

2. Wenn die Frist, innerhalb welcher ein Handelspapier zur Annahme oder Zahlung hätte präsentiert oder innerhalb welcher dem Aussteller oder Indossanten die Nichtannahme oder Nichtzahlung hätte angezeigt, oder innerhalb welcher das Handelspapier hätte protestiert werden müssen, innerhalb der Zeitspanne vom 1. September 1939 bis zum Datum des Inkrafttretens des vorliegenden Vertrages abgelaufen ist, und die Partei, die das Handelspapier hätte präsentieren oder protestieren oder die Nichtannahme oder die Nichtzahlung hätte anzeigen sollen, dies innerhalb der Zeitspanne vom 1. September 1939 bis zum Datum des Inkrafttretens des vorliegenden Vertrages unterlassen hat, so wird eine Frist von nicht weniger als drei Monaten von dem Inkrafttreten des vorliegenden Vertrages an eingeräumt, innerhalb welcher die Präsentierung, die Anzeige der Nichtannahme oder der Nichtzahlung oder der Protest vorgenommen werden kann.

3. Wenn eine Person vor Inkrafttreten des vorliegenden Vertrages auf Grund eines Versprechens einer anderen Person, die in der Folge ein Feind geworden ist, Verpflichtungen aus einem Handelspapier eingegangen ist, bleibt letztere Person trotz des Ausbruches des Krieges verbunden, erstere für diese Verpflichtungen schadlos zu halten.

D. Besondere Bestimmungen

1. Für den Zweck dieses Annexes sollen physische und juristische Personen von dem Zeitpunkt an als Feinde betrachtet werden, in dem Handelsgeschäfte zwischen ihnen gemäß den Gesetzen, Verordnungen und Vorschriften, denen solche Personen oder die betreffenden Verträge unterworfen waren, ungesetzlich geworden sind.

2. Mit Rücksicht auf das Rechtssystem der Vereinigten Staaten von Amerika finden die Bestimmungen dieses Annexes zwischen den Vereinigten Staaten von Amerika und Österreich keine Anwendung.

Annex X

Urteile

Die österreichische Regierung soll die notwendigen Maßnahmen ergreifen, um Staatsangehörige irgendeiner der Vereinten Nationen zu jedem Zeitpunkt innerhalb eines Jahres nach dem Inkrafttreten des vorliegenden Vertrages in die Lage zu versetzen, den zuständigen österreichischen Behörden Urteile zur Überprüfung zu unterbreiten, die zwischen dem

1. September 1939 und dem Inkrafttreten des vorliegenden Vertrages durch irgendeinen Gerichtshof in Österreich oder im Zuge irgendwelcher vor einem Gerichtshof in Österreich durchgeführten Rechtsstreitigkeiten gefällt worden sind und bei welchen der Staatsangehörige der Vereinten Nationen nicht in der Lage war, als Kläger oder Beklagter seinen Standpunkt entsprechend zu vertreten. Die österreichische Regierung soll Vorsorge dafür treffen, daß der Staatsangehörige der Vereinten Nationen, der auf Grund eines solchen Urteils Schaden erlitten hat, wieder in den Stand eingesetzt wird, in dem er sich vor Erlassung des Urteiles befand, oder aber jene Abhilfe erhält, die unter den gegebenen Umständen gerecht und billig erscheint. Der Ausdruck „Staatsangehörige der Vereinten Nationen" umfaßt Gesellschaften und Verbände, die entsprechend den Gesetzen einer der Vereinten Nationen gebildet oder errichtet worden sind.

7.

Zur Durchführung der österreichischen Waren- und Erdölablöselieferungen an die UdSSR

Die Erdöl-Ablöselieferungen, die in Entsprechung des Moskauer Memorandums und des Staatsvertrages (Annex II) im zweiten, am 12. Juli 1955 unterzeichneten Abkommen (vgl. oben S. 545–546) festgelegt wurden, wurden zweimal herabgesetzt. Die erste Erleichterung wurde anläßlich des Besuches einer österreichischen Regierungsdelegation in der UdSSR im Juli 1958 gewährt, ein weiterer Nachlaß anläßlich des Besuches einer sowjetischen Regierungsdelegation (geführt von Ministerpräsident Chruschtschow) in Österreich im Juli 1960. Die Lieferungen wurden ein Jahr vor dem ursprünglich festgesetzten Termin eingestellt, und die Netto-Gesamtlieferung von Rohöl an die Sowjetunion belief sich schließlich nur auf 6 Millionen Tonnen anstatt der ursprünglich vorgesehenen 10 Millionen Tonnen. Die Lieferungen sind aus der Tabelle 1 ersichtlich. Diese Tabellen sind der ausführlichen Dokumentation entnommen, die in der ÖZA, Jg. 4, 1964, 27–40, über die Durchführung der Ablöselieferungen veröffentlicht wurde.

Die im Abkommen vom 12. Juli 1955 in Durchführung des Staatsvertrages vereinbarten Waren-Ablöselieferungen wurden in den Jahren 1955 bis 1961 in der aus Tabelle 2 ersichtlichen Weise durchgeführt.

Tabelle 1

Entwicklung der Erdöl-Ablöselieferungen

Erdöl-Ablöselieferungen von Österreich an die UdSSR			Unentgeltliche Erdöl-Rücklieferungen von der UdSSR an Österreich		
		1.000 t			1.000 t
1. Lieferjahr[1]) 1955/56		1.000			–
2. Lieferjahr 1956/57		1.000			–
3. Lieferjahr 1957/58		1.000			–
4. Lieferjahr 1958/59		1.000			–
5. Lieferjahr 1959/60		1.000	Kalenderjahr 1959	500	
6. Lieferjahr 1960/61		1.000	Kalenderjahr 1960	500	
			Jänner/Juli 1961	250	
Gesamt-Erdöllieferungen					
1.–6. Lieferjahr		6.000			1.250
7. Lieferjahr 1961/62	500				–
8. Lieferjahr 1962/63	500				–
9. Lieferjahr 1963/64	250				–
10. Lieferjahr 1964/65	gstr.				–
Insgesamt		7.250[2])			1.250
Österreichische Nettolieferung		6.000[2])			

[1]) Lieferjahr: 27. Juli bis 26. Juli. – [2]) Außerdem 500.037 t Erdöllieferung im Warenabkommen.

Tabelle 2

Die österreichischen Waren-Ablöselieferungen 1955–1961

	Maßeinheit	Jahresverpflichtung	Durchgeführte Lieferungen in den Lieferjahren 1955/56	1956/57	1957/58	1958/59	1959/60	1960/61	Gesamtlieferungen		Ursprüngliche Gesamtverpflichtung
					1.000 $				1.000 $		
Erdöl	Tonnen	200.000	5.625,7	2.125,5	1.624,5	–	–	–	9.375,7	500.037 t	1,200.000 t
Ersatzlieferungen für Erdöl											
Stahlschieber für Erdölleitungen			–	–	–	970,3	160,2	–	1.130,5	280 Stk.	–
Winkeleisen			–	–	–	646,7	–	–	646,7	6.500 t	–
Geschweißte Rohre			–	–	–	–	3.603,6	–	3.603,6	15.411 t	–
Elektr. Drehmomentantriebe für Stahlschieber			–	–	–	–	123,3	238,9	362,2	280 Stk.	–
Industriearmaturen			–	–	–	–	–	248,1	248,1	–	–
Metallagerschuppen			–	–	–	–	–	41,0	41,0	–	–
Stahlbleche	Tonnen	5.000	1.155,0	1.079,5	1.996,1	3.206,9	1.507,9	5.039,7	13.985,1	91.779 t[1])	30.000 t
Verzinkte Bleche	Tonnen	5.000	1.356,2	903,9	810,6	–	–	–	3.070,6	16.979 t	30.000 t
Gewalztes Kupfer	Tonnen	1.000	1.384,7	1.326,7	1.133,2	924,1	1.119,6	1.157,9	7.046,2	6.004 t	6.000 t
Kraftkabel, gepanzert	km	1.000	3.117,4	4.036,6	3.082,9	2.277,4	2.470,1	2.486,0	17.470,4	6.030 km	6.000 km
Kunstseidengarne	Tonnen	1.600	1.871,0	1.938,9	1.940,2	1.806,6	1.683,7	1.734,9	10.975,3	9.610 t	9.600 t
Nitrolacke	Tonnen	2.000	2.031,9	1.552,6	1.141,9	1.430,0	1.369,0	1.336,4	8.861,8	12.002 t	12.000 t
Walzwerkseinrichtungen	1.000 $	2.500	–	773,0	1.380,1	8.665,8	1.168,3	896,9	12.884,1	–	15,000.000 $
Chem. Apparate aus nichtrostendem Stahl	1.000 $	1.300	188,5	1.548,5	2.084,1	1.405,2	2.108,2	3.149,3	10.483,8	–	7,800.000 $
Fahrbare Dieselkompressoren	Stk.	300	1.574,7	1.683,0	1.683,0	1.065,9	1.502,9	1.502,9	9.012,4	1.700 Stk.	1.800 Stk.
Papiererzeugende und holzverarbeitende Einrichtungen und Ersatzteile	1.000 $	3.400	3.301,3	3.440,5	3.585,2	3.041,5	4.133,3	3.129,2	20.631,0	–	20,400.000 $
Kontroll- und Meßgeräte	1.000 $	800	796,6	810,4	840,1	902,5	845,8	867,5	5.062,9	–	4,800.000 $
Spezialkraftwagen (Autokühlwagen u. a.)	1.000 $	1.600	2.069,2	1.500,8	1.500,0	1.593,6	1.614,9	1.400,0	9.678,5		9,600.000 $
Schuhe	1.000 $	500	526,1	481,2	504,3	492,9	511,6	507,7	3.023,9	–	3,900.000 $
Kunstseidengewebe	1.000 $	400	400,4	401,6	400,6	398,7	403,4	401,6	2.406,3	–	2,400.000 $
Zusammen			25.398,7	23.602,5	23.706,9	28.828,2	24.325,8	24.137,9	150.000,0		

[2]) Mehrlieferung statt Erdöllieferung und zum Spitzenausgleich.

8.

Texte zur „Obsoleterklärung" einiger Artikel des Staatsvertrages, November 1990

I. Mitteilung der österreichischen Bundesregierung betreffend einige Bestimmungen des Staatsvertrages vom 15. Mai 1955 von Wien (BGBl.1955/152) an die vier Signatarstaaten des Staatsvertrages samt Erläuterung, Wien, am 6. November 1990:

Mitteilung an die vier Signatarstaaten des Staatsvertrags.

1. Der Staatsvertrag von Wien vom 15. Mai 1955 ist für Österreich von großer Bedeutung; er bildet eine Grundlage für die Stellung Österreichs als freier und unabhängiger Staat und gleichberechtigtes Mitglied der internationalen Gemeinschaft. Der Staatsvertrag war darüberhinaus ein Meilenstein auf dem Weg zur Errichtung einer neuen europäischen Friedensordnung nach dem Ende des 2. Weltkriegs, dem 35 Jahre später die Unterzeichnung des „Vertrags über die abschließende Regelung in bezug auf Deutschland" am 12. September 1990 folgte. Als gleichberechtigter Partner der europäischen Friedensordnung begrüßt Österreich den Abschluß dieses Vertrags.

2. Der Staatsvertrag vom 15. Mai 1955 enthält in seinem Teil II „Militärische und Luftfahrt-Bestimmungen" (Artikel 12–16), Regelungen, die Bestimmungen der Friedensverträge von 1947 mit Italien, Rumänien, Bulgarien, Ungarn und Finnland nachgebildet sind. Derartige Regelungen werden von allen diesen Staaten, und zwar größtenteils schon seit langem, als obsolet betrachtet.

3. Seit dem Abschluß des Staatsvertrags sind grundlegende Veränderungen in Europa eingetreten, die sich in der Anwendungspraxs bezüglich einzelner der angeführten Bestimmungen sowie in der im Abschluß des zitierten Vertrags vom 12. September 1990 zum Ausdruck kommenden geänderten Rechtsüberzeugung auch der Signatarstaaten manifestieren. Österreich ist daher der Auffassung, daß die Artikel 12–16 des Staatsvertrags obsolet sind. Dies gilt ebenfalls für die von einer analogen Zielsetzung wie die erwähnten Bestimmungen getragene Regelung des Artikels 22 Z. 13 dieses Vertrags.

Hingegen erachtet sich Österreich weiterhin als völkerrechtlich verpflichtet, keine atomaren, biologischen oder chemischen Waffen herzustellen, zu besitzen oder zu Versuchen zu verwenden.

Erläuterung zur Mitteilung an die vier Signatarstaaten des Staatsvertrags.

Bereits in der Anwendungspraxis der letzten Jahre in bezug auf einzelne Bestimmungen der Artikel 12-16 sowie den Artikel 22 Z. 13 des Staatsvertrags von Wien vom 15. Mai 1955 kam die Rechtsmeinung der Vertragsparteien zum Ausdruck, daß diese nicht mehr wirksam sind. Diese Praxis reflektiert eine grundlegende Änderung der Umstände, die sich u. a. in den durch die KSZE-Prinzipien geschaffenen Grundlagen für eine dauerhafte europäische Friedensordnung manifestierte.

Im Artikel 11 des Staatsvertrags hat sich Österreich verpflichtet, die volle Geltung von Abkommen oder Regelungen anzuerkennen, die von den Alliierten und Assoziierten Mächten bezüglich Deutschlands zur Wiederherstellung des Friedens herbeigeführt werden. Im Abschluß des „Vertrags über die abschließende Regelung in bezug auf Deutschland" vom 12. September 1990, des sogenannten 2+4-Vertrags, durch die Signatarstaaten des Staatsvertrags ist somit der Ausdruck eines Rechtsverständnisses auch im Hinblick auf diesen zu erblicken, wonach die Verpflichtungen Österreichs insbesondere im Zusammenhang mit der „Verhinderung der deutschen Wiederaufrüstung" hinfällig geworden sind. Daraus folgt, daß die Signatarstaaten die Erfüllung der Österreich mit den genannten Bestimmungen auferlegten Verpflichtungen nicht mehr einfordern können.

Da diese Haltung auch der diesbezüglichen österreichischen Auffassung entspricht, liegt eine Übereinstimmung in der Rechtsüberzeugung vor, die bewirkt, daß die angeführten Bestimmungen des Staatsvertrags nicht länger gelten, weil sie obsolet sind. Das Verbot atomarer, biologischer und chemischer Waffen, auf die Österreich auch in anderen völkerrechtlichen Verträgen verzichtet hat, ist von dieser Rechtsüberzeugung nicht erfaßt.

II. Antworten der Signatarstaaten des österreichischen Staatsvertrags auf die österreichische Erklärung:

a) Aide-Mémoire der UdSSR: Moskau, am 6. November 1990 (inoffizielle, von der UdSSR angefertigte Übersetzung):

Im Zusammenhang mit der Überreichung der Mitteilung der Regierung der Republik Österreich bezüglich der Auslegung der Artikel 12–16 und des Paragraphen 13 des Artikels 22 des Staatsvertrages betreffend die Wiederherstellung eines unabhängigen und demokratischen Österreich vom 15. Mai 1955 betont die Sowjetische Regierung, daß der Staatsvertrag nach wie vor ein wichtiger Bestandteil der Nachkriegsregelung in Europa ist und bleibt und seine grundlegenden Bestimmungen auch jetzt für die Erhaltung des Friedens und der Stabilität auf dem Kontinent von Bedeutung sind.

Im Hinblick auf die sich in Europa geänderte Lage und unter Berücksichtigung der mit den Regierungen der USA, Großbritanniens, Frankreichs sowie mit der Regierung Österreichs zustandegekommenen Kontakte erklärt die Sowjetische Regierung, daß sie keine Einwände gegen Auslegung *[sic]* der oben erwähnten Artikel des Staatsvertrages als obsolet hat.

Gleichzeitig wird die Genugtuung zum Ausdruck gebracht, daß die Republik Österreich auch weiterhin bereit ist, sich an den Staatsvertrag sowie an ihre Verpflichtungen zu halten, atomare, biologische oder chemische Waffen weder zu besitzen noch herzustellen noch zu Versuchen zu verwenden.

Die Sowjetische Regierung bringt ihre Zuversicht zum Ausdruck, daß die Beziehungen der UdSSR zu Republik Österreich auch weiterhin im Geiste des Vertrauens und der gegenseitigen Verständigung aufgebaut werden.

Moskau, den 6. November 1990

b) Schreiben des Botschafters der Vereinigten Staaten von Amerika in Österreich an den Generalsekretär des Bundesministeriums für auswärtige Angelegenheiten, Wien, am 9. November 1990:

Embassy of the United States of America
Vienna, Austria

Office of The Ambassador November 9, 1990

Your Excellency:

I am authorized by the Department of State to convey the following message to you concerning the 1955 State Treaty.

– We have carefully reviewed the communication which Ambassador Hoess presented to Assistant Secretary Seitz in Washington on November 6.

– We understand, and are sympathetic with, Austria's desire to clarify the status of certain Treaty provisions, in the light of the changed situation in Europe.

– The United States concurs with the Austrian Government view that Articles 12–16 and Article 22, No. 13, of the 1955 State Treaty have become obsolete.

Sincerely,
Roy M. Huffington

His Excellency
Thomas Klestil,
Secretary General,
Ministry for Foreign Affairs,
Wien

c) Note der Botschaft Frankreichs in Österreich an das Bundesministerium für auswärtige Angelegenheiten (No. 290/0), Wien, am 13. November 1990:

Ambassade de France en Autriche

N° 290/0

L'Ambassade de France présente ses compliments au Département Fédéral des Affaires Etrangères de la République d'Autriche et a l'honneur de porter à sa connaissance ce qui suit:

Le Gouvernement de la République française a pris note de la 'communication aux quatre Etats signataires du traité d'Etat autrichien', relative aux articles 12 à 16 et à l'article 22 alinea 13 du traité portant rétablissement d'une Autriche indépendante et démocratique, qui a été remise le 6 novembre 1990 au Secrétaire général du Ministère des Affaires Etrangères par l'Ambassadeur d'Autriche.

La France considère que le traité d'Etat qui, le 15 mai 1955, a permis à l'Autriche de recouvrer sa liberté et son indépendance, conserve, dans ses dispositions fondamentales, toute son importance pour le maintien de la paix et de la sécurité en Europe.

Toutefois, ayant à l'esprit les changements historiques survenus récemment en

Europe et se référant aux contacts qui ont eu lieu récemment entre le Gouvernement français et le Gouvernement autrichien, ainsi qu'entre celui-ci et les Gouvernements des Etats-Unis d'Amérique, du Royaume-Uni de Grande-Bretagne et d'Irlande du Nord, et de l'Union des Républiques Socialistes Soviétiques, le Gouvernement de la République française donne son consentement à la communication autrichienne.

En même temps le Gouvernement de la République française prend acte avec satisfaction du fait que la communication autrichienne ne concerne pas l'interdiction de la fabrication, de la possession ou de l'expérimentation des armes nucléaires, biologiques et chimiques auxquelles l'Autriche a également renoncé dans d'autres accords internationaux.

L'Ambassade de France saisit cette occasion pour renouveler au Département Fédéral des Affaires Etrangères de la République d'Autriche les assurances de sa haute considération.

Vienne, le 13 novembre 1990

Département Fédéral
des Affaires Etrangères
de la République d'Autriche, Vienne

(Anläßlich der Überreichung der österreichischen Mitteilung im Foreign Office am 6. November 1990 durch den österreichischen Botschafter in London wurde vom Permanent Under-Secretary of State festgestellt, daß die britische Seite keine Einwendungen habe.)

Veröffentlicht in: „Österreichische außenpolitische Dokumentation. Texte und Dokumente", hrsg. v. Bundesministerium für Auswärtige Angelegenheiten, Wien, Heft Dezember 1990, 28–32.

Zeittafel

(Es werden nur Daten von besonderem Interesse für das Thema dieses Buches genannt)

18. 10.–30. 10. 1943	Konferenz der Außenminister der USA, der Sowjetunion und Großbritanniens in Moskau; Einsetzung einer „Europäischen Beratungskommission" („European Advisory Commission") mit Sitz in London
1. 11. 1943	Erklärung der Außenminister Großbritanniens, der Sowjetunion und der Vereinigten Staaten über Österreich („Moskauer Erklärung"; Beschlußfassung am 30. 10., Verlautbarung am 1. 11. 1943)
16. 11. 1943	Erklärung des Französischen Komitees der Nationalen Befreiung in Algier über die Unabhängigkeit Österreichs
27. 4. 1945	Proklamation der Vorstände der politischen Parteien über die Selbständigkeit Österreichs und Einsetzung der Provisorischen Staatsregierung unter Staatskanzler Dr. Karl Renner in Wien
4. 7. 1945	Paraphierung des Abkommens zwischen Großbritannien, den Vereinigten Staaten, der Sowjetunion und Frankreich über die Alliierte Kontrolle in Österreich („Erstes Kontrollabkommen") in der Europäischen Beratungskommission in London
9. 7. 1945	Paraphierung des Abkommens zwischen Großbritannien, den Vereinigten Staaten, der Sowjetunion und Frankreich, betreffend die Besatzungszonen in Österreich und die Verwaltung der Stadt Wien („Zonenabkommen") in der Europäischen Beratungskommission in London
17. 7.–2. 8. 1945	Dreimächtekonferenz zwischen Großbritannien, den Vereinigten Staaten von Amerika und der Sowjetunion („Potsdamer Konferenz"); Beschluß, Österreich keine Reparationen aufzuerlegen; Beschlußfassung über deutsche Vermögenswerte („Deutsches Eigentum") im Ausland
22. 8. 1945	Beschluß der UNRRA (United Nations Relief and Rehabilitation Administration), Österreich als befreitem Land Hilfe und Unterstützung zu gewähren
11. 9. 1945	Erste Sitzung des Alliierten Rates in Wien

11. 9.–2. 10. 1945	Konferenz des Rates der Außenminister in London
24.–26. 9. 1945	Erste (gesamtösterreichische) Länderkonferenz in Wien; Erweiterung der Provisorischen Staatsregierung
20. 10. 1945	Anerkennung der Provisorischen Staatsregierung durch den Alliierten Rat und Ausdehnung ihrer Zuständigkeit auf ganz Österreich
25. 11. 1945	Erste Nationalratswahlen in Österreich nach dem Krieg (85 ÖVP, 76 SPÖ, 4 KPÖ)
19. 12. 1945	Konstituierung des Nationalrates
20. 12. 1945	Wahl Renners zum Bundespräsidenten durch die Bundesversammlung; Bestellung der Bundesregierung unter Leopold Figl (ÖVP/SPÖ sowie ein kommunistischer Minister)
2. 2. 1946	Erster österreichischer Entwurf für einen Vertrag zur Wiederherstellung der Rechtsstellung Österreichs
25. 4.–12. 7. 1946	Konferenz des Rates der Außenminister in Paris
27. 6. 1946	Befehl Nr. 17 des Oberbefehlshabers der sowjetischen Besatzungstruppen in Österreich, betreffend den Übergang deutscher Vermögenswerte im östlichen Österreich in das Eigentum der Sowjetunion (verlautbart 5./6. 7. 1946)
28. 6. 1946	Abkommen zwischen Großbritannien, den Vereinigten Staaten von Amerika, der Sowjetunion und Frankreich über den Kontroll-Apparat in Österreich („Zweites Kontrollabkommen")
26. 7. 1946	Beschluß des ersten Verstaatlichungsgesetzes durch den Nationalrat
5. 9. 1946	Österreichisch-italienisches Abkommen zur Südtirol-Frage in Paris („Gruber-De Gasperi-Abkommen")
3. 11.–12. 12. 1946	Konferenz des Rates der Außenminister in New York
14. 1.–25. 2. 1947	Konferenz der Sonderbeauftragten für den österreichischen Staatsvertrag in London (Sitzungen 1–29)
10. 3.–24. 4. 1947	Konferenz des Rates der Außenminister in Moskau

11. 3.–24. 4. 1947	Konferenz der Sonderbeauftragten für den österreichischen Staatsvertrag in Moskau (Sitzungen 30–56)
12. 5.–11. 10. 1947	Konferenz der Austrian Treaty Commission (ATC) in Wien
30. 5. 1947	Rücktritt unter kommunistischem Druck des ungarischen Ministerpräsidenten Ferenc Nagy, der das Exil wählt
5. 6. 1947	Rede des amerikanischen Außenministers George Marshall an der Harvard University: Angebot des „Marshall-Plans“
21. 6. 1947	Verzicht der Vereinigten Staaten von Amerika auf österreichische Beitragsleistungen zu den Besatzungskosten ab 1. 7. 1947
25. 6. 1947	Abkommen über die „Kongreß-Hilfe“ der Vereinigten Staaten von Amerika an Österreich
2. 7. 1947	Ansuchen Österreichs um die Aufnahme in die Vereinten Nationen
12. 7. 1947	Beginn der Konferenz (west-)europäischer Staaten unter Teilnahme Österreichs in Paris zur Vorbereitung des Marshall-Plans
Ende Sept. 1947	Gründung des Kommunistischen Informationsbüros (Kominform)
8. 10. 1947	„Cherrière-Plan“ zur Lösung der Frage des „Deutschen Eigentums“ in Österreich
20. 11. 1947	Ausscheiden des einzigen kommunistischen Ministers aus der Bundesregierung
25. 11.–15. 12. 1947	Konferenz des Rates der Außenminister in London
27. 11.–17. 12. 1947	Konferenz der Sonderbeauftragten für den österreichischen Staatsvertrag in London (Sitzungen 57–63)
2. 1. 1948	Abkommen über die „Interims-Hilfe“ der Vereinigten Staaten von Amerika mit Österreich
24. 1. 1948	Gegenvorschlag der Sowjetunion zum Cherrière-Plan
20. 2.–6. 5. 1948	Konferenz der Sonderbeauftragten für den österreichischen Staatsvertrag in London (Sitzungen 64–110)

25. 2. 1948	Kommunistische Machtübernahme in der Tschechoslowakei
17. 3. 1948	Brüsseler Verteidigungspakt zwischen Großbritannien, Frankreich und den Beneluxstaaten
16. 4. 1948	Gründung der Organisation für Europäische Wirtschaftliche Zusammenarbeit (OEEC)
24. 6. 1948.–12. 5. 1949	Blockade der westlichen Sektoren Berlins durch die sowjetische Besatzungsmacht
27.–29. 6. 1948	Bruch zwischen Tito und Stalin
2. 7. 1948	Abkommen zwischen den Regierungen Österreichs und der Vereinigten Staaten von Amerika über wirtschaftliche Zusammenarbeit („Marshall-Plan-Abkommen")
25. 1. 1949	Gründung des (osteuropäischen) Rates für gegenseitige Wirtschaftshilfe (COMECON)
9. 2.–10. 5. 1949	Konferenz der Sonderbeauftragten für den österreichischen Staatsvertrag in London (Sitzungen 111–163)
4. 4. 1949	Abschluß des Nordatlantikpakts (NATO) in Washington
5. 5. 1949	Gründung des Europarates
Mai – Sept. 1949	Konstituierung der Bundesrepublik Deutschland (8. Mai Annahme des Grundgesetzes, 14. August erste Bundestagswahlen, 12. September Bestellung der ersten Bundesregierung unter Konrad Adenauer)
23. 5.–20. 6. 1949	Konferenz des Rates der Außenminister in Paris; Kompromiß in der Staatsvertrags-Frage: Österreichs Grenzen im Umfang von 1937; Regelung der Frage des „Deutschen Eigentums" auf der Grundlage des Cherrière-Plans
1. 7.–1. 9. 1949	Konferenz der Sonderbeauftragten für den österreichischen Staatsvertrag in London (Sitzungen 164–212); u. a. Redaktion des Minderheitenschutzartikels
29. 8. 1949	Explosion der ersten sowjetischen Atombombe
23. 9.–16. 12. 1949	Konferenz der Sonderbeauftragten für den österreichischen Staatsvertrag in New York (Sitzungen 213–246)

1. 10. 1949	Proklamation der Volksrepublik China
7. 10. 1949	Proklamation der Deutschen Demokratischen Republik
9. 10. 1949	Nationalratswahlen in Österreich (77 ÖVP, 67 SPÖ, 16 VdU, 5 KPÖ)
8. 11. 1949	Bestellung der zweiten Koalitionsregierung unter Bundeskanzler Leopold Figl
18. 11. 1949	Einigung der Sonderbeauftragten über das Deutsche Eigentum
9. 1.–15. 12. 1950	Konferenz der Sonderbeauftragten für den österreichischen Staatsvertrag in London (Sitzungen 247–258)
11.–13. 5. 1950	Dreimächtekonferenz der Außenminister der Vereinigten Staaten, Großbritanniens und Frankreichs in London
19. 5. 1950	Veröffentlichung der Erklärung der Londoner Dreimächtekonferenz über den Staatsvertrag mit Österreich
25. 6. 1950	Ausbruch des Koreakrieges
26.–28. 9. sowie 4.–5. 10. 1950	Kommunistisch dominierte Streikbewegungen und Demonstrationen in mehreren Bundesländern
31. 12. 1950	Tod des Bundespräsidenten Karl Renner
27. 5. 1951	Volkswahl Theodor Körners zum Bundespräsidenten
8. 9. 1951	Friedensvertrag von San Francisco zwischen Japan einerseits, den Alliierten ohne die Sowjetunion andererseits; gleichzeitig Abschluß eines amerikanisch-japanischen Sicherheitspaktes
13. 3. 1952	Initiative der Westmächte für einen „Kurzvertrag“ mit Österreich
31. 7. 1952	Memorandum der Bundesregierung an alle Mitgliedsstaaten der Vereinten Nationen, betreffend die Aufhebung der Besetzung und die Wiederherstellung der vollen Souveränität Österreichs und Ablehnung weiterer Staatsvertragsverhandlungen auf Basis des „alten“ Staatsvertragsentwurfs von 1949
17. 12. 1952	Rede Außenminister Karl Grubers vor der VII. Generalversammlung der Vereinten Nationen in New York

20. 12. 1952	Resolution Nr. 613 (VII) der Generalversammlung der Vereinten Nationen über den Abschluß des österreichischen Staatsvertrages
6. 2. u. 9. 2. 1953	Konferenz der Sonderbeauftragten für den österreichischen Staatsvertrag in London (Sitzungen 259–260)
22. 2. 1953	Nationalratswahlen in Österreich (74 ÖVP, 73 SPÖ, 14 VdU, 4 KPÖ)
25. 2. 1953	Rücktritt der Regierung Figl; mit der Weiterführung der Geschäfte betraut
5. 3. 1953	Tod Stalins
2. 4. 1953	Bestellung der neuen Bundesregierung unter Bundeskanzler Julius Raab; erstmaliger Eintritt Bruno Kreiskys in die Regierung als Staatssekretär im Bundeskanzleramt, Auswärtige Angelegenheiten
25. 5. 1953	Der sowjetische Botschafter in London, Malik, lehnt die Teilnahme an einer Sitzung der Sonderbeauftragten für den österreichischen Staatsvertrag ab und schlägt die weitere Behandlung der Österreichfrage durch Meinungsaustausch auf diplomatischem Wege vor; Gremium der Sonderbeauftragten de facto aufgelöst
9. 6. 1953	Aufhebung der Personenkontrolle an den Demarkationslinien
17. 6. 1953	Arbeiteraufstand mit Zulauf aus der gesamten Bevölkerung in Ost-Berlin und zahlreichen Städten der DDR; rasche Niederschlagung nach Intervention sowjetischer Truppen.
20. 6. 1953	Besuch Außenminister Karl Grubers beim indischen Ministerpräsidenten Nehru auf dem Bürgenstock
30. 6. 1953	Gespräch des indischen Botschafters in Moskau, Menon, mit Außenminister Molotow bezüglich der internationalen Position Österreichs. Gespräch des österreichischen politischen Vertreters in Moskau, Bischoff, mit Außenminister Molotow und Übergabe einer österreichischen Aufzeichnung
17. 7. 1953	Rückgabe der von der Sowjetunion als „Deutsches Eigentum" behandelten Kraftwerksanlage Ybbs-Persenbeug
30. 7. 1953	Verzicht der Sowjetunion auf die österreichischen Beitragsleistungen zu den Besatzungskosten ab 1. 8. 1953

12. 8. 1953	Einstellung der Postzensur in der sowjetischen Zone
14. 8. 1953	Beschluß des Alliierten Rates über die Abschaffung der Kontrolle des Brief-, Telegrafen- und Telefonverkehrs für ganz Österreich
19. 8. 1953	Verzicht Großbritanniens auf die österreichischen Beitragsleistungen zu den Besatzungskosten ab 1. 1. 1954
19. 9. 1953	Verzicht Frankreichs auf die österreichischen Beitragsleistungen zu den Besatzungskosten ab 1. 1. 1954
23. 9. 1953	Der Hauptausschuß des Nationalrats nimmt zustimmend den von Außenminister Gruber vorgetragenen Bericht der Bundesregierung mit dem politischen Grundsatz „Frei von militärischen Blöcken" zur Kenntnis. In einer an die Sowjetregierung gerichteten Note distanziert sich Österreich endgültig vom „Kurzvertrag" und erklärt seine Bereitschaft, auf Grundlage des „alten" Vertragsentwurfs zu verhandeln
26. 11. 1953	Rücktritt des Außenministers Karl Gruber und Bestellung Leopold Figls zum Außenminister
25. 1.–18. 2. 1954	Konferenz der Außenminister der Vier Mächte in Berlin
13. 2. 1954	Bereitschaftserklärung des amerikanischen Außenministers Dulles, eine freiwillig erklärte Neutralität Österreichs entsprechend jener der Schweiz zu akzeptieren. Erklärung des Außenministers Leopold Figl auf der Berliner Konferenz, Österreich habe nicht die Absicht, ein militärisches Bündnis mit irgendeinem Staat einzugehen
30. 8. 1954	Scheitern der Ratifikation des Vertrags über eine Europäische Verteidigungsgemeinschaft (EVG) in der Pariser Nationalversammlung
5. 10. 1954	Abkommen von London zwischen Großbritannien, den Vereinigten Staaten von Amerika, Italien und Jugoslawien in der Triester Frage; im Zusammenhang damit Abzug britischer und amerikanischer Besatzungstruppen aus Triest
12. 10. 1954	Abkommen zwischen der UdSSR und der Volksrepublik China über die Räumung des Kriegsmarinestützpunktes Port Arthur.
23. 10. 1954	Abschluß der seit 19. Oktober in Paris währenden Verhandlungen

	mit Unterzeichnung der Pariser Verträge (Abkommen, Protokolle und Briefwechsel) über die Beendigung des Besatzungsregimes in der Bundesrepublik Deutschland, das Saarstatut, die Gründung der Westeuropäischen Union und den NATO-Beitritt der Bundesrepublik Deutschland
22. 11. 1954	Erklärung des französischen Ministerpräsidenten Mendès-France vor der UN-Generalversammlung in New York über einen Stufenplan zum Abzug der alliierten Truppen aus Österreich
21. 12. 1954	Außerordentliche Sitzung des Alliierten Rates in Wien mit sowjetischen Beschuldigungen an die französische und amerikanische Besatzungsmacht wegen des Vorhandenseins amerikanischer Truppen in der französischen Zone; sowjetische Andeutungen über die Gefährdung der Einheit Österreichs
29./30. 12. 1954	Ratifizierung der Pariser Verträge durch die französische Nationalversammlung
8. 2. 1955	Rede Außenminister Molotows vor dem Obersten Sowjet mit einer Erklärung über den Abschluß eines Staatsvertrags mit Österreich
27. 2. 1955	Ratifizierung der Pariser Verträge durch den deutschen Bundestag
24. 3. 1955	Einladung der Sowjetregierung an Bundeskanzler Raab zu Gesprächen in Moskau
26./27. 3. 1955	Ratifizierung der Pariser Verträge durch den französischen Rat der Republik
12.–15. 4. 1955	Verhandlungen der österreichischen Regierungsdelegation (Bundeskanzler Julius Raab, Vizekanzler Adolf Schärf, Außenminister Leopold Figl, Staatssekretär Bruno Kreisky) in Moskau, deren Ergebnisse im „Moskauer Memorandum" vom 15. 4. 1955 festgehalten werden
18.–24. 4. 1955	Asiatisch-Afrikanische Konferenz von Bandung (Indonesien)
2.–13. 5. 1955	Konferenz der Botschafter der vier Besatzungsmächte in Österreich und Vertreter der österreichischen Bundesregierung in Wien
5. 5. 1955	Inkrafttreten der Pariser Verträge; Ende des Besatzungsregimes in der Bundesrepublik Deutschland (nicht in Berlin); die Bundesre-

	publik wird souverän und als NATO-Mitglied Verbündeter der Westmächte
10. 5. 1955	Paraphierung des „Wiener Memorandums" durch Großbritannien, die Vereinigten Staaten von Amerika und Österreich sowie des „Österreichisch-Französischen Memorandums"
14. 5. 1955	Ankündigung der Reise Chruschtschows und Bulganins nach Belgrad
14. 5. 1955	Unterzeichnung des Warschauer Paktes
14. 5. 1955	Außenministerkonferenz der vier Signatarstaaten des Staatsvertrages in Wien im Beisein des österreichischen Außenministers; Genehmigung der Beschlüsse der Botschafterkonferenz; Streichung der „Verantwortlichkeitsklausel" aus der Präambel zum Staatsvertragsentwurf
15. 5. 1955	Unterzeichnung des Staatsvertrages betreffend die Wiederherstellung eines unabhängigen und demokratischen Österreich im Schloß Belvedere
27. 5.–2. 6. 1955	Aufenthalt Chruschtschows und Bulganins in Belgrad; Aussöhnung Jugoslawiens und der Sowjetunion
1.–3. 6. 1955	Konferenz von Messina (Benelux, BRD, Frankreich, Italien) – Wiederbelebung der europäischen Integrationsbestrebungen
7. 6. 1955	Zustimmung des Nationalrats zum Staatsvertrag; Entschließung des Nationalrats über die Neutralität Österreichs Offizielle Einladung der Sowjetregierung an Bundeskanzler Konrad Adenauer nach Moskau
7.–22. 6. 1955	Besuch des indischen Ministerpräsidenten Nehru in der Sowjetunion
8. 6. 1955	Zustimmung des Bundesrates zum Staatsvertrag und Unterzeichnung der Ratifikationsurkunde durch Bundespräsident Körner
14. 6. 1955	Hinterlegung der Ratifikationsurkunde des Staatsvertrages in Moskau durch Österreich
5. 7. 1955	Hinterlegung der Ratifikationsurkunde durch die Sowjetunion

9. 7. 1955	Hinterlegung der Ratifikationsurkunde durch die Vereinigten Staaten von Amerika
18.–23. 7. 1955	Genfer Gipfelkonferenz (erste Gipfelkonferenz seit Potsdam 1945)
19. 7. 1955	Hinterlegung der Ratifikationsurkunde durch Großbritannien
27. 7. 1955	Inkrafttreten des Staatsvertrages mit Hinterlegung der letzten noch ausständigen Ratifikationsurkunde durch Frankreich Beendigung der Tätigkeit der Alliierten Kommission für Österreich Inkrafttreten der Abkommen Österreichs mit der Sowjetunion über Waren- und Erdöllieferungen Beginn der neunzigtägigen Räumungsfrist für die Besatzungstruppen
9.–13. 9. 1955	Besuch des Bundeskanzlers Konrad Adenauer in Moskau; Vereinbarung der Aufnahme diplomatischer Beziehungen zwischen der Bundesrepublik Deutschland und der Sowjetunion
19. 9. 1955	Sowjetische Ankündigung der Räumung des Marinestützpunktes Porkkala in Finnland
25. 10. 1955	Ende der Räumungsfrist für die Besatzungstruppen in Österreich
26. 10. 1955	Beschluß des Bundesverfassungsgesetzes über die Neutralität Österreichs durch den Nationalrat
5. 11. 1955	Inkrafttreten des Bundesverfassungsgesetzes über die Neutralität Österreichs
18. 11.–19. 12. 1955	Südasienreise Chruschtschows und Bulganins (18. 11.–1. 12. sowie 7.–14. 12. in Indien, 1.–7. 12. in Burma, 15.–19. Dezember in Afghanistan)
6. 12. 1955	Anerkennung der Neutralität durch die vier Signatarmächte des Staatsvertrages
14. 12. 1955	Aufnahme Österreichs in die Organisation der Vereinten Nationen

Abkürzungsverzeichnis

AAF	=	Archives de l'Ambassade de France, Wien.
AD	=	Archives Diplomatiques, Ministère des affaires étrangères, Paris.
AdG	=	*Keesings Archiv der Gegenwart.*
AdR	=	Archiv der Republik, Wien (Teil des Österreichischen Staatsarchivs).
AKVI	=	Archiv des Karl von Vogelsang-Instituts, Wien.
AVPRF	=	Archiv vnešnej politiki Rossijskoj Federacii (Außenpolitisches Archiv der Russischen Föderation), Moskau.
AZ	=	*Arbeiter-Zeitung,* Wien.
BAK	=	Bundesarchiv, Abteilungen Koblenz.
BKA	=	Akten des Bundeskanzleramts.
BMAA	=	Akten des Bundesministeriums für Auswärtige Angelegenheiten, bis 1959 Bundeskanzleramt, Auswärtige Angelegenheiten.
CChSD	=	Centr chranenija sovremennoj dokumentacii (Zentrum zur Aufbewahrung zeitgenössischer Dokumentation), Moskau.
d.	=	delo, russ. Akte, Aktenfaszikel, Einheit in russ. Archivsignaturen.
DBPO	=	*Documents on British Policy Overseas.* Die Bände dieser neuen, seit 1984 erscheinenden Reihe zur britischen Außenpolitik seit 1945 werden jeweils mit Reihennummer und Bandnummer sowie beim Erstzitat mit entsprechenden Bandtitel zitiert. Beispiel Erstzitat: *Documents on British Policy Overseas,* Series I, Volume I, The Conference at Potsdam July–August 1945, London 1984. Kurzzitat: *DBPO* I/I.
DDF	=	*Documents diplomatiques français.* Die Bände dieser neuen, seit 1987 erscheinenden Reihe französischer Aktenpublikationen werden zusätzlich jeweils mit dem Jahr und den Tagesdaten der im jeweiligen Band enthaltenen Zeitspanne gekennzeichnet. Beispiel Erstzitat: *Documents diplomatiques français* 1955, tome I (1 janvier–30 juin). Kurzzitat: *DDF* 1955, I.
DÖA	=	Eva-Marie *Csáky,* Der Weg zu Freiheit und Neutralität. Dokumentation zur österreichischen Außenpolitik 1945–1955 (= Schriftenreihe der Österreichischen Gesellschaft für Außenpolitik und Internationale Beziehungen, Bd. 10), Wien 1980.
FO	=	Foreign Office (London).
fol.	=	Blatt, Blätter (bei Archivsignaturen; hier auch anstatt „list" (russ. „Blatt") bei Angaben aus russischen Archiven verwendet).
FR	=	*Foreign Relations of the United States.* Diese Reihe von Aktenpublikationen des Department of State enthält für jedes in der Veröffentlichung einbezogene Jahr mehrere mit römischen Ziffern numerierte, sachlich oder regional gegliederte Bände. Beispiel Erstzitat: *Foreign Relations of the United States, 1949,* vol. III, *Council of Foreign Ministers; Germany and Austria,* Washington 1974. Kurzzitat: *FR 1949,* III.
GD	=	Generaldirektion.
GP	=	Gesetzgebungsperiode (bei Angaben betreffend die Stenographischen

		Protokolle des Nationalrates, Beilagen zu diesen oder Beiblätter zur Parlamentskorrespondenz.
HHStA	=	Haus, Hof und Staatsarchiv, Wien (Teil des Österreichischen Staatsarchivs).
HSTL	=	Harry S. Truman Library, Independence, Missouri.
K	=	Karton.
KA	=	Kriegsarchiv, Wien (Teil des Österreichischen Staatsarchivs).
KGA	=	Karl Gruber Archiv, Institut für Zeitgeschichte, Universität Innsbruck
MRProt	=	Ministerratsprotokolle (Verhandlungsschriften) des Ministerrates der Österreichischen Bundesregierung.
NA	=	National Archives, Washington D.C. bzw. College Park, Maryland.
NLS	=	Nachlässe und Sammlungen.
NÖLA	=	Niederösterreichisches Landesarchiv, St. Pölten.
NR	=	Nationalrat der Republik Österreich.
op.	=	opis', russ. Inventar, Einheit in russ. Archivsignaturen.
ÖStA	=	Österreichisches Staatsarchiv.
ÖuG	=	*Schilcher,* Alfons (Hrsg.), Österreich und die Großmächte. Dokumente zur österreichischen Außenpolitik 1945–1955 (= Materialien zur Zeitgeschichte, hrsg. von Erika Weinzierl/Rudolf G. Ardelt/Karl Stuhlpfarrer, Bd. 2), Wien – Salzburg 1980.
ÖZA	=	Österreichische Zeitschrift für Außenpolitik, Wien.
p.	=	papka, russ. Mappe, Einheit in russ. Archivsignaturen.
PAAA	=	Politisches Archiv des Auswärtigen Amtes, Bonn.
PAAA-MAA	=	Politisches Archiv des Auswärtigen Amtes, Bestand ehem. Ministerium für Auswärtige Angelegenheiten der DDR, Berlin.
PRO	=	Public Record Office, London (Kew).
RG	=	Record Group.
SAPM-BA	=	Stiftung Archiv der Parteien und Massenorganisation der DDR im Bundesarchiv, Berlin.
SBA	=	Schweizerisches Bundesarchiv, Bern.
SBKA	=	Stiftung Bruno Kreisky-Archiv, Wien.
SN	=	*Salzburger Nachrichten,* Salzburg.
StAS	=	Stiftsarchiv des Benediktinerstiftes Seitenstetten, N.-Ö.
Sten.Prot.	=	Stenographische Protokolle.
USFA	=	United States Forces Austria.
VGAB	=	Verein für die Geschichte der Arbeiterbewegung, Wien.
WZ	=	Amtliche *Wiener Zeitung,* Wien.

Bibliographie

Vorbemerkung: Die Bibliographie umfaßt sowohl die in diesem Buche genannten veröffentlichten Druckschriften als auch ergänzend einige Publikationen, insbesondere Sammelwerke, die für das Thema des Werkes relevante Aussagen oder Materialien bzw. ausführliche weiterführende bibliographische Angaben enthalten. Sammelbände von besonderem Interesse für das Thema dieses Werkes bzw. Sammelbände, aus welchen mehrere Beiträge in dieser Bibliographie einzeln angeführt werden, sind alphabetisch unter dem Namen des Herausgebers bzw. erstgenannten Herausgebers mit vollen bibliographischen Angaben eingereiht; bei den Titeln einzelner Beiträge werden die Angaben zum Gesamtband etwas verkürzt wiedergegeben.Nicht eigens genannt sind häufig zitierte Periodica und Parlamentsprotokolle (hierfür siehe das Abkürzungsverzeichnis). Für im Anmerkungsapparat verwendete Abkürzungen vgl. ebenfalls das Abkürzungsverzeichnis. In den Anmerkungen wird jeweils die erstmalige Nennung eines Titels voll ausgeführt, alle weiteren Hinweise erfolgen mit Kurztiteln, die jedoch jederzeit mit Hilfe der Bibliographie eindeutig identifiziert werden können. Die Angaben zu den archivalischen Quellen finden sich in den Anmerkungen.

Ableitinger, Alfred, „Österreichische Skepsis gegenüber Österreichs Staatsvertrag. Theodor Hornbostels und Friedrich Funders Diskussion in den Jahren 1953/55“, in: Geschichte und Gegenwart, 4 (1985), 191–212.

Ableitinger, Alfred/*Beer,* Siegfried/*Staudinger,* Eduard G. (Hrsg.), Besatzungszeit in der Steiermark 1945–1955, Graz 1994.

Ableitinger, Alfred/*Beer,* Siegfried/*Staudinger,* Eduard G. (Hrsg.), Österreich unter alliierter Besatzung 1945–1955 (= Studien zu Politik und Verwaltung, hrsg. von Christian Brünner/Wolfgang Mantl/Manfried Welan, Bd. 63), Wien – Köln – Graz 1998.

Ableitinger, Alfred, „Großbritannien und das Zweite Kontrollabkommen. Genese und Gehalt des britischen Regierungsentwurfes vom 4. Februar 1946“, in: *Ableitinger/Beer/Staudinger,* Österreich unter alliierter Besatzung 1945–1955, 71–110.

Acheson, Dean, Present at the Creation. My Years in the State Department, New York 1970 [Taschenbuchausgabe].

Adamovich, Ludwig Jr., Handbuch des österreichischen Verfassungsrechtes, Wien – New York ^{6}1971.

Adams, Ware, „The Negative Veto – a Breakthrough“, in: *Bauer,* The Austrian Solution, Charlottesville 1982, 76–84.

Adenauer, Konrad, Erinnerungen 1953–1955, Stuttgart 1966.

Adenauer, Konrad, „Wir haben wirklich etwas geschaffen.“ Die Protokolle des CDU-Bundesvorstands 1953–1957, bearb. von Günter *Buchstab* (= Forschungen und Quellen zur Zeitgeschichte 16), Düsseldorf 1990.

Adenauer, (Konrad), Teegespräche 1950–1954, bearb. v. Hanns Jürgen *Küsters,* Berlin 1984.

Adler, Friedrich, „Observations on the Situation in Occupied Austria“, in: *Braunthal,* The Tragedy of Austria, London 1948, 136–159.

Aichinger, Wilfried, Sowjetische Österreichpolitik 1943–1945 (= Materialien zur Zeitgeschichte, hrsg. von Erika Weinzierl/Rudolf G. Ardelt/Karl Stuhlpfarrer, Bd. 1), Wien 1977 [ursprünglich Diss. Univ. Wien 1977].

Albrich, Thomas, „Heiligt der Zweck die Mittel? Anmerkungen zu Robert Knights Auswahledition der Wortprotokolle der österreichischen Bundesregierung von 1945 bis 1952 über die Entschädigung der Juden", in: Innsbrucker Historische Studien, 10/11 (1988), 407–411.

Albrich, Thomas, „Die jüdischen Organisationen und der österreichische Staatsvertrag 1947", in: Bericht über den 18. Österreichischen Historikertag in Linz (24.–29. 9. 1990) (= Veröffentlichungen des Verbandes Österreichischer Geschichtsvereine 27), Wien 1991, 97–101.

Albrich, Thomas, „Jewish Interests and the Austrian State Treaty", in: *Bischof/Pelinka,* Austria in the New Europe, New Brunswick/NJ 1993, 137–164.

Albrich, Thomas, „‚Es gibt keine jüdische Frage'. Zur Aufrechterhaltung des österreichischen Opfermythos", in: *Steininger,* Der Umgang mit dem Holocaust, Wien – Köln – Weimar 1994, 147–166.

Albrich, Thomas/*Eisterer,* Klaus/*Gehler,* Michael/*Steininger,* Rolf (Hrsg.), Österreich in den Fünfzigern (= Innsbrucker Forschungen zur Zeitgeschichte, Bd. 11), Innsbruck 1995.

Allard, Sven, Diplomat in Wien. Erlebnisse, Begegnungen und Gedanken um den österreichischen Staatsvertrag, Köln 1965.

Allard, Sven, Russia and the Austrian State Treaty, University Park/Pa 1970.

Allizé, Henry, Ma mission à Vienne (Mars 1919–Août 1920), Paris 1933.

Angerer, Thomas, „Integrität vor Integration. Österreich und ‚Europa' aus französischer Sicht 1949–1960", in: *Gehler/Steininger,* Österreich und die europäische Integration 1945–1993, Wien – Köln – Weimar 1993, 178–200.

Angerer, Thomas, „Besatzung, Entfernung ... Integration? Grundlagen der politischen Beziehungen zwischen Frankreich und Österreich seit 1938/45", in: *Koja/Pfersmann,* Frankreich – Österreich, Wien – Köln – Graz 1994, 82–102.

Angerer, Thomas, Frankreich und die Österreichfrage. Historische Grundlagen und Leitlinien 1945–1955, Diss. Univ. Wien 1996.

Ardelt, Rudolf G./*Haas,* Hanns, „Die Westintegration Österreichs nach 1945", in: Österreichische Zeitschrift für Politikwissenschaft, 4 (1975), 379–399.

Aron, Rayond, Paix et guerre entre les nations, Paris 1962.

Auerbach, Bertrand, Le rattachement de l'Autriche à l'Allemagne, Nancy 1927.

Die Aufrüstung Österreichs. Dokumente und Tatsachen, hrsg. vom Österreichischen Friedensrat, o. O., o. J. [1951].

Ausch, Karl, Licht und Irrlicht des österreichischen Wirtschaftswunders, Wien 1965.

Bader, William B., Austria between East and West 1945–1955, Stanford 1966.

Badstübner, Rolf/*Loth,* Wilfried, Hrsg., Wilhelm Pieck – Aufzeichnungen zur Deutschlandpolitik 1945–1953, Berlin 1994.

Bailer, Brigitte, Wiedergutmachung kein Thema. Österreich und die Opfer des Nationalsozialismus, Wien 1993.

Bailer, Brigitte, „‚Ohne den Staat weiter damit zu belasten ...' Bemerkungen zur österreichischen Rückstellungsgesetzgebung", in: Zeitgeschichte, 20 (1993), 367–381.

Bailer, Brigitte, „Gleiches Recht für alle? Die Behandlung von Opfern und Tätern des

Nationalsozialismus durch die Republik Österreich", in: *Steininger,* Der Umgang mit dem Holocaust, Wien – Köln – Weimar 1994, 183–197.

Barker, Elisabeth, British Policy in South-East Europe in the Second World War, London 1976.

Barker, Thomas M. (unter Mitarbeit von Andreas Moritsch), The Slovene Minority of Carinthia (= East European Monographs, vol. 169), New York 1984.

Barnes, Trevor, „The Secret Cold War: the C.I.A. and American Foreign Policy in Europe, 1946–1956", Teil I in: The Historical Journal, 24 (1981), 399–415, Teil II ebd., 25 (1982), 649–670.

Bauer, Otto, Acht Monate auswärtiger Politik, Wien 1919.

Bauer, Otto, „Die politische Lage", in: Archiv. Mitteilungsblatt des Vereins für Geschichte der Arbeiterbewegung, 3 (1963), 45–68 [Rede am Parteitag 1933].

Bauer, Robert A. (Hrsg.), The Austrian Solution. International Conflict and Cooperation. Published for the Johns Hopkins Foreign Policy Institute, School of Advanced International Studies, Charlottesville 1982.

Beer, Siegfried (Hrsg.), Die „britische" Steiermark 1945–1955, Graz 1995.

Behrmann, Lilly-Ralou/*Proché,* Peter/*Strasser,* Wolfgang, Bibliographie zur Außenpolitik der Republik Österreich seit 1945 (= Schriftenreihe der Österreichischen Gesellschaft für Außenpolitik und internationale Beziehungen, Bd. 7), Wien 1974.

Beleckij, Viktor N., Sovetskij Sojuz i Avstrija. Bor'ba Sovetskogo Sojuza za vozroždenie nezavisimoj demokratičeskoj Avstrii i ustanovlenie s nej družestvennych otnošenij (1938–1960 gg.), Moskau 1962 [Die Sowjetunion und Österreich. Der Kampf der Sowjetunion für die Entstehung eines unabhängigen, demokratischen Österreich und die Entwicklung freundschaftlicher Beziehungen in den Jahren 1938–1960].

Berchtold, Klaus (Hrsg.), Österreichische Parteiprogramme 1866–1966, Wien 1967.

Bergsträsser, Arnold/*Cornides,* Wilhelm (Hrsg.), Die internationale Politik 1955, München 1958.

Bericht über die Tätigkeit der deutschösterreichischen Friedensdelegation in St. Germain-en-Laye (= 379 der Beilagen, Sten. Prot. der Konstituierenden Nationalversammlung), Wien 1919.

Béthouart, Emile-Marie A., Die Schlacht um Österreich, Wien 1967 [französische Originalfassung: La bataille pour l'Autriche, Paris 1966].

Bezemek, Ernst/*Rosner,* Willibald (Hrsg.), Niederösterreich 1945 – Südmähren 1945 (= Studien und Forschungen aus dem Niederösterreichischen Institut für Landeskunde, Bd. 21), Wien 1996.

Bialer, Seweryn, „The Three Schools of Kremlin Policy", in: The New Leader, 29. Juli 1957, 11–12.

Bindschedler-Robert, Denise, „Völkerrecht und Neutralität in sowjetischer Sicht", in: ÖZA, 5 (1965), 144–163.

Bischof, Günter, „Prag liegt westlich von Wien". Internationale Krisen im Jahre 1948 und ihr Einfluß auf Österreich", in: *Bischof/Leidenfrost,* Die bevormundete Nation, Innsbruck 1988, 315–345.

Bischof, Günter, Between Responsibility and Rehabilitation: Austria in International Politics 1940–1950, Diss. Harvard University, Cambridge/Mass 1989.

Bischof, Günter, „Karl Gruber und die Anfänge des ‚Neuen Kurses' in der österreichischen

Außenpolitik 1952/53", in: *Höbelt/Huber,* Für Österreichs Freiheit, Innsbruck 1991, 143–184.

Bischof, Günter, „The Anglo-American Powers and Austrian Neutrality 1953–1955", in: Mitteilungen des österreichischen Staatsarchivs, 42 (1992), 368–393.

Bischof, Günter, „Österreich – ein ‚geheimer Verbündeter' des Westens? Wirtschafts- und sicherheitspolitische Fragen der Integration aus der Sicht der USA", in: *Gehler/Steininger,* Österreich und die europäische Integration 1945–1993, Wien – Köln – Weimar 1993, 425–450.

Bischof, Günther, „Die Instrumentalisierung der Moskauer Erklärung nach dem 2. Weltkrieg", in: Zeitgeschichte, 20 (1993), 345–366.

Bischof, Günter, „Österreichische Neutralität, die deutsche Frage und europäische Sicherheit 1953–1955", in: *Steininger/Weber/Bischof/Albrich/Eisterer,* Die doppelte Eindämmung, München 1993, 133–176.

Bischof, Günter, „The Making of a Cold Warrior: Karl Gruber and Austrian Foreign Policy, 1945–1953", in: Austrian History Yearbook, 26 (1995), 99–127.

Bischof, Günter, „‚Austria looks to the West'. Kommunistische Putschgefahr, geheime Wiederbewaffnung und Westorientierung am Anfang der Fünfziger Jahre", in: *Albrich/Eisterer/Gehler/Steininger,* Österreich in den Fünfzigern, Innsbruck 1995, 183–209.

Bischof, Günter, „Eisenhower, the Summit, and the Austrian Treaty, 1953–1955", in: Günter *Bischof*/Stephen E. *Ambrose* (Hrsg.), Eisenhower. A Centenary Assessment, Baton Rouge – London 1995, 136–161.

Bischof, Günter/*Leidenfrost,* Josef (Hrsg.), Die bevormundete Nation. Österreich und die Alliierten 1945–1949 (= Innsbrucker Forschungen zur Zeitgeschichte, Bd. 4), Innsbruck 1988.

Bischof, Günter/*Pelinka,* Anton, Austria in the New Europe (= Contemporary Austrian Studies, vol. 1), New Brunswick/NJ 1993.

Bischof, Günter/*Pelinka,* Anton/*Steininger,* Rolf (Hrsg.), Austria in the Nineteen Fifties (= Contemporary Austrian Studies, vol. 3), New Brunswick/NJ 1995.

Bischof, Günter, „Die Planung und Politik der Alliierten 1940–1954", in: *Steininger/Gehler* (Hrsg.), Österreich im 20. Jahrhundert, Wien – Köln – Weimar 1997, Bd. 2, 107–146.

Bischoff, Norbert, „Österreichische Außenpolitik 1918–1928", in: 10 Jahre Wiederaufbau. Die staatliche, kulturelle und wirtschaftliche Entwicklung der Republik Österreich 1918–1928, hrsg. unter der Leitung eines Interministeriellen Komitees unter Vorsitz von Wilhelm Exner, Wien 1928, 23–34.

Bischoff, Norbert von, Ankara. Eine Deutung des neuen Werdens in der Türkei, Wien – Leipzig 1935.

Bischoff, Norbert, „Die politische Vorbereitung des Staatsvertrages", in: Die Furche, 4. Juni 1955, 1 [abgedruckt in DÖA, Nr. 179].

Blechner, Heinrich, „Österreichs Weg in die Vereinten Nationen", in: ÖZA, 1 (1960/61), 351–356.

Blöchl, Johann, Meine Lebenserinnerungen, Linz o. J. [1975].

Bock, Fritz, Das Durchführungsgesetz zum Deutschen Eigentum, Wien 1956.

Bohlen, Charles E., Witness to History, London 1973.

Bollmus, Reinhard, „Staatliche Einheit trotz Zonentrennung: Zur Politik des Staatskanzlers Karl Renner gegenüber den Besatzungsmächten in Österreich im Jahre 1945“, in: Ulrich *Engelhardt*/Volker *Sellin*/Horst *Stuke* (Hrsg.), Soziale Bewegung und politische Verfassung. Beiträge zur Geschichte der modernen Welt, Stuttgart 1977, 677–712 [Festschrift Werner Conze].

Bollmus, Reinhard, „Zur österreichischen Konzeption für einen Staatsvertrag“, in: *Mock/Steiner/Khol,* Neue Fakten zu Staatsvertrag und Neutralität, Wien 1980, 109–133.

Bollmus, Reinhard, „Die Bundesrepublik Deutschland und die Republik Österreich 1950–1958. Stationen einer skeptischen Freundschaft“, in: Christliche Demokratie, 1 (1983), 9–23.

Bollmus, Reinhard, „Ein kalkuliertes Risiko? Großbritannien, die USA und das ‚Deutsche Eigentum‘ auf der Konferenz von Potsdam“, in: *Bischof/Leidenfrost,* Die bevormundete Nation, Innsbruck 1988, 107–126.

Bonjour, Edgar, Geschichte der schweizerischen Neutralität. Vier Jahrhunderte eidgenössischer Außenpolitik, Bd. 2, Basel ^{5}1970.

Boyle, Peter G. (Hrsg.), The Churchill-Eisenhower Correspondence, 1953–1955, Chapel Hill/N.C. 1990.

Brandweiner, Heinrich, Der Österreichische Staatsvertrag, Leipzig – Jena 1955.

Braumann-Lettner, Lydia, „Die französische Österreichplanung und Österreichpolitik von 1943 bis zur Anerkennung der Regierung Figl“, in: Jahrbuch für Zeitgeschichte, 1982/83, 81–131.

Braunthal, Julius, The Tragedy of Austria, London 1948.

Brix, Emil/*Fröschl,* Thomas/*Leidenfrost,* Josef (Hrsg.), Geschichte zwischen Freiheit und Ordnung. Gerald Stourzh zum 60. Geburtstag, Graz 1991.

Brunner, Waltraud, Das Deutsche Eigentum und das Ringen um den österreichischen Staatsvertrag 1945–1955, Diss. Univ. Wien 1976.

Brusatti, Alois, „Entwicklung der Wirtschaft und Wirtschaftspolitik“, in: *Weinzierl/Skalnik,* Österreich – Die Zweite Republik, Bd. 1, Graz 1972, 417–494.

Brusatti, Alois, 50 Jahre Erdöl in Österreich, hrsg. von der Österreichischen Gesellschaft für Erdölwissenschaften, Wien 1980.

Brusatti, Alois/*Heindl,* Gottfried (Hrsg.), Julius Raab. Eine Biographie in Einzeldarstellungen, Linz o. J. [1986].

Bullock, Alan, Ernest Bevin. Foreign Secretary 1945–1951, London 1983.

Burtscher, Wolfgang, „Österreichs Annäherung an den Europarat von 1949 bis zur Vollmitgliedschaft im Jahre 1956“, in: *Hummer,* Waldemar/*Wagner* Gerhard (Hrsg.), Österreich im Europarat 1956–1986. Bilanz einer 30jährigen Mitgliedschaft, Wien 1988, 37–52.

Butschek, Felix, Die österreichische Wirtschaft im 20. Jahrhundert, Stuttgart und Wien 1985.

Carandini, Nicolò, The Alto Adige, an Experiment in the Devaluation of Frontiers, Rom 1958.

Carsten, Francis L., Faschismus in Österreich, München 1978.

Chauvel, Jean, Commentaire, Bd. 3: de Berne à Paris (1952–1962), Paris 1973.

Chruschtschow, N. S., Memuary Nikity Sergeeviča *Chruščeva* (Memoiren Nikita Sergejewitsch Chruschtschows), Abschnitt: „Mirnyj dogovor s Avstriej" („Der Friedensvertrag mit Österreich"), in: Voprosij istorii, Nr. 7/1993, 73–87 (s. a. unter *Khrushchev*).

Cede, Franz, „Österreichs Neutralität und Sicherheitspolitik nach dem Beitritt zur Europäischen Union", in: Zeitschrift für Rechtsvergleichung, 36 (1995), 142–148.

Clute, Robert E., The International Legal Status of Austria 1938–1955, Den Haag 1962.

Cronin, Audrey Kurth, Great Power Politics and the Struggle over Austria, 1945–1955, Ithaca – London 1986.

Cronin, Audrey Kurth, „Eine verpaßte Chance? Die Großmächte und die Verhandlungen über den Staatsvertrag im Jahre 1949", in: *Bischof/Leidenfrost,* Die bevormundete Nation, Innsbruck 1988, 347–370 [englische Fassung: „East-West Negotiations over Austria in 1949: Turning Point in the Cold War", in: Journal of Contemporary History, 24 (1989), 125–145].

Csáky, Eva-Marie, Der Weg zu Freiheit und Neutralität. Dokumentation zur österreichischen Außenpolitik 1945–1955 (= Schriftenreihe der Österreichischen Gesellschaft für Außenpolitik und internationale Beziehungen, Bd. 10), Wien 1980.

Csáky, Eva-Marie, „Das Werden des Staatsvertrages vom 15. Mai 1955", in: Österreich in Geschichte und Literatur, 24 (1980), 345–360.

Csáky, Eva-Marie, „Der Staatsvertrag und die Neutralität Österreichs, 1945–1955", in: *Göhring,* Walter/*Pfeifenberger,* Werner (Hrsg.), Im Blickpunkt: Österreich. Zeitgeschichte 1945–1980 (= Politische Bildung, Zeitschrift für Erwachsenenbildung, Sondernummer 2), Wien o. J. [1981].

Csáky, Eva-Marie, „Der Staatsvertrag", in: Zeitgeschichte (= Beiträge zur Lehrerfortbildung, Bd. 22), Wien 1982, 195–240.

Cullis, Michael, „Austria 1945–1950. The Desk-level View of a British Diplomat", in: *Brix/Fröschl/Leidenfrost,* Geschichte zwischen Freiheit und Ordnung, Graz 1991, 211–228.

Czernetz, Karl, Kommt der dritte Weltkrieg?, Wien 1951.

Dallin, David, „Stalin, Renner und Tito – Österreich zwischen drohender Sowjetisierung und den jugoslawischen Gebietsansprüchen im Frühjahr 1945", in: Europa-Archiv, 13 (1958), 11.030–11.034.

Dallin, David, Soviet Foreign Policy after Stalin, London 1962.

Deuerlein, Ernst, „Die außenpolitische Lage Österreichs 1945", in: Mitteilungen des österreichischen Staatsarchivs, 17/18 (1964/65), 477–519.

Deutsch, Julius, „Austria in the Framework of a World Organization. Geneva or Vienna?", New York 1944 [hektographierte Schrift der „Free World Association"].

Deutsch, Julius, „Österreich und die Weltpolitik", in: Die Zukunft, Jg. 1946, Heft 3, 1–3 [abgedruckt in DÖA, Nr. 31].

Deutsch, Julius, Was wollen die Sozialisten?, Wien 1949.

Diplomatičeskij slovar' (Diplomatisches Wörterbuch), hrsg. v. A. A. *Gromyko* et al., 3 Bde., Moskau 1984–1986.

Djilas, Milovan, Gespräche mit Stalin, Frankfurt/Main 1962.

Dobretsberger, Josef, „Und nach dem Staatsvertrag?", in: Die Union, 29. Juli 1949, 1–2.

La Documentation Française. Notes et Etudes Documentaires:

Nr. 1091 vom 14. März 1949, „Le Traité d'Etat Autrichien";
Nr. 1271 vom 7. Februar 1950, „Documents concernant le Traité d'Etat avec l'Autriche (mai–août 1949)";
Nr. 1858 vom 6. April 1954, „Echanges de Notes et Documents concernant l'Autriche (mai 1950–janvier 1954)".

Documents on British Policy Overseas, Series I, vol. 1: The Conference at Potsdam July – August 1945, London 1984.

Documents on British Policy Overseas, Series II, vol. 3: German Rearmament September – December 1950, London 1989.

Documents on the Carinthian Question, hrsg. vom jugoslawischen Außenministerium, Belgrad 1948.

Documents diplomatiques français 1932–1939, 1. Serie, tome 2 (15 novembre 1932 – 17 mars 1933), Paris 1966.

Documents diplomatiques français 1954 (21 juillet – 31 décembre 1954), Paris 1987.

Documents diplomatiques français 1955: tome I (1 janvier – 30 juin 1955), Paris 1987, tome II (1 juillet – 31 décembre 1955), Paris 1988.

Duroselle, Jean-Baptiste, Le Conflit de Trieste 1943–1954, hrsg. vom Centre européen de la Dotation Carnegie pour la paix internationale, Brüssel 1966.

Eckardt, Felix von, Ein unordentliches Leben, Düsseldorf – Wien 1967.

Edemskii, Andrei, „The Turn in Soviet-Yugoslav Relations, 1953–1955", in: Woodrow Wilson International Center for Scholars (Hrsg.), Cold War International History Project Bulletin, Nr. 10, März 1998, 138.

Ehlert, Hans/*Greiner,* Christian/*Meyer,* Georg/*Thoß,* Bruno, Die NATO-Option (= Anfänge westdeutscher Sicherheitspolitik 1945–1956, hrsg. vom Militärwissenschaftlichen Forschungsamt, Bd. 3), München 1993.

Einwitschläger, Arno, Amerikanische Wirtschaftspolitik in Österreich 1945–1949, Diss. Univ. Wien 1984.

Ender, Otto, Vorarlbergs Schweizer-Anschluß-Bewegung, Dornbirn 1952.

Eiselsberg, Otto, Erlebte Geschichte, 1917–1997, Wien – Köln – Weimar 1997.

Eisterer, Klaus, „De Gaulle und Österreich 1938–1946", in: Klaus *Eisterer*/Oliver *Rathkolb* (Hrsg.), De Gaulles europäische Größe: Analysen aus Österreich (= Jahrbuch für Zeitgeschichte, 1990/91), 3–16.

Eisterer, Klaus, Französische Besatzungspolitik. Tirol und Vorarlberg 1945/46 (= Innsbrucker Forschungen zur Zeitgeschichte, Bd. 9), Innsbruck 1991.

Eisterer, Klaus, „Die Schweiz und die österreichische Neutralität 1955/56", in: *Albrich/Eisterer/Gehler/Steininger,* Österreich in den Fünfzigern, Innsbruck 1995, 299–332.

Erdmann, Karl Dietrich, Das Ende des Reiches und die Neubildung deutscher Staaten (= Gebhardts Handbuch der deutschen Geschichte, Bd. 22), München 1980 [Taschenbuchausgabe, dtv Wissenschaft 4222].

Erdmann, Karl Dietrich, Die Spur Österreichs in der deutschen Geschichte. Drei Staaten, zwei Nationen, ein Volk?, Zürich 1989.

Die österreichische Erdölwirtschaft (= Österreichisches Institut für Wirtschaftsforschung, 30. Jg., 10. Sonderheft), Wien 1957.

Ermacora, Felix, Österreichs Staatsvertrag und Neutralität, Frankfurt/Main 1957.

Ermacora, Felix, 20 Jahre Österreichische Neutralität, Frankfurt/Main 1975.

Österreichisches ERP-Handbuch, hrsg. im Auftrag des Bundeskanzleramtes, Zentralbüro für ERP-Angelegenheiten in Zusammenarbeit mit der ECA-Sondermission für Österreich, Wien 1950.

Zehn Jahre ERP in Österreich 1948/1958. Wirtschaftshilfe im Dienste der Völkerverständigung, hrsg. von der Österreichischen Staatsdruckerei unter Mitwirkung des Bundespressedienstes und Benützung von Unterlagen des Bundeskanzleramtes – Sektion für wirtschaftliche Koordination, Wien 1958.

Ewing, Blair G., Peace Through Negotiation. The Austrian Experience, Washington D. C. 1966.

Falin, Valentin, Politische Erinnerungen, München 1993.

Faure, Edgar, Mémoires II: „Si tel doit être mon destin ce soir . . .", Paris 1984.

Fejtö, François, Die Geschichte der Volksdemokratien, 2 Bde., Graz 1972.

Felken, Detlef, Dulles und Deutschland. Die amerikanische Deutschlandpolitik 1953–1959, Bonn – Berlin 1993.

Fellner, Fritz (Hrsg.), Schicksalsjahre Österreichs 1908–1919. Das politische Tagebuch Josef Redlichs, 2 Bde. (= Veröffentlichungen der Kommission für Neuere Geschichte Österreichs, Bde. 39 u. 40), Graz – Köln 1953/54.

Fellner, Fritz, „Die außenpolitische und völkerrechtliche Situation Österreichs 1938 – Österreichs Wiederherstellung als Kriegsziel der Alliierten", in: *Weinzierl/Skalnik,* Österreich – Die Zweite Republik, Bd. 1, Graz 1972, 53–90.

Fellner, Fritz, „Teilung oder Neutralisierung? Zur österreichischen Geschichte des Jahres 1947 nach den ‚Foreign Relations of the United States'", in: ÖZA, 14/4 (1974), 199–216.

Fiesinger, Klaus, Ballhausplatzdiplomatie 1945–1949. Reetablierung der Nachbarschaftsbeziehungen und Reorganisation des Auswärtigen Dienstes als Formen außenpolitischer Reemanzipation Österreichs. München 1993.

Figl, Leopold, Österreich kämpft um den Staatsvertrag (= Reihe Politische Zeitprobleme, Heft 20), Wien 1947.

Figl, Leopold, „10 Jahre verhandelt – in drei Tagen perfekt", in: *WZ,* 15. Mai 1965, 2 und 4.

Fisch, Jörg, Reparationen nach dem Zweiten Weltkrieg, München 1992.

Fischer, Ernst, Der große Verrat, Wien 1950.

Fischer, Ernst, Erinnerungen und Reflexionen, Reinbek 1969.

Fischer, Ernst, Das Ende einer Illusion – Erinnerungen 1945–1955, Wien 1973.

Foreign Ministers Meeting. Berlin Discussions January 25 – February 18, 1954, Department of State Publication Nr. 5399, Washington D. C. 1954.

Foreign Relations of the United States, hrsg. vom Historical Office des Department of State, Washington D. C. [erscheint jeweils in mehreren thematisch gegliederten Bänden. Von besonderer Wichtigkeit sind folgende Bände: 1943/I (1963), 1945/II (1967), 1945/III (1968), 1946/II (1970), 1946/V (1969), 1947/II (1972), 1948/II (1973), 1949/III (1974), 1950/IV (1980), 1951/III (1981), 1952–1954/VII (1986), 1955–1957/V (mit Schwerpunkt Staatsvertrag 1955) (1988), The Conferences at

Malta and Yalta 1945 (1955), The Conference of Berlin 1945 (Potsdam Conference) (1960)].

Funder, Friedrich, „Nochmals: der rechte Vertrag", in: Die österreichische Furche, 20. März 1954, 1–2.

Gannon, Robert J., SJ, The Cardinal Spellman Story, Garden City/N.Y. 1962 [Deutsche Ausgabe: Kardinal Spellman – The Cardinal Spellman Story, Neuenbürg/Württemberg 1963].

Gehler, Michael/*Steininger,* Rolf (Hrsg.), Österreich und die europäische Integration 1945–1993 (= Arbeitskreis für Europäische Integration am Institut für Zeitgeschichte der Universität Innsbruck, Historische Forschungen – Veröffentlichungen, Bd. 1), Wien – Köln – Weimar 1993.

Gehler, Michael, „‚Politisch unabhängig', aber ‚ideologisch eindeutig europäisch' – Die ÖVP, die Vereinigung christlicher Volksparteien (NEI) und die Anfänge der europäischen Integration 1947–1960", in: *Gehler/Steininger,* Österreich und die Europäische Integration, 291–326.

Gehler, Michael, „Kurzvertrag für Österreich? Die westliche Staatsvertrags-Diplomatie und die Stalin-Noten von 1952", in: Vierteljahreshefte für Zeitgeschichte, 42 (1994), 243–278.

Gehler, Michael, „‚Die Besatzungsmächte sollen schnellstmöglich nach Hause gehen.' Zur österreichischen Interessenpolitik des Außenministers Karl Gruber 1945–1953 und zu weiterführenden Fragen eines kontroversen Forschungsprojekts", in: Christliche Demokratie, 11 (1994), 27–78.

Gehler, Michael (Hrsg.), Karl Gruber. Reden und Dokumente 1945–1953. Eine Auswahl (= Arbeitskreis für Europäische Integration am Institut für Zeitgeschichte der Universität Innsbruck, Historische Forschungen – Veröffentlichungen, Bd. 2), Wien – Köln – Weimar 1994.

Gehler, Michael, „L'unique objectif des Soviétiques est de viser l'Allemagne". Staatsvertrag und Neutralität 1955 als ‚Modell' für Deutschland", in: *Albrich/Eisterer/Gehler/Steininger,* Österreich in den Fünfzigern, Innsbruck 1995, 259–297 [englische Fassung unter dem Titel „State Treaty and Neutrality: The Austrian Solution in 1955 as a ‚Model' for Germany" in: *Bischof/Pelinka/Steininger,* Austria in the Nineteen Fifties, New Brunswick/NJ 1995, 39–78.]

Gehler, Michael/*Sickinger,* Hubert (Hrsg.), Politische Affären und Skandale in Österreich. Von Mayerling bis Waldheim, Innsbruck 1995.

Gehler, Michael, „‚. . . this nine days wonder'? Die ‚Figl-Fischerei' von 1947. Eine politische Affäre mit Nachspiel", in: *Gehler/Sickinger,* Politische Affären und Skandale in Österreich, Innsbruck 1995, 346–381.

Gehler, Michael, „Von der Arbeiterrevolte zur spontanen politischen Volkserhebung: Der 17. Juni 1953 in der DDR im Urteil westlicher Diplomatie und Politik", in: Militärgeschichtliche Mitteilungen, 54 (1995), 363–415.

Gehler, Michael, „Österreich, die Bundesrepublik und die deutsche Frage 1945/49–1955. Zur Geschichte der gegenseitigen Wahrnehmungen zwischen Abhängigkeit und gemeinsamen Interessen", in: M. *Gehler*/R. F. *Schmidt*/H.-H. *Brandt*/R. *Steininger* (Hrsg.),

Ungleiche Partner? Österreich und Deutschland in ihrer gegenseitigen Wahrnehmung. Historische Analysen und Vergleiche aus dem 19. und 20. Jahrhundert (= Historische Mitteilungen der Ranke-Gesellschaft, Beihefte 15), Stuttgart 1996, 535–580 [auch erschienen in: Historische Mitteilungen der Ranke-Gesellschaft, 8 (1995), 221–264].

Gehler, Michael, „17. Juli 1989: Der EG-Beitrittsantrag. Österreich und die europäische Integration 1945–1995", in: *Steininger/Gehler* (Hrsg.), Österreich im 20. Jahrhundert, Wien – Köln – Weimar 1997, Bd. 2, 515–595.

Geschichte der sowjetischen Außenpolitik in zwei Bänden, hrsg. von der Akademie der Wissenschaften der UdSSR, Institut für Geschichte der UdSSR. Teil 1: 1917–1945, 2., erg. Auflage, Berlin 1980; Teil 2: 1945–1976, 2., erg. Auflage, Berlin 1978.

Ginther, Konrad, Neutralität und Neutralitätspolitik. Die österreichische Neutralität zwischen Schweizer Muster und sowjetischer Koexistenzdoktrin (= Forschungen aus Staat und Recht, Bd. 31), Wien – New York 1975.

Girault, René, „La France dans les rapports Est-Ouest au temps de la présidence de Pierre Mendès France", in: François *Bédarida*/Jean-Pierre *Rioux* (Hrsg.), Pierre Mendès France et le Mendésisme, Paris 1985, 251–260.

Goschler, Constantin, Wiedergutmachung. Westdeutschland und die Verfolgten des Nationalsozialismus (1945–1954), München 1992.

Graf, Georg, „Arisierung und keine Wiedergutmachung", in: P. *Muhr* u. a. (Hrsg.), Philosophie, Psychoanalyse, Emigration. Festschrift für Karl Rudolf Fischer zum 70. Geburtstag, Wien 1992, 65–82.

Graml, Hermann, „Nationalstaat oder westdeutscher Teilstaat. Die sowjetischen Noten vom Jahre 1952 und die öffentliche Meinung in der Bundesrepublik Deutschland", in: Vierteljahreshefte für Zeitgeschichte, 25 (1977), 821–864.

Granichstädten-Czerva, Rudolf, Tirol und die Revolution, Innsbruck 1920.

Grayson, Cary T. Jr., Austria's International Position 1938–1953, Genf 1953.

Greiner, Christian, „Die militärische Eingliederung der Bundesrepublik Deutschland in die WEU und die NATO 1954 bis 1957", in: *Ehlert/Greiner/Meyer/Thoß,* Die NATO-Option, München 1993, 561–850.

Greiner, Christian, „Zur Rolle Kontinentaleuropas in den militärstrategischen und operativen Planungen der NATO von 1949 bis 1958", in: *Maier/Wiggershaus,* Das Nordatlantische Bündnis 1949–1956, München 1993, 147–175.

Gromyko, Andrej, Erinnerungen. Internationale Ausgabe, Düsseldorf – Wien – New York 1989.

Gruber, Karl, „Österreich zwischen Ost und West", in: Neues Österreich, 16. Oktober 1945, 1–2.

Gruber, Karl, Politik der Mitte, Zürich – Wien 1946.

Gruber, Karl, Österreich in Moskau (= Reihe Politische Zeitprobleme, Heft 21), Wien 1947.

Gruber, Karl, Zwischen Befreiung und Freiheit – Der Sonderfall in Österreich, Wien ^{2}1953.

Gruber, Karl, „Die Wahrheit liegt in der Mitte", in: *WZ,* 15. 10. 1953, 1–2 [abgedruckt in DÖA, Nr. 127].

Gruber, Karl, Ein politisches Leben. Österreichs Weg zwischen den Diktaturen, Wien – München – Zürich 1976.

Gruber, Lothar, Die Kosten der Besetzung Österreichs durch die alliierten Mächte nach dem

Zweiten Weltkrieg, Diplomarbeit Wirtschaftsuniversität Wien, 1979.

Grüter, Urs, Neutrale Beobachter der Weltpolitik. Schweizer Diplomaten und Militärs im Kalten Krieg. Unveröff. Diplom-Arbeit Universität Bern 1990.

Haas, Hanns/*Stuhlpfarrer,* Karl, Österreich und seine Slowenen, Wien 1977.

Haas, Hanns, „Österreich 1949: Staatsvertragsverhandlungen und Wiederbewaffnungsfrage", in: Jahrbuch für Zeitgeschichte, 1978, 175–200.

Haas, Hanns, „Henry Allizé und die österreichische Unabhängigkeit", in: Austriaca 5 (= Sondernummer November 1979, Actes du colloque de Rouen, 8–12 novembre 1977, III), 241–288.

Hafner, Gerhard, „Die permanente Neutralität in der sowjetischen Völkerrechtslehre – Eine Analyse", in: Österreichische Zeitschrift für öffentliches Recht, 19 (1969), 215–258.

Hafner, Gerhard/*Kornfeind,* Elisabeth, „Does the Clean Slate Rule Still Exist?", in: Austrian Review of International and European Law 1 (1996), 1–49.

Hafner, Gerhard, Austria and Slovenia: The Succession in Bilateral Treaties and the State Treaty of 1955", in: Development and International Cooperation, 12, Nr. 23 (Dezember 1996), 65–83.

Handzik, Helmut, Politische Bedingungen sowjetischer Truppenabzüge 1925–1958, Baden-Baden 1993.

Hanhimäki, Jussi M., "The First Line of Defense or a Springboard for Disintegration? European Neutrals in American Foreign and Security Policy, 1945–1961", in: Diplomacy & Statecraft, 7 (1996), 378–403.

Hans, Josef, „Zwei Kärntner Denkschriften vom September 1945", in: Carinthia I, 150 (1960), 879–885.

Hansen, Niels, „Eine peinliche Mission. Wien, 14. Mai 1955: Wider die Enteignung deutschen Vermögens durch den österreichischen Staatsvertrag", in: Historisch-politische Mitteilungen. Archiv für Christlich-Demokratische Politik, 2 (1995), 223–246.

Hecht, Rudolf, „Militärische Bestimmungen in den Friedensverträgen von 1947", in: Österreichische Militärische Zeitschrift, 17 (1979), 377–384.

Heinl, Eduard, Über ein halbes Jahrhundert. Zeit und Wirtschaft, Wien o. J. [1948].

Herzstein, Robert E., Waldheim. The Missing Years, New York 1988.

Heuser, Beatrice, „The Development of NATO's Nuclear Strategy", in: Contemporary European History, 4 (1994), 37–66.

Hewlett, Richard G./*Duncan,* Francis, Atomic Shield, 1947–1952 (= History of the United States Atomic Energy Commission, Bd. 2), University Park/Pa 1969.

Hiscocks, Richard, Österreichs Wiedergeburt, Wien 1954.

Höbelt, Lothar/*Huber,* Othmar (Hrsg.), Für Österreichs Freiheit. Karl Gruber – Landeshauptmann und Außenminister 1945–1953 (= Innsbrucker Forschungen zur Zeitgeschichte, Bd. 7), Innsbruck 1991.

Hollerer, Siegfried, Verstaatlichung und Wirtschaftsplanung in Österreich 1946–1949 (= Dissertationen der Hochschule für Welthandel in Wien, Bd. 15), Wien 1974.

Holzer, Willibald I., „Der Kalte Krieg und Österreich. Zu einigen Konfigurationsäquivalenten der Ost/West-Bipolarisierung in Staat und Gesellschaft (1945–1955)", in: Jahrbuch für Zeitgeschichte, 1982/83, 133–209.

Hornbostel, Theodor, „Österreich in der Weltkrise", in: Österreichische Monatshefte, 3 (1947–48), 481–484.

Immermann, Richard H. (Hrsg.), John Foster Dulles and the Diplomacy of the Cold War, Princeton 1990.

Die Initiative der Sowjetunion brachte Österreich den Staatsvertrag. Dokumente und Materialien zum Abschluß des Staatsvertrages mit Österreich, hrsg. vom sowjetischen Informationsdienst, Wien 1955.

Jardin, Pierre, „‚Österreich wird frei': le traité d'Etat autrichien du 15 mai 1955", in: Relations Internationales, Nr. 71, (Herbst 1992), 311–325.

Jedlicka, Ludwig, „Die Außenpolitik der Ersten Republik", in: *Zöllner,* Diplomatie und Außenpolitik Österreichs, Wien 1977, 152–168.

Jenny, Christian, Konsensformel oder Vorbild? Die Entstehung der österreichischen Neutralität und ihr Schweizer Muster (= Schriftenreihe der Schweizerischen Gesellschaft für Außenpolitik, Bd. 12), Bern – Stuttgart – Wien 1995.

Jessup, Philip, „Park Avenue Diplomacy", in: Political Science Quarterly, 87 (1972), 377–400.

Die Kabinettsprotokolle der Bundesregierung [der Bundesrepublik Deutschland], Bd. 8, 1955, bearb. v. M. *Hollmann* und K. von *Jena,* München 1997.

Kaiser, Wolfram, „Die internationale Politik während des Ungarnaufstandes 1956. Neue Forschungsergebnisse", in: Deutschland-Archiv, 30 (1997), 130–133.

Kardelj, Edvard, Der Übermacht zum Trotz. Erinnerungen an Jugoslawiens Kampf um Anerkennung und Souveränität 1944–1957. Mit einem Vorwort von Dr. Bruno Kreisky, Klagenfurt – Triest 1984.

Karner, Stefan (Hrsg.), Geheime Akten des KGB – „Margarita Ottilinger" [sic], Graz 1992 .

Karner, Stefan, „Zur Politik der sowjetischen Besatzungs- und Gewahrsamsmacht. Das Fallbeispiel Margarethe Ottillinger", in: *Ableitinger/Beer/Staudinger,* Österreich unter alliierter Besatzung 1945–1955, 401–403.

Kasamas, Alfred, Wir wollen Österreich. Die Grundsätze und Ziele der Österreichischen Volkspartei, Wien 1947.

Kasamas, Alfred, Programm Österreich. Die Grundsätze und Ziele der Österreichischen Volkspartei, Wien 1949.

Kautsky, Benedikt, „Österreich zwischen den Fronten", in: Neue Zeit, 6. April 1955, 1–2.

Kautsky, Benedikt, „Vorbild Schweiz?", in: Neue Zeit, 20. April 1955, 1–2.

Kegel, Gerhard, Ein Vierteljahrhundert danach – das Potsdamer Abkommen und was daraus geworden ist, Berlin 1970.

Kelsen, Hans, Österreichisches Staatsrecht, Wien 1923.

Kennan, George F., Memoirs 1925–1950, Boston 1967.

Keyserlingk, Robert H., Austria in World War II. An Anglo-American Dilemma, Kingston – Montreal 1988.

Keyserlingk, Robert H., „1. November 1943: Die Moskauer Deklaration – die Alliierten,

Österreich und der Zweite Weltkrieg", in: *Steininger/Gehler,* Österreich im 20. Jahrhundert, Wien – Köln – Weimar 1997, Bd. 2, 9–37.

Khrushchev Remembers, vol. II: The Last Testament, hrsg. v. Strove *Talbott,* London 1974.

Khrushchev Remembers [vol. III]: The Glasnost Tapes, übers. u. hrsg. v. J. L. *Schecter* u. V. V. *Luchkov,* Boston – Toronto – London 1990.

Kindermann, Walter, Flug nach Moskau, Wien 1955.

Kirchschläger, Rudolf, „Der österreichische Status der dauernden Neutralität und seine Rückwirkung auf das interne Recht des dauernd neutralen Staates", in: Verhandlungen des Dritten österreichischen Juristentages Wien 1967, Bd. 2, 2. Teil, Wien 1969, 5–23.

Kirchschläger, Rudolf, „Erinnerungen an die Wiener Botschafterkonferenz 1955", in: Zeitgeschichte, 2 (1974/75), 177–179.

Kirchschläger, Rudolf, „Erinnerungen und Gedanken über Österreichs entscheidende Zeit", verfaßt nach Gesprächen mit dem Bundespräsidenten von Josef Riedler und Helmut Griess, in: Norbert *Schausberger,* Österreich. Der Weg der Republik 1918–1980, Graz – Wien 1980, 205–225.

Kirchschläger, Rudolf, Der Friede beginnt im eigenen Haus. Gedanken über Österreich, Wien 1980.

Klambauer, Otto, „Die Frage des Deutschen Eigentums in Österreich", in: Jahrbuch für Zeitgeschichte, 1978, 127–174.

Klambauer, Otto, Die USIA-Betriebe, Diss. Univ. Wien 1978.

Kleinwächter, Friedrich F. G., Von Schönbrunn bis St. Germain. Die Entstehung der Republik Österreich, Graz 1964.

Klemperer, Klemens von, Ignaz Seipel, Christian Statesman in a Time of Crisis, Princeton 1972 [Deutsche Ausgabe: Ignaz Seipel. Staatsmann einer Krisenzeit, Graz – Wien – Köln 1976].

Klenner, Fritz, „Herbst 1950 – Ostösterreich entging dem Eisernen Vorhang", in: *Ludwig/Mulley/Streibel,* Der Oktoberstreik 1950, Wien 1991, 53–64.

Knight, Robert G., „Die Kärntner Grenzfrage und der Kalte Krieg", in: Carinthia I, 175 (1985), 323–340.

Knight, Robert G., British Policy Towards Occupied Austria 1945–1950, Diss. London School of Economics, University of London 1986.

Knight, Robert G., „Besiegt oder befreit? Eine völkerrechtliche Frage historisch betrachtet", in: *Bischof/Leidenfrost,* Die bevormundete Nation, Innsbruck 1988, 75–91.

Knight, Robert G., ‚Ich bin dafür, die Sache in die Länge zu ziehen' – Wortprotokolle der österreichischen Bundesregierung von 1945–52 über die Entschädigung der Juden, Frankfurt/Main 1988.

Knight, Robert G., „Restitution and Legitimacy in Post-War Austria 1945–1953", in: Yearbook of the Leo Baeck Institute, XXXVI (1991), 413–441.

Knight, Robert, „‚Es war doch kein ‚D-Day'. Großbritannien, der Oktoberstreik und die Eindämmung", in: *Ludwig/Mulley/Streibel,* Der Oktoberstreik 1950, Wien 1991, 125–137.

Knogler, Renald, Wirtschaftliche Folgen des Österreichischen Staatsvertrages, Diplomarbeit Wirtschaftsuniversität Wien, 1978.

Koja, Friedrich/*Pfersmann,* Otto (Hrsg.), Frankreich – Österreich. Wechselseitige Wahrnehmung und wechselseitiger Einfluß seit 1918 (= Studien zu Politik und Verwaltung, hrsg. von Chr. Brünner, W. Mantl und M. Welan, Bd. 58), Wien – Köln – Graz 1994.

Konrad, Helmut/*Lechner,* Manfred, „Millionenverwechslung“ – Franz Olah, Die Kronenzeitung, Geheimdienste, Wien – Köln – Weimar 1992.

Koren, Stephan, „Sozialisierungsideologie und Verstaatlichungsrealität in Österreich“, in: Wilhelm *Weber,* unter Mitarbeit von Stephan Koren und Karl Socher (Hrsg.), Die Verstaatlichung in Österreich, Berlin 1964, 9–339.

Kosthorst, Daniel, Brentano und die deutsche Einheit. Die Deutschland- und Ostpolitik des Außenministers im Kabinett Adenauer 1955–1961, Düsseldorf 1993.

Kramer, Mark, „New Evidence on Soviet Decision-Making and the 1956 Polish and Hungarian Crises“, in: Woodrow Wilson International Center for Scholars (Hrsg.), Cold War International History Project Bulletin, Nr. 8–9, Winter 1996/97, 358–384.

Kraus, Herbert, „Erfordernisse unserer Außenpolitik“, in: Berichte und Informationen, 2 (1947), Nr. 86–87, 19. Dezember 1947.

Kraus, Herbert, „Untragbare Objektivität“. Politische Erinnerungen 1917 bis 1987, Wien – München 1988.

Kreisky, Bruno, Die österreichische Neutralität (= Aktuelle Probleme unserer Zeit, hrsg. vom Österreichischen Gewerkschaftsbund, Nr. 5), Wien 1960.

Kreisky, Bruno, „Der Staatsvertrag und die österreichische Neutralität“, in: Die Herausforderung. Politik an der Schwelle des Atomzeitalters, Düsseldorf 1963 [erweiterte Fassung in: Die Zukunft, Jg. 1965, Heft 9, 1–9, sowie in: ders., Neutralität und Koexistenz. Aufsätze und Reden, München 1975, 11–40].

Kreisky, Bruno, „Deutschland viergeteilt“, in: Der Monat, Heft 22 (1970), 20–26.

Kreisky, Bruno, Zwischen den Zeiten. Erinnerungen aus fünf Jahrzehnten, Berlin 1986.

Kroll, Hans, Lebenserinnerungen eines Botschafters, Köln, 7. Aufl. 1968.

Krone, Heinrich, Aufzeichnungen zur Deutschland- und Ostpolitik 1954–1969, in: Untersuchungen und Dokumente zur Ostpolitik und Biographie (= Adenauer-Studien III, hrsg. v. Rudolf *Morsey* und Konrad *Repgen*), Mainz 1974, 134–201.

Krone, Heinrich, Tagebücher. 1. Band 1945–1961, bearb. v. Hans-Otto *Kleinmann* (= Forschungen und Quellen zur Zeitgeschichte 28), Düsseldorf 1995.

Lammasch, Heinrich, „Die norische Republik“, in: National-Zeitung [Basel], Nr. 224, 15. Mai 1919, 1.

Leahy, William, I Was There, London 1950.

Leffler, Melvin P., A Preponderance of Power: National Security, the Truman Administration, and the Cold War, Stanford, Cal 1992.

Leichter, Otto, „Für ein unabhängiges Österreich. Eine Denkschrift aus dem Jahre 1939“, in: Die Zukunft, Jg. 1973, Heft 1/2, 29–34.

Leidenfrost, Josef, Die amerikanische Besatzungsmacht und der Wiederbeginn des politischen Lebens in Österreich 1944–1947, Diss. Univ. Wien 1986.

Leidenfrost, Josef, „Die UNO als Forum für den österreichischen Staatsvertrag? Vom Wiener Appell 1946 bis zur Brasilien-Initiative 1952“, in: *Brix/Fröschl/Leidenfrost,* Geschichte zwischen Freiheit und Ordnung, Graz 1991, 261–275.

Leiss, Amelia C./*Dennett,* Raymond (Hrsg.), European Peace Treaties after World War II, Boston 1954.

Leonhard, Wolfgang, Kreml ohne Stalin, Köln – Berlin, 3. Aufl. 1962.

Lettner, Lydia, Die französische Österreichpolitik von 1943 bis 1946, Diss. Univ. Salzburg 1980.

Loth, Wilfried, Stalins ungeliebtes Kind. Warum Moskau die DDR nicht wollte, Berlin 1994.

Ludwig, Michael/*Mulley,* Klaus Dieter/*Streibel,* Robert (Hrsg.), Der Oktoberstreik 1950 – Ein Wendepunkt der Zweiten Republik, Wien 1991.

Luger, Johann, Parlament und alliierte Besatzung 1945–1955, Diss. Univ. Wien 1976.

Lütgenau, Stefan August, „Grundstrukturen der österreichisch-deutschen Beziehungen nach 1945", in: *Albrich/Eisterer/Gehler/Steininger,* Österreich in den Fünfzigern, Innsbruck 1995, 237–258.

Macmillan, Harold, Tides of Fortune 1945–1955, London 1969.

Mähr, Wilfried, Von der UNRRA zum Marshallplan. Die amerikanische Finanz- und Wirtschaftshilfe der Jahre 1945–50 an Österreich, Diss. Univ. Wien 1985.

Mähr, Wilfried, „Der Marshall-Plan in Österreich: wirtschaftspolitischer Nachhilfeunterricht?", in: Zeitgeschichte 15 (1987/88) 91–111.

Mähr, Wilfried, „Der Marshall–Plan in Österreich: Tanz nach einer ausländischen Pfeife?", in: *Bischof/Leidenfrost,* Die bevormundete Nation, Innsbruck 1988, 245–272.

Mähr, Wilfried, Der Marshallplan in Österreich, Graz 1989.

Maier, Klaus A./*Wiggershaus,* Norbert (Hrsg.), Das Nordatlantische Bündnis 1949–1956 (= Beiträge zur Militärgeschichte, Bd. 37), München 1993.

Maimann, Helene, Politik im Wartesaal. Österreichische Exilpolitik in Großbritannien 1938–1945 (= Veröffentlichungen der Kommission für Neuere Geschichte Österreichs, Bd. 62), Wien 1975.

Maleta, Alfred, Entscheidung für morgen. Christliche Demokratie im Herzen Europas, Wien 1968.

Malina, Peter/*Spann,* Gustav, Bibliographie zur österreichischen Zeitgeschichte 1918–1985. Eine Auswahl (= Politische Bildung, Heft 47–49), Wien 1985.

Mantl, Wolfgang (Hrsg.), Politik in Österreich. Die Zweite Republik: Bestand und Wandel (= Studien zu Politik und Verwaltung, hrsg. von Christian Brünner/Wolfgang Mantl/Manfried Welan, Bd. 10), Wien – Köln – Graz 1992.

Mantoux, Paul, Les délibérations du Conseil des Quatre, Paris 1955.

Marek, Krystina, Identity and Continuity of States in Public International Law, Genf 1954.

Mastny, Vojtech, „Kremlin Politics and the Austrian Settlement", in: Problems of Communism, 31 (Juli/August 1982), 37–51.

Mastny, Vojtech, The Cold War and Soviet Insecurity. The Stalin Years, New York 1996.

Matscher, Franz, „Artikel 7 des Österreichischen Staatsvertrages 1955 und die slowenische Minderheit in Kärnten", in: Europa Ethnica, 33 (1976), 116–125.

Mauk, Karl, Österreich und die UNO 1945–1955, Diss. Univ. Wien 1981.

Mayrzedt, Hans/*Hummer,* Waldemar, 20 Jahre österreichische Neutralitäts- und Europapolitik 1955–1975 (= Schriftenreihe der Österreichischen Gesellschaft für Außenpolitik, Bd. 9/1), Wien 1976.

Meier-Walser, Reinhard, Der Streikputsch der KP Österreichs und seine internationalen Hintergründe, München 1986.

Meier-Walser, Reinhard, „Die gescheiterte Machtergreifung der österreichischen Kommunisten im Herbst 1950“, in: Christliche Demokratie, 8 (1990), 81–110.

Menon, K. P. S., Many Worlds. An Autobiography, London 1965.

Miehsler, Herbert, „Die Südtirolfrage vom Ende des Zweiten Weltkrieges bis zum Abschluß des Gruber-de-Gasperi-Abkommens“, in: *Wandruszka,* Adam/*Jedlicka,* Ludwig (Hrsg.), Innsbruck – Venedig. Österreichisch-Italienische Historikertreffen 1971 und 1972, Wien 1975, 421–470.

Miller, David Hunter, My Diary of the Peace Conference, Bd. 7, New York 1928.

Missong, Alfred, „Österreich und der Weltfriede“, in: Österreichische Monatshefte, 1 (1945/46), 415–418.

Mock, Alois/*Steiner,* Ludwig/*Khol,* Andreas (Hrsg.), Neue Fakten zu Staatsvertrag und Neutralität (= Studienreihe der politischen Akademie, Bd. 12), Wien 1980.

Möller, Horst/*Hildebrand,* Klaus (Hrsg.), Die Bundesrepublik Deutschland und Frankreich: Dokumente 1949–1963, Bd. 1: Außenpolitik und Diplomatie, bearbeitet v. Ulrich Lappenküper, München 1997.

Molden, Fritz, Besetzer, Toren, Biedermänner. Ein Bericht aus Österreich 1945–1962, Wien 1980.

Molotov Remembers. Inside Kremlin Politics. Conversations with Felix Chuev, hrsg. v. Albert *Resis,* Chicago 1993.

Molotow, Vjačeslaw M., Fragen der Außenpolitik, Reden und Erklärungen April 1945 bis Juni 1948, Moskau 1949.

Molotow, Vjačeslaw M., Reden auf der Berliner Außenministerkonferenz, Berlin ^{3}1954.

Mosely, Philip E., „The Treaty with Austria“, in: International Organization, 4 (1950), 219–235.

Müller, Franz, „Franz von Papen und die deutsche Österreichpolitik in den Jahren 1934 bis 1938“, in: Thomas *Albrich*/Klaus *Eisterer*/Rolf *Steininger* (Hrsg.), Tirol und der Anschluß. Voraussetzungen, Entwicklungen, Rahmenbedingungen 1918–1938 (= Innsbrucker Forschungen zur Zeitgeschichte, Bd. 3), Innsbruck 1988, 357–383.

Mulley, Klaus-Dieter, „Befreiung und Besatzung. Aspekte sowjetischer Besatzung in Niederösterreich 1945–1948“, in: *Ableitinger/Beer/Staudinger,* Österreich unter alliierter Besatzung 1945–1955, 361–400.

Nemschak, Franz, Zehn Jahre Österreichische Wirtschaft 1945–1955, Wien 1955.

Nuti, Leopoldo, „Italy and the Defence of Nato's Southern Flank 1949–1955“, in: *Maier/Wiggershaus,* Das Nordatlantische Bündnis 1949–1956, München 1993, 197–212.

Oberleitner, Wolfgang, „Kekkonen und der Staatsvertrag“, in: Die Presse, 4. Februar 1975, 4.

Observator (d. i. Bruno *Kreisky*), Die Wahrheit über die Berliner Konferenz, Wien 1954.

Observator (d. i. Bruno *Kreisky*), Der lange Weg zu Österreichs Freiheit, Wien 1956.

Olah, Franz, Die Erinnerungen, Wien – München – Berlin 1995.

Österreich – freies Land, freies Volk. Dokumente, hrsg. vom Bundesministerium für Unterricht, Wien 1957.

Das Beispiel Österreich. 25 Jahre Staatsvertrag, hrsg. vom Bundespressedienst, Wien 1980.

Ormos, Maria, „Das Zustandekommen des französischen Gedankens von einem selbständigen Österreich, Oktober 1918/März 1919", in: Austriaca, 5 (= Sondernummer November 1979, Actes du colloque de Rouen, 8–12 novembre 1977, III), 193–216.

Osolnik, Bogdan, Med svetom in domovino. Spomini 1945–1981, Maribor 1992 [Zwischen Welt und Heimat. Erinnerungen 1945–1981].

Ostermann, Christian F., „‚This Is Not A Politburo, But A Madhouse': The Post-Stalin Succession Struggle, Soviet Deutschlandpolitik and the SED: New Evidence from Russian, German and Hungarian Archives", in: Woodrow Wilson International Center for Scholars (Hrsg.), Cold War International History Project Bulletin, Nr. 10, März 1998, 61–110.

Pape, Matthias, „Die deutsch-österreichischen Beziehungen zwischen 1945 und 1955. Ein Aufriß", in: Historisch-politische Mitteilungen. Archiv für Christlich-Demokratische Politik, 2 (1995), 149–172.

Papers respecting Negotiations for an Anglo-French Pact, Cmd 2169, London 1924.

Der 15. Parteitag der Kommunistischen Partei Österreichs, Wien 1951.

Der 16. Parteitag der Kommunistischen Partei Österreichs, 13. bis 16. Mai 1954, Wien o. J.

Pechatnov, Vladimir O., „The Big Three after World War II: New Documents on Soviet Thinking about Post War Relations with the United States and Great Britain", hrsg. v. Woodrow Wilson International Center for Scholars, Cold War International History Project, Working Paper No. 13, Washington, D.C., Juli 1995.

Pelinka, Anton, „Auseinandersetzung mit dem Kommunismus", in: *Weinzierl/Skalnik,* Österreich – Die Zweite Republik, Bd. 1, Graz 1972, 169–201.

Pelinka, Anton/*Steininger,* Rolf (Hrsg.), Österreich und die Sieger, Wien 1986.

Pleinert, Otto, „Die immerwährende Neutralität der Schweiz", in: ÖZA, 8 (1968), 215–232.

Pinette, Gaspard L., „Die franko-britische Kontroverse von 1950 über Staatsvertrag und österreichisches Heer", in: Innsbrucker Historische Studien, 10/11 (1988), 347–359.

Plenum Transcripts, 1955–1957 [Auszüge aus den Protokollen von Plenarsitzungen des Zentralkomitees der KPdSU 1955–1957], in: Woodrow Wilson International Center for Scholars (Hrsg.), Cold War International History Project Bulletin, Nr. 10, März 1998, 34–43, 50–60.

Plöchl, Gerhardt/*Vlcek,* Josef, Die Rechtsvorschriften über das deutsche Eigentum in Österreich, Wien – Stuttgart 1959.

Pohlebkin, V. V., Vnešnjaja politika Rusi, Rossii i SSSR za 1000 let v imenah, datah, faktah, vypusk 1: Vedomstva vnešnej politiki i ih rukovoditeli, Moskau 1992 [Die Außenpolitik Rußlands und der UdSSR im Verlauf von 1000 Jahren in Namen, Daten, Fakten, Lieferung 1: Die Behörden der Außenpolitik und ihre Leiter].

Portisch, Hugo, Österreich II, Bd. 1: Die Wiedergeburt unseres Staates, Wien 1985.

Portisch, Hugo, Österreich II, Bd. 2: Der lange Weg zur Freiheit, Wien 1986.

Prager, Theodor, Zwischen London und Moskau. Bekenntnisse eines Revisionisten, Wien 1975.

Protokolle des Kabinettsrates der Provisorischen Regierung Karl Renner 1945, hrsg. von Gertrude *Enderle-Burcel*/Rudolf *Jeřábek*/Leopold *Kammerhofer,* Bd. 1 (29. April 1945 bis 10. Juli 1945), Horn – Wien 1995.

The Question of 200.000 Yugoslavs in Austria – The Slovene Carinthia and the Burgenland Croats, Belgrad 1947.

Raab, Heinrich, „Die integrale Neutralität der Schweiz – Das anzustrebende Vorbild eines freien Österreich (1945)“, in: Zeitgeschichte, 2 (1974/75), 192–194 [mit einer Vorbemerkung von Gerald Stourzh].

Rathkolb, Oliver, Politische Propaganda der amerikanischen Besatzungsmacht in Österreich 1945 bis 1950. Ein Beitrag zur Geschichte des Kalten Krieges in der Presse-, Kultur- und Rundfunkpolitik, Diss. Univ. Wien 1981.

Rathkolb, Oliver (Hrsg.), Gesellschaft und Politik am Beginn der Zweiten Republik. Vertrauliche Berichte der US-Militäradministration aus Österreich 1945 in englischer Originalfassung, Wien – Graz – Köln 1985.

Rathkolb, Oliver, „Von der Besatzung zur Neutralität. Österreich in den außenpolitischen Strategien des Nationalen Sicherheitsrates unter Truman und Eisenhower“, in: *Bischof/Leidenfrost,* Die bevormundete Nation, Innsbruck 1988, 371–405.

Rathkolb, Oliver, „Historische Bewährungsproben des Neutralitätsgesetzes 1955 am Beispiel der US-amerikanischen Österreich-Politik 1955–1959“, in: Nikolaus *Dimmel*/Alfred Johannes *Noll* (Hrsg.), Verfassung. Juristisch-politische und sozialwissenschaftliche Beiträge anläßlich des 70-Jahr-Jubiläums des Bundes-Verfassungsgesetzes, Wien 1990, 122–141.

Rathkolb, Oliver, „Hans J. Morgenthau und das Österreich-Problem in der letzten Phase der Truman-Administration 1951/52“, in: *Brix/Fröschl/Leidenfrost,* Geschichte zwischen Freiheit und Ordnung, Graz 1991, 277–298.

Rathkolb, Oliver, „Die ‚Putsch‘-Metapher in der US-Außenpolitik gegenüber Österreich 1945–1950“, in: *Ludwig/Mulley/Streibel,* Der Oktoberstreik 1950, Wien 1991, 113–123.

Rathkolb, Oliver, „Die Außenpolitik. Die SPÖ und der außenpolitische Entscheidungsprozeß 1945–1955. Mit einem Ausblick auf die Neutralitätspolitik bis 1965“, in: Wolfgang *Maderthaner* (Hrsg.), Auf dem Weg zur Macht. Integration in den Staat, Sozialpartnerschaft und Regierungspartei, Wien 1992, 51–72.

Rathkolb, Oliver, Großmachtpolitik gegenüber Österreich 1952/53–1961/62 im U.S.-Entscheidungsprozeß, Habilitationsschrift Geisteswissenschaftliche Fakultät Univ. Wien, Wien 1993.

Rathkolb, Oliver, „Austria and European Integration after World War II“, in: *Bischof/Pelinka,* Austria in the New Europe, New Brunswick/NJ 1993, 42–62.

Rathkolb, Oliver, „The Foreign Relations between the U.S.A. and Austria in the late 1950s“, in: *Bischof/Pelinka/Steininger,* Austria in the Nineteen Fifties, New Brunswick/NJ 1995, 24–38.

Rathkolb, Oliver, „Austria's ‚Ostpolitik‘ in the 1950s and 1960s: Honest Broker or Double Agent?“, in: Austrian History Yearbook, 26 (1995), 129–145.

Rathkolb, Oliver, „‚Wir selbst brauchen gar nicht viel hineinblasen.‘ Der Fall Joham und der CA-Skandal 1949–1953“, in: *Gehler/Sickinger,* Politische Affären und Skandale in Österreich, Innsbruck 1995, 382–397.

Rathkolb, Oliver, Washington ruft Wien. US-Großmachtpolitik und Österreich 1953–1959, Wien 1997.

Rathkolb, Oliver, „Historische Fragmente und die ‚unendliche Geschichte' der sowjetischen Absichten in Österreich 1945“, in: *Ableitinger/Beer/Staudinger,* Österreich unter alliierter Besatzung 1945–1955, 137–158.

Rauchensteiner, Manfried, „Die Wiener Interalliierte Kommandantur 1945–1955“, in: Jahrbuch des Vereins für Geschichte der Stadt Wien, 34 (1978), 390–422.

Rauchensteiner, Manfried, Der Sonderfall – Die Besatzungszeit in Österreich 1945 bis 1955, Graz 1979.

Rauchensteiner, Manfried, „Staatsvertrag und bewaffnete Macht. Politik um Österreichs Heer 1945–1955“, in: Österreichische Militärische Zeitschrift, 18 (1980), 185–197.

Rauchensteiner, Manfried, Spätherbst 1956. Die Neutralität auf dem Prüfstand, Wien 1981.

Rauchensteiner, Manfried, „Die B-Gendarmerie – mehr als eine Episode“, in: Truppendienst, 4 (1982), 340–346.

Rauchensteiner, Manfried, „Die Entmilitarisierung und Wiederbewaffnung in Österreich 1945–1955“, in: Entmilitarisierung und Aufrüstung in Mitteleuropa 1945–1956 (= Vorträge zur Militärgeschichte, hrsg. vom Militärgeschichtlichen Forschungsamt, Bd. 4), Herford – Bonn 1983, 57–79.

Rauchensteiner, Manfried, „Österreich nach 1945 – Der Weg zum Staatsvertrag“, in: *Pelinka/Steininger,* Österreich und die Sieger, Wien 1986, 151–162.

Rauchensteiner, Manfried, Die Zwei. Die Große Koalition in Österreich 1945–1965, Wien 1987.

Rauchensteiner, Manfried, „Es war einmal ein prächtiger Frühlingstag. Neues vom guten alten Staatsvertrag: Haben wir mehr zugestanden, als verlangt wurde ?“ in: Die Presse, 11./12. Mai 1991, Spectrum, S. I–II.

Rauchensteiner, Manfried/*Etschmann,* Wolfgang (Hrsg.), Schild ohne Schwert. Das österreichische Bundesheer 1955–1970 (= Forschungen zur Militärgeschichte, Bd. 2), Graz 1991.

Reichhold, Ludwig, Geschichte der ÖVP, Graz 1975.

Reichmann, Hans, Vom Fremdenlegionär zum Botschafter beim Hl. Stuhl. Erinnerungen 1939–1975 (= Materialien zur Zeitgeschichte, hrsg. von Erika Weinzierl/Rudolf G. Ardelt/Karl Stuhlpfarrer, Bd. 3), Wien – Salzburg 1982.

Reimann, Viktor, Zu groß für Österreich – Seipel und Bauer im Kampf um die Erste Republik, Wien 1968.

Renner, Karl, Die Wirtschaftsprobleme des Donauraums und die Sozialdemokratie, Wien 1933 (nicht im Buchhandel).

Renner, Karl, Österreich, Saint-Germain und der kommende Friede. Vortrag gehalten in der Österreichischen Liga für die Vereinten Nationen im Großen Musikvereinssaale am 5. April 1946, Wien 1946.

Renner, Karl, „Die ideologische Ausrichtung der Politik Österreichs“, in: *WZ,* 19. 1. 1947, 1–2 [abgedruckt in DÖA, Nr. 50].

Reynolds, David (Hrsg.), The Origins of the Cold War in Europe, New Haven – London, 1994.

Richter, James G., Khrushchev's Double Bind: International Pressures and Domestic Coalition Politics, Baltimore 1994.

Rotter, Manfred, „Der Staatsvertrag“, in: *Sieder,* Reinhard/*Steinert,* Heinz/*Tálos,* Emmerich

(Hrsg.), Österreich 1945–1995. Gesellschaft – Politik – Kultur, 2. Aufl. Wien 1996, 122–132.

Rupieper, Hermann-Josef, „Deutsche Frage und europäische Sicherheit: Politisch-strategische Überlegungen 1953/55", in: *Thoß/Volkmann,* Zwischen Kaltem Krieg und Entspannung, Boppard/Rhein 1988, 179–209.

Rupieper, Hermann-Josef, Der besetzte Verbündete. Die amerikanische Deutschlandpolitik 1949–1955, Opladen 1991.

Salis, Jean R. von, „Wird Österreich eine zweite Schweiz?", in: Zürcher Woche, 1. April 1955.

Salis, Jean R. von, „Wiener Sommer 1947", in: ders., Im Laufe der Jahre. Über Geschichte, Politik und Literatur, Zürich 1962, 246–247.

Sandner, Margit, Die französisch-österreichischen Beziehungen während der Besatzungszeit von 1947 bis 1955 (= Dissertationen der Universität Wien, hrsg. vom Verband der wissenschaftlichen Gesellschaften Österreichs, Bd. 162), Wien ²1985.

Schärf, Adolf, Österreichs Erneuerung 1945–1955, Wien ⁷1960.

Schärf, Adolf, „Erinnerungen an die Moskau-Fahrt vom 11. bis 15. April 1955", hrsg. von Karl R. *Stadler,* in: Die Zukunft, Jg. 1980, Heft 4, 23–30.

Scheu, Friedrich (unter F. S.), „Neutralität und Paktfreiheit", in: *AZ,* 6. April 1955, 1–2 [abgedruckt in DÖA, Nr. 162].

Schilcher, Alfons (Hrsg.), Österreich und die Großmächte. Dokumente zur österreichischen Außenpolitik 1945–1955 (= Materialien zur Zeitgeschichte, hrsg. von Erika Weinzierl/Rudolf G. Ardelt/Karl Stuhlpfarrer, Bd. 2), Wien – Salzburg 1980.

Schilcher, Alfons, Die Politik der Provisorischen Regierung und der Alliierten Großmächte bei der Wiedererrichtung der Republik Österreich, 2 Bde., Diss. Univ. Wien 1985.

Schmidl, Erwin A., „The Airlift That Never Was. Allied Plans to Supply Vienna by Air", in: Army History (Washington, D.C.), Nr. 43 (Herbst/Winter 1997/98), 12–23.

Schöner, Josef, Wiener Tagebuch 1944/1945, hrsg. von Eva-Marie *Csáky*/Franz *Matscher*/Gerald *Stourzh* (= Veröffentlichungen der Kommission für Neuere Geschichte Österreichs, Bd. 83), Wien 1992.

Schütz-Müller, Ingfrid, ‚Europa' in der österreichischen Nachkriegspolitik 1945–1956, Diss. Univ. Wien 1974.

Schwarz, Hans-Peter, Die Ära Adenauer. Gründerjahre der Republik 1949–1957 (= Geschichte der Bundesrepublik Deutschland, hrsg. von Karl Dietrich Bracher u. a., Bd. 2), Wiesbaden 1981.

Schwarz, Hans-Peter, Adenauer. Der Staatsmann: 1952–1967, Stuttgart 1991.

Seidl-Hohenveldern, Ignaz, „Le Règlement du Problème de la Propriété Allemande en Autriche par le Traité Austro-Allemand du 15 Juin 1957", in: Annuaire Français de Droit International, 230 (1958), 230–241.

Seidl-Hohenveldern, Ignaz, The Austrian-German Arbitral Tribunal Established by the Property Treaty of June 14, 1957 (= Procedural Aspects of International Law Series, Vol. 11), Syracuse/N.Y. 1972.

Seidl-Hohenveldern, Ignaz, Die Überleitung von Herrschaftsverhältnissen am Beispiel Österreichs (= Österreichische Zeitschrift für öffentliches Recht und Völkerrecht, Supplementum 5), Wien – New York 1982 [Abschnitt E, 163–179 über den Staatsvertrag].

Seipel, Ignaz, Der Kampf um die österreichische Verfassung, Wien 1930.

Semjonow, Wladimir S., Von Stalin bis Gorbatschow. Ein halbes Jahrhundert in diplomatischer Mission 1939–1991, Berlin 1995.

Sensenig, Gene R., „Gewerkschaftspolitik im Kalten Krieg am Beispiel der Beziehungen der US-Regierung und der US-Gewerkschaften zum ÖGB zwischen 1945 und 1955“, in: Zeitgeschichte, 12 (1984/85), 198–216.

Seydoux, François, Memoires d'Outre-Rhin, Paris 1975.

Shepherd, Gordon, Die österreichische Odyssee, Wien 1958.

Shulman, Marshall D., Stalin's Foreign Policy Reappraised, Cambridge/Mass 1963.

Sieder, Elfriede, Die alliierten Zensurmaßnahmen zwischen 1945–1955, Diss. Univ. Wien 1983.

Siegler, Heinrich, Österreichs Weg zur Souveränität, Neutralität, Prosperität 1945–1959, Bonn – Wien – Zürich 1959.

Slapnicka, Harry, Oberösterreich zwischen Bürgerkrieg und „Anschluß“ 1927–1938, Linz 1975.

Diplomatičeskij slovar' v treh tomah, red. A. A. Gromyko u.a., Moskau 1984–1986 [Diplomatisches Wörterbuch in drei Bänden].

Smith, Walter Bedell, Meine drei Jahre in Moskau, Hamburg 1950.

Sokolov, Vladimir V., „Sowjetische Österreichpolitik 1943/45“, in: Österreich 1945. Ein Ende und viele Anfänge (= Forschungen zur Militärgeschichte, hrsg. von Manfried *Rauchensteiner*/Wolfgang *Etschmann,* Bd. 4), Graz – Wien – Köln 1997, 73–87.

Sokolov, Vladimir/*Holtsmark,* Sven G., „Note on the Foreign Policy Archive of the Russian Federation“, in: Woodrow Wilson International Center for Scholars (Hrsg.), Cold War International History Project Bulletin, Nr. 3, Herbst 1993, 26 u. 32.

Soutou, Georges-Henri, „La France, l'Allemagne et les accords de Paris“, in: Relations internationales, Nr. 52 (Winter 1987), 451–470.

Soutou, Georges-Henri, „Pierre Mendès France et l'Union soviétique, 1954–1955“, in: René *Girault* (Hrsg.), Pierre Mendès France et le rôle de la France dans le monde, Grenoble 1991, 177–205.

Sovetsko-Anglijskie otnošenija vo vremja velikoj otečestvennoj vojny 1941–1945, Tom 1: 1941–1943, hrsg. vom Ministerium für auswärtige Angelegenheiten der UdSSR (Kommission zur Herausgabe der diplomatischen Dokumente beim Ministerium für auswärtige Angelegenheiten der UdSSR, Vorsitz A. A. Gromyko), Moskau 1983 [Sowjetisch-englische Beziehungen in der Zeit des Großen Vaterländischen Krieges 1941–1945, Bd. 1: 1941–1943].

Sovetskij sojuz na meždunarodnyh konferencijah perioda velikoj otečestvennoj vojny 1941–1945 i., Tom 1: Moskovskaja konferencija ministrov inostrannyh del SSSR, SŠA i Velikobritanii (19–30 oktjabrja 1943 g.). Sbornik dokumentov, hrsg. vom Ministerium für Auswärtige Angelegenheiten der UdSSR (Redaktionskommission unter der Leitung von A. A. Gromyko), Moskau 1978 [Die Sowjetunion in den internationalen Konferenzen der Periode des Großen Vaterländischen Krieges 1941–1945, Bd. 1: Die Moskauer Konferenz der Außenminister der UdSSR, der USA und Großbritanniens (19.–30. Oktober 1943). Dokumentensammlung].

Sowjetpolitik gegenüber Österreich April 1945 – April 1947, eine Dokumentensammlung, hrsg. von der Österreichischen Zeitung, Wien 1947.

Die Sowjetregierung und der österreichische Staatsvertrag. Bericht und Dokumente 1943–1953, hrsg. von der Arbeitsgemeinschaft für Osteuropaforschung [Göttingen], 2. erweiterte Fassung, o. O. [Juli] 1953.

Die Sowjetunion für ein freies, unabhängiges und demokratisches Österreich. Dokumente und Materialien zu den sowjetisch-österreichischen Verhandlungen in Moskau, hrsg. vom Sowjetischen Informationsdienst, Wien 1955.

Spulber, Nicolas, „Soviet Undertakings and Soviet Mixed Companies in Eastern Europe", in: Journal of Central European Affairs, 14 (1954/55), 154–173.

Fünf Jahre Staatsvertrag, fünfzehn Jahre Zweite Republik, Wien 1960.

SSSR i germanskij vopros 1941–1949/Die UdSSR und die deutsche Frage 1941–1949. Dokumente aus dem Archiv für Außenpolitik der Russischen Föderation, hrsg. v. Historisch-dokumentarischen Departement des MID (Ministerium f. auswärtige Angelegenheiten, Moskau) und dem Zentrum für zeithistorische Forschung Potsdam, Bd. I, 22. Juni 1941–8. Mai 1945, bearbeitet von G. P. Kymin u. J. Laufer, Moskau 1996.

Stadler, Karl R., „Zwischen Paktfreiheit und Neutralität. Zur Vorgeschichte des österreichischen Neutralitätsgesetzes", in: Isabella *Ackerl*/Walter *Hummelberger*/Hans *Mommsen* (Hrsg.), Politik und Gesellschaft im Alten und Neuen Österreich. Festschrift für Rudolf Neck zum 60. Geburtstag, Bd. 2, Wien 1981, 271–292.

Stadler, Karl R., Adolf Schärf. Mensch, Politiker, Staatsmann, Wien – München – Zürich 1982.

Stadler, Karl R., „‚Modellfall Österreich'. Eine unbekannte Initiative aus dem Jahre 1955", in: Helmut *Konrad*/Wolfgang *Neugebauer* (Hrsg.), Arbeiterbewegung – Faschismus – Nationalbewußtsein. Festschrift zum 20jährigen Bestand des Dokumentationsarchivs des österreichischen Widerstandes und zum 60. Geburtstag von Herbert Steiner, Wien – München – Zürich 1983, 391–402.

Briefwechsel Stalins mit Churchill, Attlee, Roosevelt und Truman 1941–1945, übersetzt von Helmuth Tautz, Berlin 1961.

Stanley, Guy D., Great Britain and the Austrian Question, Diss. Univ. London 1973.

The Austrian State Treaty. An Account of the Postwar Negotiations together with the Text of the Treaty and Related Documents, Department of State Publication Nr. 6437, Washington D. C. 1957.

Stearman, William L., Die Sowjetunion und Österreich 1945–1955, Bonn – Wien – Zürich 1962.

Steiner, Kurt, „Negotiations for an Austrian State Treaty", in: Alexander L. *George*/Philip J. *Farley*/Alexander *Dallin* (Hrsg.), U.S.-Soviet Security Cooperation. Achievements, Failures, Lessons, New York – Oxford 1988, 46–82.

Steiner, Ludwig, „Ein langer Weg. Moskau 1955: Erinnerungen eines Augenzeugen", in: Academia, 31 (April 1980), 33–34.

Steiner, Ludwig, „Die Außenpolitik Julius Raabs als Bundeskanzler", in: *Brusatti/Heindl,* Julius Raab, Linz o. J. [1986], 212–241.

Steiner, Ludwig, „. . . zur richtigen Zeit das Richtige getan" (Zeitzeugengespräch mit Michael Gehler u. Helmut Wohnout). In: Helmut *Wohnout* (Hrsg.), Demokratie und

Geschichte. Jahrbuch des Karl von Vogelsang-Instituts zur Erforschung der Geschichte der christlichen Demokratie in Österreich, 1 (1997), 13–48.

Steiner, Senta G., Österreich und die europäische Integration zwischen Moskauer Deklaration und Europakongreß in Den Haag, Diss. Univ. Salzburg 1971.

Steininger, Rolf, Los von Rom? Die Südtirolfrage 1945/46 und das Gruber-de Gasperi-Abkommen (= Innsbrucker Forschungen zur Zeitgeschichte, Bd. 2), Innsbruck 1987.

Steininger, Rolf, „Deutsche Frage und österreichischer Staatsvertrag 1955", in: Geschichte und Gegenwart, 4 (1992), 243–252 [ausführliche englische Fassung: „1955: The Austrian State Treaty and the German Question", in: Diplomacy & Statecraft, 3 (1992), 211–249].

Steininger, Rolf, Deutsche Geschichte seit 1945. Darstellung und Dokumente in vier Bänden. Band 2: 1948–1955, Frankfurt/Main 1996.

Steininger, Rolf/*Weber,* Jürgen/*Bischof,* Günter/*Albrich,* Thomas/*Eisterer,* Klaus (Hrsg.), Die doppelte Eindämmung. Europäische Sicherheit und deutsche Frage in den Fünfzigern (= Tutzinger Schriften zur Politik, Bd. 2), München 1993.

Steininger, Rolf (Hrsg.), Der Umgang mit dem Holocaust. Europa – USA – Israel (= Schriften des Instituts für Zeitgeschichte der Universität Innsbruck und des Jüdischen Museums Hohenems, Bd. 1), Wien – Köln – Weimar 1994.

Steininger, Rolf, „15. 5. 1955: Der Staatsvertrag", in: *Steininger/Gehler,* Hrsg., Österreich im 20. Jahrhundert, 2 Bde., Wien – Köln – Weimar 1997, Bd. 2, 217–257.

Steininger, Rolf/*Gehler,* Michael (Hrsg.), Österreich im 20. Jahrhundert, 2 Bde., Wien – Köln – Weimar 1997.

Die rechtliche Stellung der Volksgruppen in Österreich. Eine Dokumentation, hrsg. vom Bundeskanzleramt, Wien 1977.

Sternfeld, Albert, „Image und Wirklichkeit", in: Anton *Pelinka*/Sabine *Mayr* (Hrsg.), Die Entdeckung der Verantwortung. Die Zweite Republik und die vertriebenen Juden. Eine kommentierte Dokumentation aus dem persönlichen Archiv von Albert Sternfeld, Wien 1998, 5–9 (Erstveröffentlichung in: Wiener Journal, Doppelnummer Dezember 1987/Jänner 1988, 9 f.).

Stifter, Christian, Die Wiederaufrüstung Österreichs. Die geheime Remilitarisierung der westlichen Besatzungszonen 1945–1955 (= Wiener Zeitgeschichte-Studien 1), Innsbruck – Wien 1997.

Stourzh, Gerald, „Zur Geschichte der österreichischen Neutralität", in: Österreich in Geschichte und Literatur, 5 (1961), 273–288.

Stourzh, Gerald, „Grundzüge der österreichischen Außenpolitik 1945–1960", in: Österreichische Zeitgeschichte im Geschichtsunterricht. Bericht über die Expertentagung vom 14. 12 bis 16. 12. 1960 in Reichenau, hrsg. von Anton Kolbabek im Auftrag des Bundesministeriums für Unterricht, Wien 1961, 185–211.

Stourzh, Gerald, „Die Regierung Renner, die Anfänge der Regierung Figl und die Alliierte Kommission für Österreich, September 1945 bis April 1946", in: Archiv für österreichische Geschichte, 125 (1966), 321–342.

Stourzh, Gerald, [Artikel] „Diplomatie", in: Karl Dietrich *Bracher*/Ernst *Fraenkel* (Hrsg.), Internationale Beziehungen (= Fischer Lexikon Nr. 7), Frankfurt/Main 1969, 64–76.

Stourzh, Gerald, „Some Reflections on Permanent Neutrality", in: August *Schou*/Arne Olav

Brundtland (Hrsg.), Small States in International Relations (= Nobel Symposium, Nr. 17), Stockholm 1971, 93–98.

Stourzh, Gerald, „Die Sicherung der österreichischen Unabhängigkeit als Thema der Staatsvertragsverhandlungen", in: Zeitgeschichte, 2 (1974/75), 183–191.

Stourzh, Gerald, „Außenpolitik, Diplomatie, Gesandtschaftswesen: zur Begriffsklärung und historischen Einführung", in: *Zöllner,* Diplomatie und Außenpolitik Österreichs, Wien 1977, 10–27.

Stourzh, Gerald/*Streitenberger,* Silvia, „La position internationale de l'Autriche après la seconde guerre mondiale – Quelques réflexions sur l'origine du Traité d'État et de la neutralité autrichienne avec égard particulier aux débats parlementaires français de 1955", in: Austriaca, 4 (1978, Sondernummer Juli, Actes du colloque de Rouen I), 215–234.

Stourzh, Gerald, „Operationskalender 1955. Der politische Zusammenhang zwischen Staatsvertrag und Neutralität", in: Die Furche, 14. Mai 1980, 4.

Stourzh, Gerald, Referat auf dem Symposium des Bundesministeriums für Wissenschaft und Forschung vom 16. und 17. Mai 1980, in: 25 Jahre Staatsvertrag. Eine Dokumentation der österreichischen Bundesregierung, Bd. II: Protokolle des wissenschaftlichen Symposions, 16. und 17. Mai 1980, hrsg. vom Bundesministerium für Wissenschaft und Forschung gemeinsam mit dem Institut für Zeitgeschichte der Universität Wien, Wien 1980, 124–131 [sowie Diskussionsbeitrag 156–158].

Stourzh, Gerald, „Vom österreichischen Freiheitskampf zum österreichischen Staatsvertrag", in: Österreich in Geschichte und Literatur, 25 (1981), 7–16.

Stourzh, Gerald, „Die Grundlagen der Zweiten Republik. Eine historische Einführung", in: 25 Jahre Staatsvertrag. Eine Dokumentation der österreichischen Bundesregierung, Bd. I: Protokolle des Staats- und Festaktes sowie der Jubiläumsveranstaltungen im In- und Ausland, hrsg. von der österreichischen Bundesregierung und dem Bundesministerium für Auswärtige Angelegenheiten in Zusammenarbeit mit dem Institut für Geschichte der Universität Wien, Wien 1981, 16–26.

Stourzh, Gerald, „Zur Geschichte des Staatsvertrages", in: 25 Jahre Staatsvertrag. Eine Dokumentation der österreichischen Bundesregierung, Bd. I: Protokolle des Staats- und Festaktes sowie der Jubiläumsveranstaltungen im In- und Ausland, hrsg. von der österreichischen Bundesregierung und dem Bundesministerium für Auswärtige Angelegenheiten in Zusammenarbeit mit dem Institut für Geschichte der Universität Wien, Wien 1981, 36–41 [Festvortrag während des Staatsaktes der Bundesregierung am 15. Mai 1980 in der Wiener Hofburg].

Stourzh, Gerald, „Der österreichische Staatsvertrag und die Voraussetzungen seines Zustandekommens", in: 25 Jahre Österreichischer Staatsvertrag. Symposium, veranstaltet von der Österreichischen Akademie der Wissenschaften und der Akademie der Wissenschaften der UdSSR in der Zeit vom 12. bis 19. April 1980 in Moskau, Wien 1981, 65–76.

Stourzh, Gerald, „Towards the Settlement of 1955: The Austrian State Treaty Negotiations and the Origins of Austrian Neutrality", in: Austrian History Yearbook, 17–18 (1981–82), 174–187.

Stourzh, Gerald, „The Austrian State Treaty and the Origins of Austrian Neutrality", in: K. P. *Misra* (Hrsg.), Non-Alignment and Neutrality. Proceedings of the Austro-Indian Seminar, New Delhi 1982, 9–27.

Stourzh, Gerald, „Vertrauen und Mißtrauen in der internationalen Politik", in: ÖZA, 23 (1983), 19–32.

Stourzh, Gerald, Rezension von A. Schilcher: „Österreich und die Großmächte. Dokumente zur österreichischen Außenpolitik 1945–1955" (1980), in: Mitteilungen des Österreichischen Staatsarchivs, 36 (1983), 434–440.

Stourzh, Gerald, „Rückblick auf den April 1955: Der lange Weg zur ‚Schweizer Formel'", in: Die Furche, 19. April 1985, 6–7.

Stourzh, Gerald, „The Origins of Austrian Neutrality", in: Alan T. *Leonhard* (Hrsg.), Neutrality – Changing Concepts and Practices, Lanham – New York – London 1988, 35–57.

Stourzh, Gerald, „Zur Genese des Anschlußverbots in den Verträgen von Versailles, Saint-Germain und Trianon", in: Saint-Germain 1919. Protokolle des Symposions am 29. und 30. Mai 1979 in Wien (= Veröffentlichungen der Wissenschaftlichen Kommission zur Erforschung der Geschichte der Republik Österreich, hrsg. von Isabella Ackerl/Rudolf Neck, Bd. 11), Wien 1989, 41–53.

Stourzh, Gerald, Vom Reich zur Republik. Studien zum Österreichbewußtsein im 20. Jahrhundert, Wien 1990.

Stourzh, Gerald, „Die Außenpolitik der österreichischen Bundesregierung gegenüber der nationalsozialistischen Bedrohung", in: *Stourzh/Zaar,* Österreich, Deutschland und die Mächte, Wien 1990, 319–346.

Stourzh, Gerald, „Nach der deutschen Einheit: Österreichs Standort in Europa", in: Europäische Rundschau, 18 (1990), Nr. 4, 3–13.

Stourzh, Gerald, „Austrian State Treaty (1955)", in: Encyclopedia of Public International Law, hrsg. von Rudolf *Bernhardt* u. a., Bd. 1, Amsterdam – London – New York – Tokyo 1992, 301–305 [Stand 1991].

Stourzh, Gerald, „Erschütterung und Konsolidierung des Österreichbewußtseins – vom Zusammenbruch der Monarchie zur Zweiten Republik", in: Richard G. *Plaschka*/Gerald *Stourzh*/Jan Paul *Niederkorn* (Hrsg.), Was heißt Österreich? Inhalt und Umfang des Österreichbegriffs vom 10. Jahrhundert bis heute, Wien 1995, 289–311.

Stourzh, Gerald/*Zaar,* Birgitta (Hrsg.), Österreich, Deutschland und die Mächte. Internationale und österreichische Aspekte des „Anschlusses" vom März 1938, Wien 1990.

Strang, Lord [früher Sir William Strang], Home and Abroad, London 1956.

Strasser, Wolfgang, Österreich und die Vereinten Nationen (= Schriftenreihe der Österreichischen Gesellschaft für Außenpolitik und internationale Beziehungen, Bd. 1), Wien 1967.

Suppan, Arnold, Die österreichischen Volksgruppen. Tendenzen ihrer gesellschaftlichen Entwicklung im 20. Jahrhundert (= Österreich-Archiv), Wien 1983.

Svoboda, Wilhelm, Die Partei, die Republik und der Mann mit den vielen Gesichtern. Oskar Helmer und Österreich II. Eine Korrektur (= Böhlaus zeitgeschichtliche Bibliothek, Bd. 26), Wien – Köln – Weimar, 1993.

„Symposium über den internationalen Hintergrund" [des österreichischen Staatsvertrages], in: Europäische Rundschau, 8 (1980), Heft 2, 131–173 [mit Beiträgen von: Max Beloff, Marion Gräfin Dönhoff, François Fejtö, André Fontaine, William T. Griffith, Ernst Halperin, Melvin J. Lasky, Richard Löwenthal, Leo Mates, Hugh Seton-Watson, Helmut Sonnenfeldt, Adam B. Ulam].

Thalberg, Hans J., Von der Kunst, Österreicher zu sein. Erinnerungen und Tagebuchnotizen (= Dokumente zu Alltag, Politik und Zeitgeschichte, hrsg. von Franz Reiter, Bd. 6), Wien – Köln – Graz 1984.

Thayer, Charles, Diplomat, Hamburg 1959.

Thilenius, Richard, „Österreichs Freiheit. Die aktive Neutralitätspolitik Wiens", in: Außenpolitik, 6 (1955), 495–504.

Thoß, Bruno/*Volkmann,* Hans-Erich (Hrsg.), Zwischen Krieg und Entspannung. Sicherheits- und Deutschlandpolitik der Bundesrepublik im Mächtesystem der Jahre 1953–1956, Boppard/Rhein, 1988.

Thoß, Bruno, „Modellfall Österreich? Der österreichische Staatsvertrag und die deutsche Frage 1954/55", in: *Thoß/Volkmann,* Zwischen Kaltem Krieg und Entspannung, Boppard/Rhein 1988, 93–136.

Thoß, Bruno, „Der Beitritt der Bundesrepublik Deutschland zur WEU und NATO im Spannungsfeld von Blockbildung und Entspannung (1954–1956)", in: *Ehlert/Greiner/Meyer/Thoß,* Die NATO-Option, München 1993, 1–234.

Tončić-Sorinj, Lujo, Erfüllte Träume. Kroatien – Österreich – Europa, Wien – München 1982.

Toscano, Mario, Storia diplomatica della questione dell' Alto Adige, Bari 1967.

Trost, Ernst, Figl von Österreich, Wien – München – Zürich 1972.

Truger, Walter, „Der Weg zur Neutralität", in: Weg und Ziel, 23 (1965), 243–256.

Tuma, Renate, Das Problem der territorialen Integrität Österreichs 1945–1947. Unter besonderer Berücksichtigung der Grenzproblematik mit Deutschland, der Tschechoslowakei und Ungarn, Diss. Univ. Wien 1989.

Tuma, Renate, „Tschechoslowakische Gebietsansprüche gegenüber Österreich 1946/47", in: *Höbelt/Huber,* Für Österreichs Freiheit, Innsbruck 1991, 121–142.

UdSSR – Österreich 1938–1979. Dokumente und Materialien, hrsg. vom Ministerium für Auswärtige Angelegenheiten der UdSSR, Moskau 1980.

United Kingdom, Austria Nr. 1 (1954): Recent Correspondence with the Soviet Government regarding Austria, Dec. 28, 1951 – Jan. 12, 1954, Cmd. 9041, London 1954.

Unkart, Ralf/*Glantschnig,* Gerold/*Ogris,* Alfred, Zur Lage der Slowenen in Kärnten. Die slowenische Volksgruppe und die Wahlkreiseinteilung 1979 – eine Dokumentation (= Das Kärntner Landesarchiv, Nr. 11), Klagenfurt 1984.

Die USIA-Betriebe in Niederösterreich. Geschichte, Organisation, Dokumentation (= Studien und Forschungen aus dem Niederösterreichischen Institut für Landeskunde, hrsg. von Helmuth Feigl und Andreas Kusternig, Bd. 5), Wien 1983 [mit Beiträgen von Otto Klambauer und Ernst Bezemek].

van Dijk, Ruud, "The 1952 Stalin Note Debate: Myth or Missed Opportunity for German Unification?", hrsg. v. Woodrow Wilson International Center for Scholars, Cold War International History Project, Working Paper No. 14, Washington, D.C., Mai 1996.

Varsori, Antonio, „Alle origini della prima distensione: la Francia di Pierre Mendès France e la ripresa del dialogo con Mosca (1954–1955)", in: Storia delle relazioni internazionali, 8 (1992), 63–97.

Veiter, Theodor, Das Recht der Volksgruppen und Sprachminderheiten in Österreich, Wien 1970.

Veiter, Theodor, Das österreichische Volksgruppenrecht seit dem Volksgruppengesetz von 1967. Rechtsnormen und Rechtswirklichkeit, Wien 1979.

Verdross, Alfred, Die immerwährende Neutralität der Republik Österreich, Wien ^{2}1966.

Verdross, Alfred, „Österreichs Neutralität, ein Beitrag zum Frieden in der Welt", in: Hans R. *Klecatsky* (Hrsg.), Die Republik Österreich. Gestalt und Funktion ihrer Verfassung, Wien 1968, 279–299.

Verdross, Alfred, Die immerwährende Neutralität Österreichs (= Sonderheft der Schriftenreihe „Politische Bildung"), Wien 1977.

Verosta, Stephan, Die internationale Stellung Österreichs 1938–1947, Wien 1947.

Verosta, Stephan, Die dauernde Neutralität. Ein Grundriß, Wien 1967.

Verosta, Stephan, Theorie und Realität von Bündnissen. Heinrich Lammasch, Karl Renner und der Zweibund (1879–1914), Wien 1971.

Verosta, Stephan, „Außenpolitik", in: Erika *Weinzierl*/Kurt *Skalnik* (Hrsg.), Das neue Österreich. Geschichte der Zweiten Republik, Graz – Wien – Köln 1975, 85–149.

Verosta, Stephan, „Das französische Angebot der dauernden Neutralität an Österreich im Jahre 1919", in: Emanuel *Diez* u.a. (Hrsg.), Festschrift für Rudolf Bindschedler zum 65. Geburtstag, Bern 1980, 51–68.

Verosta, Stephan, „Die österreichische Sozialdemokratie und die Außenpolitik", in: Erich *Bielka*/Peter *Jankowitsch*/Hans *Thalberg* (Hrsg.), Die Ära Kreisky. Schwerpunkte der österreichischen Außenpolitik, Wien – München – Zürich 1983, 15–60.

Vetschera, Heinz, Die Rüstungsbeschränkungen des österreichischen Staatsvertrages aus rechtlicher, politischer und militärischer Sicht, Wien 1985.

Die Viererkonferenz in Berlin 1954. Reden und Dokumente, hrsg. vom Presse- und Informationsdienst der Bundesregierung, Berlin 1954.

Vodopivec, Alexander, Die Balkanisierung Österreichs, Wien 1966.

Vodopivec, Alexander, „Die Wahrheit über den Staatsvertrag", in: Österreichische Monatshefte, 22 (1966), Heft 6, 23–26.

Volgger, Friedl, Mit Südtirol am Scheideweg. Erlebte Geschichte, Innsbruck 1984.

Volgger, Friedl, „Karl Grubers große Leistung", in: *Höbelt/Huber,* Für Österreichs Freiheit, Innsbruck 1991, 195–209.

Volle, Hermann/*Wallrapp,* Ernst, „Die Österreichverhandlungen auf der Berliner Konferenz von 1954 – Eine Übersicht, in: Europa-Archiv, 9 (1954), 6514–6524.

Wagnleitner, Reinhold, Großbritannien und die Wiedererrichtung der Republik Österreich, Diss. Univ. Salzburg 1975.

Wagnleitner, Reinhold, „Walter Wodak in London 1947 oder die Schwierigkeit, Sozialist und Diplomat zu sein", in: Gerhard *Botz*/Hans *Hautmann*/Helmut *Konrad*/Josef *Weidenholzer* (Hrsg.), Bewegung und Klasse. Studien zur österreichischen Arbeitergeschichte, Wien 1978, 217–242.

Wagnleitner, Reinhold, „Das erste Jahr der Mission Walter Wodaks in Großbritannien 1945–1946", in: Austriaca, 5 (= Sondernummer November 1979, Actes du colloque de Rouen, 8–12 novembre 1977, III), 289–321.

Wagnleitner, Reinhold (Hrsg.), Diplomatie zwischen Parteiproporz und Weltkonflikt. Dokumente, Korrespondenzen und Memoranden aus dem Nachlaß Walter Wodaks 1945–1950 (= Quellen zur Geschichte des 19. und 20. Jahrhunderts, hrsg. von Fritz Fellner, Bd. 3), Salzburg 1980.

Wagnleitner, Reinhold (Hrsg.), Understanding Austria. The Political Reports and Analyses of Martin F. Herz, Political Officer of the US-Legation in Vienna 1945–1946 (= Quellen zur Geschichte des 19. und 20. Jahrhunderts, hrsg. von Fritz Fellner, Bd. 4), Salzburg 1984.

Walch, Dietmar, Die jüdischen Bemühungen um die materielle Wiedergutmachung durch die Republik Österreich, Wien 1971.

Wallner, Leopold, „Was bezahlte Österreich für seine Freiheit?", in: Österreichische Monatshefte, 21 (1965), Nr. 5, 22–26.

Wassmund, Hans, Kontinuität im Wandel. Bestimmungsfaktoren sowjetischer Deutschlandpolitik in der Nach-Stalin-Zeit, Köln – Weimar 1974.

Weinberg, Gerhard L., „Die deutsche Außenpolitik und Österreich 1937/38", in: *Stourzh/Zaar,* Österreich, Deutschland und die Mächte, Wien 1990, 61–74.

Weinzierl, Erika/*Skalnik,* Kurt (Hrsg.), Österreich – Die Zweite Republik, Bd. 1, Graz 1972.

Weiß, Florian, „‚Gesamtverhalten: Nicht sich in den Vordergrund stellen.' Die österreichische Bundesregierung und die westeuropäische Integration 1947–1957", in: *Gehler/Steininger,* Österreich und die europäische Integration 1945–1993, Wien – Köln – Weimar 1993, 21–54.

Weiß, Florian, „Die schwierige Balance. Österreich und die Anfänge der westeuropäischen Integration 1947–1957", in: Vierteljahrshefte für Zeitgeschichte 42 (1994), 71–94.

Wettig, Gerhard, „Stalin and German Reunification: Archival Evidence on Soviet Foreign Policy in Spring 1952", in: The Historical Journal, 37 (1994), 411–419.

Wettig, Gerhard (Hrsg.), Die sowjetische Deutschland-Politik in der Ära Adenauer, Bonn 1997.

Wildner, Clemens, Von Wien nach Wien. Erinnerungen eines Diplomaten, Wien – München 1961.

Williams, Francis, A Prime Minister Remembers, London 1961.

Whitnah, Donald R./*Erickson,* Edgar L., The American Occupation of Austria. Planning and Early Years, Westport/Conn 1985.

Wodak, Walter, Diplomatie zwischen Ost und West (= Reihe „Österreichische Diplomaten", hrsg. von der Österreichischen Gesellschaft für Außenpolitik), Graz 1976.

Wohnout, Helmut, „Frühe Neutralitätskonzeptionen der ÖVP 1945–1953", in: Christliche Demokratie, 8 (1990), 111–126.

Wolffsohn, Michael, „Das deutsch-israelische Wiedergutmachungsabkommen von 1952 im internationalen Zusammenhang", in: Vierteljahrshefte für Zeitgeschichte, 36 (1988), 691–731.

Woodward, Sir Llewellyn, British Foreign Policy in the Second World War, vol. II, London 1971.

Young, John W., „Cold War and Detente with Moscow", in: Ders., (Hrsg.), The Foreign Policy of Churchill's Peacetime Administration 1951–1955, Leicester 1988, 55–80.

Zernatto, Guido, Die Wahrheit über Österreich, New York 1938.
Zimmermann, Horst, Die Schweiz und Österreich während der Zwischenkriegszeit, Wiesbaden 1973.
Zöllner, Erich (Hrsg.), Diplomatie und Außenpolitik Österreichs (= Schriftenreihe des Instituts für Österreichkunde, Bd. 30), Wien 1977.
Zubok, Vladislav/*Pleshakov,* Constantine, Inside the Kremlin's Cold War. From Stalin to Khrushchev, Cambridge, Mass. 1996.
Zubok, Vladislav, „Stalin's Plans and Russian Archives", in: Diplomatic History, 21 (1997), 295–305.
Zubok, Vladislav M., „CPSU Plenums, Leadership Struggles, and Soviet Cold War Politics", in: Woodrow Wilson International Center for Scholars (Hrsg.), Cold War International History Project Bulletin, Nr. 10, März 1998, 28–33.

Personenregister

Bei Personen, die auf einer Seite ausschließlich in einer Anmerkung genannt werden, wird in Klammern jeweils die Nummer der betreffenden Anmerkung hinzugesetzt. Personennamen im Anmerkungsteil, die sich ausschließlich auf Quellenhinweise bzw. auf bibliographische Angaben und Hinweise beziehen, sind im Register nicht enthalten.

Studien zu Politik und Verwaltung
Herausgegeben von Christian Brünner, Wolfgang Mantl, Manfried Welan

55 Kurze Geschichte der Zweiten Republik.
Von Alfred Ableitinger. In Vorbereitung.
ISBN 3-205-98460-9

56 Staat und Gesundheitswesen.
Analysen historischer Fallbeispiele aus der Sicht der Neuen Institutionellen Ökonomik.
Von Engelbert Theurl. 1996. 302 S. Br.
ISBN 3-205-98461-7

57 Eliten in Österreich.
1848–1970. Von Gernot Stimmer.
1997. 1140 S. 38 SW-Abb. Geb.
ISBN 3-205-98587-7

58 Frankreich–Österreich.
Wechselseitige Wahrnehmung und wechselseitiger Einfluß seit 1918.
Hg. v. Friedrich Koja u. Otto Pfersmann.
1994. 307 S., 19 SW-Abb. Br.
ISBN 3-205-98295-9

59 In Vorbereitung.

60 Avantgarde der Auflehnung.
Modellfälle militärischen Widerstands im 19. und 20. Jahrhundert.
Von Richard G. Plaschka.
1999. Ca. 900 S., ca. 48 SW-Abb. Geb.
ISBN 3-205-98390-4